正说历朝八十帝

乔继堂 主编

正说历史人物

上

中国书籍出版社
China Book Press

图书在版编目（CIP）数据

正说历朝八十帝 / 乔继堂主编 . — 北京：中国书籍出版社，2019.1
ISBN 978-7-5068-7142-6

Ⅰ . ①正… Ⅱ . ①乔… Ⅲ . ①皇帝—列传—中国
Ⅳ . ① K827=2

中国版本图书馆 CIP 数据核字 (2018) 第 273554 号

正说历朝八十帝

乔继堂　主编

图书策划	成晓春　崔付建
责任编辑	武　斌
责任印制	孙马飞　马　芝
出版发行	中国书籍出版社
地　　址	北京市丰台区三路居路 97 号（邮编：100073）
电　　话	（010）52257143（总编室）（010）52257140（发行部）
电子邮箱	eo@chinabp.com.cn
经　　销	全国新华书店
印　　刷	三河市华东印刷有限公司
开　　本	710 毫米 ×1000 毫米　1/16
字　　数	1010 千字
印　　张	67.25
版　　次	2019 年 5 月第 1 版　2019 年 5 月第 1 次印刷
书　　号	ISBN 978-7-5068-7142-6
定　　价	148.00 元（全三册）

版权所有　翻印必究

· 目录 ·

| 秦 | 001 / 始皇嬴政 |

汉	020 / 高祖刘邦
	040 / 文帝刘恒
	054 / 景帝刘启
	063 / 武帝刘彻
	081 / 宣帝刘询
	090 / 成帝刘骜
	096 / 光武帝刘秀
	116 / 明帝刘庄

三国	123 / 魏文帝曹丕
	135 / 蜀昭烈帝刘备
	154 / 蜀后主刘禅
	164 / 吴大帝孙权

晋十六国	183 / 晋武帝司马炎
	193 / 后赵高祖石勒
	202 / 前秦宣昭帝苻坚

南北朝	216 / 宋武帝刘裕
	229 / 齐高帝萧道成
	240 / 梁武帝萧衍

255	/	陈后主陈叔宝
266	/	北魏孝文帝元宏

隋

274	/	文帝杨坚
291	/	炀帝杨广

唐

307	/	高祖李渊
321	/	太宗李世民
339	/	高宗李治
347	/	武周圣神皇帝武则天
362	/	中宗李显
371	/	玄宗李隆基
390	/	代宗李豫
400	/	宪宗李纯
412	/	武宗李炎
420	/	宣宗李忱

五代

428	/	后梁太祖朱温
435	/	后唐庄宗李存勖
444	/	后唐明宗李嗣源
450	/	后晋高祖石敬瑭
456	/	后周世宗柴荣
464	/	南唐后主李煜
472	/	后蜀后主孟昶

宋	479 /	太祖赵匡胤
	501 /	太宗赵光义
	516 /	仁宗赵祯
	528 /	神宗赵顼
	537 /	徽宗赵佶
	555 /	钦宗赵桓
	565 /	高宗赵构
	579 /	宁宗赵扩
	589 /	理宗赵昀
辽	599 /	辽太祖耶律阿保机
	611 /	辽圣宗耶律隆绪
金	619 /	金太祖完颜阿骨打
	630 /	金哀宗完颜守绪
西夏	642 /	西夏景宗李元昊
元	653 /	太祖铁木真
	669 /	太宗窝阔台
	678 /	世祖忽必烈
	691 /	英宗硕德八剌
	698 /	惠宗妥欢贴睦尔
明	706 /	太祖朱元璋
	730 /	成祖朱棣
	743 /	宣宗朱瞻基
	754 /	英宗朱祁镇

	768 / 孝宗朱祐樘
	777 / 世宗朱厚熜
	793 / 神宗朱翊钧
	815 / 熹宗朱由校
	832 / 思宗朱由检

清	847 / 太祖努尔哈赤
	871 / 太宗皇太极
	889 / 世祖福临
	903 / 圣祖玄烨
	927 / 世宗胤禛
	945 / 高宗弘历
	965 / 仁宗颙琰
	979 / 宣宗旻宁
	1000 / 文宗奕詝
	1013 / 穆宗载淳
	1023 / 德宗载湉
	1046 / 逊帝溥仪

【秦】

始皇嬴政

秦始皇嬴政（前259～前210），中国统一的秦王朝的开国皇帝。名政，战国时秦国秦庄襄王之子。母赵姬。尊号"皇帝"，史称"始皇帝"。公元前246～前210年在位。前221年消灭割据称雄的六国，建立了中国历史上第一个统一的、多民族的专制主义中央集权的封建国家——秦朝。他是一位有作为的政治家，为中华民族的发展做出了积极贡献，但他实行专制主义，严刑苛法，租役繁重，加以连年用兵，广大人民痛苦不堪。他去世后不久即爆发大规模的农民起义。

秦始皇
——从明万历三十七年（1609年）原刊本《三才图会》

一、奇货可居　李代桃僵

嬴政出生的战国时代，齐、楚、燕、韩、赵、魏、秦七雄各据一方，连年争战，居于中原地区（今陕西）的秦，就是七雄中充满生机的后起力量。

嬴政出生前，正值曾祖父秦昭王在位。秦昭王采取范雎"远交近攻"的兼并方针，大力进攻与秦国毗连的韩、魏二国，而与赵国达成联盟。按惯例，秦赵成盟之后，嬴政的父亲子楚被送到赵国做人质。

子楚是秦昭王的孙子、太子安国君的儿子。安国君名柱，妻妾很多，有子20余人，子楚排行居中。子楚的母亲名夏姬，得不到安国君的宠爱，子楚自身又非长子，所以被作为质子送往赵国邯郸，成为一个流落异国的寒酸公子。

这时，有一位名叫吕不韦的大商人来到了邯郸。吕不韦长年从事投机生

吕不韦
——从明陈洪绶《博古叶子》

意，往来贱买贵卖，家累千金，是当时的著名富商。吕不韦在邯郸（今属河北）见到了困窘落魄的子楚，顿时两眼放光，认为子楚是一件稀奇货物，"奇货可居"。[1]他往来各国都市，对各国政局都很熟悉，对秦国宫闱的内幕更是了如指掌。他知道子楚不得志，而秦昭王最宠爱的华阳夫人又膝下无子，便想以他们为突破口，通过华阳夫人扶持子楚得到王位，而自己以"定国立君"之功大捞一把政治财。于是，他就前去拜访子楚，对他游说道："我能光大你的门庭。"子楚笑着说："你姑且先光大自己的门庭，然后再来光大我的门庭吧！"吕不韦说："你不懂啊，我的门庭要等待你的门庭光大了才能光大。"[2]吕不韦又说："你很穷窘，又客居在此，也拿不出什么来献给亲长，结交宾客。我吕不韦虽然不富有，但愿意拿出千金来为你西去秦国游说，侍奉安国君和华阳夫人，让他们立你为太子。"吕不韦将五百金交与子楚，让他改善处境，广交宾客；同时另拿出五百金选购珍奇玩物，自己带上西游秦国。

　　吕不韦来到秦国，没有直接求见安国君和华阳夫人，而是拜访了华阳夫人的姐姐。吕不韦巧舌如簧，滔滔不绝地对她说起了子楚的贤惠和聪明，说子楚交结诸侯宾客，朋友遍天下，是一个胸怀远大抱负的青年。他身居异国，日夜思念安国君和华阳夫人，常说"夫人就是子楚的天"，往往到深夜还在流泪，不能成

---

[1]语见《史记·吕不韦列传》："吕不韦贾邯郸，见（子楚）而怜之，曰：'此奇货可居。'"

[2]语见《史记·吕不韦列传》："子楚笑曰：'且自大君之门，而乃大吾门！'吕不韦曰：'子不知也，吾门待子门而大。'"

眠。最后，吕不韦拜托华阳夫人的姐姐，把子楚的礼物和问候转呈华阳夫人。华阳夫人听了姐姐的转述，又见到子楚给自己送的厚礼，不禁心花怒放，对子楚开始有了好感。

接着，吕不韦又策动华阳夫人的姐姐去游说华阳夫人，姐姐对妹妹说："我听说，用美貌侍奉男人的女人，一旦貌色衰老，男人对她的爱也就懈怠了。现在夫人侍奉太子，虽深得其爱，却没有儿子，应该趁此时早定主张，在群公子中选择一位贤孝者作为自己的儿子，把他正式立为继承人。这样，丈夫在世时则享有双重尊重，丈夫死后儿子为王，永远不会失势。这就是所谓'一言而万世之利'。不趁自己风华正茂时树立根本，等到年老色衰后，即使想开口说一句话，还能够做到么？当今诸子中子楚最为贤孝，他自知排行居中，按次序当不上继承人，他的母亲又不为安国君所爱，他自愿依附夫人，夫人若能在这个关键时刻把他扶持为继承人，就可终生在秦国得宠了。"华阳夫人正为无子苦恼，姐姐这番肺腑之言，解开了自己心中的症结。从此，华阳夫人向安国君多次请求立子楚为继承人。安国君答应了华阳夫人的请求，并与华阳夫人刻符为信，约定立子楚为合法继承人。

接着，安国君和华阳夫人给子楚送去大批钱财，并请吕不韦作为师长扶助子楚。从此，子楚名声日盛，誉满诸侯。

吕不韦为子楚取得王位继承权后，就返回邯郸，终日与子楚饮酒作乐，广泛结交天下豪杰，专等秦国王位轮到子楚来坐，好一展宏图。

吕不韦有一位能歌善舞、姿容美丽的小妾，是赵国邯郸人，人称赵姬，甚得他宠爱。一日，吕不韦请子楚到住处饮酒，子楚见到赵姬非常喜欢，就起身来向吕不韦祝酒，请求把此女赐给他。吕不韦很生气，而且此时赵姬已怀孕在身。但吕不韦转念一想，自己在他身上已花掉千金家产，眼下一个女子还有什么舍不得呢？小不忍则乱大谋，为了一个女人得罪子楚，可能功败垂成；再说赵姬腹中若为男儿，或许能够钓条大鱼。于是转怒为喜，慨然应允。赵姬隐瞒身孕，归属子楚之后，甚得宠爱。[1]

不久赵姬生下一子，就是嬴政。因他生于赵都邯郸，故以赵氏为姓；又因正月出生，故起名为正，一作政。后来赵政归秦，他才从秦姓，更为嬴政。赵姬

---

[1] 事见《史记·吕不韦列传》。

生子以后,子楚把她立为夫人。

这时,秦赵两国失和,兵戈相向后赵国割地求和。穷急之中,赵国打算杀死子楚,聊解对秦的痛恨。子楚得到消息,与吕不韦商讨对策,向防守官吏行贿六百金,逃出邯郸城,返回了秦国。

秦昭王五十六年(前215),昭王去世,太子安国君继位,是为秦孝文王。子楚为太子。

秦孝文王在位时间甚短,他先服丧一年,然后正式即位,即位三天就死了。接着子楚继承王位,是为秦庄襄王。

庄襄王在位时间也很短,三年后就去世了。这样,秦庄襄王三年(前247),13岁的少年嬴政登上了秦国的王位,王政由母亲赵太后和相国吕不韦执掌。

二、诛父罢相　执掌国权

嬴政继承秦国王位以后,吕不韦的权势进一步扩大。他官居相国,并取得作为国君长者的"仲父"尊号,不但食封大邑十万户,而且家僮万人,财力雄厚,成为秦国首屈一指的大富翁和政治暴发户。同时,他还招养门客三千,让他们著写见闻,结集成书,就是著名的《吕氏春秋》。

赵太后在秦庄襄王死后,难耐寂寞,与吕不韦旧情复发,二人时常私通。秦王嬴政日见长大,吕不韦恐隐私暴露,祸端临头,想与太后断绝关系,又怕其怨恨,就为自己找了替身嫪毐假充宦官,进入太后宫中,侍奉太后。嫪毐深得太后宠爱,所掌政务悉由其决断。不久,赵太后怀孕,恐被人发觉,就诈称神灵指示应当隐居避人,于是移居雍地故宫。在这里,赵太后先后生下二子,在宫中秘密抚养。嫪毐势力日益强大,他拥有宾客1000余人,家僮数千人,朝中官员争相交结,不

秦始皇冕服像

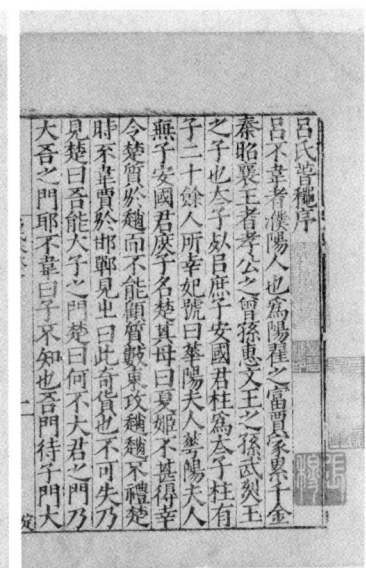

《吕氏春秋》亦称《吕览》，共26卷，160篇，为秦国相国吕不韦及其门人编纂而成的一部杂家名著。

少重要官员都成了他的党羽。嫪毐成为仅次于吕不韦的又一股政治势力。

嫪毐依靠赵太后的权势，被封为长信侯，先得到山阳（今太行山东南地区）作为封地，后来又把河西（今陕西东南部）和太原（今山西中部）二郡更名为毒国。嫪毐还与太后密谋，秦王一死，就扶植私生子继承王位。在赵太后的支持下，嫪毐在后宫为所欲为，毫无忌惮，眼中根本没有国家和君主。

面对吕党和后党两个集团的嚣张气焰，秦王未动声色。秦王九年（前238）四月，他按预定计划到秦故都雍城（治今陕西凤翔南）的蕲年宫举行冠礼。贵臣向秦王告发了嫪毐与太后的隐私和阴谋。嫪毐得到消息后，遂乘秦王至雍城加冠之机假借秦王玉玺和太后玺捏造属文发动暴乱，企图进攻蕲年宫，杀死秦王。秦王早有戒备，立刻命令相国昌平君等人率军镇压，活捉嫪毐。九月，车裂嫪毐，诛灭其三族；党羽骨干卫尉竭、内史肆、佐弋竭、中大夫令齐等20余人皆枭首示众；舍人都被判处服刑，受牵连的四千余家全部夺爵流放蜀地（今属四川）。秦王嬴政还杀死了赵太后与嫪毐所生的两个私生子，同时把她隔离于雍城宫中监视起来。

嫪毐一案牵连到相国吕不韦。秦王嬴政早已深感吕氏集团对秦国君权的威胁，就打算乘嫪毐案件诛杀吕不韦，一并清除吕氏集团。但是吕不韦辅佐先王继位的卓著功勋众所周知，在秦国也有深厚的根基，操之过急，难免败事，因而秦王暂时没有追究吕不韦。

秦王十年（前237），秦王嬴政已经牢握国政，站稳脚跟，于是免去吕不韦的相国职位，将他赶出秦都咸阳，迁居封邑洛阳（今属河南）。吕不韦在洛阳居住期间，关东六国君主频繁地派人到洛阳向他请安。为防止吕不韦与关东六国的势力变乱，秦王十二年（前235），秦王嬴政果断地决定除掉吕不韦，根除祸患。于是他派人给吕不韦送去一封书信，信中说："君对秦国有何功劳？却封土洛阳，食邑十万。君与秦国有何血亲？却号称仲父，妄自尊大。快带家属滚到西蜀去住！"吕不韦受到这番凌辱，自度免不了一死，于是服毒自尽。吕不韦死后，秦王还严惩了他的家人和宾客。

秦王嬴政亲政不久，就先后消灭嫪毐和吕不韦两大势力，彻底肃清了自己行使君权的严重障碍。接着，他开始了统一山东（指崤山以东）六国的事业。

三、荆轲刺秦　秦灭六国

秦国到秦王嬴政继承王位时，无论在经济力量、军事力量还是地理形势上，都具备了统一山东六国的条件。而且为了加快统一步伐，秦王在清除国内敌对势力的同时，发扬先王雄风，礼贤下士，搜罗人才，重新组织文武骨干，并制

荆轲刺秦王
——武梁祠石刻拓本

定出新的战略方针。他继续奉行先王"远交近攻"的战略方针，同时又采用了新的策略，即间谍活动。

秦王嬴政组织好骨干力量，明确了战略方针之后，便加大了进攻山东六国的步伐。

秦国首先向韩国起兵。韩国不堪一击，于秦王十七年（前230）被灭。

秦王十八年（前229），秦军又分兵两路，大举攻赵，俘获赵王；赵公子嘉带数百人逃奔代郡（今河北蔚县一带），自立为代王。

秦军在追逐赵公子嘉时，到达燕的西南边境，兵临易水，震动燕国。燕国的太子丹，曾为质子入秦，刚从咸阳（今属陕西）逃出回国，对秦恨之入骨。他认为：用燕军去抗秦，简直是以卵击石，不堪设想；合纵诸侯，也为时已晚，因为韩国已经灭亡，赵国也基本不存在了，其余各国都朝不保夕，难于联兵；唯一的办法就是派敢死壮士刺杀秦王，以延缓秦国的进兵，然后再合纵诸侯自保。于是，他不惜任何代价，到处访求刺客，导演了一幕"荆轲刺秦王"的惊险悲剧。

秦王十九年（前228），壮士荆轲在易水（今河北易县，大清河上源支流）慷慨悲歌，别过太子丹及好友高渐离后，和秦舞阳一道，带着秦将樊於期的人头和裹藏匕首的燕国督亢（今河北涿县东，为燕国富饶地带）地图，以向秦王献地的使者身份，来到秦都咸阳。秦王嬴政召见荆轲的那一天，荆轲捧着装着樊於期头颅的匣子，秦舞阳捧着装地图的匣子，两人一前一后地走进了咸阳宫。等两人到了大殿的台阶前，秦舞阳已经吓得面容失色，浑身颤抖。秦国的群臣都觉得奇怪。荆轲回头笑着看了一下秦舞阳，上前谢罪道："这是个乡下人，从来没有见过世面，所以才会吓得发抖，请大王别介意。"秦王便对荆轲说："把他捧着的地图呈上来。"

荆轲将地图呈给秦王，秦王把地图展开，图卷展到最后，便露出了匕首。

荆轲趁机左手抓住秦王的袖子，右手抄起匕首向秦王刺去！秦王大惊，见匕首刺来，挺身站起，向后躲去，挣断了半幅袖子。秦王慌忙伸手去拔佩剑，谁知剑身太长，卡在剑鞘里边抽不出来，只好绕着大殿的柱子奔逃，荆轲紧追不舍。[1]

---

[1] 事见《史记·刺客列传》："因左手把秦王之袖，而右手持匕首揕之。未至身，秦王惊，自引而起，袖绝。拔剑，剑长。操其室。时惶急，剑坚，故不可立拔。荆轲逐秦王，秦王环柱而走。"

王翦
——从原故官南熏殿藏《历代先贤名人像》

群臣被吓呆了，全都慌了手脚。秦国的法律规定，群臣上殿，都不得携带任何武器，而手持兵器的侍卫们又都守卫在殿下，没有秦王的旨意不许上殿来。此刻情况危急，来不及召唤殿下的卫士，群臣仓皇间也没有合手的东西能够击打荆轲，只好徒手和他搏斗。

正在此时，侍从医生夏无且将他的药囊掷向荆轲，将荆轲阻了一阻。而秦王正绕着柱子奔逃，一时慌张，不知道怎样才好。群臣见状叫道："大王把剑推到背上拔！"秦王恍然大悟，把剑推到背上，一下子拔剑出鞘，砍向荆轲，将荆轲的左腿砍断。荆轲断了腿，无法再接近秦王，便举起手中的匕首，掷向秦王。匕首击中了柱子，没有掷中秦王。秦王再一次用剑砍向荆轲，片刻之间将荆轲砍伤了八处。

荆轲知道刺杀失败了，便倚着殿柱坐在地上大笑，骂道："大事之所以没有成功，是因为我想劫持你，逼你订下和平条约来回报太子！"

秦王的侍卫们一拥而上，杀死了荆轲。

行刺事件使秦王大怒，他大举征伐燕国，燕王被迫杀了太子丹，将他的头颅奉献给秦军求和。从此，秦王加紧了灭六国的步伐。

秦王二十二年（前225），秦将王贲率军攻魏，掘引黄河、鸿沟，水灌魏都大梁（今河南开封）。三个月后，大梁城破，魏王被俘，魏国灭亡。

秦王二十三年（前224），秦王嬴政想一举灭楚，他问年轻将军李信需用多少军队，李信回答："不超过20万人。"又问老将王翦，王翦回答："非60万人不可。"

秦王说："王将军老了，那么怯懦。李将军果然气势壮勇，所言极是。"

于是，他派李信和蒙武率军20万南下灭楚。王翦见秦王不采纳自己的意见，便谢病归老，回到老家频阳（今陕西富平东北）闲居。结果，李信所部秦军

被楚将项燕打得大败，阵亡7个都尉，狼狈撤回。

秦王接到报告，大为恼火，立即骑马驰奔频阳，当面向王翦道歉："当初不用将军之言，李信果然羞辱了秦军。现楚兵正在西进，将军虽然有病，就忍心扔下我不管吗？"王翦说："老臣体弱多病，精神不佳，大王还是选择能干的将领吧。"秦王说："事情已经过去，都是我的错误，将军不要再说了。"王翦说："大王一定要用臣伐楚，还是非60万人不可。"秦王说："我这次来，就是听取将军意见的。"于是将60万军队如数交予王翦率领，并亲自为他送行。

临别之时，王翦请求秦王赐予他大的田宅美池，秦王说："将军放心走吧，难道还担忧贫困吗？"王翦说："为大王领兵出征，有功也不能封侯，所以趁大王还看重老臣的时候，老臣也及时请求些田产作为子孙的基业。"秦王听后大笑。

王翦告别秦王，一路上又派回五批使者叮嘱此事。有人认为：身为将军，三番五次向君主讨赏，像个要饭的，有点儿过分了。王翦说："不然。大王为人多虑，不相信人。现在掏空秦国精兵专门委交给我，我不多为子孙请求田宅表明自己，反要大王坐在朝中怀疑我吗？"[1]

王翦率军深入楚境，稳扎稳打，连连击败楚军，楚将项燕自杀，楚王负刍被俘。秦王二十五年（前222），王翦又平定楚的江南地区，设置了会稽郡（治令江苏苏州）。王翦用兵三年，楚国全部灭亡。

灭楚的同年，秦王派王贲进攻燕的辽东，俘获了燕王喜，燕国灭亡。接着回兵进攻代郡，俘获了代王嘉，赵国灭亡。

齐国长期屈服于秦，苟且偷安，当秦国吞并山东各国的时候，既不援助别国抗秦，也不修整本国战备。始皇二十六年（前221），山东其他五国已经无一存在，齐王与相国后胜才派兵防守西界，与秦断绝来往。王贲大军由燕南下，一举战胜齐军，俘获了齐王建，齐国灭亡。

嬴政从秦王十七年（前230）灭韩开始，到始皇二十六年（前221），历经十年时间，终于完成了统一中国的大业。

---

[1] 事见《史记·王翦列传》。

四、一统天下　千古第一

武力统一完成之后，国内长期割据所形成的地域差异依然存在，秦王嬴政以巩固统一为核心，以秦国制度为蓝本，在政治、经济、文化等各个领域实行全面改革，创立了空前庞大和统一的封建帝国。

始皇二十六年（前221），战争刚一结束，嬴政就首先宣布了吞并山东六国的正义性和合理性，理由是韩、赵、魏、楚背叛盟约，燕、齐敌视秦国，所以要全部消灭。同时，他还展开宣传，在舆论上使秦王朝的统治名正言顺。除此之外，嬴政又到泰山举行封禅典礼，告祭天神地祇，把秦朝在中国历史上的正统地位进一步确立起来。

君王权位的问题对于嬴政来说可是个重要的大问题。秦王嬴政认为自己德迈三皇、功过五帝，继续称"王"不足以称成功，于是命令臣下议帝号。丞相王绾、御史大夫冯劫、廷尉李斯等人认为："古有天皇，有地皇，有泰皇，泰皇最贵。"因而尊称嬴政为"泰皇"。嬴政不满，于是把"泰"字去掉取"皇"，采用上古时"帝"位号，称"皇帝"。又下令取消谥法，自称"始皇帝"，后世依次为"二世、三世至于万世，传之无穷"；皇帝自称"朕"，大印称"玺"，命称为"制"，令称为"诏"。

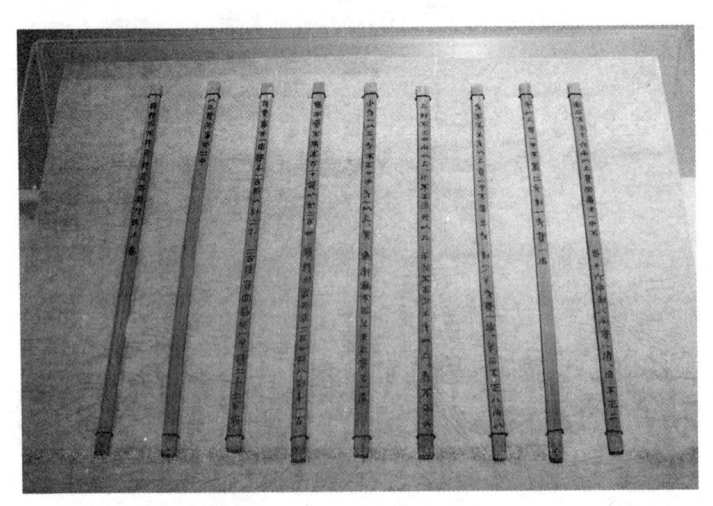

《睡虎地秦简》记录秦朝当时的法律及公文。上图为《效律》篇的部分条文。

秦始皇平定六国，终于建立了中国历史上第一个统一、强大的国家。可是原来的六国都有着不同的制度、货币、文字、度量衡等，如果想要保持国家的长久统一，就必须先将这些事情统一起来。于是，秦始皇开始了一系列的改革。

秦始皇以战国时期秦国官制为基础，建成了一套适应统一国家需要的新的政府机构，即三公九卿制及郡县制。在这个机构中，中央设丞相、太尉、御史大夫。地方以郡、县为基本行政单位，下分乡、亭、里、什、伍。郡设郡守，郡守是一郡最高行政长官，直接受朝廷管辖。

秦始皇设置的这套行政制度，起到了层层控制、权力向上集中的作用，从朝廷到地方，从郡县到乡里，构成了一张庞大的统治网，最后集中到朝廷，再通过朝廷集中于皇帝手中。这套行政制度，对国家统一、中央集权和君主专制都起到了重大作用。

除法制外，秦始皇还采取了其他一些统一措施。始皇二十六年（前221），秦始皇颁布"一法度衡石丈尺"的诏书，规定依秦制划一全国度量衡标准，度量衡器由官府遵诏书负责监制，民间不得私造。凡制造度量衡器，皆需铸刻诏书全文。这一措施，结束了战国以来度量衡制不一的局面。

秦下令废除秦以外通行的六国刀、币、钱及郢爰等，以秦制统一货币：以

1986年在河南古城村出土的《秦始皇二十六年诏书铁权》。

秦两诏铜权
秦始皇陵墓出土，陕西秦始皇兵马俑博物馆藏。
秦朝建立后，以秦制统一全国度量衡，故在此器刻始皇诏，定为标准器。秦二世继位后，加刻二世诏，两部诏书均记述了秦始皇统一度量衡的史实。

黄金为上币，以镒为单位，重20两；铜币为下币，重半两；规定珠、玉、龟、贝、银、锡等物只做器饰珍藏，不能充做货币。金、铜货币成为行通全国的法定铸币。

战国时，文字的形体非常紊乱，各国文字不统一，不但字体不同，同一个字所采用的声符、形符也都有很大差异。秦统一六国后，"文字异形"给政令的推行和文化的交流造成严重障碍，于是秦始皇责令丞相李斯负责对文字进行整理，除去和秦国文字出入较大的，制定出新字体作为官方文字。李斯取史籀大篆，创造小篆，并使之成为秦代官方文字。

为了控制广阔的国土，特别是六国旧境，并便于政令军情的传送和商旅车货的往来，秦始皇又下令在全国各地修筑驰道。筑道工程以秦的都城——咸阳为中心向各地辐射，东至燕、齐（今京津地区及山东），南达吴、楚（今江苏与两湖地区），北抵九原（今内蒙古包头西北），西至陇西（今甘肃临洮），形成较为完整的交通网络。驰道宽五十步，路基均用铁锤夯实，较为坚固；道中央宽三丈，为车马专用道路，每隔三丈植松树一株，作为标志。驰道两旁辅以小径，为百姓行走之途。继这项工程之后，在秦始皇三十五年（前212），秦始皇又命令大将蒙恬主持拓筑从九原至云阳（今陕西淳化西北）的直道，其间凿山填谷1800余里，解决了许多工程技术难题。上述两项工程均极为浩大，历时数年，花去大量的人力财力。但驰道、直道修成之后，极大地方便了整个国家的陆路交通，有利于生产力的发展；而且这些工程作为秦始皇"车同轨"的大一统政策的主要措施，更是迅速促进了全国政治、经济、文化诸方面的联系，有效地维护了秦朝的统治。

为了抗击匈奴，秦始皇还在帝国的北疆大规模地修筑长城，有效地促进了秦王朝的巩固。

秦始皇的全面改革，树立了皇帝的至上权威，确定了秦朝的正统地位，建立了中央集权行政制度，颁布了各项统一法规，划定了统一的国家疆域。一个空前庞大的封建帝国——秦王朝诞生了。

五、焚书坑儒　统治残暴

面对这些巨大的成就，秦始皇踌躇满志，不可一世，于是穷奢极欲，大兴土木，严刑峻法，横征暴敛。极端残暴的统治搞得全国哀鸿遍野，怨声载道。

秦始皇在兼并六国时，每灭一国，就命人把该国宫殿绘制出图样，在咸阳仿造。统一后，他更是大兴土木。

在秦始皇兴修的宫殿中，规模最大的是阿房宫。这项宏大的工程，常年用工70万人，但没有等到建成，秦始皇就去世了，后来项羽入关放火焚烧，大火绵延，竟然一连三月还没熄灭。

骊山（在今陕西省临潼县东南，秦始皇陵在骊山北麓）墓是秦始皇的另一项宏大工程。秦始皇刚即位，就开始在骊山为自己修造坟墓，统一后扩大规模修造，常年使用刑徒72万人，一直修到自己去世。

阿房宫和骊山墓两项宏大工程，加上北筑长城、南戍五岭，修驰道、造离宫，以及其他兵役杂役，常年动用民力多达300余万，丁男全被征发服役，部分丁女也裹入服役队伍。沉重的兵役徭役压得

《阿房宫图》
——清袁耀绘，今藏南京博物院

人民喘不过气来，于是海内虚耗，民穷财尽。秦始皇为人刻薄寡恩，用刑残酷，杀人如麻，使秦政的残暴达到高峰。长城脚下、阿房宫中、骊山陵墓以及五岭路上，处处堆积着白骨。秦帝国成了一个恐怖世界，百姓生活在水深火热之中。

秦始皇的残暴统治，引起了社会的普遍不满。一直对秦恨之入骨的六国贵族多次暗杀、行刺秦始皇；士人得不到任用，纷纷指责秦的统治政策；广大百姓刚刚脱离战争之苦，本来是拥护统一的，但秦的暴政又引起了他们的反抗，转而诅咒秦始皇早死、秦朝快亡。

焚书坑儒
——从明万历元年（1573）纯忠堂刊本《帝鉴图说》（张居正）

士人的指责，引起了秦始皇的不满。当时已经升任丞相的李斯决定打击士人的议政之风，就给秦始皇上了一封奏书，建议"命令史官将《秦记》以外的史书统统烧毁。除博士官掌管收藏以外，天下所有的《诗》《书》和诸子百家书籍，一律送到郡中烧毁。有敢谈论《诗》《书》的人杀头，尚古非今的灭族，官吏知情不报同罪。令下30日不烧即判刑。保存医药、卜筮和农书不毁。如果有人想学法令，拜官吏为师"。秦始皇批准了李斯的奏书，秦国各地便展开了一场大规模的"焚书"活动。一时间，全国烟尘滚滚，不知有多少珍贵的古书被付之一炬。

焚书的第二年，秦始皇又干了一件备受责难的残酷之事，那就是"坑儒"。

秦始皇称帝后，极力追求长生不老，迷信方术，因而重用了一些方士。其中一个名叫卢生的方士，极得秦始皇信任。谁知，卢生虽然颇得信任，却也渐渐地想离开秦始皇。卢生找到一个叫侯生的人商议——那侯生也常在秦始皇面前吹

嘘能寻仙寻药。二人谈了一阵，都觉得秦始皇性情残暴，专横自用，谁都难免一死，于是二人连夜逃走。[1]秦始皇闻知，大为震怒，说道："这二人平常得朕赏赐甚多，竟敢背后诽谤朕，还畏罪潜逃。朕焚书之后，特地召来一批儒生方士，让他们为朕兴计献策，炼求仙药，不想他们竟如此待朕！现在咸阳还有许多儒生，朕一定要严加查问，看有没有卢生那样妖言惑众之流！"秦始皇素来讨厌儒生，这次方士骗了他，他却不分青红皂白，把儒生方士拉到一起算账。

官府奉命抓来咸阳的所有儒生，严刑拷打。有人经不住拷打，便自认曾妖言惑众，官员抓住机会，又逼他诬供所谓同党。就这样，一供十、十供百，儒生们你咬我、我咬你，都成了有罪之人。秦始皇接到禀报大喜，说道："乱党已经结成一伙，若不早除，必成大乱！"当下亲笔圈了四百六十余人的名字，命令将他们全部挖坑活埋。

兵马俑

秦始皇采取的焚书坑儒，是一种残酷野蛮的手段，是对中国古代文化的一次非常严重的摧残。

焚书坑儒等暴政施行后，不仅士人，黔首百姓也十分怨恨秦始皇。楚地流传着"楚虽三户，亡秦必楚"的歌谣，诅咒秦王朝灭亡。始皇三十六年（前211），东郡（今河南濮阳一带）落下一块陨石，有人在石上刻了一行字："始皇帝死而地分。"秦始皇知道后，派遣御史追查刻字之人，由于无人承认，便下令把陨石附近的居民全部杀死，然后销毁陨石。秦始皇的暴政激起天下共愤，而他一手开创的强大帝国，此时也外强中干，虚弱不堪。人们无不希望有朝一日能推翻秦朝，废除暴君。

---

[1] 语见《史记·秦始皇本纪》："侯生、卢生相与谋曰：'始皇为人，天性刚戾自用，起诸侯、并天下，意得欲从，以为自古莫及己。……'于是乃亡去。"

六、寻仙求生　丧命沙丘

秦始皇统一全国后，接连不断地出巡。一方面是为了解下情，炫耀威风；一方面是寻访仙山、希求长生。

早在统一之前，随着兼并战争的胜利步伐，秦始皇就先后到过洛阳、邯郸以及楚国的首都郢（在今湖北江陵东北）、陈（今河南淮阳）等地。统一的第二年，出于防御匈奴的需要，他巡视西北边郡陇西（治所在今甘肃临洮南的狄道）和北地（治所在今甘肃庆阳西南的义渠）二郡，越过鸡头山（位于今六盘山中段），由回中（今甘肃华亭南）返回咸阳。从统一的第三年起，他开始了全国性的大巡游。共巡游四次，跋涉名山大川，足迹几乎踏遍了全国各地。在巡游途中，他到处刻石，《泰山刻石》《琅玡刻石》《之罘刻石》《东观刻石》《碣石刻石》《会稽刻石》等都是他游历全国的见证。这些刻石内容主要是歌颂自己的功德，宣扬结束战争、统一天下、制定国策以及革除旧俗的正义性和优越性。他总以为神仙就在东海，要见神仙，只有多去沿海之滨，所以他四次大巡游，都是到沿海地区，一临碣石（今河北昌黎北），两登成山（今山东成山角），三次来到琅玡（治所在今山东胶南县）和之罘（在今山东文登县东北），这些地方是传说中的神仙出没的地方。

在巡游途中，秦始皇每到一地，便派遣大量的方士去寻找神仙，求取长生仙药。其中比较活跃的方士有韩终、徐市、卢生、侯生、石生等人，都是巧言似簧、鬼话连篇的吹牛能手。他们抓住秦始皇求仙若渴的心理弱点，竭尽能事，对秦始皇大加欺骗。他们说海中有三神山，名叫蓬莱、方丈、瀛州。三神山离海岸

《泰山刻石》拓本

《泰山刻石》又名《封泰山碑》，石四面刻字，由丞相李斯篆书，今仅存十字。

不远，有人去过。仙人和长生药都在那里，山上的飞禽走兽都是白的，宫殿由金银造成。远远望去，三神山像海面上的云彩；及到近前，三神山反而坐落海面以下的水中；再向前走，大风就会把船刮走。神药虽有，只是不易取来。徐市给秦始皇上书，要求秦始皇沐浴斋戒，虔诚等候，让他带上童男童女入海，去求仙人换取长生药。于是，秦始皇便派他带数千名童男童女出海求仙。

秦始皇听说周朝的巨鼎沉没在泗水之中，路过彭城（今江苏徐州）时，就斋戒祈祷水神，想把周鼎打捞上来，结果一千人潜入水底寻找，连个影儿也没见。还有一次，秦始皇乘船到湘山祠（在今湖南湘阴北青草山上），又遭到大风袭击，几乎把船掀翻，秦始皇问随行博士官湘君是什么神？博士回答："听说是尧的女儿、舜的妻子。"秦始皇闻听大怒，认为自己功兼三皇五帝，尧女舜妻算什么东西，竟敢兴风作浪、卖弄威风，于是命令三千刑徒伐光湘山所有草木，一把火将它烧成了秃山。

一批批方士空手而归，山神、水神、湘君等仙人待他都不客气，但这一切毫不影响秦始皇对于成仙的心理追求。他一面继续派大批方士去访求仙人，一面加紧骊山墓的施工进程。访求仙人与修造坟墓同时进行，长生则归仙，身死则入墓。秦始皇有着生死两不误的双重打算。

南下祭祀二帝，是秦始皇的最后一次大巡游。他从咸阳出发，首先来到南方的云梦（今洪湖、洞庭湖一带），在九嶷山祭祀了虞舜。然后顺江东下，由丹阳（今安徽当涂东）登陆，来到钱塘（今浙江杭州），打算由钱塘江南渡浙江（今富春江）上会稽山，由于水流湍急，于是绕道向西120里，这才渡江登上会稽山，在山上祭祀了大禹。舜和禹是五帝中的二帝，传说死后分别葬在九嶷和会稽。以往秦始皇很少把五帝放在眼里，除了天和祖先也很少有所祭祀，现在却赶到南方连祭二帝，似乎已经意识到尽管自己这位

赵　高
——从1935年会文堂新记书局蔡东藩《后汉通俗演义》

皇帝功盖千古，恐怕最终也难免一死。

祭罢大禹，秦始皇在会稽山刻石留念，然后下山，经吴中（今江苏吴县）北上。秦始皇一行从江乘（今江苏镇江）渡江，又沿着海边向北，来到琅玡。他总想能在海边有所收获，遇见仙人或得到仙药，所以一直靠着海岸走，然而仍一无所获。方士徐市等人入海求仙，历经数载，耗资巨大，恐怕遭到谴责，这时就又对秦始皇胡说："蓬莱仙药是可以取到手的，只是海中的大鲛鱼常常捣乱，不能靠近仙岛。请陛下调给一些射术高超的弓箭手使用，再遇见大鲛鱼捣乱，就用连弩射它。"秦始皇听到这番胡诌，夜间做了一梦，梦见自己与海神打仗，海神的相貌与人一样。他让卜者解梦，有的博士官为了迎合秦始皇的求仙心理，插言道："水神不会轻易露面，陛下所梦见者乃是给水神站岗的大鱼、蛟龙等恶神。只要把它们除去，就可以见到善良的水神了。"于是，秦始皇命令入海的方士携带击捕巨鱼的工具，自己也准备了连弩，打算一旦大鱼出现，就亲自射击。从琅玡到成山，一路也没见到大鱼的踪影，走到之罘时发现巨鱼，于是射杀了一条。

秦始皇沿胶东半岛北岸继续向西行进，眼看求仙无望，便决定返回咸阳。连日旅途劳累，加上心情沮丧，秦始皇到沙丘（今山东平原附近）就病倒了。

当时，跟随秦始皇出游的有左丞相李斯、中车府令赵高等人，还有秦始皇的少子胡亥。虽然秦始皇已经病危，但由于他最惧怕死亡，忌讳"死"字，所以李斯等无人敢向他问及后事。不过，随着病情加重，秦始皇自己也明白死到临头了，于是给在北边监军的长子扶苏留下玺书，让他急赴咸阳主办丧事，明确地安排由扶苏来继承帝位。玺书封好后，放在中车府令赵高处。玺书还没有来得及交予使者，行舆至沙丘平台（今河北广宗西北），秦始皇就病逝了。时为始皇三十七年（前210）七月。秦始皇在位37年，称王25年，称帝12年，终年50岁。

名家评说

秦王怀贪鄙之心，行自奋之智，不信功臣，不亲士民，废王道，立私权，禁文书而酷刑法，先诈力而后仁义，以暴虐为天下始。夫并兼者高诈力，安定者贵顺权，此言取与守不同术也。秦离战国而王天下，其道不易，其政不改，是其所以取之守之者（无）异也。孤独而有之，故其亡可立而待。借使秦王计上世之事，并殷周之迹，以制御其政，后虽有淫骄之

主而未有倾危之患也。故三王之建天下，名号显美，功业长久。

——汉·司马迁《史记》

及至始皇，奋六世之余烈，振长策而御宇内，吞二周而亡诸侯，履至尊而制六合，执敲扑以鞭笞天下，威震四海。南取百越之地，以为桂林、象郡，百越之君俛首系颈，委命下吏。乃使蒙恬北筑长城而守藩篱，却匈奴七百余里，胡人不敢南下而牧马，士不敢弯弓而报怨。

——汉·贾谊《过秦论》

秦有天下，裂都会而为之郡邑，废侯卫而为之守宰，据天下之雄图，都六合之上游，摄制四海，运于掌握之内，此其所以为得也。不数载而天下大坏，其有由矣。亟役万人，暴其威刑，竭其货贿。锄梃谪戍之徒，环视而合从，大呼而成群。时则有叛人而无叛吏，人怨于下而吏畏于上，天下相合，杀守劫令而并起。咎在人怨，非郡邑之制失也。

——唐·柳宗元《封建论》

秦始皇之宜短祚也不一，而莫甚于不知人。非其不察也，惟其好谀也。托国于赵高之手，虽中主不足以存，况胡亥哉！汉高之知周勃也，宋太祖之任赵普也，未能已乱而足以不亡。建文立而无托孤之旧臣，则兵连祸结而尤为人伦之大变。徐达、刘基有一存焉，奚至此哉？虽然，国祚之所以不倾者，无谀臣也。

——清·王夫之《读通鉴论》

自从嬴政得国，专务君权，待遇百姓，好似牛马犬豕一般，凡所有督责抑勒的命令，严酷残暴的刑罚，无一不作，无一不行，也以为生杀予夺，惟我所为，百姓自然帖伏，不敢再逞，从此皇帝的位置，牢固不破，好教那子子孙孙，千代万代的遗传下去。哪知专欲难成，众怒难犯，本身幸得速死，不致陨首，才及一传，宫廷里面，就闹得一塌糊涂，戍卒叫，函谷举，楚人一炬，可怜焦土。

——蔡东藩《前汉演义》

【汉】

高祖刘邦

汉高祖刘邦（前256～前195），西汉开国皇帝。字季（一说小名刘季），出生于沛郡丰邑（今江苏丰县）中阳里的一个小康之家。父亲名瑞，母亲刘媪。公元前202～前195年在位。谥号"高皇帝"，庙号"高祖"。他经过十年的浴血奋战，终于推翻了残暴的秦王朝，建立了第二个中央集权制国家——汉朝。刘邦在位期间，采取各种宽松政策，促进了经济的发展和人口的增长，为后来的"文景之治"奠定了坚实的基础。

一、传奇经历 豪杰本色

刘邦小时候也读过一些书，但他绝非本分的读书人。他性格豁达粗犷，待人宽厚。刘邦平时很少参加家庭农业生产，他的父亲曾为此多次责备他。到青年时代，秦始皇已经统一全国，他通过考试当上了秦的泗水亭长，并与郡县小吏关系非常亲密。但他这时也成了一个酒色之徒，后来被他封为齐王的大儿子刘肥的母亲曹氏当时就是他的外妇。

尽管刘邦在生活上有失检点，但他胸怀大志。有一次，他押送夫役到国都咸阳，正碰上秦始皇出行，看到秦始皇威风凛凛地坐在仪仗护卫的车中，便由衷赞叹说："唉，大丈夫就应该像这个样子！"[1]

从咸阳回来后不久，刘邦就结了

汉高祖刘邦
——从明弘治十一年（1498）《历代古人像赞》

---

[1]语见《史记·高祖本纪》："嗟乎，大丈夫当如此也！"

婚。妻子是单父（今山东单县南）人吕公的女儿。吕公原来不住在沛县，因为和沛县的县令关系好，为躲避仇家而搬到沛县。吕公刚到沛县时，县里的豪杰吏曹听说他是县令的贵客，都来拜贺。当时萧何在沛县任主吏，他主办宴会，向来客宣布："凡贺礼不满一千钱者，都坐在堂下。"刘邦也是贺客之一，他根本没带钱，却对传达说："我贺钱一万。"传达去告诉吕公，吕公急忙亲自下堂迎接。见到刘邦后，觉得他相貌出众、气度非凡，对他十分敬重，就拉他入席就坐。酒后，吕公示意刘邦留下，提出愿意把自己的女儿吕雉嫁给他。刘邦正求之不得，因而和吕公的女儿当下成了婚。吕公的这个女儿，就是后来历史上著名的吕后。她为刘邦生了一儿一女，女儿后来称鲁元公主，儿子就是惠帝。

刘邦成家后，为了照顾家庭，不得不常常告假回家帮着干一些农活。有一次，吕雉和孩子正在田中薅草，一个过路老人向吕雉讨水喝，并声称自己会相面，见母女俩气质不凡，因此说他们都生得"贵相"。老人走后，刘邦也来到田中，吕雉把相面之事告诉他，刘邦马上追上那位老人，请他也为自己相面。老人说："刚才你夫人和儿女所以是贵相，就是因为像你，你的相贵不可言。"刘邦听了非常高兴，他对老人道谢说："如果真像你老人家所说的那样，日后我一定重赏。"

秦王朝末年，秦始皇修骊山墓需要大批劳力，刘邦受命押送刑徒到骊山。在押送的路上，刑徒们纷纷逃亡。刘邦估计到了骊山，这些刑徒差不多要跑光了。一天，走到丰邑西边的大泽里，停下来休息时，刘邦喝多了酒，仗着酒劲就把刑徒身上的绳索解开，对他们说："你们都逃命吧，我也从此逃亡了！"当时有十几个刑徒愿意跟着刘邦走，刘邦就连夜带着他们从大泽里逃亡。他命令一个人在前面探路，这个人回报说："前面有一条大蛇挡在路上，我们还是回去再找路吧。"刘邦这时已有醉意，他大声呵斥说："我们勇士走路，怕什么！"于是他冲到前面开路，拔出剑来把那条蛇一斩两段。又走了几里路后，刘邦酒性发作，躺倒在路旁。后面的人走到蛇死的地方，看见一位老太婆在痛哭，问她为什么哭，她说："有人杀了我的儿子。"又问："你的儿子为什么被杀？"她说："我的儿子是白帝的儿子，他变化成蛇，横在路上，刚才被赤帝的儿子斩杀，所以我才如此悲伤。"[1]人们当时都以为这个老太婆在说胡话，就想拿她开心，可是

---

[1] 语见《史记·高祖本纪》："吾子，白帝子也，化为蛇，当道，今为赤帝子斩之，故哭。"

斩大蛇夜走丰乡
——从1935年会文堂新记书局蔡东藩《后汉通俗演义》

老太婆却突然隐身不见了。后面的人继续向前走，等刘邦酒醒之后，便把此事告诉了他。刘邦心里暗喜，并以此自恃。此后，那些跟从他的刑徒对他更加敬畏。

早先的时候，秦始皇就经常说："东南有天子气。"所以他曾经多次东巡，试图来镇住这种云气。刘邦杀了大蛇，又听说了这种神异之事，就开始怀疑自己带着那团云气。因此，他带着那些愿意跟从他的刑徒逃亡到芒砀山区（今河南永城东北），藏了起来。但吕雉和其他人去寻找他，却常常能够很快找到。刘邦很奇怪，就问她原因。吕雉说："你藏身的地方，天空上经常有五彩祥云，所以我一找就能找到。"刘邦听后很高兴，便把此事悄悄向人们宣传，沛县及附近的青年人听说后，都愿意跟从他。慢慢地，刘邦利用迷信和自己的为人就组织了一批人在自己周围，成为当时人们公认的沛中豪杰。

秦二世元年（前209）七月，陈胜、吴广在大泽乡（今安徽宿县西南）发动起义，在攻下陈（今河南淮阳）后，陈胜称"王"，建立了"张楚"政权。沛县

县令想投降陈胜来保全自己，刘邦好友沛县主吏萧何、狱掾曹参就向县令建议说："你是秦朝的官吏，现在想背叛秦朝，领着沛中子弟起兵，他们恐怕不会听你的。最好还是把那些逃亡在外的人召回来，能聚集几百人，这样大家就不会不听话了。"县令表示同意，让吕雉的妹夫樊哙去找刘邦。刘邦这时已经聚集了好几百人，见到樊哙后便启程和他一起回到沛城。但刘邦还没到沛城，县令又开始反悔，害怕刘邦进城会杀掉自己，因此紧闭城门，并打算杀掉萧何、曹参。萧何、曹参闻讯后，急忙越城逃到刘邦处。刘邦进不了城，就写了一封信射到城里，号召沛城父老杀掉县令，响应各路义军。城中人民对县令出尔反尔非常愤恨，加上他平日鱼肉百姓，于是合力杀了县令，开门迎接刘邦，并想推举他为县令。许多父老也说："我们早就听到了许多关于你的神奇事，你肯定要成为贵人，还是由你来统领最好。"萧何、曹参等也都一致推崇刘邦。刘邦一再推辞，最后被大家拥立为"沛公"。刘邦在县令的衙门中，设坛祭祀，并宣称自己是赤帝之子而树起红色大旗，正式宣布起兵反秦。接着，萧何、曹参和樊哙等人分头去招兵买马，沛中子弟踊跃参加，队伍很快发展到了两三千人。这时是秦二世元年的九月，高祖已经48岁。

二、连年征战　为王关中

当刘邦在沛城起兵的同时，原楚国贵族的后裔项梁、项羽叔侄也在吴中起兵（今江苏吴县）。他们杀了会稽郡守，很快组成了一支8000人的江东子弟兵。其他一些六国贵族也都纷纷起兵，自立为王。

秦二世元年（前209）十二月，陈胜被车夫庄贾所杀。次年（前208）六月，项梁知道陈胜确实已死，就在薛县召集各部将领，立了楚怀王的孙子熊心为楚王，称楚怀王，定都盱眙（今江苏盱眙）。这时，秦大将章邯已经攻灭了魏国和齐国。七月，楚军经过休整，开

曹　参
——从明万历三十七年（1609）原刊本《三才图会》

始向秦国反攻。楚军连连胜利,项梁被胜利冲昏了头脑,骄傲起来,别人进谏也不采纳。九月,章邯得到秦关中的援兵后,乘项梁不备,突然夜袭定陶。结果楚军大败,项梁被杀。章邯在击杀项梁后,认为楚国已不再构成威胁,就渡河进攻赵国。赵王向楚怀王求救。接到赵国的求援信,楚怀王和众将商讨,决定分兵两路:一路以宋义为上将军,项羽为次将,范增为末将,北上救赵;一路以刘邦为将西进关中。最初,楚怀王曾和诸将约定:"先入定关中者王之。"但这时,由于秦军强大,许多将领都不愿意抢着入关。只有项羽为了给项梁报仇,要求和刘邦一起入关。楚怀王和老将们考虑:项羽为人剽悍残酷,不如刘邦宽厚仁慈。所以最终他们没有同意项羽的要求,还是派了刘邦独自率军入关。

经过连番征战,汉王元年(前206)八月,刘邦攻入武关,向咸阳逼近。秦相赵高杀死二世,派人向刘邦求和,被刘邦拒绝。九月,秦王子婴即位,他诛灭赵高,派兵在峣关(今陕西商县西北)抵挡刘邦。刘邦率军绕过峣关向秦都进攻,在蓝田之南打败秦军,接着到蓝田又大破秦军。十月,刘邦即进抵咸阳东郊灞上(今陕西西安东)。秦王子婴被迫乘坐素车白马,用带子系着颈,捧着玺印向刘邦投降。秦王朝灭亡。

十月,刘邦进入咸阳。当时他以"关中王"自居,准备就住在宫中,好好享受一番。樊哙提醒他这将重蹈秦的覆辙,他却不以为然。张良又进谏说:"秦王朝的统治残暴无道,所以才能使你进入关中。你想为天下除去残暴,自己首先就必须以朴素为资。现在刚刚入秦,却安于享乐,这是所谓'助桀为虐'。'忠言逆耳利于行,良药苦口利于病',樊哙讲的话虽有些难听,但为了夺取天下,我希望你还

张 良
——从清乾隆时期刊本《晚笑堂竹庄画传》(作者上官周)

是听从他的劝告。"这样，刘邦才听从了他们的劝告，"乃封秦重宝财物府库，还军灞上"。只有萧何带着"秦丞相御史律令图书"，回到军中。

十一月，刘邦召集各县一些有名望的人士，向他们宣布："我们这次入关，目的是要推翻秦的暴政。我们不会侵暴你们，不要害怕！'诽谤者族，偶语者弃市'，你们苦于秦的苛法已经很久。我曾与诸侯约定，先入关者做关中王，我应该做关中王。所以我现在和你们约法三章：杀人者死，伤人及盗抵罪。原来的秦法一律废除，所有官吏和行政也都保留。"刘邦派人和秦朝原来的官吏一齐到各县、乡邑去宣传。老百姓听说后非常高兴，都纷纷带着牛羊酒肉来慰问义军。刘邦辞让说："仓库里的粮食很多，我不能让你们破费。"老百姓更加高兴，惟恐刘邦不做关中王。

这时，一个谋士向刘邦献计说："秦的财富十倍于天下，地形也很险固。现在听说章邯已经投降项羽，在关中被封为雍王。他们如果来了，你恐怕就不能再做关中王了。你应该赶快派兵守住函谷关，不要让他们入关。"刘邦认为他的意见很对，于是派兵驻守函谷关。

项羽在救赵消灭秦军主力后，也率军向关中进发。汉王元年十二月，他来到函谷关。一见关门紧闭，又听说刘邦已平定关中，项羽大怒，当即命当阳君英布攻破函谷关，接着率40万大军开到戏下（今陕西临潼东北戏水西岸）。这时，刘邦的左司马曹无伤听说项羽发怒，为了日后求封，就暗中派人向项羽告状说："沛公欲称王关中，让子婴做相国，把秦的珍宝都据为己有。"项羽一听，更是火上加油，加之谋士范增也劝项羽赶快除掉刘邦，因此他下令犒劳士兵，明天一早就向刘邦进攻。刘邦当时只有10万人，在兵力上完全处于劣势。在大难就要临头之际，却来了救星。这个救星就是项羽的叔叔项伯。项伯和刘邦的谋臣张良交往甚密，张良曾救过他的命。他听说项羽马上就要向刘邦进攻，就连夜驰入刘邦军中，想把张良带走。张良却对他说："沛公有大难，我作为谋臣不能一声不吭就走，要走也得把这个事情告诉他。"张良告之刘邦，刘邦听了大惊，要张良赶快考虑对策。张良说："大王现在应亲自去见项伯，说明你不敢背叛项王。"刘邦对项伯以好酒招待，并约为儿女亲家，然后说："我入关后，秋毫不敢所取，登记吏民，封存府库，以等待将军（指项羽）。所以遣将守关，是为防备盗贼和其他意外。我日夜盼望将军到来，怎么敢反叛呢！希望您能替我向将军说明这个情况。"项伯答应了，并对刘邦说："你明天拂晓定要亲自去对项王赔礼。"刘

约法三章
——从清康熙二十年（1681）承宣堂刊本《圣谕像解》（清梁延年编）

邦答应后，项伯即连夜返回，把刘邦的话告诉了项羽，并劝项羽说："沛公不先破关中，你能顺利入关吗？人家有大功，不该这样对待，还是好好相待才是。"项羽表示同意，取消了进攻计划。

第二天一早，刘邦率张良、樊哙和一百多个骑兵来到项羽的营帐鸿门，向项羽赔礼。项羽宴请刘邦，席上明争暗斗，剑拔弩张，演出了历史上的"鸿门宴"。[1]鸿门宴后，项羽即率兵西屠咸阳，杀秦王子婴，烧秦宫室，掳掠财物妇女，然后东归。到汉王元年（前206）二月，他以最高统帅的身份，尊怀王为义帝，立诸将为王侯。诸侯王共分封了19个：项羽自立为西楚霸王，管辖梁、楚九郡，定都彭城；立高祖为汉王，管辖巴、蜀、汉中41县。

四月，项羽遣诸侯各自就国。刘邦没有办法，也只好前往南郑（今陕西汉中）。项羽当时只给了他3万士兵，加上自愿随从的几万人，也不到10万人。为了防备其他诸侯的袭击，也为了向项羽表示不再争夺天下，刘邦接受张良的建议，把通往汉中的栈道烧了。这样，从陈胜开始反秦到秦灭亡，长达三年的战乱暂时平息。

三、楚汉相争　中原逐鹿

刘邦虽然来到了南郑，但他并不甘于受封为汉王。只是考虑到自己势单力孤，才没有立即起来反对项羽。而到了南郑，情况发生了变化：一方面，刘邦所率士卒不服水土，日夜思念东归，形势迫使他必须立即决断；另一方面，项羽分封不均，齐国田荣起兵反叛，也为刘邦提供了东进的机会。刘邦决定出关与项羽决一雌雄。恰好丞相萧何又向他推荐将才韩信，认为"必欲争天下，非信无可与计事者"，刘邦便任命韩信为大将。韩信向他建议："我们的军吏和士卒都是山东（指函谷关以东）人，他们日夜企望东归，借助这股士气，可以建立大功。我们应该立即决策，率军东进。"刘邦非常高兴，就让他全权部署作战计划。汉王元年（前206）五月，刘邦以萧何为丞相，留守巴蜀，安抚后方，自己则和韩信率领大军暗度陈仓（今陕西宝鸡东），很快占领了整个关中，楚汉战争正式

---

[1] 事见《汉书·高祖帝纪》："沛公旦日从百余骑见羽鸿门，谢曰：'臣与将军戮力攻秦，将军战河北，臣战河南，不自意先入关，能破秦，与将军复相见。今者有小人言，令将与臣有隙。'羽曰：'此沛公左司马曹无伤言之。不然，籍何以至此？'羽因留沛公饮。……"

鸿门宴张樊保驾
——从1935年会文堂新记书局蔡东藩《前汉通俗演义》

爆发。

汉王二年（前205）十一月，正当项羽与齐、赵激战时，刘邦率兵出关向中原进军。汉军声势浩大，河南王申阳主动投降，刘邦置其地为河南郡。郑昌顽抗，被韩信击破，也被迫投降。

三月，刘邦北渡黄河，西魏王豹带兵投降。殷王司马欣负隅顽抗，被刘邦击败后俘虏。接着，刘邦又南渡黄河，攻克洛阳。四月，刘邦率各路诸侯，兵力达56万人，向东伐楚，很快攻下了彭城。

项羽知道刘邦出关东进后，并没有立即回师迎战。他准备把齐国彻底击破后，再全力对付刘邦。这时听说刘邦已经占领彭城，便率领精兵3万，急返彭城。当时刘邦还在彭城置酒和各路诸侯庆功，楚军在早晨向汉军发动进攻，一日之中，大破汉军。汉军沿谷、泗二水退逃，被杀死十几万人。又在灵璧（今属安徽）东濉水上被项羽追上，又有十几万汉军被杀死，尸横遍野，"濉水为之不流"。刘邦仅与数十骑逃脱，路上恰遇女儿和儿子，而父亲和妻子早被楚军俘

虏。各路诸侯看到高祖大败，纷纷叛离。

刘邦退到荥阳（今河南省郑州市西部），收集逃散士卒。这时，萧何从关中派来增援部队，连56岁以上的老人和不满20岁的青年都被征入伍。同时韩信也收兵前来会合，汉军复振。五月，在荥阳南边京、索之间击破楚军，使楚军不能越过荥阳以西。在此期间，刘邦还派说客说服英布叛楚。英布是项羽手下的一员猛将，他的反叛不仅使项羽丧失了一支重要的力量，同时由于项羽要分兵平叛，也给刘邦的正面战场减轻了压力。

当时，汉军在荥阳一带设防。为了保证军粮，汉军修筑甬道，从黄河上通过，到原秦的大粮仓敖仓去搬运粮食。项羽多次侵夺汉军的甬道，想断绝汉军的粮草。

四月，项羽包围了荥阳。刘邦无奈，向项羽请和，以荥阳以西为汉。项羽准备答应，但范增认为："现在要彻底消灭汉已经很容易，如果放过机会，无异于放虎归山。"于是，项羽听从范增的意见，猛攻荥阳。刘邦使用陈平之计，离间项羽和范增。项羽派使者到荥阳劝降，刘邦让人捧着丰盛的食物去招待，看见使者，假装惊愕说："我以为是亚父（项羽称范增为亚父）的使者，原来却是项王的使者。"然后把好菜好饭拿走，换上很差的饭菜。使者很生气，回去报告项羽。项羽从此怀疑范增与汉私通，不再采纳范增的一些主张。范增为此大怒，对项羽说："天下事大局已基本定了，大王你好自为之吧。你让我还是做一个普通百姓安度天年吧。"这样，范增就离开了项羽，还没有走到彭城，就背上生疮气愤至死。

五月，楚军对荥阳的攻势更加猛烈。荥阳形势危急，在这种情况下，将军纪信建议刘邦，让自己代替他假装投降，以使刘邦借机逃离。于是夜半时分，从城东门先放出2000多名身着甲胄的

樊　哙（清人绘）

妇女，楚军立即从四面围打。这时纪信坐着刘邦的车子，假扮成刘邦的样子，从东门出，向楚军说："食尽，汉王降楚。"楚军以为真是汉王刘邦，便高呼万岁，都到城东观看。刘邦则带着几十个骑兵从西门突围而走。项羽没有捉住刘邦，气得把纪信烧死了。

项羽占领荥阳后，接着又攻克重镇成皋（今河南荥阳汜水镇）。汉王四年（前203）十月，成皋被刘邦攻克。攻占成皋后，刘邦立即进围荥阳。项羽听说成皋失守，立即回师。刘邦撤围后退，两军在荥阳东北的广武山形成对峙。对峙数月，项羽感到这样下去对自己不利。因为刘邦夺取成皋后，可以从敖仓取得军粮，而楚军却由于彭越在后方骚扰，粮道经常遭到袭击，军粮供应不上。项羽把前时俘虏的刘邦的父亲太公带到了阵前，对刘邦说："现在你不赶快投降，我把你的父亲烹了。"不料刘邦对此毫无畏惧，竟说："我和你曾受命怀王，'约为兄弟'。我的父亲就是你的父亲，如果你一定要烹了你的老子，那么看在兄弟份上也分给我一碗肉汤吧。"[1]项羽气得发昏，当时就要杀掉太公。项伯劝他说："究竟谁能得到天下还不知道，况且争夺天下的人六亲不认，即使杀了也不起作用，只会使两方的怨仇更深罢了。"项羽只好作罢。

不久，项羽又向刘邦单独挑战。刘邦却笑着拒绝说："我和你只斗智，不斗力。"然后指责项羽的十大罪状，骂项羽是秦朝残贼，项羽听后大怒，弯弓射

项羽
——从清康熙三十三年（1694）刊本《无双谱》（金古良编绘，朱圭刻）

[1]语见《史记·项羽本纪》："吾与项羽俱北面受命怀王，曰'约为兄弟'，吾翁即若翁，必欲烹而翁，则幸分我一杯羹。"

中了刘邦的胸部。

双方这样对峙了10个月，刘邦兵盛食多，项羽兵疲食绝。最后在辩士侯公的说和下，刘邦和项羽约定：双方以鸿沟（今河南荥阳、中牟、开封一带）为界，"中分天下"，西边属汉，东边归楚。项羽送还了刘邦的父亲和妻子。

鸿沟之约后，项羽率兵东去，刘邦也想引兵西还。张良、陈平进谏说："汉已据有天下大半，诸侯又都归附，楚已兵疲粮尽，这是天要亡楚之时，不借这个机会消灭项羽，那真是养虎遗患了。"刘邦醒悟，立刻向楚军追击。

汉王五年（前202）十月，刘邦在阳夏（今属河南太康）之南追上项羽。他与韩信、彭越约期会师，共击项羽。到了固陵（今河南太康西），韩、彭两军未至，项羽向刘邦发起攻击，汉军大败。刘邦只好又坚壁固守。他向张良寻求计策，张良说：若能以齐地实封韩信，以梁地实封彭越，他们肯定会全力帮你击败项羽。于是刘邦派人通告韩信和彭越，只要他们并力击楚，打败项羽后，就封他们为齐王和梁王。韩、彭立即回报："我们马上进兵。"这时，楚大司马周殷也被刘邦劝降，淮南王英布也带兵前来会战，汉军在兵力上占据了绝对优势。到十二月，双方在垓下会战，汉军30万人团团围住了项羽。

项羽当时已兵少粮尽。一天夜里，他突然听到汉军四面唱起了楚歌，以为汉军已全部占领楚地。他心中悲伤，便起来在帐中饮酒。他让美人虞姬陪饮，命人牵来心爱的坐骑"乌骓"，然后悲歌慷慨地唱着："力拔山兮气盖世，时不利兮骓不逝。骓不逝兮可奈何，虞兮虞兮奈若何！"

虞 姬
——从清《百美新咏图传》（颜希源编，王翙绘）

虞姬则和唱说："汉兵已略地，四方楚歌声。大王意气尽，贱妾何聊生。"二人唱了几遍，虞姬就饮泪自刎。项羽泪流数行，跨上骏马，率骑兵八百，连夜突围而出。

天亮以后，汉军才发觉项羽已经突围。刘邦令骑将灌婴率骑兵五千追击。项羽渡过淮河，只剩下一百多人随从。到阴陵（今安徽定远西北），项羽迷路，引兵向东，至东城（今安徽定远东南）被灌婴追上。这时项羽身边只有二十八骑，他奋力与汉军激战三次，杀死汉军几百人，最后拔剑自刎。楚汉战争终于以刘邦的胜利而告终。

四、汉承秦制　帝国一统

汉王五年（前202）正月，刘邦按照与韩信、彭越的约定，立韩信为楚王，彭越为梁王。于是韩信、彭越和原已策立的淮南王英布、赵王张敖、燕王臧荼、韩王信以及前不久封为长沙王的吴芮上疏共尊刘邦为皇帝。刘邦推辞，众人都说："大王出身贫贱，讨灭乱秦，又以汉王诛灭不义，平定天下，立功臣，不为私，所以与诸侯王的名号不太相称，唯称皇帝实宜。"刘邦说："如果你们真认为这样会对天下人民有利，那就听你们的吧。"二月初三，刘邦于山东定陶汜水之阳正式称皇帝，史称汉高祖，定国号为汉。接着，他下诏尊王后吕雉为皇后，太子刘盈为皇太子。

汉高祖刘邦定都洛阳，五月，在洛阳的南宫举行盛大的庆功宴会。会上，高祖让群臣畅所欲言，总结汉胜楚败的经验教训。高起、王陵认为：高祖能"与天下同利"，而项羽却"不予人利"，这是项羽所以失败的原因。高祖却认为他们只知其一，不知其二。他说："要讲运筹帷幄之中、决胜千里之外，我比不上张良；讲镇守国家安抚百姓，供给粮饷，我比不上萧何；讲率军百万，战无不胜，攻无不克，我比不上韩信。但我能任用他们发挥出他们的聪明才智，这才是取得胜利的原因。而项羽只有一个范增，却又不能善加任用，这是他失败的原因。"[1]对于高祖的分析，群臣都表示悦服。

---

[1] 语见《史记·高祖本纪》："……夫运筹策帷帐之中，决胜于千里之外，吾不如子房。镇国家，抚百姓，给馈饷，不绝粮道，吾不如萧何。连百万大军，战必胜，攻必取，吾不如韩信。此三者，皆人杰也，吾能用之，此吾所以取天下也。项羽有一范增而不能用，此其所以为我擒也。"

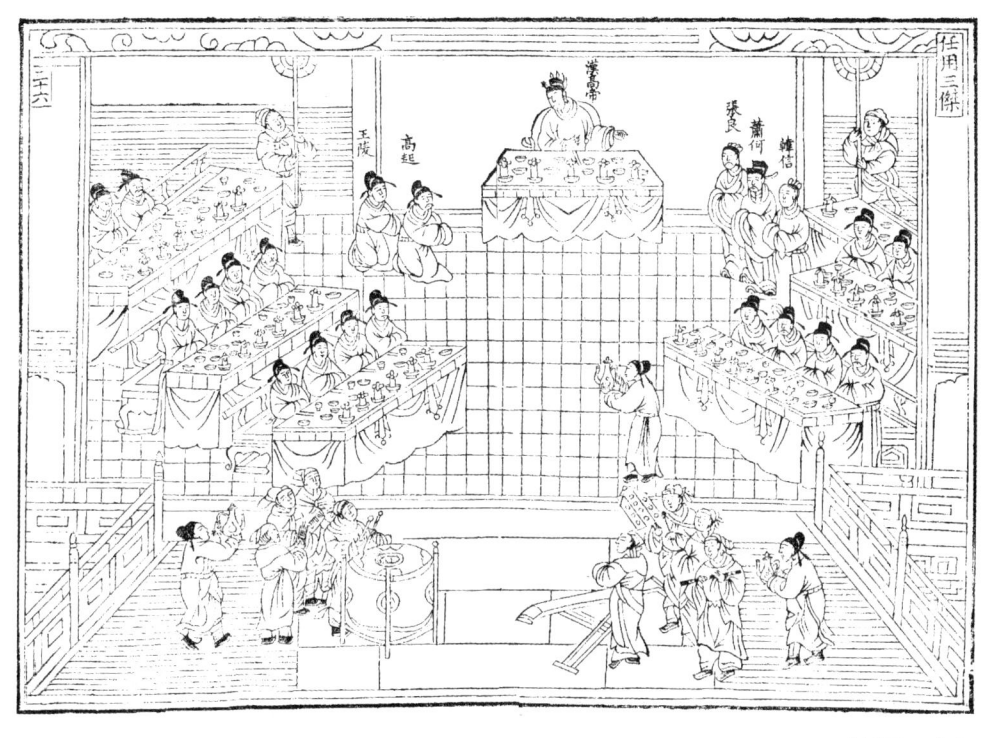

《任用三杰》
——从明万历元年（1573）纯忠堂刊本《帝鉴图说》（张居正著）

这时，戍卒齐人娄敬从山东赶来洛阳，求见高祖。他认为高祖夺取天下的方式和周朝不同，不应当像周那样定都洛阳，而应据秦之险，定都于关中。高祖把他的意见交给群臣讨论，许多人表示反对，认为还是在洛阳好。只有张良支持娄敬，他对高祖说，关中是"金城千里，天府之国"，攻守兼备，地理位置十分优越。高祖非常赞成，于是即日起驾，西迁关中，定都于长安。因为长安地处西方，和后来光武帝定都洛阳重建的汉朝相对，所以后世史家称为"西汉"。

"汉承秦制"，西汉基本继承了秦朝的制度。和秦一样，汉中央政府由皇帝总揽大权，下设各级官吏，主要是三公九卿。三公是丞相（汉初称相国）、太尉和御史大夫。丞相协助皇帝处理政务，是全国最高官员；太尉掌管全国军事，是最高军事长官；御史大夫主要是监察百官，是全国最高监察官。九卿：一是奉常（太常），掌管宗庙祭祀，朝廷礼仪；二是郎中令（光禄勋），掌管皇帝警卫和宫廷事务；三是卫尉（中大夫令），掌管皇宫门卫；四是太仆，掌管皇帝车马仪仗；五是廷尉（大理），掌管刑狱；六是典客（大行令、大鸿胪），掌管少数民族事务；七是宗正（宗伯），掌管皇帝亲属；八是治粟内史（大农令、大司农），掌管全国财政；九是少府（考工），掌管皇帝私人财政。

地方政府也基本上和秦一样，实行郡县制。秦初分全国为36郡，末年又增设数郡。汉初，高祖在全国设置了15个郡，后来，在消灭异姓王时又陆续恢复了一些郡县，同时又从秦时的大郡中分设了一些小郡。这样，加上汉初的15个郡，一共是36郡。汉代乡的组织与秦略有不同，即规定在各乡的三老中，推选一人为县三老，其作用是要他们"与县令、丞、尉以事相教"，加强县乡之间的联系。

与秦不同的是，高祖除了继续推行郡县制外，还分封了一些诸侯王国，汉代郡县制度和诸侯王国并行。汉初时，高祖分封了7个异姓王国，后来除了长沙王吴芮，其余都被陆续消灭。但在削平异姓王的过程中，高祖又分封了9个同姓王，他们都是高祖的子、侄、兄弟。高祖规定：诸侯王国的地位与郡相等，王国的相国（后改为相）和太傅必须由中央委派，代表中央处理政务，没有中央的虎符，诸侯王不得擅自发兵，诸侯王不得违反中央政令等。在诸侯王国以外，高祖还分封了许多侯国。这些侯国的地位与县相等，大多是封赏给有功之臣的。

为了维护尊卑等级，高祖还沿用了秦的20级爵位制度。在秦朝法律的基础上，高祖也改制了新的法律，就是汉代著名的《九章律》。在制定法律的同时，高祖又仿效秦朝建立起一套礼仪制度。总之，通过以上一系列措施，统一的中央集权的封建大帝国又重新建立起来。

汉承秦制集中体现在礼法制度方面，但汉高祖刘邦的统治政策却与秦王朝有所不同，而这种不同，正是借鉴秦朝灭亡的教训而总结、制定、推行的。

经过长达8年的战乱，全国人口锐减，经济凋敝。故此，汉高祖刘邦首先采取措施，解决

韩 信
——从清乾隆时期刊本《晚笑堂竹庄画传》（作者上官周）

劳力不足的问题：释放囚犯，流民返乡，军人解甲归田，解放奴婢，鼓励生育。同时，调整土地，发展地主经济。

为了调动农民的生产积极性，在秦的赋税制度基础上，高祖采取了轻徭薄赋政策，还通过"赐爵""复爵"来调动农民的积极性。在重点发展农业生产的同时，高祖也对工商业的政策作了调整。主要措施就是放宽对私人工商业的限制。结果不仅振兴了工商业，也促进了农业生产。

为了保证人民能有一个安定的环境从事生产，汉高祖还比较妥当地处理了与匈奴的关系。他采用"和亲"策略，以宗室女为公主嫁给冒顿单于，并送给匈奴大批财物。这样一来，匈奴对中原的骚扰大为减少，汉、匈之间暂时出现了和平，从而给中原人民提供了一个相对安定的生产环境。

由于以上措施和政策的施行，汉初的农业生产大大发展，经济很快得到了恢复。到惠帝、吕后统治时期，民间已经是"衣食滋殖"。到武帝初年，更是出现了"都鄙廪庾皆满，而府库余货财"的经济空前繁荣的景象。

五、软硬兼施　巩固皇权

汉高祖刘邦做了皇帝，难免有一些意骄志满。高祖九年（前198）十月，他设宴招待英布等人时，曾对父亲不无得意地说："早先您老人家总是说我无赖，不如我二哥能治产业，现在您再看看，是二哥的产业多，还是我的多？"高祖享尽了皇帝的特权，口极其味，耳尽其声，怀拥爱姬，恣其所欲。但是他也丝毫没有忘记：天下并不太平，隐患犹在。一是分封的异姓王，他们各自"拥兵据地"，擅长军事，不少人对中央怀有不轨之心。二是中小将领，他们都曾为高祖立过汗马功劳，虽然实力不强，但如果处理不当，也会带来不小的麻烦。三是六国残余贵族在地方很有势力，一有机会，还会死灰复燃。四是相权太重，人们忠君意识淡薄，而同姓王的问题也相当棘手。为了巩固统一和强化皇权，高祖从称帝到去世前后八年间，始终都在致力于消除这些隐患。

高祖首先解决异姓诸侯王问题，其中最酷烈的要算解决韩信了。高祖六年（前201）十二月，有人就揭发最大的异姓王韩信阴谋叛乱。高祖当时将信将疑，就问诸将怎么办才好，诸将说："赶快发兵杀了他。"陈平却认为楚国兵精，如果发兵攻之，无异于自己挑起战端，不如假装巡狩云梦，通知各个异姓王到陈县（今河南淮阳）会面。韩信肯定会前来谒见，那时只要有一个力士，就可以不费事地把他抓起来。高祖照计实行。韩信一到陈县，当即被高祖逮捕。韩信大叫冤枉，他说："果然像人们说的那样：'狡兔死，走狗烹；高鸟尽，良弓藏；敌国破，谋臣亡'。天下已平定，我本来就该给烹了。"高祖对他说："你不要大声嚷，有人告你谋反。"然后就把韩信捆绑起来，押上囚车。但到了洛阳，因查无实据，高祖又被迫赦了韩信，将其降为淮阴侯。这样一来，韩信对高祖心存怨恨。

高祖七年，韩信密谋让陈豨在外地造反，诱使高祖亲自率兵平叛，自己在都城发兵袭击吕后和太子。不料被人告密，吕后采用萧何的计策，把韩信骗入宫中逮捕，将其杀死于长乐宫的钟室。

这样，经过7年不懈的努力，除长沙王吴芮作为点缀外，高祖终于削平了异姓王。

汉高祖在消灭异姓王的同时，还较为妥当地解决了安置中小将领的问题。高祖六年，他分封萧何等大功臣20多人后，由于中小将领很多人都争功不决，暂时没有行封。有一次，高祖在洛阳南宫的阁道上，望见很多将领坐在沙地上窃窃私语，就问张良："他们在说什么？"张良说："陛下还不知道吗？他们是在谋反。"高祖有点不明白："天下已经安定，为什么还要谋反？"张良解释说："他们是怕陛下不能尽封，还怕陛下记仇杀掉他们。"高祖问张良怎么办，张良则问高祖平生最恨而又人所共知的人是谁。高祖说是雍齿，因为他功劳多、忍心少。张良便说："现在应赶快封雍齿为侯，大家看到雍齿都能先受封，自然人人安心，不会忧虑了。"不久，高祖大摆宴席，封雍齿为什方侯，并催促丞相、御史赶快"定功行封"。这一招果然很灵。酒后，大家都非常高兴地说："雍齿还能封侯，我们肯定也都能封侯了。"

萧 何
——从明万历三十七年（1609）原刊本《三才图会》

至于对六国的残余贵族，汉高祖也同样没有忘记要削弱他们的力量。高祖九年（前198），他接受娄敬的建议，并命娄敬把六国的残余贵族和各地的一些名门豪族十几万人都迁到了关中。这样一来，既便于高祖对他们进行控制，也使他们丧失了原本在当地的社会基础。

为了更加稳固统治，高祖即位后还极力强化皇权。这是因为当时封建专制主义刚刚建立，不少人仍然保持着战国以来那种"士无常君，国无定臣"的旧观念。故此，高祖决定从礼仪规制和观念道德上加以引导、整肃。在这方面，他干了两件很漂亮的事情。一是尊父亲为太上皇。当时，高祖为了表示孝顺，五天就去拜见一次太公。太公习以为常，可是他的属官却认为这不符合礼法，就对太公说："天无二日，地无二王。皇帝虽然是您的儿子，但是人主；您虽然是他父亲，却是人臣。怎么能让人主拜见人臣呢？这样的话，皇帝的威重就没法实行了。"于是高祖再来拜见时，太公就手持扫帚出门迎着退行，不再让高祖拜见。高祖大惊，赶快下车去搀扶父亲。而太公说："皇帝是人主，怎么能为我乱了天下礼法！"高祖知道是太公的属官所劝后，对属官能够明白自己的心意很欣赏，就赐给他们黄金五百斤，然后下诏尊太公为太上皇。这样，他既可以名正言顺地拜见太上皇，又借机宣扬了皇帝的至高无上。

二是对季布、丁公的不同处理。季布和丁公两人是异父同母兄弟。楚汉战争时，他们都是项羽手下的大将。季布曾率兵几次把高祖打得很狼狈，手下一点也不留情；丁公也曾率兵追击过高祖，但最后还是把高祖放了。高祖称帝后，想起季布给自己的难堪，就下令捉拿季布。可又一想自己也正需要忠臣来巩固统治，于是就改变初衷，下令赦免季布，拜季布为郎中。丁公听说季布都能赦免拜官，自己曾对高祖有恩，如果去见高祖肯定更会受到重赏。因此他就去谒见高祖。但没想到高祖却把他抓了起来，对群臣说："丁公给项王做臣不忠，就是他使项王失去了天下。"接着就把他杀了，在军中示众，并对群臣说："让以后做人臣的都知道不要像丁公那样！"

除了引导、整合外，汉高祖也采取铁腕手段打击权臣，巩固皇权，萧何系狱就是一例。高祖感到相权太重，对皇权已造成威胁。高祖十二年，高祖平定英布叛乱回到长安不久，萧何代表老百姓对他建议说："长安地方狭小，而上林苑中空地很多，已经废弃。希望陛下能下令允许百姓进去耕作，不要把它变成了养兽的场所。"高祖听了大怒，说他是受了商贾的贿赂，才来为他们请求开放上林

西汉彩绘骑兵俑

此俑出土于汉高祖刘邦长陵陪葬墓,现藏于陕西历史博物馆。

苑的。因而不顾多年交情,下令把萧何逮捕,关进监狱。有人问高祖相国犯了什么大罪,高祖解释说:"我听说李斯做秦始皇的相国,有功都归于秦始皇,有坏事都算是自己的。现在相国却接受商贾的贿赂,为他们请求开放我的上林苑,讨好百姓。所以我要把他关进监狱治罪。"通过整治萧何,高祖不仅打击了相权,而且更加提高了皇帝的权威。

汉王朝的统治越来越巩固,然而,汉高祖刘邦也已经心力交瘁。高祖十一年,他平定英布叛乱时被流矢射中,在回长安的路上开始发病,回到长安后病已经很重。当时吕后曾派人请了一位良医来治病,高祖问他自己的病情如何,医生安慰他:"病还可以治。"高祖知道自己的病已经难以医治,怒骂医生说:"我一布衣,提三尺剑取得天下,这不是天命吗?天命决定我就要死,即使是神医扁鹊来了又有什么用呢!"[1]然后他赐给医生50斤黄金,就让他回去了。吕后看到高祖要不久人世,就问:"陛下百岁以后,萧相国假如也死了,可以让谁来接替?"高祖回答曹参。吕后又问曹参死后谁可接替,高祖说:"王陵可以接替曹参,但王陵缺乏计谋,可以让陈平帮助他,陈平智谋有余,但难以独任。周勃为人敦厚,不善言辞,但安定刘氏的一定是周勃,可以让他担任太尉。"吕后又问以后的政事安排,高祖说:"以后的事你也不会知道了。"

高祖十二年(前195)四月二十五日,汉高祖刘邦辞世,终年62岁(一说53岁)。死后葬长陵,庙号"高祖"。

---

[1] 语见《汉书·高祖帝纪》:"医入见,上问医。曰:'疾可治。'于是上嫚骂之,曰:'吾以布衣提三尺取天下,此非天命乎?命乃在天,虽扁鹊何益!'"

名家评说

故汉兴，承敝易变，使人不倦，得天统矣。

——汉·司马迁《史记》

初，高祖不修文学，而性明达，好谋，能听，自监门戍卒，见之如旧。初顺民心作三章之约。天下既定，命萧何次律令，韩信申军法，张苍定章程，叔孙通制礼仪，陆贾造《新语》。又与功臣剖符作誓，丹书铁契，金匮石室，藏之宗庙。虽日不暇给，规摹弘远矣。

——汉·班固《汉书》

文帝刘恒

汉文帝刘恒
——从明万历三十七年（1609）原刊本《三才图会》

汉文帝刘恒（前202~前157），西汉第三代皇帝。刘邦第四子，母薄姬。公元前180~前157年在位。谥号"孝文皇帝"，庙号"太宗"。他为政清明，励精图治，颇有作为。在位23年多，创造了历史上的有名的盛世"文景之治"。汉文帝也是历史上有名的仁君。

一、身世忧患　一朝升腾

刘邦生有八子，其中吕后只生了老二刘盈，后继位为汉惠帝，却不幸早逝。吕后为了掌权，对庶出的其余诸子大加迫害，有四人为其所害，只有老大刘肥善终。到吕后去世时，儿子中只剩下淮南王刘长和代王刘恒。

刘恒在诸子中，地位是最不起眼的。这是由他母亲薄氏的地位决定的。

汉高祖三年（前204），刘邦的军队打垮了项羽封立的魏国，把魏王豹的宫人俘掳到荥阳，要她们织布。有一次刘邦闲逛到了织布的房子里，见一女子有些姿色，就把她要进了后宫。这个女子的父亲是吴（今苏州市）人，姓薄，在秦朝时与原魏王宗室女子魏媪私通生了她。刘邦把薄氏要到后宫，转脸就把她忘了。过了一年，战争形势好转，刘邦有了闲心，与管夫人、赵子儿两个美人取乐。这两个美人是与薄氏一起从魏宫被掳来的，而且彼此都很要好，当初曾相约"富贵莫相忘"。此时，她们早已忘却了当初的誓言。她们把与薄氏的誓言当笑料说给刘邦听，刘邦听了，"心惨然，怜薄氏"，当天就把她召了来"幸之"。薄氏对

刘邦说："我昨天夜里梦见一条苍龙盘在我的肚子上。"刘邦说："这是要尊贵的兆头，我成就你。"薄氏遂在汉高祖五年（前202）生了刘恒。

刘邦后来极少再宠幸薄氏，薄氏母子生活在宫中被冷落的边角里，逢事多加考虑，谁也不能得罪，处处谨慎小心，刘恒也就在朝臣的眼里留下了一个"贤智温良"的好印象。公元前197年，萧何等33位朝臣举荐，七岁的刘恒被封为代王。吕后去世的前一年，曾让刘恒任赵王，刘恒想起在此一任上死去的三个兄弟，婉言谢绝，吕后遂封侄子吕禄为赵王。刘恒的母亲薄氏，终刘邦之世，一直处在"诸姬"当中，从没有升到"夫人"的行列。故此，他们母子才能躲过吕后的迫害，平安地活下来。

吕氏死后，宫廷发生变乱，太尉周勃、丞相陈平诛杀诸吕，控制了朝政。此时，大臣们开始筹划皇位的继承。大家认为当时的小皇帝刘弘根本就不是惠帝后代，不宜保留；齐王刘襄虽说是高皇帝的嫡长孙，但外舅是恶人不能立；淮南王刘长年幼，母亲娘家人又很坏，不能立。权衡一番，最后认为"代王在现存高皇帝儿子中年龄最大，为人仁孝宽厚，太后娘家的人谨慎善良，加上立长子本来就名正言顺，所以代王是最合适的人选"。

闰九月，周勃、陈平等朝中大臣秘密派使者去代郡，迎接刘恒到长安去当皇帝。郎中令张武等一派人全都认为这事不可信，劝刘恒托病拒绝。中尉宋昌认为迎立是真实的，不应怀疑：刘氏的天下是天意神授，深入人心，谁也改变不了的；现在刘邦的儿子中只剩下淮南王刘长和代王刘恒二人，刘恒年长而又"贤圣仁孝"，名声好。虽然宋昌的分析不无道理，但毕竟是推测，不好定夺。刘恒找他的母亲代王太后薄氏，太后也说不出个所以然来。

于是，刘恒以占卜决疑。结果得兆"大横"（烧灼龟甲后，龟甲上显现出的条大的横向裂纹。），释文说："大横裂纹正正当当，我要成为天王，让父业发扬光大，像夏启继承大禹那样。"刘恒听了这段话后，表示不解，他说："我本来就是王了，还再当什么王呢？"卜人说："这里说的是'天王'，是天子的意思。"

为了保证万无一失，刘恒派母亲薄氏的弟弟薄昭赴长安，求见周勃等朝臣。薄昭很快回复，说事实如此，无可怀疑。刘恒要宋昌陪同自己坐在代王的专用车里，要张武等6人每人乘一辆驿站平常用的普通车子作为随从，组成一支小小的车队，登上了前往长安的道路。

迎代王废死故君
——从1935年会文堂新记书局蔡东藩《前汉通俗演义》

　　车队行到离长安城约50里的高陵（今陕西高陵），刘恒停了下来，他要宋昌先到长安去看看有没有发生变化。宋昌到了长安，见朝中自丞相以下的所有大小官吏都早已在那里等候迎接代王的到来。宋昌返回报告刘恒，刘恒命车队快马加鞭赶到了渭桥。群臣拜见，口口称臣，刘恒也下车一一还礼。太尉周勃走上前去对刘恒说："请暂离众人，说几句话。"宋昌说："如果讲的是公事，就当着公众讲；如果是私事，王者是大公无私的。"周勃就跪在地上，从怀里拿出皇帝宝玺，向代王刘恒奉献。刘恒没有接受，说："这事到代邸（代国驻国都的办事机构）再作商量。"刘恒并非不愿当皇帝，只是认为周勃的做法太简单草率了。

　　刘恒的车子很快进了代邸，群臣也一齐随从而来。丞相陈平、太尉周勃、大将军陈武、御史大夫张苍、宗正刘郢、朱虚侯刘章、东牟侯刘兴居、典客刘揭等8名谋划和发动政变的骨干人物到刘恒面前礼拜，并宣读了他们联名给刘恒的上表。表中说：现在的小皇帝刘弘等人都不是惠帝的儿子，没有奉祀宗庙的资格。又说：他们征求了高皇帝刘邦的大嫂、二嫂、同曾祖的弟兄琅琊王刘泽，以及其他宗室、列侯、俸禄二千石的官吏们的意见，认为刘恒应当成为皇帝的继承人，请他即天子位。在这道上表中集中了刘氏宗亲和上层官吏的意见，而且把宗亲放在首位，既符合刘恒的意愿也合于他的利益。但在刘氏宗亲中楚元王刘交的态度没有讲到，这使刘恒不放心。刘交是刘邦的同父异母弟，是刘恒的叔父，他的态度既可影响一部分宗族，也可影响一部分官吏，万一他提出异议，朝臣将如何对待？刘恒在答词中把这个问题端了出来说："奉祀高帝宗庙，是大事。我不才，与此不相称。希望请楚王考虑个更合适的人，我不敢担当。"结果是"群臣皆伏，固请。"这表明即使刘交有异议，群臣也不会受到影响。于是刘恒就先面向西以宾主礼说了三遍"不敢当"；然后又面向南以君臣礼说了两遍"不敢当"。既然用起了君臣礼，那就是已经当起来了。群臣最后献上玺和符。刘恒说："既然宗室、将相、王、列侯都以为没有比我更合适的人选，我也就不敢再推辞了。"于是即了"天子位"，群臣以次排列，侍奉两旁。

陈 平

当晚，刘恒住进了皇宫未央宫。

二、巩固地位　稳定政权

从不起眼的地位做到皇帝，从边远小郡住进皇宫，汉文帝刘恒历经周折，而要保持这地位和尊荣更属不易。因此，汉文帝刘恒即位后采取了一系列措施，巩固自己已得的地位。

文帝首先从卫护自己的安全做起。驻守长安的南军和北军直接控制长安，自刘邦死后，分别由吕后的两个娘家侄子吕产和吕禄掌握。进入未央宫当晚，文帝就夺去吕产和吕禄的军权，任命宋昌为卫将军，统帅长安南北军；又命张武为郎中令，负责守卫宫殿门户，统领直接为皇帝服务的各种官员，确保他在长安的基本安全。

任命完毕以后，文帝又给丞相、太尉、御史大夫下达了第一道诏书，要他们发布皇帝即位的公告，并"赦天下，赐民爵一级，女子百户牛酒，酺五日"。总之，要在帝国范围内为皇帝的即位造成一种大喜大庆的气氛。与此同时，吕氏所立的小皇帝、梁王、淮阳王、常山王分别在各自的住所被处死。

接着，文帝又采取几项措施收买人心、培植势力。首先，表彰、赏赐功臣。凡是在推翻诸吕和拥立过程中立了功的，一一表彰他们的事迹，给予厚赏；功大而无爵的，除赏赐外，再封侯。对于从代国陪同他来长安的臣僚，文帝专门进行了功绩登记，首功自然属宋昌，前已封宋昌为卫将军，又封宋昌为壮武侯。其次，安置亲近官吏，凡自代国随从而来的，一律安置在重要的位置。除宋昌外，其余六人，"官皆至九卿"；舅父薄昭为车骑将军，封轵侯。再次，恢复刘氏宗族在吕后当政时期被削夺的封地和其他利益。"吕氏所夺齐、楚地，皆归之"；立赵幽王刘友之子刘遂为赵王等等。第四、对曾随从刘邦征战夺取天下的列侯、官吏提高待遇。"列侯从高帝入蜀汉者68人益邑各300户"；"吏二千石以上从高帝"者10人，食邑600户等等。

如果说以上措施重在笼络，那么另外一项就意在抑制和排挤了。文帝即位不久，下达诏书说，大批列侯居住京师，不仅要消费大量财富，给运输供应造成沉重负担，而且也使他们没有办法"教训其民"，因此命令：列侯都要各到自己的封国里去；有官职在身不能离开，或朝廷特许留住的，也要把太子遣送封国。这是一道与上层人物关系重大的命令，遇到了相当大的阻力，列侯们除了爵位以外，还想在京师寻找到有权力的职位，所以托辞不走，诏书下达一年之久不见行动。文帝有些恼火，再次下诏说："前时诏书要列侯各到封国，托辞不走。丞相（指周勃）是我所器重的人，请他为我率领列侯到封国。"文帝要丞相带头到封国，以此挡回列侯们不受器重的怨言，表明他这样做不仅是治国的需要，而且也是对列侯们的真正器重。于是周勃的丞相之职被免，回到了他的封地绛县（今山西曲沃东）。

然而，文帝让列侯归国这一措施，确实也是要处理一批他所不器重或不放心的人物，以此巩固他的地位。周勃本人就是其中的一个。周勃是发动政变诛灭诸吕，拥戴文帝当皇帝的第一号首领，文帝确实感激他，给了他最高的奖赏。

但他对周勃却心怀畏惧，不放心。在他即位后，并没有打算改变周勃太尉的位置，丞相仍由陈平担任。陈平是谋士出身，一向谋虑深远，他感到自己与周勃之间失去了平衡，处于危险地位，托病不出，坚持要求把周勃的位置排在自己之上。文帝只好把丞相职位一分为二，要周勃任右丞相，位居第一，陈平任左丞相，位居第二；空出的太尉一席，由将军灌婴填补。周勃功高权大，每当"朝罢趋出，意得甚有骄主色"，而文帝对他却是"礼之恭，常目送之"。当时的郎中袁盎向文帝指出，他对周勃的过分谦恭使得"臣主失礼"。自那以后，上朝时文帝的神色越来越"庄"，周勃的神色越来越"畏"。有人对周勃说："你诛吕氏、立代王，威震天下；受重赏、处尊位，得宠已极。长此下去势必引祸及身。"周勃猛然意识到问题的严重，立即"请归相印"，文帝毫不迟疑地答应了。周勃当右丞相前后只有一个多月。辞相一年后，丞相陈平去世，因无合适人选文帝又让他当了丞相。复职后10个月，又以列侯归国的名义把他免了职。

周　勃
——从清道光十年（1830）刊本《古圣贤像传略》

后来，有人上书说，周勃在家经常披带战甲，家人在接待客人时手里拿着兵器，像是要造反。文帝就立即把他抓进了监狱。幸亏周勃与薄昭有些交情，通过薄昭向薄太后解释：自从罢职后，时刻担心被抓去杀头，因而家中有所戒备，并无造反之意。薄太后也相信周勃不会造反，她提着文帝的帽带子说："绛侯怀揣皇帝宝玺，统帅长安北军的时候不造反，如今住在一个小县里，反倒会造反？"文帝亲自调阅了周勃的案卷，确无造反实据，这才放了他，恢复了他的爵邑。周勃出狱后，颐养天年。文帝最终未让周勃横死，算是中国帝王史上少见的特例了。

止輦受言

——从明万历元年（1573）纯忠堂刊本《帝鉴图说》（张居正）

汉史纪：文帝每朝，即从官上书疏，未尝不止辇受言。言不可用者，置之；可用，采之；未尝不称善。

三、与民休息　以农为重

汉文帝刘恒所以能取得"文景之治"的政绩，根本就在于他采取了与民休息的国策。文帝自公元前180年末开始，至前157年，当了23年皇帝。在这23年中，他所采取的基本国策是与民休息，安定百姓。在他即位不久，就接连下了两道诏书。第一道诏书说："在春季要到来的时节，连草木和各种生物都有它自己的快乐，而我们的百姓中鳏寡孤独、贫穷困窘的人，有的已经面临死亡，而为人民当父母的不体察他们的忧愁，就是失职，要想出一个赈济的办法。"[1]第二道诏书说："年老的人，没有布帛就穿不暖，没有肉就吃不饱。如今正当岁首，不

---

[1] 语见《汉书·文帝纪》："方春和时，草木群生之物皆有以自乐，而吾百姓鳏寡孤独穷困之人或阽于死亡，而莫之省忧。为民父母将何如？其议所以振贷之。"

按时派人慰问年老的长者，又没有布帛酒肉的赐予，将用什么帮助天下的儿孙孝敬赡养他们的老人？现在听说官吏给贫困老人发放饭食，有的用陈谷子，难道这符合赡养老人的本意吗？要搞个法令出来。"有关官府根据诏书给各县、道（少数民族区域的行政区划，相当于县）下达了下列法令："年80以上，每人每月赐米1石，肉20斤，酒5斗；年90以上，每人另加帛2匹，绵3斤。所赐物品，由县令过目。赐给90岁以上老人的物品，由县丞（位次于县令的官职）或县尉（位次于县丞）致送；不满90岁的，由啬夫、令史（低于县丞、县尉的官职）致送。郡太守派都吏（负责检查的官职，后世称督邮）巡行各县，对不合规定的，予以督责。对刑徒和有罪未及判决的，不用此令。"

文帝为政，处处注意抚民、安民。公元前176年辛卯日，文帝从甘泉宫前往高奴，途中顺便临幸太原。在太原，文帝接见了原代国的群臣，并根据各自功劳的大小给以不同的奖赏。文帝不但赏赐群臣，而且也从不忘百姓，赐予当地百姓牛、酒，并免除晋阳、中都（文帝为代王时旧都）百姓三年的赋税。

后元六年（前159），由于旱灾严重，致使发生了蝗灾。文帝全国发布诏令：诸侯可不必向朝廷进贡。与此同时，文帝也想到了百姓的疾苦，于是诏令解除禁令，允许百姓开发山林湖泊，并让官府打开粮仓，赈济灾民。

对南越和匈奴，汉文帝采取偃兵安民的策略。汉文帝元年（前179），文帝即位不久，就和平解决了南粤问题。秦始皇时略定南方土地，设置了桂林郡（治所在今广西桂平）、南海郡（治番禺，即今广州）、象郡（治临尘，即今广西崇左）。秦末农民起义之际，南海郡尉赵佗乘机扩大势力，听到秦朝灭亡，就合并桂林、象郡，自立为南粤武王。汉初，刘邦无力远征，派使者立赵佗为南粤王，要他在当地和辑粤族各部，与汉朝通使，不要扰乱附近各郡。吕后时期，吕后派兵征伐，不能取胜。赵佗本是真定（今石家庄市东北）人，虽去南海已49年，不

《男耕女织》——汉砖拓片

忘家乡。他听说先人坟墓已被破坏，亲族兄弟被杀，更为恼火，发书要求汉朝撤离长沙郡的驻军，给他送去亲族兄弟。文帝下令修复了赵佗先人的坟墓，派人慰问了他在真定的亲人，还给赵佗的亲族兄弟以尊贵地位。然后派使者持诏书和礼物前往告谕赵佗，只要削去帝号，不再扰乱附近郡国，就承认他为南粤王，允许他自治，与汉朝通使往来。赵佗削去了帝号，重又称臣归服了汉朝。

对北方的匈奴，文帝基本采取和亲与防御政策，保持边塞地区的安定。文帝认为匈奴和汉朝如果长久结怨，兵祸不断，百姓便会不得安宁。为此，文帝殚精竭虑，寝食不安。他派遣使者与匈奴结好，签订"和亲"协议。当匈奴背弃协议侵扰劫掠时，文帝也只命令边塞严加防守，而不轻易发兵攻打匈奴，以使百姓安定。文帝还采纳了晁错"徙民实边"的建议，招募内地居民迁往边塞，为其提供生活、生产条件，亦兵亦农，世代居住，形成防御力量。

周秦以来，重农抑商也是基本国策，文帝亦认为："农，天下之大本也，民所恃以生也，道民之路，在于务农。"为了刺激农业生产的恢复和发展，文帝主张应该开辟皇帝亲自耕种的籍田，并表示自己要亲自下地耕作，以供给宗庙祭祀所用的谷物。[1]

为了有效地劝农，前167年（汉文帝十三年）汉文帝曾一度宣布减免农田的租税。他说："农业是天下之根本，比什么事情都重要。现在农民辛勤耕作，却要交纳田地租税，致使务农和经商没有什么区别，本末不分。之所以如此，是由于劝农之法不完备的缘故。因此，应当免除农田的租税。"[2]当文帝了解到农业的困苦时，又立即诏令："……赐农民租税之半。"

文帝还采纳晁错"贵五谷而贱金玉"的主张，实行以粮食换取爵位或赎罪的政策。

四、减刑节用　从谏如流

汉文帝刘恒不论在国事开支方面还是个人用度方面，都精打细算，简朴从事。他严令各级官吏要"务省徭费以便民"。汉文帝二年（前178），他下诏：

---

[1] 语见《史记·孝文本纪》："农，天下之本，其开籍田，朕亲率耕，以给宗庙粢盛。"
[2] 语见《史记·孝文本纪》："农，天下之本，务莫大焉。今勤身从事而有租税之赋，是为本末者毋以异，其于劝农之道未备。其除田之租税。"

露台惜费

——从明万历元年（1573）纯忠堂刊本《帝鉴图说》（张居正）

汉史纪：文帝尝欲作露台，召匠计之，值百金。上曰："百金，中人十家之产也。吾奉先帝宫室，常恐羞之，何以台为？"

"我担心匈奴内侵，所以不能停止边防的事。但长安的各种守卫机构那么多，开销太大，卫将军所属的军队要撤编。太仆要清点马匹，除留下必用的以外，要全部送给驿站使用。"在文帝当政的23年中，宫室、苑囿、狗马及各种装饰器物都无所增加。他曾想在骊山建一座供宴游用的露台，找来工匠合计了一下，需要"百金"，便说："这相当于十户中等人家的财产。吾享用先帝的宫室，常常觉得过分，还建这样一座台干什么！"于是作罢。他常穿的是粗糙的黑色绸料衣；他宠幸慎夫人，但不让她穿拖到地面的长衣，帷帐不准用带有绣花的贵重丝织品，以免助长奢侈浮华的风气。

文帝还规定建造自己的陵墓灞陵，一律要用瓦器，不准用金银铜锡等金属作为装饰，也不建造坟，一切要节省，不要烦扰百姓。

汉文帝时，"刑罚大省"。文帝曾与臣下两次讨论刑罚问题。汉文帝二年（前178）讨论废除收孥连坐法。文帝说："我听说，法律公正，人民就会诚

除去肉刑
——从清梁延年编《圣谕像解》，清康熙二十年（1681）承宣堂刊本

实；判罪恰当，人民就会服从。而且，管理人民、引导人民走正道不犯法的，是官吏。要是既不能引导人民走正道，又用不公正的法律去治罪，这种法反而要祸害人民，造成残暴行为，我看不出它的方便。应该再作考虑。"于是陈平、周勃宣布废除有关收孥连坐的一切法律条文，使有罪的按法律治罪，不收捕为官府奴婢，没有罪的不受牵连。

汉文帝十三年（前167），针对当时肉刑过滥的现实，文帝给御史大夫下令"废除肉刑，用别的办法代替；做到使罪人各按罪行轻重受到相应的刑罚，不逃亡，满了刑期，就解除刑罚当平民。要制定出个法令来"。丞相张苍、御史大夫冯敬有些不赞成，但没有表示相反意见，根据这个诏令制定了一个取代肉刑的法令，经文帝批准于当年颁布。

关于臣下、庶民与皇帝的关系，过去的习惯总是错在下、功在上。即使皇上不好也不能说，否则就犯了"诽谤妖言罪"；如果碰上大的祸患，祭祀时就说皇上是英明的，都是臣下不好，这叫"秘祝"；老百姓诅天骂地，因天与天子、皇上连带，所以也就犯了"民诅上罪"。文帝统统废除了这些罪状，还针对这些问题提出了自己的主张，他在诏书中说："古时治天下，朝廷设立进善旌、诽谤木，以此寻求好的治国方法，招徕进谏的人。现在法律中规定了诽谤妖言罪，这会使群臣不敢讲真话，使君主没法知道自己的过失，怎么能把远方的贤良之士招来呢？要废除掉。""祸是由怨恨导致的，福是由做好事得来的。百官的错误，是由于我没有把他们引导好。现在秘祝官把过错推到臣下身上，我很不赞成。不准再搞秘祝。"

汉文帝为政清明，还表现为从谏如流。在诤谏面前他肯承认自己的过失并及时纠正。有一次文帝走进郎署，与署长冯唐闲谈，知道冯唐祖上是赵国人，父亲时住代郡，而他自己曾为代王，就对冯唐说，在当代王时，厨师上饭时说战国时赵国有个将军叫李齐，很能打仗，后来每当吃饭时就想到这个李齐。他问冯唐知否李齐其人。冯唐说：赵国的将军最著名的是廉颇和李牧，接着又讲了廉颇和李牧的许多事迹。文帝越听越高兴，拍着大腿说："唉呀！我要是有廉颇和李牧那样的将军，就不用担心匈奴了！"冯唐却说："陛下就是得到廉颇和李牧，也是不能用的。"文帝很生气，过了好大一会儿，又问冯唐："你怎么知道我不能用廉颇、李牧呢？"冯唐说：廉颇、李牧所以能打胜仗，是因为赵国君主充分信任他们，给他们自主权力，不干涉他们的具体事务，只要求他们打胜仗。而现在魏尚当云中郡太守，优待士卒，打了很多胜仗，匈奴不敢接近云中，但却因上报战功时交的敌人首级比他报的数字差六个人头，陛下就把他罢官、削爵、判刑。立了大功不受赏，出了小错受重罚。所以说就是得到廉颇、李牧，也是不能用的。文帝听了很高兴，当天就派遣冯唐持节赦免魏尚，恢复他的云中太守职务，并任命冯唐为车骑都尉。

张释之是个严格执行法律的官吏，他以不阿附上意、敢在汉文帝面前据理争辩著名，文帝任命他为廷尉（负责刑法的最高官）。有一次，文帝出行到中渭桥，被一个行人惊了拉车的马。惊了皇帝的车马叫做"犯跸"，于是此人被抓来交由廷尉处理。张释之查清了案情：此人听到车马声音，远避不及，而躲在桥下，过了好一会儿，以为车马已过，却不料出来恰巧碰上了，他撒腿逃跑，于是车马被惊。按法律规定，这种情况要"罚金四两"，张释之就这样判决了。文帝大为不满，说："这人惊了我的马，幸亏我的马温驯，要是别的马，不就伤了我吗？廷尉却只判了个罚款！"张释之说："法律是天子和天下人共同遵守的，现在法律就是这样规定的，要判重了，会使法律在人民中失去威信。当时要是就地把这人杀掉，也就罢了；现在既然交给廷尉处理，而廷尉是天下司法的标准，一有偏差就会使天下的司法官丢开法律随意处罚。因此只能严格按律判决，希望陛下体察。"过了好一会，文帝说："廷尉是对的。"[1]

又一次，有人偷汉高祖祠庙塑像座前的玉环被抓获，文帝很恼火，要廷尉治罪。张释之按有关偷盗宗庙器物的法律规定判处弃市（杀头示众）。文帝大怒，说："这个人无法无天，竟敢偷先帝祠庙里的器物。我把他交给廷尉的意思是想判处族刑，而你却按法律的一般规定论处，这不符合我恭敬承奉宗庙的心意。"张释之见文帝大怒，就免冠叩头说："法律并没有盗哪个庙罪重、盗哪个庙罪轻的规定。现在偷了高祖庙里的器物判族刑，万一有愚民在高祖的坟墓长陵上抓了一把土，陛下将按什么法来判罪呢？"文帝无话可说，与太后商量了一阵，最后还是认为廷尉是对的。

汉文帝就是在这样情形下，获得"文景之治"这样优秀的政绩的。

---

[1] 语见《汉书·张释之冯唐汲黯郑当时列传》："释之曰：'法者天子所与天下公共也。今法如是，更重之，是法不信于民也。且方其是，上使使诛之则已。今已下廷尉，廷尉，天下之平也，壹倾天下用法皆为之轻重，民安所错其手足？唯陛下察之。'上良久曰：'廷尉当是也。'"

公元前157年夏季六月己亥日，文帝卒于长安未央宫，乙巳日葬灞陵（在今陕西西安市东），谥"孝文"，庙号"太宗"，年45岁。

名家评说

太史公曰：孔子言"必世然后仁。善人之治国百年，亦可以胜残去杀"。诚哉是言！汉兴，至孝文四十有余载，德至盛也。廪廪乡改正服封禅矣，谦让未成于今。呜呼，岂不仁哉！

——汉·司马迁《史记》

孔子称"斯民，三代之所以直道而行也"，信哉！周、秦之敝，罔密文峻，而奸轨不胜。汉兴，扫除烦苛，与民休息。至于孝文，加之以恭俭，孝景遵业，五六十载之间，至于移风易俗，黎民醇厚。周云成、康，汉言文、景，美矣！

——汉·班固《汉书》

景帝刘启

汉景帝刘启
——从明弘治十一年（1498）《历代古人像赞》

汉景帝刘启（前188~前141），西汉第四代皇帝，文帝刘恒之子。母亲窦姬。公元前157~前141年在位。谥号"孝景皇帝"。刘启即位后，继续保持政治的清明和稳定，削藩减租，轻刑安边，无为而治，使得西汉进入了一个经济繁荣、国统民安的时期。

一、削藩平叛　国统民安

西汉开国之初，分封了一些同姓诸侯王，这些诸侯王的封地和权力都很大，他们拥有军队，自置官职，政治力量和经济力量不断增长。到文帝时济北、淮南二王相继谋反，汉室的诸侯王已经成为中央朝廷的严重威胁。当时，贾谊曾尖锐指出藩王势力是汉朝的一大疾病，必须设法割除；晁错也提出相同的见解，主张削藩，但文帝没有彻底推行他们的主张。汉景帝刘启即位之初首先面临的国家急务即是如何解除藩王势力对汉室的威胁问题。在此问题上，他充分采纳了晁错的主张。

晁错胸怀大志，博学多才，能言善辩，曾任太子家令。景帝即位以后，任命他为内史，旋又拜为御史大夫，位列三公。对于藩王的情况，晁错颇为熟稔。他以为，藩王势力强大而又最危险的是吴王刘濞。刘濞是刘邦之侄，当初刘邦封他为吴王以后，就预计他日后可能反叛，颇有后悔之心，但业已分封，也只好静以观之。刘濞至国以后，即收买人心，发展势力，企图有朝一日夺取帝位。景帝

为太子时,吴王太子入京,与其争夺道路,被景帝误伤而死,刘濞怀恨在心,更加紧了准备叛乱的步伐。到景帝即位,刘濞已经准备了40年,成为威胁最大的诸侯王。

故此,晁错主张先削吴王的封地。他对景帝说:"过去吴王因太子死于陛下之手,对朝廷深怀怨恨,诈称有病,不来京朝拜天子,按照古法应当诛杀。文帝不忍加刑,赏赐几杖,允许他不来朝拜,恩德可谓宏厚。吴王不改过自新,反而越发放肆,开山铸钱,煮海制盐,招诱天下逃犯,谋图叛乱。现在削夺他的封地他会造反,不削夺也会造反。削夺,他仓促早反,祸会小些;不削,他准备充分再反,祸患更大。"

晁错的主张遭到了外戚窦婴的反对,削吴的事只好暂时搁了下来。

吴王濞
——从明陈洪绶《博古叶子》

不过,此外的楚、赵、胶西三国分别以罪被削,楚王削了东海郡,赵王削了常山郡,胶西王削了6县,晁错又修改有关律令30章,一时诸侯喧哗,反响强烈。各藩王自然把晁错视为眼中钉,恨不能食肉寝皮。晁错的父亲也感到儿子大祸临头,特意从家乡颍川赶到京城,劝说儿子。晁错不听,其父服毒自尽,晁错不为所动,仍然力主削夺吴王。最后,景帝决定削吴会稽、豫章二郡。

吴王刘濞见朝廷削藩,就开始发动叛乱。他首先派人联络了楚王刘戊,随后又扮成使者亲自前往楚国面见刘戊,达成叛乱盟约;接着,又以诛晁错、安社稷的名义,联合各地诸侯王起兵。景帝前元三年(前154)正月,削吴诏书一到,刘濞首先在广陵(今扬州)起兵,国内14岁至62岁的男子统统征发,共20余万人,西渡淮水,与楚兵合一,奔梁地而来;接着胶东、胶西、济南、淄川四国起兵,包围齐都临淄;赵国则把队伍集结在封地西界,拟与吴兵汇合西进。如此

平叛军太尉建功
——从1935年会文堂新记书局蔡东藩《前汉通俗演义》

以吴王为首，卷入叛乱的共有7个藩王，史称"吴楚七国之乱"。

当此之时，曾任吴相、与晁错有隙的袁盎在窦婴的引见之下，乘机以七国之乱"诛晁错""发稷社"的幌子为由，说动景帝杀晁错以息叛乱，声称如此则可以兵不血刃，叛乱自平。景帝为人仁慈，听后沉默未语。他想到晁错与自己交情深厚，又是朝廷得力的栋梁大臣，感到于心不忍；但又想到兵戈一起，将会杀人盈野，血流成河。权来衡去，景帝最后说："真的是这样，为了天下安定，我不爱惜一位大臣。"[1]于是一面调兵遣将，一面诛杀晁错，并任袁盎为太常，派他与宗正刘通整装东行，去宣谕吴王息兵。

景帝杀晁错，自然让诸藩王快心如意，但他的诏谕却受到了吴王刘濞的嘲笑："我已经是东方的皇帝了。还有谁配给我下诏？"此时，景帝方才明白了事

---

[1] 语见《汉书·爰盎晁错列传》："顾诚何如，吾不爱一人谢天下。"

情的真相，意识到了问题的严重。他一方面后悔杀了晁错；一方面派郦寄率领一支队伍击赵，派栾布率领一支队伍入齐，派太尉周亚夫率36位将军讨伐吴楚叛军，又召窦婴拜为大将军，屯兵荥阳，监视战局。

周亚夫率兵坚守昌邑，并派出一支奇兵出淮泗口，截断了叛军的粮道。叛军粮道断绝，士卒饥饿溃散。最后楚王自杀，吴王逃奔东越，后被东越人杀死。吴楚叛乱，三个月就被平定了。栾布率军至齐，很快就打破了胶东、胶西、济南、淄川四国的联兵，四王全部伏诛。接着栾布回兵助郦寄攻赵，引水灌城，赵王自杀。至此，七国之乱全部平定。

七国之乱平定后，景帝把叛王封地做了一番调整，又乘平叛的余威，于中元五年（前145）把王国的行政权和官吏任免权收归中央，并裁减王国官吏，降黜他们的职位，王国的独立地位被取消。从此，诸侯王只能衣食王国的租税，不能过问行政，成为只有爵位而无实权的贵族，藩王对朝廷的威胁基本上得以解除。

二、休养生息　国泰民安

汉景帝刘启即位后，继续奉行文帝的治国方针，保持安定局面，发展生产，休养生息。为了达到这一目的，他对内采取重农、薄敛、轻刑和教化的措施，对外则采取了继续和亲匈奴的措施。

景帝即位的次年正月，了解到了各地农牧资源不平衡，有的郡县缺乏农牧条件，有的郡县却地广人稀，利于农牧，而当时政府不许人民迁徙，为此，景帝就宣布允许人民迁徙到地广人稀的地区去发展生产。为了鼓励农人田作，同年又宣布减免一半田租。田租是国家征收的土地税。汉代田租常制是"十五税一"，即交纳收成的十五分之一；景帝改为"三十税一"，即交纳三十分之一。景帝一直重视农业生产，直到晚年，还不断地强调农桑之本的重要。他认为农业是天下之根本，黄金珠玉，既不可饱暖，又不可御寒。各郡国应该务劝农桑。[1]为了与民休息和发展生产，景帝颇慎使用民力。他在位期间，除为自己修建了一座规模不大的阳陵外，基本上没有兴建其他土木工程。

---

[1]语见《汉书·景帝纪》："农，天下之本也。黄金珠玉，饥不可食，寒不可衣，以为币用，不识其终始。间岁或不登，意为末者众，农民寡也。其令郡国务劝农桑，益种树，可得衣食物。……"

轻刑也是景帝比较重视的一项安民措施。文帝曾减轻刑罚，废除了历代相传的肉刑，把肉刑改为笞刑，如当割鼻者改为笞打三百，当断左趾者笞打五百。景帝看到笞刑多把犯人打成残废甚至打死，所以一即位就开始继续减轻刑罚。笞刑经景帝几番更改，这才避免了犯人死于刑下。景帝还数次大赦天下，并废除了磔刑。磔刑是一种分裂尸体的酷刑，景帝把磔刑改为弃市。为了避免枉屈无辜，景帝三令五申，强调决狱务必先宽，即使不当，也不为过，并提醒法官不可"以苛为察，以刻为明"，要求判案时尽管依据律文应该治罪，但若罪犯不服，必须重新评议，一切都要体现宽厚仁慈。[1]

在思想领域，景帝奉行无为而治的思想，学术上则对诸子采取兼容并蓄的态度，允许各家争鸣。处士王生是黄老道学大师，常被召居宫内，成为景帝的座上客。景帝在崇尚黄老道学的同时，也很注重儒家的教化作用。当时为儒家设立了不少博士官，《诗》《书》《春秋》等均立博士，景帝起用《公羊》学大师董仲舒和胡毋生为博士，种种措施大大推动了儒家的教化和影响。地处西南的蜀郡，蛮汉杂居，文化、风俗都很落后，郡守文翁选郡中小吏张叔等十余人入京拜博士官求学，数年后返回郡中，在成都市内盖起中国第一所地方官办学校——成都学馆，使蜀郡教化大行，文化一跃而与齐鲁等地并驾齐驱。后来普及全国的郡国学校就是以蜀郡学馆为楷模建立起来的。

外交上，景帝继续采取汉初以来与匈奴和亲的政策。景帝在前元元年（前156）派御史大夫陶青到代郡边塞与匈奴商谈和亲之事。次年秋天，又与匈奴举行和谈。到景帝前元五年（前152），汉朝遣送公主嫁与匈奴单于。尽管汉匈和亲，但匈奴一方还是时常小规模地入侵汉境。对于匈奴的入侵掠夺，景帝从维护汉匈和好的大局出发，从未进行出兵反击，最多只是增调部分骑步兵屯守防御。为了维护汉匈和睦关系，景帝还在汉匈边界设置关市，互通有无，大大促进和便利了汉匈之间的经济文化交流。这种宽厚的对匈政策，保证了汉朝社会的安定局面，对人民的休养生息起了很大作用。

景帝在位期间，奉行文帝的治国方针，维护安定，与民休息，使当时社会经济稳定地向前发展。这段时期与文帝时期在历史上合称为"文景之治"，是西汉王朝的升平时代。

---

[1]语见《汉书·景帝记》："……诸狱疑，若虽文致于法而于人心不厌者，辄谳之。"

三、择贤任能　是非分明

汉景帝刘启所以能创下"文景之治"的政绩，除了推行一系列的政治、经济、文化、司法、外交政策以外，和他的知人善任、是非分明有关，也和他性格的温柔敦厚、穆静仁慈不无关联。

对于一位君主来说，能够识才择贤，固然不易；而能够不以好恶决策，是非分明，就更不容易了。这两方面，汉景帝都做得很是不错。

汉代瓦当拓片

郅都是执法不避权贵的刚正官吏。济南有大豪强世族，历任郡守无人敢制，景帝拜郅都为济南太守。郅都上任后，即刻诛杀该族首恶。一年之后，济南郡成了道不拾遗的清明境界。后来景帝又任郅都为雁门太守，匈奴畏惮郅都，引兵远避，不敢靠近雁门。长安居住着许多宗室权贵，胡作非为，京官无人敢管，景帝调刚直不阿的宁成为中尉，一举就镇住了犯法的宗室权贵。程不识敢于直谏，景帝任他为评议朝政的太中大夫。石奋有震主之威，景帝调他为诸侯相。周仁守口如瓶，景帝任命他为郎中令，作为贴身近臣。景帝用人，均力图做到择贤而任，用其所长。

外戚是汉室从高祖时起就很敏感的问题。景帝对此颇能分清彼此，不以偏概全，既不让外戚专权，又能任用确有才能的外戚以适当的官职。窦婴是外戚，吴楚之乱时，景帝经过考察后发现，论军事才能没人超过窦婴，就拜他为大将军，率兵镇守荥阳，窦婴未负重任。后来窦太后几次让景帝拜窦婴为丞相，景帝没有听取，窦太后颇有埋怨情绪，景帝说："难道您老人家以为我舍不得把丞相这个职位给他吗？他这个人沾沾自喜，行为轻薄，丞相须老成持重，他难以胜任。"[1]经过慎重考虑，最后还是拜卫绾当了丞相。

公车令张释之是文帝的直臣，景帝为太子时与胞弟梁王刘武共乘一车入朝，行至司马门没有下车，张释之追阻，并告了他们一状。事情惊动了薄太后，

---

[1] 语见《汉书·窦婴田蚡灌夫韩安国列传》："太后岂以臣有爱相魏其者？魏其沾沾自喜耳，多易，难以为相持重。"

文帝向薄太后免冠谢罪，自责"教子不谨"，搞得太子刘启相当难堪。景帝即位后，没有怪罪张释之，仍然让他官居廷尉原职。张释之后来转为淮南相，以老善终。而上大夫邓通是文帝的宠臣，他没有任何才干，只是在一个偶然的机遇得到文帝厚宠，文帝竟把严道（今四川荥经）的铜山赏他铸钱。文帝长了一个脓疮，邓通常用嘴为文帝吮吸脓血。文帝死后，景帝刘启考虑邓通除讨文帝偏爱别无才能，就免去了他的官职，让他回家居住。后来邓通越境铸钱，触犯法律，景帝只是没收了他的家产，也没有把他治以死罪。

不仅对臣子如此，景帝对同胞姐弟以及宫中的妃嫔们也充满了仁爱之心，多能体谅、庇护，避免了许多不必要的冲突；同时，他又是非分明，原则性的问题坚持不放，决不姑息迁就。其中最显著的例子要算对待弟弟的继位和皇后的设立问题。

景帝的母亲窦太后共生二男一女，景帝刘启为长子，弟弟刘武封为梁王，姐姐刘嫖称长公主，嫁给了陈午。景帝同母兄弟仅有刘武，所以自幼与刘武情同手足，形影不离。刘武封王至国后，连年入朝，常被挽留京师。一次，景帝设家宴招待梁王刘武，当时朝中还未立太子，景帝喝得高兴，对梁王说："等我百岁之后，把帝位传予梁王。"当时梁王和宠爱小儿子的窦太后听了，并未认真。后来梁王因平定吴楚七国叛乱有功，再加上窦太后的宠爱，便不可一世起来。他建了一处方圆300多里的东苑，并把国都睢阳（今河南商丘）扩建成为周长70里的大城，在城内大兴土木，营建宫室复道，出门打着天子旌旗，队伍千乘万骑，简直就与皇帝一样。梁王又多造兵弩弓箭，招揽四方豪杰，羊胜、公孙诡等谋士纷纷投奔梁王。梁王二十九年（前150）十月，梁王入京晋见皇帝。窦太后和刘武对"传位梁王"

汉景帝阳陵出土的彩俑

的话认真起来，打算让景帝确立刘武为帝位继承人。袁盎和大臣们听到这种风声后，就对景帝陈述这个问题的利害关系，使景帝坚定了帝位必须传子的主张。梁王知道后，不敢再向窦太后说什么，就急忙辞京回国了。梁王回国后，朝中立了太子。不久，梁王病逝。景帝痛惜骨肉之亲，也为了安慰母亲，把梁王的5个儿子都封为王，5个女儿也都封了一处采邑。

景帝当太子时，栗姬为他生一男，取名刘荣。景帝即位以后，王美人生下刘彻。王美人怀刘彻时，梦见太阳钻入怀中，她把此梦告诉景帝，景帝说："这是高贵的征兆。"由于刘荣年长，景帝把刘荣立为太子，把刘彻立为胶东王。栗姬是个妒妇，景帝仅有几位姬妾美人，十多个宫女，但她仍是醋意大发，不时地想着法子整治众人。本来，景帝想立她为皇后，托她在自己百年之后，照料自己的姬妾和子女，见她如此，便想起了吕后当年的嫉妒和残酷，便决定不立其为后。他又觉得既然刘荣为太子，日后刘荣即位，栗姬仍会得势，为了铲除祸根，保住大群子女，应该废掉刘荣的太子地位。景帝正在考虑是否废栗太子期间，长公主又来向他夸奖刘彻。景帝自己也认为刘彻的才智高于刘荣，况且当年王美人还有一梦，于是决定废除刘荣，改立刘彻。此时恰巧有位小朝官受王美人之计劝景帝立栗姬为后，说什么"子以母贵，母以子贵"。景帝乘机诛杀此人，把栗太子刘荣废为临江王。不久，立王美人为皇后，刘彻为太子。

景帝共有14子，刘彻为太子，其余13子均封为王。

景帝于后元三年（前141）死在未央宫中，在位16年。终年48岁。景帝死去的当天，汉武帝刘彻即位。即位十日为父举行葬礼，葬于阳陵（今陕西高陵西南）。谥号"孝景皇帝"。

名家评说

　　景帝即位，因修静默。勉人于农，率下以德。制度斯创，礼法可则。一朝吴楚，乍起凶慝。提局成衅，拒轮致惑。晁错虽诛，梁城未克。条侯出将，追奔逐北。坐见枭黥，立剪车贼。如何太尉，后卒下狱。惜哉明君，斯功不录！

——汉·司马迁《史记》

　　法严而任宽仁之吏，则民重犯法，而多所矜全。法宽而任鸷击之吏，则民轻犯法，而无辜者卒罹而不可活。景帝诏有司谳不能决，移谳廷尉，谳而后谳不当，谳者不为失，立法宽矣。乃郅都、宁成相继为中尉，则假法于残忍之小人，姑宽为之法，以使愚民轻于蹈阱，而幸其能出而终不免也。且也谳不当而不为罪，无论失人之懵也，即数失出而弗谴，亦以导贼吏之鬻狱，而淫威之逞，冤民且无如之何也。于是而高帝宽大之意斩，武帝严酷之风起矣。严之于法而无可移，则民知怀刑；宽之以其人而不相尚以杀，则民无滥死。故先王乐进长者以司刑狱，而使守书一之法，雷电章于上，雨露润于下，斯以合天理而容保天下欤！

——清·王夫之《读通鉴论》

武帝刘彻

汉武帝刘彻（前156～前87），西汉第五代皇帝。乳名彘。汉景帝之子，其母为皇后王娡。公元前140～前87年在位。谥号"孝武皇帝，"他是我国历史上一位雄才大略、多有建树的封建帝王，是完成封建专制主义中央集权大帝国的重要历史人物。汉武帝把西汉王朝推向了极盛时期，开创了中国历史上一个光辉时代。

一、登基即位　初试锋芒

刘彻生于汉景帝前元元年（前156），其父刘启（即汉景帝）正好这一年登基，因此他一出生便是皇

汉武帝刘彻
——从明万历三十七年（1609）原刊本《三才图会》

子。据传其母王美人初怀刘彻时，曾梦见太阳入怀，汉景帝说这是个吉梦，是刘彻将来必然大福大贵的征兆。这个吉梦很快传遍宫中，刘彻身上也就增添了一层神奇色彩。但其母只是个妃子，他也只能算作庶子，按封建宗法规定是没有资格继承皇位的。4岁的时候，依照惯例，刘彻被封为胶东王。他的大哥刘荣被封为皇太子。

汉景帝有个姐姐叫刘嫖，称为长公主。长公主有个女儿叫陈阿娇，长公主想把女儿许配给皇太子刘荣，但刘荣的生母栗姬不答应，长公主想让女儿为皇后的希望成为泡影，便与栗姬结下了仇。长公主一向很喜欢刘彻，便想把女儿许给他，但阿娇比刘彻大几岁，汉景帝不太同意。长公主便略施小计，有一天当着汉

蒲轮征贤

——从明万历元年（1573）纯忠堂刊本《帝鉴图说》（张居正）

汉史纪：武帝雅向儒术，以赵绾为御史大夫、王臧为郎中令。二人荐其师申公。上使使奉安车蒲轮、束帛加璧以迎之。既至，以为太中大夫，舍鲁邸。上问以治道，对曰："为政不在多言，顾力行何如耳。"

景帝的面问刘彻要不要娶阿娇为妻，刘彻竟答道："如果能娶阿娇为妻，我一定要造一所金屋子给她。"[1]汉景帝看到刘彻聪明伶俐，便同意了这门亲事。从此长公主与王美人结成亲家，关系更密切了。

长公主刘嫖颇有心计，在景帝一朝是个举足轻重的政界人物，能对弟弟景帝施加重要影响。经她的谋划，加上考虑到栗姬妒忌心过强，汉景帝终于在前元七年（前150）立王美人为皇后，立刘彻为太子。7岁的刘彻取得了皇位继承权。刘彻从小就表现出聪明才智，汉景帝本来就喜欢他，立为太子后，更是精心培育，请来德高望重的卫绾来做他的老师。卫绾对刘彻培育了六七年之久，给刘彻以很大影响。

---

[1] 语见《汉武故事》："若得阿娇作妇，当作金屋贮之也。"

幼年的刘彻喜欢学习,对儒学经典、骑射、文学,都很有兴趣。他读到当时著名文学家枚乘的赋,十分佩服,一直想见到枚乘本人,后来他做了皇帝,用安车蒲轮把枚乘接进京。他还向出生在匈奴的韩王信的后代韩嫣学习骑射。

建元元年(前140),16岁的刘彻继位当了皇帝。此前是"文景之治"时期,汉朝经济得到了恢复和发展,到刘彻继位时期,国家无事,人给家足。但这种表面繁荣的背后却潜伏着尖锐的矛盾。

汉武帝刘彻决心解决这些矛盾,于是,他首先从人才入手,于建元元年(前140)下诏全国荐举"贤良方正"之士。汉武帝亲自召见他们,询问国策,史称"贤良对策"。

贤良对策后,汉武帝就着手政治改革。他让魏其侯窦婴接替年高卫绾的职务,让母舅田蚡做太尉,掌管军队。窦婴和田蚡都喜欢儒术,他们又向汉武帝推荐了儒生出身的赵绾做御史大夫,王臧做郎中令。赵绾和王臧又推荐自己的老师、《诗经》博士申培改革祭礼、研究明堂制度。汉武帝派人用蒲车和礼物聘迎申培到长安做太中大夫。

雄心勃勃的汉武帝与这些儒臣合作,决心大干一番事业,进行改革,推行多方进取的政治措施。首先,严格法制,要求臣下检举那些行为不轨的皇亲国戚,罪行核实后给予贬谪。为削弱王侯的权力,汉武帝下令要求住京的王侯迁回自己的封地去。接着是对百姓施行减轻负担的措施,减省"转置迎送"的卫士一万人,停止喂养苑马,将苑地赐给贫民,废除关卡的税收制度。施行恩德,振兴教化。汉武帝下令:年满八十的老人,家里免除两个人的口算钱;年满九十的老人,免除家里的口赋钱,并免除一个儿子服役。继而又设立明堂,起草巡狩、封禅制度,准备变更历法和服色,顺利地进入太平盛世。

但是,此时朝中大权仍操纵在"好黄帝、老子言"的窦太后手里。窦太后从立为皇后开始,已有40年之久,在宫中地位高,权势大。其家族恃宠怙势,为非作歹,遭到检举和贬谪的人很多。列侯的夫人们多是公主,他们在京城的势力盘根错节,都不愿回到封地去。因此这些皇亲国戚们不断到他们的总后台窦太后那里去告状,诽谤新的政治措施,加上窦太后本人"好黄帝、老子言",不喜欢儒家思想,因此,在朝中,以她为核心形成了一个思想上和政治上的反对集团。

建元二年(前139),御史大夫赵绾曾上书提议不要再让窦太后干预国政,这等于取消窦太后的特权,她大发雷霆,迫使汉武帝废除新的政治措施,罢免丞相窦婴和太尉田蚡,关押御史大夫赵绾和郎中令王臧,送走太中大夫申培。不久,赵绾和王臧在狱中被逼自杀。从此,汉武帝的新政措施中断了。继任丞相、御史大夫、郎中令的分别是许昌、庄青翟和石建,他们都是窦太后的人,而且不是儒家。政权基本上操纵在窦太后手中,汉武帝无可奈何,他只有等待时机。

二、罢黜百家　独尊儒术

建元六年(前135),窦太后病死,汉武帝摆脱了束缚,立即下令罢免丞相许昌和御史大夫庄青翟,清除了窦太后安插在朝内的所有亲信党羽,任命田蚡为丞相,韩安国为御史大夫,终止了黄老思想指导下的"无为"政治。

汉初六七十年间,以"清静无为"为特点的黄老之说盛行全国,这对安定政局、约法省禁、休养生息、发展生产都起了有益的作用。但由于无为、放任,却给诸侯王和富贾豪强以扩张势力、为非作恶的机会,从而加剧了社会的两极分化,激化了阶级矛盾。到汉武帝继位,地主阶级的统治已经巩固,社会经济有了新发展,无为而治的黄老思想,已不能适应地主阶级的要求。汉武帝需要有一种进取精神较强的统治思想来代替黄老"无为"思想,而儒家学说恰恰适应了这种要求,它博大精深,包含政治、哲学、教育、文学、伦理各方面,内容丰富、包罗万象,它以"仁政"为核心的政治观和道德观,使它便于被统治阶级全面利用,尤其在升平时代控制人民,更有适应性。

董仲舒应运而出,适应时代的要

汉代画像砖——《文翁石室授经讲学图》

求，提出"罢黜百家，独尊儒术"，成为这一时期新儒家的代表。他在建元元年贤良对策中提出了他的理论，主张：第一，罢黜百家，独尊儒术，统一思想；第二，强调大一统，加强中央集权；第三，提倡"君权神授"，把道家的道统变成封建的法统；第四，提倡儒家的仁政，同时强调法治。[1]

董仲舒的这些主张，是从封建统治的长远利益出发提出的方案，为汉武帝集权中央、统一思想、一统天下提供了理论依据，而且有利于封建统治的长治久安，汉武帝实行"罢黜百家，独尊儒术"是很自然的。

董仲舒
——从明万年年间刻本《历代君臣图像》

汉武帝为独尊儒术，在全国范围内推行儒学教育体制，用儒家思想来培养封建地主阶级的接班人。建元年间，汉武帝接受董仲舒的建议，兴建太学，设五经博士。太学是我国第一所国立大学。朝廷由太常选拔18岁以上的优秀青年入学受业做博士弟子，郡国也可以挑选品学兼优的青年送到太学。学习一年，经过考试，凡通一经以上者，可补文学掌故的官缺；成绩甲等者并为郎官；下材而不通一艺的不用；如有特别优异的茂材异等，名字直接上报。这是教育与选官相结合的制度，它定期地、经常地向朝廷输送文官，是政府各级官员的主要来源。元朔五年（前124），汉武帝接受董仲舒的建议，太学完全用儒家五经为课程，教师聘请儒学博士担任，太学生数逐年增加，到西汉末已有一万人。这些用儒家思想培养起来的人才，成为封建专制主义中央集权最得力的维护者。除此之外，汉武帝还号召在郡国兴办地方学校。这样，儒学成为士人进身阶梯，把教育体制与用人制度和统一思想协调起来，天下士人为进入仕途，纷纷统一到儒家思想中来。

---

[1] 详见《汉书·董仲舒列传》。

三、革故鼎新　励精图治

思想统一了，革新的绊脚石去掉了，汉武帝开始了一系列的新政。

由于武装立国等历史原因，汉朝到汉武帝时仍然是军人贵族政府。为打破这种局面，改变政府官员的构成，汉武帝听从董仲舒的建议，通过一系列法令、措施，建立并健全了由察举、征召以及"公车上书"等组成的以选拔文官为主的用人制度。

首先是察举制。自武帝建元元年（前140）全国大规模推举后，又于元光五年（前134）、元封五年（前106）几次要求郡国推举孝廉、贤良方正、秀才，并且规定不举孝廉者罪。并允许官民上书言政，还下诏表示要将这些"有非常之功"的"非常之人"，破格任用为"将相"或"使绝国者"（出使远方国家的使臣）。察举选官制汉初就已存在，有贤良和孝廉二科，汉武帝又增加了科门：德行、学术和儒学、明习法令的法律人才、行政人员，元封五年又增加茂材异国科。汉武帝健全了这种选官方式，使察举制完善起来。

汉武帝在完善察举制的同时，还建立了征召制，征召那些有一定才能又不肯出仕的社会贤者、隐居高士、学者名流。建元征召，有文学家枚乘、儒学大师申培等。此后汉武帝又在元光五年（前130）征召通世务晓习道术者，元狩元年（前122），派遣博士行天下征召君子隐士。征召制、察举制与"公车上书"制相互配合，汉武帝网罗了大批人才。

通过上述用人制度的改革，汉武帝直接或间接地把选拔官吏的权力掌握在自己手中，形成了以皇权为中心的官僚制度，使地主阶级中下层的知识分子踏上了仕途，扩大了西汉王朝的统治基础。在汉武帝的周围聚集了一大批政治、经济、军事、外交、文学等方面的人才。

我国钱币史上使用时间最长的货币——五铢钱

武帝元狩五年（前118）开始发行五铢钱，一直到东汉末年为止，四百年内五铢钱一统天下，并奠定了中国铸币圆形方孔的传统。

在充实、加强统治机构的同时，汉武帝还大力加强中央集权。首先是削弱相权，强化皇权。由于丞相大多为开国功臣，位高权重，权力往往超过皇权。汉武帝对这种丞相分权的情况极为不满，他上任后开始逐步改变这种情况。这时，适逢汉初功臣元老也大都去世，汉武帝便趁机不拘一格地选拔人才，逐步改变军功贵族专权的状况，用儒生来为他的政治服务，通过一系列官制改革，取消军功贵族的特权地位。元朔五年（前122），汉武帝打破列侯拜相的旧制，任命出身贫苦的儒生公孙弘为丞相，彻底摧毁了军功贵族的特权。汉武帝不仅削弱相权，还经常对丞相进行谴责、黜免，甚至处死。[1]

为加强中央集权，汉武帝采取"强干弱枝"的政策，削弱地方割据势力。首先从董仲舒提出的"大一统"理论中找到了加强中央集权、打击地方势力的理论依据，极力宣扬大一统的理论。并于元朔二年（前127）采纳主父偃的建议，颁布"推恩令"，清除分封制。推恩令规定，诸侯王除由长子继承王位外，还可以推恩将其余的诸子在原封地内封侯，新封的侯国不再受原国王管辖，直接由各地的郡县来管理。这一措施名义上是皇帝施以恩德，实际上剥夺了诸侯王的政治军事权力，缩小了诸侯王的地盘，此后"大国不过十余城，小侯不过数十里"。推恩令分封的小侯国，只能"衣食租税"，不再享有政治上的特权。这样，很多有权有势的诸侯王国被大大地削弱了。

汉武帝在打击地方势力的过程中，还着手打击地方豪强势力，加强对地方官吏的控制。汉初禁网疏漏，刑罚减轻，地方豪强势力得到很大发展，各地出现了一批以强凌弱、以众暴寡、横行乡里的强宗豪右和地方官僚。为加强对他们的控制，汉武帝一方面继续推行汉初以来迁徙豪强的办法，把他们迁到关中，置于中央政府的控制之下；另一方面，任用酷吏诛杀豪强。

汉武帝还改革汉初的监察制度，于元封五年（前106），把全国划分为十三部（州），每部（州）派刺史一人，于每年秋天巡行郡国，监督郡国，刺史不处理一般行政事务，专门检查各地豪强的违法乱行和地方长官郡守、国相等人的营私舞弊行为，经考察认为优秀的地方长官可以推荐到中央任九卿，认为恶劣的可

---

[1] 事见《汉书·武帝纪》："（元狩）五年春三月甲午，丞相李蔡有罪，自杀。""（元鼎）二年十二月，丞相（庄）青翟下狱杀。""（元鼎）五年九月，丞相赵周下狱死。""（征和）二年春正月，丞相（公孙）贺下狱死。""（征和）三年夏六月，丞相（刘）屈氂下狱要斩，妻枭首。"

罢免。这一措施的施行,使地方豪强势力受到了遏制,社会趋于安定。

在政治改革的同时,汉武帝还推出一系列新的经济政策,包括:第一,改革币制,把铸币权收归中央。第二,由国家统一经营盐铁事业。第三,推行均输平准政策。第四,推行算缗、告缗,打击富商大贾。汉武帝进行的这些经济改革,都是在重农抑商的原则下进行的,这些措施在一定程度上限制和打击了富商大贾、豪强和贵族的经济势力,增加了西汉政府的财政收入,暂时解决了由于战争和奢侈浪费所造成的困难,从经济上加强中央集权,巩固了地主阶级的专政。但同时,这种重农抑商的经济政策,也抑制了民间工商业,阻碍了商品经济的发展。

四、兴修水利　不徇私情

汉武帝统治期间还是我国历史上水利事业得到较快发展的时期之一。水利建设为这一时期的经济繁荣、政治稳定奠定了基础。

汉朝定都长安,国家政治、经济重心在关中和西北地区,关中号称"八百里秦川",位于黄河中游,泾、渭、洛诸水纵横其中。为发展农业生产和航运交通,汉武帝统治时期先后修建了漕渠、龙首渠、六辅渠、白渠等工程。

西汉初年,每年从关东地区经黄河、渭水向长安(今西安)漕运粮食仅数十万石。汉武帝统治时期,由于外事边防,内多兴作,政府对粮食需求大大增加,对漕运的依赖也日益严重,漕运量猛增到上百万石。而渭水迂曲宽浅,险阻甚多,长度达九百余里,要花六个月时间才能到达。汉武帝接受大司农郑当时的建议,发动数万人经过三年的艰苦施工,开凿了一条三百余里的漕渠,引渭水,沿终南山(秦岭)北麓,东至黄河,漕运三个月就能抵达长安,不但节省时间和运费,还可以利用余水灌溉民田万余顷。这条人工运河一直延续使用到唐代,成为京师长安给养运输的生命线。

大约在元狩至元鼎年间(前122～前110),汉武帝接受庄熊罴的建议,开凿了龙首渠。当时,长安附近临晋县(今陕西大荔县)的百姓,希望引来洛水灌溉重泉(今蒲城县东南)以东一千多顷产量不高的盐碱地。如果引水成功,每亩可增产10石。汉武帝批准了这项计划,发动军卒上万人开凿渠道。当挖到临晋上游的澄县(今陕西澄城西南)附近时,遇上了横亘东西的商颜山(今铁镰山),给施工带来了困难。起初曾采用明挖办法,但由于山势较高,开挖太深,黄土覆

盖，开好的渠岸常常滑坡塌方。于是采用井渠法施工，在山坡上打若干个竖井，最深的达40余丈，使"井下相通行水"。经过十多年的施工，这项工程基本建成。由于开挖渠道时挖到了"龙骨"，因此命名为龙首渠。不过，由于渠道未加衬砌，坍塌严重，因此没有发挥多大效益就报废了。

元鼎六年（前111），汉武帝令左内史儿宽主持兴修了六辅渠，从冶峪、清峪、浊峪等几条小河引水，开挖六条小水渠，灌溉郑国渠旁边地势较高的田地。太始二年（前95）汉武帝又在赵中大夫白公的建议下兴办了白渠。从靠近郑国渠渠首的谷口引取泾水，在栎阳（今高陵县东北）注入渭水，渠长200里，灌溉4500余顷的土地，取得显著效益。因发起人白公而命名为白渠。当时有民歌唱道："田于何所，池阳（泾阳）谷口。郑国在前，白渠起后。举锸为云，决渠为雨。泾水一石，其泥数斗。且溉且粪，长我禾黍。衣食京师，亿万之口。"汉武帝时所修白渠与秦始皇时所修郑国渠齐名，因此人们习惯上把两渠合称为郑白渠。

水利建设促进了关中地区经济的快速发展。当时关中"于天下三分之一，而人众不过什三，然量其富，什居其六。"水利使这里迅速发展成为当时全国著名的基本经济区。

汉武帝还专门颁发诏令，要求各地注意兴修水利，有力推动了全国水利建设的开展。

汉武帝还亲自指挥了一次工程艰巨的黄河堵口工程。元光三年（前132），黄河在瓠子（今河南濮阳西南）决口，河水汹涌南流，

泰山无字碑

关于此碑所立年代说法不一，但大部分学者认为为汉武帝所立。据《史记·封禅书》载，元封元年（前110），汉武帝前往泰山封禅，"东上泰山，泰山之草木叶未生，乃令人上石立之泰山巅"。

夺淮河、泗水入海，使梁、楚之地16个郡（今豫东、鲁西南、皖北和苏北一带）受灾。汉武帝接到灾情报告之后，即命大臣汲黯和郑当时主持堵口。由于水势汹涌，势不可挡，决口刚刚堵好就被冲毁了。当时汉武帝的舅父田蚡做丞相，他的封地在黄河北岸，黄河决口南流，使北岸避免了水患的威胁，因此他竭力反对堵口，主张听天由命，顺其自然。汉武帝不了解真相，并为迷信所惑，就此作罢，致使黄河泛滥长达20多年。

元封二年（前109），汉武帝登泰山封禅，亲临黄河，见洪水滔滔，黄河南岸人口众多，百姓田地被淹，老百姓流离失所，惨不忍睹。汉武帝得知在黄河北岸有舅父田蚡封地五六千顷。是要天下苍生，还是维护亲戚的切身利益，何去何从？汉武帝犹豫了。但是他最终还是以百姓为重，扒堤泄洪，洪水淹没了北岸土地，南岸百姓得以保命，后来，他又决定派汲仁、郭昌征发数万军民堵塞决口。汉武帝自己亲临堵口现场指挥，并"沉白马玉璧于河"，表示治河的决心。命令随行官员自将军以下都要参加施工劳动。[1]经过艰苦奋战，终于堵口成功，制服了洪水，梁楚之地（今河南、安徽一带地方）被从水患中解脱出来。为纪念这次规模浩大的堵口行动，汉武帝命人在新修的黄河大堤上修建一座宣防宫，并亲自创作了著名的《瓠子歌》二首，记述这次堵口的经过。

司马迁曾亲身经历瓠子堵口，并身背柴草参加堵口劳动。他"悲《瓠子》之诗而作《河渠书》"，慨叹道："甚哉，水之为利害也！"感到水利和水害对于人类发展的影响的确是太大了，于是在所著《史记》的"十书"中加入"河渠书"，成为我国第一部水利通史。

汉武帝对这次由他亲自指挥的堵口工程颇为得意，从此更加注重水利建设。这次堵口成功也给全国树立了兴水利、除水害的典范。"自是以后，用事者争言水利。"水利受到各级政府官员的普遍重视，因此很快在全国掀起了兴修水利的热潮。朔方、西河、河西、酒泉各郡"皆引河及川谷以溉田"；关中地区新修了灵轵渠、成国渠；汝南郡（治今河南汝南东北）、九江郡（治今安徽寿县）引淮河水灌溉；东海郡（治今山东郯城附近）引巨定泽（今山东清水泊）灌溉；泰山郡（治今山东泰安东）引汶水灌溉。各处兴修水渠，灌溉农田"各万余

---

[1] 事见《史记·河渠书》："于是天子已用事万里沙（神祠名），则还自临决河，沉白马玉璧于河，令群臣从官自将军以下皆负薪填决河。"

顷"。其他小型水利工程更是不可胜数。汉武帝统治期间成为我国历史上一个重要的水利大发展时期。

五、巩固边疆　威震匈奴

汉武帝的雄才大略，也表现在他开疆拓土、威震四方上。自汉建立至汉武帝以来，边疆问题一直没有得到很好的解决。吕雉征讨匈奴无功而返，文景时期的"无为"政治又滋长了匈奴贵族的贪婪性和掠夺性，使西汉边疆的吏民饱受其害。

汉武帝继位后，改变了对外政策，积极准备反击匈奴。建元三年（前138），汉武帝派张骞出使西域，联合西方的大月氏国，夹击匈奴。

建元六年（前135），匈奴派人来请求和亲，汉武帝召百官廷议。大行令王恢是燕地人，他说："汉匈和亲大抵都过不了几年匈奴就又背弃盟约。不如不答应，而发兵攻打他们。"韩安国则极力主张和亲。群臣的议论多数附和韩安国，于是汉武帝便同意与匈奴和亲。

第二年，王恢又说服汉武帝用武力反击匈奴。于是，武帝调兵遣将，积极准备。元光二年（前133），汉军在马邑诱伏匈奴，结果被匈奴识破，退兵逃走。此后，汉武帝下令积极备战，开始了长达几十年的对匈奴的战争。在此期间，汉军曾对匈奴展开五次重大反击作战，并取得决定性的胜利，从根本上解决了匈奴南下骚扰的问题。这

张　骞
——从清康熙三十三年（1694）刊本《无双谱》（金古良编绘，朱圭刻）

卫 青
——从清道光十年（1830）刊本《古圣贤像传略》

五次反击战，分别是河南（今内蒙古河套一带）、漠南（今蒙古高原大沙漠以南地区）之战、定襄（今内蒙古和林格尔西北）之战、河西（今甘肃、青海两省黄河以西，即河西走廊与湟水流域）之战和漠北（今蒙古高原大沙漠以北地区）之战。

汉武帝元朔二年（前127），匈奴骑兵进犯上谷（今河北怀来东南）、渔阳（今北京密云西南）等地。汉武帝避实就虚，实施反击，派遣年轻将领卫青率大军进攻为匈奴所盘踞的河南地。

卫青引兵北上，出云中（今内蒙古托克托东北），沿黄河西进，对占据河套及其以南地区的匈奴楼烦王、白羊王所部进行突袭，全部收复了河南地。汉武帝采纳主父偃的建议，在河南地设置朔方（治今内蒙古杭锦旗北）、五原（治今内蒙古五原县东）两郡，并筑朔方城，移内地民众十多万在朔方屯田戍边。汉军收复河南地，具有重要的战略意义：抽掉了匈奴进犯中原的跳板，解除了其对长安的威胁，并为汉军建立了一个战略进攻的基地。

匈奴贵族不甘心失去河南这一战略要地，数次出兵袭扰朔方，企图夺回河南地区。汉武帝于是决定反击，发起了漠南之战。元朔五年（前124）春，车骑将军卫青率军出朔方，进入漠南，反击匈奴右贤王；李息等人出兵右北平（今内蒙古宁城西南），牵制单于、左贤王，策应卫青主力军的行动。卫青出塞二三百公里，长途奔袭，突袭右贤王的王庭，打得其措手不及，狼狈北逃。汉军俘敌一万多人，凯旋归师。漠南之战胜利，进一步巩固了朔方要地，彻底消除了匈奴对京师长安的直接威胁，并将匈奴左右两部切断，以便分而制之。

元朔六年（前123）二月和四月，新任大将军卫青两度率骑兵出定襄，前后歼灭匈奴军队一万多人，扩大了对匈奴作战的战果，迫使匈奴主力退却漠北一带，远离汉境。这就为汉武帝下一步实施河西之役并取胜提供了必要条件。

河西即现在甘肃的武威、张掖、酒泉等地，因位于黄河以西，自古称为河

西,又称河西走廊。它为内地至西域的通路,具有重要的战略地位。当时它在匈奴的控制之下,对汉朝的侧翼构成威胁。汉廷为了打通通西域的道路和巩固西部地区,遂决定展开河西之役,为此,组织强大的骑兵部队,委派青年将领霍去病出征河西匈奴军。

元狩二年(前121)春,汉武帝拜霍去病为骠骑将军,带兵一万由陇西出击匈奴。霍去病带兵转战六天,打过焉支山(今甘肃山丹东南)一千里,经过激战,杀掉匈奴两个王,俘虏了王子、相国都尉,把休屠王的祭天金人也夺了过来,斩获匈奴首级近九千,沉重打击了匈奴。到了夏季,霍去病与合骑侯公孙敖率兵数万,再次出击匈奴。此外还有张骞、李广同时出击。这几路人马都不如霍去病的部下精锐,故而霍去病带领众部将渡居延泽(今甘肃张掖西北),过小月氏(在祁连山南),至祁连山,一路顺风,势如破竹,消灭匈奴3万多人,又俘虏了匈奴名王与人及王母、王子、相国、将军等百余人,收降匈奴浑邪王部众4万,全部占领河西走廊地区。汉廷在那里设置武威、酒泉、张掖、敦煌四郡,移民守边戍守生产。匈奴为此作歌谣说:"失我祁连山,使我六畜不蕃息!失我焉支山,使我妇女无颜色。"

元狩四年(前119),汉朝赋税增加、财用充盈,足以支付军饷,于是汉武帝又召群臣复议出师北征。这年春天,汉武帝派遣大将军卫青、骠骑将军霍去病,各率军队出击匈奴。这次出塞,除卫、霍各领骑兵10万外,尚有步兵数十万人随后继进,可谓倾国远征。

大将军卫青连日进军,并不见有大敌,派出探马侦察,得知单于移居漠北,便率军深入,直捣匈奴老巢。又走了好几百里,始遇匈奴大营。卫青下令扎住营盘,用武刚车将匈奴四面围住——武刚车有巾有盖,格外坚固,可作营壁,然后派五千精骑前去挑战。这时天已傍晚,大风忽起,走石飞沙,卫青乘势指挥大部人马分作两翼,左右并进,包围匈奴大营。匈奴伊稚斜单于在营中听得外面喊杀连天,气势汹汹,一时寻思终究难敌,就率数百劲骑,突出帐后,向西北逃去。[1]这时匈奴兵与汉军仍在力战,直杀到半夜。后来捕获单于亲信才知单于已

---

[1] 事见《史记·卫将军骠骑列传》:"大风起,沙砾击面,两军不相见,汉益纵左右翼绕单于。单于视汉兵多,而士马尚强,战而匈奴不利,薄暮,单于遂乘六骡,壮骑可数百,直冒汉围西北驰去。"

敦煌壁画——《张骞出使西域图》

经逃跑,卫青急忙派轻骑追赶,已经来不及了。等到天明,匈奴兵自行散去,卫青率大军继续前进,进到寘颜山赵信城,灭敌1900人,取得大胜。

霍去病率军出代郡和右北平,出塞两千余里,与匈奴左贤王相遇,交战数次,都打了胜仗,还抓住了屯头王韩王等三人,缴获了不计其数的兵器、马匹等等,在狼居胥山(所在地不详,一说即今蒙古人民共和国境内肯特山,一说即今河套西北狼山)班师回朝。经过这次打击,匈奴一蹶不振,再也无力骚扰中原,只好迁往北方很远的地方。

汉武帝对匈奴的反击,制止了匈奴贵族的野蛮掠夺,维护了汉朝边郡的先进农业生产。此外,张骞出使西域,虽然没有达到联合大月氏抗击匈奴的目的,但是自此开始了大西北的开发,不仅断了匈奴右臂,更重要的是打通了通往西域的道路,形成了沟通古代欧亚交通的"丝绸之路"。

汉武帝在位期间,还完成了对东南和南方的统一和对西南地区的开发。元封三年(前108),汉武帝又发兵东北,降服了那里的高句丽等郡,加强了朝鲜与中原的文化交流。此后,武帝威名震慑四边。

六、晚而改过　顾托得人

汉武帝在位期间广开三边,中外交往频繁,远方的奇珍异宝和各种高级奢侈品流入中原,更刺激了汉武帝的骄奢淫逸。他广设苑囿宫殿,陈设布置穷极豪华,优礼外国使者、商人,招待赏赐无数。同时,汉武帝还和秦始皇一样,也喜

欢巡游。他先后出巡十几次，元封元年（前110）他北至朔方（今内蒙古乌拉特前旗南）阅兵，向匈奴炫耀军威，南下登中岳嵩山，东巡海上，至泰山封禅，再沿海北上至碣石（今河北昌黎），转向西沿北郡经九原（今内蒙古包头西）折回长安。行程达18000里，沿途"所过赏赐用帛百余万匹，钱金以巨万计"，所费远远超过秦始皇。汉武帝继位之初，"人给家足"，府库充实，经过几十年对外战争，"海内虚耗"，国库空虚。

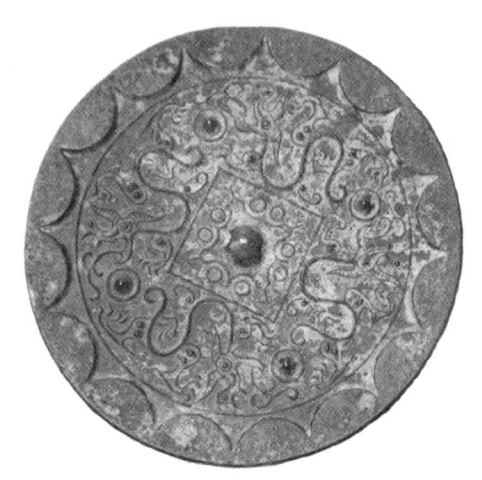

汉武帝时期的铜镜

随着岁月的流逝，汉武帝日渐衰老，便千方百计地寻求补救，迷信鬼神，寻求长生不老仙药。元鼎五年（前112），方士栾大来到长安，说自己往来海上，见到过仙人，找到了长生不老的仙药。汉武帝信以为真，陆续封他为五利将军、天士将军、地士将军、大通将军、天道将军，赐黄金万斤，并把自己的女儿长公主嫁给他。[1]最后还专门刻一方玉印，以对待宾客的礼仪封他为天道将军。元封元年（前110），骗局败露，汉武帝腰斩了栾大。但他仍不断派人到海上求仙，幻想有人能够成功。

汉武帝晚年多病，疑神疑鬼，有一次梦见数千木人打他，醒后病倒，他认为是臣下吏民诅咒造成的，于是出现"巫蛊之祸"。他派江充去调查，先后害死数万人，其中包括丞相公孙贺父子、汉武帝亲女诸邑公主、阳石公主、卫皇后的侄儿长平侯卫伉等显贵人物。后来有人告发太子宫中有木偶人，诬他诅咒武帝，征和二年（前91）七月，皇太子被迫假传圣旨捕斩江充，发兵攻占长安各要害部门。汉武帝大怒，令丞相刘屈氂发兵逮捕太子，两军在长安大战数日，皇太子兵败自杀，卫皇后也自杀了。[2]

---

[1] 事见《史记·孝武本纪》："（武帝）乃拜（栾）大为五利将军。居月余，得四金印，佩天士将军、地士将军、大通将军、天道将军印。……又以卫长公主妻之，赍金万斤，更名其邑曰当利公主。"

[2] 事见《汉书·武五子·戾太子据列传》。

这一案件到第二年被发现是冤狱，太子得以昭雪。后来，丞相刘屈氂和贰师将军李广利也被指控从事巫蛊活动诅咒皇帝，刘屈氂被杀，李广利投降匈奴，所统率的7万大军全军覆没。汉武帝一生多次大胜匈奴，最后却由于非军事原因而遭此惨败，引起他思想上巨大的震动。后来他觉察到所谓巫蛊活动多无实证，纯属江充等人制造的冤案，他诛灭了江充全家，终止了这一惨祸的继续。

一连串的挫折使汉武帝反思自己一生的所作所为，他开始检讨自己的过错。征和四年（前89）汉武帝最后一次出巡到山东海边，想到海岛上寻找神仙，在东莱海边等了十多天，看到大浪滔天，无边无际，没法行船，只有绝望地回程。他一路回顾往事，心中有无限感慨。走到钜定县（今山东广饶北）时，看到农民正忙着春耕，他便拿起耒耜，亲自到田里参加劳动。他到泰山明堂里祭祀时，对着天地神灵和大臣们自我检查。不久，大鸿胪田千秋请求斥退方士，汉武帝听从建议，遣散了所有的方士。六月，搜粟都尉桑弘羊又请求汉武帝派人到轮台修筑堡垒，驻扎军队时，汉武帝下轮台罪己之诏，说此前有人请求按人口增

悔前愆痛下轮台诏
——从1935年会文堂新记书局蔡东藩《前汉通俗演义》

加30钱的赋税作为边用，这是加重老弱孤独者的痛苦，现在又请求到轮台驻军开田，这是"扰劳天下"的行为，"朕不忍闻"，宣布"当今务在禁苛暴，止擅赋，力本农"，与民休息。

"轮台悔过"说明汉武帝毕竟是一位具有远见卓识的政治家，在自己统治的最后时期，能看到自己过去政策中的失误，也标志着汉武帝一生政策的一大转折。以后他采取了与民休息、思富养民的政策，任命田千秋为丞相，并封为"富民侯"，任命大农学家赵过为搜粟都尉，让他在全国范围内推广先进的"代田法"和先进农具，经过两年的努力，社会又趋于安定，开启了后来的"昭宣中兴"、媲美文景的西汉盛世。

不过，此时的汉武帝已经日落西山。后元二年（前87），汉武帝在五柞宫一病不起，他知道自己命在旦夕，便在床前立刘弗陵为太子，同时封霍光为大司马大将军，金日䃅为车骑将军，上官桀为左将军，桑弘羊为御史大夫，嘱咐他们同心协力辅佐皇太子。次日，汉武帝去世，谥号"孝武皇帝"，葬茂陵（西安西北），其陵东北有霍去病、卫青墓，东南有霍光墓。

名家评说

孝武穷奢极欲，刑罚繁重，横征暴敛，内侈宫室，外事四夷，信惑神怪，巡游无度，使百姓疲敝，起为盗贼，其所以异于秦始皇者无几矣。然秦以之亡，汉以之兴者，孝武能尊先王之道，知所统守，受忠直之言，恶人欺之弊，好贤不倦，诛赏严明，晚而改过，顾托得人，此所以有亡秦之失而无亡秦之祸乎！

——宋·司马光《资治通鉴》卷二二

武帝曰："朕不变更制度，后世无法；不出师征伐，天下不安；为此者不得不劳民。若后世又如朕所为，是袭亡秦之迹也。"有是心，为是言，而岂不贤乎？

——清·王夫之《读通鉴论》

武帝雄才大略，非不深知征伐之劳民也，盖欲复三代之境土。削平四夷，尽去后患，而量力度德，慨然有舍我其谁之想。于是承累朝之培养，既庶且富，相时而动，战以为守，攻以为御，匈奴远道，日以削弱。至于宣、元、成、哀，单于称臣，稽玄而朝，两汉之生灵，并受其福，庙号"世宗"，宜哉！

武帝生平，虽不无过举，而凡所作用，有迥出人意表者。始尚文学以收士心，继尚武功以开边城，而犹以为未足牢笼一世。于是用鸡卜于越祠，收金人于休屠，得神马于渥洼，取天马于大宛，以及白麟赤雀，芝房宝鼎之瑞，皆假神道以设教也。

——清·吴裕垂《历朝史案》

（《汉书》）专赞武帝之文事，而武功则不置一词。仰思帝之雄才大略，正在武功。

——清·赵翼《廿二史札记》

宣帝刘询

汉宣帝刘询（前92～前49），西汉第七代皇帝。小名病已（字次卿）。他是汉武帝的曾孙，戾太子刘据的孙子，父史皇孙，母王氏。公元前73～前49年在位，谥号"孝宣皇帝"。汉宣帝统治期间，亲躬万机，励精图治，实施了整顿吏治、平理冤狱、轻徭薄赋、发展生产等一系列措施，使得"吏称其职，民安其业"，出现了西汉中兴的良好局面。

一、经历坎坷　得位侥幸

刘询生下才几个月，西汉朝廷发生了"巫蛊事变"。在这次事变中，他的祖父戾太子刘据和他的父亲史皇

汉宣帝刘询
——从明万历三十七年（1609）原刊本《三才图会》

孙、母亲王夫人都被害身亡。襁褓中的刘询受其祖父"反叛"之罪的牵连，被关进了监狱，一关就是五年。

虽说被关在了监狱，但宫廷斗争的恶流仍然涉及到他。刘询四岁那年，一次意外的灾祸险些致他于死命。那是后元二年（前87），汉武帝得了重病，不久于人世的恐惧和想保持权力富贵的渴望，使他变得多疑和暴戾。这时，一些方士对汉武帝说："陛下所以得病，恐怕与邪气的冲犯有关。据我们观察，长安监狱的上空有'天子气'，这是陛下致病的原因，只有把长安监狱中所有的犯人统统杀掉，消除邪气的根源，陛下的病才能好。"急于保命的汉武帝马上下令：杀掉长安监狱中所有的犯人。当执行这一命令的官员深夜来到关押刘询的监狱宣

霍　光
——从明万历三十七年（1609）原刊本《三才图会》

布这一命令时，遭到正直狱官丙吉的拒绝，他说："皇曾孙在这里，我要对他的安全负责。至于其他犯人，都不是死罪，不能滥杀无辜！"[1]由于丙吉刚直不阿，幼小的刘询得以再次死里逃生。事后，汉武帝对自己的所作所为有所悔悟，下诏表彰了丙吉的行为。

刘询五岁那年，经大赦出狱，由丙吉护送到了他的祖母家。刘询出狱后不久，朝廷又下令将他列入宗室，由朝廷发放其生活费用。从此，刘询开始过上了富足优渥的皇室生活。

刘询从小早慧好动，他不仅聪敏好学，而且还喜欢结交朋友，斗鸡走马，甚至有时惹是生非、打架斗殴。这些经历，使他从很小的时候起就对民间百姓的疾苦、吏治的得失、世间的不平有着深刻的了解，和那些生长于深宫中的膏粱皇帝大是不同。不过，刘询也受到了良好的教育。在他出狱、被列为宗室成员以后，负责管理他们的官员张贺是其父的旧部，对刘询极为关心。从六七岁起，张贺就自己出钱给刘询找老师，使他很小就受到了良好的教育。等刘询长到十六七岁，张贺又给他娶了妻子，这就是以后的许皇后。不过，虽然如此，皇位离刘询还是十分遥远。他的登基，实在是有一些侥幸。

元平元年（前74），年仅21岁的汉昭帝去世。由于昭帝无子，皇位继承成了问题。其时，汉武帝的儿子中仅剩下广陵王刘胥一人，许多大臣都倾向于立广陵王刘胥为皇帝。但这一建议遭到了霍光的否决，他认为广陵王刘胥"内行不修"，不可立为皇帝。最后反复挑选，由霍光定策，决定征昌邑王刘贺到长安，择时立为皇帝。可是，刘贺犯了政治上的大忌，既心急登位，又把自己的原班人

---

[1]语见《汉书·魏相丙吉列传》："内者令郭穰夜到郡邸狱，吉闭门拒使者不纳，曰：'皇曾孙在。他人亡辜死者犹不可，况亲曾孙乎！'"

马带进朝中，冷落了抬举他的朝臣，故此以霍光为首的朝廷大臣们联名上书皇太后，要求废掉刘贺的皇帝称号，他仅做了27天皇帝就被赶下了台。

废除刘贺之后，谁来做皇帝又成为当时统治集团面临的一个非常复杂和棘手的问题。经过了反复对比和慎重考虑，他们选中了刘询。理由是，他来自民间，政治上既没有背景，也没有势力，当上皇帝后，很自然地要感激推举他做皇帝的人，而且肯定不会触犯当权集团的既得利益；而且他比较年轻，年仅18岁，缺乏政治统治经验，立为皇帝之后，政治上容易控制。基于以上考虑，以霍光为首的朝廷大臣们把刘询接进了皇宫，先封为阳武侯，继而举行隆重的即位大典，奉上皇帝印绶，谒祭了祖庙。就这样，刘询一步登天，成为西汉王朝的第七位皇帝。这时，他正式更名叫刘询。

二、剪除权臣　收揽皇权

汉宣帝刘询即位之初，朝政差不多全部掌握在霍光手里。当时，霍家权力极大，除霍光权倾朝野之外，他的儿子霍禹、侄孙霍云还是统率宫卫郎官的中郎将；霍云的弟弟霍山官任奉车都尉侍中，统率禁卫部队胡越骑兵；两个女婿分别担任东宫和西宫的卫尉，掌管整个皇宫的警卫；堂兄弟、亲戚也都担任了朝廷的重要职位，形成了一个盘根错节、遍布西汉朝廷的庞大势力网。至此，霍光已经成为当时实际上的最高统治者，他的权势和声望在废除了刘贺的帝位、拥立汉宣帝之后，达到无以复加、登峰造极的地步。

早在民间时，汉宣帝对霍光的权势和威风就有风闻。尤其在他一夜之间由一个平民变成至高无上的皇帝之后，更领教了霍光的权威。他一即位，就明显地感觉到朝廷内部来自霍光集团咄咄逼人的政治压力，所以在他登基之日谒见"高庙"时，霍光陪同他乘车前往，他觉得浑身上下都不自在，好像有芒刺在背。[1] 有着丰富生活阅历的汉宣帝心里明白，自己初即位，力单势薄，仅凭着一个皇帝的称号是不能和羽翼丰满的霍光相抗衡的，只有保持最大的克制，逐渐发展自己的势力，寻求有利时机，才能夺回属于自己的最高统治权。所以在即位伊始，当霍光故作姿态表示要还政于他时，汉宣帝非常"诚恳"地回绝了，他明确表示非

---

[1] 事见《汉书·霍光金日磾列传》："宣帝始立，谒见高庙，大将军光从骖乘，上内严惮之，若有芒刺在背。"

条陈故事

——从明万历二十二年（1594）吴怀让刊本《养正图解》（明焦竑撰，丁云鹏绘图）

魏相是汉宣帝时期的贤相，经常上书以汉朝旧事劝诫宣帝，并积极整顿吏治，抑治豪强，选贤任能，平昭冤狱。积极采取宽赋税，奖励百姓开荒种田，积粮解困等措施，使得汉朝的实力大大增强。

常信任霍光，欣赏霍光的才能，请霍光继续主持朝政，并当众宣布，事无大小，先报请霍光，然后再奏知他本人。事后他还专门下诏褒奖霍光的援立之功，益封七千户。每次上朝，汉宣帝都给霍光以极高的礼遇。汉宣帝的这一系列行为目的在于消除霍光对他的猜忌和提防，缓和朝廷内部潜伏的政治危机，为他的统治创造一个良好政治气氛。

汉宣帝即位后的第六年，也就是地节二年（前68），霍光去世。宣帝亲临葬礼，按皇帝葬制的规格埋葬了霍光，并加封霍光的侄孙霍山为乐平侯，以奉车都尉的官职领尚书事。与此同时，汉宣帝认为时机已到，开始亲理朝政。他重用御史大夫魏相，让魏相以给事中的身份参与朝中的机密决策，后来又提拔魏相做了丞相。继而任命丙吉为御史大夫，他的岳父平恩侯许广汉也被委以重任，逐渐把权力收归己手。

汉宣帝深知，霍光虽然死了，但霍家的势力还很大，霍家的亲属和亲信还控制着中央政府的各个机要部门，兵权也掌握在他们手中。为此，汉宣帝首先采取行动，削夺霍家把持的权力。他先解除了霍光两女婿东宫、西宫卫尉的职务，剥夺了他们掌管的禁卫军权。又把霍光的两个侄女婿调离了中郎将和骑都尉的位置，让自己的亲信担任南北军和羽林郎的统帅。最终把兵权掌握在自己手中。之后，他提拔霍光的儿子霍禹为大司马，明升暗降，剥夺了他掌握右将军屯兵的实权。还对上书制度进行了改革，下令吏民上书，直接呈皇帝审阅，不必经过尚书，把霍山、霍云领尚书事的职务架空起来。通过这一系列步骤，霍家掌握的权力剥夺殆尽，权力逐渐集中在汉宣帝的手中。面对汉宣帝全面夺权的行动，霍家集团内部惶恐不安，决定铤而走险，举行叛乱，推翻汉宣帝，保住他们的既得利益。但叛乱在严阵以待的汉宣帝面前很快瓦解了。汉宣帝大规模镇压了霍氏集团的叛乱，将参加叛乱的人都处以极刑，并废黜了霍皇后，在西汉朝廷中盘踞了十几年的霍家势力一朝覆灭，汉宣帝最终确立了他的绝对统治。

三、亲躬万机　励精图治

在彻底消灭了霍家势力之后，汉宣帝刘询开始掌握政权，"亲躬万机，励精为治"。

鉴于霍光专权的教训，汉宣帝亲政后首先加强君权。自汉武帝设置"中外朝"以来，尚书逐渐成为掌管机要的中枢机构，吏民的上书和诏令的发布都须此

褒奖守令

——从明万历元年（1573）纯忠堂刊本《帝鉴图说》（张居正）

汉史纪：宣帝时，极重守令。尝以为太守吏民之本，数变易则下不安。民知其将久，不敢欺罔，乃服从其教化。故二千石有治理效，辄以玺书勉励，增秩赐金，或爵至关内侯。公卿缺，则选诸所表，以次用之。是故汉世良吏于是为盛，称中兴焉。

处经办。所以领尚书事的霍光、霍山、霍云等人往往通过参与尚书事务，掌握机要大权。汉宣帝为了把政权牢牢地掌握在自己手中，对尚书制度进行改造，扩大了由宦官控制的中书的权限，下令无论是吏民上书，还是诏令的拟定发布，都由中书负责，不须经过尚书，从制度上保证了君权的独尊。

其次，汉宣帝对吏治进行了整顿。汉宣帝曾生活在民间，深知要让老百姓安居乐业、无冤屈愁苦之事，关键在于吏治的好坏。他特别重视刺史、郡守的选用，把它看成是整顿吏治的重要环节，每当朝廷要任命刺史、郡守时，都要亲自过问。在新任刺史、郡守赴任之前，他要亲自接见，当面考察，要求这些新任的刺史、郡守写出任期责任状，以便以后对他们的政绩进行有针对性的考核，这就是史书上所说的"循名责实"。在此基础上，对不合格的官吏给以降职处分或者免职，对治绩优异的官吏及时给予表彰或给予破格提拔。和汉武帝专用"酷吏"的做

法不同，汉宣帝在任用地方官时，不仅使用了一大批干练精明的能吏去镇压不法豪强，而且还任用了大量"上顺公法，下顺人情"的"循吏"去治理地方，由此大大改变了过去吏治苛严和败坏的现象，缓和了社会矛盾，安定了政治局势。

汉宣帝做的第三件事情是平理冤狱。在这个问题上，汉宣帝表现出自己的政治特色："霸王道杂之"。也就是一方面强调法制建设，主张执法严明，以惩治不法的官吏和豪强；另一方面又废除苛法，平理冤狱，缓和社会矛盾。汉宣帝亲政不久，针对刑狱审判不合理现象的存在，亲自参加了一些案件的审理，为执法公正做出表率。地节三年（前67），又下令增设了廷尉平一官，定员4人，专掌刑狱的评审和复核，从制度上保证了执法的严肃性。地节四年（前66），汉宣帝下诏令，认为"首匿连坐法"违犯人之常情，又牵连无罪亲属，下令废除。之后，他又下令赦免所有因上书触犯他名讳的人的刑事责任。五凤四年（前54），又派遣丞相属官24人到全国各地巡查，平理冤狱，检举滥用刑罚的官员。汉宣帝在位25年，先后颁布了10次大赦令。

汉宣帝还继续执行轻徭薄赋、发展生产的政策。针对流民问题，宣帝曾多次下诏把公田赋予流民和农民耕种，部分地解决了农民和土地脱离的问题。为防止农民的破产，保证农业生产的正常进行，又采取了一系列减轻赋税徭役的措施：地节三年（前67），汉宣帝下令减天下盐价，[1]纠正了由来已久的盐价偏高、人民负担过重的弊端；五凤三年（前55），下令减天下口钱，并鼓励流民返乡定居，凡流民归还乡土者，当年免收算赋并免除徭役；甘露三年（前51），又下令减少全国百姓算赋的1/4，每人每年30钱。在汉宣帝的大力倡导下，各级地方官员都把劝科农桑、发展生产看成了当时急务。汉宣帝还派农业专家蔡葵为"劝农使"，巡视全国，指导农业生产。通过这一系列措施，调动了人民的生产积极性，促进了社会经济大发展。

四、中兴盛世　帝国一统

汉宣帝刘询经过一系列的政策调整，使国计民生种种状况较之前朝有了大大的改观，形成了中兴盛世。在宣帝后期，国内经济繁荣，农业连年丰收，谷价猛跌，创造了汉代最低价。为防"谷贱伤农"，宣帝还建立"常平仓"，以国家力

---

[1]语见《汉书·宣帝纪》："……盐，民之食而贾咸贵，众庶重困。其减天下盐贾。"

西汉时期描绘当时农业耕地的画像砖

量干预粮食价格。在思想文化方面,宣帝主张经学各派兼收并蓄,并亲自主持召开经学大会。当时,文学方面汉赋的创作,达到了可与武帝时比美的极盛境地。

我国统一的多民族封建国家是由秦始皇创其始、汉武帝毕其功的,汉宣帝时又进一步巩固发展。本始二年(前72),匈奴侵略乌孙,乌孙向汉廷求救。汉宣帝派田广明等五将军出塞2000余里,联合乌孙夹击匈奴,共动用了20万兵力,这是汉武帝之后对匈奴采取的一次最大规模的军事行动。此后,匈奴衰耗,边境少事。神爵元年(前61),迫于汉朝的威力,匈奴日逐王归附汉朝,汉军占据了车师,将匈奴势力逐出西域。汉宣帝任用熟悉西域事务的郑吉担任西域第一任都护,兼护南北两道三十六国,确立了西汉对西域的政治统治。汉宣帝还将屯垦区扩大到了乌孙的赤谷城,进一步巩固了祖国的西北边疆。当乌孙内部发生动乱时,他派长期生活在乌孙、有丰富外交经验的冯嫽为使节出使乌孙,排解了乌孙贵族内部的矛盾。甘露三年(前51),匈奴呼韩邪单于入朝觐见汉宣帝,表示归服西汉中央政府,汉宣帝隆重接待,并举行有数万少数民族参加的盛会,来显示西汉王朝民族间的团结,给呼韩邪单于以深刻影响。[1]宣帝派兵护送呼韩邪单于到光禄塞下,资助谷米数万石。从此,汉匈之间结束了长达150多年的战争状态,建立了匈奴呼韩邪政权对西汉王朝在政治上的隶属关系,同时也密切了塞北各族与中原地区的汉族在政治、经济、文化上的联系。宣帝以后数世,北方边境不见烽火之警,牛马布野,人民蕃盛,一片和平景象。神

---

[1] 事见《汉书·宣帝纪》:"……上登长平阪,诏单于毋谒。其左右当户之群皆列观,蛮夷君长王侯迎者数万人,夹道阵。上渭桥,咸呼万岁。……"

爵元年（前61），汉宣帝派名将赵充国率兵平息了西羌族的叛乱，并留兵屯田湟中，置金城属国管理归附的羌族各部落，加强了西汉中央政府对西羌的控制。

黄龙元年（前49），宣帝去世，终年42岁，谥号"孝宣皇帝"。长子刘奭继位为元帝。

名家评说

孝宣之治，信赏必罚，综覈名实，政事文学法理之士，咸精其能，至于技巧工匠器械，自元、成间，鲜能及之者，亦足以知吏称其职，民安其业也。遭值匈奴乖乱，推亡固存，信威北夷，单于慕义，稽首称藩。功光祖宗，业垂后嗣，可谓中兴，侔德殷宗、周宣矣！

——汉·班固《汉书》

盖宣帝之为君也，恃才而喜自用，乐闻人过以示察者也，故于望之有臭味之合焉。以私好而托家国之大，其不倾者鲜矣。

——清·王夫之《读通鉴论》

成帝刘骜

汉成帝刘骜（前51～前7），西汉第九代皇帝。字太孙，父亲刘奭，即汉元帝，母亲王政君。公元前33～前7年在位，谥号"孝成皇帝"，庙号"统宗"。竟宁元年（前33）继位，在位27年。汉成帝缺乏治国安邦之才，一心贪图安逸，委权于外戚，致使外戚专权，民不聊生。西汉王朝由此迅速地衰败了下去。

汉成帝刘骜

一、宽博谨慎　雅好学术

刘骜出生时，祖父宣帝在位，父亲刘奭为皇太子，母亲王政君为太子妃。由于是太子长子，宣帝对他特别喜爱，不仅时常把玩于膝下，还亲自命名取字。刘骜3岁时宣帝去世，父亲继位为元帝，他被立为皇太子，母亲王妃先被立为婕妤，三日后又立为皇后，外祖父王禁被封为阳平侯。

由于深得祖父汉宣帝的喜爱，刘骜的太子地位一直比较稳固，元帝还曾特命驸马都尉、侍中史丹专门照护太子。但是到元帝晚年却产生了危机。原因一是成帝长大后生活过于安逸，"幸酒，乐燕乐"，元帝认为作为皇储不该如此享乐；二是元帝对刘骜的兄弟定陶王刘康有偏爱。成帝有两个异母兄弟，一个是少弟中山王刘兴，冯昭仪所生，另一个就是刘康。刘康是当时元帝的宠妃傅昭仪的儿子，"多材艺"，所以元帝对他特别喜欢：出则同辇，坐则侧席，多次想改立他为太子。到竟宁元年（前33），元帝病重，傅昭仪、定陶王勤于侍问，太子很少进见，元帝竟

"数问尚书以景帝时立胶东王（即汉武帝）故事"，准备仿效景帝废长立幼，改立定陶王为太子。最后幸亏史丹直接到元帝的病榻前为太子陈情，加之元帝考虑宣帝曾甚爱太孙，才保住了成帝的太子地位。以后再没有出现波折。不久，元帝去世，太子刘骜继承皇位，时年19岁。刘骜继位的第二年，改年号为"建始"，五年后又改元"河平"，以后每四年改元年号，先后是"阳朔""鸿嘉""永始""元延""绥和"。至绥和二年（前7）去世，共在位27年。

汉成帝刘骜性格温和内向，谨小慎微，谦恭有余，豪爽不足。有一次元帝要召他急见，如果争取时间，他可以横穿皇帝独行的"驰道"，很快来到皇宫，但他却谨慎地绕道而行，很晚才到。[1]成帝这种"宽博谨慎"的性格，对他以后的统治曾产生很大影响。他继位后加强皇权，却终未能削弱外戚的势力，与此不无关系。

和其父、祖一样，在"独尊儒术"的风尚下，成帝自小开始读经。到青少年时代，他对儒经更加推崇，特别是《诗》，已相当精通。继位后，成帝非常重视博士。阳朔二年（前23）九月，成帝下诏，"儒林之官，四海渊原，宜皆明于古令，温故知新，通达国体，故谓之博士。否则学者无述焉，为下所轻，非所以遵道德也。'工欲善其事，必先利其器。'丞相、御史其与中二千石、二千石杂举可充博士位者，使卓然可观。"也许正是因为如此的缘故，成帝时期科技、文化有长足的发展。其间，出现了总结北方特别是关中地区农业生产技术的著名农书《氾胜之书》。河平元年（前28），进行了世界公认的世界上最早的太阳黑子的记载。此外，还留下了我国古代最详细的哈雷彗星观察记载。

在文化上，成帝时进行了一次大规模的图书收集和整理工作。我国古代的文化典籍原来相当丰富，秦代由于"焚书坑儒"和楚烧咸阳，很多都已被烧或散佚。汉初废"挟书律"，民间出现了大量书籍。为此，汉武帝曾制定藏书之策，置写书之官，收集各类图书，存于秘府，但仍有很多散佚。成帝时，下诏进行了一次我国最早的大规模的图书收集整理工作。这项工作由当时的著名学者光禄大夫刘向具体负责。但刘向未竟而逝，后到哀帝时由其子刘歆继续完成，编成了一部我国最早的图书分类目录《七略》。此书的编撰，既有利于我国古代文化典籍

---

[1] 事见《汉书·成帝帝纪》："……上尝急召，太子出龙楼门，不敢绝驰道，西至直城门，得绝乃度，还入作室门。上迟之，问其故，以状对。"

的保存，也有利于文化知识的传播，确实是当时文化上的一大进步。

二、奢靡无度　独宠飞燕

　　汉成帝刘骜纵情声色，奢靡无度，生活相当腐朽。早在被立为太子时，成帝就"溺于酒色"。继位后，更有很多荒唐之事。他在位的后期曾好为微行，经常带侍从十余人，便服出入市里。还曾置私田于民间，蓄私奴车马于北宫。往往单身与一些小人日夜相伴；在吏民之家，服饰不整，与吏民共坐，喝得酩酊大醉，举止放纵轻狂，日夜在路，以流遁为乐，以至数年来，卫士空守宫中，公卿百僚不知皇帝身在何处。[1]许多大臣都为此感到痛心和失望。谷永等人曾数次进谏，但成帝一意孤行，根本不听。

　　成帝共立了两个皇后：一个是许皇后，一个是赵皇后。许皇后系元帝时大司马车骑将军、平恩侯许嘉之女。成帝为太子时，即由元帝选配成婚。许妃曾生有一男，后来夭折。成帝即位不久，立为皇后，生一女，又夭折。这位许后其人聪慧、善史书，长期为成帝所专宠。为使成帝早日能有继嗣，王太后及王氏诸舅对她这种专宠越来越表示不满，借机贬抑，使其渐渐失宠。到鸿嘉三年（前18），皇后的姐姐许谒为媚道，诅咒后宫怀孕的王美人及帝舅王凤，事发觉，许皇后受牵连被废处昭台宫。

　　许皇后被废后，赵皇后继位。赵皇后号

赵飞燕
——从清刻本《百美新咏图传》（颜希源编，王翙绘）

---

[1]语见《汉书·谷永杜邺列传》："……数离深宫之固，挺身晨夜，与群小相随，乌集杂会，饮醉吏民之家，乱服共坐，流湎媟嫚，溷淆无别，阋免遁乐，昼夜在路。典门户奉宿卫之臣执干戈而守空宫，公卿百僚不知陛下所在，积数年矣。"

"飞燕"，本长安宫人，后为阳阿公主家舞女，因身轻善舞，故号为"飞燕"。成帝微行，至阳阿公主家，被她婀娜多姿的舞技所吸引，便召入宫中。以后听说其妹貌美，又召其妹入宫，二人均封为婕妤，贵倾后宫。这时许皇后已失宠，为了登上皇后宝座，赵氏姊妹参与了对许皇后的陷害。许皇后被废，飞燕立为皇后，其妹被立为昭仪。赵皇后姐妹以后十年间始终受宠于成帝，但也始终没有生子。为维护其专宠，她们对后宫有子的嫔妃极力摧残，以至"生子者辄杀，堕胎者无数"。成帝死后，赵皇后被尊称为皇太后。尽管当时大臣都要求废黜赵氏，但由于赵皇后曾力主策立哀帝为太子，于哀帝有私恩，因而只是迫令其妹赵昭仪自杀，哀帝仍然尊她为皇太后。一直到哀帝去世，王莽执政时，以太皇太后的名义废赵皇后为庶人，赵氏才被迫自杀。

三、委权外戚　政绩平平

汉成帝刘骜在位期间，政绩平平。其足以称道的政绩是减轻赋钱、禁奢侈和强化皇权。前者是在建始二年（前31）实施。这一年成帝始定长安南北郊，为求吉庆，下诏减天下赋钱，人算40。汉代算赋按制度是人算120，现减算40，数目虽有限，但对负担沉重的广大农民仍不啻是一福音。禁奢侈在永始四年（前13）。这时，统治者已日趋腐朽，声色犬马，争为奢侈。例如对外戚王氏五侯，史载"而五侯群第，争为奢侈，赂送珍宝者，四面而至；后庭姬妾，各数十人，僮奴以千百数，列钟磬，舞郑女，作倡优，狗马驰逐；大修屋室，起土山渐台，洞门高廊阁道，连绵不断"。为了汉家王朝的长远利益，成帝在这一年下诏禁止奢侈。这在当时虽然没有多大的效用，但也有一定意义。

至于成帝的强化皇权，主要是设置尚书和三公。尚书的设置是在建始四年（前28）。这一年，成帝初置尚书五人，一人为长官，称"尚书仆射"；四人分为四曹：常侍曹，掌管公卿事务；二千石曹，掌管郡国二千石官员事务；民曹，掌管吏民上书事务；客曹，掌管少数民族及国外往来事务。尚书的职权范围很广，实际是皇帝的秘书机构，它的设置表明皇帝加强了对朝廷事务的控制。三公制度的实施是在绥和元年（前8）。这一年，成帝下诏罢将军官，以大司马骠骑将军为大司马，御史大夫为大司空，封列侯，俸如丞相，标志着三公制的开始实行。因为大司马、大司空的职权和地位都和丞相一样，所以和丞相一起合称为"三公"。三公制的设置是当时皇权加强、与相权矛盾进一步发展的产物。表面上看，成帝置三公不过是改一丞相为三丞相，但实际上，丞相职权一分为三，三公互不统辖，这必然会加强皇帝的专制独裁。

不过，成帝的性格决定了他的强化皇权不过是制度，实际上并非如此。成帝继位后，即尊封母后为皇太后，以大舅阳平侯王凤为大司马大将军领尚书事，握朝中实权。[1]成帝生性懦弱，加之王凤又是其大舅子，他在朝政上对王凤就更加谦让。当时的朝政基本是操纵在外戚王氏的手里。他们专横跋扈，结党营私，把整个国家搞得一片混乱。所谓"公卿见（王）凤，侧目而视，郡国守相刺史皆出其门"。

成帝在位27年，外戚王氏始终把持着朝中大权。出于对汉家王朝的忠心和对王氏专权的不满以及个人的出路，不少地主阶级和有识之士都曾大声疾呼应罢免王氏。京兆尹王章在朝中以刚直著称，当时王凤擅权，"政事大小皆自凤出"，他就借言日食奏封事，提出不可以让王凤长久掌权，

赵合德
——从清刻本《百美新咏图传》（颜希源编，王翙绘）

应把他罢免，选忠贤代替。理由有三条：一是日食象征"臣专君"，这本来是指王凤的专权，王凤后来却把它推到定陶王刘康身上，硬逼着就藩；二是原丞相王商系先帝外家，为人守正，因不肯附和王凤，便遭陷害，朝中官员和百姓们都为他感到冤枉；三是王凤知道自己妾的妹妹张美人已经嫁人，按礼不该再送入后宫，却借口其生育能力强，献给皇上，为自家谋私。成帝本来就对逼定陶王就藩、罢免王商很不满意，看了王章的上书，决定要罢免王凤。但消息却被走漏，王凤知道后，先发制人，他称病上疏以辞职要挟，其妹王太后也流泪、绝食向成

---

[1] 事见《汉书·元后列传》："元帝崩，立太子，是为孝成帝。尊皇后为皇太后，以凤为大司马大将军领尚书事、益封五千户。王氏之兴自凤始。"

帝施加压力。结果王凤不但没有被罢免，王章反而因此获罪，逮捕下狱，死在狱中，其妻子儿女被徙于合浦（今广东合浦东北）。西汉的宗室、楚王刘交之后刘向也多次向成帝进谏要求罢免王氏，成帝虽然认为刘向讲得很对，但最终也没有夺王氏大权。

成帝所以把大权始终交给王氏，自有他的考虑。他深知士人并不可靠，因为士人执政大多会结党营私；宦官也靠不住，他们执政更是结党专权，为所欲为。在成帝看来，最可靠的还是外戚。因为他能登上皇帝宝座，外戚就为他出过很大力。当然，他对外戚也不是一点顾虑没有，汉初诸吕叛乱他是深知的，朝中大臣不断上书反对王氏他也是非常清楚的，所以他也曾怀疑王氏。但在各种压力和张禹为王氏庇护的解释下，加之他生性懦弱、对母舅这种血缘关系还抱有幻想，经过反复犹豫，最终还是打消了对王氏的怀疑。所以，终成帝一朝，尽管反对王氏专权的呼声此起彼伏，但由于成帝的犹豫不决，王氏始终掌握着朝中大权。以至到了王莽，终于另立王朝，取刘氏而代之。

成帝一直无子，在位晚期身体多病，意识到不会再有儿子，便在元延四年（前9）下令朝中议以藩王为太子。当时的人选一个是他的少弟中山王刘兴，一个是侄子定陶王刘欣。御史大夫孔光根据《尚书》殷代王位继承是兄终弟及，认为中山王系元帝之子，可为太子；而外家王氏和赵皇后则认为汉家制度是父子相继，定陶王系成帝之侄，宜为太子。最后成帝裁决：兄弟不相入庙，且中山王不才，而定陶王多才，立定陶王为太子。

绥和二年（前7）三月，成帝在长安宫中突然病故，时年46岁。死后葬延陵，谥号"孝成皇帝"。王莽执政时，尊庙号为"统宗"。

名家评说

成帝善修容仪，升车正立，不内顾，不疾言，不亲指，临朝渊嘿，尊严若神，可谓穆穆天子之容者矣。……然湛于酒色，赵氏乱内，外家擅朝，言之可为於邑。

——汉·班固《汉书》

成帝之无道也，足以亡国。

——清·王夫之《读通鉴论》

光武帝刘秀

汉光武帝刘秀
——从明弘治十一年（1498）《历代古人像赞》

东汉光武帝刘秀（前6~57），东汉开国皇帝。字文叔，南阳郡蔡阳县（地在今湖北省枣阳县南）人。父刘钦，母樊氏。公元25~57年在位。谥号"光武"。刘秀建立了东汉政权后，好儒任文，以重治国，促进了经济的发展，换来了汉王朝的中兴局面。

一、出生不凡　志向平平

刘秀是汉高祖刘邦的九世孙。五世祖刘买，按王子封侯的惯例封为舂陵侯（舂陵为乡名，地在今湖南宁远北）。汉元帝初元四年（前45），袭爵的刘买孙刘仁嫌舂陵地方潮湿，有山林毒气，上书经得汉元帝同意，偕同族人迁到了南阳郡蔡阳县白水乡。袭爵的刘仁是个小侯，食邑只有476户，并不怎么显贵。刘秀的祖父刘回只是刘仁的从弟，无爵可袭，只当了个都尉（在郡里掌管守卫的武职）。为了标志自己的皇族血统，刘仁他们仍把新居称为舂陵。后来刘回的儿子刘钦当南顿县（治所在今河南项城西南）令，又随父生活在南顿。刘秀九岁时，刘钦去世，留下了夫人樊氏和三男三女。孤儿寡母，在刘钦的弟弟刘良照顾下生活。刘良当时做萧县令，刘秀由叔父刘良抚养长大。传说刘秀出生时，有赤光照堂中，尽明如昼，刘钦为之惊异，就找了个叫王长的人占卜，王长避开众人对刘钦说："这个兆头吉不可言！"生刘秀那年，济阳县有个地方的谷子一根茎生九个穗。按字义，谷类抽穗

王莽篡权后，以"托古改制"为名先后进行四次币制改革。由于币制复杂混乱，比价不够合理，换算十分困难，且改制后的钱币大小不断缩小，货币严重贬值，实质上剥削了普通民众的财富，引起更大的社会矛盾。币制改革的失败也是新朝迅速灭亡的原因之一。

开花曰秀，刘秀的命名便因此而来。[1]又传王莽担心天下不稳，派人四处侦察危险人物和危险地带，有个叫苏伯阿的"望气者"到了南阳就遥见舂陵上空有一种特殊的气，不禁赞叹道："气佳哉！郁郁葱葱然。"到刘秀起兵时，他的住宅南边有道火光直冲天空，一会儿就不见了。年轻时的刘秀，高个头，高鼻子，前额有点突出，堂堂一表人才。[2]他喜欢务农，处事谨慎，讲信用，性情温和。大约在二十五六岁时，刘秀游历京都长安，在长安跟一个叫许子威的庐江人学习《尚书》，学得并不怎么好，只是"略通大义"。他很大方，同学没钱花，他就和同宿舍的一个叫韩子的同学出钱买了头驴，让仆人赶着驴子搞运输，挣了钱供给同学花费。有一次他在新野（今属河南），听说那里阴氏家中有个名叫丽华的女子长得漂亮，心中爱悦；到长安时见到执金吾（负责监督、检查京都及附近地区治安的长官）出行时有很多车马随从，声势煊赫，就大为感慨地说：为宦当作执金吾，娶妻当得阴丽华。志愿不过如此。这些，使刘秀和他的大哥刘縯（字伯升）显得很不相同。刘縯性情刚毅，不事家业，刘氏皇族的意识特强，对新莽政权极端不满，破产散财，交结雄俊人物，颇有取天下的野心。当年汉高祖刘邦喜好结交，不事家产，刘邦的二哥刘喜专心治理家业。刘縯就自比刘邦，以刘喜比刘秀，笑他胸无大志。但最后当了皇帝的是刘秀，却不是刘縯。

二、忍辱负重　徐图大业

新莽末期，连年灾荒，各地农民揭竿而起，天下已经大乱。地皇三年（22）

---

[1] 事见《后汉书·光武帝纪》："……有赤光照室中。钦异焉，使者王长占之。长辟左右曰：'此吉兆不可言。'是岁，县界有嘉禾生，一茎九穗，因名光武曰'秀'。"
[2] 见《后汉书·光武帝纪》："身长七尺三寸，美须眉，大口，隆准，日角。"

十月，刘縯在春陵、刘秀与李通的从弟李轶在宛城，同时起兵。刘良听到消息，怒不可遏，把刘秀狠狠训斥了一顿，说："你和你哥哥的志趣不同。现在家产快完了，不治理家业，反而一起干这种事！"但事情已经闹起来，刘良也没法，只好顺从。当刘縯在春陵起事时，同族的许多人非常害怕，都说刘縯要害了自己，纷纷逃跑；但当他们见到刘秀穿戴着红衣大冠的将军服装，率领起事人员回到春陵时，又说："像刘秀那样谨慎厚重的人都造起反来了，还怕什么！"于是也就心安了。

这年十一月，刘秀等人的军队与官军相遇，战于长安，结果大败。在此一战中，刘氏宗族死了数十人，其中包括刘秀的二哥、二姐及刘良的妻子和两个儿子。刘秀的二姐刘元死得颇为壮烈。败军之际，刘秀单骑逃跑，碰上三妹伯姬，就把她拉到了马上。不远，又碰到刘元，催她快上马，刘元看到追兵在后，挥手说："你快跑吧，不能两全了，不要都死在这里。"追兵赶到，就把刘元和她的三个女儿杀了。但由于人心所向，起义军迅速发展到十余万人。军队人多，将领们都主张拥立一个刘姓的皇帝，以此统一号令，顺应人心。南阳一带的豪杰人物，都认为刘縯最为合适，因为刘縯有威望，治军严明。而新市、平林军的将领们大都喜欢散漫放纵，担心立了刘縯不得自由。他们认为刘玄懦弱，容易左右，因而策划拥立刘玄。刘玄是春陵侯刘仁的曾孙，在平林军中，号称更始将军。刘玄当皇帝后，改元为更始元年，并封了一大批官衔，封刘縯为大司徒，封刘秀为太常偏将军。

南阳一带的情况使王莽震惊，他调兵遣将，很快集结了43万人马，号称百万，命司空王邑与司徒王寻率领前往镇压。王邑、王寻从洛阳出发，旌旗车辆千里不绝。王邑、王寻首先与刘秀相遇，刘秀的将领见敌多势盛，不敢作战，都跑回昆阳（今属河南叶县）城中。他们忧念妻儿老小，都想各自回本土自保。刘秀非常冷静地向将领们分析了形势和前景，口吻严厉地说："现在粮草无多，来敌强大。并力抗敌，还有打胜的希望，要是分散，必然被消灭，而且宛城还没攻下，来不了救兵，昆阳一失，一天之内，各军也就全都覆没。现在为什么不同心同德，共建功名，反而只想看守自己的妻子和财物呢？"将领们听后，纷纷怒喝道："刘将军怎么竟敢如此讲话！"恰好这时传来消息，说王邑、王寻的大军已到城北，队列延绵几百里还不见后尾。将领们平常并不看重刘秀，但如今事情紧急，又想不出办法，就说："还是再请刘将军拿主意吧。"刘秀又向大家讲了他

的主张和具体办法，结果将领们一致同意。

当时昆阳城中只有八九千人，刘秀要王凤、王常守城，自己和李轶等13人骑马乘夜闯出城南门，召集在外的军队。刘秀到郾县、定陵一带，把那里的军队全部集合起来救援昆阳。将领们舍不得财物，要求留一部分兵力看守。刘秀说："现在要是打败敌人，比这多一万倍的珍宝都有，甚至可以夺得天下。要是被敌人打败了，脑袋都保不住，财物还有什么用？"于是把全部军队都带到了昆阳，刘秀亲率步兵、骑兵千余人当先锋。这时，昆阳城被围得铁桶一般，终日矢下如雨，打水需要头顶门板。王凤几次向王邑、王寻要求投降，王邑、王寻不答应，定要攻陷屠城。刘秀率兵到离敌军四五里处停下来，有敌军数千人迎战，刘秀冲杀一阵，杀敌十来人。首战小胜，士气为之稍振，将领们高兴地说："刘将军平时见了小敌就害怕，如今见了大敌却很勇敢，真是奇怪。再前进一些，我们为你助战。"刘秀又往前进，结果敌军败退，杀敌近千人，士气大振，无不以一当百。刘秀又率领三千敢死队，从城西直冲敌军的中军地带。王邑、王寻十分轻

破莽将昆阳扫敌
——从1935年会文堂新记书局蔡东藩《后汉通俗演义》

敌，下令军队各守营地，不得移动，只率领一万余人迎战，结果大败。大军不敢擅救，王邑被杀。刘秀军队合力夹攻，王莽军队四处奔逃，相互践踏，伏尸百里，水为不流。王寻带着剩下来的几千人逃回洛阳。刘秀缴获的军需辎重，不计其数，用了一月的时间还没有收拾完毕。

昆阳一战，敲响了王莽政权的丧钟。王莽为之坐立不安，忧懑不食。海内豪杰蜂拥而起，杀掉州郡官吏自称将军，接受更始皇帝的年号，等待诏命。王莽的一些心腹也策划杀掉王莽，投降汉朝，保全宗族。正当此时，新市、平林军的将领们看到刘縯、刘秀兄弟的威名日益大起来，心中不安，便劝刘玄除掉他们，于是，刘玄就把刘縯和他手下的人杀掉了。刘秀怕自己遭到不测，赶紧跑到宛城假意请罪。刘縯部下的官吏去迎接他，慰问他，他只是在公开场合下寒暄几句，表示过错在自己，不与来人私下交谈，不讲昆阳的战功，不为哥哥服丧，饮食言笑与平常一样，若无其事。刘玄见刘秀没有反对他的意思，有些惭愧，便拜他为破虏大将军，封武信侯。而刘秀每当独居，总是不喝酒、不吃肉，以此寄托哀伤。身边的人发现他枕席上有哭泣的泪痕，叩头劝他自宽，他却否认说："没有的事，你不要胡说。"

更始元年（23）九月，刘玄的军队相继拿下了长安和洛阳。刘玄打算以洛阳为皇都，命刘秀前往修整宫府。刘秀到任，安排僚属，下达文书，从工作秩序到官吏的装束服饰，全都恢复汉朝旧制。当时关中一带的官员赶来东方迎接皇帝刘玄去长安，见到刘玄的将领们头上随便包一块布，没有武冠，有的甚至穿着女人衣裳，人们便都感到滑稽可笑，有的人认为"服之不中，身之灾也"，于是就奔入边郡避之，独独见到刘秀的僚属肃然起敬。一些老官员流着泪说："没想到今天又看到了汉朝官员的威仪！"对刘秀产生了敬佩、向往的心理。[1]

刘玄到了洛阳，需要派一员亲近大将代表朝廷去河北一带，宣示朝廷旨意，要那里的郡国遵守朝廷的诏命。经过一番争议，选定了刘秀。这给刘秀提供了一个避开矛盾漩涡、自由施展的机会。刘秀在河北，每到一处，考察官吏，按其能力升降去取；平反冤狱，释放囚徒；废除王莽苛政，恢复汉朝的官吏名称。

---

[1] 事见《后汉书·光武帝纪》："……见诸将过，皆冠帻，而服妇人衣，诸于绣镼，莫不笑之，或有畏而走者。及见司隶僚属，皆欢喜不自胜。老吏或垂涕曰：'不图今日复见汉官威仪！'由是识者皆属心焉。"

官民欢喜，争相持酒肉慰劳，刘秀一律不接受。在河北期间，刘秀还粉碎了一起假冒汉成帝之子另立朝廷的反叛事件。当假冒的王郎兵败请降、要求给予优厚待遇时，刘秀说："现在，假如成帝再生，他的天下也不能得到了，何况诈称刘子舆的人呢！"使者要求封给王郎一个食邑万户的侯，刘秀说："能够保全性命也就可以了。"而在清理缴获的文书档案时，发现官吏与王郎勾结一起毁谤刘秀的材料有几千份。要是按这些材料提供的线索加以追究，必然会使一大批人惶恐不安。刘秀对那些材料一律不看，把王郎的官吏们召集起来，当着他们的面一把火烧掉了那些材料。他解释说：这样做，是"令反侧子（心怀不安的人）自安（放心）"。

更始皇帝派使节赶到河北，封刘秀为萧王，并命令刘秀停止一切军事行动，与有功的将领赶到长安去。这表明刘玄已经对刘秀不放心，要削弱他的势力，夺回他的权力。刘秀自然明了这一意图，便以"河北未平"为理由，拒绝应召去长安。刘秀与刘玄的裂痕从此开始明朗。

更始二年（24）秋天，刘秀调集各郡兵力，先后在馆陶（今山东馆陶）、蒲阳（山名，在今河北满城）等地击破并收编了铜马、高湖、重连等农民起义军。刘秀知道被收编的将领对他半信半疑，心怀不安，就下令投降的将领各归军营整饬自己的军队。然后，他又单人骑马巡视各军。投降的将领见到刘秀对他们没有戒心，纷纷表示说："萧王推赤心置人腹中，安得不投死（以死相报）乎？"自此大家都对刘秀心悦诚服。刘秀将他们分配到各个军营中，人数达数

云台二十八将之邓禹

云台二十八将之寇恂
——从清刻本《云台二十八将》
（张士葆绘）

十万。这下大大加强了刘秀的军事实力。

与此同时,以樊崇、逢安、徐宣等人为首活动在今河南东部的赤眉军,正在迅猛地向长安进兵。赤眉一旦攻下长安,刘玄败逃,就将出现一个夺取关中一带的良好时机。刘秀感到争夺天下的时机即将到来。他一边派将军邓禹率精兵2万向关中一带进发,相机行事;一边选定北据太行山、南临黄河、地处险要、财物富实的河内郡(治怀县,在今河南武陟)作为进取中原的立足点。他选用文武兼备的良将寇恂任河内太守,冠以"行大将军事"的衔号。他向寇恂交代任务说:从前汉高祖与项羽争天下,把萧何留在关中,我现在把河内交给你。你的任务是像萧何那样保证军粮供应、训练士兵和战马,阻挡外面的军队,不让到这块地盘上来,特别是不让黄河以南刘玄的军队过来。刘秀又在孟津(今孟县以南)部署重兵,窥视洛阳。

安排妥当以后,刘秀又带领一支军队回到冀中、冀北一带。一路上将领们纷纷给刘秀上尊号,要他称皇帝。刘秀一律拒绝,有时故作惊讶地说:"你怎么讲这种话?该杀头了!"到了南平棘(今赵县南),将领们又一再劝说,刘秀还是不答应。当人们都走开后,将军耿纯对刘秀说:"人们抛开亲人和家乡,跟从大王出生入死,本来就是想攀龙附凤,实现封官拜爵的愿望。现在大王迟迟拖延,违背大家的心愿。我担心众人一旦对此失望,就会产生离去的想法。而人员一散,就难以再召集了。"刘秀由此相信了将领们要他当皇帝是出于真心实意,而且是出于个人利益,并非虚让。于是表示说:"我会考虑这个问题。"鄗县(在柏乡县北),刘秀把将军冯异从洛阳前线召来,向他询问天下四方的形势。冯异是当时刘秀最亲密的人,自从刘秀任司隶校尉,他一直在身边,陪同和照顾刘秀度过了最艰难的时刻,经常劝刘秀做争夺天下的思想准备。他不争功名,每当论功行赏,总是蹲在大树下面一声不响,军中因此称他为"大树将军"。刘秀认为他忠实可靠,而且由于担任洛阳前线的军事首领,了解战争的形势,他的估计有更大的可靠性,故此才召他来询问。冯异对刘秀说:"更始皇帝的败局已定,考虑宗庙社稷的问题,就在大王你了。应当听从众人的主张。"

正当此时,有个名叫强华的儒生,捧着赤符从关中来见刘秀,说:"刘秀发兵捕不道,四夷云集龙斗野,四七之际火为主。""四七"是二十八,从公元前206年刘邦称帝至公元22年刘秀起兵是228年;火,指汉朝,按阴阳五行说汉朝属火德。这表明,刘秀乃"受命天子",要再不为天当子,那不仅违背众望,也

光武帝登坛即位
——从1935年会文堂新记书局蔡东藩《后汉通俗演义》

要违背天意了。于是人们在鄗城南的千秋亭五成陌筑起坛台，刘秀于六月已未日登台祭告天地群神，当了皇帝，改这年为建武元年（25）。

三、坐胜赤眉　力平割据

　　光武帝刘秀在鄗城即位，却未定国都，定都何地呢？当时人们心目中的重心当然是长安，但长安不可能在短期内夺到手，光武帝刘秀在河内郡徘徊一月有余，最后确定了洛阳。他首先派兵占据了五社津（在今河南巩县北）等要塞，以防荥阳以东的割据势力前来争夺，然后下令包围洛阳。当初刘玄去长安时留李轶、朱鲔守洛阳，这两个人都曾劝刘玄杀掉刘縯，是光武帝的仇人。李轶愿归降，光武帝说，他为人诡诈，反复无常，把李轶的信交给太守、郡尉一级官吏传阅，说对这种人要引起警惕。消息很快被朱鲔知道了，他觉得李轶的行为无疑是要出卖他，于是就派人刺杀了李轶。朱鲔刺杀李轶，引起洛阳军中的混乱。光武帝一箭双雕，既分化瓦解了敌军，又借刀除掉了仇人。当洛阳被包围以后，光武帝派廷尉岑彭劝朱鲔投降，岑彭原是朱鲔的部下。朱鲔在城上回答说："我知道自己的罪过太深，不敢投降。"光武帝对岑彭说："干大事的人不计较小的怨恨。朱鲔要是现在投降，可以保住官爵，怎么会杀他的头呢？我对着面前的黄河发誓，绝不食言！"岑彭又去转达光武帝的话，朱鲔不相信，从城上放下一条绳索，对岑彭说："你的话当真，就顺着绳索上来。"岑彭抓过绳子就上去了。朱鲔见无欺诈，就答应了投降。朱鲔把自己捆起来，要岑彭陪他去向光武帝请罪。光武帝见了朱鲔亲手给他解了绳子，要岑彭连夜把他送回洛阳。第二天一早，洛阳的守军就大开城门，全部投降了光武帝。光武帝任命朱鲔为平狄将军，并封他为扶沟侯。

光武帝严禁军队进城后暴横抢掠。将军萧广违犯军纪，纵兵横暴，被处以死刑，于是洛阳很快安定下来。

光武帝成事，或多或少、或明或暗地利用了赤眉起义军，光武帝即位后，二者从合作者变成敌人。赤眉军毕竟是一帮流寇，没有战略眼光，因而抢了一城，吃了一地，即放弃再迁往别的地方。在流动过程中一路受到追击阻截，损失惨重。建武三年（27）正月，赤眉军行至宜阳（在今河南西部、洛河中游），业已疲惫不堪，突然发现光武帝亲率大军早已等在那里，一时不知所措，投降了光武帝，把在长安得到的传国玉玺也交给了光武帝。这时的赤眉军尚有十余万人，兵甲器械堆放在宜阳城西，高与山齐。光武帝下令给饥饿的投降士兵发放食物，第二天又把他们集合起来，排列在洛水岸边，让其首领观看，并对樊崇等人说："是不是对投降后悔呀？现在放你们各回军营，指挥你们的军队，和我决个胜负。我不想强迫你们投降。"徐宣等人叩头说："我们出了长安，君臣就商量归降听命，只是老百姓愚昧无知，不能事先告诉他们。现在能够投降，就像走出虎口，回到慈母的怀抱，诚心诚意地欢喜，一点也不后悔。"光武帝不无快意又不无蔑视地说："你算是钝刀中的快刀、庸人中的能人了。"光武帝把樊崇等赤眉军将领及其妻子安排在洛阳居住，给了他们田宅。赤眉军所拥立的小皇帝刘盆子是皇族中的人，光武帝让他在叔父刘良的赵王府中当了个郎中（管理车马门户并内充侍卫的小官）。

赤眉军平定了，光武帝仍然面临着一个群雄割据、山头林立的局面：农民起义此伏彼起，而且经过两百多年的繁衍，刘邦的后代布满天下，在新莽乱世、

"天下咸思汉德"的潮流中，凡是有些实力的，哪个不想继承他们祖宗的"大业"？因此力图争夺皇帝宝座或打算割据一方称王称霸的，大有人在。光武帝用了十几年的时间才基本除掉了这些对手，取得了当时所谓"天下"的大致统一。

四、好儒任文　以柔治国

在总结前朝失政的基础上，光武帝刘秀确立了一套新的治国方略，其核心是好儒任文、以柔治国。

早在征战的时候，光武帝就认识到儒学的重要。所以"未及下车，先访儒雅"。他想方设法把一些著名儒学人物拉到自己的身边，或任以官职，或冠以衔号。这样他身边很快就集中了如范升、陈元、郑兴、杜林、卫宏、刘昆、桓荣等一大批当时的著名学者。光武帝对他们以礼相待，或听取他们的策谋，或利用他们的名望和学识从心理上威服僚属，抑制他们居功自傲、目中无人的情绪。

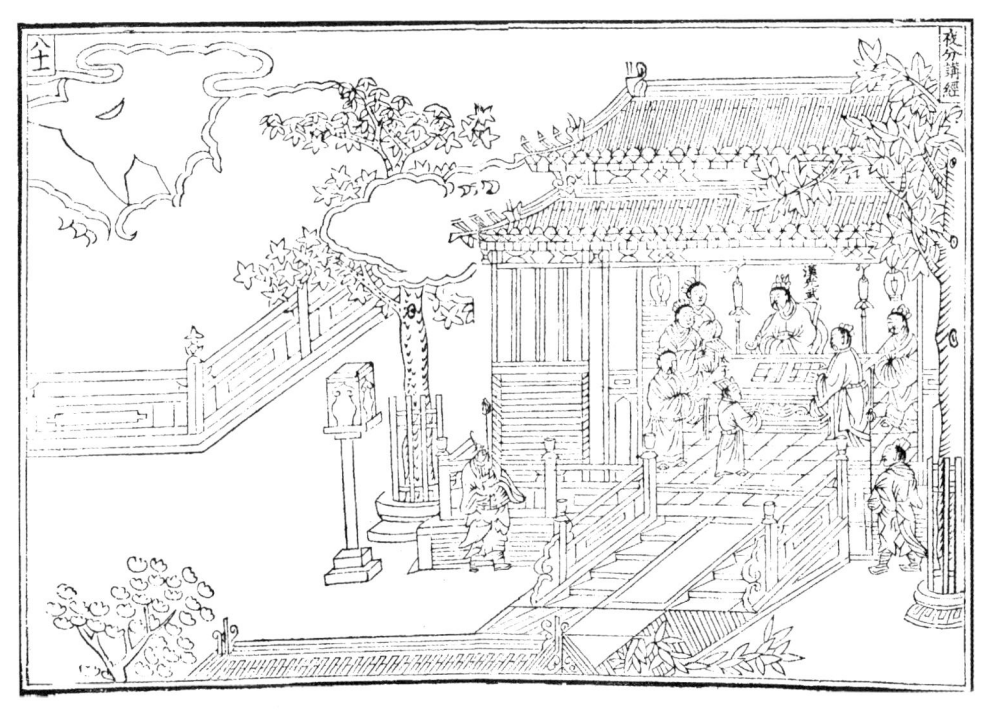

夜分讲经
——从明万历元年（1573）纯忠堂刊本《帝鉴图说》（张居正）

汉史纪：光武数引公卿郎将，讲论经理，夜分乃寐。皇太子见帝勤劳不怠，乘间谏曰："陛下有禹汤之明，而失黄老养性之福，愿颐养精神，优游自宁。"帝曰："我自乐此，不为疲也。"

光武帝自己就是一个爱好儒学的人。朝廷议事结束以后，他经常与文武大臣一起讲论儒学经典里的道理，直到半夜才睡觉。太子刘庄劝他重视健康、保养精神，他说："我喜欢这样，不觉得疲劳。"光武帝有时亲自主持和裁决当时今文经学和古文经学的争论。自从平息隗嚣、公孙述以后，除非紧急时刻，光武帝从不讲军旅问题。皇太子曾向他问起有关攻战的事，他说："这个问题不是你所涉及的。"有一次，有人上书建议趁匈奴内部分裂而又遭到严重灾荒的机会，用几年的时间一举消灭匈奴，他坚决地否定了这个建议。

　　光武帝如此倡导儒学，不言兵事，为的是筹划着改造他的官吏队伍，以适应由取天下向守天下转变的这一根本需要。他本来的官吏队伍，多是在战争中凭军功提拔起来的。这批人善于斩将屠城，但也喜功放纵，对于治理地方、安集百姓均不相适宜。即使他们有些不服领导、不听使唤，甚或在某种程度上违背法纪，光武帝也不便对他们有过于严格的要求。随着战火的平息和儒学的活跃，光武帝逐渐改变了官吏队伍的素质和结构，用文吏取代功臣，功臣们交出手中的权力，离开官位，各自回到家中养尊处优。

　　光武帝少时生性温柔，缺少凌厉之气，即帝位以后，仍是如此。有一次光武帝回到家乡，同族的婶子大娘们见了他这个当上皇帝的侄子，接受着他的赏赐，喝着他设下的酒，异常喜悦。她们叫着他的名字相互议论说，他小时候谨慎诚实，对人厚道，不计较小事，什么都好，只是太随和了些。[1]光武帝听了哈哈大笑，说："吾治天下亦欲以柔道行之。"光武帝并非说笑，他的确是要以"柔"作为治国之道。

　　光武帝的"柔道"，首先表现在征伐占领之后。光武帝注重安抚，不事屠戮，凡是投降的，只把他们的首领送到京城来；对小民百姓，遣散回家，让他们种地，拆掉他们的营垒，不让他们重新聚集。他主张征伐战争不一定攻地屠城，要点是安定秩序，召集流散的人口。

　　光武帝柔道的第二个内容是，颁布了一些有利于奴婢的政令。建武十一年下诏书宣布：天地之性人为贵；其杀奴婢，不得减罪；敢于用火烧烫奴婢的，按法律论罪；对被烧被烫的奴婢，恢复其平民身份；废除奴婢射伤人判死刑的法

---

[1] 语出《后汉书·光武帝纪》："文叔少时谨信，与人不款曲，唯直柔耳。今乃能如此！"

律。建武二年诏书宣布：被卖的妻、子愿回到父母身边去的，听其自便；敢拘留者，按法律论罪。建武十二年、十三年、十四年一再下诏宣布：自建武八年以来被迫当了奴婢的，一律恢复平民身份，自卖的，不再交还赎金；敢拘留者，按《略人法》（针对当时青州、徐州一带豪强势力抢逼弱民为自己当奴婢所制定的法律）从事。

光武帝柔道的第三个内容是，减刑轻税，并官省职。建武七年，下令京都地区及各郡、国释放囚犯，除犯死罪的一律不再追究，现有徒刑犯一律免罪恢复平民身份；应判两年徒刑而在逃的罪犯，由地方吏发布文告公布姓名，免治其罪，使其放心回家。建武六年诏书宣布：因军队屯田，储粮状况好转，停止征收十分之一的田税制度，恢复汉景帝二年（前155）实行的征收三十分之一的田税制度。

汉朝的官府及吏员设置在汉武帝时曾大为膨胀，庞大的官僚机构是造成汉武帝及以后时期民用匮乏的重要原因。光武帝即位后大量合并官府，减少吏员。在这个问题上，光武帝也表现得很有气魄，仅建武六年对县及相当于县的封国进行调整，就"并省四百余县，吏职减损，十置其一"。这些措施使费用大为节省，大大减轻了人民的负担。

颁行图谶，神化皇权，也是光武帝"柔道"治国的内容。本来光武帝是不相信这些东西的，后来发现它实在是支持、维护自己政令、统治的"法宝"，于是便大肆推行。他晚年干脆"宣布图谶于天下"，作为法定的思想统治工具。有一次他与太中大夫郑兴议论要不要举行郊祀典礼的事，他说打算靠谶书来决定，郑兴说自己不研究谶书，他就勃然大怒，说："你不研究谶书，是不赞成谶书吗？"郑兴只好说自己学识浅陋，有些书没学过，不是不赞成，才免了一次大祸。著名唯物哲学家桓谭曾上书说谶书"群小之曲说"，与《五经》不同，应当摒弃，光武帝大为不满。有一次议论建灵台的事，光武帝说他打算靠谶书决定，问桓谭，桓谭沉默了好久说："我不读谶书。"光武帝问他为什么不读，桓谭又讲了一通他对谶书的看法。光武帝立即怒喝道："桓谭非圣无法，将下斩之！"桓谭跪在地上磕头，直到流血，才免了杀头，后被贬为六安郡（治今安徽六安北）丞，途中忧恐而死。

五、效法明君　律己责人

光武帝刘秀作为明君，从不恣意放纵、豪华奢侈。他不喜饮酒，不喜听音乐，手不持珠玉。他曾令太官（掌管膳食的官职）不要接受郡、国奉献的珍馐美味。远方异国进贡的名马宝剑，光武帝总是赐给骑士。汉朝自武帝以后，后宫掖庭人数达到3000之多，除皇后以外，有爵秩品级的就分婕妤、容华、充衣等14个等级。光武帝即位后，只有皇后、贵人有爵秩，贵人的待遇只有谷数十斛，此外有美人、宫人、采女三等，均无爵秩和规定的待遇。光武帝在世时要预建陵墓，名曰寿陵，特意叮嘱地面不要太大，不要起高坟，低洼处只要做到不积水就可以了，而且将来要像汉文帝那样，不随葬金宝珠玉。

光武帝常常显示出一种恢廓大度、平易谦和的明君气貌。焚烧王郎文书以安人心、宽宥朱鲔以降洛阳、表示诚收以服铜马，都是常被称道的事例。建武四年，割据陇右的隗嚣正徘徊于公孙述和光武帝之间，到底归服哪方，犹豫未决，就派他的将军马援先后去成都和洛阳观察形势。马援自幼就被人们认为有大才，在西州很有名气，很受隗嚣敬重。马援被光武帝接见他时的气度深深打动了。光武帝接见马援这样一个关系重大的使者，没有升堂坐殿，只是便衣便服，连帽子都没有带，独自一人坐在洛阳宫宣德殿的廊庑下面，让一个宦官引着马援去见他。他微笑着，开头就说："贵客徘徊在两个皇帝之间，经多见广，今天见到贵客，深感惭愧。"这一平易谦和的姿态，使马援感到了一种明君的魅力，他叩头说："当今的局势，不仅是君主在选择臣下，臣下也在选择君主。"接着就说起公孙述接见他时戒备森严的情况，并说："我现在从远方来，陛下接见我连卫士都没有，就不提防我是敌国刺客吗？"光武帝又笑着说："你不会是刺客，只是个说客罢了。"这次会见，使马援觉得光武帝的恢廓大度与汉高祖刘邦十分相似，是真正的帝王之才。后来马援劝隗嚣归服光武帝，隗嚣不听，他就脱身自己归服了。

光武帝恢廓大度的气概，还表

马 援
——从明万历三十七年（1609）原刊本《三才图会》

现在他对待"逸民"、"隐士"及不驯的人物方面。太原郡（治晋阳，在今太原市以南）内多有春秋时晋国公族的后裔，他们对新的统治者常常保持对立情绪，或者寻机报仇，或者隐居不仕，在王侯面前不肯称臣。至汉初，太原仍被称为"难化"之地。光武帝时，太原郡广武县（今山西代县南）有个叫周党的，在地方上很有名望，朝廷几次征他出去做官都被他辞绝了。后来不得已，周党就穿着短布单衣，用树皮包着头去见朝廷大员。光武帝亲自召见了他。按礼节，士人被尊贵者召见，必须自报姓名，否则便是不尊重对方。周党见了光武帝，不通报姓名，只说自己的志趣就是不愿做官。光武帝允许了他。博士范升上书，说周党在皇帝面前骄悍无礼，应治"大不敬"罪。光武帝把范升的上书拿给公卿们传阅，并下诏书说："自古明王圣主都有不愿为他做臣的人，伯夷、叔齐就不食周粟。太原那个周党，不接受我的俸禄，这也是各自的志愿。赐给他40匹绸子吧。"

光武帝的老同学严光，字子陵，会稽余姚（今浙江余姚）人，自年轻就有高名，光武帝对他很有好感。光武帝当皇帝后，他隐姓埋名不愿相见。光武帝令

宾礼故人
——从明万历元年（1573）纯忠堂刊本《帝鉴图说》（张居正）

人画了他的像,四处张贴寻找。后来发现他在齐国一个湖边钓鱼,三次派人才把他请到。光武帝很高兴,当天就亲自去看他,严光却躺在铺上不起来,也不说话。光武帝就和他躺在一起,摸着他的肚皮说:"哎,哎,子陵,就不能帮帮我的忙?"严光过了好久,才睁开眼睛看着光武帝说:"人各有志,何必勉强我呢?"然后又闭上了眼睛。光武帝失望,只好离开,并叹息说:"子陵,真的不肯为我当臣下吗?"这以后,光武帝又见过严光一次,只讲旧日的交往,不讲要他做官的事,叙谈了好几天,光武帝从容地问严光:"我比以前怎么样?"他回答说:"陛下比以前有些长进。"光武帝和他同床共卧,他把脚压到光武帝的肚子上。[1] 光武帝坚持要他做谏议大夫,他仍不干,后隐居富春山(在今浙江桐庐)。

光武帝对于臣下的歌功颂德阿谀奉承,常能持一种清醒的、有时是厌恶的态度,而对于一些刚正不阿的官吏,则予以表扬赏赐。在他的诏书中,经常说自己"德薄",要上书者不要称赞他圣明。各郡县经常报告一些所谓"嘉瑞"事物,群臣要求史官将这些"嘉瑞"记载撰写成书,以传后世,光武帝一律不许。有一次,光武帝外出打猎深夜方归,要从洛阳城的东北门进城,掌管这个门的郅恽拒不开门。光武帝让人点起火把,并派人告诉说皇帝回来了。郅恽说:"火光闪烁,又远远的,看不清楚。"仍是不开。光武帝没法,只好转到东城门进了城。第二天,郅恽上书光武帝,说皇帝游猎山林,深夜方归,将带出一种不良风气,危害国家。对此,光武帝赏了郅恽100匹布,而把掌管东门的人贬为登封县尉。

但是,光武帝毕竟是皇帝,不能容忍有伤

严子陵
——从清乾隆时期刊本《晚笑堂竹庄画传》(作者上官周)

[1] 事见《汉书·逸民·严光列传》:"帝从容问光曰:'朕何如昔时?'对曰:'陛下差增于往。'因共偃卧,光以足加帝腹上。"

尊严的事。大司徒韩歆为人直率，说起话来无所隐讳。建武十五年，光武帝找出已被他打垮了的隗嚣、公孙述之间的来往书信，在朝会的时候读给群臣听。心直口快的韩歆觉得这些书信写得很有才华，就说："亡国之君皆有才，桀纣亦有才。"在光武帝听来，这话有讥笑他不如隗嚣、公孙述有才华的意味，于是大为恼怒。恰巧在这次朝会上，韩歆又列举大量事实证明要发生饥荒和动乱，言辞激烈，说起话来指天划地。感到自尊心受到了伤害的光武帝，当即罢了韩歆的官，要他回家当老百姓去。韩歆回家后，光武帝仍是怒气未消，又专门派人带着他的诏书去谴责他。大司徒为三公之一，相当于宰相，是朝廷最高官职，罢官之后皇帝特诏谴责，这意味着要治死罪。司隶校尉鲍永，一向是个以直言敢谏出名的官吏，认为韩歆说的是真话，为此罢官，已经不公，所以坚持不要再治其罪。结果鲍永被贬为东海国相，韩歆及其子韩婴被迫自杀。韩歆曾随光武帝征战，有军功，这件事引起朝臣的普遍不满，光武帝只好仍按大司徒的规格给他举行了葬礼。

拒关赐布
——从明万历元年（1573）纯忠堂刊本《帝鉴图说》（张居正）

光武帝对官吏要求严格，甚至以粗暴方式对待，对贪赃枉法行为惩罚得相当严厉。他在当皇帝的初期，内外群官，多由他自己选任，倘若失职或延误，即使尚书一类的近臣也常被拉到面前棍打鞭抽，以至使得"群臣莫敢正言"。光武帝认为，俸禄二千石以上的州郡官吏多不称职，稍有过失，即行罢免。结果造成州郡官吏更换频繁，疲劳于道路。他们心怀恐惧，争相媚上，虚报政绩，以求声誉。尚书令申徒嘉曾向光武帝极谏，但未被采纳，建武六年，执金吾朱浮上书指出这个问题，光武帝此后对州刺史、郡太守的更换才采取了缓慢慎重的做法。

六、三后轩轾　太子易人

同所有的皇帝一样，光武帝刘秀当皇帝后，同族、亲戚都要大沾其光。同族中随同起兵的族父、族兄们，非封王即封侯。叔父刘良封赵王，大姐刘黄封湖阳长公主，三妹伯姬封宁平长公主，被刘玄杀了的大哥刘縯追谥为齐武王，刘縯的两个儿子，一封齐王，一封鲁王，在小长安战役中死去的二哥刘仲，被追封为鲁哀王，二姐刘元被追封为新野长公主。光武帝的母亲樊娴都老太太是湖阳县人，卒于起兵前夕。湖阳樊氏一家封了五个侯；光武帝的外祖父樊重，光武帝是否见过，史无明载，追爵谥为寿张敬侯，在湖阳专为立庙。总之，舂陵的刘氏家族及亲戚们一切都加官晋爵，风光无限。

光武帝生了11个儿子，有4个是皇后郭氏所生，美人许氏生了1个，皇后阴氏生了5个。光武帝于建武二年立郭氏为皇后，立郭氏子刘强为太子、阴氏为贵人。建武十七年，废郭氏，立阴氏为皇后，十九年废郭氏子刘强，立阴氏子刘庄为太子。

阴氏，就是南阳新野的阴丽华，是光武帝多年梦寐以求的美人。更始元年六月，光武帝经昆阳之战成了大英雄，与阴丽华成了婚。这年光武帝29岁，阴丽华19岁。九月，光武帝要去洛阳任司隶校尉，暂把阴氏送回新野。十月，光武帝又被派往河北。次年春，大约二三月间，光武帝又在真定娶郭氏。郭氏，名圣通，真定国槀县（今石家庄东南）人，是当地大富豪。当时的光武帝既需要贵族势力的支持，又需要富豪的钱粮援助，故娶郭圣通为妻。第二年（建武元年，25）十月，光武帝住进了洛阳宫以后，就派人把阴氏接到洛阳，次年二月策立郭氏为皇后，阴氏为贵人。

光武帝和阴氏在一起的时候最多，有时出征也带着她，汉明帝刘庄就是建

武四年阴氏随光武帝出征彭宠到达元氏时生下的。光武帝最喜爱刘庄，经常带在身边，这不免引起郭氏的嫉妒和担心。光武帝就指责郭氏"怀执怨怼，数违教令"，像鹰隼一般凶狠地骂她。光武帝的统治完全巩固了以后，建武十七年（41）十月，终于把郭氏废掉，换上了他最喜爱的人。郭氏的被废给太子刘强带来了巨大压力，他惶恐不安，一再要求辞掉太子，与别的弟兄平等，还经常托朝臣和弟兄们向父亲转达心愿。起初光武帝不许，拖了一年多，建武十九年（43）六月，才把他与已被封为东海王的刘庄换了位置。光武帝对刘强有所歉意，加大了他的封土，给了他不少超出诸王的待遇。

光武帝对贵戚的过分行为有所约束，一般能够理智对待。司隶校尉鲍永、都事从官鲍恢抗直不避豪强，敢于弹劾贵戚的

阴丽华
——从清刻本《百美新咏图传》（颜希源编，王翙绘）

恣纵行为，曾弹劾光武帝叔父赵王刘良仗势呵斥京官为"大不敬"，光武帝借此告诫贵戚们应当约束自己，"以避二鲍"。刘良临死时，光武帝去看他，问他有什么要说的话。刘良说他没有别的话了，只有一件事，他的朋友怀县李子春犯了罪，县令赵熹要判他死刑，希望能保住他的命。光武帝说："官吏执行法律，我不能徇情枉法。另说别的愿望吧。"光武帝大姐湖阳公主的奴仆大白天行凶杀人，躲在公主家中，官吏不敢捉捕。洛阳县令董宣听说公主要出夏门（洛阳城北面最西头的门），以杀人的那个奴仆驾车，就在夏门外万寿亭截住车子，把公主数落一通，当面杀了那个奴仆。公主立即回宫告到光武帝那里，光武帝大怒，把董宣召来，要当面打死。董宣说："请求皇上允许我说一句话再死。"光武帝说："你想说什么？"董宣说："靠着陛下的圣明大德，汉朝才得到中兴。现在放纵奴仆杀人，将怎么治理天下？我不用打，还是自己死吧。"说着就把头撞

赏强项令
——从明万历元年（1573）纯忠堂刊本《帝鉴图说》（张居正）

到柱上，顿时血流满面。光武帝赶紧要小太监抱住，要他给公主叩个头，让公主消消气。董宣坚决不叩，光武帝就要人按着脖子强叩，董宣就两手撑地，最终也没有叩。湖阳公主不满地说："文叔当平民百姓时，经常藏匿逃犯，官吏不敢上门追捕。如今当了天子就不能在一个县令身上施加一点威严？"光武帝笑着说："这就是天子与平民百姓不同啊。"光武帝事后奖励了董宣，给他加了一个"强项令"（意为刚强不肯低头的县令）的美名，后来光武帝一直记住这个县官。董宣当了五年洛阳令，74岁时死在任所。光武帝派专人临视，见他家中一贫如洗，只有一块布盖着尸体，妻子和儿子对哭，光武帝伤情地说："董宣廉洁，他死了我才知道！"

建武中元二年（57）二月戊戌日，光武帝在洛阳南宫前殿去世，临终遗诏说："我无益百姓。丧葬，一切都要像孝文皇帝那样，务从约省。刺史、俸禄二千石的官吏，都不要离开城郭，也不要派官吏来吊唁。"

名家评说

炎正中微，大盗移国。九县飙回，三精雾塞。人厌淫诈，神思反德。光武诞命，灵贶自甄。沉几先物，深略纬文。寻、邑百万，貔虎为儡。长毂雷野，高锋彗云。英威既振，新都自焚。虔刘庸、代，纷纭梁、赵。三河未澄，四关重扰。神旌乃顾，递行天讨。

——汉·范晔《后汉书》

即位未久，修郊庙，享宗祖，定制度，行爵赏，举伏湛，征卓茂，勉寇恂以绥河内，命冯异使抚关中，一以从容镇静结已服之人心，而不迫于争战。然而桀骜疆梁之徒，皆自困而瓦解。是则使高帝当之，未必其能若定如此也。而光武之规模弘远矣。

——清·王夫之《读通鉴论》

明帝刘庄

汉明帝刘庄（27～75），东汉第二代皇帝。幼名阳，是东汉光武帝刘秀的第四个儿子，母为阴皇后。公元57～75年在位。谥号"孝明皇帝"庙号"显宗"。明帝统治期间，吏治较为清明，政治相对安定，对外基本上消除了周边少数民族的侵扰，使境内安宁，经济也得到一定的发展。明帝以及其后的章帝在位期间，史称"明章之治"。

汉明帝刘庄
——从明万历三十七年（1609）原刊本《三才图会》

一、子以母贵　策储继位

汉明帝刘庄本是光武帝刘秀的四儿子，在其上有长子刘强。刘庄由新野的阴丽华所生，刘强则是定恭王的外孙女郭氏所生。在这两个女人之间，刘秀倾心的是阴丽华，然而阴丽华还没有生育时，郭氏却有了一个男孩。考虑到传宗接代的责任，建武二年（26），刘秀立郭氏为皇后，立阴丽华为贵人。同年，刘强被立为皇太子。

天下还未平定时，刘秀率军征讨彭宠，阴丽华也随军远征。在行军途中，阴丽华怀孕了。建武四年，在元氏，阴丽华生下一个男孩，这就是后来的明帝刘庄，当时起名叫刘阳。

刘阳因是阴丽华所生，所以很得刘秀的宠爱。少年时代，他师从经学大师桓荣学习，10岁时，就能背诵和理解古典名著《春秋》。刘秀觉得儿子很了不起，简直是神童。由于较早地在刘秀身边学习和观察政务活动，又增加了他的才

干。建武十五年（39），刘秀下令检查天下的垦田和户口，并命令刺史、太守们逐一汇报。到汇报这一天，12岁的刘阳站在刘秀身后，观察上报官吏的神色。刘秀仔细检查着文书，翻着翻着，在陈留县的吏牍中发现了这样一句话："颍川、弘农可问，河南、南阳不可问。"刘秀莫名其妙，问下面的官吏们，大家也说不出个所以然来。这时，站在刘秀身后的刘阳得到父亲的准允，站出来说："河南是首都所在，中央高级官吏都住在这里；南阳是陛下的故乡，陛下的亲戚多居住于此。因此对这两个地方的田亩数字，负责检查的官员们当然不敢多问。"刘秀恍然大悟，惊叹12岁的孩子有如此锐利的眼光。于是有了以刘阳为帝位继承人的打算。

这时，郭后由于失宠，心中颇有怨恨，时时讽刺阴丽华和刘秀，更促成了刘秀废长立幼的决心。但皇太子刘强并没有什么过错，于是刘秀决心先废黜郭后再说。于是在建武十七年（41），刘秀以"怀势怨怼、数违教令"的罪名，废黜了郭皇后，另立阴丽华为皇后。皇太子刘强觉得母亲被废，大势已去，不得已上书刘秀，请求让位，出镇藩国。刘秀因为刘强毕竟没有过错，不忍心批准，刘强又拜托亲近大臣，为其表白诚心。刘秀觉得时机成熟了，于是在建武十九年（43），下诏封刘强为东海王，立东海王刘阳为太子，改名为庄。这一年，刘庄16岁。建武中元二年（57），刘秀去世，刘庄正式即帝位，是为明帝，时年30岁。

二、整肃纲纪　镇压异己

刘氏汉家天下在西汉后几位皇帝的时候，大权旁落于外戚手中，最终导致王莽专权"新"政。经过王莽改制和随之而来的社会动乱，国家的礼仪制度遭到破坏。所以光武帝刘秀去世时，诸王及大臣们前来奔丧毫无法度，朝廷里一片混乱。汉明帝刘庄的兄弟们在宫殿中与明帝并肩而坐，一点也不把这个新皇帝看在眼里。为了树立威信，明帝命令秉性刚直、举止威仪、执法如山的太尉赵熹主持丧事。赵熹不负重托，仗剑入朝，将与明帝坐在一起的诸王请下殿阶，加入到大臣的行列里，以辨明君臣之别。并且整顿宫卫制度，王国官吏不得随便出入宫禁。朝廷的秩序这才逐步安定下来。此外，明帝不论对身边的下级官员还是对三公九卿这些重臣，都监督很严，每有过错，就当面训斥。明帝时期的吏治因此十分严正，为后世的史家所称道。

不过，对明帝以第四子的身份继承大统，他的众兄弟们很不服气。明帝的同母弟山阳王刘荆，伪造大鸿胪郭况（郭皇后的弟弟）的手笔，写信给东海王刘强，劝其举兵以取天下。刘强是胆小怕事之人，忙将送信的使节和信件原本押送到京城洛阳，交给明帝查办。明帝暗中侦知此信系山阳王刘荆所为，为免激起更大的骚动，将刘荆一案秘而不发；对阴、郭二皇后，明帝同等礼敬；对前太子刘强，明帝也关怀备至，其待遇高于一般的王侯。在人事上，明帝委任开国元勋高密侯邓禹为太傅，同母弟东平王刘苍为骠骑将军，光武朝太尉赵憙保留原职，使宗室、功臣、官僚集团都有了自己的政治代表，增加了政权的稳定力量。与此同时，明帝还发布诏令，赐天下民爵，安顿流民，减免刑罚，照顾鳏寡孤独，最大限度地缓和社会矛盾，巩固自己的统治。

明帝并非一味采取退让政策，一俟其统治巩固，他就开始严厉镇压反对派，强化自己的专制统治。永平十三年（70）发生的楚王英狱，就是明帝给诸侯王势力的一次沉重打击。楚王刘英，是光武帝刘秀与许美人所生。因许美人不得宠，所以刘英也受到冷落，封在僻远之地，封地也很小。当时，佛教渐渐地传入中土，刘英在百般无聊中对佛教产生了兴趣，数次访求佛法，希望仗佛氏灵光，佑护己身。这一年，有一个叫燕广的人到朝廷上书，弹劾刘英与渔阳人王平、颜忠等借信奉佛教为名，造作图书，图谋不轨。明帝得到报告，马上命令宗正（管理皇族事务的中央官员）派员查证。派出去的官员不久汇报说，楚王刘英招集奸猾，捏造图谶，图谋篡位，罪证确凿，请求判处

汉明帝、马皇后、东海王刘强、桓荣和马援
——从1935年会文堂新记书局蔡东藩《后汉通俗演义》

刘英死刑。明帝得到报告，宣布剥夺楚王刘英的王爵，命其迁往丹阳泾县。刘英行至丹阳，自杀身死。同案犯颜忠、王平在洛阳狱中由于受不住狱吏的严刑拷打，胡乱招供，牵连许多无辜。这些人中，有隧乡侯耿建、郎陵侯臧信、护泽侯邓惺、曲成侯刘建等。四人与颜忠、王平素昧平生，互不认识，但明帝这时已把往日对宗室诸王隐忍的仇恨倾注在楚王英狱上，所以对颜忠、王平所招的人，不分罪证是否成立，一律穷治，下面的官员奉承上意，造成了众多的冤狱。后经侍御史寒朗的谏阻，使明帝顿然清醒，改弦更张，亲临洛阳监狱查核案情，释放无辜千余人，使朝野安定了下来。

三、躬亲政务　内外皆修

汉明帝刘庄少小聪颖，处处精明。即位以后，他躬亲政务，事无巨细，都要过问。一日，明帝赐给西域使者10匹丝绸，负责登记的尚书郎误为百匹，并将记录转交给大司农入账。明帝索要记簿查看发现错处后，大怒，急召尚书郎重新进殿，要当场施以重罚。[1]尚书台的长官钟离意在宫外听说，急急进殿，叩首求情说："过误乃小失，不足以施重刑。郎官是我的属下，陛下要处罚就处罚我好了，亦足惩戒百官。"明帝的怒气才渐渐平息下去。有一天，郎官药崧犯了微小的过失，明帝抄起木棒就要敲打，以示惩戒。在明帝的躬亲政务和严格督责之下，其时纲纪整肃、吏制谨严，诸政颇多绩效。

当时，黄河的河道南移，改从东宛（今山东境内）入海。由于没有堤防约束，下游常常泛滥成灾。为了恢复农业生产，永平十二年（69），明帝命令著名的水利工程专家王景、王吴负责修治黄河。王景、王吴率领几十万民工和士兵，先用"堰流法"修成浚仪渠，并从荥阳至千乘海口千余里间修渠筑堤，从而使河、汴分流。黄河受新筑堤防的约束，水势足以冲刷沙土，通流入海。

在对付周边游牧民族的侵扰问题上，由于社会的安定和国力的恢复，明帝一改光武朝的守势，采取积极进攻的战略。永平八年（65），北匈奴骑兵进攻河西诸郡，焚烧城邑，杀掠甚众，人民深受其害，以至河西城门昼闭。永平十五年（72），北匈奴又侵犯河西，而且胁迫西域小国随同入寇。面对北匈奴势力的

---

[1]事见《后汉书·第五伦钟离意宋均寒朗列传》："时诏赐降胡子缣，尚书案事，误以十为百。帝见司农上簿，大怒，召郎将笞之。"

猖狂侵扰，耿秉上奏说："中国虚费，边陲不宁，其患专在匈奴！以战去战，圣王之道。"明帝有志于北伐，十分赞同耿秉的意见。是年，明帝派遣窦固和耿秉出屯凉州（东汉治陇县，今甘肃清水县北），作为北伐的准备。永平十六年（73），明帝命令诸将率同南匈奴及乌桓、鲜卑等少数民族组成的骑兵部队，出塞北征，揭开了东汉政府同北匈奴战争的序幕。这次出征，窦固西出酒泉，在天山（今新疆吐鲁番城北）击败匈奴呼衍王部，追至蒲类海（今巴里坤湖），占据了伊吾卢城（今新疆哈密）。

为了巩固军事活动的成果，窦固命令假司马班超和从事郭恂到西域诸国开展外交活动。班超和郭恂率领36人，先到鄯善，在鄯善国击杀匈奴派往该国离间汉与鄯善国关系的100多名使者，迫使鄯善王声明从今以后依附汉朝，永无二心，并且纳子为质。班超随着质子回到首都洛阳，明帝下诏提升他为军司马，命令其继续经营西域。从此以后，西域遂成中原统一帝国的一部分，得到长足的发展。

四、修制守礼　崇儒纳佛

汉明帝刘庄崇尚儒学，他命令皇太子、诸侯王及大臣子弟、功臣子弟，都要读经。又为外戚樊氏、郭氏、阴氏、马氏诸子弟立学校于南宫，聘任高明的经师传道授业。明帝在"五经"之中，又独重孝经，倡导"以孝治天下"，甚至命令期门、羽林的守卫士兵都要背诵孝经。对礼仪制度，明帝也非常重视，他亲自与东平王刘苍讨论，制定了祭祀天地和祖先的仪式，按等级建立了一套天子、王侯、百官的车服制度。

明帝还十分提倡尊师重道，明帝为太子时，曾跟博士桓荣学过《尚书》，即位以后，仍尊桓荣以师礼。桓荣以少傅调任太常，明帝常常亲临太常府中，听

班　超
——从清康熙三十三年（1694）刊本《无双谱》（金古良编绘，朱圭刻）

临雍拜老

——从明万历元年（1573）纯忠堂刊本《帝鉴图说》（张居正）

汉史纪：明帝幸辟雍，初行养老礼，以李躬为三老，桓荣为五更，礼毕，引桓荣及弟子升堂，上自为辩说，诸儒执经问难于前，冠带缙绅之人，圜桥门而观听者，盖亿万计。

桓荣讲课。桓荣的学生们请明帝讲解，明帝谦虚地笑着说："老师在座（不必问我）。"[1]桓荣这时年已逾八十，常常生病不起，明帝亲自派太医去为其治病。桓荣寿终，明帝亲执弟子礼，作孝服为其举哀。明帝这样做当然是出于师生之谊，然而更重要的是为天下树立表率，向社会倡导一种尊师重道的风气，以维护封建地主阶级的伦理道德及政治统治。

在汉明帝时期，佛教渐渐传入中土。明帝虽然因佞佛而镇压了刘英等人，但这不过是相机行事，实质上并不一意反对，而是采取兼收并蓄的方针。传说明帝有一次睡觉，梦见一高大的金人，头顶上放射白光，降临在宫殿的中央。明帝正要开口诘问，那金人又呼的一声腾起凌空，一直向西方飞去。梦醒后，百思不得其解。第二天朝会时，他向群臣详述梦中所见，大多数人都不知其由。博士傅

---

[1]语见《东观汉记》："时执经生避位发难，上谦曰'大师在是'也。"

白马寺

位于河南省洛阳以东的白马寺创建于东汉永平十一年（公元68），是佛教传入中国后兴建的第一座寺院，有中国佛教的"祖庭"和"释源"之称，距今已有1900多年的历史。现存的遗址古迹为元、明、清时所留。

毅进言："臣闻西方有神，传名为佛，佛有佛经，即有佛都。从前武帝元狩年间，骠骑将军霍去病出击匈奴，曾缴获休屠王供奉的金人12座，安置在甘泉宫中，焚香致礼。久经战乱，那12座金人早已不知去向。今天陛下所梦见的，也许就是佛的幻影呢！"一席话引起了明帝的猎奇思想，于是派郎中蔡愔西往天竺，求取佛经。蔡愔一路风尘，尝尽千辛万苦，到了大月氏，与大月氏僧人摄摩腾、竺法兰一起，用白马驮着佛教经典回到了洛阳。明帝就命令在洛阳城中建造了中国第一座佛教寺院——白马寺，用以储藏佛经，讲授佛教。

永平十八年（75）秋天，明帝染病，不久病逝于洛阳东宫前殿，享年48岁。当年，葬于显节陵，谥号"孝明皇帝"，庙号"显宗"。

名家评说

显宗丕承，业业兢兢。危心恭德，政察奸胜。备章朝物，省薄坟陵。永怀废典，下身遵道。登台观云，临雍拜老。懋惟帝绩，增光文考。

——晋·司马彪《后汉书》

明帝即位之元年，率百官朝于先帝之陵，上食奏乐，郡国计吏以次占其谷价及民疾苦，遂为定制。迨后灵帝时，蔡邕从驾上陵，见其威仪，察其本意，叹明帝至孝恻隐之不易夺，而古不墓祭之未尽也，邕于是乎知通矣。

——清·王夫之《读通鉴论》

【三国】

魏文帝曹丕

魏文帝曹丕（187～226），三国魏的第一代皇帝。字子恒，沛国谯县（今安徽亳县）人。魏武帝曹操次子，其母为武宣卞皇后。公元220～226年在位。曹丕在位七年，独揽大权，采用一系列措施，巩固了魏国统治。曹丕既能武、又能文，在诗文上有相当成就，所著《典论·论文》在中国文学批评史上占有重要地位。

一、能文能武　角逐嗣位

曹丕的青少年时代，正是东汉王朝迅速走向没落、群雄角逐、军阀混战的时期。曹丕5岁就开始学骑马射箭，自幼跟随父亲南征北战，过着戎马生活。建安二年（197），曹操遭

魏文帝曹丕
——唐阎立本《历代帝王图》（局部），现藏美国波士顿博物馆。

到张绣围攻，曹操的勇将典韦战死，长子曹昂和侄子曹安民均被射死，年仅10岁的曹丕竟能乘马逃脱，[1]可见此时的曹丕已是一个善于骑射的英武少年了。这一时期，正是曹操以汉丞相名义四处征伐、剪灭群雄的时期，曹操在消灭异己的过程中，势力迅速发展，成了中原地区事实上的霸主。战争生活不仅使曹丕兄弟增

---

[1] 事见《典论·自叙》："建安初，上南征荆州，至宛，张绣降。旬日而反，亡兄孝廉子脩、从兄安民遇害。时余年十岁，乘马得脱。"

曹操

——从明弘治十一年（1498）《历代古人像赞》

长了文韬武略，也培育了他们政治上统治江山的雄心。

建安十三年（208），赤壁之战以后，曹操和孙权、刘备逐渐形成了三分天下的局面，东汉政权已经名存实亡了。东汉建安十八年（213）曹操被封为魏公、加九锡，随后又封为魏王，以丞相领冀州牧。东汉朝廷一切政务，皆由曹操处理，魏王与皇帝已经只是名义上的差别。这时，不少文武官吏劝曹操自立为帝，但曹操出于政治上的考虑，没有这样做。他把改刘汉为曹魏的使命留给了自己的后代。

在这种情况下，立谁为将来承续基业的王太子，就是十分重要的问题了。曹操有25个儿子。长子曹昂在随曹操南征张绣时身亡。曹昂死后，曹丕在诸兄弟中就是长兄了。在曹丕诸兄弟中，除曹丕、曹彰、曹植、曹熊是被立为正室的卞夫人所生，其他都是庶生。而庶生子一般是没有资格立为太子的。因此，按照嫡长子继承的传统制度，曹丕在争立太子的过程中具有最为优越的条件。曹丕不但能武而且能文，"雅好诗书文籍，虽在军旅，手不释卷。""……少诵《诗》《论》，及长而备历《五经》、四部，《史》《汉》、诸子百家之言，靡不毕览。"在建安十六年（211）时，曹丕就被封为五官中郎将和副丞相，按说把他立为太子是极其自然的。但事实并非如此，曹丕面对的不仅是一个有雄才大略的父亲，而且还有几位才识卓越、雄心勃勃的兄弟，太子的桂冠是不会轻易落到他头上的。

最早对曹丕构成威胁的，是他的同父异母小弟曹冲。曹冲聪敏过人，五、六岁时，已经有成年人的见识和智慧了。有一次，孙权送给曹操一头大象。曹操想知道象的重量，于是询问群臣如何才能得知，众人都想不出办法。这时年幼的曹冲说，可以把大象放到船上，然后在船上水平面处刻上记号，把象从船上牵出后，将石块等物称过重量放到船上，直到使船上刻的记号下沉到与水面相平，那

么船上所载物体的重量就是大象的重量。这就是人们熟知的"曹冲称象"的故事。曹冲小小年纪就有如此才智，使曹操十分高兴。当时是战乱年代，刑法严峻，不少人因犯了小罪过而被处死。曹冲每见到犯罪受刑的人，就前去探询，了解其中是否有冤情。对于那些平时勤勉而因某一过失触犯刑律的将吏，曹冲经常替他们向曹操说情，请求宽刑，经曹冲辨明冤情而免遭杀戮的有几十人。因此曹操经常对群臣称赞曹冲，说他既才识明达，又有仁爱之心，加上容貌俊美，一表人才，曹操有让曹冲继承事业之心。不过，这位小兄弟的寿命不长，建安十三年（208），曹冲13岁，便得病死去。曹操十分悲痛，曹丕劝曹操不要过分悲伤，曹操说："这是我的不幸，却是你们兄弟的大幸。"[1]可见，曹冲若在，曹丕能否继位是很成问题的。曹丕当了皇帝后还经常说："假若仓舒（曹冲字）在世的话，我也不会有天下。"

　　在立太子的问题上，真正使曹丕提心吊胆的是二弟曹植。同曹丕一样，曹植也是能文能武、胸有大志的人物，并且才思敏捷，比曹丕有过之而无不及。建安十五年（210），曹操在邺城（河北临漳县）筑铜雀台，率诸子登台，令他们各自作赋。曹植年仅19岁，一挥而就，文词通达耐读，曹操很是惊异他的才华。曹植平时生活简朴、不尚华丽，每当曹操询问军国大事，他都能应声而答，因此特别受到曹操的宠爱。当时杨修、丁仪、贾逵、王凌等人都向曹操进言，劝曹操立曹植为太子。

　　曹丕见曹植及其同党如此活动，不敢懈怠，也与一帮亲信官吏积极谋划。早在东汉建安十六年（211）曹丕被封为五官中郎将时，就开始培植自己的势力，一时五官中郎将府第前宾客如云。曹植虽然文才优于曹丕，但在政治斗争方面却不是曹丕的对手，论筹谋夺权、治理国家，曹丕有胜曹植一筹的干才，因此朝廷里许多官吏早已有心依附在曹丕门下。曹丕看重、团结的是那些明于政治韬略而在朝掌握实权的官僚人士，这与支持曹植的多是些文人学士是不相同的。支持曹丕为太子的有贾诩、崔琰、吴质、桓楷、卫臻等，他们根据《春秋》立嫡以长之义，力主立曹丕为魏王太子。

　　面对曹植争立的威胁，曹丕问深有谋略的太中大夫贾诩，如何才能巩固

---

[1] 语见《三国志·魏书·武文世王公传》："及亡，哀甚。文帝宽喻太祖，太祖曰：'此我之不幸，而汝曹之幸也。'"

他的地位。贾诩告诉他要宽厚仁德，奉行仁人志士简朴勤勉的精神，朝夕兢兢业业，不要违背做长子的规矩。曹丕听了他的话，时时注意修养，不断提高，[1]使曹操对他的看法越来越好。而曹植却正相反，任性而行，饮酒无度，行为不检点，又不注意掩饰，多次犯了曹操的禁忌。有一次曹植乘车行驰，私自打开中门而出，这是违犯禁令的，曹操知道后大为生气，下令将赶车的官吏处死，并严禁诸子违犯制度。曹操说："最初我认为子建（植字子建）是诸子中最可以定大事的，自开中门私出后，使我另眼看待此子了。"有一次曹操登高台，恰好看到曹植的妻子穿得很华丽，曹操是崇尚简朴的，于是以曹妻违犯服饰制度赐死。

曹植在曹操眼中是越来越失宠了。但曹操仍然认为曹植是诸子中最有才华的，作为善于选拔人才并且深知人才对于事业成败重要性的曹操，在立太子的问题上仍是举棋不定。一天，曹操屏退左右，就立太子之事单独征询贾诩。贾诩只是微笑，并不回答。曹操说："问你问题，你不回答，这是为什么？"贾诩说："我现在正思考着一件事，因此不能马上回答。"曹操问："你想什么？"贾诩答："我正想着袁本初、刘景升父子的事呢。"曹操大笑，于是立谁为太子的事在曹操心中最后定了下来。袁本初即袁绍，刘景升即刘表，贾诩虽然没有明说，实际上是提醒曹操：如果像袁绍、刘表那样废长立幼，难免日后诸子纷争，内乱不休。这正好触及了曹操的心事。如何使自己开创的基业传续下去，并且长治久安，这才是曹操最关心的。至于《春秋》之义，对于不循常规的曹操来说倒并不重要。

东汉建安二十二年（217），曹丕终于被立为魏王太子，时年31岁。曹丕得

曹　植

---

[1] 语见《三国志·魏书·荀彧荀攸贾诩传》："文帝使人问诩自固之术，诩曰：'愿将军恢崇德度，躬素士之业，朝夕孜孜，不违子道。如此而已。'文帝从之，深自砥砺。"

知立为太子，欢喜异常，情不自禁地抱住丞相长史辛毗的脖子说："辛君知道我有多么高兴吗！"的确，这是他将来登上皇帝宝座的关键一步。

建安二十五年（220），曹操的头疼宿疾又犯了，不久便在洛阳病逝。朝中文武百官一面派人向太子曹丕等报丧，一面将曹操装殓入椁。恰好这时御史大夫华歆赶来——他之所以晚来，是因为先进皇宫，逼着献帝下诏封曹丕嗣位为丞相、魏王，领冀州牧。有了皇帝的诏书，文武百官有了依据，一天之内就把继位的仪式筹备齐全，扶曹丕即了位。

二、代汉建魏　贬抑诸弟

曹丕任魏王兼丞相、领冀州牧后，成了汉王朝的实际主宰者。曹丕上任之初，即提拔在拥立自己登上王位过程中出了力的官吏。他首先提升贾诩为太尉，华歆为相国，王朗为御史大夫，把大权牢牢掌握在自己一党手里。鉴于汉末宦官乱政的教训，曹丕决定宦人不能做官，只能做跑腿服侍的杂役。

为了广泛培植势力，曹丕听从吏部尚书陈群的建议，创立九品中正制。九品中正制是对汉代实行的州郡察举选官制度的改革，即州设大中正（都中正），郡设小中正（中正），以贤能有识鉴的人来担任，由他们品评本郡的人才，定其高下，分为九品，送入吏部，任命为官。九品中正制本来是要按才能品评选拔人物，最初也确实选拔了一些人才，在当时那种人才流移的时代是起过作用的；但后来却演变成由中正来决定人才的高下，而中正又都是由本州郡的世家名门贵族官僚来担任，因而所定为上品者，无非世族名门。这种选举制度，对于形成后来的门阀政治起了重要作用。

为了建立功名，曹丕在继位当年六月兴兵南征，想让臣民们知道新的魏王也是一位抱负宏伟、能治国将兵的大才。八月，曹丕率领大军浩浩荡荡来到安徽亳县。孙权闻报，忙派遣使者来向曹丕奉献古玩珍宝，求和结好。这正中曹丕下怀，如果真打，还不知道胜负如何；现在孙权主动求和，使他既不必交战，又在臣民面前树起了威信，何乐而不为。不久，又接到报告说，刘备名将孟达领众来降。曹丕继位不过半年，在与孙、刘对抗中接连占据上风，高兴之极。

权位的巩固、威望的增加，使曹丕取汉而代之的欲望越来越强烈。他一边总揽朝政，一边为代汉做准备。于是，社会上接连传出了象征改朝换代的吉祥之兆。三月，亳县出现黄龙。四月，饶安县又报告说出现了白色山鸡。八月，石邑县又说凤凰群集。

东汉延康元年（220）十月，在改朝换代的汹汹舆论下，当了几十年傀儡、整天担惊受怕、忍辱偷生的汉献帝，在皇宫里再也混不下去了。这一天，深谙曹丕心意的左中郎将李伏、太史丞许芝与华歆等奏请汉献帝禅位于魏王曹丕，在众臣威逼下，献帝只得让御史大夫张音持节奉玺绶禅位曹丕。曹丕见到玺绶和册告，自然欣喜，但也不得不假意谦让一番，然后才举行了禅让典礼，正式登基称帝，国号为魏，改元黄初。这时，曹丕33岁。

魏文帝曹丕虽然在权力争夺中接连获胜，却没有忘记那些曾给自己带来很大威胁的兄弟。尤其三弟曹植，素有才名，身边又有一帮文人推波助澜，实在是一个心腹之患。丁仪在帮助曹植争夺太子位时，积极参与谋划，并在曹操和众人面前多次称赞曹植的才干，曹植封临淄侯后，丁仪又时常与曹植在一起饮酒赋诗，过从甚密。因此，魏文帝曹丕一立为魏王，就将丁仪收捕入狱。曹植知道中领军夏侯尚与魏文帝关系密切，就去托夏侯尚向魏文帝说情，希望夏侯尚就像少年救野地里的黄雀那样救出丁仪兄弟，丁仪兄弟也对夏侯尚叩头哀求。但此事犯在魏文帝的心病上，尽管夏侯尚再三求情，魏文帝还是把他们杀了，并且尽诛其族中所有男人。

接着，魏文帝又分遣诸兄弟们回各自的封地。曹彰自以为先王在世时，他攻城掠地、多受重用，希望能得到魏文帝的任用，但魏文帝却感到他手握重兵对自己是一大威胁，因此也不例外。曹彰见这位老兄铁面无情，十分不高兴，不等他下令，就交出了自己统领的大军，回到封地中牟县去了。曹植更为惶恐，他自知过去对这位兄长多有冒犯，现在密友被斩，自己闹不好也得成为魏文帝泄愤的牺牲品，因此更不敢有任何违逆的表示。曹植要求去祭告一下先王再走，魏文帝不批准，曹植只得悲悲切切地离开京城，去当他的临淄侯了。

魏文帝为了显示新朝福祉，提拔了许多功臣元勋，封赏了大量官衔爵位，对他的亲兄弟也不能不有所表示。曹魏黄初二年（221），魏文帝诸弟：鄢陵侯曹彰、宛侯曹据、鲁阳侯曹宇、谯侯曹林、赞侯曹衮、襄邑侯曹峻、弘农侯曹干、寿春侯曹彪、历城侯曹徽、平舆侯曹茂，一律晋爵为公，只有曹植没有晋封。原来曹植在临淄十分郁闷，过去赋诗唱和的朋友没有了，而朝廷派来监管的官吏管制得又十分厉害，使他动辄违犯规定。他心灰意懒，深感忍活苟且也不容易。于是终日饮酒，借酒浇愁。醉后行为自然有些把握不住。临淄侯封地的监国官灌均就上奏，说他"醉

酒悖慢，劫胁使者"。魏文帝不禁大怒，派兵火速到临淄把曹植擒拿到京，想治他的罪。魏文帝的母亲卞太后急忙出来阻止，她召魏文帝来哭着说："你兄弟曹植平时就嗜酒疏狂，他自恃胸中有才，行为放纵，但念及你们是同胞兄弟，你就留下他一条命吧。你若宽恕了他的罪过，我死后也就瞑目了。"魏文帝说："我也深爱他的才华，只是想惩戒一下他的疏狂脾性，并不杀他。"华歆是魏文帝的心腹大臣，他劝魏文帝说："子建才智颇高，又有大志，若不早日除掉，必为后患。"魏文帝说："母命不可违。"华歆又献策说："人们都说子建出口成章，我不太相信，皇上可召他进来，试试他的才华，如果不能出口成章，就杀他；如果真如此，就贬他。"魏文帝认为可以。一会儿曹植进来拜见，他十分惶恐，见到魏文帝后就伏拜于地请罪。魏文帝说："我和你情分上是兄弟，但道义上是君臣，你竟敢倚仗有才就蔑视礼仪。以前先王在世时，你常常向别人夸耀显示你的文章，我怀疑你是找人代笔写的。现在我限你七步之内作诗一首，如能做到，就免你一死，否则从重治罪，决不宽贷。"曹植说："请出题目。"魏文帝说："我和你是兄弟，就以此为题，但不许涉及'兄弟'字样。"曹植连想都没有想一下，即随着魏文帝的话音赋诗一首："煮豆燃豆萁，豆在釜中泣。本是同根生，相煎何太急。"魏文帝听了，动了骨肉之情，禁不住潸然落泪。他母亲从殿堂后走出来说："你为兄的为什么要对弟弟如此相逼呢？"魏文帝慌忙说："我们虽是兄弟，但国法不可废弃。"于是贬曹植为安乡侯，随后迁为鄄城侯。曹植在其母的庇护下，以其超群的文才总算逃过了一次危难。

　　魏文帝为了削弱诸弟的力量，对他们多方限制，处处防范。曹魏黄初三年（222）三月，魏文帝立皇子曹叡为平原王，同时也将诸弟晋爵为王。四月，总算把曹植也晋爵为鄄城王。然而，他们实际上都是徒有空名而无实地，每个王国只拨给100余老兵守卫，王国与京都相隔千里，又不准聚会，诸王外出游猎不得超过300里。又设官对他们进行监视，这些人几乎天天都向魏文帝打小报告，说诸王的坏话。诸王在封地内形同软禁，想当稍微自由些的老百姓也当不成。在这种情况下，曹氏兄弟们人人自危，不敢有少许违逆的举动。北海王曹衮为人非常谨慎小心，平时专爱研读儒家经典，不参与其他活动。负责监督他的官员们商量说："咱们受诏督察王公的行为，举报他们的错误。他们有过失当然要上奏，但有善行也应让上面知道。"于是共同上表称赞北海王行为端正。曹衮知道后却十分害怕，责备监防官员说："你们这样做，实在是帮倒忙，突然联名上表称赞我，对我并没有益处。"连表扬都害怕，可见当时诸王的处境。

任城王曹彰的遭遇就更惨了。曹彰刚毅威猛、武艺过人，"手格猛兽，不避险阻"，并且深谙兵法，连曹操在伐吴蜀时也问曹彰如何行军布阵。建安二十三年（218），代郡乌丸反，曹彰受命率军北征。曹彰"身自搏战，射胡骑，应弦而倒者前后相属"，"斩首获生以千数"，大破敌军。"时鲜卑大人轲比能将数万骑观望强弱，见彰力战，所向皆破，乃请服，北方悉平。"正因为曹彰如此骁勇，魏文帝才很嫉恨：万一这位虎弟不听号令，起兵谋反，那是很伤脑筋的。因此，魏文帝决心除掉他。黄初四年（223）六月，曹彰进京朝见，魏文帝与他在卞太后宫中下围棋，边下棋边吃枣。魏文帝事先命人在一部分枣中下了毒，自己挑无毒的吃，曹彰不知，随便拿着吃，当即中毒。卞太后到处找水抢救，可是所有瓶罐早已被魏文帝预先命人砸毁，卞太后急得光着脚跑到井边，可是仍无法打水。就这样，眼看着曹彰被毒死。[1]魏文帝本想再害死曹植，卞太后气愤地斥责他："你已经杀了我的任城王，不许你再杀我的东阿王（当时曹植为东阿王）！"也许是太后的话起了点作用，也许因为曹植不掌兵，是个文人，表现又温顺得多，后来总算没有被害。

曹氏诸王的封地和境况如此可怜，但魏文帝还是害怕日后尾大不掉。临终前他又改封诸王为县王，诸王的封地由一郡缩小到一县，这种分封已完全是摆摆样子了。魏文帝分封诸王不是为了保卫中央，而是为了防止诸弟争权，这个目的确实达到了。曹魏政权始终没有出现过外藩强盛、欺凌中央的局面，但也造成了皇室孤立无援的弊病，使日后司马懿父子能够较为容易地篡夺曹氏的大权。

三、争雄三国　领袖文坛

魏文帝曹丕对于治国之术还是颇为精通的，而且也知人善任。黄初二年（221），魏文帝提升辽东（今辽宁辽阳）郡守公孙恭为车骑将军，使这一鞭长莫及的地区得以保持稳定。又命张既为凉州刺史，去平息当地胡人的反抗。重新开通了与西域的联系，密切了与西域少数民族的关系，巩固了魏王朝的统治。

---

[1] 事见《世说新语·尤悔》："魏文帝忌任城王骁壮。因在卞太后阁共围棋，并啖枣。文帝以毒置诸枣蒂中，自选可食者而进，王弗悟，遂杂进之。既中毒，太后索水救之，帝预敕左右毁瓶罐，太后徒跣趋井，无以汲，须臾，遂卒。"

《洛神赋》（局部），东晋顾恺之，宋人摹本。

　　黄初二年（221），刘备在成都称帝。鼎立三方中已经有两家正式亮出了旗号，只剩孙吴一家了。刘备当了皇帝后，起兵几十万，沿长江东下攻打孙权，要为他死去的盟弟关羽报仇。在刘备大军压境的严峻形势下，孙权派遣使者面见魏文帝，向魏文帝称臣，奏章言词恭敬卑微。文武百官一齐道贺，魏文帝也沾沾自喜。这时，刘晔说："应乘势出大军，渡江击吴，孙权灭亡了，则蜀国势单力孤，势难久存。这是天赐良机，不可错过。"魏文帝却不以为然，说："别人投降称臣，我们却乘机翻脸，恐怕会阻塞天下英雄归降之心，更何况其两败俱伤于我更为有利。"魏文帝终于接受了孙权的降表，并派太常邢贞前往武昌（今湖北鄂城）封孙权为吴王，加九锡。

　　魏文帝听说进攻孙权的蜀军用树木做栅栏，连营700多里，于是说蜀军犯了兵家大忌，必败无疑。果然，不久陆逊就在夷陵大败蜀军。魏文帝要孙权把儿子送到洛阳，作为两家和好的保证，孙权总是找借口推托。魏文帝不禁大怒，于是想趁吴蜀刚刚大战完毕、吴军疲倦之机出兵伐吴。刘晔说："现在讨伐时机已过去了。孙权刚刚获得胜利，上下一心，而且有江河湖川相阻，不可能仓促将他制服。"魏文帝不听，仍旧派遣大军南征。

魏文帝大军于十月抵达广陵。江岸上，魏国军队十余万，绵延数百里，旌旗招展，十分壮观。然而东吴戒备森严，无隙可乘。加上这时刘备已死，诸葛亮怕东吴为魏所败，以后独木难支，因此派邓芝使吴，吴蜀重新和好，使东吴解除了后顾之忧。而魏军这时适逢天气寒冷，水道冰封，船舰不能入江，魏文帝只得再次下令班师。东吴将领孙邵派部将高寿率敢死队500人在曹军归途隘路上，突然袭击魏文帝御营，魏文帝大惊。高寿夺得曹丕的备用御车"羽盖"呼啸而退。曹丕生前的最后一次征伐，就这样结束了。

曹丕虽然在与吴蜀争雄中没有什么佳绩可言，但在文学上的造诣是有口皆碑的。在父亲的影响下，曹丕和弟弟曹植自青少年时就有很高的文学造诣，以后长期同集合在曹氏政权周围的孔融、王粲、陈琳、刘桢、徐干、杨修、邯郸淳等才华横溢的文人在一起，如鱼得水，诗文大有长进。

曹操连年在外征伐，常以魏文帝留守邺城。魏文帝在公务之余，与文友饮宴歌舞，赋诗唱和，隐隐领导着邺城文坛。东汉建安十六年（221），魏文帝被封为五官中郎将以后的数年间，与文学名士之间往来尤其密切。五官将府一时宾客如云，名流如鲫。除孔融因与曹操龃龉被杀之外，魏文帝与"建安七子"中的其余六子王粲、陈琳等经常在一起，赋诗作文，唱和酬答，欣赏奇文，相析疑义。东汉建安二十二年（217）冬天，瘟疫流行，徐干、陈琳等4人先后去世。文友作古，魏文帝不胜悲痛。他写信给好友吴质说："徐、陈、应、刘一时俱逝，痛何可言邪！"

这年冬天，魏文帝著述的《典论》脱稿了。在《典论·论文》一篇中，魏文帝对亡友的文学成就和诗文特色做了公正的评说。他结合自己的创作体会和亡友诗作特点，提出"文以气为主"的论点，在文学理论上作出了重要建树。他提出四科八类的文章分类法，认为各种文体都有自己的体裁特点。同时，在文章中他反对"文人相轻""贵远贱近"的倾向，提倡"审己以度人"。末了，魏文帝意气昂然地提出，文章是"经国之大业，不朽之盛事"，把文学的地位和价值提到前所未有的高度。这篇文学理论批评专著，总括了建安时期各位名作家的诗文成就和特点，对文学提出了新认识和新的观点，确是不朽之作。

四、临终遗患　青史留名

黄初七年（226）正月，南征归来的魏文帝魏文帝，拖着疲惫的身子，在文

《建安七子集》（明刻本）

臣武将的簇拥下，返回许昌。这次伐吴，数千战舰，十万铁骑，旗幡帆幔，遮江蔽日，何等气势。可除了对着咆哮的江水示示威外，仍没有动着东吴一根毫毛，反而在班师时遭到几百吴兵突袭，弄得手脚失措，真是气煞人！魏文帝脸色阴沉，心情沉重。眼前就是许昌城，将要进城时，城南门却突然平白无故地崩塌了。魏文帝不由脸色煞白，这可不是吉兆！他心中一惊，命车驾转向洛阳而去。[1]

魏文帝到了洛阳就病倒了。弥留之际，魏文帝下令立曹叡为太子，并为其选择辅政大臣。也许是神志恍惚的缘故，也许是司马懿平素的干练忠顺给了他良好印象，魏文帝在这关键时刻忘了先王曹操的嘱咐："司马懿鹰视狼顾，不可付以兵权，久必为国家大祸。"魏文帝选择了中军大将军曹真、镇军大将军陈群、征东大将军曹休，也选择了抚军大将军司马懿为辅政大臣。

其实，这时的司马懿并无异志。多年来，曹操对司马懿既使用又限制，时时提防，到魏文帝掌权，才渐渐付以实权，令其独当一面。魏文帝的信任，使司马懿倍加勤奋忠诚，加上才智过人，确实为魏王朝办了许多漂亮事，在三国争战

---

[1] 事见《三国志·魏书·文帝纪》："七年，春，正月，将幸许昌。许昌城南门无故自崩，帝心恶之，遂不入。壬子，行还洛阳宫。"

的多事之秋，的确是个难得的人才，恐怕魏文帝正是看到了这些才做出这一选择的。魏文帝并没有错，司马懿毕竟是魏文帝死后为曹魏挡住诸葛亮多次攻伐和平定各方叛乱的不二能臣，没有司马懿，魏明帝的日子会更不好过。问题在于明帝临终竟又一次像他父亲那样托孤于司马懿，而没有看到司马懿此时已权重翼丰，从而为曹氏子孙留下后来的祸患。

黄初七年（226）五月，曹魏开国皇帝兼一代文豪魏文帝魏文帝，在洛阳嘉福殿病逝，终年40岁，葬于首阳陵。

名家评说

文帝天资文藻，下笔成章，博闻强识，才艺兼该。若加之旷大之度，励以公平之诚，迈志存道，克广德心，则古之贤主，何远有哉！

——晋·陈寿《三国志》

魏之无人，曹丕自失之也。而非但丕之失也，丕之诏曹真、陈群与懿同辅政者，甚无谓也。子叡已长，群下想望其风采，大臣各守其职司，而何用辅政者为？其命群与懿也，以防曹真而相禁制也。然则虽非曹爽之狂愚，真亦不能为魏藩卫久矣。以群、懿防真，合真与懿、群而防者，曹植兄弟也。故魏之亡，亡于孟德偏爱植而植思夺適之日。兄弟相猜，拱手以授之他人，非一旦一夕之故矣。

——清·王夫之《读通鉴论》

蜀昭烈帝刘备

刘备（161~223），三国蜀汉的开国皇帝。字玄德，涿郡涿县（今河北涿州）人，是汉景帝儿子中山靖王刘胜的后代。刘备的祖父、父亲都曾在州郡做官。刘备于公元221~223年在位。谥号"汉昭烈帝"。刘备善于用人，在诸葛亮、关羽、张飞等人的辅佐下，历尽坎坷，终于成就了三分天下的业绩。

一、乱世起兵　屡仆屡起

刘备因父亲去世早，从小就和母亲一起生活，家境贫寒，平日以贩鞋织席维持生计。他生得身高、臂长、耳大。[1]平时喜怒不形于色，好结交豪侠。

蜀昭烈帝刘备
——从明弘治十一年（1498）《历代古人像赞》

刘备从小就怀有大志。还是在和同宗儿童玩耍时，他就曾说："我将来一定要乘上有真正篷盖的天子之车。"

东汉灵帝光和七年（184）爆发的黄巾大起义，给刘备发展势力提供了一个机遇。当时，东汉朝廷派大军镇压起义军，各地的军阀豪强也纷纷拉起人马，以镇压义军为名，抢占地盘，扩充实力。刘备也趁机拉起一支乡勇，参加了镇压起义军的行列。这时，河东解县（今山西运城）人关羽、同郡人张飞也来投奔刘备。刘备把关、张二人当成左膀右臂，三人形影不离，晚上睡觉也在

---

[1]事见《三国志·蜀书·先主传》："身长七尺五寸，垂手下膝，顾自见其耳。"

一床，像兄弟般亲密。刘备因镇压义军"有功"，被朝廷任命为安喜县（今河北定县东）尉。

不久，朝廷颁布诏书，要考核因军功而提拔任命的官吏，如不称职，就要淘汰。涿郡太守派督邮巡视各县，督察官吏。督邮来到安喜，因刘备未送贿赂要将他撤职。刘备听说自己将被撤职，十分愤恨，便回到自己官署率领一群吏卒，冲到督邮住处，大声喝到："我奉太守密令，收捕督邮！"说罢，率人将督邮从床上提起捆住，押着他率领着自己的人马向外走去。将要出县界，刘备将督邮绑在树上，用马鞭狠狠地抽打了百余下，仍不解气，声言要杀了他，吓得督邮求饶不止。刘备便将官印挂在督邮脖子上，率众弃官而去。

后来。刘备投奔早年的同窗好友、幽州藩将公孙瓒，公孙瓒让他试守平原县令，不久，又领平原国相。当时，天下大乱，人民饥寒交迫，流离失所，许多有才能之士也被迫抛弃家园，颠沛流离。刘备尽管官职不高，但却能对外防御寇难，内部聚集粮物，与一些暂无安身立命之所的人士同席而坐，同盘而食，推心置腹，肝胆相照。因此，甚得民心，附近民众及各方人士纷纷来投奔依附他。

这时，群雄逐鹿中原，各地藩将混战不已。袁绍攻公孙瓒，曹操又攻徐州牧陶谦。陶谦派人向公孙瓒告急，公孙瓒遂派刘备前往徐州（今苏北鲁东南一带）援救陶谦。这时刘备共有士兵千余人和饥民几千人。陶谦见刘备兵力不多，就给了他4000兵士，又任命他为豫州（今豫东皖北一带）刺史，屯驻小沛（今江苏沛县）。后来，陶谦病重，临终时对部下麋竺说："除了刘备，没有人能使徐州安定。"陶谦一死，麋竺就率领徐州人士前往小沛迎接刘备。刘备再三推让，最后终于接管了徐州，第一次跻身于大藩将之列。

刘备占有徐州，近在寿春（今安徽寿县）的袁术十分不满，遣兵进攻刘备。刘备与袁军相持不下，袁术又勾结

关 羽
——从明万历三十七年（1609）原刊本《三才图会》

吕布，指使吕布袭击刘备的后方下邳（今江苏睢宁西北）。吕布原来和刘备是故交，但他反复无常，此时见有利可取，便不顾前谊，袭取下邳。陶谦故将曹豹因与督守下邳的张飞不和，听说张飞要杀他，便招来吕布，举城叛降。吕布乘机攻取下邳，张飞败走，吕布掠得刘备妻子家属。刘备听说后方失守，连忙带兵返回，遭吕布截击，兵众溃散，刘备无奈，只得称降，暂时依附吕布。吕布大喜，遂自称徐州刺史，将刘备家属归还，又派刘备进驻小沛。

刘备返回小沛，兵士渐渐增至万余人。这引起了吕布的不安和嫉恨，他便亲自带兵攻打刘备。刘备被迫应战，旋即战败，只得投奔曹操。曹操举荐刘备为豫州牧，因而史称刘备为刘豫州。这虽是个虚衔，却给刘备带来了声望。曹操给了刘备许多士兵和军粮，让他再去小沛一带收集余众，出击吕布。吕布又派大将高顺攻打刘备。曹操派夏侯惇救援，都被高顺打败，又把刘备的妻子掠去。于是曹操亲自率领大军前往，将吕布擒住。吕布向曹操告饶说："曹公所怕的不过是吕布，现在我已归顺，天下不必忧虑。您统率步军，我帮您统率骑兵，何愁天下不平定？"说得曹操也有些心动。刘备说："曹公难道忘了吕布是怎样侍奉丁原和董卓的吗？"曹操点首称是，于是将吕布缢杀。曹军得胜后，刘备跟随曹操到许昌（今河南许昌东），曹操又上表推举刘备为左将军。

二、煮酒论雄　三顾求贤

许昌本来已很残破，自汉献帝建安元年（196）曹操挟持汉献帝至此，作为都城，渐具规模。刘备来许昌后不久，就感觉到一种紧张的气氛。原来，汉献帝及其岳父车骑将军董承不满曹操专权，正与将军吴子兰、王子服等人密谋诛杀曹操。这些人听说刘备已来许昌，十分高兴，寻找了个机会，邀请刘备密谈。刘备是汉帝宗室，自然一拍即合，随即答应参与其事，并从董承手中接过了汉献帝以衣襟书写的手诏。

但刘备处事极其慎重。曹操虽然表面厚待刘备，对他十分尊重，出去同坐一车，居内同坐一席，实际上却很不放心，经常派人加以监视。刘备知道曹操提防自己，便深居简出，闭门谢客，不参与其他人的活动。有时，刘备还在院子里刨地种菜，浇水捉虫，乐此不疲，一副悠然自得、胸无大志的样子。一次，曹操请刘备喝酒，谈论天下英雄。刘备说："袁绍或许算是一个英雄吧！"曹操却从容不迫地笑着对刘备说："现在天下英雄只有你和我。袁绍之流，不算英雄。"

煮酒论英雄

刘备一听曹操把自己说成是英雄，误以为密谋泄露，不觉大吃一惊，手中筷子惊落在地。恰巧这时天上响过一阵雷声，刘备灵机一动，俯身拾起筷子，不慌不忙地对曹操说："圣人说：'惊雷烈风会使人惊惶变色'，这话讲得真有道理，雷震之威，想不到如此厉害！"[1]巧妙地将自己的不慎过失掩饰过去了。曹操如此聪明，竟然丝毫也未感到怀疑。

刘备等人也知道曹操不能长期容纳自己，早晚要将自己杀掉，因而也密做准备。正巧，袁术因被曹军打败，想经徐州北上投奔其兄袁绍。曹操不愿他俩联合，准备派兵截击。刘备趁机请求前往。曹操未加考虑，随口答应，刘备立即将兵脱离曹操而去。郭嘉、程昱等人听说此事，连忙来见曹操，大声说道："主公

---

[1]事见《华阳国志·先主传》："于时正当雷震，备因谓操曰：'圣人云"迅雷风烈必变"，良有以也。一震之威，乃可至于此也。'"

不可放刘备出去！刘备出去后必然叛变作乱！"曹操一听，不觉后悔起来，马上派人追赶，但刘备已走得无影无踪了。

刘备一到徐州就袭杀了徐州刺史车胄，将汉献帝诛曹操的诏书公之于世，公开打起了反曹旗帜。附近几个郡县也都背叛曹操，归附刘备。曹操随即作出反应，马上派兵攻打刘备，但未能取胜。

汉献帝建安五年（200），董承等人谋杀曹操的计划泄露，曹操将他们全部杀死。曹操听说刘备也参与了其事，大为恼火。决定亲自带兵征讨刘备。

刘备以为曹操正全力对付袁绍，不会亲自带兵前来，没有防备。听说曹操已来，不太相信，亲自带领数十骑外出观察。望见远处尘雾弥漫，旌旗蔽日，大吃一惊，估计自己没有抵抗的实力，便下令退却，投奔袁绍。他的妻子来不及逃跑，又被曹操俘获。镇守下邳的关羽抵挡不住曹军的猛烈进攻，只得束手投降。

袁绍听说刘备被曹操打败来投奔自己，十分高兴，以为又添了一个对抗曹操的帮手，马上派军前去迎接。一个多月后，刘备散失的部众渐来会集，力量渐渐恢复。

袁绍依仗优势兵力继续进攻曹操，与曹军相持在官渡（今河南中牟附近）。袁绍派刘备率部众袭击曹操的后方。这时，关羽离开曹操重新逃归刘备，张飞也回归了。刘备见关、张两将回来，大为高兴，遂率军进攻许昌。后来，听说袁绍在官渡全军溃败，刘备遂南下，投奔荆州太守刘表。

刘表好谋无断，虽然拥兵十万，但无所作为。见刘备前来投奔，表面非常客气，内心却十分猜忌。他让刘备屯驻新野（今河南新野）防备曹军南下。

长期以来，刘备没有固定的地盘，经常寄人篱下，先后依附公孙瓒、陶谦、曹操、袁绍、刘表等人，四处奔波，颠沛流离，十分狼狈。徐州两次得而复失，南北征战接连失败，主要原因是刘备实力不足，无法与势力雄厚的大军阀曹操等人抗衡；再就是虽有关羽、张飞等几员猛将，但缺乏才能出众的谋士。因此，刘备渴慕贤才奇士辅佐自己。

后来，徐庶前来投奔刘备。刘备十分器重徐庶，又请徐庶再推荐一位贤士。徐庶说："诸葛亮，乃卧龙先生，主公可愿见他？"刘备听说诸葛亮，忙说："愿意，愿意！请您把他请来！"徐庶说："此人可去拜访，不能请他委屈前来，请主公屈尊去拜访他。"于是，刘备就准备去拜访诸葛亮。

刘备打听到诸葛亮的住地后，便率关羽、张飞等随从前去拜访。众人来到了一处风景宜人的茅舍前，经询问，方知诸葛亮外出未归。关、张二人稍感沮丧，刘备却毫无倦容。

第二次，刘备等人又专程拜见诸葛亮，竟又未见到。关羽、张飞等人颇为不满，刘备却对他们说："此次未见，下次再来。"关、张二人更不高兴，嘴里嘟哝不停。

第三次，刘备终于见到了诸葛亮。这就是有名的三顾茅庐，历来被人们传为礼贤下士的美谈。刘备三顾茅庐，精诚所至，使诸葛亮大为感动。二人一见如故，相见恨晚。刘备虚心请教天下之事，诸葛亮便将自己对时局的精辟见解毫无保留地对刘备倾说。诸葛亮分析了曹、孙、刘当时各自占有的天时、地利与人和因素，提出了占荆襄、夺益州三分天下的战略，这就是历史上有名的"隆中对"。刘备听罢这一分析，心悦诚服，连声说道："讲得好！说得对！"于是，

君臣鱼水
——从明万历元年（1573）纯忠堂刊本《帝鉴图说》（张居正）

三国史纪：诸葛亮隐于襄阳隆中，有王霸大略，刘先主闻其名，亲驾顾之，凡三往，乃得见。亮因说先主以拒曹操，取荆州，据巴蜀之策。先主深纳其言，情好日密，关羽、张飞不悦，先主解之曰："孤之有孔明，犹鱼之有水也，愿诸君勿复言。"

刘备便请诸葛亮一同出山，辅佐他成就大业。诸葛亮一来久闻刘备英名，早知刘备乃成大事之人，二来为刘备的诚恳心意所感动，遂同意出山。

从此，刘备就在诸葛亮的忠心辅佐下，按照"隆中对"的计划，开始了他的占据荆益二州、复兴汉室的事业。

三、联孙抗曹　攻占益州

东汉建安十三年（208），曹操在统一北方之后，率大军南下进攻刘表，企图夺取荆州。这时刘表已经病危，他召来刘备，打算推荐刘备为荆州刺史，治理荆州。刘备推辞不就。

不久刘表病死，其次子刘琮继任荆州牧。刘琮软弱无能，听说曹操30万大军将至，吓得魂飞魄散，连忙上表请降，又不敢告诉刘备。刘备听说此事，连忙派人询问。此时曹操已至宛城，刘备连忙召集部属商议对策。诸葛亮等人劝刘备攻击刘琮，劫持刘琮及荆州官吏士人南至江陵（今湖北江陵一带）。刘备回答说："刘表临死曾将其子托付于我，背信弃义之事，我不能干！否则有何面目见刘表！"于是，刘备率众向江陵撤退。

曹操听说江陵存有大量军械粮草，担心被刘备夺去，就舍弃辎重，轻装赶至襄阳。见刘备已经过去，曹操亲率3000精锐骑兵，昼夜兼驰，一日一夜行300多里，于当阳长坂坡（今湖北当阳东北）追上刘备。

刘备没有想到曹军追来如此之速，猝不及防，军队大部被杀散。刘备抛却妻子部属民众，只带领诸葛亮、张飞、赵云等人突围而走。赵云见形势危急，怀抱刘备弱子刘禅，保护着刘禅母亲甘夫人，杀出重围。刘禅母子赖赵云得以身免灾祸。刘备令张飞率20余人断后。张飞见刘备等人已过得河去，将桥拆断，张飞立马横矛，扼住桥头，怒目注视追兵，厉声喝道："我是张翼德，谁敢来与我决一死战！"曹军被张飞的气势所震慑，无人敢前。刘备等人得以退至夏口（今武汉）。[1]

曹操占据荆州后，收纳了刘琮的水军，又占领了江陵，缴获了大量军资，声势更大。曹军沿江东下，准备消灭刘备，进而吞并孙权，占领江南。

---

[1]事见《三国志·蜀书·关张马黄赵传》："曹公追之，一日一夜，及于当阳之长阪。先主闻曹公卒至，弃妻子走，使飞将二十骑拒后。飞据水断桥，瞋目横矛曰：'身是张翼德也，可来共决死！'敌皆无敢近者，故遂得免。"

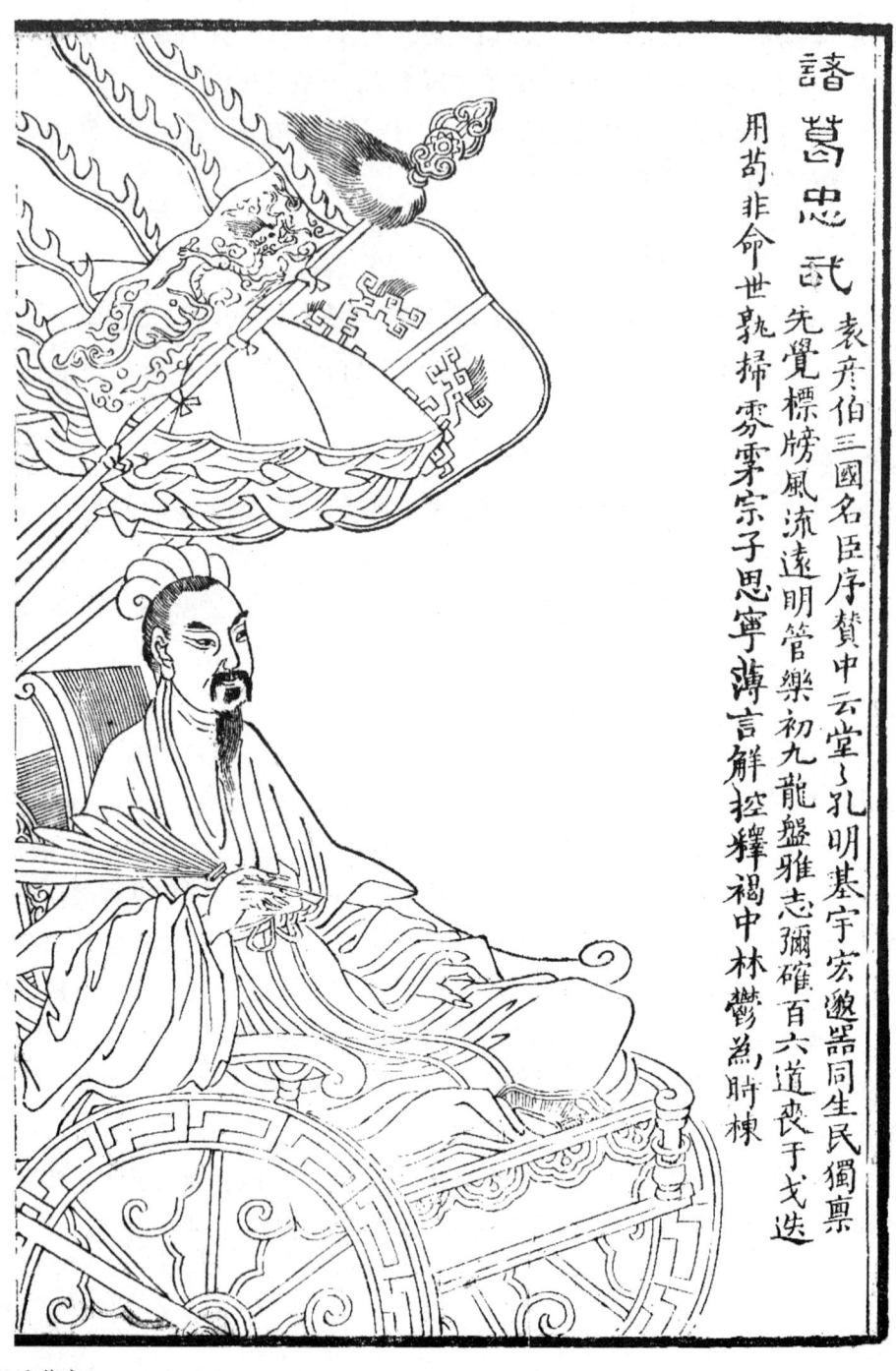

诸葛忠武 表齐伯三国名臣序赞中云堂~孔明基宇宏邈器同生民独禀先觉标牓风流远明管乐初九龙盘雅志弥确百六道丧于戈迭用岂非命世孰扫雰雺宗子思宁薄言解控释褐中林鬱为时栋

诸葛亮
——从清乾隆时期刊本《晚笑堂竹庄画传》（作者上官周）

强敌紧逼，刘备力量单薄，不得不考虑寻找盟友，在东吴鲁肃的建议下，便派诸葛亮去见孙权，劝说他联合抗曹。孙权也早已感到曹军的威胁，曹操曾下书给孙权，声称率80万大军，要与孙权会猎于东吴。东吴群臣噤若寒蝉，纷纷主张投降。只有鲁肃、周瑜主张抵抗。而孙权虽然同意迎战，但仍担心力量不足。听说刘备派诸葛亮联络，十分高兴。二人商谈极为融洽，孙权同意联合抗曹，遂派鲁肃、周瑜、程普等率水军数万，与刘备一起合力抵抗曹操。

孙刘联军到达赤壁（今湖北武昌西），与曹军相持。后来，曹操中了周瑜部将黄盖的诈降计，放松了警惕，船只营寨被吴军用火烧毁，孙刘联军乘势进攻，曹军溃败。[1]这就是历史上有名的"赤壁之战"。刘备联合孙权的力量，打败强敌，争取了自己的安全。

赤壁之战后，刘备宣布刘表的另一个儿子刘琦为荆州刺史，利用刘表父子在荆州的势力和影响，招抚长江以南的荆州四郡太守，四郡太守欣然归附。不久，刘琦病逝，刘备自称荆州牧，荆州一些文武人才，如黄忠、庞统等人，纷纷聚集在刘备身边。

刘备势力渐增，孙权也不得不另眼看待。孙权想利用刘备对抗曹操，不仅承认了刘备为荆州牧的事实，而且主动将自己的妹妹嫁给了刘备，进一步巩固两人之间的关系。

刘备占有荆州大部，又当上了荆州牧，有了立足之地，但其实力和地盘与曹、孙相比，仍难抗衡。因此，如何进一步增强势力、扩张地盘，便成了当务之急。

当初，诸葛亮在"隆中对"中，就提出占有荆益二州以成帝王之业，刘备占有荆州后，便着手进取益州。

益州，主要地盘是现在的四川，并包括现在的云、贵、甘、陕等省的一部分。这里地域广阔，物产丰富，号称天府之国。益州牧刘璋是汉朝宗室，懦弱无能，空有贤才而不能用，手下军队纪律散漫又不能禁止，因此，内部危机四伏，全州上下都盼望贤德之人入主益州。

---

[1]事见《三国志·吴书·周瑜鲁肃吕蒙传》："（黄盖）乃取蒙冲斗舰数十艘，实以薪草，膏油灌其中，裹以帷幕，上建牙旗。先书报曹公，欺以欲降。又预备走舸，各系大船后，因引次俱前。曹公军吏士，皆延颈观望，指言盖降。盖放诸船，同时发火。时风盛猛，悉延烧岸上营落。顷之，烟炎张天，人马烧溺，死者甚众，军遂败退……"

破曹军赤壁鏖兵
——从1935年会文堂新记书局蔡东藩《后汉通俗演义》

孙权也早就觊觎益州，他曾写信给刘备，邀刘备一起攻取益州。刘备早想独吞，岂容别人染指？便回信推脱。孙权遂派周瑜率水军进夏口，准备越过荆州而入蜀川。刘备对周瑜说："你如要取蜀，我当入山隐居。"并立即派关羽守江陵，张飞守秭归，扼住入川之路。孙权看透了刘备的意图，知道难以占先，便将周瑜召回。

当初曹操打下荆州，刘琮归降，刘璋也极其害怕，就想归附曹操，便派张松去荆州拜见曹操。谁知曹操对张松十分冷淡，张松极为恼火，不待深谈，便辞别曹操，去见刘备。刘备对张松诚恳热情，使张松十分感动。张松回到益州，大谈曹操的坏话而极力赞扬刘备，劝刘璋与刘备联络。恰好这时占据汉中的张鲁进攻益州，刘璋便派法正去见刘备，刘备待法正也十分热情。张松和法正见刘备时，刘备向他们询问益州的地理形势、军事力量及其他内部情况，张、法二人都详细陈述，并画了地图送给刘备。这样，刘备对益州的虚实了如指掌。法正劝刘备说："以将军的英明才略、刘璋的懦弱无能，还有张松做内应，夺取益州易如

反掌。"庞统等人也力劝刘备进取益州。于是刘备决定进川。

刘备让诸葛亮、关羽、赵云等人留守荆州,自己带领庞统、法正等数万人,由水道入蜀。刘备率军来到涪县(今四川绵阳),刘璋从成都赶来迎接,会见时关系十分友好,欢宴达100多日。刘璋以米20万斛、战马千匹、战车千辆及其他物资赠与刘备,并将杨怀、高沛之军交刘备指挥,让刘备攻打张鲁。

刘璋日夜盼望刘备为他出击张鲁,刘备却进军至葭萌(今四川广元),便停顿不前,反而做起笼络人心、树立恩德的事来。刘备在葭萌住了一年,借口曹操要进攻孙权和荆州,写信给刘璋,要求回师救荆州,并要刘璋再给一万军队和粮饷。刘璋极不高兴,只给了刘备四千军队,粮草物资也只给了刘备所要数目的一半。刘备借这一事情,激怒其部下说:"我们为益州征讨强敌,将士非常辛苦,而刘璋却如此吝啬,不舍得将仓库里的东西赏给将士,这怎能让我们出力死战呢?"张松在成都听到消息,不辨真假,以为刘备真要撤军,连忙写信给刘备及在刘备营中的法正,说:"如今大事马上就要成功了,怎么能放弃而去呢?"张松的哥哥、广汉太守张肃知道其弟的谋划,生怕连累自己,就向刘璋告发了。刘璋下令杀死张松,并令各关隘守将不要再与刘备联系。

刘备见计划已经暴露,立刻杀了刘璋派在身边的杨怀、高沛二将,收编了他们的军队,进占涪城。接着,又攻占绵竹,包围雒城(今四川广汉)后,攻了足足一年,才把雒城攻下,军师庞统也在攻城中中箭身亡。攻下雒城后,刘备即率军包围了成都。这时,诸葛亮也率张飞、赵云等,沿水道入蜀,攻下白帝城、江州(今重庆),前来与刘备会师。

刘备的军队包围成都几十天,刘璋见内外断

赵　云
——从1935年会文堂新记书局蔡东藩《后汉通俗演义》

绝,坚守无望,只得出城投降。刘备攻下成都后,自称益州牧,论功行赏,将府库中的金帛分赐将士,又安抚百姓,取消百姓应交纳的钱粮。刘备以诸葛亮为军师兼益州太守,全面处理益州政务。跟随入川的文武官员也都安排了相应的官职。刘备极力注意笼络刘璋的部下,团结益州士人。吴懿原是刘璋的亲戚,他的妹妹嫁给刘璋的哥哥刘瑁,刘瑁死后,她成了寡妇。刘备又娶她为妻,和吴懿结为亲戚,加以重用。其余如董和、李严及受到刘璋排挤的许多人士,刘备都给以适当官职,让他们发挥才能。因此,益州有才有志之士,无不竞相归附刘备,愿意随刘备建功立业。这样,刘备在益州就逐渐站稳了脚跟,他在益州的统治很快趋于稳定。

四、夺取汉中 吴蜀决裂

汉中形势险要,是巴蜀的咽喉门户。刘备占领益州后,想招抚盘踞在汉中的张鲁,不想曹操捷足先登,打败张鲁,于建安二十年(215)攻占汉中。这时,丞相主簿司马懿对曹操说:"刘备靠计谋俘虏刘璋,取得益州,蜀地人民尚

《关羽擒将图》——明代商喜绘

未真心归附。现在丞相大军攻克汉中，益州震动，如乘胜进军，巴蜀必然土崩瓦解，唾手可得。"曹操说："人不能贪得无厌，既得陇（汉中一带），又望蜀。"谋士刘晔也劝曹操。但曹操未采纳二人意见，令夏侯渊、张郃、徐晃等人镇守汉中，自己率大军退回。

夏侯渊、张郃等人驻扎汉中，经常侵犯巴郡边界，进可攻蜀，退可扼住刘备北进之路，对此，刘备很是担心。为解除汉中的威胁，并打开北伐攻魏的通路，东汉建安二十三年（218），刘备亲自率领大军进兵汉中，留诸葛亮留守成都，负责军需供应。蜀军到达阳平关（今陕西勉县西北），遭到夏侯渊、张郃的顽强抵抗，一时难以取胜，急忙驰书诸葛亮速发援兵。诸葛亮深知汉中对蜀的重要性，于是源源不断地调集军队粮草，增援刘备。双方相持近一年，曹军虽然有小胜，而蜀军锐气不减，刘备毫不动摇。

第二年春天，刘备率军渡过沔水，沿定军山（今陕西勉县东南）扎营。定军山是汉中门户，形势险要，蜀军占据对曹军威胁极大，因此，夏侯渊拼命来争。法正见夏侯渊已不顾一切，对刘备说："现在可以取胜了。"之后命人设伏，命老将黄忠居高临下冲出。夏侯渊不及提防，被黄忠杀死，曹军大败。

曹操见汉中告急，亲自带兵救援。刘备听说曹操亲来救援，分析战局，对部下诸将说："曹操虽然亲自前来，也无能为力，我一定能占领汉中。"刘备收拢部众，据险固守，始终不与曹军交战，双方相持一个多月，曹军粮草不继，毫无进展，士兵纷纷逃亡。曹操既无法取胜，又不愿就此放弃汉中，一时犹豫不决。一天，部将前来请示口令，曹操正在吃饭，看到碗中鸡肋，有感于怀，随口说出"鸡肋"。主簿杨修听到这一口令，就开始收拾行装。有人吃惊地问："这是为何？"杨修说："鸡肋食之无味，弃之可惜，曹公以鸡肋比做汉中，一定是要班师了。"不久，曹操果然放弃汉中，带兵回长安（今西安附近）去了。

刘备遂乘胜占领汉中，又派刘封、孟达等攻占汉中郡东部的房陵（今湖北房县）、上庸（今湖北竹山西南）等地，扩展了疆域。此后，在部下的拥戴下，刘备自称汉中王。

刘备势力逐渐强大，引起了孙权的不安，双方争夺的焦点渐渐集中在荆州这一战略要地上。

荆州南郡本来是孙权借与刘备的，孙权借土地给刘备是为了给曹操树敌，谁想刘备羽翼已丰，大有吞并山河之势。于是孙权便在刘备攻占益州的第二年，

关云长水淹七军
——从《马骀画宝》

派人向刘备索要南郡。刘备当时正想进取凉州，就推辞说："等我打下凉州，再归还南郡。"孙权听说后大怒，派大将吕蒙夺取了长沙、零陵、桂阳三郡。刘备得知消息，连忙督令关羽争夺三郡。孙权也赶往前线督战，双方大有一触即发之势。但这时曹操已攻取汉中，刘备担心曹操趁机进攻益州，就主动向孙权求和，双方商定以湘水为界中分荆州：江夏、长沙、桂阳三郡属孙权，南郡、零陵、武陵三郡归刘备。这样，总算避免了一场大战，脆弱的孙刘联盟维持了下来。但是，裂痕已无法弥补，对东吴来说，荆州位于其上游，威胁其安全，势在必夺；对刘备来说，荆州是北进中原的捷径，势在必守。因此荆州好似装满火药的铁桶，随时都可能发生爆炸。

张 飞

东汉建安二十四年（219），刘备正与曹操在汉中交战时，关羽也配合刘备的攻势，从荆州出兵，进攻曹军驻守的襄阳（治所今湖北襄樊）和樊城（今湖北樊城）。襄樊一带本为曹仁所守，曹仁不敌关羽的猛烈攻势，曹操又派于禁、庞德等将率大军赶来增援。正值秋雨连绵，汉水暴涨，关羽利用水势，水淹七军，擒于禁，杀庞德，败曹仁，势不可当。附近小股军队或前来归服，或领受关羽颁发的印信称号，做关羽联盟军党。一时间，关羽威震华夏。曹操十分了解关羽智勇兼备，见此时情景，甚至打算迁都以逃避关羽的锐气。这时，司马懿等人劝曹操利用孙权和刘备之间的矛盾，答应以江南之地封给孙权，要他袭击关羽的背后，以解除威胁。曹操便按照司马懿计策行事。关羽虽然智勇兼备，却十分骄傲，目中无人。当初，孙权为笼络关羽，加强孙刘联盟，曾派人向关羽请求将其三女儿嫁给自己的儿子，结成秦晋之好。关羽不仅不接受，反而将来使臭骂一阵，赶出城外。孙权听说后，十分恼怒。现在关羽势力膨胀，孙权也感到了他的威胁。接到曹操的来信，孙权十分痛快地表示可以袭击关羽。

五、成都称帝　白帝托孤

于是，孙权以及大将吕蒙、陆逊等人，先以计策麻痹关羽，使他放松警惕，将后方兵力抽调到襄阳前线，然后以吕蒙为前部，偷袭南郡。吕蒙、陆逊等偷袭成功，很快占据南郡大部，关羽见后方出现危险，急忙回师救援，被吴军打败，关羽被俘遭杀害。这一来，荆州就全部落入了孙权手中，孙刘联盟彻底破裂。

荆州对于刘备来说，至关重要。按照既定的战略方针，刘备以讨伐曹魏、扶兴汉室的名义，两路进攻中原。一路出汉中，一路出荆州，互相呼应配合。失去荆州之后，北伐曹魏只剩汉中一路，况且山路多险，粮草难继，取胜希望不大。如不夺回荆州，刘备便被封闭在三峡之内，极难发展。因此，刘备决计进攻东吴，夺回荆州，为关羽报仇。

刘先主临危顾命
——从1935年会文堂新记书局蔡东藩《后汉通俗演义》

这时，突然传来曹操已死，其子曹丕已代汉称帝、建立魏国的消息，并有谣言说汉献帝已被害死。刘备是汉朝宗室，现在又占有一隅之地，于是，他决定自称汉帝，继承汉朝正统，以收笼天下人心，然后再进攻东吴。这时，蜀中文武群臣也纷纷上书，向刘备劝进。蜀汉章武元年（221），刘备在成都称帝，国号汉，一般称为蜀汉，建年号为章武，以诸葛亮为丞相。刘备就是历史上所说的汉昭烈帝，又称先主。

先主刘备称帝后，准备出兵东吴，蜀中群臣大都加以谏阻。镇军将军赵云谏阻道："现在国贼是曹操，而不是孙权。曹操虽然已死，其子曹丕篡汉盗国，应当顺从民心，图取关中，居高临下以讨凶逆之贼，关东义士必然投奔响应王师。不应置曹魏于不顾，先与东吴交战，战衅一开，就难以平息了。"先主不听。诸葛亮见先主决心已定，知道劝也无用，遂缄口不言。

先主下令调集全国军队，准备出兵。他派人通知车骑将军张飞，让他率兵万人会师江州。谁知张飞因脾气暴躁，经常打骂将士，帐下部将张达、范疆不堪其苦，临出发前，二人叛变，暗杀了张飞，拿着张飞的首级投奔东吴去了。先主听说后仰天长叹道："唉！张飞又死去了！"当初，张飞雄壮威武，仅次于关羽，曹魏君臣都说关张二人可敌万人。关羽为人骄傲，善于体恤士卒而蔑视士大夫；张飞脾气暴烈，尊敬士人却不知爱惜士兵。先主经常劝戒他们。先主对张飞说："你刑罚太滥，经常鞭打士卒而又让他们在你身边，这样极容易招致灾祸。"张飞仍不注意改正。果然，张飞最终死于部下将卒之手。这样，先主尚未出兵，先损了一员猛将。

蜀汉章武元年（221）夏，先主亲自率领七八万大军，出巫峡，沿长江水陆并进，直扑东吴。孙权见刘备来势凶猛，遣使向刘备求和。先主志在必胜，坚决不许。

蜀军很快打到夷陵（今湖北宜昌东南），从巫峡到夷陵有六七百里，江岸两侧高山峻岭连绵不断。先主在江岸南侧沿路扎营，树立木栅。他又命令水军登陆，也在山林中扎营。刘备拉开了漫长的战线，沿江设了几十处营寨，表面上声势浩大，实际上兵力分散，实力大为削弱了。

先主亲率主力屯驻在夷陵猇亭（今湖北宜都北）。他数次派军向东吴挑战。吴军主帅陆逊虽然年轻，却深谙兵法，老成持重。他节制吴军诸将，不许他们出战。双方在此相持了六、七个月之久，蜀军始终找不到机会跟吴军交战，时间一久，斗志逐渐涣散，先主本人也放松了警惕。

蜀汉章武二年（222）闰六月，陆逊见蜀军已懈怠，便命令吴军火烧蜀营，发动猛攻。这时正是暑热天气，气温极高，再者蜀营多依林木而建，大火一烧，不可收拾。一时间蜀军营寨和木栅全被烧毁，火光冲天，烈焰熊熊，吴军趁火势连破蜀军40余营，杀死蜀军大将冯羽和张南。

先主见大军溃败，知道难以抵抗，遂带残兵败将退守马鞍山（今湖北宜昌西北），令军士固守。陆逊命吴军四面围攻，蜀军土崩瓦解，又死万余人，尸体顺江而下，几乎遮满江面。各种军械物资、船只粮草，几乎损失殆尽。先主趁着夜色逃遁，命人烧毁铠甲等物堵塞吴军追路，方才逃至白帝城。

先主从未遭此大败，十分惭愧地说："我竟被陆逊打败，岂不是天意！"[1]其实，先主的失败完全是主观指挥的错误。他在山林设立木栅，连营六七百里，不仅分散了兵力，首尾难以相顾，而且给东吴以火攻的机会。他又命水军登陆，放弃了水陆相互配合作战的有利条件，自然难免失败。当时，明眼人早就看出，先主这样做必败无疑。曹丕就说："刘备简直不明兵法！哪里有连营700里和敌方打仗的？刘备在山林险阻之处带兵打仗，犯了兵家大忌。孙权不久就要取胜了。"

猇亭大战后，曹魏趁东吴全力对付先主，也出兵进攻东吴。孙权已取得胜利，不愿再两面受敌，便向先主请和。先主经此大败，知道荆州已难夺回，又担心孙权继续进攻，便同意和解。于是，脆弱的吴蜀联盟重新恢复。

猇亭大败对于已进入暮年的先主来说是一个沉重打击，这次失败使他心情郁闷，终致一病不起，后来病势加重，遂急召诸葛亮到白帝城以托付后事。

先主的太子刘禅无政治才能，先主希望诸葛亮能辅佐刘禅，维持基业不失、纲纪不坠，但又怕刘禅实在担不起治国重任。临终前，先主流着眼泪，语重心长地对诸葛亮说："你的才能超过曹丕十倍，必然能安定国家，成就大事。如果太子可以辅佐，你就辅佐他；如果他实在不行，你可以替代他自己做皇帝。"诸葛亮一听先主说出这样的话，心如刀绞，泣不成声地说："我怎敢不尽心尽力，忠贞报国，死而后已！"先主将刘禅兄弟几人召到床前，告诫他们说："我

---

[1] 语见《三国志·吴书·陆逊传》："备大惭恚，曰：'吾乃为逊所折辱，岂非天邪！'"

死了以后，你们要像尊奉父亲那样尊奉丞相，和他共同治理好蜀汉。"[1]这就是历史上所说的白帝托孤，长期被人们视为君臣坦诚相知的典范而津津乐道。

章武三年（223）四月，先主刘备在白帝城永安宫病逝，享年63岁。

名家评说

先主之弘毅宽厚，知人待士，盖有高祖之风，英雄之器焉。及其举国托孤于诸葛亮，而心神无贰，诚君臣之至公，古今之盛轨也。机权干略，不逮魏武，是以基宇亦狭。然折而不挠，终不为下者，抑揆彼之量必不容己，非唯竞利，且以避害云尔。

——晋·陈寿《三国志》

承统以后，为人子孙，则亡吾国者，吾不共戴天之仇也。以苻登之孤弱，犹足以一逞，而先主无一矢之加于曹氏。即位三月，急举伐吴之师，孙权一骠骑将军荆州牧耳，未敢代汉以王，而急修关羽之怨，淫兵以逞，岂祖宗百世之仇，不敌一将之私怨乎？先主之志见矣，乘时以自王而已矣。

——清·王夫之《读通鉴论》

---

[1] 语见《三国志·蜀书·诸葛亮传》："（先主）谓亮曰：'君才十倍曹丕，必能安国，终定大事。若嗣可辅，辅之，如其不才，君可自取。'亮涕泣曰：'臣敢竭股肱之力，效忠贞之节，继之以死！'先主又为诏敕后主曰：'汝与丞相从事，事之如父。'"

蜀后主刘禅

刘禅（207~271），三国蜀汉的第二代皇帝。字公嗣，涿郡涿县（今河北涿州）人。父为先主刘备，母为甘夫人。公元223~263年在位。刘禅无能为帝，徒有皇帝虚名。最后寄人篱下，苟且偷生。其"乐不思蜀"令人感喟。

一、政由葛氏　祭则寡人

东汉建安二十四年（219），刘备称汉中王，刘禅被立为太子，蜀汉章武元年（221），刘备正式称帝，又立刘禅为皇太子。

蜀汉章武三年（223）夏四月，刘备东征孙吴，大败而归，暂住白帝城，一病不起。临终前，刘备将蜀相诸葛亮、太子刘禅及其他几个儿子都召至白帝城，嘱托后事。

刘备去世后，刘禅继位为帝，改元建兴。这时，刘禅才17岁。

后主刘禅倒也有自知之明，他把一切事情都交给诸葛亮处理，自己只管一些礼仪而已。他说："政由葛氏，祭则寡人。"诸葛亮觉得后主少不懂事，也就总揽朝政，无论大小诸事，都由自己决定。

后主刚刚即位，就不断传来南中地区（今云南一带）一些蛮夷豪帅起兵反叛的消息。对付这种困难局面的重担完全落在了诸葛亮的身上，他考虑到刘备伐吴大败，蜀汉元气大伤，后主又刚刚即位，未便立即用兵。因此，决定努力说服争取南中叛酋。同时，出兵驻守险要，遏止其向蜀中蔓延，待条件成熟后再加以解决。他把整顿内政、发展蜀中经济和与孙权修复联盟作为首先必须解决的几件

大事。

蜀汉建兴元年（223）十一月，诸葛亮派尚书郎邓芝出使东吴。邓芝不辱使命，说服孙权和曹魏断绝关系，专与蜀汉联和。

在恢复吴蜀联盟的同时，诸葛亮又集中精力整顿内政，奖励生产，积聚粮草。过了两年，蜀汉的经济情况好转。诸葛亮见条件成熟，遂于建兴三年（225）亲率大军平定南中叛乱。蜀军经过长期休整，兵精粮足，士气高涨，大军所到之处，节节胜利。不久，就扫清外围地区，深入南中腹地。这时，叛乱首领之间发生内讧，少数民族首领孟获收集各方余部，继续对抗蜀军。孟获不但作战勇敢，而且在当地汉族和少数民族人民中间有一定威望和影响。诸葛亮根据安抚政策，七擒六放孟获，最后降服了他，也控制了南中。

诸葛亮从南中回师的时候，把一部分威望较高的少数民族豪帅带回成都，委任他们以适当官职。又把南中地区重新划分，派了可靠的官吏担任地方长官。他又教导少数民族人民发展农业和手工业，派人煮盐、冶铁，使南中地区政治安定，经济也发展起来。此后，南中所产的金银、丹漆、耕牛、战马等，源源不断地运往蜀中，为后来进行的北伐中原提供了大批战略物资。平定南中之后，蜀汉政府还从迁往蜀中的少数民族中间选拔精壮，编为五部，经过严格训练，组成一支精锐部队，号为"飞军"。

经过长期准备，诸葛亮准备北伐曹魏，进军中原。蜀汉建兴五年（227）三月，诸葛亮以张裔为留府长史，与参军蒋琬处置丞相府政事，以侍郎董允管理宫中，把宫中和府内大事安排就绪后，诸葛亮便向后主刘禅上了一道表章。在这篇奏表中，诸葛亮苦口婆心地劝告后主要亲近贤臣，疏远小人，励精图治。这就是千古流传的《出师表》。这时，后主已20多岁。

接到诸葛亮的《出师表》后，后主下了一道讨伐曹魏的诏书，以激励士气，诸葛亮遂率领大军出屯汉中，于沔水北岸阳关扎下大营。这次北伐，按诸葛亮的布置，兵分两路：一路以赵云、邓芝为疑军，进据箕谷，扬言从斜谷道去攻打眉县（今陕西眉县北）。另一路则由诸葛亮亲率主力向西北攻打祁山（今甘肃西河县西北）。蜀军经过两年多的训练，纪律严明，士气振作，行动迅速。主力很快到达祁山，继续向西北进攻。自从刘备死后，蜀军多年没有动静，魏国毫无防备。这次蜀军突然在祁山出现，魏国大为震动，原属魏国控制的天水、南安、安室三郡，都望风叛魏归蜀，天水将领姜维向诸葛亮投降。

七擒孟获
——从明末安徽新安黄氏刻本《遗香堂绘像三国志》

诸葛亮攻占祁山的消息传到魏都洛阳，朝野一片恐惧。朝廷大臣都不知怎样对待。魏明帝曹丕还算镇静，他连调大将张郃率军5万西上，抵御蜀军主力。为了安定人心，明帝也亲自坐镇长安。

就在蜀军节节胜利的时候，蜀将马谡在新的战役中没有执行诸葛亮的部署，导致战略要地街亭失守，使蜀军失去了进攻的据点。诸葛亮见取胜无望，便带兵及千余家百姓，撤回汉中。

司马懿

诸葛亮对街亭失守十分痛心，追查责任，首先是马谡违背部署，于是挥泪斩马谡。接着，诸葛亮又上书刘禅，自请处分。

后主刘禅接到奏章后，把诸葛亮降职为右将军，代理丞相职务。这种处分当然只是做做样子给人看的，并不影响诸葛亮的实际权力。以后诸葛亮又曾两次率军伐魏，蜀军都取得了局部胜利。于是，后主刘禅下诏恢复诸葛亮丞相职务，诏书说："街亭之失，错在马谡，况且近来你又立新功，功勋卓著。现在天下并未安宁，应该以国家大业为重，今天恢复你的丞相职务，请不要推辞。"[1]

就在这年，吴王孙权正式称帝，派使臣到成都，建议和蜀汉互尊为皇帝。后主把这件事交给臣下讨论，蜀汉大臣多数认为只有蜀国才能继承汉朝正统，孙权称帝和曹丕一样，都算是僭越，主张与东吴断绝盟好关系。不过，大家最终还是都同意了诸葛亮以联盟大局为重的主张。于是，后主便派使臣到东吴，向吴帝孙权祝贺，并订立了新的盟约，约定互不侵犯，在灭魏之后平分曹魏之地。

建兴十二年（234）春二月，诸葛亮亲率十万大军由斜谷而西出，发动了第

---

[1] 语见《三国志·蜀书·诸葛亮传》："诏策亮曰：'街亭之役，咎由马谡，而君引愆，深自贬抑，重违君意，听顺所守。前年耀师，馘斩王双。今岁爰征，郭淮遁走；降集氐、羌，兴复二郡，威震凶暴，功勋显然。方今天下骚扰，元恶未枭，君受大任，干国之重，而久自挹损，非所以光扬洪烈矣。今复君丞相，君其勿辞！'"

诸葛亮祁山伐魏
——从《马骀画宝》

五次北伐。这次出兵还派了使者去东吴约孙权东西配合，同时大举进攻。四月，诸葛亮据武功五丈原（今陕西岐山县境内），与司马懿相持于渭水之南。

魏军主帅司马懿久经征战，老谋深算。他深知蜀军远来，利在速战，便坚守不出。这时，配合蜀军进攻的东吴十万大军出师不利，久攻魏军重镇合肥不下，战将孙泰被射杀，吴军便撤退回国了。

吴军这次出兵虎头蛇尾，使诸葛亮的蜀军又成孤军。加上司马懿坚守不战，诸葛亮见难以取胜，心中更加焦急。他平时身体就很虚弱，又事必躬亲，大小事都要亲自处理，因此十分劳累。现在司马懿深沟高垒不出战，诸葛亮进不能战，退不甘心，英雄无用武之地，不禁郁闷致病，积劳成疾。

病倒之后，诸葛亮知道自己这场病来得凶险，就给后主上了奏章，报告病情，还附上一份密奏，说"我如有不幸，以后的政事可托付给蒋琬"。[1]诸葛亮又把杨仪和费祎等人叫到身边，把他死后如何退兵的安排细细叮嘱一番。

几天后诸葛亮病情恶化去世。诸葛亮去世之后，丞相长史杨仪总统军事，指挥蜀军撤退。司马懿得知消息，忙率军追赶，被杨仪用诸葛亮留下的计谋杀退。

北伐大军回到成都后，后主为了表彰和纪念诸葛亮生前的品德和功绩，封赐他谥号为忠武侯，又依照诸葛亮的遗愿，将他葬在定军山（今陕西勉县西南）。

二、无能之主　亡国之囚

后主刘禅处理完诸葛亮的丧事之后，任命丞相府长史蒋琬为尚书令兼益州刺史，后来又拜大将军，接替了诸葛亮的职位。蒋琬才干出众，老成持重，在新丧丞相、群情惶然之际，抑制自己的悲痛，镇静自若地处理政事，有条不紊。于是在朝廷中逐渐树立了威信，形势也逐渐安定下来。

蜀汉建兴十五年（237）正月，后主立皇后张氏，大赦天下，改元为延熙，尔后，又立儿子刘璿为太子，刘瑶为安定王。这时他已不再有诸葛亮的严格管教，而蒋琬实际上根本约束不了他。因此，其贪图享乐的劣根性日渐发展。他经常带领宫人宦官外出游玩，又令人在内宫广置声乐供自己赏玩娱乐。

---

[1]语见《三国志·蜀书·蒋琬费祎姜维传》："臣若不幸，后事宜以付琬。"

蜀汉延熙九年（246）冬十一月，蒋琬病卒，后主自己处理国事，而以费祎继任大将军辅政。

由于蒋琬、费祎执行稳健政策，加上魏明帝死后曹魏内部政局动荡，司马懿和他的儿子司马师、司马昭杀死曹髦，夺取了魏国实权，他们忙于镇压异己势力，顾不上伐蜀，因此，在十多年间，蜀魏间没有发生规模较大的战争。

蜀汉延熙十二年（249）春天，曹魏右将军夏侯霸惧怕司马氏诛杀，叛魏逃奔蜀国。夏侯霸乃曹魏名将夏侯渊之子，夏侯渊与曹操是连襟，因此是曹魏宗室。当初，夏侯渊守汉中，被刘备率军打败杀死，因此夏侯霸与蜀国有杀父之仇。可夏侯霸又与后主有姻亲关系。原来，夏侯霸的从妹嫁给张飞为妻，生有一女，长成之后，嫁给后主当了皇后。因此，夏侯霸与刘禅乃是姻亲。这次夏侯霸穷途末路来投奔蜀汉，后主对他十分热情，特地向他解释："你父亲当初是在两军对阵时被人杀死，不是我父亲亲自杀死的。"然后，又指着自己的儿子说："这都是夏侯氏的外甥。"又对夏侯霸大加赏赐。就这件事来说，后主处理得倒

五丈原诸葛归天
——从1935年会文堂新记书局蔡东藩《后汉通俗演义》

算得体。

　　蜀汉延熙十六年（253）春天，蜀汉又发生了一件大事。魏国降将郭修被姜维俘虏带回成都，后主没有弄清此人是否真心归降，便任命他当了左将军。郭修表面感恩戴德，内心却思谋报仇。他几次想刺杀后主，都被后主的卫士阻拦而没有成功。最后，郭修只得退而求其次，在宴会上将大将军费祎刺杀。费祎一死，姜维继任大将军。姜维掌握军权之后，几乎每年举行北伐，但又都劳民伤财、无功而返。姜维出兵不利，在朝廷中没有威望。后主信任的宦官黄皓趁机掌握了内政大权。黄皓还想撤掉姜维大将军职务，让他的同党来操纵军权。姜维厌恶黄皓专权，便向后主密奏，要求杀掉黄皓。后主却回答说："黄皓不过是供我奔走的小臣，你又何必介意！"言下之意，嫌姜维多管闲事。姜维见黄皓党羽众多，又得到后主的信任，怕黄皓再来陷害自己，便称说自己虑事不周，辞别后主而出。不久，姜维便要求去沓中（今甘肃临潭西南）屯兵种麦，再也不敢回到成都。从此，在后主的纵容下，黄皓等人为所欲为，蜀国内政越发不可收拾了。

　　蜀汉景耀五年（262），姜维发现魏在关中练兵，有伐蜀的迹象，立即上表报告后主，建议派重兵防守阳平关（今陕西勉县西）和阴平（今甘肃文县）。后主问黄皓，黄皓假托巫鬼的旨意，说魏军不会进攻，后主便对姜维的建议置之不理。朝中大臣对边境的危急情况，竟然毫无所知。

　　蜀汉景耀六年（263），魏军果然三路进兵攻蜀。由于蜀军防守松懈，等后主得知消息，赶紧派廖化、张翼等带兵抵御时，钟会大军早已攻下汉中。姜维在沓中得知汉中失守，大为吃惊，急忙集中力量，坚守剑阁。钟会大军到了剑阁，被姜维军挡住。不料，邓艾突出奇

姜　维
——从《三国演义》

兵，从阳平出发，经过700里荒无人烟的崎岖山地，逢山开路，遇谷搭桥，终于越过剑阁天险，直达江油（今四川江油北）。蜀江油太守不战而降。

这时，诸葛亮之子诸葛瞻率军驻守涪城，邓艾派使者送信给诸葛瞻劝降。说："只要您投降，我一定保举您为王。"诸葛瞻不愧是诸葛亮的后代，他愤怒地撕毁来信，斩杀魏使，决心与邓艾死战。在邓艾优势兵力的猛烈进攻下，诸葛瞻经过奋勇搏斗，终于兵败被杀。他的儿子诸葛尚年仅十几岁，随军作战，听说父亲战死，叹口气说："我父子身受国恩，不能早斩黄皓，以致有现在的祸败，我活着还有什么意思！"说罢，跨上战马，冲入敌阵战死。

涪城失守，诸葛瞻战死，成都已无险可守，无将可战。邓艾长驱直入，兵临成都城下。后主急忙召集臣下商议。有人主张投奔东吴，有人主张退往南中。光禄大夫谯周则主张降魏。刘禅左思右想，实在没有两全之策，只得准备投降邓艾。

后主的儿子、北地王刘谌，听说父亲

北地王刘谌
——从清康熙三十三年（1694）刊本《无双谱》（金古良编绘，朱圭刻）

准备听从谯周的劝说，投降邓艾，勃然大怒，对刘禅说道："如果真的没有办法。应当父子君臣背水一战，同社稷国家一起灭亡，一同去见先帝。为什么要投降？！"[1]后主贪生怕死，拒不采纳刘谌的建议，率领太子、百官缚住双手，抬着棺材，到邓艾军营中投降。司马昭从实现统一的大局出发，对他十分优待，以

---

[1] 事见《三国志·蜀书·后主传》："后主将从谯周之策，北地王谌怒曰：'若理穷力屈，祸败必及，便当父子君臣背城一战，同死社稷，以见先帝可也。'"

魏帝名义，封后主为安乐县公，食邑万户，又赐绢万匹、奴婢百人和许多其他财物。

后主作为亡国之君，受辱敌国，却怡然自得，乐不思归。有一次，司马昭与后主宴会，故意命人弹奏蜀国伎乐，想看看刘禅到底有何感受。从蜀国来的人听到蜀国音乐，想起家园故国，无不感伤，而后主却嬉笑自若。司马昭对贾充说："人没有感情，竟能到这种地步！即使诸葛亮在世，也不能辅佐他长治久安，何况姜维呢！"贾充说："若不是这样，主公如何能吞并蜀国？"又一天，司马昭又问刘禅："你想念蜀国吗？"后主回答："这里很快乐，我不思念蜀国。"[1]

西晋泰始七年（271），后主在魏国过了将近十年寄人篱下、形同囚徒的屈辱生活之后，死于洛阳，终年66岁。

名家评说

后主任贤则为循理之君，惑阉则为昏暗之后，传曰"素丝无常，唯所染之"，信矣哉！

——晋·陈寿《三国志》

此人（刘禅）可谓无心，假诸葛尚存，亦难护佑，况一姜维乎？

——司马昭语，见《三国志》

---

[1] 事见《汉晋春秋》："司马文王与禅宴，为之作故蜀技，旁人皆为之感怆，而禅喜笑自若。王谓贾充曰：'人之无情，乃可至于是乎！虽使诸葛亮在，不能辅之久全，而况姜维邪？'充曰：'不如是，殿下何由并之。'他日，王问禅曰：'颇思蜀否？'禅曰：'此间乐，不思蜀。'"

吴大帝孙权

吴大帝孙权
——从明弘治十一年（1498）《历代古人像赞》

孙权（182~252），三国吴的开国皇帝。字仲谋，吴郡富春（今浙江富阳）人。父亲孙坚，汉末被封为乌程侯、破虏将军；兄孙策，曹操表为讨逆将军、吴侯。孙权公元229~252年在位，谥号"大皇帝"孙权礼贤下士，从善如流，最终称帝，成为三国时期能与曹操、刘备相抗衡的势力，并最终形成中国历史上三国鼎立的局面。

一、少年承志　巩固统治

孙权出生之时，方面大口，双目炯炯有神，孙坚十分惊奇，认为他有贵相，对他特别钟爱。

孙权少年时期就随父兄转战南北，见多识广。他又十分喜欢读书，不仅阅读了《诗经》《尚书》《礼记》《左传》等儒家经典，而且浏览了许多历史和国事方面的书籍。十岁那年，孙坚因帮助袁术争夺荆州而中箭身亡。从此之后，孙权就随长兄孙策寄寓军旅，开始了他的军营生活。丰富的生活经验和系统的文化修养，使孙权很快地成长起来。

孙权虽然年轻，却性格开朗，胸怀宽广，度量恢宏，好侠养士，仁义而又果断，因此名声很快就赶上了他的父兄。孙策出兵江东时，孙权经常帮他出谋划策，孙策十分惊奇，以为自己的智谋赶不上这位弟弟。因此，每次宴请宾客，孙策总是对孙权说："在座的各位谋臣猛将，将来都会成为你的部下臣僚。"

孙策见孙权确有才能，便委任他为阳羡（今江苏宜兴一带）县长。这时，

孙权才15岁。不久又担任了仅次于将军的军职。

东汉建安五年（200），孙策遇害，临死之前，将重臣张昭等及孙权召到床前，先对张昭等人说："现在天下大乱，如果据有吴、越之众力，保有三江之坚固，便可以坐观成败，进而兼取天下。请诸君好生照顾吾弟！如果仲谋不长进，公等可自取权位。"[1]孙策又将官印授予孙权，对他说："若论率江东之众冲锋陷阵，与天下英雄争高下，你不如我；若论举贤任能，使众人齐心协力保有江东，我不如你，你当善自为之！"[2]当夜，孙策去世，年仅26岁。

孙权继承其父兄的事业之时，虽已拥有会稽、丹阳、吴郡、豫章、庐陵和庐江六郡，但这些地方新占不久，人心并未归服，统治并不巩固。将士新丧主帅，见继位者年轻，放心不下。许多江东英豪和北方侨寓之士，也多徘徊观望，有人甚至想改换门庭，另投新主。在此关键时刻，江东名士周瑜从驻地巴丘率军前来，稳住了军心，与张昭等说服众人齐心辅佐幼主。他们到处宣传孙权有帝王之相，可以共成大业。于是，江东人心渐安。

已经占据北方大部地区的曹操早有统一天下之志，见江东孙策刚刚去世，人心不稳，便欲乘机伐吴。侍御史孙策旧臣张纮劝阻道："乘人之丧进兵，不合

孙 策

——从清康熙三十三年（1694）刊本《无双谱》（金古良编绘，朱圭刻）

---

[1] 语见《三国志·吴书·孙破虏讨逆传》："（孙策曰）'中国方乱，夫以吴、越之众，三江之固，足以观成败。公等善相吾弟！'"
[2] 语见《三国志·吴书·孙破虏讨逆传》："举江东之众，决机于两陈之间，与天下争衡，卿不如我。举贤任能，各尽其心，以保江东，我不如卿。"

古义，有不仁不义之嫌。如果征伐不利，会将好友变成仇敌。不如利用这个机会厚意待之，孙氏必然感恩戴德。"曹操听从其言，上表请封孙权为讨虏将军，领会稽太守。

于是，孙权便名正言顺地开始行使职权。他待老臣张昭以师傅之礼，以周瑜、程普、吕范等统率军士。同时，招纳名士、聘请俊杰。于是，一批从北方流寓江南的人士如鲁肃、诸葛瑾等人都成为孙权的座上客，逐渐得到重用。之后，孙权分兵遣将，开始征伐不服从自己的人，巩固在江东的统治。

这时，孙策生前委任的庐江太守李术不肯接受孙权的统领和指挥，还经常将其他一些背叛孙权的将士纳于旗下。孙权写信给李术，要他交出叛将。李术回答说："有德之人，人们自然归顺他；无德之人，人们肯定背叛他。我不能再把这些人交还与你。"孙权大怒，决定出兵征伐李术。

孙权估计李术受攻，必然要向曹操求救，就先以李术曾杀掉曹操委派的扬州刺史严象一事作为出兵理由，写信给曹操，说："严刺史从前为您所用，又是州中的长官。但李术为人凶恶，藐视朝廷之法，残害州官，惨无人道，应该速速将其诛灭，以惩罚丑恶之人。现在我要讨伐他，上为朝廷扫除不法之徒，下为州郡报仇雪恨。这是天下通义，更是我夙夜所思之事。只恐怕李术受攻、害怕诛杀，必然捏造情况，向您求救。希望您命令下面执事官员，不要听信李术的一面之词。"这一来，孙权既为自己造了出兵的舆论，又堵住了李术的求救之路。

谋划已毕，孙权便出兵把李术包围在皖城。不出孙权所料，李术果然向曹操求救，曹操便不肯出兵救援。皖城城中粮饷告罄，终被攻破。孙权杀了李术，又将其部下三万余人徙往别处，除掉了这一心腹之患。

在孙氏家族内部，也有人企图作乱。孙权的叔伯哥哥孙辅担心孙权不能保住江东，便借孙权出行之机，派人拿着书信去邀曹操前来，不想所派之人将书信径直交给了孙权。

孙权得知此事，火速返回。回来后假装不知此事，招呼张昭一同去见孙辅。见到孙辅，孙权半开玩笑地说："兄长快乐够了，不想活了？为什么呼唤他人来江东？"孙辅心中大惊，可嘴里却矢口否认。孙权便把孙辅写给曹操的信拿给张昭看。张昭看后十分愤怒，随即扔给孙辅。孙辅满面羞愧，一言不发，于是孙权将孙辅的左右心腹杀了个一干二净，将他的部下分给各将，将孙辅迁徙东部，看管起来。

镇压了内外叛乱之后，孙权在江东的统治便逐渐安定下来。

二、平定诸强　联刘抗曹

孙权立稳脚跟之后，便把进一步开疆拓土、扩大基业便提上了日程。鲁肃给孙权分析天下形势道："汉室不可复兴，曹操一时也难以扫除。为将军您打算，只有安定后方，成鼎立之势，以观天下之变。再乘北方多变之秋，剿除黄祖，进伐刘表，将长江流经之地全部占有，然后就可以称帝王之号以图天下。这乃是汉高祖的功业啊！"孙权听了十分高兴，决定采纳鲁肃的意见。

孙权统治区内的山越人，大多分布在丹阳、豫章、庐陵一带的深山险地。他们是秦汉时代百越的后裔，为了逃避汉族官府的统治和剥削，隐遁山林，以血缘关系群居。汉末群雄割据，山越人拥"宗帅"自立，组成"宗部""宗伍"，大者数万家，小者几千户，拒绝向官府纳税服役。山越人强悍好武，勇于阵战，极难战胜。孙权继位之初，即分派各将对他们进行镇抚，但收效不大，他们仍然时常闹事。孙权受到山越的牵制，难以对外进行大规模的军事行动。在对外征讨之前，孙权决心先解决山越问题，便派征虏中郎将吕范率兵平鄱阳（今江西波阳），荡寇中郎将程普率兵讨乐安（今江西德兴）。又派骁勇之将到山越群居、难以治理之县镇守，将各地山越的宗帅擒拿斩首，强迫山越人出山定居，将强壮者补为军卒，老弱妇幼列为编户农民，从事生产，向国家交纳谷帛。经过几次大的剿抚行动之后，山越的反抗暂时减弱，孙权的内部进一步稳定了。

建安十三年（208），孙权又率军攻打地处长江上游的江夏太守黄祖。黄

鲁　肃
——从明刊本《三国演义》

祖见孙权来势凶猛,连忙准备迎敌。他命将士把两艘大船横在江上,又以大石系上巨绳沉入江底,船上驻扎军士千余人,以弓弩等阻挡孙权水军前进。孙权的江东水军刚一到达,黄祖的水军一齐放箭,一时间万箭齐发,人不得前。孙权部下偏将军董袭和别部司马凌统各领敢死之士百余人,每人身披两重铠甲,乘坐战舰,一直冲到黄祖战船跟前。董袭手执大刀,一连砍断两根巨索,水军乘势一齐冲上前去。[1]黄祖见势不妙,忙派都督陈就率水军迎战。孙权大将吕蒙率先锋部队冲上前,杀死陈就。黄祖兵溃逃,江东军队上前将其追杀,并乘胜占领了夏口(今武汉市)。

孙权消灭黄祖后,正想乘胜进取荆州,不料曹操早已抢先一步,进兵荆州,形势又发生了新的变化。

东汉建安十三年(208)荆州牧刘表病死,其子刘琦、刘琮不知所从。鲁肃听说之后,对孙权说:"荆州与我相邻,江山险固,沃野万里,士民殷富。如果占据此地,便可成帝王之业。现在刘表新亡,二子不合,军中诸将各怀异心。刘备乃天下英雄,素与曹操不和,当初暂时依附刘表,刘表妒忌其能而不敢加以重用。如果刘备与刘表二人齐心协力,对他们应该加以安抚,与他们结为盟好;如果他们不能和好,应该以别的办法加以夺取。请您派我到荆州吊丧,向刘表二子表示慰问,劝说刘备安抚刘表部众,同心同德,共抗曹操。刘备必然欣然同意。如果事成,天下事便不难了。如果不赶快前往,恐怕让曹操占先。"孙权表示同意,马上派鲁肃前往荆州。

鲁肃刚到夏口,听说曹操已向荆州进发,便星夜驰往荆州。等到了南郡,听说刘琮已投降曹操,刘备南下。鲁肃在当阳长坂坡(今湖北当阳东北)截住刘备,与他共论天下大事,并传达了孙权的慰问之意。鲁肃问刘备:"刘将军现在打算往哪儿去?"刘备回答:"我与苍梧太守吴巨有旧情,准备投奔他。"鲁肃说:"讨虏将军孙权聪明仁慧,敬贤礼士,江东英雄,从之如云,现在已据有六郡之地,兵精粮广,足以成大事。为您打算,不如遣心腹之人与孙将军结交,共谋大事。吴巨不过凡夫俗子,又在偏远之地,将来一定为人吞并,怎会值得相托

---

[1] 事见《三国志·吴书·程黄韩蒋陈董甘凌徐潘丁传》:"袭与凌统俱为前部,各将敢死百人,人披两铠,乘大舸船,突入蒙冲里。袭身以刀断两绁,蒙冲乃横流,大兵遂进。"

呢？"刘备听后甚为高兴。鲁肃又对诸葛亮说："我是令兄诸葛瑾的好友。"当时，诸葛瑾为孙权的长史，很受信任。诸葛亮对形势的看法本来与鲁肃相同，也有联吴抗曹之意，听鲁肃说完之后，遂与鲁肃结为好友。刘备接受鲁肃的建议，不再南下，命全军进驻鄂县的樊口，等待时机。

曹操接受了刘琮等人的投降后，自江陵顺流东下。诸葛亮对刘备说："事情很危急了，请您派我向孙权求救。"刘备同意，诸葛亮便与鲁肃一同去见孙权。孙权十分焦急，见二人来，连忙迎接。诸葛亮劝说孙权道："现在海内大乱，将军您起兵江东，吾主刘备收散兵于汉南，与曹操共争天下。现在曹操靖平内乱，已破荆州，威震四海。中原已无英雄用武之地，故刘将军逃难至此。请孙将军量力而行：如果您觉得以吴越之兵可与曹操的中原之军抗衡，不如早与曹操绝交；如果觉得力量还不够，为何不偃旗息鼓，卑颜屈膝侍奉曹操？现在将军表面有服从之名而内心怀犹豫之计，事急而不断，恐怕离祸害不远了。"孙权不高兴地说："如果像您说的那样，刘备为什么不投降曹操？"诸葛亮见孙权发火，知道激将法已起了作用，便更进一步撩拨孙权说："汉初田横不过是一个壮士，都能舍生取义，不为他人所辱，何况刘将军是汉朝宗室，英才盖世，众士仰慕如百川归海。如果事情不成，此乃天意，又怎能卑身事人呢？"孙权听后大怒道："我乃一方之主，更不能以三吴之地、十万之众反而受制于人！我志向已定，必与曹操争个高下！当前除了刘将军之外，没人能抗御曹操，可是刘将军新败，他还能担当起这个使命吗？"诸葛亮见孙权心动，遂进一步打消他的顾虑说："刘将军虽然在长坂坡遭到失败，但尚有关羽水军精锐及陆续归队的将士，不下万人。刘琦聚合江夏战士亦在万人之上，受刘将军指挥。曹操之众，远途而来，疲惫不堪，这正是古人所云'强弩之末，势不能穿鲁缟'，所以犯了兵家大忌。况且北方将士来到江南，不习水战，不善舟船。另外荆州民众投降曹操，不过是迫于兵势，暂时屈身，并未心服，一旦有事，其中必乱。现在孙将军若能命勇猛之将统兵数万，与刘将军同心协力，破曹操军队必然无疑。曹操兵败，必然北还，这样，荆州、三吴之势必然强盛，鼎足之势便可形成。成败之机，在于今日，请将军速作决断！"孙权听后大为高兴，便与群僚商议筹划。

恰巧，曹操派人送来书信。信中说："近来我奉天子之命讨伐有罪之人，刚刚挥戈南向，刘琮便束手投降。我现在正整顿水陆大军80万，想与孙将军在江南比武嬉戏。"威胁之意，溢于言表。孙权将信给群臣传看，群臣大都惊惶

周瑜
——从明万历三十七年（1609）原刊本《三才图会》

失色，长史张昭等人说："曹操乃虎狼之人，挟天子以征四方，动辄以朝廷之命为辞，今日如果拒绝他，于事理不顺。况且我们之所以敢于抗拒曹操，就是凭借长江。现在曹操得到荆州，占领其地，刘表所治的水船战舰数千艘都已被他夺去。现在曹操已全部把它们放入江中，准备顺流而下，更兼有大量步兵，水陆并进，这长江之险岂不是已与我们共同据有了吗？至于力量众寡之悬殊，更不必多说，所以，依我看，不如暂且投降曹操。"群臣议论纷纷，都以为张昭所言甚是。只有鲁肃一言不发。孙权心中实在委决不下。过了一会儿，孙权起身到厕所去，鲁肃追孙权于窗外，孙权知道鲁肃的意思，拉着他的手，问道："爱卿想说什么？"鲁肃说："刚才我已观察思虑过，众人之议，都是想贻误将军，不足以成大事。现在我可以投降曹操，而您不能够。为什么这样说呢？我如投降，曹操恐怕会打发我回家乡，回乡之后，按我的才能，也还可以当个诸曹从事之类的官吏，可以乘华车、率吏卒、交结士人及朝廷命官；如果不断升迁，当上州郡长官恐无问题。将军您如降操，曹操会怎样安置您呢？请您三思！希望将军早定大计，不要听从众人之议。"孙权执着鲁肃的手，叹息道："唉，众人的议论，真使我大失所望！现在爱卿为我筹划大计，甚合我意，这是苍天把你赐给我的呀。"[1]

当时，鲁肃劝孙权将周瑜从鄱阳（治所在今江西波阳）召回来商量。周瑜，字公瑾，风流儒雅，姿貌出众，东吴之人皆称他为周郎。他气度恢弘、胸有大计，文武韬略为东吴诸臣之冠，连老将程普后来也倾心折服，逢人便讲："与周公瑾相交，好像饮甘醇美酒一样，不觉令人自醉。"江东乔公有两个女儿，都是国色天

---

[1] 语见《三国志·吴书·周瑜鲁肃吕蒙传》："权叹息曰：'此诸人持议，甚失孤望；今卿廓开大计，正与孤同，此天以卿赐我也！'"

香。孙策自娶大乔，周瑜娶小乔，因而与孙氏兄弟有姻亲。孙策死后，孙权倚周瑜甚重，以兄长之礼事之。召回周瑜后，孙权又召集群臣商议大计。周瑜说："曹操虽名为汉朝丞相，其实是乱臣贼子。将军您英雄神武，有雄才大略，兼仗父兄壮烈遗风，割据江东，占地数千里，兵精将广，正应当横行天下，为汉朝清除污秽。现在曹操自来送死，为什么还要投降他？我替将军分析当前的形势：现在北方尚未平静，马超、韩遂等还在关西，是曹操的后方隐患；曹操舍弃车马，倚仗舟船，来与我们争雄，岂不是弃长用短？当前正值盛寒、马无草料，中原之兵又跋涉于江河湖湾之间，不服水土，疲劳过度，必然生病，这些都是用兵者的大忌，而曹操居然敢贸然行之。将军捉拿曹操，正在今日！您如果给我精兵数万，前往夏口迎敌，保证为您取胜！"孙权说："曹操这个老贼，早就有篡汉自立之心，只不过忌惮袁绍、袁术兄弟及吕布、刘表与我几个人。现在数雄已灭，只有我还在与他抗衡。我与曹操老贼势不两立！公瑾认为应当抵抗，正合我意。这是上天把你授给我啊！"说毕，孙权双目圆睁，拔出佩刀，"嗖"地一声砍去前面案几一角，大声喝道："诸将吏谁要再说投降曹操，就像这案几一样！"[1]

当晚，孙权在室内来回徘徊，或低头沉思，或仰首长叹。他虽下决心与曹操决一雌雄，可总担心兵力太少，难以取胜。正要派人召来周瑜商议，恰巧周瑜推门而入。原来，周瑜料想到孙权必然心存疑虑，特来打消他的不安。周瑜对孙权说："众人只见曹操书信上说他有水陆大军80万，便惊惶不已，不再细想是否真实。其实，照实细细算来，曹操所带领的中原军队不过十五六万，而且早已疲惫不堪；收降刘琮，得到刘表的军队不过七八万，况且他们都心怀狐疑，不会奋力作战。以疲惫之卒，督率狐疑之众，数量再多，也不值得害怕。我如有精兵5万人，便足以制服曹操，请将军不必忧虑！"孙权抚摸着周瑜的脊背，感叹地说："公瑾所言，正合我心。张昭等人，怀有私心，各顾妻子家业，使我深为失望，仅你与鲁子敬与我同心，这是苍天以二卿助我啊。5万兵一时难以调集，我已选足3万人，船粮战具军械已备齐。你与鲁子敬、程普等将便为前部，我当不断续以援兵，多送粮械，做你们的后援。你如能决胜，自可决胜；如不利，就返回我处，我当与曹操决战。"于是，孙权便正式任命周瑜、程普为左、右都督，率军与刘备共进，合力防御曹军。又以鲁肃为赞军校尉，帮助筹划方略。

---

[1] 语见《江表传》："权拔刀，斫前奏案曰：'诸将吏敢复有言当迎操者，与此案同！'"

周瑜等率军前进，与曹军在赤壁（今湖北武昌县西）相遇。当时，曹操兵马已患疾疫。初一交战，曹操军队小有失利，便屯驻江北；周瑜等驻扎南岸，二军隔江相望。周瑜苦于无破曹之计，部将黄盖献计道："现在敌众我寡，难以持久。曹军因不习舟船，已将战舰连在一起，这样行动不便，正利于我们采取火攻。"取得周瑜的同意后，黄盖便先派人送书信给曹操，假称欲降曹操，并定下投降时日。黄盖等便准备战船十艘，船中载满干柴、芦苇、油脂等易燃之物，上面盖上帷幕、插上旌旗，并将小船系于船尾。到了约降之日，恰巧刮起东南大风，黄盖等率军登上引火之船在前，其余战船尾随其后。曹操军将都出营登船观看，指手画脚，说是东吴战将要来投降。到了距离曹军船舰约二里之地，黄盖令军士点火后撤至小船，火船乘风，箭一般直射北岸。曹军船只已连在一起，行动不便，又毫无防备，只得眼睁睁地看着大火烧尽战舰，并延及岸上营寨。那时，火仗风势，风助火威，不一会儿，烟雾弥漫，火光冲天，大火几乎烧遍曹营。曹军见此状况，纷纷逃命，被烧死及落水淹死者不计其数。周瑜等人率精锐之军紧随其后，擂鼓呐喊，杀声震天。曹操等魂飞魄散，急忙率残兵败将从华容道逃跑。此道崎岖不平，恰逢雨后泥泞不堪，曹操只得命令病弱步兵负草铺地，让军骑通过。一时间，士兵被人马踏死及陷入泥中而死者甚多。周瑜、刘备等率大军水陆并进，追歼于后。曹军因饥饿疾病而亡及战死者去一多半，曹操乃留曹仁、徐晃守江陵、襄阳，引败军北还。这就是历史上著名的赤壁之战。

三、三国鼎立　联蜀称帝

赤壁之战后，周瑜等率军经过一年多的战斗，夺取了江陵，控制了江陵以南大片土地。建安十五年（210），又任命步骘为交州刺史。步骘率1000军卒南下，杀了不肯归顺的苍梧太守吴巨，东吴的势力便一直扩展到了交州（今广州）一带。

孙权把都城从京口（今江苏镇江市）西迁至秣陵，筑石头城，改名建业（今南京市）。同时，在通往巢湖的濡须口设立夹水坞，控制通往长江的水道，以防曹操南下。

东汉建安十八年（213）春，曹操率大军进攻濡须口。曹军号称40万，声势浩大，攻破了孙权在长江西南的大营，俘虏东吴都督公孙阳。孙权带领7万军队前去迎战。曹军制造了一种油船。用牛皮制成，外涂油漆，轻便异常。夜晚，

曹操派部分军士乘坐油船，渡到一个沙洲上，准备偷袭。孙权发现，立即派水军将曹军包围，俘虏了3000人，淹死者还有数千人。曹操吃了亏，便坚守营垒，拒不出战，孙权几次派人挑战，曹军不应。

孙权决定亲自前去观察。他带领军队，乘快船，行至曹军营寨附近。曹军将领以为是挑战者前来，准备出击。曹操说："这一定是孙权前来观察动静。"他下令军中严加戒备，弓箭不得乱发。孙权行了五六里路，便调转船头返回，还奏起了鼓乐。曹操见孙权胆略过人，所率战船队伍旗幡鲜明，兵械严整，不觉叹道："生儿子就应该像孙仲谋。若像那刘表的儿子，简直跟猪狗一样。"[1]

过了几天，孙权又到曹军水营乘船观察。曹军弓箭齐发，孙权所乘大船的一边被射满了箭，失去平稳，船身渐渐倾斜，差点儿翻船。孙权急忙命令将船转过身来，让另一面受箭。等两边都射满了箭，船身渐渐平稳，孙权方才下令退兵。

黄 盖
——从明刊本《三国演义》

双方相持月余，曹军未占优势，曹操虽想退兵，又有些犹豫。这时春雨连绵，不便征战，孙权便写信给曹操说："春水方生，公宜速去。"又另外写道："你一日不死，我一日不安。"曹操对诸将说："孙权没欺骗我，他说的是真心话。"便趁机退兵北返。

东汉建安二十年（215）八月，孙权乘曹操出征张鲁之际，调动10万大军，围攻合肥。这一次，孙权吃了大亏。曹军守将张辽、李典、乐进，皆有万夫不

---

[1] 语见《吴历》："权行五六里，回还作鼓吹。公见舟船、器仗、军伍整肃，喟然叹曰：'生子当如孙仲谋。刘景升儿子，若豚犬耳。'"

张辽——合肥陷阵
　　——从《马骀画宝》

挡之勇，虽只有7000守军，临危不惧。张辽、李典乘吴军新到，立足未稳，连夜招募敢死之士800人，杀牛宰羊，犒赏一顿。第二天天刚放亮，张辽披甲持戟，率敢死队冲入孙权阵内。张辽身先士卒，冲锋陷阵，连斩孙权两大将，军士数十人，并乘势冲至孙权大帐附近。孙权惊惶失措，连忙逃至高岗，令众军将以长戟围住。张辽自报姓名，呼孙权下来应战。孙权被张辽气势震慑，不敢下来。后来，孙权见张辽兵单力薄，便调兵将张辽等人围住。张辽毫不惧怕，率几十人冲出重围，见尚有余众在重围中，便重入阵中，救出兵将，一同突围而走。孙权军将失魂落魄，无人敢加以阻挡。从日出杀到日中，吴军锐气大减。

孙权围合肥十余日不能取胜，便撤军南返。张辽等见吴军撤退，随即率军追击。等孙权撤到一条河边，却发现桥面上有一丈多长没有桥板，原来张辽早派人撤了桥板，孙权急得不知如何是好，幸亏亲信谷利急中生智，让孙权放松缰绳，谷利在马后猛抽一鞭，骏马疼痛，长嘶一声，跃过断桥，孙权得以脱险。[1] 张辽见有人马已过桥，追问吴军降兵，降兵回答说："正是孙将军。"张辽等人追悔不迭，全军亦顿足叹恨。

孙权进入大船饮酒压惊，大将贺齐流泪道："将军为至尊之人，应谨慎持重。今日之事，几乎丧败，使我们臣下震恐，好像失去天地。愿您以此作为终生之诫！"孙权上前替他抹去眼泪，说道："惭愧！惭愧！我已刻骨铭心，当永世不忘此事。"

此后，孙权与曹操数有征战，双方各有胜负。后来，因孙权和刘备争夺荆州发生尖锐矛盾，孙权为避免两面受敌，便于东汉建安二十二年（217）春，向曹操请降讲和。曹操也知难以战胜孙权，便同意双方修好。此后，孙权便把精力转向了荆州。

荆州地富人众，扼南北通道，位置重要。夺取荆州，是孙权的既定国策。赤壁之战后，孙权得益甚微，为共同抵抗曹操，荆州诸郡不得不忍痛借与刘备。孙权曾遣使告诉刘备，谋求共取巴蜀。但刘备欲独占益州，不准他人染指。孙权派兵推进，刘备随即派关羽、张飞等将加以阻拦。后来刘备果然独得益州，孙权闻之大怒，说："刘备狡猾至极，竟敢如此奸诈！"

---

[1] 事见《江表传》："权乘骏马上津桥。桥南已见撤丈余无版。谷利在马后，使权持鞍缓控，利于后著鞭，以助马势，遂得超度。"

当初，刘备曾至建康见孙权，周瑜建议孙权羁留刘备，挟持关羽、张飞二将。孙权觉得曹操尚在北方，应延揽英雄以树曹操之敌，又担心刘备在身边更为难制，所以未能采纳此计。

东汉建安十九年（214），孙权见刘备羽翼已丰，便命诸葛瑾向刘备索要荆州诸郡。刘备又推托说："我正在图取凉州，待得了凉州，一定将荆州还吴。"孙权更加恼怒，便设置长沙、零陵、桂阳三郡长官，去强行接管。不料，被荆州守将关羽统统赶了回来。孙权气愤，遂派吕蒙、鲁肃等率兵攻取。吴军很快拿下三郡，刘备急忙从成都领兵下公安（今湖北公安）。双方剑拔弩张，大有一触即发之势。适逢曹军入汉中，刘备怕益州有失，遣使向孙权求和，孙权也因力量不足，同意重结盟好。双方商定瓜分荆州，以长沙、江夏、桂阳东属孙权，南郡、零陵、武陵西归刘备。

起初，鲁肃劝孙权对关羽要加以安抚，以求其抗御曹操。孙权便为其子求关羽女儿结婚。关羽性情骄傲，不但不同意，反而将来使痛骂一通。孙权听后极为愤怒，决心攻取荆州。

孙权计划出兵袭击荆州，担心守军尚多，一时也委决不下。吕蒙献计道："关羽攻打襄樊，正是用兵之时，可他反而留重兵于荆州，主要是害怕我会偷袭他的后方。关羽也知道我常有病，我可以表面请求回建业治病，并带回一部分士兵。关羽一听，必然相信，而不再防备，他会调集大军尽赴襄阳。然后我再率大军星夜沿江而上，袭其空虚，这样，荆州等皆可攻下，关羽可擒杀。"孙权同意，于是吕蒙便佯称有病，孙权也广为张扬，并公开征召吕蒙回建业治病。吕蒙返建业之后，孙权改派毫无名气的

吕 蒙
——从清顺治年高宗哲刻本《历代君臣图像》

年轻书生陆逊督率吴军。陆逊到任以后，立即写信给关羽，信中言辞谦卑恭敬，一再恭维关羽神勇，自己深切仰慕，请其多加指教。关羽看信之后，大为放心，遂抽调兵力去增樊城之围，不再以后方为虑。

孙权得知荆州兵力空虚，就亲率大军，沿江而上。他派吕蒙为前锋，直驱关羽军队防地。他将精兵藏在船舱之内，使白衣人摇橹撑篙，声称是商旅之人，关羽沿江守备之兵毫不怀疑，未加戒备。待到夜晚，船中精兵悄然上岸，将守江士卒尽数收缚，之后，吕蒙大军昼夜兼行，向荆州腹地进袭，而关羽毫不知晓。

等吴军来到荆州重镇南郡，南郡城守将糜芳、士仁等大吃一惊。二人早就嫌怨关羽轻视自己，近来又因供襄樊军资不力而屡受关羽斥责，关羽还扬言回军之后要惩治二人，故二人毫无斗志，欣然接受了吕蒙的劝降，大开城门，将吕蒙大军迎进城内。

关羽得知南郡已被吕蒙夺取，大惊失色，急忙撤襄樊之围，率军南返。途中，关羽几次派使去吕蒙处询问。使者来到城中，吕蒙厚加犒赏，任他周游城中，城内关羽军将家属见使者来，纷纷打听亲人情况，或托他捎带家信。使者回报关羽后，随即被将士包围，七嘴八舌地打听城中情况，使者大声喊道："各位放心！城内完好无损，各位家中平安无事，还有各位家书带来。"众将士看过家书，知道安然无恙，又见吕蒙照顾下属远胜过关羽，皆无斗志。

关羽见军无斗志，知道大势已去，料想不能夺回南郡，便至麦城（今湖北当阳东南）以图自保。孙权使人劝降，关羽佯称投降，立旗幡、假人等于城墙之上，连夜逃走。兵众都四散而去，随行者仅十余人。孙权先派朱然、潘璋等将扼住关羽逃路，遂将关羽及其子关平活捉。孙权欲不杀关羽，众人一齐劝谏。于是，孙权便杀了关羽父子，将荆州全部夺回。

就在孙权夺回荆州的第二年，曹操病死，其子曹丕代汉称帝，建立魏国。孙权知道自己夺回荆州，刘备必然出兵再争。为避免两面受敌，必须与魏国暂时搞好关系。因此，他派使节向曹丕祝贺称臣。曹丕封孙权为吴王。

消息传到东吴，孙权召集臣僚商议对策。有人以为孙权不应接受曹魏的封号。孙权考虑再三，对群臣说："从前汉高祖刘邦也接受项羽的汉王封号，这不过是权宜之计，有何不好？"于是，孙权便接受了吴王封号，并遣使至魏称谢。曹丕乘机索求象牙、夜明珠、犀牛角、玳瑁、孔雀、翡翠、大贝等珍宝异物。东吴群臣又反对。孙权说："我所钟爱的，是土地、人民。曹丕所求的东西，对我来说不过是瓦石之物，有什么可惜的呢？况且，以这些东西换取荆州以至东吴的平安，是以轻代重。我何乐而不为呢？"于是，孙权便不断地遣使纳贡，奉献方物，恭行臣子之礼。曹丕受到迷惑，不再考虑出兵攻吴，孙权避免了魏的攻击，得以全力对付刘备，以后取得了打败蜀国倾国来攻的夷陵之战的全胜。

荆州之争和夷陵之战后，吴蜀联盟彻底破裂。孙权因夺荆州、防刘备的需要，表面上向魏国称臣，但并非出于真心。曹丕为加强对东吴的控制，再三要求孙权把儿子孙登送到魏国做人质。孙权当然不肯，推说孙登年幼，不宜入朝，拒绝送入魏国。

东吴黄武元年（222）秋，曹丕以孙权不送子入质、首尾两端、心怀二意为由，派三路大军直攻洞口（在今安徽和县东南）、濡须（在今安徽巢县）和南郡。孙权连忙调兵遣将，抵挡曹军。

这时，孙权意识到如果继续与刘备为敌。将有两面受击的危险，便主动派太中大夫郑泉前往白帝城，向刘备求和。刘备大败之后，也知道荆州已难夺回，如吴军继续进攻，自己也会有危险。同时，刘备又担心魏国灭掉东吴之后，可以全力以赴地对付自己，于蜀汉不利。所以，吴蜀联盟重新建立，双方信使往来不绝。

孙权与魏国绝交之后，曹丕十分恼火，他亲自带领大军，到达广陵（今江苏扬州一带），准备进攻东吴。孙权见曹丕来势凶猛，遂召集谋臣武将商议对策，徐盛向孙权建议，在长江南岸多树木桩，围上芦苇，涂上泥灰，建造假楼疑城，迷惑魏军，使之不敢轻易渡江进攻。孙权认为此计大善，便加以采纳，命令东吴军民准备材料，连夜动工。一夜之间，长江南岸出现了无数城楼关隘，连绵不断，首尾相接，足有数百里，远远望去，真假难辨。同时，吴军又在江边停泊了大量舰船，多树旗幡，制造声势。

曹丕在长江北岸隔江望去，只见江边战船密布，旗帜招展，岸上城楼连绵，固若金汤，不觉大吃一惊。他叹口气说："江东人才济济，不可轻易夺取。"便无可奈何地撤军北还。

这时，诸葛亮也带领蜀军，对魏国不断发动进攻。曹魏被迫处于守势，已不可能集中兵力对付东吴。这样，孙权觉得自己建国称帝的时机成熟了。

当初，曹丕、刘备相继称帝后，孙权也有称帝之意。但他进一步审时度势，考虑到力量尚微，难以威命众人，感到时机不成熟，所以没有急于称帝。东

吴黄武二年（223），群臣又上孙权尊号，劝其即皇帝之位。孙权再次辞让说："汉朝虽气数已尽，衰败灭亡已成定局，但我既然不能相救，也无心去相争。"说得冠冕堂皇。群臣又称符瑞多次出现，天命已显，反复请求孙权称帝。孙权无奈，只好对群臣说出心里话："我何尝不愿早日当皇帝？只是担心过早称帝，会招致魏国征讨。魏蜀如同时进兵，我们将腹背受敌，岂不危险？请诸君理解体谅我暂时低屈的本意。"

东吴黄龙元年（229），孙权见曹魏幼主临国，不会有大的作为，吴蜀联盟关系融洽，国内统治十分稳固，便正式建立吴国，登上皇帝宝座，改元黄龙。他就是历史上所说的吴大帝。

四、早期贤明　晚年昏聩

曹魏黄初二年（221），东吴使臣赵咨出使魏国。魏帝曹丕问他："孙权是什么样的人主？"赵咨回答说："是聪明、仁智、雄略之主。"曹丕追问道："为什么这样说？"赵咨答道："吾主孙权纳取鲁肃于凡人之间，是其聪；选拔吕蒙于征战之伍，是其明；获于禁而不加害，是其仁；取荆州兵不血刃，是其智；据荆、扬、交三州，虎视于天下，是其雄；屈身事陛下，是其略。"曹丕又问："孙权也知道学习吗？"赵咨又答道："吴王带甲百万，战舰万艘，任贤使能，胸有大略，偶有余暇，博览众籍，浏览史书，探索奥秘，不像腐儒那样咬文嚼字，寻章摘句。"说得曹丕不住点头称是。

孙权早期与群臣推诚相处，君臣和睦，上下同心。有人曾告发诸葛瑾里通蜀汉，孙权说："我与诸葛子瑜，可谓神交，外人流言不能间构。"陆逊坐镇荆州，孙权复刻自己的一枚大印交给他，委他全权处理与蜀汉交往之事。孙权刚刚称帝时，蜀汉有人主张讨伐。丞相诸葛亮说："东吴贤才良多，将相和睦，不可一朝而定。"

孙权不仅知人善任，而且善抚将士，能得臣下死力，将士都愿以身事主。孙权恩威并著，尤以恩信得众将心。凌统早死，其子尚幼，孙权将其幼子领入宫中抚养，爱如己子。吕蒙患病，孙权将其安置在内殿就近治疗，不惜重金悬赏以购求名医名药，悉心治疗。孙权常来探视，又恐吕蒙伤神劳

东吴孙权时期的钱币

累,乃在墙壁上穿一小洞,随时看望。看到吕蒙偶有起色,小进饭食,孙权便喜形于色,与左右谈笑。否则就黯然神伤,夜不能寐。吕蒙病小愈,孙权特地下令群臣祝贺。[1]后来吕蒙病情转重,孙权亲临榻前探视,又命道士祈祷祛灾。吕蒙终于不起,孙权哀痛已甚,身心为之大伤。平虏将军周泰担负护卫孙权之职,不顾安危,冲锋陷阵,出生入死,曾于重围之中拼死抢救孙权,全身受伤12处。后来,孙权以周泰统率朱然、徐盛等将,二人不服。孙权特意置酒席送到周泰军营之中,大会诸将,亲自为周泰行酒,命其解开衣服,亲手指点身上斑斑伤痕,询问其来由。周泰一一述说完毕,孙权扶着他的胳臂,流着眼泪说:"周将军,你为我孙氏兄弟出征死战,勇如熊虎,不惜生命,受伤几十处。看您伤痕累累,肤如刻画,我于心何忍!我怎能不把您作为骨肉之亲,授您以兵马之权呢?将军乃东吴之功臣,我要与您休戚与共,同享富贵。"说毕,便将自己所用的御盖赐给周泰。周泰感恩戴德,诸将亦无不心悦诚服。正因为孙权能推贤下士,爱才如命,天下之士才视孙权为圣君明主,望风而归,使东吴贤臣如林,猛将如云,故能保江东几十年基业。

孙权还虚怀若谷,从善如流,对臣下的正确谏诤,勇于采纳。孙权对自己说过:"天下没有纯白的狐狸,而有纯白的狐裘,是集众狐而成的。能用众人之力,则无敌于天下;能用众人之智,则无畏于圣人。"孙权曾在武昌临钓台饮酒,与群臣喝得酩酊大醉但还醉眼矇眬地说:"今日大家都要畅饮,一醉方休!只有醉倒台中,才能停下!"老臣张昭正色不语,径直走出台外,端坐车中,孙权派人将张昭唤回说:"不过是一起作乐,你何必生气?"张昭答道:"过去商纣王作酒池肉林,竟长夜之饮,当时也认为是作乐,而不觉得是作恶。"孙权听后,默然不语,思虑再三,深感惭愧,遂命罢酒。

但孙权到了晚年,刚愎自用,猜忌群臣,信用奸佞,排斥忠良,与前期英雄作为相比,简直判若两人。

东吴嘉禾二年(223),割据辽东的公孙渊突然遣使向东吴上表称臣。孙权大喜过望,为之大赦天下,并欲派遣太常张弥、执金吾许晏、将军贺达等为使,

---

[1]事见《三国志·吴书·周瑜鲁肃吕蒙传》:"(孙权)欲数见其颜色,又恐劳动,常穿壁瞻之,见小能下食,则喜,顾左右言笑,不然则咄唶,夜不能寐。病中瘳,为下赦令,群臣毕贺。"

将兵万人，携带金银珠宝，漂洋过海，授公孙渊为燕王，并赐九锡。满朝文武以张昭、顾雍为首，都痛切谏止，认为公孙渊乃反复小人，不必对他宠遇过厚，只需派兵吏护其使者归返即可。张昭说："公孙渊背叛曹魏，担心招致讨伐，故远来求援，归顺并非本意。如果他重又投靠曹魏，我国派出的使节不能返回，岂不取笑于天下？"孙权不听。张昭再三谏诤，孙权仍不接受，依然坚持己见，派张弥、许晏等前往辽东。张昭见此，十分气愤，遂称病不朝。孙权恨张昭不从己命，命人用土将张昭家门堵住。张昭一见，来了个针锋相对，又从门内用土封住，再也不出门。

后来，公孙渊果然斩杀吴国使臣，重新倒向曹魏。孙权听说后，勃然大怒，不仅不检讨自己处置不当，反而迁怒于公孙渊，说道："我已年届六十，天下之事，无所不知。近来却为鼠辈所骗，真令人气愤！若不斩截这鼠子之头掷于海，还有什么面目当皇帝！就算长途跋涉，我也要亲征鼠辈，以雪心头之恨！"说着，就要带兵亲征，幸亏众臣谏止。

随着猜忌心的日益加重，孙权专门设置了校事、察战两职，用以监视文武百官。吕壹为中书校事，诋毁大臣，罗织罪名，构陷无辜，使无罪有功之臣，互相纠举，横受大刑，而孙权对他却十分宠信。丞相顾雍无故被诬陷，遭到软禁。江夏太守刁嘉被陷害，几乎受诛。太子孙和数次劝谏，孙权不听。大将军陆逊见吕壹窃柄弄权，擅作威福，而无人可禁，与太常等人同心忧思，以至流涕。骠骑将军步骘多次上书，揭露吕壹罪行，请求孙权改变虽有大臣而不能用的状况，重新任用顾雍、陆逊等忠贞股肱之臣，孙权却置若罔闻。潘濬见孙权如此不进忠言，百般无奈，竟想铤而走险，借宴会之机袭杀吕壹。后壹虽因陷害左将军朱据，事情泄露被杀，但校事等官仍然不废。

东吴太元元年（251）冬十一月，孙权出南郊祭天地，回宫之后，就中了风。十二月，孙权将大将军诸葛恪召回，拜为太子太傅，开始安排后事。东吴太元二年（252）夏四月，孙权病死，时年71岁。太子孙亮即位，谥孙权曰"大皇帝"。

名家评说

　　孙权屈身忍辱，任才尚计，有勾践之奇，英人之杰矣。故能自擅江表，成鼎峙之业。然性多嫌忌，果于杀戮，暨臻末年，弥以滋甚。至于谗说殄行，胤嗣废毙，岂所谓赐厥孙谋以燕翼子者哉？其后叶陵迟，遂致覆国，未必不由此也。

——晋·陈寿《三国志》

就军事、用人以及开发江南经济来说，孙权的才干和历史功绩堪与曹操、诸葛亮相媲美，但在治国上则要差一些。

——白寿彝《中国通史》

【晋·十六国】

晋武帝司马炎

晋武帝司马炎（236～290），晋朝开国皇帝。字安世，父为晋王司马昭，母为文明王皇后。公元265～290年在位，谥号"武帝"，庙号"世祖"。司马炎使中国由分裂又归为一统。在位期间采取了一系列措施，定国安邦。晚年，奢侈荒淫以致腐败不堪，待其死后不久，国家又重新陷入分裂局面。

一、争当太子　倾心治国

司马炎是晋王司马昭的长子。按照封建时代立嫡以长的成规，他本该是当然的王位继承人，但司马昭似乎忽略了这位长子，而对另一个儿子司马攸更加喜爱。司马昭把司马攸过继给自己的哥哥司马师为子，并打算立为世子，他

晋武帝司马炎
——唐阎立本《历代帝王图》（局部），现藏美国波士顿博物馆。

每次见到司马攸，便拍着自己的宝座对他说："这是桃符（司马攸的小名）的座位。"宠爱之情溢于言表。正是在这种复杂的政治背景下，不甘寂寞的司马炎开始了他争夺王位的活动。

据史书记载，齐王司马攸为人清和平允、亲贤好施，喜爱古代典籍，并且雅好文章，是一位有着浓厚艺术气质的儒雅之士。与司马攸相比，司马炎却似乎是一个天生的政治家，气质上几乎完全秉承了父祖的天性，既有足以左右形势的谋略，同时也有着一付宽厚仁慈的外表，更何况还有着立嫡以长这一堂皇的箭牌，所以在争位上占有优势。许多重臣也以历史上废嫡长引起祸乱的事例谏争，

焚裘示俭
——从明万历元年（1573）纯忠堂刊本《帝鉴图说》（张居正）

晋史纪：武帝时，太医司马程据献雉头裘，命焚之于殿前，诏中外，自今毋献奇技异服。

因此到晚年，司马昭不得不以强大的政治理智克服个人情感上的好恶，接受了大臣们的建议，立司马炎为世子，后来顺理成章地接受禅位做了皇帝。

司马炎接受禅位后心里并不轻松。他很清楚，虽然登上了皇帝的宝座，但危机仍然存在。从内部看，他的父祖为了给司马氏家族夺取皇位铺平道路，曾经对曹氏家族以及附属势力进行了残酷的屠杀，这件事所造成的阴影至今仍然横亘在人们的心中；从外部看，蜀汉虽平，孙吴仍在，虽说此时的东吴已不足以与西晋抗衡，但毕竟也是一个不小的威胁。内忧外患告诉司马炎，要想巩固获得的政权，进而完成吞并东吴、统一中国的大业，首先就要强固统治集团本身的凝聚力，而要达到这个目的，就必须采取怀柔政策。为此司马炎在即位的第一年，即下诏使已成为陈留王的魏帝载天子旌旗，行魏正朔，郊祀天地礼乐制度皆如魏旧，上书不称臣。同时又赐安乐公刘禅的一个儿子为驸马都尉。第二年又解除了对汉室的禁锢。这不但缓和了朝廷内患，尤其是消除了已成为司马氏家族统治对

象的曹氏家族心理上的恐惧，而且还安定了蜀汉人心，进而为赢得吴人的好感、吞并东吴取得了主动权。

为了尽早地使国家从艰辛、动乱的环境中摆脱出来，为统一打下牢固的基础，无为与宽松成了西晋之初的立国精神。泰始四年（268），晋武帝司马炎在所颁诏书中明确指出："古代虽然有象刑之制，但人们并不触犯它，今天虽然有参夷之法，但奸邪之事不绝如缕。德与刑的差别是多么大呀！先帝同情百姓的狱事，所以命群臣考正典章刑法。为永保我大晋的江山，现以无为之法作为统领万国的核心。"[1]同年，又向郡国颁下五道诏书：一曰正身，二曰勤百姓，三曰抚孤寡，四曰敦本息末，五曰去人事。司马炎的这些政策赢得了人心，也使西晋走上了国强民富的道路。

司马炎治理国家，采用对内严于律己、对外力求公正的策略。泰始二年（266），在安置司马昭后事时，他下诏说："虞舜死后葬于苍梧，但不影响农事耕作，夏禹死后葬于成纪，也不妨碍集市营业。现尊昭祖先清简的遗规，陵墓十里之内让百姓居住，并且停止一切烦扰之事。"

有一次，晋武帝司马炎病愈后，一些大臣为之祝福，他便下诏说："每当想到瘟疫造成的死亡，我便怆然泪下，作为一国之主，朕岂能为了自己而忘记百姓的痛苦？所有献礼者都必须严加杜绝。"[2]

咸宁四年（278），太医司马程据向司马炎献雉头裘，他不但没有接受，还将之焚烧于殿前，并下令：内外敢有犯者罪之。所有这些，对魏末以来积重难返的奢侈之风，也许起不到根本的扭转作用，但同那些在国家正处在艰难时期，为了满足自己的物欲，不断敛财挥霍的昏君来说，也算是一种明智之举了。至于公正待人，在司马炎早期生活中也是随处可见的。

泰始四年（268），晋武帝司马炎在一份诏书中强调："地方官吏必须忠于自己的职守，经常考察民情。对于好学笃道，孝悌忠信的清白之士，应竭力举荐，对于违背伦常的不法之人，则应依法惩处。"太常丞许奇为人有才略，而其

---

[1] 语见《晋书·世祖武帝纪》："诏曰：'古设象刑而众不犯，今虽参夷而奸不绝，何德刑相去之远１！先帝深愍黎元，哀矜庶狱，乃命群后，考正典刑。朕守遗业，永惟保乂皇基，思与万国以无为为政……'"

[2] 语见《晋书·世祖武帝纪》："诏曰：'昔舜葬苍梧，农不易亩；禹葬成纪，市不改肆。上惟祖考清简之旨，所行徙陵十里内居人，动为烦扰，一切停之。'"

父则因犯法被司马昭所杀。有一次,晋武帝到太庙祭祀,许奇也在场。一些大臣担心司马炎会遭不测,建议不让许奇接近左右,晋武帝不但不允,还称赞许奇的才华,并提拔他做了祠部郎。还有一次,晋武帝在和右将军皇甫陶讨论政事时,发生了争执,散骑常侍郑徽为了讨好晋武帝,上表要求治皇甫陶不敬之罪。但晋武帝却说:"我忧虑的是听不到忠直之言,而现在郑徽越职妄奏,这不是我的意旨。"结果,皇甫陶没有获罪,郑徽却被免官。

二、攻灭吴国 发展生产

正当晋武帝司马炎励精图治、西晋的国威蒸蒸日上的时候,东吴却如日薄西山,处处表现出倾颓的趋势。吴王孙皓乖戾、残忍、荒淫的天性在绝望的环境中向病态发展,无意中把东吴这辆气息奄奄的破烂马车又向死亡驱进了一步。在这种情势下,孙皓的昏庸也更衬托出司马炎的开明,处在痛苦与黑暗中的东吴人开始向西晋寻求寄托,一些将领率众倒戈,投降西晋。这在某种程度上进一步激发了晋人灭吴的欲望,于是,一时之间,灭吴成了朝野人士议论的话题。但晋武帝也深知,东吴虽弱,却已立国几十年,是个不容忽视的对手,如果在策略上稍有失误,便会功败垂成。因此,虽然朝野的灭吴呼声日益增高,但晋武帝始终未轻易许诺。一直到泰始六年(270),他才派羊祜到晋吴交界地荆州进行灭吴的准备工作。

晋武帝可谓慧眼独具,一下子就抓住了一个合适的人选。羊祜在人格和才略上都是一个无可挑剔的人物,更是一个卓有谋略的军事家。他少年时代就以清德名世,司马炎受禅后,即以佐命之功,进位中军将军。镇边后更谨慎从事,力尽职守,不负国望。他一方面立即占领要害之处和膏腴之地,使吴军在军事与物资上都处于尴尬的境地;另一方面实行屯田,为日后的军事行动打下

羊 祜
——从清康熙三十三年(1694)刊本《无双谱》
(金古良编绘,朱圭刻)

了雄厚的物质基础。羊祜上任伊始，几乎军无现粮，可到最后一年，仓内已有十年的积蓄。在此基础上，他又采取攻心战，取得吴人的信任，使他们在心理上产生一种对晋的亲切感与对吴的疏离感。羊祜每次与吴人交战，总要等到日出，从不作掩袭之举。有一次，晋军俘虏了吴人的两个孩子，羊祜不但不加以讯挞，还送他们回家与家人团聚，孩子的父亲因此很感激，不久举家降晋。东吴有一位将领叫邓香，在攻略夏口时被俘虏，羊祜亲解其缚，为了报答羊祜的不杀之恩，他也率部降晋。还有一次，羊祜带兵巡视边境，因军粮不足，便沿途以吴境成熟的庄稼充饥，但事后立即让士兵送绢给农田的主人，以此作为代价。羊祜的良苦用心没有白费，吴人开始改变了敌视的态度，甚至有人敬称他为羊公。羊祜对待敌军将士也是如此，于是，边境日渐平安。但羊祜并没有满足这一点，暗地里悄悄加紧灭吴的准备。可是，朝中权臣贾充等人却从中阻挠，使晋武帝始终下不了灭吴的决心。但时光飞逝，数度春秋后羊祜已进入暮年，于咸宁四年（278）去世。

　　羊祜临终之时推荐了另一位名将杜预接替他的职务。这位风度儒雅的将军有书生的头脑，却无书生的弱点，政治与军事才能不亚于羊祜。羊祜死后，他担任了镇南大将军，都督

王濬

杜预
——从清顺治年高宗哲刻本《历代君臣图像》

荆州诸军事，上任伊始就表现出了卓越的军事才能。他首先袭击了驻守在要害之地的吴军，并且大获全胜。吴将张政恐朝廷怪罪，将此事隐而不报。杜预深知张政是一个不易对付的敌手，便想借此事除掉他。杜预派人把战俘送还东吴，孙皓闻之大怒，调离了张政。就这样，杜预轻而易举地赶走了自己的劲敌。这时，担任训练水军重任的王濬已是七十高龄的老人，他向朝廷上了一份情真意切的文表，传达灭吴的心愿；与此同时，杜预也向晋武帝请求伐吴之期。杜预的疏表送到的时候，晋武帝正和张华下棋，张华没有忘记老友羊祜的嘱托，便推开棋盘，乘机鼓动："陛下聪明神武，朝野又清平和乐，可谓国富兵强，而吴主荒淫暴虐，诛杀贤能。如果现在讨伐东吴，可以不费吹灰之力。"在杜、王、张等人的敦促下，晋武帝终于下定了灭吴的决心。

　　战事按照羊祜生前提出的方案进行：在灭吴的六路大军中，王濬率领的巴蜀水军是其中坚。吴人为了阻挡晋军的进攻，也早有准备，他们在长江的险要之处布下长长的铁链，又在江中埋下长丈余的铁锥，企图使晋军的战舰陷入尴尬境地。但这一情况早被羊祜获知，所以在进攻之前，王濬就准备了大小竹排，并在上面布上披有盔甲的稻草人，使之前行，挟去江中的铁锥。他又制作了巨大的火炬，灌上麻油，放在船前，遇到铁链便点起火炬，使之熔断。就这样，吴人自恃的长江天险，在王濬的脚下化作了平地，几乎兵不血刃，迅速攻下了夏口、武昌，直驱建业（今南京）。此时，身为六军统帅的贾充从中作梗，向司马炎上书："现在正值春夏之交，吴地瘟疫流行，应该召回各路大军。并且要腰斩张华，以谢天下。"这一次，晋武帝司马炎没有听信他的谗言，只是冷冷地说道："伐吴是我的主张，张华只是赞同而已。"[1]于是王濬的部队又继续前进。这时，另一路陆路大军在王浑的率领下也势如破竹，到了横江（今安徽和县）。在两路大军的夹攻下，建业城中的孙皓成了瓮中之鳖，他派游击将军张象带领水军抵抗。谁知张象根本没有抵抗之意，一出城便做了俘虏。在这种情况下，孙皓只得素车白马、肉袒而缚，投降西晋，东吴的40多个郡、300多个县、230余万人口全部归入西晋的版图。东吴这个立国近60年、曾经雄踞江东的国家，终于断送在亡国之君孙皓的手中。

　　国家既已统一，外患又已消除，晋武帝司马炎便把主要精力放到恢复经

---

[1] 语见《晋书·卫瓘张华列传》："帝曰：'此是吾意，华但与吾同耳。'"

济、发展生产上来。由于东汉末年以来战乱频仍，曹魏一直实行为战时服务、带有浓厚的军事色彩的屯田制，这种陈旧的生产方式显然已不适应和平时期的需要。为此，晋武帝着手颁布新的土地制度，即占田制。实际上早在司马昭当政时，既已考虑这个问题，咸熙元年（246）就曾下令罢屯田官，以均政役，并将典农中郎将、典农校尉改为太守，典农都尉改为县令或县长，这样，原来的典农部民和屯田客都成了属于郡县的编户了。在此基础上晋武帝规定了占田和课田的数额：按占田制的规定，每个男子可以占田70亩，女子占田30亩。占田制对提高人民的生产积极性，解放生产力，起到了一定的作用，这从太康时期的繁荣可以窥见一斑。平吴那一年（太康元年，280），西晋有户240余万，但到太康三年（282），已锐增到371万户，两三年中增加了130多万户，其中除去当初隐漏的户数，实际增加的人口也是相当可观的。在封建时代，人口的增减往往是衡量社会安定与动乱的浮标，西晋初年人口的增长在某种意义上说明政府的政策法令收到了一定的成效。

三、奢华作乐　痴儿为嗣

从忧患的日子走进和平安乐世界的晋武帝司马炎，面对大一统的局面，面对任他主宰的广袤山河和芸芸众生，感到了一种满足与陶醉，殊不知就在此时，他那一直奋进的生命之舟也搁浅了。

本来以俭约清廉著称的晋武帝，灭吴后生活上开始奢侈起来，日子不长，就完全成了一个被物欲、色欲所主宰的昏君。他为了表达自己的孝心，开始大规模修建祖先的陵庙，12根巨大的铜柱皆镀以黄金、饰以明珠，所用石料都是从遥远的地方运到洛阳的，耗费的民力令人惊叹。晋武帝为了满足自己的色欲，在灭吴这年，又收留了孙皓宫中5000多宫女，以至后宫超过一万，因为人数太多，他只能驾着羊车漫游，一些想接近皇帝、一睹天颜的后妃，便在门前插上竹叶，并撒上盐巴，以使贪吃的羊走过自己门前时能够停下。

面对晋武帝司马炎荒淫昏庸的行为，朝中有人感到不满。有一次，晋武帝率群臣到洛阳南郊祭祀，礼毕，他问司录校尉刘毅："我能和汉代的哪一个皇帝相比？"以司马炎当时的心情，以为刘毅一定会说出一个响亮的名字，谁知得到的回答是"可以和桓帝、灵帝相比。"人人都知道桓灵之世乃是东汉王朝最黑暗的时候，晋武帝不能不感到吃惊，因此问道："怎么会是如此地步？"刘毅毫不

羊车游宴

——彩绘版《帝鉴图说》，今藏法国国家图书馆

掩饰地说道："桓帝之世虽然卖官鬻爵，但把钱留给了官府，陛下如今卖官鬻爵，却在中饱私囊。"面对这个耿直的臣下，晋武帝只得自嘲说："桓灵之世听不到你这样大胆的言论，而现在我身边却有你这样的直臣，可见我比桓灵二帝贤明。"[1]

---

[1] 语见《晋书·刘毅和峤武陔任恺崔洪郭奕侯史光何攀列传》："帝大笑曰：'桓灵之世，不闻此言。今有直臣，故不同也。'"

本来自魏明帝之后，社会风气就趋于奢侈，现在晋武帝司马炎又推波助澜，于是上行下效，西晋的朝野顿时掀起了一股奢侈之风。朝中的权贵自不必说。太尉何曾即以奢侈著名，他的帷帐车服穷极绮丽，厨膳滋味过于王者，虽然在饮食上日费万钱，犹言无处下箸。而尚书任恺的奢侈更是超过何曾，每顿饭就要花去万钱。有一次，晋武帝到女婿王济家做客，菜肴中有一道乳猪，味道鲜美异常，晋武帝向王济打听烹调的方法，王济悄悄对他说："这是用人乳烹制的。"[1]晋武帝听后很不舒服，没等终席就走了。在这种情形下，人人以夸富为荣，个个以斗富为乐。但令人触目惊心的是，有时这种豪奢还和残忍结合在一起。石崇是当时有名的富豪，他宴请客人时总让美女敬酒，如果客人饮酒不尽，便将美女斩首。有一次，他请王导、王敦兄弟赴宴，王导知道石崇的规矩，虽不能饮，但尽力支撑，而王敦却不以为然。石崇一连杀了三人，王敦还是神态自若，不为所动，王导责怪他，他却说："石崇杀自家人，于您何干？"就是这个石崇，他家的厕所也与众不同，建造得如闺阁一般，一次，散骑常侍在他家做客，需要解手，仆人把他带到一间挂着锦绣帐幔、布置豪华的房屋，见一些侍女捧着香囊站在两边，以为走进了内室，吓得退了出来，向石崇道歉，但石崇告诉他那就是厕所。司马炎的另一位驸马王敦也闹过一个笑话，有一次他在公主的住处解手，发现旁边有一盆香枣，便吃了，事后才知道，那是为了除臭塞鼻用的，这位驸马公因此遭到了宫女的哂笑。

当年雄姿英发的晋武帝司马炎，由于纵欲纵乐，很快就体虚力亏、朝不保夕了。于是，继承人的问题成了朝野瞩目的大事，各种政治力量为了不同的目的，再一次展开了角逐。按照立嫡以长的遗规，晋武帝司马炎的长子司马衷在9岁（泰始三年，267）时就被立为太子，但他天生就是一个白痴，因此还闹了不少笑话。立这么一个白痴儿子做太子，晋武帝不是没有过顾虑。就在伐吴的同时，晋武帝即已考虑这个问题。有一次，他问张华："我的后事可以托付给谁？"张华毫不犹豫地回答："要论才华和亲属关系，当然是齐王司马攸。"张华的回答当然不会使晋武帝满意。且不说他和司马攸那场争夺王位的斗争就足以使他把司马攸排除在这种可能性之外，就是出于亲缘关系，他也会在自己的后代中作出选择。晋武帝终于发现了一个亮点，有一次，宫中失火，晋武帝站在城楼

---

[1] 事见《晋书·王济王濬列传》："蒸豚甚美，帝问其故，答曰：'以人乳蒸之。'"

上观望，这时，司马衷5岁的儿子拉着他说："夜间危急，不应让光亮照到皇帝的身上。"司马炎感到很惊奇，本来近乎绝望的心中燃起一股希望，于是他把全部的赌注押在了这个尚处在孩提时代的皇孙身上，最终，他还是选择了司马衷这个白痴做皇位继承人。

西晋采桑壁画

太熙元年（290）三月，晋武帝司马炎病笃，四月，这位风发一时的开国皇帝便与世长辞了，终年55岁，葬于峻阳陵。

名家评说

　　武皇承基，诞膺天命，握图御宇，敷化导民，以佚代劳。以治易乱。绝缣绝之贡，去雕琢之饰，制奢俗以变俭约，止浇风而反淳朴。……元海当除而不除，卒令扰乱区夏；惠帝可废而不废，终使倾覆洪基。夫全一人者德之轻，拯天下者功之重，充一子者忍之小，安社稷者孝之大；况乎资三世而成业，延二孽以丧之，所谓取轻德而舍重功，畏小忍而忘大孝。圣贤之道，岂若斯乎！虽则善始于初，而乖令终于末，所以殷勤史策，不能无慷慨焉。

——唐·房玄龄《晋书》

　　晋武之初立，正郊庙，行通丧，封宗室，罢禁锢，立谏官，征废逸，禁谶纬，增吏俸，崇宽弘雅正之治术，故民藉以安；内乱外逼，国已糜烂，而人心犹系之。然其所用者，……皆寡廉鲜耻贪冒骄奢之鄙夫；是以强宗妒后互乱，而氐、羯乘之以猖狂。小人浊乱，国无与立，非但王衍辈清谈误之也。

——清·王夫之《读通鉴论》

后赵高祖石勒

十六国后赵高祖石勒（274～333），后赵开国皇帝，字世龙，羯族，上党武乡（山西榆社北）人。十六国后赵的创建者，谥号"明帝"，庙号"高祖"。公元319～333年在位。其父周曷朱，又叫乞翼加，是部落小帅。石勒年轻时务农，被称卖为奴隶，后投奔公师藩从戎。公师藩死后，又投匈奴族刘渊，屡立奇功。319年，建立政权，称赵王。他采取了一些措施，节省粮食，推行钱币，重视教育和法律，曾统一了大部分北方领土。这是他的历史贡献。

一、少年为奴　投身行伍

后赵高祖石勒

石勒一生颇多坎坷，从商贩到奴隶，到平民，到将军，再到皇帝，颇具传奇色彩。

石勒的祖先是匈奴别部羌渠的后裔，祖父耶奕于，父亲周曷朱也叫乞翼加，都曾当过部落小帅。在这种优越家庭中，石勒度过了无忧无虑的童年。后来家道中落，为生活所迫，14岁的石勒开始跟随老乡常到洛阳做一些小买卖。

家庭环境的熏陶和长年累月的商贩生涯，培养了石勒惊人的胆量和高超的骑马射箭水平。石勒父亲周曷朱十分粗鲁，对部下动辄打骂，部下对他非常反感。为了缓和一下关系，周曷朱让石勒代管这个部落。由于石勒管理有方，得到了部下的信任和尊敬。

晋太安年间，石勒部落居住的一带发生了大饥荒，不少人活活饿死，生存下来的为了填饱肚子，东跑西颠，到处流浪。石勒为了活命，便和几个人一起从雁门（今山西北部）逃到阳曲（今山西阳曲），这时恰遇建威将军阎粹向东瀛公司马腾提出，捕捉胡人卖到山东以解决军队供给的建议，司马腾当即命令将军郭阳、张隆动手，一大批胡人被用木枷锁住送到冀州（今河北境内），石勒也加入了这一行列。张隆是个见利忘义的家伙，把石勒全身搜遍也没找到半点值钱的东西，便故意动不动就殴打石勒。石勒对殴打还能忍受下去，可一天吃不上几口粮食就受不了，有时还会饿得昏在路上。石勒好友郭敬见他实在太可怜，便向族兄郭阳求情，使他多吃一点。这样，石勒活着到了冀州。

到了冀州，第二天便被卖给了山东茌平人师欢。石勒到了师欢家，就开始了早出晚归的耕作生活。在田地耕作时，石勒经常会听到鼓角之声。他告诉了同伴，同伴又告诉了师欢，师欢感到石勒有些特殊，便填写了一张放免书，让他当了一个平民百姓。[1]

离开师欢不久，石勒便招集了王阳、夔安、支雄、冀保、吴豫、刘膺、桃豹、逯明等八名骑兵起义。后来，郭敖、刘征、刘实、呼延莫、郭黑略、张越、孔豚、赵鹿、支屈六等十人也加入了这支小队伍，号称"十八骑"。永兴二年（305），公师藩起兵反晋，石勒率领"十八骑"投奔公师藩，被任命为前队督。公师藩在白马被濮阳太守苟晞杀掉后，石勒率领牧民冲击附近郡县的监狱，收编了一些犯人当兵，又到处招集逃在山林沼泽的流民，建立了一支军队。永嘉元年（307），石勒投靠了刘渊，被封为辅汉将军、平晋王，石勒对刘渊感恩戴德。

石勒在刘渊那里无意之中听说他曾多次向乌桓伏利度招降，伏利度就是不听。石勒为了博取刘渊的欢心，便假装得罪了刘渊，投奔伏利度。伏利度信以为真，和石勒结为把兄弟，让石勒率兵侵扰其他胡人。石勒在用兵过程中，十分注意收买人心，把不少人拉到了自己一边。石勒见时机已到，便借赴宴之机抓起伏利度，然后领着伏利度的兵马向刘渊报功领赏。刘渊为了嘉奖石勒，提拔他为督山东征讨诸军事，并把伏利度的兵马分配给他管理。从此以后，石勒的兵众开始强盛起来。

二、羽毛日丰　功成称帝

晋永嘉二年（308）是石勒打仗最多也是取得战果最多的一年。在这一年之

---

[1] 事见《晋书·石勒载记上》："每耕作于野，常闻鼓角之声。勒以告诸奴，诸奴亦闻之，因曰：'吾幼来在家恒闻如是。'诸奴归以告欢，欢亦奇其状貌而免之。"

内，他先后攻陷了魏郡、汲郡、顿丘（今河南浚县）、邺城、赵郡、中丘。到第二年时，他的众兵已经发展到十多万人。石勒把其中的衣冠人物集中起来，建立君子营，对他们实行优待政策。

永嘉六年（312）二月，在葛陂（今河南新蔡北）屯兵五个多月

南北朝时期戴兜鍪、穿铠甲的武士（敦煌莫高窟285窟壁画）

的石勒征集民工赶造战船，准备进攻建邺（今南京）。似乎苍天有意和石勒作对，葛陂一带不停下雨，三个月下个没完没了。大雨冲毁了道路，破坏了石勒的简陋军营，冲走了军粮，送来了瘟疫，一半士兵不是饿死就是病死。恰在这时，晋琅玡王司马睿把江南大军调到寿春（今安徽寿县），命令镇东长史纪瞻统帅各路大军讨伐石勒。

石勒听说晋兵马上就要到来，急忙召集各位将领商量对策。右长史刁膺主张先与晋和好，等晋军撤退再慢慢寻找办法，石勒听后流着眼泪长叹一声，没有说话。中坚将军夔安主张先到地势高的地方，躲避一下大水，然后再议后路，石勒生气地说："将军太胆怯了。"石勒回头问谋士张宾，张宾答："恕我直言，去年就不该在这里营建，现在大雨没完没了，说明我们更不该留在这里。邺城西接平阳，又有山河天然屏障，所以，我们应当往北转移，经营河北，一旦控制了河北，天下就属于你了。晋军之所以防守寿春，完全是怕我们南下，现在听说我们突然撤兵，只会庆幸他们有了安全保证，根本不会追击。现在我们应当先把辎重往外转运，然后慢慢向寿春磨蹭，等到辎重全部运走，再调兵北进，这样就会万无一失。"石勒听完，一手扯起衣襟，一手摸着胡子，无比激动地说："你的计策太妙了，太妙了！"立即提拔张宾为右长史，尊称他为"右侯"。[1]

---

[1] 事见《晋书·石勒载记上》。

石勒到了邺城，征求张宾的意见时，张宾说："现在天下大乱，战争不息，人心不稳，我们经常这么东跑西颠总不是长久之计。常言说得好，得地者昌，失地者亡。邯郸、襄国（今河北邢台境内）原是赵国的故都，地势险要，我们可以挑选一个地方建立国都，然后命令各位大将四下出击，这样就会轻而易举地建立起霸权地位。"[1]石勒很欣赏张宾的主张，于是进据襄国。以后陆续打败了占据河北之地的王浚、刘琨等势力，使自己的力量迅速壮大起来。

晋大兴元年（318），汉王刘聪病死，其子刘粲继位，大司空靳准发动叛乱，杀了刘粲。同年十月，刘渊侄刘曜继承帝位，石勒被封为大司空、大将军。

石勒虽效忠于刘曜，但刘曜对他却不怎么信任。大兴二年（319）二月，刘曜听信谗言，杀害了石勒的左长史王修。石勒听到这一消息后，气得脸色发青，发疯似地对部下说："为了刘氏我出生入死，浴血奋战，立下了汗马功劳。可他们过河拆桥，反而暗算起我来了！本来我还指望他们给我封王，现在看来全是一厢情愿。我也太傻了，看来由我自己来称帝就行了，何必由他们来封！"[2]于是便设置了太医令、尚方令、御府令等官职，还让人营造宫殿。

谋士张宾、张敬等人看出石勒想称帝的野心，于是便联名请求石勒称帝。开始，石勒假惺惺地不同意，到大兴二年（319）十一月，石勒心安理得地自称赵王，建立后赵政权。从此之后，石勒接见大臣时常用天子礼乐，出门则穿起了天子的服装，俨然成了一个真龙天子。

三、治国有方　自评中肯

为了更好地统治后赵人民，采取了许多安抚措施。石勒下令给每位孤寡老人三石谷子，对出名的孝子孝孙和努力耕作的农民赐给数量不等的帛，还对普通

---

[1] 语见《晋书·石勒载记上》：（张宾曰）"且今天下鼎沸，战争方始，游行羁旅，人无定志，难以保万全、制天下也。夫得地者昌，失地者亡。邯郸、襄国，赵之旧都，依山凭险，形胜之国，可择此二邑而都之，然后命将四出，授以奇略，推亡固存，兼弱攻昧，则群凶可除，王业可图矣。"

[2] 语见《晋书·石勒载记上》：（石勒曰）"孤兄弟之奉刘家，人臣之道过矣，若微孤兄弟，岂能南面称朕哉！根基既立，便欲相图。天不助恶，使假手靳准。孤惟事君之体资舜求瞽叟之义，故复推崇令主，贵好如初，何图长恶不悛，杀奉诚之使。帝王之起，复何常邪！赵王、赵帝，孤自取之，名号大小，岂其所节邪！"

闻鸡起舞——祖逖
——从《马骀画宝》

百姓实行减租。平民百姓得到了一点好处,大臣们沉不住气了,急着向石勒请功,石勒对他们说:"自我起兵到现在已有16年了,你们跟着南征北战,立下了汗马功劳,我是不会忘记你们的,现在你们都该奖赏。"大臣们得到奖赏后,个个都心花怒放。

石勒本身是个胡人,他心里非常明白中原人根本瞧不起胡人,于是只好掩耳盗铃,把胡人称为国人,忌讳人们称"胡"。

石勒虽出身于羯族,但他已深知要在中原地区站稳脚跟,必须得到中原地主的支持,于是便让张宾负责制定门阀士族的等级,开始定了五品,后又增加到九品。晋大兴三年(320),石勒命令公卿及州郡每年推荐秀才、至孝、廉清、贤良、直言、武勇各一名,以便充实各级官吏机构。

石勒称王时,晋征北将军祖逖准备北伐。石勒闻讯大吃一惊,马上下令修复祖逖的祖坟,以此博取祖逖的好感。祖逖听说后,派参军王愉出使石勒,表示

并前赵石勒称尊
——从1935年会文堂新记书局蔡东藩《两晋通俗演义》

感谢，并约定双方和好。从此以后，兖豫地区重新恢复了宁静，人民又可以休养生息了。

多年的戎马生涯使石勒精疲力竭，建立后赵政权后，石勒感到轻松好多，不禁想起了童年时期的伙伴，少年时期的好友及父老乡亲。大兴四年（321）十一月，石勒把武乡的故旧请到了襄国。石勒看望他们时，见没有李阳，急忙派人去找。李阳是石勒的邻居，年轻时两人为了争夺沤麻用的池塘打过多次架，李阳想起这些怎么也不敢到襄国见石勒。石勒早把这些鸡毛蒜皮之事抛到了九霄云外，于是又派人去找李阳。李阳到了宫殿，石勒拉着他的胳膊说："过去你打过我，我也打过你，两下抵消了。"[1]接着又提拔李阳当参军都尉。李阳的恐惧感顿时一扫而光。在与父老乡亲交谈时，石勒听说农村的粮食仍不充足，便下令禁止酿酒，以节省粮食。

晋永昌元年（322）十二月，右长史张宾去世。石勒十分悲伤，哭着说："老天不想成就我的大业，把我的右侯夺走太早了！"

石勒自大兴二年（319）自称赵王后，便与前赵公开决裂了。晋太宁三年（325），石勒侄石虎攻拔前赵石梁、并州，坑杀前赵一万多名士兵，刘曜因此气恼成疾。后赵太和元年（328）七月，石虎又率领四万兵众攻打前赵的河东，不料在高侯被刘曜打败。十一月，石勒亲自出征，很快把刘曜打败俘获后押回襄国，不久就把他杀掉了。

后赵太和三年（330）二月，石勒在大臣的劝说下自称大赵天王，将儿子全部封王，大臣按功加爵。九月，石勒称帝，改元建平，将妻子刘氏立为皇后，又规定了昭仪、夫人、贵嫔、贵人、三英、九华、淑媛、淑仪、容华、美人的等级和数额。

后赵建平二年（331）夏，后赵高祖石勒到达邺城，准备在此建都。廷尉续咸上书劝谏，石勒勃然大怒，说："不杀这老家伙我的宫殿就很难建成。"下令把续咸抓进监狱。中书令徐光对石勒说："他的话是否采用全由你来决定，何必把他杀掉呢？！"石勒摇了摇头，自我解嘲地说："当了皇帝是这样不自由！普通老百姓家中有百匹资产还想买幢新房，何况我是一国之君！这宫殿终归要建，但现在暂时停下来，以成全直言的好意。"不久，中山西北暴雨成灾，冲下许多

---

[1]语见《晋书·石勒载记下》："孤往日厌卿老拳，卿亦饱孤毒手。"

木料，石勒对大臣说："苍天让我营建邺都，给我送来了这么多木料，这还有什么可说的呢！"宫殿终于破土动工。[1]

政治家到了晚年总喜欢对自己的功过作一番估价。后赵建平三年（332）春节过后，石勒设宴招待高句丽使者。到了酒兴时，石勒问徐光："我可以和前代哪位皇帝相比？"徐光答："陛下的英明高于汉高祖刘邦。"石勒笑着说："人贵有自知之明，你说的太过分了。如果我遇到汉高祖，一定向他称臣。大丈夫做事情应当光明磊落，不能像曹孟德、司马仲达那样靠欺负孤儿寡母夺取天下。"[2]大臣们听完，少不了高呼几声"陛下万岁"。

邺城遗址出土的佛像

后赵建平四年（333）六月，石勒突然病倒卧床不起。石虎有夺位野心，假称诏令不让太子石弘和大臣看望石勒。七月，石勒病情加重，他口授了一份遗嘱："我死后三天就葬，在这期间不准禁止婚娶、祭祀、饮酒、食肉，征镇牧守不准前来奔丧；送丧时只用一般车辆，坟墓内不准埋葬金宝、器玩。"没过几天就命归西天，时年60岁。当天夜里，石虎就把石勒偷偷地埋到山谷深处，过了12天才为他发丧。

名家评说

　　石勒仅以十八骑而成其大业，能与其相比者，惟努尔哈赤一人而已。他是中国历代少数民族中最杰出的军事统帅之一。更为难得的是，作为一

---

[1] 事见《晋书·石勒载记下》。
[2] 语见《晋书·石勒载记下》：（石勒曰）"人岂不自知，卿言亦以太过。朕若逢高皇，当北面而事之，与韩彭竞鞭而争先耳。朕遇光武，当并驱于中原，未知鹿死谁手。大丈夫行事当礌礌落落，如日月皎然，终不能如曹孟德、司马仲达父子，欺他孤儿寡妇，狐媚以取天下也。朕当在二刘之间耳，轩辕岂所拟乎！"

个在战乱中生活的少数民族首领,不仅在军事上有着很高的成就,而且在文治上也有若干建树。十六国的帝王中,能有石勒这样成就的,也只有前秦王苻坚。当然,石勒也曾屠杀了不少人民,尤其是因为戏谑之言,将其姊夫折足而杀之,何其残忍。

——《中国军事网》

前秦宣昭帝苻坚

前秦宣昭帝苻坚

前秦宣昭帝苻坚（338～385），前秦第三代皇帝，字永固，一字文玉。晋略阳临渭（今甘肃天水）人。公元357～385年在位。谥号"宣昭帝"。其伯父苻健于永和七年（351）称帝，史称前秦，建都长安。其母苟氏，封皇太后。苻健死后，其子苻生继位，为人凶暴，苻坚便杀死了他，自立为皇帝。苻坚雄心勃勃，立志统一全国，先后灭前燕等国，统一了北方，使前秦列身十六国最强大的国家。晋太元五年，苻坚大举攻晋，与谢玄等大战于淝水，大败而还。遂国势日弱。后为背叛前秦的羌族首领姚苌所杀。在位期间致力于修明政治，统一中国北方，政绩显著，是十六国时期封建帝王中的杰出人物。

一、少年受宠　继承帝位

咸康三年（337）的一天，苻雄的妻子苟氏怀孕。传说12个月以后生下一个健壮的男孩，他就是苻坚。

苻坚的出生不仅给苟氏、苻雄带来了极大的乐趣，更使祖父苻洪乐得合不拢嘴，一有空闲就逗着小孙子玩。苻洪是氐族首领之一，此时已出任后赵的流民都督，因对另一个孙子苻生极为不满，便把对后代的爱心全部倾注在苻坚身上。

苻坚从小也特别招人喜爱，从会说话开始见了大人张口就叫，年仅7岁就知道给周围的小伙伴一点好处。苻坚人虽小，记忆力却很强，八九岁时，就把苻洪走路的姿势、说话的声音、接见大臣时的神态、批阅公文的认真劲全都学得惟妙

惟肖。这使苻洪很高兴，经常在大臣当中夸奖说："我的孙子聪明绝顶，以后肯定会有出息。"永和二年（346）的一天，苻坚突然对爷爷提出请个家庭教师。苻洪看着年仅8岁的孙子，用吃惊和疑惑的口吻说："我们这个民族从来只知道喝酒吃肉，如今你真的想求学吗？"当苻坚非常认真地作了肯定回答时，苻洪乐得眉开眼笑，第二天就派人请来了家庭教师，让他好好教育苻坚念书。苻坚学习非常刻苦，学业长进很快。[1]

苻洪死后，伯父苻健继位，苻坚被封为龙骧将军。皇始五年（355），苻健病死，其子苻生继承帝位。苻生是个天下少有的暴君，把杀人当做儿戏，宗室、功臣几乎全被杀光。在位的大臣官员都怕他恨他，要么以身体多病为由辞职回家，要么暗中巴结苻坚弟兄。苻坚乘机结交了王猛、吕婆楼、强汪、梁平老、权翼等人，把他们当心腹，密谋杀掉了苻生。时间是寿光三年（357）。

杀死苻生后，由谁来当皇帝？这实在是摆在苻坚弟兄面前的一大难题。因为苻坚还有一个哥哥叫苻法。从年龄上讲，苻法比苻坚大，但苻法也有三点明显不如苻坚：一是苻坚乃苻雄原配夫人苟氏所生，属嫡生；二是苻坚结识的能人多；三是苻坚才能比苻法强。苻法还算有自知之明，主动让位给苻坚，苻坚也还仁义，一再推让。此时，苻坚母苟氏很聪明，见两人推来推去，出面说了句模棱两可但聪明人一听就知道是倾向于苻坚的话："国家事大，小儿自知不能担负起这一重任，也就算了。不过，如果以后大家再反悔，那么过错就该由大臣们来承担了。"大臣们一听苟氏的弦外之音，马上一齐跪下恳求苻坚当皇帝。这样，苻坚也不再推辞，在太极殿即位，把母亲苟氏封为皇太后，妻子苟氏立为皇后，儿子苻宏立为皇太子，成了名正言顺的前秦皇帝。

二、任用良臣　抑豪强国

在宣昭帝苻坚看来，收拾被苻生折腾得一塌糊涂的烂摊子比杀掉苻生显得更艰难。苻坚在成为皇帝之前心中已经有了夺取帝位、整顿国家、吞灭群雄、统一全国的宏伟计划。不过，这一计划仅凭苻坚个人是无法实现的，他把希望寄托在了当时很有影响的谋士王猛身上。

王猛，字景略，北海剧（今山东寿光东南）人，家境十分贫寒，幼年靠贩

---

[1] 事见《晋书·苻坚载记上》。

卖簸箕挣几个钱维持生活。但是，王猛人穷志不穷，不管是在风天雪地，还是严冬酷暑，只要有时间就坚持自学，读了不少儒家书籍和兵书，开阔了视野，增长了才干，渐渐地产生了干一番大事业的念头。但是，志向、知识和才干在权贵和富家子女眼里一钱不值，所以，王猛经常受到嘲笑，但他倒也超脱，总是一笑了之。东晋大将桓温入关时，王猛穿着破衣烂衫去见桓温，一面侃侃而谈，一面用手捉虱子。桓温听完他对时局的精辟分析，对他刮目相看。临回东晋时，再三邀请王猛到东晋去，王猛心中明白，东晋是高门士族的天下，虽有桓温赏识，他也难以施展抱负，故而没有答应。[1]

苻坚听到王猛的大名之后，匆忙让吕婆楼去请。王猛也早就看准了苻坚是个有作为之人，前途无量，跟着他可以干出一番事业，因此，一请就到。苻坚见了王猛就如同见到多年未见的亲人，非常亲切，谈得十分投机。王猛对时局精辟透彻的分析，使苻坚心服口服。很快，两人情同手足，无话不谈。苻坚杀掉苻生继承帝位后，把王猛提拔成中书侍郎。当时，始平是豪强的老巢。这些豪强横行霸道，无恶不作，光天化日之下肆意抢劫，拦路强奸，百姓大受其害，苻坚感到非要好好治理一下，于是

王 猛
——从清康熙三十三年（1694）刊本《无双谱》（金古良编绘，朱圭刻）

---

[1]事见《晋书·苻坚载记下》"桓温入关，猛被褐而诣之，一面谈当世之事，扪虱而言，旁若无人。温察而异之，问曰：'吾奉天子之命，率锐师十万，仗义讨逆，为百姓除残贼，而三秦豪杰未有至者，何也？'猛曰：'公不远数千里，深入寇境，长安咫尺而不渡灞水，百姓未见公心故也，所以不至。'温默然无以酬之。温之将还，赐猛车马，拜高官督护，请与俱南。猛还山咨师，师曰：'卿与桓温岂并世哉！在此自可富贵，何为远乎！'猛乃止。"

任命王猛为始平令。

王猛风尘仆仆地到了始平，还没有来得及抖掉身上的尘土，就让人用鞭子把一个民愤极大的官吏活活打死。始平的豪强本来就看不起王猛，现在更把他当成眼中钉、肉中刺，于是联名向苻坚告状，执法官与豪强臭味相投、狼狈为奸，不问青红皂白就用囚车把王猛押进了监狱。

这事惊动了苻坚，苻坚亲自来到监狱，见到王猛后用责备的口吻说："当官要把仁义道德放在首位，而你才上任没几天就大开杀戒，未免太残酷了吧！"王猛没有半点媚骨，十分坦率地说："陛下只知其一，不知其二。我听说过，对安宁的国家就要用礼来治理，对混乱的国家就要靠法来治理。陛下是因为我有才能，才委我以重任。就我个人来说，做事情也非常谨慎，很想为陛下剪除豪强。现在才杀了一个奸吏，还有成千上万奸吏在扰乱社会治安。如果您嫌我不能消灭奸吏、整顿社会治安，那么我现在死了也心甘情愿，至于说我太残酷，那也实在太冤枉人了。"苻坚听完，当即赦免王猛，对他更加信任了。[1]王猛更把消灭不法豪强作为当前自己的首要任务。社会风气也逐步好转。

这时，苻坚认识到该以礼治国了，于是一方面通过多种名目奖励那些勤恳耕作的农民和有孝心的儿女，另一方面又重视和发挥学校的作用，积极培养人才。甘露四年（362），苻坚广泛招揽满腹经纶的学者到太学教授学生。他还经常亲自到太学考问学生，对答如流的，马上予以提拔；答不上来的，勉励他们刻苦学习。苻坚本人学识渊博，经常拿五经考问博士，博士们经常被问得张口结舌。一次，苻坚对博士王寔说："我准备一个月到太学视察三次，亲自奖励发愤学习的学生，希望能发扬光大孔孟的微言大义。"王寔说："自从刘渊、石勒扰乱华夏以来，两都杂草丛生，儒生所剩无几，书籍毁灭殆尽，比秦始皇焚书坑儒还要厉害几倍。现在陛下拨乱反正，兴建学校，发扬儒教，使国家出现了人人爱学习，个个遵法守纪，盗贼销声匿迹，荒地大量开垦，家家丰衣足食的大好局

---

[1] 事见《晋书·苻坚载记下》："猛下车，明法峻刑，澄察善恶，禁勒强豪。鞭杀一吏，百姓上书讼之，有司劾奏，槛车征下廷尉诏狱。坚亲问之，曰：'为政之体，德化为先，莅任未几而杀戮无数，何其酷也！'猛曰：'臣闻宰宁国以礼，治乱邦以法。陛下不以臣不才，任臣以剧邑，谨为明君翦除凶猾。始杀一奸，余尚万数，若以臣不能穷残尽暴，肃清轨法者，敢不甘心鼎镬，以谢孤负。酷政之刑，臣实未敢受之。'坚谓群臣曰：'王景略固是夷吾、子产之俦也。'于是赦之。"

面。"[1]王寔的话并不是溢美之辞，确实说出了苻坚以礼治国的效果。

这种效果如同一块高强度的磁石吸引着其他少数民族首领。匈奴左贤王卫辰、乌桓独狐、鲜卑没奕于相继投入前秦，苻坚乐得手舞足蹈，给了卫辰不少优惠待遇。但是，苻坚的部下贾雍却对匈奴人恨之入骨，擅自派司马徐斌带着骑兵袭击卫辰。苻坚听到这一消息后暗想，我现在正千方百计在各民族中建立威信，贾雍的行动无疑是在败坏自己的声誉，给自己脸上抹灰。想到这里，苻坚立即派人把贾雍叫到京都。贾雍一见到苻坚那副怒发冲冠的模样，就吓得瘫痪在地上。苻坚看到他的可怜样子，略微改变了一下怒容，让人把他扶起来，对他说道："我现在正在他们当中树立威信，希望你们从国家大局着想，无论如何不能见利忘义。如果不注意这点，往往会因为一件小事引起他们的怨恨，这对国家极为不利。既然事情已经发生，我们得挽回影响。事情是你干的，你得亲自去向卫辰道歉，把掠夺的财产如数归还。"贾雍觉得苻坚很宽宏大量，说得也很恳切，连忙起身向苻坚告辞，回到云中，以罪犯身份穿着白色服装到卫辰那里赔礼道歉。卫辰见苻坚对自己很有诚意，对前秦的恼怒顿时烟消云散，和好如初。

建元五年（369），东晋大将桓温出兵前燕。当东晋大军到达枋头时，前燕国君慕容㬮急忙派散骑侍郎乐嵩向前秦请求援助，答应把虎牢以西土地割让给前秦。救不救前燕呢？大臣们一致认为：过去桓温出兵关中时，前燕见死不救。现在桓温讨伐前燕，我们也应该袖手旁观。况且，前燕始终不愿向我们称臣，我们何必要多管闲事！还是王猛目光远大，他对苻坚说："前燕不是东晋的对手。如果桓温占据山东，进兵洛阳，出击崤、渑，问题就严重了。依我之见，不如和前燕联兵打退桓温。桓温一旦撤兵，前燕也就精疲力竭了，然后我们乘机消灭前燕，不是更好吗？！"苻坚对王猛的见解佩服得五体投地，立即派将军苟池、洛州刺史邓羌带着两万人援救前燕，打退了桓温。不久，前秦军队在王猛的率领下，几乎没费什么气力就消灭了前燕。

---

[1]事见《晋书·苻坚载记上》："坚谓博士王寔曰：'朕一月三临太学，黜陟幽明，躬亲奖励，庶几周孔微言不由朕而坠，汉之二武其可追乎！'寔对曰：'自刘石扰覆华畿，二都鞠为茂草，儒生罕有或存，坟籍灭而莫纪，经沦学废，奄若秦皇。陛下神武拔乱，道隆虞夏，开庠序之美，弘儒教之风，化盛隆周，垂馨千祀，汉之二武焉足论哉！'"

三、纵横捭阖　统一北方

在宣昭帝苻坚刚上台时，由于前秦苻生的暴政，国力削弱，前凉国君张天锡派人通知前秦，断绝双方外交关系。与此同时，羌族人敛岐也背叛苻坚，带着略阳4000多家投靠了反复无常的陇西人李俨。这两件事在苻坚心里掀起了波浪：自己刚继位，谁敢预料不会引起连锁反应？想到这里，苻坚心中不禁一惊，立即派王猛、姜衡、姚苌等将军率领17000万人讨伐敛岐。敛岐的士兵原来都是姚苌父亲姚弋仲的部下，见姚苌到来，纷纷放下武器投降，前秦轻易攻取了略阳。不久，恰好张天锡派常据、张统出兵攻打李俨。李俨见来势凶猛，便退到枹罕（今甘肃临夏），向前秦求救。苻坚正想收拾张天锡，马上派杨安、王抚率领2万骑兵协助王猛，援救李俨。王猛、杨安先在枹罕城东打败常据，接着在城下与张天锡展开了拉锯战。双方相持了几天，谁都想吃掉对方，但由于力量均衡，谁也无法取胜。王猛见此，想出了一个绝招，便给张天锡写了一封信，信中说："我受前秦国君的命令援救李俨，并不想和你交战，如果我们这样继续打下去，势必会两败俱伤，对谁都没有什么好处。如果你能撤兵，让我活捉李俨，那么我们各奔东西，不是很好吗？"张天锡看不到王猛的真正用意，对大将说："我的目的是讨伐叛乱，并不想和前秦交战，既然李俨由前秦处置，也就省了我们的心。"于是带兵西撤。王猛带着李俨回到长安，李俨被苻坚封为归安侯。

宣昭帝苻坚从这段往事中把握了张天锡目光短浅、害怕前秦和容易控制的心理特征，于是便派王猛给张天锡去信威胁说："昔日的前凉也算强大，还曾分别向刘曜、石勒称臣，现在前凉的国力远远不如过去，你更没有独立自主的资本。况且，前秦的威德远远超过前赵、后赵，你为何还不赶快放下架子，向前秦称臣呢？你也应该清楚，前秦国家的力量可以使西水向东流去，使长江、黄河向西倾注。我们现已将关东扫平，准备向河右用兵，难道你倾尽全国的兵力能抵抗得了吗？俗话说得好，识时务者为俊杰，希望你能思前虑后，尽早称臣；如果仍执迷不悟，祖宗建立的功业就会很快毁在你的手里，到那时，就悔之晚矣。"张天锡本来就底气不太足，看完王猛的信，额头沁出了豆大汗珠，浑身颤抖，还没来得及和大臣们商量就急忙派人向前秦俯头认罪，表示愿意称臣。苻坚不动干戈就达到了预期目的，高兴之余，把张天锡封为凉州（今甘肃清水北）

刺史、西平公。过了半年之后，苻坚派李辩镇守枹罕，把凉州政府所在地迁到金城（今甘肃兰州）。直到这时，张天锡才如梦初醒，明白了前秦要兼并前凉的真正用意。张天锡虽然整天沉湎于酒色之中，但他也深知前凉一旦被前秦吞并，自己就成了囚徒，更谈不上奢华的生活了。于是派从事中郎韩博给东晋大司马桓温送去一封热情洋溢的信和一份与东晋建立同盟关系的誓言，希望与东晋交好，保护自己。谁想，这更加刺激了苻坚。建元十二年（376），苻坚把武卫将军苟苌、左将军毛盛、中书令梁熙、步兵校尉姚苌叫到跟前，十分严肃地说："张天锡这小子不识好歹，虽向我称臣，又与东晋勾搭，我现在想教训他。你们几位带兵到河西，我再让尚书郎阎负、梁殊把张天锡叫到长安，如果他不肯来，你们就对他不必客气。"

当阎负、梁殊到了姑臧（今甘肃武威）时，张天锡把文武大臣招集到身边，忧心忡忡地说："现在到长安，肯定一去就不复返了。如果不去，前秦的军队肯定会到河西，如何是好呢？"禁中录事席仂主张先让张天锡的儿子

坐落于敦煌的莫高窟，始建于十六国的前秦时期，历经十六国、北朝、隋、唐、五代、西夏至元等历代的兴建，形成巨大的规模，有洞窟735个，壁画4.5万平方米、泥质彩塑2415尊，是世界上现存规模最大、内容最丰富的佛教艺术圣地。

去长安当人质，待前秦撤兵再慢慢想办法。席仍的主张遭到了其他文武大臣的反对，他们一致主张与前秦决一死战，拼个鱼死网破。张天锡被大臣的激昂情绪所感染，把袖子一撸，大喊一声："谁敢说投降我就杀掉谁。"于是把阎负、梁殊吊到军门上，下令士兵用箭射死。王统、李辩、梁熙等前秦将领听到这一不幸消息，即刻向前凉发起了猛烈的进攻。前凉军队根本不堪一击，死的死、逃的逃，投降的投降，自杀的自杀，张天锡也在国都姑臧被包围后，出城投降。凉州郡县全部成了前秦版图中的组成部分。

这时，苻坚的大脑中却已经在思考着另外一个问题了。鲜卑族拓跋部从沙漠以北迁到盛乐（今内蒙古和林格尔北）以后，于建兴三年（315）建立了代国，占有了今内蒙古中部和山西北端的广大地区。现在前燕、前凉已被消灭，怎能还让代国在北方兴风作浪呢？退一步说，即使代国一时兴不起大浪，如果不把它消灭，后方总是不太稳固，又怎么能向东晋用兵呢！苻坚想到这里，便召集在京的文武大臣研究消灭代国的方案。

建元十二年（376）十月，苻坚命令幽州（今河北涿县）刺史苻洛率领10万大军攻打代国，代国国君拓跋什翼犍很软弱，刚一交战就被打得一败涂地，先后逃到弱水（今青海境内）、阴山（今河套以北、大漠以南诸山统称），在阴山被他的儿子抓起来送给了苻坚。这样，苻坚基本上统一了北方地区。

四、一意孤行　淝水惨败

宣昭帝苻坚统一北方后错误地估计形势，认为统一中国的时机已经成熟。建元十八年（382）十月，他把在京的文武大臣召集到太极殿，对他们说："我继承帝位已近30年了，现在四方基本平定，只有东南一隅还没有统一。我粗略算了一下，全国总计有97万军队，我想亲自率领他们去讨伐东晋，你们以为如何？"

苻坚的话音刚落，秘书监朱彤就站起来说："陛下亲自出征，执行天意，必定不用打仗，东晋皇帝就会不是乖乖投降，便是逃到江海里去死掉。这可是千载难逢的好时机。"苻坚听了这话笑出了声，说："你说的正合我的心意。"左仆射权翼却不同意伐晋，慷慨激昂地说："东晋虽然衰弱，但还没有重大的罪恶，君臣和睦，内外同心。谢安、桓冲都是江南的英雄豪杰。以我之见，还不可对东晋用兵。"这时主要谋臣王猛已去世，而参加讨论的大臣意见又极不一致。

谢 玄

——从故宫南熏殿旧藏《历代至圣先贤相册》

谢玄（343~388），字幼度。陈郡阳夏（今河南太康）人，东晋著名军事家。在淝水之战中任前锋都督，取得以少胜多的巨大战果。

苻坚看再讨论下去也无益，就宣布散朝了。

大臣们退出太极殿后，苻坚把苻融留下单独商议。苻坚说："自古以来决定大事只有一两个人就行了。大臣们吵吵嚷嚷只会扰乱人心，我想和你商量决定。"苻融虽然在殿上讨论时一直没有说话，其实也不赞成伐晋。这时便说："如今伐晋有三大困难：第一，从天上星象来看，天意不顺；第二，东晋没有挑衅，出师无名；第三，我军连年征战，厌倦打仗，民心也向着敌人。大臣们劝你不要出兵，都是出于一片忠心，希望陛下能采纳他们的意见……"苻坚还没等苻融的话说完，脸色已变得很难看，气呼呼地说："没想到你也这样，真使我失望！我有强兵百万，资仗如山。我虽算不上是天才，也不是无能之辈，讨伐一个行将灭亡的国家，岂有不胜之理！怎么可以留着让子孙后代不得太平呢！"

其后，苻坚最宠爱的妃子张夫人、最喜爱的小儿子中山公苻诜都力劝苻坚不可伐晋，但他均以妇人孺子之言不足为据不予听从。

在一片反对声中，慕容垂却与众不同，赞成伐晋。他对苻坚说："弱并于强，小并于大，乃是十分自然的事情，并不难懂。以陛下的英明威望，又有雄师百万，良将满朝，小小江南竟敢违抗，怎么可以继续留着它。《诗经》上说：'筑室于道谋，是用不溃于成。'陛下自己决定就够了，何必广泛征求大家的意见！晋武帝平吴，依靠的不过是张华、杜预二三个大臣而已。要是依从了朝廷众人的意见，怎么能实现统一！"苻坚非常高兴地说："和我一起平定天下的，只有你一人啊！"特此赏给他帛500匹。

第二年七月，苻坚下令大举伐晋。百姓每十人出一人当兵，把20岁以下有力气有胆量的良家子弟都封为羽林郎。一个月之后，苻坚带着步兵60万、骑兵27万，浩浩荡荡离开长安。由于兵马太多，战线拉得很长。苻坚到达项城（今河南项城）时，凉州的兵马才到咸阳（今陕西咸阳），蜀汉的官兵才顺流而下，幽、冀州的官兵才到彭城（今江苏铜山）。十月，苻融攻取寿阳（今安徽寿县），向硖石（今安徽凤台西）进攻。当苻融从俘虏口中了解到防守硖石的胡彬所部军粮已经恐慌时，急忙派人到项城对苻坚说："晋军人数很少，容易生俘，望你火速赶来。"苻坚一听，心中顿时产生了迅速歼敌的意念，于是把大军留在项城，只带着8000名骑兵昼夜兼程地赶到了寿阳。

到了寿阳后，苻坚顾不上喘口气就派尚书朱序去劝谢石尽快投降。朱序原是东晋大将，被俘虏后虽然很受苻坚的器重，但内心却仍念念不忘东晋。朱序见了谢石后说："如果前秦的百万大军全部赶到，我们就很难对付，现在可乘他们还没有聚集之机迅速出击，如果打败前秦的先锋部队，那么前秦军威就会一落千丈，我们就可轻而易举地把他们全部歼灭。"谢石开始还对前秦大军有些胆怯，听了朱序的一番话后顿感精神百倍，于是命令水陆两军相继出发。

再说苻坚到了寿阳，和苻融研究了一下作战方案后，俩人便登上寿阳城楼，远望东晋的军事设施。苻坚这一望情不自禁地浑身抖动起来，只见东晋军队排列整齐，精神焕发，斗志昂扬，霎时，苻坚眼前不知不觉地模糊起来，结果把八公山上的草木都当

谢 安
——从清康熙三十三年（1694）刊本《无双谱》（金古良编绘，朱圭刻）

淝水交锋兵多易败
——从1935年会文堂新记书局蔡东藩《两晋通俗演义》

成了晋兵，回头对苻融说："没想到晋会有这么多的劲兵。"但他仍然命令官兵把军队拉到淝水岸边，作好交战准备。东晋谢玄在淝水对岸见秦军壁垒森严，便派人对苻融说："你远道而来是想速战速决，但从你逼水列阵的架势来看又想打持久战。既然我们都想交战，那么请你的部队暂时退却一下，让我的士兵过了淝水，我们再决一死战，这样不是更好吗？"

前秦的各位将领不愿意让晋兵渡过淝水，便对苻坚说："敌寡我众，应当堵住他们，怎能让他们上岸呢！"苻坚在打自己的如意算盘，于是便对将领说："你们怎么这样糊涂，我们先让军队后撤，等他们渡到淝水当中，我们再收拾他们，这样不是更好吗？"于是下令后撤。谁知，军队一后撤就乱了起来，朱序乘机在后面大叫："秦兵败了！"秦军信以为真，纷纷奔逃，一发不可收拾，再也无法稳住。谢玄、谢琰、桓伊见状，立即下令渡过淝水攻打秦军。苻融跃身上马喝令军队停止撤退，不料战马跌倒在地，苻融也被晋军杀死。秦兵见苻融被杀，

个个如惊弓之鸟，抱头鼠窜，跑到青冈，又被晋军打败，秦兵自相践踏，满山遍野都是死尸，剩下的昼夜不停，露行野宿，又冻又饿，前后损失了十分之七八。苻坚身中流矢，一个人骑马跑到了淮北，一路惊慌，听到风声和鸟叫，就以为是追兵来了。[1]

五、众叛亲离　受俘被杀

宣昭帝苻坚脱离了困境，方觉肚子已空，便让人去找东西填补肚子。这时，一个不愿说出自己姓名的平民百姓用篮子提了一盆水泡饭和一只小猪肘子送给苻坚。苻坚狼吞虎咽很快一扫而光，吃完后命身边的人赐给这百姓帛十匹、绵十斤。不想此人却不冷不热地说："陛下放着安乐的日子不过，现在蒙受危险和困难，岂非天意！我们乃是陛下的子民，陛下是臣民的父母，哪有儿子供养父亲而要求报答呢！"说完，提起篮子头也不回走了。苻坚目送他远去后，心中难受之极，流着泪对张夫人说："当初要是听了大臣们的话，哪会有今天之事！如今我还有何脸面再去治理天下！"[2]

这时，前秦的各路大军都已溃败，只有慕容垂所统帅的三万人没受任何损失。苻坚在淮北稍微休息了一会儿，便带着1000多名骑兵到了慕容垂的军营。慕容垂的儿子慕容宝和弟弟慕容德等劝慕容垂杀掉苻坚，慕容垂却认为这样干并非上策，仍把自己的军队交给了苻坚。从淮北回到长安的途中，慕容垂一直在思索着脱离苻坚、自立门户的办法，走到渑池（今河南渑池），已经有了主意，便对苻坚说："北部一些人听说我们出师失利，都蠢蠢欲动，请您让我去安抚他们，并顺便瞻仰一下祖父的陵庙。"苻坚被淝水之战搞得心烦意乱，也没有多加思考便答应了他的要求。权翼感到慕容垂有不可告人的目的，便对苻坚说："慕容垂

---

[1] 见《晋书·苻坚载记下》。原文有"闻风声鹤唳，皆谓晋师之至"句，后来，"风声鹤唳"发展成为现代成语，喻自相惊扰。

[2] 见《晋书·苻坚载记下》。原文是："坚为流矢所中，单骑遁还于淮北，饥甚。人有进壶飧豚髀者，坚食之，大悦曰：'昔公孙豆粥何以加也！'命赐帛十匹，绵十斤。辞曰：'臣闻白龙厌天池之乐而见困豫且，陛下目所睹也，耳所闻也。今蒙尘之难，岂自天乎！且妄施不为惠，妄受不为忠。陛下，臣之父母也，安有子养而求报哉！'弗顾而退。坚大惭，顾谓夫人张氏曰：'朕者用朝臣之言，岂见今日之事邪！当何面目复临天下乎？'潸然流涕而去。"

是个野心家,当初之所以要投奔你,全是为了躲避灾难。他这种人和鹰没有什么两样,饿了就想找个主人吃饭,吃饱了又想对主人反咬一口。所以,陛下应时时刻刻把他关进笼子里,不能轻易让他独立行动,随心所欲。"苻坚叹了一口气,说:"你讲得句句在理,但是,我已经答应了,不好食言。"权翼一听,气得几乎要跳起来,粗声粗气地说:"陛下只重信用,不顾社稷,他这一去肯定不会再回来,关东之乱从此就开始了。"苻坚不听,仍派将军李蛮、闵亮、尹固把慕容垂送离渑池。慕容垂离开苻坚不久,就与前秦分道扬镳,建立了后燕政权。

建元二十年(384)四月,原前燕国君的弟弟慕容泓听说慕容垂独立,也趁火打劫,纠集了几千鲜卑人反对苻坚。苻坚派将军强永带兵赶去平定,结果被慕容泓打得落花流水。直到这时,苻坚才尝到了被背叛的苦果,心中很不是滋味,便十分内疚地对权翼说:"我不听你的话,致使鲜卑到了如此猖獗的地步。"说到这里,苻坚长叹一声,过了许久才接着说:"我现在不想和慕容垂那个人面兽心的家伙争夺关东了,但是对慕容泓这小子该怎么办呢?"

苻坚从权翼嘴里掏出锦囊妙计后,便派儿子苻叡带兵五万到华阴讨伐慕容泓。由于苻叡自命不凡,麻痹轻敌,结果被慕容泓打败丧命。羌族姚苌以司马的身份参加了这次战斗,苻叡死后,姚苌感到对这次失败自己也有责任,便派参军赵都到苻坚那里去赔礼道歉。苻坚正为儿子被杀而恼羞成怒,一见到赵都就把他送上了西天,姚苌听到这一不幸消息后也毫不犹豫地反叛了苻坚。

正当苻坚在为姚苌反叛气得暴跳如雷的时候,已经发展到十多万人的慕容泓又派人来对苻坚说:"前秦无道,灭了我国。苍天有眼,让秦师在淝水大败。慕容垂已定关东,你还不赶快把前燕皇帝、宗室、功臣给我送来。"苻坚一听这话,气得脸色铁青,但又拿慕容泓没有办法。慕容泓了解长安的内部情况后,便向长安进逼。不久,慕容泓被部下所杀,慕容冲自称皇太弟,继续向长安进逼。

苻坚登上城墙远望浩浩荡荡的慕容冲大军,不禁心惊肉跳,待镇定下来后大声骂慕容冲:"你们这群奴才只配放牛牧羊,为什么要来送死!"慕容冲站在城下,大声还击说:"奴才就是奴才,奴才已经把你厌恶透了,正想取代你呢!"苻坚一听慕容冲的口气不小,突然软了下来,派人给慕容冲送去一件锦袍,并对他说:"你远道而来不觉累吗?天气快要冷了,送给你一件锦袍表示对你的关怀。我与你情同手足,密不可分,怎么你突然又要翻脸呢?"

慕容冲厉声回答:"苻坚,皇太弟明确告诉你,我要夺取天下,根本不会

被你的小恩小惠所蒙骗！我倒想劝你一句，及早认清形势，赶快把皇帝位置让给我吧。"苻坚气得浑身颤抖，哀叹说："如果听从王猛、苻融的话，哪会落到今天这种地步。"[1]

次年一月，苻坚和慕容冲在长安城西经过一场激烈厮杀，将慕容冲追赶到阿房城。当时，众将都要求乘胜打进阿房城内，但苻坚害怕中计，不声不响地回到长安，让儿子苻晖和慕容冲交战。但苻晖根本不是慕容冲的对手，结果多次被慕容冲打得人仰马翻。

恰在这时，长安城内传出了"帝入五将方长久"的谣言。苻坚平时很讨厌此类谣言，但接二连三的失败，又使他想求助这些谣言摆脱困境，于是对太子苻宏说："苍天有意给我指出了一条活路，我准备到五将山躲避一下灾难，你先留在长安，好好防守。"

苻坚怎么也不会想到，自己和张夫人、儿子苻诜、女儿苻宝、苻锦进了五将山后，被姚苌所包围，随从的士兵见势不妙，纷纷逃跑。苻坚似乎已经意识到大难将至，变得异常镇静，一动不动地坐在那里。一会儿，姚苌的部下吴忠赶来，把苻坚捆绑起来押送到新平，关进佛寺。

姚苌厚颜无耻地向苻坚索要玉玺，苻坚骂道："怎么也没想到你这个小儿竟然敢逼迫天子。你也不想想自己在五胡中算老几。玉玺已送给了东晋，有能耐你自己去向他们要。"姚苌很有耐心，遭到苻坚臭骂后又派尹纬劝说苻坚把帝位让给姚苌，苻坚怒不可遏，把姚苌再次痛骂一顿。不久，被姚苌杀害。

名家评说

　　苻坚好功，而不能……除（慕容）垂，故劝以勿伐晋耳。不然，以坚之强，而欲取晋，夫又何难之有！

——宋·王安石

　　（苻坚是）中国五位大帝之一，东方拿破仑。

——柏杨《中国人史纲》

---

[1] 事见《晋书·苻坚载记下》。

【南北朝】

宋武帝刘裕

宋武帝刘裕（356～422），南北朝宋的开国皇帝。字德舆，小名寄奴，彭城（今江苏徐州）人。公元420～422年在位。谥号"武皇帝"，庙号"高祖"。史书称其为汉高祖刘邦之弟楚元王刘交之后。曾为东晋北府兵将领，封为晋公。他清除了四川等地的割据势力，统一江南，并两次北伐，灭南燕、后秦。元熙二年（420）废晋帝，建宋王朝，与北魏形成对峙局面。他注意节俭，整顿朝纲，抑强济贫，减轻刑罚，兴办学校，一系列措施使江南农业生产有所恢复发展，为元嘉年间（424～453）"氓庶繁息，余粮栖亩"的状况奠定了基础。

宋武帝刘裕
——从明弘治十一年（1498）《历代古人像赞》

一、京口起兵　朝中辅政

刘裕生于晋哀帝兴宁元年（363）三月，早年丧父，家境贫寒。年轻的刘裕，曾自往新洲（今镇江市西）伐荻，又曾挥汗躬耕于田野，上山砍柴，下泽捕鱼，备尝生活之艰辛。后从戎，为东晋北府兵将领。

刘裕的发迹，可以追溯至元兴元年（402）发生的一场大动乱。这年，朝廷以尚书令司马元显为骠骑大将军、征讨大都督、都督十八州诸军事、加黄钺，以刘牢之为前锋都督，发军讨伐荆州（今湖北江陵）都督、桓温之子桓玄。但由于司马元显怯战、刘牢之被收买，桓玄挥师进入建康（今南京），从此总揽朝政大权，成了东晋的主宰，而刘牢之这一北府名将最终也没能逃出桓玄之手。

刘牢之死后，桓玄又先后杀害北府将领吴兴太守高素、辅国将军竺谦之、高平相竺郎之、辅国将军刘袭、彭城内史刘秀武、冀州（今河北境内）刺史孙无终等。一时间，北府将领人人自危，惶惶不安。刘裕却镇定自若，他知道自己还不够格，桓玄不但不会杀他，反而会起用他。果然不出所料，桓玄任命从兄桓修为南徐、南兖二州刺史，镇守北府（京口）以后，桓修就以刘裕为中军参军。刘裕后因击破卢循之功，又加官彭城内史，深得桓氏倚重。他不露声色，表面上对桓氏忠心耿耿，暗地里却加紧活动，团结了一大批北府军中下级军官，时刻准备举旗倒桓。

桓玄进入京师之初，罢黜奸佞，提拔贤才，故京师人人欣然，认为从此可以平安度日。好景不长，桓玄很快露出了凶相，奢豪纵逸，政令无常，朋党互起，凌侮朝廷，众心失望。

元兴二年（403）九月，桓玄加快了篡位的步伐，封楚王，加九锡，离皇位只有一步之遥了。十二月，桓玄正式即皇帝位。刘裕随桓修入朝庆贺。桓玄一见刘裕，便觉他气度不凡，对司徒王谧说："刘裕风骨不俗，看来是个人杰。"[1]以后便对刘裕另眼相看，引接殷勤，赠赐厚礼。刘裕见桓玄如此看重他，心中甚觉不安，但表面上一点不露，依然不卑不亢，谦恭有礼与其周旋。桓玄的皇后刘氏对刘裕很不放心，私下劝桓玄："我见刘裕龙行虎步，风度不凡，恐终不能为人下，不如早点除掉他。"桓玄答道："我刚刚荡平中原，眼下正是用人之际，非刘裕无可用者。等关、河平定后，再作打算吧。"

元兴三年（404）正月，刘裕与何无忌同舟返回京口。一路上，二人密谋回京口后立即分头联络各路反桓之士，以恢复晋室为名，兴兵进京，推倒桓玄。

元兴三年二月，刘裕与何无忌、檀凭之等百余人在京口起兵。清早，何无忌身穿传诏服，诈称是朝廷敕使，居前，徒众随其后，一齐冲入，高声大呼，城中吏士惊惶四散，无人敢反抗。桓修毫无防备，当即被斩首。刘裕看着桓修的首级，放声恸哭，下令厚加殡殓。忽然军吏前来报告，桓修司马刁弘得知城中起事，率文武佐吏前来攻城，现已到了城下。刘裕当即登城，高声对城下讲："郭江州已在浔阳（今江西九江）奉天子反正，我等受密诏，诛除逆党，桓玄今日想必已经枭首于大航了！诸君难道不是大晋之臣吗？今日前来，想干什么？"因晋

---

[1]语见《宋书·武帝本纪上》："昨见刘裕，风骨不恒，盖人杰也。"

安帝司马德宗被逼退位后，居于浔阳，所以刁弘等人听了刘裕的话，也就信以为真，引兵而退。

桓玄闻知刘裕等举兵反，忧惧无计。有人见他这样害怕，很不理解，对他说："刘裕等人乃乌合之众，势力微弱，必然不会成功，陛下为何如此忧虑？"桓玄摇摇头，叹道："刘裕足为一世之雄；刘毅家无斗粮之储，而樗蒲却一掷百万；何无忌酷似其舅刘牢之；这些人共举大事，怎敢说他不会成功！"[1]说完，仍愁眉苦脸，惶惶不安。

三月，刘裕率军与桓玄手下的骁将吴甫之在江乘（今江苏句容北）相遇。刘裕手执长刀，率先冲入敌阵；士兵见状，人人奋勇，无不以一当十，只一战便斩吴甫之，大获全胜。刘裕乘胜进击，遇到了右卫将军皇甫敷的阻击。刘裕与檀凭之各带一支人马与敌人决战。檀凭之战败阵亡，只剩刘裕孤军作战，被敌兵层层包围，只得背倚一棵大树与敌厮杀。正在危急时刻，刘裕的援军赶到，一箭射中皇甫敷的面额，皇甫敷应弦倒地。刘裕挺刀向前，只见皇甫敷挣扎说道："君有天命，我死后只求君能照顾我的子孙。"刘裕点头，斩其首，后来果然对其后代厚加抚慰。

刘裕这两仗打出了威风。桓玄听到两将战死的消息大惊，一面继续派将出战，一面悄悄预备舟船，准备形势紧急就溜之大吉。

桓谦率大军迎战刘裕，无奈部下多为北府人，都畏服刘裕，没有斗志。而刘裕兵将斗志正旺，刘裕身先士卒，将士皆殊死而战，喊杀之声惊天动地，鼓噪之音震动京邑，桓谦兵败如山倒，溃不成军。桓玄闻讯，率亲信数千人，诈称出战，坐船逃遁而去。刘裕率军乘胜进入建康城，派刘毅、何无忌追击桓玄，自己坐镇京师。

刘裕进入建康之初，面对百废待兴的局面，应付自如，指挥若定，他以身作则，严于律己，因而政纪肃然，令行禁止。他的主簿刘穆之鼎立协助，入京后，凡重大处分刘裕都委托于他，他也尽心竭力辅佐刘裕，虽时间仓促，但事事得体，件件有方。又发布命令纠正桓玄时的弊病，不过十天，建康风俗顿改，民心安定。

---

[1]语见《宋书·武帝本纪上》："刘裕足为一世之雄；刘毅家无儋石之储，樗蒲一掷百万；何无忌，刘牢之之外甥，酷似其舅；共举大事，何谓不成？"

四月，刘毅等在峥嵘州（今湖北鄂城）击败桓玄军，桓玄败退江陵（今湖北江陵），不久被杀。次年三月，白痴皇帝司马德宗被迎回建康，重登皇帝宝座。四月，刘裕以南徐、南青二州刺史的身份领北府兵回镇京口（今江苏镇江），后解南青州刺史，加领南兖州（今江苏扬州境北）刺史，北府旧兵全掌握在刘裕一人手中。

二、入京辅政　功成自威

义熙四年（408）正月，尚书右丞皮沈来到京口，首先面晤刘穆之，称朝中计议欲以中领军谢混为扬州刺史，还有人建议刘裕在丹徒（今江苏镇江东南）领扬州刺史一职，朝事实际上交给尚书仆射孟昶处理，朝廷命他来征求刘裕的意见。刘穆之一面听着，心知按功名与实力，本应由刘裕入京继任扬州刺史，而如今却提出了这么两条建议来，分明是刘毅等人不愿意让刘裕入京辅政而定的计

留衲戒奢
——从明万历元年（1573）纯忠堂刊本《帝鉴图说》

宋史纪：高祖微时，尝自于新洲伐荻，有衲布衫袄，臧皇后手所作也。既贵，以付其长女会稽公主曰："后世有骄奢不节者，可以此衣示之。"

谋！想到这里，他对皮沈说要上厕所，就急急走了。他匆匆写了一张纸条："皮沈始至，其言不可从。"刘裕正在与皮沈谈话，从左右手里接过条子看后，就暂令皮沈外出，将刘穆之召进，问："卿讲皮沈之言不可从，是什么意思呢？"刘穆之便将自己的想法一一陈述："公兴复晋室皇祚，勋高万古。既有大功，便有大位。位大勋高，难以持久，公观今形势，岂能居谦自弱，甘心作一守藩之将呢？刘毅、孟昶诸公虽然当初一时推功，却并非宿定的臣主之分。公与他们势均力敌，最终必会互相吞并。扬州为朝廷根本，不可交给别人。一旦失去权柄，就再难得了。"刘裕听了这一番话，早就动了心，他何尝不想入京辅政、掌握朝廷大权呢！只是自己位高权重，若伸手要扬州刺史一职，怕引起朝野疑心，影响自己的形象。刘穆之好像看出了他的心思，继续说道："公功高勋重，不能直接要求任扬州刺史，不然，朝廷疑畏交加，异端互起，必引出大祸。现今朝议如此，可先暂且应酬一下，最好的办法是公先回京师共议此事，公一旦入京，他们决不敢越过公而另授他人了。"刘裕听了连连点头。[1]

刘裕进京后，朝廷果然以他为扬州刺史、录尚书事、总掌政事。义熙五年（409）二月，南燕主慕容超派军攻破东晋宿豫（今江苏宿迁），不久又侵扰济南。南燕的侵扰引起了东晋人民的强烈反对，要求讨伐南燕的呼声甚高。刘裕经过分析权衡，认为征伐南燕一来可以满足人民的抗敌要求，二来如果征伐成功，自己的功业声望就可以完全压倒刘毅等人，因此立即下令北伐南燕。

刘裕北伐南燕的打算立刻遭到朝廷一些人的反对，豫州刺史刘毅竭力阻止刘裕亲自带兵北伐，说宰相远出，易倾动根本。刘裕不听，决意亲自出征。四月，刘裕率水军自建康出发，沿淮河、泗水到达下邳（今江苏睢宁西北），又沿陆路出发，六月，进围广固（今山东青州西北）。慕容超慌忙向后秦求救，姚兴不敢轻举妄动。刘裕精神抖擞，指挥大军全力猛攻，次年二月，攻下广固（今山东益都境内），灭南燕，生擒慕容超，送至建康斩首。

这次北伐南燕的胜利，收复了青、兖广大地区，朝廷内外无不赞颂刘裕的功德。刘裕的功业，此时已经超过祖逖、桓温，他的声望一下子大大提高，朝中再也无人能与他相抗衡了。

此时，突然接到报告，卢循、徐道覆反，已攻下长沙、巴陵（今湖南岳

---

[1]事见《南史·刘穆之列传》。

阳）、南康（今江西赣州）等城，兵锋直指建康。江州刺史何无忌自浔阳南下，抵御徐道覆，战死于豫章（今江西南昌）。刘裕听到这一消息，大惊失色，慌忙班师南归，把大队人马甩在后面，只带了几十人，于四月间赶到建康。

刘毅听说卢循、徐道覆挥师东下，直指建康，决心率军与其交锋，趁机显示一下自己的能耐。刘裕写信劝阻，并派刘藩前往谕止。刘毅不听，把信摔在地上，率舟师二万，从姑孰（今安徽当涂）溯江而上，阻击卢、徐。五月，两军战于桑落州（今江西九江东北），刘毅大败，狼狈逃回。[1]

刘毅兵败的消息传到建康，顿时人情汹汹，惶惶不安。由刘裕带回的军队，因连续征战，士卒多有创伤，有战斗力的只剩数千人。因此，朝廷里人言籍籍，认定了刘裕难以抵御卢循，再三恳请迁都。刘裕坚决不同意。

卢循击败刘毅后，从被俘士兵口中得知刘裕已经赶回建康，心里害怕起来，欲退还浔阳，攻取江陵（今湖北江陵），据江、荆二州以抗朝廷。徐道覆力主乘胜进击，卢循犹豫多日，才勉强同意进军建康。这样，刘裕就赢得了周密部署的时间。卢循率大军兵临建康城下时，刘裕已完全做好了防卫准备。经过近两个月的相持，卢循一无所获，终因师老兵疲，只好退回浔阳，准备西取荆州。刘裕亲率大军出战，在破冢（今湖北江陵东南）、大雷（今安徽望县）等地大破卢循军。刘裕得胜后，得意洋洋地回到建康，派遣其他将领继续追击围歼卢循等。义熙七年（411）二月，朝廷军攻克始兴，徐道覆战死。四月，卢循在交州（今越南慈山、仙游地区）兵败投水而死。

刘裕在镇压了卢循、徐道覆之后，威望进一步提高，官至太尉。他自感羽翼丰满，该进一步采取行动了。

三、翦除异己　扫清道路

刘毅在桑落州惨败以后，威信扫地，后来为了挽回声誉，竭力要求追击卢循。刘裕接受长史王诞的建议，不让刘毅有建功立业的机会，自己亲率大军征讨卢循，以刘毅监太尉留守，总管后方事宜。刘裕得胜而归，威望大增，刘毅却毫

---

[1] 事见《宋书·武帝本纪上》："公与毅书曰：'吾往习击妖贼，晓其变态，新获奸利，其锋不可轻。宜须装严毕，与弟同举。'又遣毅从弟藩往止之。毅不从，舟师二万发自姑孰。循之初下也，使道覆向寻阳，自寇湘中诸郡。荆州刺史道规遣军至长沙，为循所败。"

无建树，更增添了怨望之情。不久，刘裕下令迁刘毅为荆州刺史。刘毅见刘裕居中掌权，自己只是镇守一方的藩将，心中不服，便打算利用荆州的军事力量，与刘裕决一雌雄。

一天，刘裕接到刘毅的请求，要兼督交、广二州。刘裕虽然知道他有野心，但仍然很痛快地答应了。不久，刘毅又提出了新的要求：请以丹阳尹为南蛮校尉后军司马，毛修之为南郡太守。刘裕压住心中的不快，又一次痛快地答应了刘毅的请求。接着，安插自己的亲信刘穆之任丹阳（今江苏丹阳）尹这一重要职务。刘毅又请求到京口为先人扫墓，然后再西下赴任。刘裕欣然同意，并亲自赶往仇塘与刘毅相会。

刘毅到江陵赴任后，独断独行，变换地方守宰，安插亲信，又擅自划拨豫州（今河南湖北部分地区）文武、江州（今四川境内）兵力一万余人归自己。对此，刘裕都装作不知。不久，身患重病的刘毅上表朝廷，请求让堂弟、兖州刺史刘藩担任自己的副手。刘裕知道时机已到，表面上答应，暗地里迅速做好了讨伐荆州的准备。

刘藩自广陵刚一入朝，就被逮捕，罪名是与刘毅、谢混共谋不轨。刘裕以诏书宣布刘毅等罪状，赐刘藩、谢混死。又亲自率大军讨伐荆州，派手下的两员得力战将王镇恶、蒯恩为前锋，火速出发。

王镇恶与蒯恩都是刘裕一手提拔起来的战将。王镇恶是前秦名相王猛之孙，秦亡后辗转随叔父入晋。他熟读诸子兵书，果决能断，有大将之才。征广固、伐南燕时，有人向刘裕推荐王镇恶，刘裕急忙派人将其召来，二人相见后只交谈了一会儿，刘裕便暗暗称奇，留其在府中住了一夜。第二天，他把王镇恶介绍给诸佐吏："镇恶是王猛之孙，真所谓将门有将啊。"[1]又马上给王镇恶任以官职，留在军中。在以后的征伐中，王镇恶屡立战功。

蒯恩出身贫贱，当年东晋征讨孙恩时，他被县里派往刘裕军中服劳役，充当马士，负责马料。他身高力大，常背大捆，而心中热切盼望能有冲锋陷阵、建立功业的机会，有时把马刍扔在地上，怅然叹道："大丈夫弯弓三石，奈何充当马士！"[2]刘裕听说后，立即发给他器仗，令其随军作战。蒯恩以其勇猛忠谨，

---

[1]语见《南史·王镇恶列传》："镇恶，王猛孙，所谓将门有将。"

[2]语见《南史·蒯恩列传》。

甚得刘裕的喜爱和信任，成了他的心腹将领。

王镇恶与蒯恩率百舸为前锋，很快就到了距江陵城20里的地方。二人舍船率兵步行，突然出现在江陵城内，经过一天的激战，刘毅兵败自杀。

刘裕率大军来到平定后的江陵，采纳原刘毅府中咨议参军申永的建议，减免租税劳役，减轻刑罚，诚心邀集名人贤士，荆州人十分高兴。

豫州刺史诸葛长民是与刘裕共谋举事者之一，刘裕执掌朝政后，二人开始貌合神离。刘裕征讨刘毅时，明里以诸葛长民监太尉留府事，暗里又特派刘穆之防备他。刘裕自江陵班师回到建康，诸葛长民天天与公卿大臣在新亭（故地在江苏江宁南）奉候，都未能迎到。忽听刘裕已乘轻舟于夜里人不知鬼不觉回到东府了，不觉大惊，连忙登门问候。刘裕热情邀诸葛长民共坐，屏退左右，二人畅谈起来。连平日很少谈到的事都提及了。诸葛长民见刘裕如此推心置腹，无所不谈，心中疑惧尽消，痛快极了。正在这时，刘裕事先安排埋伏于幔中的壮士丁旿突然冲出，于座中将诸葛长民杀死。

义熙十年（414）三月，谯王司马文思擅自捶杀国家官吏。司马文思是荆州刺史司马休之的长子。司马休之在刘毅死后接任荆州刺史，颇得江、汉民心，刘裕对此很不高兴，但又不好无故加罪于人。现在其子犯罪，正是机会。刘裕先诏令诛杀司马文思的爪牙，宽宥司马文思。司马休之闻讯，上疏谢罪，请求解除荆州刺史一职。刘裕不准，却将司马文思送往荆州，让其父处置。司马休之上表请求废掉司马文思的王爵，并又一次写信给刘裕谢罪。刘裕对此大为不满，认为其不亲自杀子，就是包庇儿子，并以此为借口，准备兴兵西讨。

次年正月，刘裕亲率大军征讨司马休之。雍州（今湖北襄阳一带）刺史鲁宗之认为自己早晚都难以被刘裕所容，与儿子竟陵（今湖北潜江西北）太守鲁轨起兵响应司马休之。司

檀道济
——从明万历三十七年（1609）原刊本《三才图会》

马休之上表罗列刘裕罪状，勒兵严阵以待。

刘裕调兵遣将西进，派女婿徐逵之为前锋，配以精兵利器，欲让其先立大功，待事宁之后任其为荆州刺史。谁知出师不利，前锋部队在破冢遭到鲁轨的猛烈阻击，徐逵之兵败阵亡。刘裕闻知爱婿阵亡，怒不可遏，亲率诸将渡江。鲁轨、司马文思将兵四万，临峭岸布阵，刘裕手下的军士无人能登。刘裕披挂盔甲，要亲自登岸，诸将纷纷劝阻，刘裕不但不听，反而暴怒异常，非上不可。太尉主簿谢晦上前抱住他，使他难以行动。刘裕抽出剑来，指着谢晦说："我斩卿！"谢晦神色不变，死死地抱住他说："天下可无我谢晦，不可无公！"刘裕无奈，只得作罢。[1]他一眼看见建武将军胡藩领游兵在江津，便令其登岸，见胡藩面有难色，便要命人将其抓来斩首。胡藩一急之下，死命攻上陡岸，兵士随后一拥而上，大破敌军，攻克江陵。司马休之、鲁宗之等北逃投奔后秦。王镇恶等追至边境，不敢穷追，只好退兵。

四、平定江南　攻伐北地

义熙元年（405），曾州大族谯纵趁东晋衰乱，占据四川，形成一个独立王国，自称成都王，称臣于后秦，常派兵侵扰东晋，威胁荆楚（今湖北荆州）。刘敬宣曾率军征讨，却大败而还。收复益州（今四川境内），统一江南，就成了刘裕经常筹划的大事。

义熙八年（412）十二月，刘裕西征刘毅、攻占江陵后，乘胜进军益州。他从众将中选拔西阳太守朱龄石为元帅，统军征伐。众人都认为朱龄石资历名望尚轻，难当重任，刘裕却独具慧眼，认定其既有武干又练吏职，必能担此重任，所以不为众议所动。宁朔将军臧熹是刘裕的妻弟，位在朱龄石之上，刘裕派他为副将，随军西征。又将猛将蒯恩、下邳太守刘钟等分派给朱龄石，并配给二万大军。毛修之再三请求随军伐蜀，刘裕知当年蜀人杀死毛璩一家，毛氏与蜀人有不共戴天之仇，怕毛修之入蜀后会大肆屠杀，也怕蜀人因此冒死顽强抵抗，对收复益州不利，所以拒绝了他的请求。

---

[1]事见《南史·谢晦列传》："武帝当讯狱，其旦，刑狱参军有疾，以晦代之。晦车中一览讯牒，随问，酬对无失。帝奇之，即日署刑狱贼曹。累迁太尉主簿，从征司马休之。时徐逵之战死，帝将自登岸，诸将谏，不从。晦持帝，帝曰：'我斩卿！'晦曰：'天下可无晦，不可无公，晦死何有！'会胡藩登岸，贼退，乃止。"

朱龄石按照刘裕的精心策划行事，顺利入蜀，经过一番激战，于次年七月攻占成都，谯纵弃城而逃，后自杀身死，余党也全被歼灭。益州被东晋收复。

平定江南后，刘裕开始实践他收复中原的抱负。

义熙十二年（416）正月，后秦派鲁轨引兵入寇襄阳（今湖北襄阳），骚扰荆楚，打算切断东晋长江上下游及扬州、益州之间的交通，雍州刺史赵伦之将其击败。后秦不断骚扰，成为东晋大患，北伐呼声渐高。八月，刘裕亲率大军北伐后秦。北伐大军分四路挺进，一路由王镇恶、檀道济率领步兵自淮、泗进取许昌、洛阳；一路由沈林子、高遵考率领水军，与王镇恶等配合，由汴水经荥阳石门入河；一路由沈田子、傅弘之率领，径取武关；一路由王仲德率领水军，由桓公渎自淮入泗，自泗入清、济，自清入河。刘裕自己率领主力，也走王仲德这条路线。

义熙十三年（417）初，刘裕率主力从彭城（今江苏徐州）至黄河，溯流西上。先下洛阳，又抵潼关，破魏败秦，直逼长安。刘裕率主力到潼关时，命王镇恶率水军溯渭水西上，直驱长安。王镇恶率军来到渭桥（今陕西西安东北），令将士吃饱之后，便弃船登岸，所乘船舰马上随流漂去，转眼踪迹全无。这时后秦后主姚泓屯集在长安城下的兵力犹有数万之众。王镇恶激励将士道："诸位家都在江南，这里是长安城北门外，离家万里，而船只衣粮全已随流而去，岂有求生之计！惟有死战，可以立大功，不然，谁也别想活着回去！"众人听了，莫不踊跃争先，后秦军队一时溃散，姚泓单骑还宫。王镇恶攻陷长安，姚泓率妻子、群臣出降。九月，刘裕至长安。刘裕下令将姚泓送至建康斩首。又亲自拜谒汉高祖陵，在未央殿大会文武。到十一月，忽传刘穆之病亡。刘裕闻讯，惊恸哀婉，多日不解。刘穆之死后，京师空虚，有大权旁落的危险，再加上将士久役思归，所以刘裕决意东归。

流寓关中的陇右流民，本来盼刘裕继续出兵收复陇右（今陇山以西黄河以东地区）；听说他要收兵南归，都大失所望。三秦父老流泪赶来挽留，向他诉说："残民不沾王化，至今有百年了，今日得见王师，人人相贺。公是汉家子孙，长安十陵，是公家坟墓，咸阳宫殿，是公家室宅，舍弃这些，要到哪里去啊。"刘裕心里也有些不忍，忙好言劝慰了一番。刘裕退兵前，以次子、年仅12岁的刘义真为安西将军，镇守长安；以王修为安西长史，辅佐刘义真；以王镇恶为安西司马，沈田子、毛德祖为安西中军参军，率兵万余留守关中。沈田子、傅弘之多次向他状告王镇恶,但刘裕却对这种危险情绪未加及时引导。

刘裕仓促撤兵后,夏主赫连勃勃迅速调兵遣将,争夺关中。大敌当前,沈田子轻信谣言,杀死了王镇恶。长史王修责备沈田子擅杀大将,征得刘义真同意后杀了沈田子。后来,刘义真又听信左右谗言,杀害了王修。王修一死,晋军军心大乱,刘义真只好调回渭北的所有驻兵,集中防守长安。北伐时收复的关中郡县逐渐被赫连勃勃攻占,长安也被围困。

刘裕在彭城得知长安被围,急派蒯恩前去保护刘义真东归,又派朱龄石为雍州刺史,代镇长安,嘱其到长安后,要刘义真轻装速发;如陇右不可守,可与刘义真一起回来。

刘义真撤离长安时,将士大肆抢掠,车上满载宝货子女,一天不过行进十里。夏兵追及,蒯恩、傅弘之断后,力战数日,至青泥全军覆没,二将力疲被俘,刘义真单骑逃出,藏于草丛之中。

刘裕听到青泥大败的消息,不知刘义真死活,急得团团转,下令立刻北伐。侍中谢晦劝道:"士卒疲劳,北伐之事可待来年。"刘裕不听。其他大臣也上表劝阻,正好又得知刘义真已逃脱性命,刘裕也就不提再次北伐的事了。

五、荣登帝位　建朝刘宋

义熙十四年(418)六月,刘裕受命为相国、宋公,加九锡。加九锡是禅位之前的一种荣典,但他此时并不急于马上称帝。因为谶语有"'昌明'之后尚有二帝"之言,所以他想在司马德宗之后再立一帝,以应"二帝"之语。十二月,刘裕指使中书侍郎害死白痴皇帝司马德宗,随后奉司马德宗的同母弟、琅玡王司马德文为帝。

新皇帝即位不久,元熙元年(419)正月,下令刘裕晋爵为王。这虽然是刘裕梦寐以求的,但他还是假意推辞。至七月,刘裕始受晋爵之命。八月,移镇寿阳(今安徽寿县)。他嫌河南萧条,怕委屈了次子刘义真,特将其从司州刺史任上调任扬州刺史。

十二月,刘裕加殊礼,冕有十二旒,建天子旌旗,出警入跸,乘金银车,驾六马,备五时副车等。刘裕急于受禅,但又不好自己开口,便于元熙二年(420)元月,召集宋国朝臣欢宴。席间,他不慌不忙地说:"桓玄篡位,鼎命已移。我首唱大义,兴复帝室,南征北伐,平定四海,功成业著。遂加九锡。眼

看我年事已高，物忌盛满，不可久安。今欲奉还爵位，归老京师。"群臣听了，不解其意，只是争先恐后一个劲赞颂他的功绩。晚上席散之后，中书令傅亮细一琢磨，忽然醒悟，连忙赶回。这时宫门已闭，傅亮叩门请见，刘裕马上开门与他见面。傅亮进门后只说："臣欲回建康一趟。"刘裕明白他的意思，也不挑明，直接问："需几人跟随？"答："数十人就可以了。"说完告辞。[1]

傅亮入京后，授意朝廷召刘裕入京辅政。四月，皇帝下诏，召刘裕入京。刘裕安排儿子刘义康为豫州刺史，镇寿阳，自己于六月入京。傅亮又暗示皇帝司马德文禅位，刘裕荣登皇帝宝座，是为宋武帝。

即位后，宋武帝刘裕下令赦免因逃避兵役、租税而流亡，在限期内还家者，可以蠲租布二年；人民拖欠政府的诸种债务，不再收取。这些措施得到了人民的欢迎。

永初三年（422）三月，刘裕病重，群臣请求为他祈祷神祇，刘裕素来不信鬼怪神灵之类，所以拒绝大臣的请求，只让侍中谢方明将他的病告诉宗庙而已。

五月，武帝刘裕病危，召太子刘义符到跟前，嘱咐说："檀道济虽有干略，而无远志，不像其兄檀韶有难御之气。徐羡之、傅亮当无异志。谢晦数从我北伐，颇识机变，日后若有同异，必是此人。"又亲自写诏："后世若有幼主，朝事一委宰相，母后不烦临朝。"命司空徐羡之、中书令傅亮、领军将军谢晦、镇北将军檀道济为顾命大臣，辅佐幼主。后事安排停当，刘裕于西殿溘然去世，终年60岁。在位首尾3年。七月，葬于建康蒋山初宁陵。

名家评说

汉氏载祀四百，比祚隆周，虽复四海横溃，而民系刘氏，慄慄黔首，未有迁奉之心。魏武直以兵威服众，故能坐移天历，鼎运虽改，而民未忘汉。及魏室衰孤，怨非结下。晋藉宰辅之柄，因皇族之微，世擅重权，用基王业。至于宋祖受命，义越前模。晋自社庙南迁，禄去王室，朝权国

---

[1] 事见《南史·傅亮列传》："从还寿阳，武帝有受禅意，而难于发言，乃集朝臣宴饮，从容曰：'桓玄暴篡，鼎命已移，我首唱大义，兴复皇室。今年时衰暮，欲归老京师。'群臣唯盛称功德，莫晓此意。亮悟旨，日晚宫门已闭，叩扉请见曰：'臣暂宜还都。'帝知意，无复他言，直云：'须几人自送？'亮曰：'须数十人。'于是奉辞。"

命，递归台辅。君虽存，主威久谢。桓温雄才盖世，勋高一时，移鼎之业已成，天人之望将改。自斯以后，晋道弥昏，道子开其祸端，元显成其末衅，桓玄藉运乘时，加以先父之业，因基革命，人无异心。高祖地非桓、文，众无一旅，曾不浃旬，夷凶蒴暴，祀晋配天，不失旧物，诛内清外，功格区宇。至于钟石变声，柴天改物，民已去晋，异于延康之初，功实静乱，又殊咸熙之末。所以恭皇高逊，殆均释负。若夫乐推所归，讴歌所集，魏晋采其名，高祖收其实矣。盛哉！

——梁·沈约《宋书》

齐高帝萧道成

齐高帝萧道成（427~482），南朝齐的开国皇帝。字绍伯，小名斗将。祖籍东海兰陵（今山东枣庄峄城镇），定居晋陵武进（今江苏武进），公元479~482年在位。谥号"高皇帝"，庙号"太祖"。其父萧承之，因宋武帝的继母为萧氏，得以在刘宋为官。萧道成初为刘宋右军中兵参军，宋明帝时为右军将军。宋皇室自相残杀，实权逐渐集萧道成之手。升明元年（477）被封为齐王。三年（479）受宋禅即皇帝位，国号齐，史称南齐。他减免百姓宿债，宽简刑罚。但他整理户籍触犯了庶族地主的利益。因而死后不久引发了唐寓之暴动。

齐高帝萧道成
——从明弘治十一年（1498）《历代古人像赞》

一、建功立业　谨慎守成

公元465年，南朝宋明帝在前废帝刘子业被弑后即位，统治集团内部立即爆发了一场大混战，一方是以晋安王刘子勋为首的孝武帝系诸王，另一方是以明帝为首的文帝系诸王。四方州郡大多举兵应晋安王刘子勋，明帝势单力薄，形势危急。

此时的萧道成步步高升，到明帝初年，已官至右军将军。经过多年征战的锻炼，他不仅具备了丰富的作战经验和指挥才能，而且成为了一名目光远大的谋略家。在宋皇室内部爆发的这场大规模混战中，他审时度势，坚定地站在明帝一边，被授以辅国将军，前去讨伐叛军。明帝平定四方之乱后，萧道成与其他忠于明帝的将领迅速崛起，成为国家的重臣藩将。

泰始三年（467），萧道成任南兖州（治在今江苏扬州西北）刺史。泰始六年（470），接到朝廷调令，要他回京任黄门侍郎、越骑校尉。萧道成知道明帝近来越来越猜忌诸王和大臣，如遵命回京，大祸可能会接踵而至；如果硬不遵命，明帝又要猜忌，必然以谋反罪名讨伐，其祸也就不远了。冠军参军荀伯玉为他出谋，要他派数十骑入北魏境内，安置标榜，引诱北魏注意，再以边境紧张为由，争取继续留任。萧道成按荀伯玉的建议去做，北魏果派数百游骑沿边境巡行。萧道成将边境吃紧的消息上报朝廷，明帝果命其恢复本任。

一日，萧道成接到报告：明帝派吴喜率军前来。此时，明帝病情加重，为保幼主，已杀了在世的几个兄弟，其他有影响的重臣也是朝不保夕。吴喜率军前来，必是凶祸！正在焦虑之际，又接到报告：吴喜已到。他忙问："吴喜的将士也来了吗？"回答却更令他惊疑："不知何故，只有吴喜来赐皇上亲封银壶酒。"正在他惊疑不定时，吴喜进来。看着银壶，萧道成怎么也不肯喝，并下决心逃跑求生。吴喜忙将皇上试探之意告诉他，并先饮一杯。萧道成见了，才安下心来，设宴款待吴喜，请他回京多多美言。

不久，萧道成又得到一个消息：吴喜被杀，朝廷又召他回京。部下闻讯，纷纷劝他不要进京。萧道成这次却显得非常镇静，对部下们说："诸卿都不明白事理。主上自诛诸弟，是因为太子稚弱，为他万岁以后打算，与他族无关。我惟应速速出发还京，事缓必被怀疑。今主上骨肉相残，自非灵长之运。祸难将兴，正需卿等出力呢。"说服部下后，萧道成不带一兵一将，火速赶回京师。明帝见他如此，才打消了对他的怀疑。因此直至明帝去世，萧道成都安然无事，太子即位后，还受遗诏参与机要。

元徽二年（474）五月，江州（今江西九江）刺史、桂阳王刘休范举兵反叛，直逼京师。朝廷重臣齐集中书省议事，众人皆愁眉不展，退敌无策。只有萧道成说："昔日讨伐叛逆者，皆因行动迟缓而导致失败，刘休范必会接受以前的教训，乘我不备，轻兵直下。今应变之术，不宜远出，若某支偏师失利，必会大沮众心。因此，宜屯兵新亭、白下拒敌，坚守宫城、东府、石头城，以待贼至。刘休范率一支孤军远道而来，后无军需粮米继来，求战不得，自然瓦解。我请求屯兵新亭以挡其锋，征北守白下，领军屯宣阳门为诸军节度。诸贵安坐殿中，我必然破贼解围。"说完，索笔请诸位下议，众人签名注"同"，萧道成的建议被

一致通过。只有中书舍人孙千龄暗地里与刘休范通谋,建议:"宜依旧遣军据守梁山(今安徽和县境内)。"萧道成一听,正色道:"贼今已近,岂能到得梁山!新亭(故址在今江苏江宁南)既是兵冲,我欲在此以死报国。平日对你我可委曲相从,今日万不能从!"说完,从座位上站起,对刘缅说:"领军已同鄙意,不可改易!"当日,萧道成加平南将军,率前锋兵出屯新亭,张永屯白下,沈怀明戍守石头城,袁粲、褚渊入卫殿省。

萧道成率军至新亭,立即修治城垒,尚未完工,刘休范前军已至新林浦。萧道成先是解衣高卧以安军心,随后派将率水师与敌人交战。刘休范舍舟登陆,派将丁文豪攻台城,自率大军猛攻新亭。萧道成率众全力拒敌,敌军攻势越来越猛,将士皆惊惶失色,萧道成鼓励大家:"贼虽多却乱,我们不久就将破贼!"不久,他用越骑校尉张敬儿诈降之计,杀了刘休范。刘休范大军此时不知刘休范已死,其将杜黑骡率众猛攻新亭,刘休范的内弟、主簿萧惠朗率敢死之士数十人突入东门,来到萧道成所在的射堂之下。萧道成闻喊杀之声越来越近,亲自上阵,经过几个回合的肉搏,才杀退敌军,保住了城池。当天夜里,天降大雨,将士们多日不吃不睡,人

萧道成、袁粲、褚渊与刘秉
——从1935年会文堂新记书局蔡东藩《南北史通俗演义》

疲马乏。突然军中马惊，城内顿时陷入一片混乱，马嘶人叫，东西奔走。萧道成秉烛正坐，厉声呵斥，才稍微稳住阵势，如此一夜达四次之多。

后来，杜黑骡放弃新亭渡秦淮河，右军将军王道隆抵挡不住，弃丢下众人逃还台城，被追兵杀死。于是道路上纷传"台城已陷"，白下、石头的将士皆散走，张永、沈怀明逃还得免。这时，宫中又传新亭亦陷，太后拉着小皇帝刘昱的手，哭着说："天下败矣！"

褚渊的弟弟褚澄开东府门纳南军，中书舍人孙千龄开承明门出降，南军长驱直入，朝廷军心涣散，没有斗志。南军又诈称刘休范在新亭，士民惶惑，前往新亭垒投名刺求见者达千人。萧道成命人将名刺全部焚烧，登北城告众："刘休范父子昨已被杀，尸首在南冈下。我是萧平南，诸君仔细认认！名刺已全部焚毁，请勿忧惧。"为解台城之危，萧道成派陈显达、张敬儿率将士入卫宫省。袁粲慷慨激励诸将，陈显达引兵出战，大破杜黑骡于杜姥宅，张敬儿等又再破杜黑骡于宣阳门，斩杜黑骡与丁文豪，进而攻克东府。

萧道成整军凯旋归建康（今江苏南京），百姓沿道聚观，纷纷称赞："保全国家全仗此公！"[1]由于在平定刘休范之乱中立下大功，萧道成威望大增，被任为中领军、南兖州刺史，留卫建康，又与袁粲、褚渊、刘秉一起，轮流入值决事，当时号为"四贵"。从此，萧道成以中领军的身份逐渐掌握了朝政。

二、废旧立新　清除路障

刘昱凶狠残暴，以杀人为乐，朝廷内外人不自保。萧道成因功高权重而遭其嫉恨，几次险遭杀害，故深为忧虑，遂起废立之心。他先私下与袁粲、褚渊商讨，袁粲听后反对说："主上幼年，小过易改。废立之事不易轻举。纵使成功，亦终无全地。"褚渊却默不作答，他早已同意萧道成的主张。

这时，那些不满刘昱的人纷纷投靠萧道成。越骑校尉王敬则主动为萧道成打探刘昱的行踪，每晚不辞劳苦，身穿黑衣伏在路边观察刘昱的举动。萧道成对他的忠心非常赞赏，特命他暗与刘昱的左右杨玉夫、杨万年、陈奉伯等十五人联络，伺机行事。

元徽五年（477）七月六日晚，领军府、员外郎桓康等偷听到刘昱一句"我

---

[1] 语见《南史·高帝本纪》："全国家者，此公也。"

今晚有一去处，这里等明晚吧。"萧道成不觉紧张起来，以为小皇帝要在明晚对自己下手。

第二天晚上，萧道成在府中难以入睡，忽听门外有人大喊"开门"，大门被拍得嘭嘭作响。府内顿时陷入一片惊惶，不敢开门。只听门外又喊："我是敬则！"有人听出正是王敬则的声音，忙问："有什么事情？"只听王敬则讲，刘昱已被左右杀死，速请萧公入宫主事。萧道成听后仍不敢开门，怕是刘昱设计骗他。王敬则急了，隔墙扔进一件东西来，府内人急忙捡起一看，原来是一颗血淋淋的人头，萧道成用水洗净后，清清楚楚地看出正是刘昱。于是，萧道成换上戎装，骑马直奔皇宫。来到承明门，对门内诈称是皇上回宫，呼门声甚急。待门一开，众人蜂拥而入。平时刘昱回宫时，守门卫士怕惹祸，都低头屏息，不敢仰视，所以萧道成一行顺利进宫，无人怀疑。殿内人们见萧道成全副武装入殿，不知发生了什么大事，后听说刘昱已死，皆欢呼雀跃，高呼万岁！

天一亮，萧道成以太后令召袁粲、褚渊、刘秉入宫商量大事。萧道成先向三位通报刘昱被杀之事，然后先转向懦弱无能的刘秉问："你是国家重戚，今日之事，将如何处理？"刘秉看了一眼萧道成，只见他须髯尽张，目光如电，不由地把目光移向一边，嗫嚅着说："尚书众事可以交我处理，军旅处分，一委领军。"萧道成又让袁粲拿主意，袁粲也不敢当。王敬则拔出明晃晃的刀，在床侧跳跃咆哮："天下事皆应归萧公，敢有开一言者，血染敬则刀！"又取来一顶白纱帽，戴在萧道成的头上，嚷道："今日谁敢再动，做事须趁热打铁！"袁粲刚想说什么，被王敬则厉声呵斥住。[1]褚渊说："非萧公无以了此事。"又亲手将事权授给萧道成。于是，萧道成做主，备法驾往东府迎安成王刘准入宫即位。

袁粲、刘秉眼睁睁看着萧道成把迎立大权抓在手中，还没来得及表示意见，只听"咔嚓"一声，几把长刀已架在他们头顶，二人吓得脸色大变，仓皇出门而去。

当天，萧道成以太后名义下令，历数刘昱罪行，诏立安成王刘准为帝。萧

---

[1] 事见《南史·高帝本纪》："明旦，召袁粲、褚彦回、刘彦节入会西钟槐树下计议。帝以事让彦节，彦节未答。帝须髯尽张，眼光如电。次让袁粲，又不受。敬则乃拔刀，在床侧跃麾众曰：'天下之事，皆应关萧公，敢有开一言者，血染敬则刀！'仍呼虎贲剑戟羽仪，手自取白纱帽加帝首，令帝即位，曰：'今日谁敢复动，事须及热。'帝正色呵之曰：'卿都不自解。'粲欲有言，敬则又叱之，乃止。"

道成出镇东府，任司空、录尚书事、骠骑大将军，军国大事一手包揽，又在朝廷内安插亲信，控制大小军政部门。刘秉与袁粲徒有虚位，不得预政。

荆州刺史沈攸之在宋明帝朝战功卓著，成为雄踞一方的大员。他本来与萧道成关系很好，且萧道成的长女嫁给他的第三子为妻，是儿女亲家。然而，萧道成迎立刘准为帝、专权朝政后，沈攸之开始不服气起来，认为自己当年的名望地位都比萧道成高，理应由自己入朝掌权。升明元年（477）十二月，沈攸之假称接太后手令："社稷之事，一以委公。"随后勒兵移檄，派兵东下。又写信给萧道成，指责他不与诸公密议，不请示太后，而是交结少帝左右，亲行逆弑；又在朝内移易旧臣，布置亲党，专擅朝政，有亡宋之心。

萧道成得知沈攸之举兵反，马上调兵遣将，布置讨伐事宜。然后亲自到石头城去见袁粲，以与同谋，没想到袁粲竟推辞不见。原来，袁粲见萧道成有篡位之心，便欲与刘秉等人除掉萧道成。袁粲准备停当后，欲将起事之谋告诉褚渊，众人认为褚渊与萧道成关系密切，不应告诉他，袁粲不听。褚渊听了袁粲的计划

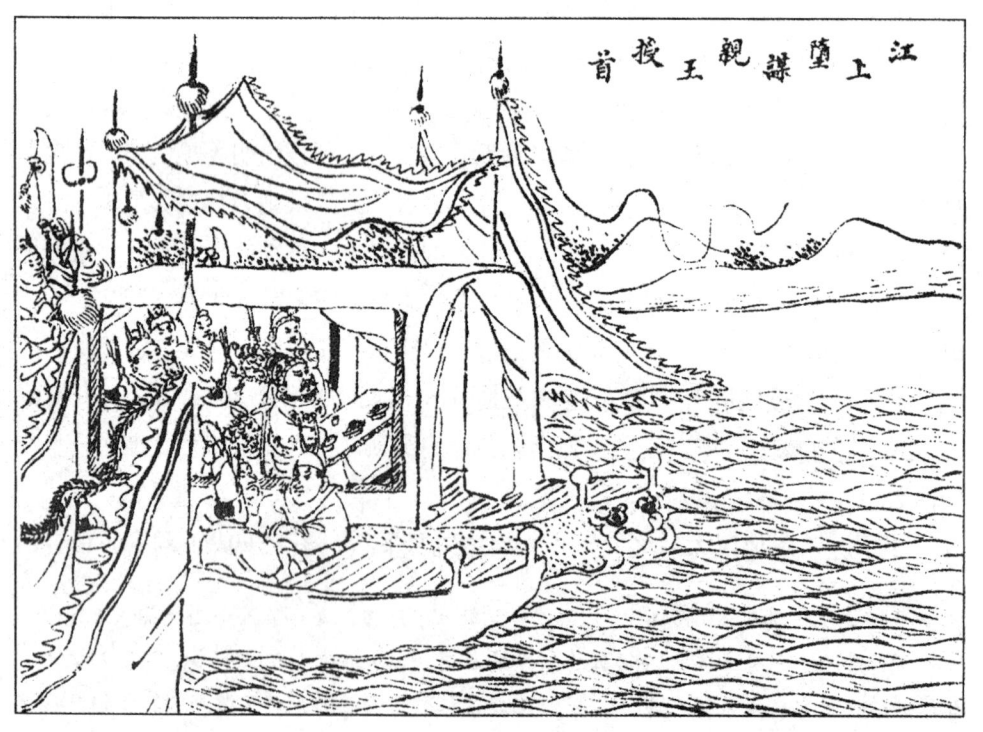

江上堕谋亲王授首
——从1935年会文堂新记书局蔡东藩《南北史通俗演义》

后，马上报告了萧道成。萧道成听后并无惊惶之色，原来他已预有所闻。于是，萧道成加紧部署，派将助袁粲守石头城，又以王敬则为直阁，与卜伯兴共掌禁卫兵，实为监督防守袁粲、卜伯兴等。

袁粲密谋矫太后令，让领军将军刘韫与卜伯兴领宿卫兵于朝堂攻杀萧道成，黄回率军自新亭接应，刘秉、任侯伯等赴援石头城。

起事之后，刘秉整天惶惧不安，午后三点，就忙着打点行装。临出发时喝了口汤，竟全洒在胸前，两手不住发抖。天还未暗，他就用车载着全家老少妻妾一大群上了路，后面还跟着几百名部曲。袁粲见刘秉提前而来，大吃一惊："为何这么早就匆忙而来？今日必败了！"刘秉惊魂未定，气喘吁吁地说："得见公，万死何恨！"

萧道成很快得到消息，马上秘密派人告诉了王敬则。王敬则先发制人，杀死了刘韫和卜伯兴。萧道成的军队与袁粲的军队在石头城展开激战，很快攻占了城池。刘秉与二子逃走，于路上被斩。袁粲下城，列烛自照，对儿子袁最说："我本知一木不能阻止大厦之崩，但以名义理应如此。"戴僧静逾墙而入，持刀向前，袁最以身体保护父亲，被砍伤，袁粲抱着儿子，自豪地说："我不失为忠臣，汝不失为孝子！"说完，父子俱被杀。兵士见状，莫不流涕。[1]

为全力对付西线沈攸之的压力，萧道成移屯阅武堂，以黄回为平西将军，将重兵西上作战，又派心腹随之同往。黄回平常与同谋反萧的王宜兴不和，怕王宜兴向萧道成报告他曾参与谋反，就借故斩了王宜兴。诸将都说黄回手握重兵必反无疑，萧道成却非常自信，对诸将说："卿等有什么可疑的，黄回不会有大作为，放心好了！"

沈攸之率大军从江陵（今湖北江陵）出发，在郢城（今湖北江陵东北）与柳世隆展开了激烈的争夺战，30余日未能取胜，士卒离心，逃跑者日日增多，只好放弃郢城，率众过江，至鲁山，军队溃散，诸将争相逃走。待他率残部赶回江陵，方知江陵已被雍州（今湖北襄阳）刺史张敬儿攻占，兵士顿时四散。沈攸之走投无路，与儿子沈文和在栎林中自缢身亡。

---

[1] 事见《南史·袁湛列传》："粲还坐，列烛自照，谓其子最曰：'本知一木不能止大厦之崩，但以名义至此耳。'僧静挺身暗往，奋刀直前欲斩之。子最觉有异，大叫抱父乞先死，兵士人人莫不陨涕。粲曰：'我不失忠臣，汝不失孝子。'仍求笔作启云：'臣义奉大宋，策名两毕，今便归魂填壑，永就山丘。'僧静乃并斩之。"

平定沈攸之叛乱后,萧道成觉得黄回总是靠不住的,便有意伺机杀掉他。但黄回手下有部下数千人,若派人去抓他,恐会引起乱子。于是,于升明二年(478)四月,召黄回入东府。黄回到后,萧道成并不见他,派桓康带数十人入内,历数其罪状后杀死。

自杀死黄回后,萧道成的主要反对派就被全部消灭光了。从此,他加紧了代宋称帝的准备。

三、四处活动　受禅即位

萧道成要代宋称帝,就需大量网罗有识之士和在社会上有重大影响的时贤参赞大业。如王僧绰之子王俭,虽只有20余岁,但好学博闻,少有宰相之志,颇被时论所推重。萧道成以他为太尉右长史,太尉府中大小事都委任他办理,把他当做重要助手和智囊。再如其他出身名门望族的王僧虔、王延之等,也为萧氏所

篡宋祚废主出宫
——从从1935年会文堂新记书局蔡东藩《南北史通俗演义》

用。除琅玡王氏外，萧道成还很看重在江南有举足轻重影响的另一支世族高门谢氏。谢庄之子谢朏为名门之后，在社会上有较大影响，所以萧道成想取得他对自己称帝的支持。无奈谢朏不管怎样启发诱导，只是一言不发。

萧道成还利用一切手段争取褚渊的支持。一次，他到褚府造访，说了一大套闲话后才道："我做了一梦，梦到我应得官。"褚渊答："萧公刚加太尉、都督，恐怕一二年间不容移官，况且吉梦也未必应在旦夕。"见褚渊不答应，萧道成无奈而归。后来，亲信摸准褚渊的脾气施压，褚渊才不敢反对。

升明三年（479）三月，萧道成又晋为相国，封为齐公，加九锡。齐国的官爵礼仪全模仿朝廷而设。

四月，萧道成为齐王。不久，刘准下诏禅位于齐。司空兼太保褚渊等奉玺绶，率百官至齐宫劝进，萧道成辞让不受。百官又再三恳请，有人进符命说，"六"是亢位，东汉历196年禅于魏，魏历46年而禅晋，晋历156年而禅宋，宋自永初元年至升明三年，共60年。历代皆以六终六受，这就是天命。因此，他们请萧道成顺天时，膺符瑞称帝。在群臣的再三恳请下，萧道成才勉强答应，择日于南郊举行了即位大典，是为齐高帝。回宫后宣布大赦，改元建元。齐朝正式建立。

四、力戒前车　融睦亲情

高帝萧道成在群臣拥戴下登上皇位，颇为踌躇满志。忽一日接到一份上表，原来是裴颛在表中列数他废宋称帝的罪行。为树起新朝威望，萧道成下令立杀裴颛。

不过，萧道成并非一味滥杀。太子萧赜请示：谢朏藐视新朝，是否将其斩首示众？对谢朏的罪状，萧道成非常清楚。但他知道，新朝初立，基业不稳，暗中反对禅代的还大有人在，谢朏名重望高，杀了影响不好。因此，他对太子讲："若杀了谢朏反而会使他成名，正应容之度外。"过了一段时间后，才找了一个借口，把谢朏免官废于家。

为了稳固基业，萧道成广开言路，要群臣议政，大臣们有的建议废除宋时的苛政细制，有的建议停止讨伐交州，有的建议减免宋时的苛捐杂税，限制贵族富民封略山湖侵渔百姓……百官热烈上言，萧道成皆加以褒赏，并下诏："二宫诸王，悉不得营立屯邸，封略山湖。"又下令减免百姓的租债，减轻市税。

针对刘宋奢侈浪费之风，萧道成特别强调节俭。一次，他发现主衣库中有

萧道成（清人绘）

玉导，很不高兴，马上命人击碎。又命人翻检有何异物，凡认为能助长豪华奢侈风气的，全部销毁。他常说："使我治天下十年，当使黄金与土同价。"

萧道成有19个儿子，其中6个早夭，余下的13个儿子，有的勇猛过人，有的谋略出众，几个年长的还为他创业立下了功劳。[1]

太子萧赜自以为随父同创大业，便骄傲起来，朝事不论大小都由自己专断。他所亲信的左右张景真骄侈不法，东宫里许多用物都违反制度。朝臣们都不敢报告萧道成，荀伯玉不忍萧道成被蒙在鼓里，乘太子出建康到武进拜永安、泰安二陵的机会，秘密向萧道成报告了太子的行为。

萧道成听了荀伯玉的报告后，大怒，马上命人检校东宫。太子萧赜拜陵完毕返还，突然见豫章王萧嶷乘快马来迎，要他火速进京，并告诉他父皇发怒的事情。萧赜不敢停留，当夜赶回建康。第二天，萧道成派两个孙子萧长懋、萧子良宣敕责备太子萧赜，并拿出张景真的种种罪证，要他以太子令杀张景真，萧赜见父亲盛怒，又忧又惧，开始装病不朝。

过了月余，萧道成怒气仍未消，心里筹划着废太子另立次子萧嶷的事。一天，他正闷闷不乐地在太阳殿休息，忽见王敬则独自一人闯了进来，对他跪下叩头说道："皇上有天下日浅，太子无事被责，人情恐惧。愿皇上往东宫去解释清楚。"萧道成听了王敬则的话，心中一动，但仍不露声色，一声不吭。王敬则见他不答话，就不管三七二十一，大声宣布，要左右速侍奉皇上穿戴齐整往东宫去，又命太官准备酒馔，左右侍候车舆。萧道成卧在那里，一点也没动身的意思。王敬则拿过衣服，强披在他的身上，又硬拉着他上了车。他就这样被生拉硬

---

[1] 事见《南史·齐高帝诸子上·豫章文献王嶷列传》。

扯地送到了东宫。先见到了太子，又召诸王至玄圃，大设宴席。席上，长沙王萧晃执华盖，临川王萧映执雉尾扇，次孙萧子良持酒杯，长孙萧长懋行酒，太子萧赜、豫章王萧嶷和王敬则自捧酒馔，大家像众星捧月一样侍奉萧道成，使得他心里热乎乎的。他看到，儿孙们是真心希望他与太子调解矛盾，次子萧嶷毫无取代太子之意，又有什么比皇室和睦更宝贵呢？这样，萧道成的气慢慢消了，废太子另立的主意也被抛到九霄云外去了。这一次酒宴一直进行到天黑，众人尽醉才罢休。

建元四年（482），高帝萧道成病重期间，特地把太子叫到跟前，嘱咐说："宋氏若不骨肉相屠，其他族岂得乘其衰敝而取代之！汝深戒之。"

三月，这位一生叱咤风云的南齐开国皇帝逝世，终年56岁，葬于武进县泰安陵。

名家评说

於皇太祖，有命自天。同度宇宙，合量山渊。宋德不绍，神器虚传。宁乱以武，黜暴资贤。庸发西疆，功兴北翰。偏师独克，孤旅霆断。援旆东夏，职司静乱。指斧徐方，时惟伐叛。抗威京辇，坐清江汉。文艺在躬。芳尘渊塞。用下以才，镇民以德。端己雄眸，君临尊默。苞括四海，大造家园。

——梁·萧子显《南齐书》

齐高帝基命之初，武功潜用，泰始开运，大拯时艰。及苍梧暴虐，衅结朝野，而百姓懔懔，命县朝夕。权道既行，兼济天下。元功振主，利器难以假人，群方戮力，实怀尺寸之望，岂惟天厌水行，固已人希木德，归功与能，事极平此。

——唐·李延寿《南史》

梁武帝萧衍

梁武帝萧衍
——从明弘治十一年（1498）《历代古人像赞》

梁武帝萧衍（464~557），南朝梁的开国皇帝。字叔达，小字练儿。南兰陵中都里（今江苏常州西北）人，生于秣陵县同夏里三桥宅。谥号"武帝"，庙号"高祖"。其父萧顺之是齐高帝族弟。萧衍在南齐官至雍州刺史，镇襄阳。永元三年（501），他乘南齐君臣互相残杀之际，自襄阳举兵东进，占领建康（今南京），并于次年称帝，国号梁，史称萧梁。公元502~557年在位，长达48年。他博学能文，大力提倡佛教，不惜劳民伤财，大兴佛寺；赋税繁多，徭役繁重，人民苦不堪言，各地农民起义不断，社会达到"人人厌苦，家家思乱"的严重地步，并招致侯景之乱。

一、屡立奇功　雍州起兵

萧衍自幼酷爱读书，博学多通，加上天资聪颖，年纪轻轻就在文学方面崭露头角。当时与之交往甚密的有沈约、谢朓、王融、范云等七人，他们经常出入于竟陵王萧子良的西邸，被世人称为"八友"。八友之中文才以沈约最长，有《宋书》《齐纪》等书传行于世，然而若论胆略才识，却又首推萧衍。[1]

---

[1] 事见《南史·武帝本纪上》。

萧衍因出身贵族之家，初入仕途，便当了卫将军王俭的东阁祭酒。王俭一见萧衍，立即感到他谈吐不凡，便对他特别器重，请他当上了户曹属官。由于萧衍办事果敏，深得上司同僚敬重，所以不久便当了随王镇西咨议参军。其后三年曾回建康（今南京）为父守丧，期满后拜太子庶子、给事黄门侍郎等职。

永明十一年（493），齐武帝病重，王融打算趁武帝去世之机立萧子良为帝，私下已经准备好了武帝遗诏。后来，王融事败，被下狱赐死。此事萧衍已推知，范云由是益知萧衍才识非浅，不禁对他更加敬佩。

齐朝新皇帝即位后不问政事，只知饮酒作乐，纵欲怙非，不肯从谏。萧鸾气愤不过，决定将其废去，另立新主，遂召萧衍商议。萧鸾首先开言："现在主上失德，我已决意废旧立新。"萧衍说道："废旧立新是件大事，恐怕会引起诸王反对。"萧鸾说："我看诸王大都庸弱无能，不足为虑。只是随王子隆，有文有武，现又据荆州（今湖北江陵）要地，如能将他召回京城，事情就好办了。不过，他不一定肯来，怎么办才好呢？"萧衍答道："随王虽有美名，其实也是草包一个。他手下没有什么谋士，所依靠的只有司马垣历生、武陵（今湖南常德）太守卞白龙而已。这两人都是惟利是图之辈，如果能给他们高官厚禄，没有不肯来的！至于随王，届时只需信函一封，便可把他召来了！"萧鸾深以为然，遂依计而行，于隆昌元年（494）夏天废去郁林王，另立新安王，仅隔三月，又自立为帝，是为齐明帝。在齐朝这场宫廷政变中，萧衍因功被封为中书侍郎，接着又迁为黄门侍郎，以其运筹帷幄之才，取得了一定的政治地位。

次年，北魏孝文帝亲率30万大军循淮河东向直攻钟离，齐明帝遣左卫将军崔慧景、宁朔将军裴叔业率兵救钟离，又闻刘昶、王肃率众20万攻义阳（今河南信阳），平北将军王广之与萧衍奉命率兵往救义阳。王广之引兵距义阳百余里，众军听说魏军强盛，都不敢前进。萧衍遂自请先进，王广之乃将手下精兵拨出一部分给萧衍。萧衍领兵乘黑夜悄悄由小道直抵贤首山，离魏军仅隔数里，将旗帜遍插山上。天明，义阳城中望见援军，勇气倍增，立即出城攻打魏营，并因风纵火，烟焰冲天。萧衍亲自扬麾摇鼓吹角，众军奋勇向前，魏军突遭内外夹击，支持不住，被迫逃窜。萧衍回都，因功拜太子中庶子。

建武四年（497）深秋，魏军再次攻齐，连下新野（今河南新野）、南阳，兵锋直达雍州（今湖北襄阳）。齐明帝连派萧衍和左军司马张稷及度支尚书崔慧景等率兵救援雍州。次年三月，崔慧景与萧衍转战至雍州西北的邓城（今河南邓

两国交兵齐师屡挫
——从1935年会文堂新记书局蔡东藩《南北史通俗演义》

州），恰遇魏军数万铁骑忽然到来，将小城团团围住。萧衍见城中缺粮少械，遂与崔慧景商议："我军远来，本已饥饿疲惫不堪，如果再知道城中缺粮，一定会发生兵变。依我之见，倒不如趁敌军初到，仗着锐气，冲杀一番，或许能够挽回局面。"崔慧景心中发怵，但又不好表露，只是敷衍道："北方游虏，从不夜间围城，待天晚自会退去。"不想魏兵愈来愈多，大有拔城之势。崔慧景见形势不妙，竟从南门带其部曲逃走，其余各部见没了总指挥，也都相继逃跑。萧衍禁遏不住，只好令将军刘山阳率领数百人断后，且战且退。过闹沟时，沟上木桥皆被踩断，齐军争着过沟，自相践踏，再加上北魏追兵从后面射箭，齐兵死伤无数，好容易逃至樊城（今湖北襄樊），才得以因城固守。此次战后，齐明帝为加强雍州防务，特选萧衍为辅国将军兼领雍州刺史。萧衍因此有了一块坚实可靠的根据地，为以后夺取萧齐天下奠定了基础。

齐明帝萧鸾在位五年就因病而死，太子萧宝卷继位，是为东昏侯。东昏侯

即位后，诛杀大臣无数，文武群臣皆不自安，江州（今江西九江）刺史陈显达起兵反叛，不过数日即被扫平。豫州刺史裴叔业闻此大为惊疑，便遣亲信马文范潜赴襄阳，问萧衍自安之计，萧衍回复说："如果朝廷确实怀疑将军，我看不妨将家属送至都城，作为人质。万一朝廷意外相逼，可将所部2万兵马直出横江断他后路，则天下事可一举而定。如若将军北投魏主，他必然会派员接收，而另置河北一州给将军，试问河南公还能当得成吗？"裴叔业闻报仍然犹豫不定，一面遣子裴芬之入质建康，一面又暗地派人与魏相通。后裴芬之自己逃回寿阳，裴叔业乃奉表降魏，魏封裴叔业为兰陵郡公、征南将军，仍领豫州刺史，都督豫雍等五州军事。齐朝闻报，乃遣萧懿为豫州刺史，负责征讨裴叔业事宜。

萧衍得知萧懿出兵，连忙派亲信虞安福前去游说，让其讨伐昏君，无奈萧懿不听。平定裴叔业之乱后，齐廷拜萧懿为尚书令，其弟萧融并有威权。当时东昏侯经常出宫，游戏无度，有人劝萧懿趁其出门时举兵废之，萧懿又不听。十月，东昏侯赐药令萧懿自尽。

不久，萧懿凶信传至襄阳，萧衍即于当夜请张弘策、吕僧珍、长史王茂、别驾柳庆远、功曹吉士瞻等来府中商议废昏立明之事，大家闻听，踊跃欢呼，于是当即建牙集众，得甲士千余人，马千余匹，船3000艘，从此便开始了又一场夺皇位的战争。时间是永元二年（500）十一月。

二、灭齐建梁　位登九重

东昏侯得知雍州情形后，当即下令辅国将军刘山阳率兵3000至荆州，与南康王萧宝融会师攻袭襄阳。萧衍探得情报，派参军王萧天虎由雍州去江陵（今湖北江陵），沿途与州府书，内容都是"山阳西上，将要攻袭荆雍二州"。当时南康王年方13岁，以萧颖胄为长史，大小事皆决于萧颖胄。萧天虎去后，萧衍对众将佐说："荆州风俗向来惧怕襄阳人，再加有唇亡齿寒之虞，萧颖胄一定会与咱们合作。这样，我们合荆、雍之兵，鼓行而东，就是韩信、白起再生，也不能为建康谋划了！"谁知萧颖胄得书，却是迟疑不决，萧衍乃复命萧天虎带书再赴荆州。萧天虎既行，萧衍密对张弘策说："用兵之道，攻心为上。上次派天虎去荆州，沿途州府皆有书。今令天虎急赴荆州，只给颖胄兄弟两封空函，与他人只说'天虎口传'，而人问天虎，天虎却不知所答。天虎是颖胄的心腹，人必以此疑颖胄与天虎共隐其事。刘山阳惑于众口，必然也会怀疑颖胄，如此仅凭两封空函即可收服荆州了！"[1]

果然萧颖胄杀刘山阳后，将其头给萧衍送去，两人经商议决定即时起兵。

为了号召天下，萧衍上表南康王萧宝融，要其自上尊号，萧宝融不许。萧颖胄遂使建康降将托称宣德太后敕令，谓南康王应篡承皇祚。萧宝融至此才答应等第二年春天受命。

中兴元年（501）春天，南康王萧宝融称相国，命萧颖胄为左长史，号镇军将军，萧衍为征东将军。萧衍乃兵发襄阳，二月至竟陵（今湖北潜江西北），命王茂、曹景宗为前军。

三月，南康王萧宝融即位于江陵，是为和帝，改元中兴。萧颖胄为尚书令，萧衍为左仆射，都督征讨诸军。时萧衍驻于夏口，和帝派御史中丞宗夬慰劳衍军。萧衍部下宁朔将军庾域私下对宗夬说："主帅黄钺未加，如何能总率侯伯？还请你代为主帅请命。"宗夬还江陵报与和帝，不久和帝即遣萧颖达来助萧衍，并传敕假萧衍黄钺。萧衍欣然领命，遂出沔江，命王茂、萧颖达等进逼郢城（今湖北鄂州）。郢城守将薛元嗣不敢出战，只是闭城严守，并遣使至建康求援。诸将皆欲取城，萧衍不许。

如此两月，倏忽即过，郢城虽未攻下，但萧衍胸有全图，并不着急，静候时机。

齐王派军将吴子阳等进军武口，救援郢州。消息刚到，萧衍即令军将梁天惠等屯渙湖城，唐修期等屯白阳垒，夹岸相对，以待东军到来。吴子阳见势驻军加湖，距郢城约30里，依山傍水，筑寨自固。萧衍命王茂率师夜袭，吴子阳不备，败逃而去。鲁山守将房增寄本已有病，闻此消息不日而死。余部推孙乐祖为首，继续防守，无奈粮草已尽。萧衍一面派军截其归路，一面致书劝降，孙乐祖左右无计，只好举城归顺。此时郢城已闭门200余日，疾病流行，士民男女10万人仅余二三万人。薛元嗣见援兵已去，鲁山又降，也只好出降。

诸将至此连战数月，皆欲于夏口休整，萧衍反对，说："我们现在不乘胜

---

[1] 话见《梁书·武帝本纪上》：（高帝曰）"夫用兵之道，攻心为上，攻城次之，心战为上，兵战次之，今日是也。近遣天虎往州府，人皆有书，今段乘驿甚急，止有两封与行事兄弟，云'天虎口具'。及问天虎，而口无所说，行事不得相闻，不容妄有所道。天虎是行事心膂，彼闻，必谓行事与天虎共隐其事，则人人生疑。山阳惑于众口，判相嫌贰，则行事进退无以自明，必漏吾谋内。是驰两空函定一州矣。"

直指建康，更待何时！"张弘策、庾域等表示赞同。于是诸军即日上道，由张弘策谋划军旅事宜，一切安排极为妥当。

这年十月，萧衍率军抵达建康城下，于朱雀桥南同齐军展开激战，直杀得天昏地暗，日月无光。齐军遂土崩瓦解，萧衍军乘势入石头城，筑起长围，将齐宫城围得水泄不通。

齐朝当此危急之时，茹法珍等尚不忘进谗："宫围不解，全是大臣不用心造成，这样的文臣武将真该杀他几个才对。"征虏将军王珍国闻言非常气愤，即密派亲信持一明镜送给萧衍，意为"其心可鉴"；萧衍会意，取"二人同心，其利断金"之意，将一断金交来人报于王珍国。王珍国即与兖州刺史张稷合谋，于夜半带兵入云龙门，至含德殿，将正在笙歌夜饮的东昏侯萧宝卷杀死。然后召文武百官，令于降书上署名，又用黄油裹东昏侯头，交国子博士范云送给萧衍。[1] 范云为西邸八友之一，一向与萧衍关系密切，此时即留萧衍处谋划。萧衍接到降书，马上派张弘策先行入宫，封存府库图籍，并收潘妃及嬖臣茹法珍、梅虫儿等41人。然后萧衍入屯阅武堂，连下三令，其一为大赦天下，"凡昏制谬贼，淫刑滥役外，可详检前原，悉皆除荡"；其二为"东昏时诸争讼失理，及主者淹停不时施行者，精加讯辩，依事议奏"；其三为"收葬义师，瘗逆徒之死亡者"。

萧衍占领建康后，即派诸将征讨四方，各地刺史、太守相继投降。次年正月，迎宣德太后入宫，临朝称制，晋萧衍为大司马，都督中外诸军事，可以带剑上殿，无需叩拜仪式。其时萧颖胄已经因萧衍战无不克自己却无所建树，忧愧生疾而死，萧衍由此掌握全部军国大权，下一步就要废主萧宝融，受禅称帝了。

萧衍当上大司马，已是众望所归，登基称帝似乎已经不成问题。但萧衍仍不敢贸然行事，故也不好向臣下提起。一日，骠骑司马沈约转弯抹角谈及此事，萧衍装作不明其意，故意含糊其辞，挡了过去。又一日，沈约干脆明白提出其当继承大位。萧衍听了，沉默半晌，才说"且待我三思"。后，应允。沈约出去后，萧衍又召见范云告知此事，范云意思与沈约大致相同，萧衍大喜，即让范云与沈约明早一同来见他。

次日，沈约先至朝殿，见范云尚未到来，竟先行进入。萧衍即令沈约负责筹划代齐事宜，沈约从怀中取出三纸，一为加九锡文，一为封梁王文，第三纸竟

---

[1] 事见《梁书·王珍国列传》。

是内禅诏书，萧衍大为惊叹，没有更改一字即表示同意。范云来到殿门，不见沈约，乃徘徊于寿光阁外，后经问明殿门卫士，才知沈约已经先入，心中很不是滋味。又过了一会，沈约出来，举手向左，就是将来让范云为左仆射的意思，范云解此意，当然转惊为喜。这时萧衍又将范云召入，将沈约所制三文交给范云，范云亦赞叹不已。

过了几日，即有诏晋大司马萧衍位相国，总百揆，领扬州牧，封十郡为梁公，备九锡之礼，置梁国百司。萧衍先是上表不从，至二月见无人出面反对，才欣然接受诏命。此时有湘东王萧宝晊，早在东昏侯受诛时就冀望能登上帝位，谁知后来只当了个太常，心中很是不满。至萧衍晋位相国，更是口吐怨言。事为萧衍所知，当即诬称萧宝晊谋反，将其及弟萧宝贤尽皆杀死。又过数日，和帝再下诏增封梁公十郡，晋爵为王，所有梁国要职，皆仿天朝成制。至此萧衍以沈约为吏部尚书兼右仆射，范云为侍中。

范云没当上左仆射，心中怏怏不乐，总想伺机于萧衍受禅时再立一功。谁知迁延几十天，竟不闻萧衍再提受禅之事。细究其因，原来萧衍入宫之后，除东昏侯的潘贵妃被领军王茂诛杀之外，尚有余妃和吴淑媛两个美女，全都据为己有。由是萧衍竟为女色所迷，所有政事一概置之度外了。范云对此非常着急，遂特邀领军王茂一同入殿来见萧衍，向其陈明利害。萧衍听后乃决计篡齐，准备受禅。为清除称帝隐患，萧衍又借口邵陵王萧宝信、晋熙王萧宝嵩、桂阳王萧宝贞三人与湘东王萧宝晊谋反有关，于一日之内下令自尽。其时三王年龄都不过10岁上下。还有庐陵王萧宝玄，虽软弱无能，也不免忧惧而死。再就是鄱阳王萧宝寅，年方16岁，跳墙逃出，昼伏夜行，最后到达寿阳，被北魏扬州刺史王澄收留。至此，明帝诸子仅剩下晋安王萧宝义和齐和帝萧宝融。萧衍这

沈　约

才奉表萧宝融，请其东归建康。萧宝融乃诏令萧衍之弟萧憺为荆州刺史，都督荆、湘等六州军事。萧憺虽年纪不大，但却少年老成。当时荆州正处军旅之后，公私空乏，他励精图治，广屯田，省力役，体问兵死之家，诚接天下贤士，于是人人得尽其意，民心尽归萧氏。及萧宝融启程以后，东西遥相呼应，声称上天之意，已让萧衍为帝。又作"行中水，为天子"的谶语，让各地儿童传唱，造成舆论攻势。在此态势下，萧宝融手下中领军夏侯祥接沈约、范云书，教他迫帝禅位。夏侯祥见风使舵，至姑孰（今安徽当涂）逼齐和帝下诏禅位。和帝之诏到了建康，宣德太后亦下令表示同意，萧衍至此反故作谦恭之态，几次抗表谦让，于是豫章王元琳率齐宫819人，范云领梁臣117人，一并再三上疏称臣，乞请登基，太史令蒋道秀陈天文符谶64条，萧衍才勉强接受。于是选吉日良辰，即位南郊，祭告天地，登坛受百官朝贺，是为梁武帝。改齐中兴二年为梁天监元年，大赦天下。[1]时间为公元502年四月。

即位次日，梁武帝下诏废齐和帝萧宝融为巴陵王，居姑孰，一切礼遇皆仿齐初。又下诏封诸弟为王，沈约为尚书仆射，范云为吏部尚书，其他文武百官亦各有封赐。封官设职完毕，萧衍即遣亲信郑伯禽赴姑孰，以生金进巴陵王。萧衍托称萧宝融暴亡，追尊为和帝，按皇帝之礼大殓，将其葬于安陵。又下诏改晋安王萧宝义为巴陵王，仍奉齐朝宗祀。萧宝义自幼有废疾，口不能言，故于明帝诸子中独能得全。

三、无意政治　有心入佛

梁武帝萧衍登基之后，鉴于齐亡教训，总是勤于政务，孜孜不倦。即令寒冬腊月，也是五更即起，批改公文，以至双手破裂。又注重纳谏，特诏令于东府前谤木肺石旁各置一函。凡布衣处士，欲指陈时事，有所建议，可投书于谤木函中；凡功臣材士，如有功劳未达，才不尽用，可投书于肺石函中。萧衍还率先勤俭。"一冠三载，一被二年"，其所用衣物，均已洗濯数次。平常吃饭只以菜蔬豆羹粝食为主，并且每日只吃一餐，遇有事务繁忙，便喝点稀汤充饥。每当简选

---

[1] 事见《梁书·武帝本纪上》："高祖抗表陈让，表不获通。于是，齐百官豫章王元琳等八百一十九人，及梁台侍中臣云等一百一十七人，并上表劝进，高祖谦让不受。是日，太史令蒋道秀陈天文符谶六十四条，事并明著，群臣重表固请，乃从之。"

长吏时，务必求选廉平，并亲自于殿前召见，勉之以为政清廉之道。又特下诏全国，如小县令有才干政绩者，即迁大县；大县令有才干政绩者，即迁二千石。当时朝臣中有二人皆以廉洁著称，遂分别提拔为内史、太守。由是上行下效，吏治有了不少起色。

萧衍和历代君主一样，也对开国元勋大加疑忌。梁朝开国功臣首推张弘策、范云和沈约。张、范二人开国之初即相继谢世。惟沈约是萧衍好友，又助萧衍受禅登基。本应好好重用，但事实却非如此。萧衍先是重用徐勉、周舍，又继之以重用谢朏，最后起用寒士朱异，让其执掌权要20余年。沈约不被重用，虽不与计较，但常被呵责，不久即病重而死。

萧衍对开国元勋如此刻薄，对皇室权贵却是恩礼优加，关怀备至，甚至显得愚懦不堪。这突出表现在对其弟萧宏和其子萧综的态度上。

临川王萧宏是萧衍的六弟。萧衍尽管知道萧宏曾藏匿杀人凶犯，欲财聚货，甚至派人刺杀其本人，但对萧宏并不追究，仍封官加职。然而不久，萧宏变本加厉，肆意妄为，竟与萧衍之长女永兴公主勾搭成奸，而且两人密谋篡逆，派二僮行刺萧衍，不料二僮办事磨蹭，错过时机，被舆卫捉住斩首。永兴公主自觉无颜再见父亲，回宫即自尽身亡。临川王萧宏闻知事败亦忧惧

寒山寺

寒山寺位于苏州，始建于南朝萧梁天监年间（502~519），初名"妙利普明塔院"。自建寺后一千多年间先后多次遭到火毁，寺内殿宇均为清光绪年间所建。历史上寒山寺曾是中国十大名寺之一，寺内古迹甚多。

成疾，不久亦死。

豫章王萧综是萧衍次子，其生母吴淑媛是齐东昏侯宫姬，萧衍纳之为妃后，极为宠爱，仅七月即生萧综。天监三年（504）封为豫章郡王，邑二千户，至普通二年（521），入朝为侍中，镇右将军。吴淑媛色去宠衰，心怀怨愤，便将随萧衍七月生子之事告知萧综，萧综由此认为自己是东昏侯之子。普通六年（525），魏元法僧降梁，陈庆之等为之接应，结果被魏所败。萧衍乃命萧综出镇彭城，都督诸军。不久魏调临淮王为东道行台，率兵进逼彭城（今江苏徐州）。萧衍恐怕萧综失利，即召其还朝，萧综却于此时投奔魏军。魏朝见萧衍次子来降，非常高兴，当即授萧综为侍中、太尉、高平公、丹阳王，邑七千户。萧综这时改名为缵，特地为东昏侯举哀，服斩衰三年。萧衍闻次子投魏，大为惊愕，遂削其爵土，撤除属籍，改其子孙为悖氏，并废吴淑媛为庶人。后来陈庆之随元颢伐魏，萧衍听说萧综有南归之意，令吴淑媛以综儿时衣服让陈庆之捎去，萧综却坚决不回。未几吴淑媛病故，萧衍又生怜惜之心，诏赐复萧综爵，谥吴淑媛为敬，又封萧综子萧直为永新侯。

萧衍为梁帝初雅重儒术，设国子监，增广生员，立五馆，设五经博士。萧衍本人虽日理万机，犹卷不辍手，燃烛侧光，一看就是半夜。亲撰《春秋答问》《尚书大义》《中庸讲疏》《孔子正言》等计200余卷，王侯朝臣质疑，萧衍皆亲为解释。于是四方郡国，趋学向风，云集于京师者不可胜数。然萧衍进入暮年，尤经萧宏、萧综两次事件打击，竟逐渐看破红尘，转入佛门，成为中国古代皇帝中唯一的在位和尚皇帝。为便于祭拜佛祖，萧衍令于宫城附近修筑同泰寺。寺中供奉莲座，宝相巍峨，殿宇宏敞。为来往便当，又令于宫城中开大通门直对寺门，萧衍早晚即可由此门入寺拜佛参禅。

普通八年（527）三月，萧衍亲临同泰寺，为表忠心事佛，竟舍身入寺，做了三天的住持和尚，然后才返回宫中，并下令改元为大通。萧衍信佛之后，不仅自己断绝女色，不食荤腥，而且下诏全国，今后祭祀宗庙神灵，不许再用牛羊猪等，只能用蔬菜水果。此令一下，朝野为之震动，都说祭祀尚不可杀生，那么肉也不可再吃了。如此群情汹汹，竟引动朝廷商议，拟用大脯代牛。报与萧衍，萧衍坚决拒绝用牲。最后经再三请求，才许用面粉捏成牲像祭祀。臣下无法，只好遵令而行。

当时有南印度僧菩提达摩闻听梁朝重佛，不远万里，由海路乘船至广州。

萧衍听有远方高僧到来，立即命令地方官吏马上将其护送入都，亲自于内殿召见，谈论佛理。然而没过多久，达摩见话不投机即告辞出来，后来渡江至嵩山少林寺传经授徒，竟成为中国禅宗第一世祖。

萧衍礼遇高僧不成，于是转尊俗僧慧约为师，亲自受戒，并令太子王公以下，皆以慧约为师。此令一下，朝官权贵受戒者竟达5万人之多。萧衍又把佛经弄来精心研读，这样一来遂使朝纲废弛，宵小弄权。此时贤相周舍、徐勉已相继逝世。只有尚书令何敬容与寒士出身的侍中朱异，表里用事。何敬容久处台阁，详悉旧闻且聪明识治，虽然趋势信佛，但也未妨碍政务。惟朱异善窥人主旨意，能阿谀以承上旨，任官30年，广纳货贿，蒙蔽朝廷，萧衍偏独信用，以致朝政更加昏暗。

大通三年（529）九月，萧衍再幸同泰寺。脱去御衣衮服，于寺中沐浴完毕即换上法衣袈裟，宛如一位入寺多年的老僧，当晚即在寺中僧房居住，素床瓦器私人执役，与寺中主持相似。次日天明，设四部无遮大会，萧衍着法衣亲自开讲堂法座，为四部大众（僧、尼）讲经。讲毕即再次将肉身舍入寺中，自号三宝奴。如此过了10天，王公大臣聚钱1亿万，请求赎回皇帝菩萨。众僧于其时实在不好说什么，只有木然无语，算是做了答复。又过了一天，文武百官集于同泰寺东门，奉表请皇帝还宫。萧衍答书语意恳切，竟对群臣用"顿首"之辞，声称既已舍身入寺就无返俗之意。群臣连上三表，萧衍才好不情愿地回到宫中。

大同三年（537），萧衍令修长干寺阿育王塔，发现佛爪发舍利，萧衍以为佛家盛事，亲赴该寺再作法事，并诏令大赦天下。中大同元年（546）春天，萧衍再至同泰寺设四部无遮大会，开讲《金字三慧经》，又舍身寺中，并许以所王境士供养三宝。过了一月，王室公卿以钱2亿万奉赎。萧

禅宗始祖——达摩

衍又推辞一番才停讲经义，下诏改元并大赦天下。萧衍回宫当晚，同泰寺发生火灾，浮图被毁。萧衍闻报说："这是妖魔所为，应广做法事祈禳。"群臣无一反对，都说应该如此。萧衍乃下诏说："道高魔盛，行善郡生，应大兴土木，重建浮图倍盛往日！"遂兴造十二级浮图，后因侯景之乱而止。

距上次舍身同泰寺仅一年，萧衍因侯景来降，认为是佛祖保佑，于是又演出一场舍身闹剧。此次舍身入寺至群臣奉赎还宫，历时37天。不仅如此，年逾古稀的萧衍此时还刚愎自用，不知纳谏。当时有散骑常侍贺琛上谏书一篇，竟致萧衍大怒，责其空作漫语，徒沽直名。在这种政治形势下，其败亡之状是可想而知的。果然就在萧衍做皇帝后的第47个年头，发生了著名的侯景之乱。

四、侯景作乱　武帝饿毙

侯景本是已经同化于鲜卑的羯族人，曾作过怀朔镇的外兵史，和高欢极为友好。怀朔六镇起义失败后，侯景降于契胡部落的酋长尔朱荣。后在镇压葛荣时为先锋，因功至定州（今河北定县）刺史。及高欢灭尔朱氏后，侯景又依附于高欢，并深得赏识，历任尚书左仆射、吏部尚书、司空、司徒等职。

侯景因功自傲，常轻视高欢之子高澄。高欢死后，高澄想将侯景调回夺其兵权。侯景自思素与高澄不睦，心不自安，于是以河南十三州之地降于西魏。西魏对侯景之降态度非常谨慎，除明面给侯景以太傅、上谷公、河南行道台等高官厚爵外，一面分派大军陆续接收侯景所辖州县，一面接连召侯景入朝长安，也想趁机夺其兵权。侯景看到这种形势，于是决计上表武帝萧衍，请降梁朝。

萧衍接到侯景上表，立即召群臣廷议后，并诏授侯景为大将军，封河南王，都督河南北诸军事。并派司州（今河南汝南）刺史羊鸦仁等率兵3万，分赴悬瓠，接应侯景。时有平西将军谘议周弘正，素知侯景性情，及至朝廷受侯景之降，不禁叹道："乱事就在眼前了！"

太清二年（548）八月，侯景以朱异等人乱政、兴师除奸为名，在寿阳（今安徽寿县）举兵造反。萧衍闻报，毫不惊惶，传旨授台州刺史鄱阳王萧范等人为东西南北四道都督，由侍中、邵陵王萧纶为统帅，持节督军合讨侯景。侯景闻大军将至，即率军东进，连下谯州（今安徽滁州）、历阳（今安徽和县），不日即达江边。

侯景率部众渡过秦淮河后即将台城团团围住，擂鼓鸣角，全力攻城。羊侃

捨身佛寺

舍身佛寺
——从张居正《帝鉴图说》（法国国家图书馆藏本）

诈称得邵陵王书，说援兵不日到业，守城将士内心少安，于是奋力守城。两下相持数日，侯景为号召天下，把萧正德扶为皇帝，自任大丞相。

邵陵王萧纶军至钟离，得知侯景已经渡江，便昼夜兼程，回军入援。不料过江时风起，人马淹死十分之一二。乃率步骑精锐3万，自京口西上。但因迷路迂回20多里，至次日拂晓始至钟山立营。侯景见萧纶突然到来，不禁大为惊骇，急忙分兵三路攻击萧纶。萧纶击败侯军，进至爱敬寺。侯景也收兵驻于覆舟山北。到了傍晚，侯景收兵徐退，萧纶部将安南侯萧骏以为侯景怯阵，即带兵追

赶，侯景回军反攻，击败萧骏。萧骏逃入萧纶营，侯景趁势杀来，竟将萧纶战败。萧纶仅收余部不足千人逃往朱方（今江苏武进）。

侯景打败萧纶之后，再次向台城发起攻势。此时羊侃已经病死，城中将士更加恐慌。正当危急之时，右卫将军柳津从容镇定，率众抵抗，城防赖此复安。又过几日，诸路援军已到，公推柳仲礼为大都督，指挥全局。柳仲礼部分诸将择地扎营，又专令衡州刺史韦粲驻守青塘，并亲入韦粲大营对他说："青塘正当石头中路，向来是兵家必争之地。如此重任，非兄不能承当。你要是觉得兵力不足，我可以派人相助。"语毕即传令直阁将军刘叔胤助战。

太清三年（549）正月，韦粲遵令出发，恰遇大雪，迷失道路，等到了青塘，夜已过半。寨栅尚未建好，就被侯景发现。侯景率兵来攻，刘叔胤不战而逃，韦粲等力战阵亡。柳仲礼这时已迁营大桁，闻韦粲败讯，当即投箸披甲，率手下百骑往救，大败侯景军。仲礼正追杀侯景，不防侯景部将支伯仁从后面猛砍一刀，正中柳仲礼左肩，部将急救回营。从此侯景不敢南渡，柳仲礼却也气馁，再不谈论战事，整日以饮酒嫖妓为乐。到了三月，侯景见各路援军已无斗志，遂尽力昼夜攻城。城中宋将董勋和熊昙朗见大势已去，暗中接应侯景入城。

不久，侯景派王伟来见萧衍，萧衍令侯景在太极东堂陛见。其时侯景带500甲士自卫，萧衍神色安详，问话说："你在军中时间很久了，一定很辛苦吧？"侯景不敢仰视，汗流满面。萧衍见了不觉好笑，继续问道："你是哪一州人，怎么敢兴兵犯阙？妻子儿女还在北方吗？"侯景惶恐不知所对，其部将任约在旁边代答说："臣景妻子儿女全被高氏屠杀，今天惟以一身归服陛下。"萧衍又问："刚渡江时有多少人马？"侯景稍缓过劲来，亲自答道："千人。""围台城时呢？""十万。"萧衍再问："现在已有多少人呢？"侯景回答："率土之内，莫非己有。"萧衍用抚慰的口气说道："你既然有忠事我朝之心，就应约束军士，不得骚扰百姓。"侯景允诺而去。[1]

侯景退出后对亲信王僧贵说："我常常跨鞍马征战，矢刃交加，从无怯心。今见萧衍却有惧怕之意，难道果真是天威难犯么？"话虽如此，侯景入城后，还是派军士入值省中，他们或驱驴牵马，或佩剑带刀，出入宫廷，无所顾忌。萧衍见而怪之，左右说是侯丞相的甲士。萧衍大怒说："不就是侯景吗？怎

---

[1]事见《南史·贼臣·侯景列传》。

么说是丞相！"此话传到侯景耳中，大怒，立即派私党监视萧衍一举一动，即使平常饮食，也都加以克损。[1]萧衍有所要求，多不能得到满足，因此忧愤成疾，竟至不能起床。勉强延至五月，萧衍卧于净居殿，口中觉苦，索蜜不得，自呼："嗬！嗬！"无人应答，随即瞑目而逝。[2]享年86岁。葬于修陵。

名家评说

　　齐季告终，君临昏虐，天弃神怒，众叛亲离。高祖英武睿哲，义起樊、邓，仗旗建号，濡足救焚，总苍兕之师，翼龙豹之阵，云骧雷骇，朝暴夷凶，万邦乐推，三灵改卜。于是御凤历，握龙图，辟四门弘招贤之路，纳十乱引谅直之规。兴文学，修郊祀，治五礼，定六律，四聪既达，万机斯理，治定功成，远安迩肃。加以天祥地瑞，无绝岁时。征赋所及之乡，文轨傍通之地，南超万里，西拓五千。其中瑰财重宝，千夫百族，莫不充牣王府，蹶角阙庭。三四十年，斯为盛矣。自魏、晋以降，未或有焉。及乎耄年，委事群僚。然朱异之徒，作威作福，挟朋树党，政以贿成，服冕乘轩，由其掌握，是以朝经混乱，赏罚无章。"小人道长"，抑此之谓也。贾谊云"可为恸哭者"矣。遂使滔天羯寇，承间掩袭，鹫羽流王屋，金契辱乘舆，涂炭黎元，黍离宫室。呜呼！天道何其酷焉。虽历数斯穷，盖亦人事然也。

——唐·姚思廉《梁书》

　　梁武帝时逢昏虐，家遭冤祸，既地居势胜，乘机而作，以斯文德，有此武功。始用汤武之师，终济唐虞之业，岂曰人谋，亦惟天命。及据图箓，多历岁年，制造礼乐，敦崇儒雅，自江左以来，年逾二百，文物之盛，独美于兹。然先王文武递用，德刑备举，方之水火，取法阴阳，为国之道，不可独任。而帝留心俎豆，忘情干戚，溺于释教，弛于刑典。既而帝纪不立，悖逆萌生，反噬弯弧，皆自子弟，履霜弗戒，卒至乱亡。自古拨乱之君，固已多矣，其或树置失所，而以后嗣失之，未有自己而得，自己而丧。追踪徐偃之仁，以致穷门之酷，可为深痛，可为至戒者乎！

——唐·李延寿《南史》

---

[1]事见《南史·贼臣·侯景列传》。
[2]事见《南史·武帝本纪下》："疾久口苦，索蜜不得，再曰'荷，荷'遂崩。"

陈后主陈叔宝

陈后主陈叔宝（553~604），是南朝陈的末代皇帝。字元秀，小字黄奴。吴兴长城（今浙江长兴东）人。史称其为陈后主，或长城公。其父是陈高宗，谥号"孝宣皇帝"，其母为柳皇后，太建十四年（582），高宗死，作为太子的陈叔宝继位。公元582~589年在位。谥号"炀"。在其统治时，陈的政治日趋腐败。他荒于酒色，不问政事，又滥施刑罚，遂被隋朝灭亡，隋仁寿四年（604）病卒于洛阳。

一、身经大难　位登九重

太建十四年（582）春正月，陈高宗病逝，陈叔宝身为皇太子，本应立即继承皇位，不想兄弟之间却又发生一大变故。原来，陈高宗共有42个儿子，其中次子陈叔陵"少机辩，徇声名，强漂无所推屈"，[1]很与常人不同。太建六年（574），受封始兴郡王，授使持节，都督江、郢、晋三州诸军事。其时陈叔陵年仅16岁，就已经"政由己出，僚佐莫预焉"。陈叔陵虽有奇才，但却恃才自骄。他在地方任职期间，性情严刻，征求役使，没有限度，致令诸州镇闻其将至，皆震恐股栗。陈叔陵精力旺

陈后主陈叔宝
——唐阎立本《历代帝王图》（局部），现藏美国波士顿博物馆。

---
[1] 事见《南史·宣帝诸子》。

高宗陈顼

——唐阎立本《历代帝王图》（局部），现藏美国波士顿博物馆。

盛，夜常不寐，燃烛达旦，专召僚佐侍坐，谈论民间琐细事情，戏谑无所不为。又不喜欢饮酒，总预备些佳肴珍味，昼夜吃嚼不停。其为政亦多不视事，犯有笞罪的人也被关入监狱，一连几年不加审讯。因其残暴无礼，州县内没有敢上报朝廷的，所以高宗也不知晓，反于太建九年（577）迁其为扬州（今江苏扬州）刺史，都督扬、徐、东扬、南豫四州诸军事。次年又入治东府。陈叔陵于内舍曾自执斧斤，为沐猴状百般游戏；又好游于冢茔坟墓之间，遇有著名人物坟墓，即令左右挖掘，取其石志古器，及尸骨体骸，持为玩物，藏于库中；府内民间青年妇女，略有姿色，即强纳为妻妾。[1]

陈叔陵虽有以上恶行，但却也会装模作样，每次入朝，总是在车中马上执

---

[1] 事见《南史·宣帝诸子·始兴王叔陵列传》："叔陵修饰虚名，每入朝，常于车中马上，执卷读书，高声长诵，阳阳自若。归坐斋中，或自执斧斤，为沐猴百戏。又好游冢墓间，遇有茔表主名可知者，辄命左右发掘，取其石志、古器并骸骨肘胫，持为玩弄，藏之府库。人间少妻处女，微有色貌者，并即逼纳。"

卷读书，高声朗诵，洋洋自若。至太建十一年（579），其生母彭氏病逝，陈叔陵请求葬于梅岭。那里有晋太傅谢安坟墓，陈叔陵即挖出谢安棺椁，于原穴埋葬其母。又装作哀痛形状，自称刺血抄写《涅槃经》，为母超荐，暗中却让人每天送进美食，照吃不误。并私召左右妻女，强迫奸淫。事为高宗所知，高宗却只免去御史中丞相王政官职，对陈叔陵不绳之以法，仅责问一通而已。

至陈高宗病重时，太子陈叔宝与始兴王叔陵、长沙王叔坚一起入内侍疾。叔陵见高宗病已不治，即生出杀太子夺皇位的念头。因见宫中只有典药吏带有一把药刀，叔陵便装作若无其事地走过去拿起看了看，对典药吏说："这把刀太钝了，应该磨一磨，才好使用。"典药吏不知什么意思，只好唯唯诺诺。过了两天，陈高宗病逝，宫中准备丧事，人来人往，忙碌不堪。叔陵仓促之中令左右去宫外取剑，左右不知其情，拿来朝服木剑，交与叔陵。叔陵大怒，随手一掌，将拿木剑的人打倒。这时叔坚正在旁边，见此情景怀疑有变，便时时注意叔陵，看他有什么举动。

第二天，陈高宗小殓，陈叔宝伏在地上号啕痛哭，陈叔陵即找出锉药刀，从陈叔宝背后砍将下去，正中脖颈，陈叔宝猛叫一声闷绝于地。陈叔宝生母柳皇后惊骇异常，急忙赶来救护，也被叔陵连砍几下。叔宝乳母吴氏见状急忙扑到叔陵后面，抱住他的右肘。陈叔宝这时已经复苏，趁机仓皇爬起。叔陵仍在紧紧抓住叔宝衣服，被叔宝奋力挣脱。长沙王陈叔坚闻讯而来，抢步上前，一手卡住叔陵喉咙，一手夺去锉药刀，将他牵到一根殿柱前，用衣袖将他捆住。这时陈叔宝已被乳母吴氏扶入内殿躲避，叔坚乃寻找叔宝，请求如何处置叔陵。叔陵见叔坚离去，使劲挣脱束缚，急忙冲出云龙门，驾车飞速赶回东府，召令左右截住青溪道，赦免东城囚犯，发放金帛赏赐，使充当士卒抵御禁卫军。又派人去新林（今南京西南）召集所属部队，自己亦披挂整齐，戴白布帽，登上西门城楼招募百姓及诸王将帅，竟没有一人响应，只有新安王陈伯固单骑应召，协助叔陵指挥将士。[1]

当时陈朝大将皆率军沿江防守，台城（故址在今南京鸡鸣山以南）内军备非常空虚。陈叔坚见陈叔陵逃走，急忙告知柳皇后，使太子舍人司马申用太子名义召右卫将军萧摩诃。萧摩诃入宫受命，立即率步骑数百人攻打东府，屯于城西门。叔陵即遣亲臣戴温、谭骐麟赴萧摩诃处，萧摩诃把二人执送台城。陈叔宝即

---

[1]事见《南史·宣帝诸子·始兴王叔陵列传》。

挥刀遇救逆败弟
——从1935年会文堂新记书局蔡东藩《南北史通俗演义》

令斩首,送至东府城下示众,城中大骇。叔陵自知其事不成,急入内府,将爱妃张氏及宠妾七人沉于井中。自率步骑数百人与伯固连夜渡江,想去新林乘舟奔隋。行至白杨路,后面京城禁军赶到。伯固见追兵逼近,当即避入一条小巷,叔陵亲自拍马拔刀追回,拟与追军决一死战,无奈部下已经弃甲溃散。萧摩诃部将陈智深迎着叔陵,一枪将叔陵刺落下马,陈仲华上前将其斩首。伯固也被乱兵所杀。两首传于宫中,陈叔宝才择日登基,颁诏大赦,改元至德,史称陈后主。以功授叔坚为骠骑将军,领扬州刺史;萧摩诃为散骑常侍,车骑大将军,封绥远郡公,邑三千户。叔陵平时所聚金帛累千巨万,悉数赐与萧摩诃。

二、风流天子　词章出众

后主陈叔宝即位之初,因脖子剑伤未愈,于承香殿休息治疗,百事庶务,内决于柳太后、外决于长沙王陈叔坚。陈叔坚因诛叔陵立功,加上大权在握,

逐渐骄纵，势倾朝廷。陈叔宝闻此不免猜忌，但因讨逆之功，兄弟之亲，含忍过去。这时偏偏有都官尚书孔范与中书舍人施文庆，都是东宫旧人，有宠于叔宝，嫉恨叔坚，天天在叔宝面前诉说叔坚过失。叔宝乃决定夺叔坚之权。至德元年（583）春天，先令叔坚以骠骑将军本号，用三司之仪，出为江州刺史。到了秋天，叔坚因故尚未赴任，陈叔宝怕叔坚在方镇造反，又改任皇弟叔文为江州刺史，召入叔坚，当面慰留，仍复其司空一职，实已夺取其兵权。叔坚既失叔宝恩宠，内不自安，乃为左道厌媚以求福禄。雕刻成木偶，穿上道士服装，中设机关，能自跪拜，使在日月下醮祷求福。当年冬天，有人上疏叔宝告发其事，叔宝召叔坚，因于中书省，令内侍宣敕责问。叔坚回答说："臣之本心，实无他意，不过前亲后疏，故求神灵保佑再得亲媚罢了。今既犯天宪，罪当万死。但臣死之后，必然见到叔陵，望陛下先宣明诏，责之于九泉之下。方免为叔陵所侮。"[1]陈叔宝闻此言念及叔坚拥护有功，乃赦其罪，免去官职，仍以王位还第。

陈叔宝自免去陈叔坚朝廷职务，由祠部尚书江总转任吏部尚书，参与朝廷。但江总乃文学之士，每日里饮酒赋诗，故机要全掌于右卫将军兼中书通事舍人司马申之手。司马申有智有谋，一应军国大事，指挥决断，无有滞留。但也未免因才能权势颇作威福，又善揣叔宝心意，凡忤己者，必以微言诋毁；附己者，必因机缘而进之。因此，朝廷内外，都不敢逆其意旨。只有侍中毛喜自恃朝中元老，从不阿从司马申。不久，毛喜被谪为永嘉内史。

自陈叔坚、毛喜等大臣相继被贬谪杀戮，陈朝谏官皆若虚设，无人进言。陈叔宝乃得以恣意妄为，无所顾忌，每日里饮酒赋诗，做些风流韵事。叔宝皇后名沈婺华，是仪同三司望蔡贞宪侯沈君理的女儿，母亲乃是陈高祖之女会稽（今江苏苏州）穆公主。公主早亡，当时皇后尚年幼，却哀毁过度，如同成年人一样。陈高宗闻其孝行，大为惊异，于太建三年（571）纳为太子妃。其父沈君理逝世，请求居于别殿，日夜哀痛，叔宝不甚高兴。再加沈皇后性格端静，居处俭约，更不合叔宝心意。于是别纳龚、孔二女为贵嫔，将沈皇后全置于脑外。龚贵妃入宫时带一张姓侍女，年仅10岁，娇小玲珑，后被叔宝看中，纳为贵妃，生下一男孩名陈深。张贵妃名张丽华，一头七尺长发，色黑如漆，光可照物，并

---

[1]语见《陈书·高宗二十九五·长沙王叔坚列传》："臣之本心，非有他故，但欲求亲媚耳。臣既犯天宪，罪当万死，臣死之日，必见叔陵，臣宣明诏，责于九泉之下。"

玉树新声

——从张居正《帝鉴图说》（法国国家图书馆藏本）

陈史纪：后主起临春、结绮、望仙三阁，各高数十丈，陈延数十间，其窗牖栏槛，皆以沉檀为之，饰以金玉，间以珠翠。其服玩瑰丽，近古所未有。上每饮宴，使诸妃嫔及女学士与狎客共赋诗，互相赠答。采其尤艳丽者，被以新声。选宫女千余人歌之。其曲有《玉树后庭花》《临春乐》等，大略皆美诸妃嫔之容色。君臣酣歌，自夕达旦以为常。

且脸若桃花，肤如凝脂，两池秋水，含情脉脉，深得叔宝宠幸。[1]当年叔宝在承

---

[1] 事见《南史·后妃列传下》："张贵妃发长七尺，鬒黑如漆，其光或鉴。特聪慧，有神采，进止闲华，容色端丽。每瞻神眄睐，光彩溢目，照映左右。"

香阁养病，几乎全靠张贵妃一人服侍。陈叔宝病愈后又借皇帝之威于民间广采美女，得王、李二美人，张、薛二淑媛及袁昭仪、何婕妤、江修容等七人。陈叔宝因此更加荒耽酒色，无暇过问政事。所有百官奏事，皆由宦官蔡脱儿、李善度进请，陈叔宝倚在"隐囊"之上，将张贵妃抱坐怀中，共决可否。李蔡二人有不能记述的，即由张贵妃逐条裁答，无所遗漏。因此张贵妃得以干预外政，宠幸冠于后庭。宦官近侍无不与她内外勾结，援引宗戚，纵横不法，卖官鬻爵，贿赂公行。陈叔宝反觉张贵妃精明能干，一应赏罚诏命，皆决于她。张贵妃因而更加骄纵，凡大臣有不从己者，必于皇上面前毁谮。群臣害怕，无不从风谄附，张贵妃之权势因此熏灼四方，使天下人只知有张贵妃，不知有陈叔宝了。

张丽华
——从清《百美新咏图传》（颜希源编，王翙绘）

　　妃嫔宫女之外，还有几个佞臣，竞相谄媚，阿谀迎合。其中都官尚书孔范，与孔贵嫔结为兄妹，深知陈叔宝恶闻过失，所以每遇有谏止叔宝者，必以种种罪名斥退，然后曲为文饰，称颂赞美，把过失全说成美德。叔宝因此转怒为喜，对孔范宠遇优渥，言听计从。又有中书舍人施文庆，聪敏强记，心算口占，非常条理，所以也得叔宝宠幸。施文庆又引荐沈客卿、陈惠朗、徐哲、暨惠景等人，叔宝一概录用。沈客卿为中书舍人兼掌金帛局，因叔宝大兴土木，供给浩繁，国库大为空虚，沈客卿便建议军人、文士也应纳关市之税，并将税率提高。叔宝闻言，认为是好计谋，即令陈惠朗为太市令，暨惠景为尚书令、仓都令史，掌管其事。陈、暨两人出身小吏，考核账簿，纤毫不差，但却不识大体，督责苛碎，聚敛无厌，使百姓嗟怨不已。如此一年下来，收入超过往常几十倍。陈叔宝大喜，极称施文庆有知人之才，故更亲信，大小之事，无不委任。[1]孔范又自称其文武之才举朝莫及，曾对叔宝说："朝外诸将，起于行伍，不过一匹夫之力。深谋远虑，难道他们能做到吗？"陈叔宝半信半疑，问于施文庆。施文庆畏慎孔范权势，便点头称是，司马申也从旁赞美，陈叔宝遂对孔范信而不疑。自后遇将帅稍有过失，即夺其兵权，交以文吏。其中领军将军任忠，战功卓著，亦被叔宝夺去部卒，交给孔范等人分管，将任忠迁为吴兴内史。于是文武解体，士庶离心。[2]

至德三年（585）春天，前丰州（今福建福州一带）刺史章大宝据州造反，陈叔宝急忙派兵平叛。章大宝是章昭达的儿子，在州任职时骄纵不法，百姓怨酷，陈叔宝命太仆卿李晕代其职务。章大宝闻李晕将至，派人在半路截杀，起兵反叛，派其部将杨通攻建安（今福建建瓯）。建安内史吴慧觉据郡城抵御，杨通累攻不克。过了不久，朝廷大将陈景祥率兵迫近，叛军人情离异，章大宝计穷，与杨通逃入山中。很快被追兵抓获，送往建康，途中病死，传诏夷其九族。

陈叔宝有太子陈胤，性格聪敏，爱好文学，颇肖乃父，然亦颇有过失。詹事袁宪诤谏不听。沈皇后无宠，经常派亲近随从去东宫看望太子。太子亦常使人入省母后。此事为叔宝所闻，遂疑其心怀怨望，很不高兴。张、孔二贵妃又日夜谮构皇后、太子，说他往来秘密，恐有异图。孔范等人又助纣为虐，遂使叔宝产生废太子立张贵妃子始安王陈深的念头。

祯明二年（588）五月，陈叔宝将太子陈胤废为吴兴王，立扬州刺史始安王陈深为太子。至此沈皇后亦成为眼中钉、肉中刺，叔宝急欲废去而立张贵妃为皇后，然其事尚未行，亡国之祸就已降临了。

三、亡国之君　诗酒残生

太建十三年（581），周被隋所代。隋因国力未厚，采取与陈通好政策，所以隋陈边境虽有小的摩擦，但基本上还是和好的。陈高宗死后，隋朝遣使赴吊，国书中自称姓名，并有"顿首"字样。后主陈叔宝认为这是隋朝畏怯，不免因而生骄，答书词语多有不逊。隋主杨坚见书不悦，出示朝臣。群臣乃献策伐陈，后因营建新都与征伐突厥，而将征陈之事暂时搁置。

---

[1]事见《南史·恩幸·施文庆列传》。

[2]事见《南史·恩幸·孔范列传》。

祯明二年（588）春天，陈叔宝一面派散骑常侍袁雅等出使隋朝，一面又令另一散骑常侍周罗睺率兵出屯峡口，侵隋峡州（今湖北宜昌）。隋主杨坚刚派散骑常侍程尚贤来通好于陈，忽闻陈已出兵峡口，勃然大怒，遂决计伐陈。

陈叔宝闻隋将大举伐江南，不免恐慌，忙派散骑常侍许善心赴隋修和。隋主杨坚不再理会，反遣使送陈玺书，历数叔宝二十过恶，并以晋王杨广负责征讨隋军事，以秦王杨俊及清河公杨素为行军元帅，大举伐陈。

这年十一月，杨素率军由三峡至流头滩，陈将军成昕守狼尾滩，不料被其夜袭，全军覆没，只有陈昕单身逃走。狼尾滩失守，隋军乘流西下，沿江镇戍，相继奏闻，却被施文庆、沈客卿扣住，不使陈叔宝闻知。这时陈叔宝正忙于明年元会，召南平王陈嶷与永嘉王陈彦入建康，并令沿江船舰尽从二王入都。至是江中竟无一艘战船。

陈叔宝这时尚不知军情紧急，反虑湘州（今湖南长沙）刺史晋熙王陈叔文久据上流，大得人和，而欲以施文庆率两千精兵前往替代。施文庆非常欢喜，但又怕出朝后有人同陈叔宝说他坏话，故请叔宝许以沈客卿代己在朝执事。护军将军樊毅闻隋军逼近，对仆射袁宪说："京口、采石都是军事要地，应各出五千精兵、配以二百金翅舟沿江防御，以备不虞。"叔宝不听忠言，不增兵防御，不作战备，奏伎、纵酒、赋诗依旧如故。

祯明三年（589）正月，陈叔宝朝会群臣时大雾迷漫，吸入鼻中，辛酸不堪，昏睡，日中才醒。这一天，隋将贺若弼已引兵过江，韩擒虎亦渡过采石。第二天，采石守将徐子建派人急赴建康告变。陈叔宝闻报召集公卿商议了一天后颁诏说："犬羊陵纵，侵窃郊畿，蜂虿有毒，宜时扫定。朕当亲御六师，廓清八表，内外并可戒严。"诏以骠骑将军萧摩诃、护军将军樊毅、中领军鲁广达并为大都督，司空司马消难、湘州刺史施文庆并为大监军，派南豫州（今安徽省境内）刺史樊猛率舟师出白下，散骑常侍皋文奏率兵出镇南豫州。并重立赏格，僧、尼、道士，尽令服役。不久，隋将韩擒虎攻破南豫州，虏去樊猛妻子儿女，叔宝恐怕樊猛生有异心，即想以镇东大将军任忠代替其职务，先派萧摩诃晓谕樊猛。樊猛不悦，其事遂罢。又有鲁广达之子世真在新蔡留守，与弟世雄所部同降韩擒虎，派人致书招降鲁广达。鲁广达正屯守建康，将来书呈奏，并自劾赴廷尉请罪。陈叔宝传敕抚慰，加赐黄金，仍使还营督军。

又过了几天，隋军已进据钟山，陈人大惊，降者相继。这时建康尚有十余万甲士，兵多将广，犹可决一雌雄。然而陈叔宝素来怯懦，不懂军事，见此危急情势只知日夜啼哭，台中庶民，尽委施文庆。施文庆忌诸将有功，对叔宝说："这些人平常就不听您的，当此危急之时，怎么可以相信呢？"于是诸将凡有启请，皆搁置不行。萧摩诃屡次入内请战，陈叔宝皆不允许。这日，叔宝召萧摩诃与任忠入内殿商议军事。任忠说："兵法有言：'客贵速战，主贵持重。'现在国家兵多粮足，还应固守台城，沿淮立栅，北军虽来，不与交战；但分兵阻截江路，不使其互通音信。再给我精兵一万，金翅舟三百艘，下江径掩六合，且扬言欲往徐州，断他归路。北军前不得进，后不得归，必然自致惊乱，不击自去。待春水上涨，上江周罗睺等众必沿流赴援，表里夹攻，即可破敌。"这一计策虽好，然而陈叔宝却终不能从。过了一夜，陈叔宝又突然出殿说："兵戈相持，胜负未决，令人心烦，可呼萧郎出战。"任忠叩头，苦请坚守勿战。孔范在旁边插言说："请让我带兵与北军决一死战，将来定能为陛下刻石于燕然。"陈叔宝旨召萧摩诃，说："公可为我决一胜负。"萧摩诃戚然说道："从来出兵打仗，无非为国为身；今天之事，兼为妻子儿女罢了。"叔宝即多出金帛给予诸军充作赏赐，派鲁广达居于白土岗，在诸军之南，依次有任忠、范毅、孔范，萧摩诃在最北。诸军南北绵延20里，首尾进退不能相知。[1]

其时形势已十分危急，陈叔宝却又因见萧摩诃妻室年青美貌，与之通奸。事为萧摩诃所知，遂无战意。惟鲁广达率军力战，打败隋贺若弼军，杀死200多人。陈军争抢人头，献于建康请功。隋军趁机复出，直冲孔范大营，范部溃走，陈军大乱，萧摩诃也被隋军俘虏。任忠急入台城，对陈叔宝报称败状，并说："陛下保重，臣无所用力了。"叔宝大惊，拿出两滕黄金，使任忠出外募人再战。任忠踌躇了一会儿，说："陛下只有备舟楫，往就上流诸军，或许可以脱难。臣愿以死奉卫。"叔宝稍觉安慰，即令任忠出外准备，自令宫人装束等待。谁知任忠见大势已去，竟自赴石子岗，投降韩擒虎，引隋军入朱雀门。陈军欲战，任忠挥手斥之说："老夫尚降，诸君何必多事。"守城将士闻言一哄而走。城内文武百官也皆逃匿。[2] 只有袁宪在殿中，尚书令江总带几个人在省中。贺若弼与鲁广达激战至晚，生俘鲁广达，夜绕北掖门而入，闻韩擒虎已得陈叔宝，即

---

[1] 事见《南史·任忠列传》；《陈书·任忠列传》。
[2] 事见《南史·任忠列传》；《陈书·任忠列传》。

呼令相见。陈叔宝惶惧异常，汗流浃背，两腿战栗，向贺若弼拜了两拜。贺若弼笑说："小国之君，相当大国之卿，拜也属于常礼。但入朝不失作归命侯，何必这样害怕呢？"各处陈军尚与隋师力战，后晋王杨广命陈叔宝作书，招谕各地，诸城守将大都闻风解甲。有部分不从者，不久亦被隋军扫平。

先前，陈叔宝派散骑常侍周坟、通直散骑常侍袁彦出使于隋，特令袁彦画杨坚像带归。陈叔宝展图观看，大惊失色，说："我不想再见此人！"现在做了俘虏，也无可奈何，于阳广门观拜见隋主。杨坚先宣诏抚慰，又传敕责其君昏臣佞。陈叔宝惶恐伏地，不敢答置一词。后来听到杨坚发下赦书，竟高兴得舞蹈谢恩，叩拜再三。

过了几日，陈叔宝见隋朝优待有加，便屡次向监守官求一官号。杨坚闻此，脱口说道："叔宝全无心肝！"又问监守叔宝平日做什么。监守回答："日夜饮酒，少有醒时。"杨坚又问："一天能饮多少呢？"监守答说："与其子弟，一天约饮一石。"杨坚大惊，说："一石怎么能行，应让他节饮才好。"过了片刻，杨坚又说："任他去吧，不然叫他如何度日！"

至仁寿四年（604），陈叔宝病死于隋都洛阳，时年52岁。隋朝皇帝杨广因宠爱其妹宣华夫人，追赠为长城县公，又据陈叔宝生前行为，追谥曰"炀"。因"炀"字后为杨广本人占用，故史称陈叔宝为陈后主或长城公。

名家评说

后主因循，未遑改革，故施文庆、沈客卿之徒，专掌军国要务，奸黠左道，以衰刻为功，自取身荣，不存国计。是以朝经堕废，祸生邻国。斯亦运钟百六，鼎玉迁变，非唯人事不昌，盖天意然也。

——唐·姚思廉《陈书》

大臣不言，而疏远之小臣谏，其国必亡。……陈后主国垂危而纵欲以败度，……故陈必亡者也。

——清·王夫之《读通鉴论》

陈后主（陈宝叔）是极度荒淫昏暴的国君：亲信小人，任用阉官，赋税繁重，刑罚苛暴。腐朽的陈和新兴的隋南北隔江对立，陈国灭亡是无可避免的定局。

——范文澜《中国通史》

北魏孝文帝元宏

北魏孝文帝元宏（467~499），北魏第七代皇帝。鲜卑族人，生于平城（今山西大同）。原名拓跋宏，为了实现"汉化"，便改拓跋姓为元姓。谥号"孝文皇帝"，庙号"高祖"。公元471~499年在位。其父是北魏献文帝拓跋弘，其母李夫人在他三岁时被赐死，由祖母冯太后抚养。五岁时，献文帝将皇位传给他，国事由冯太后主持。14年后，冯太后死，元宏独揽朝政。他积极推行"汉化"政策，认为只有汉化才能强大，才能统一中国，并因此迁都洛阳，为民族融合发挥了巨大作用。

一、少小即位　大器早成

皇兴五年（471）八月，拓跋宏刚长到5岁，父亲献文帝拓跋弘便把皇位让给了他，史称孝文帝，由陆馛等诸大臣辅政，父亲作为太上皇亦过问军国大事。5年后，献文帝被冯太后毒死，冯太后以太皇太后的身份，临朝称制。

冯太后是长乐信都（今河北冀县）人。她的祖父冯弘和伯父冯跋是北燕王国的国君。父亲冯朗投降北魏，做秦、雍二州的刺史，后来被杀。冯太后生于长安，父亲被杀后便投奔姑母。她的姑母是魏太武帝的妃子，故冯太后能在宫中接受教育，知书达理。14岁时，文成帝即位，她被选为妃子，后来成为皇后。文成帝死后，献文帝拓跋弘即位，她

北魏孝文帝元宏

就成了皇太后。和平六年（465），丞相乙浑乘机专权，任意杀害异己，决断国事。这时献文帝还只有12岁，冯太后24岁，她杀死了丞相乙浑，掌握了国家大权，临朝称制。一年后拓跋宏出生，她将拓跋宏收入自己宫中，亲加抚养，把政权交给献文帝。献文帝死后，拓跋宏幼年继位，冯太后便再次临朝称制。[1]

冯太后自己粗通文墨，十分注意对拓跋宏的培养教育，专门给他安排了汉族士人做师傅，学习儒家经典。拓跋宏聪明勤奋，喜好读书，受到汉族封建文化的熏陶，有很高的汉文化修养。拓跋宏秉性孝谨，因3岁时母亲便被赐死，他始终不知生母是谁。他从小跟着冯太后，便将冯太后看做亲生母亲一样。冯太后开始并不喜欢拓跋宏，因为他早熟、机灵，担心他长大了对自己不利，曾在严寒时候把他关在一间空屋子里面，只让他穿着单衣，并且三天没给他饭吃，打算将他废掉。幸而大臣上疏力争，方才把他放出。后来又有一个太监向冯太后讲拓跋宏的坏话，冯太后大为生气，用杖把拓跋宏打了一顿，拓跋宏无故受杖，却毫无怨恨，也没有加以申辩。自父亲献文帝死后，拓跋宏越发孝顺冯太后，无论大小事情，都要报知冯太后。冯太后逐渐开始指导年少的拓跋宏处理国家大事。

二、厉行改革　利国利民

北魏建国后，对文武百官一直不设俸禄。在征服战争时期，将士以掳掠为生；统一中原后，官吏便靠贪污盘剥百姓过日子。北魏统治者逐渐认识到了贪污给政府造成的危机。远在太武帝时，便开始了对贪污的惩罚，之后北魏各代帝王也都分别下令严禁贪污，但因始终没有解决官吏的俸禄问题，所以贪污现象屡禁不止，并且越来越严重，引起了人民不断的反抗。太和八年（484），在冯太后的辅助下，孝文帝拓跋宏正式下令实行俸禄制。规定犯赃绢一匹以上的处死刑，"枉法"者无论多少，一律处死。自太和八年（484）六月正式"班禄"，到这一年的九月，刺史以下的官吏因犯赃被发觉的40多人，都处了死罪。其中有一人叫李洪的，是拓跋宏的舅公，任秦、益二州刺史，既是显宦，又是贵戚，地方官员不敢给他定罪。拓跋宏便令将他从任所押到平城，召集了众大臣，自己亲自审问，然后赐死，以显示自己"班禄"及禁绝贪污行为的决心。[2]一时间，受禄的

---

[1]事见《北史·后妃上·文成文明皇后冯氏列传》。
[2]事见《魏书·李孝伯列传》。

官吏人人自警，北魏的吏治也出现了比较清明的气象。

自西晋末年以来，北方连年混乱，田园荒芜，人口锐减。豪强地主趁机兼并土地，农民为了逃避繁重的徭役，往往荫附于豪强之家，或逃亡流徙，使北魏政权直接控制的耕地和人口减少，大量荒地无人耕种，严重影响政府的财政收入。为了缓和社会矛盾，保证国家的财政来源，冯太后、拓跋宏不顾豪强大族守旧势力的反对，决心限制豪强势力，同他们争夺耕地和农民。太和九年（485）十月，大臣李安世向拓跋宏上疏，提出均田建议。拓跋宏马上采纳了这一建议，在全国实行均田。规定凡15岁以上的男子和妇女，都可以得到政府授予的土地，即"受田"。露田男子每人40亩，妇人20亩，到了年老不能劳动或死后，再把土地还给政府。男子每人还可有桑田20亩，用来种植桑、榆、枣树；不种桑的地方，则给麻田，男子10亩，妇人5亩。桑、麻田均可世代相传，不用交还。奴婢和一般百姓同样受田，耕牛也可受田，每户限四牛。又规定了新的租调制度，一夫一妇每年帛一匹、粟二石，这个数量比原来要少。这样有利于吸引原来的荫户和流浪者，重新成为国家的编户。由于农民都能有一定数量的土地，对生产的发展和政府收入的增加也是有利的。

三、倾心汉化　易服改制

孝文帝拓跋宏从小熟读儒学经典，仰慕汉族文明。在位期间，兴礼乐，正风俗。分遣牧守祭祀尧、舜、周公，又谥孔子"世圣尼父"，另在中书省悬设孔子画像，亲自拜祭。又改中书学为国子学，尊司徒尉元为三老，尚书游明根为五更，仿效汉族三代成制。太和十四年（490），冯太后病亡，拓跋宏完全按照儒家经典的规定，守孝服丧，开始几天不进饮食，后来众大臣上谏苦劝，勉强吃一点，但也只吃很少一点白粥。鲜卑贵族劝他照祖宗的老规矩办丧事，不要过哀。拓跋宏却以为祖宗们南征北战，重视武略，不重文教，现在情况不同了。言下之意，不愿墨守祖宗成规，而希望在"文治"上下功夫。

北魏虽自建国以来就定都平城，但中原的富庶一开始便吸引着这个新兴的塞上政权。北魏道武帝、明元帝都曾经有过把都城南迁的打算。但那时夏与柔然还时时威胁着北魏，迁都中原的条件尚不成熟。北方统一后，迁都洛阳已成为当时形势的要求了。

拓跋宏知道，迁都是一件大事，必然遇到贵族、大臣们的反对。于是，他

把文武大臣召集起来，假称要调兵遣将，大举进攻南齐。这时，以任城王拓跋澄为首的文武大臣信以为真，纷纷表示反对。拓跋宏勃然大怒，声色俱厉地说："社稷是我的社稷，任城王你们想出来挡驾吗？"拓跋澄也不甘示弱地说："社稷虽然是归你所有，我们作为社稷之臣，对国家的危难，也不能知而不言呀！"退朝之后，拓跋宏又把任城王召来，对他说："刚才所谈的事，实在难办得很。我们的国家虽然起自北方，建都平城。但平城是用武之地，不是搞文治的地方。我这次名义上是进攻南齐，实际上是想借机迁都中原。你以为如何呢？"拓跋澄这次领会意图，表示支持迁都。他认为东周和东汉正是在洛阳兴盛起来的，现在假若没有汉族地主的支持，单凭武力是难以维持统治的。拓跋宏又问："北方人因循守旧，不想变革，怎么办？"拓跋澄坚决支持拓跋宏的改革计划，他说："只有非常之人，才能做非常之事，你就下决心吧，他们又能怎样呢？"拓跋宏听了非常高兴地说："任城王，你真是我的张子房呀！"[1]

　　太和十七年（493），拓跋宏不顾众大臣的反对，率领30万大军南下，九日便到了洛阳。接着，拓跋宏令大臣李冲、穆亮等人营建洛阳，派拓跋澄回平城，向留守平城的贵族传达迁都的决定。太和十八年（494），拓跋宏又颁发诏书，把迁都的事通知全国。由于平城贵族留恋故土，不想南迁，拓跋宏又亲自回到平城，召集文武百官，晓以利害。不久，就正式迁都洛阳。

　　孝文帝拓跋宏迁都洛阳后，为了把改革继续下去，决心改变鲜卑的风俗习惯，进一步学习和采用汉族的生活方式和典章制度。太和十八年（494），拓跋宏下令，禁止鲜卑族穿胡服，一律改穿汉族服装。太和十九年（495），拓跋宏又下令禁止鲜卑族讲鲜卑语，一律改说汉话。太和二十年（496），拓跋宏又把

---

[1]事见《魏书·景穆十二王中·任城王云列传》："高祖勃然作色曰：'社稷我社稷，任城而欲沮众也！'澄曰：'社稷诚知陛下之社稷，然臣是社稷之臣，豫参顾问，敢尽愚衷。'高祖既锐意必行，恶澄此对，久之乃解，曰：'各言其志，亦复何伤。'车驾还宫，便召澄……乃独谓澄曰：'今日之行，诚知不易。但国家兴自北土，徙居平城，虽富有四海，文轨未一。此间用武之地，非可文治，移风易俗，信为甚难。崤、函帝宅、河、洛王里，因兹大举，光宅中原，任城意以为何如？'澄曰：'伊洛中区，均天下所据，陛下制御华夏，辑平九服，苍生闻此，应当大庆。'高祖曰：'北人恋本，忽闻将移，不能不惊扰也。'澄曰：'此既非常之事，当非常人所知，唯须决之圣怀，此辈亦何能为也。'高祖曰：'任城便是我之子房。'"

云冈石窟

云冈石窟位于山西省大同西郊武周山南麓，始建于北魏文成帝和平初（460）。石窟依山开凿，东西绵延1公里。存有主要洞窟45个，大小窟龛252个，石雕造像51000余尊，为中国规模最大的古代石窟群之一。

鲜卑族复姓改为汉族的单姓。他在诏书中说，北人谓土为拓，后为跋。北魏的祖先是黄帝的子孙，在五行中属于土，土又是"黄中之色，万物之元"，所以将拓跋氏改为元氏。随后，将拔拔氏改为长孙氏，达奚氏改为奚氏，乙旃氏改为叔孙氏，五穆氏改为穆氏，独孤氏改为刘氏，……其他的鲜卑复姓也都一一做了改变，把鲜卑族118个姓全部改为汉姓。同时，拓跋宏下令改变鲜卑人的籍贯。凡是迁到洛阳的鲜卑人就算洛阳人，死了也不准运往塞北。[1]

四、发展文化　遗泽后人

孝文帝拓跋宏从小就接触汉族文化，羡慕汉族文化，为人聪明，又能刻苦学习，因而他的汉文化素养很高。他对古诗很有研究，文章也写得很好。据说他

---

[1] 事见《魏书·高祖孝文帝纪》。

可以一边骑马一边写诗作文，写成后可以一字不改。他一生写了上百篇文章。自亲政以后，他还经常和大臣们和歌作诗，并且亲自给别人改诗。有一次，他见到路旁有十几棵树，诗兴大发，立即写诗一首。然后，又让弟弟彭城王拓跋勰在离他十几步远的地方，一边向他走，一边作诗，拓跋勰果真写作出了一首诗，他非常高兴。

拓跋宏不仅自己喜爱汉族文化，还经常让鲜卑贵族读书写字，教育他们学习汉族文化。为此，他还下令专门设置了皇子学，让王公贵族的子弟入学，学习儒家经典。在他的倡导下，鲜卑人在文化上进步很快。有一次，拓跋宏对鲜卑大臣陆说："过去我们总说鲜卑人性格粗鲁，何必学习呢？这句话看来是不对的。现在很多鲜卑人都能读书识字了，关键在于学不学。"由于拓跋宏积极兴办学校，征集天下书籍，进行研究和整理，北方的文化开始出现了复兴的气象。

在拓跋宏统治时期，佛教有很大的发展。仅洛阳就有100多所寺院，和尚尼姑2000多人。整个北魏，寺院达6478所，僧尼有77200余人。随着佛教的传入和发展，建造了许多石窟，其中最著名的有敦煌、云冈、龙门三大石窟。敦煌、云冈石窟建立较早，龙门石窟是在太和十八年（494）开始建造的，以后历经东魏、西魏、北齐、北周、隋、唐等朝代，相继营造长达400多年。龙门石窟的窟顶及四壁都雕饰得十分精丽，佛像也塑造得非常优美。其中，宾阳中洞（也称宾

《帝后礼佛图》（局部）

阳洞）是元宏迁都洛阳后建造的石窟之一。洞前壁左右原有两幅大型浮雕《帝后礼佛图》，粗犷刚劲，局面宏大，是北魏风格的代表作。

在拓跋宏的重视和倡导下，北魏的书法达到了极高水平，刻在墓碑上的字体，刚劲有力，气势雄厚，别具风格，后人称为"魏碑"体，直到现在还深受书法爱好者的重视和喜爱。

五、南征北战　英年早逝

孝文帝拓跋宏在一次南伐时曾写了这样的诗句："白日光天无不曜，江左一隅独未照。"意思是中国的广大地区都归我管辖了，只有江南一小块还没能由我统治。拓跋宏为了实现统一天下的野心，自亲政以后，几乎年年兴师南伐。

太和二十一年（497），南齐又有内乱，拓跋宏认为有隙可乘，大发冀、定、瀛、相、济五州丁壮，得20万人，由他亲自督领，自洛阳出发，号称百万，连下新野（今河南新野）、南阳、彭城。齐主萧鸾忧惧成疾，于太和二十二年（498）七月病殁。这时魏军气势正盛，本该乘机南攻。但偏偏北魏自己也出了问题，拓跋宏不免心焦，所以在听到萧鸾病殂的消息后，便以"礼不伐丧"为理由，下令撤兵。

拓跋宏因操劳过度，在撤军途中病倒。到了十月，才从悬瓠（今河南汝阳）出发，北伐高车。走到邺城（今河北临漳），正是十一月。这时江阳王元继已解决了高车的叛乱，拓跋宏便在邺城过冬休息。第二年（499）正月，才回到洛阳。这时，南齐太尉陈显达、平北将军崔慧景，率兵四万攻魏，企图收复被北魏占据的雍州诸郡，魏将元英迎战，屡为所败。三月，拓跋宏再次亲自率兵南征，驻于马圈（今河南省邓州东北），并命令广阳王拓跋嘉，从小路绕至敌后，前后夹击，齐军两面受敌，大败而逃。

拓跋宏虽然取得胜利，但跋涉奔波，不免又有一番劳顿，于是再次病倒。病情迅速加重，赶紧北归，走到谷塘原，拓跋宏自己知已难望痊愈，便对彭城王拓跋勰说："我的病更加恶化，肯定是不行了。天下尚未统一，太子幼弱，一切都依靠你了，希望你能全力辅佐太子！"[1]随即又命拓跋勰起草诏书，以侍中、

---

[1]语见《魏书·献文六王下·彭城王勰列传》：（孝文帝曰）"修短命也，死生大分，今吾气力危惙，当成不济矣。虽败显达，国家安危，在此一举；社稷所仗，唯在汝身。霍子孟以异姓受付，况汝亲贤，可不勉也！"

北海王详为司空，镇南将军王肃为尚书令，镇南大将军广阳王元嘉为左仆射，尚书宋弁为吏部尚书，让他们同太尉咸阳王元禧、尚书右仆射任城王元澄等共同辅政。四月，孝文帝拓跋宏便死于谷塘原，年仅33岁。葬于长陵。

名家评说

孝文纂承洪绪，早著睿圣之风。时以文明摄事，优游恭已，玄览独得，著自不言，神契所标，固以符于冥化。及躬总大政，一日万机，十许年间，曾不暇给，殊途同归，百虑一致。夫生灵所难行，人伦之高迹，虽尊居黄屋，尽蹈之矣。若乃钦明稽古，协御天人，帝王制作，朝野轨度，斟酌用舍，焕乎其有文章。海内黔黎，咸受耳目之赐。加以雄才大略，爱奇好士，视下如伤，役已利物，亦无得而称之。其经纬天地，岂虚谥也！

——唐·李延寿《北史》

【隋】

文帝杨坚

隋文帝杨坚（541~604），隋朝开国皇帝，弘农西华阴（今陕西华阴）人。公元581~604年在位。谥号"文皇帝"，庙号"高祖"。曾仕西魏、北周，后迫周静帝宇文阐退位，自己称帝，建立隋王朝，改元开皇。十年后灭梁，九年后灭陈，结束东晋以来200年的分裂、战乱局面，统一了全国。这是他的一大历史功绩。杨坚还实行了一系列改革措施，适应了民族融合、国家统一和社会生产发展的要求。

隋文帝杨坚
——从明弘治十一年（1498）《历代古人像赞》

一、扶摇直上　野心勃勃

杨坚是东汉太尉杨震的后代。"弘农杨氏"世任高官，是汉、魏、北朝至隋唐时期最著名的门阀世族之一。西魏大统三年（537），杨坚的父亲杨忠追随独孤信投靠在西魏专权的宇文泰。因在宇文泰执政和宇文觉建立北周过程中功勋卓著，杨忠被赐姓普六茹氏，位至柱国、大司空，封随国公。

西魏大统七年（541）六月，杨坚出生在冯翊（今陕西大荔）般若寺。依靠家庭背景，杨坚曾在王公贵族子弟的专门学校里念过书。至于学习成绩，从后世多讥讽他不学无术，他也自称"不晓书语"，大概当时不是用功的学生。

杨坚从14岁就开始了做官生涯。15岁，依靠父亲的功勋被授予散骑常侍、车骑大将军、仪同三司的荣誉职衔。杨坚这时很受当时执政者宇文泰的赏识，第二年，北周取代西魏，杨忠为开国功臣，杨坚又升骠骑大将军、加开府。同年，

周明帝继位，又封杨坚为大兴郡公。560年，周武帝继位，19岁的杨坚被任命为随州（今湖北随县）刺史。566年，鲜卑大贵族、柱国大将军独孤信认识到杨坚前途无量，便把自己14岁的七女儿嫁给了杨坚，更提高了杨坚的地位。568年，杨忠死，杨坚继承了随国公的爵号。577年，北周灭北齐，杨坚立下战功，又晋封柱国。第二年，出任定州（今河北定县）总管，不久转亳州（今安徽亳州）总管。

杨坚并无突出的功绩，地位却扶摇直上，逐渐引起一些朝臣和贵族的嫉恨。北周初年，宇文护专权，多次想除掉杨坚，都因别人的阻拦而没有得逞。周武帝亲政后，宇文宪曾劝他尽早把杨坚除掉，内史王轨也认为杨坚有反相，但都没引起周武帝的重视，并且又以杨坚的长女作为皇太子王妃，进一步巩固了杨坚的地位。

同时，杨坚也积极利用已有的社会影响，广泛拉拢，以扩大自己的势力。杨坚在做随州刺史时已与骠骑将军庞晃结为莫逆之交，后来杨坚做定州总管，庞晃任常山太守，二人交往更密。杨坚将转亳州总管时，庞晃劝他就此起兵，建立帝王之业，杨坚握着庞晃的手说："时机还不成熟啊。"至此，杨坚取周自代的愿望溢于言表。[1]

二、诛杀诸王　建立新朝

宣政元年（578）六月，武帝死，宣帝继位，以杨坚女为皇后，任杨坚为上柱国、大司马。第二年初，杨坚又转大后丞、右司武，旋升大前疑（相当于丞相）。在宣帝外出时，由杨坚主持日常政务。

周宣帝虽年少，但昏庸荒淫，又修建洛阳宫，致使上下怨愤。杨坚便开始做取代周室的准备工作。有一次，杨坚与好友宇文庆谈论当时形势，预感到北周的统治即将结束，对可能出现的动乱局面进行了充分的估计，并已经做好收拾北

---

[1]事见《隋书·庞晃列传》："晃因白高祖曰：'公相貌非常，名在图箓。九五之日，幸愿不忘。'高祖笑曰：'何妄言也！'顷之，有一雄雉鸣于庭，高祖命晃射之，曰：'中则有赏。然富贵之日，持以为验。'晃既射而中，高祖抚掌大笑曰：'此是天意，公能感之而中也。'因以二婢赐之，情契甚密。武帝时，晃为常山太守，高祖为定州总管，屡相往来。俄而高祖转亳州总管，将行，意甚不说。晃因白高祖曰：'燕、代精兵之处，今若动众，天下不足图也。'高祖握晃手曰：'时未可也。'晃亦转为车骑将军。"

周局面的思想准备。

杨坚在积极为代周做准备，也曾引起周宣帝的警觉，甚至曾想杀掉杨坚。但杨坚始终不动声色，周宣帝既找不到借口，也不愿随便杀死自己的岳父。

杨坚尽管表面不露声色，但内心对周宣帝的猜疑也感到不安，为逃避周宣帝的猜疑，也想在北周动乱时握有实力。杨坚想暂时离开朝廷，到地方上去掌实权。他把这种想法告诉了自己的同学内史上大夫郑译。大象二年（580）五月，周宣帝决定南伐，郑译乘机推荐杨坚。周宣帝做太子时郑译即以讨好得宠，言无不从，遂任命杨坚为扬州总管。

隋文帝杨坚

大军未出，周宣帝病重，召见小御正刘昉、御正中大夫颜之仪，准备托以后事。二人到时，周宣帝已不会说话。这时，宣帝的长子宇文阐年方8岁，根本不能履行皇帝的职责。刘昉为以后飞黄腾达，便与郑译商议，共同拟定一个假诏书，声称周宣帝遗嘱，让杨坚以皇太后父亲的身份总揽朝政，辅佐周静帝。宣帝死，刘、郑等人暂不公开，首先宣布由杨坚总管中外军事大权。杨坚又以诏书的名义控制了京师卫戍军队，基本控制了朝廷。

三天后，杨坚等人才正式宣布宣帝已死的消息，8岁的宇文阐即位，以杨坚为假黄钺、左大丞相，掌握军事、政治全权。杨坚深知自己的地位还不巩固，需要采取一系列措施。

首先是建立自己的统治核心。杨坚是在刘昉、郑译等人的拥戴下才得以上台的。刘郑二人都想借助杨坚捞到好处，他们建议由杨坚出任大冢宰，郑译要做大司马，刘昉想任小冢宰，实际上就是要三人共掌朝政。杨坚不愿让他们分割自己的权力。在亲信李德林的支持下，杨坚拒绝了他们的要求，自任丞相，设丞相府，以郑译为相府长史兼内史上大夫，刘昉为相府司马，李德林为府属兼仪同大

将军，把他们置于自己的控制之下。杨坚又拉拢真正具备政治才能的高颎等一帮人作为自己的亲信。相府实际上已代替朝廷成为真正的决策机构。杨坚利用掌握军权的司武上士卢贲，用军队的力量暂时压服了尚未完全清醒过来的朝廷百官。

接着是除掉宗室宇文氏的势力。杨坚初执政时，周宣帝的弟弟仍以皇叔身份居上柱国、右大丞相职，在朝廷中与杨坚平起平坐。杨坚支使刘昉把他劝回家中，不要过问朝政，答应以后由他做皇帝，只须在家里等待。他年轻无才，信以为真。杨坚排除了最近潜在的干扰。但这时真正的威胁是已经成年并各居藩国的宇文泰的5个儿子：赵王宇文招、陈王宇文纯、越王宇文盛、代王宇文达、滕王宇文逌。他们既有实力，又有影响，一旦起兵，杨坚根本无法控制。在还没有公开宣帝的死讯时，杨坚便借口召他们回到长安，收缴了他们的兵权印符。五王与雍州牧毕王宇文贤联系，请他起兵。但宇文贤很快就被杨坚击败。杨坚明知是五王从中捣鬼，却假装不知，并允许他们剑履上殿，入朝不趋，以此安定他们。五王看到外面指望不上，便寻找直接刺杀杨坚的机会。有一天，赵王宇文招借口请杨坚吃饭，安排亲信卫士手持兵器守护左右，并暗伏兵士于后。杨坚到后，所带随从均被挡在外面，只有杨弘与元胄跟进去，并且只准坐在门口。元胄看出势头不对，便说："相府有事，丞相不宜久留。"催杨坚赶快脱身，并强行拉杨坚离开座位，赶快出门，护送杨坚回到相府。杨坚赏赐给元胄大笔财富，并以谋反罪杀死宇文招、宇文逌，其他三王也很快被除掉。宇文氏的势力基本被消灭。[1]

然后，杨坚宣布废除周宣帝时的严刑峻法，停止洛阳宫的营建，以此取得广泛支持。这样，杨坚在京师的统治已基本稳固。

杨坚以外戚专权，引起北周一些地方势力的不满。杨坚本想寻找种种借口，逐步用自己的亲信去控制地方，把原来的将领召回京师，或杀或用，就可兵不血刃地控制全国局势，但都没有成功。杨坚执政刚一个月，尉迟迥便在相州

---

[1]事见《隋书·元胄列传》："赵王引高祖入寝室，左右不得从，唯杨弘与胄兄弟坐于户侧。赵王谓其二子员、贯曰：'汝当进瓜，我因刺杀之。'及酒酣，赵王欲生变，以佩刀子刺瓜，连啖高祖，将为不利。胄进曰：'相府有事，不可久留。'……高祖犹不悟，谓曰：'彼无兵马，复何能为？'胄曰：'兵马悉他家物，一先下手，大事便去。胄不辞死，死何益耶？高祖复入坐。胄闻屋后有被甲声，遽请曰：'相府事殷，公何得如此？'因扶高祖下床，趋而去。赵王将追之，胄以身蔽户，王不得出。高祖及门，胄自后而至。赵王恨不时发，弹指出血。及诛赵王，赏赐不可胜计。"

（今河南安阳）发难，王谦在益州起兵，司马消难在郧州（今湖北安陆）起兵，局势异常严峻。杨坚一方面利用自己已经取得的政治优势拉拢地方将领，对反对者进行分化瓦解；另一方面，投入自己所能控制的全部军队，经过半年的战争，三方武装反抗被全部平定，杨坚控制了北周政局。

从辅政之日起，杨坚要做皇帝已是公开的秘密。在平定三方武装反抗的过程中，杨坚又为铺平做皇帝的道路采取了下列措施：宣布自己由左丞相改任大丞相，废左、右丞相设置，不久改称相国；让自己的长子杨勇出任洛阳总管、东京小冢宰，监督东部地方势力；杨坚由随国公改称随王，以20州为随国，封独孤氏为王后，杨勇为世子，随王位在诸侯王之上；为进一步宣扬自己

隋朝时期釉面勇士俑

的家世，追封曾祖杨烈、祖父杨祯、父亲杨忠；为进一步削弱宇文氏的影响，废除所有对汉人的赐姓，令其各复本姓，这一措施得到汉人的普遍拥护。

至580年底，杨坚做皇帝的准备工作已基本完成。581年正月，杨坚派人为周静帝写退位诏书，内容极称杨坚功德，希望杨坚按照舜代尧、曹丕代汉献帝的故事，接受皇帝称号，代周自立。诏书由朝廷大臣捧着到随王府送给杨坚。杨坚假意推辞，经过朝廷百官的再三恳求，杨坚才同意接受。仪式结束，杨坚穿戴上早已准备好的皇帝服装，在百官簇拥下坐上皇帝的宝座。史称隋文帝

杨坚由继承父亲的随国公起家，进称随王，故把自己新王朝的国号定为

随。他又感到随字有"辶",与走同义,似乎不太吉利,便改随为隋。改元开皇。仍以长安为首都。

三、革旧图新　偃武习文

隋文帝杨坚做了皇帝后,首先追谥其父杨忠为武元皇帝,庙号太祖,母亲吕氏为元明皇后;以独孤氏为皇后,长子杨勇为皇太子。为吸取宇文氏没有强根固本的教训,杨坚封其诸弟和众子为王,并各掌一州,兼管周围各州军事,又都配备亲信重臣辅佐,以此加强对地方的控制。

杨坚是在刘昉、郑译等人拥戴下控制朝政、并取周自代的,但这些人并不具备治理国家的才能,况且在杨坚称帝后,多恃功自傲,总想得到更多的财富和权力。杨坚要真正治理国家,就必须彻底摆脱这些人的干扰,以免他们以后再跟自己捣乱。在建立新的权力中枢时,这些人逐步被疏远、罢免或杀头。杨坚以高颎为尚书左仆射兼纳言,虞庆则为内史监兼吏部尚书,李德林为内史令,韦世康为礼部尚书,元晖为都官尚书,元岩为兵部尚书,长孙毗为工部尚书,杨尚希为度支尚书,杨惠为左卫大将军。后来又提拔了具有军事才能的杨素和有经济头脑的苏威等人,组成了新的权力中枢。

杨坚在杨氏天下基本稳定、政治机构大致完善后,接受高颎等人的建议,采取了一系列改革措施。

北周官制多模仿《周官》设置,既乱且滥。杨坚接受崔仲方的建议,恢复汉、魏旧制。设三师、三公及五省。三师不掌实权,不置官署,只是给予德高望重者的荣誉职衔。三公虽置僚属,有参与国家大事的责任,但也只是顾问性质,没有实权,也不常设。五省才是真正的权力机关。其中,内侍省是宦官机构,主要掌皇宫中琐事;秘书省掌国家图书历法,是比较清闲的地方,二者在政权中不占重要位置。门下省和内史省都是协助皇帝执政的决策机构,掌管机密,共议国政,并负责

高　颎

审查皇帝发布的诏书,签署大臣的奏章,对皇帝可以提出自己的意见或建议,对奏章可以驳回或进行处理。尚书省是主持日常政务的机构。尚书省置尚书令和左、右仆射各一人。下设吏部,掌管全国官吏的任免、考查、升降及调动等;礼部,掌祭祀、礼仪及接待四方宾客;兵部,掌管全国武官选用和兵籍、军械、军令等;度支(后改称民部),掌管全国土地、户籍、赋税、财政收支等;都官(后改刑部),掌管法律、刑狱等;工部,掌管各项工程、工匠、屯田、水利、交通等政令。六部始称六曹,由左、右仆射分领。六部尚书分掌全国政务,加强了中央集权,后世遂相沿成例。五省以外,又有御史、都水二台,及11寺、12府,此外还有不少荣誉称号,授给有功的文武官员。

隋建国以前,地方官制极为混乱。580年,北周仍实行州、郡、县三级制,全国有211州、508郡、1124县。"民少官多,十羊九牧",造成极大的财政浪费。开皇三年(583),杨坚下令废郡,实行州、县两级制,又合并了一些州县,裁汰了一大批冗官,既节省了开支,又有利于政令的推行。两级制也成为后世定式。

北周末年,地方势力长期威胁中央政府。杨坚专权,也引起地方上的武装反抗。为有效地控制地方,杨坚规定:九品以上官员全部由吏部统一任免,每年都要接受吏部的考查;后来又规定,刺史、县令三年一换地方,避免发展为割据势力;县佐不能任用本郡人,以免豪强地主把持地方行政。地方政治的改革,巩固了中央集权。

北周的刑律残酷而紊乱。杨坚下令制定《开皇律》,废除了枭首、车裂等残酷刑律,只保留律令500条。刑分为死、流、徒、杖、笞5等。并规定只要不是图谋推翻杨氏政权者,不得株连九族。《开皇律》对后世影响也很大。

为逃避国家的赋税、徭役,农民往往虚报年龄,以求躲过纳税年限;豪强地主占有大量依附人口,也想方设法不报户口。为扩大财政来源,开皇五年(585),杨坚采取了"大索貌阅"和"输籍定样"(也称"输籍法")两项措施。前者即严格核对户口,实行户籍制度。这一年就检查出成丁男子443000名,并把1641500人编入户籍。根据各家资产情况,从轻做出缴纳赋税的标准,写成"定簿"。这样,百姓不能逃税,地方官吏也难以随意增减克扣,更重要的是把大量依附人口从豪强地主的荫庇下吸引出来。每年正月初五,县令派人检查,重新制定"定簿",收获后即以此征收。这两项措施使国家掌握的人口剧增,增加

了财政收入。

　　隋朝沿用北魏以来的均田制，每个成年男子可以分配露田80亩，永业田20亩，成年女子分配露田40亩，奴婢与一般农民分田数量相同。均田法又规定：京官一至九品都可得到1~5顷的职分田，收入作为俸禄，免官则交出土地；各级行政机构都可耕种一定的土地，称公廨田，其收入作为办公费用。这种办法节省了大笔财政支出，也就变相增加了国家的实际收入。整个隋代，国家的仓库都堆满着粮食和绢帛，呈现经济繁荣的景象；同时，均田制给一般农民提供了一定数量的土地，有利于生产力的发展。

　　隋代对农民的赋役征收主要是租、调和力役。它规定：男女3岁以下为黄，4~10岁为小，11~17岁为中，18~60为丁，60以上为老。负担国家赋役的主要是丁。一对成年夫妇每年要交纳粟3石，即租；种桑养蚕地区每年交绢1匹（相当

　　赵州桥又称安济桥，坐落在河北省赵县的洨河上。此桥建于隋代，由当时著名匠师李春设计建造，跨度37米，距今已有1400多年的历史，是当今世界上现存最早、保存最完整的古代单孔敞肩石拱桥。

于4丈）和绵3两，种麻织布地区每年则交布1端（相当于5丈）和麻3斤，即调。没有结婚的单身成年男女可交租调规定的一半。成年男子每年为国家服徭役1个月，称"力役"。开皇十年（590），又规定成年男子的力役，50岁以后可以交纳布帛代替，称庸。租庸调制一直影响到唐代。

为便于把潼关以东地区的粮食、布帛运到首都，开皇四年（584），杨坚命当时的"巧匠"宇文恺率领民工开凿广通渠。广通渠的开凿，也为两岸的土地提供了灌溉条件。

魏晋以后，国家分裂，币制非常混乱，影响着商品交换的发展。杨坚建国后，下令改铸五铢钱，废除其他古币和私人铸币，只准五铢钱流通，又统一了度量衡，有利于工商业的发展。

突厥原是活动于中亚一带的游牧民族，后来东迁，活动在蒙古草原。在北齐、北周时，经常向内地侵扰。杨坚初执周政，采取和亲政策，努力缓和双边关系。杨坚代周，突厥大举南侵，攻掠今甘肃和陕北一带，被杨坚派杨弘、高颎等在开皇二年（582）率兵击败。为阻止突厥的南下骚扰，杨坚三次征发民夫修筑长城，并加强防御。不久，突厥分裂为东突厥和西突厥，西突厥向西发展，东突厥逐渐南附，接受隋朝的控制，北部边防渐趋巩固。

对长期依附北周的后梁，杨坚一开始采取笼络政策，当经济和军事实力有较大发展并对统一江南做好了准备后，杨坚就不能容忍在自己的疆域内再存在独立王国。开皇七年（587）八月，杨坚邀请后梁帝萧琮到长安，派兵灭掉梁国。

杨坚建隋后，即开始做统一江南的准备。在巩固了内部、缓和了与突厥的矛盾和灭梁之后，开皇八年（588）秋，杨坚共发兵518000万，东起海滨，西至今四川，在整个长江沿线水陆并进，向陈发动大举进攻。这时，陈共有兵力不过10万，而君臣仍生活在花天酒地之中。面对隋的全面进攻，后主陈叔宝及文武百官全部做了俘虏。200多年的分裂局面，由杨坚再次统一。

隋初仍沿用西魏、北周以来的府兵制，战士和家室、土地自成一个系统，不受地方州县辖制。灭陈之后，战争已基本结束。为把府兵变成国家的纳租对象，开皇十年（590），杨坚对府兵制进行了较大改革：所有军人，户籍全部划入当地州县，土地分配和赋役征收与原来的农民完全一样，只是他们仍有军人的职责，受军府管辖。这种兵归于农、兵农合一的措施既增加了国家的财政收入，又加强了政府对军人的控制；这一制度到唐代仍然沿用。

同时，杨坚为稳固自己的统治，下令除边疆和京师守卫军队以外，其余的兵器等军事装备立即停止制造，民间兵器全部销毁；军人子弟应尽力改从学文，要把尚武之风改变成习文之气。

四、猜忌功臣　佞信佛道

隋文帝杨坚代周建隋，在政治、经济等领域进行一系列成功的改革，北抚突厥，南灭陈，完成全国统一，是一个很有作为的皇帝。同时，杨坚又有非常平庸的一方面，猜疑、苛察、喜怒无常、迷信佛道、不学无术，还有废除学校等等。

杨坚做皇帝，使用了阴谋诡计，由独揽朝政发展为取周自代。他的经验就是成功地利用了周静帝年龄幼小、宇文氏又没有有效地控制大权的机会。由此，杨坚也把它作为教训，在使宗亲、亲信把持大权的同时，极力加强自己的专制统治，对朝廷百官、特别是功勋卓著的文武大臣，时时保持高度的警惕，对他们的言行密切注意，惟恐他们也走自己的道路，颠覆杨家的天下。杨坚在建国初期成功地排除了曾对他做皇帝立下汗马功劳、但实际没有治国能力的刘昉、郑译等人，使用了高颎、苏威、李德林等一批真正能帮他治理国家的人才。在他巩固统治的同时，他所使用的文臣武将都获得了高官勋爵，但他们又引起了他的猜疑。至杨坚晚年，开国功臣、平定三方武装反抗的地方将领、南平北抚的文武大将、帮他在中央主持一系列改革的重臣，已所剩无几，或遭杀戮，或被废弃，大部分都没有明显的恶迹，只是充当了杨坚猜疑的牺牲品。

梁睿本是北周旧臣，在征讨王谦时有大功，出任益州总管。只因他在益州颇得人心，杨坚便怀疑他有发展地方割据之意。梁睿也深知杨坚怀疑自己，便主动辞去益州总管的职务，到长安去做京官，接受杨坚的直接监督。终因遭致非议，被免官。

王世积也是北周官僚，在平尉迟迥和灭陈

隋代五铢钱
隋文帝开皇元年（581）始铸，又叫"开皇五铢"，钱文"五铢"二字篆书，笔画精整，边缘较宽。隋五铢是我国"铢两钱制"的终结。

时,数有大功,晋位上柱国。王世积亲眼看到许多功臣被杀,从此嗜酒如命,不参与任何政事。开皇十九年(599)杨坚征辽东,以王世积为行军元帅。回师后被任命为凉州总管。这时,王世积的一个亲信皇甫孝谐犯罪,被官府缉捕,投奔王世积,王世积没有接受。皇甫孝谐被捕,判以发配,为报复王世积不肯包庇,诬陷王世积谋反,杨坚明知并无任何根据,仍下令处死王世积。

虞庆则也是北周旧官,因在安抚突厥和灭齐中曾立大功,颇受杨坚赏识,位至尚书右仆射,成为除皇帝外的第二号实权人物。开皇十七年(597),李贤叛乱,杨坚指名要虞庆则为行军总管。在回师途中,虞庆则曾指着一个地方说:"若在这里有一个合适的人驻守,只要有足够的粮食,便难以攻破。"杨坚便以谋反罪杀死虞庆则。

高颎是杨坚作为治国之材拉拢为心腹较早的一个。高颎父本是独孤信的部

彩绘女侍俑

制作于隋文帝开皇十五年(595),1959年出土于河南安阳,现藏河南博物馆。

下，被赐姓独孤氏。杨坚的妻子是独孤信的女儿，故杨坚和高颎的关系一直很融洽。杨坚代周，高颎是高参；杨坚做皇帝，高颎被任命为尚书左仆射，是掌实权协助杨坚治国的第一号人物；政治、经济改革的许多重大决策，杨坚都得之于高颎。高颎是杨坚长期依赖的亲信，也是最得力的助手。杨坚对高颎也非常信任，常把高颎比做镜子[1]，说他可以矫正自己的过失；有人说高颎的坏话，一律不听，甚至治告状者的罪；封官职、爵位都到极限，赏赐的财物更是无数。至开皇末年，杨坚对长子杨勇越来越不满意，准备把帝位传给次子杨广，高颎并未领会杨坚的意图，反对废杨勇而立杨广。杨坚为削弱杨勇的力量要从东宫挑选卫士，高颎不同意。因为杨勇的女儿是高颎的儿媳妇，若杨勇继位，高颎则是地位显赫的皇亲国戚。杨坚是以外戚身份谋取帝位的，故对此非常敏感，认为高颎坚持让杨勇做皇帝并为其着想实是想步自己的后尘。后以王世积之事株连高颎，便罢免了他的左仆射职务和上柱国勋衔。有人告高颎有谋反迹象，杨坚没做任何核实，就信以为真，只是不愿落个连续杀戮功臣的名声，才没有杀死高颎，而剥夺了他的全部官职，贬为平民。

　　杨坚经常使人四处查访，凡稍有过失者，都要加以重惩。刑部侍郎只因迷信穿红裤子有利于升官，在一次上朝时穿上了它，杨坚把它的含义理解为避邪，上朝穿避邪的衣服显然是把皇帝看成了邪，马上下令推出去杀头。当时任大理寺丞的赵绰提出异议，认为根据法律不该杀头。杨坚说："你可惜他就不可惜你自己的生命吗？"又有一次，时值某月初一，在上朝时有个别武官的衣服与佩剑穿戴得不整齐，杨坚认为这是对朝廷的不尊。他没有直接向武官问罪，而是责备专管弹劾大臣的御史为什么没有当场对他们提出弹劾，便命令杀掉御史。谏议大夫毛思祖出来劝阻，也被当场杀头。为禁止官吏受贿，杨坚还派人私下四处行贿，一旦有人接受，便马上处死。

　　为树立自己的权威，杨坚在宫廷中长期放着杖棒，稍不如意，则当场施以杖刑，有时一天就要打好几个人。杨坚还常嫌持杖者下手过轻，怀疑他们手下留情，便要推出杀头。故宫廷中常有人死于杖下。高颎等人都曾提出"朝堂非杀人之所，殿廷非决罚之地"，建议宫廷不设杖棒设施。杨坚一度废去杖棒，但他想打人时，用马鞭抽打感到不过瘾，很快又把杖棒放入宫廷，百官犯法本应交大理寺审理处

---

[1]见《隋书·高颎列传》："独孤公犹镜也，每被磨莹，皎然益明。"

置，杨坚却喜欢亲自看人挨打。把宫廷变成公堂，显然是为提高淫威。

杨坚非常迷信，佛道、符瑞、阴阳五行及各种鬼怪，都在杨坚的崇信之列。北周武帝灭佛之后，佛学在北方衰微。杨坚初任丞相，便下令对原来的和尚、道士进行挑选，让他们各操旧业。杨坚称帝之年，更下令听任天下百姓出家做和尚、道士，在全国范围内按人口征钱，在各地营建佛寺，修塑佛像，缮写佛经；大都市则由国家拨专款修复寺庙。佛道之学再度复兴，并很快风靡全国，当时民间的佛经比儒家的六经还要多几十倍。隋唐佛教的繁荣与杨坚的大力提倡是分不开的。

杨坚做皇帝，是通过和平政变的方式取代了北周宇文氏。新朝官僚大多是北周旧臣，在功绩、实力和其他方面杨坚都并不比他们有资格，要有效地控制他们，除镇压、猜疑和苛察外，还需要从心理上征服他们，即把他所以能做皇帝说成是上帝的旨意。王劭本是一个学者，靠赞美杨坚有帝王之相做了著作郎。他认准了杨坚的爱好，广泛搜集能为杨坚做皇帝充当理论根据的材料，任意曲解附会，把北周的灭亡、杨坚由专政到称帝以及隋的国号都说成是上帝的安排。这是杨坚最希望得到的，王劭因此得到优厚的赏赐。

杨坚不仅提倡佛道，对当时民间流行的各种迷信他都相信，包括山神、土地、河海龙王等等，甚至对各种妖怪也不怀疑。杨坚的妻子独孤氏和杨素的妻子郑氏都得了病，医生认为这是有人故意利用猫妖作怪，杨坚对此专门下了诏书：凡有意饲养、培训并利用猫妖等怪物而害人者，一律流放边境。

杨坚被后世讥为不学无术，他自己也承认，并且看不起那些咬文嚼字的读书人。如杨坚要对北周宗室宇文氏斩尽杀绝，李德林劝他不要这样做，因为这样就显得皇帝过于残忍。杨坚回答说："像你这样的一介书生，没有资格参与这种

隋代佛像

政治大事。"不听劝告实施了自己的计划。杨坚认为文化无用，便认为不需要建立学校。仁寿元年（601），杨坚下令全国只保留供王公贵族子弟读书的国子监，废除天下郡县的所有学校。

杨坚做皇帝的第二年，便嫌旧长安城规模太小，且宫中又常闹鬼，下令在旧城西北修筑新都城。同年底完工。因杨坚最早的封爵是大兴郡公，新城便被命名为大兴城（今西安市），皇宫称大兴宫，主要宫殿称大兴殿。

开皇十三年（593），杨坚对大兴城又失去了兴趣，便以杨素为总管，宇文恺为主要设计者，在岐州（今陕西凤翔南）营造仁寿宫。通过开山填谷，建成了楼台亭阁宛转相连的豪华宫殿。为讨好杨坚，杨素对民夫督促得非常紧，死者数万人，杨素便随地把他们埋进了宫殿的地基里。用了整整两年的时间，仁寿宫才在民夫的白骨上面完成。开皇十八年（598），杨坚又在仁寿宫和大兴城之间修筑行宫12座，在往返途中也有了可以娱乐的地方。

杨坚的猜疑和严刑使他失去了大批可以利用的臣僚，崇尚迷信又招来许多专事拍马屁的小人，大兴土木开奢侈之风，"节俭"则苦了老百姓。杨坚的晚年虽然仍是隋朝盛世，但潜在的危机已露出端倪。

五、废黜诸子　死因不明

独孤信是北周重臣，杨忠追随独孤信起家。从地位和权势上，杨家从属于独孤氏。杨坚和独孤氏的结合，肯定受这种关系的影响。杨坚由专权而称帝，独孤氏家族的地位和影响起了作用，如后来为杨坚出力最大的高颎原来就是独孤氏的家客。由此，杨坚对独孤氏一直存在着畏惧的心理。杨坚称帝后，独孤氏直接参与政事。独孤氏实际成为皇帝的皇帝，故宫中把二人合称"二圣"。

独孤氏嫉妒心很强，一般情况下不许杨坚和其他女人接近。虽然当时后宫也有嫔妃数十，但杨坚根本不能与她们亲近。有一天，杨坚在后宫发现尉迟迥的孙女很有姿色，一时心血来潮，便与其亲热一番，独孤氏便暗中派人杀掉了那个姑娘。由于独孤氏喜欢次子杨广，杨坚最后也废除了长子杨勇继承皇位的资格。杨坚做皇帝20余年没有走上荒淫之路，在某种意义上应归功于独孤氏。

杨勇是杨坚的长子，幼时颇得父母喜爱，故在杨坚做隋王时便被立为世子，后来确立为太子。开皇初年，杨坚为提高儿子的地位，凡有军国大事，都要杨勇参与处理。其时，杨勇不过是十来岁的孩子。有一次，杨坚发现杨勇把一副铠甲装饰得很华丽，便严肃地与他谈了一次话，告诫他做皇帝追求奢侈是亡国之道。随着年龄的增长，杨勇越来越迷恋女色，东宫嫔妃多被宠幸。独孤氏最讨厌除妻子外和别的女人生孩子的男人，当然对杨勇的行为也不满意。杨勇的第一个儿子是与尚未选入东宫的云氏在外边生的，即私生子。杨坚对此也大为不满，指责杨勇不应乱搞。杨勇不服，依然我行我素，从此逐渐失宠。但杨勇既为皇太子，当然会有一批人为了将来的利益为他出谋划策，在杨勇周围逐渐形成一派势力。而杨勇在父母面前失宠，善于察言观色的杨广便开始策划取而代之，在他周围以当朝重臣杨素为首形成另一派势力。开皇十八年（598）冬至日，朝廷百官都到东宫朝见杨勇，杨勇也大张旗鼓地接受朝贺，实际上是对杨坚的示威。杨坚当然不能容忍，专门为此下诏，严禁以后再有此类事情发生。废除杨勇的意图此时已正式形成。其后，杨坚父子互相猜疑。为防备杨勇，杨坚把东宫警卫的强壮者全部挑走，并与皇宫警卫经常轮换，侍卫以上的官吏全由皇宫卫队统一指挥，不受东宫调遣。杨勇本来就没有雄才大略，依附者在皇帝的再三警告下也不敢妄动，杨勇便也束手无策。开皇二十年（600），杨坚正式废杨勇为平民，并杀掉和罢免一大批臣僚，彻底消灭太子党。

杨广是杨坚的次子，有心术，善于讨好杨坚夫妇。如他知道独孤氏讨厌男人同时与几个女人亲近，便在表面上只宠正妃，而把和其他女人生的孩子全部弄死。又值杨勇和杨坚夫妇的矛盾逐日加深，便乘机谋得太子位，成为隋朝的第二代君主。

杨俊是杨坚的三子，11岁立为秦王，12岁拜上柱国、河南道行台尚书令兼洛州刺史，后转并州总管。杨俊追求奢侈生活，身为皇帝的儿子，还要发放高利贷榨取百姓。营造豪华宫殿，整日在其中歌舞宴饮。杨俊贪好女色，常与其他女人厮混，妻子崔氏却受冷落。崔氏寂寞难捱，图谋报复，便在杨俊吃的瓜中放进药物，杨俊由此得病。杨坚知道后，便把他召回长安，免去官职。开皇二十年（600），杨俊病死。

杨秀是杨坚的四子，初封越王，后做蜀王，坐镇蜀地。杨秀在追求奢侈生活的同时，又处处效仿父亲的衣食住行，梦想有一天自己做皇帝，拉拢亲信，发展势力，并制造谣言、图谶，为继承皇位编造理论依据。杨勇被废后，杨广恐怕杨秀与自己做对，便鼓动父亲把他召回京师，罗织谋叛罪名，在杨坚临死前贬为平民。

杨谅是杨坚的第五子，初封汉王，后任并州（治所在今山西太原）总管。

杨勇被废后，杨谅也想自己做皇帝，便在并州招兵买马，修治兵器，为争夺皇位做准备。杨坚死，杨谅都没有到长安奔丧，而是立即起兵，以讨伐杨素为由，进兵长安。杨谅根本不懂打仗，很快便被杨广的军队击败，自己也做了俘虏。

杨坚的五个儿子同出一母，但也未能避免因争夺皇位而相互内讧的悲剧。杨坚为吸取北周的教训，使儿子们在地方上各掌一方，但他们却辜负了杨坚的厚望。杨坚在晚年，也认识到了儿子们的不可靠，从对儿子开始猜疑到将他们一一废为平民。

仁寿四年（604）正月，杨坚又要到仁寿宫游玩，便把朝廷日常工作全部交给了杨广。四月，杨坚得病；七月，病重，召杨广等入宫侍候。这时，宫中发生了两件大事。一是杨广为处理杨坚的善后工作，写信征求杨素的意见，但杨素的回信却被人误送到了杨坚手中；杨坚看信后，勃然大怒，显然信中的内容对杨坚是很大的刺激。二是在独孤氏死后，杨坚最宠爱的宣华夫人陈氏报告说杨广在夜里调戏了她，杨坚一怒之下，埋怨已故的独孤氏怂恿他废杨勇而让杨广做了自己的继承人，便让人赶快召杨勇。杨广听说此事，便派亲信进宫把侍候杨坚的人全部赶出去。同一天，杨坚死，享年64岁。

宣华夫人陈氏
——从清《百美新咏图传》（颜希源编，王翙绘）

名家评说

（隋文帝）不肯信任百司，每事皆自决断，虽则劳神苦形，未能尽合于理。朝臣既知其意，亦不敢直言，宰相以下，惟即承顺而已。

——唐·吴兢《贞观政要》

高祖龙德在田，奇表见异，晦明藏用，故知我者希。……于是躬节俭，平徭赋，仓廪实，法令行，君子咸乐其生，小人各安其业，强无陵弱，众不暴寡，人物殷阜，朝野欢娱。二十年间，天下无事，区宇之内晏如也。考之前王，足以参踪盛烈。但素无术学，不能尽下，无宽仁之度，有刻薄之资，暨乎暮年，此风逾扇。又雅好符瑞，暗于大道，建彼维城，权侔京室，皆同帝制，靡所适从。听哲妇之言，惑邪臣之说，溺宠废嫡，托付失所。

——唐·魏徵《隋书》

隋文帝之俭，非俭也，吝也，不共其德而徒厚其财也。富有四海，求盈不厌，侈其多藏，重毒天下，为恶之大而已矣。

——清·王夫之《读通鉴论》

炀帝杨广

隋炀帝杨广（589~618），一名英。隋朝第二代皇帝，也是末代皇帝。是隋文帝次子，生母为文献独孤皇后。仁寿四年（604）即位。公元604~618年在位。谥号"炀帝"。在位14年，对外用兵，广兴土木，造西苑、建离宫40余所，还开运河、筑长城，赋重役繁，民不聊生，致使各地农民纷纷起义。大业十二年（616）南巡至江都，沉湎酒色，无意北归。十四年（618）为禁军将领宇文化及等缢杀于宫中，隋朝随之灭亡。是历史上有名的暴君。

隋炀帝杨广
——唐阎立本《历代帝王图》（局部），现藏美国波士顿博物馆。

一、少年统帅 屡有战功

当杨坚还是北周大臣时，杨广就因父功被封为雁门郡公。隋朝建立之后，于开皇元年（581）封为晋王，并担任并州（今山西太原）总管，这时杨广才13岁。次年，隋置河北道行台尚书省于并州，又任武卫大将军、上柱国、河北道行台、尚书令。

一个13岁的少年，担此重大责任，主要是杨坚接受了北周孤弱而亡的教训，使诸子各掌一方，以巩固杨家的统治。隋文帝也深知自己的皇子担任不了如此重任，对杨广的行为和成长更不放心，便精选朝中正直有才望的大臣王韶等来辅佐他。

王韶等人也没有辜负杨坚的委托，对杨广直言匡正，不遗余力。有一次，王韶出巡长城，杨广在并州凿湖造山。王韶回来后，立即"自锁而谏"，使杨广停止了这个工役。

杨广本人也不是一般的纨绔子弟，门第家世固然为他提供了奢侈豪华的优越条件，但周隋时代复杂的政治风云，杨家先代的文治武功，将门之子所受到的各种熏陶，塑造了他十分复杂刁钻的秉性：既有专擅威福、纵姿声色的欲望，又有饰情矫节、希望人称道其贤明的虚荣心；既有一个花花公子的低级趣味，又有军事统帅的风度和文武才干。这两种秉性一直互相并存着，而在他称帝独尊之前，前者还处在自我抑制的阶段。

开皇八年（588），隋朝大举攻陈，第二年春，灭掉了陈朝。杨广作为最高统帅，在很大程度上是坐享其成的。实际指挥部署的是元帅长史高颎，亲率三军攻破陈都建康的是贺若弼、韩擒虎，沿江东下、扫除残余势力的是大将杨素。但杨广毕竟是最高统帅，进建康后，将围绕在陈后主身边的佞臣全部杀掉，以谢三吴人民。又命收图籍、封府库，资财一无所取。这些都表现了杨广大将的气度。同时，隋灭陈结束了自东晋以来的南北对峙局面。灭陈后，杨广晋位太尉，再任并州总管。

开皇十年（590），江南士族高智慧等人起兵作乱，文帝又调杨广为扬州总管，镇江都（今江苏扬州）。

开皇二十年（600），突厥进犯北方边境，文帝命杨广等率军分道出击。杨广部下长孙晟设计大败突厥。

这样，杨广既曾为平陈的军事统帅，又曾镇守并州，北御突厥，在杨坚的诸皇子中，其功勋称得上是佼佼者了。

二、争宠为储　逼宫继位

隋文帝杨坚共有5个儿子，长子名勇，次子杨广，三子秦王俊，四子蜀王秀，五子汉王谅。早在杨坚当皇帝不久，就立长子杨勇为皇太子，成为法定的皇位继承人。但随着杨广政治资本的增加，越来越滋长了他继承皇位的奢望。

杨广明白，要夺得太子的地位，一是要讨皇帝老子的欢心，二是要笼络自

己的亲信党羽，按照这两个策略，他同隋文帝杨坚、太子杨勇演出了一幕惊险残酷、精彩圆满的篡夺皇位的历史剧。

太子杨勇没有心机，我行我素。他既没留心杨广的夺嫡阴谋，也不会虚情假意讨父母的欢心。他明知母亲独孤皇后痛恨男子宠爱姬妾，却明目张胆地喜好女色，把父母为他娶的嫡妻元氏冷落一边，与其他的姬妾吃喝玩乐，使独孤皇后十分不满。

隋文帝杨坚是一个比较节俭的皇帝，可杨勇偏偏喜好华丽铺张，使杨坚十分不喜欢。冬至那天，杨勇大张旗鼓地接受百官朝贺，隋文帝生怕大臣们和太子关系过密，影响自己的皇权，这又触犯了他的忌讳。于是父子之间渐生猜忌。夫妻俩既然都不喜欢这个太子，杨勇太子的地位就开始动摇了。

而杨广则是一个善于耍阴谋权术的人，为了迎合独孤皇后，他只和王妃萧氏居处，每当和后廷的女人生了孩子就杀掉。父母每派人来，他都亲自和萧妃到门口迎接，并用丰盛的酒饭招待，临走再送上礼物。这些人得了好处，都在文帝和独孤皇后面前称道杨广仁孝。有时文帝和独孤皇后到杨广那儿去，他便把年轻貌美的姬妾藏起来，让年老丑陋的人穿上粗劣衣服服侍文帝和独孤皇后，文帝夫妇见杨广节俭而又不好声色，就更加宠爱他了。杨广还用同样的方式敬待朝中大臣，大臣们也都称道他。这样，在朝廷内外，他获得了普遍的好感，声望越来越高了。于是，杨广开始施展阴谋，颠覆哥哥杨勇的皇太子位置。

杨广任扬州总管时，趁入宫辞别皇后的机会，故意跪在母亲面前痛哭流涕，说皇太子要加害他。这如同火上加油，促使独孤皇后决计废除太子。此后，杨广便加快了夺嫡的步伐。寿州（今安徽寿县）刺史宇文述是杨广的亲信，他献计请重臣杨素向皇上提出废立太子之议。

杨素是隋朝著名的大将，屡立战功，深受隋文帝宠幸，为隋朝举足轻重的人物。而杨素很信任弟弟杨约。宇文述找到任大理少卿的杨约，整日和他赌博，故意将金钱都输给他，趁机将杨广的意思告诉他，并危言耸听地说："你们兄弟得罪了皇太子。皇帝一死，你家就要大祸临头了。如今皇太子失爱，主上有废立之意，请立晋王为太子就在你哥哥一句话。"杨素兄弟遂答应挑唆文帝和独孤皇后废掉杨勇，援立杨广为太子。[1]

---

[1] 事见《隋书·杨素列传》。

杨　素（清人绘）

在一次宴会上，杨素巧妙地试探独孤皇后说："晋王仁孝恭顺，很像当今圣上。"一句话触到了皇后的心痛处，对杨素说了一大通晋王的好处和杨勇的不是，二人一拍即合，独孤皇后又送给杨素一大批金银，让他作为废立太子的费用。

隋文帝心里也有废立太子之意，只是碍于朝中大臣，难于启口。有一次，他曾暗示尚书仆射、齐国公高颎，高颎马上提出反对，文帝很不高兴。又有一次，文帝命选东宫卫士宿卫自己，高颎又加以反对。文帝认为，这是因为高颎与太子是儿女亲家，庇护太子。随着积怨越来越深，高颎终于被削职为民。杨勇失去了朝臣中有力的支持者，就更加势单力薄了。

杨素这时担任了一个穿针引线的角色，一方面在文帝夫妇面前称誉杨广，攻击杨勇，催促文帝废勇立广；一方面在朝中大肆活动，广造舆论，煽动更多的人诽谤太子。于是，对太子的流言蜚语接二连三地传到文帝那儿。杨素又进谗言说："太子心怀怨望，恐有他变，应严加防范。"于是，文帝派人刺探太子的动静，随时禀告；又裁减东宫卫士，去壮健，留老弱，东宫属官有才能者也分别调开。

终于，杨勇被废为庶人。杨广终于如愿以偿，被立为皇太子，取得了皇位的继承权。杨广坐上太子的宝座后，又命杨素捏造罪名，将另一个皇子杨秀废为庶人。杨勇屡次请求见文帝申冤，都被杨广阻止了。这样，杨广便稳坐东宫，光等文帝死了好做皇帝。

仁寿四年（604），文帝卧病仁寿宫，杨广已急不可待，写信给杨素问如何处理后事。杨素的回信被错送给文帝，文帝看了非常生气。文帝宠幸的宣华夫人陈氏入侍，杨广见了不由得欲火烧身，兽性大发，企图逼奸她。文帝得知大怒道："畜生何足付大事！"对柳述、元岩说："速召我儿！"柳述等便想召杨广

前来，文帝连呼"勇也！"柳、元二人便出外起草诏书，召杨勇前来。[1]

这一突变的风云，使形势急转直下。但杨广的心腹已布满内外，得知这一消息，杨广急命心腹宇文述、郭衍率东宫卫士包围皇宫，撤换文帝的卫士和服侍之人，后又干脆杀掉文帝和杨勇。就这样，他登上了皇帝的宝座，是为炀帝，年号大业，当时他36岁。炀帝即位后，最小的弟弟并州总管杨谅马上举兵反抗，但很快被平定。

三、改新律制　大兴土木

隋炀帝杨广取得帝位后，也做了一些改革制度、轻徭薄赋、收揽民心的工作。他刚办完文帝的丧事，就下诏免除妇人和奴婢、部曲的课役，男子成丁的时间由21岁改为22岁，以缩短服役时间。这是自北魏实行均田制以来的重大改变。北魏妇人授田服役的制度到此即行中止了。

此外，炀帝厘定制度主要表现在以下几个方面：其一，并省州县，改州、县为郡县。其二，创立进士科，确立科举制。从隋唐到明清，科举一直是封建政府选拔官吏的主要途径，对中国封建社会产生了极大的影响。其三，修订法律。大业二年（606），炀帝以文帝末年法令峻刻，人民喜于宽政，诏吏部尚书牛弘等修改律令。次年，新律成，共18篇，称作《大业律》。它与《开皇律》相比，除去了十恶之条，死、流、徒、杖、笞等五刑中改重就轻的条款有200多条。但是，律成以后并没真正执行。特别是炀帝末年，用刑残酷，生杀任情。其四，兴建学校，搜访遗书，整理典籍。恢复了文帝时一度取消的国子监、太学、四门学和州县学。

另外，隋炀帝颇好读书著述。在任扬州总管时，就设王府学士百人，修撰书籍。即位不久，又命写成《长洲玉镜》400卷，《区宇图志》1200卷。炀帝的这些整理、保存典籍的措施和古书分类的方法，对中国文化是有贡献的。

---

[1] 事见《隋书·后妃·宣华夫人陈氏列传》："初，上寝疾于仁寿宫也，夫人与皇太子同侍疾。平旦出更衣，为太子所逼，夫人拒之得免，归于上所。上怪其神色有异，问其故。夫人泫然曰：'太子无礼。'上恚曰：'畜生何足付大事，独孤诚误我！'意谓献皇后也。因呼兵部尚书柳述、黄门侍郎元岩曰：'召我儿！'述等将呼太子，上曰：'勇也。'述、岩出阁为敕书讫，示左仆射杨素。素以其事白太子，太子遣张衡入寝殿，遂令夫人及后宫同侍疾者，并出就别室。俄闻上崩，而未发丧也。"

为了巩固隋王朝的统治，消除自西晋末年以来分裂割据的遗迹，隋炀帝修建了一系列的浩大工程。

大业元年（605），炀帝命尚书令杨素领营东都大监，纳言杨达、将作大匠宇文恺为副监，每月役使200万人大规模地营建东都洛阳。从地理位置上看，隋都长安地偏西北，政令不易远达四境，尤其是对东方的控制鞭长莫及。而洛阳古号中州，地处全国中心，可以控制山东，威服江南。从经济上看，长安所在地关中物产有限，各地物资供应长安，漕运艰难，耗费巨资。而洛阳则四通八达，网络天下财富，洛阳可以说是最理想之地。东都的营建工作，历时一年，到大业二年完成。城内规划分为宫城、皇城和外郭城。宫城是宫殿所在处，周围30余里。皇城是文武官衙所在处。外郭城即大城，周围70多里。同时，隋炀帝又命宇文恺、封德彝于城西营造显仁宫和西苑，穷极华丽。

此外，炀帝还动辄调发民工数十万至百余万，修御道，筑长城。

在隋炀帝修建的土木工程中，最著名的是大运河，它可以和秦朝万里长城相媲美。

大业元年（605），隋炀帝征调河南、河北100多万人民开通济渠。从西苑引谷、洛二水到黄河，再从板渚（今河南荥阳东北）引黄河水入汴水，又从大梁（今河南开封）以东引汴水入泗水，最后到达淮水。又征调淮南民工十余万，整修扩大了自山阳经江都至扬子（今江苏仪征）入长江的山阳渎。大业四年（608），又征调河北100多万民工，引沁水南达黄河，北到涿郡（今北京）。大业六年（610），又征调江南十余万民工开凿了从京口到余杭的江南河。这样，以洛阳为中心，北起涿郡，南到余杭，全长5000多华里的大运河仅用6年的时间就完成了。

这一系列大规模的土木工程，一方面使国家耗费巨资，堆砌着人民的累累白骨；另一方面，又的确加强了隋朝对全国范围内的统治，维护了国家的统一。东都的营建和大运河的开凿，为中国经济重心转移到南方后整个国家的政治布局、各地物资的统一平衡调动，提供了有效的方案，奠定了中国以后1000多年政治、经济的规模和格局。

四、肆意游玩　穷奢极欲

隋炀帝为了夺得皇位曾经装出一副仁孝恭俭的假象，一朝天下在握，便原

形毕露。穷极华丽的苑囿宫室，羽仪千里的巡游，轻歌妙舞的宫廷，穷极奇珍的酒宴，陪伴了他的一生。

隋炀帝本来就是一个好色之徒，只不过文帝在时他善于掩饰罢了。隋炀帝的后宫除了萧皇后和众多的贵人、美人外，还有在西苑的十六院夫人及宫女数千人。大业八年（612），又命江淮诸郡每年挑选姿质端丽的童女送入宫中。无论是在两都宫苑中，还是在巡游的路上，炀帝都要携带她们寻欢作乐。

为了创造众多的游玩场所，隋炀帝几乎"无日不治宫室"。在京师长安和东都洛阳，本来就有许多苑囿宫殿，后来在洛阳又增修了富丽堂皇的显仁宫和广阔的西苑。但他仍不满足，经常让手下在各地寻找修宫室的理想之地。于是，一处处豪华的宫室拔地而起。

隋炀帝生性好动，享乐游玩的兴趣要经常变换。即位的第一年，即大业元年（605）八月，就坐船去游江都（今江苏扬州），第二年四月才回到洛阳。大业三年又北巡榆林，至突厥启民可汗帐。大业四年，又到五原，出长城巡行到塞外。大业五年，西行到张掖（今甘肃张掖），接见许多西域的使者。大业六年，再游江都。大业七年到十年，三次亲征高丽（今朝鲜半岛）。大业十一年，又北巡长城，被突厥始毕可汗围困于雁门。解围回来的第二年，又三游江都。直至隋朝灭亡，几乎是马不停蹄地到处巡游，在京城的时间，总计还不足一年。

炀帝出巡如此频繁，而每次出巡的气派又大得惊人。第一次游江都，造大小船只数千艘。皇帝坐的叫龙舟，高45尺，宽50尺，长200尺。船有4层，上层有正殿和东西朝堂。中间二层有120房，皆以金玉为饰，雕刻奇丽，最下层为内侍宦官所居。皇后乘的叫翔螭舟，比龙舟稍小而装饰无异。嫔妃乘的是浮景舟，计有9艘，上下三层。贵人、美人和十六院夫人所乘的是漾彩舟，计有36艘。还有随行船只数千艘。一路上舳舻相接200余里，骑兵沿运河两岸而行，旌旗蔽野。所过州县，500里内都要贡献食物，多者一州至百车。都是水陆珍奇，佳肴美馔，吃不了就埋掉。

一路上各地方官竞相盘剥百姓向炀帝贡献，以求得升迁。致使百姓剥树皮，采树叶，挖野草，或者煮土而食，及至人自相食。炀帝的游幸，给人民带来了何等的灾难和负担。

到其他地方巡游，不仅不比游江都有丝毫逊色，还要改换口味，翻新花样。他北巡时，又有一番派场。凿太行山通驰道于并州，又于榆林至涿郡修长

3000里、宽百步的御道，又命宇文恺造可容数百人，下施轮轴，可以行走的飞行殿。随行甲士50万，旌旗辎重千里不绝。

五、经营西域　三征高丽

隋炀帝即位时，隋王朝府库充实，兵马强盛，依靠这一雄厚的经济、军事力量，本来可以成为历史上长治久安的王朝，可是经过隋炀帝的一番折腾，这些家底全被挥霍殆尽。他四处扩张固然有巩固边防、发展对外贸易的积极作用，但也成为隋朝灭亡的致命伤。

大业元年（605），北方的契丹族侵犯营州（今辽宁朝阳），炀帝诏通事谒者韦云起发突厥兵以讨击。韦云起偷袭获胜，加强了炀帝向四外扩张的信心。

大规模地经营西域是从大业三年（607）开始的。在此之前，西域诸国商人多至张掖同隋进行贸易，隋以黄门侍郎裴矩负责。裴矩向炀帝上奏主张经营西域，唤起了隋炀帝远慕秦皇、汉武之功的雄心，遂派裴矩回张掖，用重金引诱西

游幸江都
——从明万历元年（1573）纯忠堂刊本《帝鉴图说》

域诸国来朝。此后，西域诸国往来相继，所经州县，送往迎来，糜费以万计。

大业五年（609），隋炀帝采用裴矩的谋略，击败西突厥处罗可汗，为经营西域除掉了一个障碍。

吐谷浑据今青海和新疆南部，正当中原往西域的要冲。大业五年（609），炀帝派军击败吐谷浑，隋在其地置西海、河源、鄯善、且末四郡，中原和西域的交通和商业基本上畅通了。

随后，炀帝出兵西域，派薛世雄率军出玉门关击伊吾，伊吾降。薛世雄于汉朝故伊吾城东筑城，留甲卒千余人戍守。

大业五年（609），炀帝西巡至燕支山，高昌王曲伯雅、伊吾吐屯设和西域27国使者同来谒见。其他如焉耆、龟兹、疏勒、于阗和康国、安国、石国、米国、曹国等均曾派遣使者来到中国。

经营西域，开辟了通往西域的通道，保护了西方对外的商路交通，在客观上促进了中外经济和文化的交流。同时，除少数地区外，基本上没有动用武力。按说不该给人民带来更大的负担，可实际恰恰相反，为经营西域所耗费的资财每年竟达亿万计。

裴矩招致西域诸国入朝，都是引以厚利，临行又有丰厚的赏赐，并让当地人民置办华丽的衣着，以此来向西域人夸示中原的富有。隋炀帝这些劳民伤财的措施造成了天下的穷困，而西北则是首当其冲的地区。

大业六年正月，西域诸国酋长毕集洛阳，炀帝命在端门大演百戏，一连折腾了一个月。此后愈演愈烈。仅为制造这些锦绣服装，两京缯锦为之耗虚。国家每年仅此项耗费达亿万。西域人请求入洛阳市内做交易，炀帝又命排场一番，店肆檐宇整齐划一，盛设帷帐，珍货充积。西域商人吃饭不收钱。隋炀帝要的是万国来朝的排场和天下至尊的虚荣，他挥霍巨资来粉饰太平，夸耀富有，也不惜和西域人作赔本的生意。为了满足他的虚荣心，国家付出的代价实在是太大了。

隋炀帝向外经营或扩张，规模最大、时间最长、给人民造成灾难最深重的是对高丽进行的三次战争。

高丽是隋朝东北最强的邻国，当时它的辖地东至新罗，西过辽河，南接百济，北邻靺鞨。隋开皇十八年（598），曾侵扰辽西，被隋朝的辽西总管韦冲打退。由于它的领土扩展到辽河，并曾侵扰营州，隋文帝曾派汉王杨谅率军征伐高丽，但一败即收兵，没有再举。

隋朝骆驼陶像

大业三年（607），炀帝巡幸东突厥启民可汗帐，恰巧高丽使者也在。炀帝接受裴矩的建议，胁迫高丽王高元入朝，高元拒绝不至，炀帝便以此为借口，劳师大举了。

大业八年（612）正月，炀帝下诏大举进军。隋军130万人，号200万，分24军，另有炀帝亲帅的6军，共30军。转运粮饷的民夫更是不计其数。这是进攻高丽的主力。另一支水军由右翊卫大将军来护儿率领从东莱海口出发，接应陆军。

来护儿的水军进到距平壤60里的地方，打了一个胜仗，乘胜进攻平壤城，纵兵掠房，被高丽的伏兵击败，4万人只剩几千人逃回船上，仓皇撤退。陆路军队在大将宇文述、于仲文的率领下，计有30多万人渡过鸭绿江。兵士携带兵器粮饷，负担太重，疲惫不堪，多偷偷将粮食扔掉。才及中路，粮食已尽，饥困交加，无力再战，不得不退回。这年秋天，遇高丽军痛击，隋军兵败如山倒。30多万人仅2700人逃还，军资器械丢失殆尽。第一次征高丽遂告失败。这次出征高丽，给人民带来了无穷的灾难，各地的农民起义风起云涌，义军多者数十万，少者数万，已给隋王朝造成了严重的威胁。但隋炀帝一意孤行，坚持继续发动进攻。

大业九年（613），又发动了第二次对高丽的战争。这次作战的部署和第一次基本相同，炀帝坐镇辽东，由宇文述和大将军杨义臣等进趋平壤，来护儿仍为水军总管，率军从东莱出发。正当陆军刚到前线作战、水军尚未离开东莱时，杨素之子礼部尚书杨玄感于黎阳发动了叛乱，攻围东都。炀帝在前线得知消息，慌

忙撤军，回救洛阳，军资器械、作战用品堆积如山，营垒、帐幕原封不动，全都丢在战场上。二征高丽又告失败。

二征高丽的失败和杨玄感的叛乱，使隋王朝元气大伤。尤其是各地的农民起义，使隋炀帝已面临灭顶之灾，但他仍怙恶不悛，大业十年（614）又发动了第三次对高丽的战争。这年七月，来护儿的水军在平壤附近击败高丽军。高丽经过两次折腾，也与隋朝两败俱伤，遂遣使讲和，炀帝也借此收兵。

隋炀帝四出经营，屡兴甲兵，不知耗费了多少民力和资财，尽管他继位时府库充溢，兵马强盛，此时却已是大厦将倾的局面了。

六、拒不纳谏　专宠宵小

隋炀帝虽无雄才大略，却也有一定的文武才干，只是他的才能没有成为他治理天下的优势，反成为他狂妄自大、嫉贤妒能的资本。

在文学上，隋炀帝可以说是略具文采。他曾对侍臣说："天下都说我是凭借世袭而有四海，假令让我与士大夫平等选拔的话，我也应为天子。"内史侍郎薛道衡才名冠绝南北，著作佐郎王胄文词为天下准则，均因遭炀帝妒恨而被杀。

古代稍微明智一点的帝王，即使不能从谏如流，却也多少能采纳一些忠言，补救一些过失，而隋炀帝偏偏反其道而行之，他把自己的才能全都用来拒谏饰非。他厌恶甚至痛恨那些极言敢谏之士，必欲除之而后快。朝中那些正直不阿、直言不讳的大臣如果不缄口无言，就不会有好下场了。

尚书仆射高颎，是隋朝一代名臣，他不仅辅佐文帝建立隋朝，而且在炀帝南伐陈朝时，负责指挥部署，成就了炀帝的武功。隋炀帝即位后，启用他为太常。高颎见炀帝纵恣声色，又起长城之役，对太常丞李懿说："周天元帝以好乐而亡，应接受教训，怎么还可以这样？"炀帝对突厥启民可汗恩礼太厚，高颎深为国家担心，对太府卿何稠说："启民可汗知中国虚实，山川地形，恐为后患。"就因为这么几句话而招杀身之祸，被炀帝以诽谤朝政的罪名杀掉了。[1]

后来，朝廷议定新令，久而不决，内史侍郎薛道衡对朝士说："如果高颎

---

[1]事见《隋书·高颎列传》："帝时侈靡，声色滋甚，又起长城之役。颎甚病之，谓太常丞李懿曰：'周天元以好乐而亡，殷鉴不遥，安可复尔！'时帝遇启民可汗恩礼过厚，颎谓太府卿何稠曰：'此虏颇知中国虚实、山川险易，恐为后患。'复谓观王雄曰：'近来朝廷殊无纲纪。'有人奏之，帝以为谤讪朝政，于是下诏诛之，诸子徙边。"

不死,新令早就颁布执行了。"炀帝听了,把薛道衡交给法司问罪。薛道衡自己觉得所犯并非大罪,必会赦免,催促法司早断,还通知家人准备饭菜,迎候他回家。及炀帝判决下来,竟让他自尽。[1]

御史大夫张衡本来是隋炀帝的幸臣。炀帝夺太子位,皆出于张衡的谋划。故即位后,张衡青云直上,在朝中备受恩宠。后来,炀帝要扩修汾阳宫,让张衡规划图样,张衡偷偷劝炀帝说:"前几年劳役繁多,百姓疲敝,还应稍加节制。"便马上被贬为榆林太守,次年又让他到南方督役江都宫,后来还是赐张衡自尽了。[2]

三征高丽后,炀帝又要去东都游玩,太史令庚质进谏说:"陛下连年征高丽,百姓困敝,应镇抚关内,使百姓尽力农桑,让他们喘口气,然后再下去巡游。"结果被炀帝杀掉。其余凡劝谏炀帝节省民力、停止巡游,都被杀被贬。大臣们见隋炀帝如此不可救药,也就不敢再拿自己的性命开玩笑,一个个都变成了随声附和的应声虫。

与此相对,隋炀帝所宠信的人,不是凶残歹毒、贪得无厌之徒,就是阿谀奉承的小人。

杨素是隋炀帝宠信的朝廷重臣,虽有文武之才,却专会奉迎主上,半点不敢触犯炀帝的旨意。且聚敛财富,一再修饰华丽的住宅,家僮数千,后庭妓妾穿锦绣之服者以千数。

宇文述也是炀帝夺嫡时的干将,善于观望炀帝颜色,随从巡游河右,数以奇异之物进献。大业十二年(616),迎合炀帝意,劝炀帝幸江都,因而备受恩宠。其他像内史侍郎虞世基、御史大夫裴蕴、光禄大夫郭衍,皆以谄谀有宠。郭衍为讨好炀帝,竟劝炀帝隔五日一视朝,以免被政事累着。像这样勾引皇帝不理

---

[1]事见《隋书·薛道衡列传》:"会议新令,久不能决,道衡谓朝士曰:'向使高颎不死,决当久行。'有人奏之,帝怒曰:'汝忆高颎邪?'付执法者勘之。道衡自以非大过,促宪司早断。暨于奏日,冀帝赦之,敕家人具馔,以备宾客来候者。及奏,帝令自尽。"

[2]事见《隋书·张衡列传》:"帝欲大汾阳宫,令衡与纪弘整具图奏之。衡承间进谏曰:'比年劳役繁多,百姓疲敝,伏愿留神,稍加折损。'帝意甚不平。……帝谴衡以宪司皆不能举正,出为榆林太守。……八年,帝自辽东还都,衡妾言衡怨望,谤讪朝政,竟赐尽于家。"

政事的奸臣，炀帝反以为是忠，说："惟有郭衍心与朕同。"[1]

凡是能顺合炀帝作威作福、享乐腐化者，即得到提拔，反之，则或杀或贬官。大业三年，炀帝北巡，雁门太守丘和献食精美，内迁为博陵太守；马邑太守杨廓无所献，就被派到博陵向丘和学习。此后，上行下效，各地方官争着向炀帝献纳精美的食品。最后一次游幸江都，江淮一带的地方官谒见炀帝者，专问礼饷丰薄，丰则迁升，薄则停职。江都郡丞王世充献铜镜、屏风，迁通守；历阳郡丞赵元楷献异味，迁江都郡丞。于是郡县竟为盘剥小民以贡献，官吏却趁机贪污中饱，贿赂公行，隋朝的政治日益腐败。

炀帝末年，农民起义的浪潮席卷全国，这个暴君被搞得惶惶不可终日。夜中睡觉，要几个妇人摇抚他，才能勉强入睡。但即便如此，他还是自欺欺人。只要臣下说盗贼少就喜欢，反之，不是贬官就是杀头。

七、官逼民反　身死兵变

在隋炀帝统治的14年中，掘长堑，筑西苑，营建东都，开凿运河，修筑长城，盛治离宫，伐木造船，凿山通道等，可以说是百役繁兴，又四出经营，穷兵黩武，这些无止境、无休期的兵役、徭役不仅夺去了上百万人的生命，同时把社会经济推向了绝境。他屡次北巡、南游江都以及穷奢极欲的挥霍，使得内外虚竭，百姓困敝。人民无法生存，只有铤而走险了。

大业七年（611），王薄领导农民在长白山（今山东章丘）首举义旗，起义的口号就是反对远征高丽。王薄作《无向辽东浪死歌》来号召农民参加起义，逃避兵役徭役的农民纷纷参加进来。

在人民力量的冲击下，统治集团内部发生了分裂。大业九年（613），隋炀帝二征高丽，杨素的儿子杨玄感发动了叛乱。他也是利用了人民反抗情绪高涨的斗争形势，他起兵誓师说："我身为上柱国，家累钜万金，富贵已无所求。今不顾灭门之祸，为解天下倒悬也。"[2]他这一口号，迎合了广大人民的愿望，当地父老争献牛酒，前来投军的每天都有上千人。杨玄感的叛乱在统治阶级内部引

---

[1]事见《隋书·郭衍列传》。

[2]语见《隋书·杨玄感列传》：（玄感曰）"我身为上柱国，家累钜万金，至于富贵，无所求也。今者不顾破家灭族者，但为天下解倒悬之急，救黎元之命耳。"

剪彩为花
——从明万历元年（1573）纯忠堂刊本《帝鉴图说》

起了强烈的震动，许多贵族官僚子弟，如韩擒虎的儿子韩世鄂、来护儿的儿子来渊、裴蕴的儿子裴爽计有40多人一块投降了杨玄感，右武侯大将军李子雄也前来投奔，光禄大夫赵元淑、兵部侍郎斛斯政均与杨玄感通谋。后来炀帝虽镇压了叛乱，但统治集团内部从此开始瓦解。

在内外叛离的形势下，隋炀帝仍不思悔改，不但继续发动对高丽的战争，又北巡太原、长城。此时，已依附隋朝的东突厥始毕可汗见隋朝国力虚耗，也脱离隋朝的控制，趁炀帝出塞，率骑兵数十万，围炀帝于雁门，赖兵士坚守及各地援兵，才得解围。

经过这次事变，炀帝认识到形势有点不妙了。回到东都后，就准备南游江都，避开农民起义的锋芒。到了这时候，他仍怙恶不悛，继续滥用民力，命在江都重造龙舟送来东都，又在毗陵（今江苏常州）修离宫16所。

大业十二年七月，龙舟造成送来洛阳，宇文述等人劝炀帝赶快到江都去，

许多朝廷大臣都认识到，皇上将会一去不复返，但都不敢说话。建节尉任忠、奉信郎崔民象、王爱仁等先后进谏，都被杀掉。于是，炀帝留下越王侗留守东都，便到江都去了。

在江都的一年多时间里，农民军杜伏威向江淮逼进，打败隋朝大将陈棱，攻克高邮，进据历阳。中原翟让、李密领导的瓦岗军击溃隋军主力张须陀、裴仁基等。他们传檄周围郡县，揭露炀帝的十大罪状说："罄南山之竹，书罪无穷，决东海之波，流恶难尽。"[1] 炀帝又派王世充率江淮劲旅与留守东都的越王侗继续与瓦岗军对抗。河北窦建德击败南下攻李密的涿郡留守薛世雄，威震河北。

2013年4月，在江苏扬州发现两座古墓，并发掘后出土了铜制的衔环铺首、金镶玉腰带及刻有"隋故炀帝墓志"墓志碑，经论证表明墓主为隋炀帝杨广及萧皇后。图为墓中出土的两枚隋炀帝的牙齿。

各地许多地主见隋朝气数已尽，纷纷起兵自立。金城府校尉薛举割据兰州，自称秦帝；鹰扬府司马李轨占有武威（今甘肃武威），自称河西大凉王；鹰扬府校尉刘武周割据马邑（今山西朔县、宁武一带），也称皇帝；鹰扬郎将梁师都割据朔方（今宁夏灵武一带），称大梁皇帝。太原留守李渊起兵攻下长安，立炀帝的孙子杨侑为傀儡皇帝，遥尊炀帝为太上皇。隋炀帝这个残贼天下、穷困万民的暴君成了一个众叛亲离的独夫。

大势已去的隋炀帝也感到末日来临了，但他还是要及时行乐，与萧后、幸姬等天天饮酒取乐，醉生梦死。还对萧后自我安慰说："现在许多人都想推翻我，然而我不失为长城公，你也不失为沈后（指亡国后的陈叔宝与沈氏），且饮酒取乐。"有一天，他照着镜子对萧后说："好头颈，不知谁来砍掉它。"还准备了毒药带在身边，危急时好吞服。

大业十四年（618）三月，隋炀帝的末日真的来临了。原来，他见天下大

---

[1] 事见《新唐书·李密传》。

乱，无法挽回，命修治丹阳宫（今南京），准备迁居江左。从驾的卫士推宇文述的儿子宇文化及为首，发动了兵变，将炀帝用巾带勒死，终年50岁。

名家评说

（炀帝）恃才矜已，傲狠明德，内怀险躁，外示凝简，盛冠服以饰其奸，除谏官以掩其过。淫荒无度，法令滋章，教绝四维，刑参五虐，锄诛骨肉，屠剿忠良……土崩鱼烂，贯盈恶稔，普天之下，莫匪仇雠，左右之人，皆为敌国。终然不悟，同彼望夷，遂以万乘之尊，死于一夫之手。自肇有书契以迄于兹，宇宙崩离，生灵涂炭，丧身灭国，未有若斯之甚也。

——唐·魏徵《隋书》

暴君杨广，他是隋王朝第二任皇帝，具有绝顶的聪明和精力，所以只短短的十数年工夫，就把自己的王朝消灭。……杨广从开始采取夺嫡行动，到他行凶之日，历时十四年，在这段漫长岁月中，一直保持伪装，真是一件不容易的事。而杨广竟做得天衣无缝，可说明他具有绝顶的聪明才能。可惜他欠缺人类所特有的高级灵魂和情操，他夺嫡的目的只有一个，就是获得无限权力。

——柏杨《中国人史纲》

正说历朝八十帝

乔继堂 主编

中

中国书籍出版社
China Book Press

【唐】

高祖李渊

唐高祖李渊（566～635），唐王朝的建立者，字叔德，祖籍陇西成纪（今甘肃秦安），父李昞。公元618～626年在位，谥号"大光孝皇帝"，庙号"高祖"。执政初期，李渊在政治、经济、军事等方面都有所建树，然而不久后，他便满足于现状，沉湎酒色，疏于政事，特别是后期，他对几位皇子争夺皇位一事重视不够，以致造成兄弟反目、互相残杀的局面。

一、出身高门　因功仕隋

李渊之祖李虎，为后魏左仆射，封陇西郡公，官至太尉，是著名的八柱国之一，位极荣贵，死后追封唐国公。其父李昞，袭封唐公，北周时任安州总管、柱国大将军。

北周天和元年（566），李渊出生于长安，7岁袭唐国公。李渊青年时，倜傥豁达，任性真率，宽仁容众，人缘极好。李渊的妻子窦氏，是隋朝贵族窦毅之女，隋文帝独孤皇后又是窦氏的姨母，因此，李渊在朝廷上十分受宠。历任谯州（今安徽亳县）、陇州（今陕西陇县）、岐州（今陕西凤翔县）刺史。[1]史称李氏在陇西"富有龟玉，姻娅帝王"，这充分说明李氏家族是关陇贵族集团之一。

唐高祖李渊
——从清顺治年高宗哲刻本《历代君臣图像》

---

[1] 事见《旧唐书·高祖本纪》："高祖以周天和元年生于长安，七岁袭唐国公。及长，倜傥豁达，任性率真，宽仁容众，无贵贱咸得其欢心。……文帝独孤皇后，即高祖从母也，由是特见亲爱，累转谯、陇、岐三州刺史。"

隋大业初年，李渊为荥阳（今河南荥阳）、楼烦（今山西静乐）二郡太守，不久，又任命为殿内少监。大业九年（613），升为卫尉少卿。这一年，隋炀帝发动了侵略高丽的战争，李渊受命在怀远镇负责督运粮草。当时，民不堪苦，怨声沸腾，大贵族杨玄感利用人民的不满情绪，起兵反隋。李渊飞书奏闻，隋炀帝命李渊镇守弘化郡（今甘肃庆阳），兼知关右诸军事，以防御杨玄感。杨玄感兵败后，李渊继续留守弘化。在这期间，他广树恩德，结纳豪杰，因此隋炀帝对他有所猜忌。

大业十一年（615），李渊调任山西、河东黜陟讨捕。当李渊携家眷前往河东，行至龙门时，遭到毋端儿农民起义军的阻击。李渊立刻率军击溃了这支起义队伍，收降万余人，声威大震。次年，李渊升为右骁卫将军，奉诏为太原道安抚大使。当时，隋炀帝自楼烦巡游雁门（今山西代县），为突厥始毕可汗包围，形势十分危急，所幸李渊率太原兵马迅速出击才得以解围。不久，炀帝派李渊与马邑郡守王仁恭北备突厥。当时，隋军兵马不足五千，李渊选能骑善射者两千余人，饮食起居一同突厥，驰骋射猎，以耀威武。有一天，李渊的军队与突厥军相逢，李渊纵兵出击，大败突厥，此后突厥收兵北移，不敢南下骚扰。

大业十三年（617），李渊为太原留守。太原是军事重镇，不仅兵源充足，而且饷粮丰沛，储粮可供十年之用，因此李渊十分高兴，意欲在太原发展自己的势力，以图大举。

李渊初到太原时，有"历山飞"农民起义军结营于太原之南，上党（今山西长治）、西河（今陕西汾阳）、京都道路断绝。这支起义军有十几万人，巧于攻城，勇于力战，多次打败隋军。李渊为树立自己的威信，决定讨伐"历山飞"农民起义军。两军相遇于河西雀鼠谷口，起义军有2万余人，布阵齐严，李渊所部步骑仅五六千余。在力量如此悬殊的情况下，李渊决定智取，他将所部将兵分为二阵：以羸兵居中，扬旗鸣鼓，排成大阵，造成是主力的假象，然后以麾下精兵数百骑，分成两个小阵，左右出击，终于打败起义军。

李渊击败起义军后，他在太原的统治地位得到巩固，晋阳（今山西太原境内）一带的官僚、地主、豪商也纷纷投靠李渊。李渊又命次子李世民在晋阳密招豪友，倾财赈施，广泛结纳；其长子李建成也在河东暗中交结英俊，发展势力。而此时的隋炀帝又远在江都，沉湎声色，鞭长莫及，李渊实际上成为太原的最高统治者。

二、晋阳起兵　拥立隋主

隋炀帝即位伊始，就大兴土木，建东都、修长城、开运河、筑驰道，弄得民不堪命。炀帝又好大喜功，巡游江南，北上榆林，以夸耀自己的权势；出兵边塞，侵略高丽，以显赫自己的武威，结果徭役无时，战争频繁，社会生产遭到严重破坏，人民生活痛苦不堪，致使黄河之北，千里无烟；江淮之间，土地荒芜。人民无法生活下去，不得不铤而走险，以武力反抗隋炀帝的残暴统治。

李渊目睹了隋炀帝的昏庸和残暴，也逐渐酝酿了叛隋思想，而农民起义的大发展，则直接促使了他将叛隋思想付诸行动。大业十三年（617）二月，马邑人刘武周起兵，杀太守王仁恭，自称天子，举国号定阳。李渊遂以讨伐刘武周为名，自行募兵。不几天，一支将近万人的军队便组织起来了。

李渊的行动，引起忠于隋炀帝的副留守王威和高君雅的怀疑。大业十三年（617）六月，李渊设计杀掉王、高二人，宣布大举义兵，同时李渊还宣布与突厥和亲，并请求始毕可汗出兵相应。在得到突厥的支持后，李渊的反隋势力更加壮大了。

李渊晋阳起兵后，即决定进军关中，直取长安，以号令天下，图谋大业。西河郡（今山西汾阳）丞高德儒表示不服从李渊，李渊便令长子建成、次子世民率军攻取。二人与士兵同甘共苦，所过秋毫无犯，甚得军心和民心，不几天，就攻下西河，擒斩高德儒，在城中又开仓济贫，令百姓各安旧业，义兵的名声逐渐传播开来。

西河告捷后，李渊建置大将军府，称大将军。以长子李建成为陇西公、左领军大都督，统率左三军；以次子李世民为敦煌公、右将领大都督，统率右三军。以裴寂、刘文静为大将军府长史司马；殷开山、

刘武周

刘正会、温大雅、唐俭、权弘寿等为掾属、记室参左等官；以鹰扬王长阶、姜宝谊、杨毛、京兆长孙顺德、窦琮、刘弘基等分为左右统军、副统军。初步建立了军事、政治机构。

大业十三年（617）秋七月，李渊率兵西图关中，隋武牙郎将宋老生屯兵霍邑（今山西霍县），阻挡李渊前进。适逢霖雨连绵，饷粮不给，又流言突厥与刘武周联合欲乘虚袭击太原。有的将领主张先还师太原，再待机以图后举，李渊遂准备班师。但李建成兄弟俩坚决反对，李渊只得继续进军。终于击败宋老生。

平定霍邑后，李渊又连取临汾和绛郡（今山西绛县）。九月，李渊率军直逼河东。隋骁骑大将军屈突通镇守河东，断绝津梁，给进军带来一定困难。裴寂主张以重兵攻克河东，歼灭屈突通，以绝后患。李世民则认为兵贵神速，应避实就虚，直入关中。李渊左右权衡，决定分兵两路，由李世民率军渡河入关，直取长安，同时以相当的兵力对付屈突通。此时，李渊的女儿平阳公主也率军前来，与李世民会师后，屯兵于阿城。李建成也自新丰（今陕西临潼东北）至灞上（今陕西西安东）。李渊则率大军自下邽（今陕西渭南东北）西上，形成了对长安的包围之势。

十月，李渊至灞上，驻军大兴城春明门西北，与李世民、李建成军会师，共20余万。李渊令诸军各依垒壁，不入村舍，不得抢掠。此时，京师留守刑部尚书卫文升、右翊卫将军阴世师、京兆郡丞滑仪，挟代王杨侑守城以拒李渊。李渊再三遣使招降都被拒绝，于是下令攻城。十一月，隋都长安被李渊攻陷。[1]

李渊进入长安后，下令封府库，收图籍，禁掳掠。遣建成、世民率所统兵守城。城内百姓对李渊军队夹道欢迎，秩序井然。大业十三年（617）十一月，李渊立隋代王杨侑为皇帝，即隋恭帝，改元义宁，遥尊炀帝为太上皇；李渊为假黄钺、使持节、大都督内外军事、大丞相，晋封唐王，位在王公上；以武德殿为丞相府，设官治事，独揽军国大权，总理万机。又以陇西公李建成为唐国世子，敦煌公李世民为京兆尹，改封秦王，姑臧公李元吉为齐公。又以裴寂为丞相府长

---

[1] 事见《旧唐书·高祖本纪》："冬十月辛巳，（李渊）至长乐宫，有众二十万，京师留守刑部尚书卫文昇、右翊卫将军阴世师、京兆郡丞滑仪挟代王侑以拒义师。高祖遣使至城下，谕以匡复之意再三，皆不报。诸将固围城。十一月丙辰，攻拔京城。"

史，刘文静为司马。礼乐征伐，兵马粮仗，事无巨细，全部归丞相府负责。李渊通过丞相府牢牢地控制了长安的局势，隋恭帝实际上成为李渊的傀儡。

李渊为了进一步巩固自己的势力集团，又大封功臣。义宁二年（618）春正月，封丞相长史裴寂为魏国公，司马刘文静为鲁国公，其余诸将，分别加封。

三、长安称帝　建国大唐

大业十四年（618）五月，炀帝的右屯卫将军宇文化及和司马德勘在江都（今江苏扬州）发动兵变，杀死炀帝，立秦王杨浩，自为大丞相。旋即率十多万禁卫军北上，扬言要返回关中，结果在童山（今河南浚县西南）被李密击败。宇文化及率余众走魏县（今河北大名东），毒杀杨浩，自立为帝，国号许，年号天寿。次年在聊城，被窦建德擒杀。

隋炀帝被杀，隋朝灭亡，李渊便不再需要隋恭帝这个傀儡了。于是，李渊首先逼隋恭帝禅位，然后即皇位于太极殿，国号唐，改元武德，大赦天下，定都长安。六月，李渊命李世民为尚书令，相国府长史裴寂为尚书仆射，相国府司马刘文静为纳言，隋民部尚书萧瑀、相国府司录窦威为内史令。不久，又立李建成为皇太子，李世民为秦王，李元吉为齐王。以李渊为首的李氏王朝得以建立起来。

李渊称帝长安时，群雄未靖，许多隋将割据称雄，农民起义军亦称霸一方，全国处在四分五裂状态之中。具有政治野心的李渊，不愿偏安关中一隅之地，便储粮积粟、厉兵秣马，一旦军实充足，即剿抚兼施，开始统一全国的战争。

李渊统一全国的战争，首先指向对关中构成威胁的薛举、薛仁杲父子。薛举是隋金城郡（治今甘肃兰州）的富豪，家产钜万，雄于边朔。大业十三年（617）四月，薛举驱逐隋官，自称西秦霸王，年号秦兴。不久称帝，迁都天水（今属甘肃），封儿子仁杲为齐公，据陇西全境，拥兵13万，成为西北地区的一股大势力。薛举起兵反隋，意在夺取关中。李渊先薛举父子攻占长安，薛举父子便以10万兵力进逼关中，对李渊构成严重威胁。李渊派次子李世民率军出击，薛军败归。武德元年（618）五月，李渊长安称帝时，薛举又率精骑攻扰，关中大乱。唐军则恃兵多将广，有怠敌之意，结果在高墌（今陕西长武县北）之役中，败于薛军。消息传到长安，京师骚动，人心惶惶。薛举得胜后，则趾高气扬，欲乘胜直取长安。就在这时，薛举病死，其子薛仁杲继位。李渊命秦王李世民为元帅，再次率军讨伐，在高墌城外大破薛仁杲军，薛仁杲被迫投降。[1]陇西并入唐境。

与此同时，凉王李轨自称天子，年号安乐，由安修仁掌握枢密，据张掖（今属甘肃）、敦煌（今属甘肃）等河西五郡之地。李渊密遣安修仁兄安兴贵入凉，当上了左右卫大将军。武德二年（619），安兴贵与弟安修仁擒李轨，倾覆了李轨的政权，凉亡，河西五郡并入唐境。

李渊的劲敌除薛举、李轨外，还有刘武周。刘武周原是马邑鹰扬府校尉。大业十三年（617），聚兵万余人，自称太守，依附突厥，攻占楼烦、雁门、定襄（今内蒙古清水河县境）等郡，受封为定杨可汗，不久自称皇帝，年号天兴。武德二年（619），刘武周勾结突厥，南侵并州（治晋阳），唐并州总管、齐王李元吉抵挡不住，太原危急。接着，刘武周攻陷平遥、介州，李渊派右仆射裴寂督军抗击，被刘军打败，几乎全军覆没。刘武周乘胜进逼太原，李元吉弃太原逃归长安，关中震骇。李渊准备放弃黄河以东的地区，退保关中。在这紧要关头，李世民主张，太原是我们起兵的地方，决不能放弃，并请求率军讨伐刘武周。李渊遂命李世民率兵自龙门（陕西韩城县境）渡河，进击刘武周。唐军渡河后，休兵秣马，坚壁不战，待敌军粮草不给，气势衰落，一鼓作气，速战速决，刘武周全军溃败，部将尉迟敬德投降。刘武周势穷，率残部北遁突厥，后被突厥杀死。并州归入唐的版图。

薛举、李轨、刘武周被消灭后，关中形势得以稳定。李渊便集中力量争取中原。

李渊争夺中原的劲敌是王世充。王世充本是隋江都通守，隋炀帝被杀后，他在东都立杨侗为帝，不久，击败瓦岗军，瓦岗军首领李密投降唐朝，其余将帅多归附王世充。武德二年（619），王世充废掉杨侗，自称皇帝，年号开明，国号郑，占据洛阳，成为河南最大的割据势力。武德三年（620）七月，李渊派李世民率军直驱河南，攻打洛阳。王世充所属河南州县，相继降唐，王世充困坐洛阳，遣使向窦建德求援。窦建德欲与王世充合力败唐，然后再寻机消灭王世充，因而接受了王世充的请求，引兵10万进军成皋（河南荥阳县汜水镇）。李世民率唐军抢占武牢重镇，阻击窦建德。窦建德布长阵20里，鼓噪前逼唐阵。唐军坚守

---

[1] 事见《旧唐书·高祖本纪》："（武德元年）秋七月，秦王与薛举大战于泾州，我师败绩。八月壬午，薛举死，其子仁杲复僭称帝，命秦王为元帅以讨之。"

不战，以逸待劳。窦建德军粮草供应不畅、士卒饥疲，唐军乘机出击，窦建德抵挡不住，败退30里，最后受伤被俘。王世充见大势已去，率群臣2000余人降唐，河北诸县也相继归唐，李渊的势力基本上控制了黄河流域。

与此同时，李渊还派李靖至夔州（今四川奉节），进攻占据长江中游地区的萧铣。萧铣于武德元年（618）在巴陵（今湖南岳阳）称帝，不久迁都江陵（今湖北省偏南，长江沿岸），出兵攻夺唐巴、蜀地，拥兵40万。武德四年（621），唐将李靖、李孝恭围江陵，萧铣外无援兵，只好投降唐朝，长江中下游地区亦为唐所有。

李渊兼并了割地称雄的一些隋朝贵族后，又把矛头指向在灭亡隋朝中起了重要作用的农民起义军。窦建德被俘后为李渊杀害，其部将于武德四年（621）推刘黑闼为主，在漳南（今山东德州一带）起兵反唐。刘黑闼勇决善战，各地的窦建德残部又闻风而起，不到半年时间，刘黑闼就完全恢复了窦建德故地。

李渊命李世民、李元吉率军东征刘黑闼。刘黑闼率步骑两万人迎战，从午间杀到黄昏，未分胜负。不料，唐军在洺水上游筑坝截水，看到难以取胜，就决水灌敌，刘黑闼兵败，逃奔突厥。两个月后，刘黑闼又卷土重来，重新恢复故地。武德五年（622），在洺州（今河北永年）自称汉东王。齐王李元吉前往讨伐，为刘黑闼打败。李渊又派皇太子李建成亲征，李建成采纳魏徵的建议，实行安抚政策，争取民心，以瓦解刘黑闼的部队。武德六年（623），刘黑闼终于兵败被杀。唐控制了河北、山东地区。

占据江淮地区的杜伏威于大业十三年进据历阳（今安徽和县），自称总管，进用"士人"。武德元年（618），移居丹阳（今江苏南京），上表隋越王杨侗，被任为东南道大总管，封

李　靖
——从明万历三十七年（1609）原刊本《三才图会》

楚王。唐军围攻洛阳，使人招降杜伏威，杜伏威降唐，被封为吴王，任江、淮以南安抚大使。刘黑闼兵败被杀后，杜伏威使部将辅公祏留守丹阳，自请入朝，被留在长安。武德六年（623）秋，辅公祏率领江淮义军在丹阳反唐，自称宋帝，唐借故杀杜伏威。李渊又派大将军李孝恭、李靖、李世勣等分路进攻，武德七年（624），辅公祏率军自丹阳出走，被地主武装捕获，送唐营处斩，江南、淮南从此也成为唐朝的辖区。

李渊统一全国过程中，最后消灭的是梁师都。梁师都于隋大业十三年（617）在朔方起兵反隋，攻占雕阳、弘化、延安等郡，自称皇帝，国号梁，年号永隆，依附突厥贵族，受封为"解事天子"。唐贞观二年（628）为唐军消灭。至此，李渊父子兼并了地主割据势力，又打败了农民起义军，统一了全国。

四、创立制度　修明政治

李渊称帝后，百废待举，他一面组织力量进行统一全国的战争，一面注意加强政权建设，唐朝前期的政治、经济、军事制度，在李渊时期基本上初具规模。

首先，建立各级统治机构。李渊建唐伊始，一切政权组织皆沿循隋制，直到武德七年（624）才为适应全国统一后的历史形势，根据前代制度，确定了唐代的政权组织系统。

在中央实行三省六部制。三省即中书省、门下省、尚书省。中书省的长官是中书令，僚属有中书侍郎、中书舍人等，是决策机关，负责草拟有关军国大事的诏敕。门下省，长官是侍中，僚属有黄门侍郎、给事中等，是审议机关，主管审核中书省的决定，并有权驳回。尚书省的长官是尚书令（太宗时废尚书令，另设左右仆射），僚属有左右丞、左右司郎中等，是执行机关，负责执行中书、门下二省的决定。三省的长官都是宰相，他们共同商讨国家大事，共同对皇帝负责。六部即吏、户、礼、兵、刑、工六部。吏部主掌官吏的考核与升降，户部主掌户籍及赋税，礼部主掌礼仪及科举，兵部主掌军事，刑部主掌刑法诉讼，工部主掌土木工程。各部长官都称尚书，直属于尚书省，每部又领四司，计24司，分别执行中书、门下二省制订的政令。

唐代的监察机关为御史台，长官是御史大夫，负责纠察百官，权力极大。

唐代的地方统治机构，基本上是州县两级制，州设刺史，县设县令。刺史

每年一巡属县，考课官吏，访问治安，催督赋役，保举人才。县令主一县之事，县以下有乡，乡以下有里，里是最基层的政权单位，置里正一人，辖百户左右，其职责是检查户口，劝课农桑，检查非违，催驱赋役，对人民进行直接统治。

唐代中央和地方各级政权机构的建立，在中国封建社会历史上有着承前启后的重大意义。各级政权组织比较谨严，分工比较明确，和过去相比更有利于皇帝集权。

其次，实行均田制和租庸调制。唐初，经隋末战乱，人口减少，武德初年仅有200余万户，不及隋朝最多时户数的1/4。由于缺乏劳动力，大量土地荒芜，在这种地广人稀的情况下，唐政府要保证赋税收入，稳定政权，就必须把流亡的人口固定在土地上，迅速恢复和发展生产。为此，唐朝继承了北魏、隋朝的均田制和租庸调制，并稍加修改，颁布全国。

武德七年（624）四月，唐高祖李渊颁布均田令：①对百姓授田的规定。丁男（21～60岁的男子为丁男）和18岁以上的中男（满16岁的男子为中男）各授田一顷，其中口分田80亩，永业田20亩。老男（60岁以上的男子为老男）、笃疾、废疾者授口分田40亩，寡妻妾受口分田30亩，这些人若作户口，则每人授永业田20亩，口分田30亩。尼姑、女冠各授田20亩、工商业者减丁男之半，一般妇女、部曲、奴婢不再授田。②对贵族官僚授田的规定。有封爵的贵族按品级的不同授给不同数量的永业田，从亲王到公侯伯子男，授田数量由100顷递降至5顷。在职官员从一品到八九品，受田数由30顷递降到2顷。有战功的勋官也分别受田30顷至60亩不等。此外，各级官吏还有职分田，其地租作为官俸的补充。官府有公廨田，其地租充作办公费用。③对土地买卖的规定。官僚贵族的永业田和赐田，可以自由出卖。百姓在无力丧葬时准许出卖永业田，若百姓从人多地少的狭乡迁往人少地多的宽乡，亦准许出卖。

在地主土地私有制的情况下，要实现真正的"均田"是不可能的。均田令在当时并没有认真地执行。但均田令的颁布，对于唐初农业生产的恢复和发展起了积极的推动作用。

唐初在均田制的基础上，还实行了租庸调制。它初定于武德二年（619）二月，修订于武德七年（624）四月。租庸调制规定：凡是受田的农民，每丁每年向国家纳粟2石，叫做租。又随乡土所产，每年交纳绢2丈、绵3两，或交纳布2.5丈、麻3斤，叫做调。还规定每丁每年要服役20天，如不亲自服役，可每天折绢3

尺或布3.75尺，叫做庸。如果政府额外加役，加役15天，免调；加役30天，租调全免。每年的额外加役最多不得超过30天。唐代的租庸调和隋朝相比，以庸代役的条件放宽了，从而使农民有更多的时间从事农业生产。

第三，实行府兵制。府兵制始创于西魏宇文泰时期，历北周、隋而至于唐。李渊太原起兵时有兵3万，进军关中后，众达20余万，为了使这支军队归心于唐和解决军粮问题，李渊把军队逐步纳入府兵组织系统，基本具备了府兵制的雏形。武德元年（618），李渊在长安称帝不久，即置军府，任用功臣和招降军将为卫大将军、将军，完全因袭隋制。当时十二卫所属有骠骑、车骑两将军，是事实上的领兵者，武德二年（619）置十二军，每军有将、副各一人，以督耕战。武德六年（623），废十二军，武德八年，因突厥入侵，又重设十二军。十二军是唐初关中比较固定的基本禁卫部队。此外，李建成、李世民、李元吉各开府领兵。

府兵制建立在均田制之上，是一种兵农合一的制度。兵士平时在家生产，农闲时由兵府加以训练。府兵的经常性任务，是轮流到京师宿卫或到边境戍守，称作"番上"；若遇到战争发生，则出征打仗。府兵在服役期间，可免除本身租调，但"番上"、"出征"时的兵器、衣服、粮食均需自备。这种"寓兵于农"的兵制，从均田农民中征兵，保证了兵源，资粮甲杖自备，减少了国家的经费开支。同时，练兵权与将兵权分离，防止了将帅拥兵跋扈，对于加强专制主义中央集权起了一定的作用。

第四，实行科举制。科举制始创于隋朝，到唐朝时更为完备。李渊初即位，就设立京师和地方学校，收揽人士。但同时也恢复了隋朝废除的中正官，以本州高门士人充任。这是对士族的让步，不过大中正只是名誉职务，用人权仍在吏部，而吏部用人的主要途径就是科举。士人仕进不再专凭门第高低，而是主要依据学才德识，从而使唐代的用人比以前有所改进。

唐初，主持科举考试的是吏部考功员外郎。参加科举考试的生员主要有两种，一是国子监所属各学校的学生，称为"生徒"；二是各地私学中由州县保荐的学生，称为"乡贡"。

唐代的科举分常举和制举两种，常举即每年举行的定期考试，考试科目一般为秀才、明经、进士、明法、明算等科，其中明经、进士两科为热门。明经科主要考帖经，重在儒家经典的背诵记忆；进士科主要考诗赋和时务策，需要独立

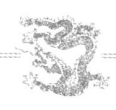

玄武门同胞受刃
——从1935年会文堂新记书局蔡东藩《南北史通俗演义》

思考。进士科较难考，但一旦考中进士科，就取得了做官的资格，因此人们称中进士为"登龙门"。所谓制举，就是皇帝根据需要亲自主持的考试，科目多临时设置，考试时间也不固定，录取人数较少，在科举制度中不占重要地位。

科举制的最后确立和进一步完备，有着重要意义。和九品中正制相比，一般的中小地主都有了应试资格，为他们入仕开了绿灯，打破了士族门阀垄断仕途的局面，从而扩大了统治基础。

第五，制订《武德律》。隋朝末年，统治者滥用刑法，百姓动辄得咎，弄得手足无措。李渊攻下长安后，就学着汉高祖刘邦的样子，约法为十二条。李渊称帝后，宣布废除隋朝的《大业律令》，并令裴寂、刘文静等依隋《开皇律》重新修订法律。在"务在宽简，取便于时"的原则指导下，制订了新律五十三条。到武德七年，正式颁布新律，即《武德律》。从内容上看，《武德律》较隋律用刑有所减轻，但对劳动人民的反抗制裁更严酷了。

五、被迫退位　古稀寿终

唐统一全国后，李渊产生了骄傲自满思想。他逐渐开始沉迷酒色，朝政日趋废弛。李渊宠妃怠政，必然导致一系列的不良后果。武德二年（619），李渊听信裴寂的谗言，错杀大将刘文静。刘文静最早参与晋阳起兵之谋，在唐王朝建立过程中，南征北战，屡立战功。李渊称帝后，大封功臣，刘文静对自己位在裴寂之下，甚感不平，遂与裴寂产生矛盾。有一天，刘文静酒后口出怨言，裴寂等乘机陷害，说刘文静欲反朝廷，李渊竟听其言，杀刘文静。李渊赏罚不明，势必加深统治集团内部的矛盾和斗争。

武德后期，李渊诸子皇位之争愈演愈烈，然而这并没有引起李渊足够的重视，他本以为太子、秦王、齐王各谋其位，可以相安无事，谁知结果恰恰相反，太子李建成和秦王李世民为了争夺皇位明争暗斗，展开了你死我活的斗争。武德九年（626）夏，突厥犯边，李建成向李渊推荐齐王李元吉为出征元帅，想借此把秦王府的精兵和骁将掌握在自己手中，然后除掉秦王。不料这一密谋被李世民得知。在

萧瑀
——从清光绪十年（1884）上海同文书局石印本《凌烟阁功臣图》（清刘源绘）

萧瑀（575~648），字时文，南朝梁明帝萧岿第七子，隋炀帝萧皇后之弟。初为隋朝内史侍郎，后降唐，受封宋国公，任光禄大夫。太宗李世民时六次担任宰相，位居唐初"凌烟阁二十四功臣"的第九位。卒赠司空、荆州都督，谥曰"贞褊公"。

这紧要关头，李世民先发制人，密告太子、齐王淫乱后宫，李渊决定次日诘问。次日，李世民在玄武门设下伏兵，当太子、齐王途经玄武门时，遂将二人杀死。随后，派心腹尉迟敬德带甲入宫报告李渊。此时李渊正和他的臣子萧瑀、裴寂坐在一只小龙船上，荡漾在南海池中，他见尉迟敬德全身武装立在岸边，十分惊骇。尉迟敬德说，太子和齐王造反，秦王已把他们处死，特派我前来保驾。李渊听后惊得目瞪口呆。旁边的萧瑀等赶忙劝李渊把国事都托付给秦王，尉迟敬德也敦促李渊下诏，令诸军悉受秦王节制，以便制止东宫和齐王府军队的骚乱。李渊无奈，被迫写下"手敕"，命令所有军队悉听秦王处置，并于六月一日下诏立世民为皇太子。此时，全国局势基本上已被李世民所控制，李渊无奈，表示愿早些退位。八月，李世民正式即皇帝位，从此李渊徙居太安宫，过着太上皇的生活。[1]

李渊当了太上皇后，自知大权已被李世民掌握，自己心灰意懒，也就不再干预政事。李世民对李渊表面上也隆礼相敬，对李渊的享乐需要尽量满足，并准备在长安城东北修建大明宫，作为李渊的养老享乐之所。李渊也明白李世民的用意，所以也就知趣而退，自乐于过太上皇生活。李渊的这种做法，有利于减少宫廷矛盾，同时也为李世民施展雄才大略创造了良好的环境。

贞观九年（635）五月，李渊病死，时年71岁。谥号"神尧大圣大光孝皇帝"，庙号"高祖"。

名家评说

　　高皇创图，势若摧枯。国运神武，家难圣谟。言生床笫，祸切肌肤。《鸱鸮》之咏，无损于吾。

——后晋·刘昫等《旧唐书》

　　唐公幸全于猜忌而出守太原以避祸，未尝身执朝权，狐媚以欺孤寡，奉词伐罪，诛独夫以正大位，天下孰得而议其不臣？

---

[1] 事见《旧唐书·高祖本纪》："（武德九年）六月庚申，秦王以皇太子建成与齐王元吉同谋害己，率兵诛之。诏立秦王为皇太子，总理万机，大赦天下。八月癸亥，诏传位于皇太子、尊帝为太上皇。"

隋已亡于群盗，唐自关中而外，皆取隋已失之宇也。然而高祖犹慎之又慎，迟回而不迫起，故秦王之广结豪杰，祖不知也，非不知也，王勇于有为，而高祖坚忍自持，姑且听之而以静镇之也。不贪天方动之几，不乘人妄动之气，则天与人立应之而不违。

——清·王夫之《读通鉴论》

太宗李世民

唐太宗李世民（598～649），唐王朝的第二代皇帝。父唐高祖李渊，母太穆顺圣皇后窦氏。公元626～649年在位，谥号"文皇帝"，庙号"太宗"。李世民在位期间，勤于政务、广为纳谏，深得臣民拥戴，经过一系列有效的改革，唐朝的政治、经济、军事、文化得到迅速的发展，形成了历史上有名的"贞观之治"，李世民也因此成为历史上少有的名主贤君之一。

一、建功立业　夺嗣继位

隋文帝开皇十八年（598）十二月二十二日，李世民出生在武功（今陕西武功）的一座李氏"别馆"之中。李世民自幼聪明敏捷，胆识过人。作为世代显赫的将门之后，他从小就受到了家庭尚武习俗的熏陶，就养成了"善于骑马，好弄弓矢"的习惯，练就了一身精湛的技艺。李世民不但喜爱骑射，还喜欢浏览兵书战策，少时就熟读了《孙子兵法》，并且能够用孙子之言与父亲李渊讲论用兵布阵的策略，深得父亲的喜爱。

唐太宗李世民
——从故宫南熏殿旧藏

隋炀帝大业十一年（615），李世民18岁时，隋炀帝杨广巡视北方边塞，遭到突厥数十万骑兵的袭击，被围困于雁门（今山西代县）孤城。李世民奉父命应征从军，参加了屯卫将军云定兴的勤王部队，提出了虚张声势、多设旗动为疑兵的退敌策略，深得云定兴将军的赞赏。[1]

在农民起义军的打击下，隋王朝一步步走向灭亡的命运。早有灭隋之心的李渊见时机成熟，也开始密谋策划准备起兵。年轻有为、善于谋略的李世民，作为父亲李渊的得力助手，参与了起兵的全部密谋和决策活动，做了大量的组织和发动工作。他一方面协助父亲招募军队、集结力量，同时又在父亲的授意下，利用各种关系和手段，结交了大批英豪人物。大业十三年（617）五月，在各方面准备成熟后，李世民协助父亲李渊除掉了隋炀帝派来监视他们的亲信，在晋阳宣布起兵，正式打出了反隋的旗号。

大业十四年（618），李渊推翻隋朝统治，建立大唐。唐王朝建立后，摆在李氏父子面前的首要任务，是削平群雄、统一全国，巩固李唐政权。但是，李渊称帝后不便再亲自挂帅出征，皇太子建成也需要留在京城协助父皇处理各项政务，因此，指挥和领导统一战争的重任就自然地落在了秦王李世民的身上。

当时，国内尚有薛举、刘武周、王世充、窦建德等强大的军阀势力和农民军势力，统一的任务是非常艰巨的。面对如此艰巨的任务，年仅22岁的李世民毅然挑起了这副重担，统帅千军万马，开始了他历时4年多的艰苦卓绝的统一战争生涯。

李世民从出关到攻下洛阳，共用了10个月的时间，前8个月主要是围攻王世充，后2个月主要是对付窦建德。由于李世民正确地判断了军事形势，衡量了自己的军事实力，毅然扩大了战役范围，终于一举战败了王世充、窦建德两支劲旅，加速了统一关东地区的进程。通过这次战役，充分显示了李世民的机智果断以及出色的军事胆略和指挥艺术。

李世民统一全国的卓著功绩，使他的威望日益增加，权力也逐渐扩大，政治地位和军事地位都在迅速增长。他不但掌握着大量军队，还担任尚书令的职务，位居宰相之职，这在唐王朝的上层统治集团中，特别是在李氏兄弟中间有着特殊的地位。除此之外，李世民还在晋阳起兵和统一全国的战争中，利用自己特

---

[1] 事见《旧唐书·太宗本纪》："大业末，炀帝于雁门为突厥所围，太宗应募救援，隶屯卫将军云定兴营。将行，谓定兴曰：'必赍旗鼓以设疑兵，且始毕可汗举国之师，敢围天子，必以国家仓卒无援。我张军容，令数十里幡旗相续，夜则钲鼓相应，虏必谓救兵云集，望尘而遁矣。不然，彼众我寡，悉军来战，必不能支矣。'定兴从焉，师次崞县，突厥候骑驰告始毕曰：'王师大至。'由是解围而遁。"

尉迟敬德
——从清光绪十年（1884）上海同文书局石印本
《凌烟阁功臣图》（清刘源绘）

  尉迟恭（585—658），字敬德，朔州人。唐初名将，官至右武侯大将军，封鄂国公，为"凌烟阁二十四功臣"之一。其一生勇武善战，屡立战功；"玄武门政变"时助李世民夺取帝位，晚年谢宾客不与通。卒赠司徒、并州都督，谥号"忠武"。在中国传统文化中，尉迟恭与秦叔宝被后世尊为民间驱鬼避邪、祈福求安的门神。

殊的地位和条件，收罗了大批谋臣猛将，逐渐组成了一个以他为核心的政治集团。这个文武具备的政治集团的形成和他在唐王朝中的特殊地位，使李世民逐渐产生了觊觎帝位的野心。随着统一战争的结束，李世民夺取皇位继承权的图谋变得更加强烈、迫切起来。

  李世民显赫的军事地位和政治地位，引起了他的哥哥皇太子李建成的妒忌，同时也使他感受到了严重的威胁。为了维护自己的皇位继承权，太子李建成也大力收罗人马，扩充自己的势力，同时还把弟弟齐王李元吉拉入自己的东宫集团，俩人合谋对付李世民。统一战争结束之后，李世民与太子建成的争权活动也逐渐由暗斗转向明争，最后终于导致了流血政变的发生。

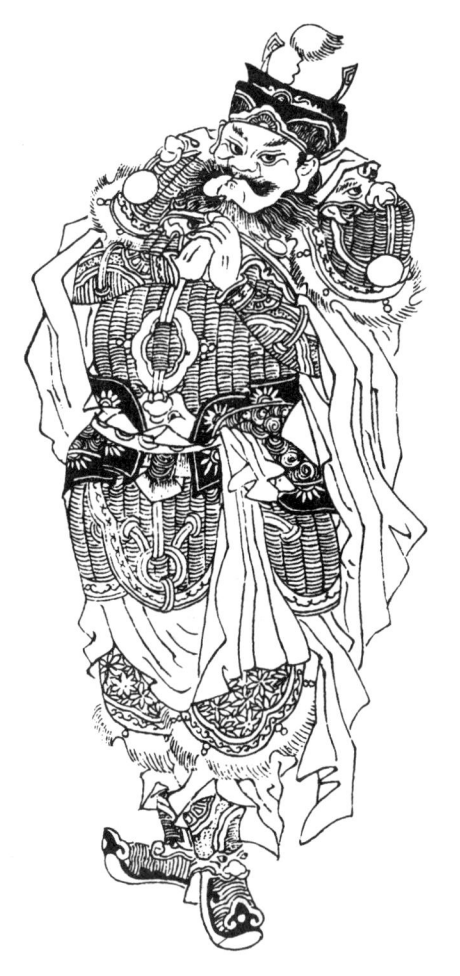

  武德九年（626）六月初四日，李世民在武将尉迟敬德、侯君集和谋臣长孙无忌、杜如晦、房玄龄等人的协助下，在宫城北门玄武门设下伏兵，乘太子建成和齐王元吉入朝无备，发动了政变，杀死了建成和元吉，取得了皇位继承权。两个月以后，李渊被迫退位。武德九年（626）八月，李世民即位，成为唐王朝的第二代皇帝，史称唐太宗，时年29岁。次年正月，改年号为贞观。从此，李世民开始了他新的政治生涯。

二、任贤纳谏　修律谨法

唐太宗李世民即位以后，所面临的首要问题是稳定局势，建立以自己为核心的最高领导集团。他接受了尉迟敬德提出的"杀人太多，不利于天下安定"的建议，采取了宽大安抚和任用东宫属僚的政策，缓和了统治集团内部的矛盾。

在稳定局势的同时，李世民又着手整顿父亲在位时的宰相班子，逐步建立起了以自己为核心、由温彦博、王珪、魏徵、戴胄、侯君集等人所组成的最高决策集团。这个集团汇集了当时最杰出的人才，在政治上呈现出明显的朝气和进取精神，为李世民进一步励精图治、开创贞观之治的新局面奠定了基础。

唐朝初年，承袭魏晋以来崇武轻儒的风气，官吏大都由武将充任。这些人是有功之臣，但却缺乏处理政务的能力。李世民认为，要实现天下大治，就必须选拔大批真正懂得治政方法的人才，充实各级政权机构。因此，他把举贤荐能、广罗人才视为头等大事，处处留心和访求有才之士，一旦发现即破格提拔重用。而对那些推荐人才不积极的大臣，则加以严厉批评。

长孙无忌
——从清光绪十年（1884）上海同文书局石印本《凌烟阁功臣图》（清刘源绘）

长孙无忌（594—659），字辅机，河南洛阳人，其父为隋朝右骁卫将军长孙晟。唐高祖起兵后，无忌前往投奔，并随太宗征战，成为其心腹谋臣，后参与策划"玄武门政变"。后历任左武侯大将军、吏部尚书、中书令等职，封赵国公，在"凌烟阁二十四功臣"中位列第一。显庆四年（659），无忌被许敬宗诬陷，削爵流放黔州，最终自缢而死。上元年间平反。

杜如晦
——从清光绪十年（1884）上海同文书局石印本《凌烟阁功臣图》（清刘源绘）

杜如晦（585—630），字克明，祖父杜果在隋为工部尚书、义兴公。李渊起兵后，其被李世民召入秦王府任为曹参军，而后被迁升为陕州总管府长史。武德四年（621），李世民建立文学馆，位列"十八学士"之首。"玄武门政变"积极为李世民谋划，后任兵部尚书。卒后，追封为司空、蔡国公，谥"成公"，后列入"凌烟阁二十四"功臣之一。

唐太宗选拔人才"内举不避亲，外举不避仇"，他的标准就是"惟才是举，任人唯贤"。凡是有才之士，他都不计较资历地位和亲疏恩怨，兼收并用，充分发挥他们的才能。玄武门政变后，东宫集团想谋害唐太宗的有数百人，但唐太宗不计较恩怨，把这些人引为自己的左右，量才加以重用。东宫集团的重要谋臣魏徵、王珪、韦挺等人，都是被唐太宗大胆重用而成为贞观名臣的。对于自己的旧属和亲信，唐太宗也不滥加任用，而是量才授予官职。

唐太宗用人既注重才能，也十分重视德行。特别是地方官的选拔，尤其重视德才兼备，认为这些人是亲民之官，掌握着百姓的安乐。唐太宗下诏规定，县令由五品以上的京官推荐，刺史则由自己亲自选任。为做好选任刺史的工作，唐太宗把全国各州刺史的姓名写在卧室内的屏风上，随时记下他们的善恶事迹，以备升迁和赏罚。同时还规定，地方官每年年终要进京汇报一次工作，由吏部负责考评，依据政绩来论定品级、决定升降。

为了扩大选拔人才的渠道，唐太宗还沿用并且发展了隋朝的科举制度，通过科举考试来选拔人才。一般知识分子和官吏都可以参加考试，考中以后，原来

房玄龄

——从清光绪十年（1884）上海同文书局石印本《凌烟阁功臣图》（清刘源绘）

房玄龄（579—648），名乔，字玄龄，以字行于世，齐州人。李渊起兵后，房玄龄在渭北投秦王李世民后，成为其主要谋士之一。"玄武门政变"中，积极参与并出谋划策。贞观年间，历任中书令、尚书左仆射，封梁国公。后进位司空，综理朝政。卒后，谥文昭。

是官吏的可以升迁，不是官吏的由吏部授以官职。

唐太宗谨记魏徵"兼听则明、偏信则暗"的告诫，特别注意虚怀纳谏。为了达到兼听博采的目的，充分发挥各级官员的作用，唐太宗还从制度上做了许多改革。他诏令五品以上的京官轮流在中书省值班，以便自己随时召见。军国大事和五品以上官员的任免，都要先由宰相讨论议决，然后由皇帝批准颁行。在一般政事的处理上，要求中书省和门下省的官员要充分发挥互相检查的作用。凡军国大事，负责起草文告的中书舍人要各述己见，诏旨写成后，要经中书侍郎、中书令审查，再送交门下省审定，有不合适的地方都要据理力争，不能马虎从事。这些措施避免了权臣专权和君主独裁现象的发生，保证了各项政策法令制定的正确和恰当，为开创贞观时期君主虚心纳谏和臣下鲠议直言的一代新风创造了条件。

为了达到求谏的目的，唐太宗还采取了两项措施。一是诏令宰相入阁商议军国大事时，必须让谏官和史官列席；二是重赏敢于进谏的官吏。同时唐太宗还要求大臣们从各个方面直言进谏，不要放过小事。由于唐太宗虚心纳谏的开明作风，使朝廷中涌现了一大批敢于直谏的大臣，贞观前期著名的有魏徵、王珪、杜如晦、房玄龄等，后期著名的有马周、刘洎、褚遂良等。这些人对当时的政治形势起了良好的作用和影响，其中最杰出的当数魏徵。

魏徵原来是太子李建成的重要谋士，玄武门之变后，得到唐太宗的重用，先后被任命为谏议大夫、给事中、尚书右丞、秘书监等职，位列宰相，他前后共向太宗进谏了200多件事，大多数都被太宗采纳，对贞观前期的政治起了重要的影响。魏徵为人正直，敢于直言，凡是正确的意见，不但要说，而且要坚持到底，即使唐太宗大发雷霆，魏徵也神色不移，毫不退缩。因此，唐太宗既喜欢他又害怕他。

唐太宗把魏徵看做是最好的谏臣，魏徵也确实起到了重要的监督作用。魏徵死后，太宗十分痛心，无限感慨地说："用铜做镜子，可以正衣冠；用历史做镜子，可以知道国家兴衰的道理；用人做镜子，可以看到自己的过错。现在魏徵逝世，使我失去了一面镜子。"[1]

为创造一个良好安定的社会环境，为实现大治天下的治国方针，唐太宗又进行了法制的改革和建设，采取了慎刑宽法和严格加强法制的措施。

唐太宗认为：赏罚是国家大事，假若被赏的是有功的人，无功者自然就后退了。犯罪的人及时受到惩罚，那些作恶的人就能悬崖勒马。为了明确赏罚的标准，唐太宗任命房玄龄、长孙无忌修改《武德律》，制定《贞观律》。《贞观律》的刑罚，比《隋律》减轻了一些。后来长孙无忌组织19名法学家，专门为《唐律》作注，到永徽年间才完成，即《唐律疏议》。这是封建社会最完备的法典。五代以后各朝法律大都以此为本酌加增改。

此外，《贞观律》又定令1546条。所谓令就是国家的制度和政令。同时还修改了武德九年的制敕，把3000条精简为700条，称为格。格就是文武百官的职责范围，作为考核官员的依据。最后又定出尚书各部和诸寺、监、十六卫的工作章程，称为式。律、令、格、式的内容包罗万象，从国家制度到社会经济生活，以及民间的婚丧嫁娶等方面，都有详细规定。凡是违犯律、令、格、式的，一律按法律处理。

为了保证律、令、格、式的贯彻执行，唐太宗亲自选拔了一批正直无私、断狱公平的人担任法官，并亲自检查法官对案件的处理情况。他一再告诫大臣

---

[1] 语见《旧唐书·魏徵列传》："（太宗）尝临朝谓侍臣曰：'夫以铜为镜，可以正衣冠；以古为镜，可以知兴替；以人为镜，可以明得失。朕常保此三镜，以防己过。今魏徵殂逝，遂亡一镜矣！……'"

愿为良臣
——从清康熙二十年承宣堂刻《圣谕像解》

们说:"死者不可复生,用法务在宽简。"并将死刑的终审权收归中央,以免出现冤案。同时,唐太宗还规定对死刑要三次上报中央,被批准后方可执行。

三、以身作则 贞观大治

贞观时期,唐太宗以身作则,执法如山,在中央和地方政府中起了积极的影响和作用,使社会逐渐形成了执法严肃、令行天下的好风气。社会环境安定,政府官吏都能够做到清正廉明,王公贵戚和豪族大姓都不敢违法乱纪,欺压百姓。由于法制严明,不但犯法的很少,被判死刑的也很少。在进行政治和法制建设的同时,

魏 征
——从故宫南熏殿旧藏《历代至圣先贤相册》

唐太宗又致力于社会经济的恢复和发展。当时,由于长期战争的破坏和自然灾害的影响,经济萧条、民户凋残。面对这种困境,唐太宗一方面大力提倡戒奢崇简,节省开支;另一方面又积极地推行轻徭薄赋、与民休养生息的政策,使农民得以逐步恢复生产,重建家园。

唐太宗提倡戒奢崇简,并以身作则。他继位后,住的宫殿还是隋朝建造的,大部分都已破旧。一般新王朝的君主都要大兴土木,另建新的宫殿。但唐太宗为了节省开支,在贞观初年一直不允许修作。唐太宗还严厉禁止厚葬,并要求五品以上的官员和勋亲贵族都要遵照执行。对于官员们的奢侈行为,唐太宗也严格禁止。贞观初年,逐渐形成了一种崇尚节俭的风气,出现了一大批以节俭闻名的大臣。如户部尚书戴胄,生前一直住在一所破旧的房子里,死后甚至连个祭祀的地方也没有。一代名臣魏徵为官一世,家里却连个正堂屋都没有。这种节俭风气的盛行,对减轻国家和人民的负担,促进社会经济的恢复和发展起了积极的作用。

在提倡戒奢崇简的同时,唐太宗又积极地推行他的轻徭薄赋、与民休养生

唐太宗謂侍臣曰國家以民為本民以食為命若禾黍不收則兆庶非國家所有朕常欲天下之人皆富貴惟省徭役薄賦斂令比屋之人恣其耕稼則富矣 羣書集事

理财务本
——从明万历四十八年（1620）凤阳刊本《御世仁风》（明金忠纂辑）

息的政策，以促进农业生产的迅速恢复和发展。为了增强抵抗自然灾害的能力，唐太宗还大力倡导兴修水利。贞观初期，关中、河南等地原有的渠道都相继修复，并新修了大量的排水和引水工程。这些水利工程的修建，对防旱排涝、尽快地恢复和发展农业生产起了重要的作用。

贞观初年，全国劳动力普遍缺乏，为了增加人口，唐太宗下诏规定：民间男20岁、女15岁结婚，以繁殖人口，并把婚姻和户口的增加列为考核地方官员政绩的一个标准。到贞观二十三年（649），全国户数增加到380万户，比唐高祖时代增加了180万户。

由于唐太宗采取了一系列有利于农业发展的积极措施，使社会经济很快得到了恢复。从贞观三年开始，全国连续大丰收，粮价由原来一匹绢换一斗粮食，下跌到一匹绢换数十斗粮食。社会秩序迅速安定，以往成群结队的流浪灾民不见了，人民开始过上了安居乐业的生活。到贞观中期，迅速达到了昌盛阶段，出现了牛马遍野、丰衣足食、夜不闭户、道不拾遗的升平景象，成为被历代所称道的太平盛世。

贞观初期，在国内政治经济形势迅速好转、国力逐渐增强的条件下，唐太宗又开始了统一边疆地区的战争，并且妥善地处理了与各民族之间的关系，为建立强盛的多民族的大唐帝国奠定了基础。

当时，东突厥是对唐朝威胁最大的一个北方少数民族势力。唐朝初年，东突厥就支持北方的各派割据势力，阻挠唐的统一，并经常南下骚扰，抢掠人口，破坏生产，甚至威胁唐都长安的安全。唐太宗刚即位时，东突厥首领颉利可汗认为唐太宗统治还不稳固，便亲率20万骑兵进逼长安，并派大将执失思力进入长安，对唐太宗进行威胁和讹诈。唐太宗正确地分析了突厥入侵的目的，果断的下令扣押执失思力，并亲自率领高士廉等六人骑马来到渭水岸边，与颉利隔水而立，指斥他的侵略行为。随后，唐太宗命令唐军迅速布阵。颉利见唐军士气旺盛，军容严整，又见唐太宗神态自若，轻骑独出，认为唐军早有准备，再加上使者被押，使颉利摸不透唐太宗的疑兵之计，不敢贸然率兵过河，只得与唐太宗在渭水桥上杀白马祭天结盟，带着唐太宗馈赠给他的金银绢帛引兵退去。这次唐太宗凭借着自己的机智和勇敢，没折一兵一卒，便退去了20万突厥大军。此后，唐太宗一方面抓紧备战，积蓄力量准备反攻；另一方面在外交上采取远交近攻的方针，扶持颉利可汗的反对势力，牵制颉利。贞观二年（628），唐太宗派遣使者与曾经臣服于东突厥的强大势力薛延陀部落建立联盟，造成了南北夹击东突厥的有利形势。同时，唐太宗又利用东突厥贵族的内部矛盾，拉拢和颉利可汗有矛盾的突利可汗，突利的归唐，为唐太宗提供了里应外合的有利战机。

贞观三年（629）十一月，唐太宗任命李靖为统帅，率领李世勣、柴绍、薛万彻等大将，统兵十余万人，分兵四路进攻东突厥，连续击溃东突厥骑兵。同年十二月，突利可汗率部归唐。在唐军的沉重打击下，颉利可汗伪装求和。唐太宗将计就计，李靖率精骑1万，展开突然袭击，颉利可汗战败被俘，东突厥被灭。

唐朝统一了北部边境，收回了阴山至大漠的广大地区，解除了长期以来东突厥对中原地区的侵扰和威胁，使西北各少数民族与汉族的联系进一步加强。周围各部落、部族的首领纷纷前来降服，尊称唐太宗为天可汗。

北部边境统一之后，唐太宗又相继派兵收复了吐谷浑、高昌、焉耆、龟兹等地区，并在龟兹设立了安西都护府，重新恢复了对西域地区的统治。唐朝的西部和北部边境重新得到了巩固和扩大，也使闻名于世的丝绸之路重新得到了畅通，加强了中原地区与西域和中亚地区的经济文化交流。

另一方面，唐太宗又实行开明的民族政策，改善民族之间的关系。不管是

交河故城

交河故城城址位于吐鲁番市以西的亚尔乡，这是世界上最古老的土建筑城市。唐西域最高军政机构安西都护府最早就设在交河故城。

《步辇图》

唐阎立本绘，北京故宫博物院馆藏。绢本，设色，纵38.5厘米，横129.6厘米。《步辇图》是以贞观十五年（641）吐蕃首领松赞干布与文成公主联姻的历史事件为题材，描绘唐太宗接见来迎娶文成公主的吐蕃使臣禄东赞的情景。

对被征服还是主动归附的少数民族部落，唐太宗都不强行改变他们原来的生活方式和风俗习惯，并且任命他们原来的首领担任各级官职，管理本地区或本部的人民，同时还送给他们农具耕牛等物品，帮助他们发展农牧生产。此外，唐太宗还通过和亲政策，加强少数民族同唐朝的联系和团结。影响最为深远的当推唐朝与吐蕃的和亲。

吐蕃是现在藏族人的祖先，居住在西藏高原。其首领松赞干布是和唐太宗同时代的杰出人物，同时也是吐蕃奴隶制王朝的创始者。松赞干布仰慕唐太宗的英名和大唐先进的经济文化，贞观十四年（640）遣使求婚。唐太宗将宗室女文成公主嫁给松赞干布。[1]文成公主进入吐蕃后，汉族人民的农耕、纺织、建筑、造纸、制笔、酿酒、冶金以及农具制造等技术先后在吐蕃传播开来，对吐蕃政治、经济、文化的发展，起了极大的促进作用，同时也加强了吐蕃与唐朝的联系。

贞观时期，由于边境地区的统一和安定，大大促进了各族人民之间的交往和经济文化交流，对社会经济文化的发展产生了巨大的影响。同时，唐朝和世界

---

[1]事见《旧唐书·太宗本纪》："（贞观）十五年春正月丁卯，吐蕃遣其国相禄东赞来逆女。丁丑，礼部尚书、江夏王道宗送文成公主归吐蕃。"

其他国家的政治、经济和文化交往也越来越频繁。亚洲、非洲地区许多国家的使者、商贾、学者、艺术家、僧侣等，不断来唐朝访问，京都长安不仅是国内各民族的大都会，也成了世界性的大都会。唐太宗对中外交往采取了积极友好的态度，专门设立鸿胪寺接待各国使者，设立商馆以招待外商，那时和唐朝交往的国家达到70多个。大批外国商人从陆路或海路来到长安、洛阳、扬州、广州等大城市，唐政府允许他们长期居住，还可以和中国人通婚。通过广泛的交流，许多植物品种如胡椒、菠菜、郁金香、天竺干姜等相继从波斯（今伊朗）和印度传入中国。此外，佛教经典也大量传到中国，并被译成汉文。景教、回教、摩尼教也在贞观时期传入中国。由于唐太宗对外来文化采取了兼收并蓄的方针，这些宗教得以在中国传播。

贞观时期，高度先进的封建文化也对亚洲各国甚至世界其他地区产生了重要影响。中国的丝绸、茶叶、瓷器、纸张等商品大量销往波斯等亚洲国家，又通过他们销往西方。中国四大发明之一的造纸术，就是在贞观时期传到阿拉伯和印度，又通过阿拉伯传到欧洲和非洲，对西方文化事业的发展产生了巨大的推动作用。汉文化对朝鲜、日本的影响更大。贞观五年（631），日本派遣了第一批遣唐使，到中国来学习。以后各种遣唐使和留学僧人不断到来，人数也越来越多。贞观十九年（645），日本开始了废除氏族制度的"大化改新"。在这场具有革命性的变革中，他们吸收了唐代

玄奘

玄奘（602~664），唐代著名高僧，法相宗创始人，洛州（今河南洛阳偃师）人，被尊称为"三藏法师"，后世俗称"唐僧"。玄奘于贞观元年一人西行五万里，历经艰辛到达印度佛教中心那烂陀寺取真经，前后十七年学遍了当时的大小乘各种学说，带回佛经657部。

的均田制、租庸调制、官制、府兵制以及刑律等等，建立起了完备的国家机构和制度，大大促进了日本的封建化进程。贞观时期，强盛的唐王朝在当时的国际上获得了很高的声望。中国使者、僧侣和商人的足迹，遍布亚洲各国。"唐家子"就是外国人对中国人的统称。直至今天，西方国家的语言中，还留有以"唐人"称呼中国人的习惯。

唐太宗共在位23年，他奉行大治天下的治国方针，励精图治，锐意进展，使唐王朝迅速地达到了天下大治的局面。社会定安，生产恢复，人民安居乐业，国力日益强盛。并且造成了皇帝兼听纳谏、广任贤良，大臣敢于发表和坚持自己的意见，上下一致，力求致治这样一种封建社会少有的政治风气，开创了被誉为贞观之治的中国封建社会中最突出的太平盛世，唐太宗也因此成为中国封建帝王中最为杰出的代表人物。

四、骄纵失政　迷术亡身

在贞观盛世的成功面前，唐太宗自认为在武功、文治和怀远三方面都超过了古人，骄傲和自满情绪开始滋长起来，思想和行为逐渐发生了变化，以"隋亡为戒"的历史教训逐渐被淡忘了，封建帝王的贪欲和专制本能越来越多地在他身上体现出来。

贞观中后期，宫殿的营造逐渐多起来，追求奢侈的现象也越来越严重，老百姓的徭役负担不断加重，服役的农民道路相继。

在大臣的任用上，唐太宗也不像贞观初期那样惟才是举，以德行学识为先了。许多勋亲子弟充塞于朝廷。在兼听纳谏方面也不如从前，变得渐恶直言、不悦人谏，有时虽然勉强听谏，内心里也不愿意接受。在贞观中后期，唐太宗与大臣之间的关系也发生了变化，开始疑忌大臣，特别是贞观后期，这种疑忌心理越来越严重，对大臣动辄问罪，轻则贬黜，重则杀戮，甚至连尉迟敬德、房玄龄这样一些佐命功臣，也未能幸免。在贞观后期，唐太宗还做了两件影响很坏的事。一是连续发动了两次讨伐高丽的战争，这两次战争最后不但以失败告终，还导致了国内阶级矛盾的激化。二是看起居注。中国古代的史官，在朝廷中一向有着特殊的地位。秉公直笔，如实记载，不虚美，不隐恶，是史官的神圣原则，皇帝无权干涉。因此，历来帝王都不过目史官记载的起居注，以保证史官无所顾虑地执行自己的职责。这是长期以来形成的良好习惯和传统。由于唐太宗开了恶劣的先

望陵毁观
——从明万历元年（1573）纯忠堂刊本《帝鉴图说》

唐史纪：太宗葬文德皇后于昭陵，上念后不已，乃于苑中作层观，以望昭陵。尝引魏徵同登，使视之，徵熟视之曰："臣昏毛，不能见。"上指示之，徵曰："以为陛下望献陵，若昭陵，则臣故见之矣。"上泣，为之毁观。

例，此后唐代帝王纷纷效法，使长期以来形成的良好制度遭到破坏。

作为皇帝，唐太宗的宫闱生活和历代封建帝王是一样的，广占众媛，妻妾成群，皇后虽然只有一个，妃嫔则为数众多。为了满足自己的贪欲，唐太宗还曾多次进行挑选美女和才女的活动，也称得上是一个好色之君。

在众多的后妃当中，能够以自己的贤德对唐太宗的政治生活产生影响的，主要有两个，贞观前期是皇后长孙氏，贞观后期主要是妃子徐惠。

长孙皇后出身于世代显赫的贵族世家，自幼受到过良好的教育，知书善文，聪明贤淑，是一个有见解、识大体、宽厚仁慈的女性。她以自己的贤德和才干影响了唐太宗的家庭生活和政治行为，为开创贞观之治的大好局面做出了重要的贡献。长孙皇后最突出的政治见解是防范外戚专权。她哥哥长孙无忌是唐太宗的佐命元勋。唐太宗对他信任备至，委以宰相之职。对此，长孙皇后一再以汉朝

诸吕与霍氏等外戚专权乱政的历史事实提醒唐太宗，要求降低长孙无忌的官位。她还让哥哥亲自向唐太宗要求降职，一直到临终前，长孙皇后还告诫唐太宗注意防止出现外戚专权的现象。在中国古代历史上，后妃得宠时，依凭裙带之风加重本家族父兄的权势是不乏其例的。而长孙皇后则力避裙带之嫌，把外戚专权乱政而导致身败名裂的历史教训作为切骨之诫，是不失为远见卓识的。贞观之治没有出现外戚干政的局面，与长孙皇后有着很重要的关系。

长孙皇后的政治见解和才干，对唐太宗产生了很重要的影响。长孙皇后在世时，唐太宗经常与她讨论国家大事，听取她对某些大问题的意见。贞观初年，唐太宗能够虚怀纳谏，与长孙皇后的协助是分不开的。每当唐太宗任情使性不能虚心听谏时，长孙皇后便通过各种方式进行规劝，使唐太宗能够继续保持虚怀纳谏的好作风。由于长孙皇后知书善文，熟读经史，因此她也常常引用一些历史典故来对唐太宗进行劝谏。

在唐太宗晚年，对他影响较大的是贤妃徐惠。徐惠是当时著名的才女，聪明绝顶，博览群书，还未成年就已经有了很大的名气。徐惠入宫以后，虽然位列妃嫔，但对国家大事也十分关心，经常和唐太宗谈论国家大事，议论朝政，并提出自己的

昭陵六骏

昭陵六骏是唐太宗李世民在统一战争中先后骑乘过的六匹战马。贞观十年（636），李世民为了纪念曾经与自己生死与共的战马，诏令著名画家阎立本绘制图样，工艺美术家阎立德设计并组织施工雕刻，把这六匹马分别刻在青石屏上，列置于自己昭陵北麓的祭坛上。此图为昭陵六骏拓本。

一些见解和看法。唐太宗喜欢她知书善文、纵论古今的才华,把她看做是长孙皇后一样的人物,对她的见解也颇多接受。

贞观后期,由于唐太宗频繁地发动战争,徭役和兵役的征发空前严重,造成了社会矛盾的激化。因此在贞观二十二年(648),徐惠向唐太宗上疏进行劝谏,这篇上疏结构严谨,声情并茂,论据充实,真切感人,深受唐太宗的赞赏。

唐太宗虽为一代英主,但在晚年,由于疾病缠身,久治不愈,生了乞求长生不老的迷信思想,迷恋上了方士炼制的金石丹药。贞观二十三年(649)五月,唐太宗因金石丹药服用过多,中毒暴亡,享年52岁。

名家评说

太宗文武皇帝之政化,自旷古而来,未有如此之盛者也。虽唐尧、虞舜、夏禹、殷汤、周之文武、汉之文景,皆所不逮也。至如用贤纳谏之美,垂代立教之规,可以弘阐大猷,增崇至道者,并焕乎国籍,作鉴来叶。

——唐·吴兢《上〈贞观政要〉表》

李世民大帝是中国最杰出的英明君主之一,他用他高度的智慧,殷勤而小心地治理他的帝国,不久就为中国开创了一百三十年之久的第二个黄金时代。自从盘古开天辟地,李世民大帝是中国帝王中最初一个被中国人真心称颂崇拜的人物,固由于他的勋业,也由于他本身的美德。他治理国家的一言一行,成为以后所有帝王的规范。

——柏杨《中国人史纲》

高宗李治

唐高宗李治（628~683），唐朝第三代皇帝，字善为，小名雉奴。父唐太宗李世民，母长孙氏。李治在位共34年（649~683）。谥号"大弘孝皇帝"，庙号"高宗"。高宗李治性情温和拘谨，并不是个做皇帝的好料子。然而执政前期，他能恪守父亲遗训，重用元老，使得唐朝社会仍能保持较好的局面。后期，李治试图摆脱元老的束缚，然而，他的这一尝试导致了极其严重的后果，他不仅未能独立地管理起国家，反而让一女子把大权夺了过去。这给李唐王朝、甚至是整个中国历史都带来了不小的影响。

唐高宗李治

一、坐收渔利 行九承嗣

唐太宗李世民共生了14个儿子。其中，长子承乾、四子泰、九子治为长孙皇后所生，其余均出于后宫妃嫔。根据嫡长子继承制，李世民在做皇帝的当年便把8岁的李承乾确立为太子。少时的李承乾调皮散漫，而且迷恋声色，然而因为惧怕太宗，他总要小心翼翼，掩盖自己的行为。每次临朝，他必会在太宗面前大谈忠孝，以博取太宗的好感和信任。而实际上退朝后，他便和属下贪欢享乐去了。当时皇宫戏班中有一个十几岁的男孩，长得很漂亮，深得承乾喜爱，号为"称心"，两人日夜在一起厮混。李世民得知后，非常恼火，令人杀死"称心"，并罢免一批教育太子失职的大臣。但承乾并没有因此改过，反而更加有恃无恐。李承乾自幼脚残，不甚受父亲喜爱，只是作为长子，才取得太子资格。李世民对承乾越来越不满意,便生废太子之心。

四皇子李泰以文笔见长,颇被父亲宠爱。李泰得知哥哥失宠,便想尽快挤掉承乾而自代。他让手下广泛结交朝中大臣,为自己做太子造舆论,又与驸马都尉柴令武、房玄龄的儿子房遗爱等20余人结成死党,形成颠覆太子的一大势力。李承乾本来就因父亲的偏爱而害怕失位,又觉察到弟弟的活动,更担心被挤掉。但是,他此时已无法挽回自己的影响,想得到父亲的宠爱已不可能,要保住自己的地位,只有设法除掉弟弟。于是先派人冒充李泰府中的人到太宗面前密告李泰有种种不法行为,结果被李世民识破;再派人去暗杀李泰,也没有成功。李承乾眼看大势已去,便暗中召募刺客死士,密谋杀入皇宫,发动武装政变,直接夺取皇位。结果事情泄露,阴谋流产,李承乾被废为庶人。

李承乾被废,李泰似乎成为理所当然的太子人选。他每天都到宫中侍候,进一步讨父亲的欢心;太宗本来就喜欢他,便当面表示要立他为太子。但这时大臣们的意见却有两派:岑文本、刘洎等主张立李泰,在朝中地位显赫的长孙无忌和褚遂良等人却主张立九子晋王李治。太宗拿不定主意。为清除父亲的顾虑,李泰表示在临死前杀掉自己的儿子,再把皇位传给九弟李治。李世民便再次征求大臣们的意见,褚遂良对李泰的许诺表示怀疑,太宗又陷于困惑。

面临种种阻力,李泰为尽快取得太子资格,希望胁迫软弱的九弟退出这场竞争,李世民知道后心里很不高兴。太宗又回想起承乾正是因为受李泰排挤,才有了政变动机,就暗中决定不立李泰,让九儿李治继承皇位。为稳固下一任皇帝的统治,太宗召集长孙无忌、房玄龄、褚遂良、李勣几个重要臣属,统一他们的步调,以后好死心塌地尽忠于李治。李世民为防止李泰闹事,派人把他囚禁起来。承乾和李泰相争,两败俱伤,李治坐收渔翁

褚遂良
——从明万历三十七年(1609)原刊本《三才图会》

之利。

　　李治的儿童时代性情温和，很听话，颇受父亲喜爱。被立为太子后，李世民为巩固他的地位和培养他的治国才能花费了不少心血。太宗在废掉李承乾和李泰的同时，清洗了他们各自的同党，消灭了颠覆李治的隐患；让当时最有权势的大臣都兼东宫官职，名义是让他们教育太子，其实是为培养他们与未来皇帝的感情。为树立李治的威信，太宗下令全国的军队都要服从太子调遣，大将军以下的官员都要听从太子的处分。为培养李治的治国能力，太宗经常让他陪同自己朝见群臣，当场观摩对日常政务的处理，并有意常听他对某些问题的处理意见。同时，太宗也非常重视思想理论方面的培养，经常告诫和讲解皇帝治理国家的道理。

李　勣
——从明万历三十七年（1609）原刊本《三才图会》

　　太宗虽然确立了李治的太子地位，也为他日后做皇帝做了各方面的努力，但内心对这个性情温和天赋不高的儿子不甚满意，认为他过于懦弱，将来恐怕难有作为。为此，太宗一度想废掉李治，让三儿李恪做继承人。但这个想法遭到长孙无忌等人的反对，因为李恪为隋炀帝的女儿杨氏所生，是庶子，按照嫡长子继承制，不具备继承王位的资格，而且李治一直也很努力，不应废他另立。太宗以后便不再提废立太子之事。

　　贞观二十三年（649）四月，唐太宗病危，但他仍放心不下过于懦弱的太子，他还要为他做好人事安排。太宗对李治说："李勣才智过人，但你对他未曾有丝毫恩惠，恐怕日后难以真正为你效力。为此，我现在把他贬到外地，等你做了皇帝，再把他召回来做仆射，这样，他或能对你感恩。"[1]太宗在临死前，把积极支持李治做太子的长孙无忌和褚遂良叫到床前托以后事。太宗死后，李治即

---

[1] 语见《旧唐书·列传第一七·李勣》："汝于李勣无恩，我今将责出之。我死后，汝当授以仆射，即荷汝恩，必致其死力。"

位，是年22岁。

二、勤于政事　得父遗风

李治即位后，严格按照父亲的遗训，重用长孙无忌和褚遂良，把李勣调回来做了右仆射，对他们非常信任。李治虽然不太精明，但经过太宗多年的苦心培养，毕竟掌握了一些治国本领，特别是对太宗的言传身教，给他很大的影响。长孙无忌、褚遂良、李勣、于志宁等都是贞观时代的重要谋臣，对治国都有一套经验。故李治初做皇帝的几年中被后世誉为有贞观遗风。

李治非常勤于政事，确有治理好国家的愿望。他也鼓励大臣们对有关国计民生的各个方面多提意见，并能接受正确意见。善于纳谏成为弥补他天赋不高的重要措施。

高祖生22子，太宗生14子，这些皇室成员往往仗势欺人，横行不法，欺凌百姓，胡作非为。李渊的小儿子滕王元婴与太宗的七子蒋王李恽都是搜刮民财的能手，民愤很大。在一次普赐诸王时，李治说："滕王叔叔和蒋王哥哥都善于自己经营，我看就不必赐给财物，只赏给他们两车麻，让他们回去做串铜钱的绳子吧。"李治虽没有严厉地惩罚他们，却使他们当场亮相，大失脸面，也算得上是赏罚分明。

李世民的女儿高阳公主嫁给房玄龄的儿子房遗爱，她对李治做皇帝有不满情绪；李渊女儿丹阳公主的丈夫薛万彻、太宗的女儿巴陵公主的丈夫柴令武、李渊的六子荆王元景等人也各有牢骚，他们便联合起来，形成一派势力，阴谋发动政变，推翻李治的统治。但此事很快被李治发觉，他立即命长孙无忌负责调查，并作了果断处理。

李治在执政期间，虽没有惊天动地的功绩，也没有表现出特殊的治国才能，却由于基本继承了太宗的治国路线，本人也比较谨慎，故政治局面基本稳定，经济仍保持持续繁荣的势头，人口也不断增加。

由于国力持续强盛，在整个李治统治时期，对外战争经久不息。战争扩大了疆域版图，维护了国家的统一，加强了对边疆地区的控制，促进了中外的经济交往与文化交流，扩大了中国在当时世界上的影响。但是，许多战争是没有意义的，如对朝鲜地区的连年征伐。随着政治的腐败，兵役、徭役的连年征发，人民群众也怨声载道。

三、平庸无能　大权旁落

　　李治即位，立王氏为皇后。王皇后不会生育，渐渐失宠于李治，萧淑妃受宠。武则天原是太宗妃，曾得到当时的太子李治的好感。贞观二十三年（649）五月，唐太宗驾崩，武则天被削发为尼，送进感业寺。永徽元年（650）太宗周年忌日，唐高宗李治来到感业寺进香，二人相见，旧情复萌。出于对萧淑妃的嫉妒，王皇后鼓动李治让武则天蓄起头发，重新纳入宫来。武则天进宫后，为报答王皇后，对她毕恭毕敬，言听计从，王皇后十分高兴，于是在李治面前一再称赞武则天的种种好处，李治越发喜欢武则天，很快便将她晋升为昭仪（正二品）。随着武则天的受宠日加，王皇后虽然达到了排挤萧淑妃的目的，但自己的地位反而更趋低下。惶恐的王皇后又把攻击矛头指向武则天，但不久，王皇后与母亲魏国夫人求巫诅咒武则天的事情暴露，李治大怒，下令魏国夫人以后不许出入宫廷，王皇后的舅舅中书令柳奭也因此被罢免；李治始有废立皇后之意。

　　永徽五年（654）初，武则天第二胎生下位公主，很讨人喜欢。王皇后也不禁前去看望，逗弄一番，知道皇帝要来就先走了。武则天趁机残忍地掐死亲生女儿，然后轻轻盖好被子。一会儿，皇帝来看女儿，武则天佯装欢笑，带皇帝来到床前，掀开被子，武则天竟也忍不住失声痛哭起来。皇帝见此情景，十分震惊，赶忙追查是怎么回事。侍女告诉他，王皇后刚才来过。高宗大怒，武则天又趁机

武则天
——从清《百美新咏图传》（颜希源编，王翙绘）

褚遂良伏阙陈忠
——从会文堂新记书局蔡东藩《唐史通俗演义》

进谗言，使王皇后有口难辩。再加上王皇后久未生育，高宗就此下定废王皇后，改立武则天的决心。[1]

为得到顾命大臣们的支持，李治亲带武则天去登门拜访舅舅长孙无忌。但刚一提废除皇后，便遭到长孙无忌的拒绝。李治便在朝见百官时突然宣布封武则天为宸妃，以示特宠，以此提高武则天的地位。

这时，皇帝要重新废立皇后的意图已为百官共知。善于察言观色、为人笑里藏刀的中书舍人李义府，因正受长孙无忌排挤，便正式奏请李治废掉皇后王氏，立武则天为皇后。这个奏本深得李治赏识，同时，许敬宗、袁公瑜、崔义玄等人也都成为李治废立皇后的支持者。在朝廷内部，围绕皇后废立，明确分为两

---

[1] 事见《新唐书·后妃上·则天武皇后列传》："昭仪生女，后就顾弄，去，昭仪潜毙儿衾下，伺帝至，阳为欢言，发衾视儿，死矣。又惊问左右，皆曰：'后适来。'昭仪即悲涕，帝不能察，怒曰：'后杀吾女，往与妃相谗媚，今又尔邪！'由是昭仪得入其訾，后无以自解，而帝愈信爱，始有废后意。"

大阵营。

永徽五年（654）九月间，唐高宗把长孙无忌、李勣、于志宁、褚遂良等几位宰相召到内殿，讨论皇后废立之事。武则天坐在帘后监视。李治认为不孝有三，无后为大，王皇后既不能生育，废她另立是无可厚非的；而武则天已为李治生了儿子，立为皇后无可非议。但长孙无忌等拼死谏争，认为王皇后出身名门，忠厚贤淑，又没有过错，不应轻废；而武则天出身寒微，又曾侍奉过先帝太宗，立为皇后不合礼仪，恐以恶名留世。然而高宗仍不接纳无忌的谏言。褚遂良见劝谏无效，叩头流血，气恼地提出辞官归田。武则天见状，恼羞成怒，隔帘骂道："何不扑杀此獠！"幸而大臣们说情，褚遂良才得以保全性命，不久被贬为潭州（今湖南长沙）都督。

李治能做皇帝，是长孙无忌、褚遂良等积极努力的结果，李治初做皇帝，在各方面也多依靠他们。但现在，李治已近而立之年，不想再完全被他们左右。就在李治左右为难之际，开国功臣李勣助了李治一臂之力。他对李治说，皇后废立是皇上的家事，不必去征求别人的意见。有了李勣的支持，永徽五年（654）冬，李治正式宣布立武则天为皇后；同时宣布废掉王皇后和萧淑妃。经过皇后废立事件，贞观时代留下来的元老派大臣除李勣外，其他大部分被罢免或疏远，而支持武则天做皇后的李义府、许敬宗等人则组成新的统治中心。

显庆五年（660）冬，李治开始生病，头痛眩晕，两眼模糊，难以主持日常政务，故上朝时往往委托武则天代为处理。武则天生性聪慧，又有很好的文史修养，对朝政的处理往往使李治感到满意。

在刚开始做皇后的一段时间里，武则天对李治百依百顺；当皇后地位巩固、并拉拢一批心腹之后，特别经过直接处理政务对自己的能

唐高宗乾陵壁画

力有了新的认识，武则天便开始控制李治，皇帝的一举一动都受到她的监视。王氏和萧氏废后被关在别院处境悲惨，一日，李治偶然发现她们后，萌发了同情之心，武则天得知后，立即令人将二人残杀。

武则天的专横牵制引发了李治的不满，麟德元年（664），李治与宰相上官仪商议，密谋废后，上官仪随口附合，并立即草拟了诏书。但这次密谋武则天很快得知，她找李治质问，李治把责任推给上官仪。结果，上官仪与儿子上官庭芝都被下狱处死，家属籍没。李治对武则天的反叛宣告失败，从此，李治每次上朝，都由武则天垂帘听政，朝野内外都恭称"二圣"。实权已转移到武则天手中。

李治是一个平庸的皇帝。在他完全信任长孙无忌等人、并尽量恪守父亲遗训时，承贞观遗风，虽无所建树，尚能使国泰民安；当他想摆脱元老大臣的束缚，自己独掌朝政时，大权又很快被武则天和一帮新的大臣所控制。他没有驾驭群臣、独执政柄的本领，只能被他人所左右。虽然，李治在后期仍不断有求贤纳谏之举，但已于事无补。

永淳二年（683）冬，李治病情加重，他让太子李显监国，并拒绝接见朝廷百官。同年十二月，李治到洛阳，确定改元弘道，并大赦天下。不久，李治病死，李显在灵前即位。李治临终遗言，让宰相裴炎辅政，凡军国大事有疑难处，可听从天后（武则天）处置。李治死时56岁。第二年，李治的灵柩从洛阳运到长安，埋葬在今陕西乾县，墓曰乾陵。

名家评说

藉文鸿业，仅保余位。封岱礼天，其德不类。伏戎于寝，构堂终坠。自蕴祸胎，邦家殄瘁。

——后晋·刘昫等《旧唐书》

高宗溺爱衽席，不戒履霜之渐，而毒流天下，贻祸邦家。

——宋·欧阳修、宋祁《新唐书》

武周圣神皇帝武则天

武则天（624~705），唐高宗李治皇后，大周王朝的建立者，是中国历史上唯一的女皇帝，自名武曌，祖籍并州文水（今山西文水），父武士彟，母杨氏。公元690~705年在位，谥号"则天顺圣皇后"。武则天在位16年，实际控制了李唐王朝近半个世纪。在这期间，天下大治、国家富裕，社会发展十分迅速。但由于武则天生性毒辣阴险，做了许多为人不齿之事，因此人们对她的评价褒贬不一。

武则天
——从明弘治十一年（1498）《历代古人像赞》

一、两度入宫　一朝为后

唐高祖武德七年（624）正月二十三日，武则天诞生在长安城的一个官宦之家。父亲武士彟，贞观年间官拜工部尚书（正三品）、荆州都督，封应国公。母亲杨氏，为隋朝宗室宰相杨达之女。

武则天的身世并不显要。隋炀帝大业年间到处大兴土木，武士彟借机做木材生意发了家，也因此获得与上层人物结交的机会，并取得了鹰扬府队正（府兵制军府的下等军官）的军职。大业十三年（617），李渊晋阳（今山西太原境内）起兵，武士彟以军需官跟随，克平京师长安，以功拜光禄大夫，封太原郡公，跻身于14名开国功臣之列。武德三年（620），武士彟原配夫人去世，唐高祖做媒为他续弦，迎娶了隋朝宗室宰相杨达之女。年逾四十的老姑娘杨氏，生下三女，武则天排行第二。

家庭给予武则天的，一方面是当时宦游于上流社会的荣华富贵，另一方面是过去沉迹于社会低层的寒门根底，荣华富贵滋养了她无限的权势欲，寒门根底使她饱受流俗的鄙视攻击。这境遇刺激着武则天，由此养成了她追逐最高权力、支配一切的欲望和冷酷、不择手段地报复一切的性格。

武则天的少女时代，是随父亲在利州（今四川广元）度过的。贞观九年（635），武士彠死在荆州都督任上，前妻相里氏生下的两个儿子武元庆、武元爽和他们的堂兄弟武惟良、武怀运等待杨氏刻薄无礼，武则天孤女寡母四人在长安过了一段很不舒心的生活。

贞观十年（636），唐太宗的长孙皇后去世。次年，太宗听说武则天貌美色丽，遂召入宫中，立为才人，当时武则天才14岁。武则天的母亲杨氏送女儿进宫时，悲泣不已，武则天却十分自如，她说："去见天子哪知不是件好事，何必儿女情长，哭哭啼啼！"入宫以后，太宗赐号武媚，人称媚娘。[1]媚娘的确妩媚动人，性格却阴狠刚烈，颇不得宠。武则天进宫12年没有生育，并且当才人十几年没有晋升。十几年的半幽禁生活尽管虚度了最好的一段青春，但这毕竟是武则天登上政治舞台的第一步，而且是关键的一步。正是这时候，武则天与太子李治产生了恋爱关系。

唐太宗死后，武则天与其他妃嫔一起被送进感业寺，削发为尼。然而命运并没有就此冷落武则天，一年后，高宗李治来感业寺进香，见到了武则天。李治旧情难忘，这使得武则天的命运再次发生逆转，她再次进了宫。四年后，武则天登上了皇后的宝座。

二、处心积虑　终成女皇

当了皇后的武则天并不满足，她愈发疯狂地追求权势，她要打破惯例，当女皇帝。此时，以长孙无忌为首的一股政治势力仍控制着朝廷，他们随时随地都会颠覆她。因此，武则天一当上皇后，便着手一一清除政敌，为其登上皇位开辟道路。

---

[1] 事见《新唐书·后妃上·则天武皇后列传》："文德皇后崩，久之，太宗闻士彠女美，召为才人，方十四。母杨恸泣与诀，后独自如，曰：'见天子庸知非福，何儿女悲乎？'母晓其意，止泣。既见帝，赐号武媚。"

显庆四年（659）春，武则天授意许敬宗编造朋党案，把长孙无忌牵扯了进去。长孙无忌被削官流放，许敬宗等遣同党逼令长孙无忌自杀。受其牵连，长孙无忌集团或杀或流或贬，被彻底摧毁。麟德元年（664），宰相上官仪与其子也被武则天构罪致死。与此同时，李义府、许敬宗被擢为宰相，逐渐成为武则天的亲信。

从此，朝廷中再没有敢与武则天作对的了，她的政治权力迅速膨胀起来。早在显庆五年（660），高宗就因病让武后决百司奏事，几乎取代了皇帝权力。上官仪伏诛后，武则天垂

许敬宗
——从明万历三十七年（1609）原刊本《三才图会》

于帝后协助高宗理政，已形成"天下大权悉归中宫，天子拱手而已"的局面，朝廷内外称帝、后为"二圣"。

武则天受命辅政，中心工作便是不断提高自己的政治实力，所做的最重要的一件事即是《姓氏录》的修订。贞观中，唐太宗命高士廉等依照官位定族姓的原则，修撰《氏族志》。但是《氏族志》并没有跳出魏晋以来重阀阅的旧例，所列九等293姓中仍有许多官职很低的旧士族，特别是它把武姓家族排斥在外，这当然是武则天所不能容忍的。显庆四年（659），长孙无忌被贬出京城两个月后，许敬宗、李义府等立刻奏请修订《姓氏录》，列后族武姓为第一等，其余按官品高下分为九等。这就彻底打破了氏族大姓排在首位的框框。

乾封元年（666），唐高宗决定封禅泰山，武则天充分利用这次机会，请求皇帝让她率内外命妇参加这次大规模的礼仪活动，从而取得了以皇后身份继皇帝之后升禅坛主持亚献的殊荣。礼毕，文武百官皆赐官加爵，极尽优容。这些受赐之臣均对武则天感恩戴德。

武则天为实现自己雄心勃勃的政治抱负，用各种手段扩大自己对官僚阶层的影响，不断培植和更新拥戴自己的官僚队伍，奠定了她一生成功的基础。周隋

以来，随着九品中正制逐渐失去魅力，到武则天时期，科举制度发展起来，大批新成长起来的庶族地主知识分子蜂拥进入官场，武则天作为他们的总代表，为他们广开了门路。这样，在唐高宗在世时，武则天便在一定程度上造就了一支有相当势力的亲信队伍，其核心是始于乾封年间的北门学士。北门学士是武则天以修撰为名召入禁中的文人学士，他们不仅进行修撰工作，而且依仗武后的权势，直接参与朝政，分割宰相的权力，从而成为控制外廷的重要御用力量。在此后的20多年里，武则天由皇后到临朝称制，进而逐步造成改唐为周的形势，这些文人学士智囊班子的作用是不可低估的。

上元元年（674），武则天进号天后，上意见书12条，即所谓"建言十二事"，包括了劝农桑、薄赋徭、息兵、广言路等12项内容，这是具有政纲性质的建议书，涉及国家政治、经济、军事、社会等各个方面，都由皇帝诏令实行。

自显庆四、五年（559、660）武则天参政以来，通过上述提高武姓本家和在职群臣的社会地位、扩大亲信队伍、提出政治纲领等一系列工作，武则天逐步发展了自己的实力，扩大了影响，这充分体现出一个政治家的野心和计谋。

武则天亲生的有四个儿子，长子李弘、次子李贤、三子李显（又名哲）、四子李旦（又名轮）。显庆元年（656），高宗李治废太子李忠，立李弘为皇太子。李弘性情仁厚，谦虚谨让，屡次实习朝政，也表现出了良好的治国才能和品行，深得高宗的喜爱和大臣的信赖。后来，高宗身体越来越不支，便想着把皇位传给太子李弘。这使武则天忧心忡忡，眼看着自己将要丧失辅政的权力，进而女皇的理想也将化为泡影。上元二年（675）四月，武则天终于用药酒毒死24岁的皇太子李弘。

李弘的死，对体弱多病的唐高宗无疑是沉重打击。他感到再也没有精力为国事操劳了，便打算把宝座交给已咄咄逼人的皇后。虽然在朝臣反对下逊位流产，但高宗的提议对武则天蓄谋已久的野心是一个很大的激励。

李弘死后一个月，立次子雍王李贤为太子。兄弟四人中，李贤天分最高，聪明好学，深受父皇钟爱。高宗一度想逊位于皇后的念头打消后，就全力培养这个儿子，屡次命他监国。李贤处理政务，颇称能干。唐高宗安排的宰相班子基本上是太子李贤的人，反武则天的力量有一定的优势。

武则天又一次面临失去权力的危机。她立即指使人搜罗罪状，告发太子好声色，怀逆谋，兴师动众搜查东宫。调露二年（680）八月，太子李贤被废为庶

人，不久被迁往巴州。文明元年（684）二月，在废中宗之后第三天，武则天派人去巴州杀死了李贤。李贤一案牵连了很多人，李贤的一批党羽被杀、被流放，唐宗室子孙也有许多受牵连。

调露二年（680）八月，李贤被废翌日，三子李显继为皇太子。弘道元年（683）十二月，56岁的唐高宗死去，遗嘱皇太子继帝位，军国大事听从天后处理。这又为武则天上台铺下了坦途。李显继帝位，号中宗，尊武则天为皇太后，以裴炎为中书令。武则天能够容忍李显继帝位，是由于李显不及他两个哥哥聪敏，即使称了帝，也容易控制。而且此时她称帝的时机还不成熟，外廷尚未完全控制住。

嗣圣元年（684）二月，武则天又借故将继位不到两个月的唐中宗废为庐陵王，再立四子李旦继皇位，是为唐睿宗。原来中宗上台后，打算升迁岳父韦玄贞当宰相，顾命宰相裴炎不同意，这位年轻的皇帝不明白自己的傀儡地位，还摆架子说："我要把天下都给韦玄贞，又有什么不可，何况一个侍中呢？"裴炎告知了武则天，武则天便马上召集百官到乾元殿，一句话便使李显失去了皇位。

武则天虽让李旦继承皇位，但不准他参与政事处理，自己临朝专政，圣衷独断。由此开始了改朝换代的准备。她把东都洛阳改称神都，以便作为未来的京师。追赠武氏家族的五世祖先。更改唐百官名称，如尚书省改为文昌台，左、右仆射改为左、右相；门下省改称鸾台，侍中为纳言；中书省改称凤阁，中书令为内史；宰相称同凤阁鸾台三品。尚书六部也更改了名称：吏部称天官，户部称地官，礼部称春官，兵部称夏官，刑部称秋官，工部称冬官。御史台分为左肃政、右肃政两台，左台纠察朝廷，右台纠察郡县。百官改名，是女皇帝准备登基的一个步骤。

然而，这一系列改朝换代的行动，却惹恼了一伙政治失意分子。文明元年（684）九月，先前被武则天贬黜的柳州司马徐敬业等人，公开打出反武旗号，起兵扬州。旬日间聚集起10余万人的队伍。初唐四杰之一的骆宾王作《讨武曌檄》，为叛乱大造舆论。

武则天首次面临这样重大的军事危机，虽然表面上镇定自若，但内心是恐慌的。她紧急调动30万大军，任命李孝逸为扬州道大总管，率军从洛阳出发，沿运河汴水南下平叛。又任命著名将帅、左鹰扬大将军黑齿常之为江南道大总管，协同作战。在强大的军事攻势下，徐敬业、骆宾王接连败退，为部将所杀。仅40余天，10万叛军便烟消云散。武则天安然度过了这场最大的危机。

还在扬州平叛战争最紧张之际，朝廷中，宰相裴炎不但没有积极组织平叛，反而乘机要挟武则天还政睿宗，结果被其杀害。裴炎死后，武则天开始对控制外廷的宰相班子进行调整。刘景先、韦弘敏、郭待举先后被罢，增补骞味道、李景谌为宰相。李当月又被降为司宾少卿，又补沈君谅、韦方质、武承嗣、韦思谦等为相。不久，武、崔、骞又被免去宰相职务。光宅元年（684）和垂拱元年（685）这两年内，宰相的任免剧烈变化。这是因为武则天有鉴于过去与李贤的争夺中外廷失控的教训，着力权衡、调整宰相班子，重新建立自己的亲信辅臣。

随后，武则天又为登基大造舆论，竭力渲染秉承天意的神秘气氛。垂拱四年（688），武则天的侄子武承嗣派雍州人康同泰献给武则天一块白石头，上刻有"圣母临人，永昌帝业"的字样，诡称得自洛水。武则天十分高兴，坐在武成殿，睿宗皇帝率群臣上尊号"圣母神皇"，并制做了作为执掌国柄象征的神皇三玺（玉印）。翌年，改年号永昌。

"神皇"之号不过是作为由皇后到女王的过渡而已，离名正言顺地戴上皇冠统御天下的时间已经不远了。但是就在这时，李唐宗室不甘沉默了。唐高祖第十一子韩王李元嘉首谋起兵，打出了"举兵唱天下，迎还中宗"的旗号。越王李贞、琅琊王李冲父子分别在豫州（今河南汝县）、博州（今山东聊城）先行发难。武则天有上次平叛的经验和这时地位的巩固，因而显得十分镇静。她派出清平道大总管丘神勣和中军大总管麴崇裕率两路兵马，没费多大气力就镇压了这次宗室起兵。

扬州和豫、博两次反武起兵被平定，可以与武则天抗衡的力量基本被消除了。

骆宾王
——从清乾隆时期刊本《晚笑堂竹庄画传》（作者上官周）

永昌元年（689）元旦，在薛怀义督建的万象神宫（即明堂）举行盛大的祭典活动，武则天堂而皇之地"服衮冕，搢大圭，执镇圭为初献"，皇帝和皇太子悄悄跟在后面为亚献、终献。正式改朝换代，只是个日程的问题了。

唐代明堂（又名万象神宫），是武则天的男宠薛怀义主持修建的。薛怀义，原名冯小宝，鄠（今陕西户县）人。闯荡江湖，练就了健壮的身体，粗狂中不失几分英俊。

唐高宗的千金公主偶然发现了这伟岸壮士，马上派人把召他到宫中，亲自为他沐浴更衣，留待数日，把他献给寡居多年正寂寞上火的武则天。冯小宝刚过三十，侍寝有术，深得武则天宠爱。为了能让冯小宝合乎情理地往来于后宫，武则天接受公主计策，把他变为僧人，将洛阳的名刹白马寺修饰一下，让他出任主持，并让他学习佛教经典，既掩饰身份，又可陶冶性情，培养参政的能力。又改名为怀义，赐给薛姓，让太平公主的丈夫驸马都尉薛绍以叔父之礼相待。[1]

薛怀义不满足于专任侍寝，他对任何事都有过人的聪明。垂拱四年（688），薛怀义受命督建明堂和天堂，耗资巨万，建筑物雄伟华美，令人瞠目。薛怀义因功被擢为正三品左武卫大将军，封梁国公。他还多次担任大总管，统率军队，远征突厥。他利用当时流行的对弥勒佛的信仰，和僧法明等僧人编写了《大云经》四卷，献给武则天，称武则天是弥勒佛下生，应当取代唐朝成为天子。从而为武则天提供了对抗儒家男尊女卑理论的思想武器，更助于她名正言顺地登上皇位。

后来，御医沈南璆成为武则天新的男宠，薛怀义受到冷淡，这使他妒火难忍，一把火烧掉了自己督造的耗资巨万的明堂。大臣们纷纷要求严惩薛怀义，武则天不加追究。薛怀义却日益骄横，武则天终于指使人将其暗杀。

天授元年（690）的重阳节（九月九日），67岁高龄的武则天正式实现了她的女皇梦，自号"圣神皇帝"，以十一月为岁首，改旗帜尚赤，改元天授，建立了大周王朝。皇帝睿宗李旦降为皇嗣，皇太子李成器也降为皇太孙。又在神都洛阳立武氏七庙为太庙，追尊周文王姬发为始祖文皇帝，以迁近洛邑的平王少子姬

---

[1] 事见《新唐书·后妃上·则天武皇后列传》："诏毁乾元殿为明堂，以浮屠薛怀义为使督作。怀义，鄠人，本冯氏，名小宝，伟岸淫毒，佯狂洛阳市，千金公主嬖之。主上言：'小宝可入侍。'后召与私，悦之。欲掩迹，得通藉出入，使祝发为浮屠，拜白马寺主。诏与太平公主婿薛绍通昭穆，给父事之。"

武则天巡幸图

武为睿祖康皇帝。其下五世祖武克己尊为严祖成皇帝，高祖武居常为肃恭章敬皇帝，曾祖武俭为烈祖昭安皇帝，祖父武华为显祖文穆皇帝，父亲武士彟为太祖孝明高皇帝。封异母兄武元爽之子武承嗣、武元庆之子武三思为王，堂侄武懿宗等10余人封郡王。

三、任用酷吏　打击异己

武则天要在中华这样一个古老的封建大国建立和巩固自己作为女主的地位，反对的力量是很强的。公开的起兵叛乱虽然被镇压下去了，但毕竟还有一股潜在的政治势力，时刻在威胁着她及新王朝的生存。而且，朝廷内外反武言行极为普遍，如狄仁杰的姨母卢氏不许儿子"事女主"，连自己的亲信刘祎之也劝她"返政"以安人心。更甚之，鄱阳公李諲竟暗中谋迎中宗。面对这些潜在的反对力量，武则天如坐针毡，深为新建王朝担忧。

正在这时，侍御史鱼承晔（27名酷吏之一）的儿子鱼保家奉献"良策"：在朝堂上设置铜匦，收受天下投书。武则天接受建议，诏令铸造四个铜匦，分别

武曌金简

金简呈长方形,正面镌刻双钩楷书铭文3行63字。这是武则天在久视元年(公元700年)七月七日来嵩山祈福,遣宫廷太监胡超向诸神投简以求除罪消灾。这是中国目前发现的唯一金简,今藏河南博物馆。

涂上青、丹、白、黑之色,分列于朝堂。青匦称为"招恩"置于东,丹匦称为"诏谏"置于南,白匦称为"申冤"置于西,黑匦称为"通玄"置于北。敕令正谏大夫为知匦使,侍御史为理匦使,受理天下告密文书。这项措施目的虽然在于加强政治控制,但对广开言路、通达下情也不无作用。为了方便告密者,武则天又诏令各州县,凡有欲进京投书告密者,沿途给予驿马和五品官待遇。告密者不分贵贱,一律接见。告密属实擢官赏赐,不实者也不追究。[1] 一时间,四方告密者蜂拥而来,进京投书铜匦者络绎不绝。

武则天通过这个告密制度,很快物色到一批酷吏。神龙元年(705),唐中宗发布诏书列举了27名酷吏,其中,索元礼、周兴、来俊臣最为臭名昭著。这些人大都出身无赖,性情残忍,专以告密陷害为事。来俊臣和万国俊等还专门编写了一部告密专著《罗织经》,作为培养新酷吏的教材。他们创造了名目繁多的审讯酷法,如"驴驹拔橛""犊子悬车""仙人献果""玉女登梯""方梁压髁""碎瓦揸膝""凤凰晒翅""猕猴钻火"等等。还发明了十个大枷,也命以不同的名堂:定百脉、喘不得、突地吼、着即承、失魂魄、实同反、反是实、

---

[1] 事见《新唐书·后妃上·则天武皇后列传》:"又畏天下有谋反逆者,诏许上变,在所给轻传,供五品食,送京师,即日召见,厚饵爵赏歆动之。凡言变,吏不得何诘,虽耘夫荛子必亲延见,禀之客馆。"

死猪愁、求即死、求破家。这些骇人听闻的酷刑，使囚犯"颤栗流汗，望风自诬"。这样，一整套完整的执行恐怖政策的制度和机构建立起来了。在恐怖政策下，武则天放手任用酷吏，被杀和遭流放者动辄几十、几百，甚至上千人。

李唐宗室是酷吏们打击的主要对象。他们不甘心先帝的事业落在异姓女子手里，极端仇视武则天。反抗越烈，打击越重。宗室子孙除李显、李旦及其子女尚能保全外，只有唐高宗的千金公主因百般献媚得以安宁，其余的或被杀、或自杀、或流放。这样，在武则天正式登基称帝时，李唐宗室就全然无力组织反抗了。

酷吏们打击的另一对象便是元老大臣。这些人每每以唐家老臣自居，以匡救社稷为己任，对武则天的"倒行逆施"深恶痛绝。因此，武则天对他们防范甚严，只要稍露形迹，甚至只凭诬告，就对他们下手。据统计，武则天临朝称制期间，做宰相的共24人，在六年零七个月中，被杀或贬流罢相的就有17人。宰相班子在武则天的酷政下剧烈地变动，造成当武则天篡唐时，朝臣中竟难以形成一个反武轴心。

但是，武则天毕竟是一位成熟的政治家，她任用酷吏是有限度的。27名酷吏除傅游艺外，即如周兴、来俊臣、丘神勣、索元礼等也无一授相职，只是让他们执法而不与他们执掌大权。在司法机构中又保留了狄仁杰、徐有功、杜景佺、李日知等一批执法平允的良吏。尽管这批能干优秀的大臣被酷吏们视为眼中钉，一再受到诬陷，但总是受到武则天的亲自保护，这对整个政局的稳定起了重要作用。

然而，酷吏的滥杀也引起朝臣们人人自危，形成新的危机。武则天为缓和政局，便将这些酷吏当做替罪羊，一一杀之以平民愤。酷吏的残暴最后

二十七酷吏之——周兴、来俊臣

落得个引火烧身的下场。从临朝称制到称帝前期，武则天运用其铁的手腕，残忍的性格，实行了十余年的酷吏政治。武则天要以女性来巩固自己既得的权力，进而保证在皇位争夺中稳操胜券，酷吏政治取得了预想的效果。杀人虽多，却没有动摇她的统治基础，相反得到了更广泛的庶族势力的支持。这是由于武则天所杀的反对派，大都是那些不赞成她称后称帝的李唐宗室和掌大权享高位的关陇士族，在客观上抑制了士族势力，扶持了庶族势力。这也是武则天政权得以巩固的重要原因。

四、复立李储　逊位而终

随着酷政的终结，帝位巩固了，政治气氛也随之得以改善，然而，武则天并没有感到舒心，在皇位继承人的选择上，她无力摆脱传统的束缚，从而陷入困境。

武则天改唐为周，立即起用武氏子侄为宰相，为将军，臣下有功也赐给武姓，又免去天下武姓的田赋，改文水县为武兴县，追封武氏先人，上谥号，立庙宇。显然，她是想传位给武氏子孙。以武承嗣、武三思为首的武家子侄们更是跃跃欲试，甚至勾结酷吏迫害李氏宗室。

长寿二年（693）元旦，武则天在万象神宫（明堂）举行祭典大礼，她竟让武承嗣为亚献、武三思为终献，公开摆出武氏家天下的阵势。皇嗣李旦尴尬地站在一边。由此，李武两姓争夺储位的矛盾日趋激化了。武则天意识到，解决好储君问题，是进一步稳定政局的关键。

狄仁杰、李昭德等几位有见识的宰相坚决反对立武氏为皇嗣。武则天伤透了脑筋：立本家子侄为皇储，可以保全她的武周政权，但继位的人是不会把她作为先祖供奉太庙的。而立儿子为储君，可以同夫君共享子孙的祭祀，得到名正言顺的皇后位置，但这又必然使自己重新回到她亲手打破的传统中去。

一天，74岁高龄的武则天对狄仁杰说："昨天夜里，朕梦见一只大鹦鹉，两翼折断了，卿看是何征兆？"狄仁杰趁机借题发挥说："鹉者，武也，即指陛下，两翼即指陛下的两个儿子。陛下若起用两位殿下，两翼不就复振了吗？"[1]

---

[1] 事见《新唐书·列传第四〇·狄仁杰》："久之，召谓曰：'朕数梦双陆不胜，何也？'……对曰：'双陆不胜，无子也。天其意者以做陛下乎！……'后感悟，即日遣徐彦伯迎庐陵王于房州。"

敕告密滥用严刑
——从会文堂新记书局蔡东藩《唐史通俗演义》

这时，宰相吉顼为男宠张易之、张昌宗兄弟出主意：你们兄弟俩专横跋扈，深为群臣嫉恨，要想保全自己，现在唯一可做的是参与立储的大政，借枕席之便，劝说武皇复立庐陵王为皇太子。二张听其言，屡次吹枕边风，促使武则天做出最后决断，不再考虑立武氏储君。

圣历元年（698）初，武则天派人把庐陵王李显秘密接回洛阳，皇嗣李旦知趣地请求退位，李显被立为太子。武承嗣眼看太子位到手又易人，一气之下，怏怏死去。

复立李显，不仅阻止了武氏诸王图谋太子位的活动，适时压抑了诸武的气焰，使他们在武则天在世时没能像在唐中宗时那样倚仗权势，严重地危害政治，而且对缓和当时的民族关系也起到了良好的作用。

万岁通天元年（696），契丹军队侵扰河北时，曾发布檄文说："还我庐陵王。"圣历元年（698）八月，武承嗣之子淮阳王武延秀前往突厥迎娶默啜可汗

女儿，被当场拒绝说："我世代受李氏恩赐，打算把女儿嫁给李氏子作为报答，你武家儿哪有资格。听说李氏还有两位皇子，我应当发兵相助。"可见，储位问题成为契丹、突厥出兵的口实，促使武则天要及早解决。

庐陵王的复位，使一度紧张的气氛趋于缓和。武则天为了防止在自己死后，诸武与太子再度纷争残杀，便召集起太子李显、相王李旦、太平公主与诸武，宣誓明堂，祭告天地，立下铁券，藏于史馆，让他们和平共处。由此，武则天赢得了最后一段比较安定轻松的日子。复立李显为太子的事件，是放弃酷吏政治之后，这位女政治家晚年的又一巨大成功。

武则天晚年，很得益于男宠张易之、张昌宗兄弟的悉心侍奉，她很感谢张家兄弟的奉献，授之高官，委以国政，成为她晚年最亲信的人。

张易之、张昌宗兄弟，中山义丰（今河北安国）人，其祖父辈的张行成在贞观末当过宰相，也算得上名门出身。薛怀义被杀后，御医沈南缪充为男宠，但沈已年过中年，难以满足武则天的要求。70多岁的武则天又陷入了寂聊烦闷之中，喜怒无常，脾气暴躁，动不动就责骂侍女。还是女儿理解母亲的心事。万岁通天二年（697），太平公主将美貌少年张昌宗带给武则天，张昌宗聪明伶俐，通晓音律，当场献上一曲，然后相拥入内室。侍寝一宿，武则天非常满意。半月后，张昌宗又把自己的亲哥哥张易之推荐给武则天，说他哥哥侍寝更有经验。武则天果然满意。从此，张易之、张昌宗俨若王侯，每天随武皇早朝，待女皇听政完毕，就在后宫陪侍女皇。在则天皇帝近似溺爱的宠幸下，这对美少年的势力迅速膨胀。朝中的当权者武承嗣、武三思、武懿宗、宗楚客、宗晋卿等人，争先恐后献媚二张。

圣历二年（699）正月，武则天在宫中新置控鹤府，专供他们宴饮嬉戏，并以张易之为控鹤监，张昌宗、吉顼、李迥秀、薛稷等为内供奉（后来改名奉宸府，张易之为奉宸令）。为掩饰他们的荒淫生活，武则天又召集宋之问、阎朝隐、李峤、张说、刘知远等26位文人学士，在控鹤府编纂《三教珠英》1300卷，张昌宗、李峤为修书使。

二张恃宠而骄，不仅在后宫恣意专横，而且开始干预朝政，武则天也有意把政务委托给他们处理，二张的势力迅速膨胀起来。文武大臣深为二张干政所惶恐，朝野上下议论纷纷。长安四年（704）末，武则天病卧床上，累月不见宰相，身边只有二张侍奉，"居中用事"，使朝臣们心神不安，不知二张会干出什么事来。这促使政变提上日程。

神龙元年（705）正月，经过一段时间的周密筹备后，宰相张柬之等人领导发动了军事政变，杀二张于宫内。病榻上的武则天被迫逊位，唐中宗复位，李唐政权再度重建。[1]

正月二十五日，武则天被迫离开她做了15年天子的皇宫，迁居到洛阳宫城西南的上阳宫。中宗为其上尊号"则天大圣皇帝"，以示慰藉。武则天无法忍受失去皇位的痛苦，心境极坏，精神一垮，已是风烛残年的身体随之彻底垮了下来。神龙元年（705）十一月初

武则天乾陵无字碑

二，虚岁82的武则天凄冷地死在上阳宫的仙居殿。临终遗嘱：去帝号，称则天大圣皇后；归葬乾陵（高宗的陵墓）；赦免王皇后、萧淑妃二族及褚遂良、韩瑗、柳奭的亲属。

武则天的谥号曾几经变化，睿宗即位后，改称"天后"，景云元年（710）再改为"大圣天后"，延和元年（712）又追尊为"天后圣帝"，不久改为"圣后"，唐玄宗当皇帝后，开元四年（716），改谥"则天皇后"，天宝八年（749），最后定谥号为"则天顺圣皇后"。这些谥号的变化表明，武则天一直保持着受到李姓子孙尊崇的地位。

神龙二年（706）正月，武则天的灵柩在唐中宗李显护送下运回长安，与唐

---

[1] 事见《新唐书·则天武皇后列传》："神龙元年，太后有疾，久不平，居迎仙院。宰相张柬之与崔玄暐等建策，请中宗以兵入诛易之、昌宗，于是羽林将军李多祚等帅兵自玄武门入，斩二张于院左。太后闻变而起，桓彦范进请传位，太后返卧，不复语，中宗于是复即位。"

高宗合葬在乾陵。因武则天临终遗嘱儿子李显为她树碑但不须立传,从而留下了"无字碑"之谜。

名家评说

在唐代的历史上,唐太宗打下基础,接着是武则天时代,以后就是开元全盛时代。武则天当权前后的五十年间,生产发展了,土地开发了,人口增加了,疆土开扩了,文化提高了,和许多外国也有了广泛的经济和文化交流。而且还应注意这样一件事实,即开元时代的政治家都是武则天时代所培养的。可以这样说,没有武则天时代长期的巩固发展工作,开元盛世的局面不可能出现的。

——吴晗《历史的真实和艺术的真实》

她在不同名义之下主持中国的政局半个世纪,其影响之所及与历代帝王最有流风余韵的相比,并无逊色。

——黄仁宇《赫逊河畔谈中国历史》

中宗李显

唐中宗李显（656～710），唐朝第五代皇帝，又名李哲，父唐高宗李治，母天则顺圣皇后武氏。公元683年12月～684年2月，在位两个月；公元705～公元710，在位五年，谥"圣昭孝皇帝"，庙号"中宗"。中宗李显软弱无能，他的一生都为女人所操纵。李显是这些女人手中的玩偶，是她们执政的工具。对这样的生活，李显非但不觉得屈辱，反而得过且得。中宗的懦弱助长了妻女韦后和安乐公主的嚣张气焰，她们甚至下了毒手，将其谋害。这也许是中宗一生最大的屈辱罢。

唐中宗李显

一、政治砝码　几废几立

显庆元（656）十一月，武则天为唐高宗生下第三个儿子，这就是李显。李显生性懦弱，胆小怕事，比起两个哥哥来，他实在很逊色。然而，上元二年（675），李显的大哥，太子李弘却被害而死，而继任太子，二哥李贤，不久后也被废为庶人，并客死异乡。这样一来，太子之位自然落到天资平平的李显头上。此时，唐高宗的身体已越来越坏，为防不测，高宗任命裴炎为侍中，负责辅佐太子哲监国。

永淳二年（683），高宗去世，遗诏皇太子于柩前即皇帝位，军国大事听从天后旨意。这样，已掌握实权的武则天又从名义上获得了操纵朝政的权力。李显改元弘道，立妃韦氏为皇后，尊母后武则天为皇太后，临朝称制。以裴炎为中书令，受遗诏辅政。这一年，李显28岁，正是精力旺盛的年岁。然而，翌年二月，

继位不足两月的唐中宗李显就被废黜，他的四弟雍王李旦将他取而代之。

原来，李显打算把自己的岳父韦玄贞升为宰相，并授给自己乳母的儿子一个五品官。这时，韦玄贞刚从普州参军升为豫州刺史，接着若再拜侍中显然所迁过快，人心不服。因此，宰相裴炎坚决反对，并和中宗发生争执。这位不谙世事、年轻气盛的皇帝气哼哼地说："我把天下都给韦玄贞有什么不可，何况一个侍中呢！"裴炎把这事报告了武则天。武则天立即召集百官到乾元殿，裴炎与中书侍郎刘祎之，羽林将军程务挺、张虔勖带兵入宫，宣太后令，废中宗为庐陵王，幽于别所。不识时务的李显此时还大声质问"我有何罪？"武则天回敬道："你要把天下让给韦玄贞，这罪还小吗？"[1]

唐三彩

武则天之所以选中李显继承帝位，是因为她看到了李显的昏庸，认定他称了帝也成不了大气候，废立都掌握在自己手里。另一方面，武则天这时称帝的时机尚不成熟，她不敢贸然行动，所以遵照高宗遗嘱让李显称帝，以此作为缓冲。

中宗李显被废后，封为庐陵王，徙往均州（今湖北十堰），不久又迁至房州（今湖北房县）。经过这次的打击，李显朦胧中似乎有所醒悟，联想到长兄被杀、仲兄被废的缘由，原来自己的亲生母亲对权力的追逐远胜于骨肉之情，冒犯了母后，即使是无意识的，下场也不堪设想。

---

[1]事见《旧唐书·列传第三七·裴炎》："中宗既立，欲以后父韦玄贞为侍中，又欲与乳母子五品，炎固争以为不可，中宗不悦，谓左右曰：'我让国与玄贞岂不得，何为惜侍中耶？'炎惧，乃与则天定策废立。炎与中书侍郎刘祎之、羽林将军程务挺、张虔勖等勒兵入内，宣太后令，扶帝下殿。帝曰：'我有何罪。'太后报曰：'汝欲将天下与韦玄贞，何得无罪。'及废中宗为庐陵王，立豫王旦为帝。"

看透了母后的残忍，李显变得惶惶不可终日。幸而有一位强夫人鼓励扶持，中宗才不至于忧惧早死。每当李显恐惧交加、不能自拔时，韦后便叱责他无能、胆小，同时又激励他要放宽心，等待出头之日，使中宗获得暂时的安宁。就这样，李显在恐惧和韦后激励中，在房州度过了18年的幽禁生涯。

圣历元年（698）三月，庐陵王李显被秘密接回神都洛阳。九月，出于武则天政治策略上的需要，李显重被立为太子。

武则天称帝后，李武两姓储位之争十分激烈。以武承嗣、武三思为首的武家子侄们跃跃欲试，甚至曾联合酷吏迫害李氏宗室。洛阳人王庆之等数百人上表请立武嗣为皇太子，废皇嗣李旦。宰相李昭德便假借圣命将其杖杀。双方争夺已白热化到喋血宫门的程度。

宰相狄仁杰、王方庆、王及善等苦口婆心劝说武则天应当立李姓储位，以享万年香火，主张召还庐陵王。宰相吉顼给张易之兄弟出主意，要他们介入立储的大政，劝武皇复立庐陵王，以慰天下之望。这时期，储位问题也直接影响着当时的民族关系和阶级关系，甚至一度成为契丹、突厥起兵的口实。在此情况下，武皇帝不得不及早解决储位问题，并决定立李氏为皇储。

复立庐陵王为太子，这是武则天晚年的一项重要的明智决策。李显虽不是当皇帝的料，但是复立他，表示了武则天在李、武两姓之间的最后抉择。这种合乎士庶民心的决定，平息了李、武两姓间长达8年的争夺，与结束酷吏政治一起，消除了不安定因素，开创了女皇最后一段新的政治局面。

神龙元年（705）初，武则天病情恶化，身边只有男宠张易之兄弟，宰相、太子难得见女皇一面，诏令皆出自二张之口。在这种情形下，假传诏命篡夺帝位不是不可能的。因此宰相们非常担心，遂决定迫使女皇退位，拥立太子为天子，复兴

狄仁杰
——从明弘治十一年（1498）《历代古人像赞》

唐室。以宰相张柬之、崔玄暐为首，迅速组成了政变集团，积极拉拢掌握军权的将军，控制宫城。桓彦范和敬晖秘密联络了太子李显，李显半推半就。一切准备就绪。

正月二十二日，张柬之、崔玄暐、桓彦范、左武卫将军薛思行等人，率右羽林兵500余人，到达玄武门，李多祚、李湛及太子宫内直郎王同皎去迎接太子共同起事。但事到临头，太子李显的恐惧病复发，不敢出宫。王同皎不得不把李显强抱上马背，向后宫进发。政变部队很快攻下玄武门，直抵迎仙宫，杀死二张，众人簇拥着李显轻轻迈进皇帝寝殿，远离龙床伫立着。张柬之小心翼翼地向女皇解释："张易之、张昌宗谋反，臣等奉太子令诛之。愿陛下返政太子，顺从天意。"武则天无语，被迫让位。二十五日，唐中宗复位。武则天迁往皇宫城西南的上阳宫静养。中宗给母帝上尊号"则天大圣皇帝"。二月四日，正式恢复大唐国号，持续15年的武周帝国（690～705）宣告结束。旗帜的颜色由武周的大红色恢复为唐朝的黄色，郊庙、社稷、陵寝、官阶名称等，都恢复了永淳元年（682）以前的旧制。废除则天文字，定长安为首都，神都恢复洛阳旧名，作为陪都。至此，唐室光复告成。

二、外戚专权　女后干政

唐中宗虽然是一个昏昧懦弱的君主，但由于有以张柬之为首的一批贤臣的辅佐，新朝廷很快走上正轨。但是武则天当政的余波荡漾，使得唐室复兴的前途风云变幻。在政治权力男性化的时代，武则天以女性异军突起，一跃登上政治权力的顶峰，这对后世的影响太大了，太具诱惑力了，使得后世有野心有条件的女性，都渴望成为第二个武则天，韦后就是其中一个。

韦后本来就是个争强好胜的女人，只是由于武则天的存在，抑制了她的野心。在长期的幽禁生涯中，她代替李显成为一家的精神支柱，在忍耐中磨炼出了坚强阴狠的性格。她憎恨婆婆武则天，但对武则天的巨大能量又十分崇拜和敬畏。她自忖，武则天以女性当上女皇，自己为什么就不能呢？现在，这一天终于到来了。她要和中宗共同处理国家大事，就像当年武后垂帘听政。中宗向来无能，因此对此事也就听之任之了。

这种情形，使政变集团的成员们十分震惊，但又无可奈何。中宗的懦弱和傀儡地位，为韦后的专权大开了方便之门。她千方百计地扩大韦氏家族的

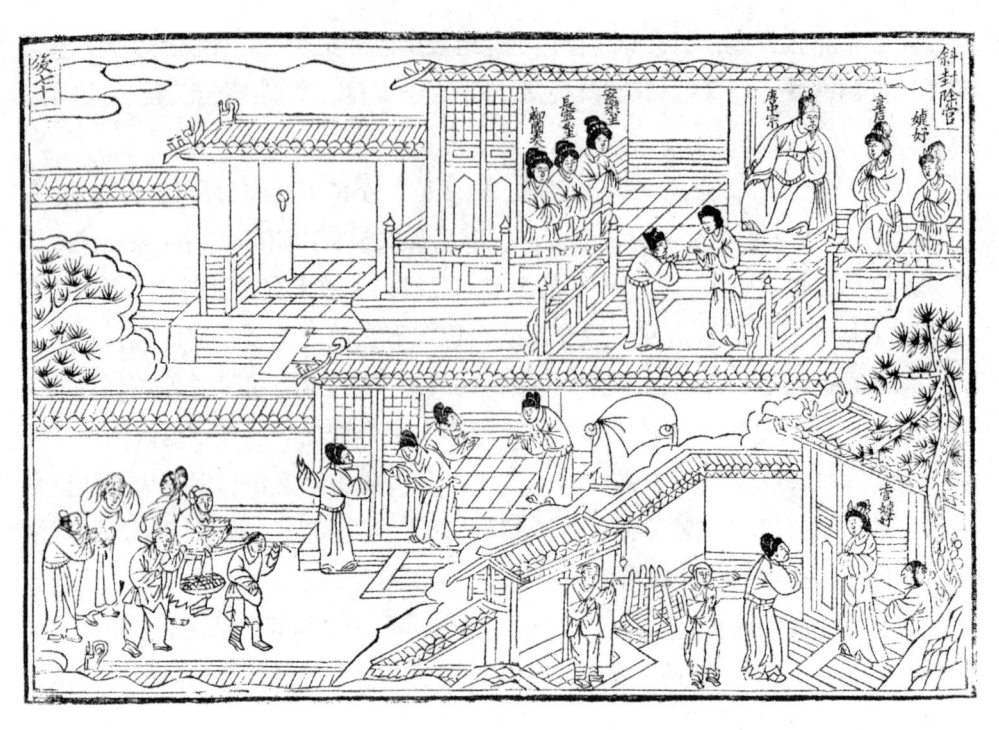

斜封除官
——从明万历元年（1573）纯忠堂刊本《帝鉴图说》

唐史纪：中宗委政宫闱，安乐、长宁公主，及韦后妹郕国夫人，上官婕妤、尚容柴氏、女巫第五英儿，皆依势用事。卖官鬻爵，虽屠沽臧获，用钱三十万，则别降墨敕除官，斜封付中书。时人谓之斜封官。上官婕妤等皆有外第，出入无节。朝士咸出其门，交通贿赂，以求进达。

势力，企图造成韦氏家天下的形势。首先，追赠亡父韦玄贞为上洛王，后又改为邦王，建庙称为"褒德陵"，这种僭越行为，朝臣敢怒不敢言。随后，韦后借中宗之手，封堂兄韦温为鲁国公礼部尚书，韦温的弟弟韦胥为曹国公左羽林将军，又将成安公主嫁给韦胥之子韦捷。外戚韦氏一族的势力开始膨胀起来。

但是，韦后并不因此满足。在获得权力欲的同时，她更渴望着女人身心欲望的满足。中宗无力满足韦后的要求，她便寻求外欢，迅速与武三思勾搭成奸。此后，韦后便如鱼得水，更加醉心于干预政治。不过，尽管韦后仿效武则天，也有想当女皇的野心，但她却缺乏武则天所具有的政治才干，韦后所有的只是昏暴。

而以武三思为首的武氏一族的再度崛起，令政变集团成员们感到恐惧和惶

悔，当初政变时，对以武三思为首的诸武竟没有丝毫的损伤。武三思因与韦后的关系，进而成为操纵中宗的"真天子"。张柬之等人很清楚，这时中宗的制命，实际上是根据武三思的裁决颁布的。在无可奈何之下，他们秘密晋见中宗，请求诛杀武三思及诸武。然而，每次晋见，中宗皆以缄默的态度予以回敬。

在中宗看来，武三思是他和韦后最亲密、最信赖的知己。中宗不仅不会下令诛杀诸武，反而将张柬之等人的密陈透露给了武三思。武三思便和韦后一起双管齐下，在中宗面前对张柬之等人屡进谗言。武三思还献计架空五位功臣，剥夺了他们执政的权力，最后终于将其杀害。中宗又根据武三思的要求，诏令文武百官恢复则天皇帝时代的政治形式，排斥反对武氏的人，以前被张柬之流放的官员，全部召回。这样，唐朝大权完全掌握在武三思手中。

武三思等之所以会赢得中宗和韦后的信任而再度猖獗，这主要是由于后宫的才女上官婉儿的缘故。上官婉儿长期担任武则天的心腹笔杆，中宗即位后，因敬佩婉儿的才华，继续留她担任秘书工作，但他对这位美人他是不敢觊觎的，惟恐引起韦后的责骂。无独有偶，武三思为了取得中宗和韦后的彻底信任，想到了上官婉儿。他们频繁幽会于后宫，后宫淫乱之风由此兴起。不久，上官婉儿便要求在宫外建立私宅，如同朝廷官员上朝一般。此项先例一开，仿效者接踵而至。

中宗对武三思的信赖不亚于对韦后的信赖。常常有这种情况，韦后和中宗并排听政后，回到后宫，韦后便和武三思在皇帝的龙床上下棋，中宗在一旁观战，与他们一起嬉戏调笑。

中宗时期，另一独特的现象，是公主们的空前活跃。中宗共有4男8女。四位皇子都很不景气，而诸位皇女却是另一番情形，一切待遇例同皇子亲王。神龙二年（706）闰正月，中宗把诸位皇女从郡主升为公主，接着又分别设府置官。这情形如同武后之为女主，为历史上所仅见。在中宗的公主群中，韦后亲生的长宁（第四女）、安乐（第七女）公主最为活跃，安乐公主甚至要开创"皇太女"的先例。

景龙二年（708），安乐公主开始用中宗的墨敕，纳贿卖官。长宁公主也仿效安乐公主。她们把大量贿金用于广建宅第山庄，纵情淫乐。两位公主的大肆挥霍，刺激了其他公主和后宫的贵夫人，他们通过韦后的帮忙，也利用墨敕卖官，获得巨额贿款。[1]

中宗统治之下，韦后、武三思把持朝政，韦后、武三思、安乐公主、上官婉儿以及宰相宗楚客等相互勾结，沆瀣一气，形成了中宗朝极度腐败的政治。

面对这种情况，一度颓废的太子李重俊猛然醒悟过来。神龙二年（706）七月，中宗迁都长安之前，册立卫王李重俊为太子。但是，韦后、武三思、安乐公主等对新太子既轻蔑又愤恨，安乐公主依仗韦后的势力，一直想取代皇太子而成为皇太女。李重俊感到形势的发展对自己极为不利，必须采取先下手为强的策略。神龙三年（707）七月，李重俊请求右羽林大将军李多祚帮助，率千骑兵发动了政变，武三思、武崇训及部分同党当场毙命。接着攻入后宫，追杀韦后、安乐公主。韦后与上官婉儿挟持中宗躲到玄武门楼上。上官婉儿向中宗献计，悬赏诛杀太子和李多祚。太子、李多祚被反戈的乱军斩杀。此后，中宗立10岁的幺子李重茂为太子。

唐中宗、韦后、张柬之、武三思、上官婉儿
——从会文堂新记书局蔡东藩《唐史通俗演义》

三、国势衰微　被毒身死

中宗朝的奢靡之风，使唐帝国元气大伤，为一直虎视边塞的突厥和吐蕃提供了侵扰的最佳机会。

---

[1] 事见《旧唐书·后妃上·中宗韦庶人》："安乐恃宠骄恣，卖官鬻狱。势倾朝廷，常自草制敕，掩其文而请帝书焉，帝笑而从之，竟不省视。又请自立为皇太女，帝虽不从，亦不加谴。所署府僚，皆猥滥非才。又广营第宅，侈靡过甚。长宁及诸公主迭相仿效，天下咸嗟怨之。"

神龙二年（706）十二月，突厥默啜可汗对唐属地鸣沙（今宁夏灵武）发动了大规模入侵，突破唐军防线，直入唐境。与此同时，吐蕃又在青海和西域对唐展开了猛烈的军事行动，骚扰唐朝西境。神龙三年（707），中宗被迫将养女金城公主下嫁给吐蕃赞普，通过和亲暂时获得了西部边境的安宁。

景龙二年（708），西部战事再起，已归顺唐朝的突厥突骑施部的酋长娑葛因与部将阿史那忠节不和，互相攻击，唐经略使周以悌不但不进行调解，反而唆使忠节到朝廷贿赂宰相宗楚客和纪处纳。宗楚客接受贿赂，按照忠节的要求，准备派兵消灭娑葛。娑葛得悉这一密谋，大为震怒，遂自立为可汗，发兵攻破安西，唐将或被擒，或被杀。接着，娑葛上表唐朝廷，索要宗楚客的首级，诛奸以谢百姓。中宗只得出来和事调解，宣告娑葛无罪，加封他为十四姓可汗。经过这些波折，自太宗以来在西域苦心树起的大唐国威，一落千丈。

国势的衰微，并没能让中宗清醒，仍然整日和韦后等沉湎于享乐侈靡之中。从神龙到景龙年间，中宗再度当皇帝，兴起了大规模建造佛寺的活动，造成了社会财富的巨大浪费，唐朝国库告罄，这些负担又被强加到广大劳动人民身上。

武三思被李重俊杀死后不久，韦后又特别提拔散骑常侍马秦客和光禄卿杨均二人，实际上这二人是韦后养的两位男宠。马秦客善医术，杨均擅长烹饪，都受到韦后的青睐。这时的韦后急于要实现"武则天第二"的愿望。但中宗不除，她的愿望无法实现。安乐公主想当皇太女的愿望更是与日俱增，虽然她多次向父皇提出要求，但都被拒绝了。这样，韦后、安乐公主同时萌发了共同的邪念：只要夫（父）君不在人世，她们各自的愿望都能如愿。

景龙四年（710）六月，韦后、安乐公主假手马秦客、杨均在中宗最喜欢吃的馅饼内，放入毒药，将其毒杀。[1]中宗驾崩，16岁的幺子温王李重茂即皇帝位，是为少帝，年号唐隆。韦后以太后身份临朝称制。

按照韦后等人的事先安排，少帝只是过渡而已。宰相宗楚客约武延秀、赵履温、叶静能及韦温等韦氏一族，开始劝说韦太后应当仿照武则天的"易世革命"，登上女主宝座。为达到改朝换代的目的，韦太后等人加紧活动。当时，中

---

[1]事见《旧唐书·中宗本纪》："时安乐公主志欲皇后临朝称制，而求立为皇太女，由是与后合谋进鸩。六月壬午，帝遇毒，崩于神龙殿，年五十。"

央禁军的南衙十六卫和北衙十军及台阁尚书省的要职,均由韦氏族人担任。只有相王李旦及其子李隆基和太平公主是她们的很大障碍,于是便密谋将他们清除。

在危机关头,李旦第三子李隆基即后来的唐玄宗发动早已串通好的"万骑"兵,突袭后宫,杀死了韦太后、安乐公主、武延秀等。经过这次政变,韦氏集团被全部消灭,武氏集团也只剩下少数人。最后,太平公主出面收拾残局,扶持唐睿宗李旦再登皇位。

名家评说

廉士可以律贪夫,贤臣不能辅孱主。诚以志昏近习,心无远图,不知创业之难,唯取当年之乐。孝和皇帝载自负扆,迁于房陵,崎岖瘴疠之乡,契阔幽囚之地。所以张汉阳徘徊于克复,狄梁公哽咽以奏论,遂得生还,庸非己力。洎涤除金虎,再握璿衡,不能罪己以谢万方,而更漫游以黩入政。纵艳妻之煽党,则聚、橘争衡;信妖女以挠权,则彝伦失序。桓、敬由之覆族,节愍所以兴戈,竟以元首之尊,不免齐眉之祸。比汉、晋之惠、盈辈为优,苟非继以命世之才,则土德去也。

——后晋·刘昫《旧唐书》

武后之恶,不及于大戮,所谓幸免者也。至中宗韦氏,则祸不旋踵矣。然其亲遭母后之难,而躬自蹈蹈,所谓下愚之不移者欤!

——宋·欧阳修、宋祁《新唐书》

玄宗李隆基

唐玄宗李隆基（685～762），唐朝第七代皇帝。亦称唐明皇，父唐睿宗李旦，母昭成皇后窦氏。公元712～756年在位，谥号"大圣明孝皇帝"，庙号"玄宗"。当政期间，唐朝达到鼎盛时期，出现"开元盛世"的繁荣局面。但在统治后期，李隆基沉溺于与杨贵妃的情爱中，放纵外戚，无心朝政，导致"安史之乱"爆发。"安史之乱"后来虽被平定，但唐朝从此一蹶不振，逐步由盛转衰。

唐玄宗李隆基
——从明万历三十七年（1609）原刊本《三才图会》

一、宫廷角逐　夺权登极

李隆基生于垂拱元年（685），其时正是武周天下，等待他的并不是名正言顺、轻而易得的皇位，而是宫廷内部激荡多变的风风雨雨的磨炼。李隆基小时即有大志，在宫中常以"阿瞒"自诩，但并不为武氏家族看得起。7岁那年，他例行至朝堂举行祭祀仪式，金吾将军武懿宗对其随从大声呵斥，李隆基立刻声色俱厉斥之曰："我家的朝堂，与你有什么相干？你竟敢威胁我的随从！"据说武则天知道了这件事后，便对他另眼相看了。[1]第二年，李隆基被封为临淄郡王。神龙元年（705），张柬之逼迫武则天退

---

[1] 事见《旧唐书·玄宗本纪》："天授三年十月戊戌，出阁，开府置官属，年始七岁。朔望车骑至朝堂，金吾将军武懿宗忌上严整，诃排仪仗，因欲折之。上叱之曰：'吾家朝堂，干汝何事？也迫吾骑从！'则天闻而特加宠异之。"

位,拥立中宗李显。这时李隆基曾一度兼任潞州(治今山西长治)别驾。

武则天死后,唐中宗昏庸懦弱,大权操于妻子韦后、女儿安乐公主之手。张柬之等功臣均遭贬逐,太子李重俊等被杀,武三思等沉滓余孽迅速泛起,韦后又援用其从兄韦温等掌握大权,纵容安乐公主卖官鬻爵,又大肆建筑寺院道观,奴役人民,可谓朝政日非。景龙四年(710),中宗被鸩杀于妻女之手。韦后准备效法她的婆婆武则天做历史上的第二个女皇。这时,武则天的第四子李旦还有相当的势力,李旦的第三子李隆基也在悄悄积蓄力量,身边已有一批有才能的文臣武将。这是韦后专权的主要障碍,韦后决意将其置于死地。但李隆基决非等闲之辈,还没等韦后动手,他便与姑母太平公主合谋发动政变,率羽林军万骑抢先

委任贤相
——从明万历元年(1573)纯忠堂刊本《帝鉴图说》

唐史纪:玄宗初即位,励精为治,以姚元之为相,每事访之,元之应答如响,同僚皆唯诺而已,故上专委任之。元之尝奏请序进郎吏,上仰视殿屋,再三言之,终不应,元之惧,趋出,罢朝,高力士谏曰:"陛下新总万机,宰臣奏事,当面加可否,奈何一不省察?"上曰:"朕任元之以庶政,大事当奏闻共议,郎吏卑秩,乃以烦朕耶?"会力士宣事至省中,为元之道上语,元之乃喜,闻者皆服上识人君之体。

攻入皇宫，将韦后及其党羽一网打尽。后由太平公主出面，恢复了睿宗李旦的帝位，李隆基也因功被立为太子。

睿宗也是一个昏懦的帝王，甘心听任太平公主的摆布，太平公主恃拥戴睿宗有功，大树私人势力，左右朝政，宰相7人中有4人是她的亲信，文武之臣大半附之。开始她认为李隆基年轻，所以不以为意，后来，看到李隆基十分英武，对自己专权不利，于是太平公主便把进攻的目标对准了他。她造舆论说，现在的太子不是长子，不应当立，立了必有后忧，阴谋废之。李隆基的皇储地位并不稳定。先天元年（712），睿宗让位给太子，但三品以上官员的任免及重大军国行政却仍然由睿宗决定。这期间，玄宗李隆基与太平公主的关系极为紧张，可谓剑拔弩张，各自磨刀霍霍，暗藏杀机。双方的决斗势不可免。

先天二年（713）七月三日，玄宗抢先下手，率厩牧兵马杀太平公主及党羽数十人，依附太平公主的官吏尽被黜逐。至此，动荡的局势才稳定下来，玄宗才获得了全部权力。是年，改元开元。

姚崇
——从明弘治十一年（1498）《历代古人像赞》

二、文治武功　开元盛世

玄宗的皇位来之不易，亲政后面临的形势也十分严峻。长期的宫廷政变，削弱了中央政权的力量，吏治腐败，官吏冗滥。玄宗在开元三年（715）明确宣布："官不滥升，才不虚受。"注意任人唯贤，他所用的宰相，大都成了有名的政治家。

姚崇是有名的贤相，办事干练。入相前他曾向玄宗提了10项建议，大意是勿贪边功，广开言路，奖擢诤臣，除租税外不得接受馈赠，勿使皇亲国戚专权，勿使宦官专权

宋璟
——从明弘治十一年（1498）《历代古人像赞》

等。玄宗样样应允,从而奠定了开元施政的方针。

当时,一些富户往往用出家做和尚的办法来逃避赋役,姚崇一次就查出1200多人,勒令还俗。又禁止百官和僧尼道士往来,抑制武、韦时发展起来的寺院地主势力。御弟薛王李业的舅父王仙童侵暴百姓,他不讲情面,请玄宗批准,依法进行了惩办。

开元初,黄河南北连年发生蝗灾,蝗虫飞来如云遮日,所落之处苗草罄尽。先朝也曾时遇蝗灾,由于捕杀不力,往往造成赤地千里、横尸遍野的惨景,以致物价飞腾,民心不稳,政局动荡。姚崇对此十分关注,力主诏令郡县及时捕杀,并由官府奖励治蝗。结果蝗灾被有效地制止了,尽管蝗灾连年,灾区也未发生大的饥荒。

宋璟继姚崇为宰相,也很注意选用人才,使官吏都能称职。有一次吏部选人,他的远房叔父宋元超说明自己与宋璟的关系,想得到好差使,他知道了,特地关照吏部,不给宋元超官职。

张九龄是广东人,当时岭南被看做是荒远的地方,那边的人很不容易做到大官,由于其有才能,玄宗便任他做宰相。他建议选用人才要慎重,在吏部议论人才,态度极其公正。他执政时,已在开元后期,每见玄宗有什么过失,总是极力谏劝。

玄宗不仅注意任用贤相,还非常重视刷新吏治,整顿官僚队伍。在这方面他采取了许多措施。一是裁汰冗员,精简机构。他针对武后以来官吏冗滥之弊,一举裁汰了员外官、试官、检校官数千员,大大精简了官僚机构,提高了办事效率,也节约了财政开支。二是恢复谏官、史官参加宰相议事的制度。唐太宗时期,皇帝与宰相议事,允许谏官与史官参加,"有失则匡正,美恶必记之"。这可以减少朝政的弊端,有它的积极作

张九龄
——从明万历三十七年(1609)原刊本《三才图会》

用。但是武则天参与朝政以后，许敬宗、李义府提任宰相，"政多私僻"，不敢把朝政公开，取消了谏官和史官参加君臣议事的制度。玄宗下令恢复贞观年间的制度。三是重视县令的选择。玄宗说："郡县者国之本，牧宰者政之先，朕每属意此官，有殊余职。"玄宗有时对县官亲自出题考试，了解应考者是否通晓治国之道，凡是考试成绩优秀者即被任用，拙劣者即被罢免。四是实行严格的考核制度，来检查地方官的政绩，作为黜陟的根据。规定每年十月，委各道按察使到各地巡省风俗，观察得失，将地方官的政绩按五等划分，然后上报吏部长官详覆，减少了地方官贪赃枉法的现象。五是严明赏罚。玄宗认为，有善必赏，所以劝能，有罪必诛，所以惩恶。开元年间，基本上贯彻了这一精神。

玄宗的改革政策，主要是通过下级官员去贯彻执行，玄宗能注意用人，这是"开元之治"得以出现的一个很重要的原因。

玄宗在位的前半期，不仅文治取得了很大成就，而且武功也赫然可纪。

玄宗即位时，西域的碎叶（今吉尔吉斯斯坦托克马克）、庭州、北方的云州（今山西大同）以北以及辽西12州，都已被突厥、契丹奴隶主贵族占领，陇右及河北人民经常惨遭劫掠和屠杀。唐朝统一的局面被破坏了。

玄宗执政以后，为彻底解决边区问题，巩固唐政权，维护统一，采取了一系列措施：为了提高军队的战斗力，玄宗对府兵制进行了改革。府兵制在均田制崩溃的形势下，农民不断逃亡，兵源困难。高武以后，尚武风气逐渐消失，府兵多不按时更番，教习废弛。到玄宗时士兵逃匿，军府空虚。开元十一年（723），宰相张说遂建议雇佣募兵。玄宗即下令实行，从关内召募军士达12万人，充作卫士，名"长从宿卫"，或称"长征健儿"，从而代替了唐以来的府兵轮番宿卫制度。经过十余年的实践，于开元二十五年（737）推行全国。雇佣兵既可吸收社会上的失业丁口，缓和社会矛盾，又可常驻各地，加强训练，对改善军队素质、提高战斗力是有积极作用的。

玄宗还通过各种措施整顿军旅。他颁布《练兵诏》，令西北军镇增加兵员，并精加选择，加强军事训练，不得供其他役使。还派兵部侍郎裴漼、太常卿姜皎，往军州督促检查诏令的执行情况，处理具体事宜。

玄宗即位时，军马只有不足24万匹。玄宗任用太仆卿王毛仲为内外闲厩使，专门抓这项工作，到开元十三年（725），军马增至43万余匹，牛羊数也相应增加了。为了解决军粮问题，玄宗又诏令扩大屯田区。在西北万里的边防线上

召试县令

——从明万历元年（1573）纯忠堂刊本《帝鉴图说》

唐史纪：玄宗悉召新除县令至殿庭，试理人策，惟韦济词理第一，擢为醴泉令，余二百人不第，且令之官，四十五人放归学问。又敕京官五品以上外官刺史，各举县令一人，视其政善恶，为举者罚。

及黄河以北部分地区，设置庞大的屯田区。

经过一系列准备，到开元五年（717），唐军一举把沦陷17年的营州等13州全部收复，玄宗派宋庆礼任都督，重建营州防务。长城以北的拔也古（今蒙古国东方省）、同罗、回纥等地也宣布取消割据称号，与唐政府合作，唐政府重新恢复了安北都护府，统一了长城以北。

解决西域问题分两个阶段进行。第一阶段从开元二十七年开始，玄宗派碛西节度使盖嘉运打败了突厥。唐军猛攻碎叶城，突厥可汗出战，在贺逻岭被唐军俘虏，从而使沦陷了37年的碎叶镇又归唐政府管辖。第二阶段是击败吐蕃、小勃律，重新打通"丝绸之路"的门户。开元初年，西域小勃律（今克什米尔以北）可汗曾到唐朝请降，唐政府在那里置绥远军。后来，小勃律王娶吐蕃王女，依附了吐蕃，与唐为敌。玄宗派安西副都护高仙芝打败吐蕃，俘虏了小勃律王，遣送

长安。这使唐国威大振。这一仗胜利后，诸胡皆震恐，咸归附。唐朝重新打通了中亚的通道，不仅维护了国家的统一，也有利于对外经济文化的交流。

唐玄宗在开元年间，注重发展社会经济，采取了一系列措施，经济出现了前所未有的繁荣景象。

玄宗即位之前，由于政府的勒索和大豪族的土地兼并，使均田农民的负担越来越重，常常无力维持其自身的生存和简单的再生产，从而出现了天下户口逃亡过半的严重危机。玄宗即位后，不得不和荫庇劳动人口、破坏均田制度的豪强大族进行斗争，从他们的手中争取土地和劳动人手。

开元初虽惩治了一些豪强大族，但打击的对象还是太小。从全国范围看，仍然有大量土地和劳动力被豪强大族霸占。他们侵占农民的土地称为"籍外之田"。更严重的是，他们把逃户变成"私属"，不向国家交税，影响了国家的财政收入。在这样的情况下，玄宗便下令，在开元九年（712）到开元十三年（725），利用四年的时间，在全国范围内开展一个检田括户运动。玄宗任宇文融为全国覆田劝农使，下设十道劝农使和劝农判官，分头到全国各地检查黑地和豪强荫庇的客户。把检括出来的土地全部没收，按均田制分给无地的农民使用。对于"账外"人口，一律登记注册，就地入籍。检田括户的结果，中央政府增户88万，田亦如是。岁终征得客户钱数百万。

武周中宗以来，佛教恶性发展。全国各州都设置大云寺，寺院僧侣，不仅兼并土地，而且逃避税收；造寺不止，枉费财者数百亿；度人不休，免租庸者数十万，使国家所出加数倍，所入减数倍。玄宗于开元二年下诏裁汰天下僧尼，当时全国各地还俗者12000多人。玄宗又下令，严禁新造佛寺，禁铸佛像，禁抄佛

簪花仕女图
唐周昉绘，纵46厘米，横180厘米。藏辽宁省博物馆。

焚锦销金

——从明万历元年（1573）纯忠堂刊本《帝鉴图说》

唐史纪：玄宗以风俗奢靡，制："乘舆服御、金银器玩，令有司销毁，以供军国之用，其珠玉、锦绣，焚于殿前，后妃以下，皆毋得服珠玉锦绣，天下更毋得采珠玉、织锦绣等物。罢两京织锦坊。"

经。同时又禁止贵族官员和僧尼交往，使佛教势力受到很大打击。

玄宗即位初期，在生活上以节俭自励。他还裁汰宫女，又毁武后所造天枢、韦后所立石台，以示与弊政决裂。

开元年间玄宗君臣的文治武功，造成了比较清明的政治局面，出现了"开元之治"的盛况。

三、独宠贵妃　构乱安史

歌舞升平的太平景象，逐渐使唐玄宗陶醉了，锐意进取的治国精神丧失殆尽。到天宝元年（742），玄宗已做了30年皇帝，渐肆奢欲，纵情声色，怠于政事，已不能如开元时期听取忠言直谏了。"尚直"的韩休、张九龄相继罢相，奸佞的李林甫任却扶摇直上，独秉大权。从这时起，邪恶势力在朝廷中开

始占了上风。

李林甫善于迎合玄宗的旨意。开元二十四年（736）十月，玄宗想从洛阳回长安，宰相张九龄、裴耀卿认为秋收未毕，恐怕沿路扰民，建议改期。但李林甫待二相退出后却对玄宗说："长安、洛阳是陛下的东西宫，随时可以往来行幸，何须择时日？即使妨碍了农民收获，只要免去他们的赋税就可以了。"玄宗听了很高兴，就听从了。张九龄遇事敢于力争，玄宗就嫌他讨厌。李林甫趁机进谗言，终于取代他做了宰相。从此，"容身保位，无复直言"的风气便统治了朝廷。谏官言事，须先告诉李林甫，而后上报皇帝。朝廷官员不附和他的，都遭到阴谋陷害。他杜绝言路，妒贤嫉能。他口头上说话好听，背地里专门害人，因此，人们说他是"口有蜜，腹有剑"。

李林甫的权势日炽一日，而朝政的败坏日甚一日。玄宗不识其奸，反以为能，甚至想委国政给林甫。

杨贵妃

——从清《百美新咏图传》（颜希源编，王翙绘）

开元二十四年（736），玄宗因所宠爱的武惠妃死去，整日郁郁寡欢。宫中数千红颜，无一当意者。有人说，寿王妃杨氏体态丰艳，绝世无双，他即令太监将其接进宫来侍酒。寿王妃性聪颖，晓音律，长歌舞，尤善逢迎。[1]玄宗如获至宝，愁怀顿开，遂借酒寻欢，无所顾忌。

---

[1] 事见《新唐书·后妃上·杨贵妃》："玄宗贵妃杨氏，……始为寿王妃。开元二十四年，武惠妃薨，后廷无当帝意者。或言妃资质天挺，宜充掖廷，遂召内禁中，异之，即为自出妃意者，丐籍女官，号"太真"，更为寿王聘韦昭训女，而太真得幸。善歌舞，邃晓音律，且智算警颖，迎意辄悟。"

寿王李瑁是玄宗的儿子，武惠妃的亲生子。56岁的皇帝同22岁的儿媳的这种私衷，显然悖于伦理，是一大丑闻。玄宗遂让寿王妃自请为女官，入居南宫，赐号太真，南宫改名为太真宫。玄宗夺了儿媳，又给儿子娶了个韦姓的姑娘做妃子，以示慰藉。

杨太真入得宫来，恩宠与日俱增，不到一年，仪态已过之于皇后。玄宗从此无心于政事。天宝四年（745），杨太真被册封为贵妃。贵妃的地位仅次于皇后，可这时并没有皇后，她就是实际上的皇后了。玄宗视贵妃为心肝，赞其为"解语之花"，连她的家族都得到了封赏。

贵妃善治装，专为她服务的织绣之工就达700人之多。贵妃乘马，权宦高力士亲为之执辔授鞍。贵妃生长在南国，喜食鲜荔枝。荔枝容易朽烂，离枝四、五日则色味俱变。为了快速贡奉新鲜荔枝，玄宗下令开辟了从岭南通往长安的数千里贡道，沿途设有驿站，备有快马。荔枝运至长安，色味不变。

君王宠幸，朝臣官吏也无不倍加逢迎，争献奇珍异味、器物珍玩。有时一次送的美食就达几千盘，一盘的价值抵得过十户中等人家的财产。宫中还特设检查食品的官员，评比各种食品的精美程度，真是精益求精。岭南军政长官的贡献得到贵妃的欢心，遂连升三级。广陵的长官起而仿效，也被擢为朝廷大臣。由

《杨贵妃上马图》

元钱选绘，纸本，纵29.5厘米横117厘米。现美国弗利尔美术馆藏。

此，文臣武将瞩目后宫，全国风靡。

一人得道，鸡犬升天。因为杨贵妃，杨氏兄妹飞黄腾达：贵妃的大姐封韩国夫人，二姐封虢国夫人，三姐封秦国夫人，从兄杨铦被封为位当四品的朝中高官，杨锜娶了公主，封驸马，杨国忠官至宰相，领40余职，权倾天下。

从开元二十四年（736）到天宝年间，奸相专权，贵妃专宠，玄宗日益昏聩，政治愈加腐败，繁荣背后的危机也就加剧了。首先是均田制瓦解了，负担租赋的民户在缩减，而朝廷的费用却在加大，财政危机日甚一日。朝廷就派员横征暴敛，甚至一次预征30年的租赋，加速了人民的贫困化。唐王朝赖以生存的社会基础动摇了。其次是府兵制破坏后，募兵制也愈加腐败。京师所募之兵多是无赖子弟、市井小贩，毫无战斗力。中原承平已久，社会风尚耻于当兵，几乎无兵可用。

尽管如此，玄宗却发动了一系列不义的战争。边将权奸为了升官加爵也不惜推波助澜，挑起事端。这些战争，伤亡了大量的各族人口，消耗了大量的社会财富，大大加深了阶级矛盾和民族矛盾。

开元二十五年（737），唐政府迫使河西节度使崔希逸在青海袭击吐蕃，打破了唐蕃和好的局面，也破坏了汉藏两族人民的和平生活。天宝初年，名将王嗣宗兼任河西、陇右、朔方、河东四镇节度使，威望极高。玄宗命他进攻吐蕃的石

堡城，他不肯，结果被免了官。继任的哥舒翰攻下了石堡城，城里守兵只有几百，唐兵却损失数万之众。汉藏两族人民都是战争的受害者。

西南也在流血。南诏王阁罗凤带着妻子参见唐官，边将张虔陀乘机侮辱，并勒索财物。阁罗凤忍无可忍，愤恨起兵，杀死张虔陀。剑南节度使鲜于仲通借题发挥，立即发动进攻，阁罗凤派人解释，要求停战，鲜于仲通不听。阁罗凤只得带兵迎击，大败唐兵，又与吐蕃联盟。鲜于仲通与杨国忠素有勾结，因此，杨国忠为他掩饰，并在西京、河南、河北征发军队。人民不肯当兵，杨国忠便派官兵抓人，连枷送到军队里去。从天宝十年到十三年，唐兵战死和病死的有20多万人。

天宝十年（751），唐军还有两次大败，一是安禄山领兵6万攻契丹，所部死伤大半。二是高仙芝中亚罗斯城之败。而在此后，国内又发生了大叛乱"安史之乱"。

开元后期，府兵制破坏，募兵制产生。在府兵制下，卫士轮番服役，将不得专兵，实行募兵制后，边镇兵力扩大，京城周围兵力减缩，唐初内重外轻的局面转变为外重内轻，地方边镇势力强大。

宠幸番将
——从明万历元年（1573）纯忠堂刊本《帝鉴图说》

在唐初，边将皆用忠厚名臣，不久任、不遥领或兼任别职，功名显著者往往入为宰相，如李靖、李勣、刘仁轨等。开元前期，薛讷、郭元振、张嘉贞、张说、萧嵩等也是由边将入相。"胡"将虽忠勇皆具，也不能专大将之任，远征时皆以大臣为使制之。这对于防止军阀割据是必要的。开元后期，由于形势发生了变化，边帅往往连任十多年，有的还兼任几镇节度使。他们既有土地，又有人口，又有其兵甲，又有财赋。但"胡"将权势的强大，主要是李林甫为相后蛊惑玄宗造成的。

玄宗曾考虑过把兵权交给谁最可靠的问题。王嗣宗兼任四镇节度使，被人诬告欲拥兵尊奉太子，玄宗即罢了王嗣宗的官，交司法机关惩处。与王公大臣有瓜葛的人，有了兵权，玄宗便放心不下，深怕他们结成朋党，危及自己的皇位。正在玄宗为难的时候，李林甫出了一个主意：用"胡"人做边帅。理由是"胡"人勇敢善战，在中原也没有复杂的社会关系，孤立无党，不懂汉文，比汉将可靠。其实，他心里另有打算。他认为，"胡"将文化水平不高，不能做宰相，他自己的地位就更牢固了。玄宗陆续提拔安禄山、安思顺、哥舒翰、高仙芝等做大将。到了天宝六年，节度使大都是"胡"将了。

安禄山是柳城（今辽宁朝阳）"胡"人，由于英勇善战，逐渐做到高级将领。天宝元年，任平卢节度使，到天宝十年兼领平卢（今辽宁朝阳境内）、范阳（今北京西南）、河东（今山西太原西南）三镇。他用欺骗、献媚、贿赂等手段逐渐取得了玄宗的信任。表面上对唐玄宗非常忠诚，实际上却野心勃勃，心怀觊觎，以图一逞。他在范阳积极扩充势力，用失意的汉族文痞严庄、高尚做谋士；对投降或俘虏的兄弟民族战士进行抚慰，使其愿为之效死力。他又挑选精锐8000人，作为其军队的主力。天宝十三年（754），他为了收买人心，培植心腹，提拔奚、契丹、九姓、同罗等族升将军者500人，中郎将2000余人。第二年，又以"胡"将32人代替汉将，这样一来，其军队的将领基本上都是"胡"人了。他还屯积粮草，养战马数万匹。所统领的军队在数量上已超过了唐中央所在地的军队。

天宝十四年（755）十一月九日，安禄山在范阳起兵，以奉密旨讨杨国忠为名，挥兵南下，直指唐都长安。[1]中原武备久弛，精兵猛将都放在东北、西北各

---

[1]事见《旧唐书·玄宗本纪》："（天宝十四年）十一月丙寅，范阳节度使安禄山率蕃、汉之兵十余万，自幽州南向诣阙，以诛杨国忠为名，先杀太原尹杨光翙于博陵郡。"

镇。叛军兵锋所至，中原郡县毫无准备，大都望风而逃。安禄山率兵15万，尘灰蔽天，鼓噪震地。一路上几乎没有人敢抵抗。十二月初二，叛军已在灵昌（今河南滑县西南）渡过了黄河。

安禄山叛乱的消息传到长安，玄宗还认为是谣言。得到确讯以后，满朝文武无不惊惶失措。杨国忠却夸口叛军必生内变，不过十天，安禄山定为部下所杀。玄宗惊惶之中，不禁欣然。

当时安西节度使封常清正在长安，玄宗便派他赶往洛阳，募兵抵御。接着又在长安招募了一些兵，连同原来的禁军，拼凑了5万人马，交给高仙芝带领，屯驻陕州。同时派使者到朔方、河西、陇右（今甘肃东南及青海省海湖以东地区）各镇调兵。然而，形势急转直下。封常青虽足智多谋，高仙芝虽能征善战，他们所统领的却都是些乌合之众，无法抵御叛军的进攻。不久，唐军即被迫退出洛阳。封常清退至陕州，高仙芝退守潼关，以防叛军突入关中。玄宗下令将二人斩首。

颜杲卿

玄宗杀了封常清和高仙芝，在朝将领，只有原河西陇右节度使哥舒翰素有威名，于是便派他去守潼关。哥舒翰熟悉军事，有勇有谋，又和安禄山有仇，在当时是适当的人选。西北各镇的军队也相继开到潼关。河南前线出现了相持的局面。

这时候，叛军长驱直入的势头停止了，安禄山的处境开始变坏。常山（今河北正定）太守颜杲卿和堂弟平原（今山东平原东北）太守颜真卿起兵，联络河北17郡，切断了叛军前线和范阳老巢的联系。至德元年（756）正月，安禄山在洛阳自称大燕皇帝，他所占的地方，在河北只有6个郡，在河南也只有潼关以东一片土地。叛将史思明虽然攻陷常山，俘颜杲卿，把他送到洛阳杀害，但不久，朔方军大将郭子仪、李光弼率军出太行山，收复了常山，屡败史思明。河南民

间自行集结的武装，群起响应。河南南阳太守鲁炅、睢阳（今河南商丘）太守许远、真源令张巡等，也起兵抗击叛兵，扼住了叛军南下的道路。安禄山进退两难。

形势对唐朝廷有利，但唐玄宗不仅不能发展有利形势，反而自己拆自己的台。潼关天险，道路狭窄，易守难攻。唐军在关外挖了三道壕沟，各有两丈宽、一丈深。叛将崔乾祐屯兵陕州（今河南陕县），徘徊半年，只能望关兴叹，无法进攻。哥舒翰决心守险待机。郭子仪、李光弼也说潼关只宜坚守，主张用朔方兵先打范阳，捉住叛军家属，使其瓦解。从当时河北战局的形势看，这是可能做到的。可是玄宗竟听信了杨国忠的谗言，认为哥舒翰按兵不动，坐失良机。因而连续不断逼哥舒翰出兵。至德元年（756）六月，哥舒翰被迫出兵，与叛军会战，结果大败。部将火拔仁等捉了哥舒翰，投降了叛军。

唐玄宗只得委任了京城留守官吏，宣示御驾亲征，同贵妃姐妹、皇子皇孙、宫中近侍及朝中几个大臣，由千名禁军护从，悄然向西南而去，欲逃往蜀郡避难。走到马嵬驿（今陕西兴平西）时，将士鼓噪，要消灭祸国殃民的杨家豪门。杨国忠被将士杀死。将士又要求杀贵妃以息天下怨，可怜"三千宠爱在一身"的杨贵妃，竟被缢杀于逃亡途中。

长安在大约十几天之后陷落了。此时玄宗正在向西逃命。乡民父老遮道请留，玄宗不听，百姓无法，又转请皇太子留下。但玄宗还是逃到蜀郡去了。皇太子李亨北上到了灵武（今宁夏灵武西南），即位称帝，是为唐肃宗，重新集聚力

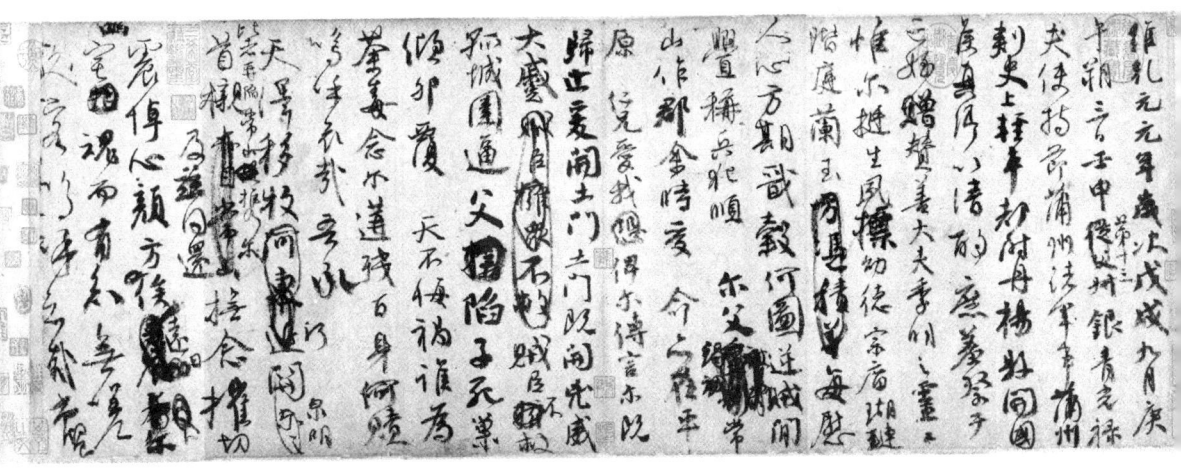

颜真卿祭侄文稿

杨贵妃墓

此墓为杨贵妃衣冠冢,位于陕西省兴平市马嵬坡,原碑题"大唐杨贵妃太真之墓",今已损。

量,开始对安禄山进行反攻。

安禄山自天宝十四年叛乱,先后攻陷两京,第三年,安禄山被其子安庆绪杀死。安庆绪在至德二年称帝。不久,长安、洛阳为唐军收复。第三年,安庆绪又被安禄山的副将史思明杀死。史思明在乾元二年(759)先称燕王,后称皇帝。第三年,史思明也被儿子史朝义杀死。史朝义在上元二年(761)称帝,两年后,兵败势穷,上吊自杀。

四、诸子争位　悲惨晚年

至德二年(758)末,当唐军收复了两京后,玄宗由成都返回长安。路过马嵬驿时,触景生情,黯然神伤,祭拜了杨贵妃墓。到达长安后,玄宗就住在兴庆宫里。肃宗不时来问候他,他有时也到大明宫去看望肃宗。左龙武大将军陈玄礼、宦官高力士一直保卫、侍候着玄宗。肃宗又叫梨园子弟天天奏乐、唱歌、跳舞以供他消遣。玄宗经常在楼上徘徊观望,百姓经过这里,一看到玄宗,往往跪

拜，并高呼"万岁"。[1]玄宗常在楼下安排酒食招待客人，并在楼上宴请将军郭子仪和王铣等人，还送给他们好多东西。玄宗并没有东山再起的用意，但却引起了肃宗的猜忌。由此，父子间的矛盾便尖锐起来了。

玄宗活了77岁，当了44年皇帝，有30个儿子、30个女儿。在这么多儿女中，他是有偏爱的。他宠爱武惠妃，早就想废掉太子李瑛，立武惠妃所生子寿王李瑁。开元二十五年（737）四月，武惠妃的女婿杨洄诬告李瑛、李瑶、李琚等在一起商量异谋，玄宗便把这三个儿子赐死了。太子李瑛是玄宗的第二子，在他死后，论资排辈，第一个是长子庆王李琮，但他曾在打猎时被野兽抓破了脸，当皇帝不雅观，而且德才平常。接下来就轮到第三子肃宗李亨了。在朝臣们的争取下，玄宗经过一年多的再三考虑，才勉强立了李亨做太子。以后李林甫为了迎合玄宗和武惠妃，总想把肃宗废掉，立寿王李瑁当太子。无奈，肃宗非常谨慎，没有大错误，并有一些朝臣积极保护，屡次转危为安，太子地位才算保住了。因此，肃宗早对玄宗积怨在心。肃宗被立为太子后，做皇帝的愿望日益强烈。后来，在儿子李俶和宦官李辅国等的支持下，在灵武私自称帝。此后，他和玄宗面和心不和。

玄宗从四川归来后，在兴庆宫的所作所为，早已引起肃宗的狐疑：玄宗是不是想恢复帝位？他想采取相应的对策，又怕有人说他不孝，心里非常着急。正在此时，李辅国向他献了一计。

李辅国知道肃宗的复杂心理，想立奇功来巩固肃宗对他的宠爱。他对肃宗说："上皇住在兴庆宫，天天和外人来往，而且陈玄礼、高力士密谋对陛下不利。如今六军将士都是灵武功臣，都坐卧不安。"肃宗假装哭着道："圣皇仁慈，哪会有别的想法呢？"李辅国就说："即使上皇没有别的想法，怎奈有班小人天天在耳边怂恿。陛下是天下的主人，应当为社稷着想，防患于未然。哪能囿于匹夫的孝顺！再说兴庆宫和里巷相连，围墙也低矮，不适合上皇居住。太极宫森严，请他搬到那里去住，这样能杜绝小人在他身边说三道四，上皇能安享晚

---

[1]事见《新唐书·宦者下·李辅国》："时太上皇居兴庆宫，帝自复道来起居。太上皇亦间至大明宫，或相逢道中。帝命陈玄礼、高力士、王承恩、魏悦、玉真公主常在太上皇左右，梨园弟子日奏声伎为娱乐。辅国素微贱，虽暴贵，力士等犹不为礼，怨之，欲立奇功自固。初太上皇每置酒长庆楼，南俯大道，因装回观览，或父老过之，皆拜舞乃去。"

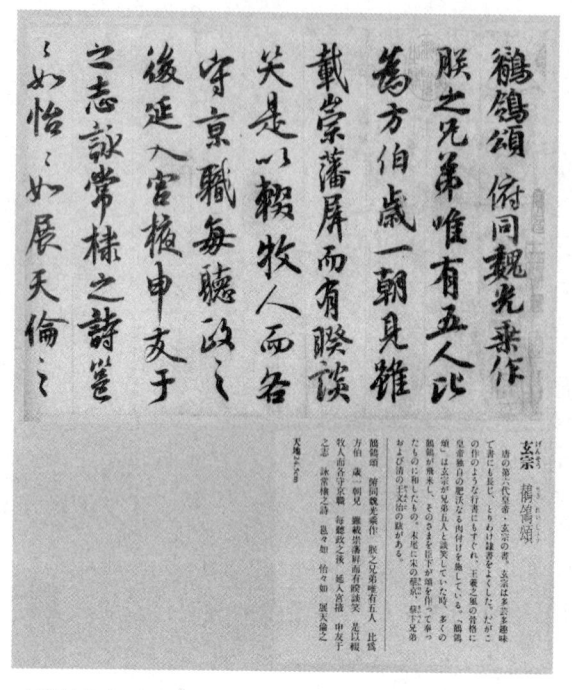

《鹡鸰颂》（局部）

唐玄宗李隆基行书墨迹长卷，此颂为玄宗书法墨迹传世之唯一孤本，今藏台北故宫博物院。

年，陛下有时也可以去探望，岂不更好。"李辅国的这番话正中肃宗下怀，便默许了。上元元年（760）七月的一天，李辅国假传圣旨，请玄宗游览太极宫；但当玄宗从兴庆宫走到睿武门时，预先埋伏好的士兵突然冲了过来，把他簇拥到了太极宫，住在甘露殿。肃宗对玄宗还是不放心，又把高力士流放到巫州（今湖南黔阳），命令陈玄礼退休，给玄宗只留下几十名卫士，而且都是老弱病残。

处在这样的逆境中，玄宗更觉寂寞、凄凉，郁郁寡欢，连饭也吃不进了，弄得憔悴不堪。上元三年（762）四月五日，玄宗死在太极宫神龙殿，时年77岁。死后葬泰陵，谥为"大圣大明孝皇帝"，庙号"玄宗"。

名家评说

……李隆基本来是一个英明人物，但他却在位四十五年，任何英明人物掌握无限权力如此之久，都会堕落。可惜李隆基在位的时间太久，几占去本世纪的一半。他年轻时曾把社会带上高度繁荣，但他的聪明才智，随着他的年龄日老而日渐消失。五十年代后，中国第二个黄金时代在他手中结束。

——柏杨《中国人史纲》

我开元之有天下也，纠之以典刑，明之以礼乐，爱之以慈俭，律之以轨仪……昌言嘉谟，日闻于献纳；长辔远驭，志在于升平。贞观之风，一

朝复振。于斯时也，烽燧不惊，华戎同轨……自天宝已还，小人道长。如山有朽坏，虽大必亏；木有蠹虫，其荣易落。以百口百心之谗谄，蔽两目两耳之聪明，苟非铁肠石心，安得不惑！而献可替否，靡闻姚、宋之言；妒贤害功，但有甫、忠之奏。豪猾因兹而睥睨，明哲于是乎卷怀，故禄山之徒，得行其伪。厉阶之作，匪降自天，谋之不臧，前功并弃。惜哉！

——后晋·刘昫等《旧唐书》

代宗李豫

唐代宗李豫（726~779），唐朝第九代皇帝，初名李俶，父唐肃宗李亨，母章敬皇后吴氏。公元762~779年在位，谥号"睿文孝武皇帝"，庙号"代宗"。"安史之乱"后，唐朝社会的政治、经济状况都大不如前，而此时的唐代宗却依然姑息外藩入侵和藩镇割据，在朝廷内宠信宦官，排斥有功之臣，这使得社会矛盾进一步加剧，后期唐代宗也有心推行改革，然而成效并不大。

唐代宗李豫

一、太子出身　刀剑皇位

　　唐代宗李豫，是唐肃宗的长子，生于开元十四年（726），15岁时被封为广平王。安禄山叛乱后，他跟随唐肃宗在灵武招集部队，被任命为天下兵马元帅，诸将都隶属元帅府。当时，唐肃宗刚刚继位，兵弱将寡，李俶躬身下士，招怀流散，没多久就招兵数万人。当时，安禄山已经攻占了长安，声势大振，唐军多不敢与叛军交战。李俶组织勇敢之士阻挡叛军，多次把叛军挫败，士气为之大振，唐军对叛军的战争有所转机。以后，回纥叶护王子率兵援助唐军，李俶与他结拜为兄弟，合兵进击叛军。757年，李俶、郭子仪率朔方等地的军队以及回纥、西域兵共15万，从凤翔（今属陕西）出发，进攻长安。叛军大败，逃出潼关。李俶率军攻入长安，令行禁止，秋毫无犯，甚得民心。唐军攻克长安后，李俶又率军进攻洛阳，叛军首领安庆绪弃城逃往河北。唐肃宗回到京师后，封李俶为楚王。乾元元年（758）三月，李俶改封为成王，不久又立为皇太子，改名李豫。

　　上元末年（762），唐肃宗患病，李豫往来侍疾，十分周全。肃宗的病情日

重一日，张皇后（即张良娣）无子，她惧怕李豫功高难制，便暗中接越王李係入宫，阴谋废立。一切准备就绪，张皇后矫诏召李豫，图谋陷害。宦官李辅国、程元振知道后，随从李豫入宫，以防有变。这天夜里，李辅国等人率领军队逮捕了越王李係，又囚禁了张皇后。[1]唐肃宗知道后惊恐而死，李辅国、程元振等乘机杀死张皇后，拥立李豫即皇帝位，是为代宗。

二、内境纵藩　京西防秋

唐代宗即位时，叛将史思明已被其子史朝义所杀，史朝义占据洛阳。代宗即位后，再次向回纥请求援助，又任命长子李适为天下兵马元帅，进攻洛阳。唐军与史朝义在洛阳北郊大战，史朝义败逃河北，叛军部将多降唐。次年史朝义穷蹙自杀，至此，安史叛乱全部平息。

唐军收复洛阳后，回纥军则侵入城中大肆杀掠。次年，登里可汗率军回国，又怂恿部下沿途抢劫。可是，唐代宗为报答回纥助战，一再迁就，企图以忍让换得和回纥的友好关系。

安史叛将降唐后，唐代宗便以为大功告成。763年七月，改元广德，大赦天下，安禄山、史思明的旧将、亲族一律不追究责任，各级官吏也都封爵加官，并规定自此以后，刺史三年、县令五年就可升职，普通百姓也相应地减免赋税。如此一来，安史旧将一变成为唐朝的节度使，形成了新的藩镇。他们在各自的辖区内扩充军队、委派官吏、征收赋税，成为地方割据力量。特别是成德（今河北正定）、魏博（今河北大名东北）、幽州（今北京南部）三镇是唐朝中后期最大的割据势力，称为河朔三镇。

唐代宗不仅给予河朔三镇以很高的待遇，对其他割据者也一再姑息，使得地方节度使肆无忌惮。他们"虽称藩臣，实非王臣"，在政治、军事、财政上都完全独立，实际上是各自独立的封建军阀王国。他们的职位或父子兄弟相袭，或由部下推戴自称"留后"，强迫唐王朝予以承认。他们在地方上又自署官吏，鱼肉人民。所有这些，对唐中央政府形成极大的威胁。由于唐代宗对藩镇的姑息和

---

[1] 事见《旧唐书·代宗本纪》："宝应元年四月，肃宗大渐，所幸张皇后无子，后惧上功高难制，阴引越王于宫中，将图废立。乙丑，皇后矫诏太子。中官李辅国、程元振素知之，乃勒兵于凌霄门，俟太子至，即卫从太子入飞龙厩以俟其变。是夕，勒兵于三殿收捕越王係及内官朱光辉、马英俊等禁锢之，幽皇后于别殿。"

唐中央政府的腐败，中央的权力越来越小。

唐代宗姑息藩镇的同时，对一些忠于他的大臣又无故猜忌。郭子仪是唐代名将，安史之乱时在河北击败史思明。肃宗即位，任关内河东副元帅，配合回纥兵收复长安、洛阳，升中书令，晋封汾阳郡王。代宗即位后，郭子仪在朝中威望最高，因此代宗对他百般怀疑。唐代宗如此赏罚不明，功臣们对朝廷都存有顾虑，不肯交出兵权和防地，相反，都千方百计地扩大地盘，招兵买马，以扩大自己的实力。如此一来，割据称雄者越来越多，藩镇割据的局面已经形成了。

唐代宗时，境内藩镇割据局面已经形成，西部的吐蕃也不断侵扰，唐不得不抽调主要兵力到京西防备吐蕃秋季入侵，称为京西防秋。

安史之乱爆发后，唐政府调集各地军队进行讨伐，西北边兵也参加了征讨叛乱的战争，边镇上只留下一些弱兵残将。强大起来的吐蕃却于756年乘机攻取石堡城，进取唐陇右、河西两镇。唐代宗即位后，吐蕃对唐的争夺有增无已。广德元年（763），吐蕃

郭子仪
——从清乾隆时期刊本《晚笑堂竹庄画传》（作者上官周）

率领吐谷浑、党项、氐、羌共20余万人入大震关（今甘肃陇西），攻泾州，直指奉天（今陕西乾县）、武功（今陕西武功）等地，唐兵溃败，京师大骇。唐代宗命李适为关内元帅，郭子仪为副元帅，到咸阳抵御吐蕃。此时吐蕃军已逼近长安，唐代宗急忙逃往陕州。第三天，吐蕃入长安城，掠夺府库钱财，焚毁民房，繁华的长安城变得满目疮痍。郭子仪用少数兵卒，虚张声势恐吓吐蕃，吐蕃军据城15日，惊惶出城。同年，吐蕃又攻入剑南道的松州（今四川松潘）、维州（今四川理县）、云山城、笼城等地，唐政府受到吐蕃的严重威胁。

广德元年（763）后，吐蕃连年入侵，战争激烈，唐在凤翔、泾州、邠州

（今陕西彬县）、渭北等地设节度使，驻重兵，抵御吐蕃。

广德二年（764），仆固怀恩叛唐，引吐蕃、回纥等数十万人进攻长安。仆固怀恩，铁勒族人，安史之乱时从郭子仪、李光弼作战，屡立战功，曾与回纥兵击败史朝义，官至河北副元帅、朔方节度使等职。他自恃功高，不满意朝廷对他的待遇，加之朝廷对武臣猜忌，总想收回兵权，这就更使他对朝廷不满。广德二年（764），唐代宗命郭子仪为朔方节度使，朔方将士闻知，欢欣鼓舞，纷纷离开仆固怀恩欢迎郭子仪。仆固怀恩率兵三百逃至灵武，收拾散兵，招引吐蕃、回纥来攻。代宗命郭子仪率军御敌，先锋部队攻破吐蕃军营，俘斩百余。郭子仪屯重兵于泾阳（今陕西泾阳），吐蕃军挑战，郭子仪不出。此时，剑南、严武已攻破吐蕃盐川城。仆固怀恩与吐蕃军惧怕失去后援，不战退兵，京师之围遂解。

永泰元年（765）九月，仆固怀恩又引回纥、吐蕃、吐谷浑、党项等数十万人入侵，至鸣沙（今宁夏中卫东）暴病而死，吐蕃军大掠男女数万人，焚舍而去。同年十月，吐蕃军至邠州，与回纥相遇，合纵入侵，兵逼奉天，郭子仪说服回纥。使回纥与唐联兵，共扼吐蕃。不久，郭子仪的先锋白元光与回纥军一起在灵台（今甘肃东北）县之西击败吐蕃，斩首5万余级，仆固怀恩大将仆固名臣也率千骑降唐，吐蕃退军，形势有所缓和。

吐蕃退军是郭子仪等率军抗击的结果，宰相元载却说非人力而为，而是菩萨保佑的缘故。唐代宗宠信元载，便信以为真，下令广造佛寺，以得到菩萨更多的保佑。但这并没有阻止吐蕃、回纥的入侵，代宗便令众僧讲《仁王护国经》，敌人抢掠一番后归国，代宗却认为是众僧讲经有效，退敌有功，对众僧厚加赏赐，对郭子仪等御敌勇将却置之一边，不闻不问。唐代宗这种赏罚不当的行径，使天下人寒心。此后，吐蕃连年入侵，战争不断，唐政府不得不花费巨大的财力，在凤翔、泾州、邠州、渭北、西川等地派驻重兵，以备吐蕃。

大历二年（767）九月，吐蕃进犯灵州（今宁夏灵武西南），接着兵逼邠州，代宗命郭子仪率师3万御敌，十月，在灵州击败吐蕃，京师才得以平安。次年十一月，吐蕃10万兵马入侵灵武、邠州，邠宁节度使率军御敌，击破吐蕃2万余人。后郭子仪自河中移镇奉天，吐蕃入侵灵州，灵州守将白元光击败吐蕃2万军队于灵武，不久，又在灵武击破吐蕃6万，唐代宗君臣喜形于色，沉浸在一时的胜利之中。

大历五年（770）五月，代宗在甘肃徙置民众于山险要害，用以防备吐蕃的

耀军徽令公却敌

——从1935年会文堂新记书局蔡东藩《唐史通俗演义》

入侵。九月,吐蕃进犯永寿(今属陕西)。大历八年(773)八月,吐蕃进犯灵武,抢掠而去。幽州节度使朱滔率5000骑请河西防秋,代宗令赴泾州行营。十月,吐蕃进犯泾州、邠州。郭子仪部先锋将浑瑊与吐蕃战于宜禄,唐师不利。浑瑊与泾原军合力作战,吐蕃军始溃败而去。不久,郭子仪率军击败吐蕃10万大军,唐军取得重大胜利。

大历九年(774)四月,代宗命郭子仪等大阅兵师以备吐蕃。代宗又下诏各地出资备边,以供防秋之用。

大历十一年(776)春,剑南节度使崔宁大破吐蕃20万;四月,破吐蕃于望汉城;十二月,又在西山大败吐蕃。大历十三年(778)四月,吐蕃进犯灵州,朔方留后常谦光击败吐蕃。六月,吐蕃又进犯盐州(今陕西定边)、庆州(今甘肃庆阳)。同年,回纥登里可汗为了掠夺财物,也进犯太原,杀唐军民万余人,纵兵大掠。唐代州都督张光晟击败回纥兵,登里可汗才退走。唐代宗为了集中力量抵御吐蕃,对回纥的不礼采取忍让态度,力求保持和好关系。

唐代宗在位期间，虽然采取了一些措施防御吐蕃的入侵，但由于节度使各自独立，难以驾驭，并没有从根本上解决问题。整个代宗朝，唐与吐蕃的战争，互有胜负，双方耗费都很大。此后，吐蕃走向衰亡，唐王朝也日趋衰弱。

三、宦官当朝　小民起义

代宗受宦官李辅国、程元振的拥立才得以称帝，即位后对宦官李辅国、程元振十分宠信。李、程自恃定策有功，越加专横，对代宗的统治构成了威胁。

代宗即位后，李辅国自命为定策功臣，专权用事，甚至不把代宗放在眼里，他竟对代宗说：你但居禁中，外事自有老奴处分，要独专大权。代宗听后，很不高兴，但李辅国握有兵权，只好表面上以礼相加，尊其为尚父。不久，又加司空、中书令。[1]宦官程元振也任为左监门卫将军。李、程二人在朝廷上专权用事，排斥异己，代宗无可奈何。

李、程二人同在朝廷，也不免勾心斗角。程元振曾暗中向代宗提出惩治李辅国，这正中代宗心意，于是代宗解除了李辅国的行军司马职，将其迁居外第。后来，代宗又与程元振商议，密派牙门将杜济，刺杀李辅国。

李辅国被杀，程元振任骠骑大将军，独揽大权，专政自恣。当时，安史之乱已经平息，唐代宗论功行赏，奖掖群臣，正副元帅及各节度使，悉赠官阶。惟山南东道节度使来瑱，因与程元振有隙，不但没有受赏，反而被流放播州，不久赐死。其部将大为不平，共推兵马使梁崇义为统帅，要求为来瑱讼冤，唐代宗无力讨伐，不得不下诏以功臣礼节改葬来瑱。

广德元年（763）秋，吐蕃引兵入大震关，尽取河西、陇右之地。地方官吏连连上书告急，俱被程元振阻匿。直到吐蕃攻取泾州，代宗才有所察觉，不得不起用郭子仪镇守咸阳。郭子仪遣使入奏，请求援兵。程元振嫉妒郭子仪，不让来使入见，致使吐蕃大军直入，攻进京师。唐代宗惊惶失措，出奔陕州（今河南陕县）。

唐代宗出奔陕州，多次发诏征诸道兵马，各节度使都痛恨程元振，无一应

---

[1] 事见《新唐书·宦者下·李辅国》："代宗立，辅国等以定策功，愈跋扈，至谓帝曰：'大家第坐宫中，外事听老奴处决。'帝矍然欲翦除，而惮其握兵，因尊为尚父，事无大小率关白，群臣出入皆先诣辅国，辅国颇自安。又册进司空兼中书令，实封户八百。"

诏，连李光弼也勒兵不赴。而扈驾大臣，又惧怕程元振，不敢弹劾，只有太常博士柳伉上疏，请斩杀程元振，以谢天下。代宗得书，因感念程元振有拥立之功，仅削夺官爵，放归乡里。后程元振又私入京师，不久，被放逐到江陵，直到病死。

唐代宗时专权用事的宦官还有鱼朝恩。鱼朝恩，泸州泸川（今四川泸县）人，肃宗时任禁卫军指挥，代宗时，任天下观军容宣慰处置使等职。仆固怀恩部将范志诚率叛军进攻泾阳，唐代宗下制亲征，鱼朝恩以平叛为名，大索士民私马，弄得人心惶惶，争相逃匿。鱼朝恩专权，势倾朝野，十分骄横，甚至连唐代宗也不看在眼里。鱼朝恩有一养子任内给使，曾与同事发生纷争，回家后告之父亲。鱼朝恩即带养子入见代宗，要求代宗赐给紫衣以提高养子身份。宰相元载看准时机，要求皇帝铲除鱼朝恩，代宗许诺。

李辅国、程元振、鱼朝恩都是宦官，恃宠横行，干预政事，究其原因在于代宗优柔寡断。当宦官势倾朝野、危及代宗的统治时，代宗又利用朝官与宦官的矛盾和斗争，除掉宦官。这种朝官、宦官勾心争宠固位的斗争，构成了唐后期的政治特征。

安史之乱后，北方经济遭到严重破坏，原先比较发达的黄河流域，土地荒芜，人口流亡，又加上连年不断的自然灾害，致使许多人流离他乡，转死沟壑，

《捣练图》（局部）
——唐代画家张萱作，现藏美国波士顿博物馆。

出现了人烟断绝、千里萧条的景象，作为历史上中国经济发展中心的北方广大地区，开始萎靡不振，走向衰落。与此同时，江淮地区由于战乱较少，却迅速发展起来。又由于北方的许多地区为藩镇所占据，中央在北方统治的区域越来越小，所以江淮地区就成了唐政府剥削搜刮的主要对象。

唐政府对江淮地区的剥削十分沉重。宝应元年（762），租庸使元载在江淮追征天宝末年以来人民积欠的8年租调，不管是谁，只要发觉家中有财物粮食，就夺取一半，有的甚至十取八九。诸道节度使也往往妄加征科，州县官吏更是巧立名目，盘剥百姓。在这种残酷的剥削和压迫下，人民忍无可忍，奋起反抗，仅见于史书记载的义军就有十余支，人数达数十万，其中规模最大的是唐代宗时期爆发的袁晁起义和方清起义。

这些农民起义虽然由于力量分散，又缺乏斗争经验，最后被唐军各个击破，但是，唐政府在农民起义的打击下，也不得不颁布了一些减轻剥削和恢复生产的法令，人民负担有所减轻。

四、有限改革　未竟雄心

唐代宗李豫在位期间，唐政府经过安史之乱，已经元气大伤。代宗面对危局，也任用了一些贤能之士进行改革，企图重振国威。

唐朝的都城长安位于西北，而关中地区所产的粮食不能完全满足京师人民

刘　晏

刘晏（715—780），字士安，唐代著名的经济改革家。历任吏部尚书同平章事、领度支、铸钱、盐铁等使。实施了一系列的财政改革措施，为安史之乱后的唐朝经济恢复做出了重要贡献。后因谗臣当道，被敕自尽。

和驻军大量的消费需要。每年需要把东南地区100万左右的粮食由淮河经汴水入黄河，再转渭水运达长安。安史之乱期间，洛阳被占，淮河被阻，这条漕运路线完全被切断。广德元年（763），唐军收复了洛阳，很快平定了安史之乱。如何恢复漕运，把江淮的粮食调运到关中，成为必须解决的问题。面对这个烂摊子，唐代宗把这副重担交给了刘晏。

广德二年（764），刘晏带人深入江淮，察看地形，了解民情，总结前人办理漕运的经验和教训，然后发动民工，组织兵丁，控制浚流，打造船只，并把过去富户督办漕运改为官运；把直运改为分段接运。这一套办法十分有效。江淮地区的粮食通过水道源源不断地运到长安，一年运40万石，多的时候达110万石。京师昂贵的米价落了下来。

唐代宗时期还对盐政进行了改革。唐初，不收盐税，安史之乱后，政府财政困难，于乾元元年（758）实行食盐专卖。在产盐区设"监院"管理盐务，盐价比以往高出许多，百姓不买，就硬性摊派，人民备受其害，弊端很多。唐代宗永泰二年（766），任用刘晏对盐务进行重大改进。

刘晏首先精简盐务机构，裁减冗员，合并监院，并在各大城市设立13个巡院，负责管理食盐的销售市场，缉查盐贩走私。刘晏还对食盐专卖制度进行了改革，把原来的官运官销改为"就场专卖"，各地所生产的食盐由盐官统一收购，不许私自卖给商人。盐官所收的盐就在盐场转卖给盐商，商人缴纳盐款和盐税后，自由运销。同时，为了防止商人抬高盐价，在偏远地区设立"常平盐"以平抑食盐价格。还下令禁止各地节度使对盐商增派税收，以免通过中间环节涨价。

在唐代宗的支持下，刘晏还在各道设巡院，选择精干廉洁的人做知院官。

知院官每月都把本道各州县的雨雪、丰歉情况向中央申报。政府在丰收的地区用高于市场的价钱籴进粮食，在歉收地区则低于市场的价钱粜出，以稳定物价，称为"常平法"。在实行"常平法"的同时，刘晏又推行"均输"法，即各以当地的部分租赋收入和盐利，购买各地的土特产品，供应京师，既便利了京师人民的生活，又促进了各地土特产品的发展，使唐代宗时期艰难的政局和拮据的财政有所改善。但他的改革触犯了一些大官僚、大地主的利益。只是由于唐代宗需要利用他理财，予以支持，使改革得以延续。

大历十四年（779）五月，唐代宗死，由他支持的刘晏改革也走到了尽头。十月，唐代宗葬于元陵。

名家评说

群盗方梗，诸戎竞侵。猛士尝胆，忠臣痛心。扫除沴气，敷衍德音。延洪纳祉，帝虑何深。

——后晋·刘昫等《旧唐书》

唐代宗昏愚无知、自以为是、猜忌功臣，对强横者姑息，是个昏君。

——范文澜《中国通史》

宪宗李纯

唐宪宗李纯（778~820），唐朝第十二代皇帝，父唐顺宗李诵，母庄宪王太后。公元805~820年在位。他力削藩镇，恢复统一；励精图治，发展经济，在一段时期内，唐朝社会有了一定的改观。但到了后期，唐宪宗又沾沾自喜，疏于朝政，于是唐朝廷再一次陷入奸佞小人的掌控之中。

一、削平藩镇 一统全境

唐顺宗永贞元年（805），宦官俱文珍与剑南节度使韦皋等藩镇势力联手，逼迫顺宗传位给太子李纯。在宦官势力的压力下，顺宗退位为太上皇，太子李纯即位，是为宪宗。唐宪宗刚即位，就一反对藩镇迁就姑息的常态。西川节度使韦皋死了，其节度副使刘辟自为留后，并上书朝廷，请求代韦皋为节度使。宪宗马上命袁滋为西川节度使，征刘辟入朝为给事中。

自唐中期以来，地方藩镇各拥强兵，表面上尊奉朝廷，但法令、官爵都自搞一套，赋税也不入中央。节度使的职位也往往父死子继，或由部下拥立，朝廷只能顺从，事后追认，而不能更改，否则便联兵反叛朝廷。朝中宰相杜黄裳分析这一形势，力主振举纲纪，制裁藩镇，宪宗十分赞同他的意见。刘辟未当上节度使，便发兵攻围梓州。宪宗力排众议，采取杜黄裳的建议，先拿刘辟开刀。

元和元年（806），宪宗命左神策军节度使高崇文等率军讨蜀。高崇文是唐将中名位较浅、有勇有谋的将领。他率军自斜谷出兵，一路严申军纪，斩关夺

唐宪宗李纯
——从明万历三十七年（1609）原刊本《三才图会》

隘，所向皆捷。自正月出兵，至九月唐军便攻克成都，生擒刘辟，平定了叛乱。

就在宪宗讨蜀之际，夏绥节度使韩全义入朝致仕，留自己的外甥杨惠琳为知夏绥留后，不肯交出兵权，勒兵阻止朝廷派去接任的节度使。宪宗果断地命令河东天德军出击杨惠琳，平息了杨惠琳的反叛，传首京师。这样，宪宗上台的当年，初试锋芒，取得了同藩镇斗争的初步胜利。

蜀、夏二地的平定，产生了强大的震慑力量，许多藩镇纷纷请求入朝。镇海节度使李锜迫不得已，也请求入朝。宪宗应允，遣使慰抚，并讯问行期。李锜原只想随便表示一下，便一再拖延。宪宗果断下诏，征李锜为左仆射，以御史大夫李元素为镇海节度使，李锜遂举兵反叛。宪宗早有准备，随即下诏削去李锜的官爵及唐宗室的属籍，发兵平叛，不到一个月，叛乱就被平息了。

然而，平定藩镇势力，的确不是一件容易事。尤其是以河朔三镇为代表的河北藩镇，已有几十年不奉唐朝的诏令了。这次见朝廷的威信日益提高，都在寻找时机，再同朝廷一决胜负。

元和四年（809），成德节度使王士真死了，其子副大使王承宗自为留后。河北三镇纷纷仿效王士真，以自己的嫡长子为副大使，父死即代领军务。王承宗为了使朝廷册命他为节度使，假意献出德、棣二州，可当朝廷正式任命他为节度使之后，又将德、棣二州据为己有。宪宗遂决定出师征讨。

许多朝臣见宪宗西取蜀地刘辟，东取吴地李锜，不由得忘乎所以，纷纷劝宪宗举兵河北。宰相裴垍、翰林学士李绛头脑十分清醒，都力阻宪宗出兵。然而宪宗由于前几次平叛连连得手，急于平灭藩镇，低估了河朔势力，没有采纳李绛的意见。元和四年，宪宗下诏，削夺王承宗官爵，以宦官吐突承璀讨伐王承宗。

唐宪宗是由宦官的拥戴当上皇帝的，所以他对宦官颇有好感。轻率出兵已是失策，任命宦官为军事统帅则更不合宜。以翰林学士白居易为代表的朝廷

裴　垍

大臣都极力反对，但宪宗仍不以为然。

当时，河北的形势是，成德王承宗在北，魏博田季安在南，卢龙镇刘济又在成德之北，淄青李师道在东。他们都权衡利弊，或虚张声势，响应朝廷，实则逗留不前；或拥兵观望，看风使舵。刘济引全军攻乐寿（今河北献县），相持不攻；李师道、田季安均引军各攻一县，即停兵不进，表面上参加平叛，而一有时机，马上可出手援救王承宗，袭击官军。

吐突承璀来到前线，威令不振，屡战屡败，损兵折将。连左神策军大将军郦定进都战死。郦定进曾参加过平定西川刘辟的战争，擒刘辟，在军中以骁勇闻名。他一死，使官军损失惨重，士气十分低落。到这时候宪宗才明白，河北势力竟是这样错综复杂，强大难制，这场战争已无法再打下去了。宰相裴垍在危急时刻，设计擒灭卢从史，平定了昭义，清除了内患，才使形势稍有好转。王承宗见昭义覆灭，失去内应，上书向朝廷请罪，假意表示愿输纳贡献，请派官吏。朝廷官军在河北旷日持久，力难支敌，宪宗正好就坡下驴，赶忙下诏罢兵。

讨伐王承宗的失败，并没有使宪宗改变制服藩镇的决心，但改变了以前一味出兵征讨的办法，转而使用恩威并济的策略。

元和七年（812），魏博节度使田季安死了，按照惯例，其11岁的幼子田怀谏为副大使，总揽军务。可宪宗要改变这种局面，不允许有这种不经中央自立节度使的割据行为。朝中宰相李吉甫等人力主宪宗再次出师征伐。宰相李绛却不主张出兵，他分析：河北藩镇节度使，恐部将权力太重，都分兵以隶诸将，互相牵制。当节度使为严明主帅时，能控制住这种局面。田怀谏是个11岁的幼童，其军权必将由别人代理。分兵之策，适足为今日祸乱。田氏必为部下诸将所杀。而杀田怀谏代为主帅者，必遭邻道所攻。因为其他藩镇也怕部将以灭自己，对杀主帅者决不容忍。故杀田氏者如不归依朝廷为援，马上会被别的藩镇吃掉。所以，朝廷无须出兵，只须训练兵马，以观其变。如有魏博部将来效命朝廷，当不吝啬爵禄，厚加赏赐，使其他藩镇得知，也怕部下将令效法，以取朝廷重赏，都惊恐不安，他们就会恭顺朝廷了。这一番切中要害的言语，说得宪宗心花怒放，连连点头称善。

后来事势的发展确如李绛所料。田季安的部将田兴举兵擒田怀谏，归附朝廷，并愿守朝廷法令，输纳贡赋，请中央委派官吏。宪宗派使者前去抚慰，以观其变。李绛劝宪宗直接下诏，封田兴为节度使。田兴感念宪宗的恩德，对朝

廷忠心不二，河北各镇屡遣说客前来，要他背叛朝廷，遵河朔旧约，田兴终不为所动。终田兴之世，魏博镇一直是朝廷倚重的力量。河朔三镇终于打开了一个缺口。

元和九年，宪宗一朝最有成效的一次讨伐藩镇的斗争又开始了。原来，淮西镇（亦称彰仪）节度使吴少阳在蔡州（今河南汝南），积极积蓄力量，蓄意谋反朝廷。宪宗早就有意征取蔡州，因忙于讨伐王承宗，一时抽不出手来。这年，吴少阳死，其子吴元济自领军务，更加跋扈，四出攻掠，关东为其驱掠者千余里，甚至骚扰到东都洛阳附近。宪宗派严绶督诸道兵讨吴元济。

不过，宪宗讨淮西却遇到了多方阻力。首先是地方藩镇的捣乱。如淄青（治今山东益都）的李师道在朝廷征兵本来没有淄青的情况下，也派将领率2000人去寿春（今安徽寿县），声言助官军讨元济，实则待机而动，支援淮西。又派刺客奸人在洛阳、长安四下活动，制造恐怖。于是，群盗并起，一件件触目惊心的消息不断传来。宰相武元衡在上朝途中被杀，宰相裴度被刺客击伤。一系列恐怖事件，搞得朝野内外，人心恐惶，草木皆兵。还有个宣武镇节度使韩弘，依仗兵力，10年不入朝，宪宗以其为讨伐淮西诸军都统，他却故意拖延。在讨淮西的诸军将领中，只有陈州刺史李光颜战功卓著。而宪宗亲命的前线统帅严绶懦弱无能，又有宦官作监军，对诸将加以监视，打了胜仗归功于自己，打了败仗过错全落在诸将头上，弄得将帅谁也不肯出力，军心涣散，士气低落，出师三年，仍不能奏效。

唐宪宗在这种复杂的局面下，表现了明断精神。先撤掉严绶，以右羽林大将军高霞寓为唐、随、邓节度使，专事攻战。高霞寓大败于钱城，许多大臣都准备入劝宪宗，宪宗先堵住他们的口说："胜负兵家之常。"宰相裴度因遇刺卧病，许多人都请求免裴度之官，以讨好藩镇，宪宗坚决地说："若罢度官，使奸谋得逞，用

裴度
——从明万历三十七年（1609）原刊本《三才图会》

度一人，足以破贼！"对前线作战不力的将帅，坚决撤掉。高霞寓战败后，又以荆南节度使袁滋为彰仪节度使，申、光、蔡、随、邓等州观察使，后又以名将李愬为唐、随、邓州节度使，率军进讨淮西。

到元和十二年，讨伐淮西的战役已有四年之久，国家匮乏疲弊，宰相裴度自请往前线督战。宪宗任他为淮西宣慰处置使，负责指挥全军。为了使裴度能顺利平定淮西，宪宗对他言听计从。裴度来到淮西前线，奏请取消了监军的宦官，使将领能够独立处理军事，很快扭转了被动局面。又信用李愬、李光颜等一批名将，整顿前线军务，改变了以前军令不统一的混乱局面。

元和十二年冬，在一个风雪弥漫的夜里，唐将李愬率领9000士卒，突袭淮

淮蔡成功
——从明万历元年（1573）纯忠堂刊本《帝鉴图说》

唐史纪：吴元济反淮西，宪宗命发兵讨之。是时诸道节度使及宰相李逢吉，皆与元济交通，多请罢兵，惟裴度力主讨贼之议。上曰：吾用度一人，足破此贼，遂以度为相。师累岁无功。度请自诣行营。上许之。度陛辞。言曰："臣若灭贼，则朝天有期，贼在，则归阙无日。"上为之流涕，解通天御带以赐之。度至淮西，身督战。由是诸将效力。李愬夜袭蔡州，擒元济，淮西遂平。韩愈奉诏撰平淮西碑曰：凡此蔡功，惟断乃成。

西镇治所蔡州城，一举活捉了叛乱头子吴元济。淮西自吴少诚以来，唐官军不至蔡州32年，宪宗经过4年的艰苦平叛，终于复将淮西收归中央。

吴元济的平定，使河北藩镇对朝廷刮目相看，纷纷上书朝廷，表示愿意归顺。横海节度使程权，割据沧景三世，共传四任，举族入朝；成德王承宗一扫过去的嚣张气焰，也赶忙派使送二子入朝为质，并献德、棣二州图印至京师；卢龙镇刘济已死，其子刘综代之，亦专一归顺。

淄青镇的李师道在平定淮西时，为吴元济出了大力，闹得朝野不得安宁。淮西灭亡后，李师道仍负隅顽抗。元和十三年五月，宪宗下诏征讨李师道。这次今非昔比了。李师道孤立无援，没有一个藩镇敢帮他的忙，孤军顽抗。在官军万众一心的攻击下，李师道很快就破灭了。

自安史之乱后，以河朔三镇为代表的地方割据势力，历经肃宗、代宗、德宗、顺宗、宪宗，曾同中央进行了反复激烈的较量，最后终于一一相继被平定，唐朝重新创造了一统天下的局面。

二、人和政通　励精图治

唐宪宗不仅在同藩镇的斗争中显示出卓越的胆识和坚忍不拔的气魄，在用人纳谏方面也颇具选才任贤的眼光和采纳忠言的大度。

宪宗即位后，急于渴求帮助他治国平天下的贤才，而不喜欢奇珍异兽，更不喜欢以此来博取他欢心的佞臣。

宪宗一朝，十分注意选拔和任用宰相。在他当太子时就留心这个问题。上台后，经常和群臣一起讨论历代择用宰相的利弊得失。选择了像杜黄裳、裴垍、李绛、裴度、崔群等一大批正直且有经国大略的名相。

杜黄裳为宪宗首开削平藩镇之略。当西川刘辟叛乱时，公卿皆以蜀道险远，不宜出兵。杜黄裳力主讨蜀，并推荐高崇文为军事统帅。高崇文不仅勇敢善战，而且正直无私，对藩镇作战首战告捷。

李绛不仅有谋略，熟悉天下藩镇形势，而且刚正不阿，直言敢谏。凡朝臣对宪宗进谗言陷害忠良，李绛都加以辩解，匡正了宪宗不少过失。李绛敢于直言，不肯巴结皇帝，宪宗反倒更加器重他。元和六年，择他为宰相。李绛又劝宪宗，国家艰难，府库空虚，应节衣缩食，不可纵恣声色。宪宗听了很高兴，称他为"真宰相也"！就在这一年，江淮发生大灾荒，可当地御史却谎报丰年。李绛

李 愬
　——从《马骀画宝》

奏请，制裁弄虚作假的御史，蠲免江淮租赋。又奏请宪宗在振武、天德两地开置营田。四年间开田4800顷，获谷4000余万斛。像这类有关国计民生的大计，宪宗都一一采纳。李绛为相期间，为宪宗平定藩镇、整顿吏治、纠正弊政，成为当时一代贤相。

宪宗时，也有的宰相唯唯诺诺，每逢大事不置可否，只知随声附和。如权德舆就属于这一类。李绛与李吉甫常在宪宗面前争论，权德舆居中不发一言，谁也不得罪。宪宗非常鄙视他，不久就免了他的宰相。

宪宗一朝，无论是同藩镇的斗争，还是国家的政治、经济等方面都有转机，虽不能同前期相提并论，但在唐后期算得上是最好的局面，这与他能任用李绛、裴度等一代名相有很大关系。

在其他官员的选用上，宪宗也注意不拘一格，任人唯贤。在宪宗的臣下中，左拾遗元稹善指陈朝廷得失，宪宗嘉纳其言，时常召见他；白居易做诗规讽时事，传入禁中，宪宗大为赏识，召为翰林学士；给事中李藩知无不言，皇帝的制敕有错误也敢指正，宪宗择他为宰相；翰林学士崔群正直无隐，受到宪宗高度信任。

由于宪宗能知人善任，在当时可以说是人才济济一朝，杜黄裳、李绛、裴度为其运筹划谋，总举大纲；李愬、高崇文、李光颜等为其南征北战，平定各地；杜佑、白居易、韩愈为其舞文弄墨，草制诏敕。唐后期人才之盛，莫过于宪宗。

由于宪宗注意随时采纳众言，避免了许多过失。如元和二年（807），有人在宪宗面前进谗言说，大臣郑絪与昭义节度使卢从史互相勾结，泄露朝廷机密。宪宗很气愤，但他没鲁莽行事，而是先让李绛谈谈自己的看法。李绛知郑絪是佳士，劝宪宗不要听信奸臣挑唆，详细查明原委，避免了一大冤案。

在宪宗的鼓励下，甚至有的大臣敢于

白居易
——从故宫南熏殿旧藏《历代圣贤名臣像》

据理力争，抗旨不遵。元和八年，有一僧人鉴虚，以财货结交权贵，受藩镇贿赂，横行不法。御史中丞薛存诚将其拘禁。权贵宦官们都争着为他求情，宪宗也因得过他的好处，欲释放他，遭到薛存诚拒绝。后宪宗又派宦官到御史台宣旨，薛存诚坚持不放人。他回答宪宗说："陛下一定要释放此僧，请先杀臣，不然，臣期不奉诏！"宪宗不仅不怒，相反嘉奖了薛存诚。罪大恶极的鉴虚终被处死。[1]

在一班朝臣的辅佐下，宪宗改革了一些弊政，使当时的政治初步走上了轨道。如唐后期，诸道官吏进京，都要送财物给皇帝，以巴结皇帝，求得升迁。元和三年，宪宗下令，诸道官吏来京，不得进奉。知枢密使刘光锜奏请派使者到各地颁布这个诏令，想去分割这些进奉，翰林学士裴垍、李绛反对派使，主张通过驿站传递。刘光锜说这是以前的旧例。宪宗也看透了他的心思，不耐烦地说："以前旧例对，就照着做，不对，为什么不改过来！"

对各地因战乱、灾荒而造成人民的灾难，宪宗也表示一定程度的关心。即位之初，曾派度支、盐铁转运副使潘孟阳宣慰江淮，行视租赋，察官吏赃否、百姓疾苦。结果潘孟阳到处游宴纳贿，宪宗马上免去了他的度支、盐铁副使之职，并把这件事时刻记在心里。元和四年，南方旱饥，宪宗命左司郎中郑敬德等为

韩愈
——从故宫南熏殿旧藏《历代圣贤名臣像》

---

[1] 事见《旧唐书·列传第一〇三·薛存诚》："僧鉴虚者，自贞元中交结权幸，招怀赂遗，倚中人为城社，吏不敢绳。会于頔、杜黄裳家私事发，连逮鉴虚下狱。存诚案鞫得奸赃数十万，狱成，当大辟。中外权要，更于上前保救，上宣令释放，存诚不奉诏。明日，又令中史诣台宣旨曰：'朕要此僧面诘之，非赦之也。'存诚附中史奏曰：'鉴虚罪款已具，陛下若召而赦之，请先杀臣，然后可取。不然，臣期不奉诏。'上嘉其有守，从之，鉴虚竟笞死。"

江、淮、荆、湖、襄、鄂等道宣慰使，赈恤贫民。临行时告诫他们说："朕宫中用帛一匹，皆有账簿，惟救济百姓则不吝啬。卿等应深识朕意，勿效潘孟阳专事饮酒游玩。"

在同藩镇的斗争中，宪宗对受藩镇残害的百姓一概进行安抚。诛灭镇海李锜后，有司请求籍灭李锜的家财，以输京师。宪宗从李绛奏请，以李锜家财，代替浙西百姓当年的租赋。

宪宗统治前期，比较务实，唐末的社会经济有所改善。

三、晚年昏乱　被弑丧命

前期的唐宪宗，可算得上一个有道明君，但他在完成了自己的辉煌功业之后，忘乎所以，逐步骄奢放纵起来。信用群小，拒谏饰非，大兴土木，求神仙长生之术。

平定淮西吴元济是宪宗政治上的转折点。元和十三年，宪宗命六军修麟德殿。右龙武将军张奉国、大将军李文悦，以淮西初平、营缮太多，告诉宰相裴度，希望他劝戒宪宗。裴度代为转奏，宪宗大怒，将二人贬官。又命疏浚龙首池，筑承晖殿，自此土木之役日趋增多，宫中所费也越来越奢侈。户部侍郎、判度支皇甫镈、盐铁转运使程异，多次向宪宗进羡余，以供其费。宪宗则提拔二人为宰相。消息传出，朝野惊骇。裴度、崔群极陈：二人资性狡诈，盘剥百姓，刻扣军饷，天下共愤，要宪宗收回成命，宪宗非但不采纳，还指责二人为朋党。自淮西用兵以来，度支、盐铁及四方争相贡献，元和进奉之弊愈演愈烈。这些财富都是官吏们通过盘剥百姓而来，而宪宗来者不拒，受之不愧，且贪婪无厌的胃口越来越大。

唐宪宗自以为功成名就，也就失去了那种信任群臣、从谏如流的作风，转而喜欢那些取媚阿谀自己的群小，对指责自己失误的忠直之言越来越感到不顺耳了。自引皇甫镈、程异入相后，裴度、崔群等正臣逐渐被疏远，最后被排挤出朝。皇甫镈得宪宗宠信，更加肆无忌惮地为非作歹。裴、崔二人是宪宗前期的名相，宪宗依靠他俩平定淮西，补偏救弊，成就了自己的功业。自二人去后，一班奸佞群小围绕在宪宗周围，政事日坏，朝廷日益黑暗。对皇甫镈等人的可恶行径，朝野上下，人情汹汹，个个切齿。而宪宗本人已经听不进他的臣民的呼声了。

宪宗晚年，也喜欢起神仙长生之术来。陕西凤翔法门寺有一块所谓的佛

遣使赈恤

——从明万历元年（1573）纯忠堂刊本《帝鉴图说》

　　唐史纪：宪宗四年，南方旱饥，命左司郎中郑敬等为江淮、两浙、荆湖、襄鄂等道宣慰使，赈恤之。将行，上戒之曰："朕官中用帛一匹，皆籍其数，惟周救百姓，则不计费。卿辈宜识此意，勿效潘孟阳饮酒游山而已。"

骨，宪宗派宦官率众佛生迎至禁中，供奉三日，然后在京师诸佛寺巡回供奉。在他的带动下，掀起了一股迎佛骨的佛教热潮。王公士民解衣散钱，争相供奉施舍，甚至有倾家荡产者。刑部侍郎韩愈上书，表示反对，被贬为潮州刺史。

　　宗正卿李道古与皇甫博勾结，说山人柳泌能制长生药，宪宗大感兴趣，把柳泌召来炼药。起居舍人裴潾见宪宗日日服用柳泌所炼的丹药，不免十分担忧，他向宪宗上书道："金石性烈，再加以烧制，则火气毒气都难以控制。若金丹炼成，不凡让方士自己先试服一年，观其效用，皇上再用不迟。"宪宗大怒，后贬裴潾为江陵令。[1]

---

[1] 事见《旧唐书·宪宗本纪》："上服方士柳泌金丹药，起居舍人上表切谏，以'金石含酷烈之性，加烧烈则火毒难制。若金丹已成，且令方士自服一年，观其效用，则进御可也。'上怒。已亥，贬裴潾为江陵令。"

到元和十五年，宪宗因服金丹，性情日加躁怒，左右宦官稍有不顺意，即遭责打，甚至有因此而死者。宦官人人自危，朝不虑夕。宦官陈弘志发难，宪宗被弑而死。从此，唐朝皇帝的废立，都由宦官所操纵。

名家评说

贞元失驭，群盗箕踞。章武赫斯，削平啸聚。我有宰衡，耀德观兵。元和之政，闻于颂声。

——后晋·刘昫等《旧唐书》

唐宪宗比他的先帝们有振作朝廷的意愿，多少能够听朝臣们的谏诤，也多少改革一些前朝的恶政，所用宰相也还得人，因此，朝廷在政治上呈现唐中期未曾有过的气象，在军事上也就获得了未曾有过的胜利。

——范文澜《中国通史简编》

武宗李炎

唐武宗李炎（814~846），唐代第十六代皇帝，初名瀍，会昌六年（846）三月，改名为李炎。为皇太子李恒（唐穆宗）第五子，母为皇太子妃韦氏。公元839~846年在位。谥号"至道昭肃孝皇帝"，庙号"武宗"。武宗统治期间对宦官的权力进行了剥夺，有力打击了宦官势力；收复昭义镇，削弱了藩镇割据势力，这对安定社会、巩固统一起到了积极作用。

唐武宗李炎
——从明万历三十七年（1609）原刊本《三才图会》

一、被拥登位　延揽干臣

长庆元年（821）三月，唐穆宗封诸皇子为王，李瀍受封为颖王，与同时被封王的诸兄弟景王湛（唐敬宗）、江王涵（唐文宗）、漳王凑、安王溶等，同住在皇宫之外的十六宅。

住在十六宅中的诸王，大多无所事事，整日声色犬马，醉生梦死。颖王却不同，他不为侈靡生活所诱惑，有心计，善谋划，史称他"沈毅有断，喜愠不形于色"。两位兄长敬宗、文宗先后当了皇帝，对他刺激很大。这时期，人们对嫡长子嗣位观念已经淡漠，颖王心里亦萌生了"做天子"的欲望。

开成三年（838）十月，皇太子李永死，次年十月，文宗立侄儿、敬宗第六子陈王成美为皇太子，等待册礼。次年正月二日，文宗突然病倒，奄奄一息。朝廷形势顿时紧张起来，焦点都集中到了储君的安排上。

文宗病倒的当天夜里（正月二日），两军中尉仇士良、鱼弘志假传圣旨，

率领神策军来到十六宅，迎接颖王赴少阳院受旨。文宗无奈，只得诏立颖王为皇太弟，临时执掌军国政事。皇太子成美复封为陈王。皇太弟李炎赴东宫思贤殿接受百官朝拜。正月四日，文宗崩，遗诏皇太弟于柩前即皇帝位。十四日，27岁的李炎正式登基。

武宗一即位，立即将同自己争夺皇位的陈王成美、安王溶及杨贵妃赐死于府第。接着论功行赏，有援立之功的右军中尉仇士良被封为楚国公，左军中尉鱼弘志被封为韩国公，太常卿崔郸为户部尚书判度支，同中书门下平章事，升为宰相。册宫人刘氏、王氏为妃。八月十七日，武宗派遣知枢密刘弘逸、薛季稜率禁军护送文宗灵驾赴章陵。刘、薛二人素与仇士良不和，在立储之争中，二人拥立皇太子和安王失败，更加仇视仇士良。这次安葬文宗，武宗让他们率领禁军，是举事的极好机会。于是二人密谋，准备率军倒戈，诛杀仇士良、鱼弘志。这一阴谋被卤簿使、兵部尚书王起和山陵使崔棱发觉，立刻率卤簿诸军先发制人，杀死了刘弘逸、薛季稜。与此同时，宰相杨嗣复、李珏也被罢相。贬杨嗣复为检校吏部尚书、潭州刺史，充任湖南都团练观察使，李珏为检校兵部尚书、桂州刺史，充任桂管防御观察等使。仇士良等劝武宗将他们处斩，宰相崔郸、崔珙等以国朝先例，非恶逆显著不杀大臣为由力谏，杨、李乃幸免于死，但又再贬杨嗣复为潮州刺史。

经过这一赏一贬，朝廷中的反对力量基本清除。但是，武宗最讨厌并曾发誓要清除的宦官仇士良等借援立之功仍把持朝政，控制自己。他强烈地意识到，要尽快摆脱自己的被动地位，而这就需要有一位才能卓越的宰相统领南衙，以便逐渐取代宦官势力，控制朝廷大权。经过慎重选择，武宗把这一愿望寄托给了久孚盛望的李德裕，并把他从淮南节度使任上擢为宰相，入朝秉政。

李德裕是河北赵州人，出身士族之家。父亲李吉甫是唐宪宗倚重的宰相。李德裕不屑参加科举，从门荫入仕。穆宗初，擢翰林学士、中书舍人，开始参与朝廷机要，后被牛僧孺排挤，离开朝廷，出任浙西观察使、西川节度使等地方官职，前后历经17年之久。文宗、武宗期间，当了7年宰相。宣宗大中四年（850），被贬死崖州。李德裕从事政治活动40年，是唐后期才能卓越的人物。

二、外拒边患　内平藩镇

会昌二年（842）七月，回纥乌介可汗以为唐朝软弱可欺，公然提出要唐给

牛、羊、粮食，借驻天德城等无理要求，武宗予以严词拒绝。八月，乌介可汗领兵悍然越过把头峰（今包头市附近），南入大同川，掠牛马数以万计，直逼云州城（今山西大同市）。

面对回纥乌介可汗的入侵，朝廷之中议论纷纷，牛僧孺等保守势力主张固守边防，不可出击。宰相李德裕全面分析了敌我力量对比，认为回纥正趋衰势，击之必胜。武宗采纳李德裕的意见，立即诏调许、蔡、汴、滑等六镇之兵，驰援天德（在今内蒙古乌拉特旗境内）、振武（治所在今内蒙古和林格尔西北），任命太原节度使刘沔为回纥南面招讨使，张仲武为东面招讨使，李思忠为西南面招讨使，各路大军会师太原，待机讨伐。

回鹘（壁画）

与此同时，武宗赐给乌介可汗诏书，列数其罪状，并警告他要"速择良图，无贻后悔"，尽可能争取招抚。然而，乌介可汗一意孤行，会昌三年（843）正月，悍然发兵进攻振武。

刘沔遣麟州刺史石雄、都知兵马使王逢率3000骑兵为前锋，刘沔殿后。石雄挖地道攻入乌介可汗的牙帐（指挥所），各路大军配合猛攻，在杀胡山大败回纥军队，俘虏了2万余人，乌介可汗中箭逃往黑车子族。唐军取得反击战的彻底胜利。

外患甫定，内乱继起。会昌三年（843），刘从谏死，其侄谋擅袭位，昭义镇节度使发动了叛乱。昭义镇辖有5州31县，节度使驻潞州，为临近两京的战略要地。事件发生后，朝廷哗然。对藩镇之乱心有余悸的朝廷大臣们大都主张姑息

妥协，答应刘稹的要求，授予节钺，同意为兵马留后。只有李德裕等少数的大臣坚决主张对刘稹用兵平叛。武宗力排众议，独纳李德裕的意见，他说："我与德欲的意见相同，保证没有斗争可后悔的。"[1]决定利用藩镇之间的矛盾，用藩镇之兵讨伐刘稹。

五月，武宗下诏，削夺刘从谏和刘稹官爵，任命成德节度使王元逵为泽、潞北面招讨使，魏博节度使何弘敬为泽、潞南面招讨使，与河东节度使刘沔、河中节度使陈夷行、河阳节度使王茂元等合力讨伐刘稹。随后又调武宁节度使李彦佐任晋绛节度使，配合各路兵马。

诏令一下，各路大军进展迅速，惟独李彦佐行动迟缓，并且上表请求在绛州休整。武宗立即调整部署，从天德军方面调石雄任晋绛行营节度副使，准备取代李彦佐。同时对各路讨伐军提出了明确具体的要求。严明军纪，禁止部队焚烧庐舍，挖坟掘墓，侵扰百姓，从而取得了沿途百姓的支持。至会昌四年（844）七月，邢州刺史裴向、洺州刺史王钊、磁州刺史安玉等抵不住王元逵、何弘敬的压力，各率部开城投降。八月，三州投降的消息传到泽、潞二州，叛军内部分崩离析，刘稹亲信、潞州大将郭谊等取刘稹首级，迎接讨伐军进城。历时13个月的昭义之乱，至此彻底平定，收复5州31县。昭义镇的收复，削弱了藩镇割据势力，巩固了唐王朝的统一。

三、痛革前弊　排抑宦官

由于平叛的胜利，整个朝廷都被武宗突如其来的威力震慑住了。武宗与李德裕君臣二人配合得如此默契，令群臣瞠目结舌，甚至连身历多朝、权势显赫且具援立之功的大宦官仇士良等也不得不另眼相看，重新审时度势。正当宦官们狐疑、观望、等待之际，武宗君臣立刻推出了限制宦官的方略。

武宗采纳李德裕的意见，有步骤有分寸地开始对宦官的权力进行剥夺。首先向宦官头子仇士良开了刀。武宗自即位之初便对仇士良进行种种限制，不准他参与政事。开成五年（840）八月，仇士良奏请武宗以自己从一品的开府仪同三司的职务荫补其子为千牛官。千牛又名千牛备身，为中央禁军左右千牛卫的属官，专掌护卫天子。官位虽低，但选拔极为严格。对他的请求，唐武宗置之

---

[1] 语见《旧唐书·武宗宣宗本纪》："吾与德裕同之，保无后悔。"

李德裕
——从明万历三十七年（1609）原刊本《三才图会》

不理。

会昌二年（842）四月，武宗令中书省起草诏书，削减禁军的粮饷。在此之前，天子的诏令是由大宦官传递经办的，而今仇士良等却不能参与。仇士良恼怒地说："果真如此，我将率领禁军兴乱示威。"武宗得悉，气愤地说："纯为奸人之词。"并召两军中尉谕之："削减粮饷之事，纯属朕意，与宰相无关，且尚未实行，你何必出此狂言？"一向骄横的仇士良竟诚惶诚恐，俯首请罪。[1]仇士良的权势受到很大限制。会昌三年（843），仇士良无奈，被迫退休。不久死去。一年后，武宗下诏，追削仇士良生前所受官爵，并籍没其家产。

同年，唐武宗不同枢密使商量，直接任命崔铉为宰相。唐中后期，由宦官出掌的枢密使出纳王命，控制禁军，掌握国家机密，取代了中书省的权力，权势极为显赫。武宗架空他们，无疑是对其权限的极大限制。

宦官势力不仅把持朝政，也控制着兵权，并利用兵权扩大势力。李德裕当宰相后，上书武宗，总结了德宗以来中央与藩镇作战失败的原因有三：一是由于宦官军权太大，战时诏令从宫廷直接发到前线，宰相却不能参与决策。二是宦官监军，随意指挥，束缚了将帅的手脚，使军队不能灵活作战。三是每军各有宦官作监使，他们选军中最强壮的士兵作为牙队（卫队），让老弱士兵出阵作战。开战后，监军率牙队在远处观战，见势不妙，便策马先逃，阵上士兵随之溃退。武宗接受李德裕的建议，诏令监军不准干预军政，监使选牙队每千人中只准抽10人。由于牙队人数少了，监使便不敢到前线观战，由此加强了将帅的指挥权，使他们能机动灵活地在前线作战。

---

[1] 语见《旧唐书·武宗宣宗本纪》："帝曰：'奸人之词也。'召两军中尉谕之曰：'敕书出自朕意，不由宰相，况未施行，公等安行此言？'士良惶恐谢之。"

唐李德裕云人君之德莫大於至明明以照奸則百邪不能蔽漢昭帝是也周成王有渐德矣 通鉴删要

——从明万历四十八年（1620）凤阳刊本《御世仁风》

武宗对宦官势力的打击尽管是有限的，但对唐王朝来说却是受益匪浅，唐武宗能摒绝近宠，在历史上也不多见。

四、灭佛崇道　饮丹毙命

佛教传入中土，本来是好事。但是，它往往被教内外的别有用心者引上歧途，蠹耗生灵。会昌二年（842）三月，李德裕下令禁止置童子沙弥。十月，又下令，凡僧人违犯戒条、擅自娶妻者，一律责其还俗归乡，没收其钱粮田地。欠债者，还俗后充为徭役。当时还俗的和尚达3000余人。随后，武宗下诏，限定寺院奴婢人数，规定每僧只准用一个奴婢，尼姑用二婢。会昌三年（843），又废除了摩尼寺，斩杀摩尼师，籍没其财产。翌年四月，下令禁止寺院供奉佛牙，并拆毁了一部分山房兰若（较小的寺院）。

从会昌元年到会昌四年（841～844），武宗经过4年的调查准备，为全国规模的灭佛运动创造了条件。会昌五年（845），武宗根据中书门下的奏疏，发布了灭佛诏书。三月，武宗诏令对全国各地寺院的财产进行调查登记；五月，勒令50岁以下的僧尼，不论有无度牒，一律令其还俗，遣送还乡，参加生产。武宗还批准了宰相的奏请，规定：上州每州只准留一所佛寺，下州的佛寺全部废毁。上都（指京师长安）、东都（指洛阳）每地各留两所寺院，每寺留僧30人。到会昌五年年底，全国共销毁寺院、兰若4.66万所，僧尼还俗20余万人，解放奴婢15万人，没收土地数10万顷。收缴的铜像、钟磬送归盐铁使铸钱，铁佛像由各州收缴，铸造农器。还俗的僧尼，一律遣送回原籍充为两税产。

石门寺造像

始建北魏，唐初处于鼎盛时期。唐末"会昌法难"，石门寺难于幸免，造像亦被砸毁近半，幸存五十余尊也残缺不全。

这就是历史上著名的"会昌灭佛"。

武宗在强行灭佛取得战功的同时，自己却又误入了歧途。他企图恢复国教（道教）的权威，用道教压制佛教，因而大力提倡道教。

早在未执政前，武宗就颇好道术修炼之事。即位后，在诏调李德裕入朝的同时，又召道士赵归真等81人来朝廷，向他们询求道术，并在三殿修建金录道场，武宗亲临九天坛接受法录。当时谏官上疏谏止，武宗置之不理。六月，又封衡山道士刘玄靖为银青光禄大夫，充任崇文馆学士，赐号"广成先生"，与道士赵归真住在宫廷，撰修法录。赵、刘两位道士在武宗面前极力诋毁佛教，这正中武宗下怀，因此，灭佛运动愈演愈烈。

自此而后，武宗对道士备加崇信，渴望赵归真、刘玄靖等道士能够炼出长生不老的仙丹，服后成仙。对这种愚蠢的行为，当时谏官刘彦谟曾上书切谏，反被武宗贬出朝廷。

会昌三年（843）五月，正值昭义镇发动叛乱之际，武宗竟在禁中建造望仙楼，企望步入仙境。会昌五年（845）正月，又在南郊建造望仙台，并诏令神策军重修望仙楼及廊舍539间。

第二年（846）三月，丹药炼成，武宗迫不及待地吞服而下。药服下后，武宗顿感不适，继而狂躁不安，喜怒失常，旬日间便丧失了说话能力。二十三日，武宗在长安大明宫驾崩，终年33岁。八月，葬于端陵，庙号为"武宗"。

名家评说

开成中，王室浸卑，政由阉寺。及缀衣将变，储位遽移。昭肃以孤立维城，副兹当璧。而能雄谋勇断，振已去之威权；运策励精，拔非常之俊杰。属天骄失国，潞孽阻兵，不惑盈庭之言，独纳大臣之计。戎车既驾，乱略底宁，纪律再张，声名复振，足以蹈彰武出师之迹，继元和戡乱之功。

——后晋·刘昫等《旧唐书》

宣宗李忱

唐宣宗李忱（810～859），唐朝第十七代皇帝。原名李怡，父唐宪宗李纯，母孝明皇后郑氏。公元846～859年在位，谥号"圣武献文孝皇帝"，庙号"宣宗"。宣宗在位13年间，在政治上相当有主见，唐王朝的科举、吏制都有较大发展。但由于过于自负，疑心很重，他也错杀了好些人。享年50岁。

唐宣宗李忱
——从明万历三十七年（1609）原刊本《三才图会》

一、宦官矫诏　皇叔承统

唐武宗会昌六年（846）正月，大唐帝国的臣民们刚刚度过隆重而又热闹的旧历新年，整个长安城内还是一派节日的景象。但在皇宫中却笼罩着一片紧张和严肃的气氛，新年之喜并没有冲走唐武宗的病笃，宰相李德裕眼看武宗病入膏肓，对由谁来继承皇位问题心急如焚。

唐武宗共有5个儿子：长子李峻，封为杞王；次子李岘，封为益王；三子李岐，封为兖王；四子李峄，封为德王；五子李嵯，封为昌王。由于这5个儿子年龄都还幼小，武宗一直没有册立太子，武宗病重之时，也一直没有提起过此事。宦官马元贽等人见武宗病重，便利用没有册立太子的机会，积极准备择立嗣统，以便将来能够控制皇帝，专权朝政。经过一番密谋和策划，他们决定立武宗的叔叔光王李怡为皇位继承人。于是，马元贽等人矫传诏命，说皇子年幼，无法临朝理政，特立光王李怡为皇太叔，全权处理国事。宰相李德裕等人对此虽然感到吃惊，但认为是武宗亲命，也不敢加以反驳。实际上，武宗此时已经不省人事。会

昌六年（846）三月，武宗驾崩。马元贽等人即奉光王李怡继位，改名为李忱，定年号为大中，史称宣宗皇帝。

宣宗李忱自幼严重口吃，平时很难见到他开口说话，看东西也和平常人不同，像痴呆人一样，宫中都叫他痴儿。宦官马元贽等人拥立他为皇帝，正是因为他有这种痴呆性情，认为将来容易控制。哪知他即位以后，接待群臣、处理政务，一反过去那种痴呆性情。[1]宦官和朝官们方才恍然大悟，知道他是个有心计的人，痴是装出来的。

宣宗以皇叔的名义继位称帝，他不承认自己是唐武宗的继承人，而把自己看做是父亲唐宪宗的直接继承人。他指责哥哥穆宗是大逆不道，连他的三个儿子敬宗、文宗和武宗也都是逆子。因此，他即位后立即否定了唐武宗时期的一切施政方针，斥逐了唐武宗时的宰相李德裕及其同党，将李德裕、李让夷的宰相职务罢免，改任和李党集团相对立的牛党成员白敏中为宰相。

白敏中是唐代著名诗人白居易的堂弟，他是靠李德裕的推荐才进入中央政权的，但却属于牛党一派。因此他担任宰相以后，便开始对以李德裕为首的李党集团打击报复。白敏中首先指使自己的党羽李咸罗织罪名，将被罢相的李德裕再贬为东都留守，继而又贬为潮州（今广东潮安）司马，大中二年（848）正月，再贬为崖州（今海南崇山）司户参军，直到李德裕死于崖州方才罢休。与此同时，白敏中对李党集团的其他成员也大加贬斥，甚至连李党的支持者也不放过。

在贬斥李党集团的同时，白敏中对武宗时期被李党集团贬斥的牛党成员则大加提拔重用或恢复官职。第一年，他将被李党贬斥的牛党首领牛僧孺提拔为衡州（今湖南衡阳）长史，第二年又调牛僧孺回东都洛阳任太子少师。同时，又将牛党重要成员李宗闵的流刑处分撤销，调任郴州（今湖南永兴）司马。大中元年（847），白敏中又调潮州长史杨嗣复为吏部尚书，第二年，调李珏为户部尚书。经过这一系列活动，李党集团的成员及其支持者几乎都被逐出京都，或贬往边州，或遭流放；而牛党集团的成员不但得到升迁，而且还当了中央的高官。

白敏中共做了6年的宰相，继他之后被唐宣宗重用的宰相是令狐绹，也是牛党集团的成员。所以，在唐宣宗统治的整个时期，牛党集团始终掌握着中央的大

---

[1]事见《旧唐书·宣宗本纪》："帝外晦而内朗，严重寡言，视瞻特异。时宫中以为不慧。……及监国之日，哀毁满容，接待群寮，决断庶务，人方见其隐德焉。"

屏书政要

——从明万历元年（1573）纯忠堂刊本《帝鉴图说》

　　唐史纪：宣宗尝以太宗所撰《金镜书》授翰林学士令狐绹，使读之，至"乱未尝不任不肖，治未尝不任忠贤"，上止之，曰："凡求致太平，当以此言为首。"又书《贞观政要》于屏风，每正色拱手而读之。

权，他们忠实地执行了唐宣宗的施政方针。

二、重视科举　整肃吏制

　　唐宣宗爱好儒士，重视通过科举考试取得功名的人，认为只有这些人才有真才实学。在位期间，他每次上朝召见新上任的官员，都要先问有没有功名，是否中过举人进士。如果被召见的官员回答有功名，是进士或举人出身时，宣宗便会喜形于色，谈兴大至，甚至会把其他事情搁在一边，当场和被召见的官员谈起他们考试时所做的诗赋和主考官员的名字，有时甚至会把这些官员的名字和他们的诗赋文章记在宫殿的柱子上，以备日后浏览。如果听说某人才学俱佳却没有能够中选时，宣宗则叹息良久，默默不乐地罢朝回宫。

　　宣宗对科举制度非常关心和重视，在位期间，他经常穿着普通百姓的衣

服，装扮成平常人的模样，到民间进行私访，以听取人们对科举取士的议论。[1]为了扩大科举取士的规模，选拔更多的有才之士，宣宗还对科举制度做了进一步的完善和修改。大中元年（847）二月，礼部侍郎魏扶向宣宗奏陈进士的录取情况，其中谈到，有封彦卿、崔琢、郑延休三人，才学俱佳，本应录取为进士，但由于他们的父兄都在朝廷中担任重要官职，因此按照常例没有录取他们。宣宗看后，认为这种做法限制了对人才的选拔，于是诏令礼部重新对这三人进行考试，如果考试合格，可以录取为进士，并且强调指出，今后科举取士，不必遵循这种规定，只要有真才实学就可以中选。宣宗对违犯科举制度、弄虚作假以求仕进的人毫不留情地加以严厉惩罚。大中九年（855）三月，礼部在考试宏词举人时，出现了泄露试题的情况，被御史台弹劾。宣宗对此事非常重视，当即下诏将主管考试的官员分别处以降职、免职和罚俸禄等处分，全部取消已经被录取的10名举人的资格，并将伪造印件和贪污受贿的官员黄续之等人依法处死。宣宗对这一事件的处理，在朝野中影响很大，在一定程度上打击了科举考试中的营私舞弊现象。

宣宗认为："治理好国家的一个重要方面，是君主能够明察慎断，正确地选拔和任用官吏。"他即位之初，就开始着手改革和完善选官制度。以往吏部选官，只凭家世资历，宣宗认为这不能够选拔出具有真实才能的人。为了改变这种情况，宣宗下诏规定："允许观察使、刺史有奇才异政者加以试用，根据其在试用期间表现出来的实际能力，然后再决定正式任免。"同时，宣宗还把户口的增减也列为官员升迁的标准，规定观察使、刺史任期届满时，如果所管州县户口增添至1000户，则加以升迁，反之，如果逃亡至700户，不仅罢官免职，而且罢官后3年之内不再任职。大中元年正月，宣宗又下诏指出："为政之本，在于选拔亲民之官，作为皇帝顾问的中央各部官员，必须从地方官员中选拔，因为这些人了解民间的疾苦，有治民理政的经验，否则就起不到辅助君主治理天下的作用。"宣宗要求宰相在拟议和推荐谏议大夫、给事中和中书舍人等中央高级官员时，首先要看其是否担任过刺史、县令，否则不予推荐。即使担任过刺史、县令，但如果在任职时有贪污受贿等不法情况的，也不能推荐。同时，宣帝还针对

---

[1] 事见《旧唐书·宣宗本纪》："帝雅好儒士，留心贡举。有时微行人间，采听舆论，以观选士之得失。"

唐朝科举

科举制，是中国古代通过考试选拔官吏的制度。进入唐朝以后，随着科举制度的完善，人才选拔制度也进一步的得到完备，彻底打破血缘世袭关系和世族的垄断。

当时地方官调动频繁的情况，对地方官员的任职时间做了明确的规定。如县令在一个地方任职必须满3年，才能调任，以避免当地百姓的迎送之劳。

不仅如此，宣帝还亲自掌握对州刺史的考核工作，规定州刺史在上任之前，都要由皇帝亲自进行考核，再决定任免。为了掌握各州的情况，以便对刺史进行考核，宣宗还特地密令翰林学士韦澳编辑了一本关于各州户口田亩、山州境物、风俗人情的书籍，起名叫做《处分语》，其他任何人都不知道。一次，邓州刺史薛弘宗进京朝见宣宗，退朝后对韦澳说："皇帝对邓州的情况了解得如此详细，太令人惊讶了！"韦澳经过询问，才知道原来都是《处分语》中记载的事情。

对于自己的亲属，宣宗要求也比较严格。宣宗生母郑太后的弟弟郑光，原来在河中做镇守官，进京朝见时，宣宗见他言语粗俗不堪，认为他不够治民的资格，便把他改任为京师中级别比较低的右羽林统军，不再让郑光担任地方官。郑太后多次要求宣宗给郑光安排一个好的官职，但宣宗对这位国舅只是厚赐金帛，

始终不给好官做。

除内政而外，唐宣宗在位期间，还收复了河西，从而成为终其一生最辉煌的功业之一。自安史之乱以后，从唐肃宗到唐武宗，每个皇帝在位时总不免有大大小小的内战，边患也时常发生。唐宣宗在位的13年，却是比较平静的一段时间，外无边患，内无战争，还收复了自唐代宗时期就被吐蕃奴隶主占领的河西地区（今甘肃黄河以西地区，又称河西走廊），重新开通了中原地区通往西域的丝绸之路，恢复了与中亚各国的联系，使唐朝的西部边境重新得到了安定和巩固。唐宣宗下诏在沙州恢复河西节度使，号称"归义军"，并任命张仪潮为检校吏部尚书兼金吾卫大将军、归义军节度使和11州营田处置观察使，负责对河西走廊的经营和管理。

三、美德有瑕　劣性遗害

在历代皇帝中，唐宣宗算是恭俭好善、平易近人的。宫中的侍役，他都能够叫得上名字，知道干什么差事。宫中有人生病，宣宗知道后，不但派御医前往诊视，而且还亲自前往去探望，并私下里赏赐给病人一些物品做为安慰。平时和大臣们在一起，宣宗总是表现得恭恭敬敬，如同对待客人一样，但听大臣们奏事时，则严肃认真，一副威严的气势，从来没有显出过烦躁和怠惰的神情。当大臣们奏事结束后，宣宗便立刻恢复了平时那种和颜悦色、客客气气的样子，君臣之间谈些开心的玩笑，或者谈及宫中的游宴，气氛融洽而又热烈。当大臣们退朝时，宣宗又语重心长地告诫大家说："希望你们善自为之，我常常担心你们辜负了我的期望，以致我们君臣不能够再相见了。"宣宗这种平易近人、又威严不可冒犯的特点，使大臣们既尊敬他又害怕他。宰相令狐绹曾经对他的朋友说："我为相十年，可以称得上是皇帝最宠爱的人了，但每次上朝奏事，没有不流汗的时候。"

宣宗在位时期，很注意节俭，平时在宫中，经常穿着洗过的衣服，待上朝召见大臣时，才换上新衣服，有时甚至穿着洗过几次的衣服上朝。每天的饭菜也比较简单。以前皇帝出行，都要先用龙脑、郁金铺撒地面，宣宗认为这太奢侈浪费，诏令撤掉。在宣宗的带领下，大臣们都很注意节俭，并在官场中形成了一种崇尚节俭的风气。

宣宗在位13年，史官称他明察慎断，用法无私，恭谨节俭，惠爱民物，具有贞观之风，可以和唐太宗李世民相媲美。从唐朝中后期的几代皇帝来看，宣宗可以称得上是一个较为贤明的君主。他在位时期，社会形势也确实得到了一定程度的好转，国家安定，政治、经济等方面都得到了发展，尤其是社会经济的发展最为明显。据《新唐书》记载："大中十三年，国库充足，各种货物堆积如山，户部的钱币多得几乎无法计算。各州的情况也是如此，有的州积钱甚至多达300万缗。"

但是，由于宣宗自恃有智术，明察秋毫，相信自己的见解一定都是对的，一切以自己的爱憎为转移，他的意旨只许群臣顺从、不许违反，因而刚愎自用、自以为是。例如，宣宗对唐武宗时期的宰相李德裕非常反感，认为他是唐武宗重用的人，是奸臣，将他一再贬斥。谏官丁柔立上书劝谏，宣宗便认为丁柔立是不顺从自己的意旨，立即将他贬为县尉。

自恃精明的唐宣宗疑心很重。他在即位之前，就一直对父亲唐宪宗的死因有怀疑，认为是被哥哥唐穆宗与其生母郭太后联合宦官谋害而死的。因此，即位以后，就开始惩罚那些被他认为是杀死唐宪宗的人，先是将郭太后逼死，随后又诛杀了郭太后周围的宦官和其他有嫌疑的官员，并将唐穆宗指斥为逆，诛杀了唐穆宗做太子的儿子敬宗。

宣宗共有11个儿子。长子李温，封为郓王，但不为宣宗喜，却喜欢三儿子李滋，想把他立为皇太子。但宣宗又怕这样乱次建储，会招致臣下的谏驳，所以一直没有把这件事提出来。裴休担任宰相时，曾经上奏请宣

松江唐经幢

全称"佛顶尊胜陀罗尼经幢"，建于唐宣宗大中十三年（859），是目前现存唐代经幢中保存较最为完整的，幢高9.3米，21级。幢身8面，刻有《佛顶尊胜陀罗尼经》并序，以及建幢铭。整个建筑高大美观，雕刻细腻，线条洗练圆熟，极具大唐艺术风格。

宗早立太子。宣宗不高兴地说："我还没有老，如果立了太子，不是把我当成闲人了吗？"从此大臣们再也不敢提立太子的事。直到宣宗病重之际，才密嘱枢密使王归长、马公儒和宣徽南院使王居方三人，立三子李滋为皇太子。但宦官王宗实等却假传圣旨，立郓王李温为皇太子，并以矫诏不法的罪名将王归长、马公儒、王居方三人处死。

宣宗晚年随着身体的逐渐衰老，乞求长生的迷信思想不断增长。大中十一年（857），他派人前往罗浮山迎请道士轩辕集进宫，向轩辕集询求长生不老的秘诀。轩辕集告诉他只要不近女色、不食荤腥、哀乐如一、多施恩德，自然就可以长寿了。但宣宗仍不死心，继续寻求长生不老的法术，最后误信了江湖术士李元伯的谎言，服用李元伯炼制的金石丹药，结果越吃身体越坏。大中十三年（859）八月，宣宗由于服用丹药过多，以致毒性剧发，背上生疽溃烂而死，享年50岁，安葬于贞陵（今陕西泾阳县仲山），庙号为"宣宗"。

名家评说

　　李之英主，实惟献文。粃粺尽去，淑慝斯分。河陇归地，朔漠消氛。到今遗老，歌咏明君。

——后晋·刘昫等《旧唐书》

　　唐宣宗施政方针是尽量否定会昌（唐武宗年号）年间的一切措施，但自唐肃宗到武宗，每个皇帝在位时，总不免有大小不等的内战，只有唐宣宗在位的十三年，是比较平静的一段时间。

——范文澜《中国通史简编》

【五代】

后梁太祖朱温

后梁太祖朱温（852～912），梁朝的建立者，又名朱全忠、朱晃，祖籍宋州砀山（今安徽砀山），父朱诚，母王氏。公元906～912年在位，谥号"神武元圣孝皇帝"，庙号"太祖"。梁朝的建立，暂时结束了黄河流域藩镇割据和军阀混战，社会经济有所起色，然而，这种局面并未持续多久。朱温死后，梁朝又逐步走向了没落。

后梁太祖朱温
——从明万历三十七年（1609）原刊本《三才图会》

一、降唐封疆　渐成强藩

唐大中六年（852）十月二十一日夜，朱温出生于砀山县午沟里。当夜，朱家的房舍上有赤气上腾，邻里发现后，慌忙奔走相告，说："朱家发生火灾了！"等众人赶至朱家时，却发现朱家屋舍完好无损，并无火灾的痕迹。进出一看，邻居才知朱家生了一个孩子，众人听说后，都十分惊异。[1]

大中末年，朱温的父亲诚病故，留下孤儿寡母四人。母亲王氏于是领着三个儿子投靠萧县（今安徽萧县）富户刘崇家中。刘崇见王氏正当壮年，农耕蚕织样样能干，三个儿子也快成年，于是便收留了他们。

若干年后，朱家的三个孩子都长大成人了。老大朱昱老实本分，尽心于刘

---

[1] 事见《旧五代史·梁太祖本纪》："以唐大中六年岁在壬申，十月二十一日夜，生于砀山县午沟里。是夕，所居庐舍之上有赤气上腾，里人望之皆惊奔而来，曰：'朱家火发矣。'及至，则庐舍俨然。既入，邻人以诞孩告，众咸异之。"

家农田；老二朱存与老三朱温却自负雄勇，不安于劳作，邻里都十分厌恶他们。刘崇见朱温懒散怠惰，常常责骂他。惟有刘崇的母亲格外怜惜他，她曾告诫家人说："朱家三个孩子不是普通人，你们要善待他们。"家人问她为何，她说："我曾见他熟睡时，他为一条赤蛇。"众人大笑，并不相信。

唐僖宗乾符年间（874～879），河南、山东地区经常有人揭竿而起，反抗唐王朝，其中以王仙芝与黄巢最为强盛，他们频频在曹、沂、徐、宋、汝、邓一带活动，吸引着许多人前去投奔，朱温也十分向往。一天，朱温决计出走，他约着二兄朱存，辞别母亲与长兄，前去投奔了黄巢。

朱温与兄长朱存加入起义军后，随军南征北战，多立战功。其间，朱存战死江南。朱温则因临阵骁勇，被提拔为队长、偏将军，黄巢攻入长安后，他已成为一员重要将领。

中和二年（882）九月，经过一番权衡后，朱温杀监军严实，投降唐王朝。远在成都的僖宗闻讯大喜，立即下诏授朱温为左金吾卫大将军、河中行营副招讨使，并赐名全忠。自此，朱全忠率军加入了镇压起义军的行列，所至大行杀掠，毫不手软，为唐王朝立下一个又一个战功。

中和三年（883）二月，朱全忠因作战有功，被唐王朝任命为宣武节度使，有了自己的势力范围。其后，朱全忠软硬兼施，逐渐兼并群雄，成为势力最强的一个藩镇。

二、挟持天子　自立为帝

势力强盛后，朱全忠便想直接控制朝廷，甚至还想模仿曹操，"挟天子以令诸侯"。唐朝廷此时虽然无地无兵，但内部斗争依然尖锐，尤其是朝臣与宦官间的南衙北司之争更是连绵不断，愈演愈烈。各派力量都向藩镇寻找依附与支持。头号藩镇朱全忠自然也成了他们的首要目标。宰相崔胤一直与昭宗皇帝计议诛杀宦官一事。崔胤主张杀尽宦官，宫内事务由宫女执掌。但当时京城的禁军由宦官掌握，权阉韩全诲洞悉崔胤密谋后，教唆禁军喧闹，上诉崔胤克扣冬衣，要求皇帝解除他兼任的三司使一职。崔胤知道事情泄露，马上致书朱全忠，声称接到密诏，要他率军前来迎驾。有了这一借口，朱全忠即由汴州出兵西上。天复一年（901）十一月，韩全诲率禁军劫昭宗奔往凤翔。朱全忠入关，乘势收取华州韩建，继续西去。

移国祚昭宣帝亡唐
——从1935年会文堂新记书局蔡东藩《唐史通俗演义》

天祐元年（904）正月初，朱全忠上表昭宗，称宰相崔胤专权乱国，离间君臣，理应诛除。昭宗接到上表，罢崔胤宰相，降为太子少傅。随后朱全忠密令部将朱友谅将崔胤杀于家中。崔胤一死，朱金忠便率大军进屯河中，并派牙将寇彦卿向昭宗上表，请迁都洛阳。接着，又致书宰相裴枢，要他率百官东行。二十七日，昭宗由长安出发，朱全忠令原留在长安的部将张廷范为御营使，率部护卫昭宗。

闰四月，昭宗至洛阳，朱全忠以部将朱友恭、族叔朱琮分别为左右龙武统军，负责宿卫，其他重要位置也都换上了自己的人。五月，昭宗在崇勋殿宴请朱全忠及百官，宴罢，又召朱全忠入便殿，继续宴饮，朱全忠怕有埋伏不敢入内。不久，朱全忠回到汴州，密令朱友恭、族叔朱琮等人杀掉昭宗，立13岁的辉王为帝。八月，朱友恭等杀昭宗，假称皇太后令，使辉王祚即帝位。

朱全忠听到昭宗遇害的消息，装作大吃一惊，伏地痛哭。十月三日，赶到洛

阳，又伏在昭宗柩前痛哭不已，并一本正经地朝见新帝。次日，为灭口，朱全忠借故朱友恭、朱琮治军不严，所部士卒扰乱市肆，将朱友恭贬崔州司户，朱琮贬白州司户。接着，都令其自尽。朱琮临死大骂朱全忠："卖我以塞天下之谤！"[1]

新帝年少，不通政事，朱全忠这才放心地返回汴州（今河南开封）。为防万一，次年二月，他又令人将昭宗诸子全部杀掉。六月，又将原朝中重臣30余人押到白马驿（今河南滑县境内），杀掉后投入黄河。

朱全忠经过几年的经营，唐朝廷可以说已成了朱氏朝廷。即使这样，朱全忠仍急不可耐地要登基称帝，他命枢密使杨玄晖与宰相柳璨措置此事。杨、柳二人虽然也倾心于朱全忠登基称帝，但他们总想让朱全忠按传统习惯一步一步地受禅，合乎礼法，又名正言顺。因此，准备按魏晋以来受禅的礼仪逐步进行。

天祐二年（905）十月，先授朱全忠天下兵马元帅，下一步准备封为魏王，然后再加九锡、受禅。

第二年，朱全忠平定了魏博藩镇的叛乱，回到汴州，御史大夫薛贻矩代表哀帝前来劳问。薛贻矩见朱全忠，请行臣礼，朱全忠不肯，但薛贻矩还是像参见皇帝那样拜舞一通，朱全忠也未执意阻止。薛贻矩回洛阳后，对哀帝及众大臣道："元帅有受禅之意矣。"得到这一消息，大臣们立即急急进行受禅的各种准备，哀帝也下了诏书，称"二月禅位"，朱全忠象征性地加以推辞。

二月，唐大臣共同请哀帝退位，宰相率百官向朱全忠劝进，朱全忠所控制的其他藩镇以及湖南马殷、岭南赵隐也遣使劝进。朱全忠名义上又推让了一番，经过几次往复，到三月二十七日，哀帝正式退位。百官以宰相张文蔚为首，携带玉玺，备起仪仗，浩浩荡荡开赴汴州。还未等百官来到，朱全忠便迫不及待地在汴州新修成的金祥殿理事。不过，因为还未正式称帝，朱全忠只是自称寡人，各种笺、表都匆匆去掉唐朝年号，新年号要等称帝后才有，都暂时只标月日，不写某年。第三天，张文蔚率百官来到汴州。

四月五日，朱全忠改名朱晃，完成了称帝前的最后一项准备工作。四月七日，张文蔚等人乘辂车带着玉玺；诸司诸部门都备起仪仗来到金祥殿前，献上玉

---

[1] 事见《旧五代史·梁书一九·列传第九·氏叔琮》："天祐元年八月，与朱友恭同受太祖密旨，弑昭宗于大内。既而责以军政不理，贬白州司户。寻赐自尽。叔琮将死，呼曰：'卖我性命，欲塞天下之谤，其如神理何！'"

玺，为朱全忠加冕。然后，张文蔚宣读哀帝让位文书，百官群臣在殿前舞蹈庆贺，大呼万岁。朱全忠正式即帝位，建梁朝。定年号为开平。

仪式完毕，朱全忠在玄德殿大宴群臣，举酒对群臣道："朕辅政不久，此次称帝多赖诸公推戴。"群臣多唯唯诺诺，不敢发言。只有薛贻矩等人顺着他的话，颂扬其功德卓著，理应应天顺人，登基称帝。朱全忠十分满意。

后梁开平元宝

三、宫闱惊变　被刺身亡

梁朝的建立，使黄河流域实现了局部统一，而且朱全忠在称帝之初，也能实行一些宽松政策，比较注重农业生产，这即使是表象，但比起军阀混战毕竟强了些，这使梁朝社会有了一些起色。

开平元年（907）正月，河东节度使、晋王李克用病死，李存勖即位。这年九月，朱全忠亲自率军渡河北上，但河东之兵都坚壁不出。十一月，朱全忠退还洛阳，郁疾致病。

乾化二年（912）初，河东兵大举攻讨幽州，刘守光向梁求救。二月，朱全忠病情稍缓和了些，决定再次率军北上，但遭到河东军偷袭大败，朱全忠羞愧交加，病情加剧。四月，返回洛阳，朱全忠病情急剧恶化，梁朝上下都在议论嗣君问题。

朱全忠长子友裕已死，另有二子友珪、三子友贞，幼子友敬与养子友文等人。此时友文与友贞均在汴州，友珪在洛阳。这四个子嗣中，朱全忠对养子友文更看重一些。

朱全忠夫人张氏已于天祐元年（904）病死。此后，朱全忠即放纵淫佚，纵情声色，常常召几位儿子的夫人入宫服侍，视作妃嫔。友文之妻王氏容貌出众，尤受朱全忠宠爱。这也是他看重友文的重要原因。

五月末，朱全忠自知已不久于人世，命王氏去汴州召友文。当时友珪之妻张氏也在旁边，马上出宫将此事报告友珪。友珪本以为在朱全忠嫡子中自己年

龄最长，理应立为太子，对父亲中意友文、一直不肯立自己做太子一事愤愤不平。得知父亲要将帝位传付友文，朱友珪急急与左右随从进行策划。六月一日，宫中传下诏令，贬友珪为莱州刺史。按当时惯例，凡被贬官员，多于途中赐死。友珪见情况紧急，加快了活动步伐。次日，他悄悄进入禁军左龙虎军营，要统军韩勍发禁军相助。当晚，韩勍派牙兵500人跟随友珪进入皇宫，突入朱全忠歇息的寝殿。朱全忠强撑着起身问道："反者为谁？"友珪答："非他人也。"朱全忠见是友珪，责骂道："汝悖逆如此，天地岂容汝乎！"友珪反骂："老贼万段。"说罢，命仆夫冯廷谔向前刺杀朱全忠。朱全忠死后，友珪用破旧毯子将其裹起，秘不发丧。[1]随后便派供奉官去汴州，令友贞杀友文。

梁太祖朱温婿赵岩绘《八达春游图》

　　六月三日，朱友珪假称朱全忠下旨意，命自己权主军国之务。六月五日，

---

[1] 事见《通鉴》："戊寅，友珪易服微行入左龙虎军，见统军韩勍，以情告，……勍以牙兵五百人从友珪杂控鹤士入，伏于禁中，夜斩关入，至寝殿，侍疾者皆散走。帝惊起，问：'反者谁'？友珪曰：'非他人也。'帝曰：'我固疑此贼，恨不早杀之。汝悖逆如此，天下地岂容汝乎！'友珪曰：'老贼万段！'仆夫冯廷谔刺帝腹，友珪自以败毡裹之，瘗于寝殿，秘不发丧。"

供奉官返回，称友文已死，友珪方宣布朱全忠病终，自己即帝位。

朱友珪将朱全忠葬于河南伊阙县（今河南伊川西南），陵称"宣陵"，为朱全忠加谥号"神武元圣孝皇帝"，庙号"高祖"。

名家评说

梁太祖出身农民起义军，后来叛作军阀，但民众的威力，他还懂得一些，减轻租赋，就是对民众作了些让步。

——范文澜《中国通史简编》

后唐庄宗李存勖

后唐庄宗李存勖（885～926），后唐的建立者。祖籍陇右金城（今甘肃兰州），父唐武皇李克用，母贞简皇后曹氏。公元923～926年在位，谥号"光圣神闵孝皇帝"，庙号"庄宗"。李存勖统一了混乱的北方地区，却志骄意满，不再处理朝政，经日沉湎于畋游声乐之中，致使叛乱顿起，终致身死。

一、平定内患　统一河北

唐光启元年（885）十月二十二日，李存勖出生于长安晋阳宫。其母曹氏在怀孕其间，曾梦见一神人，左右有黑衣侍者，拥扇伺候。等到李存勖出生时，有紫气从窗户涌出。再看此儿，体貌奇特，沉厚不群，武皇李克用十分钟爱他。李存勖11岁时，曾跟随父亲入觐，昭宗一见，惊骇万分，说："此儿外表不凡。"于是抚着他的背说道："小儿将来定是国家栋梁，千万别忘了孝忠国家呀！"说罢，昭宗赐给存勖鸂鶒酒杯，翡翠盘。[1]

李存勖自幼跟随父亲行军打仗，南征北讨，深得父亲信赖。唐天祐五年（908）正月，武皇李克用病亡，年仅24岁的李存勖嗣位，称晋王。

此时外有强敌，内有隐忧，民心浮动，军心不稳。九分天下，朱梁已居其七，

后唐庄宗李存勖
——从明万历三十七年（1609）原刊本《三才图会》

---

[1] 事见《旧五代史·后唐庄宗本纪》："初令入觐献捷，迎驾还宫，昭宗一见骇之，曰：'此儿有奇表。'因抚其背曰：'儿将来之国栋也，勿忘忠孝于国家。'因赐鸂鶒酒卮，翡翠盘。"

而且仍在频频发起攻势,河北诸镇多纷纷归附。李存勖虽为晋王,但兵马大权完全握在叔父李克宁之手,并密谋逼其让位。李存勖得知这一情况后,先召监军张承业道:"季父既然如此,我想主动让位,以免骨肉残杀,祸乱又起。"张承业顿首泣道:"先王命我等辅佐大王,言犹在耳,存颢这伙小人妄想投靠朱温,如不立即诛杀,后果不堪设想。"于是又召进大将吴珙、李存璋等人,共同商讨对策。

二月九日,张承业在府第大置酒会,邀李克宁及诸将参加。事先,张承业已使李存璋、吴珙率兵士藏于帷帐之后。诸将落座,酒过三巡,张承业举杯朝下一摔,帐后兵士一拥而上,将李克宁、李存颢从座上拉下,捆在一起。晋王李存勖大步踏入,厉声诘责:"我过去要把军府大权全部交给叔父,叔父不敢要;如今我即王位,大势已定,你为什么又要谋乱篡位,想把我与母亲交给朱梁仇敌?"说毕,令军士推出斩首。席上诸将个个目瞪口呆,双腿不由得微微发颤。张承业大声道:"今后大家要尽心王业,谁敢存心不良,格杀毋赦。"

安定了内部,李存勖的眼光又投向了被梁兵长期围困的潞州(今山西长治)。潞州上党是河东的重要门户,天祐四年(907)六月起,梁兵猛攻上党,在城外筑堡垒,挖濠沟,隔绝内外联系。当时晋昭义节度使李嗣昭率众坚守,苦苦支撑了近一年。晋王于是遣蕃汉都指挥使周德威率重兵前去解围。

天祐五年(908)四月二十九日,晋军到达距上党45里的黄碾村。三十日夜,大雾弥漫,晋军利用有利时机,迅速接近围困上党的梁军营垒。五月一日凌晨,雾气越来越重,梁军将士还都在梦乡中,晋王命周德威、李嗣源,兵分二路,斩关烧寨,突入梁军营垒。一些军士莫名其妙地成了刀下冤

张承业
——从清康熙三十三年(1694)刊本
《无双谱》(金古良编绘,朱圭刻)

鬼，活着的军卒们很快便清醒过来，纷纷向南溃去，梁将唐怀贞见势不好，率百余骑兵由天井关奔归开封。朱温听到梁军溃败的消息，先是大吃一惊，接着，又深深地叹了一口气，道："生子当如李存勖，真是如其父，我的那些儿子简直如同猪狗！"[1]

虽然上党之围已解，但晋王李存勖依然愁眉不展，毕竟河东之地太有限了。两年过后，机会终于来了。开平四年（910）十一月，梁兵大举攻赵，赵王王镕与义武节度使王处直向晋求救。晋王力排众议，令周德威率军屯赵州（今河北赵县），伺机救赵。十二月，晋王亲率步骑5万与义武军一道进驻赵州，与周德威合兵，继率大军进逼梁军营垒，周德威向晋王建议："敌军势盛，我军应按兵不动，以观其衰。"晋王点头称是。次日挥师后退十里，分兵扼守要道，切断了梁军的粮草供应。次年初春，梁军粮秣荡然，倾营而出，晋王遣周德威将其引入野河谷地，一举击溃。又乘胜攻下贝州、博州、澶州。

晋王大胜，赵王及义武节度使王处直不得不俯首听命。至此，河北之地基本为晋所有。这一年是凤历元年（913），恰好后梁末帝朱友贞在这一年代朱友珪为帝。

二、登极称帝　攻灭后梁

攻灭了幽州，晋王李存勖立即着手组织对后梁的全面进攻，但总是受阻于后梁北面招讨使、天雄军节度使杨师厚。杨师厚率魏博三镇之兵，屯驻魏州（今河北大名），成为晋王南下的巨大障碍。而且这二三年间，北面的契丹也日渐强大，时而进犯晋境。晋王两面作战，收效不大。乾化五年（915）三月，杨师厚去世，魏州爆发兵变，头领张彦向晋王求援。李存勖当机立断，决定北和契丹，重点进攻后梁。六月，率军入据魏州。

贞明四年（918），晋王李存勖率各路兵马自杨刘渡河，在濮州（今山东鄄城北）与梁将谢彦章等相持不下。年末，看到长久相持不见分晓，晋王将军中老弱统统送回魏州。然后令各路大军齐头并进，绕开梁军营垒，直趋后梁都城开封。梁军大将谢彦章则率部尾随不舍。行至临濮县（今山东鄄城西南）胡柳陂

---

[1] 事见《旧五代史·庄宗本纪》："梁祖闻其败也，既惧而叹曰：'生子当如是，李氏不亡矣！吾家诸子乃豚犬尔。'"

唐張承業輔晉王勸課農桑蓄金穀以贍軍旅主藏錢莊宗欲用不得置酒令子戲舞承業贈以帶馬王索錢與之承業曰此錢佐王養戰士不敢為私王索劍曹太夫人聞之召王王悔奉雙卮謝過次日承制授燕國公承業不受稱唐官終身　五代史

——從明萬曆四十八年（1620）鳳陽刊本《御世仁風》

时，两军已遥遥相望。周德威请求晋王先按兵不动，自己率部骚扰梁军，使其疲敝不堪后再图进击，晋王不从，亲自率军跃马冲入敌阵。梁军浩浩荡荡，结阵几十里，晋王左右冲击，往返十余里，陷在敌阵中难以拔足。梁兵趁势袭取了晋军辎重粮草，诸路晋军乱成一团，周德威战死。[1]中午时分，晋王冲出敌阵，收集散兵，诸将纷纷请求敛兵还营，明日再战。晋王大吼："此时敛兵，等于降敌，现在情势如此，可进不可退，成败在此一举。"好在晋王的骑兵还未受到多大损失，晋王先率军抢占了周围的几个山丘，又居高临下，用骑兵轮番向梁军冲击。至傍晚，梁军败退而走。这一场恶战，晋、梁双方都损失了三分之一的士卒，两败俱伤。晋王也意识到不可能一举攻灭后梁，又引兵回到魏州，留李存审坚守已取得的河南城镇。

胡柳恶战后二三年中，晋梁多在黄河沿岸争城夺地，未有大的战事。晋王存勖在诸将、诸藩镇的劝进声中，于龙德三年（923）四月，在魏州称帝，国号大唐，年号同光。

李存勖称帝的第二个月，梁国的郓州守将卢顺密奔至魏州，向他报告郓州（今山东郓城）守军不满千人，军将又不得人心，可以袭取。李存勖当即令李嗣源率精兵5000由杨刘渡河，趁着天阴道黑，直抵郓州城下。次日晨，袭取郓州。打开了通往开封的门户。

十月三日，李存勖军由郓州出发，直扑开封，李嗣源为前锋。次日晨，先消灭了前来攻围郓州的王彦章军，生擒王彦章。至此，郓州至开封地带已无梁军重兵。当晚，李嗣源率前锋兼程前进，李存勖押大军随后进发。一路摧枯拉朽、势如破竹。十月十日晨，梁主为侍者所杀。李嗣源进至开封，开封尹王瓒开门请降，后梁亡。

三、重用优伶　不恤民生

攻占开封后，梁国的节度使、刺史纷纷上表归降。李存勖下令梁前节度、观察、防御、团练使、刺史以及大小将校均保留原职，至于随从征战的晋军将

---

[1] 事见《旧五代史·唐书·庄宗本纪》："梁将贺瓌、王彦章全军接战，帝以银枪突入梁军阵中，斩击十余里，贺瓌、王彦章单骑走濮阳。帝军辎重在阵西，望见梁军旗帜，皆惊走，因自相蹈籍，不能禁止。帝一军失败，周德威战殁。"

校，只得到一些常例赏赐，功臣宿将也多被裁抑军权，不时受到李存勖的猜忌。破梁不久，他将国都迁到洛阳，志骄意满，终日沉湎于畋游声乐之中。

李存勖自幼即喜好音律歌舞，豢养了一批伶人。战争紧张的年月，还没有多少时间从事这种娱乐，定都洛阳后，这些伶人立即得宠。李存勖也常常亲自粉墨上场，与伶人们共同演戏，甚至取了艺名"李天下"。每次出行，也都带伶人同行。这些伶人们可以随时出入宫廷，又可以常常向李存勖讲述所见所闻，李存勖也想以他们为耳目。因此，有些伶人也就得以干预朝政，气焰熏天，将相大臣也怕他们几分。也有一些聪明官宦，与伶官相连接，求取高官厚禄。

同光三年（925）清明时分，李存勖与伶官及一些禁军将领来到宫中新开的球场，进行角力比试。轮到李存勖时，他的对手是禁军将领李存贤。比了几个回合，李存贤连连失利。李存勖对他说："李存贤若能胜我，我就授他卢龙节度

宠信伶人
——从明万历元年（1573）纯忠堂刊本《帝鉴图说》

五代史纪：后唐庄宗，幼善音律，故伶人多有宠，常侍左右。庄宗有时自傅粉墨，与优人共戏于庭，以悦刘夫人。优人常名之曰：李天下。诸伶出入宫掖，侮弄缙绅。庄宗信其谗，疏忌宿将，诸将叛之。庄宗为乱兵所弑。侍臣敛庑下乐器，聚其尸而焚之。

使。"正在作乐中，郭崇韬送来契丹大举入侵的消息，李存勖向球场上的这批人叫道："在此等我，去去便回。"然后来到正殿。群臣早已等在阶下，李存勖不耐烦地问："谁人可以抗御契丹？"郭崇韬上前一步奏道："若陛下率军亲征，契丹肯定会望风而逃。"李存勖马上说："朕国事繁忙，谁可代朕前往？"郭崇韬答："天平节度使李嗣源可行。"李存勖点头同意。郭崇韬又奏："请陛下再授他卢龙节度使，以便于领兵攻战。"卢龙与契丹为邻，所以郭崇韬有这个建议。李存勖却道："朕已将卢龙当做角力押物。不能再授他人。"说罢，急忙退朝，又回到球场中，继续与李存贤角力。不过，这一次李存贤不费什么气力就把李存勖摔倒在地。李存勖被扶起后马上说："朕不食言，卿可为卢龙节度使，三日后赴任。"过了一会，又与这些人玩起了拔河游戏，至于李嗣源如何北征，他全抛到了九霄云外。

李存勖身边的伶人们则极力怂恿他外出畋游，巡视四方。四月末，李存勖率群臣百官及佞幸伶人浩浩荡荡向魏州进发，一路畋猎作乐，践踏麦田。所到之处，地方官都要大肆铺张，供给无度。稍有不到之处或削职，或斩首，沿途许多州县官纷纷弃职逃走。到魏州后，李存勖又令伶人景进等人四处寻找美女。景进派人远至太原、幽州等地抢掠民女。不到一个月，就有3000美女被集中到魏州，其中许多是将吏妻女。这些女子被装上牛车，先行拉回宫中。李存勖本人则率百官、伶人一边畋猎，一边行路。六月，行到中牟。中牟在开封、洛阳之间，夏粮几乎颗粒未收，秋播以后，天公作美，降了几场小雨，地中青苗长势十分喜人。李存勖把这些良田又当做了畋猎场，率左右军将、伶人前驰后奔，追逐猎物，农家百姓只能远远地望着落泪。午时，随行的中牟令实在看不下去，拦住李存勖的马劝道："陛下是百姓父母，怎么能忍心践踏青苗，断绝百姓生路呢？"李存勖勃然大怒，喝令左右推下，正要下令拉走斩首，伶官敬新磨几步上前，抓住这位县官推到李存勖马前，大声责问："你是县令，难道不知道我们天子好畋猎吗？为什么要让老百姓种庄稼，妨碍天子驰骋呢？你真该杀、该杀！"说完，马上按下县令的脖子，请斩首。见此景象，李存勖大笑不止，才放掉了县令。

四、杀戮功臣　众叛亲离

同光三年（925）春夏，李存勖的谋臣建议伐蜀，理由有二：一来可取得天府之国的财富，二来可为麾下的士兵们提供一个战场和发财养家的机会，使他们

暂时安定下来，以免酿成大乱。李存勖觉得此法可行，于是立即任命太子继岌为西川四面行营都统、郭崇韬为行营都招讨制置使，主持军务，选简士卒，准备伐蜀。

平蜀不久，李存勖听到蜀人请留郭崇韬镇蜀的消息，心中的不安加剧，他马上下诏令郭崇韬率军返朝，郭崇韬派使者向李存勖解释道："成都早已攻下，但西川各地还有不少拥兵割据者，万一大军退回，这些人会乘机反攻。因此，需调兵遣将前去征讨，待大功告成，自然率师回朝。"李存勖根本不理会，一方面急急地委任北都留守孟知祥为西川节度使，另一方面立即派出心腹宦官向延嗣前去西川，召郭崇韬班师。不久，郭崇韬被向延嗣设计害死。

李存勖惟恐郭崇韬一死，有人乘机起事，就派伶人们四出探查，稍有反常者，或得罪了伶人、宦官的，马上就被诬蔑为郭氏一党，满门抄斩。一时间，朝野上下，人心惶惶。

同光四年（926）二月初，贝州（今河北清河西）兵变，乱军以赵在礼为首，占据邺都（即魏州）。大致与此同时，伐蜀先锋将马步军都指挥使李绍琛也拥兵反叛，自称西川节度使，继岌大军仍滞于川中，不能拔归。对于贝州兵变，李存勖只好派人招抚，但未能奏效。在这种情况之下，大臣们极力保荐李嗣源率军讨邺都。

李嗣源刚率军至邺都，军中兵乱，要求他自立。李嗣源由于被人诬陷，遂在部将鼓动下，拥兵南下造反。

李存勖闻讯大惊，一面遣人急驰西川，召回继岌大军，一面诏诸道速速入援。

二十日，李嗣源渡河南下，滑州守将不战而降。李存勖率军离洛北上，亲征李嗣源。临行，取内库钱帛赏赐诸军，王公大臣、伶人宦者也多献出大批钱

郭崇韬
——从1935年会文堂新记书局蔡东藩
《五代史通俗演义》

帛，仅伶人景进就献"助军钱"30万贯。军士们拿到赏赐，大骂不止："我们的妻子儿女皆已饿死，还要这些财物做什么？"[1]二十六日，李存勖至荥泽时，李嗣源已攻下汴州。李存勖派龙骧指挥使姚彦温率3000骑前去挑战，姚彦温马上举军投奔嗣源；派指挥使潘环率军护卫粮草，他也干脆把粮草运给了叛军。李存勖率军勉强行至万胜镇，诸军叛逃者已达万余人。李存勖为稳住军心，特地向他们说："魏王又送来西川金银50万，到京城后都赏给你们。"士卒们纷纷回答："陛下赏赐已晚，虽有重赏，人亦不感圣恩。"李存勖呜咽流涕，悲不自胜。次日，行至洛阳城东的石桥，李存勖置酒设席，召来诸将，悲戚地说："诸卿随我数十年，患难与共，荣华同享，如今事已至此，难道就都没有退敌良策？"诸将百余人纷纷割下头发，向李存勖保证"以死报国"。但谁也没有说出退敌之策，君臣相顾号泣。当晚入洛城，李嗣源马上尾随占据了汜水关。

不久，城内叛乱士兵越来越多，大臣将帅星散而奔，李存勖被乱兵射伤倒地。此时身旁既无大臣，又无士卒，鹰坊人善友扶他至绛霄殿抽出箭矢，李存勖口渴求水。善友又奔告刘皇后，刘皇后派宦官送去一杯奶酪，李存勖饮后立即身亡。古人认为凡中箭伤失血过多，若饮水尚可活，饮酪立死。

李嗣源入城后即帝位，葬李存勖于河南新安县之雍陵。谥号"光圣神闵孝皇帝"，庙号"庄宗"。

名家评说

峻法以剥下，厚敛以奉上，民产虽竭，军食尚亡，加之以兵革，因之以饥馑，不之四年以致颠陨，其义无他，盖赋役重而寰区失望故也。

——宋·薛居正《旧五代史·食货志》

后唐庄宗昏暗骄矜，亲信宦官和伶官，闹得统治阶级内部众叛亲离，故之死不可免。他最大的罪恶就是残害民众，比梁帝更显得是个民贼。

——范文澜《中国通史简编》

---

[1] 事见《旧五代史·庄宗本纪》："是日，出钱帛给赐诸军，两枢密使及宋唐玉、景进等各贡助军钱币。是时，军士之家乏食，妇女掇蔬于野，及优给军人，皆负物而诟曰：'吾妻子已殍矣，用此奚为！'"

后唐明宗李嗣源

后唐明宗李嗣源（866~933），后唐第二代皇帝，又名李亶，祖籍代北（今山西代县），父李霓，母刘氏。公元926~933年在位，谥号"德和武钦孝皇帝"，庙号"明宗"。他采取积极有效的措施，打击豪强官僚，废除苛捐杂税，重视农业生产，后唐的社会政治、经济状况有了明显好转。

后唐明宗李嗣源

一、先作监国　后称皇帝

李嗣源是后唐的第二位皇帝，也是五代君主中在位时间最长的一个。李嗣源为沙陀人，善于骑射，为人沉默寡言，被李克用收为养子，赐名嗣源。在李克用与后梁朱温的战争中，李嗣源备显神勇，被誉为"李横冲"。至后唐李存勖嗣位，李嗣源连连因功升迁，后拜为中书令。然而当时朝中由郭崇韬秉政，李嗣源虽为中书令，并无实权。

同光三年（925），郭崇韬奉庄宗李存勖之命率军伐蜀。然蜀国刚刚平定不久，李存勖便心犯疑忌，暗暗派人将郭崇韬害死。此事一经传出，后唐朝中名臣宿将人人自危。李嗣源也成为伶人宦官谗害的目标，数次险些被杀。

同光四年（926）二月，贝州兵变爆发，李存勖不任用近在咫尺的李嗣源为帅，而是自京城派佞臣李绍荣至河北主持平叛。在李绍荣连连失利的情况下，才不得已命李嗣源率军平叛，当时叛军已据邺城（今河北大名）。三月六日，李嗣源统帅的军队哗变，拥李嗣源入叛军城中。时李绍荣率军屯于城南，李嗣源虽遣牙将求救，李绍荣拒不发兵。李嗣源入邺城后，兵变首领赵在礼率将校迎拜，要

请李嗣源在河北称帝。李嗣源借口到城外收集散兵，脱身出城。[1]但这时李绍荣上书李存勖，称李嗣源已与乱军联合叛乱，李嗣源部将石敬瑭、中门使安重海得悉后力主公开起兵，攻占洛阳。李嗣源犹豫再三，终于答应起兵。他马上分派使节到各地进行联络，没有多久，河北的多数节度使，以及河南的泰宁（今山东兖州）、齐州（今山东登封）等使相继归附，李嗣源兵力大增。这时汴州（今河南开封）刺史孔循遣使到李嗣源营中，对他说："皇帝也正率军东来，若你能在他之前抵达，汴州就归你所有。"当天，李嗣源令石敬瑭入据汴州。次日，又接到消息说李存勖已向洛阳方向退去，李嗣源令大军缓缓而行。四月一日，李存勖被杀，洛阳大乱。次日，蕃汉马步使朱守殷遣使请李嗣源速入京城，安定局面。

李嗣源率军入城后，安重海、石敬瑭先让百官请李嗣源监国。第一次请求，李嗣源自然不答应，第二次也没有同意，等到百官第三次请求时，他马上应允下来。次日，李嗣源就入居兴圣宫，受百官朝见，这时他虽名为监国，实际上却与皇帝无异。

李嗣源监国后，首先做了三件事情：第一件是任命安重海为枢密使，掌管军机要务；第二件是令各地访寻逃散的诸王，一有消息，安重海就派人就地杀掉；第三件事是派石敬瑭为陕州留后，防备魏王继岌的伐蜀军东进洛阳。不几天，李存勖的兄弟子孙都被一一杀尽，仅半瘫的邕王李存美幸免于难。魏王继岌被随从缢死后，征蜀兵由任环率领归附李嗣源。这样，李嗣源自然而然地嗣帝位，成为后唐第二代君主明宗皇帝，改年号为天成。

二、勤于政事 小有成就

明宗李嗣源自幼从军，目不识丁，各地的上书都让安重海读给他听，但安重海识字也不多，许多上书无法读通，只得向明宗坦白道："臣以忠诚之心跟随陛下，掌管军国要政，当今之事，大致能知晓，对于古事、仪礼实在力不从心。"他建议明宗选择一些知名学士参与政务决策。明宗出自行伍，十分担心文人学士们轻视他，安重海也怕后来人分了他的权势，但又不得不用文人。于是，

---

[1] 事见《新五代史·后唐明宗本纪》："天成元年（即同光四年），郭崇韬、朱友谦皆以谗，死。嗣源以名位高，亦见疑忌。赵在礼反于魏，大臣皆请遣嗣源讨贼，庄宗不许。群臣屡请，庄宗不得已，遣之。三月壬子，嗣源至魏，屯御河南，在礼登楼谢罪。甲寅，军变。嗣源入于魏，与在礼合，夕出，止魏县。"

选来选去，选中了谨小慎微的冯道等数人，任命为端昭殿学士，协助安重诲参与机要。

李嗣源称帝以来，前朝的财政危机继续发展，百官俸禄不仅要折合成实物下发，而且每百钱只能折50钱的实物，应当正月发放的俸禄也往往拖到五月才能兑现。至于出生入死的士卒们，更是穷困交加。不解决这一问题，李嗣源的江山也坐不稳。因此，在安重诲等人的协助下，他采取了一系列措施改善困境、稳定局面。

李嗣源入洛不久，即诛杀李存勖朝租庸使孔谦，孔谦所设立的苛敛条目统统废除。后又任命任环为宰相，专管盐铁、度支、户部三司，主管财政。后唐农民一年分夏、秋两次纳税。过去规定，每纳税一斗，要额外上交一升的省耗，实际上是额外加征。任环接任后，先请明宗罢除了夏、秋两税的省耗。其后，又请明宗规定地方官不许额外征敛，刺史以下官不许向皇帝进贡，希望由此减轻百姓

李嗣源据国登基
——从1935年会文堂新记书局蔡东藩《五代史通俗演义》

负担。

李嗣源称帝的这年秋天，又下令把宫中鹰坊的鸟兽全部放掉。各地不许再进贡这类东西。冯道向明宗庆贺道："陛下可以说是恩及禽兽了。"明宗却说："不对，我对禽兽并无恻隐之心，只是过去随先帝打猎时，常有野兽进入成熟的秋田中，为了追猎野兽，往往将庄稼践踏得七零八落，现在又近秋收，我由此想到畋猎有害无益，所以不许各地再捕捉禽兽进贡。"

对于豪强官僚的兼并土地、侵凌百姓，明宗也多有裁抑。这些措施对于恢复经济、发展生产起了一定的作用。

李嗣源为监国时，李存勖后宫宫女还有1000多人，宣徽使选年少貌美者数百人送到他居住的兴圣宫，他问："要此何用？"宣徽使答道："负责宫中的各项职掌。"李嗣源道："宫中职掌应了解过去的习惯与规矩，这些人怎能胜任。"命宣徽使将这批年少女子送回各自家中，只选用一些老年旧宫人。及称帝后，李嗣源又严格规定：后宫只能留宫人百人，宦官30人；朝中官吏，凡是有名无实的一概废除。当时，洛阳城一带还集结着大批军队，军粮运输十分困难，明宗令诸军分别驻屯于附近有粮的州县，免除了军粮运输的压力。

经过如上努力，后唐的社会生产与财政状况明显好转。府库充实，粮食富足，有的州郡十文钱就可以买到一斗粮。

三、诸子争位　惊中病亡

明宗李嗣源之子中，有三人年龄较大，一是养子李从珂，为西都留守，驻长安；一是长子李从荣，封秦王，判六军诸卫事驻洛京；一是宋王李从厚，驻汴州。安重诲专权时，三人都被其压抑。等到安重诲死，三人势力开始发展，其中李从荣权势发展最快。安重诲一死，李从荣开始参与朝政，由于他掌握兵权，又是明宗长子，在朝中十分骄横。长兴四年（933）五月，明宗突然中风，月余未见群臣，洛城百姓人心惶惶，或逃往乡村，或躲入军营，一片混乱，到七月初，明宗硬撑着召见了群臣，人们才安定了一些。

看到明宗病得这般严重，群臣开始考虑立太子的问题。太仆少卿何泽见秦王李从荣权势正盛，先行上表请立其为太子，想以此讨好李从荣。明宗读着表章，泫然泪下，对左右侍从道："群臣请立太子，看来我得到太原养老去了。"次日，召群臣计议此事，李从荣向明宗道："臣儿年幼，愿随父皇学习治国平天下之术,不愿做太子。"[1]范延光、范延寿即请明宗先不立太子,以李从荣为天下兵马大元帅。此后,李从荣更加骄横无忌。

十一月中旬,明宗病情加剧,秦王李从荣入宫探视,明宗已不能抬头,王德妃在一旁对明宗说"从荣在此",明宗也没有说话。李从荣走出宫门时,听到宫中哭声不绝,以为明宗已病危,第二天便称病不去宫中,在秦王府与左右亲信抓紧策划。[2]其实,当晚明宗的病情稍微好了一点。李从荣自知自己十分孤立,遂决定先下手为强,率牙兵进入宫中抢位。次日晨李从荣率步兵、骑兵千余人在城中天津桥列阵,并派人向宰相通告:"我今日要入居兴圣宫,你们各有妻子家属,为人处事不能过于固执;不然,随时可能大祸临头。"宰相马上驰入皇城报告,商讨对策,苦无结果。这时,监门将军报告秦王兵已到了端门外。宫中妃嫔闻讯,相顾号哭。明宗倒十分冷静,问监门将军孟汉琼:"从荣何苦如此?"又问"是否真的谋反?"孟汉琼说:"是,刚才已令守门军卒关闭宫门了。"明宗立即命孟汉琼召马军都指挥使发兵讨伐李从荣。

孟汉琼率兵冲出宫门,李从荣正坐在天津桥上,急忙率军抵抗。他没想到父亲还活着,更没料到会有讨伐他的兵马,他本来想留重兵在天津桥威慑百官,自己直接入宫在父亲柩前即位。这一来,打得他惊惶失措,很快便溃不成军。李从荣逃回秦王府后,被活捉斩首。

听到李从荣的死讯,明宗心中还是万分伤心,几次昏死过去,病情急剧恶化。他令人到邺都召宋王李从厚,准备让他嗣位。宋王到洛阳的前一天,明宗病卒,终年68岁。葬于洛阳县内,陵为徽陵,谥号"圣德和武钦孝皇帝",庙号"明宗"。

---

[1] 事见《新五代史·秦王从荣列传》:"是时,明宗已病,得泽书不悦,顾左右曰:'群臣欲立太子,吾当养老于河东。'乃召大臣议立太子事,大臣皆莫敢可否。从荣入白曰:'臣闻奸人害,欲立臣为太子,臣实不愿也。'"

[2] 事见《新五代史·秦王从荣列传》:"己丑,从荣与枢密使朱弘昭、冯赟入问起居于广寿殿。帝不能知人。王淑妃告曰:'从荣在此。'又曰:'弘昭在此。'皆不应。……既去,而闻宫中哭声,所谓帝已崩矣,乃谋以兵入宫。"

名家评说

　　唐明宗比唐庄宗有知识，知道怎样巩固自己的地位，针对着唐庄宗的弊政作出一些改正。在他称帝的七年里，战事稀少，屡有丰年，民众获得短期的喘息，应该说是一个好皇帝。

——范文澜《中国通史简编》

后晋高祖石敬瑭

后唐高祖石敬瑭
——从明万历三十七年（1609）原刊本《三才图会》

后晋高祖石敬瑭（892~942），后晋的建立者。祖籍山西太原，父石绍雍，母何氏。公元936~942年在位。谥号"圣文章武明德孝皇帝"，庙号"高祖"。称帝后的石敬瑭在契丹首领耶律德光面前依然只敢以臣子自居，他卑躬屈膝，逢迎拍马，每年都要从百姓身上刮大量财物送给契丹。在他的盘剥之下，后晋人民苦不堪言，社会经济生产也遭到严重破坏。

一、英勇善战　位高权重

景福元年（892）二月二十八日，石敬瑭出生在太原汾阳。那是一个动荡不安的年代，李唐王朝名存实亡，藩镇割据愈演愈烈，战争频繁，岁无宁日。在当时，武夫悍将才能主宰一切。身为尚武的沙陀族人，石敬瑭自小跟随其父学习了一些刀枪骑射的本领。他性格沉着，寡言少语，练武之暇，还读点兵法书籍，了解了前代名将李牧、周亚夫等的事迹。沙陀人向来尚武，不重视文化，石敬瑭的举动显然与众不同，当时任代州（今山西代县）刺史的李克用的干儿子李嗣源非常器重他，将他招为女婿。李存勖听说石敬瑭擅长射箭，也把他擢居左右。后来，李嗣源又命他督领亲兵部队左射军，倚以为心腹亲信。

石敬瑭随李存勖出生入死，冲锋陷阵，立下了汗马功劳，但李存勖当上皇帝之后，却没有封他一官半职，他仍然在李嗣源的麾下当个心腹小校，待遇未免太不公平。石敬瑭心中怨恨不已，然而嘴上却丝毫未流露出不满，他在默默地等

待着局势的变化。他看到,像他一样被遗忘冷落的功臣宿将不乏其人,而最受猜忌的就是他的丈人,功居第一的李嗣源。

同光四年(925),赵在礼在魏州(今河北大名)发动叛乱,朝廷派元行钦出面招抚,结果失败。众人都认为非用李嗣源不可,李存勖不得已命李嗣源为统帅,率侍卫亲军前往讨伐。哪知兵到邺都城下,当晚发生哗变,士兵挟持李嗣源,要他当皇帝,李嗣源不从,士卒纷纷散逃而去。李嗣源这时手中只剩下常山一军共5000人,马2000匹。李嗣源欲明其不反的心迹,屡次上表申诉,都被元行钦扣下,不得达于朝廷,李嗣源更加疑惧。正在进退两难的时刻,石敬瑭悄悄地附在李嗣源的耳朵上说:"大事成于果断而败于犹豫,天下哪里有上将与叛卒共入贼城,日后尚保平安无事的呢?大梁乃天下之要津,假若给敬瑭300名骑兵,先往占据,公再引兵急进,以此为根据之地,方能保全无虞。"[1]一席话说动了李嗣源,遂命石敬瑭率五百骑兵直捣大梁(今河南开封西北)。石敬瑭领命,星夜兼程,渡过黄河,赶到大梁城下,先使裨将李琼以劲兵突入封丘门,自己紧跟其后自西门而入,占领了大梁。接着石敬瑭向西挺进,李存勖被乱兵射死。李嗣源顺利进入洛阳,旋即帝位,是为后唐明宗。

老丈人当了皇帝,石敬瑭既是驸马,又是功臣,地位比以前大不相同,官职一年数变,先由总管府都校升为光禄大夫、检校司徒,任陕州保义军节度使,赐号为"竭忠建策光复功臣"。次年,加检校太傅兼六军诸卫副使,晋封开国伯。不久又升为宣武军节度使,侍卫亲军马步军都指挥使兼六军诸卫副使,晋封开国公,赐号为"耀忠匡定保节功臣"。

在后唐明宗统治期间,石敬瑭仗着自己是皇亲国戚,功高勋重,在朝廷内部激烈的权力斗争中,始终立于不败之地。到明宗末年,他被任命为河东节度使、蕃汉兵马车总管等。由此,石敬瑭一步步地掌握了后唐的军事大权,实力非同一般。

二、被逼谋叛　甘当儿皇

长兴四年(933),后唐闵帝即位,闵帝优柔寡断,大权旁落,统治集团内

---

[1] 语见《旧五代史·晋高祖本纪》:"犹豫者兵家大忌,必若求诉,宜决其行。某愿率三百骑先趋汴水,以探虎口,如遂其志,请大军速进。夷门者,天下之要害也,据之可以自雪。安有上将与三军言变,他日有平手乎! 危在顷刻,不宜恬然。"

部矛盾激化。明宗养子李从珂在凤翔发动兵变，前来夺位。闵帝慌忙召姐夫石敬瑭赴阙御敌。石敬瑭与诸将合计一番，决定不妨前去观望形势，再作决断，遂率兵迤逦而来。四月初一，石敬瑭在卫州（今河南汲县）东七八里的地方遇上了仅带50名卫士仓皇逃跑的闵帝。闵帝见到姐夫，大喜，以为得到了救星，连忙向他求救，问以社稷大计。哪知石敬瑭不做正面回答，却反问："听说陛下已遣康义诚西讨，战局如何？陛下又何以至此？"闵帝哭泣着说："康义诚也叛变了。"石敬瑭顿时变了脸色，他看到闵帝那失魂落魄的样子，低头打起了算盘：李从珂骁勇善战，名震军中，现在又招降纳叛，实力大增，而自己羽翼未丰，强弱悬殊，恐怕难以与他相争。与其保这个丧家犬似的皇帝，引火烧身，还不如自己保存实力，暂避风头，窥伺时机。想到这里，他假装长叹了几口气，不阴不阳地对闵帝说："卫州刺史王弘贽乃是精明练达的宿将，陛下还是与他共图大计吧。"闵帝卫士朱洪进听后勃然大怒，指着石敬瑭厉声斥责："你是明宗的爱婿，与之

契丹主册立晋高祖
——从1935年会文堂新记书局蔡东藩《五代史通俗演义》

共享富贵，也应与之共承忧患，今天子蒙难，向你求救，你避重就轻，推卸责任，这不是想要附和叛贼，出卖天子吗？"弓箭库使沙守荣也义愤填膺，拔出佩刀要刺杀石敬瑭。幸亏石敬瑭的亲将陈晖在侧，将其挡了回去。后来他们二人斗过几个回合，结果沙守荣被一剑劈死。朱洪进羞愤难当，自刎而死。石敬瑭索性指使指挥使刘知远引兵入驿，将闵帝左右随从全部杀死，把闵帝撇在驿舍，扬长而去。

石敬瑭的谋反已成为司马昭之心，当时明眼之人都看出这一迹象来了。李从珂也并不糊涂，他命武宁节度使张敬达为北面行营副总管，屯兵代州，以分石敬瑭之权，又命羽林将军杨彦洵为北京副留守，监视石敬瑭。清泰三年（936）正月，李从珂过生日时，石敬瑭的妻子入宫祝寿，告辞时，李从珂说："你急着回去干什么？难道要和石郎造反吗？"石敬瑭听到这些，更加疑惧，决心举兵叛变。

清泰三年五月，石敬瑭首先发动政治攻势，上表指责李从珂即位非法，要他自动下台。石敬瑭之所以不敢贸然南下直取洛阳，是因为他担心自己的力量不够强大，不可能一举成功，他坐在太原城里用笔墨挑衅，是在等待对方的分裂和契丹的援兵。

好容易熬过夏天，直到秋高马肥的时候，才盼来了契丹救兵。九月，耶律德光亲率5万骑兵，自扬武谷（今山西原平西北）而南，不日抵太原城下。第二天，契丹纵兵追杀，唐军大败，步兵死者近万人，只有骑兵保全，逃回晋安寨。唐军投降了千余人，石敬瑭下令全部杀死，太原之围始解。

当天晚上，在太原城北门外，44岁的石敬瑭由众官簇拥着，口称"儿臣叩见父皇"，拜倒在年仅33岁的耶律德光脚下。礼毕，两人携手入城。耶律德光喜形于色，石敬瑭毕恭毕敬、低声下气。

接着契丹和石敬瑭合围晋安寨，又是一连数月对垒不下。

既然举起了叛旗，就应该有一个号召天下的样子。石敬瑭恨不得马上当上皇帝，可又不敢向耶律德光明说。十一月的一天，耶律德光对他说："我千里来援总要成功，看你相貌器量，真像个中原之主，我就立你当天子吧。"石敬瑭辞让了几次，在将吏的一再劝说下，才假装勉强地答应下来。耶律德光作册文，授石敬瑭为大晋皇帝，筑坛于太原北门外的柳林，择日举行登基大典。届时耶律德光亲手脱下自己的袍服衣冠，替石敬瑭穿上，石敬瑭就穿着一身契丹服装，不伦不类地南面就座，接受群臣的朝贺，当上了契丹的儿皇帝，改元天福。[1]

不久，晋安寨中的唐将杨光远、安审琦杀死张敬达举兵投降，石敬瑭拔掉这颗钉子，就率师南下，一路上，后唐将官纷纷投降。李从珂见大势已去，登楼放火自杀。石敬瑭开进洛阳，后定都汴梁，从此开始了五代的第三个王朝——后晋。

三、认贼作父　祸国殃民

石敬瑭仰仗契丹的支持当了皇帝，自然对耶律德光感激涕零、言听计从。当初在太原时，耶律德光说："桑维翰对你尽忠，你应用之为相。"石敬瑭就任命桑维翰为门下侍郎、同平章事。石敬瑭准备南下洛阳，想留个儿子留守太原，也向耶律德光求旨，耶律德光令他把各个儿子排成一队，亲自挑选，指着他的养子石重贵说："这小子眼大，就留下他吧。"石敬瑭立即照办。

石敬瑭在位的七年间，始终对契丹媚事奉承，柔顺得像只绵羊。他给耶律德光写信，每次都用"表"，还称耶律德光为"父皇帝"，自己称臣，称"儿皇帝"。契丹使臣来到后晋，他总是拜见接诏，克尽儿臣之礼。天福三年（938）十月，契丹遣使册给他徽号曰"英武明义皇帝"，夸奖他深明"父子大义"，他高兴万分，命左右金吾、六军仪仗、太常鼓吹出城，像迎天书一样将册封诏书吹吹打打、轰轰烈烈地迎到崇元殿前，陈列供奉。

石敬瑭给契丹进贡的财物不可胜计。当初契丹军队回国之时，他遣威塞（今河北涿鹿）节度使翟璋在管区内筹集10万缗犒军钱，此州土地贫瘠，百姓穷困，石敬瑭为让契丹满意，仍严令搜刮，以致民不堪命。此后，他每年除了依照原约贡献金帛30万之

桑维翰

[1] 事见《旧五代史·晋高祖本纪》："十一月，戎王会帝与营，谓帝曰：'我三千里赴义，事须必成。观尔体貌恢廓，识量深远，真国主也。天命有属，事不可失，欲徇蕃汉群议，册尔为天子。'帝饰让久之。既而诸军劝请相继，乃命筑坛于晋阳城南，册帝为大晋皇帝，戎王自解衣冠授焉。"

外，逢年过节、吉凶庆吊都额外奉送礼物。从中原到契丹，一年到头，满载玩好珍异的车子络绎不绝，耶律德光以外，契丹的太后、皇后、皇子皇亲、将相大臣都有财物可得。后晋承兵火之余，府库殚竭，所有贡献给契丹的财物负担都转嫁到了百姓头上。

在石敬瑭的残酷剥削下，后晋人民生活在水深火热之中，当时天灾人祸也极其严重，水旱、蝗灾接连不断，仅仅天福七年（942）五月的一个月里，就有五个州郡发大水，十八个州郡遭旱灾。天福六年（941）九月，黄河在滑州（今河南滑县）决口，东泻千里，百姓扶老携幼，登上丘陵，然而躲得过大水，却躲不过人祸，被饿而死者难计其数。[1]即使这样，石敬瑭一伙仍不放松对人民的盘剥，一时之间，饿殍盈野，流民遍地，有些想安定下来从事生产的百姓也因州县徭役繁重，责之重赋，威以严刑，不得已重新踏上流浪的道路。

取皇位难，保皇位更难。石敬瑭既是皇帝又是奴才，既是绵羊又是豺狼，是一个集高贵与卑贱、软弱与凶残于一身的人物。他在位七年间，像范延光一样不服他领导、觊觎皇位的人层出不穷，好多藩镇只是表面上供奉他罢了，暗地里对他并不恭顺。契丹的父皇帝更不把他放在眼里，稍不如意就加以斥责。他整天就像睡在丛棘烈火上一样，辗转反侧，不得安生。在内外交困之下，天福七年，石敬瑭生起病来，到了六月就在保昌殿一命呜呼，死时51岁。

名家评说

晋祖潜跃之前，沉毅而已。及其为君也，旰食宵衣，礼贤从谏，慕黄老之教，乐清净之风，以绨为衣，以麻为履，故能保其社稷，高朗令终。然而图事之初，召戎为援，猃狁自兹而孔炽，黔黎由是以罹殃。迨至嗣君，兵连祸结，卒使都城失守，举族为俘。亦犹决鲸海以救焚，何逃没溺；饮鸩浆而止渴，终取败亡。谋之不臧，何至于是！傥使非由外援之力，自副皇天之命，以兹睿德，惠彼蒸民，虽未足以方驾前王，亦可谓仁慈恭俭之主也。

——宋·薛居正《旧五代史》

---

[1]事见《旧五代史·晋高祖本纪》："九日辛酉，滑州河决，一溉东流，乡村户民携老幼登丘冢，为水所隔，饿死者众。"

后周世宗柴荣

后周世宗柴荣（921~959），后周第二代皇帝，祖籍邢州龙冈（今河北邢台西南），父柴守礼。公元954~959年在位。谥号"睿武孝文皇帝"，庙号"世宗"。他励精图治，彻底打破唐末藩镇割据的格局，同时惩治腐败，擢拔人才，使社会经济较唐末有较大发展。虽然周世宗柴荣最终没能完成统一大业，但其所作所为，为北宋的统一奠定了良好的基础，周世宗不愧为历史上一位杰出的皇帝。

后周世宗柴荣
——从明万历三十七年（1609）原刊本《三才图会》

一、少年英豪 异姓继位

后梁贞明七年（921）九月，柴荣出生于邢州柴家庄园。因其姑母无子，柴荣自小跟随姑母居住。柴荣的姑父郭威（即后周太祖）十分喜爱这个内子，后将其收为养子。

柴荣小时聪明伶俐，且为人谨慎。当时姑父家里并不富裕，经济情况相当拮据，柴荣就经常帮助姑母料理家务。当时郭威在外做"马铺卒使"的小差使，有时也出外经商，很是劳累。柴荣年稍长，即跟随姑父出外做生意，尽量多给郭威搞一些额外收入，以补家用。他曾跟随大商人颉跌氏远走江陵（今湖北江陵），做茶叶生意。由于从小跟从原本贫寒的姑父郭威，行商走贩跑过许多地方，接触到下层社会各色人物，所以柴荣既懂得民间疾苦，也看到官吏的腐败与残暴，深知当时社会的积弊。

由于郭威长期担任军职，柴荣也跟随姑父学会了十八般武艺，尤善骑射，

并且精通史书，逐步地培养起了军事和政治才能。开运四年（947），郭威帮助后晋镇将刘知远建立了后汉政权，并因功升任代理枢密副使，一跃而成为后汉王朝的统兵大将。柴荣也因跟随姑父立功获得了左监门卫将军的头衔。

乾祐三年（950），郭威领重兵坐镇河北，任邺都（今河北大名）留守，天雄军节度使。柴荣亦随之改任天雄军牙内都指挥使，协助姑父掌军。第二年，郭威攻下开封，刘承祐被部下杀死，将士拥郭威做皇帝，改国号为周，史称后周。柴荣则以"皇子"身份担任澶州（今河南濮阳）节度使，受封为太原郡侯。这预示着柴荣有着无量的前程。

郭　威（清人绘）

柴荣坐镇澶州，主管一州军政事务，得以初步地施展自己的政治抱负。在他管内，政治相当清明。州内人民多年以来捐税苛重，除正税以外，还有杂课，又有差役调拨，不堪其苦。柴荣奏请放免，使人民的负担有所减轻，生活逐渐好转。柴荣的治绩使他在地方上赢得了好名声。

柴荣的政治才能和声誉，深得郭威的欢喜，但却遭到了权臣王峻的妒忌。王峻时任总掌全国兵马的枢密使，极有政治野心。柴荣坐镇外藩，多次上表请求入朝，王峻怕兵权为柴荣所夺，于是从中作梗，极力阻挠。

广顺二年正月，兖州（今山东济宁）节度使慕容彦超起兵反叛，大将曹英等东讨，数月无功，于是郭威意欲亲自出征。对此朝中大臣冯道坚决反对，郭威就说："我若不亲征，只有澶州我儿子出征才行。"可见郭威对柴荣的信任与期望。同年三月，王峻被郭威黜往外地，柴荣才得回京，封晋王，改官为开封尹。[1]

---

[1] 事见《旧五代史·周世宗本纪》："及曹英军东讨，数月无功，太祖欲亲征，召群臣议其事。宰臣冯道奏以方当盛夏，车驾不宜冲冒。太祖曰：'寇不可玩，如朕不可行，当使澶州儿子击贼，方办吾事。'"

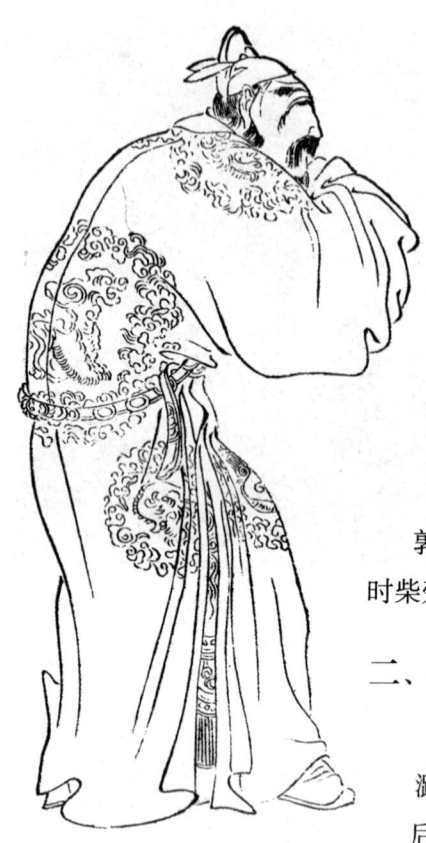

冯 道

——从清康熙三十三年（1694）刊本《无双谱》（金古良编绘，朱圭刻）

冯道（882~954），字可道，号长乐老，瀛州景城（今河北沧州）人，五代宰相。历仕四朝十帝，始终担任将相、三公、三师之位。后世史学家出于忠君观念，对其不齿，欧阳修骂他"不知廉耻"，司马光更斥其为"奸臣之尤"。但他注重事亲济民、提携贤良，在当时却有"当世之士无贤愚，皆仰道为元老，而喜为之偶誉"的声望。

郭威一死，皇位很自然地落到了柴荣身上。这时柴荣34岁，正是年富力强、充满活力的时候。

二、武略出众　消弭寇盗

显德元年（954）二月，柴荣刚即位不久，潞州（今山西长治）传来敌情，北汉主刘崇趁后周国丧，领兵报仇来了。

消息传来，后周朝臣一片慌乱。柴荣召群臣商讨对策，并提出要亲征。不料，以宰相冯道为首的一批老臣又一次上奏，大力反对柴荣亲征。柴荣没有采纳老臣的意见，他亲自挑选了一批矫捷勇猛之士，组织了一支实力不凡的军队，于当月十一日，车驾亲征。十九日，王师前锋与贼军相遇于高平县南。[1]一贼军使者来到王师军前，说："刘崇自将的三万军士，和契丹的万余人马正严阵以待呢！"柴荣听罢，命部下将此人拿下。此时，刘崇立刻将军队分为东西两阵，颇为严整。柴荣随即也把军队分为左右两阵，交由张永德指挥。不料，两军交战不久，统领右军的樊爱能、何徽望敌而逃，右军顿时一片混乱，逃的逃，降的降。观坐马上的柴荣见状，亲自率骑冲上战场，临阵督战。

---

[1] 事见《旧五代史·周世宗本纪》："十九日，前锋与贼军相遇，贼阵于高平县南之高原。有贼中来者，云：'刘崇自将三万，并契丹万余骑，严阵以待官军。'帝促兵以击之，崇东西列阵，颇亦严整。"

经过一夜大战，贼军大败，僵尸弃甲，遍布山野。

次日，柴荣进驻高平县城，开始对军队进行整顿。他与大将张永德商量后，把临阵逃跑的樊爱能、何徽以及裨将领70余人统统按军法处斩。临阵投敌的士兵亦皆就戮。经此一事，军中骄将堕兵无不知惧，军威由此大振。

五月三日，柴荣亲率大军到来，将太原城团团围住。周军声势甚壮，但准备不足，城久攻不下，军中粮饷渐渐供应不上。当时连日大雨，到六月初军士已劳苦疲惫而不堪战阵。柴荣只得下令班师回朝，所获州县也全部放弃。但这毕竟沉重打击了北汉政权，也煞了契丹贵族的气焰。自此，北汉再也无力来争夺中原了。

通过这次出征，柴荣认识到整顿军纪的重要，回都后更大刀阔斧地进行了整顿军队的工作。对于作战有功的人，皆加官行赏，如赵匡胤因作战得力，升为禁军统帅殿前都点检。对于怯敌逃阵的人，则予惩罚。他严明军纪，凡有犯法，不论何人，一概处罚。

柴荣又特别对禁卫军进行了整顿，他命诸将逐个点选中央军中的步兵和骑兵，强壮者留，老弱胆小者尽行裁汰。他又招募天下壮士，将山林亡命之徒、有勇力者招来充当禁卫军。这既增加了朝廷兵力，又消弭了寇盗，可谓一举两得。

三、全面改革　国富民强

通过整军，后周中央的武装力量加强了，皇权也得以加强，军队战斗力大大提高。这为以后的征战提供了良好的基础，柴荣自己也萌发了要统一中国的雄心。

柴荣继承郭威，进一步推行了全方位的改革。首先是网罗一批富有进取心的人才。柴荣思贤若渴，一即位就下诏求贤求谏。他学唐太宗，让各级官员上封事，凡有所见，都可以写成表章呈上，若对政事有所陈述，也可以请求引见面议，使君臣上下沟通，并从中发现和选拔经国之才。只要有才能，不管名位资历，柴荣都设法搜罗来，委予官号，加以录用。如魏仁浦不是科举正途出身，柴荣不顾众人反对，破格任为宰相。柴荣还对科举作了整顿。显德二年（955）考进士时，礼部侍郎主考因循苟且，不作选择，柴荣命令重考，结果原取进士16人只有4人及第。

其次，柴荣着手澄清吏治，大力反对贪污腐化。他自己自小艰苦朴素，称帝后依然保持了俭朴的作风，生活上力戒奢华。他不贪游宴，宫内浮浪无用之人一律裁减，摒绝珠宝珍玩，禁止地方官进贡甘鲜食品。并要求各级政府中不急事务也一律停办，以减轻人民的负担。

要加强国家实力，发展农业生产是大事。柴荣在即位的当月就下诏：凡军队中老弱伤痛情愿回家种田者统统可退伍放免，这使五代以来农民长年被束缚在军队中的现象有了改变。同月又下令招抚各地流民，将无主荒地分配给流民耕种，让他们安居乐业。柴荣还下诏减免租税，实行新税法。为了获得更多的劳动人手，柴荣把手伸向了佛教寺院。显德二年（955）五月六日，柴荣下令毁佛，凡后周境内佛教寺庙，除有皇帝敕额的得以保留外，其余一律拆毁，每县只留寺庙一所，官僚贵族自后不得奏请建造寺院和剃度僧尼。显德四年（957）九月以后，柴荣又准备推行均定田租的改革。第二年，柴荣下令进行大规模的查田，实行均租。结果单在开封就查出了隐漏之田4.2万多顷。查田沉重地打击了地主豪强，减轻了普通农民的租税负担，又增加了国家的赋税收入，为后周乃至北宋统一中国奠定了物质基础。

柴荣对京城开封进行了扩建。开封本为节度使的军镇，朱温篡唐后逐渐成为五代各朝的政治中心。显德二年（955）四月，柴荣下令扩建京城，加宽巷道，加筑外城。经过10万民工三年的努力，终于把开封建成规模宏伟的大都会。到北宋，开封一跃成为全国性的首都。这也是柴荣的一项政绩。

柴荣的政绩还表现在文化事业方面，在整理历法、刑律、音乐等方面也做了有益的工作。柴荣曾请精通历数的王朴修订历法，制成《显德钦天历》，并加以使用，取代了以前各种混乱不堪的历法。柴荣还命群臣编订《大周刑统》的新法律，颁布施行。柴荣又请窦俨考正雅乐。王朴也通音乐，柴荣时常亲自和王朴讨论有关问题，使失传多年的唐代音乐得以恢复，并流传到宋代。柴荣还开史馆，显德三年（956），他命令史臣张昭等修编太祖郭威实录，并修编了后梁末帝朱友贞、后唐闵帝李从厚与末帝王李从珂的实录，填补了多项空白。柴荣还下诏搜求遗书，使散落民间的典籍保存于国家史馆；组织文士校勘唐朝陆德明所著《经典释文》30卷，雕版印行于世。柴荣在位时间并不长，在日理万机、戎马倥偬之际，尚能注意文化事业，这在五代皇帝中是极为罕见的。

四、南征北讨　统一全国

经过几年持续不断的改革，后周国富民强，于是，柴荣统兵南征北讨，开始了统一中国的征程。

柴荣采纳了先攻江淮以及江左南唐的主张。在进攻南唐之前，柴荣先遣将从后蜀手中收回了秦、凤、成、阶（均在今甘肃省境内）四州。

秦、凤等四州是后晋时没入后蜀的。后蜀主孟昶为政苛暴，蜀人怨愤，四州人民更是民不聊生。人民痛恨后蜀政权，先后多次派人到开封要求后周收复旧地。显德二年（955）四月，柴荣调兵遣将，向四州进攻，至五月，节度使王景率军由陕西大环关出击，攻下了秦州（今陕西秦安）以东的黄牛寨等地。到十一月，周军最后攻克凤州，俘敌节度使王环，收复了四州之地。柴荣下令四州人民除两税以外，其他杂税一律免征。废除了后蜀暴政，当地百姓欢天喜地。

安定了西部边境之后，柴荣因蜀道艰难，没有乘胜入川推翻孟昶政权，而是把兵锋转向了占领江淮地区的南唐。

显德二年（955）十一月，柴荣任命李谷为淮南道行军都部署，王彦超为副部署，统率禁军进攻寿州（今安徽寿县）。柴荣十分关心前线的动向，显德三年（956）正月，他决定亲自出马，指挥这一重大战役。柴荣不久即赶到正阳，他察看了战场，认为不应给敌人喘息机会，于是率大军再次将寿州包围。此时，南唐江北州县皆处于周军的兵锋之下，处境已十分艰难，但寿州守将刘仁赡乃南唐名将，坚守不降。周军久攻不下，柴荣便留一部分军队围城，其余分兵略地，攻取南唐江淮之间各州县。二月，柴荣命赵匡胤攻滁州（今安徽滁县）南唐皇甫晖军，赵匡胤不愧为一代名将，他率军奇袭清流关，一举擒获皇甫晖，歼灭了南唐一支劲旅。柴荣又命韩令坤率兵直取扬州和泰州，一直攻到长江边。到三月，周军已攻取了南唐江北大部分城镇，使寿州更陷于孤立境地。

虽然周军实际上已占有江淮广大土地，但寿州始终未能攻下，加之暑雨天气，柴荣决定留向训坐镇扬州，李重进继续围攻寿州，自己于五月十日启程回京，以图再作部署。

柴荣回到开封后，开始编练水军。他从南唐降兵挑选了数百水手，教习水战，严格训练几个月之后，一支精锐的水师建成了，这就使南唐的水上优势受到了挑战。后周淮南节度使向训感到难以持久，便向柴荣建策撤退扬州周军，全力攻寿州。于是，江淮之间的周军齐集寿州城周围，全力进攻，却仍然未能攻下。在这关键时刻，柴荣没有允许前线军队后退，而是第二次奔赴前线，亲自督战。显德四年（957）二月，柴荣统军南下，并派右骁卫大将军王环率新建成的水军，沿颍水进入淮河，直赴敌阵。三月，柴荣披甲执锐，来到寿州前线，亲自指挥作战。柴荣命自己的水军也鼓足风帆直追,骑兵亦夹河穷追猛打,于是南唐援助寿州的外围军队遭到全歼,共消灭和俘虏了4万多人,缴获战船、兵器不计其数。这时,寿州城内的南唐军如热锅上的蚂蚁,不知如何办才好,守将刘仁赡急出了一场大病,不能理军,其部下于是开城投降。柴荣终于占领了这一战略要地,获得了辉煌的胜利。

柴荣命令部队稍作休整,又下令寿州城50里内地方免交两税,并开仓赈济,实行大赦,稳定了新占领区的统治。

经过几个月的休整,显德四年(957)十月,柴荣又第三次亲征南唐,其目标是务求全部夺取江淮土地。这一次,柴荣不仅带了马、步、水军,还从北方带来一队骆驼,当时一般人并不知其用场。十一月,周军进抵濠州,柴荣命令士兵骑骆驼渡淮河,南军从来没有见过这种战法,以为是天兵天将,个个吓得面如土色,弃杖而逃。

柴荣水陆大军进抵长江,直接威胁到南唐的江南地区,南唐政权几乎无力抵抗,已面临崩溃了。李璟不得不再次派使臣向柴荣请和,尽献江北之地,表示愿将庐、舒、蕲、黄四州送给后周,划长江为界。周军已在江淮作战经年,若再下江南,恐契丹在后方乘虚来攻,于是接受了南唐的投降,和南唐签订了城下之盟。

柴荣在夺取南唐江北十四州土地、人民的一年之后,又踏上新的征途。显德六年(959)三月,柴荣亲自统军北伐。四月,柴荣到达沧州,挥师直趋边关,契丹的宁州刺史汉人王洪首先举城投降。不战而得城,使士气大为振奋。十六州的汉族百姓长年受契丹贵族的奴役和侮辱,早就希望中原军队到来,于是迎降者如流。后周军队纪律严明,到处受到人民的欢迎。柴荣命

周世宗陵

周军加快进军速度，大军神速地进抵益津关（今河北霸县），契丹守将终延辉又开关投降。周军兵不血刃，又夺得了一个重要关口。这时，水路渐绝，柴荣命令周军舍舟步行，继续前进。

不久，大将赵匡胤率领大部队赶到瓦桥关（今河北雄县），契丹守将汉人姚内斌又举城投降。接着，又恢复了淤口关（今河北霸县东信安镇）。三个关口的收复，使后周处于极有利的战略位置上。不久，契丹莫州（今河北任丘）刺史汉人刘楚信、瀛州（今河北境内）刺史汉人高彦晖等又接连举城归降。柴荣出兵才40多天，兵不血刃，已收复了三关，共得3州17县之地，户口18360人。柴荣的部将定州节度使孙行友也攻下了易州，俘敌刺史李在钦。另一部将都指挥使张藏英也夺取了固安县。

五、病于征途　中年而逝

正当攻势凌厉、进军顺利的关头，柴荣突然患病，攻势不得不停下来。

显德六年五月二日，柴荣大宴诸将，词气豪迈地号召大家努力奋战，继续前进，以收复十六州全部失地。到了晚上，柴荣就病倒了，只得回师。柴荣在已收复的三关作了一些部署，命将把守，自己则回到开封，北伐就此停止了。

五月三十日，柴荣车驾回到开封，抱病处理了一些政务。他立符氏为皇后，封年幼的皇长子柴宗训为梁王，特进左卫上将军。二子宗让封燕国公，任左骁卫大将军。又提拔和任命了一些官吏和将领。

柴荣还念叨着出师北伐，希望病好后再上征途，但他的病却越来越重，六月十八日竟病死于榻。时年仅39岁。谥号"睿武孝文皇帝"，庙号"世宗"，葬于庆陵。

临死前，柴荣留下了遗诏，立其长子梁王柴宗训为帝，而当时宗训年仅6岁。

名家评说

（世宗）器貌英奇，善骑射，略通书史黄老，性沉重寡言。
——后晋·刘昫等《旧唐书》

小分裂时代唯一的英明君主，是后周帝国第二任皇帝柴荣。
——柏杨《中国人史纲》

南唐后主李煜

南唐后主李煜（936~977），南唐的第二代，也是最后一代皇帝，初名从嘉，字重光，号钟隐，祖籍海州（今连云港）。父后唐元宗李璟，母光穆圣钟氏。公元961~975年在位。李煜不思进取，在一步步的软弱妥协中过着忍辱偷生的日子。虽然在政治上一败涂地，但他却"工于治词"，他的诗词在中国文学史上有着重要的地位。

南唐后主李煜
——从明万历三十七年（1609）原刊本《三才图会》

一、奈何为帝　忍辱偷生

李煜是李璟的第六子，他的五个哥哥除大哥弘翼外，其余皆早夭，所以李煜实际上成为次子。

李煜自幼就很聪明，好读书写作，擅长书画，通晓音律，但他根本无心于政治，他和父亲李璟一样，也不愿当皇帝。然而命运却偏偏不遂人愿。李煜的大哥弘翼一心想做皇帝，他当上皇太子后仍不放心，甚至毒死叔父确保自己的地位。然而，弘翼却还是没能当上皇帝，他害死叔父后不几个月，便暴病而亡了，于是皇太子之位自然就传给了次子李煜。

建隆二年（961）二月，元宗李璟迁都南昌，称南都并正式立李煜为皇太子，留在金陵（今南京）监国。这时，李煜已经25岁。李璟为他置了两个大臣辅佐，一为严续，一为殷崇义，并以张洎主笺奏。这年六月，李璟在南都病故，李

重屏会棋图

南唐周文矩绘，现藏于北京故宫博物院。图中描绘南唐中主李璟与其弟景遂、景达、景过会棋情景。头戴高帽，手持盘盒，居中观棋者为中主李璟，对弈者是齐王景达和江王景过。

煜遂于七月二十九日袭位于金陵，并把自己原名从嘉改为李煜。[1]十月，宋太祖又遣枢密承旨王文来贺袭位，李煜易紫袍见宋使者，低三下四，毕恭毕敬。宋使者走后，李煜才换上黄袍。可见李煜已以宋臣自居。

开宝四年（971），宋已灭南汉，屯兵于汉阳（今武汉市汉阳），居长江上游，威胁着南唐的独立。李煜非常恐惧，他急忙派自己的弟弟李从善去宋朝廷，表示南唐愿意去掉自己的国号，改为江南国主，自降一等。此时，宋太祖恰有其他战略安排，也乐于开恩答应其称臣。这样李煜君臣才算松了一口气。第二年，李煜下令，贬损仪制，改诏称教，中书门下省为左右内史府，或左右内侍府，尚书省称司会府，御史台为司宪府，翰林院为艺文院，或文馆，枢密院为光政院，大理寺为详刑院，客省为延宾院，官号也随之改易，以避中原宋廷。从形式上看，这好像是北宋中央政府的下属机构。

李煜不求进取，忍辱偷生的做法引起了朝中部分大臣的极大反感。内史舍人潘佑见南唐国势垂危，而李煜却不思进取，夜夜笙歌，很是悲愤，他三番五次

---

[1] 事见《宋史·南唐李氏世家》："建隆二年，景迁洪州，立为太子监国，是秋袭位，居建康，改名煜。"

劝诫李煜，可李煜始终听不进去。潘佑并不气馁，他再次劝告李煜，希望他不要成为像夏桀和商纣那样的国王。李煜听潘佑竟然将自己比做夏桀、商纣，非常生气，于是下令将潘佑抓起来治罪。但潘佑早已准备以死谏君，所以在李煜治罪前，就已慷慨自杀了。然而潘佑的死谏并没有唤醒李煜的心。李煜依然迷着苟且偷生的日子。

开宝七年（974），北宋遣使来南唐，面带傲色地对李煜说："大宋天子今年冬天要举行柴燎之礼，国主应当前往助祭。"李煜脸色一下子变得煞白，三年前，李煜的弟弟李从善已被宋朝廷扣留做了人质，李煜多次请求让弟弟回国，赵匡胤始终不答应。没想到三年后，赵匡胤又让自己也过去当人质。李煜惶恐至极，连忙推说自己有病在身，无论如何都不肯过去。过了几个月，赵匡胤又派人到南唐让李煜过去，李煜仍然说身体不适。于是，赵匡胤决定起兵攻打南唐。

二、被迫交战　终成囚徒

李煜听说赵匡胤决定起兵攻打南唐，知道大势已去，让宋朝退兵已是不可能的事情了。于是，他只好强打起精神，拼死决战。在大臣们的建议下，李煜下令去掉北宋的开宝年号，建立自己的年号。这一次，李煜总算是当上了真正的天子了。两国也开始正式交锋，但这既是南唐与宋之间的第一次交锋，也是最后一次交锋。

宋朝在南征之前是做了充分的准备的。此时的北宋已消灭了后蜀、南汉、荆、湘等割据政权，又和吴越结成了军事同盟，形成对南唐的三面包围。而且北宋又得到南唐进士樊若水的帮助，此人向宋太祖献策，建议造浮桥助王师过江。宋太祖大悦，遂按樊若水的建议，命高品等造黄黑龙船千艘，然后用大船载大绳索，自荆渚而下。李煜听说宋军要造浮桥，就问侍臣张洎是否能造得成。张洎回答说："我遍览古书，从来没有听说过能在江面上造浮桥的事情，想来可能是军中的谣言吧？"李煜也笑着说："我也认为这只是儿戏的话，怎么能当真呢！"[1]

然而没过多久，就有官兵来报，说宋军已经渡江了，李煜听得面如土色，

---

[1] 事见《宋史·南唐李氏世家》："煜初闻朝廷作浮梁，语其臣张洎，洎对曰：'载籍以来，长江无为梁之事。'煜曰：'吾亦以为儿戏耳。'"

连忙派人到南都招镇南书使朱令赟率部队来救援。朱令赟率兵十五万，旌旗战舰十分壮观，从鄱阳湖口到长江，前后数十里。如果李煜早做准备，有这样一支强兵，宋军恐怕很难渡过长江天险。但李煜之前却根本没准备抵抗，等到朱令赟大军出发时，一切都已经太迟了！朱令赟率领水师沿着长江南下，企图冲断宋军的浮桥，切断宋军的退路。南唐的军队到了皖口，正好与宋军相遇。朱令赟连忙让属下放火，想要将宋军的来船堵住。或许天意吧，谁知道北风大起，风向大变，火势随风吹转，竟然反而烧了南唐自己的战船。结果南唐军大败，朱令赟也被宋军活捉。

金陵城内，李煜仍在眼巴巴的盼望着这支援军能够阻挡住宋军的进攻，却突然听说朱令赟被活捉，南唐军也已溃不成军。李煜非常惊恐，但他实在不愿意做囚徒，所以还是不肯投降。宋军围城前后长达一年的时间，最后使金陵城里的粮食都吃光了，又病死了许多人。李煜只好又让张洎制作蜡丸帛书向契丹求救，但是却送不出去。无奈至极，李煜只好派出国内的辩士、大学者徐铉去宋朝求情。

徐铉见到赵匡胤后，说道："李煜并没有做错，陛下您出兵攻打没有道理。"赵匡胤说："我让李煜到我大宋朝来，他为什么总是违背我的命令？"徐铉回答："李煜以小国之君侍奉您这位大国之君，就好像儿子侍奉自己的父亲一样，并没有什么做错的地方。虽然陛下召他过来，可他一直身体虚弱，疾病缠身，没有办法过来，难道就因为这件事情就要丢掉自己的性命吗？试着想想，父母爱自己的子女，真是无微不至。难道陛下就因为李煜不来见您就要治他的罪吗？希望陛下能够宽宏大量，早日撤军。"赵匡胤说道："李煜

南唐武士立像

既然对我就像对父亲一样，我对他也像自己的生子一样。父子本来就是一家，哪有南北对峙，分成两家的道理？"

徐铉听到此话，一时哑口无言，无话可对。只好跪下苦苦哀求道："陛下即使不顾念李煜，也要替江南的父老乡亲考虑一下啊，如果宋朝的大军攻打进入南唐，将会给江南的生灵带来多么大的灾难啊！这恐怕违背了您恩惠百姓的初衷了吧！"赵匡胤说："我已经下令各位将军们，不得随意杀一个人，如果你们国主能够很快投降，献出版图，入朝来见我，我自然会让军队撤回，又怎么会让生灵涂炭呢？"徐铉仍不死心，又说："像李煜对您这样的恭顺，您却仍要攻打南唐，您未免有些薄情寡义，缺少恩德啊！"

赵匡胤一听到这句话，勃然大怒，立即拔出剑来，冲着徐铉说："不要再多说了！江南是没有什么大的罪过。但天下本来就是一家。卧榻之侧，怎容他人鼾睡？你们能战就战，不能战就赶快投降，你要是再多嘴，我就立刻杀了你！"徐铉不敢再说什么，就连忙回江南去报告李煜。这样，李煜最后的希望也破灭了。

开宝八年（975）冬十一月二十七日夜半，金陵城终于被宋军攻陷，南唐众多将军兵士或力战而死，或服毒自尽。李煜也曾说过要在金陵城被攻陷的时候携妻儿自尽。但他却根本没有这样的勇气。当宋朝大将曹彬率领大军杀进宫来之后，李煜率领四十多名臣僚，跪拜投降。

曹彬见李后主投降，非常高兴。他劝告李煜说："你归顺宋朝之后，你的俸禄有限，然而你所需花费的钱会越来越多。宋朝没有办法负担，你还是多带一些财物，以后留着用吧。"李煜一听还有这种待遇，心一下子放松了不少。于是到宫中去整理行装，准备同曹彬一起北上。曹彬的属下偷偷问曹彬："你就这样让李煜入宫，万一他自杀了，那可怎么办啊？"曹彬笑了笑，回答："李煜性格优柔寡断，他既然已经投降了，又怎么会再寻死呢？"[1]果然，没一会儿，李煜就收拾好东西出来了。对李煜来说，虽然丢了皇位，但总算保住了性命，也就算心满意足了。

---

[1]事见《宋史·曹彬列传》："煜与其臣百余人诣军门请罪，彬慰安之，待以宾礼，请煜入宫治装，彬以数骑待宫门外。左右密谓为彬曰：'煜入或不测，奈何？'彬笑曰：'煜素懦无断，既已降，必不能自引决。'"

当天，李煜就让近臣把黄金装好。第二天，李煜带着皇后和百官及其家属三百口纷纷登上船，冒雨渡江。

三、苟活两年　一曲丧命

李煜随同曹彬一起回到汴京（今河南开封）朝见赵匡胤。赵匡胤坐在高高的明德楼御殿上，李煜则和几个大臣穿着白衣纱帽，跪在下面诚惶诚恐地磕头。赵匡胤宣布赦免李煜等人，但由于李煜最后派南唐军队抵抗了宋军，所以封李煜为"违命"侯，又封为光禄大夫。李煜的妻子小周氏被封为郑国夫人。从此李煜开始了他名为王侯，实为囚徒的痛苦生活。

曹　彬
——从明万历三十七年（1609）原刊本《三才图会》

宋太祖死后，继立的宋太宗比宋太祖更猜忌。有一次，宋太宗让李煜的故臣徐铉去探望李煜。二人一见面，便相持大哭，之后，又默不作声。过了好一会儿，李煜忽然长叹一声说："悔当时杀了潘佑、李平！"徐铉虽然也很痛苦，可他毕竟是宋太宗派来察看动静的，所以不敢隐瞒，一五一十地将此话告知赵光义。从此，太宗更加猜忌了。

太平兴国三年（977）七夕是李煜42岁生日。李煜召集了一些南唐故伎来庆祝，歌声传出，宋太宗听了十分恼怒。后又听见传出李煜新作"小楼昨夜又东风"和"一江春水向东流"句，太宗认为李煜是贼心不死，眷念故国，贪怀皇帝之位，心存报复，于是赐毒酒于他。李煜喝毒酒后当天晚上就死了。

四、千古诗才　情系周氏

李煜和父亲李璟一样，虽是昏庸君主，但不是暴君，他待人处事很讲感情。他和父亲一样都有很高的文学天赋，而其诗词艺术成就较之其父更有过之而无不及，为中华词史上的杰出词人。

李煜是保大十二年（954）结婚的，时年18岁，不是皇帝也不是皇太子。妻子周娥皇是司徒周宗的女儿，时年19岁，比李煜年长一岁。两人婚后感情笃深，

《韩熙载夜宴图》

南唐画家顾闳中绘，现存宋摹本，藏于北京故宫博物院。《韩熙载夜宴图》描绘了官员韩熙载家设夜宴载歌行乐的场面。整幅作品线条遒劲流畅，工整精细，构图富有想象力。

李煜为她写了许多诗词。周娥皇也是一个才女，她不但貌可称为国色，且才通书史，善弈棋、歌舞，而尤精琵琶。她年少时曾在李煜父皇李璟面前弹奏，李璟极为赞叹，将自己最珍惜的烧槽琵琶赏赐给她。李煜即位之后，更宠嬖专房，册封为国后。周后风流而有才气，创造了一种高髻纤裳以及首翘鬓朵之妆，当时妇女争相仿效，成为流行服饰。周后对于词曲更特别在行，善于因词谱曲，随之演唱，楚楚动人。

但是好景不长，周娥皇竟卧疾而一病不起。周后病时，李煜旦夕视疾，药非亲尝不进，甚至衣不解带，累累如是。一个封建帝王能这样对待一个女子的确少见，也难能可贵。在调养之际，周后最宠爱的少子仲宣又夭亡了，对周后打击很大，病即转恶，当娥皇知道自己已不可救药时，乃与李煜诀别，声声泪泪，感人肺腑。她要求薄葬。死时年仅29岁。李煜与周娥皇夫妻恩爱有十载。李煜自作诔文，其辞数千言，极为酸楚。

昭惠后周娥皇死后，李煜的恋爱对象转向了娥皇的小妹妹，史称小周后。小周后长得和姐姐一样美丽，才艺也很相称，且年幼天真，更逗人喜欢。

小周后入宫多年，并没有名号，因为昭惠后死后，李煜哀毁过甚，第二年母亲圣尊后钟氏去世，李煜以居丧之故，未及备礼。到开宝元年（968），始议立小周后为继室、称继国后。在国家即将灭亡之际，李煜自知灾祸不可免，乃不图进取，不事振作，日夜行乐。大臣韩熙载以下皆作诗讽谏，李煜既不听，也不

谴责，但得过且过而已，满门心思都倾注在爱情和诗词之中。南唐灭亡，小周后随李煜北迁汴京，被北宋封为郑国夫人。

公元977年，42岁的南唐后主李煜在生日晚上饮鸩暴崩，结束了痛苦的生命旅程，他把只有二十几岁的小周后留在了人世上。小周后哀痛不能自胜，从此没有露过笑脸，在凄楚和悲愤中不数月也死去了。

名家评说

词至李后主而眼界始大，感慨遂深，遂变伶工之词而为士大夫之词。

——胡适《词选》

南唐皇帝李煜先生词学的造诣，空前绝后，用在填词上的精力，远超过用在治国上。

——柏杨《浊世人间》

后蜀后主孟昶

后蜀后主孟昶

后蜀后主孟昶（919~965），后蜀的末代皇帝，初名仁赞，字保元，祖籍邢州龙岗（今河北邢台）父后蜀高祖孟知祥，母贵妃李氏。公元934~965年在位。谥号"恭孝"。孟昶统治前期，秉承先父遗志，专心治理国家，发展经济、文化，使蜀地百姓安居乐业。但到了后期，大兴土木，广选民女，生活逐渐奢侈荒淫起来，终于导致了亡国。

一、年少受命　励精图治

天佑十六年（919）十一月，孟昶出生于太原。其母李氏是庄宗李存勖的堂妹，其父孟知祥凭借这一姻亲关系，在仕途上飞黄腾达。长兴四年（933），孟知祥被封为蜀王；五年（934）正月，孟知祥自立于蜀，改元明德。孟知祥称帝后，孟昶被任命为检校太保、东川节度使、同中书门下平章事，处于储君的地位。7个月后，孟知祥大病，临终前，他将孟昶立为皇太子，并委托旧臣宿将赵季良、李仁罕、赵廷隐、王处回等人辅政。

孟知祥病死后，孟昶继位，年仅16岁。因遵先主遗诏，国政大事多委于辅政大臣，当时李仁罕、赵廷隐为前朝宿将，手握重兵；王处回长期为枢密使，典掌机要，三人多各行其是，势焰极盛。独宰相赵季良能谨守职分，尽心辅佐。

即位之初，大将李仁罕派人向枢密院要求授以主管六军之职，还亲至学士院监督学士起草诏令。对于这种抢夺兵权的非礼行为，孟昶心里自有算计。他先命枢密、学士两院满足李仁罕的一切要求，继而俟李仁罕入宫朝见之时，命武士当场处死。孟昶这一果敢行为，对元老重臣起到了威慑影响。大将李肇原来

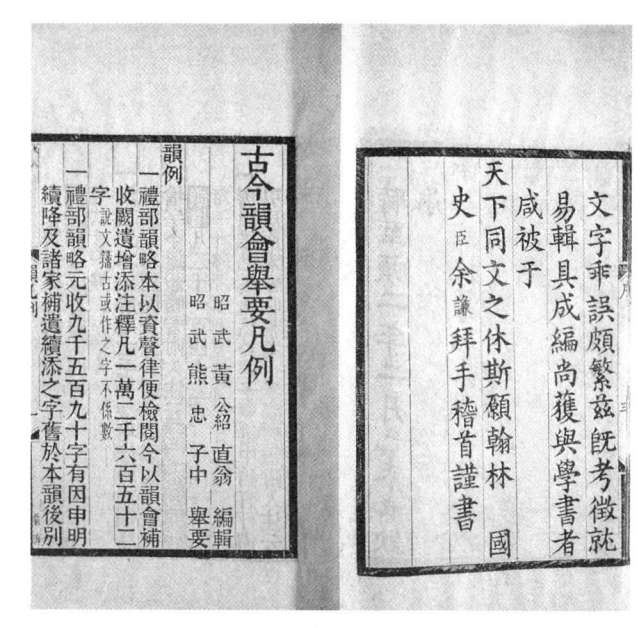

也看不起孟昶，对这个16岁的新君见而不拜，见到李仁罕被杀，吓得魂不附体，当即跪地叩头。[1] 自孟昶即位到他降宋，中原王朝朝代更迭，内乱不断，而且又有北方契丹的侵扰与威胁，一直无暇西顾。因此，除后周曾一度出兵攻取后蜀秦、凤、防、成数州外，后蜀边境多安虞无事，有几十年的安定局面。孟昶在国政治理上也能实行一些发展经济、改良政治的措施，使后蜀呈现出短期的繁荣与富足。

《古今韵会》书影（清刻本）

孟昶即位之初即颁布劝农桑诏，要求各地刺史、县令将农桑劝课作为主要政务，又曾罢免武将们兼领的节度使职务，改为由文臣担任，改善地方吏治。对于聚敛贪污的官吏也从重处罚。

在内外安靖的条件下，后蜀经济文化取得较大发展，史称"蜀中久安，斗米三钱，国都子弟不识菽麦之苗，金币充实，弦管歌诵盈于闾巷，合筵社会昼夜相接"。孟昶并下诏将九经刻于石上，以利传诵。广政十六年（953）五月，又准许宰相毋昭裔出私财百万设立学馆，并雕版印制《九经》，颁发郡县，促进了文化的发展与传播。

二、风雅才子　奢靡淫逸

孟昶是个绝代才子，聪明灵悟、尊儒尚道，精通诗词歌赋。广政三年（940），爱好诗词的孟昶命卫尉少卿赵崇祚收集当时"诗客曲子词五百首，分为十卷"，名为《花间集》。这年四月，武德军节度判官、翰林学士欧阳炯为

---

[1] 事见《新五代史·后蜀世家》："昶即位数月，执仁罕杀之，并族其家。是时，李肇自镇来朝，杖而入见，称疾不拜，及闻仁罕死，遽释杖而拜。"

孟蜀宫妓图

明唐寅作，现藏北京故宫博物院。这幅作品取材于五代西蜀后主孟昶的宫廷生活，描绘了四个盛装宫妓的神貌情状，并题诗云："莲花冠子道人衣，日侍君王宴紫微，花柳不知人已去，年年斗绿与争绯。"

之作序。后人视为文人词曲之祖，对后世影响很大。广政四年，孟昶诏令史馆编辑《古今韵会》500卷，卷帙浩繁。

广政年间，蜀中还进行了两次规模巨大的刻书勒石活动。一次是广政七年，平泉令张德钊书写雍都旧本《九经》，刻在石碑上，藏于成都学宫。第二次是在广政十四年，这次由孟昶直接下诏，"勒诸经于石"。这次刻经规模更大，由秘书郎张绍文写《毛诗》《仪礼》《礼记》，秘书省校书郎孙朋古写《周礼》，国子博士孙逢吉写《周易》，校书郎周德政写《尚书》，平泉令张德钊写《尔雅》。雕成《广政石经》，均置于成都学宫。史称"字皆精谨"，是后蜀的一项巨大文化建设工程，"由是蜀中文化复盛"。孟昶还创办了中国第一个画院，延请蜀

中著名画师50多人住院作画，如花鸟画大师黄筌父子均在被邀之列。

被誉为中华民族传统文化的对联也是孟昶所创。春联又叫"门对""春贴"，后蜀广政二十七年（964）春节前夕，后蜀主孟昶想试试群臣的才华，下令要群臣在"桃符板"上题写对句。当群臣把对句写好给孟昶过目时，孟昶都不满意，就亲自提笔在"桃符板上"写了"新年纳余庆，嘉节号长春"十字。孟昶在桃符板上写的这副对联，是成都也是中国最早的一副春联。随着造纸业的发展，用大红纸写春联的风俗就在全国传开，每年自入腊以后，即有文人墨客，书写春联，展示才华。千家万户亦渐次贴挂，以图新岁国泰民安，丰衣足食。这一风俗一直沿习到现在。

政治的安定，经济的发展，使得孟昶内心的享乐本性渐渐滋长。人民也渐入水火。

孟昶即位数年，即沉湎于所谓房中术，不断地采选民女入宫。广政五年，

碎七宝器

——从明万历元年（1573）纯忠堂刊本《帝鉴图说》

宋史纪：太祖尝见蜀主孟昶宝装溺器，命撞碎之。曰："汝以七宝饰此，当以何器贮食？所为如是，不亡何待！"

他诏令大选良家女子,以充实后宫佳丽。规定选美的年龄必须在13岁以上,20岁以下。蜀中百姓骚动不安,纷纷觅婿嫁女,免遭选美之害,时人谓之"惊婚"。选入后宫美女,分为14个等级,有昭仪、昭容、昭华、保芳、保香、保衣、安宸、安跸、安情、修容、修媛、修娟等等名目。

孟昶曾大兴土木建造,生活极为豪侈。连宫妃用的尿盆,孟昶所用的溺器(尿壶),都是用七宝装饰而成。亡国后,宋太祖赵匡胤见此而感叹地对孟昶说:"你用七宝装饰溺器,那么盛食品器皿用什么装饰呢?穷奢极侈到了这个地步,怎么能不做亡国之君呢?"

三、遇敌披靡 束手就擒

北宋建立后,实行先南后北的方针,先兵锋南指,于广政二十六年(963)三月,平荆南,并积极准备伐蜀。次年十二月,宋军攻入蜀境,王昭远连连失利,宋军攻下剑门关后,他战战兢兢,卧床不起,汉源一战,溃不成军,他躲到一间仓房中,被宋军抓获。

孟昶得知剑门失利,马上拿出库中金帛,招募士兵,令太子率领北上。太子根本不懂战事,一路携乐器、拥姬妾,加上伶人数十人作为随从。至绵州(今四川绵阳),听说王昭远失败,惊惶失措,奔回东川,沿途焚掠抢劫,无恶不做。宋太祖闻知后叹道:"孟昶无股肱爪牙,其亡不远矣。"

广政二十七年(964)十一月,宋太祖赵匡胤命忠武军节度使王全斌等率禁兵三万人、诸州兵两万人伐蜀。孟昶听到消息后,以王昭远为都统,赵崇韬为都监,韩保贞为招讨使,帅兵拒宋。二十八年

花蕊夫人
——从清《百美新咏图传》(颜希源编,王翙绘)

（965）春，孟昶闻宋师深入蜀境，十分恐惧而问计于左右，老将石頵认为聚兵坚守为上策。孟昶叹息说："我父子在蜀以温衣美食养士40年，一旦临敌，不能为我向东来之敌发一支箭，虽想坚壁拒宋之兵，有谁能帮我守御呢？"[1]乃命李吴起草降表，遣使向宋将王全斌大营投降。正月十九日王全斌大军进入成都，孟昶具礼纳降，后蜀灭亡。宋军自兴师至灭蜀，前后只用66天时间，就占领了45个州、1个府、198个县。广政二十八年（965）宋太祖将孟昶与太后、妃嫔以及百官全部迁往都城开封。在利仁坊为孟昶修造了府第，并授"开府仪同三司、检校太师兼中书令赐爵秦国公"，俸禄同大镇节度使。

四、俯首称臣　不日暴死

广政二十八年（965）二月，孟昶乃与太后、妃嫔、宗族、花蕊夫人及百官，离开成都乘船自峡江东下，前往宋都汴梁。蜀中百姓夹岸相送，并焚香祈福，涕泪交加，直至犍为（今四川宜宾西南）而罢，场面十分感人。为了纪念孟昶离川降宋，改"犍为"为"蜀王滩"。足见蜀民对孟昶的"劝农恤刑，肇兴文化，孜孜求治，与民休息"治蜀之策的肯定。

五月初，孟昶一行来到汴京（今开封），十六日宋太祖赵匡胤在崇元殿以礼相见，拜孟昶为检校太师兼中书令，封秦国公。赵匡胤见孟昶之母李氏，为人明辨，以此对她十分优待，在诏书上呼其"国母"，并允诺说："国母应好好善待自己，不要尽日思蜀，郁抑伤心，改日我定当送您老回去。"李氏不卑不亢说道："妾本太原人氏，能落叶归根，是我最大的心愿。"太祖听之，十分高兴。

7天以后，47岁的孟昶暴死。令人吃惊的是，李氏并未哭泣，她仅将祭酒洒于地上，说："你不能为国而死，却偷生至今；而我不忍赴死，是因为有你在。如今你已死，我活着又有什么意义？"于是绝食，几日后死去。[2]

---

[1]语见《宋史·后蜀孟氏世家》："吾父子以丰衣美食养士四十年，及遇敌，不能为我东向发一矢。今若固垒，何人为我效命？"

[2]事见《宋史·后蜀孟氏世家》："及昶卒，不哭，以酒酹地曰：'汝不能死社稷，贪生以至今日，吾所以忍死者，以汝在尔。今汝既死，吾何生焉！'因不食，数日卒。"

名人评说

昶年少不亲政事……将相大臣益骄蹇,多逾法度……昶幸晋汉之际,中国多故,而据险一方,君臣为奢侈以自娱,至于溺器,皆以七宝装之。宠狎昭远,事无大小,一以委之,府库金帛恣其所取不问。……致其亡也。

——宋·欧阳修、宋祁《新五代史》

蜀主孟昶,嬖幸宠妃,信任庸材,已有速亡之咎……,虽欲不亡,其可得乎?

——蔡东藩《宋史演义》

【宋】

太祖赵匡胤

宋太祖赵匡胤（927~976），宋朝的开国皇帝。祖籍涿州（今河北涿县），父赵弘殷，母杜氏。公元960~976年在位。谥号"圣功至明大孝皇帝"，庙号"太祖"。他不仅进一步统一了全国，基本结束了唐以后分争割据的局面，而且实施了开明、进步的内外政策，使社会经济得到很大的发展。可以说赵匡胤是一个十分出色、广有成就的政治家，但同时，赵匡胤"重文轻武"的思想也影响了许多人，这为日后宋朝日渐软弱无能埋下了祸根。

一、把握机遇 应天顺人

后唐天成二年（927），赵匡胤生于洛阳夹马营。他出生时，遍体金色，伴有异香，几日不散，因此取名"香孩儿"。

几年后，香孩儿到了读书的年龄，赵弘殷正式给他取名叫赵匡胤。匡者，匡扶、保佑也；胤者，胤嗣、后代也。由此可见，父亲对儿子寄予厚望。赵匡胤果然没让父亲失望，少年时代，他不但书读得不错，而且同父亲一样，在习武方面也表现出天赋，"学骑射，辄出人上"，几年下来，他已是

宋太祖赵匡胤
——从原故宫南熏殿旧藏《历代帝王像》

弓马娴熟、小有名气的骑手了。

不过，赵家在赵匡胤长大成人的这十几年中却很不景气。赵弘殷本是后唐庄宗李存勖所宠爱的战将，自李存勖在兵变中被杀后，他也就开始受到冷落，十几年里，朝代已是两度更迭，天子也换了五六位，但他的官职却一直没有得到提升。这期间，赵家又添了二男二女，家境也日益艰难。开运二年（945），19岁的赵匡胤结婚成家。成了家就当立业，但家中窘迫潦倒的现状告诉赵匡胤，依靠家庭的帮助干一番事业的路子是走不通的。21岁那年，他毅然离家出走，决心在外面闯荡一番。

赵匡胤先是去投奔几位父亲从前的好友。但世态炎凉，他不但没有从这些有权有势的前辈那里得到关怀和帮助，反而受了不少的白眼和冷遇。一次，他来到凤翔（今陕西凤翔）节度使王彦超处，希望谋得一个安身的差使，可王彦超却给了几贯钱就把他赶走了。两年的流浪生活是艰苦的，但赵匡胤并没有被压倒，相反，他的意志和性格却磨炼得更为坚强，眼界也变得开阔了。这天，他来到汉水边的重镇襄阳（今湖北襄阳），住进了一家寺院。寺院的住持是一位年近百岁的老僧，饱经沧桑，阅世知人颇深。他见赵匡胤紫面丰颐，豹头环目，虽满脸风尘却掩不住英挺之气，一身破衣却不带寒酸之态，心中暗暗称奇。待一交谈，更觉得其器度不凡。他告诉赵匡胤，汉水以南的各个政权比较稳定，而北方却战乱不止，乱世出英雄，所以应该北上，而不应南下。这位老者不但向赵匡胤"厚赠"了金钱，而且还将寺院中唯一的一匹驴送给他，让其骑驴北上。

乾祐二年（950），赵匡胤来到河北邺都（今河北大名），投靠在后汉枢密使郭威的手下，做了一名士兵。次年，郭威发动兵变，灭亡了后汉，建立起后周王朝。赵匡胤因战功被提拔为禁军东西班行首，负责宫廷禁卫。

广顺四年（954），周太祖郭威病逝，柴荣即位称帝，是为周世宗。周世宗的即位，为赵匡胤施展才华和抱负创造了极好的条件。这一方面因为赵匡胤是周世宗称帝前的亲信将领，自然会受到重用；另一方面，也是更重要的一点，因为周世宗是一个顺应历史趋势的英明君主，他后来所积极从事的统一中国的事业，为赵匡胤一类有才华的文武大臣提供了用武之地。

周世宗即位后，赵匡胤就随之被调到中央禁军任职。同年二月，北汉对后周发动进攻，赵匡胤随周世宗前往迎敌。双方部队在高平（今山西晋城东北）相遇，展开激战。战斗开始不久，北汉军队就占了上风，后周大将樊爱能、何徽

畏敌如虎，一见阵势不好，竟临阵逃脱，一时间后周军队阵脚大乱，情形十分危急。此时的赵匡胤却很冷静，在他的建议下，周世宗将身边的禁军分为两部，一部由张永德指挥，抢占制高点，居高临下，以密集的箭矢压住敌人的进攻；另一支由赵匡胤率领，从左翼直扑敌阵。赵匡胤对部下高喊"主危臣死，拼死效忠的时候到了"，带领2000骑兵冲入敌阵。北汉军队受不住这突如其来的冲击，纷纷败退，后周军队终于转败为胜。[1]

赵匡胤以高平之战的出色表现受到了周世宗的进一步赏识。战后，他不但被破格提拔为殿前都虞侯，成为后周禁军的高级将领，而且还被委以整顿禁军的重任。在赵匡胤主持下，后周禁军完成了汰除老弱、调选精壮和组建殿前司诸军三项工作。也正是在整顿禁军的过程中，赵匡胤开始在军队中形成了自己的势力。他利用主持整顿的机会，将罗彦环、郭延斌、田重进、潘美、米信、张琼、王彦升等

《雪夜访普图》
明刘俊绘，纵143.3厘米，横75厘米，现藏北京故宫博物院。

---

[1] 事见《宋史·太祖本纪》："世宗即位，复典禁兵。北汉来寇，世宗率师御之，战于高平。将合，指挥樊爱能等先遁，军危，太祖麾同列驰马冲其锋，汉兵大溃。"

自己麾下的"委心"之人安排在殿前司诸军任基层将领，同时又以自己高级将领的身份，主动与其他中高级将领交结，并同其中的石守信、王审琦、韩重赟、李继勋、刘庆义、刘守忠、刘廷让、王政忠、杨光义结拜为义社十兄弟，形成一个以赵匡胤为核心的势力圈子。

从显德三年（956）到显德五年（958），周世宗对南唐前后发起过三次进攻，逼迫南唐将江北15州的土地割让给后周。在整个战役中，赵匡胤表现得最为突出，被提升为忠武军节度使兼殿前都指挥使。

自南唐战役以后，赵匡胤处事待物上与以前也大不相同了。以前，他只注重在军队中交结武将，现在对文人也比较重视了。赵普、王仁瞻、楚昭辅、李处耘等人都是在这前后被他罗致在麾下，成为心腹幕僚的。除此之外，他自己也开始留意经史，一改从前那种不喜诗书的草莽作风。

显德六年（959）三月，后周宰相王朴突发脑溢血而死。赵匡胤平生最怕王朴，几天前，他还被王朴训斥得"唯唯而退"，现在，他终于可以松一口气了。同年六月，周世宗去世。这一下，所有可能阻挡赵匡胤称帝做天子的障碍都没有了。形势变化之快，机遇得来之易，连赵匡胤自己也没有料到。

周世宗死后，其7岁的儿子柴宗训即位。后周王朝随即出现"主少国疑"的局面，一时间人心惶惶，谣言四起，"时人咸谓天下无主"。一些忠于后周的官吏，马上就敏锐地意识到动乱的根源十有八九要出在赵匡胤那里，指出赵匡胤不应再掌禁军，甚至有人主张先发制人，及早将赵匡胤干掉。

赵匡胤及其幕下心腹文武也在加紧活动。在周世宗去世后的半年里，禁军高级将领的安排，发生了对赵匡胤绝对有利的变动。在殿前司系统，原来一直空缺的殿前副都点检一职，由慕容延钊出任，慕容是赵匡胤"素所兄事"的少年故交，情洽款好，关系非同一般；原来空缺的殿前都虞侯一职，则由王审琦担任，此人既为赵匡胤的"布衣故交"，又是义社十兄弟之一，与当时已经担任殿前都指挥使的石守信一样，都是赵匡胤势力圈子中的最核心人物。这样，整个殿前司系统的所有高级将领均是赵匡胤的人了。在侍卫司系统，在这一系统的高级将领中原来赵匡胤只与韩令坤有"兄弟"之谊，他当时正领兵驻守在淮南扬州，京城中实际上只剩下副都指挥使韩通，势孤力单，自然无法同赵匡胤相抗衡了。

显德七年（960年）正月初一，后周君臣正在朝贺新年，突然接到辽和北汉联兵入侵的战报。小皇帝柴宗训征求了宰相范质、王溥的同意后，令检校太尉赵

匡胤率领禁军前往迎敌。这正中了赵匡胤的心意。

正月初二，赵匡胤按计划率兵出城，下午到达了离开封几十里的陈桥驿。刚安顿好，有个自称通晓天文的军校就指着西面的太阳叫道：天边有两个太阳，正在搏斗，并对赵匡胤的亲信幕僚楚昭辅说：一日克一日，这是天命。二人煞有介事地一问一答，引起了周围士兵的注意，大家一传十、十传百，很快军中都知道"一日克一日"这件事了。

当晚，赵匡胤亲信郭廷斌秘密返回京城，通知石守信和王审琦掌管好京城内外大门。次日天刚亮，忙得一夜未眠的赵普、赵匡义（赵匡胤之弟）在门外将校的阵阵呼喊声中将赵匡胤拥出寝室。只见将校们手握刀剑，挤在院子里，齐声高喊"诸军无主，愿策太尉（对高级军事长官的尊称）为天子"。赵匡胤未来得及回答，一件象征着天子黄袍的黄色上衣就披在了他身上，众将校统统跪拜，高呼"万岁"。[1]

事不宜迟。赵匡胤当即接受拥戴，宣布军纪，随之火速回师开封，在早已等候京城的石守信等人配合下迅速控制了局势。事已至此，柴宗训再也无计可施了，只得召集百官，宣读了别人几天前就准备好的"禅位制书"，应天顺人，将帝位让给了赵匡胤。

第二天，赵匡胤宣布定国号为"宋"，改元"建隆"。这样他也就成了宋王朝的第一位皇帝。历史上则按他死后的庙号称其为太祖皇帝或宋太祖。

二、黄袍加身　稳定臣民

建隆元年（960）正月，登基后的宋太祖赵匡胤"车驾初出"。随行的队伍较为简略，排在前面的是由禁军组成的"驾头"，随后就是皇帝乘坐的步辇，步辇之后是擎着扇的方队，方队后面是公卿百官。当銮驾缓缓通过御街、跨上大溪桥时，就听得"嗖"的一声，一只利箭紧擦着步辇飞了过去，射到了后面的扇上，卫士大惊。宋太祖显得比卫士们镇定多了，他从步辇中探出身子，指着胸膛

---

[1] 事见《宋史·太祖本纪》："七年春，北汉结契丹入寇，命出师御之。次陈桥驿，军中知星者苗训引门吏楚昭辅视日下复有一日，黑光摩荡者久之。夜五鼓，军士集驿门，宣言策点检为天子。或止之，众不听。迟明，逼寝所，太宗入白，太祖起。诸校露刃列于庭，曰：'诸军无主，愿策太尉为天子。'未及对，有以黄衣加太祖身，众皆罗拜，呼万岁。"

陈桥驿定策立新君
——从1935年会文堂新记书局蔡东藩《宋史通俗演义》

说"教射，教射"，又笑道："射死我，这皇位亦轮不到你！"这话笑中含刺，不仅威慑了刺客，也暗暗警告了步辇背后一大批口服心不服的后周旧臣。

宋太祖的捷足先登，只不过使后周旧臣失去了一次实现野心的机会，但他们并没有打消野心，他们有的在等待观望，希冀再起；有的则"日夜缮甲治兵"，准备与新王朝再来一番角逐。面对这种局势，宋太祖和赵普等人认为应采取以稳定京城、笼络后周旧臣为主的方针，以静制动。因为"京城若乱，四方必转生变"，"都城人心不摇，则四方自然静谧"。依据这一方针，宋太祖对后周旧臣实行了官位依旧、全部录用的政策，甚至连宰相也仍由旧相范质继任。为了保证对后周旧臣笼络和收买的成功，宋太祖还毫不留情地打击那些恃势欺凌旧臣的新贵们。京城巡检王彦升是当年兵变入城时的先锋，自恃拥立有功，横行不法。一天半夜，他以巡检为名，去敲宰相王溥的门，吓得王溥"惊悸而出"。结果王彦升被贬为唐州刺史。宋太祖的这些做法，对稳定后周旧臣的情绪，缓解他

们对新王朝的疑惧,使他们放心地为新王朝服务,起了很好的作用。但仍有一些后周旧臣不吃这一套。

建隆元年(960)四月,昭义军节度使李筠举兵反宋。宋太祖派遣石守信、高怀德率军前往征讨李筠,战幕正式拉开。但宋军刚刚出发,李筠就由潞州攻占了泽州(今山西晋城),大有西下太行的可能。与此同时,北汉又出兵南下,声援李筠。正在局势日益严重之际,又传来了扬州李重进准备起兵响应李筠的消息。李重进是周太祖的外甥,周世宗死时,他以马步军都指挥的身份驻守扬州,实际上是与宋太祖分掌内外禁兵的。李筠举兵反宋的消息传到扬州后,他决定从扬州起兵响应,南北夹攻,于是派翟守珣前往李筠处联络。但翟守珣却偷偷来到东京,将此事报告给了宋太祖。

面对这种复杂局面,宋太祖果断地采取了二项措施:第一,李重进既然追随李筠起兵,说明他可能只是为了富贵,而并不一定像李筠那样想做天子,故可考虑向他颁赐"铁券",以示永保富贵,誓不相负。同时让翟守珣速回扬州,编造假情报,双管齐下,尽量延缓其起兵的时间。第二,以皇弟赵光义及赵普、吴延祚留守东京,宋太祖本人亲自出马征讨李筠,以求速战速决。临行前,宋太祖对赵光义说:"此行,若朕胜则不言,万一不胜,则使赵普分兵守河阳(今河南孟县),别作一家计度。"可见他已经作了最坏的打算。

五月,宋太祖由东京出发,渡黄河,进太行山与石守信等部会合。太行山区路陡坡险,乱石嵯峨,宋太祖亲自带头搬石开路,将校及士兵自然更是人人争先,行军速度大大加快。不久宋军就越过太行,大败李筠于长平。六月,攻占了泽州。李筠走投无路,自焚而死。

经过暂短的休整,同年十月,赵匡胤又亲率大军征服了扬州李重进,宋初的"二李之乱"就这样被平息了,至此,宋王朝与后周旧臣之间的矛盾基本上得到了解决。

次年(962)六月甲午,宋太祖的母亲皇太后杜氏因病去世。杜氏出身大家,为人有胆有识,当年陈桥兵变时,有些听到消息的人向她报告,她镇静地说:"我儿素有大志,应当如此。"临终前夕,她突然问一直在身旁侍奉汤药的宋太祖说:"你可知道你为什么能做天子吗?"宋太祖大概觉得现在不是讨论这一问题的时候,所以"呜噎不能对"。但太后偏要他回答,他只好应付道:"这都是先世和太后积德积功的结果。"太后严厉地说:"根本不是这么回事!你能

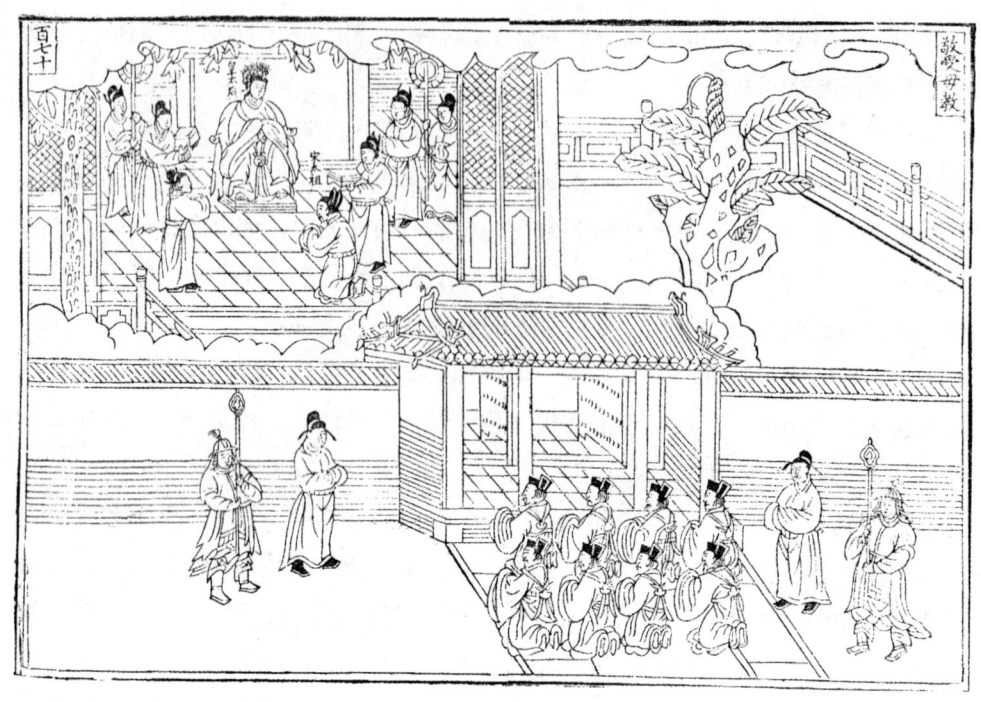

敬受母教

——从明万历元年（1573）纯忠堂刊本《帝鉴图说》

宋史纪：太祖尊母南郡夫人杜氏为皇太后。太祖拜殿上，群臣称贺。后愀然不乐。左右进曰："臣闻母以子贵，今子为天子，胡为不乐？"后曰："吾闻'为君难'。天子置身兆庶之上，若治得其道，则此位可尊。苟或失驭，求为匹夫不可得，是吾所以忧也。"太祖再拜，曰："谨受教。"

做天子，那是因为周世宗死后继位的国君年幼的缘故，如果当时是一位成年人继位的话，你能当上天子吗？我想将来你传位时，就应当传位于你弟弟光义，立年长者为国君，是社稷之福呀！"宋太祖哭着答应道："一定按您的吩咐办。"于是由赵普当场记下太后遗嘱，藏于金匮之中。[1]这就是历史上提到的所谓"金匮

---

[1] 事见《宋史·太祖后妃上·母昭宪杜太后列传》："太后因问太祖曰：'汝知所以得天下乎？'太祖呜咽不能对。太后固问之，太祖曰：'臣所以得天下者，皆祖考及太后之积庆也。'太后曰：'不然，正由周世宗使幼儿主天下耳。使周氏有长君，天下岂为汝有乎？汝百岁后当传位于汝弟。四海至广，万年至众，能立长君，社稷之福也。'太祖顿首泣曰：'敢不如教。'太后顾谓赵普曰：'尔同记吾言，不可违也。'命普于榻前为约誓书，普于纸尾书'臣普书'。藏于金匮，命谨密宫人掌之。"

之盟"。

太后逝世后的次月（七月），赵匡胤就把时任泰宁军节度使、大内都部署的皇弟赵光义任命为开封尹、同平章事。这是一个非同小可的任命，五代时期，凡皇位的继承人都要封王任开封府尹，赵光义此时虽未封王，但其任开封尹已隐然有继位人的地位了。这不但是贯彻太后临终遗嘱的一个重要步骤，更重要的是，宋太祖希望通过此举向臣僚们表明，在未来的皇位交接中，是不会再出现那种"主少国疑"的局面了。

不过，这毕竟还是一个比较消极的措施。宋太祖深知，五代时期之所以会出现那种朝代更替、不暇稍息的现象，与其说是因为皇帝太弱，不如说是因为臣属太强。特别是那些领兵大帅，依仗手中的兵权，篡位弑主，易于反掌，是威胁皇权的最大势力。为了确保统治的稳固，宋太祖决心采取更为积极的措施，收夺禁军将帅的兵权。

一日晚朝后，宋太祖将石守信、王审琦等禁军高级将帅留下，设便宴招待他们。酒到半酣，宋太祖慨叹道："若没有你们出力相扶，我哪能有今天，你们的功德，我是永远不会忘的。可是做天子也太难了，远不如做节度使时快乐。自做了皇帝后，我可没睡过一夜安稳觉。"石守信等人忙问："这是为什么呢？"宋太祖一字一顿地说："这还不明白，皇帝的位子，谁不想坐？"一听这话里有话，石守信等人吓得慌忙站起来说："陛下为何口出此言，如今天命已定，谁还敢再有二心？"宋太祖说："那也未必！纵使你们无异心，可你们手下的人呢？一旦他们贪图富贵，将黄袍披在你们身上，你们就是不想当这皇帝怕也不行吧？"这一番话直把石守信等人给说懵了，不知如何表白才是，只得请皇上给指一条路。宋太祖长叹一声说道："你们为何不释去兵权，买上一

石守信
——从清道光十年（1830）刊本《古圣贤像传略》

批好田宅，为子孙们留下一份产业，家中多置一些歌儿舞女，天天饮酒作乐，快活地过完这一辈子呢？这样一来，我们君臣之间就再也不用互相猜疑了，上下和睦相安，这该有多好！"石守信等人很感激地说："陛下为我们想得这么周密，这么长远，恩惠真是无以复加！"第二天，他们都上书称自己有病，不适宜领兵征战了，要求解除兵权。宋太祖十分高兴，对他们赏赐安抚了一番后，随之宣布免去石守信、高怀德、王审琦、张令铎、罗彦环等人的禁军职务，让他们到地方州郡去做节度使。这即是历史上有名的"杯酒释兵权"。[1]

"杯酒释兵权"后，禁军中的殿前都点检、副都点检、侍卫马步军正副都指挥使等职务不再设置了，只剩下了侍卫马军都指挥使、侍卫步军都指挥使和殿前都指挥使这三个不能相互统属的职务，这三使各领一司（合称"三衙"），互相牵制，均直接听命于皇帝。同时"三衙"的长官都是由资历较浅的后辈武将担任，使其难以在禁军中形成根深蒂固的势力。

为了"安抚"被释去兵权的石守信等人，宋太祖不但赏赐了大量的钱财，而且表示要同他们结为亲戚，"约婚以示无间"。不久，太祖寡居在家的妹妹燕国长公主就嫁给了高怀德，女儿延庆公主、昭庆公主则分别下嫁石守信之子和王审琦之子，除年幼夭折的以外，太祖只有一妹三女，她们中竟有三位下嫁到了被释去兵权的禁军高级将领家，说明这种婚姻是有着强烈的政治色彩的。这不但使石守信等人在一失一得中获得了一种心理平衡，进而消除了"鸟尽弓藏、兔死狗烹"之类的疑惧，而且作为一种象征，也表明了宋初皇帝与曾经拥立过皇帝的功臣宿将之间的矛盾也终于得到较为合理的解决。

三、南北用兵　统一全国

五代十国末期，人们要求结束分裂战乱、实现安定统一的呼声越来越高，

---

[1] 事见《宋史·列传第九·石守信》："乾德初，帝因晚期与守信等饮酒，酒酣，帝曰：'我非尔曹不及此，然吾为天子，殊不若为节度使之乐，吾终夕未尝安枕而卧。'守信等顿首曰：'今天命已定，谁复敢有异心，陛下何为出此言耶？'帝曰：'人孰不欲富贵，一旦有以黄袍加汝身，虽欲不为，其可得乎。'守信等谢曰：'臣愚不至此，惟陛下哀矜之。'帝曰：'人生驹过隙尔，不如多积金、市田宅以遗子孙，歌儿舞女以终天年。君臣之间无所猜嫌，不亦善乎。'守信谢曰：'陛下念及此，所谓生死而肉骨也。'明日，皆称病，乞解兵权，帝从之，皆以散官就第，赏赉甚厚。"

宋太祖杯酒释兵权
——从1935年会文堂新记书局蔡东藩《宋史通俗演义》

统一的历史趋势已经形成。早在后周时期，宋太祖作为周世宗的最得力助手，就曾协助周世宗在推进统一的军事斗争中做出了很大的贡献。现在，当他代周自立，并巩固了自己的统治之后，自然就把完成中国统一的任务提到议事日程上来了。

从当时的客观形势看，刚刚立国不久的宋王朝周围存在着几个由外族所建立的敌对国家和许多由汉族所建立的割据政权。在北方有契丹族所建立的辽国，在西北有党项族的强大势力，夹在二者之间的则是割据山西一带的北汉。北汉受到契丹的支持，与以前的后周和现在的宋王朝一直处于公开敌对的状态。在江淮以南，则存在着南唐、吴越、后蜀、荆南、湖南、南汉、南平、漳泉等八个割据政权。虽然这些割据政权处于物产丰富、生产相对发达的地区，但由于其各自疆域狭小，又互不联合，因而大都国力不武，软弱怯懦，不得不向以前的后周和刚刚建立的宋王朝表示名义上的臣服或通好。

在这种形势下，摆在赵匡胤面前有两条路，一是乘南方诸国名义上已表示臣服的时机，继续周世宗的政策，进行北伐，收复为辽所占领的燕云十六州领土，割断辽与北汉的联系，进而消灭北汉这一公开的敌对势力，然后统一南方诸国；另一条道路则是南征，在完全征服了南方8个割据势力以后，再来亡北汉，攻取燕云十六州，将契丹赶回长城以北。经过君臣之间的反复论证，宋太祖集思广益，最后终于在建隆三年确立了"先南后北"的统一方针。

乾德元年（963），宋太祖任命慕容延钊为湖南道行营都部署，李处耘为都监，率安、复等10州之州兵出征荆湖。临行前，他对慕容延钊和李处耘说："出征湖南，必然要借道于南平，南平国势卑弱，可顺便将其攻灭。"

慕容延钊等依计而行，于乾德元年（963）二月出兵湖南途中攻破江陵（今湖北江陵），高继冲遂以3州17县、142300户归降。一个月后，湖南亦被平定，又得14州1监66县，97380户。

平定荆湖以后，"水陆皆可趋蜀"，后蜀这一雄踞川中的南方大国已处于坐以待毙的境地了。乾德二年（964）十一月，宋太祖派大将王全斌、曹彬分兵两路，仅用66天的时间就灭亡了后蜀，取得了46州、240县的广大领土。

后蜀物产丰富、府库充盈，号称"天府之国"。平定后蜀后，宋太祖特命参知政事（副宰相）吕余庆为成都知府，协同王全斌等人大肆搜刮，一时间，船载路运，日夜不息，大量财富被集中到东京开封。这固然加强了宋王朝的国力和财力，但同时却又激化了后蜀地区的社会矛盾，在此后相当长的一段时间里，后蜀一直动乱不已，民变、兵变相继发生，牵扯了北宋王朝很大的一部分兵力。

平定后蜀不久，宋太祖先后派遣了侯霸荣、惠璘等人为间谍，打进了北汉内部。侯、惠等人积极活动，很快买通了当时北汉宰相郭无为。在郭无为的安排下，侯惠等人都成了北汉的宫廷供奉官，可以方便地出入宫禁。

开宝元年（968）八月，宋太祖发兵进攻北汉。同时又密令侯、惠等人相机行事，里应外合，"迎接"宋军。九月，宋军突破了北汉的团柏谷防线，越过汾河桥，进逼太原城下。在宋军进逼太原城下的同时，侯霸荣在郭无为的支持下，发动了宫廷政变，刺杀了北汉国主刘继恩。但意想不到的是，郭无为此时却又突然变卦。就在侯霸荣率人刺杀刘继恩时，他却悄悄调动部队包围了刺杀现场，将侯霸荣和其同党全部杀死。郭无为的临阵变卦，搅乱了宋太祖精心布置的一着妙棋，宋军的失败也在眼前。果然，宋兵围困太原不久，契丹即以兵来援北汉，围

遣师南下勘定荆湘
——从1935年会文堂新记书局蔡东藩《宋史通俗演义》

城的宋军腹背受敌，大败而归。北汉乘机反攻，宋朝方面自八月进军以来所占领的州县不但全部丢失，还被北汉军队打进了晋、绛二州，大掠而去。

本来，此次开战前，宋太祖已将北汉君臣投降后的官职提前封好了，没想到最后的结局却是这样。次年（969）二月，为雪年前之耻，他决定亲率大军征讨北汉。战事一开始北宋方面很顺利。三月，宋太祖即率大军突破了北汉的数道防线，进抵太原城下，将其团团围住。但此后战事即进入胶着状态。宋军发起的几次强攻都被北汉名将刘继业击退。强攻不行，宋太祖又采取了长期围困的政策，但三个多月过去了，仍没能将太原攻克。这年的闰五月，宋兵正式从太原撤兵。北汉军队又一次乘势追击，宋军丢失了大批粮草，损失比上一次还要严重。

北宋自建隆三年（962）九月首次对外用兵起，至乾德三年（965）正月，不足三年的时间，就平定了南平高氏、湖南周氏、后蜀孟氏三个割据政权，统一了63州一监的大片领土。但可惜的是，自平蜀后，几乎完全是由于宋太祖个人的举措失当，导致了一系列意外的变故，先是蜀中动荡不已，紧接着又是两次北征太原损失惨重，"先南后北"的统一大业因此而停滞。

自太原班师后，经过一年多的休整，开宝三年（970）九月，宋太祖决定攻取南汉，继续实施"先南后北"的统一方略。

南汉以广州为中心，割据岭南两广地区达60年之久。北宋平定后蜀后，潘美等宋将就曾攻取了南汉的郴州（今湖南郴州），形成了良好的进攻态势。现在，潘美等接到宋太祖灭亡南汉的指示后，马上就攻陷了贺州，随之连克昭、杜、连、韶四州，大败南汉军十余万于莲花峰下。至次年二月，即攻克广州，南汉灭亡。宋王朝又得了60州214县的领土。

南汉灭亡之后，南方剩下的最后三个割据政权个个自危，震恐异常。势力最强大的南唐这时也不得不主动要求取消国号，放弃皇帝的称号，改称"江南国主"。另外两个割据政权吴越和漳泉早就上表称臣，接受宋朝的官职。

经过三年的准备，开宝七年（974年）十月，宋太祖令曹彬为统帅、潘美为都监，率水、步、骑兵在采石一线强行渡江，进围金陵（今南京）；同时令吴越国主钱俶统帅吴越军5万，由宋将丁德裕监军，从东面攻取常州（今江苏常州），然后会师金陵。令王明为西路军，向武昌方向进击，牵制屯驻在江西的南唐军队，使其无法东下援救金陵。

十一月中旬，宋军依照樊若冰的图示在采石用预先造好的战舰架设浮桥获得成功，其主力部队通过浮桥，顺利跨过了长江天险，大败南唐水陆兵十余万于秦淮，直逼金陵城下。与此同时，钱俶率兵攻克了常州、江阴（今江苏江阴）、润州（今江苏镇江），形成了对金陵的外线包围，金陵成了一座孤城。十一月二十七日，在李煜仍不投降的情况下，宋军发起总攻，金陵城破，李煜做了俘虏。

灭南唐是宋太祖统一南方的最后一仗，也是当时最大的一次江河作战。这次战争中的"浮桥渡江"、"围城打

潘 美

援"，是宋太祖战略部署中的得意之举，也是古代战争史上的创举。

967年，宋太祖死去，宋太宗按照宋太祖的既定方针，继续对吴越和漳泉施加压力，终于不动干戈，迫使钱俶和陈洪纳表献土，以两浙和福建地区的15州1军（与州平行的一级组织）100县归降北宋。南方完全统一。在此基础上，宋太宗一鼓作气，灭亡了北汉，延续数十年之久的分裂割据局面终于结束，除辽所控制的燕云十六州以外，汉族聚居的中原地区和南方的广大区域重新获得了统一。这时，离宋太祖逝世刚刚三年。

四、中央集权　重文轻武

宋初南北用兵、统一全国的同时，宋太祖赵匡胤还采取了一系列措施，巩固和加强了专制主义中央集权，进而创立了一整套为其后代奉若圭臬的"祖宗家法"。

首先是"稍夺其权"，即削弱地方势力。乾德元年（963），平定了荆湖以后，宋太祖做出废除荆湖地区"支郡"的规定。宋太祖宣布，新征服地区仍保留节度使，但节度使驻地以外的州郡"直属京师"，"支郡"被取消了。随着南方诸国的逐渐被平定，罢除"支郡"的范围也越来越大，到宋太宗时，就在全国范围内废除了支郡制度。同时，宋太祖逐渐向这些地方派遣文臣出任"知州"，以取代原来掌管州务的防御使等武将。宋太祖在很短的时间里就选派出上百名文臣，分治原为各大藩所辖的支郡，最终形成了宋代的"以文臣知州事"的制度。

废罢支郡和"以文臣知州事"，使位尊权重、声势煊赫的节度使的权力受到极大削弱，其实际权力仅等于某一州郡的长官，有时甚至徒具空名，仅是一种荣誉称号。自中唐以来藩镇权势过重，坐大地方，尾大不掉的情形终于得到了改变。在废罢支郡、"以文臣知州事"的同

宋元通宝
——是宋代的第一种铸钱，铸于宋太祖建隆元年（960），钱式沿袭"周元通宝"成规，为小平钱。《宋史·食货志》："太祖初铸钱，文曰'宋通元宝'。"

年（963），宋太祖又订立了两项限制州郡长官权力过重的措施。一是"三岁一易"，使"知州""知县"在一地任职以三年为限，不得久任。乾德一年（965），北海军知军杨光美任职已满三年，由于其为政清廉，颇得百姓爱戴，当地有数百人赴京守在宫门口请愿，要求留杨光美继续在北海任职。宋太祖先是下诏劝他们散去，无效，于是采取断然措施，"笞（鞭笞）其为首者"，才将请愿者赶走。另一项措施是在州郡设立通判。通判名义上是与知州共同判理政务的，其地位略低于知州，但事实上由于其负有监督州郡长官的特殊使命（故通判又称监州、监郡），知州往往还要怵其三分。所以宋朝州郡长官与通判不和的问题一直存在。

其次是"制其钱谷"，即收夺地方上的财权。乾德二年（964），宋太祖发布了一道十分重要的诏令，要求各州除留有必要的经费外，其余财赋中属于货币的部分应全部辇送到京城，不得无故占留。次年三月，又一次重申了这道诏令。随着钱币的集中，对其余财物的控制也逐步加紧了。

在废除"留州"制度的同时，对于各地大藩镇以"留使"的名义截留地方赋税以及肆意征税的弊政，宋太祖也小心审慎地进行了革除。他以支付大藩镇"公使钱"为代价，废除了留使制度，收回了为地方藩镇所控制的部分财权。对于藩镇任命亲信武将掌管场务、肆意征税的问题，宋太祖处置时就更为小心了。一般都是在该节度使病逝调离之际，朝廷方才改派文臣管理场务。自此以后，"粟帛咸聚王畿"，地方藩镇失去了对抗中央王朝的经济后盾。

地方丧失了财权，自然也就无法"屯兵自重"了。在这种情况下，宋太祖与赵普所讨论的"收其精兵"的措施实施起来就很顺利了。

宋太祖为收地方精兵而创立的兵分禁、厢的制度，也为其后代一直沿袭下来，成为两宋兵制中的一大特色。宋太祖在统一南方诸国时，为了制止地方割据局面的再现，曾下令拆毁了不少通都大邑的城墙，填平了壕沟。这显然是一个消极的、只解决临时问题的措施。而"稍夺其权，制其钱谷，收其精兵"，才收到了长远的效果，出现了"天下之权悉归朝廷""四方万里之遥，奉遵京师"的新型的中央与地方的关系。在以后两宋300多年的统治中，宋太祖所确立的这种中央与地方的关系作为"祖宗之法"的主要内容，一直为宋代君臣所恪守。

在调整和确立了中央和地方的关系的同时，宋太祖对君臣关系也进行了调整。在他看来，地方权力集中到朝廷，还没有完全解决中唐五代以来"君弱臣

岳麓书院建于宋太祖开宝九年（976），由潭州太守朱洞在僧人办学的基础上，由官府捐资兴建，正式创立。祥符八年（1015），宋真宗召见山长周式，并赐书"岳麓书院"四字门额。

强"的问题，因而应该进一步削弱文武百官的权力，使由地方集中到朝廷的权力最后完全集中到自己一人手中，"总揽威柄"，"独制天下"。

宰相是封建社会的"百官之领袖"，处于"一人之下，万人之上"的地位。宋太祖即位后，宰相奏事仍沿旧制。有一天早朝，他突然对宰相王溥、范质说："我眼睛有些昏花，把你们的奏疏送上前来。"在范、王二相离座递疏时，宫廷侍卫乘机将他们的座位搬走了。自此以后，宰相在皇帝面前毕恭毕敬地站着奏事成为定制。宰相的地位也大大下降了。

与削弱相权同步进行的，则是在百官中推行"官、职分离，互相牵制"的任官政策。宋代官制中，"官"是品级，只有据此受俸禄的作用；"职"是殿阁、馆阁学士一类的荣誉称号，亦没有实际权力；只有由皇帝或中书省"差遣"的临时职务才是实职，即执行实际权力的职务。这种职权分离、名实混淆的任官体制，使任何官员都无法集中权力、荣誉、威望于一身，权大者并不一定职高，望重者并不一定位显，这样也就很难形成对皇权的威胁了。

皇帝临时"差遣"的实职，也是依照"分权而相互牵制"的原则进行安排的。如宋代有固定的尚书省兵部，但兵部尚书只是虚职，并无实际兵权，只有被差遣为枢密使才有相当于兵部尚书的实权。不过枢密使也只是有奉旨调兵之权而无领兵之权，领兵之权归"三衙"长官。同理，"三衙"的高级将领虽然名为禁军的最高统帅，却也只有领兵之权而无发兵之权。

宋太祖为了扩大统治基础，改革和推进了隋唐以来的科举考试制度。宋初极力放宽科举考试的范围，无论家庭贫富、郡望高低，只要具有一定的文化的人，都可以前往应举。同时严格考试制度，以防权贵豪门请托舞弊。

同时，着力改变重武轻文的旧风气。宋太祖即位之初，就下令修复孔庙，开辟儒馆，延用耆学名儒，以劝励教化。针对五代时期文教不兴、学校荒废的情形，他下诏拨款增修国子监学舍，当国子监开学讲书之日，他很高兴地派人送去美酒、蔬果以示祝贺。

随着文教的振兴和开科取士的增多，大批文人进入统治集团。宋太祖认为，乱世用武，治世用文，对这些文臣再也不能像五代时期那样，只是当做点缀摆设，而应切实发挥他们的作用。

随着对文臣的重用，统治集团内部畸形的文武关系得到了调整。原来那些骄横跋扈，视文臣为无用，甚至一言不合就要"砍杀"宰相的武将们不但见了宰相都要恭恭敬敬地唱诺问候，而且自己也在宋太祖的劝告鼓励下，学着文臣的样子读起书来。

总之，尽管宋太祖的"重文"政策在以后曾被其

宋太祖蹴鞠图
——原作者为北宋苏汉臣，后元代胡庭晖临摹，现藏北京故宫博物院。

子孙奉为"祖宗成规"而代代相传，以致形成了"重文轻武"的风气，但在宋太祖时，情况却并不如此。他"重文"但并不轻武，无论文臣武将，只要"有一材一行可取者"，都予以擢拔和使用，"天下无遗材，人思自效"，其专制统治的基础是广泛和稳固的。

这样，一方面是调整中央与地方、君主与臣下的关系，使地方的行政、财政、军事等各方面的权力不断向中央集中，最后又集中到皇帝一人手中，形成了至高无上的君主集权制；另一方面又开科取士，重文用武，广罗人才，极力扩大这一专制统治的基础。

五、修身正己　身死如谜

在统一大局已定的情况下，宋太祖并没有志满意得、忘乎所以，更没有因此而骄逸放纵。平定南方诸国后，各国的金帛财宝源源不断地运至东京，宋太祖将其作为战备物资，全部收贮在内库，从不随意挥霍。宋太祖本来很喜欢射猎和踢球（当时称"蹴鞠"），刚做皇帝那阵，他还常常技痒难忍，不时地邀手下的人玩上几次。这些游戏对宋太祖来说自然属于忙里偷闲，但有时玩到兴头，又难免误事。一次，他正在后苑射鸟，忽然有大臣口称急事求见。可他接过奏章一看，里面说的并不是马上要办的事，不由得有些恼火，当即训斥了几句。那大臣却说："这些事虽不是很急，但总比射鸟急些吧。"他愈加恼怒，随手抄起一把玉斧，朝那人撞去，一失手，撞掉了两颗牙齿。那人也不作声，跪在地上，将牙齿捡起来装在衣服里，宋太祖问："你想拿这个来控告我吗？"那大臣说："不敢！不过陛下既为天子，一言一行自然会由史官记录在案的。"这话算是说到了点子上，逼得宋太祖不得不赶紧地表示道歉。通过这件事，使宋太祖认识到"吾为天下主"，一言一行至关重要，"畋游"（即射猎）"蹴鞠"终究不是"正经事"，以后慢慢地就将这些嗜好戒除了。

宋太祖曾对臣下说："自古为君者，很少有严以律己而无过失的。像唐太宗那样虚心纳谏固然不错，但他若一直注意防止骄奢，克制自己，不犯过失，使臣下无从谏议，岂不更好！所以我自己是夙夜畏惧，防非窒欲，以防过失的。"

不过，随着宋初局势的稳定和统一事业的逐渐完成，赵宋皇族被外姓旁人颠覆的危险越来越小了，宋太祖与赵光义之间原来那种为家族的命运和利益同心同德、共济险滩的精神慢慢地消失了。而一旦他们有了互不相干的命运，原来掩

戒主衣翠
——从明万历元年（1573）纯忠堂刊本《帝鉴图说》

宋史纪：永庆公主尝衣贴绣铺翠襦入宫中。太祖谓曰："汝当以此与我，自今勿复为此饰。"公主笑曰："此所用翠羽几何？"太祖曰："不然。主家服此，宫闱戚里必相效。京城翠羽价高，小民逐利，展转贩易，伤生浸广，实汝之由。汝生长富贵，当念惜福，岂可造此恶业之端？"公主惭谢。

盖在"兄友弟悌"伦理美德下的人性中的另一面就可能显露出来。

尽管赵光义当时已是势延难遏、滋蔓难图了，但宋太祖仍没有放弃这方面的努力。开宝九年（976）二月，吴越国王钱俶来朝，一般很少参与政治活动的皇子德昭这次却突然被宋太祖委派至宋州迎宾。钱俶来朝是当时朝野瞩目的大事，宋太祖借这一机会，巧妙地把本来还默默无闻的皇子推到了臣民们的面前。三月，宋太祖巡视洛阳，特令赵光义随行。宋太祖在洛阳盘桓了一个月，一直是住在自己当年出生和长大的旧居中。有一次，他指着一条小巷说："我小时候与伙伴们玩游戏时，曾埋在这里一个石马，不知还在不在。"左右的人一挖，果然找到了这匹石马。

回到开封后，宋太祖一反常态，明显地加强了同另一皇弟赵光美（后改为

宋太祖时，钱王俶来朝进宝带，上曰："朕有三条带与此不同。"俶请宣示，上笑曰："汴河一条，惠民一条，五丈河一条。"俶大愧服。(《秘笈》)

延美)的关系。其中仅七月一个月的时间，就三次"幸光美第"。赵光美是"金匮之盟"中排在赵光义之后、赵德昭之前的继位人之一，宋太祖对他如此亲近，恐怕不是毫无用意的。开宝九年，皇子德昭已25岁，德芳也17岁了。德昭、德芳之母均已早死。此时，宫中主事者为孝章皇后宋氏。

从历史记载上看，宋皇后并无子女，但在德昭、德芳这两个皇子中，她倒是比较偏宠德芳的。这一点，对正在考虑继位人问题的宋太祖也可能稍稍产生了一些不好的影响，使他难以果断地在长子德昭和幼子德芳中挑选出一个来，以取代赵光义的继承人的位置。

就在这年的十月，宋太祖猝然死去，赵光义则顺利地继承了皇位。关于宋太祖之死，史家众说不一，其中也有称为赵光义谋杀者。总之，太祖之死，留下了千古之谜。宋太祖死后，谥号"启运立极英武睿文神德圣功至明大孝皇帝"，庙号"太祖"。

名 家 评 说

赵匡胤起介胄之中，践九五之位，原其得国，视晋、汉、周亦岂甚相绝哉？及其发号施令，名藩大将，俯首听命，四方列国，次第削平，此非人力所易致也。建隆以来，释藩镇兵权，绳赃吏重法，以塞浊乱之源。州郡司牧，下至令录、幕职，躬自引对。务农兴学，慎罚薄敛，与世休息，迄于丕平。治定功成，制礼作乐。在位十有七年之间，而三百余载之基，传之子孙，世有典则。遂使三代而降，考论声明文物之治，道德仁义之风，宋于汉、唐，盖无让焉。呜呼，创业垂统之君，规模若是，亦可谓远也已矣！

——元·脱脱等《宋史》

宋太祖赵匡胤以军功起家，即创立朝代之日，仍是现役的高级将领，这与北宋之注重技术，企图在中国历史里打开出路，不因袭前朝作用的趋向有很大的关系。在各代帝王之中可算是最能说实话的一位。……宋太祖赵匡胤没有一般帝王的毒辣。

——黄仁宇《赫逊河畔谈中国历史》

太宗赵光义

宋太宗赵光义（939~997），北宋第二代皇帝。原名赵匡义，又名赵炅，祖籍涿州（今河北涿县），父赵弘殷，母杜氏。公元976~997年在位，谥号"神功圣德文武皇帝"，庙号"太宗"。他继承兄长遗志，继续完成统一大业，并最终结束了五代十国的分裂局面；同时他也进一步采取措施，促进了经济发展、社会繁荣。在宋太宗时代，为招揽人才，科举取士的规模空前壮大，是宋朝重文倾向的重要表现。但繁华的背后依然潜藏着危机。

一、拥兄自立　代兄称帝

后晋天福四年（1939），十月七日，赵匡义出生于浚仪官舍。据说，其母杜氏在怀他之前，曾梦见神人手捧一轮红日交给她，随后便感而有娠。光义出生时，有红光升腾如火，街巷里飘荡着阵阵奇香。[1]赵匡义自幼卓而不群生性嗜学，工文业，多艺能，深得长兄赵匡胤的喜爱。

宋太宗赵光义
——从原故宫南熏殿旧藏《历代帝王像》

赵匡义长期跟随长兄南征北战，18岁时，他协助赵匡胤攻下瓦桥关和瀛

---

[1] 事见《宋史·太宗本纪》："初，后梦神人捧日以授，已而有娠，遂生帝于浚仪官舍。是夜，赤光上腾如火，间巷闻有异香，时晋天福四年十月七日甲辰也。"

吴越王归诚纳土
——从1935年会文堂新记书局蔡东藩《宋史通俗演义》

州、莫州；22岁时，他又为其兄长代周自立下了汗马功劳。因此，赵匡胤一当上皇帝，即重用其举，任命赵匡义为殿前都虞侯，领睦州（今浙江建德）防御使。建隆元年（960）五月，太祖亲征泽、潞，讨伐李筠，即让赵匡义临时担任大内都点检，留守汴京。八月，赵匡义领泰宁军节度使之职。十月，太祖南征据扬州反抗的李重进，赵匡义为大内都部署，仍留守京师。建隆二年（961）七月，太祖任命匡义为开封尹，同平章事。同时，为了避讳，赵匡义改名为光义，赵匡美也改名为光美。

杜太后对次子光义格外疼爱，但是要求也比较严格。赵光义每次外出，太后总是要他与赵普在一起，并且刻画日影约定归来的时间，赵光义从来不敢违背母命。杜太后要光义多与赵普接触，一是为了让他向赵普学习处事之道，二是因为赵普是太祖甚为倚重的国家重臣，结交他可以巩固和提高光义的地位。这些也是杜太后的深远用心。

担任开封府尹，对于赵光义来说具有十分重要的实际意义。作为国家首都的最高行政长官，开封府尹对国家军政要务起着上承下达的作用。从建隆元年（960）到开宝元年（976），赵光义当了16年的开封府尹，锻炼了实际处理政务的才能。他利用开封府尹的地位，在开封府中广延豪俊，聚集一批幕僚、军校，文武皆备。通过广置党羽，内外交通，赵光义在开封府时势力大盛，威望日高，羽翼渐丰，这为他日后顺利继承帝位及治国安邦打下了牢固的基础。

赵匡胤为人较为厚道，他对光义兄弟情义甚重。有一次光义生病，匡胤身为皇帝，仍亲手为他灼艾。光义失声叫痛，匡胤大概是要为其弟分担病痛，也取艾自灸。遇有军国大事，也多与之商议。不过，作为政治家，二人并非亲密无间。他们的矛盾通过一件事即可看出。赵光义在开封府时，有个青州人到京城来，带着一个十几岁的小女子，光义见她秀美出众，想买下，那青州人不答应。光义手下有个叫安习的，自告奋勇愿办成此事，他用手段将青州女子偷偷地买进开封府。后来太祖知道了这事，下令追捕安习，安习只好藏于晋王宫中，直到光义做了皇帝，他才出来。太祖严捕安习，分明是对光义的一种警告。

开宝九年（976）十月二十日，宋太祖赵匡胤突然驾崩，于是赵光义受遗诏于枢前即位。

二、伐汉收功　攻辽败绩

不管杜太后遗诏是否真有其事，赵光义以皇弟身份继承皇位在正统的封建世袭制中并非名正言顺。而且在宋太祖平定诸侯国的统一战争中，他没有任何建树。他感到要想巩固帝位，帖服人心，必须树立自己的威望。宋太宗赵光义即位后，陈洪进亲自到开封朝贡。宋太宗封陈洪进为检校太师。钱俶于是决意上表，献出所管13州1军，共68县，556008户，兵士115000余人，削去吴越国号。宋太宗封钱俶为淮海国王，其子弟多人以官职。吴越旧地反对纳土的官吏，受到宋太宗的坚决镇压。至此，宋朝完全统一了南方各地，宋太宗于是把主要兵力转向北方的北汉和辽朝。

太平兴国四年（979），宋太宗下令再次进攻北汉。任潘美为北路都招讨使，率领勇将崔彦进、李汉琼、刘遇、曹翰、米信、田重进等，四路出兵，分攻太原，把太原城围得水泄不通。宋太宗吸取了以往失败的教训，特派邢州判官郭进为太原、石岭关都部署，阻截辽朝援军。

北汉主刘继元见宋军来攻,急忙遣使向契丹求救。太宗预料契丹必出兵助汉,故于四月间下诏亲征,率领廷美等到太原督战,在太原城外筑起长围,断绝城内的一切物资供应。双方苦战至五月,北汉指挥使郭万超潜行出城,投奔宋营,刘继元帐下诸卫士也多出降。北汉亡,至此,所谓五代十国的割据局面全部结束。

太宗乘灭北汉的余威,率大军于太平兴国四年(979)六月进抵易州(今河北易县)。辽刺史刘宇本是汉人,献城投归宋营。太宗留兵千人协守易州,又进攻涿州,辽涿州判官刘厚德亦为汉人,复开城纳降。宋太宗见连下二城,旗开得胜,非常高兴,乘胜率兵进抵辽之南京(今北京市)城南,命宋偓、崔彦进、刘遇、孟玄哲四将各率军兵四面攻城。守将耶律学古拼命抵御,太宗亲自督战。然而宋军围伐太原疲敝,今又攻城不下,已经懈怠。这时辽朝已派援军来救。探卒入报,辽将耶律休哥为前锋,已至高梁河(在今北京市)。太宗命大军拔营齐起,前往高梁河迎敌。快到河边时,只见辽兵有数万人越河而来,双方摆开阵势,金鼓齐鸣,旌旗飞舞,宋军奋力激战,辽兵伤亡惨重,渐往后退。太宗见辽军将要支持不住,遂命宋军猛攻。正在这时,又有两队辽兵,分左右冲杀而来。左翼为辽将耶律斜轸,右翼为辽将耶律休哥。此二人都是辽国良将,善于用兵,宋军抵挡不住,纷纷败退。耶律休哥趁机直取太宗,太宗急命左右护驾,但诸将被辽兵分割散乱难以顾及,太宗仓皇失措,幸亏辅超、呼延赞等人赶到,奋力遮护,保卫太宗南奔至涿州。

杨 业

——从清光绪十八年(1892)上海修文堂石印本《绣像杨家将全传》(熊大木著)

雍熙三年（986）正月，太宗诏议亲征，企图扭转高梁河惨败之后频频被动挨打局面，挽回自己的面子。但是前次亲征的惨败，特别是高梁河之战险被辽军所擒的遭遇，使太宗余悸未消。这时又有参知政事李至乘机上言，说京师是天下之根本，皇上不离辇毂，而命将出征，可以显得从容。太宗顺水推舟，决定不再亲自出马，而出动30万大军分东、中、西三路北上攻辽。曹彬、米信出雄州（今河北雄县），田重进出飞狐，潘美、杨业出雁门（今山西代县）。

初期作战宋军进展顺利，接连小胜。但由于宋军指挥不当，各路军缺少合作，纷纷败绩。杨业父子率领残兵在陈家谷奋力死战，不见援兵，命其子杨延昭杀出一条血路，飞马乞援。辽兵漫山遍野而来，杨业部下大部分战死。杨业本人身负几十处创伤，最后为辽军所俘获，不顾辽军的威胁利诱，绝食三日而死。

杨业失援败死，边境大震。云、应、朔诸州将吏都弃城而逃，三州复为辽军占领。辽军又乘胜进入宋境，深入深（今河北深县）、德（今山东德州）、邢（今河北邢台）等州，抢掠一空，使宋朝边民蒙受重大损失。败绩传至宋廷，太宗痛失良将，下诏旌表杨业，赠其为太尉、大同军节度使，赐其家布帛千匹。大将军潘美坐失战将，监军王侁贻误战机，分别给以降官三级和除名的处分。在战事方面，宋太宗远不及太祖。赵匡胤出身行伍，身历百战，有着丰富的战场实践经验。而赵光义则基本上没有经历过重大战役，缺乏这方面的锻炼，但他又自诩高明，刚愎自用，再加上为了控制军将，每次作战前都亲自拟定阵图，结果严重束缚了前线将帅的手脚。

端拱元年（988）秋八月，北部边境接连三次警报，涿州、新乐（今河北新乐）等地失守。太宗满面愁容，对群臣说："契丹不肯收兵，经常骚扰河朔，看来不得不大举北伐了。"赵光义虽出此言，但他心里却对出师一点把握都没有，已经完全失去了当初北伐时踌躇满志的信心和决心。朝中一些大臣开始提出主和与主战两种不同的政见。主和派要求太宗屈己求和。宰相李昉等相率上疏，引证汉唐故事说明对外讲和的重要。但是对于那些明显要求屈辱求和的主张，太宗在感情上接受不了。他对赵普等人说："恢复旧疆，不是别人的主张，是朕的一贯志向。伐辽失败只是由于将帅军事指挥上的失误所致。"右正言、户部郎中张洎等主战派则相继上御戎策，建议加强边地武将的兵权，任贤修政，省官畜民，选励将士，以图再次北上伐辽，收复失地。太宗虽对这些主张加以赞赏，但却不打算实行。

宋太宗晚年，守内虚外政策的指导思想已经形成。因此，对辽由攻到守，准备和解。而辽朝的萧太后对宋朝多次北伐却耿耿于怀，向宋摆开了进攻的阵势进行威胁，并帮助李继迁继续削弱宋朝的力量。宋太宗为了防守，使宋军在河北沿边的平原上疏浚、开拓边地河道，西起保州（今河北保定）西北，东至塘沽海口，利用河渠塘泊，筑堤储水，深十余尺，作为屏障，曲曲弯弯，东西900里。沿塘设置28寨、125军铺，士兵3000余人，部署兵船百余艘，往来巡警，以防辽国骑兵的奔突。对于辽军的入侵，宋太宗主张"但令坚壁清野，不许出兵，继不得已出兵，只许披城布阵，又临阵不许相杀"，结果大大束缚了军队将士的手脚。从此，宋朝军队的作战能力越来越弱了。

三、借鉴前车　以文治国

宋太宗是自五代以来第一位非武人坐天下的皇帝。他即位之初也重武，是因为当时形势需要他继承太祖的统一大业，然而多次伐辽失败后，他失去了往日的锐气，转而重文。文治方面，宋太宗的确有很多独到之处。他开创、修补、完善了宋朝的各项典章制度，奠定了宋朝政治、军事、文化、经济各方面制度的基础，巩固了统治。两宋之人多言"祖宗之法"，这"祖宗之法"即是对宋太祖宋太宗而言，其中太祖法度主要在于军事、政治方面，而太宗除了对太祖法度作了进一步完善外，又着重在文化、经济等方面建立了一整套法度规范。

科举考试图

科举制度虽始于隋

唐，但真正完善是在北宋。到宋初，门阀制度不复存在，科举向文人知识分子广泛开放，"家不尚谱牒，身不重乡贯"，只要文章、诗赋合格，都可录取。宋太宗扩大了取士的规模，每次科举考试录取的进士数额远远超过唐代及宋太祖时。太宗还促进科举取进士日趋严密、完整。宋太祖开宝六年（973）以后，殿试成为定制。太宗进一步规定，殿试后在殿前"唱名"，由皇帝分别赐予"进士及第""进士出身""同进士出身"的功名。太宗时实行考卷糊名弥封法，有效地防止了考官利用试卷作弊。宋太宗还严格科举考试，亲自复试。

太宗十分重视发展文化事业。五代以来，昭文馆、史馆、集贤院为三馆，在石长庆门东北，仅有小屋数十间，条件很差，三馆每逢受诏撰述，都是移到其他地方。太祖时期，也没有什么变化。宋太宗即位的第二年，亲到三馆视察，看到这种寒酸状况，对左右侍从慨叹道："这哪里能够蓄天下图书，待天下贤俊？"当即下令另选左升龙门东北车府地为三馆新址。命中使督促工匠，晨夜兼作。三馆的栋宇殿阁，都是太宗亲自规划的，其精美壮观，可与皇宫的建筑媲美。一年后工程竣工，定名为崇文院。到太宗晚年，崇文院及秘阁的藏书已十分丰富。太宗颇为自负地对大臣们说："朕即位之后，多方收拾，抄写购求，今方乃数万卷。千古治乱之道，并在其中矣。"

明刻本《太平御览》书影

在广泛搜求图书的同时，太宗先后组织一批文人编纂了几部大型类书。太平兴国二年三月，刚刚即位几个月的太宗就命翰林学士李昉、扈蒙等十多人编纂《太平广记》与《太平御览》等书。由于年代久远和朝代的更替，宋太宗时期收集的绝大部分图书，今已佚失，但当时编纂的《太平广记》《太平御览》和《文苑英华》这三大部书却流传下来，因而许多古代典籍的内容赖以保存。宋太宗主持编纂的这三大部书，成为后人研究中国古代历史、文学的宝贵资料。

宋太宗好读书，这是唐五代以来帝王中少有的，这与太宗的父亲赵弘殷有关。赵弘殷和其长子赵匡胤都是介胄武人，然而这个军人家庭却希望日后有个读书知礼之人。赵弘殷当年总兵淮南时，攻破州县先不取财物，总是设法搜求古书，交给匡义，并不断督促他学习。太宗到崇文院读书，常让亲王和宰相们一同翻阅，并亲自解答书中的疑难问题。有时还召降王李煜等前来参观。太宗指着汗牛充栋的图书对南唐后主李煜说："听说你在江南好读书，这里的简策，有许多是你的旧物。近来还读书吗？"李煜满怀亡国之痛，惟有顿首逊谢而已。[1]淳化三年（992）九月，太宗想让武将见识一下文儒之盛，召马步军都虞侯傅潜、殿前都指挥使戴兴等人到秘阁纵观群书。

宋代的皇帝多注意从历史上汲取统治的经验教训，这可以说是从太宗开始。太平兴国八年（983）十一月，太宗对大臣说："朕历览前代书籍，发现君臣之际，大抵情通则道合，所以有事皆无隐匿，言论都可采用。朕励精求治，卿等作朕股肱耳目，如果施政有缺失，应当悉心上言说明，朕决不以居尊自恃，使人不敢说话。"

宋太宗执政较为勤谨，为了巩固宋王朝的统治基础，他亲自挑选人才，甚至于忘了饥渴。通过召见临问以观其才，优秀者提拔重用。他对近臣说："朕每看见布衣缙绅中有才志受推戴的，就替他的父母高兴。"太宗每天一早就到长春殿受朝，听完百官的政务汇报，就到崇政殿去处理政事。等到中午，还来不及吃饭。

宋太宗于书法旧有根柢，又经名家指点，勤加练习，故有较深的功力造诣，并非单凭地位高而到处题字。有人荐举赵州隆平主簿王著在书法方面颇有家

---

[1]事见《宋史·南唐李氏列传》："太宗尝幸崇文院观书，召煜及刘铱，令纵观，谓煜曰：'闻卿在江南好读书，此简策多卿之旧物，归朝来颇读书否？'煜顿首谢。"

竟日观书

——从明万历元年（1573）纯忠堂刊本《帝鉴图说》

宋史纪：太宗勤于读书，自巳至申，然后释卷。诏史馆修《太平御览》一千卷，日进三卷。宋琪以劳瘁为谏。帝曰：开卷有益，不为劳也。朕欲周岁读遍是书耳。每暇日，则问侍读吕文仲以经义，侍书王著以笔法，葛湍以字学。

传，太宗乃召为卫尉寺丞、史馆祗侯，令他详定韵篇，后又迁为著作郎，充翰林侍书。

宋太宗自言不喜游猎，确属事实。端拱元年（988）九月，他对侍臣说："朕每念古人禽荒之戒，自今除有司顺时行礼之外，更不于近甸游猎。"命将五坊中所饲养的鹰犬，全数放生，并下诏令天下不要再来进献。淳化三年（992）十月折御卿进贡的花鹰，太宗让人把它放了。

太宗对宗教的态度基本上是宽容的。北宋开国后，为了争取南方各阶层的支持，对佛教采取保护政策，因为佛教在吴越、南唐、后蜀等南方割据小国中非常流行。太宗认为佛教"有裨政治"，因而有意提倡，在五台山、峨眉山、天台山等处修建寺庙，并在首都开封设译经院释译佛经。从太祖开宝年间开始在益州雕印大藏经，到太宗时雕版完成，印行了我国第一部佛经总集。宋朝建国时，各地僧徒不过6万多人，太宗时增加到24万人。太宗本人态度是重道教，轻佛教。

太宗执政总的方针是宽松敦厚。但是，为了有效地维护社会的安定，太宗在刑狱方面也亲自处理了一些案件。他下令在禁中设立审刑院。各地上奏案件，先由审刑院交付大理寺，刑部断复，再交审刑院详议裁决。审刑院不归宰相统领，直属于皇帝。太平兴国六年（981）夏四月，太宗下诏："诸州大案，长吏不亲自处理，往往胥吏旁缘为奸，拖延经年不能结案。自今长吏每五日处理一次案子，查证确实者即可决断。"太宗想不让全国有拖延不决的案子，于是规定办案的三种时限，大案40天，中案30天，小案10天，不须追捕而容易处理的不能超过3天。并规定，囚犯如因讯问，则应当聚集官属一同参与，不能委托胥吏拷掠。淳化四年（993），东京城郊有一农民到官府击登闻鼓，为的是丢失了一只豭猪。太宗听说，让人赐给那农民1000，偿还其猪钱。太宗对宰相说："如果像这样的小事也费力气去断案，未免太可笑了。但是推此心以临天下，可以无冤民。"

太宗接受唐五代以来宦官专权的教训，对宦官驾驭较严，不许他们干政。宦官王继恩曾作为剑南两川招安使，领兵平定王小波、李顺的起义，

万年寺原为东晋末恭帝时慧持开建的普贤寺，宋太宗太平兴国五年（980），内侍张仁赞奉旨往成都铸普贤像（通高7.4米，象身长4.7米，重62吨），奉安嘉州峨眉山普贤寺，并建大阁。明万历年间失火，寺庙荡然无存，仅铜像未损；神宗颁诏重建，并赐额"圣寿万年寺"。

引衣容直

——从明万历元年（1573）纯忠堂刊本《帝鉴图说》

宋史纪：寇准为枢密直学士，尝奏事殿中，语不合，太宗怒起。准辄引帝衣，请复坐，事决乃退。太宗嘉之曰：朕得寇准，犹文皇之得魏徵也。

中书省建议让王继恩任宣徽使。太宗不许，说："朕读前代史书，宦官干预政事，乃国之大忌，所以历朝严禁宦官干预政事。宣徽使就是参政的开端。只能授以别的职衔。"宰相力言王继恩立有大功，非宣徽使不足以赏酬。太宗动怒，深责宰相，让别议官名，最后创了个宣政使的名目，授与王继恩。

太宗任用的几位宰相也比较正直。寇准生性刚直，有一次对太宗奏事，太宗不高兴，站起身要走，寇准拉住皇帝的衣袖，让他再坐下，等到事情议决以后才罢休。太宗感叹地说："这人才是真宰相哩！"

四、贬抑祖系　确立宗嗣

宋太宗得以登上皇位，经过了十几年的苦心经营。他当上皇帝之后，用很大一部分精力来确保皇位，防范变乱。一面防范武将专权，另一面则是他的自家人。

赵　普
——从原故宫南熏殿旧藏《历代先贤名人像》

在高粱河之战中，太祖之子武功郡王赵德昭从征幽州。当宋军溃败之际，太宗与主力部队失散，军将们怀疑皇帝遇难，觉得军国不可无主，商量着立德昭为皇帝。后来知道太宗还活着，这事就作罢了。事情虽未成，但被太宗知道，恰好触犯了忌讳，心里很不高兴。以往作战，回师后都要按功劳大小颁发奖赏。这次太宗还京多日，也不见行太原战斗之赏。军中议论纷纷，诸将不免多怀怨愤。德昭心直口快，恐怕军心浮动，乃入见太宗，请给军将叙功行赏。太宗不等他说完，就怒气冲冲地说："战败回来，还有什么功劳？还行什么赏赐？"德昭分辩道："征辽虽然失利，但是平定了北汉，再说各军也不可一概而论，陛下应该分别考核，量功行赏。"太宗大怒，吼道："等你自己当了皇帝，再赏赐也不晚！"德昭非常惶恐，低头垂泪，默然出宫。本来他所处的地位就很微妙，现在他的叔父分明是猜疑他有夺位的野心。他回到自己的住处，默念父母早逝，没有依靠，虽有继母宋氏和弟弟德芳，但宋氏被迁往西宫，出入行动都不自由；弟弟年纪尚小，不懂事理，觉得自己满腹幽衷，无可倾诉，顿生短念，问左右侍者："你们谁带着刀？"左右忙答道，宫中不敢带刀。德昭走出房门四处寻觅，见茶酒阁上有切水果的刀子，他趁人不备，拿了刀关上门，自己往颈上刺去。等别人开门来救，已倒在血泊中气绝身亡。宫中急忙报知太宗，太宗亦觉出乎意料，前往探视，见其惨状，抱尸大哭道："傻孩子，我不过说你几句，你就这样！"[1]于是命令厚葬，并颁诏追赠德昭为中书令，追封为魏王。德昭身后留下五个儿子。

---

[1] 事见《宋史·宗室一·燕王德昭列传》："四年，从征幽州。军中尝夜惊，不知上所在，有谋立德昭者，上闻不悦。及归，北征不利，久不行太原之赏。德昭以为言，上大怒曰：'待汝自为之，赏未晚也！'德昭退而自刎。上闻惊悔，往抱其尸，大哭曰：'痴儿何至此邪！'"

太宗初即位时，廷美的儿子也和他两个哥哥的儿子一样称皇子，女儿称公主。太平兴国四年（979）晋封廷美为齐王，后封秦王。廷美也和光义当年一样当了开封府尹，并兼中书令，位在宰相上。外界的舆论都说帝位将依次相传。等到德昭自杀，一年后23岁的德芳也不明不白地夭亡，廷美才开始感到不安。

一天，忽有太宗当年为晋王时的旧僚柴禹锡、赵熔、杨守一等进宫，向太宗密奏，说廷美骄恣不法，谋以自立。卢多逊与廷美关系密切，可能有沟通情事。这话正触动太宗的疑忌，于是召赵普密商。赵普奏请愿备位枢轴，静察奸变，他说："臣算开国旧臣，曾与闻昭宪太后遗命，备受朝廷恩遇，然因臣性格直率，反被权幸所谗。"原来太宗未登极时，曾有人告发赵普讪谤晋王光义，赵普曾上疏自辩，太祖将奏疏贮藏于金匮。然而太宗不知，故对赵普一直耿耿于怀，现在听赵普一说，即命近侍找到赵普以前的上疏，并见到金匮誓书，大为感悟，召赵普入宫，对他说："人谁无过？朕不待五十，已尽知四十九年的非了。从今以后，才识卿忠。"于是授赵普为司徒兼侍中，封梁国公，并命密察廷美事。赵普与廷美本无宿怨，不过一来为报复卢多逊，二来为得太宗欢心，只得从廷美下手。不久，察得卢多逊私遣堂吏交通廷美之事上奏。说卢多逊盼望太宗晏驾，廷美即位，廷美并私赠给卢多逊弓箭等物。太宗大怒，当即下诏降卢多逊为兵部尚书，下御史狱，捕系参与其事的中书堂吏赵白及秦王府孔目官阎密等，命翰林学士承旨李昉等讯鞫，卢多逊及赵白等一一服罪。太宗下令降廷美为涪陵县公，廷美独对孤灯，凄凉难耐，他默颂着曹植的七步诗，他同样想不通："既是同根生，相煎何太急！"由于气郁成疾，廷美日渐消瘦，不到一年，就病死在房州了。讣音奏达朝廷，太宗呜咽流涕，对宰相说："廷美自少刚愎，长大后越发凶恶，朕因他是至亲，不忍置之于法，让他暂时徙置房州，闭门思过，方欲推恩恢复其旧位，谁料他这么快就殒逝了，能不痛心！"下诏追封为涪陵王，赐谥曰悼。从此，与太宗争夺皇位的人已完全被清除了。

太宗的长子元佐，为李妃所出，自幼聪慧，长得也像太宗，太宗一直很喜欢他。元佐年长后，有武艺，擅骑射，曾跟随太宗北征太原、幽蓟，回京后拜检校太傅，加职太尉，晋封楚王。其叔父廷美触犯了太宗，元佐力为营救，再三请免其罪，屡受太宗的呵斥。后来听说廷美的死讯，悲愤不已，酿成狂疾。左右有小错，也要手操刀剑砍杀；仆吏从庭前经过，往往弯弓射之。太宗亲自严加训诲，依然如故，而且越来越厉害。太宗很是忧愁，请太医延治，稍有好转。太宗听说颇感欣慰,特别大赦天下。

九月九日重阳节,太宗兴致很好,赐近臣到李昉家中宴饮,并召请诸王宴射苑中。因元佐病还未全好,就没让他参加。到了晚上,诸王宴罢归去,路过元佐府前,恰好元佐在门外,知道这事,大为恼怒,索性在院内放起火来,殿阁亭台,蔓延烧去,一时间烟雾滚滚,火光冲天,等到众人去救,已烧了大半。直烧到天明,还没救灭。太宗听说楚王宫中失火,猜想可能是元佐所纵,命押赴中书,派御史按问,元佐具实以对。太宗怒不可遏,派王仁睿传话说:"你身为亲王,富贵已极,为何如此凶悖!国家典宪,不可私违,父子之

寇 准
——从原故宫南熏殿旧藏《历代先贤名人像》

情,从此断绝。"元佐的弟弟陈王元佑以及宰相近臣,都前往号泣营救,太宗挥泪道:"朕每读书,见前代帝王子孙不遵家教者,未尝不扼腕愤恨,没想到我家也有这种事!"命将元佐削去封号,废为庶人,安置前往均州(今湖北均县)。[1]宋琪等率百官伏阙拜表,请太宗恕他病狂,仍留京师。太宗余怒未消,不许。宋琪等再三奏请,方下诏召还。当时元佐已行至黄山,召还汴京后置于南宫,使人监护,不通外事。楚王府中官僚都上表请罪,太宗说:"朕教训他都不从,岂是你们所能净谏引导的?"

至道元年(995),开宝皇后即太祖之妻宋氏病死,太宗不成服,连群臣亦不命临丧。立元侃为太子。诏命颁下,太子行告庙礼,还宫路上,京师百姓争相观看,齐声欢呼"少年天子"。太宗听说,心里很不高兴,召寇准入见,对他

---

[1]事见《宋史·宗室二·汉王元佐列传》:"初,秦王廷美迁涪陵,元佐独申救之。廷美死,元佐遂发狂,至以小过操刃伤侍人。雍熙二年,疾少间,帝喜,为赦天下。重阳日内宴,元佐疾新愈不与,诸王宴归,暮过元佐第。曰:'若等侍上宴,我独不与,是弃我也。'遂发忿,被酒,夜纵火焚宫。诏遣御史捕元佐,诣中书劾问,废为庶人,均州安置。"

说："人心都归太子，把我放在什么地位上？"寇准拜贺道："陛下选定可以托付神器者，今太子果然得到民心拥戴，这正是社稷之福啊！"太宗这才转忧为喜。入宫，后嫔六宫都来庆贺，太宗颇觉兴奋，破例召寇准一起饮酒，直喝得大醉方罢。

至此，自太宗继位以来的皇位继承问题才算最终得到解决。元侃即后来的真宗。自真宗至南宋高宗，六代八个皇帝都是太宗一系子孙。直到高宗赵构，因无子，过继太祖七世孙，即秦王赵德芳的六世孙立为太子，即孝宗，以后的八个皇帝又转入太祖一系。北宋南宋各九个皇帝，匡胤光义兄弟并称"祖宗"，他们的后代各有八个做了皇帝。兄弟二人轮流当皇帝，其后代也轮流往复，一个也不多，一个也不少，并且北宋亡在太宗一系手里，南宋亡在太祖一系手里，真可谓平分秋色了。

至道三年（997）三月太宗去世，终年五十九岁。

名家评说

帝沉谋英断，慨然有削平天下之志。……君子曰："得乎丘民而为天子"，帝之谓乎？故帝之功德，炳焕史牒，号称贤君。若夫太祖之崩不逾年而改元，涪陵县公之贬死，武功王之自杀，宋后之不成丧，则后世不能无议焉。

——元·脱脱等《宋史》

赵光义同他哥哥一样的干练，有着雄才大略，为打下赵氏江山立下巨大功劳。其登位后，继续完成统一大业，在消灭后汉帝国后，终于结束了中国长达二百五十年改朝换代的大混战。在其手中，形成了系统而完整的统治体制，使宋朝维持了长达三个世纪的统治。

——柏杨《中国人史纲》

仁宗赵祯

宋仁宗赵祯（1010~1063），北宋第四代皇帝，初名受益，后改名祯。宋真宗第六子，母李宸妃。因章献皇后刘氏无子，过为养子。公元1022~1063年在位。谥号"神文圣赋明孝皇帝"，庙号"仁宗"。他在位时社会经济和科学文化有所发展，但土地兼并严重。他对外屈辱求和，人民负担加重，阶级矛盾尖锐，在位时间虽长，却无所作为。

宋仁宗赵祯
——从原故宫南熏殿旧藏《历代帝王像》

一、少小继位 太后秉政

赵祯降生以后，举宫欢庆。真宗更是喜悦非常，把他视为掌上明珠。因为真宗前五子相继夭折，所以受益作为唯一继承人，不满5岁的时候，真宗就采纳朝中大臣的建议，对他封爵建号，以系人望。授命他为左卫上将军，封庆国公，并规定了月给俸钱200贯。受益7岁时，真宗又为他举行了隆重的加冠礼，再授忠正军节度使兼侍中，进封寿春郡王。制命一下，宋朝各州郡都纷纷上状庆贺。

大中祥符九年（1016）三月，真宗命在皇城内元符观以南，专为受益建造了读书学习的学宫"资善堂"。任命宦官入内

押班，周怀政为学宫都监，宦官杨怀玉为伴读，任命河北转运使张士逊、左司谏崔遵度为受益的启蒙教师。从此，受益开始接受正规而严格的儒学教育。天禧二年（1018）二月，真宗又采纳宰辅向敏中、王钦若等人的建言，以升州（治今南京市）为江宁府，设建康军，作为受益的封地。同时授受益为建康军节度使，加官太保，封升王。命直昭文馆张士逊、直史馆崔遵度为升王府谘议参军，直史馆晏殊为记室参军。天禧二年八月，真宗在崇政殿召见宰相向敏中等人，出示陈执中的《演要》，决定立皇太子。八月十五日，真宗下诏，立升王受益为皇太子，赐名祯，增月俸为2000贯。同时任命了张士逊、崔遵度等东宫官吏。九月，又举行了隆重的皇太子册封礼，赵祯被正式确立为帝位继承人，这年，他才9岁。

乾兴元年（1022）三月，真宗在延庆殿病逝，赵祯奉遗诏即皇帝位，年仅13岁。

宋仁宗赵祯即位后，奉遗诏尊刘皇后为皇太后，杨淑妃为皇太妃，军国大事则与皇太后一起听奏处理，实际上，军政大权已完全掌握在刘太后手中。宰相丁谓等人对刘太后也极尽奉承之能事。还在宰臣们草拟太后听政的诏制时，初拟"军国大事兼权皇太后处分"。丁谓提出去掉"权"字，副相王曾力争不可。王曾还援引旧制，主张皇帝与皇太后每五日一御承明殿，皇帝位在左，太后位在右，垂帘听政。丁谓却提出，宋仁宗每逢初一、十五接见大臣，凡军国大事由太后与宋仁宗一起召见大臣决断。非军政大事则由内侍雷允恭传达内外（即由太后决定）。最后，还是丁谓的意见被采纳。

第二年正月改元，丁谓为取悦刘太后，议改"天圣"（取"天"字析为二人，二圣人同执政之意），得太后赞同。丁谓既得太后欢心，在朝中也更加飞扬跋扈。

丁谓的所作所为很快激起朝野的愤慨。当时京城流传一句话说："欲得天下宁，当拔眼中钉（丁谓）；欲要天下好，莫如召寇老。"此话传到刘太后的耳朵，开始对丁谓有所不满。不久，王曾借雷允恭擅移真宗陵穴一事，奏明刘太后，说是丁谓与雷允恭相互勾结，包藏祸心，欲为不轨。太后听后大怒，杖杀雷允恭，贬丁谓河南府（今河南洛阳），又贬崖州（今海南三亚）。丁谓所亲信的参知政事任中正、刑部尚书林特等人，也先后被贬。王曾被擢与冯拯为相，权知开封府吕夷简、龙图阁直学士鲁宗道被擢为参知政事，任副相。宋仁宗也改为每逢三、五与太后一起御承明殿听政。

对当时朝廷中发生的变动，年幼的宋仁宗既不过问，也无兴趣，除了陪太

宋真宗赵恒皇后刘氏
——从原故宫南熏殿旧藏《宋代皇后画像》

后例定的坐朝听政外，仍专心于练他的书法，致使他后来的飞白书，体势遒劲，颇有功力，在宋代皇帝中，勘称首属。

随着岁月的流逝、年龄的增长，宋仁宗逐渐成熟，处事有了自己的主见和思想。从乾兴元年（1022）起，他开始练习处理政事，开始逐渐摆脱太后的约束和管制。15岁时，由太后做主，为他立前勋戚郭崇的孙女郭氏为皇后，他十分不满。因他此时正热恋着与郭氏一起入宫的张氏。他以疏远郭氏，进张氏为才人，又进为美人的办法，来表示对太后专擅的不平。尤其是刘太后掌权既久，百官群臣慑于太后的独断，多不敢言朝政得失，言路闭塞。宋仁宗借唐代设匦函（在朝堂设一小匣子，让进书言事者投入）的故事，与参知政事共商，禀明太后，特诏设置了理检使，由御史中丞兼任，职掌上诉朝廷的冤枉之狱及有关谏奏朝政得失的上书。明道元年（1032），又诏设置谏院，知院官规定由皇帝亲自任命差遣。凡朝政阙失、大臣至百官任用不当、三省至各官署事有违失等，都可以上书谏正。

天圣七年（1029），秘阁校理范仲淹上书，请刘太后撤帘归政，触及刘太后忌讳，被出判河中府（治今山西永济蒲州镇）。次年，翰林学士兼侍读学士宋绶上书，建议除军国大事外，余皆由宋仁宗独自处理，又忤太后意，被贬知应天府（治今河南商丘南）。接着再有林献可、刘涣等人先后上书，力请太后还政，引动刘太后肝火，把他们远贬岭南。对发生的这一切，宋仁宗虽没有明确表示，但心中更增加了对太后专擅的不满。

明道二年（1033）三月，刘太后病卒，遗诰宋仁宗尊皇太妃杨氏为皇太

后，听政如旧规，军国大政与杨太后一起裁处。最后在宣布刘太后遗诰时，删去了"皇帝与太后裁处军国大事"一语，只存后语。杨太后退居保庆宫，称保庆皇太后。至此，宋仁宗始知宸妃李氏是其生母，追尊李氏为皇太后。宋仁宗结束了他的儿皇帝生活，独立主政。[1]

二、废立息争　赐纳和患

宋仁宗亲政以后，首先大规模地进行人事调整，首先罢黜内侍罗崇勋等人，接着把被刘太后所亲信的人如枢密使张耆、枢密副使夏竦和范雍、参知政事陈尧佐和晏殊等人，全都贬为外官。宰相吕夷简虽力助宋仁宗，也因被怀疑曾阿附太后，罢相，贬出判陈州（治所在今河南淮阳）。重新起用张士逊、李迪为相，任用翰林侍读学士王随、权三司使李谘共参国政。因劝太后撤帘归政而被贬的范仲淹、宋绶、孙祖德等人，也先后被擢重用。

吕夷简
——从清顺治年高宗哲刻本《历代君臣图像》

明道二年（1033）十二月，因为连年旱蝗，有人提出应改元以应天变，导迎和气。还有人提出，明道之前，建元天圣，是当时丁谓为取悦刘太后所为。后改明道，"明"字日、月并列，义与天圣相同，也应改元。宋仁宗于是下诏，明年改元"景祐"。宋仁宗对由刘太后做主为他立郭皇后一事，始终耿耿于怀。故宋仁宗最后还是以郭后无子为借口，废郭氏为尼，幽居长宁宫。范仲淹也因谏被贬为外官。

郭皇后既废，宋仁宗专宠尚氏、杨氏等人，酒色度日，钟鼓弦乐之声，昼夜不断，闻于宫外，政事渐疏。尚氏等人竟在后宫以"教旨"发号施令，宋仁宗本人也因酒色无度而病。一时宫廷传言，流布道路，朝议大哗。百官群臣以国是为忧，纷纷上书，要求整肃后宫，杨太后也亲劝宋仁宗。景祐元年（1034）九月，诏立刚刚入宫的前勋臣曹彬的孙女曹氏为皇后，后皇之争暂时平息。

---

[1]事见《宋史·仁宗本纪》。

不料"内忧"刚平,"外患"踵至。这时,宋朝的西邻党项政权迅速发展起来。景祐五年(1038)十月,元昊正式称帝,建国号大夏,改年号"天授礼法延祚",设官立职,改定兵权,创制文字、礼仪制度,完成了建立西夏建国的巨大事业,成为宋朝西邻的强大竞争对手。

宝元二年(1039)四月,元昊派人使宋,要求宋朝承认夏国,册封帝号,打探宋朝动静。宋仁宗与诸朝中大臣久议不决,直到这年六月,才决定削去宋封元昊官爵,备兵对夏征讨。十一月,元昊却先发制人,率兵入侵保安军(今陕西志丹县),分兵3万围攻承平寨(今陕西延安西北),并声言攻宋朝西部的边防重镇延州(今陕西延安)。

延州之战,宋军损失严重,关辅震动。宋仁宗忧心忡忡,召诸臣商议对策。不得已,宋仁宗起用主战的韩琦为陕西方面的统帅。韩琦又举荐了范仲淹。范仲淹奉命知延州,率兵攻打西夏,才得以收复失地。

宋军稍获胜利,宋仁宗以为元昊惧宋,又派人潜入西夏,挑动西夏自相残杀,希求坐获渔人之利。此举使元昊恼怒非常,于庆历二年(1042)九月,又一次大规模出兵侵宋。宋仁宗命镇戎军守将葛怀敏率军抵御,在定川寨(今宁夏固原西北)被夏军围攻,部伍相失,阵乱溃败,死伤兵士9400余人,损失战马600余匹。夏军乘胜直驱渭州(今甘肃平凉),方圆数百里内,庐舍全部焚烧,扫荡一空,居民遭掳。

宋仁宗曹皇后
——从原故官南熏殿旧藏《宋代皇后画像》

经过定川寨一战，夏军声势日振，宋军益衰，宋仁宗不得不谋求与夏议和，密诏知延州庞籍谕意元昊，说西夏只要息战称臣，其帝号、国号尽可保留。直到庆历四年（1044），元昊迫于辽朝的进攻，急于和宋抗辽，始答应称臣，同时提出巨额"岁赐"。宋仁宗满足于西夏称臣，连忙回书元昊说："俯阅来誓，一皆如约。"答应了元昊的求和条件。这年十月，宋夏和约达成，夏对宋保持名义上称臣，宋册封元昊为夏国主，每年"赐"夏绢13万匹，银5万两，茶2万斤，另加节日"赏赐"。

在宋夏胶着困战的同时，北方契丹政权也对宋朝虎视眈眈，抱有觊觎之心。宋仁宗亲政后，曾采纳知成德军刘平的建议，密敕河北沿边复建水田、广植树木，以备辽骑突入。景祐元年（1034），契丹以祭天为名，在宋辽边境屯结军队，做好了出兵侵宋的准备。宋仁宗闻报，命河北整饬军备，调夫役修治河北沿边城池、关河壕堑。庆历二年（1042）初，契丹大军压境，派人面见宋仁宗，质问宋朝出兵伐夏和增修边防，要挟宋朝把后周时收复的瓦桥关以南的十县之地割让于契丹。宋仁宗派右正言富弼出使契丹，提出或和亲或增"岁币"议和。几经交涉，契丹方面答应不割地，只增纳岁币重订和好。富弼力争不可言"纳"，契丹方面则坚持或称献，或称贡，或称纳。宋仁宗最后屈从契丹之意，许称"纳"字而和。这年十月，双方缔结和约，宋朝以后每年增纳契丹银绢20万两匹。契丹竟趁宋朝困于西夏之际，不费一兵一卒，凭空取得了巨额贡纳，这对宋朝来说，无异又一次"澶渊之盟"。（早在宋真宗时，就在今河南濮阳的澶渊与辽签定了屈辱和约，史称"澶渊之盟"）

三、推行新政　半途而废

景祐二年（1035）二月，知兖州范讽被人弹劾，宋仁宗命李迪、吕夷简处理此案，吕夷简暗奏宋仁宗，李迪党庇范讽。宋仁宗不分青红皂白，即将李迪罢相，复擢枢密使王曾与吕夷简同相，实际上，由吕夷简独揽大权。吕夷简竭力迎合宋仁宗天下大治的太平心理，极意粉饰，一味奉称，使宋王朝更陷入日益严重的统治危机之中。

宋仁宗亲政后，效法唐太宗"网天下英雄入我彀中"的做法，广开仕路，每届科举入取额多达千人以上。"殿试不黜落"也从这时起，成为不成文的规矩。取士日多，恩荫无节，加上内臣、外戚之类，进无辍止，使冗官冗吏局面

富弼
——从明万历三十七年（1609）原刊本《三才图会》

范仲淹
——从原故宫南熏殿旧藏《历代先贤名人像》

日趋严重。在与西夏的战争中，宋军虽屡屡战败，所任边将却越来越多。为备辽御夏，又不断扩充军队，使军员比真宗时的40万，猛增了一倍多。因此，朝野忧国忧民之士担心着国家的兴亡、宋王朝的前途，他们纷纷上书，要求变革图强。其中的突出人物就是范仲淹。

严酷的现实使宋仁宗也隐约地感到了统治危机，开始有意更张政事，革除弊端。他想到了主张变法革新的范仲淹、欧阳修、余靖等人。于是庆历三年（1043）三月，增加谏官人额，选拔素负众望的集贤校理欧阳修、余靖以及职方员外郎王素等人，供职谏院。四月，又擢任长期被贬外官的范仲淹、韩琦为枢密副使。七月，复迁范仲淹参知政事，以翰林侍读学士富弼为枢密副使。[1]亲赐范仲淹等人手诏，让他们条奏当世急务，并诏谕各地守臣，凡民间疾苦、有利国家之事，务公心咨访奏闻。九月三日，还在天章阁召见范仲淹、富弼诸臣，赐座和笔札，令他们疏奏革新政事。

范仲淹随即上了《答手诏条陈十事》的奏疏，提出了十项改革主张，

[1] 事见《宋史·仁宗本纪》："甲辰，以韩琦、范仲淹为枢密副使。……丁未，以范仲淹参知政事，富弼为枢密副使。"

即明黜陟、抑侥幸、精贡举、择官长、均公田、厚农桑、修武备、减徭役、覃恩信、重命令。与范仲淹上书的同时，富弼、欧阳修、余靖、韩琦等人也相继提出一些改革建议。宋仁宗一一采纳，然后颁发诏令，推行这些主张和建议，号称"新政"。

"新政"在宋仁宗的支持下进行。但是，新政的实施从开始之日起，就遇到朝廷中保守势力的反对。还在谏官王素、欧阳修等人上疏建议改革弊政之时，翰林学士苏绅就指斥他们是"虚哗溃乱"、"谋而僭上者"。尤其是反对派为抵制新法的实施，借宋仁宗最忌讳、几次下令申禁的"朋党"一事，掀起波澜。在吕夷简罢相后，曾起用判蔡州（今河南汝南）夏竦为枢密使。夏竦任职不久，被谏官余靖、欧阳修等弹劾，宋仁宗遂罢夏竦，以枢密使杜衍代之。

韩琦
——从原故宫南熏殿旧藏《历代先贤名人像》

同时，"新政"也触及了一部分人的既得利益。如实行"明黜陟"、"抑侥幸"便使一大批贪官污吏和高官贵勋的利益受到损害，致其首先发难，毁谤新政，且愈演愈烈。加之朝中"朋党"之论更如雷贯耳，使宋仁宗对新政由疑虑进而为之动摇。而这时京东地区又发生了以王伦为首的兵变起义，陕西地区发生了以张海、郭邈山等领导的农民起义，还有不少地方发生蝗旱之灾，宋仁宗都与实施新政联系起来，更失去了推行新政的信心，最后竟决意牺牲革新派，妥协反对派。

"庆历新政"似昙花一现，宋仁宗励志图强的信念也旋踵即逝。宋王朝仍沿着老路子继续走下去。

四、朝野惊变　无奈立储

正当宋仁宗为朝廷内部矛盾所困扰的时候，又传来使他更为震惊的消息：庆历七年（1047）十一月二十八日，贝州（今河北清河）宣毅军发生了王则领导的起义。宋军在贝州城下遭到义军的顽强抵抗，损兵折将。宋仁宗又派宦官携带敕榜招安义军，也为王则拒绝。一个月过去了，起义还没有被平定，宋仁宗带着

欧阳修
——从原故宫南熏殿旧藏《历代先贤名人像》

司马光
——从原故宫南熏殿旧藏《历代先贤名人像》

十分忧虑的心情慨叹说："大臣无一人为朕了事者，日日上殿何益？"参知政事文彦博要求赴河北镇压起义，才使宋仁宗焦虑之心略得安慰。

庆历八年（1048）正月初，宋仁宗命文彦博为河北宣抚使，明镐为副，加紧攻打贝州城。文彦博采纳军校刘遵的建议，以大军急攻北城，乘义军不备，在南城墙下挖凿地道，选精锐士卒潜入城门，打开了城门，宋军纷涌入城。王则先用火牛冲击宋军，欲乘机突围，却因寡不敌众，突围中大部分义军战死，王则、张峦、吉卜被俘，押解京城被杀，坚持了两个多月的起义失败。宋仁宗下令州郡大索"妖党"，被逮者不可胜数。

继贝州兵变之后，庆历八年闰正月十八日夜，又发生了宫廷卫士之变，更使宋仁宗惊心丧胆。这天夜里，宋仁宗正宿于曹皇后宫中。至半夜，崇政侍卫官颜秀、郭逵、王胜和孙利等人，趁夜深人静之时，杀死守宫的军校，夺得了兵器，越过延和殿，直奔宋仁宗的寝宫。宫女的叫喊声惊醒了宋仁宗，他惶恐不安，披衣下床，出门逃避，被曹皇后从后抱住。曹皇后插紧门阃，急呼宫人召侍兵入内，内侍宦官们也被紧急动员起来。颜秀见势，与郭逵等纵火而撤。逃遁中，被蜂拥而来的宫卫、宦官等围困。颜秀、郭逵等挥刀与之展开激烈的搏战，最后全部战死。

惊恐之余，宋仁宗大兴狱事。皇城司

和入内内侍省的官员人等，以失职罪多遭贬谪。后阁侍女和宦官中被怀疑与颜秀之变有联系的，也一一被处死。仍不放心，每到夜晚就心悸的宋仁宗又命人把宫中临近屋檐的大树统统伐倒，重新缮治城垣，整修门关。前宫后殿也令养起了狗。

政荒民敝，使宋仁宗已感困扰不堪，而更令他心焦的还是他的皇位继承人。从15岁，刘太后就为宋仁宗立皇后郭氏，又选美女充盈后宫，可是此后十几年中，无一嫔妃为他生出皇子。宝元二年（1039），苗美人为他生子，满朝喜悦，宋仁宗亲为儿子起名昕，封爵加官，不料赵昕只活了一年半便夭折。庆历元年（1041），朱才人再为宋仁宗生子，赐名曦，封鄂王，但是也不到三岁即夭亡。皇嗣成为当时朝廷内外最关注的大事之一，因而此后就发生了有人冒充皇子

禁苑种谷

——清焦秉贞绘，现藏于北京故宫博物院

此图人物曹太后（1016~1079）宋仁宗皇后，即慈圣太后。曹彬孙女，景祐元年（1034）册为皇后。英宗即位，尊为皇太后。性慈俭，重稼穑，常于禁苑中种谷养蚕。

天章召见

——从明万历元年（1573）纯忠堂刊本《帝鉴图说》

宋史纪：仁宗幸龙图天章阁，以手诏问辅臣及御史中丞以上时政阙失，皆给笔札，令即坐以对。时翰林学士张方平条对四事，帝览奏惊异，诘旦更赐手札，问诏所不及者。侍御史何郯乞诏两制臣僚，自今有闻朝政阙失，并许上章论列，帝嘉纳之。

的事件。

嘉祐六年（1061）闰八月，知谏院司马光上疏，复以早定继嗣为国家至大至急之务陈言，继之面见宋仁宗力请。闻听司马光所言，宋仁宗沉思不语：几年来群臣百官密请建储的奏疏接连不断地送进宫来，不能不慎重对待了。这才对司马光道："卿所言是不是让朕选宗室为嗣？"司马光没有正面回答，而是说：臣言此自认为该死，但还望陛下虚怀听纳。"宋仁宗装作漫不经心地说："这没有什么，这样的事古来就有。"九月，司马光、殿中侍御史里行陈洙、知江州吕诲等人再连章固请，乞选宗室之贤立以为后。宋仁宗不得已，说："立嗣之事，朕已有意多时了，只是一直未得其人。"然后环顾左右问道："究竟谁可为嗣？"韩琦上前奏道："此事非臣等敢私议，还请陛下自择。"宋仁宗这才缓缓地说："朕在宫中尝养二子，小的虽纯不慧，就立大的吧！"韩琦请宋仁宗指名。宋仁

宗说："就是宗实。"立嗣之议遂定。[1]

嘉祐七年（1062）十二月，宋仁宗以皇子既立，困扰多年的又一心头之事总算放下，心情稍得宽慰。十二月二十三日，召辅臣近侍、台谏百官、皇子宗室等，游幸龙图阁、天章阁、宝文阁等，并即兴挥毫为书，分赐从臣。[2]宋仁宗自幼习书，精通书学，凡宫殿门观，多飞白题榜。当朝大臣卒后碑额赐篆，即始于宋仁宗。二十七日，宋仁宗又再召群臣于天章阁，然后大宴群玉殿，他显得异常亢奋，对众臣说："如今天下太平无事，朕欲与众卿共享今日之乐，一醉方休。"

嘉祐八年（1063）三月二十九日晚，宋仁宗病患加剧，忽急起索药，并召皇后。等曹皇后等人赶到，宋仁宗已不能说话，仅用手指了指心窝。随之医官入宫，诊脉、投药、灼艾，已无济于事。至夜，宋仁宗崩于福宁殿，终年54岁。十月，葬永昭陵（在今河南巩县境），谥曰"神文圣武明孝皇帝"，庙号"仁宗"。计在位42年，改元多至9次，是两宋诸帝中享国最长的皇帝。

名家评说

仁宗恭俭仁恕，出于天性，一遇水旱，或密祷禁庭，或跣立殿下。有司请以玉清旧地为御苑，帝曰："吾奉先帝苑囿，犹以为广，何以是为？"燕私常服浣濯，帷帝衾裯，多用缯绨。宫中夜饥，思膳烧羊，戒勿宣索，恐膳夫自此戕贼物命，以备不时之须。大辟疑者，皆令上谳，岁常活千余。吏部选人，一坐失入死罪，皆终身不迁。每谕辅臣曰："朕未尝罝人以死，况敢滥用辟乎！"至于夏人犯边，御之出境；契丹渝盟，增以岁币。在位四十二年之间，吏治若偷惰，而任事蔑残刻之人；刑法似纵弛，而决狱多平允之士。国未尝无弊幸，而不足以累治世之体；朝未尝无小人，而不足以胜善类之气。君臣上下恻怛之心，忠厚之政，有以培壅宋三百余年之基。子孙一矫其所为，驯致于乱。《传》曰："为人君，止于仁。"帝诚无愧焉！

——元·脱脱等《宋史》

---

[1]事见《宋史·仁宗本纪》："己卯，诏以宗实为皇子。癸未，赐名曙。"
[2]事见《宋史·仁宗本纪》："丙申，幸龙图、天章阁，召群臣宗室观祖宗御书。又幸宝文阁，为飞白书分赐从臣。"

神宗赵顼

宋神宗赵顼（1048～1085），北宋第六代皇帝。双名仲铖。涿洲（治今河北涿州）人。父为英宗赵曙，母为宣仁圣烈皇后高氏。公元1067～1085年在位。谥号"钦仁圣孝皇帝"，庙号"神宗"。他积极实行变法，致力于富国强兵。使国家财政有所好转，封建统治力量加强，社会经济显著发展。但其意志不坚，改革未能贯彻始终，至死也未能达到富国强兵的目的。

宋神宗赵顼
——从原故宫南熏殿旧藏《历代帝王像》

一、受命即位　立志图新

赵顼于庆历八年（1048）四月戊寅生于濮王宫。四个月时，他的祖父仁宗给他取名为仲铖，授率府副率。嘉祐八年（1063），侍英宗入居庆宁宫。英宗当上皇帝后，授予他安州观察使，封安国公。同年九月，加忠武军节度使、同中书门下平章事，封淮阳郡王，改名为赵顼。治平元年（1064），进封颍王。

少年时的赵顼，举止有度，非常好学，喜爱读书，关心天下大事，以致天晚忘记饮食，他父亲英宗曾因此遣内侍劝阻。即使三伏天气很热，赵顼仍衣冠整齐地在书房读书，从来不曾用过

扇子。[1]

治平三年（1066）十二月，英宗病重，一连几十天不能视朝。辅臣入问起居。韩琦奏道："陛下久不视朝，中外忧疑，宜早立皇太子以安众心。"英宗默默点头。韩琦请求英宗亲笔书写手诏，英宗写道："立大王为皇太子。"韩琦说："立嫡以长，圣意既属颍王，烦请圣上亲自写明！"英宗又在后批上三字："颍王顼。"韩琦即召内侍高居简授以御札，命翰林学士起草诏命。赵顼被策立为皇太子。治平四年（1067）正月，英宗去世，赵顼即位，是为宋神宗。

神宗即位之时，社会矛盾已经比较尖锐。宋朝开国至神宗，已有107年，宋初以来就出现的冗官、冗兵、冗费三大弊端愈演愈烈。宋初制定的一系列制度，即所谓"祖宗之法"已出现了一些不适应社会现实的地方，必须自上而下进行较大的调整，在政治、财政、军事等方面进行一些改革，才能有效地维持国家机器的正常运转。这一点事实上仁宗、英宗都已经看到了。但是要改革必然会引起一系列连锁反应，会引起既得利益者、官僚权贵的反感和对抗。由于强大的阻力，仁宗时的庆历新政很快流产了，主持改革的范仲淹也被迫出京。从此以后，宋代的社会矛盾更加尖锐。宋神宗即位，正风华少年，血气方刚，有一股锐意求治的胆略。他即位之初就下求言诏，广泛听取建议，决心真正有所作为，干一番事业。他急于寻找一个有才识有气魄能够全力襄助他改革的大臣作为臂膀。在这种情况下，怀才多年的王安石就脱颖而出了。

王安石为地方官多年，亲眼看到当时社会问题的严重性。他到京城开封任三司度支判官的第二年春，给当时的皇帝仁宗写了洋洋万言的《上仁宗皇帝言事书》。王安石素与韩绛、韩维及吕公著等人相友善。神宗未即位以前，常与侍臣议论天下大事，很赞赏王安石的《上仁宗皇帝言事书》。韩维是颍王府的记室，每有言谈议论受到神宗称赞时就说："这是我的朋友王安石的观点。"后来韩维任右庶子，又推荐王安石代其为官。神宗于是想见识见识王安石。王安石在金陵守丧期间，英宗屡次召他，他见时局不利于实现他的政治主张，所以每次都谢绝。神宗登基之初，就打算立即起用王安石，颁诏任命王安石为江宁知府。王安石接到诏命，即日赴任。数月后，又召王安石入京，命为翰林学士，兼侍讲。

---

[1]事见《宋史·神宗本纪》："帝隆准龙颜，动止皆有常度。而天性好学，请问至日晏忘食，英宗常遣内侍止之。帝正衣冠拱手，虽大暑未尝用扇。"

二、君臣同心　变法图强

宋神宗求治心切，非常好学，经常向大臣们征询改革的意见。他立志要做一个唐太宗那样大有作为的明君，改变真宗、仁宗以来政纲松弛不振的局面。所以他第一次召见王安石时就问他治国应当先做什么。王安石答道："应当先选择正确的策略。"神宗说："唐太宗何如？"王安石说："陛下当以尧舜为榜样，为什么拿唐太宗做样子呢？尧舜之道，简明而不烦琐，很容易做到而不繁难。但末世学者不知其中道理，认为是高不可攀。"[1]神宗觉得这种议论使人耳目一新。接着，他又问王安石："祖宗守天下，能百年间没有大的变动，使天下太平，是用的什么治道呢？"安石退朝后，经过认真思考，写了《本朝百年无事札子》，上于神宗。大意是说：太祖赵匡胤善于知人，指挥付托，必尽其材。变置施设，必当其务，故能驾驭诸将帅，对外御夷狄，对内平诸侯。去除苛政，禁止酷刑，废除强横的藩镇，诛灭贪残的官吏，并亲自以简明为天下先，其政令全以利民为目的。太宗光义承之以聪武，真宗守之以谦仁，以至仁宗、英宗，无有逸德。所以能够享国百年而天下无事。

宋神宗看了很高兴，又向王安石提出具体的实施方法，王安石只简略地作了些回答，宋神宗大为赞赏，夸道："你说得实在太好了，这都是朕从来没有听说过的啊！你能详细地对我说说解决的办法吗？"王安石说："陛下，一时也难全讲明白，愿望陛下以讲学为事，讲学既明，解决的办法也就不言自喻了。"

宋神宗欣然同意，于是王安石就为其讲解《礼记》，多次非难书中所记，宋神宗亦以为然。当天，宋神宗留下王安石，谈起了用人。

王安石
——从原故宫南熏殿旧藏《历代先贤名人像》

[1]语见《宋史·列传第八六·王安石》："陛下当法尧舜，何以太宗为哉？尧舜之道，至简而不烦，至要而不迂，至易而不难。但末世学者不能通知，以为高不可及尔。"

宋冯京为中丞，上疏论王安石变法更张失当，累数千言。安石指为邪说，请黜之。神宗不听，亟用参知政事。（《通鉴》）

宋神宗说："唐太宗得到魏徵，刘备得诸葛亮，然后才可大有作为。"王安石答道："陛下如真能像尧、舜，则必有皋、夔，真能像殷高宗武丁，则必有傅说。至于魏徵与诸葛亮，又何足道哉！以天下之大，却常患无人可以襄助治理者，是因为陛下择术未明，推诚未至。虽有皋、夔、稷、契、傅说之类的贤人，也会被小人埋没掉。"

宋神宗感叹地说："什么朝代会没有小人？即便是尧、舜之时，还有四凶存在。"王安石说："只有辨别四凶而诛之，才真正是尧、舜的高明之处。若使四凶肆无忌惮，那皋、夔之类贤人又岂肯苟食俸禄以终身？"王安石希望宋神宗像尧、舜那样，能诛灭奸凶，使真正的贤人可以安心地辅佐他。王安石要宋神宗直接效法上古的尧、舜，是为了打起传统的"法先王"的旗帜，在这面冠冕堂皇的大旗下进行实际的改革，以使自己在同守旧派的斗争中处于理论上的有利地位。

熙宁二年（1069），神宗初起用王安石为参知政事（即副相），并设置了"制置三司条例司"，作为变法的指导机构，让陈升之、王安石负责。王安石素与吕惠卿友善，便对神宗说："惠卿之贤，虽前世儒者也比不上他。学先王之道而能运用的，独有惠卿一人。"于是神宗命吕惠卿任条例司检详文字。事无大小，王安石必与吕惠卿共同谋划，凡有关建议的章奏，皆是吕惠卿执笔。当时人称王安石为孔子，吕惠卿为颜子。

三、推行新法　改革制度

在宋神宗的亲自督促下，王安石提出并推行了一整套新法。这些新法主要分为"富国""强兵"和改革科举制度三个部分。富国部分包括均输法、青苗法、农田水利法、免役法、方田均税法。强兵部分包括将兵法、保甲法、保马法。新的科举制度主张以经义取士，应试者不再考试诗赋、帖经、墨义之类，而以诗、书、易、周礼、礼记为本经，以论语、孟子为兼经，企图改变那种"闭门学作诗赋，及其入官，世事皆所不习"的状况。同时，对太学进行了改革，实行"三舍法"。初入学的为外舍生，不限名额。以后经过考试升为内舍生，名额200人。内舍生经过考试升为上舍生，名额100人。上舍生中品行优异者可不经考试

《梦溪笔谈》书影
　　北宋科学家、政治家沈括（1031~1095）撰，是一部涉及古代中国自然科学、工艺技术及社会历史现象的综合性笔记体著作。

王安石变法失败后退居南京半山园，病逝于此。

直接授以官职。

改革本来就是一件十分困难的事，加上新法本身有许多不足，再加上在某些方面触犯了享有特权的大官僚、大地主、大商人的利益，所以几乎各项新法都遇到了激烈的反对。而反对尤为集中的是侵犯大地主、大商人利益的免役法和市易法。这股反对力量得到太皇太后、皇太后和神宗皇后的支持。有个地方发生了旱灾，灾民被迫流亡。有个保守的大臣便请画工画了幅《流民图》，呈送给宋神宗，攻击说："变法造成了旱灾，只要罢免王安石，停止变法，老天就会下雨。"攻击王安石的人多了，神宗有些动摇。对王安石说："取免行钱太重，人们都抱怨，有的还出言不逊。自近臣以至后族，没有不说危害太大的。两宫（太皇太后、皇太后）乃至泣下。"[1]王安石对这些目光短浅、不顾国家大局的后族十分反感，他说："皇后的父亲向经从来说'影占行人'，因推行免役新法，依条例收入。向经曾来文交涉，没有被理睬。又如曹后的弟弟曹佾，赊买人家树木不给钱，反而由内臣用假姓名告状，诬告市易司。陛下试看此两事，后族怎么会不反对呢？"但是神宗经不起后族的一再反对，命韩维、孙永检查行人利害。

变法也遇到了正直的大臣的反对。苏辙原是王安石所引用，任三司条例司检详文字，但极力阻止青苗法的推行。老将韩琦也上书抨击青苗法。此外，新法

---

[1]语见《宋史·列传第八六·王安石》："帝曰：'……今取免行钱太重，人情咨怨，至出不逊语。自近臣以至后族，无不言其害。两宫泣下，忧京师乱起，以为天旱更失人心。'"

的科举制度也受到反对。与王安石为好友的司马光，也反对他的新法。而神宗的思想也开始犹疑起来。

保守大臣们反对新法，王安石早有思想准备，但是改革派内部分裂，给王安石的打击是格外沉重的。而这时的神宗也不像前几年那样对王安石言听计从，有时甚至不重视他的意见。王安石对神宗慨叹道："天下事像煮汤，下一把火，接着又泼一勺水，哪还有烧开的时候呢？"熙宁九年春天，王安石因身体有病，屡次要求辞职。到六月间，王安石的儿子壮年而逝，王安石悲痛欲绝，精神受到极大刺激，已无法集中精力过问政事。神宗只好让王安石辞去相位，出判江宁府。第二年王安石连江宁府的官衔也辞去了，此后直到元祐元年（1086）去世，王安石再也没有回朝。

从王安石再次罢相直到神宗去世，整整十年间，新法由神宗一人力行。这一时期已从前期的理财为主转为主要是改革官制与强化军兵保甲。后人称为"神宗改制"。王安石在位时的新法以抑制兼并为中心，神宗的改制则着力于加强宋王朝的国家机器，加强封建统治。

王安石辞去相位后，神宗亲自主持变法，当时他30岁，正是年轻有为之时，而且经过几年的执政也积累了一些经验，在政治上也比较成熟。他很想通过官制改革，达到富国强兵的目的，以改变长期形成的积贫积弱的政局。经过一系列的改革，新官制更有利于君主专制的中央集权，其基本制度一直实行到宋朝末年未再进行大的变动。宋初设置大量的机构，是为了使宰相和各部的权力分散，并相互牵制，以便皇帝能够大权独揽。到神宗时，宋朝已建立百年之久，统治早已巩固，迫切需要建立较为集中统一的行政体系，使有作为的皇帝有时间和精力去改变积贫积弱的局面。

神宗在推行新法的过程中，其富国强兵的总目的与王安石是一致的。但在抑制兼并这一点上，他没有王安石坚决，遇到强烈反对，往往中途动摇。神宗既想增加财政收入，又不愿损害上层既得利益者，结果，负担只有转嫁到下层人民身上。元丰库收进坊场积剩钱500万贯，常平钱800万贯。财税收入的增加，终于扭转了英宗时入不敷出的局面。

四、雄心未酬　赍志而殁

神宗曾慨叹宋朝自真宗以来对辽国和西夏一味妥协退让，他立志要统一中

国。神宗在位时亲自主持了两次大的军事行动，一是对交趾的反击战，一是对西夏的进攻。

交趾位于现今越南北方地区，从宋仁宗末年以来，不断向宋朝边境进行劫掠。熙宁九年（1075）九月，交趾进攻宋广西路的古万寨（今广西扶绥）。十一月，出动六万军队，号称"八万"，分水陆两路大举进攻宋广西路。

熙宁十年（1076）二月，宋朝任命郭逵为安南道行营都总管、招讨使，率军到达广西前线。但当时邕州已被交趾军队攻占，知州苏缄自焚殉国，军民被杀害者达五万余人。当年夏天，宋军收复邕州、廉州。秋，收复全部失地。十一月，神宗二次下诏解决南征军的军需等问题，一如既往地反击交趾军。十二月，郭逵率宋军进入交趾境内。交趾屯聚重兵于决里隘进行阻击，派有大象组成的军队向宋军进攻。宋军以强弩射象，用刀砍象鼻，打败交趾军，攻占决里隘。缴获

轸念流民
——从明万历元年（1573）纯忠堂刊本《帝鉴图说》

宋史纪：神宗时东北大旱，诏求直言，郑侠上流民图，疏奏，帝反复观图，长吁数四，袖以入内，是夕寝不能寐。翌日遂命开封体勘新法不便者，凡十有八事罢之，民间欢呼相贺。是日果大雨，远近沾洽。

了许多船只，交趾王李乾德眼看宋军就要兵临城下，赶忙奉表乞降。从此，交趾再不敢侵扰宋境。

然而神宗对西夏的用兵，形势却大不相同。当时，由党项族建立的西夏已经发展为拥有强大武力的军事联合体，不断进犯宋朝西北部地区。熙宁六年（1037），王韶率领宋军进军1800里，占领了宕、岷、叠、洮等州，招抚大小藩族30余万帐。这是自北宋开国以来对辽、夏战争中的空前大胜。

元丰四年（1081），西夏国王秉常的母后专权，神宗以为这是进攻西夏的好机会，于是出动大军，兵分五路，共20多万兵力深入西夏境内，直抵灵州（今宁夏灵武）城下。西夏军决黄河水将宋军淹没，并切断宋军粮道，宋军大败。第二年，神宗听从徐禧的建议，在银、夏之界修筑永乐城作为屯驻军队的城池，企图困住兴州的西夏军。宋军此役共死亡将校200多人，损失士民及民夫20多万。西北前线的败报传到宋都朝廷，神宗悲痛难忍，竟临朝大哭。从此，神宗彻底丧失了先前的雄心，只好仍旧维持原来对西夏的和议，每年向西夏交纳财物。

元丰八年（1085）三月，雄心大志的宋神宗由于西北边境军事上的失败在精神上受到沉重的打击，一病不起，于三月五日去世。葬永裕陵。谥号"体元显道法古立宪常德王功英文烈武钦仁圣孝皇帝"，庙号"神宗"。

名家评说

聪明初四达，俊乂尽旁求。一变前无古，三登岁有秋。

——宋·王安石《神宗皇帝挽词三首》

帝天性孝友……其即位也，小心谦抑，敬畏辅相，求直言，察民隐，恤孤独，养耆老，振匮乏。不治宫室，不事游幸，历精图治，将大有为。未几，王安石入相。……帝终不觉悟，方断然废逐元老，摈斥谏士，行之不疑。卒致祖宗之良法美意，变坏几尽。自是邪佞日进，人心日离，祸乱日起。惜哉！

——元·脱脱等《宋史》

徽宗赵佶

宋徽宗赵佶（1082～1135），北宋第八代皇帝。涿州（治今河北涿县）人。宋神宗第十一子，哲宗弟，母为钦慈皇后陈氏。公元1100～1125年在位。谥号"显孝皇帝"，庙号"徽宗"。他横征暴敛，骄奢淫逸，是北宋最荒淫腐朽的皇帝。他兴修宫殿，迷信道教。但他能书善画，书法称"瘦金体"，画作也达到了极高造诣。

一、浪子当朝　宠奸任佞

赵佶因生来健壮的缘故，神宗在次年正月赐名曰"佶"，"四牡即佶"，取其壮健之意。他的母亲陈氏，开封人，出身于平民之家，自幼颖悟庄重，十几岁上被选入宫，充当神宗身边的御侍，开始并无什么位号，生了赵佶后才进封为美人。陈氏对神宗的感情极其深厚，神宗死后，不久她就病死，当时赵佶才刚刚4岁。

赵佶周岁之时就被授为镇宁军节度使，封宁国公。哲宗即位，进封为遂宁郡王。绍圣三年（1096），以平江、镇江军节度使封端王，并开始出宫就学。宗室亲王日常学习的主要内容是儒家经典、史籍，但赵佶对这些不很爱好，倒对笔砚、丹青、骑马、射箭、蹴鞠、甚至豢养禽兽、莳弄花

宋徽宗赵佶
——从原故宫南熏殿旧藏《历代帝王像》

蹴鞠铜镜

草怀有浓厚的兴趣，尤其是在书画方面显露出了卓越的天赋。

赵佶天资甚高，却并没有从母亲那里继承来端谨庄重的性格，相反，在周围环境的影响下，他逐渐养成了轻佻放浪的脾气。他的密友王诜可以说与他趣味相投。王诜字晋卿，是英宗和宣仁高太后的女儿魏国大长公主的驸马，论理应是赵佶的亲姑夫。此人放荡好色，行为极不检点，家中姬妾成群，还常出入烟花柳巷，公主根本管不住他。公主得重病，他竟当着公主的面和小妾胡来，气得神宗曾两次将他贬官。像这样一个人，赵佶却同他打得火热。一天，王诜派高俅给赵佶送篦，正赶上赵佶在园中蹴鞠，高俅在旁候报之时，连声喝彩，赵佶招呼他对踢，高俅使出浑身解数，卖弄本事。赵佶大喜，即刻吩咐仆人："去向王都尉传话，就说我把篦子和送篦子的人一同留下了。"从此对高俅日见亲信，颇加重用。

然而赵佶在向太后眼里却是另外一种模样，他对向太后极其敬重孝顺，每天都到向太后居住的慈德宫问安起居。因他聪明伶俐、孝顺有礼，所以向太后对他钟爱的程度远远超过了其他诸王，在哲宗病重期间，向太后对将来立谁为帝的问题早就胸有成竹了。

元符三年（1100）正月初八日，哲宗驾崩的当天，向太后（神宗皇后，当时宫中惟她地位最高）垂帘，哭着对宰相大臣们说："国家不幸，大行皇帝没有儿子，谁来即位，事关重大，应尽早确定下来。"她还说："申王眼有毛病，不便为君。还是立端王佶好。"章惇抬高了嗓门说道："端王轻佻，不可以君天下！"话音未落，知枢密院曾布从旁冷笑着说："章惇未尝与臣等商议，怎么如此独断！皇太后的圣谕极是允当。"尚书左丞蔡卞、中书门下侍郎许将也齐声附和说："合依圣旨！"向太后说："先帝曾经说过端王有福寿，且很是仁孝，不同于其他诸王，老身立他，也是秉承先帝遗意。"[1]章惇势单力孤，不敢再争。

---

[1] 语见《宋史·徽宗本纪》："皇太后又曰：'先帝尝言，端王有福寿，且仁孝，不同诸王。'"

蔡京书法

于是向太后宣旨,召端王赵佶入宫,即位于枢前,权力的交接至此乃告完成。

宋徽宗被推上权力的顶峰之时,已是18岁了。章惇等人可能觉着这位轻佻浮浪的新皇帝未必可靠,就奏请向太后"权同处分军国事"。太后说皇帝年龄不小了,不便再由母后干政。宋徽宗对向太后立己本来感激不尽,此时也哭拜在地,乞求不已。向太后只好答应下来。

宋徽宗对向太后的这些部署起先是言听计从的,这不仅出于对向太后的感激,更重要的是他需要取得各政治派别的广泛支持,稳固自己的地位。向太后听政6个月就还政引退了,宋徽宗则继续调和两派,改元建中靖国,意思是要"中和立政""调一天下"。而且他为了改变一下自己轻佻浮浪的名声,在生活方面也做了些尚俭戒奢的姿态,他退还百姓王怀献给他的玉器,还赶跑自己在内苑豢养的珍禽异兽。元符三年三月,还因即将出现日食下诏求直言,表示要虚心纳谏,俨然有一副励精图治的样子。

建中靖国元年(1101)正月,向太后死后,宋徽宗的"绍述"意向更加明朗。不久,大奸臣蔡京被召回朝廷,担任了翰林学士承旨,蔡京首先建议,重修神宗朝的历史,为变法张本;恢复绍圣年间根究元祐大臣罪状的安惇、蹇序辰的名誉,为绍圣翻案。1102年,宋徽宗改元"崇宁",即崇尚熙宁之意,正式打出了绍述的招牌。不久,韩忠彦罢相,曾布也被蔡京排挤出朝。七月,宋徽宗任命蔡京为宰相。

宋徽宗衡量官员好坏的准则只有一条,就是看他的言行是否顺承符合自己的意旨。尽管他也曾对手下人的忠心有过例外的理解,觉着不一定一味地说好话就是忠臣。大观元年(1107),赵水使者赵霖从黄河中捕得一只长有两个头的乌龟,献给宋徽宗说是祥瑞之物。蔡京说:"这正是齐小白所说的'象罔',见之可以成就霸业。"资政殿学士郑居中唱反调说:"头岂能有二!别人看了都觉害怕，只有蔡京称庆，其心真不可测！"宋徽宗命人将龟抛弃，说是"居中爱我"，遂提拔郑居中为同知枢密院事。然而毕竟还是好话听起来顺耳，蔡京就因为会说好话，会顺着他意愿办事，才得到他的格外宠信。宋徽宗在位26年，蔡京任相24年，中间虽曾三次被罢，但旋罢即复，表明宋徽宗离不开这个马屁精。

宋徽宗倚为股肱的童贯、王黼、朱勔、梁师成等人无一不是极善谀媚的奸佞之徒。宋徽宗是个昏而不庸的皇帝，他虽然宠信奸臣，但最高决策权却是一直牢牢控制在自己手中的。在这方面，他确实继承并极度扩大了神宗皇帝管理朝政的一些办法，最突出的就是天下之事，无论巨细，全得秉承他的"御笔手诏"处理。原先负责讨论、起草诏令的中书门下、翰林学士被他一脚踢开。蔡京等贵戚近臣要想办什么事情或干求恩泽，也全得先请宋徽宗亲笔书写，然后颁布执行。有时宋徽宗自己忙不过来，就让宦官杨球代笔，号曰"书杨"。[1]对"御笔手诏"，百官有司必须无条件地执行，否则便是"违制"，要受到严惩。政和（1111~1118）以后，就连皇宫大内的事务他也要亲自过问，经常像太祖皇帝一样骑马到各司务巡视。

二、雅好艺术　崇信道教

"太平无事多欢乐"，这正是宋徽宗的人生哲学，再加上蔡京、蔡攸父子俩，一个说："陛下当享天下之奉。"一个说："皇帝应当以四海为家，太平为娱。岁月蹉跎，韶华易失，何苦操劳忧勤，自寻烦恼？"宋徽宗更觉着应该及时行乐好。

蔡京为宋徽宗提了个口号，叫做"丰亨豫大"。形容的是富足隆盛的太平安乐景象。宋徽宗认为要丰亨豫大，就必须先把朝廷、宫室以及其他各种场面都搞得富丽堂皇。于是，大内北拱宸门外的新延福宫首先开始破土兴建了。政和四年（1114），新延福宫正式竣工落成，因由5个小区组成，故称"延福五位"。此宫东西长、南北短，东到景龙门，西抵天波门，其间殿阁亭台错落相望，鹤庄鹿寨掩映在嘉花名木之间。凿池为湖，疏泉成溪，怪石堆山，小桥流水，花影移墙，峰峦当窗，浓荫蔽日，风送花香，鹤鹿翔跃，鸟鸣啁啾，清幽雅致，不类尘寰。宋徽宗置身其间，心旷神怡，亲自作文，以记其美。

---

[1] 事见《宋史·蔡京列传》。

任用六贼
——从明万历元年（1573）纯忠堂刊本《帝鉴图说》

"六贼"之名最早出于太学生陈东在宣和七年（1125）的上书，陈东说："今日之事，蔡京坏乱于前，梁师成阴谋于后，李彦结怨于西北，朱勔结怨于东南，王黼、童贯又结怨于辽、金，创开边衅。宜诛六贼，传首四方，以谢天下。"

皇帝既然应享天下之奉，就必须把天下所有美好的东西收罗到皇宫中来，供皇帝受用，宋徽宗是这样想的，也是这样做的。早在崇宁元年春天，他就派童贯在苏杭设置造作局，役使数千工匠，制作象牙、犀角、金银、玉器、藤竹、织绣等物，无不备极工妙，曲尽其巧。宋徽宗还嫌不够，崇宁四年（1105），他又派朱勔在苏州设应奉局，搞起了规模更大的"花石纲"之役。

除花石外，前代的法书、名画、彝器、砚墨，但凡能搞到的，宋徽宗全都想法不惜重金弄到自己手上。他在宫中专门设立了一个御前书画所，由著名书法家米芾等人掌管，里面收藏了数以千万计的珍品。书法有晋二王的《破羌帖》《洛神帖》，更多的是唐代颜、欧、虞、褚、薛、李白、白居易的墨迹，光颜真卿的真迹就有800余幅。丹青名画有三国时曹不兴的《元女授黄帝兵符图》，曹髦的《卞庄子刺虎图》等，不胜枚举。

古代的钟鼎礼器宋徽宗收集了1万余件，全都是商周秦汉之物。宋徽宗擅长书画，砚墨自然是少不了的。在他贮藏文房四宝的大砚库中，光端砚就有3000余枚，著名墨工张滋制的墨不下10万斤。

和一般附庸风雅、徒有虚名的收藏家不同，宋徽宗倒是很能对古书画、彝器潜心研究一番的。为便于保存，他把收集到手的书法名画大多都重新装裱，亲自为之题写标签。装裱时有一定格式，后世称为"宣和装"，至今还可见到。他命人将历代著名书法家、画家的资料加以记录整理，并附上宫中所藏的各家作品的目录，编成《宣和书谱》和《宣和画谱》，为后世留下了美术史研究的珍贵史籍。宋徽宗还对所藏古彝器进行考证、鉴定，亲自编撰了《宣和殿博古图》。

政和七年（1117），宋徽宗下令在京城东北部仿照杭州凤凰山的规模筑山。调拨上万名士兵、工匠，累石积土，昼夜不停，耗资不可胜计，历时六载，至宣和四年（1122）方告落成。初名万岁山，后因地处汴京艮位而改名曰"艮岳"。看不完的飞楼杰构，说不尽的雄伟瑰丽。

宋徽宗还非常迷信道教，他在藩邸时经常翻阅些道教神仙鬼怪的书籍，对神仙的生活十分向往。先是道士郭天信说他将来当有天下，果然不久他就即位。即位之初，他曾因生儿子太少而烦恼，有个茅山道士刘混康对他说，京城东北角风水太低，只要稍微垫高些，便是多子之相。他照刘老道的话一做，果然不长时间连得数子。从此，在他眼里道士简直成了活神仙。他下令道士、女冠的地位在和尚、尼姑之上。政和四年，还在他出生的福宁殿东侧建了座玉清和阳宫，供奉道教祖师的画像。

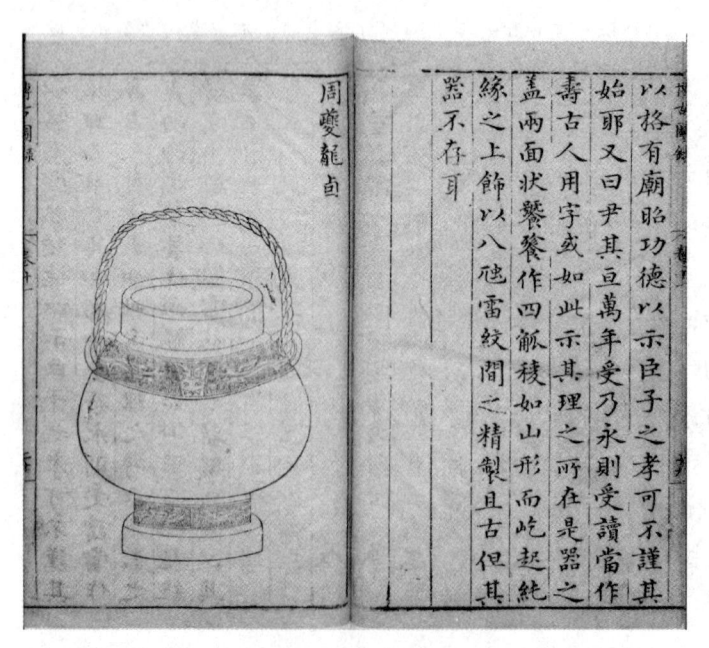

《宣和博古图》书影（清刻本）

当皇帝的一推崇

应奉花石

——从明万历元年（1573）纯忠堂刊本《帝鉴图说》

宋史纪：徽宗性好花石。朱冲密取浙中珍异以进。帝嘉之，岁岁增盛，舳舻相衔于淮、汴，号"花石纲"。又置应奉局于苏州，命冲子总其事，于是搜岩剔薮，幽隐不遗。凡士遮之家，一石一木，稍堪玩者，即领健卒入其家，用黄帕覆之，指为御物。及发行，必撤屋抉墙以出。斫山辇石，程督惨刻。虽在江湖不测之渊，百计取之，必得乃止。民预是役者，多破产或卖子女以供其需。

什么，什么就会立刻应运而生，一些能呼风唤雨、先知先觉的活神仙先后出场。先是王老先，接下来就是大名鼎鼎的林灵素。宋徽宗一见林灵素，不知怎地竟觉着十分面熟，像在哪儿见过似的。他把这想法和林灵素一说，林灵素灵机一动，信口胡诌起来："天有九霄，以神霄为最高，其治所叫做府。神霄玉清王，乃是上帝的长子，主管南方，号称长生大帝君，后来降生人世，就是陛下。长生大帝君有个弟弟，称作青华帝君，主管东方。还有仙官800余名，如蔡京本是左元仙伯，王黼乃文华使，蔡攸乃园苑宝华使，童贯等人也是仙官成员。我林灵素本是仙卿褚慧，和众仙官一道降临，辅佐陛下求治的，所以才让陛下看了眼熟。"宋徽宗原是作为人去膜拜神的，这下子自己竟也变成了神仙！连自己宠爱的小刘贵妃据林灵素说也是九华玉真安妃下凡，怎能不喜？遂封林灵素为"通真达灵先生"，厚加赏赐，还把林灵素的老家温州改名为应道军。后来又进封为"通真达灵玄妙先生"，授予中大夫和冲和殿侍晨的官职。

政和六年（1116），宋徽宗手捧玉册、玉宝来到玉清和阳宫，上玉帝尊号曰"太上开天执符御历含真体道昊天玉皇上帝"。并大赦天下，令各地的所谓洞天福地全都修建宫观，塑造玉帝圣像，又铸神霄九鼎，安放到了上清宝和阳宫的神霄殿。

政和七年（1117），宋徽宗执导的崇道之戏演到了高潮。他先和林灵素商量编出了清华帝君白昼显灵于宣和殿、火龙神剑夜间降临内宫的故事，编造出了所谓的帝诰、天书、云篆等物，诏示百官，刻石立碑，以记其事。还集合道士2000余人在上清宝和阳宫由林灵素讲述帝君显灵的过程。接着定期在上清宝和阳

上清道会
——从明万历元年（1573）纯忠堂刊本《帝鉴图说》
宋史纪：徽宗幸上清宝宫，设千道会，且令士庶入听林灵素讲经。帝为设幄其侧。灵素据高座，使人于下再拜请问。然所言无殊绝者，时时杂以滑稽语，上下为大哄笑，无复君臣之礼。又令吏民诣宫，授神霄秘。道院上章，册帝为教主、道君皇帝。

宫举办大规模的斋醮，谓之"千道会"。

政和七年四月，宋徽宗向道录院发了一道密诏，"册立朕为教主道君皇帝"。[1]于是群臣和道录院遂遵诏上表册立宋徽宗为"教主道君皇帝"。蔡京、童贯等朝廷大臣也都兼任了道教官职。就连朝廷要提拔侍从以上的官员，也得先由算卦的道士推算他的五行休咎，然后再正式任命。一时之间，朝野上下，乌烟瘴气，鬼影憧憧，几乎成了道士的世界。

宣和三年（1121）五月，汴京连遭暴雨，积水成灾，城外积水深达十余丈。宋徽宗很害怕，忙命林灵素前往作法祛邪。林灵素率领道徒在城上刚刚迈开虚步，防汛的民夫竞相举起锹镢捅将上去向他猛砸，吓得林灵素屁滚尿流，顾不上呼风唤雨，逃了回来。宋徽宗见自己装神弄鬼的把戏非但不能服人心，反而惹起民怨，很是不乐。正巧太子赵桓来向他告状，说林灵素横行无礼，路上碰到他连躲都不躲。宋徽宗一气之下，将林灵素赶回了老家。此后宋徽宗的佞道活动稍有收敛，但其神仙之梦也许做到死才算结束。

三、纳妃嫖妓　腐朽糜烂

宋徽宗性本轻浮，又正值风流年华，除了耽好花木竹石、鸟兽虫鱼、钟鼎书画、神仙道教外，还有两桩要紧的事体，这便是女色和秘戏。

宋徽宗是17岁那年正式大婚的，娶的是德州刺史王藻的女儿，王氏比宋徽宗小一岁，相貌平平，又秉性恭俭，老实端庄，不会施展女人的手段取悦于丈夫。宋徽宗即位后虽顺理成章地将她立为皇后，却并不很喜欢她。这时，宋徽宗宠爱的是另外两个女子，一个姓郑，一个姓王，俩人本是向太后的押班侍女，生得既美丽又聪慧，懂礼法，善言辞，郑氏兼能识字解文，颇有才气，秀外慧中，很为向太后所看重。向太后也看出些眉目，在宋徽宗即位后，索性成人之美，将二人赐给了他。宋徽宗如愿以偿，自然高兴非凡。宋徽宗自命儒雅，对才貌双全的女子也格外欣赏。郑氏好读书，给皇帝的章疏都是自己捉刀命笔，字体娟秀，文辞藻丽，所以在郑、王二人中间，他更喜欢郑氏。他经常写些情词艳曲赐给郑氏，这些作品传到宫外，人们竞相吟唱，郑氏从此对宋徽宗更是顺承备至。大观

---

[1]事见《宋史·徽宗本纪》："夏四月庚申，帝讽道录院上章，册己为教主道君皇帝，止于教门章疏内用。"

郑皇后
——从原故宫南熏殿旧藏《历代皇后画像》

二年（1108），王皇后驾崩。到政和元年（1111），宋徽宗遂册郑氏正位中宫。

除郑皇后和王氏之外，宋徽宗宠爱的嫔妃还有大小二刘贵妃、乔贵妃、韦贵妃等人，这几个人各领风骚，人人都擅一时之宠。政和二三年（1112、1113）间，宋徽宗最偏爱的是大刘贵妃，她虽出身寒微，却容貌如花，宋徽宗每逢赏赐宴会，总要将她带在身边，才能食之有味。岂料好命不长，大刘贵妃不幸在政和三年秋，突得急症，侍从奔告于宋徽宗，宋徽宗起先以为是小病，不很在意。等随后前往探视时，大刘贵妃已香消玉殒了。宋徽宗后悔不迭，悲痛万分，特加谥号"明达懿文"，并亲自记叙她的一生，命乐府谱曲奏唱，不久又追封为明达皇后。

正当宋徽宗因此而伤感寡欢之时，宦官杨戬引来一女，宋徽宗一见竟目迷心醉，瞬间就把丧妃的悲痛抛诸九霄了。此女便是小刘贵妃，她的出身和大刘贵妃一样卑贱，父亲刘宗元是个酒保。小刘贵妃天资颖悟，极善迎合宋徽宗的旨意。她心灵手巧，大概是受了当酒保的父亲的影响，颇善烹饪，时常亲下御厨烧上几盘，无不合宋徽宗的口味。还极善涂饰，所着衣衫多是自己动手剪裁，标新立异，绮丽奇目，装扮起来更似天仙一般。[1]然而刘妃毕竟不是神仙，经不起光阴的消磨，在接连生下三男一女四个孩子之后，徐娘半老，难免风韵稍减，她渐渐维系不住宋徽宗那颗浮浪佻达的心了。

---

[1] 事见《宋史·后妃下·刘贵妃列传》："妃天资警悟，解迎意合旨，雅善涂饰，每制一服，外间即效之。"

李师师，本姓王，染局匠的女儿，四岁丧父，流落街头，被隶属娼籍的李家收养，成了名动京华的歌妓。有一首诗称赞她："远山眉黛长，细柳腰肢袅。妆罢立春风，一笑千金少。归去凤城时，说与青楼道。看遍颍川花，不似师师好。"宋徽宗不知从哪里得知了李师师的艳名，自政和之后，经常溜出宫门，微服潜行，乘小轿子，由数名内侍导从，前往她家过夜。天子浪迹于青楼妓馆，总非光彩之事，宋徽宗对此很是忌讳，生怕被人发觉，闹得难堪。然而欲想人不知，除非己莫为。尽管宋徽宗行动诡秘，他的踪迹终于被人窥破了。秘书省正字曹辅上疏谏道："听说陛下厌居宫禁，不时乘小辇去尘陌郊垌极尽游乐，臣没想到陛下承担宗社重任竟玩安忽危到这等地步！"第二天，曹辅就被发配到了郴州（湖南郴县）。[1]

文会图

宋赵佶绘，现藏台北故宫博物院。左上方另有蔡京题诗："臣京谨依韵和进：明时不与有唐同，八表人归大道中。可笑当年十八士，经纶谁是出群雄。"

宋徽宗将正直敢言的人一个个赶跑，剩下的全都是些奸佞媚谀之徒了。宋徽宗经常在宫中搞些花天酒地、放诞荒唐的秘戏，贵为宰相、执政的王黼、蔡攸就常来担任这些秘戏的主角，弄得昏天黑地，皇帝不像皇帝，大臣不像大臣。

---

[1]事见《宋史·徽宗本纪》："丙申，帝数微行，正字曹辅上书极论之，编管郴州。"

宋徽宗在位25年，生活的腐朽糜烂在历代皇帝中是少有其比的。有其君必有其臣，他所最宠信、最重用的将相大臣、宦官嬖幸，如蔡京、王黼、童贯、朱勔等人，每一个都是奸贪残暴、无恶不作的家伙。蔡京当宰相后大肆贪污受贿尚嫌不够，还要一下拿好几份俸禄，就连粟、豆、柴薪之类的东西也要从国库中支取。他经常在家大摆宴席，有一次请同僚吃饭，光蟹黄馒头一项就花掉1300余缗。他在汴京有两处豪华的府第，又在杭州凤山脚下建了座雄丽的别墅。宣和末年，他把大批家财用大船运到杭州别墅贮藏起来，把另外40余担金银宝货寄藏到浙江海盐的亲戚家，这些财宝不但使他的后代受用不尽，连这家亲戚也沾光成为当地的首富。王黼公开卖官鬻爵，每个官都有定价，当时称作"三千索，直秘阁。五百贯，擢通判"。

四、粉饰太平　镇压起义

宋徽宗虽然沉湎于奢侈放浪，却忘不了要把自己的统治美化成一个"四方同奏升平曲，天下都无叹息声"的太平盛世。制礼乐就成为他一个亟待完成的心愿。

于是他到处访求所谓知音之士。不久，一个年逾九十的老道混到了宋徽宗身边。这位"知音之士"名唤魏汉津，自称曾拜唐代仙人李良为师，学习鼎乐之法。他向宋徽宗大吹什么伏羲、女娲、黄帝、大禹制乐的故事，说他们以声为律，以身为度（即以手指的长短定音阶的高低）的圣制，本应为后世继承，可惜全被秦始皇一把火烧掉了，以致后来的乐礼一塌糊涂，请求宋徽宗像这些先圣一样用自己的中指、食指、小拇指为准

听琴图
——宋赵佶绘

则，铸造钟鼎，均弦裁管，制一代之乐，定万世之音。

魏汉津的话比任何旋律都动听，他的意见很快付诸实施。铸成帝鼐、景钟，宋徽宗赐新乐名为"大晟乐"，谓之雅乐，颁于天下。宋徽宗召集文武百官在崇政殿先听为快，因宋徽宗的手指比一般人稍长，《大晟乐》的音调也制得格外高亢。阵阵雅乐响彻云霄，直听得宋徽宗天颜和豫，心潮澎湃，百官也跟着山呼万岁，以为雅正之声被于四海，从此天下可以歌舞升平了。

宋徽宗敕令在京师建了所谓"居养院"，赡养鳏寡孤独的老人。各地州县设置"安济坊""漏泽园"，前者抚养贫病不能自理的百姓，后者乃是收埋贫穷以及客死无以为葬者的坟场。朝廷还把共办这些善举的勤懒作为衡量地方官政绩优劣的标准。政和间，又在上清宝箓宫前建了两个亭子，一个叫"仁济亭"，布施药材给人治病；一个叫"辅正亭"，供应符水以驱除邪鬼。他还诏令四海搜求灵丹妙方供这两处使用。宋徽宗说："朕要拿出天子服御的东西来周济百姓。"他以为天下百姓在他这个仁义天子的恩泽下，都可以和他一起享受太平之乐了。

熙宁、元丰年间积攒在国库里的那些"和足以备礼，富足以广乐"的资财很快就被挥霍得一干二净了，以致宋徽宗即位不几年，财政上就出现了严重的赤字，全年的赋税总收入仅够应付八九个月的支出。入不敷出如此严重，宋徽宗所想的仍然只是如何有更多的资财供他挥霍。蔡京说得好，惜财省费，那是前朝小家子气的陋举，圣明的帝王是不在乎这个的。

宋徽宗于是发布了一道命令，说在丰亨豫大极盛之时，群臣不得提什么裁损开支的意见，否则重罚不贷！这条禁令在朝堂上张贴，在尚书省刻石立碑，以作警戒之用。淮南转运使张根因为说了句花石纲重费民力，希望节用的话，宋徽宗说他"轻躁妄言"，立即将他贬官罢职。蔡京让其故吏魏伯刍把

定窑

定窑盛于北宋及金，终于元，以产白瓷著称，为宋代六大窑系之一。

権货务公款数百万缗进献给宋徽宗，高兴得宋徽宗逢人就说："这是蔡太师给朕的俸禄。"蔡京的亲家胡师文任江淮发运使，把收购漕粮的数百万贯本钱进贡给宋徽宗，转眼就当上了户部侍郎。河北都转运使梁子美花300万贯公款从辽买女真地方产的北珠献给宋徽宗升任户部尚书后，不久又当上了尚书右丞。

宋徽宗为了填满无穷尽的欲壑，挖空心思地寻找生财之道。他曾多次铸造大面值的当五、当十大钱，把茶税定额提高了好几倍，把原先由政府出钱征购的绢帛，谷物也改为无偿的榨取。王安石变法的一些内容这时完全变成了他疯狂剥削的手段。像方田均税法，本意是为了平均赋税负担，到了宋徽宗和蔡京手里，因贿赂公行，高下失实，地主豪强家的地越量越少，200亩的量成20亩，2顷96亩量成17亩；农民的赋税却越均越多，原纳27文的增至145文，原纳13钱的增为2贯200文。

在如此黑暗腐朽的统治下，如此沉重残酷的剥削下，一方面是粉饰太平的鬼戏甚嚣尘上，另一方面阶级矛盾也激化到了极其尖锐的地步。人民喊出"打破筒（童贯），泼了菜（蔡京），便是人间好世界"的呼声，强烈要求打倒宋徽宗及其奸臣的统治。

从大观二年（1108）起，农民的反抗斗争就接连不断，到宣和二三年（1120~1121）间，方腊、宋江起义终于在两浙、黄淮爆发了。起义的消息传到汴京，宋徽宗惊恐万状，忙派童贯前去镇压。宋徽宗亲自为童贯饯行，说："东南之事，全都托付给你了，若有紧急，可以直接用御笔处理。"

童贯一到江南就命部属董耘草拟"手诏"，称作"御笔"，说什么收买花石，都是预先从御前支取钱款，按私价"和买"的。并且皇上还一再强调不准强行掠夺，只因下面的官吏贪赃枉法，不照皇上的旨意办事，才引起了骚扰。这样，他把宋徽宗的罪责推得一干二净。

宋徽宗曾经因为迫于形势，不得不故作姿态暂时撤消应奉局，罢除花石纲，还罢免了朱勔等人的官职。可是方腊起义刚被镇压了一个多月，宋徽宗又迫不及待地恢复了应奉局，由王黼和梁师成主管其事。朱勔也重新被起用。宋徽宗虽然侥幸没有葬身于农民起义的烈火，但迎接他的却是王国颠覆的命运。

五、被迫禅位　异邦偷生

崇宁二年起，在蔡京建议下，宋徽宗派童贯带兵发动了一连串对西夏的战

争，攻占许多地盘，逼得西夏低声下气地奉表谢罪。自从与西夏交兵以来，宋朝确实从未取得过如此赫赫的战果。宋徽宗洋洋得意起来，他遣官奏告天地、宗庙、社稷，轰轰烈烈地庆祝了一番。

宋夏边境的战火刚刚熄灭，宋徽宗又打起了辽朝的主意。他和金朝联盟夹击辽，收复燕京。而金留给他的只是一座空城，代价则是100万贯的"燕京代税钱"。而金的矛头，接着就掉转来指向了宋。

宣和钱币

宣和七年（1125）十月，金兵分两路大举南侵了，西路军以粘罕为主将，由大同进攻太原；东路军主将是斡离不，由平州（今河北卢龙）攻燕山，两路军计划在汴京会合。

金兵推进得非常迅速，十月，东路军攻下檀州（今北京密云）、蓟州（今天津蓟县）。十二月，郭药师叛变，金兵不战而入燕山，从此金兵命郭药师做先锋，大踏步地南下了。西路军十二月初出兵，连克朔州（今山西朔县）、武州（今山西神池）、代州（今山西代县）等地，十八日到了太原城下开始围攻。

紧急军报像雪片一样飞进汴京，宋徽宗吓得心惊肉跳。此时的宋徽宗已经丝毫没有风流洒脱的模样了。他整天愁眉苦脸，动不动就涕泪交流。表面上好像要改过自新，准备抗金，实际上他不敢担当抗金的责任，只剩下一个"走"字在心中了。为便于逃跑，他任命皇太子赵桓为开封牧，想让儿子以"监国"的名义替他挡住金兵，自己好保着皇位向南逃命。他传旨要"巡幸"淮浙，派户部尚书李棁守建康（今南京），替他打前站。太常少卿李纲刺破胳膊，以血上疏说："皇太子监国，本是典礼之常规，但如今大敌入侵，安危存亡在于呼吸之间，怎能仍旧拘泥常规呢？名分不正而当大权，又何以号令天下，指望成功呢？只有让皇太子即位，叫他替陛下守宗社，收人心，以死捍敌，天下才能保住！"

宋徽宗急于逃命，权衡一番利弊，只好下了禅位的决心。但是他老谋深算，又死要面子，不愿给人留下畏敌避祸的不光彩印象，就绞尽脑汁找了个自以为体面点的借口。十二月二十三日傍晚，宋徽宗到玉华阁召见宰执大臣，先传令提拔吴敏为门下侍郎，让他辅佐太子。宋徽宗接着写道："皇太子可即皇帝位，予以教主道君的名义退居龙德宫。可呼吴敏来作诏。"不一会,吴敏从外面拿进来草拟好的禅位诏书,宋徽宗在结尾处写道:"依此,很令我满意。"

第二天,皇太子赵桓在经过一番辞让后即位。上宋徽宗尊号为"教主道君太上皇帝",居龙德宫;郑皇后尊号为"道君太上皇后",居撷景西园。

宋徽宗在退位的第二天虽曾明确表示说:"除道教教门事外,其余一律不管。"但昔日的权威他和他的宠臣是不会甘心轻易地放弃的。在喘息稍定之后,他们就开始以"太上皇帝圣旨"的名义发号施令了。东南地区发往朝廷的报告被他们截住不得放行;对勤王援兵也要求就地待命,听候他们的指挥;纲运物资也要在镇江府卸纳。他们把持着东南地区的行政、军事、经济大权,准备在镇江重新把宋徽宗捧上台。汴京的新皇帝赵桓听到此事后,下诏说按照宋徽宗退位诏办理,剥夺了他们的权力,还将童贯、蔡攸等人贬官。宋徽宗和儿子赵桓的矛盾却由此激发了。

二月初,金兵从汴京城下撤退,赵桓接连派人请宋徽宗回京。宋徽宗表示自己今后愿意"甘心守道,乐处闲寂",绝不再窥伺旧职、重当皇帝了。父子矛盾表面有所缓和。四月三日,宋徽宗回到汴京,赵桓亲到郊外迎接。只见宋徽宗头戴并桃冠,身着销金红道袍,飘飘摇摇地从宋门入城,住进了龙德宫。

此后几个月的太上皇生活宋徽宗过得并不舒心,他昔日的宠臣一个个或贬或死,十几个跟随多年的贴身内侍都被赶出了京城,连李师师的家财也被赵桓一道命令籍没了充作赔款,他的一举一动无不处在赵桓的严密监视之下。

靖康元年闰十一月二十五日,金兵攻陷汴京。翌年二月六日,又宣布废掉宋徽宗赵佶、宋钦宗赵桓两个皇帝。金兵早就把宋钦宗赵桓扣押在了青城,这时又点名令宋徽宗赵佶前来。

二月七日早晨,宋徽宗在龙德宫蕊珠殿吃罢素餐,觉着此地离金兵占据的外城太近,很不安全,就搬到了延福宫。刚坐下,只见几个人从门外走了进来,为首的是已作了金兵走狗的李石。李石说:"金人请太上皇到南熏门内一个房子里写拜表,只要拜表送去,金人就会把皇上送回来,没别的意思。皇上还让我们捎话说:'爹爹、娘娘请快来,免得错过机会。'"虽然还不知道金人已将自己废掉,但几个月来一直心惊胆战的宋徽宗,听到这话又吓了一跳,他生怕里面另有文章,沉吟了半响,说:"军前没什么变动吗?卿别隐瞒,朕以后给卿等升官,别再贪眼前小利误了朕的大事,若有变动,朕好早做打算,徒死无益。"李

堕奸谋阉宫被劫
——从会文堂新记书局蔡东藩《宋史通俗演义》

石发誓："若有不实，甘受万死！"宋徽宗又怕当今朝廷做什么手脚，就说："朝廷既不放我南去，围城时又对我封锁消息，所以才弄到这种地步。今天我轻易一动就会招来不是，卿别瞒我。"李石又说："不敢乱奏。"宋徽宗这才派人去请郑皇后。不大工夫，郑皇后进来，两个人嘀咕了一阵，宋徽宗穿上道袍，又取过自己平常佩带的佩刀，令内侍丁孚拿着，和郑皇后乘肩舆出了延福宫。走到南熏门，他刚想下轿，护卫的人忽然围拥肩舆向门外跑去。他在轿中跺着脚气急败坏地大叫："果真有变！丁孚快拿刀来！"扭头一看，丁孚早就被抓到一边去了。

当年十月，宋徽宗从燕京被押到了大定府（今辽宁宁城西），次年七月，被押到了金国都城所在地的上京会宁府（今黑龙江阿城南）。穿着素衣的宋徽宗拜见了阿骨打庙后，又拜见金太宗吴乞买于乾元殿，金太宗封他为"昏德公"。不久，宋徽宗和宋钦宗赵桓等900余人，被迁到了韩州，金朝拨给15顷土地，令他们耕种自给。

在以后的几年里，金人每逢丧祭节令总要赏赐给宋徽宗一些财物酒食，每赐一次，又总要宋徽宗写一封谢表。后来，金人把这些谢表集成一册，拿到设在边境的和南宋进行贸易的榷场一直卖了四五十年。

绍兴五年（金天会十三年，1135）四月，宋徽宗死在金朝。绍兴七年（1137）九月，消息传到南宋，赵构上谥号曰："圣文仁德显孝皇帝"，后又加上谥号曰"体神合道骏烈逊功圣文仁德宪慈显孝皇帝"，庙号"徽宗"。绍兴十二年（1142）八月，宋徽宗的梓棺从金朝运到了临安。

名家评说

迹徽宗失国之由，非若晋惠之愚，孙皓之暴，亦非有曹、马之篡夺，特恃其私智小慧，用心一偏，疏斥正士，狎近奸谀。

——元·脱脱等《宋史》

赵佶当宋帝国的皇帝，是宋帝国的不幸，也是辽国的不幸，更是赵佶自己跟他的家族的不幸。

——柏杨《中国人史纲》

钦宗赵桓

宋钦宗赵桓（1100~1161），北宋第九代皇帝。初名亶，后更名烜，又改桓。涿州（治今河北涿县）人。徽宗长子，母为恭显皇后王氏。公元1125~1127年在位，谥号"顺德仁孝皇帝"，庙号"钦宗"。他忠奸不分，对金兵只知一味求和，其昏如其父，亡国沦囚，成为北宋王朝的最后一个皇帝。

一、哭哭啼啼 强披龙袍

赵桓是父亲当上皇帝4个月后出生的。他出生5个月后，封检校太尉，山东东道节度使，韩国公。翌年六月为开府仪同三司，封京兆郡王。崇宁元年（1102）二月又改名叫赵烜，八月始改名为桓。

大观二年（1108）正月，赵桓进封定王，并出外就学，开始读书了。日常功课不外《礼》《易》《尚书》等经典和《汉书》等史籍，再就是文章诗赋之类。他的资质虽不很鲁钝，却也算不上聪颖，一篇经文常常需要数日方能成诵。好在他读书习作比较勤奋，待人接物谦恭有礼，慢慢地也就给人留下了一个聪明仁孝的好印象。

赵桓的生母王皇后越

宋钦宗赵桓
——从《历代帝王圣贤名臣大儒遗像》

来越不受宠了，大观二年九月，年仅25岁的王皇后就去世了，此时赵桓刚满九岁。赵桓在缺少母爱的情况下逐渐变得沉默寡言。他志好恬淡，兴趣狭窄，行止端凝。

转眼赵桓已年满20岁，加冠之后，就算长大成人了。政和五年（1115），即位已16载的赵佶觉着该效法先王，立一个储君太子了，而拥立嗣长子又是古今通则，于是皇太子的名分就理所当然地落到了赵桓头上。赵桓为了保住这个地位，变得更加谨小慎微。为了表明自己的恭俭谦退，在拜谒太庙之时奏请不乘金辂，不用卤簿，只常服骑马以往，还请求官吏不要对他称臣。入居东宫之后，他又奏请减少东宫的诸司局务，节约廪食。为表示自己的好学精神，他请求每天除了问安寝食之外，不拘早晚只要稍有闲暇就请学官赴厅讲读。尽管如此，赵桓的太子之位坐得还是不十分稳当。

宣和七年（1125）冬，随着金兵的大举南侵，赵佶对赵桓的态度也变得亲热起来，十二月二十日，他降御笔拜赵桓为开封牧时，有意一再表白这一任命不是根据左右大臣的建议，而是悉出宸断，以显示自己对皇太子的信任。翌日，赵桓入朝问安时，赵佶又特意将只有皇帝才能佩戴的排方玉带赐给了他。

宣和七年十二月二十三日，宋徽宗赵佶决定将皇位禅让给他的儿子，意在让儿子替他抵挡金兵，命令臣下宣召太子赵桓前来。赵桓在小黄门的引导下趋步走进保和殿东阁，叩拜礼毕，抬起头，见赵佶半卧榻上，宰执大臣环侍榻前，心中暗暗吃了一惊。太师童贯和少宰李邦彦即抖开一领御袍披在了赵桓身上。赵桓双膝一软，复又跪倒在地，猛然放声大哭，坚辞不受，边哭边举体自扑，御袍也甩到了一边。赵佶又在纸上写道："汝不受则不孝矣。"赵桓接过一看，哽咽着说："臣若受之则不孝矣。"赵桓抬起泪眼，嗓子沙哑着说："父皇欠安，臣儿定难从命。"赵佶见僵持不下，乃命内侍扶赵桓前去福宁殿即位。[1]稍事停歇后，内侍就连拖带拉将赵桓拥向前去。走到福宁殿的西庑门，早就等候在那里跪拜称贺的宰执大臣也上前相帮，终于将赵桓拥到了殿内。人们原想就势扶赵桓升坐即位，不料见他已身软体酥，昏厥过去，只好又七手八脚地将他抬到了卧榻之上。

这时，天已黑了下来，大内殿宇笼罩在一片暮霭之中。应召而来的准备参

---

[1]事见《宋史·钦宗本纪》："庚申，徽宗诏皇太子嗣位，自称曰道君皇帝，趣太子入禁中，被以御服。涕泣固辞，因得疾。又固辞，不许。"

加内禅典礼的文武众官早已在垂拱殿下班列成序，宰执大臣来到这里，商量再三，决定不等太子即位而先出宣诏，太宰白时中朗声宣读了禅位诏书之后，百官众口一词愿见新天子，不肯退去。宰执措立殿上，莫知计之所出。大宦官梁师成从后宫来到，对众人说："皇帝自拥至福宁殿，至今不省人事。"百官闻言，议论纷纷，宰执大臣面面相觑，更加没了主张。刚才赵桓在保和殿不肯受命之时，李邦彦曾建议急召赵桓素来亲熟的耿南仲进宫侍候，这时耿南仲已经来到，吴敏就拉他闯回福宁殿，拟诏宣御医，退群臣，说是"今日天晚，别日御殿"。

靖康重宝

次日，赵桓在经过又一次固辞不允之后，终于御垂拱殿接受了百官的朝贺，当上了皇帝。

二、犹犹豫豫　时战时和

即位之后，宋钦宗赵桓每天都临御便殿，延见群臣，批阅四方奏报和士民所上章疏，常常要忙到半夜还不休息，个人生活上也依然是俭约朴素，无所嗜好。但他最多是个中等才干的人，柔弱寡谋，多疑多变，缺乏政治家起码应有的干练、果敢的素质，好多明摆在眼前的事他都辨析不清，更谈不上有什么深谋远略了。

新天子治下的开端正值残腊岁尾，按照惯例，新天子即位逾年即改元，当下中书大臣计议一番，取"日靖四方，永康兆民"二句改年号为靖康。

靖康元年（1126）正月初二这天，宋钦宗还下诏令有司依真宗幸澶渊的故事预备亲征，命吴敏为亲征行营副使，兵部侍郎李纲、知开封府聂山为参谋官，在殿前司集结兵马。然而第二天，滑州（今河南滑县东北）失守、金兵渡河的消息传来之后，汴京城里一下子炸了窝，当天夜里，赵佶就出通津门逃往东南，一些王公大臣也纷纷收拾私财、携妻带子随之出逃。

初四日，京师戒严，天一亮，宋钦宗就在延和殿集宰执议事，大伙都建议出狩襄邓（今湖北襄樊一带），宋钦宗也基本同意。说话间，兵部侍郎李纲破例上殿，启奏道："大街上议论纷纷，说宰执欲奉陛下出狩避敌，果真这样，宗社可就危险了。道君皇帝传位陛下，今舍之而去，行吗？"内侍陈良弼转出来说："京城橹楼创修，百不及一二，城东樊家冈一带濠河浅狭，决难防守。"李纲立即予以驳斥："天下的城池就数京城最坚固，如果京城都守不住，还有什么地方能守住？"可守不可守，双方各执一端，弄得宋钦宗又没了主张。李纲慨然道："陛下不以臣为庸懦，倘使治军，愿以死报！只是人微官卑，不足以镇服士卒而已。"宋钦宗当即升他为尚书右丞，然后退朝进膳，似乎接受了李纲坚守的建议。岂料饭后宋钦宗传出话说，仍得继续议论以决去留之计，同时任命李纲为东京留守。原来仅仅一顿饭的工夫，宋钦宗的主意又变了，显然又想出狩了。

在福宁殿继续议论的时候，李纲先声夺人，举出了唐明皇南逃川中的历史教训，说"出狩就是龙脱于渊，前途莫测"。宋钦宗还在犹豫，内侍王孝竭从旁奏道："皇后、国公（即赵谌）已经走了，陛下怎可留在此地！"宋钦宗脸色大变，从座位上跳下来，眼泪也急了出来，声音也变了调："你们不要再留了，朕将亲往陕西，起兵以复都城，决不可留此！"李纲见状，哭拜在地，以死相邀。正巧皇叔燕王赵似、越王赵偲来到，也说应该固守。在几个人的共同劝谏下，宋钦宗好大工夫才静下神来，在纸上写了"可回"二字，派人追回皇后、国公，转过脸，直直地凝视着李纲说："朕今被你留下，治兵御寇，一切是你的责任，不许少有疏忽！"李纲再拜受命。

这次坚守的决定也没过夜。宋钦宗惶恐不安地熬过了白天，到半夜时分见皇后、儿子都没回来，就又变了卦，传令天明出发。初五早晨，李纲上朝，只见禁卫军披甲列队，皇帝的乘舆服御摆在院中，六宫妃嫔正待上车，已是行色匆匆的模样了。李纲厉声对士兵们说："你们愿意死守京师呢？还是愿意保驾出走？"将士一致高呼："愿意死

李纲（清人绘）

守！"[1]宋钦宗琢磨琢磨，觉着确实在理，只好再次打消了出走的念头。

初六，宋钦宗登上宣德门，宣谕六军，表示要固守到底。任命李纲为亲征行营使，全面负责守城事宜。将士皆感泣流涕，拜伏门下，山呼万岁。

这时，黄河北岸的金兵已将近渡完，而京城的防御工作一切得从头做起。李纲在每一面城墙上部署守兵12000万人，准备下石炮、弓弩、砖石、檑木、火油等防御器械，另外设立前后左右中军四万人，前军居于东门外，守卫囤积40余万石粮食的延丰仓，后军守住樊家冈，其余三军留在城中策应四方。部署得刚刚有个头绪，敌人就兵临城下了。

初七日，金兵开始攻城，西水门（宣泽门）最先告急，被宋军挫败。次日又转攻北封丘、酸枣诸门，李纲亲临指挥，发动了东京保卫战，将士无不奋勇作战，再次重创金兵，歼敌千人，粉碎了金人想一举攻下汴京的企图。

金兵虽攻势凌厉，优势却在宋朝一方，金兵只有6万余人，数量远不及宋的守城兵，西北边防军和各地驻军也纷纷来援，金悬兵深入，又顿兵于坚城之下，实犯了兵家之大忌。然而，东京保卫战一开始，宋钦宗就派出郑望之、高世则到金营求和。金人提出割黄河为界，还要犒军金帛，另派一大臣前去议和。宋钦宗看看宰执大臣，没一个做声的，李纲挺身而出，要去谈判，宋钦宗不许，最后以枢密副使李棁奉使。宋钦宗就授权李棁可增加岁币三五万两，犒军金银三五百万两，另送金1万两及酒果等物以贿赂斡离不。哪知宋使到金营，斡离不以攻破都城相讹诈提出更为苛刻的条件。

李纲听到朝廷准备接受这些丧权辱国的条件，肺都气炸了。他竭力反对赔款割地，主张跟金人拖延谈判时间，只等四方援兵一到，就可以反攻。宋钦宗很不耐烦地说："你只管带兵守城，和谈的事，慢慢再说吧。"

过了10天，各地救援东京的宋军陆续到了城外，共有20万人。东京守军士气振奋。围城的金兵只有6万。宗望一看形势不妙，赶快把人马后撤，龟缩在堡垒里。

援军大将种师道、姚平仲都支持李纲的抗战主张。种师道是个经验丰富的老将，主张长期相持，等敌人粮草接济不上被迫退兵的时候，再找机会反击；但是姚平仲心急，主张派一支人马乘黑夜偷袭金营，活捉宗望。这个偷袭计谋

---

[1] 事见《宋史·李纲列传》："未几，复决意南狩，纲趋朝，则禁卫擐甲，乘舆已驾矣。纲急呼禁卫曰：'尔等愿守宗社乎，愿从幸乎？'皆曰：'愿死守。'"

陈 东
——从清康熙三十三年（1694）刊本《无双谱》（金古良编绘，朱圭刻）

偏偏又被泄露了出去，金军得到情报，事先作了准备。姚平仲偷袭没成功，反而中了金军伏击，损失了1000多人马。这一来，一批投降派大臣就幸灾乐祸，大肆造谣，说援军已经全军覆没，还攻击李纲闯了大祸。

欲和则金银不足，欲战则劫营偷袭失败，这使宋钦宗愁眉苦脸，垂头丧气，情绪坏到了极点。他觉着自己被留在京城错了，未将和议进行到底而贸然用兵也错了。为弥补这过错，他将李纲、种师道撤职，他寄希望于金人的宽容，他认为只有卑辞厚礼才能换来金人的宽容。他遣使向金人表白劫营非朝廷之意，保证要严惩劫营之人，还派人带着国书和割地诏书到金营谢罪。

在宋钦宗一筹莫展、死心塌地进行议和的时候，汴京人民再次行动了起来。李纲、种师道被罢官的消息传出后，群情激愤。初五那天，以陈东为首的太学生数百人到宣德门下伏阙上书，指斥李邦彦、白时中、张邦昌等奸臣的投降罪行，要求坚持抗战，恢复李纲、种师道的官职。宋钦宗只得遣耿南仲扯起嗓子宣布重新起用李纲、种师道，并宣召他们立即进宫。宦官朱拱之宣召李纲太迟，立即被群众打死，随从的20来个宦官也死在乱拳之下。直到李纲、种师道见过众人，群众才欢呼散去。

李纲、种师道复了职，命令杀敌者受重赏，抗金气势重新高涨起来。金兵见汴京军民同仇敌忾，勤王兵日益增多，深感局势不妙，又怕后路被截，所以不等金帛数足，取了割让三镇的诏书，又以肃王赵枢代替康王赵构，才于二月初八日退兵。

北宋都城——汴京（《清明上河图》局部）

金兵撤退时，种师道请求趁他们渡过黄河时发起猛攻，遭到宋钦宗拒绝。李纲请求派大军"护送"，令将士找机会袭击，也遭到宰相阻挠。宋钦宗还派使者监视各军，禁止他们对敌作战，以致金兵安然满载而归。

三、凄凄惨惨 亡国之君

金兵退走以后，宋钦宗和一批大臣以为从此可以过太平日子了。他们把宋徽宗接回东京。李纲一再提醒宋钦宗要加强军备，防止金军再次进攻，可是每次提出来，总受到一些投降派大臣的阻挠。宋钦宗也嫌李纲啰嗦。不料到东路的宗望刚退兵，西路的宗翰率领的金兵却不肯罢休，加紧攻打太原。宋钦宗派大将种师中带兵援救，半路上被金兵包围，种师中兵败牺牲。投降派大臣正嫌李纲留在京城碍事，就撺掇宋钦宗把李纲派到河北去指挥战争。宋钦宗把李纲派到河北后，不久又在投降派的攻击下把李纲撤了职，贬谪到南方去了。

金朝君臣最怕李纲，现在李纲被罢了官，他们就没有顾忌了。八月，金太宗再度举兵，遣粘罕、斡离不大举南侵。九月太原失陷；十月，真定失陷，十一月，汴京再度被包围。此时，宋朝已无主战派，当政者均为主和派。因此，从八月金兵再度南犯以来，宋朝君臣一直忙于求和，对战守防御没有一个放在心上的，所以等到金兵第二次围城，其形势比起第一次来坏得多了。

闰十一月二十五日，汴京城破。宋钦宗听到城破的消息，惊恐万分，掩面痛哭。而他马上即遣使节和济王赵栩去金军请和。使节带回话来说，金人坚请太上皇出郊议和，宋钦宗不由得紧张出一身汗来，他与父亲虽有矛盾，却毕竟碍于伦常，不得不以孝事之，倘临此危难之际让父亲身陷敌营，他觉着自己于心有愧。[1]经过一番思想斗争，他决定还是亲自去向金人恳求吧。

闰十一月三十日黎明，朱雀门那两扇厚重的大门轰轰地打开了，只见宋钦宗骑在马上，孙傅、陈过庭等大臣跟于身后，由300名素服卫士簇拥着出南薰门向青城走去。宋钦宗来到青城，粘罕、斡离不却不与他相见，理由是不同意他带来的降表。宋钦宗一连住了两晚上，到十二月初二日，才在改了四遍的降表上签了字。奴颜婢膝、低声下气地伏首称臣、乞求宽恕，这就是宋钦宗求和的初步代价。签字已毕，宋钦宗又摆下香案，望金国方向拜了几拜，算是尽了臣礼，金人这才同意放他回城。

汴京百姓自从宋钦宗去了青城，每天都站在泥雪之中等他回来。初二傍晚，宋钦宗进入南薰门，百姓夹道山呼，拜于路侧，老幼掬土填塞雪淖，须臾之间，御道坦然。不知有多少人拦住马首，泣涕不止，哭喊之声远近相闻。宋钦宗见自己的百姓对大宋皇朝如此忠诚，想想自己竟做了金国的臣子，不觉悲从中来，掩面大哭，哽咽着说："宰相误我父子！"

金人的命令宋钦宗是绝对不敢违犯的。金人遣使来索要金1000万锭（每锭50两），银2000万锭，帛1000万匹，宋钦宗就下令大力搜刮金银；金人遣使索要骡马，宋钦宗赶紧凑齐7000余匹派人送去；金人索要少女1500人，说要充后宫使唤，宋钦宗也只好照办，连自己的嫔妃也拿来充数；妃嫔、民女不甘受辱，赴水投河而死者甚众。到河北、河东割地的使臣也派出了20多个。

宋代行炮车
——从明万历二十七年（1599）刊本《武经总要》（宋曾公亮、丁度等奉勅撰）

[1]语见《宋史·钦宗本纪》："金人邀上皇出郊。帝曰：'上皇警忧而疾，必欲之出，朕当亲往。'"

宋钦宗朱皇后

朱琏，其父为武康军节度使朱伯材。宣和六年，徽宗主婚，册封为皇太子妃；钦宗即位后，封朱氏为皇后。金兵攻陷汴京城，随徽、钦二帝被俘北上。到达会宁府后，金人下令皇太后、皇后入金宫"赐浴"，朱皇后不堪污辱，投水自尽。

尽管以宋徽宗为首的北宋政府如此不顾廉耻地奉承金人，金人仍嫌所要的金银数量不足而大不满意，声称要纵兵入城洗劫，要求宋钦宗再去金营议事。宋钦宗终究不敢违抗金人的命令，只好命孙傅辅助皇太子监国，自己硬着头皮再去青城。

靖康二年（1127）元月十日清晨，宋钦宗等人又上路了，刚出朱雀门，京城百姓闻知，不期而集了数万人拦住说："陛下不可出！"哭喊着不放行。宋钦宗也觉着有点生离死别的味道，流下了眼泪。车驾刚到郊外，张叔夜叩马谏阻，宋钦宗说："朕为了保全人民，不得不再前往。"张叔夜号泣再拜，宋钦宗回过头来，流着眼泪说了句："嵇仲（张叔夜的字）努力！"[1]就哽咽不能出声了。

宋钦宗刚到青城就被金人当人质扣住，促令城中官吏加紧搜刮金银，百姓各分坊巷，互相监督，即使妇女的钗钏之物也在收括之列。市井寺观，妓院旅居，根刷殆遍，弄得汴京城里翻江倒海，民不聊生。

宋钦宗受到的待遇也与上次大不相同。粘罕、斡离不根本不和他见面，他被安置到斋宫西庑的三间小屋内，里面除桌椅外，再就是可供睡觉的一盘土炕。宋钦宗关在里面，好似囚徒。宋钦宗自从再去青城之后，每天都派御带官王孝竭入城抚谕，百姓天天都有人立在街头等候御驾，即使风霜雨雪亦不在乎。二月六日中午，金兵掘断南薰门路，杜绝内城出入，王孝竭也没再出现，人心大恐。晚间，金人遣翰林承旨吴开、吏部尚书莫俦持着金太宗废黜宋钦宗及太上皇赵佶

---

[1] 语见《宋史·列传第一一二·张叔夜》："车驾再出郊，叔夜因起居叩马而谏，帝曰：'朕为生灵之故，不得不亲往。'叔夜号恸再拜，众皆哭。帝回首字之曰：'嵇仲努力！'"

为庶人、别主异姓的诏书回到城内，同时还带来了宋钦宗的御笔。七日，太上皇赵佶被押到了青城，金人凭借宫廷内侍宦官邓述开列的诸王皇子皇孙及后妃公主名号，命开封尹徐秉哲悉数交出。徐秉哲下令坊巷五家为保，不得藏匿，共搜得3000余人，衣袂相连押到金营。金人又逼赵佶的皇后及皇太子前来。

四月一日，金兵在大肆掳掠之后开始撤退。斡离不押着赵佶、郑皇后及亲王、皇孙、驸马、公主、嫔妃等从滑州北去。粘罕押着宋钦宗、朱皇后、太子赵谌、宗室及孙傅、张叔夜等官员由郑州道北行。金兵退走时，带走了大量的金银财宝、仪仗法物、图书典籍、古董文物、百工技艺、倡优杂伎人等，北宋王朝"二百年府库蓄积"为之一空。

宋钦宗到金国后，被封为"重昏侯"，意思是他和被金人封为"昏德公"的父亲赵佶加在一块是一昏再昏。南宋绍兴三十一年（1161），宋钦宗死在金朝，终年62岁。

靖康二年五月一日，康王赵构即位于南京（今河南商丘），建立南宋，遥尊宋钦宗曰"孝慈渊圣皇帝"。绍兴三十一年（1161），宋钦宗的死讯传到南宋；七月，上尊谥曰"恭文顺德仁孝皇帝"，庙号"钦宗"。

名家评说

　　帝在东宫，不见失德。及其践阼，声技音乐一无所好。靖康初政，能正王黼、朱勔等罪而窜殛之，故舍人闻帝内禅，将有卷甲北旆之意矣。惜其乱势已成，不可救药，君臣相视，又不能同力协谋，以济斯难，惴惴然讲和之不暇。卒致父子沦胥，社稷芜茀。帝至于是，盖柔異懦而不知义者欤！享国日浅，而受祸至深，考其所自，真可悼也夫！真可悼也夫！

　　　　　　　　　　　　　　　——元·脱脱等《宋史》

　　（钦宗）且都城失守，大势已去，何不一死以谢社稷，而顾步青衣行酒之后尘，蒙羞忍辱，吾不意怀、愍之后，复有此徽、钦二主也。名为天子，不及一妓，虽决黄河之水，恐亦未足洗耻云。

　　　　　　　　　　　　　　　——蔡东藩《宋史演义》

高宗赵构

南宋高宗赵构（1107~1187），南宋第一代皇帝。字德基，涿州（治今河北涿州）人。徽宗第九子，钦宗赵桓之弟，母为显仁皇后韦氏。公元1127~1162年在位。谥号"神武文宪孝皇帝"，庙号"高宗"。他偷安忍耻，屈辱向金求和，对内残酷剥削，镇压农民起义，为历史上著名的昏君。

一、求和使者　患难皇帝

赵构于大观元年（1107）五月生于东京（今河南开封）大内，他百日刚过，宋徽宗便赐名构，授节度使，检校太尉，封蜀公。次年二月，又进封为广平郡王。宣和三年（1121），再封为康王。次年，赵构正冠于文德殿，赐字德基，出宫住进了自己的王府。赵构天资聪明，博学强记，读书能一日背诵千言。

宣和七年（1125），金兵灭辽以后，立即掉过头来，大举南侵。宋徽宗是个终年沉迷酒色的昏君，得知金兵长驱直入，势如破竹，吓得六神无主，急忙把帝位禅让给皇太子赵桓（宋钦宗），自己带着嫔妃、宠臣们南逃了。靖康元年（1126）阴历正月七日，金兵逼近东京。次日，便对东京诸城门发起轮番进攻。廷议时，尚书右丞李邦彦以

宋高宗赵构
——从原故宫南熏殿旧藏《历代帝王像》

兵弱将寡为由，主张割地请和；太常少卿李纲则主张激励将士，誓死抵抗。钦宗采纳李邦彦的意见，派郑望之与高世则二人去金军大营求和。这时，斡离不派使者吴孝民前来，提出议和条件。钦宗立即召见赵构，授以军前计议使，去金营求和。赵构估计此行不会有生命危险，慷慨答应，请求立即行动。就这样，赵构带着垂头丧气的张邦昌乘坐一只木筏，迎着萧萧北风，渡河到了金营。

金大将斡离不攻京城未下，便想给宋使来个下马威，在谈判桌上得到更多的便宜。只见其营帐内外兵士环列，刀枪林立，一派杀气。见到这般阵势，把张邦昌吓得魂飞魄散。赵构知道这不过是试试自己的胆量，根本没有什么了不起，于是从容不迫地从刀枪下走进了金营。二月七日，钦宗下诏割三镇与金人，由肃王出质代康王。康王与张邦昌一同被放还。当赵构策马驰出金营后，斡离不又懊悔不已，急忙派兵追赶，但赵构早已去之夭夭。斡离不觉得目的基本达到，就退兵北去。

赵构返回京城后，肃王已去金营为质。钦宗见金兵退去，认为赵构此行劳苦功高，遂任为太傅。就在赵构出质期间，种师道、姚平仲、范琼、马忠等各路兵马相继至京师，援兵已达20余万，士气稍振。钦宗感到城下之盟有失体面，于是，一面将主和大臣李邦彦等人一一罢免，一面下诏各路勤王部队固守三镇之地，分兵袭击金军。十月，金兵力攻太原，宋朝军民虽英勇作战，终因寡不敌众，太原陷落。十一月，斡离不克真定，攻中山，北方关隘重镇先后失陷。宋钦宗无可奈何，只得再派使者到金营求和。

面对金兵咄咄逼人的气势，宋廷内主和派占据上风。钦宗采纳了王云的意见，立即召见赵构，准备让他再次出使。钦宗答应让耿延禧、高世则随行，还解下了身上的玉带赐给了赵构。回到府中，赵构急忙把耿延禧、高世则唤来，慎重地对二人说："国家多难，君主忧辱，如果此行可以解决问题，我们当义不容辞。可是，我们几人深入金廷，吉凶未卜，你们应回去和你们的父母、妻子诀别，明日五更起程。"

十一月十六日五更时分，赵构与耿延禧、高世则、王云等人北去求和。赵构一行日夜奔波，经浚（今河南浚县）、滑（今河南滑县）诸州北上，去真定府找斡离不求和，万万没有想到斡离不又驻军东京城下。这次，斡离不议和的条件不再是割让三镇，而要以黄河为界。不几日，粘罕也来到东京城下，与翰离不分营扎寨，把京师围得水泄不通。

《临宋萧照高宗中兴瑞应图》
明仇英绘,《中兴瑞应图》卷原为南宋萧照所作,是一幅歌颂赵构重建宋王朝的作品。

十一月十九日,赵构到达相州(今河南安阳),知州汪伯彦说:"斡离不已于十四日由大名府(今河北大名)魏县渡河南下,追赶恐怕是来不及了,请大王暂留此地,从长计议。再说,肃王在金营至今未返,大王此去,恐怕也难以顺利回来。"赵构哪里肯信,以为汪伯彦阻止他议和,态度坚决地说道:"我受命于国事危难之际,此次北上议和的任务一定要完成,因此,不能半途而废。"第二天,赵构一行又向磁州(今河北磁县)进发。刚到磁州城外,迎候多时的守臣宗泽立刻迎上前去,激愤地对赵构说:"肃王被骗到金军,看来没有回来的希望了。如今他们又想请大王使金,分明是个骗局,不会有什么好处。请大王留在磁州吧!"[1]赵构不听,坚持前往金营。正在为难之际,忽有两名士卒持汪伯彦所封蜡书求见。书中说:"大王离开相州当晚,本州西火炬相连二、三里远,金人铁骑500余一路追索大王。大王如在此渡河,那就正好自投罗网。现在斡离不已趋京师,议和已失去时机,不如勤驾返回相州,聚集军队,牵制金军,以付二圣维城之望。"读毕,赵构出了一身冷汗,幸亏汪伯彦此书,要不然自己还会到处奔波,徒劳无功。

---

[1]语见《宋史·高宗本纪》:"帝由滑、浚至磁州,守臣宗泽请曰:'肃王去不返,金兵已迫,复去何益?请留磁。'"

没过几天，割地使耿南仲来相州求见赵构，说京城已危在旦夕，皇上令其尽起河北诸郡兵马入援。赵构得了圣旨，立即与耿南仲联名揭榜，招兵买马，组成了勤王军。

十二月一日，康王在相州建立了大元帅府，集合了枢密院官刘浩在相州招募的义士，信德府（今河北邢台）的勤王兵，大名府派出的救援太原的兵，和由太原、真定府、辽州（今山西昔阳）等地奔向这里来的一些溃兵，共1万人，分为五军。十四日，赵构领五路兵马出击，攻到大名（今河北大名东）。到大名后，宗泽、梁扬祖等也先后率兵马来会，兵威稍振。

金兵自闰十一月二十六日攻上东京城墙之后，北宋王朝实际面临着灭亡。斡离不为了彻底剿灭赵氏宗室，逼迫钦宗派人立即召回康王。一天，使臣曹辅带着诏书来见赵构，诏书云："金兵攻城未下，正在谈判议和。康王和诸帅屯兵原地，不要妄动，以免不测。"汪伯彦、耿南仲等人相信和议，主张移军东平（今山东东平）；宗泽则主张南下澶渊（今河南濮县），以此为基地，逐渐解除京师之围。这时，赵构失去了出使金营时的勇气，以将寡兵少为由，不敢直趋京师与斡离不较量。他命宗泽率万人进军澶渊驻扎，谎称大元帅在军中，而自己却和汪伯彦等人于十二月二十九日起程，冒着漫天风雪，望东平而去。[1]

宗泽在开进澶渊途中，与金军交战13次，均获胜。而赵构在东平驻扎了一个月，却丝毫没有救援京师的打算。不久，赵构又到济州（今山东巨野）驻扎。这时，大元帅府所属官军和自动聚集起来的抗金军队已有8万之多，号称百万，驻守在济、濮（今河南濮阳）各州府。赵构不敢与金军较量，按兵不动，使各路勤王兵也不得靠近京师，眼睁睁看着金军攻入京城中。

宗　泽

---

[1] 事见《宋史·高宗本纪》："帝遂遣泽以万人进屯澶渊，扬言帝在军中。……帝决意趋东平。"

粘罕和斡离不见京城军民已失去抵抗能力，赵构的勤王军又不敢交战，消灭北宋的时机已经成熟，就先后把宋徽宗、宋钦宗拘留在金营，接着金主又下诏废宋徽宗、宋钦宗为庶人。靖康三年（1127）三月七日，金人立张邦昌为伪楚皇帝。北宋王朝就这样灭亡了。四月一日，金粘罕押着徽宗、钦宗、亲王、皇孙、驸马、公主、后妃等3000多人北去，并掠走宋王室的法驾、礼器、乐器、祭器、珪璋、宝印、图书账籍及公私积蓄不计其数。

北宋灭亡的消息传来，汪伯彦劝赵构南下宿州（今属安徽），准备向江南逃跑，由于将士反对才没有南逃。金兵退后，"大楚"皇帝张邦昌知道康王拥兵在外，因此不敢贸然行事。一面迎元祐皇后（哲宗皇后孟氏）入居延福宫，尊为宋太后；一面派人送"大宋受命之宝"玉玺于康王。在宗泽等人的请求下，赵构决定移师应天府（即南京，今河南商丘南）。五月一日，赵构在应天府天治门登坛受命，即皇帝位，下诏改元为"建元"，大赦天下，张邦昌及其所有臣属也概不问罪。大礼完毕，赵构遥望北方被虏的父兄母妻，又痛哭了一场。同一天，元祐皇后在东京宣布撤帝归政，并向赵构写了贺信，信中说："宗庙得以保全，就全靠你了！"从赵构登基称帝，历史进入了南宋时期。

靖康之难中唯一幸免的皇后——哲宗皇后孟氏

二、无意抗敌　有心偏安

金兵虽撤出了东京，但仍然控制着河东、河北两路的太原、河中（今山西永济）、真定（今河北正定）、磁州、相州、河间等地。刚刚侥幸登上皇帝宝座的宋高宗赵构也不得不表示一下抗敌复仇的决心，以顺应民意。于是，便以抗金最积极的宿将李纲为尚书右仆射兼中书侍郎，但又命黄潜善为中书侍郎，汪伯彦为同知枢密院事。还封张邦昌为太保、奉国军节度使、同安郡王。不久，宋高宗查出张邦昌僭居内廷时以宫人侍寝一事，又听说金人以废张邦昌为借口称兵南下的消息，不禁勃然大怒，下诏将张邦昌赐死。

北方军民心向南宋朝廷，他们自动组织起来，多者数万人，少者也有数千人，神出鬼没地出击敌人。李纲为相后，派马忠、张焕率军1万人袭击河间的金军，取得了胜利。鉴于当时南宋小朝廷刚刚建立，正规军还来不及整编，还没有成为一支足以抵抗金兵大规模进攻的力量，李纲为河北设置河北招抚司、在河东设置河东经略司两大机构，委派官吏，拨给钱钞，招募河北、河东各地奋起的义兵，抗击金军。

南宋小朝廷从诞生那天起，在对金和战的问题上就争论不休。宋高宗在这个问题上内心也极为矛盾。一方面，他也想利用李纲抗金的威望，振作士气，维护南宋王朝的一点面子。另一方面，又与汪伯彦、黄潜善二人一样，幻想用对金朝屈膝投降的办法，来换取金朝对刚建立的南宋政权的承认。他虽然并不真正想让徽宗和钦宗回到南宋，却以探望和迎请被俘北去的二帝为幌子，不断派人带着奇珍异宝去奉献给女真贵族，向金朝试探投降的可能性。

金兵撤离东京后，宋高宗就一直没有进城。这并非对豪华的故园旧居没有感情，而是害怕像其父兄一样成为阶下囚。因此，只以宗泽留守收拾残局，自己却在应天府做起皇帝来了。实际上，宋高宗即位之初就决定南逃。即位第二天，宋高宗就命翁彦国知江宁府（今南京市），并赐钱钞十万缗，让他在江宁城修缮宫室，以备南逃时使用。李纲对宋高宗要巡幸东南很不满意，他对宋高宗说："自古以来，中兴的帝王都是起于西北，立足中

岳 飞

原，控制东南。这大概是天下精兵健马都在西北的缘故。如果陛下坚持巡幸东南，将失信于天下，使中原的抗金将士大失所望，今后要收复北方失地就很困难了。"[1]经过几次商讨，宋高宗不顾李纲等人的反对，采纳了黄潜善的意见，下诏曰："巡幸扬州"，并让荆襄、江淮、关陕等处守臣修缮城池，以备作行宫。李纲听了这个消息不由地大吃一惊，他为宋高宗的糊涂而悲伤，更为国家的前途而忧虑。他气愤地说："国家存亡，在此一举，只要陛下一天不罢我的官，我就非坚持到底不可！"后来，有一次宋高宗和李纲谈起宋钦宗亡国的事。宋高宗问："渊圣皇帝勤于政事，批阅奏章直到深夜，国家却亡在金人手中。这原因何在？"李纲答："人主的得失在于知人用人，亲近贤德的人，疏远奸诈的人，就一定会有所建树。"

在此之前，抗金将领岳飞上书宋高宗，指责黄潜善、汪伯彦奸臣误国，使中原军民大失所望，建议宋高宗乘金人在北方立足未稳之机，亲率六军北渡，收复失地。赵构不但不敢这样做，而且认为岳飞越职言事，予以削官的处罚。

这种种情况，使李纲感到自己在小朝廷中已不能有所作为，不得不提出辞职要求。宋高宗也顺水推舟，以种种无中生有的罪名，贬李纲为观文殿大学士，至此李纲居相位才75天。李纲被罢相后，张焕也因"罪"被贬，河北招抚司和河东经略司都被废罢。

李纲被罢相的消息一传开，太学士陈东、布衣欧阳澈等上书宋高宗，极言李纲忠勇，不该罢相；黄、汪二人平庸无能，不可重用；并恳切地希望高宗亲自率兵讨伐金朝，救还二帝。黄潜善等人对陈、欧阳二人恨之入骨，于是由黄潜善出面密见高宗，请诛陈东、欧阳澈。赵构听从了黄潜善的意见，将二人斩首示众。过路的人见此情景，无不为之掩泣，都感到收复北方领土没有指望了。

就在宋高宗决意南逃的时候，北方军民的抗金斗争如火如荼。抗金老将宗泽在李纲为相时被推荐为开封府尹，不久又任东京留守兼开封府尹。两河地区（指黄河以北、黄河以东地区）还有红巾军、八字军等著名的义军较频繁的活动，积极抗金。他们谙熟金军的活动，时常进攻被金军占领的城镇。活动在泽潞

---

[1] 语见《宋史·李纲列传》："自古中兴之主，起于西北，则足以据中原而有东南；起于东南，则不能以复中原而有西北。盖天下精兵健马皆在西北，一旦委中原而弃之，岂惟金人将乘间以扰内地；盗贼亦将蜂起为乱……况尝降诏许留中原，人心悦服，奈何诏墨未干，遽失大信于天下！"

地区（即昭义，唐方镇名，治今山西长治市）的红巾军，有一次袭击金军时，几乎活捉了金军将领粘罕。

金朝面对如此活跃的抗击力量，决定再次用兵。可是，宋高宗不积极备战，却于十月一日乘船离开应天府，经泗州（治今江苏泗洪东南）、宝应（即今江苏宝应），向南逃去。京师军民闻此消息，相聚啼哭，深知恢复无望了。

十二月，金军分多路大举南下。一路由粘罕率领自云中（今大同市）出发，沿太行山由河阳（治今河南孟县）渡河，攻河南。二路由右辅元帅宗辅与其弟兀术率领由燕山（府名，治今北京城西南的宛平）出发，自沧州（今河北沧州）渡河，攻山东、淮南；三路由陕西路都统洛索等率领，自同州（治今陕西大荔）渡河，攻陕西。

建炎二年（1128）春天，宋高宗带着六宫宠臣和卫士家属到达扬州（今属江苏）。当金军气势凶猛地南下的同时，他和那帮宠臣都过着醉生梦死的生活。当时，金兵一天天南下，南宋将领张浚认为金兵定会大举南犯，请求宋高宗作好临战准备。黄潜善、汪伯彦二人在一旁听了哈哈大笑，冷冷地说："还是不必太多虑吧！"

建炎三年（1129）正月，金军前锋已攻下徐州（今属江苏），直驱淮东。二月三日，天刚蒙蒙亮，天长军来报：金兵即日趋扬州。内侍邝询急忙跑进卧殿，竟忘记了昔日宫廷的规矩，大声呼喊："金兵到了！"正在搂着美妾熟睡的高宗惊坐而起，不待细问，撇下美妾匆忙穿戴好盔甲，骑马而逃，护驾的只有王渊、张浚和军卒数人。金兵尾追，宋高宗岂敢在镇江府久留。二月四日，命朱胜非驻守镇江，刘光世控扼江边，杨惟忠驻守江宁府，宋高宗一行向临安（今杭州）逃去。宋高宗以为是赐死张邦昌得罪了金人，所以还下了个"罪己诏"，大

中兴四将

赦天下，惟独李纲不免，更不能释放。治李纲的罪是为了求得金人的谅解。

黄、汪二人任相以来，把持朝政，嫉害忠良，特别是他们不修军备导致了金人南下，以至宗室播迁，引起了朝野上下的不满。御使中丞张澂勇敢地写下了黄、汪二人的二十大罪状，上书赵构，请求罢免他们。迫于压力，高宗不得不"忍痛割爱"，罢免黄、汪。不久，宋军在陈彦的率领下，渡江打败金军，收复了扬州，宋高宗的小朝廷才在杭州暂时安顿下来。

三、苟且偷生　宠奸害忠

金兵虽一度占领了扬州，但并没有从扬州再渡江南犯，就又逐步撤兵北去。因此，宋高宗复辟后，为了顺应朝野上下的舆情，又迫不得已地慢慢从杭州北进江宁府（今南京），并改江宁为建康府，做出把行都设在建康的姿态。为避免重演二月初从扬州逃跑时那种惨剧，宋高宗在抵达建康之后不久，就派遣官员和兵马，护送孟太后到江西境内去避难。同年六月，在宋高宗正接连向金朝最高统治者们上书乞哀的过程中，女真贵族又发动了兵马，以金主四太子兀术为统帅，再次举兵南下，准备捉拿宋高宗，消灭赵氏王朝。

宋高宗和将相大臣们商讨对策时，决定只守江而不守淮。宋高宗本人早已做好了返回杭州的打算，他一方面布置江防，另一方面又升杭州为临安府，以备作为都城所在。当这一切安排就绪后，就慢慢地返回杭州。

不幸的是，金兵一路攻来，宋高宗闻听临安失陷，逃往明州（治今浙江宁波南）；随之又逃往昌国县（今浙江定海），后又被金兵追至海上。最后是金兀术害怕在南方迁延过久对自己不利，才声称"搜山检海已毕"，急忙引兵退回北方。

金兀术退兵时，在镇江遭到韩

韩世忠
——从原故宫南熏殿旧藏《历代先贤名人像》

世忠的顽强阻击。在金山（今江苏镇江西北）龙王庙，身穿红袍玉带的金兀术和宋军作战时摔下马来，险些被俘虏。双方交战数十回合，守军越战越勇，韩世忠的妻子梁红玉亲执桴鼓助战[1]，金兀术的女婿龙虎大王被生擒。金兀术无奈，采用火攻，突袭宋军的战船，乘机逃回了江北。宋高宗见金兵撤退，才蹒跚地从温州移至越州，升越州为绍兴府，作为小朝廷的临时所在地。直到绍兴二年（1132），宋高宗为首的南宋小朝廷才重回临安。

实际上，自灭北宋以来，金朝统治者就用以汉治汉的策略，进行对北方的统治了。他们开始树立张邦昌做伪楚皇帝，后来又以建立伪政权为诱饵，诱使杜充投降。当金军退出江南后，又在已经侵占的山东、河南之地树立了一个傀儡政权，定国号为"大齐"，册封降臣刘豫为皇帝。从此，金与南宋之间虽然在军事上出现了一个缓冲地带，但矛盾和斗争更加复杂化。在这种情况下，宋高宗又同秦桧勾结起来，加紧进行对金的议和活动。

梁红玉
——从《马骀画宝》

---

[1] 事见《宋史·韩世忠列传》："战将十合，梁夫人亲执桴鼓，金兵终不得渡。"

绍兴十年（1140）五月，金兵分四路南下，河南、陕西诸州纷纷陷入敌手。当兀术率兵十余万抵汴京时，宋留守孟庚率官迎降。金军占领东京后，继续向东南进军。当金军南下的消息传到临安，高宗才从苟且偷生的梦中惊醒，装出一副主战的样子，匆忙调兵遣将，进行抵抗。他下诏让岳飞从襄阳（今属河南）出击，牵制向淮南及陕西进攻的金兵，并恢复京师汴梁。

杭州岳庙秦桧夫妇跪像

岳飞，字鹏举，相州汤阴（今河南汤阴）人。岳飞奉诏出师北进，先后攻下了颍昌（今河南许昌东）、蔡州（今河南汝县南）、洛阳等地。接着，他亲自率领5万轻骑驻扎在郾城（今属河南）。兀术带领全军最精锐的拐子马到郾城决战。岳飞指挥将士持刀斧跃入敌阵，上砍敌人，下砍马足，大败金兵，取得了有名的郾城大捷。与此同时，韩世忠、张浚所部分别收复了海州（今江苏东海东）、亳州（今属安徽）；忠义民兵也收复了不少城池，并相约以"岳"字旗为号，等待岳家军渡过黄河配合进攻金兵。这些胜利，形成了对金军的大包围，切断了敌人的归路。

秦桧知道岳飞不肯从抗金前线撤兵，就先命令张浚、杨沂中等抗金将领率先撤退，然后以"孤军不可久留"为借口，请求宋高宗给岳飞下达班师的命令。宋高宗竟连下12道金牌，勒令岳家军立即退兵。岳飞接到班师的命令，心中异常悲愤。他流着眼泪说："十年之功，废于一旦。"[1]他不能违抗朝廷的命令，率军退驻鄂州。前方已经收复的城市，又重新沦入金人之手。

宋高宗不仅主动放弃了军事反攻的良机，而且对拥重兵在外的将领戒心重

---

[1] 事见《宋史·岳飞列传》："桧知飞志锐不可回，乃先请张浚、杨沂中等归，而后言飞孤军不可久留，乞令班师。一日奉十二金字牌，飞愤惋泣下，东南再拜曰：'十年之力，废于一旦。'"

重,他害怕苗、刘作乱的事情重演,决心在适当时机收夺兵权,以防止将领们尾大不掉,滋事生非。而今时机终于来了,他以论功行赏为名,诏令韩世忠、张浚、岳飞三大将速回临安。

为讨好金人,宋高宗、秦桧与张浚谋害岳飞的安排也在有步骤地进行着。秦桧捏造了岳飞"谋反"的罪名。秦桧和张浚策划后,先买通了岳飞的部下王贵、王俊等人,写了"首告状"诬告岳飞最倚重的部将张宪要领岳云到襄阳去造反,然后加以逮捕。接着,逼张宪招认,是岳云唆使他这样干的,又把岳云逮捕入狱。秦桧、张浚等人还将各种搜集的证据加以歪曲,送宋高宗审阅。宋高宗看到材料中有岳飞指示张宪举兵之辞,顿时大怒。秦桧就借机请求宋高宗立即把岳云提来,与张宪、岳云一同对证其事。宋高宗当即表示同意。

十月的一天,岳飞从庐山到达杭州。秦桧立即向宋高宗汇报,宋高宗表示一切听从秦桧办理。秦桧命人将岳飞骗至大理寺,并要他的亲信、御史中丞何铸进行审理。他们一面令狱吏严刑拷打岳飞和岳云,逼他们招供;一面继续罗织岳飞父子"谋反"的罪名。但一连两个月,没有人愿意出来作证。

绍兴十一年(1141)除夕夜,宋高宗与秦桧不顾一切地把岳飞父子及张宪定成死罪,把他们杀害。当时,岳飞才39岁。在临刑前,岳飞在狱案上挥笔写下了"天日昭昭!天日昭昭!"八个大字。

四、甘当儿皇 无奈退位

绍兴十一年(1141)的宋金和议,使南宋成为金王朝的附属国。从此,宋金关系不是平等的兄弟关系,而是君臣关系了。宋高宗深感获得金朝对其帝位承认之不易,因此,也安于称臣纳贡,每年除把岁币如数送到泗州交纳给金朝外,还要搜刮大量的金银币绢,送给金朝贺正旦及生辰。宋高宗的母亲韦氏每年送给金朝皇后的礼物也数以万计。金朝皇帝还随时索取各种玩好,宋高宗都一一照办。他对金朝皇帝的虔诚,不亚于教徒对上帝的崇拜。

宋金战争期间,金兵所到之处,烧杀掳掠,农田荒芜,百姓生活困苦不堪。议和后,宋廷向金朝交纳巨额贡物,这些钱财自然转嫁到了老百姓头上。由于赋税沉重,国困民穷,各地农民纷纷起义。宋高宗不顾人民死活,大兴土木,建造了各种神殿宫宇,举行盛大典礼,以之粉饰太平。

高宗的美梦没做多久,新当上金国皇帝的完颜亮便准备举兵灭宋了。完颜

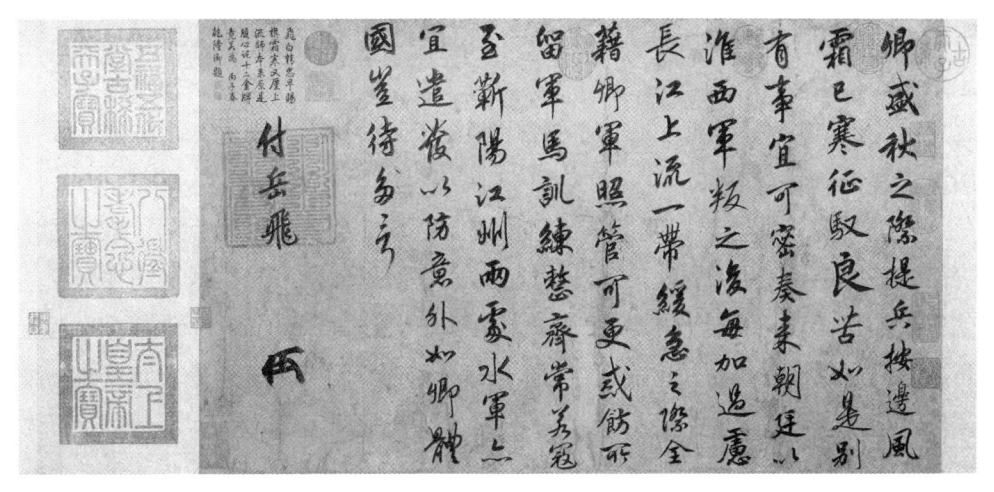

宋高宗行书《付岳飞》

赵构政治上昏庸无能，然精于书法，善真、行、草书，笔法洒脱婉丽，自然流畅，颇得晋人神韵，传世墨迹有《草书洛神赋》《正草千字文》及《光明塔碑》等。

亮是金朝的第四个皇帝。他发动宫廷政变杀死金熙宗，登上皇帝宝座，整治内政，更其都城，又想天下一家，不允许南宋存在。

对于完颜亮南侵的企图，南宋的一些有识之士早有所察。绍兴二十六年（1156），东平进士梁勋上书，言金人有举兵之兆，劝高宗未雨绸缪，以防不测。高宗勃然大怒，竟以诋斥和议、迷惑大众的罪名，将梁勋流放到千里之外。这时秦桧死亡，群臣拍手称快，纷纷上奏章揭露他的罪恶，要求为岳飞平反昭雪。但高宗毕竟宠信过秦桧，和金朝的议和大计也是二人的"结晶"，因此特意下诏说："和金人讲和之策是我本人之意，秦桧只是赞成我的做法罢了。"并宣布："从今以后有妄议边事者，要处以重刑。"

绍兴三十一年（1161）九月，金主完颜亮率60万大军，分道南下，想一举灭宋。高宗这才慌了手脚，急忙起用患病在身的老将刘锜和王权率军抵挡。王权慑于金军的强大，在庐州（今安徽合肥）不战而逃，全军溃败。宋高宗一听王权兵败，下诏准备解散官府，让各自逃命，他自己又想走航海避敌的老路。只是由于新任宰相陈康伯坚决劝阻，宋高宗才被迫下诏表示要率军亲征，并派知枢密院事叶义问督视江淮军马，中书舍人虞允文参赞军事，到江淮督战。而战时，刘锜孤军难抵，兵败南撤，整个两淮地区均被金军占领了。

就在这年十月，完颜雍借完颜亮南下侵宋之机，发动宫廷政变，自立为皇帝。正准备举军渡江的完颜亮听此消息，决定打过江后，回师平定国内叛乱，没想到在采石被宋将虞允文指挥的宋军一举击败。完颜亮恼羞成怒，强迫金军将士冒死渡江，结果激起兵变。一些将领杀死完颜亮，率军北撤。南宋军队乘势收复两淮，大获全胜。

完颜亮南侵的惨败，使南宋抗金热情大振，抗金运动风起云涌。面对这种局面，高宗十分尴尬，再坚持自己的议和主张已不可能，积极抗战又违背初衷，就于次年下诏退位，让他的养子、宋太祖的七世孙赵昚继位，自己当了太上皇帝，退居德寿宫。其后，孝宗赵昚为宋高宗上尊号曰"光尧寿圣宪天体道性仁诚德经武纬文绍业兴统明谟盛烈太上皇帝"。淳熙十四年（1187），宋高宗死于德寿殿，时年81岁。孝宗谥他为"神武文宪孝皇帝"，庙号"高宗"，并葬于会稽（今浙江绍兴）永恩陵。

名家评说

高宗恭俭仁厚，以之继体守文则有余，以之拨乱反正则非其才也。况时危势逼，兵弱财匮，而事之难处又有甚于数君者乎？君子于此，盖亦有悯高宗之心，而重伤其所遭之不幸也。

然当其初立，因四方勤王之师，内相李纲，外任宗泽，天下之事宜无不可为者。顾乃播迁穷僻，重以苗、刘群盗之乱，权宜立国，确乎艰哉。共始惑于汪、黄，其终制于奸桧，恬堕猥懦，坐失事机。甚而赵鼎、张浚相继窜斥，岳飞父子竟死于大功垂成之秋。一时有志之士，为之扼腕切齿。帝方偷安忍耻，匿怨忘亲，卒不免于来世之诮，悲夫！

——元·脱脱《宋史》

宁宗赵扩

宋宁宗赵扩（1168～1224），宋朝第十三代皇帝。父宋光宗赵淳，母慈懿皇后李氏。公元1194～1224年在位，谥号"法天备道纯德茂功仁文哲武圣睿恭孝皇帝"，庙号"宁宗"。宁宗时期，外戚专权十分严重，宁宗赵扩几乎完全不理政事，全由外戚韩侂胄一人决断。这样就滋长了朝廷的腐败。特别是两次北伐，更是把积贫积弱的宋朝搞得一团糟，财政危机日益严重，百姓苦不堪言。后期，大臣史弥远又一手遮天，干预朝政，宁宗完全被架空了。

一、被拥即位 顿陷纷争

乾道四年（1168）十月，赵扩生于恭王邸。淳熙七年（1180），赵扩开始从师学习。淳熙十二年（1185），他被进封为平阳郡王。同年，他举行了婚礼，娶夫人韩氏。韩氏是北宋名将韩琦的后人，贤淑通达，很受赵扩钟爱。十六年三月，光宗继位，他又晋爵嘉王。绍熙元年（1190），即光宗即位的第二年，皇后李氏就曾提议要将赵扩立为太子，由于太上皇还健在，光宗不敢自作主张，没有同意。同年，宰相留正奏请立嘉王为太子，也被否决。太上皇孝宗认为立储关系国本，不能仓促行事。不料，绍熙五年（1194）六月，孝宗突然驾崩，光宗因与太上皇积怨很

宋宁宗赵扩
——从明刻本《古先君臣图鉴》

深，称疾不出，既不主持生父的丧礼，又不出朝处理政事，一时朝廷无主，人心惶惶。群臣于是决定由太皇太后主持，举行禅位大典，逼迫光宗退位，赵扩成为新君，史称宋宁宗。

宋宁宗即位不久，就陷入了大臣之间争斗的漩涡。大臣赵汝愚和知阁门事韩侂胄是辅佐宁宋登的有功之臣。特别是韩侂胄，他既是太皇太后的亲外甥，又是新任皇后韩氏的叔祖，如此特殊的身份使得他逐渐不满于眼中的地位了。他希望宁宗能论功行赏，授以他节度使的头衔。然而，掌权的赵汝愚却有意压制侂胄，他说："我是宗室大臣，你身为外戚，辅佐太子登基，正是分内之事，怎能居功求赏呢？"因此他只奏知宁宗，为韩侂胄只加迁一级，兼任汝州防御使。这样的任命使韩侂胄大为失望，他总想找机会报复赵汝愚。[1]

朱熹
——从原故宫南熏殿旧藏《历代先贤名人像》

韩侂胄，开始结交外援，对赵汝愚进行排挤。知阁门事刘弼因为不能参加定策，对赵汝愚不满，于是向韩侂胄献计，要他控制御史台、谏院，作为攻击赵汝愚的工具。很快，韩的党羽刘德秀、李沐、刘三杰就通过宁宗内批进入台谏，霸占了言路。

朱熹见韩侂胄任用小人，恐怕会危害朝政，常借入宫应对之机，谏阻宁宗，宁宗不理。朱熹再次央求赵汝愚厚赏韩侂胄，让他出居外藩，杜绝他干政的门路。赵汝愚太大意了，还以为韩侂胄一个小小的阁门知事，容易制驭，不会为害太大，因而把朱熹的建议束之高阁。

朝中对宁宗屡用内批任用大臣开始不满。内批即皇帝的手诏，它可以不经

[1] 事见《宋史·奸臣四·韩侂胄列传》："宁宗既立，侂胄欲推定策恩，汝愚曰：'吾宗臣也，汝外戚也，何可以言功？惟爪牙之臣，则当推赏。'乃加郭杲节钺，而侂胄但迁定州观察使兼枢密都承旨。侂胄觖望，然以传导诏旨，浸见亲幸，时时乘间窃弄威福。"

三省直接由宫中发出。使用内批，大臣们无法在决策前发表意见，自然助长皇帝的专断，造成了决策的随意性。为纠正这种做法，朱熹乘着讲经之机，对宁宗说："陛下即位时间尚短，可是进退宰相、改任台谏官员，都由陛下独断专行，朝内外臣民都认为陛下左右有人窃权，臣子也担心主威下移，求治反而得乱呢！"宁宗这时倚重韩侂胄，看过上书，顺手交给了他，韩侂胄顿生怒气。他还多次对宁宗说："朱熹迂阔不能重用。"宁宗于是发出内批，罢免了朱熹侍讲的职务。

罢免朱熹，引起许多大臣的反对，宁宗一意孤行，又将劝阻的人一一罢斥。工部侍郎黄艾趁着进讲的机会，询问宁宗突然赶走朱熹是何原因，宁宗说："本来只让他讲经，现在他什么事也想干涉。"黄艾反复解释，宁宗拒不收回成命。大臣王介上书反对宁宗用内批升降大臣，认为如此独断，不是治世的良策，并且还举出本朝历史上使用内批造成危害的例子，希望宁宗改弦易辙，多征求宰相、执政大臣们意见，然后任免官吏，才能保证少留遗憾。然而有一个事实是宁宗没有注意的，自从他使用内批以来，他同朝廷重臣的接触越来越少，这些执政大臣们的想法根本无法传入他耳中，相反，小小的知阁门事韩侂胄的地位，在他心目中愈来愈重要了。这年十月，他下诏改明年为庆元元年，接着又任命韩侂胄兼任掌管传达皇帝诏敕的要职——枢密都承旨。毫无疑问，韩侂胄已经取得了宁宗的绝对信任。

赵汝愚不拘小节，性情粗疏。孝宗死前，他曾梦见过孝宗亲手交给他一个宝鼎，然后背负白龙升天而去，当时不解，以后拥戴身穿孝服的宁宗即位，才恍然大悟。得意之际，信口带出，自己也不以为意，没有想到会成为谋反的口实。十一月，宁宗收到何澹的奏疏，攻击赵汝愚援引不法之徒，图谋不轨，说赵汝愚乘龙授鼎，假梦为符，暗与徐谊合谋，准备重新拥立上皇做绍兴皇帝。宁宗本来就恼恨他以定策元勋自居，现在有人弹劾他，哪管是真是假，当即下诏，将赵汝愚贬为宁远节度使副使，放逐永州，徐谊也受牵连，放逐到南安

赵汝愚

军。赵汝愚接到诏书,即刻起程,行至衡州就病倒了。当地长官钱鏊早就接到韩的暗示,对他加倍凌辱,赵汝愚病体怏怏,怎能受得了如此折磨,很快暴死衡州。噩耗传开,朝野内外都认为赵死得冤枉。宁宗听了,并不悲伤,反而觉得韩侂胄真替他杜绝了奸源。人死灰灭,罪过不咎,为了做做样子,堵一堵臣民之口,宁宗追认了赵汝愚的原官。

二、外戚专权　北伐成功

赵汝愚死后,朝中已无人能够与韩侂胄争雄。为了巩固自己的权势,他对政治上的反对派极尽打击迫害之能事。庆元四年(1198),阻止党禁的吴太后已死,宁宗下诏登记伪学名单,上有旧相赵汝愚、留正、名儒朱熹,下有一般士人杨宏中等共59人。这59人中,任官的即刻罢黜,未任官的不能录用,和这些人有瓜葛的也不许再任官职,这就是宁宗时期的"庆元党禁"。

庆元党禁持续了几年的时间,正直之士多被排挤,韩侂胄乘机将亲朋故旧和爪牙拉进朝廷。京镗为他设计罢免赵汝愚,升任宰相;陈自强是他的启蒙教师,昏老庸谬,由于韩侂胄的荐引,也很快当了宰相;苏师旦是韩侂胄旧时的刀笔小吏,因为狡黠善辩,成为韩侂胄的亲信,没过几年,就连升到知阁门事兼枢密都承旨——这是韩赖以窃弄权柄的要职。在韩侂胄专权时期,政府、枢密、台谏、侍从等重要官员,都出自韩侂胄之门。宁宗好似一个傀儡,一切任免官吏,惟侂胄之言是听。韩的亲故得势后,无一不奸,无一不贪。陈自强公开纳赂卖官,各地官员寄给他的书信,信封上都必须注明某物若干"并"献,凡无"并"字的书信连看也不看。苏师旦掌握武将的任命大权,自三衙以至沿江诸帅,明码标价,多者至数十万贯,少者也不下10万贯。其他担任宰执、台谏的官员也都龌龊不堪。

韩侂胄本人也有点忘乎所以。作为外朝的大臣,他却频繁出入宫廷,以前孝宗思考政事的地方,他竟然在那里随意躺卧,那些年老的宫人见了,常常悄悄落泪。

不只如此,他甚至连皇帝的家事都要插手。那时,皇后韩氏已经去世,杨贵妃和曹美人都受到宁宗的宠爱,各自有立为皇后的希望。杨贵妃性情机警,很有文化,还颇懂得权术,曹美人却性格柔顺,与杨不同。韩侂胄劝宁宗册立曹美人。杨贵妃听到风声,便趁着侍寝之机大展手腕,乞求宁宗立她为后,宁宗同意

《八僧故事图卷》（局部）

梁楷绘，宋宁宗景泰年间（1201—1204），曾在宫廷画院任待诏，擅画人物、山水、道释、鬼神。因嗜酒行为狂放，人称"梁疯子"。现藏上海博物馆。

了。[1]杨贵妃又怕韩侂胄抗旨不遵，请宁宗将诏书写成一式两份，一份按照常例发出，一份派内侍送交她的义兄杨次山，让他一俟百官上朝即行宣布，防备发生意外。第二天，等到韩侂胄上朝的时候，立后的诏书已经宣读了。木已成舟，韩侂胄只好作罢，但从此却与杨皇后结下了怨仇。

宁宗册立了杨皇后，怕韩侂胄心怀不满，便乘着喜庆，加封他为太师。韩侂胄真是位极权重、荣华无限。但他仍不知足，他还想立一番盖世功绩来永保富贵，于是他的一些党羽便劝他北伐金朝，以此巩固自己的地位。韩侂胄听得心花怒放，立即着手准备。为调动各方面的力量，他首先解除了党禁，并把党禁中的抗战派纷纷起用起来。著名词人辛弃疾也是在这时再起的。

韩侂胄倡议北伐，只是想进行一场军事投机，由于他的独断专行，内部矛盾重重，极不稳定，因而他收复中原建立功名的梦幻，很快就破灭了。

实际上，这时金朝也无力再战，他们派出一个自称是韩琦五世孙的人前往宋营谈判。韩侂胄正在后悔轻率出兵，立即派人与金军谈判。反复多次，在宋方答应归还金人淮北之地后，和议初步达成。不久，他又派遣方信孺前往金营议和。这时，金帅仆散揆已死，完颜宗浩继任，为了取得最有利的条件，他千方

---

[1]事见《宋史·后妃下·恭圣仁烈杨皇后列传》："恭淑皇后崩，中宫未有所属，贵妃与曹美人俱有宠。韩侂胄见妃任权术，而曹美人性柔顺，劝帝立曹。而贵妃频涉书史，知古今，性复机警，帝竟立之。"

百计对方信孺虚声恫吓，方信孺毫不屈服，金朝只好把他遣回，并让他随身带回一封信给张岩。信中要求南宋杀掉首谋用兵的韩侂胄，并把首级献给金国。另外，每年给金的贡银增加50000两，犒师银1000万两，方可议和。并提出，南宋如果向金称臣，就以江淮之间取中为界；若称子，则以长江为界。条件如此苛刻，方信孺怎敢告诉韩侂胄，在一再追问下，方信孺才说："金人想得到太师的脑袋。"韩侂胄听了，恼怒金人抓住自己不放，决心再度整兵出战。这样，朝廷再次发布诏书，招募新兵，并起用主张北伐的辛弃疾为枢密都承旨，指挥军事。

三、重臣专权　再度北伐

韩侂胄再次用兵的希望很快又破灭了。辛弃疾还没动身，就病死在家中。由于前线连战连败，蜀口、江淮一带的百姓大批死于战争。军费开支巨大，国库空虚。大将张岩建督府九个月，寸功未立，却耗费钱370万贯。以前反对开战的大臣们又活跃起来，厌战情绪随着前线的败绩，逐步升级。

十一月，礼部侍郎史弥远率先发难，上书反对韩侂胄继续用兵，请求将其斩首。这次上书未能说服宁宗，却正中杨皇后下怀。她立即配合，吩咐荣王赵曮弹劾韩侂胄。

荣王赵曮并不是宁宗的亲生子。宁宗生有四子，但都早早夭折了。庆元四年（1198），丞相京镗见宁宗还没有后嗣，就请宁宗依照高宗旧例，挑选养子，荣王赵曮就是那时入选宫中的。

荣王接受了杨皇后的命令，便伺机进言。有一天退朝，他对宁宗说："韩侂胄再启兵端，会对国家不利，应该将其正法以谢天下！"宁宗一听，大骂荣王无知。杨皇后见荣王碰壁，只好亲自出面相劝。杨皇后说："韩侂胄专横误国，天下人哪个不知，大臣们只是怕他的权势，才不敢弹劾。"宁宗仍是半信半疑，对杨皇后说："事情未必属实，待我查明以后，再罢免他吧！"杨皇后说："陛下深居九重，何从密察，此事非委托一位至亲办理不可。"听了皇后的一再劝说，宁宗逐步放弃了自己的意见，同意皇后所请，并派皇后的义兄杨次山调查韩侂胄的情况。

杨皇后看到皇帝采纳了自己的意见，担心宁宗反悔，赶紧召来杨次山，让他秘密结交朝廷大臣，共同对付韩侂胄。杨次山受命后，先找了史弥远，史弥远

又联合了反对北伐的前枢密副使钱象祖、参知政事李壁，密谋杀韩。

开禧三年十一月的一天，史弥远等人派兵在韩侂胄上朝的路上把他拘捕，然后把他押到玉津园杀死。宁宗本无杀他之意，韩侂胄死后，史弥远和钱象祖向宁宗报告韩已被杀的消息，宁宗怎么也不相信，过了三天，都不肯接受这一事实。[1]

史弥远等人先斩后奏，诛灭权臣，宁宗本想发作，怎奈内有杨皇后、荣王的劝说，下有杨次山、史弥远等人的哀求，外有金军的强大压力，因而也只好顺水推舟。他发布诏书，列举韩侂胄的罪行，将其抄家。随后，又将依附韩侂胄的陈自强、郭倪、邓友龙等人赶出朝廷，韩侂胄专权的局面终于结束了。宁宗又颁诏，荣王赵曮被册封为皇子，钱象祖升为右丞相，史弥远更是越级提拔，逐步掌握了朝政。十二月，宁宗宣布改明年为嘉定元年，议和之势已成定局。

宋宁宗皇后杨氏
——从原故宫南熏殿旧藏《历代皇后画像》

嘉定元年（1208）三月，出使金朝的使臣返回国内，带回了金朝的议和条件。条件之苛刻，宁宗也感到耻于接受，因为金朝要求南宋用韩侂胄、苏师旦的首级赎回被金军占领的淮南之地。宁宗召集大臣讨论。吏部尚书楼钥说："和议是国家大事，急需做出结论，已经毙命的奸臣头颅，还有什么值得惋惜的呢？"宁宗见他说得坚决，也觉得有理，就命令临安府长官劈开二人棺木，取出头颅，

---

[1] 事见《宋史·后妃下·恭圣仁烈杨皇后列传》："开禧三年十一月三日，侂胄方早朝，弥远密遣中军统制夏震伏兵六部桥侧，率健卒拥侂胄至玉津园，槌杀之。复弥远、象祖等俱赴延和殿，以殛侂胄闻，帝不之信，越三日，帝犹谓其未死。"

枭示两淮，送往金朝，交换金朝侵占的土地，宋金和议最后达成。此外，南宋每年进贡岁币30万两，赔款300万两，这样，金军从侵占的土地上撤走，这就是所谓的"嘉定和议"。

关于内政，宋朝的大臣倪思警告宁宗说："大权刚刚收回，应该切记防微杜渐，一旦出现干预君权的端倪，就会重蹈覆辙，希望枢臣远权平息外面的议论。"枢臣指的是史弥远。但是宁宗已经不能自拔。倒韩有功的史弥远受到杨皇后的支持，几个月内连升四级，从刑部侍郎一跃而为右丞相兼枢密使。韩侂胄的同党一再遭到贬斥，代之以他的爪牙，很快史弥远牢牢地控制了朝廷大权，专权达17年之久，连给他母亲守丧也不例外。嘉定元年（1208）十一月，史弥远的母亲死了，他不得已只好离任回家治丧。宁宗不愿让史弥远离开，太子则请宁宗在京城赐给史弥远一座宅第，让他在京服丧，以便咨询政事。第二年五月，宁宗破例起复史弥远，还担心史弥远碍于舆论，不能及时赴京，派出督促的使者相望于道。这样，史弥远服丧未完，就重新做了宰相。[1]

为了巩固自己的地位，史弥远采取了一些笼络人心的措施。他为已故宰相赵汝愚平反昭雪，修改了韩侂胄干预下编成的国史，遭韩侂胄迫害的伪学党人朱熹、彭龟年、吕祖俭等人虽已早死，也进行平反，录用他们的后人。然而史弥远的这一系列举动并不是他的真实意图，他真正重用的是他的党羽薛极和胡榘。像韩侂胄专权时期那样，宰执、侍从、台谏、帅守等要职，都由史弥远推荐的人担任，当时政局的混乱、黑暗绝不亚于韩侂胄专权时代。

史弥远
——从《西湖人物图》

[1] 事见《宋史·列传第一七三·史弥远》："嘉定元年，……丁母忧，归治葬，太子请赐第行在，令就第持服，以便咨访。二年，以使者趣行急，乃就道，起复右丞相兼枢密使兼太子少师。"

宁宗没有主见，在对金朝的和战问题上，表现得摇摆不定，这样，就只好受权臣摆布。韩侂胄首倡北伐，他并不赞成，后来头脑一热，便慨然应允；韩侂胄北伐受挫，宁宗也立刻放弃了抗战的主张。嘉定初年，史弥远力主和议，以极端耻辱的条件与金达成和议。以后几年，金朝疲于应付蒙古，宋金相安无事，宁宗更无意对金发动战争。嘉定七年（1214）。金朝在蒙古的步步进逼下已经走投无路，不得已把都城从中都（今北京）迁到汴京（今开封），版图只剩了黄河以南的一部分，靠着黄河天险苟延残喘。就在这种形势下，金主完颜珣还多次派遣使者来催促南宋交纳岁币，这种态度激怒了南宋臣民。

疆土缩小、财政困窘的金朝得不到南宋的岁币，更加陷入困境。金统治者历来看不起南宋，为解决国用不足的困难，扩充疆土，他们便想北面丢失南面补，进攻南宋。嘉宁十年（1217），金军分路大举南侵。战争伊始，宁宗惑于和战的争论，一直没有明确下诏反击，只是下令沿边将帅便宜行事。边防将领赵方、孟宗政等人屡屡获胜之后，宁宗才慷慨下诏伐金。史弥远主和不成，便不置可否，坐观成败。

宋金之间的这次战争延续了六年之久，金宣宗利用蒙古军队主力西征，暂时放松对金进攻的时机，频频发动对南宋的进攻。但宋军在这场战争中始终处于优势，金军损兵折将，迫使金朝新君金哀宗在嘉定十七年（1224）派人同南宋通好，明令部下不得进攻南宋。宋金双方进入休战状态。

四、皇子疾恶　权臣矫诏

宋金战争打得难解难分的时候，史弥远的专权也到了无以复加的地步。他与杨皇后内外勾结，控制朝政，一手遮天。

当时，太子已经病死，后宫妃嫔仍然没有生育，只好另选后嗣。燕王德昭的九世孙名叫贵和，是沂王赵柄的养子，宁宗看中了他，就把他立为皇嗣，赐名赵竑。另外又命史弥远选人继承沂王，于是选中了宗室子弟赵与莒，宁宗赐名贵诚，也养在

宋宁宗时期的开禧通宝

宫中。

皇子看不惯杨皇后和史弥远的作为，痛恨史弥远专权误国，发誓即位之后，一定铲除他。史弥远得知消息，觉得皇子赵竑是自己的大敌，就想废掉他，另外挑选一个与自己关系好的人做皇子。[1]

沂王养子贵诚知书识礼，对史弥远非常尊敬，每次见了史弥远，一定自称小侄向他行礼。史弥远就挑选了贵诚刻意培养，准备取代皇子赵竑。趁着上朝机会，他不止一次地向宁宗诉说赵竑之短，称赞贵诚之长。宁宗一直莫名其妙，他虽然也很喜欢贵诚，可是并没有立他为皇子的打算，事情就这样拖下来了。

嘉定十七年（1224）八月，宁宗染病卧床，史弥远加紧策划废立。过了五天，宁宗病情更重了，史弥远便矫诏立贵诚为皇子，改赐名为赵昀。五天以后，宁宗病死在福宁殿，时年57岁。

名家评说

宋世内禅者四，宁宗之禅，独当事势之难，能不礼节焉，斯可谓善处矣。初年以旧学辅道之功，召用宿儒，引拔善类，一时守文继体之政，烨然可观。中更侂胄用事，内蓄群奸，至指正人为邪，正学为伪，外挑强邻，流毒淮甸。频岁兵败，乃函侂胄之首，行成于金，国体亏矣。既而弥远擅权，幸帝耄荒，窃弄威福。至于皇储国统，乘机伺间，亦得遂其废立之私，他可知也。虽然，宋东都至于仁宗，四传而享国百年，邵雍称为前代所无，南渡至宁宗，亦四传而享国九十有八年，是亦岂偶然哉。惜乎神器授受之际，宁、理之视仁、英，其迹虽同，其情相去远矣。

——元·脱脱等《宋史》

---

[1]事见《宋史·后妃下·恭圣仁烈杨皇后列传》："嘉定十四年，帝以国嗣未定，养宗室子贵和，立为皇子，赐名竑。弥远为丞相，既信任于后，遂专国政，竑渐不能平。初，竑好琴，弥远买美人好琴者纳之，而私厚美人家，令伺皇子动静。竑嬖之，一日，竑指舆地图示美人曰：'此琼崖州也，他日必史弥远于此地。'美人以告弥远。竑又书字于几曰：'弥远当决配八千里。'竑左右皆弥远心腹，走白弥远。弥远大惧，阴蓄异志，欲立他宗室子昀为皇子，遂又阴与昀通。"

理宗赵昀

宋理宗赵昀（1205～1264），宋朝第十四代皇帝。原名与莒，后赐名贵诚。父山阴尉希瓐，母金氏。公元1224～1264在位。谥号"建道备德大功复兴烈文仁武圣明安孝皇帝"，庙号"理宗"。宋理宗是个不折不扣的傀儡皇帝，从他即位的那刻起，他就从未摆脱奸佞群小的操控。大权旁落的理宗在政治上毫无作为，中年后又沉迷贪欢，使得奸臣大行其道，国家迅速衰败下去。幸好还有几位忠臣在为理宗卖命保江山，理宗才未落得亡国之君的下场。

一、被拥而立　权臣专政

嘉定十七年（1224）闰八月，统治南宋达30年之久的宁宗赵扩突然一病不起，围绕着嗣位的问题，宫廷内展开了一场错综复杂的斗争。

宁宗膝下无子。庆元四年间，丞相京镗见宁宗六宫都没有生育，就请遵照高宗旧例，挑选宗室作为养子。嘉定元年，荣王赵㬎被立为皇太子。不料，嘉定十三年，29岁的皇太子竟得病早逝，宁宗只好另行择立储君。这时，宁宗已53岁，他下诏在宗室子弟中择优选拔。结果选中了贵和为皇嗣，把他养育宫中，更名竑。

皇子对史弥远的不满由来已久。史弥远本是奸佞小人，靠着杨皇后的门

宋理宗赵昀
——从原故宫南熏殿旧藏《历代帝王像》

路，竟然扶摇直上，越级升迁。开禧三年之后，韩侂胄被杀，杨皇后公开干预朝政，史弥远一跃而为丞相，权势显赫，朝野畏惧，很多大臣都出于史弥远门下。皇子对杨皇后和史弥远深恶痛绝。他下定决心，即位之后一定要铲除史弥远。对此，史弥远早有耳闻，心中大惧。七月七日乞巧节，史弥远给皇子送去许多珍宝，可是皇子乘着酒醉，把这些珍宝统统摔在了地上。史弥远深知皇子此举的用意，不由得惶恐起来，他暗下决心，废掉赵竑而改立贵诚。

为培植贵诚，史弥远特邀请国子学教习郑清之兼任沂王府学教授。贵诚每天在郑清之的辅导下读书习文。嘉定十七年（1224）闰八月，57岁的宁宗溘然长逝。在他弥留之际，史弥远假诏命将贵诚召入宫中，让郑清之告诉他，准备立他为太子。贵诚明白自己没有合法的继承权，故此默不作声。史弥远也不管贵诚同意不同意，当即宣布立贵诚为皇子，并改名为昀，封为成国公。一切都在秘密中进行。不但皇子毫不知情，就连杨皇后也没有获得消息，五天以后，宁宗刚刚崩逝，史弥远又说服杨皇后同意。杨皇后为了自己的利益，要召见赵昀。

赵昀受召，匆匆进入宫内，杨皇后抚着他的背说："如今你就是我的儿子了。"史弥远领着赵昀在宁宗灵前行礼完毕，然后才宣召赵竑。他正在家中等得焦急，听说召唤，连忙进宫。随从全部被拒之门外，赵竑以为宫中的规矩就是如此，并不介意。到了宫内，史弥远领着他到宁宗的灵柩前行礼后，把他带出帷帐，命殿帅夏震严密监视，然后宣召百官入朝听旨。夏震领着赵竑，仍站在他原来上朝站的位置，赵竑愕然："今天是新天子即位之日，我岂能仍旧站在臣僚的位置上？"夏震哄骗他说："未读遗制之前，仍应站在这里，宣读遗制之后，就该让你登位了。"赵竑仔细想来，觉得不无道理，也就不再坚持。过了片刻，遥遥望见烛影中有人登上御座，原来赵昀已经即位了。宣读遗制毕，仪礼官高声呼喊，百官拜贺。赵竑知道他已被人出卖，愤愤不平，不肯下拜。夏震按着他的头强迫他下拜。[1]接着宣读遗诏，以赵竑为开府仪同三司，封济阳郡王；尊杨皇后

---

[1]事见《宋史·宗室三·镇王竑列传》："昀既至，弥远引入柩前，举哀毕，然后召竑。竑闻命亟赴，至则每过宫门，禁卫拒其从者。弥远亦引入柩前，举哀毕，引出帷，殿帅夏震守之。既而召百官立班听遗制，则乃竑仍就旧班，竑愕然曰：'今日之事，我岂当仍在此班？'震绐之曰：'未宣制以前当在此，宣制后乃即位耳。'竑以为然。未几，遥见烛影中一人已在御座，宣制毕，阁门赞呼，百官拜舞，贺新皇帝即位，竑不肯拜，震捽其首下拜。"

真德秀
——从明万历三十七年（1609）原刊本《三才图会》

真德秀（1178—1235），字实夫，号西山。本姓慎，因避孝宗讳改姓真。福建浦城人，南宋著名理学家。理宗时擢礼部侍郎、直学士院。史弥远惮之，被劾落职。端平元年（1234），入朝为户部尚书。次年拜参政执事，旋卒，谥文忠。

为皇太后，垂帘与新君一起听政。

宋理宗赵昀即位后，史弥远还担任他的宰相，并且一气又独掌朝政九年。理宗对史弥远既感激又害怕。上台伊始，就拜这位右丞相兼枢密使为太师，并进封为魏国公，感恩戴德之情不言自明。只是史弥远考虑到树大招风，才反复推辞了六次，没有受命。

史弥远逼死济王赵竑，又劝理宗追夺了他的王爵，降封为县公。史士魏了翁、真德秀纷纷上书为济王鸣冤。史弥远极为恼火，便唆使梁成大、李知孝、莫泽弹劾真、魏二人。梁、李、莫三人号称"三凶"，个个凶狠无比，尤以梁成大为最。宝庆元年（1225）夏天，杨太后撤帘归政，国家大事移交理宗处理。三凶便接连上书，弹劾真德秀、魏了翁，说他二人与济王有私，朋比为奸，危害国家。理宗明白事为史弥远主使，只好将两个人罢官。史弥远任用三凶，凡是意见与他相悖的大臣，纷纷被攻击去职，他牢牢地控制了朝廷大权。

直到绍定六年（1233）十月，史弥远病死，宋理宗才开始正式亲政。史弥远死后不到半月，就下诏宣布改明年为端平元年，以示改元更化。理宗亲自料理各种政务，他的老师右丞相兼枢密使郑清之也慨然以天下为己任，君臣似乎要有一番作为了。

对史弥远不满的官吏，纷纷站出来抨击那些依附史弥远、肆无忌惮地为非作恶的家伙。梁成大被理宗以"贪淫忮害"的罪名罢免，李知孝、莫泽也在朝臣的弹劾下一贬再贬。薛极、胡榘、聂子述、赵汝述四人，名字上各有一木，号称"四木"，都是史弥远的死党，也被逐出朝廷。史氏专权的局面结束了。

《江山万里图》
——宋赵黻绘,现藏北京故宫博物院。

二、唇亡齿寒　金灭蒙进

在南宋小朝廷江河日下的时候,北方的蒙古族却蒸蒸日上,原先统治它的金朝,正处在它的猛烈冲击之下。

绍定四年(1231),蒙古军在大汗窝阔台的亲自指挥下,分三路攻入河南,在钧州(今河南禹县)三峰山歼灭了金军主力。次年,包围了金朝的都城汴京(今河南开封)。金哀宗先逃到归德(今河南商丘),后又逃到蔡州(今河南汝南)。金朝守卫汴京的西面元帅崔立杀掉其他大臣,向蒙古军队投降。

蒙军包围汴京时,派使臣同南宋商议夹攻金朝,许诺灭金后,将金朝占领的河南之地归还南宋。宋理宗和多数朝臣觉得这是天赐良机,通使蒙古,答应夹攻金朝。

绍定六年(1233)八月,蒙古又派使者到襄阳,相约攻打蔡州。这年十月,按照协议,理宗命孟珙、江海率领两万军队,运米30万石,前去支援进攻蔡州受阻的蒙军。两军会合,共同围困蔡州,几个月后,城中粮草断绝。端平元年(1234),正月,孟珙率领宋军首先攻入蔡州城,蒙宋联军蜂拥而入,金哀宗在绝望中上吊自杀,金朝灭亡了。

金朝灭亡后,蒙古的诺言并没有全部兑现,将原先许诺的河南地一分为

二，只归还了宋朝陈州、蔡州以南的一半。双方军队各自撤回境内。

四月，史嵩之派人将孟珙获得的金哀宗遗骨和金朝传国玺送到京城。为此，宋理宗在太庙举行了隆重的仪式，告慰九泉之下的列祖列宗，还乘着兴头，给灭金有功的孟珙、江海加官晋爵，其他将士也各个封赏有差。在众人皆醉时，惟有监察御史洪咨夔提醒理宗说："如今残存的金朝虽已灭亡，但是邻国日渐强大，加强守备犹恐发生不测，怎么能忘形庆贺，哗然解体，将要重陷于新的忧愁中吗？"[1]理宗哪里听得进去，仍然是其乐陶陶，其言骄骄，其行躁躁。

理宗的情绪感染了朝臣，一直反对联蒙灭金的大臣赵范和他的弟弟赵葵，突然提出乘蒙古兵主力撤退之机，出兵收复三京（指北宋时的西京洛阳、东京开封、南京应天府），占据黄河和潼关。这个建议受到宰相郑清之的大力支持，也打动了理宗的心。"中兴之主"的桂冠刺激着他，他立即命令赵范将帅府迁往黄州（今湖北黄冈），准备出兵。六月，命令庐州（今安徽合肥）知州全子才率兵万人直取汴京，赵葵率兵五万取泗州（今江苏泗洪），由泗州赴汴京同全子才会师。这时，汴京的金朝降将李伯渊等人，因对献城降蒙的崔立不满，同全子才联络杀死崔立接应宋兵，全子才不战而获，占领汴京。赵葵随后到达，他不顾粮草未集，一再催促全子才进军洛阳，占据潼关，全子才只好下令分兵向洛阳进发。

---

[1] 语见《宋史·理宗本纪》："今残金虽灭，邻国方强，益严守备犹恐不逮，岂可动色相贺，涣然解体，以重方来之忧？"

七月间，南宋先头部队200人抵达城下，城中一点动静都没有。到了晚上，有300多户平民登上城墙宣布投降，宋军占领了这座不设防的城市。这就是宋代历史上的"端平入洛"。

蒙古得悉南宋开战，立即出兵南下。"端平入洛"本来就是理宗君臣的军事投机，事先并无认真准备，前锋到达洛阳的第二天，士兵的粮袋就空了，后续部队在去洛阳途中了蒙军的埋伏，仓促应战，遭到惨败。八月间，蒙古兵进驻洛阳城下，与守城的宋军打得难分胜负。几天以后，宋军粮食告罄，不得不杀战马充饥，主将只好下令撤兵。在汴京，全子才与赵葵占领的州县早已被蒙古兵洗劫一空，军队无粮可食。蒙军又决黄河水灌宋军，宋军淹死无数，迫不得已，只好班师。"端平入洛"以宋军的溃败而告终。

战争失败了，理宗收复三京的幻梦成了泡影。十二月，蒙古大汗窝阔台怒气冲冲地派来使者，指责理宗不守信义，率先败盟。理宗非常狼狈，派出大臣邹伸之前往道歉。为了表示诚意，他还下诏罢免了赵葵、全子才。端平二年（1235）六月，蒙古大汗窝阔台分道进兵，大举侵宋，延续40年之久的蒙宋战争就这样揭开了序幕。

窝阔台可汗从端平二年起发动的大规模攻势，主要还是以掳掠财富为目标，没有消灭南宋的计划。理宗也想以对金议和的办法对蒙求和，派出"蒙古通好使"去蒙军谈判。淳祐元年（1241），蒙古大汗窝阔台病死，蒙宋双方的议和停顿，战争也暂时告一段落。

三、蒙古南进　宋朝岌岌

淳祐十一年（1251），蒙哥即位，所有诏旨一律亲自起草，反复修改，方才颁发，于是大权归一，境内大治。内部稳固，没有了后顾之忧，便积极准备灭亡宋朝。

蒙哥的弟弟忽必烈早就奉命在金莲川开建府署，统一经略大漠以南的地区，招贤纳士，积极实施灭亡南宋的战略。他先派遣手下将领察罕等人屯兵襄、邓一带及蜀口地区，窥伺淮、蜀，一面又在汴京分兵屯田，俟机南下。宝祐元年（1253），忽必烈又派兀良哈台率军远征云南，对南宋实施侧翼包围。

蒙军虎视眈眈，理宗照旧醉生梦死。即位已近30年，年将花甲，朝臣大都不称自己心意，身边缺乏栋梁之才，无人替自己分忧代劳，一些奸佞小人察言观色，投其所好，渐渐开始窃据政权。

后宫里面，阎贵妃受到极大的宠幸。内侍董宋臣因引见阎贵妃有功，被阎贵妃力荐给理宗。宝祐三年（1255），理宗任命他督建佑圣观，董宋臣趁机大力逢迎理宗，修建了梅堂、芙蓉阁、香兰亭，招权纳贿，假公济私，无恶不作，他还将一班艺人领进宫中，弄得理宗只知玩乐。

董宋臣、卢允升在阎贵妃的支持下，权势日盛，哪个御史台的官员上书弹劾他们，理宗就下手令把他罢免，时间一长，就有了固定的名目，叫做"节帖"。他们还内外勾结，外朝的小人逢迎巴结他们，就受到重用。丁大全就因勾结董、卢二人，贿赂阎贵妃，渐渐地成为理宗眼中的红人。丁大全是镇江人，为人猥琐不堪，善于钻营取巧。他原是贵戚家婢女的女婿，靠着贿赂贵戚得官，又因贿赂阎贵妃，得到理宗的喜欢，从萧山县尉一跃成为台谏要员右司谏。

宋代武士石刻

理宗宠任董宋臣、丁大全，大权旁落，朝政大乱。就在此时，蒙古已准备就绪，再次发动了对宋战争。宝祐六年（1258）二月，蒙哥可汗派王子阿里不哥留守和林（今蒙古国哈尔和林），自己亲率大军攻蜀，派皇弟忽必烈进攻鄂州（今武汉），在云南的兀良哈台也奉命赶赴鄂州与忽必烈会师。

蒙军大举进攻，理宗身边的丁大全却在积极谋夺相位。四月，丁大全如愿以偿，理宗任命他为右丞相兼枢密使。边防危急，理宗也有时耳闻，但问起军情，丁大全却哄骗说三边有备，不必担心。战事不断恶化，南线兀良哈台一路，所向克捷，开庆元年（1259）正月进抵湖南潭州（今长沙）。在四川，虽有名将余玠治蜀的老本可吃，但由于朝廷督战不力，蒙军也步步推进，川西、川北和川东部分地区相继沦陷。

虽然南宋的心脏已腐败不堪，但在边防将士的艰苦奋战下，南宋也偶或取得一些胜利。将士们的头颅阻止了蒙古铁蹄的南下，使本该成为亡国之君的理宗得以逃脱。

开庆元年（1259）二月，蒙古军队抵达合州（今重庆合川），合州的守将王坚原是余玠的部属，蒙哥派遣降人晋国宝到钓鱼城劝降，劝降不成，蒙哥亲自率领大军进攻钓鱼城，两军展开大战。二三月间，蒙军连续进攻钓鱼城周围的城堡，都被宋军击退。四月，蒙军曾一度攻至外城，但王坚率军死守，又派兵出击蒙军营寨，再次粉碎了蒙军的进攻。蒙军在七月向钓鱼城发动猛攻，但钓鱼城依旧岿然不动，蒙哥汗反而被炮石击中，回营后死在军中。蒙军丧失了主帅，无法再战，军中诸王大臣用毛驴驮着蒙哥的尸体离开了四川。历时半年的合州保卫战取得了大捷。蒙哥汗死后，蒙古内部忙于争夺汗位，对宋战争无法再打下去了。

进攻鄂州的忽必烈军，本来负有直趋杭州的使命，蒙哥大汗的死讯传来时，忽必烈还没有攻下鄂州。部下劝他早日北归，他说："我奉命南来，怎能无功而返！"下令继续进军。开庆元年（1259）九月，他渡过长江，包围了鄂州。当时临安人人皆知蒙军逼近，理宗却被蒙在鼓中。丁大全看到无法遮掩，只得向理宗申明军情，并请求退休。理宗得知真情，也不多加怪罪，只将他罢相，改任为观文殿大学士兼知镇江府。言官们相继上书弹劾丁大全堵塞言路、迫害人才、穷竭民力、贻误边防等四条罪状，请求追夺他的官爵，远远流放。理宗再也无法袒护他了，只好将他再次罢官。景定三年（1262）十一月，理宗又将他流放到新州。押送途中，当权的大奸臣贾似道为了笼络人心，派人把他杀死了。

丁大全解职以后，忽必烈攻势仍然很猛，理宗惊惶失措。宦官董宋臣请理宗迁都，躲避元军锋芒，在宰相吴潜、御史朱貔孙及谢皇后的劝阻下，为安定民心，理宗才没迁都。景定元年（1260），迫于朝野舆论，理宗才很不情愿地将董宋臣迁出宫中。董宋臣出宫后，卢允

《番骑猎归图》
——南宋赵伯骕（1124—1182）绘，现藏于故宫博物院。

升单枪匹马,权势大不如前。阎贵妃去世后,宦官无人撑腰,无法再干预朝政,群小干政的局面结束了。但是理宗并不觉醒,景定年间,他宠任的贾似道当权,为祸更烈,朝政越发腐烂不堪。

四、委政佞小　过欲而亡

大权交付贾似道后,理宗便开始安心享乐。

景定以来,理宗年龄渐不饶人,但后宫侍寝的妃嫔却不见减少。宫内需要应酬,朝政便难得过问。但是,教育太子他却事必躬亲,而且家教极严。

理宗撒手朝政,大奸臣贾似道却在一步步把国家推向灭亡。对蒙战争使得理宗的日子越来越不好过了。由于战争的失利,四川大部地区已经沦陷,政府的财政税收和军粮没有着落,尚在南宋手中的东川,军粮还要靠京湖一带供应。东南地区的土地集中在皇室、贵族、外戚、大官僚和统兵大员手中,这些人有权有势,素与赋税无缘。理宗只能沿用祖宗妙计"和籴法",所谓"国用边饷,皆仰和籴。"政府买粮无钱,打肿脸充胖子,大量印刷纸币解决危机。纸币滥发,物价飞涨,军队寅吃卯粮,南宋政府陷入了重重危机之中。

景定四年(1263)二月,临安知府刘良贵、浙西转运使吴势卿趁机献媚,劝贾似道实行买公田之法。办法是按官品规定占田限额,两浙、江东西等地超过限额的土地,从中抽出1/3,由官府买回,作为公田出租。如果买田1000万亩,每年可收租米六七百万石,充作军粮,绰绰有余。这样,可免和籴,可以饷军,可以停造楮币,可以平抑物价,可以安定富户,一事行而五利兴。理宗当即下诏设立官田所,由刘良贵负责买田。许多大臣对此表示反对,理宗不予理睬,只是因为春耕正忙,下令秋后具体施行。

罢和籴,买公田,解决军饷供应,实际也是解决钱贱物贵的老大难问题。理宗即位初期,纸币发行3亿多贯,淳祐六年(1246),猛增到600005000万贯。景定四年(1263),每天印15万贯。纸币大量发行,没有铜钱作储备,币值越来越低,物

贾似道

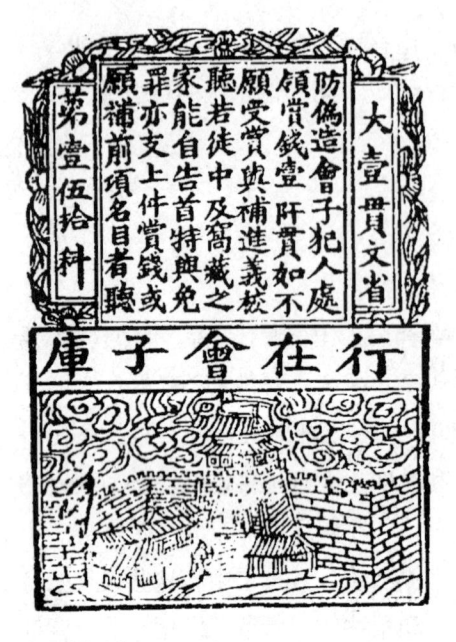

南宋纸币会子

价飞涨。更可怕的是，楮轻物贵，直接威胁到了士兵的生活。

"公田法"已使官民百姓困扰不堪。景定五年（1264）九月，贾似道奏请实行"经界推排法"，大力敛财。理宗早已成为"诺诺皇上"，贾似道所请，无不允准。各地重新清丈土地，结果江南地区尺寸土地都有税，民力更加衰竭。

理宗君臣埋头丈量江山的时候，蒙古新汗忽必烈已经平定内乱。他把都城迁到燕京（今北京），秣马厉兵，准备挺进江南，宋朝的灭亡已经指日可待了。

景定五年十月，理宗因嗜欲过度，得了重病，太医们束手无策，只好以高官厚禄悬赏，在全国范围内征集名医。几天后，理宗的病情恶化，还是无人应召。当月，理宗就驾崩了。葬永穆陵。时年60岁。

名家评说

理宗享国久长，与仁宗同。然仁宗之世，贤相相继，理宗四十年之间，若李宗勉、崔与之、吴潜之贤，皆弗究于用；而史弥远、丁大全、贾似道窃弄威福，与相始终。治效之不及庆历、嘉祐，宜也。

——元·脱脱等《宋史》

【辽·金·西夏】

辽太祖耶律阿保机

辽太祖耶律阿保机（872～926），辽的开国皇帝。名亿，字阿保机，小字啜里只，契丹迭剌部霞濑益石烈乡耶律弥里人。德祖皇帝撒剌的长子，母为宣简皇后萧氏。公元916～926年在位，谥号"升天皇帝"，庙号"太祖"。他率军四面征讨，统一契丹各部，建立了一个强大的契丹政权，也为辽的建立奠定了坚实的基础。他不愧是一位有雄才大略的皇帝。

一、威震四方　继位为汗

耶律阿保机出生之时，正是他的祖父匀德实任部落联盟的军事首长——夷离堇之际。匀德实是一位相当能干的人，他掌握着联盟的兵马大权，在对外扩张中屡战屡胜。又主张大力发展农牧业，劝民稼穑，倡导畜养，富民强族，在部落里享有很高的声望，因此也受到了部落里其他贵族首领的嫉妒和敌视。贵族耶律狼德以卑鄙的手法把匀德实杀害，夺取了夷离堇的职位。匀德实的妻子萧月里朵，为逃避耶律狼德的继续迫害，带着自己的四个儿子和几个孙子，逃到了同情匀德实遭遇的突吕不部贵族塔雅克家中躲藏了起来。年幼的阿保机，长得虎头虎脑，聪明伶俐，备受祖母疼爱。萧月里朵惟恐他有不测，特意隐瞒了他的真实身份，把他藏在一个僻静的小帐篷里。

耶律狼德谋害匀德实以后，在联盟内横肆暴虐，为所欲为，很快引起了各部贵族的不满。匀德实的前任夷离堇蒲古只虽已离任很久，却仍是一位有势力、受人尊敬的长者，他联络其他部内贵族，以计诱杀了耶律狼德及其同伙，重新把军马大权夺回，并推举匀德实的次子岩木继任夷离堇。继岩木任夷离堇的是岩木

辽太祖耶律阿保机

的胞兄、阿保机的父亲撒拉的。

在此前后，契丹不断发动对外战争，主要是俘掠牲畜和奴隶。耶律氏家族的地位越来越处于举足轻重的地位。撒拉的在当时已成为契丹事实上的最高统治者。撒拉的以后，是从兄偶思继任夷离堇。偶思以后，是撒拉的的三哥、阿保机的伯父释鲁继任。

这时的阿保机，已是身长九尺、气度不凡的英俊青年。贵族家庭的优越环境，父祖们的熏陶，使阿保机从幼年起就表现出"拓落多智、与众不群"的非凡气质。阿保机很早就参加了攻打邻部族的战争活动，这就造就了他超俗的魄力和胆略。

随着契丹社会的发展，契丹族原来的氏族部落组织的旧制度也日益深刻地被破坏、被革新。释鲁开始创立了命名为"挞马"的侍卫亲兵部队，来保护自己的权力。并命阿保机率军北讨南征，扩大对四邻的掠夺战争。阿保机以其出色的军事指挥才能，或强攻，或智取，所到之处，无不获胜。阿保机由此声望倍增，被称为"阿主沙里"。

过了不久，释鲁又创设了一个新的职位"于越"由自己担任。夷离堇一职则由他的从弟奄古只继任。按照释鲁的规定，于越的职权是"总知军国事"，握有联盟的军事和行政的实权。这样，可汗的地位进一步被架空，实际上仅保留联盟首领的名号而已。夷离堇的权力也缩小了，成为受于越指挥的属职，并由于越释鲁决定其擢任废立。释鲁权势的增强，招致了契丹一部分贵族的强烈反对，他们联合起来，谋取杀掉释鲁。

这些意欲叛乱的贵族以曾为匀德实复仇的蒲古只三族的子孙为首，勾结了与释鲁争权夺利的耶律辖底、贵族萧台哂，甚至还有释鲁的儿子滑哥，发动了叛乱，把释鲁杀害。蒲古只三族的叛乱，引起了契丹贵族们的不安，契丹痕德堇可汗授命年轻的阿保机平叛。阿保机凭着他所统领的挞马军和卓越的指挥才能，很快便击溃了蒲古只三族。

蒲古只三族叛乱被镇压后，贵族赫底里被推举为于越。阿保机被推举任命为迭剌部夷离堇。一年后，阿保机晋升为总知军国大事的于越兼夷离堇，掌握了契丹联盟的军政实权。此时他年仅31岁。

自阿保机被推举为夷离堇后，"受命专事征讨"，担负起了对外战争重任。唐天复元年（901），阿保机率军攻打室韦、于厥、奚霫各部，俘获了众多的奴隶

和财富。次年七月，又率大军10余万，号称40万，攻掠代北（今山西代县以北）地区，先后攻陷9座城池，俘获人口近10万，驼马牛羊不可胜记。天复三年（903）春，又东伐女真，俘获其部族300帐。九月，南攻河东怀远军（今宁夏银川），引兵一直略至蓟北，俘获以还。在多次的征战中，耶律阿保机表现得韬略满腹，善于用兵，使之无往而不胜。

唐天祐元年（904）九月，阿保机率兵大破室韦。阿保机的声名也由此威震中原。

此时唐朝境内，藩镇割据，内战频仍。以太原为割据中心的唐河东节度使李克用野心勃勃，意欲逐鹿中原。天祐二年（905），李克用派使臣唐令德前往契丹，要求订盟修好。阿保机正想寻求外部联系，取得族外支持，当即答应了李克用的要求，并发兵会合晋军攻入幽州，大获全胜而归，这更引起了中原地区各藩镇势力对契丹实力的注意。朱全忠派人携带贵重聘礼，要求与阿保机结盟。阿保机亦即应允，派人谢聘，向朱全忠还赠了良马、貂裘等。

辽代《采药图》

在与中原诸汉族强大割据势力结成友好关系后，阿保机着力发展契丹的农业、畜牧业以及冶铁、纺织、制盐等手工业，契丹的社会经济在这一时期迅速发展。阿保机还先后发兵攻打奚霫女真各部，以武力征服了这些地区。阿保机的军事声望和政治声望由此在契丹贵族中日益提高，赢得了众人的崇拜和敬仰。

唐天祐三年（906）十二月，契丹痕德堇可汗去世。痕德堇临死前，以阿保机战功显赫、治军有方，遗意推举他继任汗位。阿保机本人这时虽然已集契丹军、政、财、法大权于一身，但出于两方面的考虑却表示辞而不受。一是部落联盟议事、选举等传统制度还存在，仍然发生着影响，他若继任汗位须形式上取得各部贵族的一致认可。二是正因为旧制度还存在，契丹内部拥有一定势力的贵族，都可以利用合法的旗号来争夺汗位。阿保机在没有做好充分准备、争得大多数贵族支持的情形下，避免成为众矢之的。所以阿保机试探地推荐辖底出任契丹新首领。辖底说："圣人由天所命，我不敢当。"表示了拥戴阿保机的意思。阿保机的亲信和积极支持者耶律曷鲁等人则同时宣传着阿保机的许多神话，为阿保机出任契丹最高领袖广造舆论。[1]

当阿保机确信族内大多数贵族都拥护他的时候，便不再推辞了。唐天祐四年（907）正月，阿保机通过部落联盟选举的仪式，命设祭坛，燔柴告天，即可汗位，成为契丹族新的首领。

二、巩固统治　称帝立国

耶律阿保机即位后，首先注重采取措施调整保持契丹各部贵族之间的势力均衡，以稳固自己的统治。他首先明令宣布不再是可汗家族的遥辇氏与耶律氏具有同等的地位，给其以荣宠，消除他们的怨忿。任命从弟迭栗底为夷离堇，在自己手下协助掌管军事大权。又任命耶律辖底担任于越，使其心满意足，不反对自己。次年，阿保机又设立一个新的官职"惕隐"，由族弟撒剌任职，负责掌管迭剌部贵族内部的事务，以确保他们服从自己的领导。最重要的是建立了自己的侍卫亲军"腹心部"（也叫宿卫军），来捍卫阿保机的统治。契丹联盟中的一个小部落涅烈部在阿保机即汗位后发动叛乱，阿保机当即命惕隐撒剌率大军将其讨平，起了警戒其他部族的作用。

阿保机采用远交近攻的策略，积极向外扩展。他即汗位的当年（907）四月，河南藩镇朱全忠废唐哀帝，用禅让的形式即皇帝位，建国号梁（后梁），遣使告知契丹。阿保机马上做出积极反应，派人携带名马、女口、貂皮使梁，并继承前辈们的做法，要求梁朝给予封册。第二年（908）李存勖继位晋王，遣使者告之。

---

[1] 语见《元史·耶律曷鲁列传》："曷鲁曰：'闻于越之生也，神光属天，异香盈幄，梦受神诲，龙锡金佩，天道无私，必应有德。我国削弱，……以故生圣人以兴起之。'"

《出猎图》
胡瓌绘，契丹族人，现藏北京故宫博物院。

这样阿保机没有出兵助梁攻晋，也没有出兵助晋攻梁，与两方都保持着信使往来、共结友好的关系。

在结好了梁、晋以后，阿保机开始对毗邻契丹的幽州藩镇刘仁恭发动进攻。刘仁恭自唐乾宁二年（895）割据幽州以后，曾多次发兵北上，攻略契丹部帐，激起契丹人的极大怨恨。阿保机即汗位的同年，刘仁恭为其子刘守光所囚禁，后刘守光称帝，建国大燕，为晋李存勖所攻，竟乞救于契丹，遭到阿保机拒绝。李存勖破幽州，灭燕，替契丹除去了一个强劲邻敌。阿保机遂集中精力征服契丹"后方"诸部族。

阿保机即汗位的当年二月，即率军攻打黑车子室韦，迫其八部降附。次年（908）五月，又命惕隐撒剌率军征服了乌丸等部。继之，亲自率军大规模出征，征服了东西部各族，使东际海（渤海）、南暨白檀（今北京市密云东北）、西逾松漠（今内蒙古锡林郭勒盟东南部）、北抵潢水（今西拉木伦河）的广大地区，都处在了契丹的统治之下。

阿保机即汗位的第五年（911），为了夺权篡位，阿保机的弟弟剌葛、迭剌、寅底石、安端以及阿保机的养子涅里思、于越辖底、贵族萧实鲁、赫底里、滑哥等，以辖底为主谋共同发动了反对阿保机的叛乱。

战乱爆发前，安端的妻子粘睦姑偶然获得了剌葛等人的阴谋，连夜报告阿保机，阿保机闻变，传命耶律曷鲁带腹心部侍卫军前往平叛。剌葛等因事起仓促，束手就擒。因为粘睦姑告发有功，阿保机封她为"晋国夫人"。阿保机对叛乱者不予深究，他希望用妥协来换取代表旧势力的反对派贵族们的支持。

次年（912），阿保机亲率大军出征西南术不姑等部族，命夷离堇剌葛分兵攻平州（治今河北卢龙）。十月，剌葛破平州回契丹本部，趁阿保机出征未还之机，再次串联了于越辖底、惕隐滑哥以及诸弟迭剌、安端、寅底石等人，发动了第二次叛乱。阿保机避开剌葛，引兵南移，立即召集诸部贵族首领，举行了传统的柴册礼（契丹保留的新君主即位的传统仪式），以此巩固自己的汗位，争取了多数贵族的拥戴和支持。对这次叛乱者，阿保机再次忍让，以宽容的态度不予深究。

剌葛等人并没有因阿保机的宽容而自悔，反而发动更大的叛乱。剌葛联络了契丹乙室部贵族，北走乙室堇淀，准备割据自立。阿保机立即发兵，亲去征剿。由于叛军一时来势甚凶，阿保机不得不借助于臣服契丹的室韦、吐谷浑等属部的兵力，命室韦、吐谷浑诸部酋长率兵阻截剌葛，他自己则率大军，对剌葛实施穷追猛打。

到这年五月，剌葛、辖底等在札堵河（榆河）被擒，叛乱平定。冬天，阿保机再次召集各部贵族长老，举行了柴册礼，巩固汗位。任命耶律曷鲁为迭剌部夷离堇，萧忽烈为惕隐。惩办叛乱者。于越辖底作为几次叛乱的主要策划挑动者，被命自己投崖摔死。阿保机的养子涅里思连续参与反叛，令以"鬼箭"（即乱箭）射死。贵族雅里、弥里等被活埋，解里等被绞杀。乙室部附叛贵族迪里古等被诛杀。叛首剌葛、迭剌等，阿保机碍于传统制度等原因，只对他施以杖刑后释放。寅底石、安端以被剌葛所胁从，且表示悔改，特免其罪，不加处置。惕隐滑哥则是通过部落长会议后，才把他凌迟处死，其家产被籍没散发给军士。叛乱使契丹境内的物价增长了10倍，生灵涂炭。阿保机对这次叛乱，感慨良多。[1]

---

[1]语见《辽史·太祖本纪》："（太祖）因谓左右曰：'诸弟性虽敏黠，而蓄奸稔恶。尝自矜有出人之智，安忍凶狠，溪壑奇塞而贪黩无厌。求人之失，虽小而可恕，谓重如泰山；身行不义，虽入大恶，谓轻于鸿毛。昵比群小，谋及妇人，同恶相济，以危国祚。虽欲不败，其可得乎！'"

继任汗位的第十年（916）初，阿保机接受耶律曷鲁等人所上尊号，称"大圣大明皇帝"，述律平称"应天大明地皇后"，建年号"神册"，国号"契丹"，立长子耶律倍为皇太子，从而宣告了契丹国家的诞生。此后几年，辽太祖耶律阿保机集中创建了契丹国家的各项政治制度。他任命曷鲁为阿庐朵里于越，作为皇帝之下职位最高的大臣，协助执掌国政。任用汉族士人韩延徽为政事令，参与谋划所有军政大事。任用韩知古总知汉儿司事（即管理汉族人民事宜的朝官），并制定契丹新的礼仪制度。又"正班爵"，规定了各级官员的品秩次序，逐渐形成了较完善的统治机构。

位于铜镜上的契丹文字

神册三年（918），辽太祖采纳韩延徽的建议，在潢河（即今内蒙古西拉木伦河）沿岸的契丹故地建造皇都（位于今内蒙古巴林左旗林东镇南），命汉族士人、礼部尚书康默记主持营建。神册四年（919）八月，辽太祖亲自拜谒了孔庙，让皇后、皇太子分祭寺、观，表示了对儒学的特别重视。

契丹原来没有文字，一直刻木契记事。辽太祖的三弟迭剌，很善于学习其他民族的语言，学会了回鹘语，还学到了回鹘文字。他借此制成契丹字（称契丹小字），但数量少。于是神册五年（920），辽太祖又命耶律突吕不、耶律鲁不古在汉族士人的参与下，仿照汉字偏旁，创造了数千个契丹新字（称契丹大字）。

长期以来，契丹没有成文法。神册初年，辽太祖重新设置了决狱法官"夷离毕"，以曾经帮助处决剌葛叛乱分子的左仆射韩知古首任此职。神册六年（921），辽太祖命大臣制定了契丹最早的一部法律"决狱法"，还命制定了各部族法，汉人则依唐律。

以迭剌部、乙室部为核心形成的两大部落集团"北府"和"南府"实行新的行政管理，设北府、南府宰相为其长官，北府宰相由后族贵族担任，神册三年（918）任命阿古只继其父敌鲁任此职。南府宰相则由皇族贵族担任，神册六年（921）始任命皇弟苏任职，南北宰相同时成为皇帝的重要辅臣。另外在各重要地区，还先后设置了节度使、招讨使、防御使等地方官。[1]

为了适应对内统治和对外战争的需要，辽太祖大力加强了军队建设，扩大了以腹心部为核心的侍卫军，设立了"宫卫骑军"。各地区则有贵族将领统率的州县部族军镇防。

辽太祖初创了颇具规模的契丹政权。

三、东征西讨　病死军中

契丹政权建立以后，便开始了更大规模的对外扩张和军事征服。辽太祖自己则以"上承天命，下统群生"而自命。他不满足于统治荒芜的北方草原，中原地区的富庶、中原文化，对他有很强的吸引力。他认为，契丹族是中国人，他要做全中国的皇帝。夺取河北、挺进中原、建立不朽功业，是辽太祖梦寐以求的夙愿。

神册元年（916）八月，辽太祖亲率诸部族兵30万、号称百万南侵，攻下朔州（今山西朔县），俘晋振武节度使李嗣本，并向大同（治今山西大同）防御使李存璋索取财货，被拒绝。便乘兵攻云州（今山西大同市），遇到李存璋的顽强抵抗。又闻李存勖率大军救援云州，遂班师北撤。十一月，复出兵攻下武、蔚、妫、儒四州（今河北宣化、蔚县、怀来、北京延庆），自代北至河曲（今山西西北部、黄河东岸，接内蒙古），越阴山（在今内蒙古中部），尽有其地。并改武州为归化州，妫州为可汗州。仍与河南的后梁、江南的吴越等政权结为友好，以牵制李存勖。

神册二年（917）二月，晋威塞军防御使李存矩（李存勖之弟）镇守新州（今河北涿鹿），因骄惰不治，人

契丹武士（壁画）

---

[1] 事见《辽史·太祖本纪》。

《东丹王骑马图》
——李赞华(耶律倍)绘,现藏台北故宫博物院。

李赞华原名耶律倍,契丹人,辽太祖耶律阿保机长子。926年契丹灭渤海国,其被册封为东丹王,统领渤海国旧地。阿保机死后,次子耶律德光继位,耶律倍受到监视,其恐遭不测,长兴二年(931)投奔后唐。后唐明宗赐姓李,更名赞华。

民嗟怨,裨将卢文进率士卒杀死李存矩发动兵变。卢文进力单不敌,率军及当地居民北走契丹,投靠了辽太祖。三月,辽太祖派兵和卢文进军攻打新州,新州守将安金全弃城逃走,卢文进派将进驻新州,乘势进攻幽州。周德威见契丹军车幕弥漫山野,闭城坚守。辽太祖几次进攻都被击退。八月,李存勖所派援兵由李嗣源等带领至幽州,曷鲁以敌众撤围北退。此次南进受阻,辽太祖便命弟弟、大内惕隐安端率军攻打云州及其以南,对晋实施牵制性进攻,自己集中兵力征服契丹以北的乌古、党项诸部。

在北方各部族被降服以后,辽太祖再回头南向,对晋用兵。神册五年(920)十月,辽太祖亲率大军攻打天德军,攻毁其城,俘晋天德节度使宋瑶,迁当地居民往阴山以南。[1]阿保机发兵分别从居庸关(今北京昌平西北)、古北口(今北京密云东北)南下,攻打檀、顺以南(今北京密云、顺义以南),直至遂城(治今河北徐水县西遂城)、望都(今河北望都)等地。李存勖亲自督军迎战。辽太祖俘掠一番后北还。神册六年(921)十二月,辽太祖再次发兵两路,

---

[1] 事见《辽史·太祖本纪》:"冬十月辛未,攻天德。癸酉,节度使宋瑶降,赐弓矢、鞍马、旗鼓,更其军曰应天。甲戌,班师。宋瑶复叛。丙子,拔其城,擒宋瑶,俘其家属,徙其民于阴山南。"

分别从居庸关和古北口南侵。神册七年（922）二月，辽太祖改元天赞，继续实施夺取河北的计划，第三次亲率大军攻略晋境。

还在神册初年，辽太祖就曾率军征讨突厥、吐浑、党项、沙陀诸族，俘各部酋长及居民一万余户，使党项、回鹘、阻卜（鞑靼）诸族在此后几年中不断遣使纳贡，表示臣服。但仍有一些部族如乌古部等，则仍不断起兵反抗契丹统治。党项部在神册五年（920）叛离契丹。天赞二年（923），奚族也发生反叛。辽太祖决定彻底征服西部党项、吐浑、阻卜等部和东灭渤海。

天赞三年（924）六月，辽太祖决定大举西征。他命皇太子耶律倍监国，留守京城，次子耶律德光从行，誓师出兵。七月，辽太祖派大将曷刺率先锋军攻破素昆那山东部族（活动于今大兴安岭以东的部落）。八月，兵至乌孤山（今蒙古国肯特山），谕告诸部，继进至古单于国（肯特山以西今乌兰巴托附近）。九月，到达古回鹘城（今杭爱山脉以东、鄂尔浑河上游西北岸），辽太祖在这里接受了回鹘、大食等贡献的礼品。十月，遣兵逾流沙（今准噶尔盆地），攻克浮图城（约在今新疆奇台西北），征服了浮图城以西各部。然后东返。次年（925）二月，命德光率军攻打党项，又南攻小蕃诸部。四月，凯旋而归，回到皇都，历时近十个月的西征结束。经过这次军事征服，各部族遣使入贡，表示臣服，归属契丹统治。

西征结束，经过短暂的休整后，辽太祖又准备东讨渤海。天赞四年（925）十二月，辽太祖下诏征伐渤海，命皇后述律氏、皇太子倍、次子德光皆从行，政事令韩知古、夷离毕康默记、左仆射韩延徽也令率军从征。这年年底，辽太祖率军包围了扶余城（今吉林四平市），次年（926）正月初三，攻陷其城，杀扶余守将。渤海国王派军狙击契丹军的进攻，被惕隐安端、阿古只率军击败，正月十四日，被迫率僚属三百余人献城出降。

二月，辽太祖因为平定了渤海，以青牛、白马祭告天地，大赦天下，改元天显。改渤海为东丹国（即东契丹之意），改称忽汗城为天福城。册封皇太子倍为东丹王，谓人皇王，称制决事，建元甘露，特赐天子旌旗。又任命以迭剌为首的左、右、太、次四大相及百官，作为东丹王倍的辅臣。渤海旧臣也分别予以录用。之后，高丽、鞑靼、铁骊、涉貊等亦相继投降，归附契丹。

至此，西征东讨两件大事已经顺利实现，辽太祖又在内心酝酿着实现夺取河北、挺进中原的更大愿望了。为此，在接见后唐朝贺使者时，辽太祖直截了当

辽太祖陵

辽太祖陵位于赤峰市巴林左旗大布拉格山谷中，相传这里为契丹始祖发祥之地，辽太祖耶律阿保机驾崩后葬于此。这是位于奉陵邑附近的石房子。

地向后唐提出："如果南朝把大河之北给我，我将不再向南侵。"后唐使臣据理婉言反驳。他又说："若河北舍不得，割给我镇、定、幽诸州也可。"当这些要求全被拒绝后，辽太祖便决意武力征服，于是命令回师休整，准备南侵。

天赞五年（926）三月，辽太祖率军从天福班师，返还皇都。七月二十日，途至扶余城驻军，傍晚突染急病，不得已下令暂停进军治病。7天后病逝，终年55岁。天显二年（927）九月，辽太祖葬祖陵（位今内蒙古巴林左旗右房子村西北山谷中），谥号为"升天皇帝"，庙号"太祖"。后设祖州天城军为其护陵邑，在其逝世地建升天殿，改命扶余城为黄龙府。

名家评说

而太祖受可汗之禅，遂建国。东征西讨，如折枯拉朽。东自海，西至于流沙，北绝大漠，信威万里，历年二百，岂一日之故哉？周公诛管、蔡，人未有能非之者。剌葛、安端之乱，太祖既贷其死而复用之，非人君之度乎？旧史扶余之变，亦异矣夫！

——元·脱脱等《辽史》

　　唐朝末年，阿保机开始引用汉人，建造城郭，奠定了农业基础，又创造文字，开盐制铁之利，此时已有适当的典章制度和南朝抗衡。这些已充分显示了他的雄才大略，阿保机为契丹族的发展作出了巨大的贡献。

——黄仁宇《赫逊河畔谈中国历史》

辽圣宗耶律隆绪

辽圣宗耶律隆绪（971～1031），辽朝第六代皇帝。小字文殊奴，契丹迭剌部霞濑益石烈乡耶律弥里人。他是景宗长子，母为睿智皇后萧氏。公元982～1031年在位。谥号"文武大孝皇帝"，庙号"圣宗"。他连年攻宋，与宋真宗缔结"澶渊之盟"。他在位长久，注意拔用人才，统治颇为稳固。他堪称辽朝历史上最有作为的皇帝。

一、母后主政　皇子成长

辽圣宗耶律隆绪

在辽景宗耶律贤之前，辽代的新皇帝都是由文武大臣在皇族中推举，因此，每一个新皇帝的诞生，都伴随着一场血腥的皇位之争。随着契丹社会封建化的进展，耶律贤决心改变这种选举皇帝的办法，确立长子继承制。临死的时候，他把对自己最忠诚、权势最大的两员重臣——南北院的枢密使耶律斜轸和韩德让叫到病榻前，立下临终遗诏：长子梁王耶律隆绪嗣位，军国大事听皇后命。这样，12岁的耶律隆绪登上了辽代皇帝的宝座。实际上，一切军国大事都由皇太后萧燕燕掌管，耶律斜轸和韩德让等人做了辅佐大臣。

萧太后让耶律斜轸和韩德让协助自己主管朝政，派耶律休哥总理南面的军务，即对宋朝的军事行动。为了使耶律斜轸和耶律休哥死心塌地地效忠小皇帝耶律隆绪，她先把自己的侄女嫁给了耶律斜轸，不久，又让辽圣宗耶律隆绪和耶律斜轸在她的面前交换弓矢鞍马，对天起誓，约为密友。继之，又将辽圣宗耶律隆绪的坐骑换给耶律休哥，使之感激涕零，惟有一死效之。而对汉人韩德让，萧太

萧太后、耶律隆绪、耶律休哥
——从1935年会文堂新记书局蔡东藩《宋史通俗演义》

后始终是荣宠之极，无人可以比拟。韩德让家在辽朝世典军政，弟兄五个都是煊赫权重的大将，辽朝的军权一大半抓到韩家的手里，后来，萧太后干脆给韩德让赐姓耶律，改名为隆运，籍隶横帐季父房，又为他特置左右护卫百人。[1]按辽代的规矩，只有皇帝才能这样做，韩德让有了自己的宫卫，就等于他完全享受了皇帝的待遇。使他对辽朝更加死心塌地。

由于萧太后采取了这些措施，稳住了契丹贵族和汉人的上层人士，使文武大臣都能下死力保护辽朝和小皇帝耶律隆绪，使他在内部的统治地位一天天地得以巩固。尽管这样，太后仍然不放心把政权交给辽圣宗，而是事必躬亲，无论是内部事务还是外出征战，萧太后都是一手把持，即使有时把辽圣宗带在身边，也只是让他实习一下，绝不放手。但是，太后对他的要求非常严格，叫他终日里学文习武，绝不允许放纵私欲。好在辽圣宗知道这是母亲为他好，绝无怨言。

在萧太后的严加管束之下，辽圣宗各方面都得到了健康的发展。史称其"性英辨多谋，神武绝冠"。他好读书，尤其是好读唐代的《贞观政要》和《明皇实录》，经常对手下的人说："500年来中国之英主，远的是唐太宗，其次是唐明皇，近的是今天的宋太祖、宋太宗。"他推崇诗人白居易，他自己亲手用

---

[1] 事见《辽史·列传第一二·耶律隆运》。

契丹文把白居易的《讽谏集》翻译出来，让契丹的大臣们都来传读。他精于箭术，通晓音律，喜好绘画，崇信佛教和道教。他的汉文化修养颇高，所作曲达百余首。

二、发兵击宋　订盟澶渊

辽统和四年（986），北宋再次发动了大规模的进攻。宋太宗赵光义亲自指挥宋兵，兵分三路，浩浩荡荡向辽朝杀来。

一开始，宋朝的三路大军进展很顺利。特别是潘美、杨继业率领的西路军，战绩十分辉煌。此时，辽圣宗和他的母亲萧太后亲率辽军主力，先赶到涿州以东休息待敌。猝不及防的宋军在辽军主力的迎头痛击下，毫无招架之力，全线溃退。五月初，退到岐沟关（今河北涿州西南）一带，被辽军的主力追上，宋军大败。辽军又在五台、飞狐打了胜仗，在这次决定性的大失败面前，宋太宗只得下令退兵，命田重进军退还定州，潘美、杨继业军退还代州。最后杨继业战死。至此，宋太宗赵光义发动的收复燕云失地的战争，再次以惨败退兵而告终。

从此以后，宋辽双方的军事态势发生了根本变化，辽朝由守势转为攻势，而宋朝则由攻势变为守势，而且辽朝方面始终总是占据上风，宋朝方面则是只能被动挨打了。从统和四年开始，直到统和二十一年（1003）的十几年当中，辽朝几乎年年都要派兵南伐，宋太宗苦于无力与之抗争，最后只好走了花钱买和平的道路。他死了以后，继承皇位的第三子宋真宗赵恒，忠实地执行了他的这一策略，开始了与辽朝的和谈。

辽统和二十二年（1004）九月，辽圣宗和太后萧燕燕，亲自率领20万大军，南下侵宋。辽军一路破关夺隘，势如破竹，连下宋军天雄、德清两

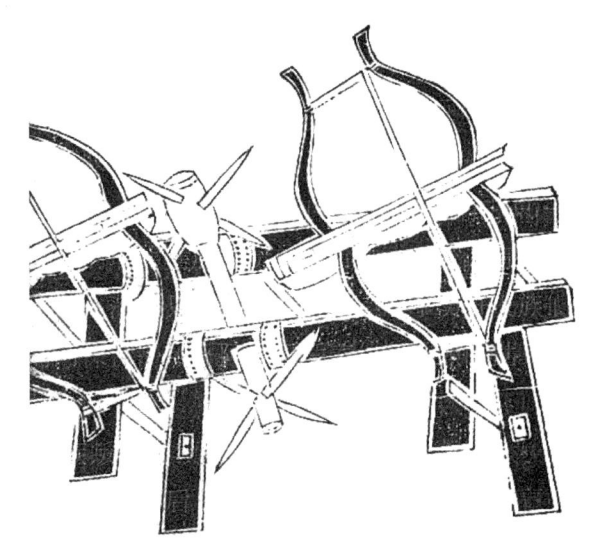

双弓床弩
——从明万历二十七年（1599）刊本《武经总要》（宋曾公亮、丁度等奉勅撰）

重镇，直抵宋朝澶州（今河南濮阳），形成三面合围之势。宋军守将李继隆等率军奋力抵抗，用床子弩迎击辽军，辽国统军顺国王萧挞览也为伏弩所伤，中额而死。辽军统帅阵亡，攻势被挫，只好暂时停止了进攻。

此时，澶州的形势对宋军十分有利，而孤军深入、后援不足的辽圣宗却陷入了十分被动的地步。但就在这个时候，一心想花钱买和平的宋真宗不顾主战派的反对，突然决定派曹利用再次到辽军阵前谈判议和。辽圣宗和萧太后自知这次南伐没有取胜的把握，也希望赶快谈和收兵，就请曹利用喝酒吃饭，经过几次谈判，曹利用拒绝了辽朝还地的要求，答应宋真宗以萧太后为叔母，以辽圣宗为兄弟，每年宋朝给辽朝绢20万匹、白银10万两，双方就此达成了协议，在澶渊城下缔结了罢战盟约。这就是历史上有名的"澶渊之盟"。[1]至此，辽圣宗和太后率领军队退回辽朝，结束了这次规模浩大的南侵。

三、声威远播　建都修制

澶渊之盟的签订，对辽朝来说是一个巨大的胜利，辽、宋之间政治、经济、文化交流的增加，中原许多先进的东西都传到契丹，促进了辽朝社会的繁荣和发展。

辽统和二十七年（1009），临朝摄政27年的皇太后萧燕燕结束了作为一个女政治家叱咤风云的一生，辽圣宗开始独立自主执掌辽朝的国政。他将国号改为"契丹"，开始实现酝酿已久的雄图大略。

次年因高丽西京留守康肇弑其主王诵，擅立其从兄王询，辽圣宗亲自领兵征伐高丽，大军进攻到开京（高丽国都，今朝鲜开城），王询弃城逃走，辽圣宗焚城而归。以后连年遣军侵掠。开泰元年，西北沿边诸部叛乱，阻卜（鞑靼）国兵进国镇州（治今河北正定），辽圣宗平定叛乱。太平六年（1026），辽军征甘州（治今甘肃张掖）回鹘，失利，大败而还。开泰六年（1017），辽军远征喀什噶尔（今新疆西南部）声威远播于中亚。

辽圣宗治国的一条根本指导思想就是学唐比宋。澶渊之盟以前，辽朝对境内汉人的统治、官制服饰，都是沿袭了唐朝的制度和法律。与宋朝结盟以后，辽

---

[1]事见《辽史·圣宗本纪》："宋复遣曹利用来，以无还地之意，遣监门卫大将军姚东之持书往报。戊子，宋遣李继昌请和，以太后为叔母，愿岁输银十万两，绢二十万匹。"

圣宗要求从宫廷到朝臣，都要学习李唐。他专门颁行了《五经传疏》，要求官员们学习《贞观政要》。他要契丹人学唐的目的只有一个，超过宋朝。

辽圣宗首先是营建了一个新的都城——中京。为了便于接受宋廷每年送来的礼物和岁币，不再在草原上接见各国的使者，统和二十九年（1011），辽圣宗征集燕云地区的汉族工匠，兴筑陪都大定府城（遗址在今内蒙古宁城大明城）。这个新城的设计规模和形状，基本上以长安和开封为蓝图。过去，契丹皇帝春水、秋山、处理政务、接待使者和开会等活动，一切都在草地上进行，中京兴建以后，他们就把一些重要的政务移到京城中办理。

辽朝实行科举制度，从景宗时就已开始，但规模很小，取士的名额也很少。辽圣宗掌权以后，随着汉官势力的增长，以及契丹文化程度的发展和对外交往的扩大，越来越感到人才太少，就决定正式开科取士。科举取士只是对汉人的一项政策，不允许契丹人参加。辽圣宗时期，规定了接见进士以及颁赐等仪式，使进士显得高人一等。这样，辽圣宗就把一大批汉族的优秀分子通过科举吸收到统治机构来。

辽圣宗亲政后，在部族的编制下也进行了改革，把原来属于宫帐俘户的奴隶改编为部民。辽圣宗决定由原来的20部增设为34部，将稍瓦部和曷术部与各部并列，使捕捉禽兽和冶铁的奴隶取得了平民的地位。同时，辽圣宗决定对俘虏来的奴隶和新征服的各族人户，不再编为宫户奴隶，而分别设部统治。开泰元

辽中京遗址内的大明塔

中京是辽代五京之一，位于今内蒙古自治区宁城。中京城始筑于统和二十一年（1003），是辽圣宗以后的统治中心，历辽、金、元代延用至明初废弃。

年（1012），下诏诸道水灾饥民，质男女者，自来年正月起，日计佣钱10文，价满则尽遣还其家。开泰六年（1017）驸马萧国擅杀无罪奴婢，被削去官职。辽圣宗通过改革削弱了奴隶制因素，加强了封建制统治。

辽朝自太祖阿保机建国以来，就制定了自己的法律。但辽朝的法律规定"同罪异论"，就是说不同的民族犯了同样的罪，但法律处罚不一样。辽穆宗时，法律更苛刻，契丹人可以随意杀死契丹奴隶和汉人，以致阶级矛盾日深，民族反抗日增。为了调和阶级矛盾，调整民族关系，辽圣宗于统和十二年（994）下诏更改法令，规定：契丹人犯下"十恶罪的，也应依照汉人法律制裁"。统和二十四年（1006），又下诏："若奴婢犯罪至死，听送有司，其主无得擅杀。"

辽三彩罗汉

四、内平外和　身死行宫

辽圣宗性格温和，慈孝天然，宽严有度，刑赏必信。在执政期间，他十分注意处理内外关系。在国内，他理冤滞，举才行，察贪残。辽圣宗本人也以身作则。他本人好游戏，有时和手下的臣僚们击球玩耍，谏议大夫马得臣上疏切谏，[1]他立即停止了这种游戏。由于辽圣宗崇尚这种风气，所以这个时期辽朝政治清明，臣民和顺，社会内部相对比较稳定。

在处理与外部的关系上，辽圣宗也十分注意。对属族小国，他不准部下以

---

[1] 语见《辽史·列传第一〇·马得臣》："时上击鞠无度，（马得臣）上书谏曰：'……今陛下以球马为乐，愚臣思之，有不宜者三，故不避斧钺言之。窃以君臣同戏，不免分争，君得臣愧，彼我此喜，一不宜；跃马挥杖，纵横驰骛，不顾上下之分，争先取胜，失人臣礼，二不宜；轻万乘之尊，图一时之乐，万一有衔勒之失，其如社稷、太后何？三不宜。傥陛下不以臣言为迂，少赐省览，天下之福，九臣之愿也。'"

强凌弱，骚扰搜刮。辽朝先后两次下嫁公主给西夏国王李继迁，无论李继迁的态度怎样变化无常，始终以安抚、和好为主，保证了辽和西夏之间没有发生战争。

在处理对外关系上，辽圣宗和宋朝的交往中，可以说是树立了一代楷模。澶渊之盟以后，他严格按照誓书上规定的条文办理。为了全力维护与宋朝的和平相处，对派往宋朝的使者，临走以前，他都要亲自召见，连馈送的礼品，他也要一一过目方才放心。宋朝来的使者，辽圣宗必定要亲自接见。使宋朝来的使者个个高兴而归，为他进行义务宣传。有一次，黄河暴涨，冲毁了辽朝专为接待宋朝使者而修建的会同驿馆。辽圣宗亲自进行勘察，划出一块平坦的土地，重新建造了一所新驿馆。

辽太平二年（1022），宋真宗驾崩。宋派使者薛贻廓到辽朝报哀。进入幽州后，幽州守臣派快马急报辽圣宗。辽圣宗不等薛贻廓到京，就召集契丹和汉族大臣举朝发哀，后妃以下都孝服痛哭出声。等到薛贻廓来到以后，表达了宋仁宗继承父志、愿与辽朝永世通和的意思，辽圣宗大喜。辽圣宗派遣点检耶律僧隐、林牙萧日新、观察冯延休等出使宋朝祭奠宋真宗，下诏燕京悯忠寺特置宋真宗御灵，建资福道场，百日而罢[1]。又传令沿边州军不得作乐，举国上下文武百僚、僧道、军人、百姓等犯真宗讳者，一律改名。

宋真宗一死，辽圣宗大病一场，大有兔死狐悲之感，非常忌讳说死人的名字，就是他自己父母的尊

宣化下八里契丹贵族墓中的壁画

---

[1] 事见《辽史·圣宗本纪》："丁丑，宋使薛贻廓来告宋主恒殂，子祯嗣位。遣都点检耶律僧隐等充宋祭奠使副，林牙萧日新、观察冯延休充宋后吊慰使副。……戊子，为宋主饭三京僧。"

八塔山位于辽宁义县城南，山上八座辽代砖塔分别建在酷似飞腾龙形山上凸起的峰巅处。这是辽圣宗为纪念佛祖一生八个阶段而兴建，是目前国内唯一纪念佛祖一生八个阶段的塔林。

号，也不让人提及。太平十一年（1031）六月，辽圣宗临幸大福河北岸，一病不起。这位辽代历史上在位时间最长且最有作为的皇帝，在行宫中逝世，时年61岁，在位49年。临死时，他将儿子宗真和辅佐大臣萧孝穆、萧孝先叫到面前，交待了两件事，一件是立梁王宗真嗣位，另一件就是不得失澶渊之盟与宋朝立下的誓言。谥号"文武大孝皇帝"，庙号"圣宗"。葬永庆陵。

名家评说

圣宗幼冲嗣位，政出慈闱。及宋人二道平攻，亲御甲胄，一举而复燕、云，破信、彬，再举而蹙河、朔，不亦他欤！既而侈心一启，佳兵不祥，东有有陀之败，西肯甘州之丧，此狃于常胜之过也。然其践阼四十九年，理冤滞，举才行，察贪残，抑奢僭，录死事之子孙，振诸部之急乏，责迎合不忠之罪，却高丽女乐之归。辽之诸帝，在位长久，令名名无穷，其唯圣宗乎！

——元·脱脱等《辽史》

金太祖完颜阿骨打

金太祖完颜阿骨打（1068~1123），金朝开国皇帝。又名旻。黑龙江一带女真族人。世祖劾里钵第二子，母为翼简皇后拿懒氏。公元1115~1123年在位。谥号"武元皇帝"，庙号"太祖"。他以雄才大略完成了建国、灭辽两件光耀千古的大事。他创建女真文字，吸取先进的汉文化，不愧是一位杰出的开国皇帝。

金太祖完颜阿骨打

一、统一女真 麻痹辽朝

女真族是我国东北一个历史悠久的民族。唐末五代，契丹族崛起于中国北方，并且很快建立了辽政权，女真族逐渐为其控制。辽统治者对女真人实施分而治之的统治策略，把一部分女真人迁到辽阳以南地区，著于辽籍，进行直接统治，在历史上把这些女真人称为"熟女真"。还有一部分留在老地方，没被编进辽国国籍的女真人，则被称为"生女真"。完颜部就是"生女真"中的一支。

公元10世纪中叶，完颜部献祖绥可为部落联盟首领时，女真人定居于按出虎水河畔（今黑龙江阿城附近阿什河）开始了种植五谷的农耕生活。到景祖乌古乃时期，完颜部已经非常强大，从邻国购进铁器，修弓箭、造器械，军势大振，开始了对生女真各部的统一。到穆宗盈歌时，生女真各部逐渐统一起来，并且形成了一个强大的军事部落联盟。

辽咸雍四年（1068），完颜阿骨打出生于女真族上层贵族家庭。他自幼养成了尚武精神，阿骨打小的时候与许多小伙伴做游戏时，一个人可顶好几个人的力量，行为落拓大度，甚得父亲劾里钵的喜爱。劾里钵曾让小阿骨打坐在他的腿上，顺着阿骨打的头发轻轻抚摸，十分自豪地对众人道："这孩子长大成人之后，我就没有什么可以担心的了。"

十几岁的时候，阿骨打便以擅长骑射而闻名遐迩。一次，一辽朝使者到完颜氏府上做客，看见阿骨打手拿弓箭，

金人骑兵及马具装

就让他用箭射天空中的飞鸟，阿骨打连射三箭，三发皆中，辽使非常惊奇，连连称赞他为"奇男子"。[1]完颜阿骨打力大无穷，他射出的箭能达320步之远，连宗室中最以射远著名的漫都诃也望尘莫及。

阿骨打跟随父兄四处征战，他作战勇猛果敢，先后带兵打败了纥石烈部的麻产、泥庞部的跋黑、播立开，温都部的跋忒等，为完颜部统一生女真各部立下了汗马功劳。辽朝统治者特意授命阿骨打为详稳。世祖劾里钵临死前认为只有阿骨打能够使自己的部族摆脱契丹人的控制。天庆三年（1113），康宗乌雅束病死，阿骨打继任为都勃极烈。此后，他励精图治，不负众望，担当起了抗辽斗争的重任。

阿骨打曾多次派使者到辽朝进行外交活动，暗中刺探军情。他本人也多次朝见辽朝皇帝，对辽朝败政了如指掌。

天庆二年（1112）春天，天祚帝来到混同江（今松花江）钓鱼游乐。依照契丹旧俗，天祚帝举行了"头鱼宴"，同时宴请前来朝贡的生女真各部首领。酒至半酣，天祚帝命令各部酋长次第歌舞，当轮到阿骨打时，他端立正视，以不会歌舞拒绝接受天祚帝的命令。事后，天祚帝对枢密使萧奉先说："在前天的宴会上，阿骨打意气雄豪，我看他不同寻常，应该借故把他杀了，否则必定留下后

---

[1] 事见《金史·太祖本纪》："十岁，好弓矢，甫成童，即善射。一日，辽使坐府中，顾见太祖手持弓矢，使射群乌，连三发皆中。辽使矍然曰：'奇男子也。'"

患。"萧奉先回答说："阿骨打鄙陋粗俗，不知礼仪，没有什么大的过错就把他杀了，恐怕不妥当。"辽天祚帝见他说得有理，转念一想，阿骨打就是有野心，一个小小的部落，也成不了什么气候。想到此，天祚帝也就算了。

世祖劾里钵临死前拉着阿骨打的手对众人说："乌雅苏（世祖长子）性情柔善，只有这个儿子能够完成我们摆脱契丹人控制的宿愿。"天庆三年（1113），康宗乌雅苏病死，阿骨打继任为都勃极烈（即酋长）。

阿骨打在完成对生女真各部的统一之后，即着手增强女真族的军事力量，鼓励部族成员从事农业生产，积蓄粮食，同时，建城堡、修戎器，练兵牧马。另外，阿骨打继续维持对辽帝的贡奉，还不时地贿赂契丹权贵，以麻痹辽统治者。

二、不甘受辱　起兵反辽

辽朝统治者对属下女真各部进行残酷统治，经常派兵深入生女真各部进行屠杀和掠夺，在疯狂掳掠的同时，辽统治者还逼迫生女真缴纳各种土产贡品，如北珠、貂皮、骏马、海东青等，强行与女真进行不平等的贸易。在交易中，女真人稍有不恭就要受到凌辱，称为"打女真"。

最令女真人忍无可忍的是辽朝"银牌天使"对他们的骚扰。辽朝统治者在征发兵马等紧急事件时，派往各部族的使者带着银牌，号称"银牌天使"，他们到了女真人这里，以索取贡物为名，到处敲诈勒索，不仅搜刮货物，还肆意欺凌女真人，逼迫女真人的妇女陪他们过夜。不论是年轻姑娘，还是有夫之妇，只要是长得漂亮的便指名索要，要她们轮流陪宿。女真人恨透了契丹人，对辽国使者的骚扰掠夺更是怨愤不平。

看到辽国君臣的荒淫无道和女真人对契丹人强烈不满的情绪，阿骨打认为时机已到，他决心带领女真人反抗辽国的统治，征服越来越腐朽的辽国。他号召女真人发展农业，储备粮食，加紧训练扩大军队，锻造兵器，并在边防要塞修城建堡，加强防御力量与进攻措施。

阿骨打厉兵秣马，很快就被辽国人得知，天祚帝马上派节度使捏哥前去晓谕阿骨打。捏哥以上国大使的骄横口气责问阿骨打："你们建城堡，修兵器，练军队，难道是心怀异图，要造反吗？"阿骨打也毫不示弱，马上回击："我们练兵修备，是为了设险自守，防止外敌入侵，你说我们有异图，有什么根据？"辽国再次派遣阿息保来诘问阿骨打，阿骨打说："我们小国事大国从来就是恭敬有

《维摩演教图卷》
金马云卿绘,现藏北京故宫博物院。

礼的,相反的是你们大国却太蔑视欺侮我们小国了。比如前些时我们的叛逃者阿疏逃到辽国,我们派使者几次去要人,都遭到了你们的无理拒绝。大国对小国有恩德,小国就敬重服从大国,如果大国无视小国的利益,不施仁德,那么,小国怎能受制于人?"[1]

阿疏是纥石烈部的酋长。他想借助辽统治者的力量,重新恢复自己的势力。为此完颜氏几次要求辽帝交还阿疏,双方进行了频繁的交涉。阿骨打继任都勃极烈后,决心解决这个问题,先后派蒲家奴、习古乃、完颜银术可、仆聒剌等人前往辽朝索取阿疏,都没有成功。阿骨打便以此为借口,打出了起兵反辽的旗帜。

阿息保气冲冲地回到辽国,把阿骨打的话及其要造反的情况禀奏于辽天祚帝耶律延禧。辽天祚帝听了很生气,于是他派萧挞不野为统帅,调遣各路军马,进驻于临近女真国的宁江州(今吉林扶余东石头城子),以防备女真人的进攻。

天庆四年(1114)九月,阿骨打起兵反辽,他首先进军辽的北方军事重镇宁江州,女真将士2500人集会涞流河(今吉林与黑龙江交界的拉林河)西岸。阿骨打在此祭祖誓师,历数了辽统治者的罪恶,女真将士奋勇杀敌,阿骨打身先士

---

[1] 语见《金史·太祖本纪》:"太祖谓之曰:'我小国也,事大国不敢废礼。大国德泽不施,而逋逃是主,以此字小,能无望乎?若以阿疏与我,请事朝贡。苟不获已,岂能束手受制也。'"

卒，亲手射杀辽军前线大将耶律谢十，士气大振，很快攻下了宁江州，俘获辽防御使大药师奴，取得了反辽战争中具有历史意义的第一个胜利。

阿骨打大破辽军、攻占宁江州的消息传到辽国都城，朝野震动，天祚帝耶律延禧却不以为然，仍然是今日猎于秋山，明日猎于滦水，在众大臣的一再劝说之下，他才派都统萧敌里，副都统挞不野率10万兵马前去抵御女真兵。萧敌里与挞不野率军会合于鸭子河北的出河店，准备休整几天。为了防止女真人的偷袭，他们派几百名士兵驻扎在鸭子河边守卫。这时已是十一月的寒冬，鸭子河已经结了一层厚厚的冰，萧敌里命士兵破凌道以阻止女真军队过河。十一月的夜，北风呼啸，地冻天寒。萧敌里的军兵早已躲在出河店帐篷中进入梦乡。这时，阿骨打却率着女真军队打着火把，悄悄向鸭子河奔来。一夜急行军，黎明时分正好赶到鸭子河边，见几百个辽军士兵正在河面上慢腾腾地敲打着厚厚的冰层，准备破坏凌道。阿骨打选了500个精壮勇士，出其不意地从冰上冲了过去，把破坏凌道的辽兵杀跑，然后率领万人大军从冰上渡过鸭子河，直杀向出河店（今黑龙江肇源西北）辽军的大营。

萧敌里酣梦刚醒，只听外面喊杀声大起。女真人已从四面八方冲杀过来，他连忙持枪上马，与挞不野率军冲出包围，杀开一条血路，向斡论烁方向奔逃，丢下车仗辎重无数，阿骨打在后面率军紧追不舍。萧敌里率军来到斡论烁，喘息未定，阿骨打已带领精锐女真兵乘胜追杀上来。萧敌里连忙率人继续奔逃，挞不野还没来得及上马，就被女真兵杀死。

阿骨打带将士们在斡论烁一阵冲杀，杀得辽兵尸首遍地，缴获车马、甲兵及玉器珍玩不可胜计，便鸣锣收兵，不再追杀。

不久，女真大将仆尴攻克了宾川（今吉林农安东北东小城子），完颜娄室攻克威州（今辽宁开原东北），辽军大将斡珲、集赛率两路辽军投降，女真人的势力不断壮大。

三、建国灭辽　和睦友邻

随着女真与辽政权之间力量对比的变化，建立一个统一的女真国家已是势在必行。辽天庆五年（1115）正月，吴乞买、撒改、辞不失等率文武百官上书阿骨打建号称帝。完颜阿骨打诏令天下，开始称帝。他说："辽以镔铁为国号，取其坚硬，但铁也会生锈变坏，世上只有金子光彩不变，质坚不坏，金是白色的，而且我们完颜部又崇尚白色，应取金为国号。"[1]于是建国号"大金"，称当年为收国元年。因为阿骨打是金国的开国皇帝，所以历史上称他为金太祖。

金朝建立之后，金太祖阿骨打继续进行灭辽战争。开始进攻属于系辽籍女真住地的辽的北边要地。兵分三路：一路由阿骨打亲自率领攻打黄龙府路所属的宾（今吉林德惠北）、祥二州；一路由斡鲁古、娄室率军进攻咸州（今吉林开原）方面；另一路则由夹谷撒改将兵向南方的保州、开州方面发动进攻。其意图是首先扫除黄龙府周围的城寨，以断绝它的外援，然后集中兵力，攻打黄龙府（今吉林农安），夺取这个辽朝统治者控制女真族的军事重镇，以实现整个女真族的真正统一。

在很短的时间里，金军迅速夺取了宾、祥二州，占领了咸州，实现了对黄

金代壁画

---

[1]语见《金史·太祖本纪》："辽以宾铁为号，取其坚也。宾铁虽坚，终亦变坏，惟金不变不坏。金之色白，完颜部色尚白。"

龙府的包围。金太祖先抽调完颜娄室的军队，发动了达鲁古战役，彻底解除了围攻黄龙府的后顾之忧。然后，金太祖便下令金军全线出击，攻打黄龙府。辽军抵挡不住，弃城而逃，金军占领了黄龙府。

金军攻下黄龙府的消息传来，辽天祚帝大为恐慌，下诏亲征，亲自率领几十万大军进驻驼门。当时金朝初立，正处于兵少将寡的劣势状态。大敌当前，情况十分危急，金太祖于是亲自率军迎敌。正当紧要关头，辽先锋都监耶律章奴发动了政变，打算拥立燕王耶律淳为帝，天祚帝得知后，无心恋战，急忙率大队人马从前线西还。金军乘势奋勇追击。那时，金军只有2万。金太祖说："敌众我寡，兵不能分开。我观察敌中军队最强，辽主必定在此军中。我军只要击败中军，就胜利在握了。"[1]辽军大败，死者相连，缴获兵械军资不计其数。天祚帝一日一夜行500里，逃入广平淀行宫，退保长春州。

收国二年（1116）四月，金太祖下令由斡鲁统率内外诸军，与蒲察、迪古乃会同咸州路都统斡鲁古，率大军讨伐高永昌。金军很快占领了辽阳府（今辽宁辽阳）城，然后又开始了对东京道各府、州、县的经略，夺取了东京道的系辽籍女真的住地。至此，在反辽战争的同时，金太祖终于实现了对整个女真族的统一。

此后金太祖继续征战，天辅元年（1117）春，金军获悉辽在上京道长春州（今吉林乾安县北）和泰州方面没有任何军事防备，金太祖便下令都统杲率宗雄、宗干、娄室等将兵一万进攻长春州，辽军不战自溃，金军乘势攻下了泰州。

天辅四年（1120）四月，金太祖再次亲自率军伐辽，五月就占领了上京临潢府。第二年，金太祖又以忽鲁勃极烈杲为内外诸军都统，以完颜昱、宗翰、宗干、宗望、宗磐等为副，继续四出攻伐，先后攻占了中京大定府、西京大同府和燕京析津府。辽朝濒临最后灭亡。

金朝官印

---

[1]语见《金史·太祖本纪》："彼众我寡，兵不可分。视其中军最坚，辽主必在焉。败其中军，可以得志。"

随着灭辽战争的胜利进行，各族降服者越来越多，为了对他们实行一视同仁的民族政策，金太祖多次下诏优恤归附者。天辅二年（1118），金太祖又发布诏令，凡是新降附的各族人都要加以安抚，发给他们官粮，使他们安居乐业，不要惊动、骚扰他们。

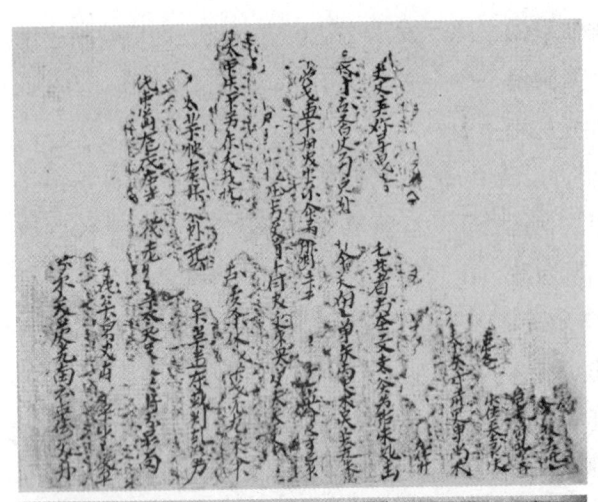

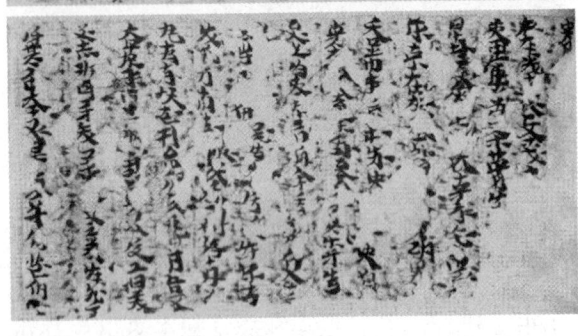

为了集中全力对付辽贵族，金太祖对高丽、西夏、北宋采取友善态度，一直和他们维持和平友好关系。

对于中原地区的北宋政权，金太祖金太祖采取友善的态度。天辅二年（1118），宋徽宗遣马

女真文字残页

政使金，第二年金太祖遣粘木喝等回使北宋，商议联合攻辽问题。天辅四年（1120），宋再遣赵良嗣等使金，最后商定：宋、金联合夹攻辽国，宋取辽的燕京析津府，金取辽的中京大定府。灭辽之后，宋将以前输辽的岁币转输给金；金将后晋石敬瑭时割给辽的燕京一带汉地归还宋朝，这就是历史上著名的宋、金"海上之盟"。

双方誓盟之后，金军迅速出击，先后攻占了中京、西京；而北宋军队在童贯、种师道统率下，两次围攻燕京都没有破城。天辅六年（1122）四月，金军在宋军的配合下攻占了燕京。至此，辽国在金宋两国合兵攻伐下，已彻底失了抵抗能力，等待它的只有投降或被金国灭亡。

四、励精图治　功成身死

金太祖完颜阿骨打称帝后，开始了金朝奴隶主贵族的政权建设，在施政纲

领中，他在基本上不改易旧俗的情况下，依照本国制度，以农为本，发展奴隶制度。

为确立新的奴隶制占有关系，金太祖首先确立了皇权，即把都勃堇、国相、勃堇发展为中央统治的最高权力机构——勃极烈制。"勃堇"是女真语，是部落酋长的职称；"都勃堇"是指部落联盟首领；"国相"地位很高，是军事部落联盟首领的辅佐，地位仅次于都勃堇。金太祖统一女真各部是建立在武力征服的基础上的，为了不过分刺激旧日同盟的女真各部的神经，以维护统一，金太祖准许各部酋长袭用勃堇名称，保留了勃堇制；同时，又赋予它新的含义，发展为新的勃极烈制。在勃极烈制下，原部落联盟的最高军事首领都勃极烈改称皇帝，处于全国最高的统治地位，以下设置各种勃极烈。收国元年（1115）七月，金太祖开始将国相制与勃堇制结合，确立中央统治机构的官职名称，正式设置各种勃极烈。

金太祖继任都勃极烈后，首先完善了作为军事编制的猛安谋克。宁江州战役结束后，根据反辽战争的实际需要，金太祖改编了固有的军队，命令以300户组成一谋克，每10谋克组成一猛安，谋克、猛安分别为百夫长、千夫长。各谋克中又按"什伍制"组成作战小分队，大大增强了军队的机动性和组织纪律性。猛安谋克发展为一种地方行政组织，在新占领区广泛实施，极其有利于金朝统治者巩固自己的统治和加强中央集权。

金太祖当上皇帝后，积极改革社会弊政，在法律方面，确立了新的法制，规定在法令面前没有贵贱的差别，保留了氏族时期某些平等的东西，旨在防止平民破产和沦为奴隶以致减少和削弱了国家兵力来源；还规定对犯人刑、赎并行。为了提高女真人的民族素质，革除原始婚俗，天辅元年（1117）五月，金太祖下诏严禁女真人同姓结婚，凡是在宁江州战役结束后同姓结婚的，必须离异。

金太祖对于文化事业非常重视，他曾诏令创制了第一种女真文字。建国前，女真人还没有文字，他们记事传令使用"信牌"，作战时有专门的人从事于口头传达命令，称作"闸刺"，非常不方便。立国后，金太祖马上下令完颜希夷创制文字。完颜希夷是欢都的儿子，他仿照汉人的正楷字，结合本国语言，创制了女真文字，天辅三年（1119）八月，文字制成，金太祖下令全国颁行，这种文字在历史上称为"女真大字"。金太祖还注意学习汉族的先进文化，重用汉族知识分子。天辅二年（1118）就曾经下诏，凡是具有博学雄才的汉族知识分子，一

金太祖完颜阿骨打陵

定选送京师。金太祖还注意收集各种书籍，天辅五年（1121），在完颜杲等进攻辽中京的前夕，金太祖就指示他们，如果攻克中京，所得礼乐、仪仗、图书、文籍，一律全部运往京城。[1]

金太祖在位期间还注意发展生产，采取了许多发展经济的措施，对促进东北地区的开发和女真族社会进步做出了积极贡献。

为了保护和发展生产，在反辽战争中，金太祖严禁士兵掳掠；对四方降附者多加优恤，减免他们的赋税，以达到安定民心、发展生产的目的。

金太祖还实行了移民实内政策。天辅六年（1122），金军在攻下山西诸州后，金太祖下令迁徙山西部分汉人、契丹人充实内地，由皇弟完颜昂监督，命耶律佛顶统兵押送移民到浑河路（今辽宁清原东），让他们自己随便挑选住地。

与此同时，金太祖还强令女真人由内地向外迁徙，进行屯田。天辅五年（1121），金太祖挑选1万余女真人猛安谋克户，派婆卢火统领到泰州屯驻，同时赐给婆卢火耕牛50头。

---

[1]语见《金史·太祖本纪》："若克中京，所得礼乐仪图书文籍，并先次津发赴阙。"

为了保证国家的税收和兵源，金太祖还采取各种措施，限制奴隶制发展，严禁将平民变为奴隶。收国二年（1116），金太祖下诏说："近年来粮食歉收，人们贫困不堪，许多人依附于豪民，变成奴隶，还有的因为犯法被逼为奴，今后不许私自逼良为奴。"

天辅七年（1123）八月，金太祖病死于由燕京回师上京的途中，终年56岁。金太宗即位后，尊他为"武元皇帝"，庙号"太祖"，遗体葬和陵，后来改葬大房山睿陵。皇统年间，金熙宗又为他增谥号为"应乾兴运昭德定功睿神庄孝仁明大圣武元皇帝"。

名家评说

太祖英谟睿略，豁达大度，知人善任，人乐为用。太祖数年之间算无遗策，兵无留行，底定大业，传之子孙。呜呼，雄哉！

——元·脱脱等《金史》

（阿骨打）雄鸷过人，勇武有加，善骑射，胸有大略。

——蔡东藩《宋史演义》

金哀宗完颜守绪

金哀宗完颜守绪（1198～1234），金朝第九代皇帝，即末代皇帝。初名守礼，又名宁甲速。黑龙江一带女真族人。金宣宗第三子，母明惠皇后王氏，赐姓温敦氏。公元1223～1234年在位，谥号"哀宗皇帝"。他虽志大才高，卓识有为，但终因生不逢时，国破身死，成为金朝皇帝中令人扼腕的悲剧人物。

金哀宗完颜守绪

一、临危承位　奋发图强

完颜守绪生于章宗承安三年（1198）八月二十三日。其母亲与姨妈共同事奉宣宗，母亲为妃，姨妈为王后，因王后无子，遂收宁甲速为养子。

卫绍王泰和年间，宁甲速被授金紫光禄大夫；宣宗登极之后，晋封为遂王，并任秘书监，后改为枢密使，总揽全国军政。宁甲速性情宽和、仁慈，喜好读书，学识也很渊博，古今治乱战争之事，谈起来滔滔不绝。他才华横溢，写得一手好文章，因而深得宣宗的偏爱，在皇太子守忠和太孙完颜铿相继夭折后，宁甲速便被立为皇太子，并赐名为守绪，意思是让完颜守绪能在金朝风雨飘摇中，保住祖宗基业。

元光二年（1223）十二月的一天，宣宗病危。入夜时分，近臣们都纷纷退去，隆德殿内只有前朝资明夫人郑氏在宣宗身边伺候。郑氏年老，比较可靠，宣宗感到自己已经不行了，便把郑氏招到身旁，用微弱的声音断断续续地说："赶快去将太子叫来主持后事。"说完便溘然长逝了。当天夜里，皇后和庞贵妃

到皇帝的寝室问安。这庞氏为人阴险狡诈，她的儿子守纯比守绪年长，但没被立为太子，庞氏因此积怨在心，常常闷闷不乐。郑氏深知内情，怕她趁宣宗崩逝的时机策动变乱，便说："皇帝正在更衣，请皇后贵妃先到那边房间去稍事歇息吧。"后、妃二人不知是计，信以为真，等她们二人走进房间，郑氏赶忙将房门反锁上，并立即召集大臣传达皇上遗诏立太子为皇帝。

金哀宗时期"正大重宝"

等太子守绪入宫的时候，英王守纯早已赶到，他对守绪继位很不服气。隆德殿上剑拔弩张，气氛相当紧张。这时太子守绪当机立断，命令枢密院官及东宫亲卫军3万人屯于东华门街，另派四名护卫人员将守纯监禁在近侍局中。[1]一切安排妥后，这才打开房门将后、妃二人放出来为宣宗发表。太子完颜守绪便在宣宗的灵柩前奉遗诏即皇帝位，改年号为正大。

金哀宗完颜守绪即位的时候，金国处在内外交困之时。北边，蒙古成吉思汗的铁骑早已踏遍太行山，饮马黄河。南边，重开与南宋的战事，遇到南宋军民的顽强抵抗，金朝陷入了宋蒙南北夹击的困境之中。在金国内部，各地反抗金朝统治的起义不断发生。

面对如此局面，金哀宗却没有因此消沉怯懦，坐等灭亡，而是临危不乱，锐志不丧，励精图治，企图挽救金朝于垂危之中。他首先从整顿纲纪入手。即位后，立即下诏，大赦天下，强调严明法纪，要求各级官吏按国家定制秉公办事，对那些有法不依、徇私情而破坏法纪、使无辜之人枉遭刑罚的贪官酷吏，将以故意陷害他人的罪名严加追究。

有一次，内族人王家努无故杀死鲜于主簿，金哀宗得知此事后非常气愤，他说："英王是我哥哥，他无故鞭打哪一个人了吗？我作为一国之君，敢随便杀害一个无罪的人了吗？现在正值国家衰弱的时刻，能有多少生灵啊！而你却依仗

---

[1] 事见《金史·宣宗诸子·守纯列传》："哀宗后至，东华门已闭，闻守纯在宫，分遣枢密院官及东宫亲卫军总领移剌蒲阿集军三万余屯东华门外。……以护卫四人监守纯于近侍局。"

皇家权势随便杀死一个主簿，真是无法无天了！"他下令将王家努斩首。

金哀宗认为，要治理好国家，除严明法纪之外，还必须广开言路，鼓励官民为国家大事献计献策。他在诏书中说："上自文武官吏，下至黎民百姓，允许你们对国家军政大事的利弊发表意见，只管直言不讳，不必有任何顾虑，哪怕是讥讽当朝、一无可取之处也不要紧，决不会因此定罪的。"

正大元年（1224）正月的一天，文武百官集于隆德殿内，正在举行盛大的典礼和宴会。殿外有一男子，身穿麻布，望着承天门大笑一阵，又大哭一场。有人问他为什么又哭又笑，他说："我笑，是笑朝中将相无人。我哭，是哭全国行将灭亡了！"[1]禁卫听了，当场将这人拿下，上奏皇帝，请求处置。隆德殿内群臣义愤，有人主张将此人处死，金哀宗坚持说："不能这样做。最近朕诏告于天下，令全国百姓直言军国利害，即使是讥讪之辞，也不坐罚。若有什么话，让他说完；若没有的话，就让他走了罢。"法司只得以殿门不是哭笑的场所，将那人重杖一顿，赶走了事。这件事一传开，人们看到皇上说话算数，真正不以言论治罪，上书议国事、提建议的人日益多了起来，使皇帝"圣听"渐明。

当时朝中有两大奸臣，分别是蒲察合住和庞古华山，他们为政苛刻，利用手中权力营私舞弊，敲诈勒索，专横跋扈，朝野一片怨恨。金哀宗顺应民意，首先将这两个奸臣逐出京城，不久又将他们处死。消息传出，士大夫弹冠相庆，百姓无不称快。以此为契机，金哀宗大力整顿吏治，一面斥退一批贪官污吏、无用之辈，一面任用一批抗蒙有功的将帅，分掌军政，组成一个以自己为中心的坚强领导核心。

金砖雕：丰收舞蹈人

---

[1] 语见《金史·哀宗本纪》："有男子服麻衣，望承天门且笑且哭。诘之，则曰：'吾笑，笑将相无人。吾哭，哭金国将亡。'"

金哀宗清楚地看到，刚刚崛起的蒙古汗国是金国最危险的敌人，为了救亡图存，必须集中全力抗蒙。然而，自宣宗重开与南宋之间的战争后，金朝陷入了腹背受敌的不利境地。为了改变这种局面，金哀宗决定立即停止侵宋的战争，集中兵力抗御强敌蒙古。

西夏这时名义上还是金国臣属，也遭到蒙古军队的侵扰。金哀宗认为有必要同西夏联合起来，以加强与蒙古抗衡的力量。于是，他派使臣与西夏谈判。正大二年（1225）九月，双方议和互不侵扰。

调整好外交格局以后，金哀宗先后派兵与蒙古军队作战。正大三年（1226），他派兵进攻山西，经过一年的战斗，先后收复平阳、太原等重镇，斩蒙古守将多人，取得一定的胜利。金哀宗下令为在抗蒙战斗中牺牲的将士建造褒忠庙，以示纪念。

这年六月，西夏灭亡。蒙军解除了后顾之忧，便长驱入陕，金哀宗在汴京（今河南开封）加紧募民为军，扩充实力，准备抗击蒙军。金朝任命杨沃衍为泾、邠、陇三州节度使，他深得金哀宗的赏识和重用，立志以身许国，他说："为人不为国家社稷献身，而为私家小事去死，不算大丈夫。"[1]他来往于泾、邠、陇三州之间，鼓舞士气，安定民心，指挥作战，并亲自带领主力军迎战，多次战胜蒙古军，使蒙古军队不能前进。正在这时，成吉思汗在甘肃清水县军中病逝，蒙古军队被迫撤退，汴京的危机暂时算是解除了。

二、将士喋血　困兽犹斗

正大六年（1229）八月，成吉思汗的三儿子窝阔台继承蒙古汗位后，进一步加紧了对金朝的侵略掠夺。金朝抗蒙斗争的形势更加艰苦了。

正大八年（1231）五月，蒙古军决定兵分三路，由窝阔台、斡陈那颜和拖雷率领，计划在次年春季三路大军合围汴京灭金。九日，蒙古军三路齐发，窝阔台率中军兵临河中府（今山西运城蒲州镇），拖雷军过凤翔（今陕西凤翔）南下。

金哀宗急忙召集诸将商议抗蒙救亡的对策。枢密判官白华主张调陕西兵守河中。他说："与其到汉水去防御，不如直接往河中，黄河一日可渡。倘作战顺

---

[1] 语见《金史·忠义三·杨沃衍列传》："沃衍自奉诏即以身许国，曰：'为人不死王事而死于家，非大丈夫也。'"

蒙古军于野狐岭战役消灭金军40万，金朝至此无力反击。本图出自《史集》。

利，蒙古军去襄、汉地的军马必当迟疑不进，我们可以利用北方作战机会，使南方掣肘。"完颜合达自陕西上奏，也主张如此。可是移剌蒲阿却有不同的看法，他说："如果金军北渡，蒙古兵必将放我们过河，然后断我归路，与之决战，这样对我们十分不利的。"金哀宗不能决断，所议无结果。合达、蒲阿两军仍往陕西，只派一支军马声援河中府。不久，窝阔台果然猛攻河中府，守城金兵及援兵拼死守城，血战数月，十二月初，终于力尽城破。

这时，拖雷率领的右路军4万人马，破宝鸡、大散关（今陕西宝鸡西南），进入宋朝的境内，攻入饶峰关（今山西石泉西）。由金州东下，直指汴京。金国大将完颜合达、移剌蒲阿于正大九年（1232）正月初二日，率骑兵二万、步兵十三万自邓州出发，赶赴汴京。张惠、高英、陈和尚等随行，又在途中与杨沃衍、武仙军会合。金军一路作战，不断遭到蒙军的袭击，不得休息，军粮也不足，行至黄榆店（今河南禹县西南）时，遇上大雪不能前进，就地扎营。这时，合达又接到金哀宗的制旨，令两省军全部赴京师，然后出战，合达、蒲阿立即启行。蒙古军且战且退，至三峰山，天又下起了大雪，金军沿途作战，极度疲劳，甚至三日未食。天寒地冻，军士披甲胄僵立雪中，枪槊结冻如椽。蒙古军却是燃薪煮肉，轮番休息，有意放开一条去钧州（今河南禹县）的路，放金军北走，然

634

后出伏兵夹击，金军大败。张惠、樊泽、高英等将领战死，武仙率三十骑逃入竹林，移剌蒲阿率军北走，被蒙军追上俘获，押送到官山，蒙古军对他多次劝降，蒲阿说："我是金国大臣，只当为金国一死。"最后不屈被杀。

完颜合达与完颜陈和尚率领部分残兵败于钧州。被蒙古一军团团围住，合达战死，陈和尚被擒，拒不跪拜，蒙古军用刀砍断他膝胫，他仍从容地说："我就是忠孝军总领完颜陈和尚。大昌原战胜你们的是我，卫州战胜你们的是我，倒回谷战胜你们的也是我。我死在乱军中，别人可能会认为我有负国家，今天我死也要死个明明白白，天下必定有了解我的人。"蒙古兵又砍下他的足胫，割他的嘴，直到耳边，完颜陈和尚宁死不屈，英勇就义，年仅41岁。[1]

杨沃衍的部下呆刘胜降蒙后，被派遣来劝降杨沃衍。杨沃衍愤怒地说："我出身卑微，蒙皇上之大恩，今天你要来玷污我吗？"说着，他拔剑杀死呆刘胜，然后向汴京方向哭拜，说："皇上大恩，无以图报，今日战败，无面目再见朝廷，只有一死报之了。"说完拔剑自刎，壮烈殉国。

钧州三峰山一战，金国主要将领大部牺牲，主力溃败，金朝大势已去。蒙古军则乘胜进军汴京，汴京危急。这时，金哀宗召完颜白撒还朝，任平章政事，主持军政大事。这白撒贪怯无能，刚愎自用。当蒙古兵长驱汴京时，他不组织抗战，却派人率众万余开短堤，决河水阻挡敌兵。结果蒙古兵赶到，大加杀戮，修河丁壮逃回不足二三百人。

汴京被围困，城中十分空虚，只有不足四万兵力。金哀宗一面加紧战备，一面加紧向蒙古求和。蒙古军派使者持国书前来招降，完颜守绪无奈，封荆王守纯（即英王守纯，后改封荆王）的儿子讹可为曹王，到蒙古军营做人质。蒙古军留下3万人，由速不台指挥继续围攻汴京，其余的撤军北还。汴京城外蒙军沿城壕设列木栅，用薪草填壕。

白撒等主帅以正在议和为由，不准出兵。城中军民义愤填膺，要求出战，在城中喧呼。金哀宗亲自出端门安慰军士，有士兵五六十人一齐跪在金哀宗面前，对金哀宗说："蒙古军背土填壕已过一半了，平章不准放一箭，说怕坏了和

---

[1]语见《金史·忠义三·完颜陈和尚列传》："时欲其（完颜陈和尚）降，斫足胫折不为屈，豁口吻至耳，噀血而呼，至死不绝。（蒙古）大将义之，……祝曰：'好男子，他日再生，当令我得之。'时年四十一。"

议,如此下去,汴京将难保,请与蒙军决一死战。金哀宗说:"等曹王到北国,蒙古兵若仍不退,你们再死战也不迟。"众人伏地哭泣说:"事情已经万分紧迫,皇帝不要只盼望讲和。"千户刘寿拽住金哀宗的马缰,说:"皇帝不要相信贼臣呀,只有将他们剪除干净,才能退敌兵。"卫士们听了要打刘寿,金哀宗制止,说:"他喝醉了酒,不要理他。"

经过一番充分的准备,蒙古军向汴京城发动了猛烈的进攻。汴京军民与蒙古兵奋战16昼夜,保卫了汴京城。金哀宗又派人去蒙古军营求和,速不台见此城久攻不能下,便说:"既然已在讲和,还互相攻击什么呢?"然后领兵退去。金哀宗亲自登端门赏赐军士,并改年号开兴为"天兴"。

经过蒙军长期围困,汴京已成为内无粮草、外无救兵的一座孤城,又失去宝贵的民心,实在难以维持了。

三、汴京陷落　官奴之乱

天兴元年(1232)七月,蒙古再派使臣唐庆前来招降,要求金哀宗去帝号称臣,守城军士一怒之下杀掉了唐庆一行,蒙、金之间的和议局面彻底破产了。

十二月,金哀宗急召群臣商议对策。左司郎中白华献计:"现在耕地已废,粮食将尽,四外援兵也没有指望。圣主可出就外兵,留皇兄荆王守纯在汴京监国,由他裁处,圣主既出,遣使告诉蒙古,说我外出不是收笼军马,只因军卒擅杀唐庆,和议断绝,现在把汴京交付荆王,我只求一二州养老而已。这样,皇后皇族可以保存,圣主可以宽心了。"金哀宗听了觉得在理,遂决定出奔汝州。

十二月二十五日,金哀宗与皇太后、皇后、诸妃告别,彼此十分伤心,此时一别不知今生能否相见,真可谓生离死别。当军队行至公主苑时,太后手捧米肉一一犒赏军士。留守汴京的军士也都纷纷要求出城去汝州大战一场。金哀宗深情地对他们说:"你们不要以为不让你们进军汝州就没有功劳了,社稷宗庙都在这里,你们要保护好不出差错,此功非小,将来军赏岂能在参战将士之下?"军士们听了,纷纷落下泪来。[1]

---

[1] 语见《金史·哀宗本纪》:"(完颜守绪)诏谕戍兵曰:'社稷宗庙在此,汝等壮士也,毋以不预进发之数,便谓无功,若保守无虞,将来功赏顾岂在战士下?'闻者皆洒泣。"

正当金哀宗一行准备西行汝州的时候，巩昌元帅呼沙呼自金昌赶到，对金哀宗说："京西300里之间无井灶，不可前往。"金哀宗便又决定东行，几日后，到达黄陵冈。完颜守绪召集群臣议于黄陵冈，白撒仍主张去归德，金哀宗也表示同意，元帅蒲察官奴又来奏报，说卫州有粮，可以屯驻。

正月初四日，金哀宗仍命白撒督军攻卫州，右丞相完颜仲德拽住金哀宗的马缰，苦谏道："存亡在此一举，卫州决不可攻。"金哀宗听不进去，仍命白撒督军向卫州进发，无奈卫州城池坚固，金军缺少攻城器械，围攻三日不下。此时蒙古援兵赶到，金兵闻讯撤退，蒙古兵紧追不舍，在卫州城东的白公庙展开一场激战，金兵大败。白撒弃军逃跑，元帅刘益、上党公张开在逃跑的途中被民家所杀，另一部分军队投降蒙古。白撒逃到蒲城东30里的魏楼村，找到金哀宗，告诉金哀宗卫州溃败的消息，请金哀宗赶快去归德。金哀宗在深夜四更匆忙乘船逃往归德，连侍卫都还不知道。第二天，金军得知金哀宗已逃走，纷纷溃散，白撒收得残兵败将2万人到归德。金哀宗将此次攻卫州失败的罪责归于白撒，将其下狱，白撒7日不食而亡。

卫州战败的消息传到汴京，引起一片骚动。此时的汴京城内外交困，老百姓没有粮食吃，很多人饿死了，有的人甚至以自己的老婆孩子为食。速不台的蒙军又不断来攻。卫州兵败，人们更失去信心，看到金朝行将灭亡，更加不安。留守汴京的西面元帅崔立在其党羽韩铎、药安国等人的协助下乘机发动政变，将他的私党都封以重要官职。他们杀掉留守汴京的参知政事兼副枢密使完颜奴申、完颜斜念阿不二相及其他官员，然后占据汴京城，投降蒙古。接着，速不台进汴京。四月，速不台杀掉荆王守纯、梁王从恪，将后妃们送

金孝子砖雕

回蒙古。天兴二年（1233）正月，蒙古军进克汴京，汴京陷落，金朝失去了国都，抗蒙斗争的形势变得更加严峻了。

天兴二年（1233）春正月，金哀宗来到归德，河北溃败的军队也相继来附。

当时，蒙古将军特默岱率军来攻归德，元帅蒲察官奴建议金哀宗到海州（今江苏连云港），金哀宗不从。后来官奴又请率军北渡，被归德知府兼总帅不盏女鲁欢阻止，金哀宗也不赞成，从此，官奴产生二心，放任他的军队四出剽掠，不加禁止。为此，左丞李蹊、左右司郎中张天纲、近侍局副使李大节等人都说官奴有谋反的迹象，金哀宗不信，仍让大家放心不要多疑，说："官奴起于卑微，朕如此提拔信用于他，想必他不会辜负我的。"但金哀宗也多少有些担心，便私下里派人暗中监视官奴。这件事被官奴知道后，更加速了他的叛离活动。

三月的一天，金哀宗考虑到官奴与马用不合，恐怕他们相互攻击造成内乱，便设下酒宴为二人劝和。马用撤走了自己的亲卫，不一会儿，官奴乘机率军攻击马用，马用败走，最后被官奴杀掉。接着，官奴派50名士兵包围行宫，将所有的朝中大臣都聚集在都水摩和纳的住宅，派兵监管起来。又将参政女鲁欢赶回家中，搜尽他所有的金银财宝，然后将其杀死。接着，官奴又派都尉马实披甲执刃到皇帝面前，劫杀皇帝的侍卫直长把纳申，金哀宗见马实进来，将手中的宝剑掷于地下，对马实说："去告诉元帅，我左右只剩下把纳申一人了，就留下他侍候我吧。"马实无奈，只得退出。官奴杀朝官李蹊等300余人，乱杀军民达3000有余，还有的大臣在变乱中投水自尽。

日暮时分，官奴带兵进宫见金哀宗，反诬说，女鲁欢谋反，被他杀掉了。金哀宗无奈，只好答应，下诏授官奴为枢密副使兼参知政事，总揽军政大权。官奴将金哀宗软禁于照碧堂，不准他见朝臣。金哀宗思前想后，不禁悲从中来，哀叹道："自古没有不亡之国，不死之君，只恨我用人不当，反被这奴才所囚禁。"[1]说完，泪如雨下。

后来，金哀宗召见官奴，说准备到蔡州去，官奴不答应，愤愤而出，甚至扼腕顿足。金哀宗见此情景，心想："官奴根本不把我放在眼中，心怀叵测，若

---

[1] 语见《金史·哀宗本纪》："上日悲泣言曰：'自古无不亡之国、不死之主，但恨朕不知用人，致为此奴所囚耳。'"

不及早除掉他，恐怕还要受他的害。"金哀宗决心要寻机杀掉官奴。内侍局令宋齐诺、纽枯禄温卓等人早对官奴变乱不满，也在密谋除掉官奴。

六月的一天，金哀宗与宋齐诺设下计谋，派人召宰相议事，令温卓埋伏在照碧堂门间，伺机刺杀官奴。一会儿，官奴入见。金哀宗见他走进门来，便起身招呼一声"参政"，官奴刚要应声，温卓从门边闪出，一刀刺进官奴的肋间，金哀宗顺势拔出宝剑，向官奴砍来，官奴受了重伤，慌忙夺路跳下台阶，正欲逃走，两名内侍紧紧追上，将其杀死。

官奴伏诛，金哀宗又下令杀掉官奴的几个亲信，赦免了忠孝军，接着金哀宗决计迁蔡，留元帅王璧守归德。

四、宋蒙克蔡　哀宗自缢

蔡州地处淮水支脉汝水上，与宋朝接壤。当初，金哀宗听说蔡州城池坚固，兵多粮广，才决意到这里来。可实情并非如此，蔡州无险可守，又面临着宋朝的威胁，形势非常不利。金哀宗入蔡以后，任用完颜仲德主持军政，修缮器甲，整顿军纪，严明赏罚，企图重整军威。金哀宗看到蔡州守御困难，打算休整一番之后，率军西征，向宋朝的四川扩展地盘。但是，此时的宋朝已与蒙古商定，联合灭金。

八月，宋军围攻唐州的战斗就已打响了。唐州的战斗打得十分艰苦，金守将乌古论黑汉一面坚守，一面派使求援，但援兵被宋军打败逃回，城中又没有粮食，黑汉及军士只得杀妻子作军粮。部下经不起熬煎，打开西门降宋，黑汉率众与宋军展开激烈巷战，最后战败被俘，不屈就死。

金哀宗见宋朝助蒙古攻金，且已攻下唐州，深感形势不妙，便急忙派遣皇族阿古岱去宋朝修好借粮。他让阿古岱对宋朝人说："我自即位以后，立即下令边将不准犯南界。每当边臣生事，我都责罚他们。蒙古人灭国四十，接着就进攻西夏；西夏灭亡了接着就来攻我金朝；一旦我金朝灭亡了，必然立即进攻宋朝。唇亡齿寒，这是自然之理。宋朝若能与我联合抗蒙，既有利于金朝，也有利于宋朝。"但是，宋朝仍拒绝和议。

蒙宋继续夹击金朝，蒙军由塔察儿率领，宋军由孟珙率领分道向蔡州攻来。九月，兵临蔡州城下，蔡州危急。

九月九重阳之日，金哀宗拜天，告谕群臣："国家自开创以来，养育你们

100多年。当今国家处在危难之中,你们与我同患难,可谓忠矣。现在蒙古兵将到,正是你们立功报国的好机会,纵为国家社稷而死,不失为忠孝之鬼。以前你们常常为朝廷不了解你们而焦虑,今日临敌,我可是亲眼看着,你们努力吧。"说完,金哀宗将一杯杯酒浆亲手赐予群臣诸将。大家满含着热泪接过酒浆,一饮而尽。正在这时,有人飞马来报:"敌人数百骑兵已到城下。"金军将士踊跃请战,哀宗许之。接着,分军防守四面及子城。蒙古兵攻城不下,筑起长围,准备长期围困蔡州。

十一月,宋将江海、孟珙率兵万人及粮食30万石助蒙攻蔡。宋、蒙会师,力量更加强大。孟珙从俘虏那里得知,蔡州城中粮尽,金哀宗曾放城内饥民老弱出城,又给饥民以船到城壕采水草充饥。便加紧围城,防止金军突围;又派人决开柴潭,将水放入汝水。这柴潭在城南三里,是蔡州城的一个天然屏障,宋兵决潭放水后,用薪草加土填平,从潭上行军攻城。蒙古兵也决了练江。宋兵从南面进攻,蒙古军肖乃台、史天泽部从北面进攻,东、西两面由蒙古兵包围,不断发起进攻。

十九日,蒙军攻破西城,金将完颜仲德在城中筑栅竣壕,阻挡蒙兵前进,又选300精锐,昼夜抗御。金哀宗自知蔡州将不守,国运已去,他对身边的侍卫说:"我做了十年金紫光禄大夫,做了十年太子,做了10年皇帝,我自认为没什么大的过错恶行,死了也没什么遗憾的。只恨祖宗传了100多年的金国到我这里结束了,落得与那些荒淫暴乱之主同为亡国之君,这是唯一令人耿耿于怀的。"[1]又说:"自古以来,没有不亡之国,亡国之君往往被人囚执,在阶下受辱,朕必不至于此,你们等着看吧。"二十四日晚,金哀宗扮作平民百姓,趁夜色夹杂在数百兵士中,出东城企图逃跑,逃到城东栅界附近,与蒙军遭遇,战不能胜,被迫退回。

蔡州被围3个月,城中粮尽。金哀宗杀上厩马50匹、官马150匹,赏给将士食用。又将自己用的器皿赐予将士们。

天兴三年(1234)正月元旦,蒙军在城外会饮鼓吹,金哀宗命近侍分守四

---

[1]语见《金史·哀宗本纪》:"我为金紫十年,太子十年,人主十年,自知无大过恶,死而无恨。所恨者祖宗传祚百年,至我而绝,与百古荒淫暴乱之君等为亡国,独此为介介耳。"

城，各级官吏都出供军役。初九日，蒙军在西城凿通五门，大军涌入城中，与完颜仲德督军展开激烈巷战，直到傍晚，蒙古兵暂退。夜晚，金哀宗召集百官，传帝位给皇族承麟。第二天早晨，承麟受诏即皇帝位。正在行礼，宋蒙联军已经攻进城来，君臣只得草草收场，出去迎战。不一会儿，宋军攻下南城，蒙军攻破西城，激烈的巷战从黎明一直持续到近午。金哀宗见败局已定，便在幽兰轩中自缢而死，后葬汝水上，谥号"哀宗皇帝"。承麟也在混战中被杀，尸体不知去处。至此，金国也随之灭亡。

名人评说

哀宗之世无足为者。皇元功德日盛，天人属心，日出爝息，理势必然。区区生聚，图存于亡，力尽乃毙，可哀也矣。虽然，在《礼》"国君死社稷"，哀宗无愧焉。

——元·脱脱等《金史》

生不逢时，如完颜守绪者，可谓大悲哀矣……接手的烂摊子，实在无可收拾，最终有志未就，恨恨而死。

——柏杨《中国人史纲》

西夏景宗李元昊

西夏景宗李元昊（1004~1049），西夏开国皇帝。又名曩霄，小字嵬理。父亲李德明，曾受辽封为大夏国王，受宋仁宗封为夏国王，母为惠慈敦爱皇后卫慕氏。公元1032~1048年在位。谥号"武烈皇帝"，庙号"景帝"。他整顿军队，创建文字，开创了帝王基业，极大地促进了西夏的政治经济、文化等方面的发展，但他连年征战，是一个凶残的暴君。

西夏景宗李元昊

一、胸怀大志　不愿臣宋

宋真宗为了阻止党项族的侵扰，封党项族首领李继迁为夏州刺史。李继迁死后，其子李德明于公元1005年继任了定难军节度使的职位，德明奉行联辽睦宋政策，使党项部落得到了相对安定的环境。李元昊是李德明的儿子，当时仅两岁。在优越的生活条件中成长起来的他，却养成了桀骜不驯的性格。

元昊十几岁时，他的父亲李德明对他们用马匹、骆驼等与宋朝换来的物品不满意，竟然一怒之下将使臣斩首。元昊既不理解父亲的睦宋政策，又对他这样擅杀使臣非常不满，对父亲说："我们党项历来以从事鞍马为业，现在你用自己急需的马匹去换取宋朝的不急之物，已经不是良策，而你又要随便杀人，这样下去，还有谁肯为我们所用呢？"德明听了元昊这番话，觉得儿子小小年纪就有这样的见识，很高兴，从此对元昊格外器重，让他参与一些军机大事。

长大后的元昊，精通汉文和佛学，性格刚毅，对德明向宋称臣的卑躬屈膝尤其反感。一次，父子俩为此进行了一场争吵。德明觉得有必要开导儿子，使

他知道审时度势的重要,就用浅近的话语来激励儿子,说:"我们西夏从你祖父起,由于连续多年与宋朝打仗,已很疲乏了。自从停止战争近30年来,我们的部属都能穿上宋朝来的锦绮,这是宋朝的恩情呀!"元昊不服,反驳说:"穿皮毛做的衣服,放羊牧马,这是我们

西夏青铜法令,主要用于发送书信时验证身份。

党项族的本色,何必要按宋朝的习惯来改变我们自己呢?作为英雄人物的一生,应当去追求称王称霸的大事业,何必只看到一点点锦绮呢?"[1]他还劝说德明:"我们部落日益繁盛起来,只靠我们自己的财力,是远远不足的。如果失去了部众,那么靠谁来守卫我们的邦土?不如将从宋朝那里得来的俸赐,来招养我们党项的族众,练习弓矢,这样,小则可以四行征讨,大则可以侵夺疆土,使我们全族上下丰盈富足,这才是最好的策略。"但是德明没有采纳元昊的意见。

明道元年(1032)十月,德明死去,28岁的元昊顺理成章地继承了父亲的地位。

德明时期的势力范围虽然包括了从河套到祁连山的广大地区,但是由于这一带的少数民族部落多以游牧为生,比较分散,不易管辖,实际上有的部落并不真心归附德明。元昊曾一举袭杀吐蕃首领潘罗支,并乘胜收回被潘罗支之弟厮铎督所占的凉州。然而潘罗支兄弟所领六谷部的其他部众却投奔了另一个吐蕃部族唃厮啰。

元昊对吐蕃的河湟地区(指黄河、湟水两流域地区)发动了多次进攻,企图重惩唃厮啰,但是数战均告失利。从明道元年(1032)元昊继位之初到景祐三年(1036),元昊最终乘唃厮啰再次内乱,施用离间计诱使吐蕃另一首领郢城俞龙归附,并结为儿女亲家。这样,唃厮啰势力大减,只好迁居历精城。至此,元

---

[1]语见《宋史·外国一·夏国列传》:"元昊曰:'衣皮毛,事畜牧,蕃性所使。英雄之生,当王霸耳,何锦绮为?'"

昊削弱唃厮啰的目的终于达到了。

解决了吐蕃的问题之后，元昊接着就挥师西进，攻取回鹘的瓜州（今甘肃安西）、沙州（今甘肃敦煌）、肃州（今甘肃酒泉），完全控制了河西走廊。

元昊继位时，接收了他父亲惨淡经营20多年的摊子。从外部环境来看，辽和宋对党项继续奉行笼络政策。当元昊派报哀使到辽时，辽兴宗耶律宗真即派宣徽南院使萧从顺等持封册到兴州，封元昊为夏国王，并给予厚赐。当元昊的告哀使到达宋都开封时，宋仁宗不仅下诏"辍朝三日"，表示哀悼，还亲自同皇太后换了素服到幕殿为德明祭奠，表示了很高的礼遇。

但是，元昊并不想俯首贴耳地臣服宋和辽，尤其对宋朝。他探知宋仁宗像宋真宗一样，是个软弱的皇帝，就更加大胆妄为，毫无约束了。

宋仁宗除了以隆重的礼节祭奠德明之外，还派出员外郎朱昌等为旌节官告使；授封元昊为特进检校太师兼侍中，定难节度，夏、银、绥、宥、静等州观察处置押蕃落使，爵西平王。这些封衔，比起德明来，并不高多少，元昊也不放在眼里。因而，当宋使进入兴州地界后，元昊故意拖延，不去迎接。在接待宋使时，也不以臣礼，甚至在宣读宋仁宗诏书时立而不跪。经宋使再三催促，勉强跪拜后，还愤愤不平地对左右大臣说："这是先王铸下的大错呀！使我们有了自立的国家反而去臣拜于别人。"在宴请宋使时，他预先布置，在屋后弄出锻击兵器的声音来吓唬宋使，使宋使非常难堪。元昊这样做，目的不仅是表示自己的愤恨，而且企图激怒对方，从此反目。然而，宋使朱昌符等此行惟恐完成不了宋仁宗交给的使命，因而处处小心，一再克制，不敢得罪元昊。

二、改革图强　建国称帝

在元昊继承父业时，外部环境有利于他图建大业。当时北宋王朝怯懦无比，只求和平自保；

西夏文佛经

辽国刚与北宋结束长久的战争，也急需和平发展。从内部条件来看，元昊自身的地位相当稳固，他在党项贵族集团中的威信很高，他经常表现出要自立称帝、建国图强的欲望，在族内几乎没有阻碍。元昊新立，加快了称帝的步伐。

元昊的称帝建国措施，与其父德明不同，他不像德明那样一味地依照汉族地主王朝的制度，而是特别注意保存和发展党项民族本身的文化特色。

首先，元昊在他即位的当年（1032）就下达"秃发令"，规定党项部众一律剃光头顶，穿耳戴重环，并且自己率先实行。这项强制性的命令非常严酷，限期三日，不服者处死。秃发令一下，整个部族上下简直有留发不留头之势，逼得党项部众一时间争相秃发。元昊自认为是鲜卑拓跋的后裔，鲜卑人曾有过秃发的习惯，而且鲜卑族在历史上确曾有过光彩的日子。为了表示对祖先的怀念，也为了表示图强的决心，他决意推行这项强制命令。

发式一改，服饰也随之变动。他自己的打扮是穿白窄衫，戴红里毡冠，冠顶后面垂红结绶。这样红白两色相映，鲜艳华贵。他规定文官必须戴幞头，着靴，穿紫色或红色衣服，执笏；武官必须按官位的高低，戴金帖起云镂冠、银贴间金镂冠、黑漆冠等不同的冠帽，衣服则穿紫色襕衫，下垂金涂银束带，垂蹀躞，着靴；身上还须佩带解结椎、短刀、弓矢；乘马须用皮鞍，垂红缨。低级官员不戴冠，无官职的党项百姓则只准穿青绿色衣服。这么一来，文武、尊卑就全从服饰上区别出来了。

其次，元昊颁布了自己的年号。本来，党项没有自己的年号，由于臣服于宋朝，只用宋朝皇帝的年号，表示奉宋朝正朔。元昊先是借口宋朝的明道年号犯了其父德明的名讳，于是宣布在党项境内将"明道"改为"显道"。[1]刚改号不久，他听说开运年号与五代时后晋的末朝皇帝石重贵灭亡时的年号恰恰相同，觉得很不吉利，又迫不及待地将开运改为广运，于是广运就成了元昊的正式年号。

元昊继位后，亲自谋划创制党项文字，他命令大臣野利仁荣等人参照汉字，加以演绎，编成12卷"蕃书"。它的特点是类似拼音构字法的反切，上下字合成和左右互换字比较丰富，形成了独具一格的党项文字。元昊对党项文字的创制极为重视，在蕃书造成后，即宣布为"国字"。颁行之日，举国庆贺，

---

[1] 事见《宋史·外国一·夏国列传》："初，宋改元明道，元昊避父讳，称显道于国中。"

并将广运三年改元为大庆元年（1036）。元昊特别设立"蕃字院"和"汉字院"，选拔党项人和汉人入院，负责将国中通行的文告、诰牒都译成"蕃书"。西夏文字的创制，在中国历史文献中起了重要的作用。

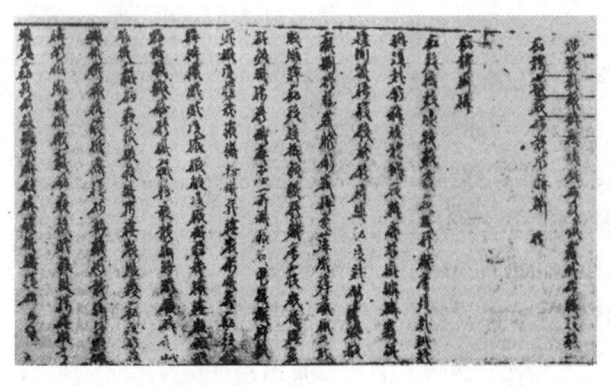

西夏文的草书《孙子兵法》局部，现于宁夏档案馆

元昊对弘扬党项民族的文化，有个比较完整的设想，突出了崇实的作风。他对党项族的音乐礼仪也进行了改革。由于久居夏州，不免较多地接受汉族文化的影响，在礼乐中"犹有唐代遗风"。元昊觉得这种风气过于华丽浮夸，不足为法，他提倡以"忠实为先，战斗为务"的精神来进行改革。当国家新立时，提倡简化的礼乐制度，树立朴实的作风，对于政治的安定和民族文化的发展是有益的。

称帝建国的主要工作在于政治、军事方面的设施。他首先将军队分成步兵、骑兵、"擒生军"（后勤和警卫部队）、侍卫军等不同兵种，形成一支兵员五十余万的军事力量。接着，元昊将德明时代的都城兴州改为光庆州，作为首都，仿照唐朝长安、宋都东京加以扩建。除此之外，他还参照宋朝官制设立了文武两班朝官，官职和官名大多模仿宋朝，中央大员不分党项人和汉人都可担任。元昊在即位后的短短六年中，以快马加鞭的速度完成了政治、军事、文化等各方面的准备工作，一个"东尽黄河，西界玉门，南接萧关，北控大漠，地方万余里"的党项王朝实际上已经出现在中国的西北部，元昊建国称帝的宏图也就水到渠成了。

元昊大庆三年（1038）十月十一日，兴庆府南郊筑起了高高的祭坛。在野利仁荣、杨守素等亲信大臣的拥戴下，30岁的元昊登上了皇帝的宝座，史称"西夏景宗"，国号为大夏，改元"天授礼法延祚"。同时，大封群臣，追谥祖宗，封妻野利氏为宪成皇后，立儿子宁明为皇太子。

三、和宋睦辽　三足鼎立

天授礼法延祚二年（1039）正月，西夏元昊派遣使臣向宋仁宗上了一道表

章。表章在名义上虽然还是臣子的身份，但是口气十分强硬。景宗在追述了西夏与宋朝的历史关系和自己的功绩之后，公开宣称自己"称王则不喜，朝帝则是从"，表达了要"建为万乘之邦家"的坚定决心。

宋仁宗看了西夏景宗的表章，怒愁参半，既气愤不已，又不敢发作，只好关照要"善遇使者"，但拒收进贡的马、驼。西夏使臣也毫不示弱，同样对等地拒收宋朝的礼物。

宋仁宗的软弱无能，使西夏景宗的南侵野心迅速膨胀，宋夏之战一触而发。

天授礼法延祚三年（1040），西夏景宗亲自带兵进犯延州（今陕西延安）。于是宋夏之间的第一次战争正式爆发了。驻守延州的宋将叫范雍，是个无能之辈，他见西夏景宗来势凶猛，吓得不敢出城迎战。

西夏景宗见宋军龟缩在城内，一时攻不进去，便派出一些士兵去诈降，让他们作内应。范雍不知是计，以为西夏景宗军心不稳，既收留了诈降的西夏士兵，又放松了守城的措施。西夏景宗乘机攻打延州，里应外合，很快攻下了延州城，杀死杀伤宋军一万多人，范雍带着些残兵落荒而逃。退兵途中，西夏景宗乘势夺取塞门、安远、栲栳、黑水等寨。自此，宋夏边境横山以南至延州一线均被西夏所得，宋朝西北屏障尽失。

宋仁宗闻此大怒，将范雍撤职，换上户部尚书夏竦为陕西都部署兼经略安抚使，加上韩琦、范仲淹为陕西经略安抚副使，共同组织对夏防务。为了解除对延州的威胁，宋朝出兵收复了金明寨。

范仲淹风尘仆仆来到前线，马上对边境上的军队建制作了一些改革。由于措施得力，训练扎实有效，使散漫疲沓、缺乏管理的宋军迅速提高了战斗力。西夏将士看到宋军的面貌突然大变，而且防守严密，都十分惊奇，再也不敢轻易出兵了。他们一打听，才知道是范仲淹治军有方的结果。西夏兵士都不由得感叹道："小范老子（指范仲淹）胸中有雄兵数万，可不像大范老子（指范雍）那样好欺负了。"

西夏钱币

第二年三月，西夏景宗又亲率大军南侵。于是开始了夏宋之间的第二次大战。他打探到延州在范仲淹的布防下，力量加强，不宜进攻，就挥军向渭州（今甘肃平凉）杀去。坐镇渭州的韩琦，见西夏军到，就命大将任福领兵出击。

西夏景宗以小股军队诱使任福追击，使其追到六盘山下的好水川（今宁夏隆德西），元昊在六盘山埋伏了10万精兵，并用鸽子作为信号。鸽子一飞，四下的夏军像得到了命令似的，便一齐冲杀出来，将疲劳的宋军紧紧围在好水川中间。[1]

宋军被这突然袭击打得晕头转向，阵脚全乱了。他们各自为战，奋力抵抗。西夏兵以逸待劳，人数上又占绝对优势，宋军将士不是战死了，就是被逼到悬崖上摔死了。任福拼命厮杀，西夏兵近不了他身，就用箭射他。最后，任福全身中了十几箭，也战死在阵地上。曾经有人劝任福突围逃跑，但他不肯，力战而死。

黑水城西夏武士像

元昊在好水川之战获得大胜后，继续向宋朝发动进攻。发起夏宋之间第三次战役——定川寨之战。

宋廷方面，由于好水川之惨败，不得不放弃主攻速战的策略，仍然回到守策上来。

元昊知渭州王沿，品位虽高，但却不谙边事，不懂军事，又腐败无能。于是确定了从西夏屯兵的天都山出发，南攻镇戎军，经渭州东南进入关中的军事行动方案，渭州就成为元昊第三次大规模进攻的矛头所指。

---

[1]事见《宋史·外国一·夏国列传》："（任）福与怿循好水川西去，……与夏军遇。怿为先锋，见道傍置数银泥合，封袭谨密，中有动跃声，疑莫敢发，（任）福至发之，乃悬哨家鸽百余，自合中飞，盘飞军上。于是夏兵四合。"

648

元昊大军出动的消息传到渭州时，王沿十分着急，忙派泾原路副总管葛怀敏率兵阻击。这次元昊仍然施展惯用的诱敌深入，聚而歼之的计策。他把葛怀敏所率的宋军引入定川寨，落入他布置的埋伏圈中。

夏军奋力冲击，宋军大溃，自相践踏，纷纷逃进定川寨。主将葛怀敏被士卒从乱军中救出，抬入寨中后才苏醒过来。

夜色笼罩的定川寨内，宋军将士惊魂未定，葛怀敏等束手无策，只有决定天亮后突围，退回镇戎军。

不料，元昊早就在定川寨返回镇戎军的长城边上截断壕路，布设重兵。宋国在逃回镇戎军的路上，又落入夏军重围之中。在夏军的猛攻之下，宋军全部崩溃。葛怀敏等诸将无一生还，部下9000余人及马匹辎重全部被夏军俘获。

元昊又乘定川寨一仗胜利之势，接着挥鞭南下，直抵渭州，驰骋六、七百里，凯旋而归。在胜利的气氛中，元昊以皇帝的身份，用"诏书"告谕宋朝的关中居民，狂妄地宣称："朕今亲临渭水，直据长安"，表示他与宋朝皇帝已经平起平坐了。

在短短四年中，元昊先后取得了延州、好水川、定川寨三役的胜利，元昊的统治地位更加巩固，在中国北方，宋、辽、夏三足鼎立的局面也就确立起来。宋夏议和的局面也就形成。最后，元昊用"夏国主"的名义向宋称臣，并随送"誓表"接议和。至此，夏、宋议和告一段落，宋朝用每年25500万的代价买得了元昊的誓表称臣。

这时，夏与辽之间表面上的"甥舅之亲"逐渐冷落，终于在天授礼法延祚七年（1044）十月，双方关系破裂，爆发了战争。

西夏景宗在河曲德胜寺南壁一仗取得大胜之后，就"胜中求和"，立

西夏王妃供养图（壁画）
——敦煌莫高窟409窟。

刻遣使与辽谈判。因为西夏景宗知道自己的实力终究是不如辽朝的,如果双方长久处于战争状态,对自己很不利,所以他很明智地决定以和为结局,由于自己据胜利的一方,谈判起来就更加有利。他还破例地免除对被俘的辽国驸马萧胡都施用"割鼻"之刑,而且释放回辽。对西夏景宗来说,南壁之战取胜的成果,主要在于使辽朝正视西夏的军事实力,承认西夏的政治独立。

四、父夺儿媳　子削尊鼻

西夏景宗在位期间,为了巩固自己的帝位,曾采取各项措施,达到专制集权的目的。他是党项族的开国皇帝,又是一个凶残的暴君。为了排除异己、防止外戚篡权,他实行"峻诛杀"的政策,对卫慕氏家族大加杀戮,决不因卫慕氏是皇太后的家族而得到轻饶。他曾经从善如流,延揽人才,对从宋朝叛逃过来的书生张元和吴昊加以重用,甚至委以"国相"之职,为他的称帝建业出力。但由于猜忌和多疑,中了宋朝的离间计,他杀掉了能征惯战、被宋朝边帅恨之入骨的野利仁荣和遇乞兄弟,虽然他们是元昊野利皇后的兄长,也未能幸免。

西夏景宗称帝之后,过着骄奢淫逸的生活。西夏景宗最宠野利氏,曾封为宪成皇后。野利氏美貌妖艳,西夏景宗对她又宠又惧,曾下令任何人不准戴野利氏喜用的金丝编织的"起云冠",后来野利仁荣兄弟被杀,野利皇后也被囚居别宫,逐渐失宠。

出于党项大族的没藏氏,生得亭亭玉立,美艳动人。西夏景宗本欲为太子宁凌噶纳为妻室,因见其貌美,竟然不顾伦理和众大臣的反对,自纳为妃,称为"新皇后"。他在天都山修造行宫,同没藏氏尽情享受。此事令宪成皇后野利氏之叔父天都山守将野利遇乞十分不满,不免口出怨言,正巧被宋朝施用反间计,惨遭杀祸。

野利遇乞被赐死时,他的妻子没藏氏逃到三香家尼姑庵中出家为尼,得以幸免。西夏景宗又以访寻野利遇

西夏皇陵的釉陶形建筑装饰

650

乞的遗孀为由，将没藏氏迎回宫中，与之私通。此事被野利氏发现，西夏景宗令没藏氏仍出家为尼，赐号没藏大师，居住在兴庆府的戒坛寺内，西夏景宗经常与她幽会，甚至出猎时也随在行营内居住。虽有臣下多次谏阻，西夏景宗依旧我行我素。

西夏元昊墓

天授礼法延祚十年（1047）二月六日，西夏景宗正带着没藏氏出猎，行驻两岔河边，没藏氏产下一子，取名宁令两岔，"宁令"是党项语欢喜之意。这就是后来继承西夏景宗为帝的夏毅宗谅祚，谅祚是取两岔的谐音。[1]没藏氏因生子而贵，更加骄宠。

宁令谅祚出生后，因其生母为尼，不便接回宫中抚养，即寄养在没藏氏之兄没藏讹庞家中。西夏景宗擢升没藏讹庞为国相，悉以国事委之，自己专与诸妃在贺兰山离宫中享乐，这就引起了一场宫闱之变。

西夏景宗的皇后野利氏曾生三子，长子宁明初封为太子，天资聪明，但生性仁弱，不重荣华富贵，却迷于道家修炼，西夏景宗因此非常不满。后因练术气忤，不能进食而死。第三子锡哩早死。惟有次子宁凌噶，相貌酷似西夏景宗，十分得宠，放纵娇惯，任其所为。长子宁明一死，野利氏即请立为太子，更加有恃无恐。

后来，野利氏失宠黜居，太子宁凌噶又因西夏景宗将原为自己所纳为妻的没藏氏夺去，气愤难忍。没藏氏之兄没藏讹庞虽居国相之位，仍视哺养宁令谅祚为专利，于是，没藏氏兄妹策划废除太子宁凌噶、立谅祚为帝的阴谋。他们得知宁凌噶愁恨相交、报仇心切，就采用借刀杀人计，除掉宁凌噶。

---

[1] 事见《宋史·外国一·夏国列传》："两岔，河名也，母曰宣穆惠文皇后没藏氏，从元昊出猎，至此而生谅祚，遂名焉。"

没藏讹庞派人同宁凌噶联系,假意帮助宁凌噶发动政变,刺杀西夏景宗。宁凌噶竟然轻信,暗中联络野利族人浪烈等人,伺机动手。

天授礼法延祚十一年(1048),元宵节那天,西夏景宗饮乐至深夜,醉酣回宫,正待进入卧室,突然见宁凌噶执剑闯入,一剑挥去,西夏景宗躲避不及,鼻子被整个削掉。这时,没藏讹庞预先埋伏在宫门左右的军士纷纷跃出,救出西夏景宗。宁凌噶乘机逃出宫去,直奔没藏讹庞的居所黄芦藏身,正好自投罗网,被没藏讹庞捕获,与其母一起被处死。

西夏景宗被削去鼻子,又惊又气,鼻创发作,过了一夜,即不治而死。终年46岁,在位11年。死后谥号"武烈皇帝",庙号"景宗",陵号"泰陵"。

名家评说

(元昊)性雄毅,多大略,善绘画,能创制物始。圆面高准,身长五尺余。少时好衣长袖绯衣,冠黑冠,佩弓矢,从卫步卒张青盖。出乘马,以二旗引,百余骑自从,晓浮图学,通蕃汉文字,案上置法律,常携《野战歌》、《太乙金鉴诀》等兵书。

——元·脱脱等《宋史·外国传》

元昊气度不凡,有开创万世基业的雄心,……当时摆在元昊面前的有两条道路:一条是继续向宋称臣纳贡,仍旧割据一隅,维持夏州地方政权的半独立状态;另一条是叛宋自立,同宋辽争霸,扩大已经感觉不够的领土,走自己独立发展的道路。尽管这种道路,风险很大,前途未卜,但是元昊还是大胆地选择了后者。

——白寿彝《中国通史》

正说历朝八十帝

乔继堂 主编

下

中国书籍出版社
China Book Press

【元】

太祖铁木真

元太祖成吉思汗（1162~1227），蒙古第一代大汗。名铁木真，属蒙古尼伦部孛儿只斤氏族。父也速该，母诃额伦。公元1206~1227年在位，谥号"圣武"，庙号"太祖"。他一举征服蒙古各部，建立起蒙古族历史上第一个统一的大帝国。他为元王朝的建立打下了坚实的基础，促进了东西方文化的交流和历史的发展。

一、少年多难　奋勇图强

南宋绍兴三十二年（1162），蒙古部尼伦孛儿只斤氏首领也速该的妻子诃额伦生下一子，也速该用敌将的名字将新生儿命名为"铁木真"。

铁木真9岁时，其父也速该让塔塔儿部的人毒死。孛儿只斤氏族失去首领，许多奴隶和属民改投其他势力较强的部族。甚至连一些乞颜氏的贵族也离开了铁木真和他的寡母依附泰赤乌氏了。少年铁木真一家顿时陷入困境，母亲诃额伦带着几个孩子和仅剩下的少数部众住在斡难河（今蒙古国肯特山）上游不儿罕山（今肯特儿东南斡山的必儿喀岭）一带，过着困苦的生活。

泰赤乌氏族的首领担心铁木真长大后报仇，带人把铁木真抓去给他带上手枷和头枷，四处示众。铁木真利用泰赤乌人举行宴会之机打倒看守人，乘机逃走，隐入茂密的森林里，后又潜入斡难河水中隐蔽。泰赤乌氏的属民锁儿

太祖铁木真

罕失剌发现了铁木真，偷着对铁木真说："你有出类拔萃的卓越才干，他们嫉恨你。你就藏在这里，我不泄露给别人。"他说服部众，停止了搜捕。第二天，无法脱身的铁木真又找到锁儿罕失剌，请求隐藏，锁儿罕失剌的儿子解下铁木真带的枷锁投进火里，把他藏在装羊毛的车上，并嘱咐妹妹合答安好好照料。在锁儿罕失剌救助下，铁木真骑马逃走，与母亲会合。

铁木真一家以捕食草原上的旱獭、野鼠为生，承受着贫困的煎熬。这时来了盗马贼，将他家的马偷去。铁木真骑马追赶，途中遇到了阿鲁剌氏族纳忽·伯颜的儿子博儿术，和他同心协力夺回了被盗的马匹。从此二人结成终生相助的莫逆之交。

铁木真接来了弘吉剌部美貌贤惠的孛儿帖完婚。为了重振家业，铁木真认识到必须寻求更强大势力的庇护。他与弟弟哈撒儿和别勒古台一道来到土兀剌黑林（今蒙古国乌兰巴托南），找到他父亲的至交克烈部首领王罕，向他奉献了礼物。并尊王罕为父，表示依附。王罕答应全力相助。

在王罕的荫护下，铁木真开始积聚力量。铁木真先后收下了折里麦，后又有很多自由的骑士、勇敢善战的勇士接踵而来，铁木真周围群英汇集。他暗暗地收集部众，积蓄着复仇的力量。

但就在他的羽毛未丰的时候，又遭到篾儿乞人的袭击。铁木真兄弟和战友势单力薄，被迫骑马逃到山里。由于撤退仓促，妻子孛儿帖被篾儿乞人抓去。铁木真决意借助王罕的力量复仇，王罕依约给予帮助。铁木真又去借札答阑部的人马。札答阑部的首领札木合是铁木真小时的好朋友。札木合表示同意支援铁木真。于是，铁木真在王罕、札木合的帮助下，出动联军乘篾儿乞人没有防备时大举进攻，取得胜利，并找回了已有身孕的妻子，不久得子术赤。经过这次战争，铁木真收拢和团结了一批人，组成了自己的军队，力量逐渐壮大起来。

一两年后，铁木真摆脱了对札木合的依附，从斡难河中游的札木合营地迁到怯绿连河（即今肯特山东南的克鲁伦河）上游的桑沽儿小河，独立建营。铁木真不问出身，善于容众，吸引了很多弱小的氏族，被大家拥戴为领袖，表示愿为他去"砍断逞气力者的颈项，劈开逞雄勇者的胸膛"，早期的这些人，后来都成了铁木真的亲信。

一些原来有名望的乞颜贵族也向铁木真靠拢。合不勒汗的长支主儿乞氏的撒察别乞、泰出，忽图剌汗之子拙赤汗和阿勒坛，也速该之弟答里台斡赤斤，兄

捏坤太子之子忽察儿等人不愿过寄人篱下的生活，挟其部众回到铁木真身边。他们在部族长联合会议上，共同推举拥有较强势力的铁木真为可汗，并表示服从。

铁木真经贵族会议推举为可汗，立即建立起一套巩固自己统治地位的制度。他任命最早追随他的亲信那可儿博尔术和折里麦为总管，并分设了带弓箭的、管饮膳的、掌管牧羊的、管修造车辆的、管家内人口的、管带刀的、掌驭马的、管牧养马群的、负责远哨近哨的和守卫宫帐的等十种职务。担任这些职务的人员，除其弟外几乎全是他的亲信。通过这套制度，铁木真组成了一支以那可儿为核心的精悍队伍。他制定并实施严格的纪律和制度，以便使他们更适合于大兵团活动，从而为统一蒙古奠定了基础。

二、连番征战　统一众部

新建立的以铁木真为首领的乞颜氏政权，只控制着怯连绿河上游的一小块地方，部众也不很多。铁木真知道，要扩张自己的势力，还必须继续依靠强大的克烈部首领的支持。就任可汗后，他立即派使臣向王罕报告此事。王罕对自己的干儿子继承汗位非常满意，欣然允许。

铁木真的势力越来越强大，盟友札木合和泰赤乌贵族则无法容忍一个新的强大势力的出现。札木合的弟弟因抢掠铁木真家臣的马群被射杀，他以此为由，采取了公开的敌对行动。铁木真将自己的部众分为十三翼以抗敌。为避开强敌，铁木真采取了暂时退却的策略。札木合残酷地将归附铁木真的捏古思族（第十三翼）族长们的70个部属和儿童掳来煮杀了。

十三翼之战以后，铁木真针对泰赤乌氏内无统纪、互争雄长、矛盾重重的现实，采取了笼络人心、分化瓦解的做法。在围猎中，甚至故意将野兽驱入泰赤乌的猎场，让他们获利，然后与之结盟。

塔塔儿本是金朝的属部，庆元元年（1195），他们劫夺了金人的羊马之后反叛。庆元二年（1196），当塔塔儿人逃奔到斡里札河时，铁木真以为父祖复仇的名义要求王罕出兵，并同金军兵合一处，将塔塔儿

蒙古武士头盔

人围歼。铁木真捕杀了塔塔儿首领篾兀真里徒。抢掠敌人营寨时拾得一个孩子,诃额伦将他收为养子。他就是后来成了最高法官的失吉忽秃忽。斡里札河战后,金朝授予铁木真蒙古军统领之职,他的政治权力大大提高,从此可以用朝廷命官的身份号令蒙古部众和统辖其他贵族了。

在战争之前,乞颜氏贵族内部的矛盾已经暴露。撒察别乞等人虽然推举铁木真为汗,但他们并不愿意服从他的管辖,而是一直怀有争夺权位的野心。特别是攻打塔塔儿时,铁木真征召主儿乞氏出兵助战,撒察别乞等不仅不听号令,反而乘机劫掠了铁木真的老营。留守后方的家眷有10人被杀,50人被脱去衣服。战争结束后,铁木真乘胜兴师问罪,主儿乞氏在怯绿连河附近被彻底击溃,其部民牧地全被吞并。庆元三年(1197)春,逃亡的撒察别乞和泰出两个人也被捕获,铁木真责以背弃盟誓,将其处死。消除了内部的叛乱分子后,铁木真从此开始不断削弱旧贵族的权力和地位,迫使他们从属于自己,从而在他走向战功的道路上又跨出了重要的一步。

庆元六年(1200),为创建大帝国,铁木真与王罕会于萨里川,共同发兵攻打泰赤乌,泰赤乌贵族与篾儿乞贵族联合抗战。篾儿乞首领脱脱遣其子忽都等统兵相助。双方会战于斡难河,经过激战,泰赤乌氏被击溃,其首领塔儿忽台等被杀。

此后,王罕和铁木真的进攻目标转向东部富饶的呼伦贝尔草原(在内蒙古东北部,大兴安岭之西,内蒙古高原东部)。合答斤、散只兀部落联合起来,共同对抗王罕、铁木真,最终也遭到失败,其部众、牲畜多被王罕、铁木真兼并掠夺而去。

嘉泰元年(1201),札木合搜罗一批败散的贵族包括塔塔儿、弘吉剌、泰赤乌等共11个部族的首领,在忽兰也儿吉集会,结成了一个松散的联盟,讨伐王罕与铁木真。因战斗激烈,铁木真的战马被射伤。第二天,曾救助过铁木真的锁儿罕失剌领着只儿豁阿歹前来归顺。铁木真问:"从山上射伤我马的人是谁?"只儿豁阿歹爽直地说:"是我。如果你让我死,只不过溅污手掌大的一块土地。倘若饶我一命,我将为可汗赴汤蹈火。"[1]铁木真非常喜欢这种直率和勇

---

[1] 语见《新元史·列传第二〇·者(哲)别》:"太祖问:'……自岭上射断我马项骨者为谁?'者别曰:'我也。若赐死只污一掌地。若赦其罪,原效命以报。'"

气："作为敌人的人，总是避谈自己杀过人，采取过敌对行动。而你却直率相告，毫无忌讳，真可以做朋友。"铁木真又说："那你就把只儿豁阿歹改作哲别（箭镞之意）吧。"其后，哲别成了一名骁勇善战的猛将。

成吉思汗征战的马鞍

嘉泰二年（1202），铁木真的武力更加充实，经过一场激战，彻底歼灭宿敌塔塔儿部。从此，蒙古高原富饶的东部土地和众多部落几乎全都归并在铁木真统治之下，其势力愈益强大起来。

王罕对这一新兴势力的发展过猛有所顾虑。善于看风使舵的札木合乘机从中挑拨离间，搬弄是非，向王罕进谗言，诋毁铁木真。在共同讨伐乃蛮部的不欲鲁汗时，王罕与铁木真先是凭据有利地形将乃蛮军击退；在与不欲鲁汗的部将交战时，王罕轻信谣言，擅自撤军，结果反被乃蛮部截击，幸亏铁木真拼力相救，王罕才得以脱险。他悔恨自己目光短浅，再次与铁木真宣誓为盟。

铁木真曾为长子术赤向王罕之子桑昆的女儿求婚，结果被拒绝。骄横自大的王罕仍未把铁木真当成平等的同盟者，双方关系再度恶化。嘉泰三年（1203）春，王罕父子伪许婚约，邀请铁木真赴宴，想乘机杀之。铁木真信以为真，带领10名随从前去。行至中途被知悉内情的王罕部下蒙力克劝阻。桑昆知道奸计泄露，准备偷袭铁木真。这件事又被在阿勒坛的弟弟也客扯连家放牧马群的巴歹和启昔礼听到，他们连夜驰报铁木真。王罕发兵来袭，铁木真仓促整军迎敌，大战于合兰真沙陀之地。铁木真当时仍处于劣势，虽经苦战，抵挡了一阵，但终因寡不敌众，队伍溃散。

合兰真沙陀之战是铁木真平生最艰苦的一场战斗，是他第一次单独与蒙古高原上最强大的贵族势力进行较量。失利以后他一面遣派使者历数王罕背盟弃约诸事，并请求媾和；一面利用喘息时机，休养士马，收集部众，驻扎在班朱尼河。他与追随的伙伴们一起盟誓："如果我取得天下，我将与你们同甘苦、共命运。若违背誓言，就像这河水一样。"经过短时期积聚，铁木真的军事力量又迅速发展，准备再与王罕决战。

这时的王罕却与追随他的其他蒙古贵族发生了分裂。札木合、阿勒坛、忽察儿、答里台等人密议要袭击王罕，自立为王。王罕察知以后，起兵攻伐，大胜。答里台和蒙古巴阿邻、嫩真二部及克烈撒合夷部又投归铁木真，札木合等逃向乃蛮部。

铁木真探知王罕正搭起金帐，大摆宴席，毫无戒备，遂用偷袭战术，秘密包围折折运都山王罕驻地，发动突袭。经过三昼夜激战，王罕父子终因力不能支，落荒而逃。王罕逃至乃蛮边界，在借水喝时被乃蛮守将捕杀。其子桑昆逃到西夏后被逐出，又辗转至曲先（今新疆库车），也被杀死。消灭了以王罕为首的蒙古诸部中最为强大的克烈部及其部众，是铁木真被推举为蒙古部首领以来取得的最大胜利。论功行赏、封地分民之后，他的势力范围已与西部的乃蛮部接界了。乃蛮部是当时蒙古高原上唯一还有力量能与铁木真抗衡的部族。

嘉泰四年（1204），乃蛮部太阳罕统兵东进，至杭海岭北的合池儿水（今哈瑞河）下营，会合篾儿乞部首领脱脱、斡亦剌部首领忽都合别乞以及札木合所率领朵儿边、合答斤、散只兀、泰赤乌等残部，共同进攻铁木真。

铁木真早已将乃蛮部确定为下一个进攻目标。他对军队进行了整编，按千户、百户、十户统一编组，并建立了护卫军。军队的整编和护卫军的建立，使铁木真的军队成为一支纪律严明、高度集中的武装力量。它不仅加强了铁木真的权力，而且使追随他的将领们得到了大小官职，从而更忠诚、更勇猛地为他的"帝业"战斗。结果，这次战斗大败太阳罕，并征服了太阳罕所属的乃蛮部落。

嘉泰四年（1204）冬，铁木真北攻篾儿乞部，降服麦古丹、脱脱里、察浑三姓部众，脱脱等也逃奔乃蛮的不欲鲁汗。兀洼思篾儿乞部首领带儿兀孙先已献女迎降，既而复叛，很快就被平定了。

开禧二年（1206）铁木真汗建国后，发兵攻打按台山的乃蛮部的不欲鲁汗，在莎合水（今科布多河上游索果克河）将其消灭。依附不欲鲁汗的屈出律、脱脱等逃到按台山以西。斡亦剌部首领忽都合别乞不久后向铁木真投降。于是，哈剌温山（今大兴安岭）以西、按台山以东地区全部归于铁木真。

三、建立帝国　制定政策

开禧二年（1206）春，铁木真召集贵族首领们在斡难河源举行大会。即大可汗位，号成吉思汗（"成"意为气力强固，"吉思"为多数也），便是元太

祖。成吉思汗建立的国家称为"也客·蒙古·儿鲁思",即大蒙古国。至此,蒙古各部都统一在大蒙古国的旗号之下,按照"千户"的组织形式编组起来,一个统一的蒙古民族共同体出现在世界舞台上。

成吉思汗即位后,在嘉泰四年(1204)整顿军马、建立千户制的基础上,将全蒙古百姓划分为95千户,分别授予共同建国的贵族、功臣,任命他们为千户长,世袭管领。

千户制度是蒙古国家政治体制中最重要的一环。千户作为统一的基本军事单位和地方行政单位,取代了旧时代的部落或氏族结构。通过编组千户,全蒙古百姓都被纳入严密的组织之中,由汗委任的千户长管领,在指定的牧地范围内居住,任何人不得擅自离开所属千户。国家按千户征派赋税和调拨军队。所有民户都应在本管千户内"著籍应役",负担差役,不分贵贱,都不能免。凡15~70岁的男子都要服兵役,随时根据命令自备马匹、兵仗、粮草,由本管千户长率领出征。"上马则准备战斗,下马则屯聚牧养"。蒙古政体已转变为封建的领主分封制。

成吉思汗任命木华黎为左手万户,管辖东边直到哈剌温山方面的诸千户;博尔术为右手万户,管辖西边直到按台山方面的诸千户;纳牙阿为中军万户;豁儿赤领巴阿邻部三千户,加上塔该、阿失黑二人所管的诸族百姓,合为万户,镇守沿也儿的石河(今额尔齐斯河)的林木百姓地面。管领格尼格思千户的忽难,成为长子术赤所属百姓的万户。万户只是军事统帅。

蒙古国的最高统治集团是成吉思汗的"黄金家族",全蒙古百姓都是他们的臣民。按照分配家产的体例,成吉思汗将百姓分配给诸子、诸弟。

成吉思汗建国后不允许任何与他的"黄金贵族"相抗衡的力量存在。晃豁坛部族蒙力克老翁享有崇高的地位,他的儿子阔阔出利用自己萨满巫师的影响,将教权介入政治,并与成吉思汗家族争夺百姓。成吉思汗决心要除掉阔阔出。一天,蒙力克率领7个儿子来访。阔阔出刚在酒桶旁边坐下,成吉思汗的小弟斡赤斤就上前要与他较力气,刚到

元"左卫阿速亲军百户印"铜印

帐殿外面，就有3个大力士折断了阔阔出的脊梁，将其杀死。

千户制度是成吉思汗防止旧贵族复辟的重要措施。任何千户长，不管地位多么尊崇，都是皇室的臣仆。那颜阶级是成吉思汗"黄金家族"统治人民的支柱。

为确保至高无上的汗权，成吉思汗建立了一支更强大的由大汗直接控制的常备武装。他将护卫军扩充至万名，由1000名宿卫、1000名箭筒士和8000名散班组成。其主要责任是保护大汗的金帐和分管汗廷的各种事务，同时也是大汗亲自统领的作战部队。

元代铜权

成吉思汗规定了严格的护卫轮流值班制度。成吉思汗令其最亲信的四杰博尔忽、博尔术、木华黎、赤老温四家世袭担任四个护卫之长。他们是大汗的亲信内臣。护卫之长作为大汗的侍从近臣，地位居于千户那颜之上，担任着中央政府的职能。他们还常作为使者出外传达旨意，处理重大事务。其调任外官，多担任重要职务。因此，充任卫士成为那颜阶级做官的最便捷的途径。

成吉思汗掌握着这样一支最强悍的亲信军队，足以制约任何一个在外的诸王和那颜。各级那颜的子弟被征为护卫军，等于"质子"。这有助于成吉思汗更牢固地联系和控制分布在各地的那颜，使他们效忠于自己。护卫军成为成吉思汗巩固新生的统一国家、防止旧贵族复活及对外进行掠夺和扩张的有力工具。

成吉思汗建国以前，蒙古人还没有文字。成吉思汗俘获畏兀儿人塔塔统阿后，因他精通本国文字，就命他教子弟学习。其后又有不少畏兀儿人被用为蒙古贵族子弟的教师，他们对蒙古文的创制做出了贡献。畏兀儿蒙古文创制出来以后，成吉思汗就用它发布命令，登记户口，编集成文法（大札撒），记录所办案件等，成为加强统治的重要辅助手段。

开禧二年（1206），成吉思汗任命其养子失吉忽秃忽为大断事官。由大断事官专门负责掌管民户的分配。成吉思汗又命失吉忽秃忽审断刑狱词讼，负责惩治盗贼，察明诈伪，施以刑法。大断事官实际上是蒙古国的最高行政官，相当于汉族官制中的丞相。大断事官之下还有若干断事官作为僚属。此外诸王、贵戚、

功臣有分地者，也各置断事官管治其本部百姓。

在蒙古人长期形成的种种社会习惯和行为规范的基础上，成吉思汗重新确定了训言、札撒和古来的体例，制定了蒙古法律"大札撒"。札撒主要由习惯法和训令构成，它是当时人民必须遵奉的法律。它规定：那颜们除君主外不得投托他人，违者处死；擅离职守者处死；构乱皇室、挑拨是非、助此反彼者处死；收留逃奴而不交还其主者处死；盗人马畜者，除归还原马外，另赔偿同样的马九匹，如不能赔偿，即以其子女作抵，如无子女，则将其本人处死，等等。这些无疑都是保护最高统治权和那颜阶级利益的条款。此外，札撒还有一些保护游牧经济和社会秩序的条款。"札撒"的制定，对统治被征服的民众，使人民各安其位，整顿社会秩序，加强蒙古政权等起到了积极作用。

成吉思汗统一蒙古的业绩以及他加强集权统治的措施，构建了蒙古帝国的基本骨架，为他在更大范围内进行扩张战争奠定了基础。

四、对内征讨　伐夏灭金

统一蒙古后，征服邻国就成为成吉思汗的主要目的。当时，他的兵力总数已超过10万。在征服诸国的过程中，蒙古国的兵力又不断得到扩充。

党项贵族建立的西夏政权成为蒙古人征服的第一个目标。成吉思汗早已谋划着进攻金国，但他担心西夏与金国合力从西面牵制蒙古。为免除西夏可能构成的侧面威胁，他采取了先攻西夏扫清外围的战略。开禧元年（1205）三月，成吉思汗灭乃蛮后率军第一次侵入西夏，攻破边境城堡力吉里寨，毁其墙垒。但此次主要的目的是掠夺财富。开禧三年（1207）秋，成吉思汗以西夏不肯纳贡称臣为由，第二次侵入西夏，攻破斡罗孩城，四出掳掠。西夏会集右厢诸路军抵抗，蒙古军不敢深入，于次年春天退回。

嘉定二年（1209）秋，成吉思汗第三次入侵西夏。他围攻兴庆府（西夏国都，治所在今宁夏银川，1205年改名中兴府。）长达两个月，迫使西夏王纳女请和，每年向蒙古纳贡。西夏因向金求援遭到拒绝，遂转而采取了臣服蒙古向金国进攻的政策。

蒙古与金很早就是仇敌。长期以来金朝为了防止北部蒙古各部强盛起来，曾实行"减丁"政策，每隔三年派出军队北上剿杀蒙古的人口，并挑拨蒙古各部之间的关系，让他们互相残杀。后来成吉思汗联合金朝攻打塔塔儿部，并接受了金朝的封号，向金朝进贡。他一边刺探金人虚实，一边伺机报仇。有一次，成吉思汗到净州（今内蒙古呼和浩特东北）送贡品，金朝派卫王完颜永济去接受，成吉思汗看不起他，不按规矩行礼，双方闹得很僵。嘉定二年（1209），金章宗病死，完颜永济继位，派使者向蒙古颁布诏书，成吉思汗一听是永济当了皇帝，便使劲向南方啐了一口唾沫，骂道："我以为中原的皇帝是天上的人。原来像他这样愚笨、卑鄙、软弱无用的胆小鬼居然也能做皇帝，我怎能向他下跪呢？"[1]

元人打猎图（壁画）

说罢，他跳上马扬起鞭子愤然离去。从此以后蒙古与金朝决裂了。成吉思汗从投到自己麾下的金朝叛臣口中对金朝的政局了如指掌。嘉定四年（1211）三月，他做好了伐金的一切准备。在为祖先复仇的口号下，成吉思汗对金朝展开了全面攻势。金军以30万大军守野狐岭（今河北万全膳房堡北），成吉思汗挥师攻之，金军大败，死者蔽野塞川。金将完颜承裕等慌忙觅路逃跑，蒙古军跟踪追至浍河堡（今河北怀安东），将金军大部分消灭。蒙古军前锋突入居庸关，攻中都（今北京）不克，退出关外。

接着，成吉思汗分兵四出，攻取了山西、河北、山东和东北的许多地方。金王永济柔弱无能，见蒙古军来势凶猛，未战就先乞和。嘉定六年（1213），胡沙虎以怠忽职守受责，竟发兵入都，杀永济，另立完颜珣，自为太师、尚书令。元帅右监军术虎高琪因兵败惧罪，又先下手杀掉了胡沙虎。金朝统治一片混乱。

---

[1]语见《元史·太祖本纪》："帝遽南面唾曰：'我谓中原皇帝是天上人做，此等庸懦亦为之耶，何以拜为！'"

嘉定七年（1214），成吉思汗从山东返回，驻中都北郊。他派人告诉金主：现蒙古军要撤退，你应犒赏兵马。金帝不敢乘蒙古军长途跋涉困乏之机反攻，只得派丞相完颜福兴为使节献永济女岐国公主及金帛、童男童女等求和。成吉思汗返回漠北。

金朝因国力衰竭，已无力守住中都，为躲避蒙古的压迫，准备迁都河南汴京。恰在这时，发生了金国阻止蒙古派往南宋的和平使节的事件。成吉思汗对此非常气恼，认为缔结和约还要迁都，这是破坏条约准备再战。他再次下令策马南进。蒙古军逼近中都并将其包围，中都附近州县守将和官员纷纷投降，前来救援的金军均被击溃，留守中都的金军主帅抹然尽忠弃城而逃。嘉定八年（1215）五月，蒙古军进占中都，驻在桓州的成吉思汗派失吉忽秃忽将中都府藏尽数运走，并派兵驻守中都。

使用蒙古弓作战的蒙古突骑

嘉定十年（1217），成吉思汗在漠北图拉河畔，对从军多年的将士论功行赏，同时改编部队。深得成吉思汗信任的木华黎受命治理太行以南的中原地区。嘉定十二年（1219），成吉思汗又扬鞭策马踏上西征之路。

五、对外兴兵　远征欧亚

在蒙古铁骑向西挺进的征程上，首当其冲的是地处中亚的花剌子模国。花剌子模是中亚古国之一，位于阿姆河下游。其王号花剌子模沙，"沙"为波斯语，意为王。它摆脱了西辽和墨尔柱帝国的统治之后，发展成为伊斯兰世界最强大的国家。成吉思汗攻入金国的消息传到中亚后，花剌子模国国王摩诃末为证实这一消息并探听蒙古实力，在嘉定八年（1215）底，派以巴哈丁·剌只为首的花剌子模使团到达中都，亲睹了战争带来的惨状。成吉思汗在驻营地款待了使者，并提议："朕为东方的统治者，沙就为西方的统治者吧。我们双方保持和平友好的关系，要允许商人自由通行，进行贸易。"当时成吉思汗并无征服西方的计划，只是着意于通过贸易获得异国物品。他曾颁布一道法令：凡商人至其境者，将保证其安全营业；凡有贵重物品，需先送到他那里由他选购。

成吉思汗也派出使团携带大量贵重礼品去花剌子模回访。嘉定十一年（1218）春，使团到达河中，转达了成吉思汗愿与花剌子模缔结和约、互通

进攻匈牙利的蒙古军

贸易的旨意。摩诃末于夜间单独召见使团首领马哈木，探问成吉思汗的虚实。马哈木谎称成吉思汗的军队数量装备与花剌子模不能相比，明显处于劣势。这正符合摩诃末自恃强大的狂妄心理，他听后非常满意，答应与成吉思汗缔结和约。

随蒙古使团一起出发的蒙古商队共450人，他们用骆驼驮载金银、丝绸、毛皮等到达花剌子模边境城市讹答剌。讹答剌长官亦难出贪图商队财物，竟诬指他们为间谍，将他们扣押起来，然后写信报告摩诃末。摩诃末命令将商人全部杀掉，货物没收。

成吉思汗闻讯后，流下了愤怒的热泪，决意兴兵复仇。他派三个使臣到花剌子模指责摩诃末背信弃义，并要求交出凶手亦难出。摩诃末严辞拒绝，下令杀死为首的使臣，将其余两个剃去胡须，驱逐出境。割掉胡须无异于奇耻大辱。不斩来使、不杀说客是国家间交往的惯例。自己的使节蒙此厄运，雄狮一样的成吉思汗再次被激怒了。他登上山巅摘下冠帽，祈祷达三天三夜，求神灵佐助，决计攻伐花剌子模。他派遣先锋哲别率领一支军队，消灭了盘踞西辽的屈出律，扫除了进兵路上的障碍。

嘉定十二年（1219），成吉思汗待马群肥壮之后，率领蒙古军和金国、西夏新归附的契丹军、汉军、河西军和畏兀儿、哈剌鲁首领率领的军队以及大批能工巧匠，翻越阿尔泰山，开始了西征。成吉思汗的军队总数不足20万，但其军威严整，战斗力很强。当时花剌子模拥有约40万军队，但其组织庞杂，训练不

足，士气低落。在大敌压境之时，摩诃末有些惊惶失措，他采纳了分兵把守城堡的策略，他自己则准备退缩到阿姆河以南，并随时准备放弃河中。

嘉定十二年（1219）秋，成吉思汗统率全军向花剌子模进发，抵达讹答剌。经过五个月的苦战，蒙古军队终于攻破城防。守将亦难出率余部继续抗击，最终被生俘。蒙古军杀掠之后夷平了讹答剌城。亦难出被送往驻屯在撒麻耳干的成吉思汗处。成吉思汗下令往爱财如命的亦难出的眼睛和耳朵里灌注熔化了的银块，将其杀死，给死于非命的商人报了仇。

经过若干艰苦卓绝的战斗，在强大的蒙军攻击下，花剌子模的国王最后逃到黑海的一个小岛上，不久就病死了。

丘处机

他的儿子札兰丁屯兵于八鲁湾（今阿富汗喀布尔北），继续和蒙军抵抗。成吉思汗派兵围剿，最后在中河（今印度河）边大败札兰丁，札兰丁逃入印度境内。

从嘉定十二年（1219）到嘉定十五年（1222）的三年，成吉思汗率领蒙古铁骑，在中亚、波斯的广大地区到处驰骋，给花剌子模以毁灭性的打击。他这次出征的目的是要报仇，所以，所到之处，一路烧杀，无所不为。亲眼目睹了这种惨状的邱处机，曾写诗曰："十年兵火万民愁，千万中无一二留。"成吉思汗西征，给中亚广大人民造成了极其严重的灾难。

在这期间，成吉思汗为加强对征服来的广大国土的统治，将它们分封给了诸子，使他们各拥封土，为后来因争夺汗位而产生的各系间的斗争埋下了种子，也最终导致了大蒙古帝国的分裂瓦解。但是，这种分封制对促进各地的封建化与经济文化的恢复发展，又是有积极作用的。

宝庆元年（1225）春，成吉思汗回到蒙古。持续七年的远征像魔鬼卷着旋风一般横扫欧亚，创造了世界征服史的一大奇迹。成吉思汗打开了东西方交通的道路。从这时候起，中国各族人不断进入中亚、波斯等地，中亚、波斯、钦察、阿拉伯以至欧洲的人们，也不断来到中国。这样，东方人和西方人在蒙军铁骑后面相互沟通了联系。

六、一代天骄　临终遗策

成吉思汗为求长生之药，在西征途中就遣侍臣到山东莱州延请全真教宗师邱处机。邱处机经过一年多的艰苦跋涉，终于在嘉定十五年（1222）四月到达成吉思汗行营。成吉思汗当即接见，问道："真人从远方来，有什么能使我长生的药吗？"邱处机指出："长生之道，清心寡欲；一统天下，不嗜杀人；为治之方，敬天爱民。"成吉思汗派人翻译并做了记录。嘉定十六年（1223）二月，成吉思汗射猎时不慎落马，险些丧生，邱处机劝告说："你年事已高，少出猎为宜。"[1]成吉思汗说："神仙所言甚是，朕为蒙古人，自幼喜爱乘马狩猎，怕积习难改。"但他还是很长时间没有再打猎。

宝庆二年（1226），成吉思汗以西夏接纳仇人亦剌合·桑昆、不送质子和拒绝征调为由，兴兵大举侵入西夏。

由于成吉思汗在射猎野马时再次落马负伤，蒙古军被迫驻营休息。年迈的成吉思汗忍着锥心的伤痛没有采纳皇子、大臣们暂时后撤的建议，决定先派遣使臣到西夏责其不派兵随从西征且出言不逊之罪。接着，蒙古军攻西凉府，西夏主将力屈投降，遂进至河曲（在今山西西北部、黄河东岸，邻接内蒙古），取应里等县。这时，夏献宗德旺忧惧而死。夏人立其侄南平王为主。十一月，成吉思汗率蒙古大军进攻灵州（今宁夏灵武北），西夏王遣嵬名令公统率10万军队来援。蒙古军渡河进击，消灭西夏军，杀死无数，尸体堆积如山。随后，成吉思汗到盐州川（治所在今陕西定边）驻冬。

鉴于西夏军主力被歼，已无法组织有效的抵抗，成吉思汗只留一部分军队攻打中兴，并派察罕入城招降，他自己则于宝庆三年（1227）正月率军南下，进入金境，攻陷临洮府（治今甘肃岷县）和西宁（在今青海）、德顺等州，另遣一军攻入宋境掳掠。四月，驻夏于六盘山。六月，继续向南进兵，至秦州清水县。

---

[1] 语见《新元史·释老·邱处机列传》："处机曰：'天道好生，陛下春秋高，数畋猎，非宜。'"

成吉思汗陵

宝庆三年（1227）七月，成吉思汗身患重病，一卧不起。他自知死期临近，便招其三子窝阔台、末子拖雷于枕边，叮嘱兄弟之间要亲密相处，并面授征服金国的策略。他指出："金的精兵在潼关，南有群山，北临黄河，难以遽然攻破。如果向宋借道，宋与金是世仇，必定会应允，那就可以出兵唐、邓（两州均在河南），直指汴京（今开封）。金危急，必定征召驻守潼关的军队，这时我们迎头痛击远来疲军，必能大胜。"他还吩咐："我死后要秘不发丧，以免被敌人知悉；待西夏国主和居民在指定时刻出城时，立即全部把他们消灭。"安排完军国大事，成吉思汗结束了他的一生，终年66岁。

遵照成吉思汗的遗嘱，他的尸体被送回蒙古故土，埋葬在斡难、怯绿连、土拉三河发源的圣山——不儿罕山上。陵墓向北深埋，以万马踏平，葬后不留陵墓。因此，至今人们仍找不到埋葬成吉思汗的坟墓。后人在鄂尔多斯（伊克昭盟）修建了"八间白室"，人称"成吉思汗陵"。

南宋绍定二年（1229），窝阔台继承汗位。元至元三年（1266），元世祖忽必烈追谥成吉思汗为"圣武皇帝"；元至大二年（1309），加谥号为"法天启运圣武皇帝"，庙号"太祖"。

名家评说

帝深沉有大略，用兵如神，故能灭国四十，遂平西夏。其奇勋伟迹甚众。

——明·宋濂等《元史》

一代天骄，成吉思汗，只识弯弓射大雕。

——毛泽东《沁园春·雪》

铁木真是历史上最伟大的组织家暨军事家之一，他在政治上和战场上的光辉成就，在二十世纪之前，很少人可跟他媲美。铁木真具有野蛮民族残忍好杀的缺点，也具有英雄们所不容易集于一身的各种优点。铁木真胸襟开阔，气度恢宏，对朦胧不明的情况能立即作出正确的判断。他用深得人心的公正态度和严厉的警察手段统御他那每天都在膨胀的帝国。高度智慧使他发挥出高度的才能。

——柏杨《中国人史纲》

太宗窝阔台

元太宗窝阔台（1186~1241），蒙古第二代大汗。又译月可台、月阔歹等，别称合罕皇帝。属蒙古尼伦孛儿只斤氏族，成吉思汗第三子，母光献皇后弘吉剌氏孛儿帖。公元1229~1241在位，谥号"英文皇帝"，庙号"太宗"。他具有卓越的军事才能和治国能力，促进了元朝的社会、政治、经济发展。他也有残暴的一面，晚年纵情声色，射猎饮乐，荒怠朝政。

元太宗窝阔台

一、聪明稳健　脱颖而出

窝阔台很小就开始骑马射箭，在马背上度过了少年时光。他跟随父亲四处征战，长大后成长为一位骁勇善战的虎将。

嘉泰三年（1203），铁木真率军同克烈部王罕大战于合兰真沙陀之地（今东乌珠穆沁旗北境）。年仅18岁的窝阔台随军征战，奋力搏杀。

嘉泰四年（1204）冬，铁木真消灭乃蛮部之后，北攻篾儿乞部，尽服麦古丹、脱脱里、察浑三姓部众，篾儿乞部首领脱黑脱阿战死，铁木真将其子忽秃的妻子送给窝阔台。[1]窝阔台满心欢喜地将这位朵列格捏纳为妻室。后来朵列格捏为他生下了定宗贵由，成为昭慈皇后。

---

[1] 事见《新元史·后妃·太宗昭慈皇后列传》："太宗昭慈皇后乃马真氏，讳朵列格捏，号六皇后。先为篾儿乞部长脱黑脱阿长子忽秃妻，太祖灭篾儿乞，以后赐太宗。生一子，为定宗。"

蒙古铁骑（壁画）

成吉思汗的正妻孛儿帖共生了4个儿子：长子术赤、次子察合台、三子窝阔台、四子拖雷。他们随从成吉思汗东征西伐，为蒙古帝国的奠基立下了汗马功劳，犹如帝国的四根台柱。成吉思汗根据4个儿子的才能和特长，给他们安排了不同的职掌：术赤管狩猎；察合台掌法令；窝阔台主朝政；拖雷统军队。

身为一代开国之君的成吉思汗在晚年已有意选择忠厚宽仁、举事稳健的窝阔台为继承人。在蒙古帝国粗具规模之后，成吉思汗认识到自己需要一位政治家以巩固和发展所创立的帝国，完成未竟之业。窝阔台足智多谋，治国才能较拖雷全面。从帝国的前途出发，成吉思汗克制了自己对幼子的宠爱之情，量才用人，打破蒙古的旧传统，擢升窝阔台为继承人。

嘉定十二年（1219），成吉思汗准备挥师西征，决定安排后嗣。他当下召见诸子及胞弟，议定窝阔台为汗位继承人。

窝阔台被确立为继承人之后，随同父亲踏上了讨伐花剌子模国的征程。蒙古军队共为四路：一路由窝阔台、察合台指挥进攻讹答剌；一路由术赤指挥沿忽章河而下取毡的；另一路由阿剌黑那颜率领南下取别纳容忒（今乌兹别克塔什干南，锡尔河北岸）、忽毡（今塔吉克境内）等地；成吉思汗和拖雷统主力越过沙漠，直趋不花剌。

窝阔台、察合台奉命统兵攻打讹答剌。一个月后攻下城堡。嘉定十三年（1220）夏，成吉思汗派遣窝阔台、察合台率领右翼军去取花剌子模国首都玉龙杰赤（今土库曼库尼亚乌尔根奇），命术赤率本部兵从其驻营地南下会合。窝阔台、察合台和术赤各率本部兵马，先后抵达玉龙杰赤城下。但由于蒙古军号令不

一,连攻数月也未见成效。在阿富汗境内的成吉思汗了解此情后,委派窝阔台为最高指挥官,由他统一指挥。窝阔台调解了兄弟的关系,严整军纪,随即转入总攻。9天后,守城者力竭请降。蒙古军将居民全部赶出城外,10万工匠被遣送东方,其余人分配各军,除年轻妇女和儿童掳为奴婢外,尽数屠杀。杀掠之后,又决阿姆河堤,放水灌城,藏在城中的人全部被淹死,死尸累累,白骨成堆。

玉龙杰赤战后,窝阔台和察合台各率所部与已攻取塔里寒诸寨的成吉思汗会合,一起进军哥疾宁。嘉定十八年(1225年)春,窝阔台随父亲回到蒙古故土,结束了持续7年的历史性远征。

二、继承父志　理内平外

宝庆元年(1226),成吉思汗指责西夏国主违约,再次亲征西夏。第二年六月,西夏国主支撑不住,遣使求降。成吉思汗在击溃西夏军主力之后,随即将兵锋转向了金国。他率军渡过黄河,经积石州(今青海循化),攻入临洮路(治所临洮,今属甘肃)。七月,攻下京兆(西安)。年迈多病的成吉思汗终因积劳过度,在六盘山的营帐里离开了人世。

成吉思汗临死前,再次把诸子召到身边,要他们精诚团结,服从窝阔台的领导,并说:"我指定他为我的继承人,把帝国的钥匙放在他的手中。"

成吉思汗死后,金国皇帝派遣大臣完颜麻斤来吊。后来,又派遣御史大夫完颜讷申来送财物,以帮助办理成吉思汗的丧事。窝阔台说:"你们的皇帝长期不投降,致使先帝疲于征战,朕岂能忘掉此事吗?何必送来送葬的财物呢!"于是拒收金国的财物。[1]

按照封建制度,帝王驾崩后应立即由他指定的继承人登基。但是,由于蒙古的忽勒台制(部落议事会制度)仍起作用,窝阔台不能因其父的遗命继承,而要等忽勒台的最后决定。王位空缺的两年内,拖雷监摄国政。

绍定二年(1229)秋,蒙古宗王和重臣举行大会,推选新大汗。宫廷内有人恪守旧制,主张立幼子拖雷,反对成吉思汗的遗命。此时术赤已死,察合台全力支持窝阔台,拖雷势孤,只得拥立窝阔台。经过与会贵族的再三敦促、劝进,窝阔台最终服从其父的遗旨,采纳众弟兄的劝告,继承了汗位。

---

[1]语见《新元史·太宗本纪》:"汝主久不降,使先帝劳于兵间,朕岂忘耶?何以赠为?"

元太宗窝阔台执政以后，命人严守成吉思汗所制定的法令，对于成吉思汗死后到此时的犯罪者一律降恩赦免，以后的犯罪仍依法惩处。当时礼仪典章都很简率，元太宗重用耶律楚材等人进一步健全了蒙古的法律制度和政治制度。

耶律楚材是辽国宗室子弟，在西征期间，他凭借高明的星相占卜之术博得了成吉思汗的信任和重视。耶律楚材建议在中原地区维持原来的农业、手工业生产，征收地税、商税以及酒醋盐铁等税。元太宗同意他试行。绍定三年（1230），耶律楚材奏立十路课税所，正副使都委派儒生担任。他并奏准军、民、财分职，长吏专理民事，万户府总军政，课税所掌钱谷，各不相统摄。这些都遭到蒙古权贵和汉人王侯的强烈反对，但课税所还是坚持了赋税的征收。第二年秋天，元太宗到西京（今大同），耶律楚材将征收到的银、币和米谷簿籍陈放在大汗面前，一共是银50万两，绢8万匹，粟40万石。元太宗大喜，当天将中书省印授予耶律楚材，让他负责黄河以北的政事。

耶律楚材
——从明万历三十七年（1609）原刊本《三才图会》

为了便利使臣的往来和物资调运，元太宗实行了驿传制度。成吉思汗时代，一切赋役都是任意索取、征调，元太宗确定了固定的牧区赋税制度。他还在汉人地主中设置了万户、千户。加上由耶律楚材主持黄河以北汉民的赋调，这就使得蒙古在灭金战事中有了黄河以北地区的兵力和财力的支持。

绍定二年（1229），元太宗按成吉思汗的规划，开始发动了灭金战争。绍定三年（1230）秋，元太宗与拖雷率军渡过大漠南进。蒙古军攻破凤翔（今属陕西），进军郑州（今属河南），于绍定五年（1232）三月，围攻汴京（今河南开封）。六月，金哀宗从归德逃奔蔡州（今河南汝南）。蒙古请求南宋联合攻蔡，宋为了报仇，派兵援助蒙古军。端平元年（1234），宋军攻破南城，蒙古军攻破

西城，金哀宗自缢而死。金国遂亡。

绍定四年（1231），蒙古军侵入高丽，包围王京，高丽王降。至此，辽东只剩下万奴的割据势力。绍定六年（1233）二月，元太宗遣皇子贵由、宗王按赤带（合赤温子）、国王塔思（木华黎孙）统左翼军讨伐万奴。九月，蒙古军攻占都城南京（今吉林延吉市东城子山），蒙古军占领辽东。后二年，置南京、开元（治今吉林农安）2万户府，镇戍和管辖这个地区。

元急递铺令牌

灭金之后，蒙古军队北还休整。南宋当权者没有坚持要求蒙古兑现以河南地归宋的诺言，却同意以陈、蔡西北地属蒙古。此时的南宋，还对蒙古军队抱有幻想。然而，从端平二年（1235）蒙古军开始攻宋，到元太宗时期的侵宋战争，使荆襄（今湖北荆州、襄阳一带）、四川、两淮（淮北、淮南）的许多地方遭到践踏。但其主要目的在于掠夺财物，再加南宋各地军民的抗击，蒙古军也受到了不少损失，未能在所攻占的地区建立统治。

三、武以定国　文以兴学

为消灭札兰丁及其余部，元太宗即位后立即派绰儿马罕率领三万军队去征讨重兴的花剌子模国。蒙古军急速进兵，于绍定三年（1230）冬抵达阿哲儿拜占，札兰丁闻讯逃逸，最后在迪牙别乞儿（今土耳其东部）的山中，被当地的农夫杀死。绰儿马罕遂又攻掠了波斯西北部许多地方。

端平二年（1235），元太宗召诸王大会，决定征讨钦察、斡罗思等未服诸国，命各支宗室均以长子统率出征军，万户以下各级那颜亦遣长子从征。出征诸王以拔都（术赤长子）为首，实际统兵作战的主将是速不台，出征军的人数约有15万。

端平三年（1236）春，蒙古诸王和速不台等率师出发，秋天抵达不里阿耳，与先已在那里的拔都兄弟会合。速不台统先锋军取不里阿耳。诸王会商后，各率本部兵征进。蒙古军攻破不里阿耳都城，杀掠之后将此城焚毁。

同年冬，蒙哥率军逼临亦的勒河（今伏尔加河）下游的钦察部。钦察部首领忽鲁速蛮率部归降。另一钦察部首领八赤蛮不肯投降，率部袭击蒙古军。嘉熙元年（1237）春，蒙哥得到速不台增援，击败八赤蛮，尽歼钦察军，八赤蛮被擒杀。

嘉熙元年（1237）秋，拔都等诸王召开了一次忽勒台大会，决定共同进兵斡罗思。蒙古军首先征服了莫尔多瓦。次年初，蒙古军分兵四出，一个月内连破科罗木纳、莫斯科、罗思托夫等十余城。二月，进围公国首府弗拉基米尔城。蒙古军胁迫被俘的斡罗思人参加攻城，猛攻五日，城破。

蒙古军抄掠了斯摩棱斯克、契尔尼果夫等地，并继续略取钦察草原西部地区。钦察部长忽滩战败，率余部迁入马札儿（今匈牙利）。嘉熙三年（1239），蒙哥、贵由统兵进入阿速国（前苏联境内），用时三个月才攻破其都城蔑怯思，阿速国主杭忽思投降，蒙哥命鉴其丁壮从军。嘉熙四年（1240）春，蒙哥、贵由继续在太和岭（高加索山）北用兵，秋天，元太宗遣派使者召贵由、蒙哥东归。

嘉熙三年（1239），元太宗遣兵再次进入斡罗思抄掠。第二年秋，拔都亲统大军围攻斡罗思国都乞瓦。蒙古军攻入乞瓦城内，纵兵杀掠。随即又攻入伽里赤国，破其都城弗拉基米尔沃沦和境内其他城市。

淳祐元年（1241）春，蒙古军分兵二路，一路由拜答尔、兀良合台等率领侵入孛烈儿（波兰），一路由拔都兄弟、速不台等率领侵入马札儿。三月，进至其都城佩斯（今布达佩斯）城附近，马札儿兵战败，蒙古军攻克佩斯城。直到第二年元太宗死讯传来，拔都才率军东还。

在驱动铁骑震撼欧亚的同时，元太宗还非常重视对中原地区的治理。在耶律楚材的劝谏下，元太宗已开始注意保存人口。绍定五年（1232），元太宗征河南时，同意制旗数百面，发给降民，让他们持旗为凭，归回乡里。绍定六年（1233）初，速不台进占汴京，因汴京军民曾抵抗，主张按惯例屠城。经耶律楚材再三劝说，元太宗决定只向金皇族问罪。

蒙 哥

端平二年（1235），元太宗下诏括编中原户口，由失吉忽秃忽主持。朝臣们主张依蒙古和西域成法，以丁为户，按丁定赋。元太宗接受耶律楚材的建议，按中原传统，以户为户，按户定赋。他还保留了中原的郡县制度。在

拖 雷

括户的基础上，元太宗让耶律楚材主持制订了中原赋役制度，轻徭薄赋。这种较轻的赋税定额，对已遭到严重破坏的中原地区的休养生息是有利的。

绍定五年（1232）攻汴京时，耶律楚材遣人入城求得孔子51代孙孔元措，由元太宗封为衍圣公。[1]同时，元太宗采纳耶律楚材的主张，开始注重儒学，兴办国学，考试儒生，得4030人，其中1/4的人原已沦为奴隶，中试后才摆脱了被奴役的地位。

元太宗除在燕京等处要地继续设置断事官外，还向路府州县普遍派遣了达鲁花赤（镇守官），并命探马赤五部将分镇真定（今河北正定）、大名（今河北大名）、东平、益都—济南、平阳（今山西临汾）—太原。通过上述措施，大大加强了蒙古对中原地区的统治。

从端平二年（1235）起，元太宗开始营建哈剌和林宫阙。第二年，建于哈剌和林（今额尔德尼召南）的万安宫落成。它是一座中国传统程式的宫殿，大汗的宝座在大殿的北部面南。嘉熙元年（1237），元太宗又命伊斯兰教工匠在哈剌和林城北70余里的春季游猎地建造伽坚茶寒殿。嘉熙二年（1238），又在城南营

---

[1] 事见《新元史·太宗本纪》："速不台克中京，获金中京留守强伸。……是月，帝命以孔子五十一世孙元措袭封衍圣公。"

建了图苏胡迎驾殿。从此,位处斡儿罕河上游哈剌和林河东岸(今额尔德尼召南)的哈剌和林城成为大蒙古国的都城,也是当时的一个国际性城市。

四、沉湎酒色　中风而亡

元太宗仁爱和善,喜好广播恩惠,他的宫廷几乎成了普天下的庇护所和避难地。在赏赐财物方面,他胜过了前辈。因为天性慷慨大方,来自帝国远近各地的东西,他常常不经司帐和稽查登录就散发一空,从四方来乞讨的穷人都意外地满足了期望。一次,有三个罪犯被带到他面前,他本已下令处死,见其母嚎哭,于是全部赦免了这三人的死罪。

元太宗性格中仍有残忍、苛暴的一面。嘉熙元年(1237)六月,斡亦剌部落中谣传说有诏令要将该部的少女去配人。人们忙把他们的闺女在族内婚配,有些直接送到男家。元太宗闻讯后大怒,下诏把7岁以上的少女都集中起来,已与人的从夫家追回共得4000余人。[1]然后将4000少女聚集一处,命令兵士当众糟蹋她们,然后有的被送往后宫,有的作为奴仆。

相传,元太宗的四弟拖雷一直是元太宗稳固汗位的隐患,他掌有蒙古军队的八成,具有强大的军事实力;在攻金的战役中,拖雷更表现出他卓越的军事才能,从而引起元太宗的嫉恨,最终用计策将他毒死了。这种说法为许多人公认,但是据《新元史》记载,拖雷是病死途中,毒死之说为世人妄传。[2]

元太宗认为:"人世一半是为享乐,一半是为英名。"灭金之后,他指派朝中的大将率师征伐,自己则不再受

元太宗时期的银铤

---

[1] 事见《新元史·太宗本纪》:"六月,皇叔斡赤斤所部诡言括民女,帝怒,因括以赐将士,自七岁以上未嫁之女得四千余人。"

[2] 事见《新元史·太祖诸子·拖雷列传》:"拖雷从还漠北,行至阿剌合的思而卒,年四十。……世俗浅薄者,乃疑其诬妄,过矣!"

亲征之苦。他嗜酒如命，亲近美色，耽于射猎。到晚年更是溺于酒色，每饮必彻夜不休。耶律楚材多次劝谏，有一次拿着酒具上的铁盖对他说："这块铁已被腐蚀成锈斑，人的内脏总不如铁坚硬吧，陛下如此嗜酒，岂有不伤身之理！"[1]元太宗听此言顿悟，对近臣说："你们爱君忧国之心，应该如同耶律楚材一样。"于是以金帛赏易耶律楚材，诏告近臣自己饮酒三盅就加以劝止。但是，时间一长，元太宗的酒瘾又犯了，复又饮酒无度，朝政几乎荒废。

淳祐二年（1241）十一月，元太宗再次出猎，骑射五日之后还至谔特古呼兰山，在行帐中畅饮美酒，豪饮至深夜才散。左右在第二天入内，发现元太宗已中风，不能言语，不久便死于行殿之中。时年56岁，共在位13年。葬起辇谷。后追谥为"英文皇帝"，庙号"太宗"。

名家评说

帝有宽弘之量，忠恕之心，量时度力，举无过事，华夏富庶，羊马成群，旅不赍粮，时称治平。

——明·宋濂等《元史》

太宗宽平仁恕，有人君之量。常谓即位之后，有四功、四过：灭金，立站赤，设诸路探马赤，无水处使百姓凿井，朕之四功；饮酒，括叔父斡赤斤部女子，筑围墙妨兄弟之射猎，以私憾杀功臣朵豁勒，朕之四过也。然信任奥都拉合蛮，始终不悟其奸，尤为帝知人之累云。

——清末民初·柯绍忞《新元史》

---

[1]语见《新元史·耶律楚材列传》："帝嗜酒，楚材屡谏不听，乃持酒槽铁口进曰：'曲蘖能腐物，铁尚如此，况人五脏！'"

世祖忽必烈

元世祖忽必烈（1215～1294），元朝的创建者。拖雷第四子，宪宗蒙哥的同母弟弟。母亲是显懿庄圣皇后客烈氏唆鲁忽帖塔尼。公元1260～1294年在位，谥号"圣德神功文武皇帝"，庙号"世祖"。他统一了全国，结束了唐朝以来中国长期分裂、割据的政治局面，奠定了元明清三代600多年国家的长期统一，在中国历史上具有深远的意义和影响。但他穷兵黩武，给人民带来了沉重负担。

一、尊崇汉法　重用汉人

早在漠北潜藩时期，年轻的忽必烈就稍显锋芒，"思大有为于天下"，同大批中原汉族士大夫取得了密切的联系。

由于战乱，有大批的知识分子北去，又加之忽必烈对中原有识之士的征召，在忽必烈的周围渐渐形成了一个汉儒幕僚集团，名儒窦默、姚枢、许衡等都应召入忽必烈府邸，忽必烈向他们询问为治之道。汉儒的文化教育，使得忽必烈的思想意识朝着不同于同辈皇兄弟的方向发展。

南宋淳祐二年（1242），忽必烈征召僧人刘秉忠。刘秉忠绝非寻常的僧人，史称他遍览群籍，尤其精通《易经》及邵氏《经世书》，至于天文、地理、律历、三辰六壬遁甲之类，样样皆能，"论天下事如指掌"。于是这个精于阴阳术数，又善于治道的汉僧遂成了忽必烈幕府中最

元世祖忽必烈

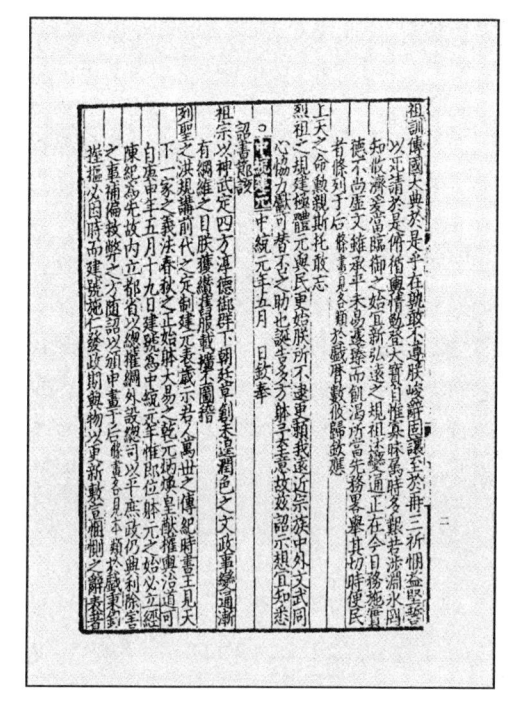

元世祖忽必烈在庚申年（1260）农历四月发布的即位诏书《皇帝登宝位诏》，在即位诏书中，忽必烈自称为"朕"，称他的哥哥元宪宗蒙哥为"先皇"。此即位诏书节选自元英宗时期元朝官修政书《大元圣政国朝典章》（简称《元典章》），台北国立故宫博物院藏元刊本之影印本。

得力的谋士。忽必烈在漠北和林时，刘秉忠就提出了"以马上取天下，不可以马上治"的大问题，并把历代封建统治的经验，灌输给忽必烈。他还进一步论述了旧制度造成的弊害，主张建朝省、立法度、定官制，整饬赋税，采用汉法，对忽必烈思想意识的转变具有极大的影响。[1]同年，另一汉族知识分子怀化（今属山西）人赵璧也奉召来到忽必烈的府下。赵璧曾跟随金末著名文人李微、兰光庭学习，颇通儒术，很受忽必烈的信任。

通过他们的帮助，忽必烈对中国前代王朝的治乱兴衰已颇为了解。例如：当他听说唐太宗为秦王时，"广延四方文学之士讲论治道，终致太平"时，非常景仰。淳祐四年（1244），他又派赵璧请来金朝末年的状元王鹗。在应对中，王鹗凡"修身齐家，治国平天下之道，无不陈于前"，听得忽必烈为之耸然动容，

---

[1] 事见《新元史·刘秉忠列传》。

姚 枢
——从明万历三十七年（1609）原刊本《三才图会》

姚枢（1201—1278），字公茂，号雪斋。原籍营州柳城（今辽宁朝阳），后迁洛阳（今河南洛阳）。初任燕京行台郎中，旋即弃官隐居于辉州苏门。后忽必烈召姚枢至漠北访问治道，姚上书陈述治国之道，深受器重。忽必烈即位后，姚枢以藩府旧臣预议朝政，参定一代制度，任东平宣抚使、大司农等职，入拜昭文馆大学士，终翰林学士承旨职位。卒谥文献。

神情严峻地说："我今天虽然不能这样做，难道日后也不能吗？"可见此时忽必烈已有了行"汉法"、成王霸之业的雄心与抱负。淳祐七年（1247），忽必烈又召见了真定名士张德辉，向他请教为治之道。张德辉向他详细地剖析了辽崩金亡的原委，指出用人对于治国是何等的重要，随即推荐了李治、元好问等二十余名当时的名贤硕儒。为了进一步拉拢汉族知识分子，忽必烈还向蒙哥请求，免除了儒生的兵赋徭役。此后，大批的汉族知识分子纷纷拥入忽必烈幕府，著名的有张文谦。他曾进言以良吏治理邢州（今河北邢台）被忽必烈采纳。[1]

忽必烈不仅自己努力接受、学习汉文化，还要其他蒙古贵族跟着学。他的儿子真金太子从小就跟姚枢、窦默学习《孝经》；后来当上中书左丞的阔阔，原为忽必烈在"潜邸"时的近侍，忽必烈让他拜王鹗为师，学习"治道"。

淳祐十一年（1251）六月，蒙哥继承汗位，汗位由窝阔台系转到拖雷系手中。为了把权力确保在拖雷系家族手中，蒙哥即位之后即将漠南汉地军国庶事全部委托给忽必烈掌管。

漠南地区包含众多中原汉族地区，漠南汉地富冠蒙古的各个地区，且人口众多，拥有发达的农业和手工业，无论人力还是物力，都使忽必烈获得了一个取

---

[1] 语见《新元史·世祖本纪》："刘秉忠、张文谦言于帝曰：'邢州产本万余，军兴以来，不满数百，得良吏抚之，责以成效，使四方取法，则天下皆受王之赐矣。'帝从之。"

之不尽、用之不竭的源泉。因此忽必烈听到这个消息后，喜形于色，欲摆宴庆贺，足智多谋的姚枢当即劝谏，提醒他要深藏若虚，否则有人从中离间的话，大汗势必会反悔而收回全部大权。并劝忽必烈，只掌兵权，钱粮器杖均由官府供应，如此，则能势顺理安。姚枢的及时建议，让忽必烈为之凛然，忙取消欢宴之举。

为了更进一步接触汉人儒士，加强对漠南地区的控制，忽必烈把藩府向南移到了桓州。又隔年，蒙哥大封同姓，让忽必烈在河南、陕西中任选一地作为封地。忽必烈根据谋士的意见，挑选了"厥土上上""天府陆海"的关中地区。后来，蒙哥又将怀孟地区加赠给他。这样，忽必烈的势力又得到了进一步的扩大。

二、革除弊政　忍让保全

但是，忽必烈所面临的漠南地区绝非遍地珠宝、庶富繁荣，而是一片横遭兵燹破坏、苛政盘剥下的焦土。蒙古军进入中原之初，采取了赤裸裸的直接抢掠政策。更有甚者，代表大多数蒙古贵族意志的别迭，竟然宣称："汉人对国家没有什么用处，应该把他们的农田清理一空，以作为牧地。"虽然在耶律楚材的力谏下，这一主张未能实现。但成吉思汗时代，基本上进行的是掠夺性的战争。

窝阔台继位之后，掠夺形式有所改变，他任用耶律楚材进行改革，其宗旨是以中原地区行之已久的赋税办法来代替旧的蒙古贵族杀掠式的和无限制的不时索取，以便保持在汉地的统治。绍定三年（1230）初行税法，小见成效。但由于蒙古贵族的反对，耶律楚材的改革以失败告终。到蒙哥即位前夕，

刘秉忠
——从明万历三十七年（1609）原刊本《三才图会》

刘秉忠（1216—1274），初名侃，字仲晦，号藏春散人，邢州（今河北邢台）人。他对一代政治体制、典章制度的奠定发挥了重大作用。逝世后，元世祖赠太傅，封赵国公，谥文贞。

"汉地不治"的情况更为严重，时人许衡认为，由于虐政的压迫，人民困敝至极，眼看就要到聚而为乱的地步了。登基伊始，蒙哥颇有革除积弊之势，但这些措施很快就形同虚设。人们为了逃避债务催逼，纷纷逃亡，使土地大量荒芜。

忽必烈在掌管漠南汉地军国庶事之后，面对"汉地不治"的情况，一方面进一步拉拢汉族人士，一方面为积聚雄厚的物资、军事基础，断然采取了招抚流亡、禁止妄杀、屯田积粮、整顿财政等一系列措施，并任用熟习汉法的宋金官僚、知识分子进行统治，初步扭转了这种局面。

忽必烈封地内的邢州，金朝时8县共有八万多户。在蒙古贵族入侵之后，到忽必烈受封之初，当地民户已急遽地下降到五六百户。忽必烈采用刘秉忠、张文谦的建议，决定以治邢为试点，派脱兀脱、张耕、李简等人去邢州。三人到邢州后，同心协力，洗涤蠹敝，革除贪暴，务在安民，不到一个月，户口便增加了10倍。忽必烈从治邢的成效中大有感触，更加器重儒士，逐步委以重任。又派杨惟中、史天泽、赵璧等治理河南，使河南经济得到了部分恢复。

在漠南汉地，由于当时典章未备，法制不立，贵族、官吏随便杀人的现象经常发生。宪宗的断事官牙剌瓦赤、布智儿等，一天内竟判决28人死刑，其一因盗马杖后获释，后因要试刀，又追回来斩了。忽必烈责问布智儿："凡是死罪必须详细审讯后才能行刑，今天一次就杀了28个人，肯定有不少不是死罪的。至于先杖又斩，这又是哪家的刑法？！"[1]为了安定民心，忽必烈屡次禁止诸将妄杀无辜，军士有违令的，杀以示众，致使诸军凛然，再没有人敢违犯命令。

为了筹备进攻南宋的军粮、军费，忽必烈还十分注意屯田。淳祐十二年（1252），忽必烈建议在唐州（今河南唐河）、邓州（今河南邓县）等地屯田，并在邓州设立屯田万户府，屯田范围西起襄、邓，东连清口、桃源，敌至则战，敌退则耕。次年，又在凤翔（今陕西凤翔）屯田，以盐换粮，供应军饷。同年，在京兆（西安）设立交钞提举司，印发纸钞。这样，忽必烈逐渐控制了当时蒙古政权在中原汉地的很大一部分财权。

忽必烈自掌管漠南汉地军国庶事之后所实行的一系列措施，使中原地区得到了初步的治理，人户逐渐增加，经济慢慢地恢复起来，为忽必烈夺取政权奠定

---

[1]语见《新元史·世祖本纪》："帝闻其事，召布智儿责之曰：'凡死罪宜详谳而后行刑，今一日杀二十八人，必多冤滥；况既杖而后斩之，此何刑也？'"

了经济基础。

忽必烈采用汉法治理汉地，不可避免地损害了蒙古游牧贵族和西域商人的利益。他在中原威望的日增，在治理陕西、河南过程中大量财

元朝的铜制手铳是中国兵器史上第一个金属管形射击火器。

力、物力的积聚，又形成了对蒙哥汗权的威胁。于是，一部分宗室大臣在蒙哥面前挑拨离间，叫嚷"忽必烈赢得了中原的人心"，揭责忽必烈王府的人经常掠权，奸营利私。对此，蒙哥深感不安。宝祐七年（1257），蒙哥借口忽必烈刚打完仗，又患有脚病，让他留在家中休息，而以塔察儿为左翼军统帅，解除了忽必烈的兵权。不久，蒙哥又突然决定亲征南宋。忽必烈岌岌可危！在当时的情况下，忽必烈身为藩王，调动军马及粮饷的权力都在大汗手里，因而断难与蒙哥一决雌雄。不得已，忽必烈听从了姚枢的建议，反把妻子、儿女送到汗廷做人质，表示并无异志。当年十一月，忽必烈又亲自谒见蒙哥，兄弟相见，皆泪下，终于消除疑虑，动了手足之情，不让忽必烈再说什么而表示谅解。这样，忽必烈以谦恭忍让保全了自己，避免了一场不测之祸。但是，他并没有放弃控制中原汉地的雄心。正如他对郝经所说："时机还未成熟啊！"

三、武力夺位　兵戎灭宋

开庆元年（1259）七月，宪宗蒙哥在南下伐宋的战争中死于合州城下，因此，他生前没有像太祖铁木真、太宗窝阔台那样对嗣位问题做出安排。这就在蒙古王室内部引起了关于汗位归属的激烈争吵。忽必烈有资格接替大汗的地位，但其皇弟阿里不哥和宪宗蒙哥的儿子们也可以继承汗位。这样，争夺汗位的斗争不可避免地在拖雷系诸王间发生了。

宪宗蒙哥南征时，阿里不哥奉命留守和林，主持大兀鲁思，管理留守军队及诸斡儿朵，在政治上处于十分优越的地位。另外，皇后忽都台以及蒙哥诸子都拥护阿里不哥，这就增加了阿里不哥政治上的声势。在军事上，他拥有留守和林的军队，随从宪宗南征的军队也有一部分归附了他。蒙哥去世后，大军在攻宋前线,阿里不哥先发制人,派阿兰答儿发兵于漠北诸部,派脱里赤括兵于漠南诸州。阿兰答儿乘机调兵,进至离开平(在今内蒙古正蓝旗东闪电河北岸)100余里的地方。开平一带是忽必烈经营多年的根据地,阿里不哥的军事行动给忽必烈造成了极大的威胁。

蒙哥去世时,忽必烈正奉命南征。为争夺王位,忽必烈认为应返回漠北。正好南宋贾似道派使讲和,忽必烈当即同意,断然把大军留在江北,自己率一支亲军先行。中统元年(1260)三月,忽必烈到达开平,召集忽勒台。在诸王塔察儿、也先哥、合丹、末哥等以及大臣再三劝进下,忽必烈终于登上了汗位,定都开平。紧接着,四月份,阿里不哥在和林自称奉遗诏,在另一些王的拥戴下继承汗位。

至此,只有用武力来解决汗位问题了。战争初期,双方争夺的中心区域是开平至燕京(今北京)、秦(陕西)、蜀(四川)、陇(甘肃)地区,从开庆元年(1259)底到中统元年六月,忽必烈取得了陕川的胜利,使阿里不哥失去了西线的优势。

中统二年(1261)秋,阿里不哥伪装率众归降,对移相哥发动了突然袭击。移相哥因丧失警惕,被打得溃不成军。阿里不哥挥师南下,矛头直指忽必烈的漠南驻地。忽必烈闻报大惊,急忙率军南返。十一月,双方大战于昔木土脑儿,阿里不哥大败北遁,部将多归降忽必烈。

阿里不哥派到察合台的阿鲁忽在征集大量牧畜、兵械、财货后,在此时又背叛了他,把财富据为己有,并拒命杀了阿里不哥的使臣。阿里不哥盛怒之下发动了对阿鲁忽的战争,大肆屠杀

《元世祖出猎图》

刘贯道(元)绘,这幅画绘于至元十七年(1280)二月,图中骑著黑马、身穿白裘的男子是元世祖忽必烈。

阿鲁忽的无辜兵民，使许多将领为之心寒而纷纷离去。中统三年（1262）间，阿鲁忽宣布倒向忽必烈。这时，忽必烈已经得到了旭烈兀、别儿哥的支持，而阿里不哥的支持者、诸王昔里吉和玉龙答夫也相继转到忽必烈方面。阿里不哥众叛亲离，至元元年（1246）七月，不得已归降了忽必烈。[1]

至元元年（1246）八月，忽必烈迁都燕京，改燕京为中都（至元九年，改中都为大都），把中央政权机构设于此地。这一举动一方面避开了叛乱诸王的威胁，立足于人力、物力俱丰的中原地区，以驾驭幅员辽阔的大蒙古国；另一方面，显露了忽必烈在取得蒙古大汗地位之后，志在灭掉南宋、一统天下的雄心壮志。

《卢沟筏运图》，描绘1266年元世祖在卢沟桥附近河运石木以建造大都宫殿的情景。

在即位的最初几年里，忽必烈致力于巩固汗位，对南宋只求维持现状。中统元年（1260）四月，他派郝经为国信使到南宋宣告自己即位的消息，并商谈履行与贾似道达成的协议。但是，贾似道害怕郝经抵达朝廷会败露其屈辱投降的议和条约，便把郝经拘留在真州（今江苏仪征）。忽必烈得不到回音，便派使者寻找郝经，但没有什么结果。至元四年（1267），忽必烈在巩固了自己的地位、作了长期备战之后，便以宋廷拘囚郝经为借口，举兵南下伐宋。

至元四年（1267）十一月，南宋降将刘整向忽必烈献策说："攻宋方略，应当是先图襄阳。如能得手，便可由汉水入长江，一举扫平南宋。"忽必烈采纳了他的建议。从至元五年（1268）起，忽必烈派阿术、刘整等进攻襄阳。至

---

[1]事见《新元史·太祖诸子·阿里不哥列传》。

文天祥
——从清康熙三十三年（1694）刊本《无双谱》（金古良编绘，朱圭刻）

陆秀夫负帝投海图

元八年（1271）十一月，忽必烈宣布将"大蒙古"国号改为"大元"，以一个新朝雄主的姿态登上了历史舞台。至元九年（1272）正月，攻克襄阳。

元军占领襄阳之后，就等于一脚踢开了南宋的大门，南宋王朝的灭亡是无可挽回的了。至元十年（1273）六月，元世祖忽必烈发布伐宋诏书，命左丞相伯颜统帅20万大军，水陆并进。伯颜分兵两路：一路进犯淮西淮东，指向扬州；一路由他率领，沿汉水入长江，沿江南下，直趋临安。十二月，伯颜等在青山矶渡江，取得了阳罗堡战役的胜利，接着，先上溯攻占了汉阳、鄂州（今武汉），控制了中游形势，遂顺江东下。进入至元十一年（1274），元军节节推进。此时，南宋王朝内一片混乱。至元十一年（1274）七月，宋度宗已死，由4岁幼子赵显继位。十二月，鄂州失陷的消息传来，朝野舆论大哗。至元十二年（1275）正月，伯颜率军进驻临安东北的险地皋亭山，阿剌罕、董文炳也赶来会合。宋帝无可奈何，遣使上表投降。五月，宋帝被送到上都，元世祖忽必烈召见后，废去帝号，封为瀛国公。

此后，宋裔益王赵昰、广王赵昺在陆

秀夫、张世杰、文天祥、陈宜中等人的扶助下，在东南沿海一带又转战了数年，力图恢复。但是，面对强大的蒙古铁骑，只能一败再败。至元十五年（1278）十二月，文天祥在五坡岭（今广东海丰）被捕，在招降书上愤然写下了"人生自古谁无死，留取丹心照汗青"的不朽诗句。至元十六年（1279）二月，南宋的最后据点崖山被攻破，元将张宏范大败宋将张世杰，陆秀夫不甘受辱，抱着年仅九岁的小皇帝赵昺投海而死。[1]南宋灭亡，全国统一于元。

四、承宗改制　穷兵黩武

对于国家内政的治理，元世祖的主要指导思想是推行"汉法"。于是在至元十六年（1279）灭南宋后，开始在元王朝中全面实施汉法。

蒙古族的历史自成吉思汗起，取国号为大蒙古国，没有年号，这种情况一直延续到第四汗蒙哥。元世祖忽必烈继承汗位不久，于中统元年（1260）五月，宣布建元"中统"，采用了中国传统的王朝年号纪年。至元元年（1264）八月，阿里不哥归降后，他又改年号为"至元"。其国号"大元"，取《易经》"大哉乾元"之义，表示国家广袤无疆。为了更好地加强对中原地区的控制，元世祖放弃了大蒙古国的都城漠北和林，在漠南和中原设立了两个都城，中统四年（1263）五月，升开平府为上都，建立宗庙宫室，到至元九年（1272）改名为大都，其地位逐渐超过了上都，被定为元朝的都城。至于和林，则变成了地方机构宣慰司的治所。

蒙古族在成吉思汗统一后立即踏上了对外征服的道路，实行的是军政合一的体制，没有形成一套完备的官僚制度与法律体系。元世祖即位后，即命刘秉忠、许衡

1287年元朝至元宝钞。

---

[1] 事见《新元史·世祖本纪》："甲申，张宏范大败宋张世杰于崖山，宋丞相陆秀夫负宋主昺蹈海死，世杰夺港遁去，遇飓风溺死。"

许　衡

——从明万历三十七年（1609）原刊本《三才图会》

许衡（1209—1281），字仲平，号鲁斋。怀庆路河内（今河南省焦作市）人。自幼勤读好学，与姚枢及窦默相讲习。元宪宗四年（1254），许衡应忽必烈之召出任京兆提学，授国子祭酒，官至集贤大学士兼国子祭酒；后领太史院事，与郭守敬修成《授时历》。卒后赠荣禄大夫、司徒，谥号文正。

考定前代典式，参照当时的实际情况，逐渐确定了国家机构和职官制度。在中央设立中书省、领吏、户、礼、兵、刑、工六部；设立枢密院，主管军务；设立御史台，职掌百官纠察。至元二十七年（1290），元廷在全国范围内调整行省建制，除中书省直辖山东、山西、河北外，全国分置岭北、辽阳、河南、陕西、四川、甘肃、云南、江浙、江西、湖广等10个行省。行省以下的行政区划，依次为路、府、州、县四级。边远地区有"军"的建制，品秩及置吏皆如下州。

到了元世祖统治时期，蒙古诸王权势熏灼，俨然成了割据一方的独立王国。元世祖本人正是凭借汉地藩国的军事、经济力量战胜阿里不哥而夺取汗位的，可以说他是宗藩坐大的首要受益者。因而，元世祖对这一问题的认识就更加深刻。元世祖继位之后，便开始了大规模的削藩运动。通过收玉宝、改金印、论功封赐爵印、尊宠嫡系等办法，忽必烈打破了黄金家族平均共权的旧俗，建立了一个大汗至上的宗室金字塔式的秩序。至元七年（1270），元世祖设置了吉利吉思等五部断事官，更是直接代表元廷直辖阿里不哥后王的领地。在军队方面，元世祖则通过定军籍、建都府、解重兵，削夺了诸王草原领地的军权。

元世祖确定了"以农桑为急务"的施政方针，在全国范围内采取一系列恢复与发展农业生产的措施。设立了从中央到地方的各级专管农业生产的机构。限制牧场侵占农田，禁止牲畜损坏庄稼。利用镇戍军士开荒屯田和募民实边屯田。元初屯田政策的实施，开垦了大量长期荒芜的土地，减轻了人民负担，对恢复和发展农业生产起到了积极的作用。

为了尽快恢复农业生产，元世祖对农业生产十分重视。至元二十四年（1287），忽必烈下诏将大司农司编定的《农桑辑要》颁行全国，后又出版了王祯的《农书》及维吾尔族农学家鲁明善的《农桑衣食撮要》。

元世祖一系列劝农政策的实施，使遭受宋、辽、金、元200多年战乱破坏的中原、江南地区的农业生产得到了恢复和一定程度的发展，边疆少数民族地区的农业生产也迅速提高，为元朝经济的发展奠定了基础。

元世祖承认和提倡以儒学为主体的汉族传统文化。并在各地兴办学校、大量征用汉族儒生学者、保存颁刻典籍及制订蒙古新文字等。至元四年（1267）四月，元世祖在上都重建孔子庙，从而确立了儒家思想在元朝的统治地位。

在元世祖大张旗鼓地推行汉法的同时，为了取得蒙古贵族们的支持及受其部族与阶级利益的影响，继续保留了许多蒙古旧制，如采邑制、蓄奴制等。

蒙古贵族统一全国之后，为了始终保持其最高统治权力，维护他们的特殊利益，元世祖还继承和推广了民族压迫政策。民族分化政策是民族压迫政策的重要内容之一。元世祖把全国各族人民分为蒙古、色目、汉人、南人四等。第一等是蒙古人，蒙古统治者称之为"自家骨肉"；第二等是色目人，包括钦察、唐兀、秃

《农桑辑要》书影（清刻本）

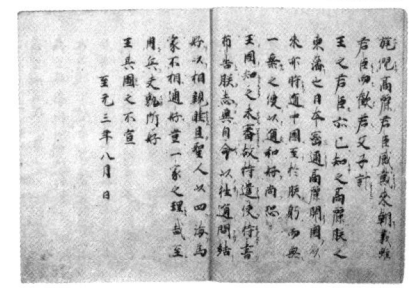

这是至元三年（1266）忽必烈给日本的国书（1268年的复制品），现藏于日本东大寺尊胜院。

八、阿速、畏吾儿、回回、乃蛮等；第三等是汉人，又叫汉儿、乞塔、札忽歹，指淮河以北原金朝境内的汉族和契丹、女真等族，较早为蒙古征服的云南、四川两省人和高丽人也属于这一等；第四等是南人，又叫蛮人、新附人，指最后被元朝征服的原南宋境内的各族人民。这种民族压迫政策阻碍了历史的进步。

元世祖不仅头脑中仍存在有旧的蒙古草原贵族的思想意识，保留了许多蒙古旧制，而且在其晚年穷兵黩武，肆意挥霍。从至元三年到至元十年（1266~1273），元世祖为宣威海外，连续五次派使去日本劝谕遣使来朝，均被镰仓幕府坚决拒绝。目空一切，不可一世的元世祖怎肯罢休。至元十一年（1274）、至元十八年（1281），先后两次大举入侵日本，但均以失败而告终。在对安南（今越南一带）关系中，元世祖因安南国不肯屈辱投降，于至元二十年（1283）、二十四年（1287）先后两次派兵入侵，但遭到了安南军民的顽强抵抗而被迫撤回。他晚年穷兵黩武，崇信僧道，也给人民带来了沉重的负担。

名家评说

世祖度量弘广，知人善任使。信用儒术，用能以夏变夷，立经陈纪，所以为一代之制者，规模宏远矣。

——明·宋濂等《元史》

要概括元世祖在中国历史上的地位则不难。他和其他创造中国朝代的人物一样解决了当日一大部分问题，可是也制造一部分新问题（这也是大历史着眼之处，不然中国的历史就不会贯穿各朝代的前后联系）。他不仅统一了从五代十国后期就已分裂的南北，而且以一个征服者的姿态出现，也比较稳健温和。……如此我们也可以说忽必烈至少缓和了蒙古向外发展的残暴。

——黄仁宇《赫逊河畔谈中国历史》

英宗硕德八剌

元英宗硕德八剌（1303～1323），元朝第九代皇帝。蒙古语称格坚皇帝。元仁宗嫡子，母为庄懿慈圣皇后弘吉剌氏。公元1320～1323年在位，谥号"睿圣文孝皇帝"，庙号"英宗"。他励精求治，积极改革，重用汉人，减轻徭役。但可惜壮志未酬即被害。

一、汉化教育　敬孝承位

硕德八剌是元仁宗爱育黎拔力八达的嫡子，生于洛阳附近的怀州王府。那一带是宋代理学奠基人二程的故乡，他从小过的是地主士大夫式的生活，又受到推行"汉法"较为积极的父亲的影响，耳濡目染，使得硕德八剌比较容易接受汉族封建地主文化，同蒙古草原马背上长大的贵族子弟大不相同。关于硕德八剌之所以被立为皇太子，尚有一段前因。早在大德十一年（1307年），元成宗铁穆耳死后，帝位由真金第二个儿子答剌麻八剌的长子海山继承，史称"元武宗"。海山即位后，与他的弟弟爱育黎拔力八达商定以后帝位的继承，采用兄终弟及、叔侄相承的办法，即海山死后，由爱育黎拔力八达即位；爱育黎拔力八达死了，就该由海山的儿子继承帝位。促成这个协议的人，是他俩的生母答己。

元英宗硕德八剌

答己曾把他俩的星命交给阴阳家推算。阴阳家禀告答己："重光大荒落有灾，旃蒙作噩长久。"重光、大荒落、旃蒙、作噩是古代纪年的符号。重光大荒落是辛巳年，恰合海山的生年（1281年）；旃蒙作噩是乙酉年，恰合爱育黎拔力

元仁宗
——从《历代帝王真像》

八达的生年（1285年）。答己是个迷信的女人，听了这番话，就想让爱育黎拔力八达继承元成宗铁穆耳的帝位。海山当时率兵镇守北疆。答己派人向他透露了自己的意思。海山震惊之余，迅速作出反应，他派麾下勇将康里脱脱先行进京，向答己表示自己要当皇帝的决心；随即就亲自率领大军，兵分三路向大都开发。康里脱脱进京后，极力斡旋，使三宫（答己、海山与爱育黎拔力八达）利益兼顾，实现妥协。海山即位为帝，立爱育黎拔力八达为皇太子，尊答己为皇太后，并就以后的帝位传递作了上述安排。

元武宗海山当了四年皇帝就病死了。爱育黎拔力八达当了皇帝，史称元仁宗。本应立海山的儿子和世㻋为皇太子。答己同海山的感情已有过隔阂，现在看着和世㻋也觉得不顺眼。一向依附答己的大臣铁木迭儿为了迎合皇太后，更为了讨得元仁宗爱育黎拔力八达的欢心，建议不立和世㻋，而立爱育黎拔力八达的儿子硕德八剌为皇太子。在答己看来，和世㻋有一股桀骜不驯的劲头，难以驾驭；硕德八剌却显得很柔懦，容易控制。这个权势欲很盛的女人，对于不顺她意愿的人，哪怕是自己的儿子、孙子，也是容忍不下去的。

仁宗登位后的第五年，即延祐三年（1316）十二月，仁宗准备立硕德八剌为太子，硕德八剌却坚决推辞，说："臣年幼无能，况且有长兄在，应该立长兄为太子，让臣辅佐他。"答己皇太后不同意。就这样14岁的硕德八剌被立为皇太子。授金宝，开府置官属。这样硕德八剌成为朝廷内外儒臣竭力施加影响的对象。御史中丞赵简，监察御史段辅、马祖常，太子詹事郭贯等人，都先后上奏，请求"近贤人，择师傅"，"招天下雅望博通之士"，对太子加强儒家正统教育。

延祐六年（1319）十月，仁宗授予硕德八剌玉册，诏命百司庶务必须先告知太子，然后奏闻。硕德八剌告诫中书省臣说："至尊将天下事托付与我。我日

夜忧惧，怕不能胜任，你们应当洗心涤虑，恪勤职守，勿有差失，免得增加君父的忧虑。"[1]延祐七年（1320）正月，仁宗身感不适，硕德八剌忧形于色，焚香祈祷。仁宗驾崩以后，他素服寝卧地上，每天只喝一碗粥，哀毁过礼。这年三月，18岁的硕德八剌于大明殿即皇帝位，是谓元英宗。

二、母后权臣 宫廷斗争

元英宗深受儒家思想的影响，很想在政治上大有作为。他其实并不柔懦，处事很有主见。他即位后，同答己在政事的处置上开始交锋。有一个叫乞失监的臣子，因为卖官鬻爵，被刑部按法律规定判处杖刑。答己却出面干预，叫改行笞刑。杖刑是元代"五刑"中的第四等刑，最少要打67板子；最多打到107板子。笞刑是第五等刑，最多只打57鞭子；最少的，打上7鞭子，表示一下惩戒之意就算了。英宗硕德八剌得知祖母要卖人情，立即加以制止。他对祖母说道："法律的规定体现了天下的公意。迁就个人感情，随意调轻调重，那就不能在天下人面前维护法律的威信了。"[2]他断然命令，维持原判，对乞失监执行杖刑。过了没有半个月，又有一个大臣，叫失列门，受了答己的指使，向硕德八剌提出要调整人事，撤一批人，任命一批人。硕德八剌马上驳回："现在哪里是封新官的时候！先帝的旧臣，也不宜轻易变动。等到我正式即位，自然会同宗室亲王、元老大臣仔细商议。到时候，贤能者都可得到任用，奸邪者都要被罢免。"

英宗自恃储位早正，得位当然，遂

答 己
元英宗即位，尊答己为太皇太后。

---

[1]语见《元史·英宗本纪》："至尊委我以天下事，日夜寅畏，惟恐弗堪；卿等亦当洗心涤虑，恪勤乃职，勿有隳坏，以贻君父忧。"
[2]语见《元史·英宗本纪》："法者天下之公，徇私而轻重之，非示天下以公也。"

对蒙古沿行的选汗制度进行了改革，于登位之后才于大明殿朝会诸王。蒙古贵族们对这种废改"国礼"的做法极为不满。英宗在贵族集团中很快陷于埋怨和孤立之中。答己皇太后也发现这位少年皇帝，"毅然见于颜色"，远非原以为的那么柔懦，不由得发出了"吾不该立此小儿"的悔恨之语。

答己皇太后在政治上趋向保守。仁宗死后第四天，英宗还未即位，答己就把当时的中书右丞相伯答沙撤掉，更立铁木迭儿为右丞相。他一重新上台，就以"违背太后旨意""接诏书时态度不恭敬"一类罪名，接连诬杀了好几个反对过他的正直大臣。他与答己皇太后互相勾结，成为分割英宗君权的强大势力。英宗对此非常不满。

答己与铁木迭儿等保守势力的专权，已对英宗构成了直接威胁，英宗感到自己不但是个势单力薄的孤家寡人，而且自身的地位也岌岌可危。为了牵制铁木迭儿，巩固自己的政治地位，英宗即位不久便毅然决然地把与铁木迭儿一党的左丞相合散免职，把木华黎的后裔、世祖时的丞相安童的孙子拜住立为左丞相，并引为心腹。

延祐七年（1320），岭北行省平章政事阿散、中书平章政事黑驴及御史大夫脱忒哈、徽政使失列门等与要束谋的遗孀亦列失八阴谋废黜硕德八剌，改立硕德八剌的弟弟安王兀都思不花为可汗，被人告发。英宗猜度到幕后指使人就是兴圣皇太后答己。他召拜住进宫决策，先发制人，以迅雷不及掩耳之势，率领宫中卫士把阿散、脱忒哈、黑驴、失烈门、亦列失八一齐捕杀。亦列失八的儿子、江浙行省平章政事买驴也被逮捕、抄家。参与废立阴谋的徽政院使米薛迷被流放到金刚山（今朝鲜半岛中部，属于江原道金刚郡），前太子詹事床兀儿被处斩。安王兀都思不花被降封为顺阳王，到十一月也被杀死。铁木迭儿因有太后庇护，便称病躲在家里，不再过问中书省事。

八月，铁木迭儿摄太尉，奉玉册行事。以赵世延曾劾奏其奸，便诬以不敬罪，请求杀掉他，并追究省台诸臣。英宗深知赵世延为忠良，断然拒绝了铁木迭儿的要求。[1]十一月，铁木迭儿又借故奏免右丞相高昉等官员，再度遭到拒绝。

---

[1] 事见《元史·英宗本纪》："铁木迭儿以赵世延尝劾其奸，诬以不敬下狱，请杀之，并究省、台诸臣。不允。帝幸凉亭，从容谓近侍曰：'顷铁木迭儿必欲置赵世延于死地，朕素闻其忠良，故每奏不纳。'左右咸称万岁。"

此时，英宗与拜住关系更加密切，而铁木迭儿渐被疏远。铁木迭儿跃跃欲试，英宗冷淡处之且柔中带刚，内心则充满了对拜住的恩遇和信任。

不过，英宗前期，由于答己与铁木迭儿一派势力很强，双方势力虽然出现对峙，但矛盾没有公开。

三、锐意改革　被弑身亡

为了达到国强民富，英宗冲破阻力，推行了一系列改革。经济方面，为摆脱困境，节约开支，英宗大胆省减吏员，降低官秩。即位以后，英宗即下令汰掉上都（今内蒙古锡林郭勒盟正蓝旗）留守司留守五员。降太常礼仪院、通政院、都护府、崇福司，并从二品；蒙古国子监、都水监、尚乘寺、光禄寺，并从三品；给事中、阑遗监、尚舍寺、司天监，并正四品；其官位皆递降一等。另外，还罢掉了少府监、回回国子监、行通政院等机构，削免了行中书省的丞相一职。对各地的流民，英宗赏赐大量粮马予以安抚。对饥荒地区实施酒禁、减免赋税。为减轻农民负担，英宗还多次减免徭役征发。

英宗还实行了一些强化中央集权的措施。明令禁止宗教人士交通诸王，掌阴阳五科者不得泄露占候。

英宗非常重视学习汉民族文化。延祐七年（1320）十二月，翰林学士忽都鲁都儿迷失将他翻译的宋儒真德秀写的《大学衍义》进献英宗，赐钱五万贯。随后以《大学衍义》印本颁赐群臣。他还下令存恤孔氏子孙贫乏者，以示尊崇。至治元年（1321）五月，命世家子弟入国学读书。他两度诏命翰林国史院纂修《仁宗实录》、后妃功臣传。至治三年（1323）二月，《仁宗实录》修成。

英宗善于纳谏，他曾任命宦官孛罗台为太常署令，太常官认为刑人不得参与祭祀，英宗便罢免了孛罗台。中书省臣提议节制赏赐，英宗也予采纳。同年，太史院请求禁止下一年的兴作土功，英宗也接受

元英宗皇后

了。英宗曾想在元旦张灯宫中，参议中书省事张养浩上书谏止，他马上下令罢止。他对政务非常关心，敕令百官日勤政务，不得懈怠。有人通过近臣进献七根宝带，英宗说："我登帝位，不见你们荐举贤才，却为人进带，这是利诱我，快还掉它。"河南发生灾荒，群臣皆不能解释原因，英宗说："这全是因为我治道未洽，你们不尽心职守。我们应当各务勤恪，免得百姓再蒙灾难。"他对官吏的选任很重视，曾遣派使者赴各省铨选官吏。

也孙铁木儿（泰定帝）

至治二年（1322），铁木迭儿和答己的相继病卒，使英宗基本摆脱了保守势力的钳制，为实施改革提供了契机。十月，英宗任命有"蒙古儒者"之称的拜住为中书右丞相，为表示信任之专，不再另立左丞相。在《特命右丞相诏》中，英宗决心励精求治，革新政务。在此后数月内，英宗进行了一系列改革，新政的内容包括：一，大规模起用汉族地主官僚及儒臣；二，罢徽政院及冗官冗职；三，行助役法；四，减轻徭役；五，审定颁行《大元通制》。

英宗所进行的改革，触犯了大多数保守的蒙古色目贵族的利益，引起他们的抵制和反对。英宗减罢冗官对身居肥缺美差的贵族特权阶级也有很大触动。为改变积重难返的弊习，英宗警告群臣："卿等居高位，食厚禄，当勉力图报。"但保守贵族的不满和抵制，阻碍了新政的实行。

铁失是铁木迭儿的死党，他的父亲是昌王阿失，母亲是盖里海涯公主，妹妹是英宗的皇后速哥八剌。他在爱育黎拔力八达之时，官居翰林学士承旨、宣徽院使。英宗即位后兼太医院使、中都威卫都指挥使（至治元年改称忠翊侍卫亲军都指挥使）。至治元年（1321）三月，观音保被杀死，御史台空虚，铁木迭儿趁机引荐他为御史大夫。此后他的地位愈加尊贵，掌管了禁卫军左右阿速卫。铁失贪财好货，品格卑鄙，他拜铁木迭儿为义父，自居养子。至治二年（1322）十二月，铁木迭儿的儿子、宣政院使八思吉思，受到刘夔冒献田地案的牵连，被诛杀，籍没其家产。次年二月，刘夔及参与冒献田地案的同金宣政院事囊加台也被

诛杀。铁失担心英宗整顿朝政的利刀迟早要加到自己头上，于是决定先下手为强。他积极和其党羽阴谋策划宫廷流血政变，推翻英宗。

至治三年（1323），铁失为发动宫廷政变，物色新的靠山。他与晋王也孙铁木儿的心腹、王府内史倒剌沙"深相要结"。八月二日，铁失遣使到也孙铁木儿处，告以准备发动政变之谋，并说事成之后，推立也孙铁木儿为帝。五日，英宗的大驾从上都向南出发，夜晚驻营于距上都30里的南坡店。趁深夜英宗熟睡之际，铁失与知枢密院事也先帖木儿等共16人，闯入皇帝行幄，以卫兵为内应，先杀拜住，然后铁失手弑英宗于卧床之上。[1] 九月四日，早已觊觎皇位的晋王也孙铁木儿于龙居河（即克鲁伦河）即皇位，是为泰定帝。英宗皇帝从葬诸帝陵。泰定元年（1324）二月，尊谥曰"睿圣文孝皇帝"，庙号"英宗"。

名家评说

　　英宗性刚明，……其明断如此。然以果于刑戮，奸党畏诛，遂构大变云。

——明·宋濂等《元史》

　　英宗诛兴圣太后幸臣失列门等，太后坐视而不能救，其严明过仁宗远甚。然蔽于铁木迭儿，既死始悟其奸，又置其逆党于肘腋之地。故南坡之祸，由于帝之失刑，非由于杀戮。旧史所讥殆不然矣。

——清末民初·柯绍忞《新元史》

---

[1] 事见《元史·逆臣·铁失列传》。

惠宗妥欢贴睦尔

元惠宗妥欢贴睦尔（1320～1370），元朝第十五代皇帝，即末代皇帝。元明宗长子，母为罕禄鲁氏迈来迪。公元1333～1368年在位，谥号"顺帝"，庙号"惠宗"。他少年登基，不懂朝政，大权为奸臣把持，后又极尽奢靡、贪图享受、纵情声色，最终将元朝彻底葬送。

元惠宗妥欢贴睦尔

一、承叔继位　为父报仇

妥欢贴睦尔生于延祐七年（1320）四月，是元明宗和世㻋的长子。他的母亲罕禄鲁氏，边陲阿尔厮兰部族首领的女儿，元明宗狩边时为了取得当地部族的支持，娶了罕禄鲁氏，在北方的边陲生了妥欢贴睦尔。宫廷中传闻妥欢贴睦尔并不是元明宗的亲生儿子。据说是元明宗正妻八不沙传言。因此妥欢贴睦尔的童年时代，几经劫难，备受冷遇。他还没长到懂事的年龄，母亲就撒手人世。9岁那年，叔父图帖睦尔毒死他父亲，篡夺了皇位，并以妥欢贴睦尔不是明宗的亲生儿子为借口，将他放逐到高丽（今朝鲜）的一个叫大青岛的海岛上，一年后，又移居广西静江（今广西桂林）。[1]

图帖睦尔晚年，对弑兄夺位一事深感懊悔。至顺三年（1332）八月，图帖睦尔临终嘱咐众人，皇位由明宗之子继承。图帖睦尔死后，皇后卜答失里和权臣

---

[1] 事见《元史·顺帝本纪》："至顺元年四月辛丑，明宗后八不沙被谗遇害，遂徙帝于高丽，使居大青岛中，不与人接。阅一载，复诏天下，言明宗在朔漠之时，素谓其非己子，移于广西之静江。"

燕铁木儿控制了朝中大权，二人经过周密策划，决定拥立明宗年仅7岁的二儿子懿璘质班继承皇位，谁知这位小皇帝不久便一命呜呼，皇位再度虚悬，卜答失里临时摄政。

燕铁木儿请卜答失里立她自己的儿子燕帖古思为帝，卜答里失觉得这样做违背了丈夫遗诏，担心招致朝野不满，她主张拥立妥欢贴睦尔登位，[1]并遣使去桂林迎接妥欢贴睦尔回京。妥欢贴睦尔见到来使，立即启程北上。到京后，燕铁木儿使用各种伎俩，一再拖延时日，使妥欢贴睦尔迟迟不能登上皇位。几个月后，燕铁木儿死，妥欢贴睦尔才在卜答失里和大臣们的拥戴下，于至顺四年（1333）六月即皇帝位，这就是元顺帝。

元顺帝妥欢贴睦尔登极之时，蒙古统治已走向衰亡，前人留给他的是一个破烂的摊子。然而，年幼的皇帝根本不问国事，只知同女子游玩嬉戏。这样，朝中大权全由伯颜和燕铁木儿两大家族所垄断。

伯颜自恃功高权重，毫无顾忌，又向蒙古诸王下了毒手。当时，蒙哥的后裔彻彻秃受封为郯王，伯颜的先祖是蒙哥家中的奴隶，按照蒙古传统，伯颜一家应该世代尊蒙哥后裔为使长。伯颜觉得这是自家的奇耻大辱，于是，他在元顺帝面前诬陷彻彻秃谋反，请求将他处死，元顺帝不允，伯颜竟擅自行刑，使彻彻秃蒙冤而死。元顺帝对伯颜的所作所为日益不满，却奈何不了他。

正当元顺帝郁郁寡欢、愁苦难耐时，伯颜的亲侄子脱脱出现了，脱脱自幼在伯颜家生活，伯颜视他为自己的亲生儿子。脱脱曾率领精兵剿捕唐其势及其同党，荣立军功。至元元年（1335），元顺帝任命脱脱为御史中丞，至元四年（1338）又提升他为御史大夫。脱脱见伯父专横跋扈，日甚一日，担心他盛极而败，贻害自

元宁宗懿璘质班
元明宗次子，在位53天，年仅7岁，谥号：冲圣嗣孝皇帝，庙号宁宗。

---

[1]语见《元史·顺帝本纪》："燕铁木儿复请立燕帖古思，文宗后曰：'吾子尚幼，妥欢帖睦尔在广西，今年十三矣，且明宗之长子，礼当立之。'"

己，就对父亲马札儿台说："伯父骄纵太过分了，万一天子震怒，我们一家可就完蛋了，不如先想办法除掉他。"马札儿台赞成儿子的主意。脱脱又把自己的想法告诉了他幼年时的老师吴直方，征求他的意见。吴直方对他说："古书上有所谓大义灭亲，大臣只知道忠于国家，别的可以不管。"

元代墓室壁画

于是，脱脱向元顺帝自陈忠忱，立志辅助皇帝清除伯颜。起初，元顺帝对脱脱的行动表示怀疑，不敢轻举妄动，他暗中让阿鲁、世杰班与脱脱频繁接触，察看他的言行。证明脱脱确实可靠，这才解除了自己的疑心。脱脱得到皇帝的信任之后，便开始付诸行动，与伯父抗争。

至元六年（1340）二月初的一天，伯颜邀请元顺帝出游打猎，一向好动的元顺帝心存戒心，托词身体不适，不能前去，伯颜就邀了太子燕铁古思出猎柳林（今北京西南郊）。惠宗心腹、伯颜侄子脱脱见时机成熟，急忙与阿鲁、世杰班商讨对策，秘密派人去柳林接太子回京，二月十五日，下令封锁京师城门。当晚，元顺帝召集大臣，草拟诏书，驱逐伯颜，贬他为河南行省左丞相，当夜遣使急赴柳林宣诏。第二天，伯颜派人到京师城下询问事由，脱脱站在城上宣读圣旨："随从伯颜者一概无罪，可以即刻解散，各还本卫所，犯罪的只是伯颜一人。"伯颜又请求入城向元顺帝辞行，使者不许，对他说："皇帝有令，命丞相立即动身，不必辞行。"伯颜无可奈何，只得俯首听命。伯颜南下经过真定（今河北正定县）时，当地父老向他敬献觞酒。伯颜问父老说："你们见过儿子（指脱脱）杀父亲吗？"父老说："儿子杀父亲没见过，只见过臣子杀君长。"暗指伯颜谋杀郯王一事。伯颜听了，有惭愧之色。[1]一个月后，伯颜病死在途中。与伯颜过往甚密的皇太后卜答失里也没能幸免。惠宗又听说叔父图帖睦尔在位时公

---

[1] 事见《元史·列传第二五·伯颜》："道出真定，父老奉觞酒以进。伯颜问曰：'尔曾见子杀父事耶？'父老曰：'不曾见子杀父，惟见臣杀君。'伯颜俯首有惭色。"

开说他不是明宗的亲生儿子，立即追究父亲被毒死一案，下诏撤除文宗庙主，将卜答失里削去后号，贬居东安州（今河北廊坊），太子燕铁古思流放高丽，中途遇害。至此，元顺帝终算报了杀父之仇。

二、南北起义　宫闱惊变

铲除伯颜时，元顺帝已21岁，他封马札儿台为太师和中书右丞相，脱脱知枢密院事，总领诸卫亲军，脱脱的弟弟也先帖木儿为御史大夫，马札儿台父子总揽军政大权。这时，正宫皇后伯颜忽都所生两岁的儿子不幸夭折，二皇后奇氏生下一子，取名爱猷识里达腊，深得元顺帝喜爱，后被立为皇太子。

马札儿台做了中书右丞相后，自恃辅佐皇帝铲除伯颜有功，私自在京城附近开酒馆、糟坊，派人去南方贩卖食盐。脱脱恐遭非议，祸及自身，暗中让人向元顺帝告了一状，上任仅半年的马札儿台被迫辞职。至元六年（1340）三月，元顺帝任命脱脱为中书右丞相。元顺帝即位后，先是建元"元统"（1333~1334），后改用忽必烈的年号"至元"（1335~1340），习惯上称为"后至元"。1341年，元顺帝改元"至正"，决定任用脱脱进行改革，废除伯颜旧政，重振祖宗大业，大有恢复元朝盛世的向慕之志，史称"更化"。

至正元年（1341），元顺帝恢复了中断6年的科举取士制度，亲试进士78人，以笼络汉族士大夫，同时大兴国子监，选名儒雅士传授儒学。他下诏将4个素有声望的儒士欧阳玄、李好文、黄溍、许有壬召进宫内，让他们5日进讲一次，帮助他读四书五经，练习书法。为了表达对儒学正统思想的尊崇，至正二年（1342），元顺帝派人到曲阜祭祀孔庙，第二年，下诏编修辽、金、宋三史，命脱脱为都总监官，许多汉人文士参加了编纂，达成了元

《宋史》书影

顺帝新政中"文治"的重要内容。[1]

元顺帝起用脱脱，把一切大权交付与他，自以为高枕无忧。为了笼络人心，他对贵族、官僚滥行赏赐，挥霍无度，造成国库入不敷出。与此同时，黄河连年发生水患，脱脱先后提出"变钞"和"开河"的建议，岂知在社会矛盾日益尖锐的情况下，"变钞"和"开河"成了元末农民起义的导火线。

至正十一年（1351）五月，治河民工韩山童、刘福通发动起义，推举韩山童为明王，以红巾为号。起义军一举攻占颍州（今安徽阜阳），揭开了轰轰烈烈的元末农民大起义的序幕。

高邮之战后，溃散的元军不少人投靠了红巾军。元朝政府军队一蹶不振，元顺帝不得不改变排汉政策，鼓励和依靠豪强地主武装去镇压农民起义。他廉价地授予地主武装头目以万户、千户等官衔，这样，相继出现了几支靠镇压农民起义发迹的地主武装，其中最主要的是答失八都鲁和察罕帖木儿两股势力。

在此期间，元顺帝起用搠思监为中书右丞相，汉人太平（原名贺唯一）为左丞相，他自己则不问政事，整天与嫔妃嬉游宫中。他选了16个宫女，称为"十六天魔"，让她们歌舞，昼夜不分。二皇后奇氏实在看不下去，再三恳求他爱惜身体，不要受天魔舞女迷惑，停止土木兴建。元顺帝勃然大怒，高声喊道："古今只我一人而已！"此后日益疏远奇氏，奇氏见自己失宠，转而拉拢朝中大臣，暗中招纳不少高丽美女，送给他们，以争得外援。

奇氏与皇太子爱猷识里达腊，见政局动荡，元顺帝听任朝臣倾轧，便加紧行动步伐，打算联合太平逼迫元顺帝逊位与爱猷识里达腊，太平不同意。奇氏又召太平到宫中宴饮，再次提起前请，太平严辞拒绝。奇氏与皇太子因此衔惧太平。[2]至正十九年（1359）十二月，爱猷识里达腊命令监察御史买住等人劾奏太后提拔的汉人官员中书左丞成遵和参政赵中，将二人杖杀狱中，借此中伤太平。太平见势不可留，只得上奏元顺帝，以患病为由，请求辞去相位，大臣们立即呼吁，要求皇帝留用太平，元顺帝慑于奇氏和皇太子咄咄逼人之势，被迫罢免太平。由于得不到支持，爱猷识里达腊逼父逊位未能如愿。

---

[1] 事见《元史·列传第二五·脱脱》。
[2] 事见《元史·后妃一·完者忽都皇后奇氏列传》："后与皇太子爱猷识里达腊遽谋内禅，遣朴不花谕意丞相太平，太平不答。复召太平至宫，举酒赐之，自申前请，太平依违而已，由是后与太子衔之。"

至正二十三年（1363），爱猷识里达腊与母亲奇氏加紧了策划逼父禅位的阴谋，掌握大权的搠思监和朴不花则密切配合，拉拢朝中大臣，将军政大事全都压下不让妥欢贴睦尔闻知。至正二十四年（1364）三月，爱猷识里达腊、搠思监、朴不花指责孛罗帖木儿与老的沙图谋不轨，要求皇帝驱逐孛罗帖木儿。孤立无援的元顺帝不得不听命于皇太子，下诏削除孛罗帖木儿兵权和官爵，贬居四川。宗王不颜帖木儿、秃坚帖木儿愤愤不平，起而与孛罗帖木儿联合，并上书元顺帝，为孛罗帖木儿申辩。元顺帝感到，孛罗帖木儿忠于自己，是他与皇太子一方抗衡的重要砝码，于是复下诏书，历数搠思监、朴不花恣意弄权、欺下蒙上等罪状，将搠思监流放岭北，朴不花流放甘肃，恢复孛罗帖木儿官职。然而，此时皇太子一方的势力已跃居元顺帝之上，所以，诏书虽下，搠思监、朴不花二人权未解，职未卸，照常在朝中掌权。至正二十三年（1363）四月，元顺帝再次屈从于皇太子，下诏命扩廓帖木儿统兵进讨孛罗帖木儿。

一个月后，爱猷识里达腊返回京城，再次下令扩廓帖木儿进讨孛罗帖木儿。扩廓帖木儿分兵三路，一路由部将白琐住率领，开赴京城御守，另外二路军队进逼孛罗帖木儿驻守的大同（今属山西省）。孛罗帖木儿怒杀搠思监、朴不花二人，留下一部分军队守卫大同，他自己则带着秃坚帖木儿、老的沙，率领主力大军直捣大都（今北京市），扬言要尽除朝中奸臣。京城大震，爱猷识里达腊亲自率领军队迎战，结果大败而回，在白琐住军队的护卫下匆匆逃往太原扩廓帖木儿军中。孛罗帖木儿拥兵入城，偕同秃坚帖木儿、老的沙面见元顺帝。元顺帝当即任命孛罗帖木儿为中书左丞相，老的沙为中书平章政事，秃坚贴木儿为御史大夫。不久，又提升孛罗帖木儿为中书右丞相，节制天下军马，总揽国家大权。孛罗帖木儿上任后，立即杀了元顺帝宠幸的"倚纳"和近臣，驱逐西藏僧人，幽禁奇氏。

至正二十五年（1365）三月，爱猷识里达腊下令扩廓帖木儿与李思齐出兵声讨，并调遣岭北、甘肃、辽阳、陕西等地军队增援。孛罗帖木儿派遣秃坚帖木儿率兵进讨上都皇太子同党，又调兵南下抵御扩廓帖木儿军队。这个时候，孛罗帖木儿荒淫无度，在数月之内，共纳40多女子为妾，整天与老的沙等人饮酒作乐，甚至酗酒杀人。朝臣都对他心怀恐惧，元顺帝渐渐失去了对他的信任。朝中倾轧、军阀混战以爱猷识里达腊和扩廓帖木儿的胜利而告一段落，步步退却的元顺帝仅仅保住了皇帝宝座。

三、朱氏起兵　元皇出逃

在这期间，朱元璋的队伍迅速崛起，直接威胁着元朝控制下的北方地区。朱元璋先后剪除群雄，声威大震，决定派兵北伐，灭亡元朝。

这时，元朝内部宫廷斗争更甚。爱猷识里达腊逃奔太原（今属山西省）时，曾想仿效唐肃宗在灵武称帝的故事，自立为帝，扩廓帖木儿不同意。孛罗帖木儿被杀后，奇氏传旨到军中，命令扩廓帖木儿以重兵扈从皇太子入京，目的在于胁迫元顺帝退位。奇氏再次劝扩廓帖木儿出面逼使妥欢贴睦尔让位与皇太子，扩廓帖木儿又予以拒绝，由此得罪了奇氏母子。元顺帝本与扩廓帖木儿不和，又忌他兵权太重，朝中大臣也觉得他年纪轻、资历浅，不把他放在眼里。在军中骄纵惯了的扩廓帖木儿做了两个月的左丞相，很不得志，在京城实在呆不下去了，只好上奏元顺帝，请求外出带兵。至正二十五年（1365）闰十月，元顺帝封扩廓贴木儿为河南王，命他代皇太子总制天下军马，进讨江淮。

扩廓贴木儿率大军离开大都后，不仅无意整军出战，反而借元顺帝授予他的军事大权，随意征调各路军队，引起军阀头目不满。元顺帝开始怀疑他有叛逆之心。

至正二十七年（1367）八月，元顺帝严厉责备皇后与皇太子，他说："过去孛罗贴木儿举兵进犯京师，而今扩廓贴木儿总兵天下，很不得利，你们母子误了我的天下。现在国家分崩离析，困难重重，都是你们母子造成的！"说完，元顺帝怒气冲冲地打了爱猷识里达腊几拳。尔后，元顺帝下诏命皇太子总制天下兵马，并令扩廓贴木儿率领本军自潼关以东出兵江淮，李思齐自凤翔以西进取四川，张良弼、孔兴、脱列伯共取襄樊。但诏书虽下，皇太子坐视不动，扩廓贴木儿

元大都遗址

及诸路军阀也都拒命不受。扩廓贴木儿的部将貊高、关保见主帅不奉君命，只顾打内战，倒向朝廷一边，转过头来攻打扩廓贴木儿，得到元顺帝的支持。

至正二十八年（1368）正月，朱元璋在南京称帝，建国号为明。二月，徐达率军攻占山东各地，接着回师河南，兵锋直指汴梁、洛阳。而元朝军阀内战仍在继续。这年闰七月，元顺帝见局势不妙，心中发怵，只好再恢复扩廓贴木儿河南王和中书左丞相的职务，让他率军南下，幻想依靠他挽回败局。这时，明军已经会师山东临清，直趋大都。

至正二十八年（1368）闰七月二十八日，徐达率领明军攻陷通州，元顺帝闻知，不顾大臣们的再三劝请，决意出逃，当晚，妥欢贴睦尔率同后妃、太子和一些大臣，打开健德门逃出大都，经居庸关（今北京昌平市北），奔向上都（今内蒙古锡林郭勒盟正蓝旗）。[1]

八月二日，徐达率军攻入大都，至此，统治了97年的元朝政权宣告结束。明洪武三年（1370）四月，做了36年皇帝的元顺帝因痢疾死于应昌（今内蒙古达里诺尔西南），时年51岁。庙号"惠宗"，谥号"顺帝"。

名家评说

最后的一个顺帝却又在位35年。这35年内，元帝国由一个无可奈何的局面终至土崩瓦解。最后明军之北伐，如摧枯拉朽。顺帝御宇的35年元朝的统治力量与威望都已江河日下，总不外"马上得天下马上治之"的必然后果。我们看到一个少数民族虽获得政治领导权而不愿迁就于多数民族政治体系之需要，其统治不能长久。

——黄仁宇《赫逊河畔谈中国历史》

蒙古第十八任大帝妥欢贴睦尔，一个标准的亡国型君主。

——柏杨《中国人史纲》

---

[1]事见《明史·顺帝本纪》。

【明】

太祖朱元璋

明太祖朱元璋（1328~1398），明朝开国皇帝。又名兴宗，幼名重八，字国瑞，濠州全钟离（今安徽凤阳东）人。父名朱世珍，母亲陈氏。公元1368~1398年在位。死后谥号"高皇帝"，庙号"太祖"。他推翻元朝统治，建立明王朝，重新统一了全国，为社会经济文化的发展提供了有利条件。

一、不幸少年　避难为僧

元天历元年（1328）九月十八日，朱元璋出生在安徽濠州太平乡一个贫苦农民家里。他的祖籍是江苏沛县，祖上数代都是老实巴交的庄稼人，由于忍受不了地主的盘剥，几经迁徙，直到他父亲这辈才落户到濠州。

明太祖朱元璋
——从原故宫南熏殿旧藏《历代帝王像》

朱世珍生有四子，朱元璋行四，因此庄里人叫他朱五四。幼年的朱元璋有空便和小伙伴们去村旁皇觉寺玩耍。这寺内的长老见他聪明伶俐，讨人喜爱，便抽空教他识文断字。元璋也聪明过人，过目不忘，入耳便晓。天长日久，便也粗晓些古今文字了。

转眼间，几年过去了。这时朱元璋的3个哥哥早已为生活所迫，给地主扛起长活。迫于生计，朱元璋也不得不独立谋生了。经人介绍，他到村中地主刘大秀家放牛。起初朱元璋决意不去，后经父亲一番苦苦劝导只好去。

元顺帝至正四年（1344），朱元璋在苦难的风雨中长成了17岁的英武青年。可这一年他的淮西家乡，赤日似火，大旱千里，蝗虫横飞，瘟疫横行。几个月的功夫，太平乡就死去了几百口子人。

灾难也降到了朱元璋家。64岁的老爹朱世珍首先染病不起，命归黄泉。3天后，长兄朱镇（又名重四）又染疫身亡。过了12天，母亲也离开了人间。一贫如洗的朱家，不足半月相继去世了三口，朱元璋那悲痛欲绝的情景实在难于言状。父母病亡，总要尽早下葬，以尽孝子之心。可是天下漫漫无际地，却没有朱家半垅田。后来多亏邻居刘继祖给了一小块地，也无从备办棺木，就草草把三位亲人掩埋了。

谁料父兄的丧事刚刚料理结束，两兄又染上了时疫，一同病去。昔日儿孙满堂的朱家，眨眼几天的时间只剩下了元璋和嫂侄三人。

困惑中，朱元璋想起了自己小时候父母曾在皇觉寺许过愿，长大舍身当和尚。朱元璋心想：眼下正无路可走，还不如投入皇觉寺中，剃度为僧，有碗淡饭填饱肚子，总比饿死强。计划已定，他也不及同嫂侄打招呼，就匆匆赶到皇觉

凤阳皇觉寺（后更名为龙兴寺）是朱元璋早年出家礼佛的寺庙，在他登基之后，由原先一个破烂没有门的小寺庙一夜之间而名扬天下，地位尊贵，无比显赫，被称为圣庙。

寺，拜高彬长老为师，就这样当了和尚。[1]

寺庙是靠收租和善男信女们的施舍度日的。朱元璋投靠时寺里已有几十个和尚，几十张嘴，僧多粥少，坐吃山空，不久就无米下锅了。没奈何，高彬长老只好将徒弟一个个打发出去，云游四方，自谋生路。因此进寺刚刚几十天的朱元璋也只得告别皇觉寺，穿城越村，加入了化缘讨饭僧的队伍中。

明太祖朱元璋敕赐"瞿昙寺"寺名匾额

朱元璋就这样一路乞讨，一路流浪。天复一天，年复一年，山栖野宿，串村走户，软求硬讨，饱尝了人间风霜冷暖之苦。他先行合肥，又走固始（今属河南）、信阳（今属河南），再往汝州（今属河南）、陈州（今河南淮阳）、鹿邑（今属河南）、亳州（今属安徽），后到颍州（今安徽阜阳）。整整三年，先后走遍了淮西、豫南一带的名山大川、名都大邑。化缘使他熟悉了当地的风土人情、山川地理形势，为他后来指挥战争积累了丰富的知识。同时，由于朱元璋亲尝了人生的艰辛，目睹了农民的痛苦生涯，所以起义造反的思想在他心灵上渐渐萌发起来了。三年颠沛流离的流浪生活尽管充满艰难和痛苦，但也为朱元璋后来事业的成功奠定了基础。

至正八年（1348），朱元璋在饱尝了仰食他人、朝不保夕的化缘生活的艰辛后，又两手捧着木鱼和瓦钵回到了皇觉寺。此时的皇觉寺尘丝蛛网布满殿庑，一派凄凉冷落的景象。朱元璋向邻居一问，才知道近年来家乡民生凋敝，寇盗四起，昔日的师兄也都死的死、逃的逃，无一幸存了。寺无他人，人无他路。后经乡邻挽留，朱元璋便留下暂作了皇觉寺的住持，聊度人生。

---

[1] 事见《明史·太祖本纪》："至正四年，旱蝗，大饥疫。太祖时年十七，父母兄相继殁，贫不克葬。里人刘继祖与之地，乃克葬，即凤阳陵也。太祖孤无所依，乃入皇觉寺为僧。逾月，游食合肥。"

二、崛起乱世　称雄一方

不堪忍受元朝封建统治者残酷剥削和压迫的中国农民，终于在元至正十一年（1351），由农民领袖刘福通在颍州首举义旗。彭莹玉、徐寿辉紧随其后，起义于湖北。土豪方国珍、盐贩张士诚先后于浙东、苏北奋起抗元。不久，定远（今属安徽）土豪郭子兴与党羽孙德崖等也在濠州响应，占据濠州城。至此，农民大起义的熊熊烈火燃遍了大江南北。

身居清静之门的朱元璋，耳闻不断传来的战事，心情早难以平静了。过了一段时间后，朱元璋终于被卷入了农民起义的洪流之中。

朱元璋入伍后，打仗非常勇敢，无论遇到何等强敌，他总是奋不顾身，争先陷阵。加之他又识得一些文字，就格外受郭子兴的器重，遇有战事，总让朱元璋伴随左右。时间不长，他就被提拔为亲兵九夫长。朱元璋当然也不负郭子兴的期望，愈加听从指挥，苦练武艺。每次战斗获得的战利品，他都全部交给元帅府；他受的奖赏，也公平分配，论功行赏，人人有份。这样上上下下、方方面面都十分满意，甚得军心。

元帅郭子兴见朱元璋虽然年纪轻轻，却如此有见地、有胆略，精明强干，也就把他当做知己，益加信任了。

郭子兴有位养女马氏，是他刎颈之交马公

郭子兴
——从清乾隆时期刊本《晚笑堂竹庄画传》（作者上官周）

郭子兴（1302～1355），定远（今安徽定远）人，元末红巾军领袖之一，是明太祖朱元璋能崛起的关键人物。病逝后，其势力大抵为朱元璋所继承，朱元璋于1370年追赠他为滁阳王。

徐 达
——从清乾隆时期刊本《晚笑堂竹庄画传》(作者上官周)

徐达（1332—1385），字天德，濠州钟离（今安徽凤阳）人。他为人谨慎，善于治军，戎马一生，建立了不朽的功勋，为明朝开国第一功臣，官至右丞相，封魏国公。死后追封其为中山王。

的独生女儿。马公的妻子郑氏生下女儿，不几日就病逝了。后来马公杀人避仇，将爱女托于郭子兴。不久，马公客死他乡。郭子兴对朋友的遗孤加意教养，视过己出。这马氏也是聪慧过人，几年时间已出落成一个窈窕淑女，到了婚配的年龄，但一直还没有选中一个如意的郎君。朱元璋的到来使郭子兴想起了养女的婚姻之事，经与夫人张氏商量，又征得养女和朱元璋的点头称允，就择日给俩人成了婚。这样一来朱元璋就成了元帅郭子兴的女婿，身价顿升百倍，兵士亦另眼看待。

不久，义军队伍里发生了内讧。元帅郭子兴与歃血为盟的副帅孙德崖因战事不合，发生了尖锐的冲突。孙遂设下圈套将郭子兴骗入家中，想秘密将他杀害，自立为王。朱元璋出征归来获讯后，立即带领亲兵，闯到孙家，直入客厅，怒道："敌人威逼城下，副帅不去杀敌，反要谋杀主帅，是何道理？"朱元璋说罢挥手让亲兵拥盾冲入孙德崖屋中，四处搜寻，结果在一矮屋里找到了被捆绑的郭子兴。朱元璋击断锁链，背负而归。郭子兴大难不死，自然对元璋感激不尽，更加厚爱了。

至正十三年（1353）春天，朱元璋征得郭子兴的应允，回到了阔别的家乡，竖起红巾军大旗，募集兵马。小时候的伙伴徐达、周德兴等乡里青年，听说朱元璋在外当兵做了官，要来家乡招兵，他们听到一声召唤，都来投效。十几天的功夫就拉起了700多人的队伍。这些人后来一直跟随朱元璋出生入死，冲锋陷阵，成了起义队伍中的中坚力量。其中的徐达等24人，能文能武，成为后来的开

国元勋。

数日后，朱元璋众揽英才，率兵而归。郭子兴见状喜出望外，遂擢升他为镇抚总管，令所募700人归他统率。朱元璋手握兵权，再也不愿局促濠州，经与徐达密议，征得郭子兴的应允，即带着徐达、汤和等一班英雄豪杰南下定远，开辟新天地。定远之役是朱元璋统帅自己的队伍，为实现自己宏图大略的第一战。

定远有一支拥有3000多人的地主武装，驻扎在驴牌寨。因该寨人多势众，又有坚固寨墙，朱元璋只好用计巧取。朱元璋一行来到定远，闻知这寨中缺粮，他心生一计，叫兵士钻进布袋里，诡称民夫送粮，来到寨门前，遣人通知寨主，请出门接粮。寨主哪知是计，正愁军粮无着，闻报自然大喜，急忙出迎。寨门开后，朱元璋一声令下，兵士们破囊而出，立即将寨主拿下。寨中士卒见寨主被擒，无心恋战，也纷纷逃命去了。

首战告捷驴牌寨，朱元璋又乘胜星夜奔袭定远另一股武装缪大亨。险居横涧山的缪大亨，拥兵2万余众。他做梦也没有想到朱元璋会如此神速地偷袭他的营地，睡梦中他爬起来慌忙迎战，但怎能抵挡得住义军潮水般的攻势呢！缪大亨见大势已去，权衡利害，只好率众投降，归顺朱元璋。

朱元璋占据定远后，爱民练兵，威声大振，四方归附。冯国用、冯国胜兄弟是定远的两个中小地主，因害怕红巾军，就组织乡兵结寨自保。后来，他们听说朱元璋作战勇敢，纪

冯国用
——从清乾隆时期刊本《晚笑堂竹庄画传》
（作者上官周）

冯国用（1323~1358），定远（今安徽定远）人。宋国公冯胜之兄。少好读书，通兵法，初与弟冯胜结寨自保，后归朱元璋；渡江后掌亲兵，多立战功，累擢至亲军都指挥使。至正十九年（1359），因暴卒于军中，年仅三十六岁。洪武三年（1370），追封郢国公。

律严明，连克数敌，人心归附，就带着自己的乡兵归附朱元璋。朱元璋见冯家两兄弟儒冠儒服，温文尔雅，知道是两个读书人，非常高兴。他便向他们二人请教取天下的大计。冯国用说："大江以南，金陵（今南京市）为重地，向来是帝王龙盘虎踞的都会，你率师南下，先夺取金陵为根据地，然后四处征战。倡仁义，收人心，救民于水火，不贪财宝女色。如此夺取天下是不难的。"朱元璋闻罢大喜，即令国用、国胜兄弟参赞戎机。同时下令拔营向金陵方向进发。

大军行进途中，又有人谒见朱元璋。此人姓李名善长，字百室，也是定远籍的地主知识分子。他从小读书，注重研究法家学问，很有些智谋。朱元璋高兴地同他促膝交谈，问他夺取天下的方略。李善长从容答道："秦末大乱的时候，汉高祖以布衣起兵。他豁达大度，知人善任，不滥杀无辜，五年就成帝业。你是濠州人，距离刘邦家乡沛县不远。如果你能效法汉高祖的长处，天下是可以平定的。"朱元璋听后连连称善，当即留他在身边帮助自己出谋划策。文人儒士的韬晦方略使朱元璋坚定了夺取天下的雄心壮志，加快了他横扫群雄、统一天下的步伐。

至正十五年（1355）三月，郭子兴去世，刘福通农民起义军建立的宋政权，任命朱元璋为这支义军的副元帅。不久，在两位副帅先后战死后，朱元璋又被提升为大元帅。至此，郭子兴亲手缔造的这支起义军队伍全部归为朱元璋调动指挥了。

至正十六年（1356）仲春，朱元璋亲督水陆诸将，按既定战略攻取金陵。在城外的一场激战中，元军大败，仅收降元兵即达36000万多人。降兵收容后，不知朱元璋会如何处置，个个非常恐惧。朱元璋身旁的将士向他进言，降众过多，怕有他变，不如及早处置。可朱元璋没有采纳将士们的意见，而是在降卒中挑选500个骁勇健壮者，带到自己的营房，夜里让他们环榻而寝。房中除留冯国用外，他平日的卫士一个也不留宿。朱元璋脱下战甲，登床酣然入梦，一觉到天亮。500名勇士非常感激朱元璋的信任。[1]数日之后，朱元璋复用这500名降卒为先锋，攻打金陵城。降卒们感恩思愤，冲锋陷阵，英勇杀敌，长驱直取金陵城

---

[1]事见《明史·太祖本纪》："十六年春二月丙子，大破海牙于采石。三月癸未，进攻集庆，擒兆先，降其众三万六千人，皆疑惧不自保。太祖择骁健者五百人入卫，解甲酣寝达旦，众心始安。"

朱 升

朱升（1299—1370），字允升，安徽休宁（今休宁县）人，元末明初的军事家、文学家，明代开国谋臣，官至翰林学士。因向明太祖建议"高筑墙、广积粮、缓称王"被采纳而闻名。

下，人人荣立战功。3万余名降卒见朱元璋果真以诚相待，也感激不已，以后作战中均忠心为他效命。朱元璋的队伍由此所向无敌，名播四方。

攻占金陵之后，朱元璋改金陵为应天府。这时，在他的北面是义军韩林儿、刘福通，东面是张士诚，西面是徐寿辉。虽然地盘不大，但东、西、北三面都有义军力量处在第一线，似屏障一样保护着朱元璋这支义军队伍。朱元璋充分利用这一有利形势，以应天府为中心，先后迅速攻克镇江、长兴、常州、宁国、江阴、常熟、池州（今属安徽）、徽州（今安徽歙县）、婺州（今浙江金华）、扬州、衢州等地。

这时候的朱元璋，经过7年枪林弹雨的洗礼，已由一个只为求食谋生的和尚，成长为一名驰骋沙场的义军将领；由一个小小的步卒成长为称雄一方的霸主。至正十九年（1359），元末农民起义军名义上的首领、建立了宋政权的小明王韩林儿，又任命他为江南等处行中书省的左丞相。

三、削平群雄　统一全国

至正十七年（1357）在胜利攻占徽州之后，朱元璋曾亲自来到了石门山（在今四川高县境内）拜访老儒朱升，讨教治国平天下之策。朱升高瞻远瞩，送了他三句话："高筑墙，广积粮，缓称王。"就是说，要扩充兵力，巩固后方；发展生产，储备粮食；不图虚名，暂不称王，以减小受攻击目标。朱元璋听后

李善长

——从清乾隆时期刊本《晚笑堂竹庄画传》（作者上官周）

李善长（1314—1390），字百室，定远（今安徽定远）人。少有智谋，后投靠朱元璋，出生入死，功劳颇多。洪武初年任左丞相，后封宣国公，奉命监修《元史》。历任光禄大夫、左国柱、中书左丞相，进爵韩国公。洪武二十三年（1390），牵胡惟庸案，处以极刑，年七十六岁。

连连点头。朱升的话虽不多，但以后却成了指导朱元璋夺取天下、建立大明王朝的行动纲领。

朱元璋按照朱升的策略，首先抓紧军队建设，注意军事训练，提高义军将士作战的本领。同时，在战事频繁的空隙中，抓紧粮食生产。在义军中第一次设置了营田司，任命康茂才为营田使，专门负责兴修水利和屯田等项农业生产的事宜。并且还抽出一些将士，利用战争的空闲时间开荒种田。几年的工夫，不仅解决了军队战时粮食困难的问题，而且还有了大量的剩余，改变了历来打仗的军队靠吃军粮的习惯。这样就大大减轻了自己势力范围内农民的负担，军民皆大欢喜，起义军得到了百姓的欢迎。

为了避免树大招风，较早地暴露自己，以防止在力量脆弱时被吃掉，朱元璋在形式上一直对小明王保持臣属关系，用宋政权的龙凤年号，打红巾军的红色战旗，就是斗争的口号也与宋政权一致不二。朱元璋经过数年卧薪尝胆、集蓄力量、开拓疆土的斗争，巩固的根据地终于建立起来了，在人们不知不觉中崛起为一支足以与元末其他义军和元军匹敌的强大的队伍。

战争的形势瞬息万变。当朱元璋占据应天府周围地区的时候，雄踞东方的张士诚占据了以平江（今苏州）为中心的太湖流域和长江三角洲的广大富庶地区。独霸西方的徐寿辉以武昌为中心，控制了湖广、江西的大片肥田沃土。昔日

还是左右逢源的朱元璋此时却处于两面夹击之中，局势相当严峻。同时，随着朱元璋军事势力的日益增强，他与各个义军割据政权的矛盾也日益尖锐起来。至此，群雄逐鹿中原、决战天下的时机终于来到了。

至正二十年（1360）闰五月，徐寿辉的部军陈友谅以派人祝贺胜利的名义，在江州（今九江）杀死了徐寿辉，并宣布即了皇帝位，定国号为汉。陈友谅立国称帝后，马上就同张士诚合谋共同举兵，进攻应天，企图顺江而下一举消灭朱元璋的队伍。在应天之战中，朱元璋以逸待劳、采取刘基的诱敌深入谋略，大败陈友谅，乘势挥师攻下安徽、江西许多州县，进一步扩大巩固了胜利成果。

三年后，陈友谅重整旗鼓，前来攻打朱元璋以报上次应天之仇。这一次，双方在鄱阳湖摆开了决战的阵势。决战的前夕，朱元璋派兵封锁了自鄱阳湖到长江的出口，扼住敌人的退路。当时，从双方的军事实力对比来看，陈友谅大大强于朱元璋。陈兵号称60万，而朱军仅拥有20多万。且陈军的战船又高又大，朱军的那些数量有限的小船，必须仰着头才能望见敌人，强弱优劣显而易见。陈友谅进入鄱阳湖后，便把每几十艘高大战舰编为一组，用铁索连结起来。这些连接起来的高大战舰气势如山，但活动起来却很不灵活。朱元璋发现这一弱点，就采取了火攻的战术。他派出敢死的士兵，驾船七艘，装着火药和芦苇，看准风向，直冲敌阵，纵火焚船。霎时，湖面上风助火势，黑烟滚滚，火焰冲天，满湖尽赤。陈友谅

常遇春
——从清乾隆时期刊本《晚笑堂竹庄画传》（作者上官周）

常遇春（1330—1369），字伯仁，号燕衡，凤阳府怀远县（今安徽怀远）人，明朝开国名将。追随朱元璋后驰骋疆场，经历无数战役，屡建奇功。官至中书平章军国重事，封鄂国公，洪武二年病卒军中，追封中书右丞相、开平王，谥忠武。

被连结在一起的战舰，冲不上、逃不动，将士被活活烧死、溺死的，不计其数。

这场战役持续了36个日日夜夜，朱元璋昼夜和将士们战斗在一起。他白天用旗帜，夜晚用灯笼，沉着指挥，激励将士。有时他乘坐的指挥舰被击中，马上换只船继续指挥。不久，朱元璋终于取得了鄱阳湖决战的重大胜利，陈友谅战死，次子陈理继帝位。

鄱阳湖之役后，朱元璋的领土已扩大到长江中下游的广大地区。地广兵多，局面打开了。这样，朱元璋称王称霸的欲望也就随着膨胀起来了。在部下的再三劝说下，朱元璋于至正二十四年（1364）正月，在应天自称吴王，设置百官，建中书省，以李善长为右丞相，徐达为左丞相。是年二月，朱元璋乘胜亲征武昌，陈理举国请降，汉政权灭亡，湖广遂划入朱元璋统治的版图。

朱元璋灭亡了汉政权后，又开始向新的目标挥师进军——消灭雄踞东方的张士诚。张士诚出身私盐贩子，其基干队伍也是一些盐贩子、盐丁、中小地主和部分贫苦农民。他们由于不堪忍受元朝统治者的压迫凌辱，奋起起义，作战十分勇敢。但其领导集团没有远大目标，腐败得很。也自封吴王的张士诚胸无大志，亦无主见，终日不理政事，与一批地主文人谈古论今，舞文弄墨，只图享乐。其属下的将军大臣们也争相修花园，玩古董，养戏班子，整日寻欢作乐，有的将军甚至打仗还带着舞女做伴解闷，完全丧失了战斗力。

至正二十六年（1366）底，朱元璋在逐步攻占了张士诚所属各城镇后，率军将其都城平江围得水泄不通。张士诚的大将吕珍、李伯升见势不妙，先后投降。平江城十分坚固，一时难以攻克。朱元璋想起了几年前海宁人叶兑献的"锁城法"，便命令士兵在平江城四周筑起长围，搭架三层木塔，登上塔顶，由此城里敌人的活动看得清清楚楚。他们又在塔顶架起弓弩火铳和铁炮，日夜轰击。不久城破，张士诚自缢身死。[1]

朱元璋攻占了张士诚盘踞的长江下游大片地区后，又制服了浙东的方国珍，平定了福建的陈友定，并乘胜南进，攻克广东、广西。在实现了除四川、云南外的整个南部中国统一后，朱元璋不失时机地调集精锐部队实施北伐，同元朝封建政权展开最后的大决战。

这时的元朝政权在红巾军连续的沉重打击下，加之内部派系林立，矛盾重

---

[1] 事见《明史·列传第一一·张士诚》。

刘 基
——从清乾隆时期刊本《晚笑堂竹庄画传》（作者上官周）

刘基（1311—1375），字伯温，青田（今属浙江省文成）人，军事家、政治家、文学家，明朝开国元勋。通经史、晓天文、精兵法，辅佐朱元璋完成帝业。明初封诚意伯。

重，已是摇摇欲坠，日趋瓦解了。

至正二十七年（1367）十月，朱元璋派徐达、常遇春率师北伐。大军出发前朱元璋亲自制定了一整套周密的作战计划：先取山东，拆除大都的屏障；再挥师河南，剪除其羽翼；然后夺取潼关，占据门槛。如此一来，天下形势全为其所掌握，最后进兵大都，元军势孤援绝，可不战而克。

北伐战争几乎完全按照朱元璋的计划顺利实施了。至正二十七年十一月，徐达率军挺进山东；三个月后，平定山东全境。继而兵分两路，胜利进军河南。到次年四月间，北伐军包围大都的战略目标已告完成。

在北伐军横扫中原、直逼大都的时候，元军却在因皇位的争夺而忙于内战。待潼关失守，元顺帝才慌忙调集正内战不休的扩廓帖木儿（王保保）、李思齐的队伍，南下迎战。但腐败的元军哪里还有战斗力，逢战必溃。元顺帝眼见大势已去，深夜带着后妃和太子狼狈逃往上都（今内蒙古多伦）。第二年八月，徐达统领大军攻进大都，统治中国达97年的元朝政权宣告败亡。

接着，徐达、常遇春乘胜挥兵四进，攻占了北方诸省。洪武四年（1371），朱元璋又遣水陆两军，平定了四川。洪武十五年（1382）平定了云南。洪武二十年（1387），元朝丞相纳哈出降辽东。至此，除漠北新疆外，统一全国的大业已基本实现。

四、建立大明　严刑峻法

至正二十八年（1368）正月，正当北伐军胜利攻克山东的时候，40岁的朱元璋在文武百官的欢呼声中，于应天正式登上帝位，国号大明，建元洪武，以应天为都城。立马氏为皇后，长子朱标为皇太子。仍以李善长、徐达为左右丞相，就这样，一个牧童和穷和尚，经过艰苦奋斗，终于成为我国历史上继刘邦之后又一位出身布衣的开国君主。

还是在大明王朝建立的前夕，明太祖朱元璋将文武百官请到自己的身边，给大家出了个题目：元朝为什么会迅速土崩瓦解？不久将诞生的新王朝当务之急是什么？请大家各抒己见。高参刘基首先进言："宋元以来，宽纵日久，当使纪纲整肃，然后才能实施新政。"

明太祖感到言之有理，也深感大明朝的当务之急，应是制定法律，以法治国。根据朱元璋的命令，法律的制定工作加紧进行，到洪武三十年（1397）正式颁布了几经修改的《大明律》。《大明律》简于《唐律》，严于《宋律》。《大明律》规定"谋反""谋大逆"者，不管主、从犯，一律凌迟，祖父、父、子、孙、兄弟及同居的人，只要年满16岁的都要处斩。对官吏贪污，处罚也特别重。犯有贪赃罪的官吏，一经查清，一律发配到北方荒漠中充军。官员若贪污赃银60两以上，将被处枭首示众、剥皮实草之刑。命在各府州县衙

《大明律》书影

《大明律》是《大明律集解附例》的简称。它是中国法制史上具有划时代的意义，不仅继承了明以前中国古代法律文献的历史优点，是中国古代法律编纂的历史总结，且下启清代乃至近代中国立法活动的发展，为中国近现代的法制建设提供了一些宝贵的借鉴。

门左侧设皮场庙，就是剥皮的刑场，贪官被押到这里，砍下头颅，挂到竿子上示众，再剥下人皮，塞上稻草，摆到衙门公堂旁边，用以警告继任的官员。

明太祖对自己制定的法律，满怀信心，带头实行，而且执法相当严厉，这在中国古代封建皇帝中是少有的。他的女婿、驸马都尉欧阳伦，凭着自己是马皇后亲生女儿安庆公主的丈夫，不顾朝廷的禁令，向陕西贩运私茶。后来河桥巡检司的一位小吏向明太祖告发了此事。明太祖立即下令赐死欧阳伦，同时还发了一通敕令，表扬那位小吏不畏权贵的斗争精神。明太祖唯一的亲侄、开国功臣朱文正违法乱纪，明太祖也毫不留情废了他的官职。开国功臣汤和的姑夫自以为有硬邦邦的靠山亲戚，就隐瞒常州的土地，不纳税粮，明太祖也将他以法处死。

不同版本的朱元璋画像

明太祖当皇帝的30年中，还公开镇压了几起大贪污案，其中最大的是郭桓案。郭桓案发时为户部侍郎。洪武十八年（1385），御史余敏等告发北京承宣布政使司、提刑按察使司的官吏李彧、赵全德等人，伙同郭桓等人贪污舞弊，吞盗官粮。明太祖抓住线索，命令司法部门依法严加追查。这个案子后来又牵连到礼部尚书赵瑁、刑部尚书王惠迪、兵部侍郎王杰；工部侍郎麦志德等高级官员和许多布政使司的官员。贪污盗窃的钱折成粮食达2400多万石。案件查清后，明太祖下令将赵瑁、王惠迪等人弃尸街头。郭桓等六部侍郎及各地方布政使以下的官员有上万人被处死。有牵连的官吏几万人被逮捕入狱，严加治罪。各地卷入这个案件的下级官吏、富豪，被抄家处死的不计其数。

为了加强对臣民的监视和控制，明太祖专门设立了巡检司。当时，全国各府县的关津要冲之地，都由巡检司负责把关盘查，缉捕盗贼，盘诘奸伪。百姓如果要到百里之外去，事先必须办妥路引，否则就通不过关卡。

洪武十五年（1382），明太祖又正式把自己身边负责警卫事务的亲军都尉府（前身是拱卫司）改为锦衣卫，秘密侦察大小官吏的活动，随时向明太祖报告社会上不公不法之事；同时，还授予锦衣卫以侦察、缉捕、审判、处罚罪犯的一切大权，在锦衣卫内设立了特殊的法庭和监狱。将锦衣卫变成了正式的特务机构。

明太祖在位的30多年间，特务多如牛毛，遍布街巷路途，严密监视着朝野内外、文武官员的活动。吏部尚书吴琳已告老回到自己的家乡，但明太祖对他仍不放心，便派特务到吴琳家乡去侦察其活动。特务来到稻田，只见一个农民模样的老人从小凳上站起来，便上前问道："这里有个吴尚书吗？"老人回答："敝人便是。"明太祖听了特务的这一报告后非常高兴。

大学士宋濂一次在家设宴招待客人，第二天朱元璋问他，"昨天请客，喝酒了吗？做的什么菜？"宋濂如实做了回答。明太祖笑道："说得对，没骗我。"[1]

国子监祭酒宋讷一天在家暗生闷气，偷偷监视他的特务竟把他这时的样子画了下来，上报皇上。明太祖见了宋讷问道："昨天你在家生什么闷气呀？"宋讷照实做了回答。他吃惊地问明太祖如何知道此事？明太祖将画像递给他，他展图一看，方才醒悟，慌忙磕头谢罪。

还有位大臣一日无事，在家与妻妾玩麻将，无意中丢了一张二万，怎么找也找不着。第二天上朝，明太祖问这个大臣昨天在家干什么，该大臣如实说是在家与妻妾玩牌，请皇帝恕罪。明太祖听后说："卿不欺我，朕不怪也。"说

《太祖实录》书影

---

[1] 事见《明史·列传第一六·宋濂》："（宋濂）尝与客饮，帝密使人侦视。翌日，问濂昨饮酒否，坐客为谁，馔何物。濂具以实对。（帝）笑曰：'诚然，卿不朕欺。'"

完从袖中摸出一张二万扔给了他。

明太祖害怕受廷臣蒙蔽，常常和侍从易服微访，对臣僚进行私察。弘文馆学士罗复仁原是陈友谅的部下，投奔了明太祖后，常常犯颜直谏，刚正不阿。明太祖对他一直很不放心。一天，明太祖亲自来到城郊的罗家私访。不巧，这天罗复仁和他的妻子正在家粉刷破旧的墙壁。他一见皇帝驾到，急忙叫妻子搬过小凳，请皇上坐。明太祖四周环视了罗家的房舍家具，一见家贫如洗，十分感动，说："贤士怎么能住这样破的房子呢！"马上下令赐给他一座城中的大宅第。

五、加强集权　铲除功臣

建立大明以后，明太祖借鉴历史上成败治乱的经验教训，大刀阔斧地开始了以改革旧制、建立高度中央集权为目标的宏伟事业。

明太祖的体制改革首先是从地方机构开始的。元朝地方设置的行中书省，是从中央的中书省分设出来的。职官的设置同中央中书省一样，掌管着一个省的军政、民政、财政和司法等大权，地位显赫，权力很大。实际上一个行中书省，就是一个小独立王国。想当年，明太祖也做了几年行中书省的丞相，所以他对元代设置行中书省的弊端看得最深切。

在一番准备之后，明太祖于洪武九年（1376），下令废除了地方上的行中书省，改设承宣布政使司，简称布政司。布政司设左、右布政使各一人。其权力范围也只限于民政和财政，按照皇上的意志管理地方政事。当时全国共设13个布政司。同时，地方上还设置了管理军事的都指挥使司和管理司法的提刑按察使司。三个机构彼此既各自独立，又相互牵制。同时直接听命于朝廷的指挥。

实现了对地方行政机构的改革之后，明太祖又开始集中精力对中央政府机构，首先是总揽天下政事的中书省实行改革。本来，中书省在中央的各个权力机构当中位置最高，其行政长官左、右丞相又负有统率百官之责，这样，君权与相权、皇帝与丞相的矛盾最易激化。明初的第一任左、右丞相分别是李善长和徐达。李善长为人处事向来以小心谨慎著称，徐达则较多时间是带兵征战在外，他们都没有与明太祖形成大的矛盾冲突。但相位传给胡惟庸之后，事情就发生了变化。

胡惟庸是定远人，是开国第一号功臣李善长的女婿，他依仗着李善长这个后台当上了左丞相。他在朝中大权独揽，独断专行，官员升降、生杀大事，都自作主张，不向明太祖请示；朝野内外的报告，凡对自己不利的全扣下来；想做官、升官的人，失意的功臣、武将，都奔走他的门下，收受金银、绢帛、名马、玩物不计其数。他四处网罗自己的党羽，培植自己的亲信，组织自己的小集团，打击异己力量，称霸天下。

胡惟庸如此胡作非为，不仅必然危及明王朝的安定，而且和权力欲极强的明太祖也必然会发生尖锐的冲突。明太祖下决心寻找机会要除掉这个心腹大患，以巩固皇权。一天，胡惟庸的儿子乘马车在南京城里招摇过市，不小心从车上跌下来摔死了，胡惟庸判车夫抵命。明太祖知道后，十分气愤，他非要胡惟庸偿命不可；胡惟庸请求向车夫家人赔偿金帛以了此事，明太祖坚决不准。胡惟庸听了十分紧张，遂坚定了起事政变的决心。

洪武十三年（1380）正月，胡惟庸入奏，诡称其住宅中井出醴泉，请明太祖去观看。明太祖好大喜功，信以为真，也就匆匆驾出西华门。他正行进中，突然内使云奇冲上跸道，拦住车马，慌忙中一时几不成声。明太祖以为不敬，即令左右侍卫棍锤乱下。顿时，云奇右臂被砸断，生命垂危。但他仍用左手直指胡惟庸的宅第摇晃。明太祖猛然醒悟，急忙返驾登城，远远望见胡惟庸宅第中绕有兵

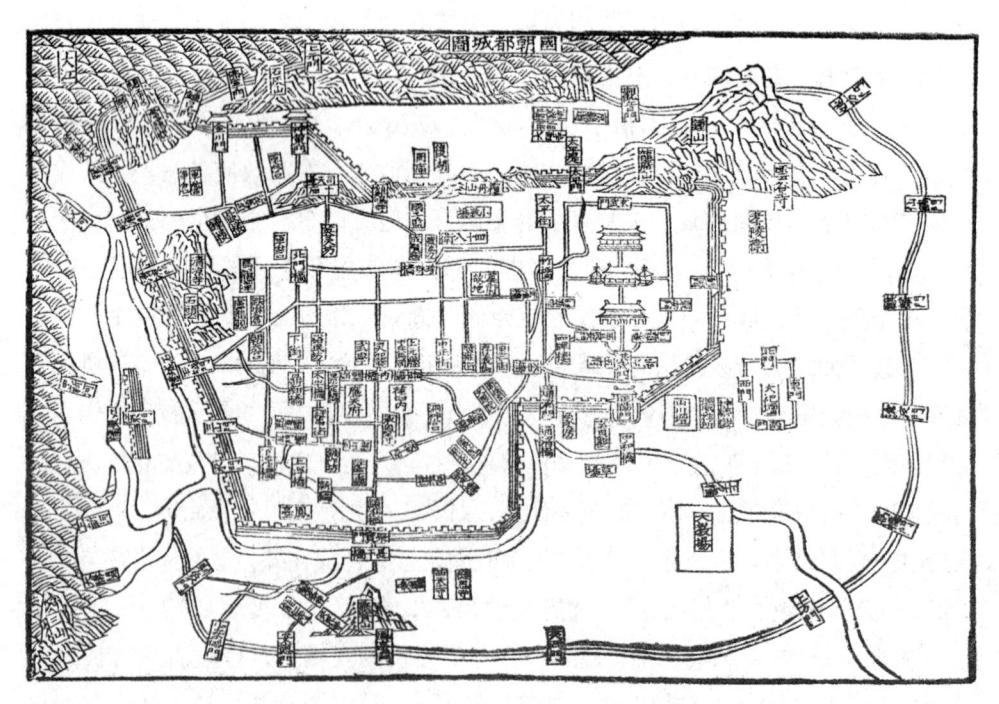

明初时的金陵
——从明正德十一年（1516）刊本《金陵古今图考》（明陈沂撰）

气，以此定胡惟庸谋逆，立即发羽林军逮捕胡惟庸，将其抄家灭族。同时宣布撤销中书省，罢除丞相，提高吏、户、礼、兵、刑、工等六部的地位。由六部分理朝政，直接对皇上负责。并且规定，后代皇帝不得再立丞相，大臣中如果有奏请再立者，处以重刑。

胡惟庸被诛后，明太祖顺藤摸瓜，借题发挥，将那些行为跋扈的、心怀不满的、危及皇家统治的，都统统被罗织为胡党罪犯，处死抄家。胡惟庸案株连蔓引，先后持续了数年。前后共杀掉了官员3万多人。连位居"勋臣第一"、年迈退休在家、已77岁的李善长，及全家70多口人，也一齐被杀。

明太祖在继废中书、罢丞相之后，又对中央监察、审判机关进行了一系列的改革和调整。原先，中央的监察机关称御史台。洪武十五年（1381），明太祖改为都察院，下设13道，110名监察御史。其职权是纠劾百官，辨明冤枉。凡是大臣奸邪、小人构党、擅作威福、扰乱朝政的，或是贪污舞弊、心术不正、变乱祖制的，都要检举弹劾。

这些监察御史本来只是七品官，但在朝可监察一切官僚机构，出使到地方则是代表皇帝出巡，小事立断，大事可直接报告皇上裁决。

经过这样一番改革整顿，明太祖的皇权确实是强化了。但皇帝的政务也随着繁重起来了。过去政务有丞相协助，现在明太祖一人独揽大权，事无巨细，从清早到深夜，他绝大部分时间都用在处理政务和批阅文件上，就是吃饭也在想着政务，每想到一事，就顺手写在纸上，别在衣服上。有时事情记得多了，纸挂得满身都是，待上朝时就一一把它处理了当。

汤　和
——从清乾隆时期刊本《晚笑堂竹庄画传》（作者上官周）

政务的纷繁使明太祖喘不过气来，长此下去，不是皇帝身体要累垮，就是延误军国大事。为此，明太祖于洪武十五年（1382）设置了华盖殿、文华殿、武英殿、文渊殿、东阁等殿阁大学士，由品级比较低的编修、检讨、讲读等官来充任，以帮助明太祖来阅读奏章，处理起草文书，以备顾问。昔日的忙乱现象逐渐改观了。

明太祖发迹于红巾军，称帝后自然特别重视加强对军队的控制。原统领全国军队的是大都督府，明太祖任命自己的亲侄儿朱文正为大都督，为全国最高的军事长官。后来明太祖觉得大都督府权力太大，便于洪武十三年（1380），在废中书省的时候，把大都督府也一分为五。设立了左、右、中、前、后五军都督府，分统全国军队。各都督府只管军籍、军政，没有指挥和统帅军队的权力。兵部有颁发军令、铨选军官之权，也不能直接指挥和统率军队。发生战事需要指挥调动军队时，由皇帝亲自任命军事统帅，兵部颁布调兵命令。战事结束后，军归卫所，主帅还印。

经过这样一番改革，避免了悍将跋扈、骄兵叛乱的弊端，更重要的是军权集中到皇帝手中了。不过，明太祖对将领们还是不放心。后来他又采取分封藩王的制度，把他的儿子分别封到各重要城镇去做亲王，用以监视控制各地的军事将领。这些分封的藩王按规定都配有护卫兵，少者有3000人，多的可达19000余人。他们还有指挥当地卫所守镇兵的大权。遇有突发事件，封地里的卫所守镇兵，在接到盖有皇帝御宝文书的同时，将领们还必须有藩王的令旨，才能调动。

随着朱家王朝的建立和巩固，昔日与明太祖枪林弹雨、风雨同舟的将领，现在成了新王朝的新显贵。他们官封公侯，爵显禄厚，在个个弹冠相庆之余，有的渐渐骄横放纵起来。开国大将蓝玉是洪武后期的主要将领。他麾下骁将十数人，威望都很高。蓝玉作战非常勇敢，立有赫赫战功，官封凉国公。他自恃功劳大，便骄傲起来，恃势横暴。他家里私蓄奴婢假子有数千人之多，到处敲诈勒索、霸占民田，百姓向御史告状。御史官依法提审，蓝玉竟一顿乱棍把他打走。政府明令禁贩私盐，他却令家人进行走私活动。他北征归来夜过喜峰关，守关将士因为没有及时开关迎接，他竟纵兵毁关而入。这些勋臣宿将们的腐化堕落，不仅严重地妨碍了明太祖统治效能的提高，而且功高震主。为了大明江山的长治久安，明太祖在洪武二十六年（1393）开始对蓝玉这些功臣展开了无情的镇压。

洪武二十六年（1393），锦衣卫告发蓝玉谋反，明太祖得此信即命锦衣卫

发兵搜捕。朱元璋亲自审讯，继交由刑部锻炼成狱。蓝玉被砍头，并抄斩三族。凡与蓝玉有接触的朝臣、列侯均坐党夷灭。蓝玉案先后诛杀15000余人，把军队中功高位显的元勋宿将，几乎一网打尽。[1]

这样，功臣宿将能够善终的寥寥无几。只有汤和这个和明太祖同村长大的放牛娃，知道老伙伴现在对老臣宿将不放心，就主动交还兵权，告老还乡，绝口不谈国事，才保住了终身。

明太祖这种杀功臣立威、以猛治国的策略，自己虽然没有公开忏悔过，但在他行将告别人世的时候，曾下令后人不准学习他这种做法。他说，这套办法只是权宜之计，他希望在他之后，大明朝能尽快步入法制的轨道，尽快出现一个繁荣安定的局面。

马皇后

六、休养生息　倡导节俭

明太祖在对政治实行大刀阔斧、卓有成效的改革的同时，在大明王朝辽阔的版图上全面展开了医治战争创伤、恢复发展社会经济的工作。

经过十几年的浴血征战，明太祖双手接过的是一个经济全面崩溃、生产大倒退的烂摊子。在中国广袤的土地上，到处是啼哭呻吟的流民，到处是哀鸿遍野、饿殍满路的凄凉景象。杭州是五代和北宋时期的名城，为后来南宋的京都。元代时人口曾达百余万，且是元末破坏最轻的地区，但元末人口死亡也达十之二三。江南如此，江北更甚。唐宋时代的繁华盛地扬州，待明太祖部将廖大亨攻取时，城里只有18家居民。新任知府因旧城空旷难守，只好在西南部截下一个城角，筑起城墙，权作扬州府城。

面对着这种残破衰败的局面，出身贫贱的明太祖理解百姓的苦难，即位不久，就召见各地来朝的府州县官，诏谕他们说："天下刚刚平定，百姓的财力非

---

[1]事见《明史·蓝玉列传》。

常困难，现在必须让老百姓'休养生息'。只有廉明的官员才能约束自己而利于百姓，各位努力吧！"[1]

要发展农业生产，就必须保证农业第一线有足够的劳力资源。但在元代，蓄奴风气非常盛行。有些权贵勋戚家的奴仆多达数千人。在元末农民大起义中，虽然有不少奴隶得到解放，但仍有相当一些农民在战乱中沦为豪民地主的奴隶。为此，洪武五年（1372），明太祖通令全国，普通地主不得蓄养奴婢，违者杖刑一百，所养奴婢一律放为良民。凡因饥荒而典卖为奴的男女，由政府代为赎身。洪武十九年（1386），河南布政使司曾赎回开封等府民间典卖的男女达274人。

同时，明太祖还严格控制寺院的发展，明令各府州县只能有一个大寺观，而且禁止40岁以下的妇女当尼姑，并严禁寺院收儿童为僧。20岁以上的青年愿意出家，须经其父母申请，官方批准，出家三年后还得赴京考试，不合格的遣发为民。这些政策的逐步实施，使社会上增加了一支庞大的劳动力大军。

明太祖发展农业的主要措施是奖励垦荒和实行屯田。元末农民起义，由于地主逃亡，人口减少，留下了大量荒地。明朝建立后，为尽快开垦这些荒地，明太祖采取了计民授田、奖励垦荒的措施。建国的头一年，明太祖就颁诏书于天下：凡是战争中抛荒的土地，被别人开垦的就成为垦种者的田产。如果原田主回来，由官府拨给同等量的荒地作为补偿。对无主荒地，奖励农民尽力开垦，并承认其所有权，而且免征3年的田赋，个别的永不收税。这样一来，许多农民由奴隶变成了自耕农，社会地位和家庭生活有了极大的改善。农民的积极性提高了，明初的社会经济出现了繁荣向上的景象。

明太祖奖励屯垦的政策，收到了显著的成果。洪武二十四年（1391），全国垦田面积达3874746顷，比洪武元年（1368）增加了1倍以上。政府税粮的收入也随之大幅度增加。洪武二十六年（1393），全国税粮达32789800石，是元朝一年税粮收入的3倍。同时，人口也增

洪武通宝

---

[1] 语见《明史·太祖本纪》："是月，天下府州县官来朝。谕曰：'天下始定，民财力俱困，要在休养安息，惟廉者能约己而利人，勉之。'"

加了700多万人。社会经济开始出现了繁荣的局面。

为进一步发展农业生产，明太祖十分重视水利建设。在即位的当年明太祖就下令，凡是百姓提出有关水利的建议，地方官吏必须及时奏报。后来他还专门指示工部大臣，凡是陂、塘、湖、堰，可以蓄水泄水防止旱涝的，都需要根据地势加以修治。按照明太祖的命令，到洪武二十八年（1395），全国共开塘堰40987处，疏通河流4162处，修建陂渠堤岸5000多处。洪武二十三年（1390），修江南崇明、海门的海堤动用了25万人。洪武二十五年（1392），修建江南溧阳河坝4000余丈，组织40万人上阵。这些水利工程为农业生产的发展提供了有利条件。

在明代以前，棉花是十分珍贵的。普通百姓穿的布衣都是由麻布制作的。到了明代中叶，人不论贵贱，地不分南北，棉布已成了人民衣着的原料。这是明太祖在明初全面推行重视经济作物、奖劝桑棉政策的结果。

明朝建立后，明太祖就下令，农民凡有田地5亩到10亩的，必须栽种桑、麻、棉各半亩；有田10亩以上的，种植桑棉面积要按比例递增。后来，明太祖还指示户部，明令全国百姓要多种桑、枣、柿和棉花，违令者全家充军。洪武二十六年（1393）以后栽种的全部免除赋税。

虽然明初的经济得到明显发展，百姓的生活有了明显的改善，但出身布衣的明太祖依然不忘百姓的疾苦，生活的艰辛。他常对朝臣们说："步急则踬，弦急则绝，民急则乱。"他常常想方设法减轻农民的负担，尽力做到"取之有制，用之有节"。

明初制定的赋役法，规定民田一般亩征税粮五升三合五勺。按当时亩产最低一石来计算，为三十税一。徭役一般是：有田一顷出丁夫一人，每年在农闲时节赴州县服役30天。这些都比元代赋役减轻了许多。

明太祖还曾命人带着太子朱标到农村视察，亲眼看看农民的艰苦生活。太子回来后，他还严肃地教育说："凡居处食用，一定要想到农民的劳苦，取之有制，用之有节，使他们不苦于饥寒。"凡是各地闹灾荒歉收的，都要下令蠲免租税；灾情特别严重的，还要叫地方官员为灾民贷米，或赈济米、布、钞等。

由于明太祖出身贫苦农家，不仅深深体谅农民生活的艰辛、物力的艰难，而且他还身体力行，带头倡导节俭。明朝建立后，按计划要在南京营建宫室。负责工程的人将图样送给他审定，他当即把雕琢考究的部分全去掉了。工程竣工后，他叫人在墙壁上画了许多怵目惊心的历史故事作装饰，让自己时刻不忘历史

教训。有个官员想用好看的石头铺设宫殿的地面,被他当场狠狠地教训了一顿。

明太祖用的车舆器具服用等物,按惯例该用金饰的,但他下令以铜代替。主管这事的官员说,这用不了多少金子。明太祖说:"朕富有四海,岂吝惜这点黄金。但是,所谓俭约,非身先之,何以率天下?而且奢侈的开始,都是由小到大的。"他睡的御床与中产人家的睡床没有多大的区别;每天的早膳,只有蔬菜就餐。

明孝陵神道

在明太祖的影响下,宫中的后妃也都十分注意节俭。她们从不化妆打扮,穿的衣裳也是洗过几次的。有个内侍穿着双新靴子在雨中行路,被明太祖发现了,气得他痛骂了一顿。一个散骑舍人穿了件十分华丽的新衣服,明太祖问他,"这衣服用了多少钱?"舍人回道:"五百贯。"明太祖痛心地说,"五百贯是数口之家的农夫一年的费用,而你却用来做一件衣服。如此骄奢,实在是太糟蹋东西了。"

明太祖不喜欢喝酒,他多次发布限制酿酒的命令。他不爱奢华,讲究实际。他命令太监在皇宫墙边种菜,不要建造楼台亭阁。为了让儿子们得到锻炼,他命令太监织造麻鞋、竹笠自用,规定诸王子出城稍远,要骑马七停,步行三停。由于他出身贫寒,从小没有读书的机会。从军后,到称帝晚年一直保持勤奋好学的作风。作战之余,理政之后,他常常请儒生们讲述经史。经过几十年的刻苦自学,他不但能写手札、军令,还能写诗作赋。他终生严格要求自己,不懈怠,不腐化。

洪武三十一年(1398)五月,71岁的明王朝开国皇帝明太祖因病结束了他创业的一生。死后谥号"高皇帝",庙号"太祖",葬于南京中山孝陵。

名人评说

太祖以聪明神武之资，抱济世安民之志，乘时应运，豪杰景从，戡乱摧强，十五载而成帝业。崛起布衣，奄奠海宇，西汉以后所未有也。惩元政废弛、治尚严峻，而能礼致耆儒，考礼定乐，昭揭经义，尊崇正学，加恩胜国，澄清吏治，修人纪，崇风教，正后宫名义，内治肃清，禁宦竖不得干政，五府六部官职相维，置卫屯田，兵食俱足。武定祸乱，文致太平，太祖实身兼之。

——清·张廷玉等《明史》

朱元璋有许多功绩，也有许多缺点，就他的功绩和缺点来看，还是功大于过的。他是对社会生产的发展、社会的前进起了推动作用的，是应该肯定的历史人物。

——吴晗《朱元璋传》

成祖朱棣

明成祖朱棣（1360～1424），明朝第三代皇帝。明太祖朱元璋第四子，自称生母为孝慈高皇后马氏，实则生母为一贵妃。公元1402～1424年在位，谥号"文皇帝"，庙号"成祖"。他亲征漠北，远通西洋，严肃国政，弘扬文化，将明代的社会经济发展推向了全盛的高度。

明成祖朱棣
——从原故宫南熏殿旧藏《历代帝王像》

一、少年英杰 靖难夺位

朱棣相貌奇伟、聪明伶俐，在众兄弟中，他自小就备受父亲的钟爱。朱元璋常常自豪地对朝臣们夸赞，棣儿酷似自己。在朱棣刚满十岁的时候，父亲就封他为燕王。洪武十一年（1378），宫廷要为朱棣诸兄弟确定宫城制式，朱元璋特别关照说，除燕王宫殿按元朝皇宫制式外，其他各王府均不得引以为式。由此可见少年的朱棣已经成了父亲朱元璋心中的明珠。

从洪武十一年开始，朱元璋陆续将各亲王派到他们自己的封国去。洪武十三年（1380），20岁的朱棣也进驻了北平封国。当时徐达奉命镇守北平，朱棣有了这样的军事家做老师，因此军事理论与武艺都迅速提高。徐达不仅是朱棣的师

长，也是他的岳父。这月下老人正是皇上朱元璋。徐达的长女自幼贞静，尤好读书。朱元璋听说后，便将徐达叫到跟前说，咱们俩是布衣之交了，过去君臣相契的率为婚姻，现在你的爱女就同我的四子相配吧。徐达当然求之不得，也就欣然应下了这门亲事。洪武九年（1376），徐氏册为燕王妃。

朱棣在徐达的严格教授下，练得一身好武艺，逐渐显露出其杰出的军事才能。后来胡惟庸、蓝玉案发生后，当年跟随朱元璋开创大明朝的开国元勋宿将几乎全给株连杀光了。这样北部防御蒙古侵扰的任务，朱元璋就只能交给二子秦王、三子晋王和四子燕王承担了。时称他们为"塞王"。但是，秦、晋二王都先后死于父亲之前，这样只有燕王朱棣的军事实权最大。朱棣还得到父亲的特许，军队中小事立断，大事方报知朝廷。由此可见朱元璋对他的器重与其权力之大。

当然，朱棣也没有辜负父亲的期望，他不仅武艺高强，而且智勇有大略。在同入侵的蒙古军队交战中，屡建战功。如洪武二十三年（1390）正月，元残余势力南侵，朱元璋命令朱棣和晋王带兵北征。晋王胆怯，而勇猛果敢的朱棣置生死于度外，独自率傅友德等大将，挥师深入。进军中正遇大雪，不少将领又主张即刻停止深入。朱棣说，正因为天降大雪，敌人才毫无戒备。他出其不意地逼近了敌营，迫使元残余势力未战而降。捷报传到京师，朱元璋大喜，说："将来肃清蒙古沙漠者，还须靠燕王！"后来，朱棣多次受命北征元兵，多有战功，军权日重，威名大振。朱棣权力愈盛，兵马愈强。尤其是太子朱标早死，朱元璋有意立朱棣为太子，而为众大臣所阻后，不仅使其愤愤不平，更滋长了他夺取皇位的欲望和野心。就在朱棣对不能当太子继承皇位愤愤不平时，71岁的朱元璋撒手抛开了他紧握了31年的皇权，离开了忧心忡忡的皇太孙，长辞人世。22岁的朱允炆于洪武三十一年（1398），登上大明朝第二代皇帝的御

黄子澄

——从清道光九年（1829）长洲顾氏刊本《吴郡名贤图传赞》（清顾沅撰，孔继尧绘）

座。同时，身居元都北平的叔叔燕王朱棣，也正日夕窥伺着侄儿的皇位。这样，朱姓皇族中一场争夺皇权的血战就一触即发了。

惠帝朱允炆对于藩王叔叔们的权力过大，不是没有警觉。早在祖父朱元璋活着的时候，就已经意识到这个问题的严重性。有一次，朱元璋非常自信地对惠帝说："我把防御蒙古的任务交给诸王，边防既有保障，你就可以做个太平皇帝了。"惠帝沉思后说，"边境不安定有诸王抵御，诸王不守本分，由谁来抵御呢？"朱元璋反问说："你的意见如何？"惠帝坚定地回答："用德来怀柔他们，用礼来制约他们。这两条不灵，就削去他们的地盘，更换他们的封地。到再不行的时候，就只好用武力讨伐。"朱元璋闻言有理，便高兴地说："对，再没有其他更好的办法了。"但惠帝是个有识无胆、仁柔寡断的年轻天子。即位后为了应付这个局面，他首先起用了齐泰和黄子澄两个亲信，后来采用他们的建议，先后削去四王的王爵，[1]湘王朱柏则自焚而死。

朱棣虽远离京都，身居北平，但京中发生的事情，他却无不知晓。听到前五王的命运，左右权衡，觉得与其束手就擒，不如举兵造反。建文元年（1399）七月五日，朱棣以"清君侧"为借口，说朝廷出了齐泰、黄子澄等坏人，必须起兵诛杀他们。于是，燕王削去建文年号，自置官属，布告天下，下令讨伐。历史上著名的"靖难之役"爆发。

朱棣起兵后，以闪电战术连拔怀来、密云、蓟州、遵化数县州，抢先攻占了北平北面和东面的一些军事重镇，补充了兵源，排除了后顾之忧。接着集中兵力对付朝廷的问罪之师。当时朝廷中的元勋宿将在"胡蓝"大案中，已经诛杀得差不多了，侥幸活着的也寥若晨星。战事爆发，闻报朝廷，惠帝几经斟酌，只好命令年已古稀的老将耿炳文，带兵30万北伐燕军。两军交战不久，南军先锋部队全军覆没。八月，南军主力部队又再败于滹沱河北岸。

这样，惠帝只好以李景隆代耿炳文为大将军。李景隆本来是个膏粱子弟，素不知兵。朱棣设计撤去卢沟桥防线，诱敌深入。他把固守北平的重任交给儿子朱高炽，自己领兵直趋永平大宁，逼宁王交出精锐部队，包括朵颜三卫的蒙古骑兵收归己有，由此增添了几万精锐兵力。

---

[1] 事见《明史·成祖本纪》："先废周王橚，欲以牵引燕。于是告讦四起，湘、代、齐、岷皆以罪废。"

李景隆率兵攻打朱棣时，正值隆冬寒天，气温骤然下降。朱高炽命令将士连夜向城墙泼水，瞬时便结下厚厚的一层冰。待李景隆率大兵赶来，早已失去了战机。南军久攻不下，反而被从大宁、永平胜利回师的朱棣大败于城下。李景隆率先逃遁，连夜奔回德州。南军士兵见主帅已逃，也都潮水般一泻千里，落荒而逃。又经过几番苦斗，建文四年（1402），朱棣率领大军，从馆陶渡过黄河，在击败阻击的南军后，一路不计城池得失，挥兵直取扬州。惠帝见势不妙，急忙派使臣到燕军营中议和，答应割地休战，但此举被朱棣拒绝。

是年六月初三，朱棣挥师渡江。燕兵舳舻相接，旌旗蔽天，金鼓如雷。南岸的守兵见状吓得魂飞胆破，一经交战，即全线崩溃。惠帝又派人议和，朱棣根本不予理睬，驱兵直逼南京城下。据守金川门的谷王朱橞和李景隆，见燕兵杀来，便开门迎降，京师遂破。惠帝去向不明。建文朝亡，历时三年之久的朱姓皇族内的夺权之战，终于以朱棣的胜利而告终。43岁的燕王朱棣终于在文武群臣的拥戴下登上了皇帝的御座，以明年为永乐元年。

二、恩威并施　整顿国政

靖难之役告捷，朱棣终于登上皇帝宝座。此时，全国上下的局势仍然相当严峻，朱棣审时度势，采取了镇压和怀柔并用的两手政策，以稳定动荡危急的政治局势，巩固自己刚刚到手的皇位。

朱棣首先展开了对朱允炆旧臣的诛杀。首当其冲的就是齐泰和黄子澄，二人被捕后，抗辩不屈，于是朱棣下令将其全族诛灭。朱棣将朱允炆时的旧臣陆续捕获后，稍有不屈，就倍加严处，不是击齿，就是割舌，甚至截断手足，有的被杀死后，还要诛灭三族。死得最惨的还是兵部尚书铁铉。铁铉在靖难争战中曾大败过朱棣。此时被朱棣逮捕入

李景隆

姚广孝

姚广孝（1335—1418），法名道衍，明朝初年靖难之役的主要策划者。年轻时曾在苏州妙智庵出家为僧，精通佛、道、儒、兵诸家之学。后被明太祖挑选，随侍燕王朱棣，并成为其主要谋士。

京，自然有一番较量。他来到殿廷上毅然背立，抗言不屈，破口大骂。朱棣命令他转过脸来，他坚决不从。朱棣无比愤怒，命令将他寸磔于市，年仅37岁。[1]

左佥都御史景清，平时倜傥尚大节。朱棣即位后，推重他的名声，令他继续担任旧职。景清也受命不辞。有人见他这般行为，说他偷生怕死，有愧先帝。对此，他毫不介意。两个月后的一天，景清偷藏匕首上朝刺杀朱棣，但未能成功。朱棣一怒之下将他磔死，悬于城门。不仅将其全家诛杀，而且顺藤摸瓜，株连左邻右舍，甚至连他出生的村子也都斩尽杀绝。先后被杀的人达数万之多。这种骇人听闻的大屠杀，被称之为"瓜蔓抄"。[2]

朱棣在严厉镇压朱允炆部分反抗旧臣的同时，对跟随他"靖难"夺位的文武功臣，都给予提拔重用，并给予丰厚的奖赏；对战死的将士，也尽行追封。周、齐、代、岷四王，全都予以恢复原爵，各令归国。对真心归附的朱允炆的故吏，朱棣也有选择地量才施用。

朱棣入宫时，收缴了1000份前朝大臣们的奏章，他连看也不看，除把涉及

---

[1] 事见《明史·列传第三〇·铁铉》："燕王即皇帝位，执之（铁铉）至，反背坐廷中谩骂。令其一回顾，终不可，遂磔于市，年三十七。"
[2] 事见《明史·列传第二九·景清》："及朝，（景）清独著绯。命搜之，得所藏刃。诘责，清奋起曰：'欲为故主报仇耳。'成祖怒，磔死，族之。籍其乡，转相攀染，谓之瓜蔓抄，村里为墟。"

军马钱粮的统计资料留下外，其余的全部当众销毁，以消除旧臣的后顾之忧。他曾问身边的几位前朝旧臣："这里大概也有你们的奏章吧？"一个大臣回答说："我实在没有写过。"朱棣认真地说："食其禄则思其事，当国家危难之际，左右大臣都无一言行吗？我并不痛恨那些效忠建文帝的人，而是痛恨那些诱导他破坏祖宗法制的人。你们过去做他的大臣，就应该效忠于他。现在做我的臣下则当效忠于我。过去的事就不要再提了。"

郑赐原是朱允炆时的北平参议，办事极为卖力，后被朱允炆调升为工部尚书，并曾任督师讨伐过朱棣，因此也被列入奸臣的名册而遭逮捕。朱棣审问他："你到底为何背叛于我呢？"郑赐回答："我不过是对皇上竭尽臣职罢了。"朱棣闻言大喜，遂任命他为刑部尚书。这样一来，原先朱允炆的故吏就渐渐归附，一心一意帮助朱棣治理大明江山了。

朱棣是以藩王起兵"靖难"而夺取皇权的，他深知藩王拥兵过重对中央皇权所造成的威胁。因此，虽然他当了皇帝之后，为掩人耳目，稳定当时的局势，曾一度恢复了周、齐、代、岷四位亲王的爵禄。但没过几个月，他就开始暗中实施削藩计划了。他将边塞诸王迁回内地，减少诸王的护卫，同时收回诸王对将帅、卫所军的节制指挥权；重申不许诸王擅役军民吏士的禁令，不许过问地方事

紫禁城

紫禁城始建于明成祖永乐四年（1406），到永乐十八年（1420）建成。它是一座长方形城池，南北长961米，东西宽753米，四面围有高10米的城墙，城外有宽52米的护城河。图为太和殿，亦称"金銮殿"。

务；对犯有过失的诸王，先以书诫谕，继而示以惩罚，最后或废为庶人或加以惩治。这一"削藩"策略较建文帝更隐蔽，步骤实施也更从容，收到了削藩效果又不致酿成祸乱。这样经过几年的努力，威胁最大的几位藩王的护卫军全部都被解除了，进一步加强了中央集权的统治，巩固了国家统一的基础。

为了加强北方的军事力量，以防外寇入侵。朱棣经过深思熟虑，决定迁都北平。北平是朱棣的发祥地，距北面边防很近，且屯集有重兵，正合朱棣固边御敌的心意。永乐四年（1406），朱棣在杀掉反对迁都的大臣后，下令修建北京宫殿，并重新改造北平旧城。永乐十八年（1420）工程竣工。永乐十九年（1421）春，朱棣正式车驾北迁。首都北迁后，南京为留都，并称南北两直隶。这样南京除了没有皇帝外，其他各种官僚机构以及设置和首都北京几乎完全一样。朱棣任命自己的亲信驻守留都，掌管着南京的一切留守、防护事务。这样一来，既解决了南京空虚的弊端，又为南北经济的交流创造了极好的条件。

三、发展生产　远通西洋

在加强皇权、创造安定团结的政治局面的同时，朱棣大力推行休养生息、移民屯田和奖励垦荒的政策，努力恢复和发展遭受战争破坏的社会生产。首先是迁移苏州等十郡和浙江等九省的灾民充实这一地区。不久又先后迁移山西、山东、湖广等地少地的农民和无业流民到北京及北方地区屯垦。在"靖难"战争中遭受严重破坏的地区，官府还发给耕牛、农具，帮助他们尽快恢复生产。同时，朱棣还采取严厉措施惩处贪官污吏，赈济灾民。由于这些措施得到了有力的推行，全国农业经济又有了新的发展。各地每年上缴京师的赋粮达数百万石以上。全国府县的仓库里还积存着大量的粮食，越积越多，以至于有些粮食都发霉变质了。

随着农业的繁荣，手工业和商业也有了长足的进步和发展。遵化冶铁厂是当时所建的最大的手工业工厂，占地面积4500多亩。厂内有民夫、工匠、军夫达2500多人。永乐时期的造船业也有了相当大的发展，所修造的航海宝船，最大的长44丈，宽18丈，可乘载1000多人，并备有航海图和罗盘针等先进航海设备，中国是当时世界上造船技术最先进的国家。

在长期的实践中，朱棣渐渐体会到了：可以在马上得天下，但不能在马上

治天下。所以在执政期间，他特别重视科学文化事业的发展，注意文化典籍的搜集整理工作，因此也就促成了煌煌巨著《永乐大典》的诞生。

永乐元年（1403）七月，朱棣授命翰林侍学士解缙等人开始组织编纂《永乐大典》。他对此提出要求："书的内容要务求详备，凡有文字以来的经、史、子、集百家之言，以至天文、地志、阴阳、医卜、僧道、技艺之言都要收罗进去，毋厌繁浩。"

根据朱棣的旨令，解缙等人于永乐二年（1404）十一月，将类书初稿编纂好呈给朱棣。朱棣审阅后，认为取材不够完备，所写的事物多有遗漏，于是又下令重新编辑。同时降旨选拔内外官员、全国宿学老儒及著名学者充任纂修，选派生员充当缮抄员，先后调集了三千多人。又派官员分行天下，搜求遗书，

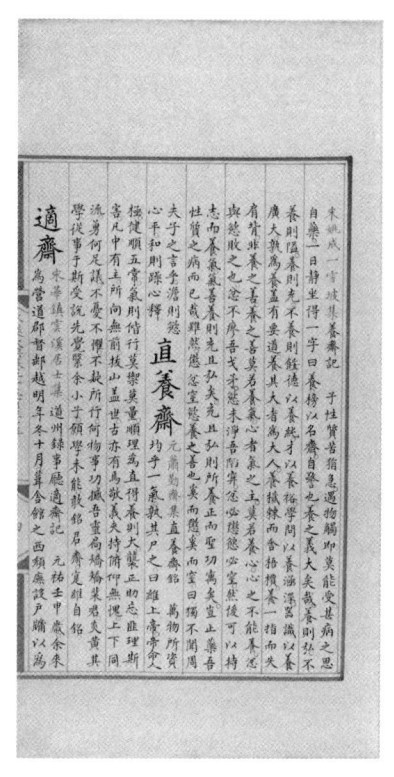

《永乐大典》书影

以备收录，前后用了四年的时间，终于完成了这部拥有22937卷，11095册，约37000万字的当时世界最大的类书的编纂任务。朱棣审阅后十分满意，赐名《永乐大典》，并亲自作序命人抄写了两部。

由于朱棣是用武力夺取的帝位，因此朝野中有人对他的这种违逆做法表示反对，形势对朱棣有些不利。朱棣怀疑惠帝流亡海外，想到海外寻找他的踪迹，以防后患，并且想以此来宣扬国威，显示中国富强，促进经济的发展。[1]朱棣一面广泛开展对外国的联系，吸引外国使臣来中国贸易，一面派出自己的使团走出国门，出访外国。这就促成了当时一项规模最大、影响最深远的伟大壮举——郑和七下西洋。

永乐五年（1407），朱棣下令在翰林院开设"八馆"，训练培养通晓外国

---

[1] 事见《明史·宦官一·郑和列传》："成祖疑惠帝亡海外，欲踪迹之，且欲耀兵异域，示中国富强。永乐三年六月，命（郑）和及其侪王景弘等通使西洋。"

语言和国内少数民族语言的人才,同时朱棣还命令福建沿海修造大批海船,同时,考察选拔了一批忠于职守、才貌出众、能够执行外交政策的人才。永乐三年(1405),朱棣经过多方考察,终于选定了宫廷内官兼太监郑和为出使西洋各国的外交使节。郑和是明朝初年云南昆阳(今昆明市普宁县)回族人。原姓马,后来他入宫做了太监,精明能干,谦恭谨慎,因随燕王朱棣参加靖难之役有功,赐姓郑。他的祖父和父亲生前都先后到过伊斯兰教的圣地天方(今麦加),郑和自幼受家庭探险精神的熏陶,从小就对西洋的一些风土人情有所了解。

解缙

永乐三年(1405)六月,郑和率领27000多人的远航队伍,带着大量的丝织品、瓷器、铁器、布帛和充足的口粮、日用品等,分乘200多艘海船,自刘家港(今江苏太仓浏河镇)集合,浩浩荡荡启航出发。郑和的船队首航直抵占城(今越南),然后往南到达爪哇、苏门答腊(今印度尼西亚),再往西航行到满剌加(今马来西亚)、古里(今印度南部)等国。

自永乐三年至宣德八年,历经永乐、洪熙、宣德三朝,先后29年,郑和先后七次下西洋,行踪遍及今东南亚、印度洋沿岸和非洲东海岸等30多个国家和地区。他们每到一个国家,都以明朝使节的身份,向当地的国王或首脑赠送皇帝朱棣的礼品,表示愿意建立邦交,发展两国友好关系的诚意,并邀请他们来中国访问。郑和他们还同当地官府进行贸易,从各国收购了许多象牙、珍珠、珊瑚、香料等物品,受到当地人们的热情欢迎,人们称大明船队为"宝船"。在郑和下西洋之后,许多国家的国王、首脑或使臣,纷纷来到中国访问,并与中国建立了邦交和贸易关系。同时,中国到东南亚去的侨民,也迅速增加,他们带去了先进的生产技术和文化知识,并以他们的辛勤劳动,为南洋的开发做出了重大的贡献。

四、巩固边防　远征漠北

朱棣即位之初，明朝周边尚有一些少数民族地区并不平静，时常有侵扰边民之事发生，对此，朱棣给予了充分的重视，他采取了通好和防御两种策略巩固和发展大明朝多民族国家的统一事业。

自古以来就居住在白山黑水之间的女真族，是一个古老的民族，是我国满族人民的祖先。朱棣即位后，即于永乐元年（1403）派出使臣前往奴儿干地区诏谕。女真各部的首领相继归附，甚至连一些元朝故臣也入京进贡马匹。于是，朱棣又下令，在开原设立马市，同海西、建州两部进行交易往来。同时，准许他们每年都可到指定的地点做买卖。对于前来参加马市贸易的女真族首领，朱棣还命当地官员赏以猪羊酒席，以资鼓励。因此，在整个永乐时期，女真族都按时入贡，听从调令，人民和睦相处，友好往来。

永乐七年（1409）闰四月，朱棣下令设立了奴儿干都指挥使司，在当地先后设置了370卫、20所，任命当地部族酋长担任卫所官员，且代代承袭。其管辖面积西起鄂嫩河，东北至库页岛，北达乌第河，南至日本海的地区，使海西女真、建州女真、野人女真诸酋长都归附明朝，完成了对东北地区的统一。建州卫指挥阿哈出还以军功被朱棣赐姓名李思诚，其兄弟子侄也一个个当上了明朝的官。

朱棣还加强同西藏人民

郑和下西洋的船队

的联系，通过种种措施，发展汉、藏人民在经济、政治、文化上的交流。对西南少数民族地区以及西域，朱棣采用镇压和招抚的手段加以控制、管理，促进各族人民的友好相处、往来，推动各地的经济发展。

朱棣对于周边少数民族地区主要采取沟通友好的方式恢复和建立良好的民族关系。而对那些不肯臣服，逞凶入侵的地区则坚决加以严厉打击。这其中要数五次远征漠北最能展示朱棣的雄才大略。

漠北地区在朱元璋时期，本来还算是安定的，但元顺帝于洪武三年（1370）死后，经过几代的分化演变，统治漠北的蒙古贵族内部逐步分裂成鞑靼、瓦剌和兀良哈三部。其中鞑靼部最为强盛。三部之间经常仇杀，但更时常南下侵扰明朝边境。朱棣采取"威德兼施"的政策，一面与之修好，封蒙古各部落酋长为王，赐予金银、布帛、粮食等物品；另一方面积极防御，从嘉峪关起沿着长城进入辽东至鸭绿江一线，先后建立了九个边防重镇，这九个军事要塞都配有精锐军队，以抵御蒙古贵族的南下侵扰。

永乐七年（1409）四月，朱棣派遣使臣郭骥带着大量绢币前往蒙古各部招抚。其中，瓦剌部接受了招抚，朱棣即敕封其首领为王。而鞑靼可汗本雅失里，不仅拒不归附，还杀了使臣郭骥，发兵进攻明朝边境。朱棣闻讯，即授淇国公邱福为征虏大将军，统兵10万，北征鞑靼。不料邱福轻敌妄进，全军覆没于胪朐河（今蒙古国境内的克鲁伦河）。恶讯传来，朱棣怒不可遏，决意立即选练兵马，来春亲征。

永乐八年（1410）春，朱棣率领武将文

永宁寺碑全称"敕修奴儿干永宁寺碑"。立于明朝奴儿干都司官署附近黑龙江岸的石岩上（今俄罗斯特林，距黑龙江入海口约150公里）。碑有两块：一为明永乐十一年（1413）的《永宁寺记》，一为宣德八年（1433）的《重建永宁寺记》，均系明朝宦官亦失哈奉旨巡视奴儿干都司时竖立的。永宁寺碑是明朝政府对黑龙江流域及库页岛实行管辖的物证，也是研究明代东北的重要史料。

官，督师50万北征出塞。五月，人马行至胪朐河，本雅失里不敢接战，北逃斡难河。朱棣挥师追杀，两军遂大战于斡难河畔。朱棣率军冲锋掩杀，大败敌众。本雅失里丢弃辎重牲畜，只带着七骑渡河逃走。

长陵

由于天气酷热难耐，不宜久战，朱棣于是下令班师回京。[1]

首次北征鞑靼告捷后，朱棣又先后于永乐十二年（1414）、永乐二十年（1422）、永乐二十一年（1423），四次亲征漠北。有效地防御和打击了蒙古贵族对边境的侵扰，朱棣在力排众议的情势下，于永乐二十二年（1424），又发动了第五次亲征鞑靼部臣阿鲁台的战争。征伐大军在茫茫荒漠日夜兼程，但放眼百里却始终不见敌人的踪影，原来是由于边防情报不准，其实阿鲁台早已闻风逃走。此后，朱棣又多次扑空，将士死伤疲惫，劳而无功。朱棣心里不免怅然、懊恼不已。但终因军粮将尽，不敢久待，只好于七月下令班师回京。

不久，朱棣突感身体稍有不适，几日之后，病情猛然加重。在临时搭起的帐篷里，朱棣靠着桌子坐着，显得疲惫不堪。他问内侍海寿："还有几天可以到达北京？"海寿答道："大概要到八月中旬。"然而，死神此时已经向朱棣走来了。永乐二十二年（1424）七月下旬，大军行至榆木川（今内蒙古乌珠穆沁附近）时，朱棣已是气息奄奄，不可救药。他知道自己不能再亲理朝政了，便召英国公张辅入内，嘱咐后事：传位皇太子朱高炽，丧礼一律照父亲朱元璋的遗制办理。说完，便与世长辞。

---

[1]事见《明史·成祖本纪》。

朱棣卒年65岁，在位历22年。葬于长陵（在今北京天寿山），尊谥"文皇帝"，初时庙号"太宗"，至嘉靖十七年（1539）改庙号为"成祖"。

名家评说

文皇少长习兵，据幽燕形胜之地，乘建文孱弱，长驱内向，奄有四海。即位以后，躬行节俭，水旱朝告夕振，无有壅蔽。知人善任，表里洞达，雄武之略，同符高祖。六师屡出，漠北尘清。至其季年，威德遐被，四方宾服，明命而入贡者殆三十国。幅员之广，远迈汉、唐。成功骏烈，卓乎盛矣。然而革除之际，倒行逆施，惭德亦曷可掩哉。

——清·张廷玉等《明史》

朱允炆既死，朱棣继位。他可以说因祸得福，如果不是削藩，他不过仍是亲王。但他对力主削藩的黄子澄一批人，并不因此而予宽恕。他效法老爹朱元璋的手段，展开合法的屠杀。在这次屠杀中，刑事诉讼法中的"瓜蔓抄"，发挥了强大的威力。那就是，逮捕行动像瓜藤须蔓一样，向四面八方伸展，凡是能攀得到的，就攀住不放，辗转牵引，除非当权人物主动停止，否则能把天下人都网罗俱尽……"瓜蔓抄"和妻女发配，不起于朱棣，而起于朱元璋，但在朱棣手中建立成为一种血腥制度。

——柏杨《中国人史纲》

宣宗朱瞻基

明宣宗朱瞻基（1398～1435），明朝第五代皇帝。明仁宗长子，母诚孝昭皇后张氏。公元1425～1435年在位，谥号"孝章"皇帝，庙号"宣宗"。他文武兼备，多才多艺，以其英明睿智以及知人善任的文治武功，将明代社会的发展推向了全盛的高峰，唱响了明朝守成之君流芳后世的绝代乐章。

一、天资聪敏　初显英才

明洪武三十一年（1398），一天夜里，当时还是燕王的朱棣忽然做了一个梦，梦见太祖朱元璋授给他一个大圭，并对他说"传之子孙，永世其昌"。朱棣醒来很是惊奇。没过几天，他的长孙降临人间。满月时朱棣见到婴儿，他欣喜异常，兴奋地说："小子英气溢面，符吾梦矣。"这个婴儿就是被朱棣视为掌上明珠，被后人称为英明之君的宣宗皇帝朱瞻基。

渐渐地，朱瞻基长大了，而燕王朱棣也已经登上了皇帝的御座。朱瞻基果然如朱棣所预见的那样，聪颖过人，而且嗜书好学，因此深得成祖朱棣的喜爱。

朱瞻基的父亲太子朱高炽也是个爱读书，很有才能的人，但美中不足的是，他身材肥胖，而且是个跛子，走路时需要两个太监在左右

明宣宗朱瞻基
——从原故宫南熏殿旧藏《历代帝王像》

扶着,就这样还经常失足跌倒。他的弟弟朱高煦对他当上太子始终心怀不满,总是找机会在朱棣面前说他的坏话,想夺取太子之位。有一次,朱棣命朱高煦和朱高炽去孝陵祭奠。朱高炽走路失足跌倒了,于是走在后面的朱高煦马上大声说道:"前人跌倒,后人知警。"他这是借机嘲讽朱高炽是个残废,同时也有威胁之意。没想到,话刚说完,忽然听见后面又有人应声说道:"还有后人知警哩。"[1]朱高煦闻言回头一看,原来是朱高炽的儿子朱瞻基在说话。朱高煦不禁大惊失色,因为朱瞻基话中的意思是螳螂捕蝉,黄雀在后,更有威胁自己要小心的意思。

听说这件事后,成祖朱棣则更加喜欢这个天资聪敏的孙子了,他曾经对朱瞻基的父亲朱高炽说:"他日这个孩子必然会成为太平天子。"朱棣希望朱瞻基将来能够继承帝位,将明代的江山发扬至千秋万世。为此,朱棣对朱瞻基的成长倾注了大量心血,十分重视对他的培养。朱棣特别给朱瞻基配了一班德才兼备的大臣专门负责他各方面的教育。不仅如此,朱棣自己也经常告诉朱瞻基太祖朱元璋开国创业的艰难,给他讲解古代兴亡得失的故事,并以此为主题,专门为朱瞻基编撰成《务本训》一书,要他不断学习,引以为戒。朱棣还经常将他带出皇宫,让他广泛地接触外界,知道百姓生活的艰难,了解各地的民情民风。

永乐九年(1411),13岁的朱瞻基被立为皇太孙。从此,朱棣不论是巡幸北京还是巡边讨伐,都把朱瞻基带在身边,随时教诲,或讲经论史,或授知兵法,或体察百姓疾苦,这为朱瞻基以后成为较为英明的封建帝王打下了很好的基础。

永乐二十二年(1424),朱高炽遵照成祖朱棣的遗命登上了皇位,便是明仁宗。朱瞻基也随之被立为太子。一年之后,朱高炽病逝,27岁的朱瞻基就登基做了皇帝,即为宣宗,改年号为宣德。即位伊始,年轻的朱瞻基便开始施展自己的政治抱负,他就像一个运筹帷幄的大将军一样,一步步地展现了他治国安邦的英明才能。

大凡皇帝即位之初,都会大赦天下,以示宽宥。朱瞻基也遵照旧制如法实

---

[1] 事见《明史·成祖诸子·高煦列传》:"成祖尝命同仁宗谒孝陵。仁宗体肥重,且足疾,两中使掖之行,恒失足。高煦从后言曰:'前人蹉跌,后人知警。'时宣宗为皇太孙,在后应声曰:'更有后人知警也。'高煦回顾失色。"

施，但他严格规定了赦免的官员的去留，因贪赃枉法而下狱的官员，虽然可以赦免出狱，但一律都要罢官为民，不再任用。他认为士大夫首要的是要重廉耻，因此贪官污吏决不能再重新任用。在用人为政方面，朱瞻基既重用信任一班富有治国经验的老臣，又十分注意发现任用新的人才。即位的第三个月，他便通知吏部让各地举荐公正廉洁的人才。同时，他还大胆地改革科举法，将科举取仕分为南、北、中三地，并规定了三者取仕的比例，以确保全国人才录取的公平合理。除此之外，朱瞻基还通过肃清军队、安定流民、减免灾税、罢除徭役等措施积极改革吏治，修政安民，加上前朝留下的社会基础较好，因此，朱瞻基执政时期的明王朝呈现出了一片繁荣的景象，史称"仁宣之治"。

明仁宗朱高炽
——从原故宫南熏殿旧藏《历代帝王像》

二、亲征平叛　不战而胜

就在明宣宗朱瞻基大力施展他的远大抱负时，却发生了叔父汉王朱高煦阴谋叛乱的事情。

朱高煦自小就凶顽狠勇，猛力过人。他跟随朱棣四处征战，曾多次救朱棣于危难之中，的确劳苦功高。但是他生性顽劣，专横霸道，经常自恃功劳而骄纵任为，杀人放火，肆意掳掠之事时常发生。永乐年间，为争夺太子地位，朱高煦曾屡次谗言陷害太子朱高炽，被成祖朱棣贬至千里外的乐安（今山东广饶）。后来朱高炽临死前，诏令在南京的太子朱瞻基前往北京即位，朱高煦就曾准备在路上埋伏截击朱瞻基，以便自己篡位。终因时间过于仓促，未能得逞。

宣宗即位的第二个月，高煦派人送来奏书，提出了利国安民的四条建议。宣宗看到奏书，十分高兴地对大臣们说：永乐时，皇祖常对皇考和我说此叔有异心，要防备他，然而皇考对他却极为仁厚。今天他所提的四件事，果然也是出于至诚，可见叔父旧心已改。于是，宣宗命有司按高煦所提建议施行，并复信表示感谢。宣德元年（1426），高煦派人进京贡献元宵花灯。这时，有人向宣宗报告说汉府所派之人，是以献灯为名窥探朝中虚实。宣宗宽厚地表示要至诚款待，不要猜疑。对于高煦提出的要求，宣宗也是有求必应。要骆驼，宣宗一次就给了他40峰；要马，又给了他120匹；索要袍服，也都如数满足。然而，宣宗的一片诚心并没有感化朱高煦。宣德元年八月，朱高煦还是扯起了反叛朝廷、谋夺皇位的大旗。

朱高煦先是秘密派人潜入北京，企图约英国公张辅为内应，结果被张辅擒获送交朝廷。之后高煦又约山东都指挥靳荣为攻占济南的内应，计划先取济南后取北京。当时恰在济南的御史李浚得知这些情况后，弃家舍口，更名换姓，星夜赶往北京报警。但还未到，高煦就发难了。朱高煦致书宣宗，指责仁宗违犯洪武、永乐旧制，指斥宣宗也犯有诸多过错，斥责夏原吉等为奸佞之臣。同时，他还分别致书公侯大臣，挑拨君臣关系，造谣诋毁宣宗。

事已至此，宣宗别无选择，只有发兵平叛了。深夜，宣宗召集几位心腹大臣，屏退了左右，共商征讨大计。大学士杨荣提议宣宗亲自挂帅出征。他认为，高煦一定觉着宣宗刚刚登基不会亲临战场，如出其不意，以天威临之，必然会成功。这时，英国公张辅主动请战，说："高煦一贯好虚张声势，内里其实很懦弱，只要给臣两万兵马就可擒获高煦。"夏原吉接过话茬，以朱棣举靖难之兵，建文帝只派李景隆征讨而最终失败提醒宣宗。并说他昨天见到有的将领一接到准备征战的命令就脸色惶惶，如真到了战场更可想而知了。因此，他建议兵贵神速，御驾亲征，先从气势上压倒对方。宣宗采纳了他们的意见，决定亲征乐安。

大军行至离乐安尚有近百里的杨

张　辅
——从明万历三十七年（1609）原刊本《三才图会》

《明宣宗行乐图》
——明商喜绘，绢本，纵211cm，横353cm。现藏北京故宫博物院

村，宣宗问身边的大臣们："你们猜朱高煦今天将会采用什么战略？"少师蹇义说道："乐安城很小，不够布阵迎战，他或许会先攻取临近的济南，以之为根据地。"大臣杨溥接口说道："前些天，朱高煦曾经想要到南京，今天必定会率兵南下。"宣宗听了他们的意见，不以为然地笑着说："你们所考虑的，未必很准确。济南虽然离乐安很近，但是并不容易攻取。况且听说大军将至，朱高煦根本就顾不上去攻打。若说是怕他逃往南京，倒未尝不是他的夙愿。但是他的护卫军的家属大多都在乐安，将士们又怎肯离妻别子前往南京呢？朱高煦生性多疑，如今他敢谋反，无非是觉得朕年少而又新立，不会亲征。如果派兵将前去讨伐，他就会以美言重利作为诱饵，企图使兵将与他联合或是侥幸取胜。如今朕亲自征讨，已经是出乎他的意料之外，哪里还敢出战呢？因此朕认定他要被擒获了。"[1]

---

[1]语见《明史·成祖诸子·高煦列传》："帝曰：'不然。济南虽近，未易攻，闻大军至，亦不暇攻。……今敢反者，轻朕年少新立，众心未附，不能亲征耳。今闻朕行，已胆落，敢出战乎。至即擒矣。'"

果然不出所料，又向前行进了一会儿，遇到了乐安来的一些逃兵，他们讲述的乐安的情形完全与宣宗判断的一样。得知这一消息后，宣宗立即命令大军日夜兼行，他果断地对心有疑惧的大臣们说："兵贵神速，我们如能抵城安营，朱高煦就会像井中之虎，失去威风。"大军赶了一夜，终于在天明时到达了乐安，然后立即将乐安城团团围住。

朱高煦见朱瞻基已将城围住，不敢出城迎战，只在城内用火炮射击。宣宗也不下令攻城，而是连着给朱高煦写了两封信，劝他自动投降。等了许久仍不见回音，宣宗又写了告朱高煦部下的谕示，晓以君臣家国的利益轻重，命人用箭射入城中。城中的守兵们争相传看，纷纷感动不已，一些人便欲擒执高煦，以图立功得赏。

朱高煦见城外大军压境，城内军心不稳，知道大势已去，内心十分沮丧而又畏惧。他后悔自己低估了朱瞻基，实在感到已经走投无路，便于第二天天亮后出城缴械投降了，以期得到宽恕。群臣纷纷要求处死朱高煦，但宣宗坚持没有答应。他只是把大臣们的这些劾章让朱高煦看了看，然后将他以及他的儿子押回了北京。朱瞻基不费一兵一卒，便不战而胜了这场叛乱。

回京后，宣宗只是惩办了积极跟随朱高煦反叛的主要谋士和将领，而宽赦了大多数的胁从者，他的仁厚举措因此也得到了举国上下的一片称赞。一场万分危急的夺位叛乱就这样被朱瞻基轻描淡写地消弭于无形之中。

朱高煦被押解到北京后，即被废

《明宣宗射猎图》

无款，幅上右侧贴有明人书签"明宣德御容行乐"。现藏北京故宫博物院。

为庶人，与妻子囚禁于西安门内，名曰逍遥城，饮食供奉如常。天津、青州、沧州、山西等地的都督与朱高煦相约起兵谋叛的，一经朱瞻基查明，全部诛杀，共有640多人。宣德四年（1429），宣宗好意前去看望高煦，高煦却出其不意地用脚将朱瞻基勾倒在地。这使得宣宗顿时怒不可遏，当即命一个大力士搬来一个300多斤重的大铜缸，将朱高煦扣入缸中。朱高煦自恃勇力，竟然将缸扛着移动。宣宗又命人用木炭将铜缸埋起来，然后用火将朱高煦活活烤死了。

此后，宣宗又不动声色地让另一个意欲反叛的皇叔朱高燧主动交出了兵权，废为常人。至此，困扰了明初近半个世纪的藩王问题终于得到了较好的解决，而朱瞻基的地位也更加稳固无可动摇了。

明宣宗朱瞻基书《雪意歌》

三、整顿吏治　广招人才

明宣宗朱瞻基自幼熟悉历代兴亡的故事，他深知吏治清正廉明，是国家兴旺的重要保障；而正确任用贤能的人才，则是保证吏治的一个重要前提条件。因此，即位伊始，他在继续重用蹇义、夏原吉、杨士奇、杨荣、杨溥等一班历经考验、富有治国经验的老臣的同时，也十分注意提拔任用正直而又有才干的新人，而对那些无所作为的庸吏和贪官污吏，则坚决予以罢黜，或是加以严厉惩治。

宣德三年（1428）六月的一天，宣宗登上皇城远望，忽然发现远处有一个地方正在大兴土木，规模相当宏壮，他便询问左右的官员这是什么人在搞什么建筑，然而大臣们却都支支吾吾地不肯回答。经过再三追问，大臣们才说出这是工部尚书吴中私自动用官厂的木料、石头，让人为他盖房。朱瞻基勃然大怒，立即命人将吴中关进了监狱。[1]

通政史顾佐为人刚正不屈，清廉公正，时人将他比作宋代的包青天。宣宗听说后，便立即任命顾佐为右都御史，负责整顿吏治。顾佐受命之后，果然不负宣宗重托。他一到都察院，首先对院内所有御史进行考察，将20位不称职的贬谪到辽东为官，另有8人被降了职，3人被罢了官。同时举荐了40多位清正有为的人担任御史，朝纲立时为之一振。

继任用顾佐之后，宣宗又任命福建按察史邵玘为南京都御史。邵玘办事一丝不苟，先后奏请宣宗罢免了20多名不称职的御史。当时，北有顾佐，南有邵玘，贪官污吏闻风敛息，朝廷纲纪肃然严明。

宣宗不仅对贪官污吏严厉惩处，对那些碌碌无为、无才无识的庸官，他也毫不留情地罢免或是降职。内阁大学士张瑛、陈山原是宣宗做太子时的旧臣，私人情谊颇深。然而，宣宗执政后渐渐发现他们二人才疏学浅，在他们的职位上无所创建，于是他毫不偏袒地将二人调离了内阁。陈山被派去教授小太监，张瑛则贬到南京做礼部尚书。

在宣宗的大力倡导下，朝廷中的一些老臣们举荐了大批清廉正直的官员出任府、州长官，其中最为后世传颂的一代清官就要数况钟了。况钟本是县府里

顾 佐
——从明万历三十七年（1609）原刊本《三才图会》

况 钟
——从清道光九年（1829）长洲顾氏刊本《吴郡名贤图传赞》（清顾沅撰，孔继尧绘）

[1] 事见《明史·列传第三九·吴中》。

的一名书吏，由于他办事认真，后来被吏部尚书升任为郎中。宣德五年（1430），宣宗认为"郡守多不称职"，尤其是苏州的赋役负担在全国最重，而营私舞弊、贪污腐败现象也是全国最为严重的，百姓困苦不堪，只好背井离乡，流落他方。为了整治这种弊病，宣宗下令让百官举荐廉洁公正的官员出任苏州知府，时任吏部尚书的蹇义等人都大力推荐了况钟。于是宣宗便遣况钟前往苏州去整顿吏治，并特批他有权便宜行事。

况钟到苏州之后，第一次升堂办公，面对群吏拿来的一大堆公文，他假装什么也不懂，左右请教，全部按照吏目说的处理。群吏大喜过望，以为又碰上了一个糊涂知府。三天之后，况钟召来群吏，把三天前办的事重新搬了出来，告诉群吏哪件事应该办而他们却阻止，哪件事本不该办而他们却硬逼着他办，并历数他们的种种舞弊勾当，当场捶杀了几个为首的奸吏；同时，把那些贪虐庸懦之辈全部斥退。[1]这一举动不仅让所有的官吏们大为震慑，苏州一府七县的官风顿时为之一振。消息传到朝中，朱瞻基也对况钟大刀阔斧、雷厉风行的作风大加赞赏，自此对他也更加信任和重用了。

由于宣宗广招人才，朝中既有"三杨"（杨士奇、杨荣、杨溥）、蹇义、夏原吉这样的文臣谋士，又有张辅、于谦、周忱等一批武将巡抚，可谓是人才济济。尤其是朱瞻基重用了一些像况钟这样清廉有为的官员，大力整顿吏治，因此，在他执政的宣德年间，政治清明，社会安定，百姓安居乐业，经济得到了空前的发展，出现了继汉代文景之治、唐代开元盛世之后的又一个盛世局面，也将明朝的历史推向了全盛的高峰。

蹇 义
——从明万历三十七年（1609）原刊本《三才图会》

---

[1] 事见《明史·列传第四九·况钟》："越三日，（况钟）召诘之曰：'前某事宜行，若止我；某事宜止，若强我行；若辈舞文久，罪当死。'立捶杀数人，尽斥属僚之贪虐庸懦者。"

四、体恤民生　安定天下

明宣宗朱瞻基在早年跟随朱棣出征巡视的时候，已经领会到了百姓生活的艰难，因此在心中也早已建立起了以民为本的治国思想。他经常向朝臣们讲述历史上那些因注意与民休养生息，从而带来太平盛世的皇帝的事迹。而对那些由于好大喜功、穷奢极欲，终致祸乱丧国的皇帝，他则特别注意汲取其亡国的历史教训，以之为鉴戒，并由此总结出一条历史经验：国家兴盛，在于与民休养生息；国家衰亡，必由穷兵黩武、奢靡淫逸所致。

宣宗还十分注意了解和关心民间的疾苦，因此深受百姓的爱戴。宣德五年（1430）三月，宣宗与太后至郊外拜谒皇陵，行进途中，道路两旁的老幼百姓无不出迎跪拜。太后见此情景，语重心长地对朱瞻基说："百姓爱戴皇帝，无非是因为皇帝与民安乐。你应当始终谨慎，不要辜负了百姓的厚望。"宣宗谨遵太后教诲，归途中，他看见路旁的地里有几个农民在耕地，便亲自下马来到地里，与农民亲切交谈，询问年景生活，并接过农民手中的犁推了三下，然后感慨地说道："朕只不过推了三下而已，就已经不胜劳累，更何况长年累月这样劳作了。人们常说劳苦者莫如农家，果然如此。"[1]

明宣宗宣德年景德镇窑青花贯耳瓶，纽约大都博物馆藏。

于是，宣宗给田里的农民每人都加以赏赐。之后凡是路过的农家，也都如数予以赏赐。而且，回到北京后，朱瞻基还亲自写了一篇《耕夫记》，记录了一些这样的事情，以激勉自己与大臣。他对朝臣们说，他并非是借此来炫耀自己的文采，而是因为农桑劳作的确是

---

[1] 事见《明史·宣宗本纪》："三月戊申，道见耕者，下马问农事，取耒三推，顾侍臣曰：'朕三推已不胜劳，况吾民终岁勤动乎。'命赐所过农民钞。"

衣食之本，所以才做成诗歌，经常使人传诵，以免忘记，而且要让宫中的妃嫔也都知道百姓的艰辛。

宣宗以身作则，严格要求朝中官员节俭务实，坚决反对那些向百姓强征暴敛以供帝王享乐和充实国库的做法。对于宫中御用的器物，他能省则省，以免加重百姓的负担。尤其反对奢侈浪费之风，即使是对朝廷的费用和工程建设等也是如此。宣德元年（1426），宣宗为父亲仁宗皇帝修建陵墓献陵，他遵照仁宗的遗嘱，厉行节约，亲自进行规划，仅仅用了三个月的时间就修成了陵墓。既简朴美观，又节省了不少耗费。此外，为了实行节俭，宣宗还大力支持裁撤内外冗官，并责成吏部尚书蹇义具体负责，取得了较好的成效。

最能体现宣宗以民为本治国思想的措施就是减免田赋，开仓赈灾，这是他在当太子时期就经常对受灾地区人民采取的救助办法。有一年，河南的一个知县没有经过请示，就擅自发放了一千余石官粮赈济灾民。按说私自动用皇粮是要以大罪处置的，然而朱瞻基知道后不但没有动怒，反而还赞扬这个知县机敏，是个能够胜任的县官。他认为，百姓的存亡安危是头等急事，特殊情况就要特殊对待，如果要等到请示朝廷批示后再行赈济，恐怕灾民早就要饿死了。

宣德九年（1434）十二月，明宣宗朱瞻基突然一病不起。第二年正月，这位被后世称道的守成明君终于病重逝世，谥为"孝章皇帝"，庙号"宣宗"，又称宣德帝。

名家评说

帝之英姿睿略，庶几克绳祖武者欤。

——清·张廷玉等《明史》

明有仁宣，足与言守成矣。
明代守文令主，莫若仁宣。

——蔡东藩《明史演义》

英宗朱祁镇

明英宗朱祁镇
——从原故宫南熏殿旧藏《历代帝王像》

明英宗朱祁镇（1427～1464），明朝第六代皇帝。明宣宗长子，母为贵妃孙氏。公元1435～1449和1457～1464年在位，谥号"睿皇帝"，庙号"英宗"。他的一生大起大落，极富戏剧色彩。他统治期间政治腐败，土地兼并日益严重，先后爆发了几次起义，使大明帝国陷入危机。他是历史上有名的昏君之一。

一、幼年即位　宠信宦官

宣德十年（1435）正月，宣宗皇帝朱瞻基去世了，大臣们一面料理着他的后事，一面期待着新君临位。几天后，9岁的太子登基，他就是大明朝又一位新皇帝——英宗朱祁镇。朱祁镇虽然做了皇帝，但仍是一个顽童。宣宗也知道，9岁的儿子即便登上皇位，也没有能力行使皇权、管理国家，因而他在临终前留下了一道遗诏，命令大臣，凡是国家的一切大事，都必须请示宣宗的母亲太后张氏。这时，有人请太皇太后垂帘听政，遭到了她的拒绝。[1]但实际上，凡是朝廷大事，都要先告知张太皇太后，再送往内阁议决实行。由于张太皇太后的

---

[1] 事见《明史·后妃一·仁宗孝诚皇后张氏列传》："大臣请太后垂帘听政，太后曰：'毋坏祖宗法。第悉罢一切不急务，时时勖帝向学，委任股肱。'"

把持，再加上大学士杨士奇、杨荣、杨溥等一班仁、宣时期富有经验的老臣主持着政务，正统初期，基本上继承了仁宣时期的各项政策，保持了社会的稳定，朝政在以往的轨道上正常运行。

然而，在这平静的表面之下，宦官王振却在悄悄地窃取权力，干预朝政，并终于酿成大祸，导致英宗为北方的瓦剌所俘。王振是山西蔚州（今蔚县）人。他非常善于逢迎，因而深得朱祁镇的欢心，两人几乎形影不离。朱祁镇登上了皇位，便把王振提拔为司礼监太监。司礼监是明朝宫廷中24个宦官衙门中最重要的一个。它掌管皇城里的一切礼仪、刑事和各种杂役，更为重要的是替皇帝管理奏章，代皇帝批答大小臣子上奏的一切公文。皇帝口述的命令也由司礼监的秉笔太监用朱笔记录，再交内阁撰成诏谕颁发。野心勃勃的王振掌握了这样重要的部门，便处心积虑地加以利用，以图达到自己的目的。

明朝从朱元璋开国一直到宣宗，对宦官的管束都十分严厉，这一点王振十分清楚。因此，为了巩固自己的地位，他一面讨好英宗，一面故作姿态，骗取阁臣的好感。王振每次到内阁传旨，都装出毕恭毕敬的样子，但暗地里却拼命拉帮结派。朱祁镇当皇帝不久，太皇太后命王振偕文武大臣在朝阳门外阅兵。隆庆右卫指挥佥事纪广与王振交往甚密，王振竟骗过所有大臣，谎报纪广为骑射第一，并越级提拔他为都督佥事。

渐渐地，王振便有些放肆了。太皇太后常派他到内阁问事。有几次杨士奇尚未决断，王振便自作主张，杨士奇甚为恼怒，一连三日不上朝。太皇太后张氏知道后，立即召人到便殿，指着五个大臣对英宗说："他们都是历经几朝的重臣、忠臣，所有的政策法令都必须与他们商议，如非五人赞成，便不可实行。"她又命人传来了王振，历数了他的种种不规行为，下令赐死。话还没落

诚孝张皇后（？—1442），名不详，永城（今河南永城）人。明仁宗即位，册立为皇后。宣宗即位，尊为皇太后。英宗即位，尊为太皇太后。由于英宗年幼，张皇后便成为实际上的摄政。

杨 溥
——从明万历三十七年（1609）原刊本《三才图会》

音，几个女官的刀已经搁在了王振的脖子上。王振立刻面如土灰，浑身发颤。英宗也没见过这样的阵势，他又惊、又怕、又怜，赶忙跪下为王振求情。五位大臣虽然对王振的所作所为不满，但王振得宠于幼帝，为了取悦皇帝和自己的后路，也都跪了下去。太皇太后经众人求情才缓和了脸色，沉痛地说，皇帝年少，决不可用这样的人祸国，今天看在你们的面上先饶了他。从此，每隔几天，太皇太后都要派人到内阁查问，王振有没有不通过内阁而自作主张的事，一旦发现，即加痛责。英宗并不把太皇太后的话放在心上，对王振更加宠信。朝内外的一些人见此情景，或畏服于王振，或趋炎附势，投靠他的门下，使得王振权势日重。

正统七年（1442）太皇太后张氏病故。在这之前，杨荣也已去世，杨士奇则因为儿子杀人，早已不理朝事。"三杨"中只剩下一个杨溥，但已年老势孤。王振再也没有什么可顾忌的了。明初，朱元璋见历代宦官利用亲近皇帝的有利地位，干预朝政，酿成祸乱，便对宦官立了许多规矩，诸如不许读书识字，不许兼外臣，不许超过四品等等，并在宫门挂了一块铁匾，上写"内臣（即宦官）不得干预政事，预者斩"。王振每当看见这块铁牌，总觉得后背冷飕飕的。太皇太后一死，王振便立即打着英宗的旗号摘去了这块牌子，破了明朝的戒律，去了他的一块心病。

太皇太后死后，英宗也更加无拘无束了。他在王振的怂恿下只管游玩享乐，哪里还管什么铁牌、什么祖宗训诫，朝事全交给了王振。一旦大权独揽，王振便明目张胆地广植私党，打击异己。他的两个侄子，一个升为锦衣卫指挥同知，一个升为锦衣卫指挥佥事。凡是触犯他的，稍不如意，就横加迫害。御史李铎碰到王振不跪，被贬谪铁岭。驸马都尉石璟仅仅因为骂了自己家里的阉人，王

振便恨他伤害自己的同类,把他逮入狱中。在王振的淫威之下,公侯勋戚常呼王振为翁父。[1] 畏惧灾祸的也都争相攀附于他。有的甚至蓄了须又剃去,拜王振为父,并发誓要学王振终身不蓄胡须。而王振这时不过30多岁。

朝官的谄媚,王振的专横,英宗不仅视而不见,无动于衷,反而认为王振忠心耿耿,是难得的人才,于是对他宠眷益深。正统十一年(1446)英宗赏给王振白金、珍宝等物品,作为对他的奖励,并特赐敕一道,称王振"性资忠孝,度量弘深","夙夜在侧,寝食弗违,保护赞辅,克尽乃心,正言忠告,裨益实至",为王振唱了一曲赞歌。

英宗的昏庸,王振的擅权,终于酿成了一场大祸。

二、土木惊变　王朝逆转

就在王振弄权的同时,北方蒙古瓦剌部的脱欢及其儿子也先逐渐强盛起来,正统四年(1439)脱欢死去,也先嗣位,执掌了瓦剌的实权。也先上台后,开始扩张势力。他先是向西北方向发展,到正统九年(1444)设置了甘肃行省。第二年又率兵攻打明朝所封的忠顺王倒瓦塔失里,并逐步控制了西域要道哈密(今新疆东部)。与此同时,他又向东发展,攻击兀良哈三卫。面对这一系列的扩张、侵扰,朱祁镇和王振不但不谴责、反击,就是遇到求救也从不派兵。渐渐地也先的势力向东扩展到了辽东地区,向西伸展到今天的新疆、青海等地,从而构成了对明王朝的威胁。对此,明朝有识之士纷纷向英宗上疏,提醒他警惕瓦剌的崛起。正统八年,侍讲学士刘球针对当时的弊政提出了10件应该改革的事,其中第一件就是防范瓦剌。然而,王振看后,认为这是对他的谴责,竟将刘球逮捕,并私自派锦衣卫指挥马顺将其杀害在狱中。从正统四年以后,瓦剌每年都向明朝进贡。或许这也是英宗放松警

明英宗时期锦衣卫象牙腰牌

---

[1] 事见《明史·宦官一·王振列传》:"御史李铎遇振不跪,谪戍铁岭卫。驸马都尉石景曾其家阉,振恶贱己同类,下狱。……振权日益积重,公侯勋戚呼曰翁父。"

惕的一个原因。瓦剌每年来进贡的贡使一般都在2000人左右，但常常虚报人数，冒领赏赐。王振总是睁一只眼闭一只眼，加以庇护。

正统十四年（1449）这一年，也先再次向明朝进贡马匹，像往常一样实派贡使2000却谎称3000。不知为什么，王振突然心血来潮，一面让礼部按实有贡使人数给予赏赐，一面自做主张将马价减去了4/5。贡使回到瓦剌，也先勃然大怒，以明朝曾答应将公主嫁给他的儿子又失信为借口，于这年七月起兵，分四路向明朝内地进攻。由于多年战备荒废，塞外明军不堪一击，城堡很快一一陷落，只剩下一座大同（今属山西）城，孤零零地被也先围了个水泄不通。前线战败、告急的报告频频传到北京，有时一天多达数十次。英宗顿时慌了手脚，他先是匆忙派驸马都尉井源等四将率兵万人前去迎敌，但很快全军覆灭。英宗不得不又找来王振和群臣商量对策。

贪鄙的王振为了讨功邀宠，动起了劝驾亲征的念头，极力劝说英宗亲率兵马抗击也先。英宗仍像过去一样，只要王振说了话，他就谁的话也不再听信了。他当即传下命令，让太监金英辅佐郕王朱祁钰留守京城，兵部侍郎于谦留京代理部务。英国公张辅、兵部尚书邝野、户部尚书王佐及内阁学士曹鼐、张益等文武官员扈驾随征。

如此大规模的军事行动，英宗和王振却视若儿戏，仅通过两三天的筹备，就于七月十六日仓促率领50万大军，踏上了艰难的征程。随征的文武大臣只不过是为英宗壮威的摆设，一切军政事务均由王振一人专断。也先得知英宗亲征便佯装败退，诱使明军深入。

英宗率领大军并未遇到什么抵抗。出居庸关（今北京昌平北）、过怀来（今属河北）、至宣府（治今河北宣化）。八月初一，英宗率领部队进入大同。他还想继续北进，追击也先。这时，王振的同党、曾藏在草丛里捡了一条命的大同镇守太监郭敬，把前线惨败的真情密告了王振。英宗和王振被吓得异常慌恐，不知所措，便匆匆决定班师回京。开始，他们准备从紫荆关（今河

北京智化寺内王振刻像

北易县西北）撤退。这样就可经过王振的老家蔚州，从不放过耀武扬威机会的王振，更想借机邀请皇帝"临幸"他的家乡以光宗耀祖。然而走着走着，他忽然想到，如此众多的兵马经过蔚州一定会将家乡田里

土木堡显忠祠

的庄稼踏坏，因而遭到乡人的唾骂。这时大军已走了40多里，王振却让英宗下令改变行军路线，掉头向东奔向宣府。[1]大同参将郭登得知这一情况，建议英宗仍按原定路线走，这样可确保安全撤回，可英宗没有采纳。

也先闻知英宗退兵，立即派大队骑兵日夜追袭。明军本来有较充裕的时间从容撤退，但由于改变行军路线耽误了时间，很快就被瓦剌骑兵追上。明军殿后部队虽一再力战，但难以抗敌，很快便溃散。十三日，英宗在明军且战且退的护卫下来到土木堡（今河北怀来东）。这里离怀来城仅20里，正确的指挥应当赶紧进城里驻守。王振却因为自己的千余部辎重车辆未到而让英宗在土木堡扎营等候。兵部尚书邝野一再上奏要英宗立即疾驰入居庸关，并组织精锐部队断后。王振却将奏章截留不报。眼见形势十分危急，邝野直接闯进行殿力请英宗迅速入关。王振大声斥骂说："腐儒哪里懂得军事，再敢胡说就砍掉你的脑袋！"喝令士兵把邝野架了出去。英宗无动于衷，听凭王振施威。就这样，英宗坐失了最后一次机会。第二天，土木堡就被赶上的瓦剌大军重重包围了。

土木堡地势高，无水源，士兵下挖二丈多仍见不到一点水。一连两天人马

---

[1]事见《明史·宦官一·王振列传》："振初议道紫荆关，由蔚州邀帝幸其第，既恐踩乡稼，复改道宣府。"

没有喝上水，士兵一个个饥渴难耐。十五日，也先设计，先是假意派人讲和，并指挥军队诈退。在这种情况下，讲和是英宗求之不得的，他立即派通事二人随瓦剌使者去也先营中议和。王振见瓦剌退兵，信以为真，立即下令移营取水。干渴极了的明军一听移营命令，蜂拥而奔，马上乱了队形。这时，已预有准备的瓦剌骑兵像是从天而降，从四面八方向明军冲来。早已疲困不堪而又完全放松了警惕的明军立即溃不成军，争相逃窜。

英宗亲带亲兵冲了几次都没有成功。眼看突围无望，索性下马面南盘膝而坐。一个瓦剌士兵抓住了他要剥他的衣甲，但看到朱祁镇衣着与众不同，就推搡着他去见也先的弟弟赛利王。堂堂的明朝皇帝就这样窝窝囊囊地做了俘虏。英宗被俘后，护卫将军樊忠把怒火集中到了王振身上，他猛喊一声："我为天下诛此贼！"用铁锤猛击王振，王振一声惨叫，摔死到马下。

这一仗，随英宗出征的大臣英国公张辅，兵部尚书邝野，户部尚书王佐，内阁学士曹鼐、张益，侍郎丁铭、王永和等50多位高级官员全部战死。英宗所率50万军队，几乎是明朝的全部精锐，也差不多全部被葬送。这次事变就是明史上有名的"土木之变"。它成为明王朝由盛而衰的转折点。

三、被俘受辱　南归复辟

英宗朱祁镇被俘后，瓦剌士兵开始只是看他的穿戴非同一般，并没有想到抓到了明朝的皇帝。英宗先是被送到了赛利王的营地。赛利王盘问他是什么人，他却反问对方是也先，还是伯颜帖木儿·赛利王。赛利王听他说话的口气很大，非常吃惊，便立即告诉也先说："我的部下俘获了一人非常奇异，莫非是

于　谦
——从清乾隆时期刊本《晚笑堂竹庄画传》（作者上官周）
　　于谦（1398—1457），字廷益，号节庵，钱塘（今杭州）人。曾任监察御史，河南、山西巡抚。明正统十四年（1449）"土木堡之变"后，升兵部尚书，拥立景帝，抗击瓦剌南侵，捍卫京师。景泰八年（1457），英宗复位后被害。

大明的天子？"也先听后马上让还留在瓦剌营中的明朝议和使者前去辨认，果然是朱祁镇。也先欣喜若狂，他做梦也没有想到竟然能抓到明朝的皇帝，于是认为谋求大元一统天下的时机到了。他把英宗关押起来，准备用他向明朝政府要挟。

英宗被俘一度曾使明朝上下出现混乱，但在太皇太后和大臣于谦等人的坚持下，顶住了朝中一部分人的逃跑主张，紧张而有序地建起了新的运行机制。他们先立了英宗年仅两岁的长子朱见深为太子，让英宗的弟弟成王朱祁钰监国，总理国政。不久，清除了王振的死党，加强了北京的保卫，迅速做好迎击瓦剌的准备。接着，为了抵消英宗在瓦剌手中的作用，文武百官又联名上书太皇太后，请立成王为皇帝。九月六日，朱祁钰登基做了皇帝，并改年号为景泰。为了照顾英宗的面子，遥尊他为太上皇。

明景帝朱祁钰
——从原故宫南熏殿旧藏《历代帝王像》

这一招果然使也先大失所望，但他仍不死心。过了一个月，也就是土木之变后的三个月，瓦剌经过充分准备，挟持英宗，以送英宗回京为名，大军直逼北京。十月十一日，瓦剌军队列阵西直门外，朱祁镇则被放在了德胜门外的一座空房内。与此同时，明军在于谦的率领下，英勇出击，经过七天的激烈战斗，迫使也先于十五日拔营北遁。英宗也被裹挟而去，他不得不继续留在瓦剌，过着俘虏的生活。

也先本想在抓获英宗后可以挟天子以令诸侯，达到霸取中原的目的。现在看到明朝已立新君，手上的朱祁镇这张王牌已失去了价值。这时瓦剌内部也产生了矛盾，可汗脱脱不花私下派使者向明朝献马议和。同时，连年的征战也使瓦剌的人民死伤惨重，不得安生，于是在这种情况下，也先提出与明朝讲和。朱祁镇的弟弟、已经做了景帝的朱祁钰已不愿放弃皇位，因而内心很不愿意哥哥回来。朝议时，于谦劝景帝说天位已定，派使者前往瓦剌迎回上皇，有利于消除边患。景帝听到皇位不会再改动，才放了心。遂决定升礼科都给事中李实为礼部右侍郎任正使，升大理寺丞罗绮为少卿任副使，率领随行人员于七月一日出发前去瓦剌议和。

朱祁镇见到明朝使者，迫不及待地说，你们回去上复当今皇帝和内外大臣，赶快派人来迎。并表示回去后愿看守祖宗陵寝，或者做一名普通百姓。李实回到北京后，也先又两次派使者到北京，双方经过反复谈判，在明王朝在经济上做出许多让步后，也先终于决定放归英宗。七月十五日，朱祁镇到达北京，景帝与百官集结在东安门迎接，二人相见后执手相泣，寒暄了一番后英宗被送进了南宫（今北京南池子），由做也先的俘虏，变为被弟弟幽禁的"囚徒"。被软禁起来的朱祁镇，在南宫一住就是将近八年，这期间，眼看着自己的儿子太子朱见深被景帝的儿子所取代，看着弟弟的皇位日益巩固，他只有哀叹的份儿。但谁曾想，天遂人愿，一夜之间，他忽然又登上了皇帝的宝座。

原来，景帝在景泰三年废除了原来的太子朱见深，立自己的儿子朱见济为太子。然而只过了一年多，朱见济却夭折了。景帝只有这么一个儿子，他又不愿传位给祁镇的儿子，因而对立太子一事一直不露声色。这时他才20多岁，或许是想以后自己还会有儿子。不料到了景帝八年（1457）正月，他却病倒了。当时，一年一度的极为隆重的大典郊祀的日期即将临近，他支撑着病体来到南郊斋宫，把武清侯石亨召到榻前，要他代行郊祀礼。

怀有二心的石亨看出景帝已经病入膏肓，毫无康复的希望。从斋宫一出来，即找到同党左都御史杨善和太监曹吉祥密谋，请太上皇朱祁镇复位，以便得功邀赏。主意一定，他们又跑到太常卿许彬那里商议。许彬认为办成这件事有盖世之功，但他又称自己年纪太大，无能为力，让他们找常有奇策的徐有贞商量。十四日晚上，石亨等人聚集在徐有贞家里，商量如何行动。他们约定十六日夜举事，石亨等在前一天将计划秘报了朱祁镇，得到朱祁镇的默许，于是便分头准备起事。

这时，恰好边吏报警，徐有贞便决计以加强戒备防不测为名，调一部分军队进入大内，然后直扑囚禁英宗的南宫。军队冲到南宫后，由于门紧锁着，很牢固，徐有贞命令军士抬来巨木，几十个人一起用力抬木撞门，但仍不奏效，他又命令一些士兵爬墙进去，内外合力毁墙，终于很快墙坏门开，他们冲进了南宫。

景泰陵

　　景泰陵位于北京海淀玉泉山北麓。景泰八年（1457）正月，英宗复位，改元天顺，朱祁钰被废软禁。不久去世，以王礼葬于金山口。后宪宗即位，复景泰帝号，将原成王墓扩修为皇陵。嘉靖时又改建陵碑，并易绿瓦为黄瓦，使之符合帝陵规制。

　　朱祁镇自从得到了密报，不知是福是祸，在忐忑不安中焦急地等待着。听到撞门声，他立即在灯烛之下单独出见。徐有贞等人冲入后，见到英宗，立即跪伏在地上，齐声请他复出登位。朱祁镇用力压抑住心头的惊喜与慌乱，答应了他们。军士拥着英宗来到东华门，守门的卫士喝令他们停止前进，朱祁镇大声喊道："我是太上皇。"门卫见状，不敢阻拦。众人一直来到皇帝听朝的地方奉天殿。当朱祁镇重新坐在了告别八九年之久的座位上时，激动得近乎木然。徐有贞等见大事已成，率众军士立即高呼万岁。

　　十六日，景帝曾通知群臣第二天上早朝，十七日清晨，大臣们一大早就等在朝房中准备景帝临朝。忽然听到宫殿之中传来山呼万岁声，正在惊疑之时，又听钟鼓齐鸣，接着诸门大开，徐有贞出来大声宣布太上皇已复位，催促大家赶快去朝贺。事情来得非常突然，官员们一时反应不及，十分惶恐，又见大殿上果真坐的是太上皇，只得列班朝贺。朱祁镇又摆出了皇帝的威严，宣谕复位，并狡称卿等因为景帝有疾，迎朕复位，望仍各司其职。一场宫廷政变出乎意料地平平静静地成功了。这件事史称"夺门之变"，又称"南宫复辟"。[1]

---

[1] 事见《明史·景帝本纪》："八年春正月……。武清侯石亨、副都御史徐有贞等迎上皇复位。二月乙未，废帝为成王，迁西内，……癸丑，王薨于西宫，年三十。谥曰戾。毁所营寿陵，以亲王礼葬西山。"

四、宠信奸臣　被迫平叛

英宗复辟后，废景帝仍为郕王，并把这一年改为天顺元年。病中的景帝被迁往西宫，没过几天就病死了，年仅30岁。他被以亲王的礼仪葬于西山，他的妃嫔也被赐死殉葬。与此同时，英宗将在抗击瓦剌保卫北京、治理国家中立下汗马功劳的少保于谦等一大批官员逮捕入狱。

为了借机报仇，徐有贞与石亨等几个串通一气，唆使同党弹劾于谦、王文阴谋迎立英宗叔父的儿子为皇帝。廷审时，王文辩白说，召亲王进京须用金牌信符，派人须用马牌，只要查一下内府、兵部就可以真相大白。于谦在一旁冷笑说，这是石亨等人的主意，辩白又有什么用处？果然，经过查对，金牌、信符全在内府。但徐有贞却说虽然没有明显迹象，但用意是有的。这时主审的都御史萧维桢阿附徐、石，竟以"意欲"二字成罪，判于谦等人谋逆罪，处死刑。

开始，英宗十分宠用徐有贞，认为他很有才能。徐有贞便趁机排挤异己，意欲独揽大权。他看到曹吉祥和石亨招权纳贿的劣迹太露骨，英宗对此亦流露出厌恶的神情，便有意与曹、石二人拉开距离。英宗因而对他更为信任，经常屏退左右，与徐有贞一起秘密议事。

在这之前，曹吉祥与石亨在权力争夺中也有矛盾和斗争，但当他们感到受到威胁时，两人又联合起来，秘谋对付徐有贞。一次，英宗又与徐有贞议事，曹吉祥让一个小太监悄悄在外窃听。过了不久，曹吉祥在和英宗谈话时，故意将偷听到的内容泄露出来。朱祁镇大吃一惊，连忙问他是从哪里听说的，曹吉祥谎说是徐有贞告诉他的。这使英宗对徐有贞产生了怀疑。就这样，在曹吉祥的不断离间下，朱祁镇渐渐疏远了徐有贞。之后不久，曹吉祥、石亨又唆使言官弹劾徐有贞"图擅威权，排斥勋旧"。于是，徐有贞被关进了诏狱，并被谪戍边，直到天顺四年（1460）才被释放回原籍苏州。

天顺元年十二月，英宗重新审议奖励在"夺门之变"中的有功人员。由于这时的政局已基本上被曹吉祥、石亨所操纵，结果，曹吉祥的养子被加封为昭武伯，他的三个侄子被任命为都督，他门下豢养的士卒因夺门冒功得官的竟多达千人。石亨也不甘落后，他以迎复功最高自居，不仅本人晋爵，而且他的侄儿石彪也被封为定远侯，他的弟弟、侄子、家人冒功而被授指挥、千户、百户的有50多

人，他的部属、亲朋故旧冒名夺门而得官的达4000多人。

由于英宗的宠信放纵，石亨借机培植党羽，扩充实力。他摸透了英宗的心理，常常带几个爪牙到英宗跟前对他说，这几个人是我的心腹，迎复陛下时他们出了很多力。昏庸的英宗只要一听说为他复位出过力，就立即按石亨的要求授予官职。到后来，石亨、石彪叔侄两家养有官员、猛士数万人，将帅中有一半出自他们的门下。

随着权势的扩大，石亨更加胡作非为，横行朝中，他大肆排斥异己，将两京大臣斥逐殆尽。他还屡兴大狱，构陷纠劾他不法行为的言官，使得朝中官员大都十分畏惧他的权势。

直到这时，朱祁镇对石亨才有所认识。起因是朱祁镇命人为石亨在皇城中建造府第，建成以后，其壮丽如同王府。

景泰蓝又称"铜胎掐丝珐琅"，是中国的传统工艺品，春秋时已有此技术，到明代景泰年间这种工艺技术制作达到了巅峰，故后人称为"景泰蓝"。

一次，朱祁镇在官员的陪同下登上翔凤楼，他遥指石亨的府第明知故问身边的官员说："这是谁家的住宅，如此宏丽。"官员们没有一个敢如实相告，大都推说不知，恭顺侯吴瑾则含混其词，说那一定是座王府。英宗一笑说："不是这样。"吴瑾假装惊诧地问："不是王府，谁敢僭越盖这么宏伟的房子？"英宗恍有所悟地长叹了一口气。[1]从此，英宗对石亨叔侄内外拥有重兵的疑虑越来越重。为了削弱他们的兵权，天顺三年（1459）七月，英宗召石彪入京。石彪不肯从命，暗地里指使千户杨斌等50余人到京师奏保，乞令石彪留在大同镇守。这更

---

[1] 事见《明史·列传第六一·石亨》："初，帝命所司为亨营第。既成，壮丽逾制。帝登凤翔楼见之，问谁所居。恭顺侯吴瑾谬对曰：'此必王府。'帝曰：'非也。'瑾曰：'非王府，谁敢僭逾若此？'帝颔之。"

引起了英宗的怀疑，他命人将杨斌等人收入狱中严刑拷问，杨斌供出了是受石彪的指使。英宗立即严令石彪疾驰入京。石彪一到北京，立即被关进了锦衣卫狱。

石亨措手不及，只好上章待罪，请求尽削弟侄官爵，放归田里。英宗没有准许。很快，石彪的供词牵涉到了石亨，在朝的一些大臣也上章弹劾石亨招权纳贿、肆行无忌、图谋不轨等罪行，说石亨不可轻宥。于是，石亨也被关进了诏狱。第二年二月，石亨在狱中死去，紧接着石彪等人也被处死。石亨叔侄的下场使曹吉祥等惊恐不已。他们清楚地知道自己的命运与石亨等人是紧密相连的，石亨的结局也许就是他们明天的命运。他们认为如其坐以待毙，不如孤注一掷，发动军事政变。

英宗得悉曹吉祥等人的不法行为后，加强了对他们的控制，派锦衣卫指挥暗中进行监视。曹慌了手脚。天顺五年（1461）七月，恰巧甘州（今甘肃张掖）、凉州（今甘肃武威）告警，英宗下令怀宁侯孙镗统领京军西征，部队正整装待发。曹吉祥等秘密商定在七月初二由其侄曹钦率人袭杀孙镗，夺取兵权，曹吉祥则在宫中率领所属禁卫军为内应。计议已定，曹钦设宴招待他的党徒等待起事。夜交二鼓，酒吃到一半，叛乱军官之一的都指挥马亮怕万一事情不能成功而

明英宗裕陵的祾恩门

遭杀身之祸，悄悄溜出来，到皇宫朝房告发，恰好孙镗和另两个军官住在里面，他们急忙草成奏疏从长安门缝隙中投了进去。英宗接到这份报告，便下令火速逮捕了曹吉祥，并严令坚闭皇城各门及京城九门。

曹钦发现马亮去而不归，察觉到走漏了消息，慌忙率领他的几个死党和几百士卒直扑长安门，但到宫门一看门已紧闭，便冲到朝房砍杀了几个官员，并纵火焚烧东西长安门。这时，孙镗已集合起征西部队攻击曹钦，曹钦不敢恋战，想外逃出城，但各城门已依照英宗命令关闭，没有办法，他只好奔回家中。孙镗的部队很快冲进来，曹钦走投无路，投井自杀。三天之后，曹吉祥被凌迟处死。[1]

英宗宠信曹、石，酿成了曹石之乱。在这之后，他虽然也想任用贤臣重治国家，然而，这时的国力已遭到极大削弱，英宗的身体也日渐衰弱多病。天顺八年（1464）正月，年仅38岁的朱祁镇死去。临终前，他命太监草书遗诏，废除了自成祖、仁宗、宣宗以来的宫妃殉葬制度。[2]最后总算办了件明白事。朱祁镇死后被葬于裕陵，庙号为"英宗"。

名家评说

英宗承仁、宣之业，海内富庶，朝野清晏。大臣如三杨、胡濙、张辅，皆累朝勋旧，受遗辅政，纲纪未弛。独以王振擅权开衅，遂至乘舆播迁。乃复辟而后，犹追念不已，抑何其惑溺之深也。前后在位二十四年，无甚稗政。至于上恭让后谥，释建庶人之系，罢宫妃殉葬，则盛德之事可法后世者矣。

——清·张廷玉等《明史》

---

[1] 事见《明史·宦官一·曹吉祥列传》。
[2] 事见《明史·英宗本纪》："八年春正月乙卯，帝不豫。……乙巳，大渐，遗诏罢宫妃殉葬。"

孝宗朱祐樘

明孝宗朱祐樘（1470~1505），明朝第十代皇帝。明宪宗第三子，母淑妃纪氏。公元1487~1505年在位，谥号"敬皇帝"，庙号"孝宗"。朱祐樘即位后肃清朝政，恭俭爱民，力挽危澜，为明代迎来了一个难得的和平时期，他也因此而跻身于历史上中兴帝王的行列。

一、侥幸得生　清除积弊

祐樘的母亲纪氏，在宫中只是一个小小的女史（女官名称），她本是广西贺县的瑶族民女，在成化元年瑶民造反失败后，夹带在被俘的几千名男女青年中送来京城。由于纪氏姿色超群，聪明伶俐，入宫后不几年即通习汉语，从而被命令管理宫中藏书。成化六年秋天，宪宗偶然来到书房，见纪氏长得如花似玉，而且应对称旨，于是喜而幸之，因此有孕。纪氏怀上朱祐樘，犯了宪宗专宠的万贵妃的大忌，这个女人自己不能生育，也不准别人为皇帝传宗接代，专门残害被宪宗临幸过的妃子和宫女。纪氏怀孕时，万贵妃曾经留意过她，她派去的宫女不忍对纪氏下手，于是谎报说她是病痞，纪氏因此被贬居安乐堂。满了十个月，纪氏生下了一个男孩，看着已经降生的朱祐樘，纪氏知道自己不可能将他抚养长

明孝宗朱祐樘
——从原故宫南熏殿旧藏《历代帝王像》

王　恕

——从清道光十年（1830）刻本《古圣贤像传略》（顾沅辑）。

王恕（1416—1508），字宗贯，号介庵，三原（今属陕西）人。历仕英宗、代宗、宪宗、孝宗、武宗五朝。一生刚正清严，始终一致。与马文升、刘大夏合称"弘治三君子"，辅佐孝宗朱祐樘实现"弘治中兴"。正德三年（1508）卒，年九十三。追赠左国柱、太师，谥号"端毅"。

大，忍痛下了狠心，将他交给门监张敏，让他抱去溺死。张敏为人善良，他想到皇上无子，就背着万贵妃秘密哺养朱祐樘。废后吴氏这时正好贬居在西宫，与安乐堂相邻，闻之也往来就哺，从而保全了他的生命，渐渐地朱祐樘长到6岁。

成化十一年（1475）春天，有一次，宪宗召张敏梳理头发，对镜叹道："老之将至了，尚无子嗣！"张敏就把朱祐樘的事情告诉了他。宪宗喜出望外，立即派人把他接来。朱祐樘去见父亲的时候，胎发还未剪除，直垂到后颈，看到宪宗，他依据母亲的交待，扑到宪宗的怀里，大声呼喊"父亲"。宪宗揽视良久，悲喜交加，连连说："这个孩子像我，真是我的儿子啊！"随即饬礼部定名，并册封纪氏为淑妃。纪妃终究还是没能逃过万贵妃的毒手，不久就在新居永寿宫被害而暴病身亡。太监张敏知道不能幸免于难，随即也吞金而死。母亲的去世，使朱祐樘极为悲伤，神情犹如成人一般，持续了很长一段时间。这年的十一月，朱祐樘被册立为太子。随后即位，是为孝宗，年号弘治。

二、清除积弊　初创功绩

后宫中的这段经历，对孝宗的影响很大，由此形成了他嫉恶如仇的性格。在即位之后极短的时间里，孝宗对太监梁芳、礼部右侍郎李孜省等人，给予了严厉的惩罚。太监梁芳是万贵妃的红人，曾向其大量进献美珠珍宝，得到宠信，一些奸佞之徒通过走他的门路，得到包括太常寺卿在内的官职。孝宗在执政的第六

马文升
——从明万历三十七年（1609）原刊本《三才图会》

马文升（1426—1510），字负图，钧州（今河南禹州）人。景泰二年（1451）进士，历辽东巡抚、右都御史、总督漕运。弘治初任兵部尚书，后任吏部尚书。正德元年（1506），因屡遭弹劾，遂上疏乞去。正德四年（1509），被权宦刘瑾削秩除名。刘瑾被诛后，获赠特进光禄大夫、太傅，谥号"端肃"。马文升一生功先后辅助代宗、英宗、宪宗、孝宗、武宗五朝，历仕五十六年，后人有"五朝元老马文升"之称。

天，就把他送入诏狱。李孜省因为依仗万贵妃作恶多端，公然操纵内阁大臣随意罢免、提拔官吏，被谪罚戍边。两个月后，孝宗又下令罢免传奉官，将那些冒领官俸的艺人、僧徒一概除名，先后总计有3000人之多。

接着，孝宗又将整顿目标转移到了吏制上面，并首先从内阁开始改革，将宪宗时期通过钱财贿赂、阿谀奉承混迹于朝中的官员一律撤换。宪宗末年，内阁中有"纸糊三阁老"的说法。这三阁老指的是以外戚万安为首的三名官员。他们凭借溜须拍马、曲意逢迎在朝中滥竽充数，毫无建树，因此时人将他们比作纸糊的灯笼，讽刺他们的无能，朝中群臣也对他们颇多非议。万安也是通过巴结万贵妃才得以发迹的。他为了讨好万贵妃，竟然不知羞耻地与万贵妃攀亲，称自己是她的侄子。孝宗还是太子的时候，就知道万安劣迹斑斑，声名狼藉，对他非常反感。因此，朱祐樘对内阁的改革，便决定先从万安开刀。

不过，孝宗也没有立即进行问罪，于是万安便庆幸自己得以过关了。不料，过了几天之后，太监怀恩就到内阁来召见万安，将手中的一个小木匣子交给他，说道："皇上有旨。"万安觉得有些莫名其妙，打开匣子一看，原来里面是一些奏疏，末尾署名正是万安，都是宪宗时他所进奏的，内容全都是讲房中之术。原来，朱祐樘偶尔在宫中发现了这匣奏疏，怒不可遏，于是立即派太监怀恩来当面宣旨。怀恩指着奏疏厉声斥责万安道："这是大学士您写的东西吗？"万安已经羞愧得汗流满面，伏在地上半天不敢起来，一句话也说不出来。随即，怀

恩奉旨罢免了万安的官职，逐其还家。

与罢斥奸佞相并的是任用贤能。为了熟悉官吏的情况，弘治元年三月，孝宗下令吏、兵两部把两京文武大臣、在外知府守备以上的官吏姓名，全部抄录下来，贴在文华殿的墙壁上，遇有迁罢的人，随时更改。他还多次指示吏部、都察院"提拔、罢免官吏的主要标准，是看此人有无实绩"。由于孝宗注意任用贤能，形成了"朝多君子"的盛况，出了许多名臣。

孝宗即位后，还很注意广开言路，于是在他上台不久，形成了臣子纷纷上书的生动局面。如这年三月，都御史马文升上疏言时政十五事，[1]其中的一条是"节约费用，以解救百姓生活的艰难困顿"，他说："宫中所供应的物品，如果陛下能节俭一分，则百姓受益一分。"言语极为尖锐、深刻。孝宗对这个建议非常赏识，嘉奖了马文升，并下令削减宫中开支。正统以来，皇帝每天只有一个早朝，大臣们为时间所限，进见言事，不过片时。这样一来，皇帝与大臣们见面的时间很少，只好在一些重大问题上听信太监的意见，对大臣们的了解也很少。鉴于这种情况，吏部尚书王恕建议，除早朝之外，孝宗最好每天再在便殿召见大臣，谋议政事，当面阅其奏章，下发指令。王恕认为，这不仅可以使皇上加深对大臣们的了解，而且可以提高其处理政事的才能，使正确的意见得以贯彻执行。孝宗听到后，觉得很有道理，遂开始增加"午朝"，每天在左顺门接见大臣，倾听他们对政事的见解，做出了许多重大决策。

三、爱惜民生　中兴之治

新君即位之初勤于朝政，而后荒疏，继而江河日下的事例，史书每每可见。明王朝的君主尤为明显。但孝宗朱祐樘是个例外，弘治初年的诸多优点，在以后几乎一直保持了下来。

孝宗之所以能做到这一点，是因为在他周围有一批对朝廷忠心耿耿的大臣，如王恕、马文升、刘大夏、刘健、谢迁、李东阳等人，为他励精图治立下了汗马功劳。在群臣之中，孝宗最信任的是王恕，也因为有了王恕的原因，孝宗才如虎添翼，雄风大振。王恕是在成化末年被宪宗强迫致仕的老臣，以"好直言"著称。孝宗即位后两个月，由于许多大臣的推荐，将他任命为吏部尚书，一直干

---

[1]事见《明史·列传第七〇·马文升》。

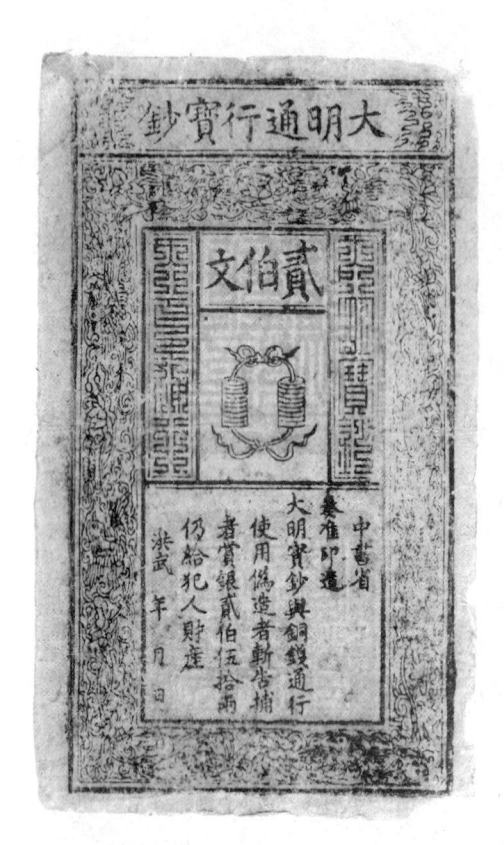

大明通行宝钞

明太祖朱元璋于洪武八年（1375）诏中书省造"大明通行宝钞"，面额自一百文至一贯，共六种。因纸币只发不收，致使市面宝钞泛滥。至弘治年，宝钞在商品货币经济中已无意义，此后停止印制发行。

了将近六年之久。新君的善任使王恕感激不尽，在职期间，除了仍能上疏抨击时弊之外，他还先后向孝宗引荐了包括刘大夏在内的许多人才。

孝宗极为赏识的还有马文升。这是一位文才武略兼备的大臣，弘治二年（1489）由左都御史升任兵部尚书，并提督12营团。马文升到职以后，因兵备久弛，他大力整军，罢免了30余名不称职的将校。结果惹起遭贬将校的怨恨，有人夜间持弓等在他的门口，企图行刺，还有人写了诽谤信，射入皇宫之内。孝宗立即下令锦衣卫缉捕，并特拨骑士12人，时时跟随保卫马文升。

数年之后，孝宗仍把重用忠良之士作为治理朝政的保证，又陆续把刘健、谢迁、李东阳等人，提升到内阁当中，参与机要。对于内阁大臣们的奏请和意见，孝宗初时尽管大多能听从，有时也并非全都认可，但后来他看到这些人确实在同心辅佐，其信任程度大为加强。凡阁臣们的奏请，无所不纳，与他们的关系极为融洽。因刘健曾在他做太子时，担任过讲官，孝宗就一直称其为先生，尊重异常。而孝宗对阁臣们讲的话，言听计从，每每称善，这种情形在君臣之间，确实少见。

孝宗在减轻百姓负担上也做了许多好事。这表现在减免灾区的赋税征收上。从弘治三年（1490）河南因灾免秋粮始，他对每年奏报来的因灾免赋要求，几乎无一例外地加以同意。[1]弘治六年（1493），山东因灾情严重发生饥荒，

---

[1] 事见《明史·孝宗本纪》。

孝宗闻奏之后，向灾区发送去帑金50余万两，米200余万担，并派了官员监督发放，不仅免除灾区税赋，还通过赈济拯救了260余万灾民的生命。

为了整治黄河以及江南的水患，孝宗令刘大夏于弘治五年（1492）七月，来到了山东，坐镇阳谷。刘大夏不负使命，历时两年，完成了多项水利工程，终于治服了水害。奉旨到江南治理水害的工部侍郎徐贯，也出色地完成了钦命。他在江浙地区大搞调查研究，从而确定了比较完善的治水方案，一举修建、沟通河、港、泾、湖、堤岸等135道，从而使洪水通过吴淞、白茆地方的渠道，毫无阻拦地泄入海中，除掉了威胁朝廷主要经济区的一大祸害。

在施恩于百姓的同时，孝宗继续虚心纳谏，鼓励广开言路的风气，亲近大臣，远离小人，勤于政事，表现得相当明智。弘治九年（1496）闰三月，少詹事王华在文华殿向他进讲《大学衍义》，趁机向他揭发太监李辅国与张皇后关系甚密，招权纳贿。此事被李辅国知道后，马上报复，说王华有种种劣迹，应予驱逐。孝宗没有听信李辅国的谗言，反而传令中官赐食给王华，以示亲近。

弘治十年（1479）二月，孝宗在后苑游玩的时间过长，侍讲学士王鏊反复规劝，孝宗当时没有接受，事后却没有怪罪，而是对诱导他玩乐的太监说："讲官指出这一缺点完全正确，是一片诚挚之情，完全是为我着想啊！"[1]自此之后，孝宗不再到后苑游猎寻欢。为了引导大臣们踊跃进言，孝宗还经常提出这件事情，请人们知无不言。他为打消讲官的顾虑，避免讲官为此观望、不肯大胆进言，特召来刘健等人，说："讲书必须要讲那些圣贤之言，如此直言不妨。"进而又明确要求阁臣们："传我的话给诸位讲官，不必顾虑。"为了巩固统治，孝宗如此虚心，在明王朝历代君主中是不多见的。朱祐樘的勤政终于得到了回报，弘治时期社会稳定，吏治清明，贤能云集，经济繁荣，人民安居乐业，是明代历史上少有的和平时期。

四、知过能改　重振朝纲

弘治八年（1495）之后，孝宗在励精图治上开始有所懈怠，不仅对一些忠心正直的大臣逐渐疏远，而且渐渐地开始不上朝了。尤其是弘治后期，孝宗对佛

---

[1]事见于《明史·列传第六九·王鏊》："中贵李广导帝游西苑，鏊讲文王不敢盘于游田，反复规劝，帝为动容，讲罢，谓广曰：'讲官指若曹耳。'"

《十同年图》

  这是一幅描写明弘治十六年（1503）十位高级官员聚会情景的群像画。聚会时间为该年三月二十五日，聚会处在闵珪府第之达尊堂。与会者都是在朝重臣，年龄以闵珪最大，李东阳最小。画面上人物分为三组，从卷首起第一组三人分别是南京户部尚书王轼、吏部左侍郎焦芳、礼部右侍郎谢铎；第二组四人分别是工部尚书曾鉴、刑部尚书闵珪、工部右侍郎张达、都察院左都御使戴珊；第三组三人分别是户部右侍郎陈清、兵部尚书刘大夏、户部尚书兼谨身殿大学士李东阳。

道产生了极大的兴趣，由于童年的多难使得他的身体一直不好，他竟然又开始走宪宗亡国的老路，希望通过佛道之术改变自己的身体状况。因此，一些奸佞之辈又借机混入了宫中，再次祸乱朝政。太监李广就是其中的一大首恶。

  有一次，北方鞑靼部落首领小王子率众侵犯边境，兵部尚书王越本来已被孝宗贬谪多年，年纪已经七十多了，他托人贿赂李广，请他暗中保荐自己，居然又被起用，任命辖制三边军务。王越奉诏前往征讨，居然攻破了小王子的军营，大获全胜，被晋封为少保。李广也因为举荐有力得到重赏，深得孝宗的宠信，每次向孝宗献的计策，也都得以听从接受。李广渐渐又引导着孝宗开始迷信仙佛，修炼斋醮之术，召用番僧、方士，研究符箓祷祀等事。

  在李广的建议下，孝宗在万寿山上修建了一座供玩乐的毓秀亭。不料亭子刚建好，小公主便忽然夭折，接着又是太皇太后居住的清宁宫起火。司天监官员奏称说这是因为建了毓秀亭，犯了岁忌，所以才会有此祸变。太皇太后震怒不已地说道："今日李广，明日李广，日日闹李广，日日闹李广，果然闹出祸事来了。李广不死，后患恐怕还没完没了呢！"李广听说之后，不觉吓得颤栗不已，便畏罪服毒自杀了。

孝宗听说李广死了，觉得十分惋惜。接着他想到李广很有道术，也许这次是羽化登仙了也未可知，说不定他家中会有修道的秘籍，于是就派人前去其家中搜寻。果然没多久便搜到了一些书簿。孝宗大喜过望，立即翻阅书簿。不料，这些书簿中却并没有炼食仙丹的方法，记载的只是一些出入账目，都是某日某官馈赠黄米、白米若干石，大致核计一下，居然有千万之多。孝宗不禁觉得十分诧异，便诘问左右的人道："李广一家有几口人，哪能吃这么多黄白米呢？况且，素来听说李广家里并不宽绰，这么多黄白米又存放在哪里呢？"不料，左右告诉孝宗说，黄白米就是黄金、白银的隐语，账本上记载的其实就是李广收受的贿赂而已。孝宗顿时大怒，说："百官之中，竟然有如此无耻之徒，实在是太可恶了！"立即命令刑部，按照账簿上的名单逮捕讯问。

经过李广事件之后，孝宗幡然醒悟，再度振作起来，又开始励精图治，重用贤良，虚怀纳谏。他曾经与李东阳、刘健、谢迁三人谈论朝政利弊，三人也都竭诚尽虑，知无不言。[1]遇到他们有重要的事情需要禀告时，孝宗便让左右服侍的人全都退去，和他们促膝密谈，说些什么别人不得而知，只听见孝宗不时地对他们的意见表示称赞。当时就有歌谣称赞道："李公谋，刘公断，谢公尤侃侃。"

弘治十八年三月，李梦阳上书指斥弊政，洋洋洒洒写了数万言。其中指斥张皇后的兄弟张鹤龄尤其严厉，揭发他招纳无赖，鱼肉百姓。张鹤龄与皇后母亲金夫人听说后，天天在孝宗面前哭闹，要将李梦阳下狱治罪。孝宗不得已，只好

---

[1]事见《明史·孝宗本纪》。

照着做了。许多官员纷纷上疏营救李梦阳，金夫人也继续谗言陷害，又在孝宗面前哭闹，要求对李梦阳施以重刑。孝宗不禁动了怒气，推案而起。接着刑部来请示处理意见，请求对李梦阳免除重罪，予以杖责。孝宗毫不犹豫地作出批示，将李梦阳复归原职，仅仅罚掉三个月的薪俸。

在李梦阳获释之后，对皇戚勋爵的打击自然就达到了高潮。锦衣卫和东厂的侦缉往来探听，据实治罪，颇有声势。那些往日横法不行的权贵，从孝宗的决断行动当中，感到寒光闪闪的利刃正在逼近，纷纷收敛了劣迹。京城中悄悄关闭了若干商栈店铺，被遣散的家妇仆人，也纷纷另寻出路。京城一带，遂告平安。

弘治十八年（1505）五月，36岁的明孝宗朱祐樘去世了。他在弥留之际遗命传位于太子朱厚照，并叮嘱刘健、李东阳、谢迁等忠正之臣好好辅佐太子，使太子能够担当起治国重任。然而唯一放心不下的，是苦心经营出的"弘治之治"的瑞祥气象还能持续多久。他是多么希望继位的皇太子能将他的政绩发扬光大。

名家评说

　　明有天下，传世十六，太祖、成祖而外，可称者仁宗、宣宗、孝宗而已。仁、宣之际，国势初张，纲纪修立，淳朴未漓。至成化以来，号为太平无事，而晏安则易耽怠玩，富盛则渐启骄奢。孝宗独能恭俭有制，勤政爱民，兢兢于保泰持盈之道，用使朝序清宁，民物康阜。《易》曰："无平不陂，无往不复，艰贞无咎。"知此道者，其惟孝宗乎！

——清·张廷玉等《明史》

　　于是孝宗又黜佞崇贤，刻意求治，此如日月之明，偶遭云翳，一经披现，则仍露清光，未有不令人瞻仰者也。

——蔡东藩《明史演义》

世宗朱厚熜

明世宗朱厚熜（1506～1566），明代第十一位皇帝。宪宗之孙，兴献王朱祐杬的儿子，明孝宗朱祐樘的侄子。公元1524～1566年在位，谥号"孝肃皇帝"，庙号"世宗"。他即位之初颇有作为，后来却日渐腐败，迷信方术，乱杀忠臣。

一、初治国政　朝争仪礼

明正德十六年时朱厚熜只有15岁，他父亲朱祐杬前年刚刚去世，按照明朝的礼法，朱厚熜13岁时就以世子经理王府事务，后来又被特命承袭王位，小小年纪就已拥有了一个亲王的种种特权。对于明武宗朱厚照驾崩的消息，朱厚熜知道的不算太早，朱厚照已死的邸报传来，王府上下遂按照惯例举行了十分铺张的哀悼，此外他根本不曾想到武宗驾崩与自己还有什么关联。

替朱厚熜想到继承关系，并力主由他登极的，是远在京城的朝廷内阁首辅杨廷和。朱厚照死后，因为无子可继皇位，慈寿皇太后张氏命令内阁议所当立。早有准备的杨廷和第一个发言说："兄终弟及，按序厚熜当立。"皇太后对杨廷和的建议没有提出异议，批准写进大

明世宗朱厚熜
——从原故宫南熏殿旧藏《历代帝王像》

行皇帝遗诏，立即执行。

四月二十二日，风尘仆仆的朱厚熜由安陆来到了京城郊外。内阁用对待皇太子的礼仪迎接他，但朱厚熜凭借掌握的礼仪知识，拒绝参加这个仪式，他责问叩问缘故的众臣说："遗诏写得很清楚，我遵照兄终弟及的祖训嗣皇帝位，你们按照太子礼迎接我，难道我是来做太子的吗？！"[1]新君的机敏和强硬态度，出乎大臣们的意料，大学士们只好重新做出安排，改由皇太后率文武百官上表劝进。劝进表上了三次，朱厚熜感到名正言顺后，才于中午时分起身，自大明门进入宫中。他先是派官员代表去祭告宗庙、社稷，然后拜谒列祖神位，然后去问候皇太后。即位典礼当日就在奉天殿举行，朱厚熜为自己选择的年号是嘉靖，意在平乱求治，力除弊政，繁荣帝国。

世宗登极时年龄不大，也不乏求治之心。他在安陆管理弹丸大的封地，积累了一些统治经验。朱厚照留给他的是一个烂摊子，内外交困，百废待兴，人心极不稳定。他明白治理朝政需要的是什么，由此他赏识和重用杨廷和。在杨廷和的辅佐下，世宗对武宗时期的弊政进行了一番改革：诛杀了武宗的佞臣江彬、钱宁，将太监谷大用、邱聚降职去司守孝陵，迫使太监魏彬、张永交出权力；两次裁汰了锦衣卫及内监局的冒滥军校、匠役共18万余人；提拔了一些正直官员，委以重任；放走内苑的珍禽异兽，明令各地不许再献；减少漕粮1532000石。对即位之前杨廷和调边军还镇、关闭不成体统的皇店、送还全国进献美女等举动，给予了肯定。当杨廷和因为从宫中驱逐朱厚照的义子、裁汰冗员引起失职之徒的仇恨、扬言要报复时，世宗的反应极其迅速，下令调拨了百余名军士，日夜对其进行特殊保护。元年十月，有大臣上疏，指出宦官出镇不足取，说他们平日里安享尊荣，肆毒百姓，遇变则心怀顾望，极不可靠。世宗非常赞同这一看法，不久就下诏将派驻在各州府的宦官召回京城，并且一直没有复派，时间长达40余年。在不长时间里，世宗以令世人眼花缭乱的果敢举动，显示了他的果断与皇上威仪，缓和了社会矛盾，天下臣民盛称新天子圣明，歌颂杨廷和功高。

明世宗朱厚熜是作为其伯父、孝宗朱祐樘的继承人当上皇帝的，即位后的世宗是要称自己的父亲为"皇考"呢，还是称孝宗为"皇考"？问题的核心就是当皇帝后还能不能承认生父为父亲，如果能，按封建礼制，就有一套礼仪问题。

---

[1]语见《明史·世宗本纪》："（世宗）曰：'遗诏以我嗣皇帝位，非皇子也。'"

世宗的本意，当然是要尊奉生父。在即位典礼后的第五天，为了给死去的父亲一个比较高的封号，世宗下诏让群臣讨论这个问题，朝臣的意见发生了分歧。杨廷和恪守礼法，认为世宗既是以宗藩入统，就应称孝宗为"皇考"，而改称兴献王为皇叔父，他让礼部尚书毛澄将这个意见告诉世宗，并用坚决的口吻对左右的人说："异议者即奸谀当诛。"世宗对"移易"父母非常不满，要求重议，但因群臣的反对，加上他的皇位还不巩固，只能搁下。

使事情起变化的是世宗的母亲蒋氏。大约过了四个月，蒋氏自安陆进京，听到朝中大臣们的意见，大发脾气，对陪同的朝使说："你们受职为官，父母都得到了宠诰，我儿子当了皇帝，却成了别人的儿子，那我还到京去做什么？！"说完即停在通州，不肯再走。世宗闻报，哭着入禀张太后，说："您另选别人做皇帝好了，我要与母亲一同回安陆，仍旧做献王。"张太后一面慰留，一面饬阁臣妥议。杨廷和无奈，只好代世宗草敕下礼部，尊朱祐杬为兴献帝，蒋氏为兴献后。礼官据此安排蒋氏由东安门入宫，奏报送上，世宗不待瞧毕就予掷还。礼官又建议改进大明东门，世宗仍感不合心意，竟奋笔批示道："圣母至京，应从中门入，谒见太庙。"蒋氏听到这个决定后，才继续前进。蒋氏进京后，杨廷和利用手中的权力，授意吏部将迎合世宗想法的观政进士张璁贬为南京刑部主事，又把跟随自己发表"兴献王不宜称考"意见的官员，安排到吏部和工部。世宗对此没有干预，但他也没有放弃原来的主张。可惜的是与杨廷和的这场分歧，在世宗心里留下了芥蒂，他由此开始排挤、削弱反对派官员。

到了嘉靖三年（1524）正月，被贬到南京的张璁和南京吏部主事桂萼，看到世宗立足已稳，揣测帝意，又上书重提旧案，要求"速下诏旨，循名考实，称兴献帝为皇考"。世宗见到疏奏，连连点头，叹赏说："此疏太重要了，天理纲常，要仗它来维持了。"下诏廷臣集议。杨廷和见他故态复萌，料自己也

杨廷和
——从明万历三十七年（1609）原刊本《三才图会》

毛 澄
——从清道光九年（1829）长洲顾氏刊本《吴郡名贤图传赞》（清顾沅撰，孔继尧绘）

无回天之力，决意辞职。与他一同要求辞职的，还有礼部尚书毛澄。世宗在辞呈上写了"听之去"三个字，言官们向他请求留下二人，世宗一言不发，用沉默表示了自己的强硬态度。最后杨廷和为此被削职为民。

杨廷和去职后，礼仪之争达到了白热化程度。新任礼部尚书汪俊对来自南京的疏奏坚决反对，但世宗再不肯放过这一机会，直逼到汪俊同意将兴献帝改为兴献皇帝仍不罢休，又下令让张璁、桂萼进京官复原职。张璁、桂萼动身之前又上一疏，提出"礼仪不在皇与不皇，而在考与不考"。世宗于是敕谕礼部，追尊兴献皇帝为本生皇考恭穆献皇帝，令礼部在奉先殿侧另建一室，安放皇考神主。汪俊不肯从命，辞职还家。世宗令席书继任。大学士蒋冕见世宗撇开内阁，一意孤行，也学了杨廷和愤然去职。世宗不为所动，让石瑶担任文渊阁大学士，石瑶不事阿谀，上任后即奏请世宗停召张璁、桂萼。张、桂这时正在半路，风闻让他们回任，再次上疏，说"从邸报上看到尊号上仍带有'本生'二字，此与皇叔无异，礼官有意欺君，愿来京当面质询"云云。世宗看后急召二人火速入京。二人入京后立即被任命为翰林学士，专门负责仪礼事宜。七月，世宗根据二人的奏报，传谕内阁除去父母尊号中的"本生"二字，大学士毛纪等人力言不可，世宗怒气冲冲找到毛纪，责备道："你们眼里没有我，难道还让我眼里没有父亲吗？！"接着将百官召到左顺门，颁示手敕，限四日恭上册宝。朝臣们从世宗不容置疑的口吻中，感到事态到了最后关头。七月十五日早朝后，修撰杨慎说："国家养士百余年，节仗死义，正在今日！"当下得到许多大臣赞同，他与吏部侍郎何孟春等九卿以下237人，一齐跪在左顺门下，高呼孝宗皇帝。内阁大学士毛纪、石瑶听说后，也加入了跪伏的行列。世宗劝过两次后，不见收敛，大怒，遣锦衣卫逮捕了为首者8人，杨慎见此情景撼

门大哭，众人也一起大放悲声，声震阙廷。世宗愈发恼怒，又指使厂卫抓了134人。两天后，他下令将为首者发配到边地，其余四品以上者夺俸，五品以下杖之，有16人因受刑过重，先后毙命。毛纪上疏营救，世宗毫不客气地斥责了他，说他要结朋奸，背君报私。毛纪受辱不过，负气辞职。就在一片棒打声中，朱祐杬的神主自安陆迎到北京，摆放进奉先殿旁新建的观德殿内，上册宝，尊号曰"皇考恭穆献皇帝"。至此，历时三年、震动朝野的"礼仪"一案以世宗的胜利而告一段落。

礼仪之事的后果是非常坏的。自此世宗动辄就将不如意的大臣下狱廷杖，开了顺昌逆亡的滥觞。支持世宗的张璁、桂萼，分别被授予礼部尚书兼文渊阁大学士和吏部尚书兼武英殿大学士，入主内阁，执掌大权。自此正直之士缄口，而一些侥幸之徒看到张璁等因顺从世宗而升迁，也纷纷进言，极尽巴结迎合之事。从此朝风骤变，勾心斗角之事层出不穷，这种后果是世宗始料不及的。

二、迷信僧道　纵欲宫变

嘉靖二年（1523），天公不作美，夏季西北大旱，秋季南方大水，反常的气象变化，搅得世宗心神不定，寝食不安。这种失态，是因为他过于迷信，认为老天反复无常，大概要有灾难降临。太监崔文瞅准这个献媚的机会，告诉他修斋建醮祭告上天，可以避祸。世宗对这番鬼话深信不移，于是下令在宫中设立醮坛。他亲自选了年轻太监20人，穿上道服，学诵经忏，所有乾清宫、坤宁宫、汉经厂、五花宫、西暖阁等，次第建醮，自此皇宫内香花灯烛，日夕不绝，锣钹幢幡，沸沸扬扬，把紫禁城变作了修真道院。当时的内阁首辅杨廷和与吏部尚书乔宇实在看不下去这种闹剧，苦苦劝谏世宗停止建醮，远离僧道，但世宗先是置若罔闻，后是疏远他们，对其他劝阻的职位较低官员则分别给予处罚。在杨廷和等一批重臣被罢免后，世宗崇奉僧道更是肆无忌惮，尤其登位几年后更是一心只想

张　璁

长寿，从此终日礼佛拜道，而将朝政几乎全部搁到了一边。

嘉靖三年冬，世宗听说江西道士邵元节有长生之术，下诏将他召进皇宫，交谈后大加宠信，敕封其为"至一真人"，为他在京城中建了真人府，总领道教。邵元节将宫中原设的斋醮重新整理了一番，上上下下跟着这个方士，忙得一塌糊涂。

斋醮仪式上，需用写给"天神"的奏章表文，一般为骈丽体，因用朱笔写在青藤纸上，故称为"青词"。世宗把能否写好青词作为衡量文臣学识高下的标准，许多大臣为了取得他的青睐，终日琢磨青词的写法。醮事不断，青词也就花样翻新，满朝之中，形成了攀比撰写青词高下之风。

嘉靖十八年（1539）邵元节病死，世宗这时正在安陆谒墓，听到这一消息，哀恸不已，亲书手谕，派太监及锦衣卫护丧归籍。邵元节死前曾给世宗介绍了方士陶仲文。陶仲文教唆世宗用童女初至的经血做原料，制作"元性纯红丹"，说服后可以长生不老。世宗信以为真，传谕各处的地方官，挑选了300余童女入宫，为制药做准备。在不太长的时间里，陶仲文又赢得了世宗的宠信，平步青云，官至少保、礼部尚书，又兼少傅，食一品俸，总领道教之事，后来，又加封为少师。陶仲文的子孙、徒弟也被大批录用在朝廷做官。

世宗信奉道教，努力尝试各种成仙之术，自我感觉不错，从中获得了极大的乐趣。但他并没有遵循道家"清心寡欲"的教规，而是频频派人到民间挑选淑女，为数超过数千。进宫的女子兼有供他淫乐和奴

杨 慎
——从清道光十年（1830）刊本《古圣贤像传略》（顾沅辑）

杨慎（1488—1559），字用修，号升庵，四川新都（今成都市新都）人。明代三才子之首，东阁大学士杨廷和之子。正德六年（1511）状元及第，官翰林院修撰，参与编修《武宗实录》。嘉靖三年（1524），因"大礼议"受廷杖，谪戍于云南永昌卫。穆宗隆庆初，赠光禄寺少卿，熹宗天启时追谥"文宪"。

婢的双重身份，备受欺凌侮辱。于是，爆发了一起宫女造反的事件。嘉靖二十一年（1542）十月二十一日，世宗在端妃处寻欢作乐，过后精神不支，倒头大睡。趁端妃不在的当儿，宫女杨金英招呼了十几个姐妹，一拥而上，一个人用黄绫抹布蒙住他的脸，余下的将他按住。然后，杨金英用绳子系住他的脖子，由两个宫女各执一端，使劲地拉。但杨金英在结绳时误拴成死扣，因此几个宫女勒了半天只是把他勒昏，并没勒死。皇后方氏得到消息带了太监火急赶到，从宫女手中抢出了他。造反的宫女第二天就被处死，端妃曹氏和宁嫔王氏因受牵涉，也被处死在宫中。

宫婢造反给世宗敲了一记警钟，不过他并未觉悟，甚至认为大难不死也是尊崇天神的结果。但从此以后，他再也不敢住在乾清宫，并宣称自己是尘世外的人，郊庙不亲，朝讲尽废，专心奉玄修道，不与任何妃子和宫女见面，也不跟大臣们见面。满朝文武，也就是知道有这么位皇帝罢了。

由于明世宗嘉靖帝信奉道教，也使得道教在全国盛行。这一时期瓷器制作也深受道教影响，其内容的纹样也被大量的绘制在瓷器上。

三、宠信严嵩　靖边无方

严嵩本是礼部右侍郎，嘉靖七年曾奉世宗之命去安陆祭告兴献帝陵墓，事毕献媚说："我走了一路，先祖家乡处处应时细雨霏霏，当载神主的船过河时，连河水都陡然高涨，真是天意啊。"世宗因此对他很赏识。这以后，严嵩一边巴结当时的内阁首辅夏言，一边又在世宗面前讲夏言的坏话，终于博得了世宗对他的充分信任，渐渐地铺平了他进入内阁的道路。

严嵩入阁前，大权由夏言执掌，夏言得宠是由于祭醮青词写得好，祷祀的事情肯卖力气。但是夏言以后逐渐厌倦此事，并时有抵牾，世宗对此甚为不满。如世宗常常戴香叶道冠，打扮成道士模样，还命人刻制了五顶香冠赐给夏言、严嵩等五位大臣。夏言不肯戴，还对他密疏讽劝，而严嵩则在世宗召对时每每戴上，世宗自然更对夏言不满。世宗经常派太监到大臣府邸宣诏达事，夏言自恃位高，说话从不客气，待之如奴仆；严嵩则必抬手请坐，塞给来人黄金若干，于是这些人回来后争着向世宗说严嵩的好话。世宗觉着这样还不能说明两人的高下,又专门派人趁晚上到两人家里察看,结果发觉夏言往往是在家中睡觉,而严嵩却在灯下审看自己写的青词。世宗几次将两人送来的青词做了比较,发现夏言的多为僚属代写,有时还把用过的又拿来充数,而严嵩写得越来越精彩。世宗心里有了底数,对夏言的印象直落千丈。他多次将夏言送入西苑的青词掷于地上,愤愤地说:"你就用这种玩艺来糊弄我,真是有负我的重用!"有负重用的人自然不能久留,嘉靖二十三年(1544),夏言下了台,代之以严嵩主政。到嘉靖二十五年,在严嵩的挑拨下,夏言最终被砍了头。

世宗把内阁首辅换成了严嵩,但他并不认为严嵩有治世之才,而是赏识严嵩的顺从。世宗在西苑修炼,不想与朝臣见面,严嵩就住在西苑内,朝夕相伴,随时等候召见,连洗沐都顾不上。世宗对他的评价是"忠勤敏达"。[1]正当世宗做着成仙的梦时,无能的严嵩内阁却没能让他如意。多年松弛的边防在崛起的北方民族的冲击下,终于溃散开来,蒙古慓悍的马队长啸着疾驰直入,京师宫阙为之震撼。

嘉靖二十九年(1550)六月,北方鞑靼部首领俺答率军进攻大同,总兵张达和副总兵林椿皆在血战中丧生,守军全军覆没。八月,俺答移兵东去,由蓟镇攻破古北口,明军仓促迎战,又是一触即溃。俺答挥军前进,越过通州、密云,直抵北京城下。胜利者在安定门外扎下大营,大肆掠夺村落居民,焚烧庐舍,火光日夜不绝。世宗不理朝事,因此有关俺答进犯的消息,以前他一无所知。兵临城下后,经礼部尚书徐坚一再督请,他才到御天殿召集文武百官议事。大臣禀报实情后,他才意识到灾难已经降临,慌乱之中,竟记不起兵部尚书是哪位,当着兵部尚书丁汝夔的面,

严嵩

---

[1] 语见《明史·奸臣·严嵩列传》:"帝尝赐嵩银记,文曰:'忠勤敏达。'"

明绘《倭寇图卷》（局部）

惊呼道："兵部尚书在哪里？赶快传旨出去，让他马上来见我啊！"

京城的防务落到了丁汝夔的肩上。他点阅京军册籍时，发现多系虚数，只有四五万老弱残兵拼成临时队伍，以应守城之急。幸好这时赶来了援军，世宗命令带兵而来的仇鸾为平虏大将军，统帅各路援军。仇鸾率领的十余万兵马，眼睁睁看着俺答纵兵大肆掠夺，没人出阵发射一矢一弹。原因不是士兵怯战，而是他们接到了十分荒唐的避战命令。丁汝夔在援军抵达后，找到了严嵩，询问是主战还是主守。严嵩说："在边防上打了败仗，还可以隐瞒，在这里打败了，谁人不晓？当然是坚壁勿战，保存实力，等敌人掠夺够了，自然就会退走。"丁汝夔依计而行。俺答率军杀掠了八天，开始退军。临行前俺答差人送给世宗一封信，要求互通贸易，开放马市，通篇是威胁恫吓之词。世宗接到信后，误以为俺答攻城在即，急令礼部准备大量的皮币珠玉，打算屈膝求和。俺答不知明朝虚实，拔寨早了一些，没有得到这份丰厚的礼物，以后俺答又曾两次兵临京师城下，纵兵饱掠，世宗仍是听之任之，使京郊百姓饱受了兵燹之苦。

北部的边防漏洞百出，烽烟常起，南方也不那么平静，从辽东经山东到广东漫长的海岸线上，时时传来警号，弄得人心惶惶。给堂堂天朝带来麻烦的是隔海相望的日本浪人。日本在明初恰是诸侯争战时期，藩侯们在兼并战争中大打出手，互有胜负，因失败而失掉军职的武士，演变为萍踪无迹的"浪人"。藩侯为了满足自己的奢侈欲望，并解决财政困难，常常组织商人和浪人到中国大陆走私贸易和掠夺。落魄武士掠夺财富的欲望，一点也不比北方的俺答逊色。中国人把这些身材矮小、专干打家掠舍营生的不速之客，叫做"倭寇"。

明初朝廷曾在沿海设置防倭卫所，添造战船，所以倭寇未酿成大患。到了嘉靖时，海防糟到了不能再糟的地步，浙、闽沿海卫所，战船十存一二，士兵也只剩下原先的四成。日本人对朝廷的畏惧之心，已一扫无余。世宗对日益猖獗的倭患，缺少有效的打击措施。他认为平患的最好方法，就是关闭官方向海外进行贸易的大门，实行海禁。这个貌似决断、实则愚蠢的政策，从嘉靖二年起，就被沿海官吏实施，但收效适得其反，不同的是他们有的依靠"浪人"组成武装走私集团，能贸易就贸易，有机会就无本万利地大肆抢劫一把。还有的与中国沿海的奸徒勾结，抢掠地方大发横财。

嘉靖三十一年（1552），世宗同意了内阁的意见，在沿海一带设巡视大臣，对加强海防起到了一些作用。一年多之后，世宗又派南京兵部尚书张经总督沿海军务，委以平倭重任。张经到任后，积极筹划军事行动，准备一显身手。这时却来了工部右侍郎赵文华，问题变得复杂起来。赵文华是严嵩的义子，他上任后向世宗提出了七条平倭建议，第一条就是"请遣官祭告海神，以求平安。"世宗看后，立即批准，并让赵文华去办理此事。张经的职务比赵文华要高，不大把新来的祭神官放在眼中，赵文华就一头扎到浙江巡按胡宗宪之处。赵文华屡次催张经出兵，张经因准备不足没有理睬他，于是世宗就接到了赵文华写来的密疏，诬告张经畏贼失机，应予惩处。世宗看后，召见严嵩征求意见，严嵩自然不会讲张经的好话，世宗就下令逮捕张经。这时已到了嘉靖三十四年（1555）五月。就在逮捕令即将发出的时候，张经的军事部署已经妥当，他指挥士兵向倭寇的巢穴石塘湾攻击，获得大胜，并截杀了大量逃敌，将倭寇驱向了大海。捷报传来，世宗竟不肯收回命令，他斥退了劝说的言官，说："张经的罪过是不忠。他所以打这一仗，完全是听到赵文华揭发了他，想表现一下。"不久，张经被

戚继光

押到北京，十月份被斩首。赵文华见杀掉了张经，上疏冒功，说此次胜利来自自己和胡宗宪的"督师"，世宗就升其为工部尚书，加太子少保，升胡宗宪为巡抚。与赵文华相比，胡宗宪要好一些，赵文华先后两次出任浙江、福建，仗着提督军务的身份，凌胁百官、搜刮库藏，将两浙、江淮、闽广间的征饷，大半揣入自己的腰包，胡宗宪则在上任后，接连诱杀了几个里通外国的海盗，使倭寇的凶焰有些收敛，尽管这并不能从根本上解决问题。

正当倭寇长期不得平定的时候，明军里出现了名将戚继光，他与俞大猷、刘显等军事将领一道，精心组织战斗，终于解决了倭患。戚继光嘉靖三十四年（1555）调任浙江，第二年升为参将，他感到海防士兵的战斗力太差，就在义乌招募了新军。戚继光对这支军队进行了严格的训练，创造了"鸳鸯阵"战术，使其成为能打硬仗的精锐之师，屡立战功，被誉为"戚家军"而名闻天下。[1]"戚家军"在短短几年中，由浙东打到福建，几经征战，倭寇闻之丧胆。嘉靖四十二年（1563），为了彻底解决福建的倭患，朝廷调俞大猷为福建总兵官，调戚继光为副总兵。戚继光再度由浙入闽，与俞大猷以及驰援的广东总兵官刘显，兵分三路进攻平海。戚家军首先登上敌垒，刘、俞的部队相继突入，"斩首两千余"。戚继光因战功升都督同知，世荫千户，并代俞大猷为总兵官。第二年春，戚继光又相继败寇于仙游、王仓坪、蔡丕岭等地，斩获甚多。福建平定之后，广东东部还有两万多倭寇，朝廷又命俞大猷为广东总兵，在两广提督吴桂芳的支持下，明军奋力掩杀，击败倭寇于海丰等地，将之擒斩殆尽。至此，倭寇一蹶不振，渐渐地退出了沿海一带，不足以构成倭患，南方趋于平安。

四、罢除奸相　热衷祥瑞

在沿海一带战事频仍、将士浴血奋战的这段漫长时间里，朝廷中无形的战场也在大力厮杀，血腥味十足。首辅严嵩虽然手段高明，掌权的时间也比较长，但最终败给了徐阶。徐阶也以善于炮制青词见长，世宗对他比较信任。由于夏言生前曾向世宗推荐过徐阶，严嵩对此人十分警惕。徐阶觉出了这一危险，耍了一个手腕，对严嵩假意逢迎，不露半点锋芒。时间久了，严嵩也就麻痹大意，不再

---

[1] 事见《明史·列传第一〇〇·戚继光》："继光至浙时，见卫所军不习战，而金华、义乌俗称剽悍，请召募三千人，教以击刺法，长短兵迭用，由是继光一军特精。……'戚家军'名闻天下。"

六必居酱园始于明朝嘉靖九年（1530），至今已有近五百年的历史，是京城历史上最负盛名的老字号之一。六必居悬挂的"六必居"金字大匾，相传出自明朝严嵩之手。

事事监视这个潜在的敌手，让他顺利地升到了礼部尚书兼东阁大学士，参与机务。徐阶职务高了，自然与世宗接触也多了，因此，有可能对他加以影响。

世宗对严嵩的看法渐渐有了变化。严嵩掌权之时，正是"南倭北虏"最严重的时期，由于俺答的进攻，从嘉靖二十九年到四十二年，京师出现过三次戒严，倭寇的骚扰则遍及东南沿海各省，国家财政日益危机。嘉靖二十三年（1544）户部报告：财政赤字达147万两，三十二年（1553）赤字又上升到了373万两。这个责任，首辅是不可推却的。另外，严嵩的淫威能让朝臣侧目，却缄不住道士之口。有一个名叫蓝道行的道士很博世宗喜欢，信以为神。一日，世宗召道士扶乩，卜问神仙是否会降临，又问长生的诀窍，道士用乩笔胡写了几句话，无非是清心养性、恭默无为等等。世宗又问现在辅臣何人最贤，道士口中念念有词，乩笔写出严嵩是妨贤的大蠹，大蠹不除，何以有贤？世宗不相信，又问："真如上仙讲的那样，何不降灾诛之？"道士又写："留待皇帝正法。"世宗不便再问，内心微有所动。

嘉靖四十年（1561），严嵩的妻子欧阳氏病逝，按理应由其子严世藩护丧归故，可严嵩却一日也离不开他，此时严嵩已80有余，记忆和反应都很成问题，皇上的御札，还有诸司的请裁，如果没有严世藩替他奏答、批改，则不可想象。于是，他硬起头皮向世宗请求将严世藩留京"侍养"自己，以孙子代替，世宗表示同意。严世藩平日里就好声色犬马，其母管束颇严，不敢放肆。母亲既已去世，正好寻欢作乐，门面上孝服在身，内庭里却红颜流连，关起门来尽意胡闹。严嵩在西苑当值，世宗有时下旨问事情，严嵩就派人飞马告儿子拿主意。严世藩只顾与侍姬调笑滥饮，哪有心思管这些，见有来札，草草应答，马虎了事。世宗看了，多不如意。一些急要的御札，太监就在值房立取，严嵩无奈，只好硬撑着应对，往往语意模糊，前后矛盾百出，世宗看了，则大惑不解。在世宗的眼里，从前那善解人意、巧写青词的严嵩已不复存在了。

也就在这一年，世宗居住的永寿宫发生火灾，不得已移居到玉熙殿去住。

玉熙殿又小又矮，世宗住不下去，就想再营建永寿宫。他把严嵩找来，询问意见。严嵩不摸底细，说可以暂居南城离宫。南城离宫是英宗失帝位时住的地方，世宗因此而不高兴。又问大学士徐阶，徐阶则请修永寿宫。不久永寿宫就拔地而起，且比原先愈发漂亮，改名万寿宫。万寿宫的营造，标志着严嵩政治生涯的结束，从此，世宗遇事就不再找严嵩了。

严嵩已经失宠，朝廷中想要扳倒严嵩的官员们就加紧行动起来。有一次天下大雨，御史邹应龙就便到一个太监家中躲避，两人闲聊之中，太监不觉提到了蓝道行的乩言以及皇上对严嵩的种种不满。邹应龙摸到底细，写了一个奏文弹劾严嵩父子，次日就送了上去。世宗展开来看，大抵是弹劾严世藩假父亲权势，贪赃枉法，干乱朝政，不敬不孝，等等，连带着也奏严嵩溺子之过，疏奏最后写道"如有不实之辞，宁愿被斩首以谢严家父子"。世宗读罢奏疏，即召徐阶商议如何处理。徐阶将左右的宦官赶走，小心翼翼地对他说："严家父子罪恶昭彰，陛下要果断处置，不然可能发生事变。"世宗于是发锦衣卫驰入严府，宣读诏书，勒令严嵩致仕回乡，并逮严世藩入狱，其后谪戍雷州（今广东雷州半岛）。严嵩布在朝中的心腹，尽被弹劾，陆陆续续被罢了官职。

严嵩倒台之后，徐阶代为首辅。世宗将严嵩值班用的房子赐给了徐阶。徐阶对世宗感恩不尽，研墨挥毫写了三句话，让人装裱起来挂在值房里面：以威福还主上，以政务还诸司，以刑赏还公论。他依照这三句话主持政务，做了一些好事，使嘉靖一朝在最后的五年里稍许有点像样，朝臣们推他为"名相"。世宗对他感到很满意，其信任程度，超过了严嵩。

世宗自嘉靖中年之后，于热衷方士方术的同时，又添了新的喜好，就是喜欢谈瑞祥。他的这一喜好，一直到了垂暮之年，仍乐此不倦。嘉靖三十七年（1558），总督浙闽的胡宗宪因平倭

徐　阶
——从明万历三十七年（1609）原刊本《三才图会》

海 瑞
——从明万历三十七年（1609）原刊本《三才图会》

不见大效，受到内阁的指责，就将在舟山捕获的一只白鹿，献给世宗。世宗见此转怒为喜，在玄极宝殿、太庙举行了隆重的告庙礼，百官也都纷纷称贺。胡宗宪听到消息，又将两只白龟献进宫来，还一同带来了五棵奇大无比的灵芝，世宗高兴地将这两样东西命名为"玉龟仙芝"。作为回报，他给胡宗宪提拔了官职，赐给若干银币，并赐金鹤衣一袭。献瑞祥既可讨好，百官何乐不为？

世宗醉心于祥瑞感应，晚年尤甚。督抚大吏争上符瑞，礼官动辄表贺，举朝重臣包括徐阶皆莫敢言半个"不"字。倒是小小户部主事海瑞，斗胆独自上了一疏，给世宗泼了一瓢凉水。嘉靖四十五年（1566）二月，海瑞上长疏建言，说："陛下竭民脂膏，滥修土木，20余年不视朝，法纪坏到了顶点。由于你猜疑戮辱忠臣，使得贪官污吏横行，百姓困苦之极。虽然陛下处置了严嵩等坏人，但社会政治仍然不清明，老百姓说'嘉者，家也；靖者，尽也。'意思是民穷财尽。陛下试思今日之天下，是个什么样的天下？……人君自古就有犯错误的，但因有大臣匡正，不至一错再错。陛下如今仍修斋建醮，工部尽力经营，户部四处购香，竟无人指出陛下的错误，这也是大臣的失职。陛下的过错很多，其最大的在于求长生。陛下跟陶仲文求仙，连他都不能长生，何况陛下。陛下误信受骗，真是大错特错。"海瑞上疏之后，自知触忤了龙颜，命仆人买了棺材在家待罪，与妻儿留下遗言，并将僮仆一一遣散。世宗见到疏奏，大发雷霆，他将疏奏扔在地上，环顾左右咆哮说："此人大胆妄言，立即逮捕，不准他逃掉！"宦官黄锦对他说，海瑞为人素有直名，且根本不打算逃走，而是在家等候降罪。[1]

---

[1] 事见《明史·列传第一一四·海瑞》："帝得疏，大怒，抵之地，顾左右曰：'趣执之，无使得遁。'宦官黄锦在侧曰：'此人素有痴名。闻其上疏时，自知触忤当死，市一棺，诀妻子，待罪于朝，僮仆亦奔散无留者，是不遁也。'帝默然。"

世宗听完略有所思,又取疏奏看了一遍。怒气稍平后,他把徐阶找来,说:"海瑞说人不能长生,也可能是正确的。但我长时间生病,不能视事,吃点仙药有什么不可以?"又说:"这也怪我平时不注意爱惜身体,若能出御上殿,何至被他如此毁谤呢?!"徐阶答道:"海瑞虽然言过了,但心是好的,请陛下宽恕他吧。"世宗这时也不愿意多杀谏臣,命徐阶将海瑞下到诏狱,虽不治罪,但也不准放出,让其在狱中反省自责。世宗一生毫不留情地惩治了许多大臣,其中既有奸臣,也有孤直之士,对海瑞的惩罚,是他晚年在用人上犯下的最后一个大错误。

世宗服食的丹药,有不少是用水银制成的剧毒品,吃下去之后,造成的后果十分可怕。世宗的身体本来就不健康,长期的慢性中毒,使他四肢麻木,脸上呈暗灰色,走路摇摇晃晃,说话也变得相当困难。大臣们见到他,莫不从内心替他感到担忧,特别是徐阶。为了让方士们有所收敛,徐阶动用权力,杀掉了向世宗提供剧毒丹药的方士蓝田玉,并力劝世宗不要服食水银。世宗对徐阶没有责备,但也没听徐阶的苦劝。嘉靖四十四年(1565)正月,陕西方士王金等人,伪

大高玄殿

大高玄殿是明清皇家道观,位于今日北海公园之东,景山之西。始建于明嘉靖二十一年(1542),整个殿宇约占地1.3万平方米。图为民国初年的大高玄殿。

造了《诸品仙方》《养老新书》与炮制的金石药一起献给世宗。这些药成分不明,世宗吃下之后,顿时感到头晕目眩,鼻孔中流出鲜血,很快就不省人事了。经太医救治,世宗才苏醒过来。此后,他一直卧床不起。嘉靖四十五年(1566)十二月十四日清晨,世宗突然变得精神饱满起来,周身不再觉得疼痛。日夜守候在他身边的徐阶感到大事不好,连忙下令将他从西苑搬出,抬回乾清宫。没有多久,世宗就咽了气,时年60岁。

世宗的陵墓称永陵,跟他前面的几个明代皇帝一样,选在北京昌平县的天寿山,庙号为"世宗"。

名家评说

  若其时纷纭多故,将疲于边,贼讧于内,而崇尚道教,享祀弗经,营建繁兴,府藏告匮,百余年富庶治平之业,因以渐替。虽剪剔权奸,威柄在御,要亦中材之主也矣。

——清·张廷玉等《明史》

  朱厚熜嘉靖初年,废除朱厚照时代弊政不少,过了一二十年,朱厚熜崇信道教,大造宫殿,北边俺答历年侵入抄掠,东南倭寇残破沿海各省,国内民变兵变接连发生。

——《范文澜文集》

神宗朱翊钧

明神宗朱翊钧（1563～1620），明朝第十三代皇帝。明穆宗朱载坖的第三子，母为贵妃李氏。公元1572～1620年在位，谥号"孝显皇帝"，庙号"神宗"。他是明朝在位时间最长的皇帝。他贪财好货，懒散拖沓，荒怠政事，致使明朝踏上了亡国之路。

一、严督学习　贤臣柄政

朱翊钧生于嘉靖四十二年（1563）。是穆宗朱载坖的第三子，其母为贵妃李氏。李氏为商人之女，性柔媚，甚有谋略，而朱翊钧前边有两个哥哥均早死，因此他成为了独子，母子都受到穆宗宠爱。朱翊钧5岁时，按李氏的意思，穆宗准其读书，这在大明历代皇子中，可算是一个特例了。大臣们于是都认定朱翊钧是位早慧的皇子。隆庆二年，内阁大学士合疏请立其为太子，三月间，便正式册立。

上学不久，每当李贵妃带儿子给皇后请安时，皇后经常取经书来，将学过的内容逐段逐句考问，朱翊钧无不对答如流。这使严厉的皇后也欣悦异常。张居正是朱翊钧的师保，对他的成长，尤其是读书问题，可谓倾尽了心力。

明神宗朱翊钧
——从原故宫南熏殿旧藏《历代帝王像》

《帝鉴图说》书影

隆庆六年（1572）五月二十五日，正在坐朝的明王朝第十二位皇帝穆宗朱载坖突然中风，翌日驾崩。六月初十，太子朱翊钧登极即皇帝位，年仅10岁，定年号为万历。新皇上刚即位，他便提出要开"日讲"。隆庆六年八月，日讲就开始了。万历元年二月后，又举行了经筵。"经筵"和"日讲"是明代皇帝教育的方法，前者每月逢二日举行，勋臣、大学士、六部尚书、都御史、翰林学士等都要到齐，由翰林院及国子监官员进讲经史，典礼很隆重；"日讲"则只是讲官和内阁学士的日常讲学。那时，神宗所读的主要是《大学》《尚书》等典籍，除每月三、六、九视朝外，一概由张居正盯紧在东宫苦读。隆庆六年十二月，张居正取尧、舜以来天下君主所做的可效法的善事81件，应警戒的恶事36件，汇成《帝鉴图说》，以便使新皇上对为君之道能有个初步的理解。其后，他又命翰林院从历代诸帝的实录和明太祖的《宝训》中，选择材料，分门别类，编成《创业艰难》《励精图治》《勤学》等40本书让神宗阅读。每有机会，他自己也总向神宗讲一些如何为君的正论，严厉精敏，使少年神宗极其敬畏。对此，李太后极为赞赏，每当神宗不用功，她便把张居正搬出来，说："告诉张先生吧，怎么样？"或者"这叫张先生知道了可如何是好？"但这使神宗在害怕之余，也隐隐地滋生了不满情绪，[1]给以后神宗残酷地报复张居正埋下了祸根。

神宗为人至孝，这也是他谥号"孝显"的原因。神宗需要侍奉两位母亲。一位

---

[1] 事见《明史·列传第一〇一·张居正》："慈圣（李太后）训帝严，每切责之，且曰：'使张先生闻，奈何！'于是帝甚惮居正。及帝渐长，心厌之。"

是嫡母仁圣皇太后，即原来穆宗的皇后陈氏；一位是生母慈圣皇太后李氏。仁圣皇太后体弱多病，不能生育，却很疼爱小皇帝。据说，小皇帝还是太子的时候，经常去皇后那里玩。陈氏每次听见太子跑的鞋声，就非常高兴。所以，神宗虽然尊崇自己的生母李氏，即改变过去皇帝生母只称"徽号加太后"的惯例，为李氏加"皇"字，称"慈圣皇太后"，但是，对于嫡母仁圣皇太后始终非常尊敬，一视同仁，备极孝心。当时人称神宗之孝顺，乃"古今帝王之孝所稀有也"。

万历元年至万历十年（1573~1582），是神宗朝最为靖昌的时期，当时"海内肃清，边境安全"，太仓的积粟可支用10年，国库的钱财多时达400余万。当然，这主要不能算是神宗的"治绩"，而是张居正励精图治的结果。

张居正在隆庆元年（1567）被遴选入阁。第二年，他便向穆宗上了一封《陈六事疏》，主张实行改革，提出"省议论""振纲纪""重诏令""覆名实""固邦本""饬武务"六大急务，深得穆宗嘉许。但可惜穆宗早逝，张居正当时又不是首辅，所以这些颇具见识而又切中时弊的主张暂时还得不到实行。直到万历初年，他以帝师和内阁首辅的地位大权在握，才雷厉风行地付诸实施。

这场改革最先从政治上开始。张居正认为嘉靖、隆庆政局的混乱，症结在于吏治腐败。官员"因循敷衍""吏不恤民"等等，导致社会矛盾激化、农民不断起义。所以，他力主整顿吏治。万历元年（1573），张居正提出"考成法"。考察的标准是"惟以安静宜民者为最，其沿袭旧套、虚心矫饰者，虽浮誉素隆，亦列下考"。为了增强政权机构的办事效率，还建立了办事考成的制度。各部门都立文册二本，一本送各科备注，凡执行的公事，一律记载立案，实行一

张居正

件，注销一件；另一本则送内阁稽考。同时，各科、部、院之间也相互制约和监督，使各级官吏都不敢敷衍塞责。这项改革在当时可谓轰轰烈烈、朝野震动。吏治与办事效率有了明显改观，使中央政令"虽万里外，朝下而夕奉行"，为其他改革的推行奠定了基础。

吏治之外的改革首先是经济方面的改革。万历初年，国家财政已露崩溃之迹象，无论朝野都十分忧虑。张居正从万历元年开始，一面主持裁减冗官冗费，另一面也开始控制皇室费用，减少开支。万历五年（1577），张居正提议清查丈量全国各类土地，实现"开源"，增加生产。到万历九年（1581），土地丈量完毕，共查实田地700多万顷，比弘治时多出300万顷。在此基础上，张居正吸取了早在嘉、隆年间就在一些地区施行的"一条鞭法"，在全国范围内推行。这次改革，对生产和货币经济的发展，都起了重要作用。

此外的重要改革是整饬军备、加强边防。在蓟州一带，张居正继续重用著名抗倭将领戚继光镇守。使东起山海关、西至居庸关长城一带的边防，异常整肃，后人称戚继光镇守蓟州16年，"边备修饬，蓟州宴然"。在辽东，重用能征善战的大将李成梁任总兵官。万历二年十月，李成梁率部一举击溃为害边境的建州卫部落，斩都指挥王杲以下1100余人，取得了有名的"辽东大捷"。在北部的宣府、大同以及西至延绥、宁夏一带，任用王崇古为总督，对蒙古采取安抚睦邻政策。对军事上的这些改革、特别是选用将领，确保了明王朝边防的巩固。对此神宗也十分满意，他曾为此褒扬张居正说："先生公忠为国，所用的人没有不当的。"

二、控制大权　万历三征

万历十年（1582）六月，张居正去世。神宗得到消息最初是十分悲痛的。他特意下诏罢朝数日志哀，赠张居正上柱国的荣衔，赐谥文忠公，并命四品京卿、锦衣卫堂官、司礼太监等人护送归葬江陵。身后的恩礼如此隆重，在大明历代的臣僚中，都是极罕见的。但是不久，他的态度却来了个一百八十度的大转弯，造成了说不尽的是非恩怨。

事情起因于冯保被逐。早些年，冯保曾将极受神宗宠信的太监张诚赶出宫去。神宗对此十分难过，所以就恨造成这一事端的冯保和张居正。张诚拜辞时，神宗暗中交待他离宫后要留意探明冯、张二人的劣迹。冯保的威福自恣已是出了名的，就是张居正，人虽能干，政务上也很有建树，但并未做到廉洁自好，也有

《平番得胜图》（局部）

画面反映了万历三年（1575）；甘肃西南部西番族攻打洮州（今甘肃临潭），明政府派固原（今宁夏回族自治区固原县）镇总兵官领河州（今甘肃临夏）平叛事件。

一些招权树党、收受贿赂，甚至侵吞国库资产之类的不法事情。这一切，都被张诚探了个清清楚楚。张居正死后，张诚重新进宫，便尽其所知一一陈奏，同时，建议神宗先从冯保开刀，将其逐出宫去，查没其财物。这次对冯保的查抄，神宗得金银100余万、珠宝无数，结结实实地尝了次查抄的甜头。

冯保被抄后，神宗受更大贪欲的驱使，决心通过清算张居正，一方面树立自己的权威，达到总揽朝纲的目的；另一方面，也敛聚些钱财。这时，恰有陕西道御史杨四知上疏参奏张居正14条罪状，神宗立即批示说，朕这么信任、尊宠张居正，他却不思尽忠报国，借机谋私，有负朕的宠信，着令查处。万历十一年（1583）三月，神宗下令追夺张居正上柱国、太师荣衔，接着，又下令追夺文忠公谥。神宗还命司礼张诚及侍郎邱橓带着锦衣卫查抄张居正家。在这些钦差到达江陵之前，荆州守令便已先将张家人口登记在簿，并将其统统关押在张宅的空房中。等到钦差等人到时，张家被锁的人饿死的已有十多口。查抄的结果，却只得黄金一万余两、白银十几万两，算不上什么巨富。钦差感到不好向皇上交待，十分恼怒，便把张居正的长子、礼部主事张敬修抓来拷问，要他交待藏匿的全部财产。张敬修受不住皮肉之苦，信口说还有30多万两银子，分藏在别人家里，结果那些人家也受牵连，被查抄。在这场查抄闹剧中，张敬修投缳自尽，张懋修两次自杀未遂，惨状令朝野惊悸。申时行、潘季驯等内阁和六部大臣上疏请求从宽处理，神宗才下诏留空宅一所、田10顷，赡养张居正的母亲。[1]

至此，在经历了近两年的清算报复之后，神宗终于彻底拂去了张居正、冯保政治威势在他心理上投下的暗影，也控制了朝中大权，成了一个名副其实的皇帝。

万历三大征指万历（1573~1619）年间平息叛乱的宁夏之役、播州之役和支援朝鲜抗击日本侵略的朝鲜之役。三战皆捷，但明朝人力物力也遭受到巨大损失。

宁夏之役即镇压哱拜之乱。哱拜原为蒙古族人，嘉靖年间降明，积功升至都指挥。万历初为游击将军，统标兵家丁千余，专制宁夏，多蓄亡命。万历十七年（1589），以副总兵致仕，其子哱承恩袭职。万历十九年（1591），火落赤等部侵犯洮河告急，哱拜自请率所部3000人往援，至金城，见明军各部兵马不整，皆不如己兵强。归途路经塞外，戎兵亦远避之，因益骄横，遂有轻中外之心。宁夏巡抚党馨经常抑制他，并查核他的冒饷罪，哱拜因于万历二十年（1592）二月十八日，纠合其子哱承恩、义子哱云及土文秀等，唆使军锋刘东旸叛乱，杀党馨及副使石继芳，纵火焚公署，收符印。胁迫总兵官张惟忠以党馨"扣饷激变"奏报，并索取敕印，张惟忠自缢而死。此后刘东旸自称总兵，以哱拜为谋主，以哱承恩、许朝为左右副总兵，土文秀、哱云为左右参将，占据宁夏镇，自立为一个割据政权。出兵攻下中卫、广武、玉泉营、灵州（今宁夏灵武）等城。叛军又以许花马池一带听其住牧为诱饵，得河套部蒙古首领著力兔等相助，势力越加强大，全陕震动。明朝总督魏学曾一方面切断河套的蒙古骑兵与哱拜之间的通道，一方面围住宁夏。在朝，神宗朱翊钧命大臣各献平叛之策。当时的兵部尚书石星提出的方案是掘开黄河之堤，以黄河之水灌淹宁夏城，则"一城之人尽为鱼鳖"；御史梅国桢推荐原任总兵李成梁前往平叛；甘肃巡抚叶梦熊请命讨贼。神宗后来对于三种方案竟然都能接受，一方面命叶梦熊赶赴宁夏；一方面命李成梁出征宁夏。此后，神宗特调副将麻贵驰援，麻贵率苍头军在攻城同时，阻击河套部蒙古，斩获众多。四月，神宗又调李如松为宁夏总兵，以浙江道御史梅国桢监军，统辽东、宣、大、山西兵及浙兵、苗兵等进行围剿。七月，麻贵等

---

[1] 事见《明史·列传第一〇一·张居正》："（张）诚等将至，荆州守令先期录人口，锢其门，子女多遁避空室中。比门启，饿死者十余辈。诚等尽发其诸子兄弟藏，得黄金万余两，白金十万余两。其长子礼部主事敬修不胜刑，自诬服寄三十万金于省吾、篆及傅作舟等，寻自缢死。事闻，时行等与六卿六臣合疏，请少缓之，……诏留空宅一所、田十顷，赡其母。"

捣毁河套部大营,追奔至贺兰山,将其尽逐出塞。由于魏学曾力主招安,神宗一怒之下以叶梦熊取代了他。各路援军在代总督叶梦熊的统帅下,将宁夏城团团包围,并决水灌城。叛军失去外援,城内弹尽粮绝,同时内部发生火并,九月十六日刘东旸杀土文秀,哱承恩杀许朝,后周国柱又杀刘东旸。军心涣散。李如松攻破大城后又围哱拜家,拜阖门自尽,哱承恩等被擒,至此,哱拜之乱全部平息。[1]

播州(治所约在今遵义市)位于四川、贵州、湖北间,山川险要,广袤千里。自唐杨端之后,杨氏世代统治此地,接受中央皇朝任命。明初,杨铿内附,明任命其为播州宣慰司使。杨应龙于隆庆五年(1571)世袭了宣慰司使。万历十四年(1586),神宗又赐杨应龙都指挥使,开头衔。杨应龙骄横跋扈,作恶多端,并于万历十七年公开作乱。明廷对杨应龙之乱举棋不定,未采取有力对策。因此杨应龙本人一面向明朝佯称出人出钱以抵罪赎罪,一面又引苗兵攻入四川、贵州、湖广的数十个屯堡与城镇,搜戮居民,奸淫掳掠。万历二十六年(1598),四川巡抚谭希思于綦江、合江(今四川泸州东)设防。次年,贵州巡抚江东之派都司杨国柱率军三千进剿,失利,杨国柱被杀。神宗于是罢免了江东之,以郭子章代之。又起用前都御史李化龙兼兵部侍郎,节制川、湖、贵三省兵事,并调刘綎及麻贵、陈璘、董一元等南征。二十八年,征兵大集,二月,在总督李化龙指挥下,明军分兵八路进发,每路约3万人。刘綎进兵綦江,连破楠木山、羊简台、三峒天险。又击败杨应龙之子朝栋所统苗军。其他几路明军也取得胜利。三月底,刘綎攻占娄山关,四月,杨应龙率诸苗决死战,但是苗兵一旦遇到身先士卒的刘綎,总是恐惧其勇猛,大叫:

援朝抗倭

---

[1]事见《明史·列传第一一六·魏学曾》。

"刘大刀至矣。"常不战自溃。刘綎进占杨应龙所依天险之地龙爪、海云，至海龙囤（今遵义西北），与诸路军合围之。六月，刘綎又破大城。杨应龙知大势已去，与二妾自缢，其子朝栋等被执，明军入城，播州平。后分其地为遵义、平越二府，分属四川、贵州。

朝鲜之役即援朝逐倭（日本）之战。万历二十年（1592），掌握日本大权的丰臣秀吉命加藤清正、小西行长率军攻占朝鲜釜山，又渡临津江，进逼王京（今汉城）。朝鲜国王李昖沉湎酒色、弛于武备，军队望风而溃。李昖逃奔平壤，后又奔义州（今新义州东北）。日军进占王京后，毁坟墓，劫王子、陪臣，剽掠府库。又攻入开城、平壤。朝鲜八道几乎全部沦陷。在这种形势下，明朝应朝鲜之请，出兵援朝。神宗做了三项准备：一，令兵部向朝鲜派遣援兵；二，命辽东、山东沿海整顿军备，小心戒备；三，如果朝鲜国王进入明朝境内，择地居之。但援军因兵少力弱，地理不熟，游击史儒战死，随后赶到的副总兵祖承训仅只身逃脱。明神宗得败讯后，大怒，立即以宋应昌为经略、李如松为东征提督，集四万兵马赴朝。次年正月进攻平壤，击败小西行长部，获平壤大捷，此后又复开城，扭转战局。后又进逼王京，但在距王京30里的碧蹄馆因轻敌中伏，损失惨重。三月，刘綎、陈璘率军抵朝。明军占领临津、宝山等处，并断日军粮道，日军缺粮，不得不放弃王京，退缩至釜山等地，开始与明军谈判。

明兵部尚书石星力主和议。但因日本提出以大同江为界等无理要求，谈判破裂。万历二十四年（1596）日军再次发动进攻，明神宗朱翊钧将石星等下狱，以邢玠为蓟辽总督，麻贵为备倭大将军，调蓟辽、宣府、大同、山西、陕西兵及福建、吴淞水兵援朝，又募川、汉兵等往援。次年二月，明军兵分四路，中路李如梅、东路麻贵、西路刘綎、水路陈璘，分道向釜山挺进，陈璘与朝鲜水军将领李舜臣紧密配合，在海上打败敌人最精锐的小西行长所部，八月，丰臣秀吉死，日军撤兵，中朝联军乘势进击，日军大败。但李舜臣和明军老将邓子龙也在与日军的海上会战中牺牲。十一月，战争基本结束。[1]援朝之战，确保了明代的海防与东北边疆，意义重大。

综观万历三大征，明神宗朱翊钧对于每一次军事行动，都很重视，在战争过程中充分信任前线将领，及时撤换指挥不当的将领、派遣军队等都显示了他运

---

[1]事见《明史·神宗本纪》。

筹帷幄的才能。这也许是他统治几十年，荒怠政事，社会却一度安定的原因。三次战役虽然取得胜利，但也使明朝的人力物力遭受巨大损失。史载："二十年，宁夏用兵，费帑金二百余万。其冬，朝鲜用兵，首尾八年，费帑金七百余万。二十七年，播州用兵，又费帑金二三百万。三大征踵接，国用大匮。"经此三次战役后，明朝元气大伤，成为导致明朝灭亡的重要原因之一。

三、沉溺酒色　不理朝政

在政局稍稍平定之后，明神宗朱翊钧便着手恢复了被张居正革除的冗官冗费，一切对皇上、对政体有制约的戒律，统统废掉。他还亲自谋划自己的生活用度，以养帝王之尊。

而在这当中，对神宗影响最大最深的是万历十一年晋居首辅的申时行。申时行嘉靖四十一年（1562）状元出身，为人为政十分聪明乖巧，又有侍历三朝的经验，很会揣摩皇上的心理。神宗亲政之初，言官因其奢侈铺张，抗劝之声满天下，扰得他非常头疼，常向申时行抱怨。申时行就趁机教他，说皇上就不会"留中"吗？出示外廷，反而平添许多麻烦，不如扣下，上疏的人还以为您在考虑呢，自然也不会马上再闹事，岂不两全其美？万历听后十分高兴，试了几次，果然没出什么乱子，又落得清净。此后奏疏多起来时，君臣二人又将这"留中"的方法做了改进，规定御史、给事中等言官，要各自管好本职事务，不得越科言事。如此奏疏自然少了许多，再加上"留中"，万历所要处理的章奏也就十分有限了。空余时间多了，更可以纵情酒色了。

神宗到了20岁亲政时，后宫已有美女数以千计，他日夜纵酒作乐，动辄大醉，醉后必怒，怒了则要胡乱打人，宫女、中官稍不留意，就要遭杖责，重的

申行时
——从清道光九年（1829）长洲顾氏刊本《吴郡名贤图传赞》（清顾沅撰，孔继尧绘）

常被打死。他还逐渐学会了抽大烟,玩花鸟。

由于迷上了这些玩物,神宗渐渐觉得,光是章奏少了还不够,日讲、经筵和早朝这些追命的玩意儿也该停了它才是。最初是试试探探地逃一天学,晚一点赴早朝,见也并没人敢把他怎样,逐渐干脆就常以"圣体违和"为由,辍日讲,免早朝。阁臣们有事,长时间不能面奏,很焦急,就央求他,哪怕是每月能临朝三四次也行。神宗听后置之不理,一切还是照旧。

当时,有个叫雒于仁的言官,任职一年多了,只见过皇上三次,看到皇上的荒怠,甚感不安,于是上疏《酒色财气四箴》,历数神宗日夜饮酒、耽于女色、贪财好货、乱伐无辜等劣迹,希望他能明察猛省。神宗见到此疏,气恼得恨不能立毙雒于仁。他将此事告知申时行,一面为自己辩解,一面主张判雒于仁死罪。申时行以恐招致非议,劝说神宗令其归家为好。神宗怒气难消,立即将其削职为民。从此,大臣章奏"留中"自此开始。[1]后来,神宗索性把不理朝政公开化,自万历十八年(1590)起,不再临朝,大臣的章奏,他的批示、谕旨,全靠内监传达。甚至连郊祀等礼仪,也不亲自参加,而让别人恭代。直到万历四十三年(1615)发生了"梃击案",他才召见过一次群臣,满朝文武经过20余年,才得瞻天颜。而自那以后到死,神宗再也没上过朝。

神宗不仅沉溺酒色,疏于朝政也是相当"出色"的,懒于任官就是一例。万历十一年(1583)后,中央和地方机构缺官日益增加,但明朝仪规又规定,官员年老了便可辞官,年轻的遇着点原因也可随时辞官,辞官时,只要按规定写一份报告,不管准与不准,均可自行离去。这样一来,官员任缺不仅数量大,而且无法控制。到万历三十年(1602),官员短缺现象已令人震惊。万历三十四年二月,大学士沈鲤、朱赓上疏,请求递补六部大员,说:"臣等整天同文武百官到文华门候驾,见二品官里,只有户部尚书赵世卿一人,其余的尚书、左右侍郎都缺很多。有政无官,必然生乱,这不是小事情,恳请皇上从报批的人中点用,以慰中外之望。"对这次奏疏,神宗却十分反感,他虽然照例不理睬,但也深知问题的确是相当严重。这一年,中央九卿要员中空缺一半,有的衙署竟无一人。连

---

[1] 事见《明史·列传第一〇六·申时行》:"评事雒于仁进《酒色财气四箴》。帝大怒,召时行等条分析之,将重谴。时行请毋下其章,而讽于仁自引去,于仁赖以免。然章奏留中自此始。"

《出警入跸图》

《出警入跸图》描绘明神宗谒陵路上的场景，分为《出警图》与《入跸图》二幅。现藏台北故宫博物院。

参与上疏的大学士朱赓，任职三年，还未见皇帝一面，而且以后有近一年时间，内阁中只有他一人。万历四十年（1612）时，内阁仅叶向高一人，六卿仅赵焕一人，都察院连续八年无正官，全国半数以上的府没有知府，而新科文武进士及教职数千人，却待命在京无人管。更让人啼笑皆非的是万历四十五年（1617）二月，有一天早晨官员们入朝，见有100多人聚在长安门外，围成圈儿跪着嚎哭。大学士方从哲、吴道南等上前询问，回答说是镇抚司所管犯人的家属，问哭的原因，都说"衙门里没有主事的官，好长时间犯人不得判决，只在那里耗着"。[1]

四、横征暴敛　肆意挥霍

万历十一年（1583），年仅21岁的神宗皇帝，开始率领众人寻找"吉壤"，筹划营建自己的陵墓。随之，建造了后来称之为"定陵"的墓地。

---

[1] 事见《明史·列传第一〇六·方从哲》："六部堂上官仅四五人，都御史数年空署，督抚监司亦屡缺不补。文武大选、急选官及四方教职，积数千人，以吏、兵二科缺掌印不画凭，久滞都下，时攀执政与哀诉，诏狱囚，以理刑无人不决遣，家属聚号长安门，职业尽弛，上下解体。"

定陵的建造，前后用了大约6年的时间，建陵标准很高。所用杉木，一定要西南云、贵等地深山老林里的上好木材，迢迢数千里，光运费就相当可观；所用大砖，必定是千里之外的山东临清专门烧造；所用的巨大汉白玉石料，则是从百里以外的房山大石窝开采而来。浩大的工程，每天都动用工匠、民夫多达3万余人，不分酷暑严寒，日夜紧张施工。定陵的修建共耗费白银800多万两，相当于当时约两年的全国田赋收入总和，约折合当时1000万贫苦农民一年的口粮！

自那以后，神宗不再过多地关心身后，而将注意力移向现实的享受。16世纪末、17世纪初的中国，在封建个体经济的汪洋大海中，已零星地出现了资本主义生产关系的萌芽。商品经济有了新的发展，城市更加繁华，市镇迅速兴起，物产日益丰富，贸易往来也急剧增加。这就给贪财好货、纵情酒色的神宗，提供了大显身手的广阔天地，一切均极尽铺张浪费之能事。皇长子及其他皇子办冠婚礼，他从国库支走白银934万两，外加袍服费用270多万两，挥霍一空。平时，他也很会挖空心思向朝廷各部门勒索钱财。生一个女儿，要户部、光禄寺各进奉白银10万两；公主出嫁，也要讨取数十万两银子做嫁妆费。万历中期，为了买到称心的珠宝，一次就花掉白银2400万两。在神宗的带动下，宫廷费用日益增大，每年仅脂粉费便高达白银40万两，织造龙袍的布料达15万匹。渐渐地，国库让神宗给掏空了。"开源"，他以空前的热情，开始了敛聚钱财的活动。

神宗最初想到的"开源"的点子，是大力提倡官吏向他"进奉"，把进奉财物的多少作为衡量官吏是否效忠皇上的标准。许多人迫于无奈，只好纷纷进奉。此外，他还平白无故地把太监拖来拷问，兜一阵圈子后，就要他们献金银珠宝。头脑灵活立即献上的，当即释放；执迷不悟的，加倍用劲杖打。像这样以武力和恫吓强行索取钱财的做法，以后也时有发生，但已不再是"开源"的主要手段了。神宗发现这样未免有点小家子气，也很难发什么

定 陵

大财。于是，万历二十四年（1596），他借口乾清、坤宁两宫被烧需要大笔款子修建，抽调大批太监，充当"矿监"、"税使"，分派到全国各地，搜刮民脂民膏。这就是十分有名的"采榷之祸"。采榷用太监，而不用士大夫，是煞费了神宗一番苦心的。太监大多不知法纪，又有些心理变态，可以尽搜刮之能事。为了这个特殊目的，神宗还特别授予矿监、税使们节制有司、专折密奏的权力。让他们充当耳目，监督地方，听其诬陷告密，甚至勾结当地流氓恶棍、土豪劣绅，大肆作恶。对于他们的劾奏，神宗十分重视和轻信，朝入夕传，不问青红皂白，就立即派人将被劾者逮捕下狱，严刑拷打，或削籍贬官，

神宗的金冠——我国已知现存唯一的帝王金冠

或干脆折磨处死。当时，各地都慑于矿监税使的淫威，加意侍奉，原想早日将"神"送走。谁知神宗却突然下令，在各地为他们设立了过去从未有过的"中使衙门"，让他们长住下去。这类衙门全国共有20处，专门奉行神宗的旨意，为他敛财。无怪有人惊叹，神宗皇帝对钱财的奇贪，前无古人。

那时候，税使到处都是，遍及160多个州县。他们多设关卡，巧立名目，税收的数额自然就大。据说最初，他们倒是有过设想，征税主要在商人、土地所有者中进行。但后来觉得太累太麻烦，干脆"税不必商"，连官吏、农工等也都成了征税的对象，凡是涉及房屋、车船、米、麦、鸡、猪、牛、马等等，没有一样不纳税。这160多个州县，每年征税银数以千万计。有人形容那情景真是似蝗灾，税使过处，"百用乏绝""十室九空"。

但是，若同矿监比起来，税使还显得有点心慈手软，矿监们最要命的是凶横。他们名为开矿增加税收，其实并不打算这么做，只要看好了可以敲诈一笔，就随心所欲地指地为矿。于是被指中的人家灾祸临头，有金银珠玉献上的还罢，若是没有，矿监便指使卒役们强行拆房毁屋，掘地翻圃，抢掠家产，甚至借机侮辱妇女，胡乱杀人。有的借口找矿，到处挖掘坟墓，搜取金银陪葬

王恭妃

恭妃王氏（1565—1611），宣府都司左卫人（现河北张家口怀安县）。初为宫女，生皇长子朱常洛（后登基为光宗），封恭妃，后生云梦公主朱轩嫄。万历三十四年（1606），朱常洛侍妾王氏生皇长孙朱由校（明熹宗）后，晋封皇贵妃。三十九年（1611）去世。王氏始终受到丈夫冷落、宠妃迫害并长期被幽禁；最后哭瞎双眼，悲愤而终。其孙明熹宗登基后，追封为孝靖皇太后。

品。这种明火执仗掠夺来的财宝，上缴充公的不足1/10，只是肥了神宗和矿监们，所以神宗十分喜爱并偏袒他们。

万历三十年（1602）二月，皇太子大婚典礼刚结束不久，神宗于劳顿之后，忽然感到满身不适，随即病状越来越重。荒淫无度的神宗感到自己有可能一病不起，突然想到应弥补前愆。慌忙召各府、部、院大臣和大学士沈一贯到启祥宫西暖阁。在安排了托孤之事后，又说："矿税的事，是朕因为宫殿建筑迟迟未了而采取的权宜之计，从现在起，可与江南织造、江西陶器一起，都停了它，派下去的内监都令其回京。关押的罪犯都放掉，因上疏而削职的官员也都官复原职，给事中、各衙门缺官的，一律补齐。"说完，就疲乏地躺下了。这个好消息来得太快、太出人意外了，当夜，阁臣和九卿都兴奋地留宿朝房，准备早朝一见圣旨立即执行。这喜讯也早早地就在朝廷内外传扬了开来。凌晨早朝时中使捧神宗手谕来到大臣们中间，果然如此，于是更是皆大欢喜。

但是人们发现高兴得还是太早了。早朝刚开始不久，就又有中使气喘吁吁地赶来，说是奉命要收回前边的诏旨。沈一贯和其他大臣们都很诧异，细一打听，才知是天快亮时，神宗的病竟奇迹般地好了。神宗头脑清爽了之后，记起刚刚颁过的诏旨，后悔不迭。原来是感到必死无疑，才信口胡言，想死后捞个好名声，现在不死了，停了矿税、断了财路，那不是用刀剜肉吗？于是就不顾金口玉牙说过的话，一遍一遍地派中使前往内阁索取前诏。当时，司礼太监田义正在

他身边，就劝谏道："皇上说过的话岂可反悔！"结果惹得神宗大怒，口里嚷嚷着，一定要用刀砍死田义。同时派中使一拨接一拨，急如星火地来了20多拨，反复传达神宗的口谕，说是矿税万不能停，别的你们看着办吧！中使们还威胁说，惹火了皇帝要砍沈一贯的头。沈一贯被逼无奈，只好交出前诏。后来，田义见到沈一贯，唾弃并埋怨说："你要是再坚持一下，那矿税就撤了，你怕什么呢！"随后大臣相继奏疏请罢，神宗都不听，采榷之祸终万历一朝都没能废去。[1]

五、建储纷争　朝党火并

万历六年（1578）八月，神宗的第一个儿子降生，取名常洛，生母是恭妃王氏。当时为庆贺皇长子的出生，还特意颁诏全国，减免刑罚，并且让外交官通报有邦交关系的外国使臣。然而神宗心中并不高兴，因为他与王恭妃并没有什么感情。

朱常洛的出生十分偶然。王恭妃原是一个默默无闻的宫女，在慈宁宫服侍皇太后。有一次，神宗到慈宁宫向生母请安，两人邂逅，神宗就临幸了她，并且无意中怀上了孩子。此后，神宗把与王恭妃发生关系这件事，忘了个一干二净。谁知皇太后在起居注中把这事给记了个清清楚楚。当这个还没有任何名号的宫女逐渐显出身孕时，她就把神宗叫来，要他承认此事。最初神宗矢口否认，太后无奈，只好命人从敬事房取出起居注来，把上面的记载指给他看。神宗惊诧万分地看着那个详细的记载，只好承认确曾有过此事，但反应冷淡。太后于是劝道："这是件好事。我老了，还没有孙子。这次如果能生个皇子，是社稷的福分。你不要在乎她的名分，以为她是个宫女，不够体面，其实母以子贵，你可以加封她嘛！"神宗无奈，只好照太后的旨意，先将那个宫女封为才人，万历十年四月，又封为恭妃。[2]

在这样一种情况下成为皇长子，朱常洛的地位可想而知是不会太稳的。但是最初几年，却没有多大问题，因为按惯例，如果皇后没有生养，则"无嫡立

---

[1] 事见《明史·列传第一〇六·沈一贯》："当帝欲追还成命，司礼太监田义力争。帝怒，欲手刃之。义言愈力，而中使已持一贯所缴前谕至。后义见一贯唾曰：'相公稍持之，矿税撤矣，何怯也！'自是大臣言官疏请者日相继，皆不复听。矿税之害，遂终神宗世。"
[2] 事见《明史·后妃二·孝靖王太后列传》："慈圣命取内起居注示帝，且好语曰：'吾老矣，犹未有孙。果男者，宗社福也。母以子贵，宁分差等耶？'十年四月封恭妃。"

长"，由长子来继承皇位。朱常洛恰好处于"无嫡"的情况下，所以，从皇太后到诸臣，都认定他必是法定的皇位继承人。这之后，虽然又有一个皇次子，不过不到一年就夭亡了，所以，直到万历十四年（1586），包括神宗在内，没有人对朱常洛的名分、地位提出什么异议。

问题出在万历十四年皇三子朱常洵出生。常洵的生母，是最受神宗宠爱的郑氏。郑氏原为淑嫔，容貌艳丽出众，并且机智聪敏，爱读书、有志气、有谋略，入宫后很快得宠，万历十一年（1583）晋为贵妃。郑氏给了神宗无微不至的关怀，还鼓励他亲政，被神宗视为相见恨晚的知音。所以朱常洵一出生，神宗马上册封郑贵妃为皇贵妃。皇贵妃是仅次于皇后的封号，在名分上要高出恭妃两级。郑贵妃的晋封，引得舆论大哗。人们纷纷猜测，认为皇上把郑贵妃封为皇贵妃，其实是为"废长立爱"做铺垫。这么一猜测，朝臣们立刻感到现实的危险远不止封谁不封谁，而在于那被郑贵妃迷晕了头的皇上，极有可能不顾祖宗礼法，立皇三子为太子！事关社稷，就是罢官掉脑袋，也要坚决顶住！于是，就有了长

翊坤宫

"翊"为敬，"坤"为地，"翊坤"即为敬地的意思。翊坤宫位于紫禁城西六宫，建于明永乐十五年，原名为万安宫，嘉靖时改为现名。居住在这里的人大多位分较高，如明万历朝的郑贵妃、崇祯帝宠妃袁贵妃以及晚年慈禧都曾是这里的主人。

达15年的建储之争。

朝臣们屡屡上疏，要求早日确立朱常洛为太子，但神宗实在不愿意，就采用各种借口一拖再拖。这使守正的大臣、言官们更加紧了活动。他们千方百计突出皇长子，称其为"元子"、"元嗣"，想将其在事实上与其他皇子区别开来。万历二十年（1592），诸臣又一起上疏，请教皇长子朱常洛为君之道。疏到万历手中，气得他两眼发黑。太子还没立呢，教什么为君之道。于是，借口疏中有错字，将领头的官员贬官夺俸。经过这件事，神宗觉得与其这么被动地拖着，倒不如干脆找一个众人无奈的办法。万历二十一年正月，他亲笔写诏书给内阁首辅王锡爵，说他"想待嫡子"。神宗的意思是皇后还年轻，还有

王锡爵
——从清道光九年（1829）长洲顾氏刊本《吴郡名贤图传赞》（清顾沅撰，孔继尧绘）

生子的可能，一旦生子，则不必为立储费心；假如数年后还不见皇后生育，那时再议也不迟；至于皇长子，还很年幼，可与其两弟一起，先封为王。王锡爵立即遵诏拟旨，谁知谕旨颁下后，举朝哗然，守正的廷臣们纷纷上疏反对，并且连王锡爵也不放过，指责他参与了策划，将他包围在朝房里争论不休。王锡爵自知名声大损，于是上疏自劾，请求辞官。这一下，可真把神宗弄了个焦头烂额，站在他与郑贵妃一边的廷臣们也束手无策。迫于各方面的压力，神宗不得不追回"待嫡"和"三王并封"的谕旨。万历二十二年（1594），为皇长子举行了预教之典。至此，神宗已料到事情不会有什么令他满意的结果。

真正使他在这件事上彻底绝望的是万历二十九年（1601）。这一年，首辅沈一贯按照廷臣的意见，再次提出立储之事。这时，皇长子已年满20岁，皇三子年至16岁，都未冠婚。不仅神宗被持续15年的立储之事搞得心力交瘁，而且事情也确实不能再拖了。于是，神宗只好同意诸臣的请求，于十月册立皇长子朱常洛为皇太子，同日，册封其他诸子为王。

万历朝因为建储的分歧等原因，朝臣逐步分成一些党派，并在十几年的建储之争中逐步公开化、尖锐化。那时，官僚集团内部至少有三股势力。一股是人数多、声势大的维护礼法、主张立皇长子为太子的守正群臣；另一股是站在神宗与郑贵妃一边，主张"废长立爱"的反对派；第三股是既不倒向哪一边，而又经常摇摆不定的握有权力的重臣。在第一股势力中，有吏部文选郎中顾宪成。

顾宪成在朝期间，先是力主册立皇长子，万历二十二年（1594），又极力推举因拥立皇长子而被解职的原首辅王家屏出任阁臣，连连忤逆神宗旨意，因此被贬回原籍无锡。无锡城东，有座后来闻名天下的"东林书院"，是宋代杨时讲学的地方，当时已经荒芜。顾宪成归家后，倡议出资修复，此后，便同胞弟顾允成以及高攀龙、钱一本等一些意气相投的人，在此讲学。每月一小会，每年一大会，逐渐吸引了许多官场失意、不满现状、看不惯世道、与当权者不合的退居林野的士大夫，鼎盛时，书院都容纳不下。他们不仅讲学，而且发表自己的政治主张，讽议时政，评论人物，深得社会上一些持相同政见的地主、商人和知识分子的支持，甚至连朝中的许多官僚士大夫，也因为赞同他们的主张，而参加他们的党派活动。久而久之，东林书院成了当时社会舆论的一个中心，顾宪成一班人也成为和当权者相抗衡的一股政治力量，而被称为"东林党"。

与东林党公开作对的是万历二十二年入阁的首辅沈一贯。沈一贯是浙江宁波人，平素为人圆滑，政治手段老辣，尤其善于逢迎皇上旨意，拼命维护朝廷。他联合了出任京官的浙江籍人氏，互相呼应，攻击东林党人，被称为"浙党"。"浙党"与"东林党"，是万历年间两个最大的党派。此外，还有依附于"浙党"的"楚党""齐党"，以及"昆（江苏昆山）党""宣（安徽宣城）党"等等以同乡关系结成的党帮。这些党派互相倾轧、互相争夺。其中，

顾宪成
——从清道光九年（1829）长洲顾氏刊本《吴郡名贤图传赞》（清顾沅撰，孔继尧绘）

以"浙党"为首的、由许多党派结成的"邪党",依附朝廷,攻击东林党,使这场斗争的双方成了当时最大的两股政治势力。这两股势力的矛盾和斗争,随着政治危机的加深而愈演愈烈,势如水火。

那时的党争,在"京察"问题上表现得最为激烈。"京察"是

东林书院

明朝考核京官的制度,每六年举行一次。京察中,根据官员的政绩和品行,分别给予升降、罢官等奖惩,凡因此被罢官的,终身不再启用。所以,各党都充分利用京察作为排挤打击对立党派的手段。万历三十三年(1506),东林党人都御史温纯和吏部侍郎杨时乔主持京察,借机将浙党官员钱梦庚、钟兆斗等贬谪。沈一贯得知十分恼怒,一面将京察的奏疏扣住不发,一面上疏神宗,弹劾温、杨及其同党。到了万历三十九年(1611),齐、楚、浙党主持南京的京察,大肆斥逐东林党人。对于这一切,神宗几乎都不大过问,有关的奏疏也大半"留中",甚至听凭有关机构自行处置。

六、民情激变　边疆不宁

万历朝中后期,政治极端腐败,明神宗朱翊钧的挥霍无度、横征暴敛,加上水、旱、蝗之灾连年不断,百姓穷困,搞得国家财政枯竭,民怨沸腾。尤其是矿监税使肆无忌惮地压榨,更使人民的反抗情绪如干柴烈火,反抗斗争遍及全国。万历二十七年(1599)四月,山东临清最先爆发了反对横征暴敛的斗争,矛头指向税使马堂。马堂是天津的税监,兼管临清税务。他不仅苛征重敛,而且公开抢劫财物,搞得远近没有集市,激起众怒。数千人齐聚税署说理,马堂却下令镇压。愤怒的人群冲进衙门,焚毁税署,杀伤马堂爪牙多人,并将其本人赶跑。第二年,税使陈奉到湖广征税,敲诈恐吓,破门抢劫,无恶不作,尤其在武昌

地区，竟然公开强奸民女，导致民变。数万群众将陈奉衙署团团围住，吓得陈奉躲到楚王府，愤怒的民众火烧官署，将为虎作伥的爪牙陈文登等16人投进滔滔长江。

万历二十九年（1601），江南爆发了一次明朝末年最有声势、组织最严密的反矿监税使斗争。著名丝织业城市苏州的数以千计手工业丝织工人，被税使孙隆压榨勒索得纷纷失业，加上当地又发生水灾，生计十分困难。六月初三日，织工葛贤在忍无可忍的情况下，带头暴动，高喊："宁可拼死，不杀恶棍，不逐孙隆，誓不罢休！"市民们闻风响应，很快聚集了2000多人。然后分成六队，每队一人带领，以摇芭蕉扇为号，一路浩浩荡荡向税署冲击，中途参加的群众不计其数。暴动的民众群情激愤，他们包围了孙隆衙署后，用乱石打死他的随从黄建节，将抓住的其他五六个爪牙捆绑手足，投进河里，并将恶棍汤莘的家放火烧毁。孙隆吓得丧魂落魄，改易便服，爬墙逃脱。

万历三十年（1602）后，城乡人民和前线军兵的反抗斗争日益增多。那时候，江西上饶、景德镇，云南腾越，福建漳州等地民众暴动的奏表，每次都急如星火地送到神宗手里，而几乎每次，又都被他留中。因为神宗知道兵部自会依律派兵镇压，也清楚造成这种局面的罪魁，其实是他自己。

然而，更为直接的威胁，却来自神宗最初一无所知、直到万历四十四年（1616）始觉骇然的北部边陲。这一年，早就窥视大明江山的努尔哈赤，在统一了大部分女真族部落之后，于赫图阿拉称汗，从此脱离过去与明朝的隶属关系，公开与其为敌。万历四十六年（1618年）四月，努尔哈赤以杀祖杀父之仇等"七大恨"告天，誓师伐明。四月二十一日，抚顺被努尔哈赤攻克，守城将士战死上万人，告急羽书一天数十次地传来，神宗这才着了慌，并下决心要与努

万历通宝

御用毛笔——"大明万历年制"

尔哈赤决一死战。第二年二月，神宗命兵部调集了近9万人的兵力，连同13000多朝鲜兵，约计10余万人，号称47万大军，由辽东经略杨镐指挥，企图将后金一举歼灭。然而户部却疏告兵饷缺300万两银子，请求从大内存银中调拨。当时的大内银库，每年增加金花银120万两，所以内币十分充足。但是，神宗向来都是视内库为己有，所以他坚决不同意。无奈，户部只好自己去东拼西凑。而真正令人啼笑皆非的是，虽然请求拨款百呼不应，但建议加派却朝奏夕可。万历

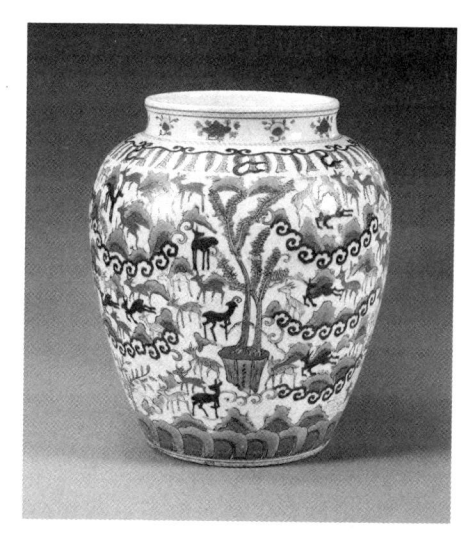

明万历五彩百鹿尊

四十六年（1618）八月，户部尚书李汝华疏请增加赋税，九月，神宗就下令追加天下田赋，每亩加征银3.5厘。第二年十二月，以大军反击、急需军饷为由，又决定每亩再增征3.5厘。到了万历四十八年三月，竟决定再次追加，每亩增征银2厘。这样，三年三增，累计每亩净增已达9厘，年田赋增征总额为520万余两。许多农民因此被夺去土地，流离失所，怨声载道，终于导致后院起火，山东、河南等地农民暴动接连不断。[1]

万历四十七年（1619）二月底，明军终于调集到辽东前线，然后兵分四路合围努尔哈赤主力。努尔哈赤诱敌深入，集中优势兵力，只几个回合下来，打得明军损兵4.6万余人，折将300余员，被迫撤出辽东。这就是历史上著名的"萨尔浒之战"。萨尔浒战役后，后金与明王朝的力量对比发生了重大变化，后金的军事力量大大增强，由战略防御转入战略进攻。当年，后金兵又攻取开原、铁岭等地。十万铁蹄踏过辽东大地，直逼大明王朝的莽莽边墙。

神宗被深深地震动了。萨尔浒的失利，将亡国的威胁明白无误地推到了神宗面前，他感到从未有过的困顿和凄凉。不久，就染上病症。拖了一年多，到万历四十八年（1620）七月，万历的病情突然加重，半个多月不思饮食。他深知将一病不起，便召英国公张惟贤、大学士方以哲和各部尚书等人到弘德殿，托付他

---

[1] 事见《明史·神宗本纪》。

们勤于职守，辅佐朱常洛。二十一日，神宗以58岁未老之身，一命归天。此后不久，被召诸臣出示万历遗诏，大意是说，"因为有病，朕多年来只顾静养，很少赴郊庙早朝，奏疏多为留中，官员缺了不补，加上矿税繁兴，征调四出，搞得民生艰难、内外交困，日思夜想，不胜追悔，刚想改革，却一病不起，只好有赖后人了。皇太子常洛可嗣皇帝位。"然而，这一切无论是死后钓誉，还是真心感悟，都为时太晚了。神宗死后谥号"孝显皇帝"，庙号"神宗"，葬于定陵。

名家评说

神宗冲龄践阼，江陵秉政，综核名实，国势几于富强。继乃因循牵制，晏处深宫，纲纪废弛，君臣否隔。于是小人好权趋利者驰骛追逐，与名节之士为仇雠，门户纷然角立。驯至忿、憝，邪党滋蔓。在廷正类无深识远虑以折其机牙，而不胜忿激，交相攻讦。以致人主蓄疑，贤奸杂用，溃败决裂，不可振救。故论者谓明之亡，实亡于神宗，岂不谅欤。

——清·张廷玉等《明史》

熹宗朱由校

明熹宗朱由校（1605～1627），明朝第十六代皇帝。明兴宗朱常洛的长子，其母为嫔妃王氏。公元1620～1627年在位。谥号"悊皇帝"，庙号"熹宗"。他一生喜好玩乐，在位仅仅7年，就将明王朝元气消耗殆尽，促使它迅速走上了穷途末路。

一、闯宫立帝　东林治政

朱由校的父亲光宗朱常洛不为其父神宗所喜。虽为皇长子，但长期遭受歧视，直到20岁才勉勉强强被立为东宫太子。

万历三十三年（1605）十一月十四日深夜，选侍王氏生下常洛的第一个儿子朱由校。朱常洛在困境中得子，心中非常高兴，可是一想到父皇又有些心寒，不知他高兴不高兴？朱常洛灵机一动想出个办法来，他令人分头将喜讯报知奶奶慈圣老太后和父皇。只要奶奶高兴，父皇大概不会怎么样。报喜的太监走后，朱常洛长久地徘徊在院子里，等待着父亲那边的讯息。老太后听到第一个曾孙子出生，又是大明江山社稷的继承人，觉得是天大的喜事。老太后一高兴就往儿子那里跑，待她到了乾清宫，神宗已得了消息。看到母亲喜得合不拢

明熹宗朱由校
——从原故宫南熏殿旧藏《历代帝王像》

嘴，神宗也很高兴，传令封王氏为才人，朱常洛才放下心来。

万历四十八年（1620）对明朝来说是一个多事的年头。七月二十一日，明朝在位最长的君主神宗去世，临死还关照及时册立皇长孙。八月初一光宗朱常洛即位，然而他福分太薄，在位仅一个月，便于九月初一早晨死去。时年39岁。

光宗死前，旨传内阁大臣方从哲、刘一燝、吏部尚书周嘉谟及科道杨涟等人入宫。谁知这几个人刚走到宫门口时，光宗已经驾崩了。杨涟说："皇上晏驾，嗣君年幼，他又没有嫡亲母亲或亲生母亲在身旁，万一出现什么变故，我等就是天下罪人了。现在我们只好闯进宫去，拥皇长子即刻接受群臣朝见，安定天下人心，杜绝事故发生。"大家都认为只有这样办了。

杨涟
——从清道光九年（1829）长洲顾氏刊本《吴郡名贤图传赞》（清顾沅撰，孔继尧绘）

商议已妥，杨涟就带头闯宫。守门的太监乱棍交下，不让他进去。杨涟将手一挥，大吼道："我们是皇上召来的。现在皇上驾崩，嗣君年幼，你们阻止大臣入宫扶保幼主的目的何在？"太监被杨涟的气势镇住了，杨涟"哼！"了一声带领群臣进了宫门。

杨涟一行进了乾清宫，哭倒在光宗的灵前。磕头完毕。杨涟请皇长子朱由校出见群臣。这时朱由校正被光宗的宠妃李选侍拦在西暖阁内不得脱身。刘一燝大呼道："皇长子应当在灵柩前即位，今天却不在灵前？哪里去了？"太监们都不回答。这时，光宗的东宫侍奉、老太监王安走来，告诉刘一燝说："皇长子为李选侍所匿。"刘一燝大声吼道："谁如此大胆，敢匿新天子。"王安说："你等着，我去一趟。"王安说罢，大步走进西暖阁。他正言厉色向李选侍说明了外朝的情况，以不容违拗的口吻请求皇长子立即出见群臣。李选侍到底是妇人家，没见过这种场面，心中不免有些发毛，稍一迟疑。王安立刻抱起朱由校跑出来。

刘一燝、杨涟等人立即跪倒高呼"万岁"。刘一燝看事不宜迟，挥一挥手，大家一拥上前，刘一燝架起朱由校的左胳膊，英国公张惟贤架起右胳膊，王安在后面拥着就把朱由校架上了步辇。这时，李选侍有些后悔，慌忙上前拽朱由校的衣服。杨涟吼道："殿下是天下之主，群臣之君，谁敢阻拦。"[1]大家连拖带拉将朱由校拥入文华殿，群臣礼拜，朱由校即了东宫太子之位，议定九月六日即皇帝之位。

九月初六日，正式举行了登极大典。朱由校即了皇帝之位，群臣高呼万岁。朱由校在高高的龙墩上看到了杨涟几天之间像是变了一个人，满头黑发和须眉都变成了白色，这是他几天来心力交瘁所致。朱由校非常感动，数次称他为"忠臣"。朱由校的即位，是东林党人的巨大胜利。

东林党人自万历中期便自树高明之帜，讽议朝政，裁量人物，认为自己肩负天下兴亡的重任，是朝臣中最清白最忠直的大臣。正由于东林党人绳人过刻，引起了某些官僚集团的不满。万历末年与东林作对的主要有齐党、楚党、浙党、昆党等士大夫集团。光宗即位后，便主张顺应神宗意旨，保护郑贵妃的党派都被清除了，东林党如日行中天，气焰趋于极盛。短短几个月间，被排斥的原东林派官僚皆披挂出山，冠盖满京华。

朱由校即位后，在东林党人的主持下，革除了神宗末年的一些弊政。如停罢了杭州织造、革除了南京的鲜品进贡；对发生重灾的地方进行了赈济；明令免除了天下带征钱粮及北畿地区的加派，减轻了某些地区的赋税；再就是对历史上的一些大案重新作了结论，恢复了张居正的官萌，肯定了张居正对国家的重大贡献；另外给建文时期的方孝孺等人平了反，恢复了名誉，肯定他们是国家的忠臣，对他们的后代免除了奴籍，恢复了平民地位。但是，东林党人在国家大政方针的决定、大弊大利的革兴方面毫无作为，神宗末年的状况没有根本的改变，对国家亦无明显建树。

二、客魏崛起 天子纵乐

在天启初年，明王朝政坛上又悄悄崛起了一股政治势力。这个势力由于和

---

[1] 语见《明史·列传第一三二·杨涟》："涟格而诃之曰：'殿下群臣之主。四海九洲莫非臣子，复畏何人！'"

文渊阁

位于紫禁城三大殿东侧的文渊阁，是明朝内阁的衙署，这里是明朝的政治中心之一。

皇帝有千丝万缕的联系而生长极快，迅速地对明朝政治发生重大影响，这就是魏忠贤太监集团。魏忠贤的兴起又与一个美丽的农家少妇紧紧相关，这个农家少妇即朱由校的奶妈客氏。

明朝皇家生儿育女，亲生母亲是不哺育的。一般是从农村挑选一些强壮的村妇为奶妈，代为哺育，据说这是希望农民的乳汁能给这些娇嫩的金枝玉叶增强体质。客氏是保定府定兴县人，其夫叫侯二。万历三十三年（1605），客氏第二胎产一女没有成活，恰在这时宫中为即将出生的朱由校寻找奶妈。客氏人长得肤肌白皙，身体苗条健美，眉清目秀，又恰在18岁如花似玉的年华，奶汁非常稠厚，于是被选中，成了朱由校的乳母。入宫二年，丈夫侯二病死，客氏便带着儿子侯国光长期在北京住了下来。

客氏虽然是一个不识字的农村妇女，却心灵嘴巧，非常机敏，又会做针线，所以很快在东宫上上下下混得很熟。朱由校的生母王氏对她很放心，把儿子

整个托付给了她。客氏知道怀中这个含着奶头的小生命是大明江山之主，是皇位的继承人，将来要掌管整个国家。她对朱由校的照顾非常尽心，也正是在这时客氏产生了非分之想，她要利用这个机会改变她生活的轨迹，博取荣华富贵。而这些必须来自对朱由校的精心服侍。本来皇上断奶后奶妈就要打发出宫回家，因为客氏对朱由校太好，朱由校离开她便大哭不止，不吃不喝，王氏也看孤儿寡母可怜，破例将她留下来，继续服侍朱由校。等到王氏一死，朱由校竟不自觉地把客氏当成了母亲。

客氏发现朱由校已完全被她笼络住，心中十分高兴。朱由校即位使她的野心恶性膨胀起来，她要在后宫摆出不可一世的架子来，压倒那些有名分的后妃嫔贵，使谁也不敢瞧不起她这个农家女。她开始寻找目标。客氏在宫中遇到一个和她有同样出身、同样感情、同样野心的太监，二人一拍即合，随即串通一气，狼狈为奸，进而干预国家政治，淆乱天下，这个太监就是魏忠贤。

魏忠贤是直隶河间府肃宁县人，家贫而无赖，娶妻冯氏，生有一女。魏忠贤生性黠慧佻薄，不事生产，饮酒赌博、鸡鸣狗盗无所不为。后其妻与其离异。魏忠贤的家乡是个出太监的地方，许多贫苦农民为生活所迫而净身去投师父做太监。魏忠贤在欠了一屁股赌债、走投无路之际也踏上了这条道路。万历十七年，他入了宫，投于司礼监秉笔兼掌东厂之印的老太监孙暹名下。魏忠贤被派到御马监干事，也就是这时培养了魏忠贤对名马的兴趣。魏忠贤在御马监呆了一阵，又被派往甲字库看管仓库。他利用职务之便，盗吞库物，手头渐渐充裕起来。朱由校诞生后，其母王氏当时无人办理膳食，魏忠贤买通东宫太监魏朝，靠他引见入了东宫，为王氏及朱由校办理膳食。魏忠贤巧于逢迎，工于心计，千方百计利用旧日关系从各库掠取各种财物、玩好、果品、花卉取悦于王氏及朱由校。他还做得一手好菜，色香味俱属上乘，因此颇得王氏欢心。

客氏原来与魏朝是"对食"关系，即太监宫女形同夫妇的生活。魏忠贤来东宫

魏忠贤

后立刻看上了客氏，多方接近她，讨她的欢心，客氏渐渐喜欢上了魏忠贤，二人偷偷相好，如胶似漆。熹宗即位后，客氏将魏忠贤拉到朱由校手下，充当典膳局官。由此，二人皆成为朱由校的亲近之人，他们都怀着控制小皇帝、进一步攫取权力的野心从政治上、生活上结成一体。

朱由校对客、魏二人恩宠有加，引起了东林党人的深深忧虑，他们害怕朱由校被二人迷惑挟制，重演出太监专权、阿保乱政的局面。万历三十三年（1605）十月，杨涟、左光斗上疏，以朱由校大婚在即为借口，提出将客氏放出宫去。老太监王安从中主持，朱由校只得让客氏离宫。但客氏一走，朱由校像掉了魂一样，茶饭不思。没过三天，就令客氏再次入宫。王安劝他说："娶了皇后就好了，有伴了。"朱由校说："娶了皇后也不行，皇后也不大，也要客奶照顾！"群臣看着客氏再次来到朱由校身边，谁也没有办法。

客魏集团的形成是朱由校造成的，以后客魏集团的肆虐也是朱由校纵容的结果。朱由校是一个爱玩、贪玩、会玩的"主儿"。即位之前，客氏、魏忠贤带他玩马、玩狗、玩猫、玩花、玩草，花样翻新，层出不穷。做了天下之主，他的玩性丝毫未减，反而大加弘扬，玩的更是昏天黑地。魏忠贤最希望朱由校发扬玩的天性，自己好从中渔利，专权擅政。所以他对朱由校的玩加意引导，花鸟虫鱼、声色狗马，极天下之所能。朱由校也忘掉了江山社稷、列祖列宗、黎民百姓，忘掉了自己是一国之君。

朱由校生性活泼好动，对什么事情都怀有浓厚的兴趣。他追求新奇、刺激，喜欢名马，爱好骑马射猎，魏忠贤以他在御马监学到的知识，搞了许多名马送给他，朱由校为之逐匹命名。他经常跃马挥鞭满宫乱跑，为了跑马的方便，宫内许多几百年的大松树都被砍掉，窄小的门洞被拆除。朱由校爱打猎，尤其爱亲手杀死野兔、獐狼之类。他喜欢亲手砍掉野兽的头后看它的眼睛转动，从鲜血淋漓中追求刺激。他在宫中像一个顽皮的农家小子，常常上树去掏鸟巢，下水去抓鱼。有一次，他掏鸟从高高的树上摔下来，衣服被扯烂，摔得头破血流。魏忠贤还时常带他去北海泛舟。朱由校为了好玩并不安分地坐在船上，他要亲手划船。经常是魏忠贤等太监坐船，皇上划船。有一次，朱由校与两个小太监在一条小船上。朱由校衣袖高挽，非常卖力地划桨。突然，湖上风起，将小船打翻，两个小太监不会游泳，朱由校也不会游泳，三人眼见就要淹死，正好一个会游泳的太监从湖边经过，将朱由校救起，两个小太监被淹死了。这时，魏忠贤、客氏在远处

的画舫上喝酒，还不知道发生了事故。这类事情很多，朱由校玩起来根本不顾危险与否，魏忠贤也不以为意。最危险的一次是朱由校在宫内大阅兵。他披坚执锐看施放铳的表演。一个叫王进的小太监就在朱由校面前装药点火，结果"轰"的一声，发生爆炸。王进的手被炸飞一只，险些伤及他，他只"哈哈"一笑，并不介意。

　　朱由校还喜欢蹴球、舞剑、射箭。永寿宫是魏忠贤与他日常蹴球之所，乾清宫前丹陛是他舞剑的地方，常常在月下可以见他舞剑的身影。朱由校箭射得极准，有一次，魏忠贤骑马从他眼前驰过，他一箭便将那马射翻。

　　除了这些武的，朱由校最爱看戏。宫内钟鼓司准备有各种戏。他几乎每晚必看，而且很开心。他看戏每天必到极晚，冬天更是通宵达旦。

明代太监铜像

　　朱由校爱忘事，过去的事情转眼就忘得一干二净。但他人聪明，手也很巧。他最喜欢土木建筑、木工制作。全套木工活他样样精通，油漆一行亦极工巧。凡是他见过的木器用具、亭台楼阁，一看便能制作。宫中原有十作，即10个作坊，由太监管辖，负责宫中土木营造。朱由校在宫中就成了十作的头。他爱好营建，常在宫中亲自动手建造回廊曲室，手操斧锯，兴趣盎然。但他喜厌不恒，造成了，看看哪里不顺眼就毁掉重造。常常是造了毁、毁了造，忙得不亦乐乎，顾不得吃饭喝水。朱由校不但造大的亭阁，而且擅长细致的雕刻，他做的砚床、梳匣皆是自己油漆，五彩绚烂，工巧妙丽，出人意表。他雕刻的八幅屏，在不盈尺的天地里雕刻的花鸟虫鱼、人物走兽都栩栩如生。他令太监将这八幅屏拿出去，每套卖1万两银子。太监为讨他高兴，第二天就拿1万两银子给他，使他大为兴奋。

　　一切时间都花在玩上，朱由校哪还顾得上朝政。为了玩他可以不读书、不上朝、不看奏章、不批军机，魏忠贤充分利用了朱由校的昏庸。他要谋私害人，就在朱由校忙于设计制作时去请示事情。每次，朱由校都是不耐烦地挥挥手说："我都知道，你们去办吧！"于是，魏忠贤盗取了批奏之权，口衔天宪，威压群臣。不利己的事以皇上的名义批驳，谋私害政的事情也以皇上的旨意传令执行，外廷之臣无可奈何。

三、客魏横行　荼毒朝臣

客魏利用朱由校的昏庸在宫内立住了脚跟，然后开始发展他们的势力，组织听命于他们的官僚集团，以求把持天下。

东林党人眼见得魏忠贤青云直上，异常担忧。他们密切注视着客魏的动向。在客氏的去留问题上东林党人进行了力争，遭到朱由校的痛斥。朱由校大婚礼成，荫魏忠贤侄二人，东林党人亦表示反对。天启元年（1621）十月，赐给客氏香火田20顷；神宗山陵工成，亦表彰魏忠贤之功。东林派言官皆上疏反对，但朱由校根本不听，反而怒责东林党人，而那些东林党的反对者则受到纵容和支持。

到了天启二年（1622）年底，大臣中有两个人倒向了魏忠贤。其中一个是礼部尚书顾秉谦。顾秉谦为人庸劣无耻，一直受到东林党人的攻击。他看到魏忠贤的迅速崛起以为冰山可倚，就秘密地投靠了他。另一个是南京礼部侍郎魏广微。此人亦是寡廉鲜耻、柔媚无骨之徒。魏忠贤得势，魏广微认为是个机会，他以同宗同乡为由巴结魏忠贤，魏忠贤遂将他召到北京拜为礼部尚书。到天启三年（1623）正月，顾、魏二人皆以原官兼东阁大学士进了内阁，改变了东林党在内阁的一统天下。这样，有顾魏二人相助，魏忠贤如虎添翼，更加放开了胆子为非作歹。天启三年，太监明目张胆地跑到工部堂上索要冬衣，多方挑剔、挑起事端，工部尚书钟羽正被逼离职。魏忠贤令御史郭巩疏攻周宗建、刘一燝、邹元标、杨涟、周朝瑞等人保举熊廷弼镇守辽东是党邪误国，东林党人群起相救，皆受严责，许多人因此罚俸。魏忠贤假皇上之命封他的子侄和客氏的子侄世袭锦衣厂卫官职，又不顾廷臣反对接连增加内操军士两万多人，由此，魏忠贤掌握了宫内外所有禁卫大权。

在内宫，客魏二人对光宗的嫔妃和朱由校的嫔妃都可以任意生杀。光宗的赵选侍素与客氏不和，魏忠贤矫旨赐其死。赵氏将光宗历年所赐之物罗列于庭，再拜上吊。朱由校的裕妃张氏怀孕，过期未生，客氏在朱由校面前说她是妖精，

高攀龙

——从清道光九年（1829）长洲顾氏刊本《吴郡名贤图传赞》（清顾沅撰，孔继尧绘）

高攀龙（1562—1626），字存之，江苏无锡人，东林党领袖。万历十七年（1589）进士，后获职遭贬，辞官归家，与顾宪成兄弟复建东林书院。天启元年（1621），东林党获重用，历任太常少卿、刑部右侍郎、都察院左都御史等职。后遭魏忠贤陷害，不堪屈辱，投水自尽，时年六十四岁。崇祯初年（1628）平反，赠太子太保、兵部尚书，谥"忠宪"。

将其关闭在一个死胡同内，不给吃、不给喝，偶尔天下大雨，张氏爬在地下喝屋檐下滴下的雨水，终被折磨而死。冯贵人尝劝朱由校罢内操，客魏大怒，将其赐死。成妃李氏向为朱由校所喜，她曾借机会在朱由校面前为冯贵人辩解，被客氏知道后矫旨革其封号，绝其饮食。李氏鉴于张氏之死，预先在各个墙角、壁缝间藏有食物，故关闭数日后得以不死，客魏将其贬为宫人。另外，胡贵人对客魏专权有恨，尝与人言，魏忠贤借朱由校出门祭天的机会，派人将胡贵人杀害，向朱由校报称是暴疾而亡。好在朱由校爱忘事，过去就忘了。从来就没把他的这些嫔妃放在心上，少了几个他也不知道。

天启四年（1624），形势发展对东林党人更加不利。魏忠贤不但在文官中间招纳了羽翼，武臣方面亦安排了心腹之人。锦衣卫都督田尔耕、北镇抚司理刑许显纯皆是魏忠贤的死党。东林党人的奏疏只要弹劾魏忠贤，必定受到痛斥。相反，反东林党者都逐渐开始罗列东林党罪状，发起反攻。

东林党人与魏忠贤的决战终于在天启四年六月爆发了。时任明朝最高检察官的都察院左都御史杨涟再次披挂上阵，疏奏魏忠贤犯有24大罪行。[1]

杨涟此疏一出，的确把魏忠贤吓坏了。疏中所指，件件是事实，倘皇上雷

---

[1] 事见《明史·列传第一三二·杨涟》。

霆一怒，后果不堪设想。魏忠贤惴惴不安，晚上找到朱由校，跪在他面前痛哭流涕，说外廷有人想整他，给他罗织了许多罪状，全是无中生有。他一心为国，一心为皇上，才得罪了这些人，这些人攻击他，实际上是想限制皇上。他假装提出辞去东厂职务以全尸骨。朱由校未读奏疏，不知所以然。客氏又从旁边替魏忠贤评功摆好，说魏忠贤如何清忠勤谨，如何效尽犬马之力。外廷大臣故意对他过不去，是因为魏忠贤公正廉明，他们做不了弊，才危言耸听，给魏忠贤安了这么多罪名。朱由校只知道魏忠贤万事顺从，竭尽全力带他玩，对外廷事务根本不了解，因此也就说不出什么，也不愿意读那份奏章，他不允许他辞东厂之职，而对杨涟则大加申斥，说他"捕风捉影，门户之见，大胆妄言"。

杨涟被责，激起满朝官员的愤怒。杨涟次日又写一疏，准备面奏皇上，魏忠贤则阻遏朱由校不御朝三日，第四日才出御皇极门。魏忠贤早作了准备，锦衣卫士布满朝堂，仪仗金瓜倍于往时，杀气腾腾，一片森严。魏忠贤口传圣旨，今日只听取内阁奏报，其余诸臣不许奏事。此一举更加剧了东林党人的愤怒。继杨涟而上疏者风起云涌，或单疏，或合疏，短短两天，不下百余疏。但是，魏忠贤控制了朱由校，已稳操胜券。所有奏疏，不管言词多么激切、尖锐，皆如泥牛入海，杳无声息。

魏忠贤顺利地渡过了这一难关，他明白了东林党人别看声势浩大、气势汹汹，其实没有什么了不起，很容易对付。东林党势头过去了，魏忠贤该反过来收拾东林党了。而此次风头过后，被东林党人攻击的官员都希望魏忠贤给东林党一点颜色看。宦党大学士魏广微拿了一本《缙绅便览》，用墨笔将他认为是邪人的官员一一圈点，重则二圈，轻则一圈。像叶向高、韩爌、何如宠、钱谦益、赵南星、高攀龙、杨涟、左光斗、李应升等六七十人皆被三圈。他将这本《缙绅便览》交给魏忠贤，让他依次罢逐。有人则向魏忠贤献计，恢复"廷杖"之刑，用来威震群僚。

天启四年（1624）十月，祭主庙。百官毕集，魏广微不至。到仪式进行了一半，他才踉跄入班拜跪。遭到魏大中、李应升等人的抨击，魏广微以失仪请求罢免，魏忠贤矫旨免罪挽留。魏广微因此怀恨魏大中、李应升，催促魏忠贤对东林党人下毒手。十月、十一月两个月，魏忠贤假传圣旨，陆续将东林党人吏部尚书赵南星、左都御史高攀龙、吏部侍郎陈于庭、右都御史杨涟、左金都御史左光斗以及魏大中、乔允升、冯从吾、袁化中、房可壮等数十人罢斥。朝属几乎为之一空，内阁中顾秉谦做了首辅，东林的天下彻底失掉。

天启四年十二月，宦党徐大化再次上疏弹劾杨涟、左光斗串通王安，威压宫禁，党同伐异，招权纳贿，另一宦党曹钦程更是危言耸听，说赵南星、周宗建、李应升收受了熊廷弼的贿赂。魏忠贤立即矫旨削了周宗建、李应升的官职，并派锦衣卫逮捕杨涟等人到京听讯。

魏忠贤的党羽已定好计谋，诬杨涟、左光斗、周朝瑞、顾大章、袁化中等东林党人都受了熊廷弼贿赂。锦衣卫受宦党指使，先将东林党人汪文言抓来北京投入镇抚司监狱，交由宦党许显纯审问，逼他承认经手给东林党杨涟行贿。为了让汪文言

被魏忠贤迫害而死的苏州五人墓

承认，每次过堂，五刑备尝。一直折磨了两个多月，汪文言皮开肉绽，一息尚存，许显纯也没有得到他所需要的口供。最后，许显纯动用最残酷的刑罚，一天到晚拷打不休，汪文言实在受刑不过，便说："你们不要打了，口供你们愿意怎么写就怎么写，我承认便是！"于是，许显纯诬蔑杨涟等人受熊廷弼贿，汪文言经手过付。汪文言听到这里，大呼一声"苍天啊！冤枉啊！以此污清廉之士，我死不承认！"[1]许显纯冷笑一声，让人拿着汪文言的手画了押，便将他打死，上报汪文言已经招供。

天启五年（1625）七月，杨涟、周朝瑞、左光斗等人逮到，下到北镇抚司。杨涟等人入了狱，还不知道犯的是何罪。第一次过堂后，才知道被诬受赃。左光斗对杨涟他们说："他们这是存心要杀我们。他们杀我们有两个办法，一是趁我们不服，酷刑毙命，一是暗害于狱中，说我们是急病而亡。如果我们一审即承认，即可以移送法司，到时候再翻供，尚有一线生的希望。"大家认为确

---

[1] 语见《明史·列传第一三二·魏大中》"文言垂死，张目大呼曰：'尔莫妄书，异时吾当与面质。'"

是这样，所以，第二次过堂，不管诬赃几万都承认了。谁知道承认了许显纯并不将他们移交法司议罪，而是更加残酷地拷打，立逼吐出赃银。这些东林官僚平时都是极清廉的，哪有几万两现银？交不出来，许显纯就三日一堂、五日一堂，压杠子、夹脑袋、带枷锁镣、烙、刺、夹、棍一齐上，旧创未复，又加新伤。几天下来，这几个人连跪的力量都没有了，过堂时皆带着桎梏平卧堂下，惨状目不忍睹。几个大臣的家人在京城东奔西走，筹措银两赎人，但京城是魏家的天下，谁敢借给他们银两。七月正是暑天，杨涟等人无医无食，屡受重刑，很快就濒于死亡边缘。第一个死去的是杨涟，抬尸的人发现杨涟体无完肤，面部被打的血肉模糊，爬满了蛆虫。尸体上有一个土袋子压着，两个耳朵都钉进了铁钉，显然是被暗害。家人载棺回家，家产已全部变卖，无地安葬，只好厝置河边。其母亲妻小栖息于城楼上，而魏忠贤依然令地方严厉追赃。第二个死去的是魏大中，他家徒四壁，异常贫寒，死后六七天不让抬出，结果尸体腐烂。其子扶棺归乡后亦勺水不进而死。左光斗死后，人见其两腿已被打断，仅一筋相连，肌肉已烂掉，只剩下白骨。蛆虫满身，面目不能分辨。顾大章也是血肉模糊、惨不忍睹，赵南星等人则被或追赃，或削籍，或远戍。[1]赵南星终于死于戍所。

依靠高压和滥杀，魏忠贤建立起了他至高无上的权威，内外大权抓于一手，内廷除宦官王体乾外有李朝钦、王朝辅等30多人为左右死党；外廷文臣则崔呈秀、田吉、吴淳夫、李夔龙、倪文焕主谋议，号为"五虎"；武臣则田尔耕、许显纯、孙云鹤、杨寰、崔应元主惨杀，号为"五彪"；吏部尚书周应秋、太仆少卿曹钦程等10人号为"十狗"；其他又有"十孩儿""四十孙"等名号。崔呈秀等人门下的义子、义孙又不知凡几。自内阁六部以至于四方总督、封疆大吏，遍是魏忠贤死党。客魏两家的亲属更是满门公侯，当时北京城有人云"真皇帝是魏忠贤"。明王朝在客魏把持下，卖官鬻爵、滥封滥荫、贪污贿赂、献媚取宠、排斥异己、高压专制，吏治坏到了极点，明朝政治一塌糊涂。

魏忠贤把持的东厂成为最恐怖的特务机关，东厂番役到处横行，官民偶有不慎便遭横祸。甚至东厂番役故意设下圈套诬陷无辜，京城内外人们对东厂畏之如虎。一次，有两个人在酒馆喝酒。其中一个喝醉了，大骂魏忠贤，旁边一人制止他，怕他惹祸。这时候门外进来一个人，故意挑逗那个醉者，说魏忠贤好生厉

---

[1]事见《明史·熹宗本纪》。

害，让他听到可不得了。那醉者乘着酒劲说："他能奈何得我？能剥了我的皮吗？"那人冷笑一声，亮出了东厂番役的身份，将那醉者绑去，活活剥了皮。

阉党对东林党人采取斩尽杀绝的政策。天启六年（1626）尽毁天下

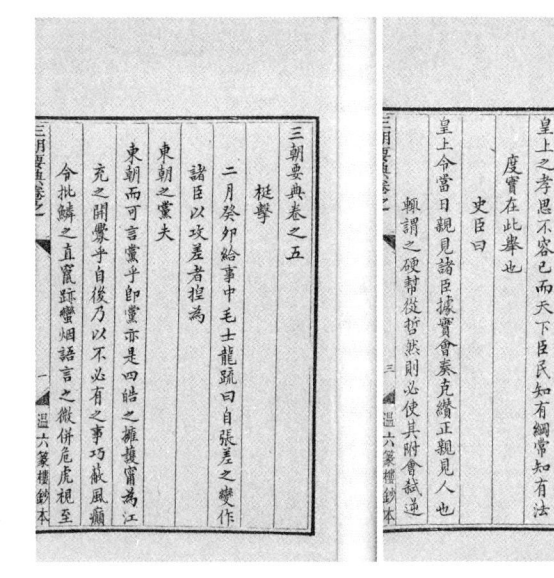

《三朝要典》书影

讲学书院，以绝党根。又仿宋元党禁之例，立东林党人碑，将东林党人永远禁锢。天启六年顾秉谦修成《三朝要典》，将东林党人描述成专权乱政、结党营私、危害国家的小人，丧失封疆的罪人，宣布永远禁锢。

魏忠贤尝到了权力的滋味，他的党羽们亦从中取得了好处。为了长葆荣华富贵，这些人对魏忠贤献媚取宠，无所不用其极。魏忠贤俨然是太上皇帝，所缺的只是名义。阉党分子想尽办法为他歌功颂德。天启六年六月，浙江巡抚潘汝桢上疏，请"建魏忠贤生祠，用致祝福"。[1]朱由校马上降旨同意。为表彰魏忠贤心勤体国，钦赐祠名为"普德"。生祠很快在美丽的西子湖建立起来，坐落在关公与岳飞庙之间，备极壮丽。有一位提学副使黄汝亨从门前经过，微微叹息一声，结果被守祠的太监当场打死，地方不敢过问。杭州生祠一建，建祠之风迅速吹遍全国。各地督抚大员纷纷效法，惟恐落后，规模也越来越大，越来越华丽。到处都发生拆民房、拆庙宇，甚至拆学宫建生祠的事情。建造费用初起各官捐献，后来皆是动用国库银两。每一个生祠都请皇上命名。其名歌功颂德，调门越来越高。如"广恩""崇德""仰德""旌功""德芳""威仁""嘉猷""隆勋""报功""感恩""存仁"，不一而足。一年时间，全国从京城到各省，从

---

[1] 事见《明史·熹宗本纪》。

通都大邑到边荒蛮地，生祠遍布，对建造生祠不热心者立即逮捕治罪。各地生祠建好后都举行盛大的迎喜容仪式，文武百官皆行五拜三叩头之礼。像对皇上一样，只差没呼"万岁爷"。

四、昏君病重　贤后定计

熹宗的身体本来是很好的，他喜爱户外活动，兴趣广泛，爱玩善玩，身体一直非常健康。天启六年（1626）春他划船落水以后身体大不如前，常常闹些毛病，日益虚弱起来，脸和身上都出现了浮肿。到天启七年（1627）六月间又一次病倒，这次更是严重，惧热怕冷，时发高烧，浮肿也更加厉害，脸色黄里透青，吃饭也越来越少，说话也没有力气。这下忙坏了御医们，也吓坏了魏忠贤一伙。朱由校的饭原来是魏忠贤、客氏、王体乾、李永贞四家轮流操办的，不吃尚膳监的饭。四家为讨朱由校的高兴，饭菜一个比一个精美，尤其是客氏所做的御膳更是精美绝伦，朱由校特别爱吃，称做"老太家膳"。朱由校病倒后，四家都在吃上下功夫，想补一下他虚弱的身体。阉党分子霍维华向朱由校进献了"仙方灵露饮"。其法用银锅蒸馏五谷，取其精华制为饮料，甘洌异常。朱由校喝后觉得很好，但喝了几天也就没有兴趣了。待到七月间，朱由校的病情明显恶化。客魏二人不免心中焦愁，他们依靠朱由校这个大靠山，原认为一世尊荣是不成问题的，而今年轻的君王眼看要命归天府，怎不使他们惶惶不可终日。这时候，京师传出了魏忠贤欲谋篡位的谣言，一传十、十传百，满城风雨。人们心中惴惴不安，皇后张氏更是焦虑。

张皇后是河南生员张国纪之女。天启元年（1621）四月二十七日选为皇后。张氏丰姿绰约，美色天成。成婚之初她与朱由校感情还算好。然而，他们二人的性格悬殊太大，时间久了产生摩擦。朱由校好动爱玩，张氏喜静厌游；朱由校不谙事理，不明大义，不懂得自己的职责，一副纨绔子弟的性格，张氏通达事理、深明大义，对国事家事都有一定的看法。这样水火不容的性格凑合在一起，难免要造成双方感情的破裂。

张氏平时喜欢静静地在房中干些杂活，或者看看书、写写字。朱由校去玩时总是来叫她，她多是托病不去。实在推不掉就去一会儿，很快就回来，脸上也无高兴之色。时间久了，朱由校也厌烦了，不再叫她。显然，他不乐意与这个不会玩的妻子在一块儿活受罪。

张皇后看到客氏、魏忠贤横行霸道乱国乱政，心中十分气愤。但她给朱由校说朱由校根本不听。有一次，张氏在读《史记》，朱由校玩得满脸是汗跑进来了，问张氏读的是什么。张氏说《赵高传》。"赵高？谁是赵高？"朱由校问。"大奸似忠，毒如蛇蝎，指鹿为马，颠倒黑白，坏秦家锦绣天下的小人！"张氏气愤地说。朱由校才不管他赵高是何方神圣呢，他似懂非懂地朝张氏一笑，又玩他的去了。

客氏最担心张氏控制朱由校，所以时时处处对张氏提防和限制。客氏在宫内大摆威风，以朱由校的母亲自居，根本不把嫔妃看在眼里，对张皇后也是如此。客氏对朱由校既像母亲对于儿子，又像少妇对于情人，一种与生俱来的嫉妒心使她不能容忍任何女人占据朱由校的心。对客氏的横暴，张氏非常反感，她曾当面斥责过客氏，因此，客氏、魏忠贤与张后结下冤仇，必欲铲除而后快。天启三年（1623），张皇后怀了孕，客氏将张皇后宫中下人一律换成她的心腹，在侍

坤宁宫

坤宁宫在紫禁城中属于内廷后三宫之一，是明代皇后的寝宫。"坤宁"二字出自《道德经》："昔之得一者，天得一以清，地得一以宁，神得一以灵，谷得一以盈，万物得一以生，侯王得一而以为天下正。"坤宁宫始建于明朝永乐十八年（1420），顺治十二年（1655）仿盛京清宁宫重修。

候张氏时粗手粗脚。终于有一天，一个宫女给张氏捶背用劲过猛造成张氏流产。朱由校的其他妃子也有生育。范贵妃生悼怀太子慈焴，容妃任氏生献怀太子慈炅，皆殇。朱由校嫔妃如云，但他不好色，晚上一般看戏看到很晚，倒头便睡，一觉大天亮。客氏又故意限制他与嫔妃接触，故此外再无生育。朱由校一心在玩上，对有没有儿子并不在意，而张氏对朱由校子嗣问题却是很焦急。

朱由校的重病和外间的传言使张皇后忧心忡忡，她最担心的是皇位的嗣继问题。她首先想到的是朱由校的同父异母的弟弟信王朱由检。朱由校无子，信王又是他唯一的弟弟，遵照"兄终弟及"的原则，信王是皇位当然的继承人。信王当时已17岁，与朱由校即位时的年龄差不多大。信王沉毅冷静，通达情理，深明大义，素有贤名，张后早有耳闻，因此，她看中了朱由检。张皇后虽然被朱由校冷落，但中宫名号尚在，万一朱由校突然死去，未留下遗嘱，她可以用中宫的名义发布关于继承人的谕旨。但张后还是希望在朱由校活着时就把此事确定下来。

明熹宗皇后张嫣

自从生病之后，长时间辗转于床笫，朱由校有了反思自己一生的时间。大概出于良知的发现，自天启七年（1627），朱由校性格发生了某些细微的变化。他开始注意他周围的人，对张后的态度也渐渐转变了，张氏因此可以经常陪伴在他的床边。就在八月初，张氏对朱由校提起了信王，说信王可以托付大事。朱由校表示同意。到八月八九日间，朱由校病情加重。魏忠贤等人时刻守在宫殿内外以防不测。张后劝朱由校召见信王一次，由于客魏防范太严未成。十一日，魏忠贤休沐。张后借这个机会，传旨召进了信王。

信王来到乾清宫，见到了他的哥哥。看到朱由校全身浮肿、气息奄奄，十分难过。朱由校强打起精神说："我弟将来要成为尧舜一样的君主，你要好好照顾你的嫂子。"又说："魏忠贤、王体乾皆是忠臣，可以信任，可以大用。"信

王只是伏地叩头，不敢回声。接见结束后，张皇后叮嘱他多加保重，随时注意事态变化。朱由校昏昏庸庸过了20余年，只有接见信王确定继位人是他做的唯一明白事。但至死他对客氏、魏忠贤的眷恋丝毫未变。天启七年（1627）八月二十二日下午申时，统治天下7年，将大明元气戕毁殆尽的熹宗朱由校撒手离开了尘世，时年23岁。

名人评说

帝之庸懦，妇寺窃柄，滥赏淫刑，忠良惨祸，亿兆离心，虽欲不亡，何可得哉。

——清·张廷玉等《明史》

独怪熹宗之失，不过嬉戏，而贻祸至于如此，鲁昭公犹有童心，君子知其不终，观熹宗而益信矣。

——蔡东藩《明史演义》

思宗朱由检

明思宗朱由检（1611～1644），明朝第十七代皇帝。明光宗第五子，母亲为贤妃刘氏。公元1627～1644年在位。谥号"庄烈愍皇帝"，庙号"思宗"。他虽年少立帝，却也勤俭治国。他除奸斩恶，力挽狂澜，与民同生死、共患难，企图唤起臣民的信心与勇气。可时局衰危，最终没有扭转明亡的结局。

一、受拥登基　除奸斩恶

明天启七年（1627）八月二十二日下午，大明帝国的第十五位君主、年仅23岁的熹宗朱由校卧病两个月后死去了。不久人们看到，一队仪仗由司礼监秉笔太监涂文辅带领出了宫门直奔信王府。不多时，便拥簇着一个17岁的青年，在一片暮色中踏进紫禁城登上皇位，他就是思宗朱由检。朱由检对天命的降临是有些思想准备的。他的父亲虽然生了五个儿子，但长大成人的只有朱由校和他两个。朱由校嫔妃成群，却无子嗣。这样，皇位的唯一继承人就是朱由检了。

朱由检虽然只有17岁，但他比他的哥哥要成熟得多，这与他的身世有很大的关系。朱由检的母亲是一个平民的女儿，入宫后为光宗选侍。朱由检出生后，父亲就对母亲

明思宗朱由检

被魏忠贤陷害者在狱中写的绝命书

不好，朱由检四岁的时候，母亲便死了。死因据说是被性格忧郁、脾气暴虐的父亲殴打所致。朱由检的记忆中丝毫没有留下母亲的印象，这使他非常痛苦。

母亲死后，朱由检被李选侍抚养长大。李选侍不为光宗所喜，始终没有生育，她将一个女人的爱全部倾注在由检身上。朱由检长大后，她将其生母的事情告诉了他，朱由检对李选侍是感恩戴德的。童年的不幸使朱由检早熟，作为一个王子，他在宫中时也曾与哥哥一起玩耍。哥哥的骄傲、任性朱由检是非常清楚的。客氏和魏忠贤的擅权乱政朱由检都看在了眼里，记在了心里。

朱由检被迎进了文华殿，一些德高望重的贵族、朝廷要员及顺天府尹率领文武百官和军民耆老来到文华殿朝见新君，并恭上《劝进表》。朱由检懂得要表示逊让，直到《劝进表》三上，他才表示俯从天下臣民所请，即皇帝之位。随后内阁提出了四个年号，供他选择，这四个年号是"乾圣""兴福""咸嘉""崇祯"。由检沉吟了一下说："乾圣，乾为天，圣字我可不敢当。兴福，中兴固然好，我怕是不能胜任，咸嘉，咸字右边有一'戈'，现在当务之急是息止干戈，还是不用为好，就用崇祯吧。"

朱由检从他哥哥手中接下来的是一个烂摊子，一个只保留着强大躯壳的腐朽政权。满目疮痍、百废待兴，可以说是当时情况的真实写照。千头万绪，从何做起？朱由检心里早已有打算，第一个应当解决的是天怒人怨的"客魏集团"。思宗朱由检要清除魏忠贤也没有那么容易。朝廷中都是魏忠贤的人，他没有一个帮手，操之过急只能逼魏忠贤孤注一掷、狗急跳墙。力量的对比是不利于朱由检的，他要谨慎地、耐心地等待时机。

思宗即位后，客魏集团也很恐慌。魏忠贤提出辞去东厂职务来试探朱由检的态度，朱由检没有批准。随后，客氏提出出宫，朱由检马上表示同意。第二

崇祯重宝

天，天还未明，客氏素服到朱由校的灵前将她保存的朱由校的胎发、指甲焚化，痛哭一场，离开了紫禁城，住进朱由校赐给她的府第里。魏忠贤的主要爪牙王体乾、李永贞照样得到朱由检的信任，九、十两个月的登极恩赏照样给予他们。只不过，从信王府出来的太监徐应元、曹化淳比魏忠贤更加得宠。

朝廷大臣中那些魏忠贤党羽也心神不定，他们预感到形势将要变化，许多聪明人开始寻找退路。魏党的分化使形势开始明朗。魏党首恶分子杨维垣疏劾同党崔呈秀专权乱政，魏忠贤是听信了崔呈秀，被他所误。崔呈秀慌了，要求回归原籍守孝，朱由检不放他走。接着，杨维垣再劾崔呈秀通内，连累了魏忠贤，并颂扬魏忠贤一心为公，矢忠体国。杨维垣疏中还弹劾了其他几个魏党人物，朱由检继续保持沉默。

与此同时，独立于魏党之外的下级官员也行动了起来。工部主事陆澄源参劾崔呈秀，涉及魏忠贤建造生祠问题。朱由检薄责陆澄源越位擅言，但心里高兴，遂将崔呈秀放归。兵部主事钱元悫直接弹劾魏忠贤，言词激烈，天下震动。海盐贡生钱嘉徵上疏，将魏忠贤罪行列为十项：一曰并帝，二曰蔑后，三曰弄兵，四曰无君，五曰无圣，六曰剋剥藩封，七曰滥爵，八曰盈民，九曰掩边功，十曰通关节，呼吁将魏忠贤明正典刑，以泄天下之愤。朱由检拿这本奏章让人读给魏忠贤听，魏忠贤知道事不好，马上以患病为由提出辞去东厂首领职务。朱由检令他出宫调理，随后传令将魏忠贤集中在宫中内操的军士解散。

解散了内操，驱逐了客、魏，朱由检开始放手大干，他首先点了几个魏党首要分子的名，下令吏部调查崔呈秀等人的罪行。同时，撤回各镇监军太监。然后，朱由检发布上谕，公布了魏忠贤的罪行，宣布本应将魏忠贤寸磔以谢天下，念先帝还未出殡，姑且安置于凤阳。客、魏二犯家产籍没，冒封的爵位革除，子孙人等俱烟瘴充军，同时也将徐应元赶出宫去做凤阳祖陵司香。

魏忠贤离京，带了许多人和车辆。朱由检以此为理由，令兵部差人将魏忠贤押解往凤阳。魏忠贤一行走到阜城县，闻知了朱由检的命令，知道末日到了，魏忠贤当晚上吊自杀于旅舍。崔呈秀在蓟州家中听到魏忠贤的死信也自缢身死。天启七年十一月七日，客氏被押往浣衣局打死。随后，客、魏两家子孙人等皆被斩首。朱由检在剪除客魏集团的斗争中大获全胜，为大明帝国清除了最大的隐

患，显示了他不可低估的行政才能。

魏忠贤除掉了，但把持朝政的魏党羽翼势力仍然庞大。当时，内阁、六部、各院寺首脑都是魏的死党，身居要职者都与魏忠贤有瓜葛。杨所修、杨维垣、安伸、贾继春等人以弹劾魏忠贤的功臣自居，上窜下跳，他们的目的就是保护同党，使朱由检不再追究他们，从而达到维护现状、继续压抑东林党人的目的。

朱由检深知，魏忠贤如果没有朝廷中这些寡廉鲜耻之徒的帮助是不会造成这么严重的危害的。朱由检当然不会放过他们，让他们继续把持朝政。十一月，他下令逮捕了魏忠贤的主要爪牙"五虎"和"五彪"，交法司议罪。从十二月到崇祯元年（1628）五月，朱由检亲自主持选拔了四批共132个给事中、御史。这些新进言官除个别人依附魏忠贤，此外皆是与魏党无关联之人。他们以清除魏党为己任，言路渐趋清明，朱由检因此了解到更多的真实情况。对被魏忠贤害死、削夺的官员，该平反的平反，该起用的起用。

解决了客魏集团思宗首先将全部精力都投入到治理国政中去。这时的明王朝像一个垂死的老人，四肢麻痹、行动不便、指挥失灵。国家的财政经过魏忠贤时期的破坏已濒临绝境。每年固定的财政收入不能如数收缴国库，各地都有拖欠，而国家用项却越来越多。一是军费开支，当时已较30年前增加3倍多，如果满足军方需要，就要用掉年收入的97%。二是皇室费用、百官俸禄都成倍增加。由此造成年年入不敷出，寅吃卯粮。天启以来，全国灾荒不断，大量人口逃亡，转死沟壑，土地荒芜，社会动荡，这已在许多有识之士中间引起了深深的恐慌。尤其是陕西，连年大旱，赤地千里，已经传来了人吃人的消息。陕西已经成了一个火药桶，随时都可能爆发。在东北，建州女真自万历末年起兵发难，建立了后金政权，目前已经羽翼

袁崇焕

丰满，不断侵掠明边。明朝将大量兵力财力抛到辽东，而辽东局势根本没有缓和。这些问题使思宗心乱如麻。为了尽快使帝国起死回生，登基后，他只得夜以继日地工作。

自天启七年八月始，一道诏谕传遍天下。思宗罢除了为皇室服务的织造、烧造、采办等一切不急之役，与民休息。停止了皇宫的一切土木营造，削减自己和后妃们的吃用开支。撤回了天下镇守太监，严禁宦官干政，严禁官僚结交太监。向边镇发去银两，安定军心。戒谕官僚结党，建立完备的监察制度。明令提高政府的工作效率。下诏免除了许多受灾地方的赋税。这一道道诏令又重新在帝国臣民心中唤起了希望。

二、内忧外患　惨淡经营

思宗把解决"辽事"即后金问题作为继位后要办的大事之一，这一方面有恢复故土、重振帝国之威的意义，另一方面可以尽快结束战争状态，节约大量军费，解决国家财政困难。自即位后，他就积极地物色能担负这一重任的重臣。朝廷许多大员推荐了前任辽东巡抚袁崇焕。对袁崇焕，朱由检是有所耳闻的。袁崇焕天启年间久镇辽东，熟知敌我情势、山川险易，胸有韬略，屡建大功，由下吏而渐升至巡抚。天启七年（1627）的宁锦之役，他固守宁远，挫败了努尔哈赤的凶锋，在崩溃的边缘挽回了整个辽东战局。但他在举国如狂为魏忠贤建生祠的热潮中不随流俗，被太监告到魏忠贤那里，魏忠贤很不高兴。为了国家，为了辽东，袁崇焕最后还是屈服了，但他留给魏忠贤的印象却改变不了多少。宁锦大捷使朝中高官显宦、太监阉党都得一一加官晋级，封爵加荫，而袁崇焕仅仅是加了一级。在这种情况下，袁崇焕只得请求解甲归田，回到广东老家。粉碎魏党之后，东林党许多人因袁崇焕有颂美活动将他看做阉党。虽然侥幸未入逆案，东林人私下却称为漏网小人。朱由检权衡了一番，决心不顾东林党人的反对，起用袁崇焕。任命他为兵部尚

袁崇焕手迹"听雨"

书兼右副都御史督师蓟辽兼督登莱天津军务,实际上将整个对金防务交给了他。崇祯元年(1628)七月,袁崇焕从广东赶回北京。十四日,朱由检在建极殿东面的高台上(俗称平台)召见了他。

朱由检看着这个黑瘦精干的中年人,对他忠心为国、长途赶来表示赞赏。袁崇焕非常激动,他表示,我受皇帝陛下特殊眷顾,刻骨铭心。倘若假我以便宜,我五年便可恢复全辽疆土。[1]朱由检很是高兴,说:"你能五年复辽,朕决不吝惜封侯之赏。"

袁崇焕出关后,整顿兵马,修缮城池,使山海关一线的防务稳定下来,清主皇太极一看在山海关无机可乘,决定从别处入关,一者骚扰内地,再者找机会设计除掉袁崇焕,以去掉这一危险对手。

崇祯二年(1629)十月,秋高马肥之时,后金十数万精兵分道由龙井关、大安口入犯,连下遵化等名城。山海关总兵赵率教回师救援,全军覆没。正在宁远的袁崇焕闻讯兼程回救,屯于通州。但后金兵绕开袁崇焕,直扑北京。

面对气势汹汹的后金兵,京师守卫益显薄弱,朱由检心中忐忑不安。待闻袁崇焕率师赶来才放下这颗悬着的心。他任命大将满桂为武经略,总理各镇援兵,保卫京师。满桂与袁崇焕分屯于安定门和广渠门,打败了敌人的数次进攻,朱由检为此召见了袁崇焕。他向袁崇焕表示慰劳,并解下自己的貂裘赐给他,袁部下将领皆得到赏赐。袁崇焕向朱由检表示一定要尽快赶走敌人。十一月底,东便门之战,袁崇焕大破后金兵,自己的兵力也损失过半,又因补给不及时,袁兵疲劳已极,要求入城稍做休整。就在这时,情况突变,朱由检中了皇太极的反间计。

皇太极曾在北京城下俘获两个太监,他让营中广泛宣传与袁督师有约在先,袁督师让路让我们来打北京。故意让两个太监听到,然后放了他们。太监回到宫内便把这个消息报告了朱由检。本来朱由检对袁已心中有气,倡言五年复辽击败后金,现在辽东未复却把后金兵引到了家门口,听太监一说,心中不免起疑。朱由检越想越觉得有可能,就在十二月一日召对时逮捕了袁崇焕,袁部在城外遂大溃,后为孙承宗收抚,孙承宗接替袁崇焕的职务。十二月中旬满桂战死,

---

[1] 语见《明史·列传第一四七·袁崇焕》"方略已具疏中。臣受陛下特眷,愿假以便宜,计五年,全辽可复。"

孙承宗督率各镇援兵力战克敌，解了京师之围。后金兵在畿内大肆抢掠，到次年四五月间才退出关外。

后金兵退走后，朱由检愈感袁崇焕有负他的厚望，怒气难消，于是下令将袁崇焕凌迟处死，[1]从而自毁了长城。

三、镇压起义　损兵折将

明末农民起义军自天启中期大规模爆发后，规模越来越大。在袁崇焕出关抗御清兵、边防形势好转后，朱由检任命洪承畴任三边总督，加紧了对农民军的镇压，陕西义军王嘉胤、张献忠、李自成、罗汝才等部在明军的压力下先后离开了陕西，东渡黄河、进入山西。山西饥民群起响应，全省震动。洪承畴迅速派悍将曹文诏、马科、曹变蛟等人统兵追入山西。起义军闻讯东越太行进入畿辅平原地带，所向披靡，直接威胁到京师的安全。为解畿南之危，明廷调集大军三万余人，在崇祯六年冬天将义军包围在豫北。为了摆脱困境，起义军诈降明廷，使明军停止了进攻。待十月底黄河结冰，义军遂出其不意溃围而出，南渡黄河进入中原，分道直扑安徽、湖广、四川。农民起义从局部问题变成了明廷的心腹之患。

怎么对付这种形势，朱由检一筹莫展。大臣们提出，农民军之所以没有被消灭于畿南就是因为事权不一，明军各自为战，步调不一致，各怀观望，不肯用命。建议朝廷设立总督，统一指挥。朱由检同意这个意见。可是，这个总督让谁当呢？洪承畴这时已调防辽东，肩负边防重任，"未可轻易"。过了数月，有人推荐了延绥巡抚陈奇瑜总督陕西、山西、河南、湖广、四川五省军务，总办剿灭义军军事。

崇祯七年（1634），陈奇瑜集中各路明军在湖北打了几个胜仗，将义军赶回陕西。义军在向陕西退却的路上误入汉中栈道险区，被明军包围在车厢峡，进入死地。义军又采用伪降手段，派人以重金贿赂陈奇瑜手下将领，陈奇瑜认为可以不费吹灰之力收服义军，主张招抚，得到朱由检批准。义军走出死地后，立刻又砍杀官军，重举义旗。朱由检恼羞成怒，下令将陈奇瑜下狱治罪，调洪承畴接任五省总督。崇祯七年底义军返回河南，次年正月打下朱元璋的老家凤阳，掘了朱家的祖坟。

---

[1]事见《明史·庄烈帝本纪》。

凤阳失陷的消息传到北京，朱由检在群臣面前痛哭流涕。他觉得自己对不起苍天，对不起祖宗。一连几天，他布衣角带避殿办公，以表示自己的痛苦，又亲赴太庙，祭告祖宗，同时发布罪己诏引咎认罪。朱由检不甘心失败，他严令吏兵二部追查凤阳失陷的原因，凤阳巡抚杨一鹏被逮捕处死，一大批有责任官员被遣戍。随后，又调发拼凑了7万官兵，拨军费100多万两，限洪承畴六个月之内荡平义军。

李自成大顺政权铸造的印信
1959年5月北京市王府井出土，现藏国家博物馆。

洪承畴在皇上的催督下提兵入河南。义军避开明军又回到陕西，消灭了明军艾万年、柳国镇部。李自成在真宁消灭了明军精锐曹文诏部。高迎祥等则继续在中原活动。为了应付这种局面，朱由检又起用卢象升总督直隶、河南、山东、四川、湖广等处军务，与洪承畴一个西北、一个东南，分区剿灭义军。到崇祯九年（1636）正月，六个月期限将过，东南、西北两路皆无捷报。朱由检一面给洪、卢二人施加压力，一面下达大赦令，表示赦免起义农民，企图分化瓦解农民军。

崇祯九年（1636）五月，卢象升会合洪承畴在周至地区击败高迎祥所部，生俘了高迎祥。明军乘胜收降了张妙手、蝎子块等部。李自成也在明军追击下离开陕西，进入宁夏、甘肃。一时间，出现了天下将平的征兆。可是，好景不长，只不过几个月时间，李自成又领兵从甘肃直扑四川，烽烟再起。张献忠、罗汝才复又驰骋于中原，天下骚乱如故。

崇祯十年（1637）三月，朱由检起用宣大总督杨嗣昌为兵部尚书，委他负责内外军政。对于剿灭农民起义，杨嗣昌提出"四正六隅"十面张网的战略。[1]由总督和总理分别统兵，各负其责。总督由洪承畴担任，总理则是杨嗣昌推荐的两广总督熊文灿，杨嗣昌居中调度。整饬兵马，期以三月消灭全国农民起义。

增兵就要增饷，根据杨嗣昌的计划，增兵12万，增饷280万两。280万两增饷出自何方，当然还是百姓。想到再次加派，朱由检不禁大费踌躇。正在这时，

---

[1] 事见《明史·列传第一四八·熊文灿》。

有一个在京考选的知县在召对时慷慨陈词，说百姓之困，皆由吏之不廉，不在于加派与否。守令只要廉，再加一些也无妨。这个知县深知朱由检最恨贪污，最急兵饷，因此投其所好，以求大用。朱由检果然龙心大悦，认为此人来自地方，知地方弊病，加派还是可行的。过了几天，朱由检便发下诏令，说："不集兵无以平寇，不增饷无以养兵，着勉从廷议，暂累吾民一年。"这就是剿饷的加派。崇祯十二年（1639），杨嗣昌又以兵弱不可用，请增练边兵以成劲旅，于是又加练饷，剿饷练饷总共1000万两，加上辽饷，加派达1700余万两。远远超过正赋之数，民间由此私自呼崇祯为"重征"。这更给燎原的农民起义火上浇油。

本来明军在首辅杨嗣昌的调动下，崇祯十一年在剿灭农民军方面取得了很大进展。在江淮地区，总理熊文灿招降了张献忠，小股农民军投诚者颇多。西北方面，总督洪承畴、陕西巡抚孙传庭穷追猛打李自成。在十一年底将李自成部荡平，李自成逃进了深山。但在重重加征之下，人民水深火热无法生存，崇祯十二年（1639）五月，张献忠不得不再叛于谷城，一时诸降明农民军皆云起响应，攻城掠地，天下又趋大乱。崇祯无将可派，只好对杨嗣昌寄予厚望，让他亲临前线督师，以遏制农民起义军的燎原之势。

杨嗣昌到达军中，在襄阳建起大本营，积蓄粮草兵杖，整顿士卒，誓师扑灭张献忠。杨的"剿贼"实际上是"赶贼"。他想把张献忠赶到四川去，然后封闭四川加以围攻，因此他督军跟在张献忠屁股后面鼓噪，却不积极进攻。四川的军队又被杨嗣昌调了出来，张献忠乘虚入川，连下重庆等几十个州县。朱由检急令杨嗣昌跟踪剿灭。待杨嗣昌赶到四川，张献忠却虚晃一枪返头又折回湖广，直奔襄阳。就在这个时候，李自成在陕西复起，率领18骑出现在河南，饥民从者如流，旬日众至10万。崇祯十四年（1641）正月李自成打下洛阳，杀朱由检亲叔福王，其子朱由崧逃往江淮。朱由检刚得到洛阳失陷之报，张献忠又已攻下襄阳，活捉了襄王。张献忠端起一杯酒对襄王说："请亲王痛快地喝下这杯酒。我要借

张献忠金印

殿下的人头杀掉杨嗣昌。"遂杀襄王，一个月中间连失两个亲藩。洛阳福王聚敛金银无数，襄阳杨嗣昌积蓄的军马兵仗又全被农民军缴获。时谓"洛阳国帑，襄阳军资"全归了张李。杨嗣昌知道自己的死期就要到了，朱由检不会饶过他，与其被诛于西市，不如自裁，遂在军中服毒自尽。崇祯十四年（1641）九月，明原兵部尚书、陕西总督付宗龙在与李自成起义军作战中又兵败被杀于项城，明军精锐人马损失净尽，河南的州县也几乎全部被农民军攻占。到崇祯十五年（1642）二月，继任的陕督汪乔年也被李自成打败杀死。这时张献忠起义军攻占了湖广四川绝大部分地区。在辽东方面，洪承畴13万大军在朝廷一味催战下又陷入清军重围，到崇祯十六年（1643）二月，坚持一年的明军全军覆灭，明王朝山海关外军事要地尽失，清军又将兵锋指向关内。

崇祯十六年（1643）春，李自成在襄阳建立了他的政权，准备加紧夺取全国政权。同年，张献忠在武昌建立了大西政权，接着挥师挺进四川。崇祯十六年九月，潼关之战，孙传庭兵败身死，朱由检手中最后一支生力军也丢掉了。李自成又乘胜夺取西安，建立大顺国，据有了明王朝的半壁江山。

崇祯十七年（1644）正月初一，李自成誓师伐明，亲率40万大军渡河东征，直扑北京。面对天下的四分五裂、李自成的猛烈进攻，朱由检已经无能为力了。

四、回天无术　上吊煤山

严重的内忧外患把朱由检搞得焦头烂额，精疲力竭。眼看着满朝文武结党营私，全不以帝国的命运为重，他非常苦闷。自崇祯十五年后，宫中人等都感到朱由检的性格越来越多疑、乖僻、暴躁、易怒，常常表现出不可控制的神经质，他快要支持不住了。

朱由检自奉节俭，由于国家财政困难，他多次减少皇室的开支。皇帝和后妃的衣服本来是穿一次就要换，后宫库内堆积如山的箱子里盛的就是历代帝后的衣物。朱由检觉得这样太浪费，他自己带头穿经过浆洗的旧衣。周皇后有时还亲自动手洗衣。为他讲课的大臣曾看到过他衬衣袖口磨烂，吊着线头。宫中旧有的金银器皿皆摒而不用，也不再制造新的，到最后，许多金银制品都拿到银作局化掉充饷了。朱由检当政17年，宫中没有进行过任何营建，节省了大量经费。他有时晚上看奏章到深夜，肚子饿了就让太监拿几个零钱去买点宵夜。宫中原有的大批宫女，亦大批遣出宫去。

朱由检的勤政超过任何帝王，工作起来不分昼夜。平时，白天在文华殿批阅章奏，接见群臣，晚上在乾清宫看章奏，军情紧急时连续几昼夜都不休息。

朱由检没有特殊的嗜好，吃穿用住概不讲究，狗马声色统不沾身。他登基之后，有天晚上在文华殿批阅奏章，忽然闻到一股特殊的香味，随之觉得血液沸腾，阳兴思春。他觉得奇怪，仔细搜索殿内，最后发现一个小太监坐在大殿角落里，香味是从他手中的那柱香中发出的。经过盘问，才知道这是宫中旧规，那香是特殊秘方配制的。朱由检感叹父兄皆为此香所误，立斥内侍毁掉秘方，再也不许制造使用。朱由检的嫔妃很少，这与历代君王夺天下女儿以自奉的情况比较起来，堪称天壤之别。

崇祯十七年（1644）正月初一，京城大风，黄雾满天，黑气沉沉，凤阳祖陵又发生了地震。京师人心惶惶，人们都预感到明帝国的末日来到了，朝中有的官僚已经开始为自己谋求后路了。

正月初十，李自成逼近京师的消息传到了京城。朱由检手拿奏疏，浑身颤抖，痛哭流涕地说："朕非亡国之君，事事皆亡国之象。祖宗天下一旦失之，何面目见祖宗于地下。朕愿督师亲决一战，身死沙场无恨，但死不瞑目耳！"听到

太和殿前的铜炉（摄于民国初年）。

朱由检要亲自出马,陈演等大学士一个个报名请替,李建泰尤其迫切。李家住山西曲沃,为地方巨富。他表示愿出私财饷军,在山西建立武装,抵挡李自成的进攻。朱由检大喜,当即决定李建泰以督师辅臣身份"代朕亲征"。

正月二十六日,朱由检行隆重的遣将礼,然后在正阳门城楼上摆上宴席为李建泰饯行。朱由检亲自用金杯赐李三杯酒,过后又拿出自己亲笔书写的《钦赐督辅手敕》交给李建泰。敕书授给李建泰莫大的权力,"行间一切调度赏罚俱不遥制。不论何人,只要不服从李建泰便可以尚方剑从事"。李建泰分外感激,誓以死报。饯别后,朱由检站在城楼上久久地望着李建泰远去的征尘,他把天下安危之重任寄托在了李的身上。可是,李建泰刚出京,轿框就折了,朝野上下皆以为不吉利。此时,北京城外好像已不是明朝的天下,李建泰处处受阻,沿途州县根本不供给吃用。到了河北定兴,县令竟不许进城。待闻知李自成的大顺军已过黄河时,李建泰慌忙撤退,带领几百名亲军进了保定,不久就在保定投降了大顺军。

李建泰出师山西后,全国已无兵力可抽,北京城守只好抽调在宁远的总兵吴三桂了。正月十九日,朱由检指示调吴三桂回来。但吴三桂一撤,就等于将关外之地拱手送给了清军。大学士们深知弃地意味着什么,也深知朱由检思想易反复、爱诿过,故都不敢承担责任。首辅陈演以各种借口拖延,多次召集大臣会议,研究吴三桂内撤后边民怎么安顿,费用怎么出,山海关怎么守,一直拖拉到二月底,吴三桂还没撤。三月初,大顺军已经拿下山西,逼近北京。朱由检急了,才下令封吴三桂为平西伯,率军入关拱卫京师,但这时已缓不济急了。

随着京师日益危急,朱由检拼尽气力支撑局面。崇祯十七年(1644)二月,户部便告称国库已经空空,为了应付眼前的困难,朱由检下令勋戚、在京的百官捐助,以纳银3万两为上等。朱由检派太监去找皇后的父亲周奎,让他拿12万,为百官做个榜样。周奎不答应,只拿1万,太监含泪而去。朱由检听了再次派人让他拿2万。周奎暗中向女儿求救,周后给了他5000两,他扣下2000两,只上交了3000两,可后来大顺军从他家抄出现银50多万两。朱由检嫂子张皇后的父亲张国纪拿了2万,晋封侯爵。文武百官捐助的只不过几十两、几百两而已。朱由检看收不上来,便实行摊派,按衙门收。后来又按籍贯收,规定8000、4000、3000两不等。太监也奉命捐助,平时最富的太监如王之心等人此时也大大哭穷。折腾了一个月,共得银20余万两。而大顺军进城后从文武百官、太监贵族那儿共得到2000余万两金银。

在这种急转直下的形势下,朱由检两次发表罪己诏,向天向臣下百姓表示愿意承担一切罪责,下令停征一切加派,企图稳定民心,鼓舞士气,作困兽斗。但是,这时候的空言已经毫无意义。

三月十五日,大顺军进攻居庸关,守关的唐通和太监杜之秩投降。三月十六日打下昌平,当天便有部队到达北京城下。此时的北京城乱成了一锅粥。京军在城外溃败,城上守者有太监亦有官军,号令不一,兵部、五军都督府,还有太监各自为政,谁也管不了谁,没有个统一指挥。城上兵士吃不上,喝不上,士气低落。太监们回报,朱由检也没有办法。

三月十八日,李自成派投降的太监杜勋去与朱由检谈判,提出双方中分天下,朱由检拿出800万两白银犒军,双方罢兵言和。守城太监曹化淳、王德化将杜勋带上城来,杜勋对皇上说明了来意。朱由检当时未表示意见。他根本不想投降,但又不想放弃这个拖延时间的机会,于是令亲信太监与杜谈判,希望拖到各地勤王兵到来解围。可是,李自成不想再等了。三月十八日晚上,农民军大举攻城,曹化淳打开城门迎降,李自成占领了外城。

朱由检听到外城陷落的消息,知道大势已去,他率领宫内一群太监在城内无目地转了一圈,回到宫内,登上了煤山。看到外城烽火连天,朱由检长叹一声,潸然泪下。他默默地站了一会儿,便回宫去处理后事。

朱由检首先让人叫来了太子和永、定二王。看着16岁的太子和一个11岁、一个9岁的皇子,朱由检心里非常痛苦。他告诉他们,北京就要失陷,国破家亡了。你们要逃出去,将来有时机为我报仇。又令人拿来破旧的衣服给三个儿子穿上,说:"今天你们是太子和王

明思宗崇祯帝殉国处(位于今日景山公园内)。

子，明天就是普通百姓。出去后，见到老者叫伯伯，年轻的叫先生。你们要学会保护自己，快！快逃命吧。"朱由检说到这里哽咽了，三个孩子也哭作一团。朱由检挥手让太监分别将弟兄三个送到周、田二位皇亲家中。并随手写了一张诏谕，令百官"俱赴东宫行在"，让人送到内阁，这时内阁已经没有人了。

送走了三个皇子，朱由检让太监王承恩给他拿了酒来，自斟自饮，不多时便醉了。他走出宫门，怅望黑压压的紫禁城，内心百感交集。17年的呕心沥血，17年的惨淡经营，如今毁于一旦，他只能以死向祖宗之灵赎罪，向万民赎罪了。他令身边的太监向各宫传旨，皇后嫔妃速速自裁。少顷，他来坤宁宫，眼睁睁地看着爱妻自缢身亡。

朱由检从坤宁宫到了袁妃的西宫，几个嫔妃都惊惶地躲在这里。朱由检看到袁妃已自缢，但从凳子上摔了下来，口中尚有呼吸。他抽出宝剑咬着牙向袁妃砍去，袁妃血流如注。他挥动宝剑又连砍了几位嫔妃。然后直奔寿宁宫。

朱由检的次女，16岁的长平公主住在寿宁宫，16岁，正是如花似玉的年龄，他很喜欢她。去年，他就在贵族子弟中替她物色驸马的人选，初步选定了一位周姓贵族的公子，由于形势的突变，此事放了下来。此时，国将亡了，乱贼将要入宫。朱由检不敢想象爱女的命运。他到寿宁宫时，长平公主已准备自缢。看到爹爹浑身血迹，手提宝剑，长平公主大叫一声"父皇"，就朝朱由检扑过来。朱由检心如刀绞，怕爱女扑进怀中后他再也举不起宝剑，便声嘶力竭地大喊一声："你为什么要生在我家！"一剑砍去，长平公主顿时倒在血泊中。杀了长平公主，朱由检又去昭仁殿杀了三女昭仁公主。[1]

做完这些后，朱由检在宫中稍稍停留，便由太监王承恩架着出宫登上煤山。他跑掉了一只鞋子，沾有血迹的长袍也脱掉了，只穿着一件宽松的内袍。进了寿皇殿，他让王承恩在梁上搭上一根白绫，吩咐自己死后，王承恩可以逃命去。王承恩涕泪交流，表示要随皇上去死，朱由检心中稍觉宽慰。他最后望了一眼宫城，自己将白绫套上了脖子。王承恩眼看着君主死后，自己也吊死在他的对面。历经16帝276年的大明王朝终结。此时，正是1644年4月25日的黎明。

---

[1] 事见《明史·公主·庄烈帝六女列传》："长平公主，年十六，帝选周显尚主。将婚，以寇警暂停。城陷，帝入寿宁宫，主牵帝衣哭。帝曰：'汝何故生我家！'以剑挥斫之，断左臂；又斫昭仁公主于昭仁殿。"

朱由检死后，与周后一起由清廷用柳木棺成殓，寄于寺庙。多尔衮下令以礼安葬他，允许明朝遗老遗少哭临祭奠。祭奠完后，决定将朱由检夫妻殡入田妃的陵墓。开掘墓道、建立碑亭，估工价约3000两白银。清廷从十三陵陵租中拨给1500两，其余由曹化淳等太监和明朝遗老遗少自筹。曹化淳为此多次上奏，多尔衮也数次责成有司速速完工。直拖到当年十一月二十九日，开掘墓道的工作方才开始。到了年底，才将墓道修好，打开了田妃陵墓。凑巧的是，安放棺木的陵床非常宽大，放置三个棺材没问题。于是朱由检与他的周后、田妃便安息于此了。

南明建立后，谥朱由检为烈皇帝，庙号思宗。清谥为"庄烈愍皇帝"，无庙号，陵曰"思陵"。

名家评说

帝承神、熹之后，慨然有为。即位之初，沉机独断，刬除奸逆，天下想望治平。惜乎大势已倾，积习难挽。在廷则门户纠纷。疆场则将骄卒惰。兵荒四告，流寇蔓延。遂至溃烂而莫可救，可谓不幸也已。

——清·张廷玉等《明史》

明王朝第十七任皇帝朱由检并不是不想把国家治理好，但他没有治理国家的能力，犹如小学生没有写出博士论文的能力一样。他精力充沛，沾沾自喜于自己明智的措施，发脾气的时候不可理喻，而且几乎是一天二十四小时都在发脾气。他对自己的错误永远有动听的掩饰，绝不寻求更正，却喜欢他的部下歌颂他英明。

——柏杨《中国人史纲》

【清】

太祖努尔哈赤

清太祖努尔哈赤（1559~1626），后金开国君主、清王朝奠基人。属明建州左卫女真贵族塔克世家族，满族，爱新觉罗氏，始祖布库里雍顺，母为佛库伦。公元1616~1626年在位，谥号"高皇帝"，庙号"太祖"。他少怀大志，雄才大略，兴立基业，统一女真，建立后金，威震当世，为清王朝建立奠定了坚实的基础。

一、少年坎坷　乱世立志

努尔哈赤所属的女真族是我国东北最古老的民族之一。在中国古代，她先后被称为肃慎、挹娄、勿吉、靺鞨。到五代时，始有女真之称。公元1127年，女真族完颜部首领阿骨打建立金朝，统治淮河以北广大地区长达百余年，直到1234年被南宋与蒙古的联军所灭，女真族才又重新返归东北故土，散居在白山黑水之间。

松花江下游的依兰地区，是努尔哈赤的祖先世代居住的地方。元朝统治时期，在这里设了三个万户府。努尔哈赤的祖先充任斡朵里万户府的万户。这是一个可以世袭的官职，从这时开始，努尔哈赤的先人便世代为官。元明交替之际，女

清太祖努尔哈赤

真部族之间纷争不已，动荡不安。面对这种局面，努尔哈赤的六世祖猛哥帖木儿为避战乱，于明洪武年间率领部众迁徙到图们江下游斡木河畔（今朝鲜会宁）定居下来。与此同时，胡里改万户府的万户阿哈出也率族人南迁，在辉发江上游的凤州安家落户。永乐元年（1403），阿哈出到南京朝贡，明朝当即设"建州卫军民指挥使司"，任命他为建州卫指挥使。永乐三年（1405），猛哥帖木儿随明钦差千户王教化到南京入朝。明成祖也委任猛哥帖木儿为建州卫指挥使，仍然管辖斡朵里部。永乐十年，猛哥帖木儿再次入朝，明成祖赏识他的忠诚和勇武，特增设建州左卫，任命他为建州左卫指挥使。由于猛哥帖木儿为明朝忠心守边，功绩卓著，先后荣升都督佥事和右都督的职位，在努尔哈赤的家族史上留下了显赫兴隆的一页。从猛哥帖木儿算起，到努尔哈赤的父亲塔克世已是第六代了。200年来，这个家族作为明朝的臣民，世代承袭建州官职，虽然称得上家世显赫，但也历尽坎坷，几经兴衰。当努尔哈赤降临人世时，女真人内部仍在进行着激烈的纷争，被兼并消灭的危险仍然威胁着他的家族。也正是处在这样的历史环境，为努尔哈赤建功立业提供了广阔的舞台和良好的时机。

同所有贵族一样，努尔哈赤的父亲塔克世也把众多的妻子视为其尊贵身份的一个象征，他先后娶了三个妻子。努尔哈赤的生母姓喜塔喇氏，名字叫额穆齐，是建州卫首领王杲的女儿。喜塔喇氏生了努尔哈赤、舒尔哈齐和雅尔哈齐三个儿子及一个女儿。作为长子，努尔哈赤长得龙颜凤目，伟躯大耳，声若洪钟，因此备受父母宠爱，从小过着幸福快乐的生活。然而在他10岁的时候，他的母亲喜塔喇氏突然与世长辞。这个重大的变故从此改变了努尔哈赤的生活，他告别了昔日骄子的优越地位，开始在继母制造的阴影中度日。他的继母纳喇氏是一个为人刻薄狠毒的女人，自从她主持家事后，努尔哈赤兄弟便失去了往日家庭的温暖，受尽了继母的挑剔和冷遇。努尔哈赤的父亲受了妻子的挑唆和影响，对努尔哈

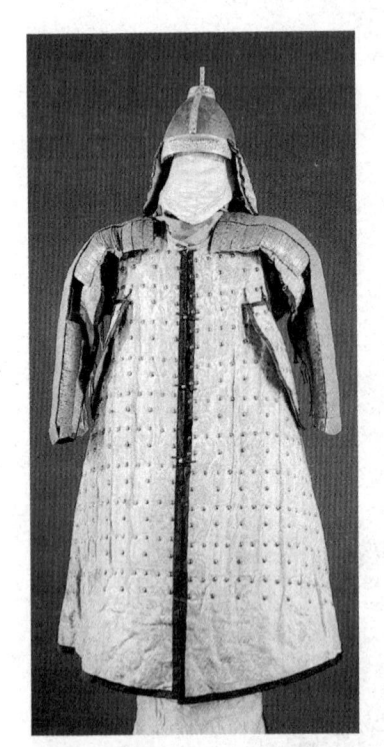

努尔哈赤的甲胄，现藏沈阳故宫博物院。

赤兄弟也变得冷若冰霜。后来由于生活所迫，少年时代的努尔哈赤就开始用自己的双手谋生，他常常翻山越岭，出入于莽莽林海，挖人参、采松子、拣榛子、拾蘑菇，然后把这些山货带到集市上换钱，用以维持自己和二个弟弟的生活。

努尔哈赤常去的是生意兴隆的抚顺马市，除了进行贸易之外，他更感兴趣的是通过贸易同汉人广泛接触和交往，学习各方面的知识。交往多了，他学会了说汉语，识汉字。在抚顺马市这所学校里，聪明好学、胸怀大志的努尔哈赤广采博收，增长了才干，开阔了视野。

强烈的求知欲望驱使努尔哈赤通过结识的汉人读了不少汉文书籍。《三国演义》和《水浒传》是他最感兴趣的两部书。书中的刘备、诸葛亮、宋江等英雄人物的智谋和作为，激荡着少年努尔哈赤渴望建功立业的心灵。每每读到精彩之处，他就会情不自禁地拍手赞叹，对英雄业绩的向往溢于言表。

15岁那年，无情的生活之鞭迫使努尔哈赤带着10岁的弟弟舒尔哈齐离家出走，投奔到外祖父王杲门下。

王杲是个汉化较深的女真人，他凭借着自己的智慧和才干在动乱的年代中发迹，成为建州女真部落中的著名首领。明中期后，他自以为力量雄厚，便无视朝廷边将的政令，常常扰边作乱。万历三年（1574）明辽东总兵李成梁率军攻破王杲屯寨，王杲兵败，王杲及亲属全部被杀。此时正在王杲家中的努尔哈赤兄弟也双双做了俘虏，聪明、机敏的努尔哈赤当即跪在李成梁马前，痛哭流涕，用汉语请赐一死。李成梁见他聪明伶俐、乖敏可怜，不仅赦免了他，而且把他留在帐下做了书童，专门伺侍自己。努尔哈赤从七八岁就开始练习骑射，到这时十六七岁，已是弓马娴熟、武艺高强。因而在李成梁帐下，每逢征战，他总是勇猛冲杀，屡立战功。李成梁对他非常赏识，让他做了自己的随从和侍卫。两人形影不离，关系密切，情同父子。

在李成梁麾下，努尔哈赤接触汉人的机会更多了，他对汉文化有了更进一步的了解；由于经常参战的实践，又使他的军事才能得以提高和发挥，他的谋略、胆识也越来越增强了。李成梁还带他去北京朝觐，繁华的街市、辉煌的宫殿使他的眼界大开。这一切都孕育了他创立功业的勃勃雄心。

然而，努尔哈赤对李成梁的恭顺和效忠，仅仅局限于表面。他对外祖父的被杀始终怀恨在心，只是当时慑于李成梁的威名，不敢轻举妄动。私下里他早已另有打算，只待有朝一日时机成熟采取行动。

在李成梁帐下生活了三年左右的时间，努尔哈赤以父亲捎信让他回家成亲为由，借机离开李成梁，回到了阔别已久的故乡。遵照父命，19岁的努尔哈赤与佟佳氏结了婚。当时按女真习俗，男儿成年就要另立门户。心肠歹毒的继母纳喇氏也正是以此为借口，唆使塔克世把新婚的儿子媳妇赶出了家门，只分给他们非常可怜的一点家产。对于这些，努尔哈赤并未过于伤心和计较，他相信自己完全可以创造出幸福的生活。

独立生活后，努尔哈赤经常到长白山一带采集、狩猎，往来于抚顺马市和女真地区，换取生产和生活用品。有时他也辗转各地，做人佣工。有时则听从明朝廷的征调，从征参战。经过几年的闯荡，努尔哈赤有了更丰富的阅历。他对各民族的语言风俗、中原地区的形势以及宫廷、官场、官军等各方面的情况都有了进一步的了解，这为他日后的发展奠定了良好的基础。

二、起兵报仇　统一女真

努尔哈赤25岁时，女真部族之间和部族内部为了争雄称霸，常常互相攻伐，互相残杀。建州女真有两个坚固城寨，一个是古勒城，城主是阿台；另一个是沙济城，城主是阿亥。阿台是努尔哈赤外祖父王杲的儿子，阿台的妻子是努尔哈赤伯父礼敦的女儿。王杲被杀后，阿台发誓要为父报仇，他凭借古勒城易守难攻的地理优势，依山筑城，设置壕堑，并屡犯明边，纵兵抢掠。这激怒了明朝总兵李成梁，他决意发兵攻取古勒城，欲将阿台部置于死地而后快。

李成梁

李成梁（1526—1615），字汝契，号引城，辽东铁岭（今辽宁铁岭）人，明朝后期将领。有大将之才，镇守辽东三十余载，率领辽东铁骑先后取得多次大捷，使辽东出现安定的局面。但因位望益隆，贵极而骄，奢侈无度，曾被劾罢。万历四十三年（1615）卒，享年90岁。

建州女真还有个图伦城，城主叫尼堪外兰。他的兵马不多，却野心勃勃，总想吞并周围部族，称雄建州女真。为此，他便极力讨好明朝边吏，并挑拨阿台、阿亥与明朝廷的关系。他向李成梁表示，自己愿意为明朝

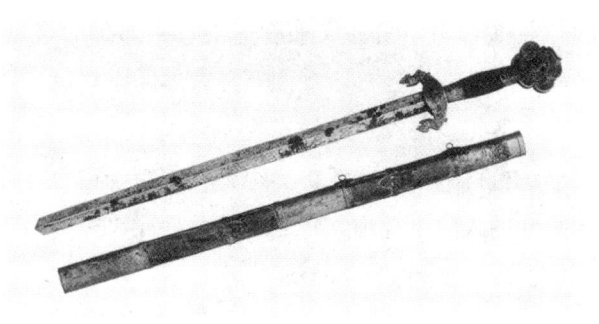

努尔哈赤御用宝剑，现藏沈阳故宫博物院。

征服古勒和沙济两城做向导。李成梁决定立即出兵，攻伐古勒、沙济两城，并许诺尼堪外兰城下之日，便是他荣升建州部首领之时。

李成梁的大队人马分两路杀来，一路直逼沙济城，一路由他亲自率领，兵临古勒城下。沙济城主阿亥对官军的突然出击毫无防备，城寨不战而下，阿亥被杀。而古勒城由于阿台加意修筑，城池坚固，难以攻取。李成梁亲临督战两昼夜，仍未攻下。努尔哈赤的祖父觉昌安听说古勒城被围，便同儿子塔克世一同前去劝解，官军放父子俩进城后阿台拒降，父子俩便都被围在城里。

再说古勒城久攻不下，也使李成梁极为恼火，他责怪尼堪外兰出了歪主意，要拿他治罪。为了保全自己，狡猾的尼堪外兰又想出一条诡计。他欺骗守城官兵说，谁能杀死城主归降，就让谁做古勒城城主。阿台的部下听信了尼堪外兰的谎言，便杀死阿台，献城投降。李成梁进城后大肆杀戮2000多人，努尔哈赤的祖父和父亲也于混乱中被杀。

噩耗传来，努尔哈赤悲痛欲绝。他愤然来到辽东都司，义正辞严地质问明廷边吏，为何杀他一向忠顺于朝廷的祖父和父亲。明朝边吏自觉理亏，一再解释这是误杀，并马上找出觉昌安和塔克世的遗体，交给努尔哈赤安葬。后来，又赐予努尔哈赤敕书30道、战马10匹，让他袭任祖父之职，当了建州左卫都指挥使。努尔哈赤表面上接受了明朝抚慰，但内心发誓要报杀祖杀父之仇。

为了报仇，努尔哈赤决定先举兵攻打尼堪外兰。但他势单力薄，处境又非常困难。他整点出父祖的13副遗甲，率领不足百人的部众，向尼堪外兰居住的图伦城进发。尼堪外兰表面上神气十足，实际上胆小如鼠，不堪一击。听说努尔哈赤率兵打来，他丢下部众，只身带着老婆孩子狼狈出逃到浑河部的嘉班去了。图伦城不攻自破，努尔哈赤凯旋而归。

不久，努尔哈赤又乘胜追击逃到嘉班的尼堪外兰。尼堪外兰闻讯后向抚顺城南的河口守台狂奔，遭到守台官军的阻拦后，他慌不择路，又转向鹅尔浑城。万历十四年（1586），努尔哈赤再次发兵进攻。尼堪外兰再次闻讯出逃，希图在抚顺边台得到边吏的保护。边吏将他拒于边台之外，暗中通告努尔哈赤的人。努尔哈赤的人闻讯赶到，将尼堪外兰砍死在边台之下。努尔哈赤除掉了自己不共戴天的仇敌，了却了一桩心愿。

当时女真各部部落林立，建州女真也不例外。在努尔哈赤以13副遗甲起兵的两年内，就相继大败了建州女真界凡、萨尔浒、董佳、巴尔达四城联军和漠河、章佳、巴尔达、萨尔浒、界凡五城联军，并攻破了安图瓜尔佳、克贝欢和托漠河城。在斩杀了尼堪外兰之后，又乘胜平定了哲陈部，攻取了完颜部。在努尔哈赤日益强大的攻势面前，苏完部和董鄂部自动前来归附。到万历十六年（1588），除长白山诸部外，建州女真各部基本上被努尔哈赤统一了。五年之后，他又先后攻取了长白山讷殷、朱舍里和鸭绿江三部，整个建州女真全部统一在他的麾下。

为了扩展势力，兴立基业，在统一建州女真过程中，努尔哈赤于万历十五年（1587）在烟筒山下建赫图阿拉城称王。为显示为王的尊严，他制定出一套粗具规模的礼仪。每当他出入栅城，乐队便恭立在城门两侧吹打奏乐。赫图阿拉城遂成为当时建州女真政治、经济和军事的中心，后来又成为努尔哈赤统一女真各部的基地。

明万历十六年（1588），努尔哈赤攻克完颜（王甲）城，消灭了建州女真的最后一个对手完颜部。前后共历时五年，努尔哈赤完成了对建州女真的统一。图为护卫玉玺。

随着建州女真各部统一的完成，海西女真便成为努尔哈赤攻取的又一个目标。

"海西女真"居住在开原以东和松花江中游一带，主要有叶赫、哈达、辉发和乌拉回部（又叫扈伦回部）。叶赫和哈达两部势力较强，邻近经济发达的汉族城市开原，并有控制贡道的地理优势，使他们具有得天独厚的条件来争雄扩展。努尔哈赤在统一建州女真中的节节胜利被他们视为心腹大患。万历十九

年（1591），叶赫部首领派了两个使者气势汹汹地找到努尔哈赤说："乌拉、哈达、叶赫、辉发、建州，言语相通，势同一国，哪有五王分建的道理？现在的国土，你们建州的多，我们的少，你们应该从额尔敏、扎库木两地中任选一地给我们。"对于这种蓄意挑衅，努尔哈赤用严辞相斥，叶赫的两个使者只好悻悻而归。

叶赫首领讹诈遭到失败后，便欲通过武力来达到自己制服建州、称雄女真的目的。万历二十一年（1593）六月，叶赫先纠合海西其他三部对建州进行试探性的进攻，结果以失败告终。但叶赫并未吸收教训，同年九月，叶赫贝勒布斋、纳林布禄再次纠合海西女真的哈达、乌达、辉发三部和长白山朱舍里、讷殷二部以及蒙古的科尔沁、锡伯、卦尔察三部，共九部三万兵马，分三路向建州进攻。努尔哈赤闻讯，当即进行军事部署，埋伏精兵，设置障碍，待一切就绪，便十分安然地回家睡觉。

翌日拂晓，努尔哈赤为了鼓舞士气，先率诸将祭拜了天神，然后带着大队人马踏上征途。这时，努尔哈赤派出的侦骑来报，从一个投城的叶赫人口中得知九部联军有三万多人。众将听后都面露惊惧之色。努尔哈赤环顾四周，泰然自若地对众人说："九部联军号称三万，但不过是些乌合之众，人心不齐；我们尽管人少，却心齐志坚，又能立险扼要，以一当十。只要先击杀他们的头目，其部属必会不战自溃。"[1]听了这番鼓动，将士们顿时信心倍增。努尔哈赤又令兵士们去掉手上和脖子上的护套，轻装上阵。他详细分析了九部联军的阵容后，率军趁九部联兵全力进攻他的一个城堡赫济格城之机，抢占了古勒山。古勒山易守难攻，努尔哈赤居高临下，地理位置对他十分有利。再说努尔哈赤早在赫济格城严密布防，九部联兵连攻了两天也没能攻下，见努尔哈赤占领了古勒山，便转锋来攻。努尔哈赤身先士卒，率军居高临下冲锋，他一路砍杀，连斩叶赫部九名士卒。见此情景，布斋气急败坏地冲上来，不料战马被木墩撞倒，将他掀倒在地。努尔哈赤的士兵赶上前去，一刀结束了他的性命。众兵士见首领丧命，顿时方寸大乱，无心恋战，只好仓皇而逃。努尔哈赤率兵乘胜追击，直至哈达境内。这一仗俘获了乌拉首领布占泰和大批兵士，还斩敌4000余人，缴获3000匹马、近千副

---

[1] 语见《清史稿·太祖本纪》："乌合之众，其志不一，败其前军，军必反走，我师乘之，靡弗胜矣。"

盔甲。

万历二十七年（1599）九月，叶赫与哈达发生冲突。哈达首领孟格布禄自知不是努尔哈赤的对手，便把自己的三个儿子送到赫图阿拉城做人质，请求努尔哈赤派兵相助。这无疑给了努尔哈赤一个出兵的良机。他即刻派费英东、噶盖率领两千兵马前去救援。叶赫得知哈达引来了努尔哈赤的援兵，顿时慌了手脚。经过一番斟酌，叶赫决定设法诱使哈达反戈一击，以便摆脱困境。叶赫部派人给孟格布禄送去一封信，信中极尽威胁利诱之能事，并声言如果哈达能捕捉建州派来的两员大将，叶赫将与哈达重修前好。孟格布禄还真上了叶赫的圈套，答应按其主意行事。闻知此事，努尔哈赤简直气炸了肺，他当即命令弟弟舒尔哈齐做先锋，率兵1000人去征伐出尔反尔、恩将仇报的哈达。舒尔哈齐率军赶到哈达城下，见敌军气势正盛，不敢交战，便在城下按兵不动。随即赶到的努尔哈赤冒着矢石带头猛攻。经过七天七夜的激战，努尔哈赤终于攻下了哈达城，生擒了孟格布禄。

哈达一向与明朝关系密切，如今受到努尔哈赤的兼并，自然引起明朝的重视。更使明朝警觉的，还是努尔哈赤日益独立的行为冒犯了天朝圣威，因此遂命令他恢复哈达部。努尔哈赤觉得自己还没有足够的力量同明朝抗衡，就把自己的女儿嫁给孟格布禄之子吴尔古代为妻，送他回哈达为王。但哈达部实质上已是有名无实了。万历二十九年（1601），建州部乘哈达部发生大饥荒，遂将其灭亡。建州部自此也更加强盛起来，其势发展迅猛，已非明朝的力量所能控制。

随后，辉发部

太祖打败乌拉兵
——从《满洲实录》

又成为努尔哈赤攻取的目标。万历三十五年（1607），努尔哈赤先派精兵数十人装扮成商人混入辉发城，作为内应。然后，他亲率兵马逼近辉发城下，里应外合，一举消灭了辉发部。

辉发灭亡之后，努尔哈赤的目光又转向了乌拉部。乌拉部不同于哈达和辉发，它城池坚固，人多地广，努尔哈赤对其一直采取招抚的策略。古勒山之战俘虏了布占泰后，努尔哈赤非但不杀他，反而将他奉养起来，礼遇有加。后来乌拉部首领满泰被杀，努尔哈赤又把布占泰送回去继位。努尔哈赤还先后将侄女和女儿嫁给布占泰，希冀用联姻来笼络他。

万历四十年（1612）九月，借乌拉骚扰建州和未及时进贡为由，努尔哈赤又亲率大军征讨乌拉。建州部兵强马壮，以迅雷不及掩耳之势连下乌拉六城。惊惶失措的布占泰乘小船逃到乌拉河上，装出一副可怜相哀求努尔哈赤手下留情。努尔哈赤历数了他忘恩负义、屡背盟约的罪行，看在往日的情分上，赦他不死。努尔哈赤命令布占泰将人质送到建州，留下军士千人驻戍，遂率大军撤回。

第二年，努尔哈赤以布占泰再次背约为由，又一次兵临乌拉城下。在来势凶猛的建州大军面前，布占泰丢盔弃甲，只身逃往叶赫。建州军击溃敌兵3万，斩杀1万，获甲7000副，灭亡了乌拉。至此，海西扈伦四部仅剩下叶赫一部了。

万历四十七年（1619），努尔哈赤发动了攻取叶赫的战争。战前，他将诸王贝勒召集起来，商讨攻打叶赫的作战计划，并发誓不荡平叶赫，决不回师。同年八月二十一日夜，代善、皇太极率部来到叶赫。当时叶赫有东西两座坚固的城堡，分别由两个首领金台石和布扬古坚守。叶赫军队勇猛善战，精于骑射，但久经沙场、训练有素的建州兵士更是锐不可当。叶赫兵战了几个回合，见不是建州的对手，不得不退入城内坚守。他们在城上发射箭矢，投放巨石，抛掷火器，建州兵死伤惨重。经过反复搏杀，在东城被炸塌后，建州兵冲入东城，但叶赫人据家死守，建州兵败不下。在这种情况下努尔哈赤采用攻心战术，传下命令：凡城内军民，投降者一概不杀。此法果然奏效，叶赫军民闻讯后，纷纷放弃抵抗投降。只有首领金台石继续带着家眷、近臣躲在堡楼上负隅顽抗。他的外甥皇太极和投降的儿子德尔格勒在楼下大声喊话，劝他投降，他却无动于衷。在无可奈何的情况下，努尔哈赤的兵士准备用斧子砍毁石楼，金台石见走投无路，又想放火自焚，结果建州兵士一拥而上，将他俘获。金台石如此顽抗，努尔哈赤便下令绞死了他。

闻知东城被攻克，西城也乱了阵脚。布扬古的堂弟打开城门投降，代善最后将布扬古的住所围了个水泄不通。为了保全性命，在得到降后不杀的许诺后，布扬古被迫向建州兵投降。努尔哈赤对布扬古以礼相待，用金杯斟酒为他压惊，以示宽大之意。但布扬古见了努尔哈赤却立而不跪，并无丝毫感激之情。努尔哈赤恐怕留下他终将成为后患，第二天便下令绞死了他。努尔哈赤对其他降民一律宽大，允许他们随身带着弓箭衣物，迁移到建州。

在统一建州和海西四部的同时，努尔哈赤对东海女真诸部也采取了征伐与招抚两手并用的策略。从万历二十六年（1598）开始，努尔哈赤从东海女真瓦尔喀部、窝集部和虎尔哈部先后向建州迁入5万多人。到万历末年，所有女真部落都被统一了。

三、建国整顿　誓师伐明

万历四十四年（1616）正月初一，是努尔哈赤建国称汗的日子。赫图阿拉城热闹非凡，内城正在举行隆重的登基仪式。努尔哈赤的儿子们和八旗首领及文武百官按八旗的顺序站立在"尊号台"两旁。当努尔哈赤登上宝座时，八大臣手捧劝进表章，一字排开跪倒，众臣紧随其后跪拜在地。努尔哈赤的侍卫巴克什额尔德尼接过八大臣呈上的表章，高声朗读。表章中为努尔哈赤上尊号为"奉天覆育列国英明汗"。读罢表文，努尔哈赤起身离开宝座，焚香祷告，率众臣行三跪九叩礼。随后又登上宝座，接受各旗大臣的贺礼。礼毕，努尔哈赤宣告建立"大金国"，年号为天命。我国历史上称作"后金"。

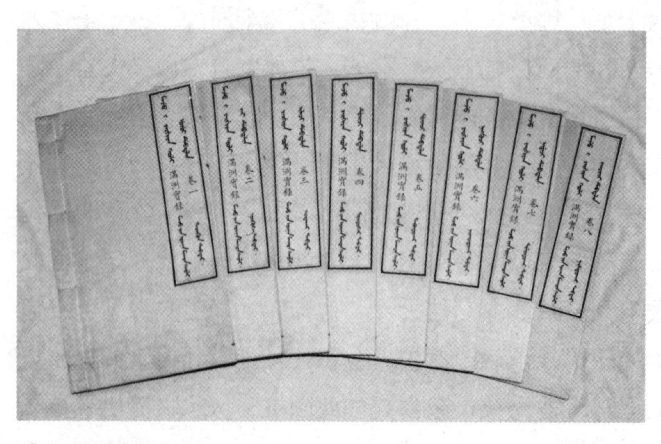

登基仪式结束后，众大臣举杯畅饮，全城一片欢腾。然而，努尔哈赤并没有被欢乐所陶醉，他深知要建立国家必须有雄厚的物质基础，因此他着力发展农业、手工业和商业。

在农业方面，努尔哈赤采取的主要措施是

《满洲实录》书影

组织屯田和扩大农耕范围。建州的谷地平原都被开垦，就连难以耕种的山地也有许多地方种上了庄稼。每攻取一地，努尔哈赤便根据当地条件安排耕种、放牧或屯种。攻取哈达后，他在这里大力提倡耕垦土地，放牧马牛。灭掉辉发后，他又在当地安置了千余户居民进行屯种。

建州地区的手工业本来很落后，铁制农具、布匹和丝绸等大量生活用品都要从汉族地区输入。努尔哈赤力图改变这个局面。他很重视工匠，认为他们远比金银珠宝贵重，是真正的无价之宝。由于他的倡导，建州地区的手工业很快粗具规模，能炼铁、采矿，并制造精良的军械。赫图阿拉城就设立了绵延数里的作坊，专门制造各式各样的兵器。

八旗盔甲

在商业方面努尔哈赤一方面积极发展建州地区的经济，一方面致力于发展与汉族地区的贸易，以此来弥补建州经济上的欠缺。他用当地出产的人参、貂皮、东珠、马匹等特产换回所需要的物品。为了解决湿人参容易腐烂的问题，努尔哈赤还创造了煮晒法，即把人参煮熟晒干，然后保存起来待价而沽。只此一项，仅在抚顺一市，努尔哈赤每年就获利高达几万两。

创建八旗制度，也是努尔哈赤的一大功绩。八旗制度的雏形是女真氏族公社末期的狩猎组织。那时，每逢出师狩猎，氏族成员便每人出一支箭，以10人为一单位，称"牛录"汉语（箭或大箭的意思）；10人中立一总领，称"牛录额真"（额真，是主的意思。牛录额真即大箭主）。在女真社会生产得到不断发展的同时，牛录组织也日益扩大，并衍变成奴隶主贵族发动掠夺战争和进行军事防御的工具，但它的突出特点是具有显著的临时性。努尔哈赤把它改造为常设的社会组织形式。1601年,他把每个牛录扩充到300人,分别以黄白红蓝四色旗作为标志。由于兵力不断增加,1615年努尔哈赤又在牛录之上设立甲喇和固山,以五牛录为一甲喇,五甲喇为一固山。甲喇设甲喇额真统领,固山由固山额真统辖。每个固山还设梅勒额真2人,作为固山额真的助手。这样,原来的四大牛录遂扩大为四大固山,仍以四色旗为标志,又称四旗。后来又增编镶黄、镶红、镶蓝、镶白四旗,与前面四旗合称八旗。八旗制度是"以旗统人、即以旗统兵"的兵民一体、军政合一的社会组织形式。八旗兵丁平时耕垦狩猎,战时则披甲出征。八旗旗主即八个固山额真都由努尔哈赤的子孙担任,他们集军事统帅和政治首领的身份于一身。努尔哈赤则是八旗的家长和最高统帅,他为八旗军队制定了严密的纪律。八旗制度的实行,提高了女真的军事战斗力,也促进了满族社会的发展。

　　创制和颁行满文,是努尔哈赤在满族文化发展史上建立的一个里程碑。努尔哈赤兴起后,建州与明朝和朝鲜时常有公文来往,但因没有女真文字,只能由汉人用汉文书写。每逢向女真人发布政令,则先用汉文起草,然后再译成蒙古文。女真人讲的是女真语,书写却用蒙古语,这种语言与文字的矛盾,促使努尔哈赤决意创制记录自己语言的符号——满文。他命额尔德尼和噶盖承担了创制满文的任务。但他们俩都觉得女真人使用蒙古文由来已久,现在要创造自己的文字,困难太大,简直不知从何处下手。努尔哈赤便让他们参照蒙文字母,结合女真语言拼读成句,再撰制成满文。噶盖后来因罪被杀,就由额尔德尼完成了创制满文的任务。满文的创制和颁行,加强了满族人民内部和满汉之间的思想文化交流,也加速了满族社会的封建化。

　　建国称汗后,努尔哈赤把大部分精力用来整顿内部。与此同时,他又将兵锋公然指向了明朝。而明朝当时的政治腐败与军备废弛,也是导致努尔哈赤实行战略转移的催化剂。

正黄旗旗帜

天命三年（万历四十六年，即1618）春天，一切准备停当，努尔哈赤率领众臣众兵，祭祖告天，宣读了"七大恨"伐明誓词。誓词说：

"我的父祖未曾损害明的一草一木，明却无端挑衅将我的父祖杀害，恨一也；明虽挑起事端，但我仍想与明修好，划界立碑，共立誓言，互不侵扰，但明军践踏盟约，

《满文老档》书影

越我边界，出兵援助叶赫，恨二也；清河两岸明人，年年入我境内劫夺，我遵照两国盟约，捕杀越界汉人，明朝却诬我擅杀，扣我使臣刚古里等11人为人质，逼我杀10人换取，恨三也；叶赫之女本来已经许配于我，但因得到明朝的支持，叶赫又将已聘之女改嫁给蒙古，恨四也；柴河、三岔、抚安等三地，历代属我部所统，明却不让三地民众种田收割，发兵驱逐，恨五也；我奉天意征讨叶赫，明却偏听叶赫之言，遣使对我谩骂凌辱，恨六也；明朝逼我把所俘哈达之人退还，结果被叶赫所掠取，恨七也。明朝欺人太甚，情理难容。因这七大恨之故，誓师伐明！"[1]

与此同时，努尔哈赤又颁布兵法，严明军纪。他告谕众兵说："今日发兵，征讨的是明军。对沿途民众，不许欺凌蹂躏；对抗拒我军者，格杀勿论；对于归顺者，切不可妄加诛杀。"

第二天，努尔哈赤率领着兵马向抚顺进发。濒临浑河的抚顺城是明朝设防的要塞，又是明与建州互市的重要场所。青年时代的努尔哈赤经常出入这里进行贸易，因而对抚顺的山川形势和各方情况了如指掌。他决定以计智取，辅以力攻。他先派一人到抚顺，声言明日有3000女真人要来做生意。第二天，扮作商人

---

[1] 事见《清史稿·太祖本纪》。

的后金先遣部队就来到抚顺城内，诱使当地商人和军民与之贸易。抚顺守军做梦也没有想到，后金兵士已遍布集市，后金主力又接踵而至，乘机突入城内，与先遣部队里应外合，一举攻取了抚顺城。抚顺守将李永芳在毫无防备的情况下束手就擒。辽东总兵张承胤闻讯率兵万人仓促来援，这时努尔哈赤已经撤出抚顺，在中途设下埋伏，全歼了张承胤的援军，缴获了大批武器辎重满载而归。

努尔哈赤起兵伐明，初战便大获全胜，士气大振，但他并未被胜利冲昏了头脑。他深知明朝此时虽然江河日下，但毕竟还是一个庞然大物，还有相当的实力，不能贸然大举进犯。因此，他对明朝不断进行试探性的小规模进攻。攻陷抚顺城三个月后，他又用计智取了清河城，杀死守将及兵民万余人。随着接连不断的胜利，努尔哈赤的胆子也愈来愈壮。明朝派来使者求和，努尔哈赤借机向明朝提出一系列要求。经济上，他要求给他和众贝勒、大臣加缎3000匹、金300两、银3000两。政治上，他要求明朝尊他为王，承认他的所作所为是合法的，撤回明朝派驻叶赫的官兵（当时努尔哈赤还未灭掉叶赫）。他声言只有满足了这些条件，方可罢兵谈和。显然，堂堂"天朝"是不会接受这样的要求的，双方的一场更大规模的战争已是箭在弦上，一触即发了。

四、大战萨浒　攻占辽沈

努尔哈赤相继攻陷抚顺、清河，明朝上下被震动，告急文件如雪片般飞向京师，一向置国家大事于不顾的昏庸皇帝万历开始坐立不安了。他认为努尔哈赤的一系列要求纯粹是非分之想，必须坚决予以拒绝，并决定调兵遣将，犁庭扫穴，全力消灭后金。他亲自颁布圣旨，交九卿科道会议辽事，并立即起用杨镐为兵部右侍郎兼辽东经略。为了进攻后金，明朝在全国加派辽饷，转输粮秣，以应军需；还咨文朝鲜，胁迫其出兵，合力征讨；明王朝还颁布全军，晓谕天下：擒斩努尔哈赤者，奖赏万金；明王朝迅速调集各地官兵88000多人，加上来自叶赫、朝鲜的援兵，共十几万人，准备分兵四路合击努尔哈赤的中心赫图阿拉城。

明东、北两路军由于山路崎岖等各种原因，拖延了进军的时间。惟独杜松一路昼夜兼程，日行百里，于三月一日来到萨尔浒。他们兵分两部，一部在萨尔浒山下扎营，另一部由杜松亲自率领向东北方向的女真的要塞吉林崖进军。努尔哈赤统帅八旗军近6万人前来迎战。他对代善等人说："明兵依仗人多势众，可以分散作战；我们要集中优势兵力逐路击破明军。吉林崖明军只派小股兵去

代善

　　爱新觉罗·代善（1583—1648），清太祖努尔哈赤次子。天命元年（1616）被封为和硕贝勒，参与国政，为四大贝勒之首。代善领满洲两红旗在征伐女真各部及蒙古与明朝的过程中屡立战功。崇德元年（1636），代善被封为和硕礼亲王，世袭罔替。次年被太宗斥为越分妄行，轻君蔑法，渐赋闲家居，不问朝政。顺治五年（1648）病逝于北京。

监视就行，萨尔浒的明军一定要好好对付，千万不能掉以轻心。只要打败了萨尔浒的明军，吉林崖的明军就会不战自溃。"[1]布置之后，他亲率六旗兵力包围萨尔浒，派四贝勒皇太极率领其余两旗前往吉林崖，监视明军的动静。

　　奉命在萨尔浒扎寨的明军，初至萨尔浒谷口便遭后金400名埋伏者的袭击，兵伤马毙，锐气大挫。而对冲杀而至的六旗铁军，他们慌忙列阵，仓促迎战。开始，明军施放的火炮使没有火器的后金六旗兵暂时受阻。但精于骑射的六旗兵随之迎面扣射，顿时矢箭如雨，铁甲骑兵又乘机奋力冲击，打得明军四处逃窜，方阵大乱。在震天的呐喊声中，后金兵冲进明营，歼灭了驻守萨尔浒山的全部明军。

　　随后，努尔哈赤挥师前往吉林崖。原来坚守吉林崖的后金军队见杜松率部抵达山脚，便从山上冲下来迎战。此时，皇太极率领的两旗兵马正好赶到。杜松军腹背受敌，眼看就要招架不住，萨尔浒大营已破的消息又在这时传到，顿时明军军心动摇。杜松正待收拾残兵撤退，努尔哈赤的六旗军似从天而降，挡住了明军的去路。士气颓落的明军乱作一团，后金兵乘胜而战，士气高昂，杀得明军尸首遍野。明军主将杜松左右冲击，也未能杀出重围，最后矢尽力竭，落马而死。

---

[1]语见《清史稿·太祖本纪》："上曰：'明兵由南来者、诱我南也，其北必有重兵，宜先破之。'"

明朝四路大军中的一支主力就这样毁于一旦。

接着，努尔哈赤马不停蹄，挥师北上，去迎击马林的北路军。马林一部得知杜松惨败的消息后，将士哗然，士气低落，滞留在萨尔浒西北30里处的尚间崖消极防守。努尔哈赤急驰赶往尚间崖，他登高远眺，见马林的营壕内外防守严整，便下令军士绕道而行抢占尚间崖顶，以便居高临下，杀明军个措手不及。代善、阿敏和莽古尔泰抢占有利地形后，各率部属直冲敌阵，奋力拼杀。仓促之中明军用枪炮还击，但后金军来势迅猛，锐不可当，明军扔下火器争相逃命，死伤惨重，仅总兵马林等少数人策马而逃。

努尔哈赤连胜明朝西路和北路两支大军后，又得消息：另外两路明军正从东、南两个方向逼近都城赫图阿拉。他当即班师回京。为了避免与两支明军同时交战，努尔哈赤心生一计。努尔哈赤自己带4000兵士守城，准备对付李如柏的南路军。又把缴获的杜松令箭交给明军降卒，让其假扮为杜松的使者去催促东路军统帅刘綎前来会战。刘綎一部这时正从宽甸向赫图阿拉行进，道路艰险，又受后金砍倒的树木阻碍，行军速度很慢。接到杜松的令箭，刘綎不知其中有诈，他惟恐杜松独占头功，遂加快速度，向赫图阿拉孤军深入。努尔哈赤令代善、莽古尔泰和皇太极率主力迎战刘綎。皇太极抢先占领了山头，埋伏起来。待明军进入伏击后，后金的攻势似山洪爆发，打得明军晕头转向。刘綎奋战了几十个回合，两臂都受了重伤，最后力竭身亡。明朝士兵被杀者无数，尸横遍野，惨不忍睹。

在沈阳坐镇的辽东经略杨镐，派遣四路大军出师后，自以为胜券在握，只等着部将报捷。哪里料到，不过几天功夫，三路大军相继败北。他料定幸存的李如柏更不是后金的对手，便急命李如柏回兵。胆小怯弱的李如柏出师最晚，且行动迟缓，所以还没同后金交手。接到杨镐的命令，他就像得到了大赦，率部落荒而逃。

萨尔浒大战的遗物——明代铁炮

在这次著名的萨尔浒大战中，努尔哈赤仅用五天时间，就大败明朝十几万大军，称得上是他军事指挥艺术的一次精湛表演。他以集中兵力、各个击破为原则，以铁骑驰突、速战速决为法宝，以诱敌深入、以静制动为手段，以亲临战阵、身先士卒为表率，终于取得了以

少胜多的赫赫战绩。

萨尔浒大战之后,明朝在东北边境的统治日趋崩溃,而已经立住了脚跟的努尔哈赤,则开始由防御转入进攻。

万历四十八年(1620),万历皇帝病死,一个月后,刚刚继位的太子朱常洛又吞红丸死于乾清宫。朱常洛的长子朱由校继承了皇位,是为熹宗天启帝。从此,宦官专权,宦党与东林党之间的党争愈演愈烈。大臣之间结党营私,排斥异己,互相攻讦。

清乾隆年间制金匣《御制萨尔浒山之战书事》

明臣熊廷弼虽然身居千里之外的边陲,但由于他性情刚直,不受贿徇私,不巴结权贵,得罪了一些奸佞之人,遂成为被攻讦的对象。嫉恨他的权贵们屡次上书,以莫须有的罪名弹劾。熊廷弼先后五次上疏自辩,针砭弊政要害,并请求圣上信任边吏,用而不疑。[1]但是,明廷气数将尽,已经不辨忠奸,到底自毁长城,罢免了熊廷弼,改派袁应泰任辽东经略。袁应泰走马上任后,宽娇属下,随意撤换武将,很快造成了军纪松弛、混乱的局面。他又不分良莠,收纳了许多蒙古和女真的降兵,大量敌探乘机混入,成了后金的内应。刚刚由熊廷弼恢复巩固起来的辽东防务,被袁应泰搞得一塌糊涂。

一直在拭目以待的努尔哈赤见时机已到,于天命六年(1621)春,发动了辽沈之战。沈阳在明代是辽东重镇之一,它被作为辽阳的"屏障"而受到重视。这里精心构筑了坚固的防御体系。努尔哈赤的大军在城东七里处安营驻扎。他几次派少量兵士诱明军出战,每次都让他们佯装败退,以便麻痹明军。

当努尔哈赤认为决战的时机成熟之后,便派后金的精锐骑兵设下埋伏,然后又派兵到沈阳城下挑战。贪功轻敌、有勇无谋的明总兵贺世贤果真中了圈套。他率万余兵丁出城迎战。后金兵假装败逃,贺世贤紧追不舍,进入了埋伏圈。当他发现自己中计时,为时已晚,身中数箭坠马,被后金兵杀死。之后,努尔哈赤

---

[1]语见《明史·熊廷弼列传》:"廷弼上言:'臣奉命控扼山海,非广宁所得私。抚臣不宜卸责于臣。'"

统军奋力攻击城的东北角。开始明军在城上使用火炮，重创后金兵。但火炮连发使炮身炽热，必须使其降温后才能再射。后金兵利用这个间隙，进逼城下，猛攻东门。激战之中，一些原先混入城内的女真降民突然将吊桥绳砍断，放下吊桥，后金兵一拥而入，攻占了沈阳城。这次战役，使明朝七万兵民丧生。

攻占沈阳不久，努尔哈赤又召集诸贝勒大臣，宣布了向辽阳进军的重大军事决定。辽阳当时是东北政治、经济、军事和文化的中心，明朝对其极为重视，将城池修建得异常坚固，并有严密的防御体系。

在经过几番野战大大削弱了明军之后，三月二十一日，后金军在努尔哈赤率领下向辽阳发起总攻。明守城军士乱作一团，各城门相继失守。正在镇远楼督战的袁应泰见大势已去，城池难保，遂焚楼身亡。监军崔儒秀上吊自杀。几经奋战之后，后金终于占领了辽阳。接着，努尔哈赤将后金的国都迁到了辽阳。随后，努尔哈赤率军几经征战，又攻占了整个辽西地区，兵锋直指山海关下。

五、计丁授田　迁都抚蒙

进占辽河流域、迁都辽阳之后，如何治理和巩固这个幅员辽阔、人口繁盛的地区，成了摆在努尔哈赤面前的亟待解决的重大问题。

辽沈地区汉族人口众多，由于明朝在这里长期实行军屯制度，农业比较发达。后金进入辽沈后，激烈的战争使生产受到严重破坏，不少汉族地主官僚非死

后金攻打辽阳
——从《满洲实录》

即逃，大片土地荒废。新迁入的八旗军民和当地汉民，都急需恢复生产以安定社会。天命六年（1621），努尔哈赤颁布了"计丁授田"之令，将辽沈地区的闲废田地30万日（日是当时辽东计算土地的单位，1日约合6亩），分给后金士兵。后来，他又令辽东五卫及海州、盖州、复州、金州四卫共交出无主田地30万日，实行"计丁授田"。

继"计丁授田"之后，努尔哈赤又于天命十年（1625）发布了"按丁编庄"令。八旗军进入辽沈后，大量汉人被俘后沦为奴隶，编入奴隶制田庄。但他们生活困苦，难以聊生，叛亡殆尽。鉴于这一情况，努尔哈赤颁行"按丁编庄"令规定：所有被俘获的奴隶均编入田庄，从而使庄田转变为官田，使原来为奴隶主服务的田庄过渡为封建制田庄。以"计丁授田"和"按丁编庄"为标志，后金初步完成了由奴隶制向封建制的转变。

因辽阳城年久失修、且面积过大不宜防守，在迁都辽阳一年后，努尔哈赤便想另筑新城。他说服了众贝勒、大臣，调集上万名民工在辽阳城东的太子河边破土动工。民工们昼夜不停地营造，新城很快建成了，城方圆约6里，城墙高达12米，开设了8个城门。努尔哈赤对新城十分满意，命名为"东京"。他率领众贝勒举家迁居东京，还将景祖、显祖的陵墓也迁到附近的鲁阳山上。

在东京住了不过三年，努尔哈赤又决定把都城迁到沈阳。诸王大臣一听就

沈阳故宫大政殿

急了，他们七嘴八舌地劝阻说，东京刚建就舍弃太可惜，迁都劳民伤财，民不堪苦。听了这些话，努尔哈赤顿露不悦之色，说："你辈哪里知晓我迁都沈阳的用意？沈阳乃战略要津，西可征明，北可攻蒙古，南可伐朝鲜。再说，附近有浑河和苏克苏护河，可以顺流而下运来木材，建造宫殿又有何难？此事我已拿定主意，你们不必多言。"众人见努尔哈赤如此说法，也就不再争辩了。

　　天命十年（1625），征明心切的努尔哈赤未等兴建新宫室完毕，就迁都沈阳。此后，他大兴土木，改建了沈阳城，使之成为后金新的统治中心。

　　明后期，蒙古逐渐形成了漠西厄鲁特蒙古、漠北喀尔喀蒙古和漠南蒙古三大部。其中漠南蒙古与后金接壤。努尔哈赤深知，降服蒙古既能解除同明作战的后顾之忧，又可解决后金兵力不足的困难。因此，他对蒙古采取了攻抚结合、以抚为主的策略。漠南蒙古的科尔沁部，曾参加以叶赫为首的九部联军，大败而逃，后来又同乌拉合兵抵抗建州兵。随着后金的强盛，科尔沁自知不是努尔哈赤的对手，便遣使请盟，联姻结好，努尔哈赤尽弃前嫌，欣然与科尔沁部通婚。他先后以科尔沁两贝勒的女儿为妃，他的儿子也相继娶了蒙古王公之女为妻。1614年，他的次子代善、五子莽古尔泰、八子皇太极和十子德格类全都娶了科尔沁蒙古女子。尔后，蒙古又同他的十二子阿济格和十四子多尔衮联姻。努尔哈赤也不断将建州女子嫁给蒙古王公为妻。1614年喀尔喀蒙古巴岳特贝勒的儿子恩格德尔归顺建州女真，努尔哈赤十分高兴，立即将弟弟舒尔哈齐的第四女嫁给他为

《满洲实录》中的宁远之战插图。

妻。后来恩格德尔与妻子来朝，受到努尔哈赤的特殊礼遇。朝拜时，努尔哈赤让恩格德尔率众蒙古贝勒在贝勒代善之后叩头，而二贝勒阿敏、三贝勒莽古尔泰、四贝勒皇太极等都在恩格德尔之后。恩格德尔对努尔哈赤自然感恩戴德。朝觐后，他要求偕公主留居建州，努尔哈赤允其所请，发誓对他要像对待自己的亲生儿子一样，还赐给他四处田庄，20个满汉奴仆。努尔哈赤这些具有策略性的举动，对蒙古诸部首领产生了极大的吸引力，很多人相继投奔后金。科尔沁、喀尔喀等部先后成为后金的政治同盟。

但是，努尔哈赤以抚为主、联姻结好的策略并非对所有蒙古部落都能奏效，以察哈尔部林丹汗为首的蒙古诸部，一直联合明朝，与后金为敌。林丹汗占据漠南蒙古的大片地域，他野心勃勃，力图称雄蒙古。为了对付后金，明朝极力笼络林丹汗，每年赠银4000两，后来又增至4万两。林丹汗兵强马壮，又有明朝作靠山，对后金的态度非常骄横。万历四十七年（1619）十月，他派使给后金送了一封书信。他在信中自称为："蒙古国统40万众的英主成吉思汗"，称努尔哈赤为"水滨三万人的英主"，同时还威吓努尔哈赤：若敢向广宁发动进攻，决无好下场。林丹汗如此狂妄，努尔哈赤自然是气愤至极。第二年他派遣使者送去了笔锋犀利的复信，他在信中历数林丹汗败于明朝之辱，想以此激起林丹汗的旧恨，拆散他与明朝的联盟，并极力夸耀八旗的军威，拉拢林丹汗归附后金，共同抗明。但这一切都未能奏效，林丹汗囚禁了努尔哈赤的使者，以此作为对努尔哈赤的回答。

由于林丹汗势力较强大，加上有明王朝支持，努尔哈赤几次想对他动兵而又作罢，但后来林丹汗暴虐无道，穷奢极欲，大失人心，内部开始分崩离析。他属下的一些部落将领暗中与后金来往，就连他的两个孙子也跑到后金，向努尔哈赤叩首行礼。努尔哈赤对林丹汗始终采取孤立、打击的策略。天启五年（1625），林丹汗率兵攻打后金的姻盟科尔沁部，努尔哈赤立即出兵援助，打败了林丹汗的进攻。

努尔哈赤以抚为主的对蒙政策，为日后满族统一蒙古诸部奠定了基础。与蒙古交好成为自清一代的基本政策。

六、宁远兵败　抑郁而死

辽西地区失陷后，明政府深感形势严重，又一次征调全国各地的军队会集山海关,全力固守,并将积极主张抗击后金的大学士孙承宗、兵部主事袁崇焕派往关外考察军务。

袁崇焕来到边关果然不负深望,很有作为,他首先向孙承宗提出要固守山海关必须先守宁远的建议,[1]要求重新修建宁远城。宁远(今辽兴城)地处辽西走廊中段,它依山傍海,形势险要,是由沈阳通往山海关的咽喉要塞。孙承宗采纳了袁崇焕的建议,加意修筑宁远。按照袁崇焕的设计,宁远城新建的城墙高3.2丈,底宽3丈,顶宽2.4丈,宁远遂成为关外的军事重镇,孙承宗又修缮了锦州、松山、杏山、右屯及大小凌河等地的城池,遣兵分守。一条以宁远和锦州为中心的防线迅速建成了,辽西的局势重新稳定下来。

努尔哈赤此时正忙于迁都,探知孙承宗在辽西严阵以待,他一直没有贸然进攻。但不久明朝内部党争再起,孙承宗尽管满腹韬略、守边有方,却因秉性忠直遭到魏忠贤一伙的嫉恨和排挤。继任孙承宗的是魏忠贤的同党高第,他精于投机钻营,对打仗却是一窍不通。他对后金怕得要死,认为关外必不可守,只想躲在山海关内苟全性命。因此,他不顾袁崇焕等人的强烈反对,尽撤锦州等地的防务,将各城兵力强行调入山海关。孙承宗苦心经营的"宁锦防线"就这样被破坏了。只有袁崇焕坚决不撤,他斩钉截铁地说:"我在宁远做官,就要在这里死守,决不撤退!"

努尔哈赤完成迁都后一直在寻找征伐明朝的时机,得知明军更换主帅、全线撤防的消息,他喜出望外,决定立即出兵。天命十一年(明天启六年,1626)正月十四日,努尔哈赤亲率十余万八旗大军向辽西杀来。

一路上,后金军队长驱直入,不费吹灰之力就占据了锦州、松山等大小城池,只剩下宁远这座孤城还由袁崇焕固守着。努尔哈赤认为,后金大军压境,宁远一座孤城已是唾手可取,便派人给袁崇焕送去招降信,用高官厚禄引诱他献城投降。袁崇焕毅然拒绝了后金的招降,全力准备迎战,与宁远共存亡。

当时,袁崇焕的兵马还不到3万,要战胜努尔哈赤的13万军队,谈何容易。他将城外的所有明兵调入城内,将武器兵力集中起来。又将城外的百姓动员进城,把城郊一定范围内的房屋粮食全部烧毁,使后金兵在宁远城外一无所获。袁

---

[1] 语见《明史·袁崇焕列传》:"崇焕请:'将五千人驻宁远,以壮十三山势,别遣骁将救之。宁远去山二百里,便则进据锦州,否则退守宁远,奈何委十万人置度外?'"

崇焕用佩刀刺破手指，写下血书，表示要誓死守住宁远。宁远军民为他的爱国热情所感动，全城同仇敌忾，决心同后金军队决一死战：将士们分别据守，老百姓也带着自备的武器登城防守，体弱的就帮助供应饮食，捉拿奸细。

努尔哈赤见袁崇焕誓死不降，亲自指挥千军万马齐攻宁远城。后金的战车、骑兵、步兵铺天盖地，向宁远压来。努尔哈赤采用战车同步骑结合的战术，几乎是所向披靡，不知攻下过明军多少城堡，但是在宁远城下，他们的战术失效了。袁崇焕指挥城上的大炮待后金兵冲至城下时一齐开炮，随着一声声巨响，后金兵成片倒地，连专门对付明军火器的楯车也被炸得粉碎。强攻失败了，后金兵又躲在加了厚板遮蔽的战车下靠近城墙，想凿洞进城。宁远的城墙本来就修筑得特别厚实坚固，又加上天寒地冻，凿城的进度很慢，但这毕竟是对宁远的一大威胁。袁崇焕又采用了火烧的新法子，来对付凿城的后金兵。他命令将全城贡献的被褥一卷卷扔下城墙，后金兵不知其中厉害，蜂拥而上，你抢我夺。正在这时，明军投下的火把点燃了裹在被褥中的火药，霎时间烧成一片，不少凿城的后金兵葬身火海。

努尔哈赤指挥后金军队整整攻了三天三夜，部下死伤无数，他自己也负了伤，但宁远城依然固若金汤，巍然屹立。努尔哈赤不得不承认自己无计可施。在凛冽的寒风中，他带着残存的兵力撤回沈阳。

努尔哈赤大概最终也没有搞清自己失败的真正原因：袁崇焕指挥有方，固然是战胜后金的重要因素，而宁远百姓不堪后金的暴虐统治，在袁崇焕的号召下，一呼百应，毁家相从，与宁远守军结成了

明代宁远卫北门威远门，上部城楼为重建。

坚不可摧的铜墙铁壁，更是决定后金此次战败的关键。一系列的军事胜利使努尔哈赤头脑发热，难以进行冷静的思考，他本想在宁远重演当年轻取辽沈的一幕，并未进行认真的准备，便大举进兵，终于在众志成城的明朝军民面前败下阵来。

宁远战败给努尔哈赤造成了巨大的精神创伤，为此努尔哈赤的心情一直忧郁不安，加上已近七旬高龄，又要连续多日征战，这些都严重损伤了他的身体健康。

天命十一年（1626，明天启六年），努尔哈赤终因痈疽突发离开了人世，享年68岁。

名家评说

太祖天锡智勇，神武绝伦。蒙难艰贞，明夷用晦。迨归附日众，阻贰潜消。自摧九部之师，境宇日拓。用兵三十馀年，建国践祚。萨尔浒一役，翦商业定。迁都沈阳，规模远矣。比于岐、丰，无多让焉。

——赵尔巽等《清史稿·太祖本纪》

努尔哈赤这位有志青年，竟在三十来年的时间里，力挫群雄，完成了几百年未曾完成的统一女真各部的伟大事业，跃居"承奉天命覆育列国英明汗"（简称英明汗）的宝座。

这一奇迹之出现，既非什么天命有归，也不是个别偶然因素所致，而是由于女真——满族正在兴起，努尔哈赤作为这一民族的杰出领袖，能顺应时代潮流，勇于进取，采取了正确的方针、政策和策略，统率本族人员，三十年如一日地艰苦奋斗，因而出现了这一符合历史规律的必然结局。

——白寿彝《中国通史》

努尔哈赤，是一个雄才大略的人物，……一个受部落爱戴的军事统帅和政治领袖。

——柏杨《中国人史纲》

太宗皇太极

清太宗皇太极（1592～1643），清朝第二代皇帝。清太祖努尔哈赤的第八个儿子，母亲是叶赫纳喇氏。公元1626～1643年在位，谥号"文皇帝"，庙号"太宗"。他博览群史，军事上有勇有谋，政治上极富开拓精神；既有强烈的民族意识，又十分向往汉族文化。他兴利除弊，优礼汉官，发展经济，为统一全国奠定了坚实的基础。

一、英姿少年　行伍健儿

皇太极是太祖努尔哈赤的第八个儿子，努尔哈赤非常喜欢他，给他起名叫皇太极。皇太极的生母叶赫纳喇氏是叶赫部酋长杨吉砮的女儿。杨吉砮当初见努尔哈赤英气非凡，觉得定成大器，便主动将自己的小女许配给他。美丽动人的叶赫纳喇氏是努尔哈赤的第六位妻子，她待人宽厚，处事稳重，在努尔哈赤的妻妾中很受努尔哈赤的恩宠。子以母贵，她所生的儿子也得到了努尔哈赤的疼爱。努尔哈赤家中有教育子女的专门教师，皇太极从小便受到了一定的文化教育。他天资聪慧，凡是接触过的事物大多能过目不忘。在他长大成人投身行伍的时候，努尔哈赤军中众多的战将几

皇太极

乎都是目不识丁的文盲，只有皇太极够得上一个粗通文墨的"秀才"。

由于连年烽烟不息，父兄经常征战在外，少年时期的皇太极便开始主持家务。努尔哈赤拥有众多的妻妾、子女、奴仆、财产，而且当时家事与国事的界限并不十分清楚，两者常相互混杂。处理这样繁杂的家政，对皇太极来说是副不轻的担子，也是个极好的锻炼机会。而少年皇太极干得颇为出色。皇太极根本无须父亲多加指点，就能把繁杂的事务处理得井然有序。

皇太极时调兵用的满文木质信牌

不过，皇太极并非命运的宠儿。12岁那年，他遭到了丧母的不幸。而政务缠身、不断征战的父亲此时又无法给予他太多的照顾和体贴。这样，少年皇太极不得不早早开始摆脱对父母的依赖，在生活的激流中自立图强。

明万历四十年（1612）秋，年方21岁的皇太极第一次跟随父兄出征作战，参加了对乌拉部的征伐。但努尔哈赤只是命令部下四处焚毁敌人粮草，却不发动进攻。血气方刚的皇太极急于陷阵冲锋。努尔哈赤耐心开导他说，在砍伐大树的时候，必须用斧子一下一下地砍，才能渐渐把树砍断。对付乌拉部这样的强敌，怎能试图一举将它歼灭？只有将其所属城郭一一攻取，最后才能灭亡它。经过连续不断的征伐削弱，到第二年，努尔哈赤终于灭掉了强大的乌拉部。努尔哈赤的教诲也深深地印在了皇太极的脑海里。后来在继承汗位后，他仍遵循这个"伐树"的策略，对明朝长期征伐，从不断削弱它的旁枝开始，最后断其主干。皇太极出色的军事才干，就是在和父兄一起征战的戎马生涯中逐渐增长提高的。

皇太极的长兄褚英是一员疆场骁将，努尔哈赤晚年也曾有意培养他作为自己的继位人。但褚英心胸狭窄，拥权自重，对自己的兄弟和群臣百般欺凌。皇太极等人忍受不过，禀报了努尔哈赤。努尔哈赤大为愤怒，下令监禁了褚英，后来又因有人告他有篡位行为而将其处死。[1]

---

[1] 事见《清史稿·太祖诸子一·广略贝勒褚英列传》。

褚英失势后，年轻的皇太极成为父亲的得力助手而不断受到重用。努尔哈赤于万历四十四年（1616）称汗后，在10多个儿子中，选定皇太极与次子代善、侄子阿敏、五子莽古尔泰为四大贝勒，佐理国家政务。四个人按月轮流值班，国中一切机要事务都由他们负责处理。皇太极没有辜负父亲对他的期望，积极参与政务、军事的谋划和决策。万历四十六年（1618），努尔哈赤公开向明朝宣战，进兵攻打抚顺。皇太极巧献妙计，预先派军卒扮作贩马商人混进城内，然后大军凭借夜幕的掩护兵临城下，发炮为号，里应外合。结果一举拿下了抚顺。

在萨尔浒之战中，皇太极不仅身先士卒冲锋陷阵，而且献计献策指挥若定，俨然成为一位智勇双全、部署有方的战将了。

皇太极不仅在战场上骁勇非常，在处理政事时更是头脑冷静、果断机敏，颇有全局观念。在努尔哈赤虑事不周之时，皇太极时常提出建议，把事情处置得更妥帖。后金与蒙古察哈尔部长期以来一直存在着矛盾冲突。一次，努尔哈赤听说自己派往察哈尔的使者被杀了，心中很是恼火，也想杀掉察哈尔部的使者。皇太极及时向父亲建议：传闻未必可靠，不如派人去察哈尔部，约定时间双方同时放回使者；如果过期不放，再杀掉他们的使者也不迟。努尔哈赤采纳了皇太极的建议，但察哈尔部方面一直杳无音讯，约定的日期过去了也未见动静，努尔哈赤这才杀掉了察哈尔部使者。其实后金的使者并未被害，事后他又逃了回来。皇太极虑事周全，措置得体，政治上日趋成熟。当时朝鲜派往后金的使者回国后向其国王反映，皇太极是努尔哈赤诸子中最为勇敢且富于智谋，得到努尔哈赤偏爱的王子之一。

天命十一年（1626）八月，68岁的努尔哈赤去世。经过诸兄弟子侄的共同协商，公推35岁的皇太极即汗位。皇太极推让再三后接受了众议，于九月一日登上了后金汗位，并决定从明年起改元天聪。

皇太极御用宝刀

二、安抚民众　加强集权

皇太极即位后，形势并不乐观。连年的对外战争、繁重的兵役负担，使得国内的下层民众人心厌战、怨言四起。后金上层统治集团内部也不稳定，充满勾心斗角的矛盾斗争。尤其严重的是，后金国内的满、汉民族矛盾相当尖锐。努尔哈赤一生戎马倥偬，艰难创业，为后金大业的发展做出了不可磨灭的贡献。但他晚年在取得辉煌军事胜利的同时，也犯下了严重错误。在向辽沈地区推进的过程中，他坚持"诛戮汉人、抚养满洲"的政策，大肆屠杀和奴役汉族百姓。他对敢于抗拒的汉人一律格杀勿论，对于俘获的大量汉人则分给满族官兵做阿哈——奴隶。奴隶们被强迫在主人的庄园和家庭中从事各种繁重的劳动，连年苦累不堪。虽然后来努尔哈赤在建国后实行了"计丁授田""编庄授田"等封建化措施，缓和了一些民族矛盾，但仍不彻底。悲惨的生活迫使辽东地区的汉族人民奋起反抗，他们举行暴动，暗杀女真人，使得女真统治者恐慌不安，岁无宁日。因此努尔哈赤甚至下令，女真人出门不得单人行走，必须10人以上结伴同行，否则要罚银。由此可见当时民族关系的紧张程度。

在错综复杂的形势下，皇太极继位后大胆地冲破祖宗法度和传统习惯的约束，在政治、经济、军事等各个领域中实行全面改革和调整。

皇太极首先着手解决尖锐的民族矛盾问题。他一登基就强调，要治理好国家，必须先安抚民众，并且有针对性地把安民的重点放在安抚汉人上。他上台不久就改女真族为满

范文程（1597—1666），字宪斗，号辉岳，辽东沈阳人。曾事太祖、太宗、世祖、圣祖四代帝王，是清初一代重臣，清朝开国时的规制大多出自其手，被视为文臣之首。

洲族，以改变历史上女真人与汉族的对立仇恨。接着又颁布法令宣布，对满人、汉人一律公平对待，两者享有同样的政治、经济权利。[1]

在努尔哈赤统治时期，辽沈地区存在着为数众多的奴隶制庄园——拖克索。身处卑贱地位的汉人农奴们经常受到主人的欺凌侵扰，备受煎熬。皇太极对庄园中农奴的人数进行了裁减，规定每个庄园只能拥有八个农奴，其余的汉人则从庄园移居出去，编为民户。这一措施就使大批汉人农奴获得了人身自由。崇德三年（1638），他又下令解放农奴，使他们成为独立生产的个体农民。这对后金的农业生产大有好处。

清文宗文皇帝玉册，现藏辽宁省博物馆。

天聪五年（1631），皇太极又正式颁布了《离主条例》，规定贵族的奴婢可以通过告发主人的罪行获得自由。以往，因不堪忍受民族歧视和压迫，汉人纷纷逃亡的现象是普遍存在的。努尔哈赤曾对逃跑的汉人实行了严厉的惩治措施。不管是逃跑被逮还是谋划逃跑而被逮的，一律都要处死。皇太极不同于努尔哈赤的策略，他规定：以前有私逃的，或是与明朝暗中来往的，一概不予追究。今后只将在逃而被捕获的人处死；虽然想逃，但未采取行动的，即便被人揭发出来也不论罪。皇太极的新规定受到了汉人的极大拥护。后来，皇太极又进一步放宽了"逃人法"，允许汉人逃走，即使抓住也不治罪，但逃到明朝统治地区便不许再返回来。

另外，他还改变努尔哈赤时期对待汉族知识分子及汉官的政策，对他们量才录用，皇太极对范文程、鲍承先、宁完我、高鸿中等富有政治经验和统治才能的更是授予高官，对汉族自动归降的降将有的不惜封王。这大大扩充了其统治基础，也稳定了辽东汉族人心。

皇太极登极后，把发展农业放在了恢复经济的首位。针对满族贵族惯于征战

---

[1] 语见《清史稿·太宗本纪一》："谕曰：'满洲汉人，毋或异视，讼狱差徭，务使均一。'"

掠夺、轻视务农的做法，皇太极多次训诫他们应改变观念，要认清耕织生产的重要性，不要只看重绸缎锦帛之类。他告诫说绸缎锦帛都是些粉饰之物，即使没有它们也不会有多少妨害。他一再重申"我们出兵征伐，目的在于掌握土地、人口，作为立国的根本。并非只为了贪图财利。使生活充裕的途径，全在于抓紧农业生产。"汉官曾批评努尔哈赤在位时期大兴土木，百姓深受困扰，皇太极吸取了此中教训，特别注意珍惜民力，保证农民有足够的生产时间。皇太极虽然身为一国之君，但对于农业生产的具体环节关心入微。他多次强调在安排农作物种植时应该根据不同的自然条件因地制宜。在地势低下、土性潮湿的地方应种植水稻、高粱；在地势较高、土性干燥的地方可广种杂粮。并且应该抓紧农时，及时播种、耕耨，以保证较好的收获。否则，一旦遇到虫、涝等自然灾害，就会措手不及。

从保护农业生产的角度出发，皇太极制订了一系列法令。他宣布对大牲畜实行保护政策。禁止滥杀牛、马、骡、驴，禁止牲畜践踏农田、损坏庄稼，否则必须追罚牲畜主人的银两，并由牲畜主人赔偿损坏的庄稼。为了加强护农法令的贯彻，皇太极以身作则，亲为表率。每当行军出猎的时候，即便是在严寒时节，他也总是吩咐把自己的住处安排在野外，从不肯轻易闯入屯堡，惟恐惊扰了其中的百姓。

皇太极的努力取得了明显的成效，首先是民族矛盾得到极大缓和，再有是后金的农业生产较快地摆脱了不景气局面，粮食生产逐渐达到了可以自给的程度。到1639年时，后金一年在酿酒方面的用粮就达数10万石之多。

在皇太极继承汗位之前，后金的手工业尚处在刚刚起步的阶段，规模有限，水平不高，所生产的布匹、铁器、船只等项都远远无法满足需要，大量的物资必须从明朝、朝鲜等地运进来。即位后的皇太极力图尽早扭转这种窘境，为了发展后金手工业他采取了种种措施。他大力提倡种植棉花，在后金境内四处推广纺纱织布，并经常奖赏技艺出众的纺织工匠。到了天聪五年（1633），后金的纺织业技术已有很大提高，各种精细布匹都能够织出来，已能满足后金境内的需求。在矿冶业方面，皇太极积极支持开矿冶炼，创办了不少冶炼场。冶炼业的发展直接带动了兵器生产。从天聪五年开始，后金已能够成批生产极有威力的"红衣大炮"。"红衣大炮"在皇太极对明朝、朝鲜的战争中发挥了很大作用。此外，在皇太极的积极倡导下，后金造船、陶瓷等制造业也有长足的进步。

随着农业、手工业的恢复、发展，商业贸易也出现了比较兴旺的局面。在

清宁宫是清太宗皇太极和皇后博尔济吉特氏居住的地方。

对外贸易方面，后金用大宗的人参、东珠、貂皮等地方特产，同明朝、朝鲜、蒙古通商，换取粮食、布匹等生活用品。在后金内部，皇太极鼓励各族商人设店售货，开设当铺，发行借贷，并允许粮食投放市场，但不许商人囤积居奇，进行商业投机。为了疏通后金的商业网络，皇太极非常注意整顿商业税收，严禁有关官员利用职权之便损公肥私，受贿漏税。镶蓝旗官员法都在掌管辽东城西关红、蓝桥的税收时，偷税12两银子，随即被皇太极革去了职务。

经过皇太极十多年的励精图治，后金逐渐摆脱了经济凋敝的阴影，安定了人民的生活，增强了国力，从而为进一步向外扩张打下了比较坚实的物质基础。

对外扩张作战不仅需要坚实的经济后盾，而且离不开强悍善战的军事队伍。皇太极积极扩编八旗，严饬军备，就是要保持雄厚的军事实力，确保对外战争的胜利。

努尔哈赤在军事上取得的辉煌战绩，与他拥有一支八旗劲旅有密切关系。由精于骑射、作风顽强的满族人所组成的满族八旗具有很强的战斗力。当时明朝方面有着这样一句话："女真满万不可敌。"但满族人口不多，兵源有限，在战争中满族八旗不断减员，而对外战争仍是相当频繁，并且战争的规模也日趋扩大，如何才能保持和发展一支强大的军事队伍，以立足于不败之地呢？

皇太极充分利用了蒙、汉归附和被掠人口这个优裕的兵源。在满族八旗之外，他正式建立了蒙古八旗和汉军八旗。早在努尔哈赤时期，努尔哈赤就开始把归服的蒙古人编为蒙古牛录，隶属于满族八旗。随着蒙古族归附者日益增多，牛录数目也不断增加。到了皇太极时期，开始了大规模的编旗活动。天聪七年（1633），皇太极编成蒙古两旗，称为"右营"和"左营"。两年后察哈尔部被征服，皇太极又将原来的蒙古牛录加上内外喀喇沁蒙古的众多壮丁，进行了一次大规模的扩编，正式成立蒙古八旗，旗制与满族八旗相同。

汉军八旗正式组建于天聪五年（1631）。皇太极下令在隶属于满族八旗的汉人壮丁中，每十人抽调一人入征，组成了1500人的汉人军队，汉军的士兵多为炮手和枪手，娴于火器，这支队伍在满语中叫做"乌真超哈"（重兵）。汉军很受皇太极的重视。皇太极曾多次检阅过这支队伍，崇德二年（1637），汉军扩编为左、右翼两旗，后来又扩为四旗。到了崇德七年（1642），汉军再次扩到八旗。八旗汉军由此成定制，旗制也与满族八旗相同。蒙古八旗和汉军八旗与满族八旗有一点很大的不同，满族八旗的旗主都是实行世袭制，而蒙古八旗和汉军八旗的旗主则由皇太极任命，不称职者可随时撤换。所有的满、蒙、汉八旗军队，都由皇太极直接指挥和调遣。

为了改变汉人心目中八旗军烧杀抢掠的形象，在每次出征前，皇太极总要详细申明军纪。比如不得杀害降民，不得离散降民父子、夫妇，不得奸淫妇女，不许践踏禾苗，不许酗酒等等。若士兵违犯了军纪，不仅本人受罚，领兵的将官也要受到牵连。[1]每当战事结束后，皇太极都要进行认真的总结，并让部下举报各种违纪行为，严肃处理。

在皇太极极力推行改革的过程中，他同时也遇到了一个重大阻碍，即手中缺乏足够的权力。努尔哈赤死后，后金出现了"八王共治"的局面。拥有极大权力的八旗旗主贝勒们操纵着国家决策机构——议政会议。军政大事都由集体定夺，汗主不能违背旗主们的意愿独断专行。若汗主平庸无能，旗主们还有权更换汗主。

---

[1] 语见《清史稿·太宗本纪一》："谕曰：'朕承天命，兴师伐明，拒者戮，降者勿扰。俘获之人，父母妻子勿使离散。勿淫人妇女，勿剥人衣服，勿毁庐舍器皿，勿伐果木，勿酗酒，违者罪无赦。固山额真等不禁，罪如之。'"

雄心勃勃的皇太极不能长期容忍这种局面，所以从即汗位之日起，他就开始积极筹划，着力加强君主集权，削弱权贵们的势力。天命十一年（1626）九月，皇太极在八旗各设总管旗务大臣一名，他们直接掌管旗中一切民政事务，可以和贝勒们一起参议国事。后来，皇太极又设立佐管大臣、调遣大臣各二名，协理旗中事务，分别重点负责刑法和出兵驻防。这样一来就打破了旗主们独擅一切的局面，分散了他们手中的权力。

在汗位初步稳固之后，天聪三年（1629），皇太极在贝勒大臣会议上宣布了一条重要决定：免去三大贝勒轮流执政的权力，改由诸贝勒们代理。以此为起点，三大贝勒的显赫地位不断受到摧抑。

清太宗常服袍褂像

三大贝勒的特权被摧垮了，"八王共治"的局面也已经瓦解，皇太极可谓大权在握。天聪九年（1635），后金从蒙古苏泰太后手中得到了历代传国玉玺。君臣上下顿时欣喜若狂，认为这是吉祥之兆。在群臣的一致推举下，皇太极于第二年的四月十一日正式即皇帝位，定国号为大清。他由后金的天聪汗一举登上了"真龙天子"的宝座。

早在天聪五年（1631），皇太极就仿照明朝制度，设立了吏、户、礼、兵、刑、工六部。每部由一名贝勒总掌部务，下面分设承政、参政、启心郎等官。此时，贝勒们与皇太极已由原来的平列关系转化为封建的君臣隶属关系，到了崇德五年（1640），皇太极又下令废除了贝勒主持部务的制度，将中央统治机构的权力进一步集中到自己手中。崇德元年（1636），皇太极设立了监察机关——都察院。都察院具有一定的独立性质，其职责就是劝谏君王，弹劾臣下的不法行为。同年，皇太极还设立了蒙古衙门，专门负责处理对蒙古方面的事务。两年后蒙古衙门改称理藩院。后金的行政机构经过这一番比较大的改革，更有利于皇太极加强君主集权。

后金的行政机构经过一系列的完善之后，还需要建立一支素质过硬的官吏队伍。在这方面皇太极十分注意人才的选拔。实行科举考试是皇太极选拔人才的一项重要措施。在执政期间，皇太极举行了多次考试，从满、汉、蒙等各族生员中拔取优秀人才，有时他还单独对汉族生员进行考核选拔，对汉族生员中原来沦为奴仆的，他都将他们从奴籍中拔出。通过科举考试，一大批有才干的知识分子——主要是汉族知识分子被皇太极网罗到了各级行政机构中，有力地维护着后金的统治秩序。

三、纵横驰骋　决战决胜

作为开国立业的一代君王，皇太极在充满了血与火的沙场上，留下了光辉的业绩。皇太极继承汗位的时候，后金仍没有摆脱四面受敌的局面。皇太极曾对当时面临的形势进行了分析：后金东邻朝鲜，北接蒙古，西面则是明朝。后金的扩张活动对明朝、蒙古和朝鲜都构成了直接威胁，使得它们对后金抱有很深的敌视。在与后金相抗这一点上，它们有着共同的利益。

为摆脱险恶的处境，首先要确立对敌策略。经过反复权衡与思考，皇太极决定对主要敌人明朝采取议和的策略，先争取时间，再图大举；蒙古和朝鲜则是内顾之忧，必须先加以解决。

长期以来，朝鲜一直是明朝的忠实盟友。明朝方面打算利用朝鲜对后金实行牵制，明军毛文龙部就驻扎在朝鲜境内，得到朝鲜的物质资助，经常对后金出击骚扰。为了征服朝鲜，天聪元年（1627）一月，皇太极乘朝鲜发生内乱之机，派遣阿敏统率三万军队出征朝鲜。后金军队突袭义州，全歼了城中朝鲜守军。同时又分兵夜袭铁山，击败了驻扎在那里的明军，迫使其退往皮岛。接着又攻占了江华岛，俘获了朝鲜王妃、王子和宗室大臣。朝鲜君主李倧走投无路，只得出城投降，与皇太极签订了城下之盟。盟约中规定，朝鲜向清称臣，成为清的属国。[1]每年必须送纳大批贡品，并将国王的两个儿子送到沈阳作为人质。接着，皇太极又发兵攻取了皮岛，全歼驻岛明军。皇太极对朝鲜的战争取得了彻底胜利，将朝鲜完全控制在了自己的手中。

在后金西北的是蒙古。当时，蒙古部落众多，基本上可分为三大部分，其

---

[1]事见《清史稿·太宗本纪一》。

中漠南蒙古地处明朝与后金之间，位置尤为重要，成为明与后金争夺的重点。明朝每年拿出大量钱财，羁縻漠南蒙古各部，要他们抵御后金。皇太极对蒙古各部则采取软硬兼施的两手策略，以强大的武力为后盾，积极争取蒙古各部归属自己。对于归顺后金的各部首领，皇太极一律予以优厚的待遇。

漠南蒙古各部中最强大的是察哈尔部。察哈尔部首领林丹汗恃强自傲，依仗明朝在政治、经济上的支持坚决与后金为敌。林丹汗对属下各部的统治也十分残暴，他到处出兵攻掠，滥施淫威，经常向各部索取各种财物，挑起争端。林丹汗的暴虐统治激起土默特等部联合起兵反抗，但反抗结果损失惨重，不得不向后金求援。皇太极借此机会，召集漠南蒙古部落的一些代表在沈阳会盟宣誓，决定联合出兵攻打察哈尔部。然后皇太极以盟主的身份征调科尔沁、喀喇沁、敖汉等部兵马，会同后金军队一起西征。联军在席尔哈、席伯图等地接连击败了察哈尔部军队，向西一直追击到阿尔泰山方才收兵。为了加强对归附于自己的蒙古各部的控制，皇太极在这次西征后向各部颁布了从征军令，严申军纪，强调对不服从约束的漠南蒙古各部要绳之以法。

天聪六年（1632），皇太极再次调集归附的蒙古各部兵马同八旗军一道大举西征。他在昭乌达（今昭乌达盟）会集蒙古各部首领，对他们出兵的表现做了总结。然后挥师向西疾进。林丹汗因部属纷纷叛离，力量削弱，自觉抵挡不住皇太极的兵锋，便率领部众再次向西奔逃，一直渡过了黄河，向西藏方向逃去。天聪八年（1634），林丹汗在青海大草滩出天花而死，部众纷纷逃散。皇太极闻讯后立即派多尔衮率兵前去招抚林丹汗的残部。第二年，林丹汗之子额哲率领部众归顺了后金。从此，漠南蒙古完全被皇太极所控制，明朝在蒙古一线受到了严重威胁。

黑龙江地区是皇太极先人的故乡。努尔哈赤在世之日，后金已经统一了黑龙江下游地区，但黑龙江中、上游地区仍在其

皇太极亲手猎获麋鹿制成的鹿角椅，现藏沈阳故宫

控制范围之外。皇太极继承了父亲的遗愿，不断向黑龙江中上游地区发展势力。他继续推行努尔哈赤招抚与军事征服相结合的策略，但不偏重于武力。他指示北征的将领要对当地的民众讲明：我们的祖先都是一家人，这在典籍上记载得明明白白。要用同宗同语的观念感化当地民众，与他们同甘共苦，笼络人心。在他的招抚政策下，众多的部落纷纷归

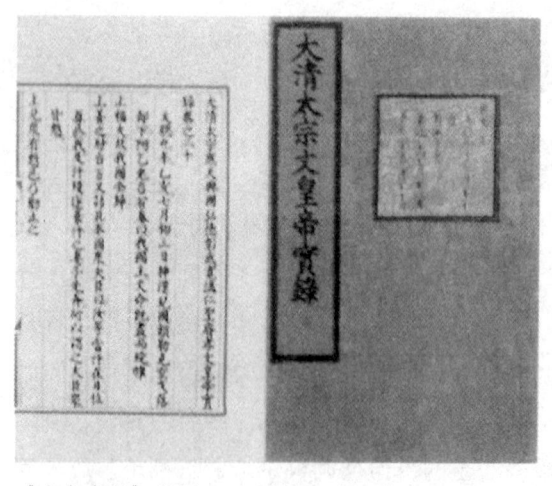

《太宗实录》书影

附了皇太极，并向皇太极纳贡称臣。到崇德七年（1642）时，东自鄂霍次克海滨，西至贝加尔湖的广阔地区都被纳入了清的版图。皇太极将当地被征服的民众都编入了旗籍，设官员管理当地事务，征收赋税。这样，皇太极完全肃清了自己后方和侧翼的异己力量，他可以腾出手来，全力砍伐明朝这棵大树了。

　　1628年，明天启帝死、崇祯皇帝上台，加上已完全征服朝鲜，蒙古的大部也已归服，皇太极认为攻击削弱明王朝的时机已经到来，因此立即率领大军绕过了明军防御坚强的宁锦防线，取道蒙古南下。大军从喜峰口越过了长城，攻陷了遵化等城，一直打到北京城下。明朝崇祯皇帝慌了手脚，急令袁崇焕率领边军回援。袁军与皇太极在北京城下展开了激战，互有伤亡。皇太极在激战中施展反间计，让手下人给一个被俘的太监透露风声说，袁崇焕与皇太极订有密约，要共成大事，然后又故意放跑了这个太监。多疑的崇祯帝得到报告，心中顿生猜忌，袁崇焕被下狱问罪，第二年竟被凌迟处死。皇太极不费举手之劳，就借崇祯帝之手除掉了一个劲敌。接着，他又率军击溃了满桂等人率领的明朝各路兵马，接连攻克了永平、遵化、迁安、滦州等城。随征的将领们纷纷要求皇太极一举攻下北京城，皇太极表示，北京城是可以集中力量攻下来的，但明朝国力尚未倾颓，灭亡明朝不能做一朝一夕的打算。不如加紧整顿军队，等待时机。他安排了永平、迁安等四城的防守，然后率军返回了沈阳。

　　为逐步消耗明王朝，最终取而代之，皇太极自此一面假意求和，一面不断向明进攻。1634~1638年，皇太极又先后四次出兵进入明朝内地。由于明朝

统治的腐败，后金兵在历次征战中往来驰骋，如入无人之境。比如在崇德元年（1636），阿济格率军入塞，大小52战全部告捷，攻陷城池60余处，劫得人口、牲畜共18万。崇德三年（1638），多尔衮和岳托等人又率领清军打进了明朝内地，在内地转战了半年之久，接连拿下了70余处城池，俘虏人畜46万有余。皇太极反复进兵征伐，震撼了明王朝的统治，同时也给内地人民带来了深重灾难。比如在天聪八年（1634），后金兵在保定城大加杀戮，城中的房屋几乎被焚烧一空，街道上尸首狼藉，甚至连水井中也填满了尸体。崇德四年（1639），济南又遭到了清军的洗劫，许多无辜百姓都死在了清军的屠刀之下，城内外留下的尸体达13万具之多，景象悲惨之极。虽然皇太极曾多次申明军纪，但他发动战争的目的之一就是要掠夺损毁明朝的财物人口，最终达到极力削弱明王朝的目的。

在对明朝边打边谈的过程中，情况逐渐有了变化。到1636年皇太极称帝前后，后金政权的肌体已经变得强健起来，来自朝鲜、蒙古的威胁也被解除。在有利的形势面前，皇太极因势利导，最终抛弃了对明朝议和的幌子而转为力主征伐。在给崇祯皇帝的信中，他也一反过去谦恭的态度，咄咄逼人地宣称："自古以来，天下都不是一家一姓固定占有的。天道的变化循环往复，不知有多少人登上了帝王的宝座，哪能有帝王的后代长久充当帝王的事情！"明王朝也不甘心坐以待毙，一场酝酿已久的双方决战——松锦大战在崇德四年（1639）爆发了。

锦州位于辽西，是关外明军防御体系中的坚强堡垒，明朝在这里驻有大批兵力，以前虽曾放弃，后在宁远大捷后，逐步收复。在锦州的周围，则分布着松山、杏山、塔山等城，对锦州起着拱卫作用。崇德四年（1639），下定决心的皇太极首先对松山发动了强攻，但在明军的顽强抵抗下清军攻势受挫，松山依然为明军所控制。第二年，皇太极派遣济尔哈朗、多铎等人率军修筑义州城，在那里驻兵屯田，作为攻取锦州的前哨阵地。进而皇太极又陆续增调人马逼近锦州，在城外挖掘深壕，将锦州城团团围困起来。崇德六年（1641），由明将指挥的守卫锦州外城的蒙古军队慑于清军的军威投降了皇太极，困缩在内城里的明军面临着十分危急的形势。这时，明朝蓟辽总督洪承畴奉旨率领13万大军前来解锦州之围。洪承畴是一个富于作战经验的人，他采取稳扎稳打、步步为营的策略，徐徐向锦州靠拢，不给清军任何分化以各个击破之机。这个策略是对头的，但明朝崇祯皇帝和兵部尚书陈新甲却主张速战速决，一再督促洪承畴快快进兵。洪承畴无奈，只得加快进军速度，率大军抵达松山，在城北的乳峰山一带结营扎寨。

洪承畴

洪承畴（1593—1665），字彦演，号亨九，福建泉州人。万历四十四年（1616）进士，累官至陕西布政使参政，崇祯时官至兵部尚书、蓟辽总督。松锦之战战败被俘，投降成为清朝汉人大学士。清军入关后，以太子太保、兵部尚书兼右副都御史衔，列内院佐理机务。其宣导儒家学术，并建议统治集团也须"习汉文，晓汉语"，了解汉人礼俗，淡化满汉之间的差异。顺治十八年（1661）自请致仕，康熙四年（1665）逝世，谥文襄。《清史列传》将其列入《贰臣传》

明军大营连绵不断，马、步军相互掩护，军威颇为雄壮。多尔衮等人与明军几次交战，人马损失了很多，不得不将队伍向后撤退，把守各处要隘地段。这时，锦州城中的明军乘机反扑，夺回了外城。清军接连失利的战报传到了沈阳，沈阳城中人心惶惶，皇太极也是心急如焚。他拖着病体，亲自率领大军驰援前线，要与明军决一死战。

皇太极的御驾亲征大大鼓舞了清军的士气。皇太极以必胜的口吻对将领们说："我只怕敌军听说我领兵前来便仓皇逃窜了，若是上天保佑，敌军还没有逃走，那么我必定像用猎犬追逐野兽一样击溃他们。"[1]他仔细观察了地形和明军的阵势，把清军布置在松山和杏山之间，切断了明军的粮饷供应，把松山城和城外的明军一并包围起来。两军几经大战，清军又夺取了笔架山的明军军粮，并进一步缩紧了包围圈，然后深沟高垒。明军屡攻不胜，又丢失了军粮，很快因军粮匮乏而军心动摇，许多将领都想突围奔回宁远。洪承畴别无他策，也只得孤注一掷，下令全军突围。不料皇太极对此早有算计，各路清军严阵以待。漫山遍野溃逃的明军四处受到封堵截杀，伤亡极为惨重，一部分突围到了杏山的明军在奔向

---

[1] 语见《清史稿·太宗本纪二》："上笑曰：'但恐彼闻朕至，潜师遁耳。若不去，朕破之如摧枯拉朽也。'"

宁远的中途又受到清军的重创。在短短的10天之中，明朝13万大军损失殆尽，被斩杀者就达53000多人，只剩下洪承畴率领1万多残兵败将困守在松山城。崇德七年（1642），松山城中的明朝副将夏承德降清，松山城失陷，洪承畴被俘。经过皇太极一番耐心的劝降，洪承畴最终叩首归降了清。[1]接着，锦州守将祖大寿见大势已去，也献城出降。随后塔山、杏山相继落入清军手中。历时两年多的松锦战役，皇太极取得了决定性的胜利，明朝的精兵良将已经所剩无几，皇太极完全控制了关外的局势。

四、柔情依依　溘然长逝

松锦决战的胜利给皇太极带来了巨大的欢欣，但在决战过程中他的宸妃却突然与世长辞了，这在他的私生活中激起了深深的波澜。提到皇太极的私生活，不能不谈到他的后妃。皇太极身处帝王之位，拥有众多的后妃，仅为他生育过儿女的后妃就达15人之多，为他养育了14个女儿、11个儿子。在他的诸子中，除久经战阵、功绩卓然的长子豪格外，其余的或少年早逝，或才能平庸，事迹平平。

在皇太极身边的后妃中，地位最为尊崇的是清宁宫皇后、关雎宫宸妃、麟趾宫贵妃、衍庆宫淑妃和永福宫庄妃。这五位妇人无一是满族人，全部都是蒙古族人，这是因为皇太极的婚姻有很强的政治色彩。从努尔哈赤时期开始，后金统治集团为了巩固和扩大自己的政权基础，极力谋求同蒙古族结盟，以便携起手来共同对付明朝。他们采取的措施之一就是与蒙古各部联姻。明万历四十年（1612），努尔哈赤迎娶了蒙古科尔沁部明安贝勒的女儿为妻，这是满蒙联姻的开始。此后，许多后金的贝勒大臣都迎娶了蒙古贵族女子，皇太极后来

清代用以册封皇后、皇子、公主、驸马等封号的黄绫折子

---

[1]事见《清史稿·太宗本纪二》："癸酉，承畴、祖大寿等至，入见请死。上赦之，谕以尽忠报效，承畴等泣谢。"

的皇后也是在努尔哈赤执政时期从科尔沁部迎娶的。

明安贝勒的女儿11年里未曾生养儿女，这使得她本人和科尔沁部的王公们都有些不安。天命十年（1625），孝端文皇后的侄女、科尔沁部贝勒寨桑的女儿布木布泰又由兄长陪送到了后金，被皇太极纳为妃，她就是后来的永福宫庄妃。庄妃在五宫后妃中年纪最小，正当妙龄，并且容貌出众，妩媚动人。据传，明将洪承畴在松锦决战中被清军生擒后，坚决不肯降清。是庄妃的美貌和规劝使他归降了清朝。庄妃为皇太极生了三个女儿、一个儿子，这个儿子便是后来的顺治皇帝福临。庄妃一生历经天聪、顺治、康熙三朝，对清初兴国大业多有贡献。在皇太极离世之后，多尔衮和豪格为登上皇帝的宝座展开了激烈的争夺，两人剑拔弩张，互不相让，并且各自得到了一班贵族的支持。庄妃这时从中施展了巧妙的政治手腕，取得多尔衮的支持，将自己的儿子、五岁的福临立为皇帝。福临的儿子玄烨（后来的康熙皇帝）在即位之初也得到了庄妃的多方指点。庄妃一直活到了康熙二十六年（1687），享年75岁，死后被追谥为孝庄文皇后。

但是，在众多的妃子中，最得皇太极欢心的乃是关雎宫的宸妃。宸妃海兰珠是永福宫庄妃的姐姐，晚于妹妹9年入宫。为什么会出现博尔济吉特氏姑侄三人入宫侍奉一君的情况呢？原来，在宸妃入宫以前，孝端皇后、庄妃都未曾生养男孩，科尔沁部的贝勒却是非常希望将来由本部落妃子的儿子继承大位，以保证本部落的尊崇地位，于是便有了再选佳人入宫的打算。而皇太极则久闻海兰珠生得天姿国色、月貌花容，且禀性贤淑文静，不可多得，也很愿意将海兰珠纳入宫中。天聪七年（1633），哲哲皇后的母亲科尔沁大

孝庄文皇后

妃偕同次妃（宸妃、庄妃的生母）来到沈阳朝见皇太极，皇太极招待得极为热情。双方在盛宴言欢之际，定下了皇太极与海兰珠的亲事。第二年，海兰珠由兄长吴克善陪同来沈阳与皇太极成婚。婚后，海兰珠备受皇太极的恩宠，两人情投意合，相亲相爱。皇太极将一腔柔情都给了海兰珠，在崇德元年（1636）册封后妃时，海兰珠被封为关雎宫宸妃，地位仅次于清宁宫皇后。

清昭陵
清昭陵是皇太极及孝端文皇后博尔济吉特氏的陵墓，是清初"关外三陵"中规模最大、保存最完整的一座陵园。

崇德二年（1637）七月，宸妃生下了一个男孩，这是皇太极的第八个儿子。皇太极异常高兴，马上宣布将皇八子定为皇储，并破天荒地颁布了大清朝的第一道大赦令，在金銮殿、清宁宫等处大宴宾客，盛况空前。谁料想，皇八子出生仅半年就突然夭折了。宸妃受不了这个沉重的打击，从此郁郁寡欢，不思茶饭，身体渐渐虚弱下去。

崇德六年（1641）九月，皇太极正在松锦战场上指挥大军对明军展开攻击，忽然传来了宸妃病重的消息。皇太极吃了一惊，将军务托付给将领们，自己启驾奔向沈阳。途中，他特地派大学士希福、刚林等人骑行在前，向宸妃传达自己的问候。17日五鼓时分，皇太极的车驾刚进沈阳城门，就听到了宸妃病逝的噩耗。皇太极的心几乎碎了，来到宸妃的灵柩跟前，痛悼离去了的心上人，禁不住掩面大哭起来。他下令：对宸妃的丧殓均要从厚。

宸妃去世后的第二年（1642），松锦决战结束了，清朝逐鹿中原、定鼎九州已成水到渠成之势。可是皇太极却无法完成这一大业了。多年操劳政务和四处征战，已经耗尽了他的精力，宸妃的去世又给他精神上以重大创伤，终于在崇德八年（1643）八月的一个夜晚，在清宁宫内的御榻上离开了人世。

名 家 评 说

太宗允文允武，内修政事，外勤讨伐，用兵如神，所向有功。虽大勋未集，而世祖即位期年，中外即归于统一，盖帝之治谋远矣。明政不纲，盗贼凭陵，帝固知明之可取，然不欲亟战以剿民命，七致书于明之将帅，屈意请和。明人不量强弱，自亡其国，无足论者。然帝交邻之道，实与汤事葛、文王事昆夷无以异。呜呼，圣矣哉！

——赵尔巽等《清史稿·太宗本纪》

皇太极智勇双全，机智聪睿，善用权术，功勋卓著。

——白寿彝《中国通史》

世祖福临

清世祖福临（1637～1661），清朝第三代皇帝。皇太极的第九子，母亲是孝庄文皇后布木布泰，即后来的永福宫庄妃。公元1643～1661年在位，谥号"章皇帝"，庙号"世祖"。因其年号为顺治，故历史上也称"顺治（帝）"。他革故鼎新，重用汉官，稳固了清朝统治，为康熙朝的发展繁荣奠定了基础。

一、幼年登基　叔父摄政

崇德八年（1643）八月十四日黎明，后金皇宫内纷纷嚷嚷，门外两黄旗精兵张弓挟矢，层层设防，一派兵戎相见之势。五天前，清太宗皇太极突然病死，此时，诸王大臣们正为王位继承一事僵持不下。

竞争主要在皇太极的长子肃亲王豪格和皇太极的弟弟睿亲王多尔衮之间展开。拥有皇长子地位又具有实力的豪格一派剑拔弩张、咄咄逼人，势在必得；多尔衮、多铎、阿济格三兄弟战功卓著又拥有两白旗实力，更是轮番上阵，毫不示弱，一场争夺皇位的流血冲突眼看就要发生。在这千钧一发之际，多尔衮提出拥立皇太极的第九子福临继位，由郑亲王济尔哈朗和自己共辅国政。多尔衮这一招确实厉害，

清世祖福临

选福临做幼主，堵住了要求立皇子的两黄旗大臣的嘴；提议济尔哈朗作辅政，又拢住了其统辖的镶蓝旗人的心；据有两红旗的礼亲王代善本没有参加角逐的打算，自然顺水推舟地表示赞同。多尔衮的折中方案被各方通过了。

  幼小的福临就这样被推上了皇位。从表面上看，他的登基很有些偶然性。但是，多尔衮自然有他的考虑：只有立幼帝，他才能真正掌握辅政大权，这样，具有执政能力的皇长子豪格和年龄较大的皇子叶布舒、硕塞就均被排除在外。几个年幼的皇子中，福临的生母——永福宫庄妃是皇太极晚年最得宠的皇妃，子以母贵，福临承继皇位当最合先帝心意，诸王大臣对此自然也没有异议。

  崇德八年（1643）八月二十六日，福临在沈阳正式即位，第二年改元顺治。此时，正值明朝李自成领导的农民起义军攻占了北京城，崇祯皇帝用一根绳索在煤山结束了自己的生命。在这历史转折的紧要关头，降清汉人范文程上书为多尔衮出谋划策，力劝他要趁明朝崩溃而农民军立足未稳之时，不失时机地攻取北京，取明朝而代之。遇事一向敏捷果断的多尔衮，也觉察到此乃千载难逢的天赐良机，因此打起为崇祯帝报仇的旗号，数日之内便聚集起大批兵马，日夜兼程向山海关进发。

  三天之后，进军的清军正遇山海关总兵吴三桂迎降，清军顺利进入山海关。不久在古长城的山海关一带，李自成的农民军与多尔衮率领的清军和吴三桂军展开了一场殊死搏斗。在清兵和吴三桂军队的夹击下，农民军大败退回北京，由于所剩兵力已难以据守，农民起义军旋即仓皇撤离。由于清军进占北京的最大障碍已不复存在，而且各地官绅仇恨农民军，因此对清军望风而降，多尔衮的大队人马便长驱直入开进了紫禁城。

  顺治元年（1644）九月，顺治在济尔哈朗护送下由沈阳来到北京。十月初一，举行了隆重的庆祝开国大典。清晨，在诸王及文武百官的护卫下，顺治亲至天坛宣读告天礼文，正式宣告清王朝对全国的统治。随之是大封开国功臣，顺治命令将多尔衮兴邦建国的伟业刻于石碑以传告后世，还封他为叔父摄政王。可以说，尽管在隆重的大典上即位告天的是幼帝福临，但由此而威权并加的却是摄政王多尔衮。

  多尔衮清楚地知道：顺治虽在北京登基，但远非真正的中原平定、全国统一。此时，李自成的大顺军尚有几十万兵马，各地农民武装更是出没无常、防不胜防。在南京，明朝遗臣奉福王朱由崧建立的南明弘光政权也是威胁清廷的另一支力量。

摄政王多尔衮

　　爱新觉罗·多尔衮（1612—1650），清太祖努尔哈赤第十四子。天命十一年（1626）封贝勒；天聪二年（1628）成为正白旗旗主；崇德元年（1636）封和硕睿亲王。清朝入主中原后，辅佐顺治，封摄政王。顺治七年（1650）冬死于塞北狩猎途中，追封为"清成宗"。顺治八年（1651）二月剥夺多尔衮的封号，并掘其墓。乾隆四十三年（1778），乾隆帝为其平反，恢复封号，评价其"定国开基，成一统之业，厥功最著"。

　　为了清除心腹之患，十月十九日，多尔衮封英亲王阿济格为靖远大将军，率部征讨大顺军。紧接着，又命定国大将军豫亲王多铎挥师南下，征讨南明。在清军的剿杀下，大顺军也曾一度进行反攻，但终于丢弃西安，于次年二月进入湖北，阿济格率清军紧追不舍。五月，李自成在湖北九宫山殉难。此后，坚持抗清的大顺军便大势已去了。偏安江南一隅的弘光政权，空有富庶的土地和明朝遗留的几十万人马，却君昏臣奸，大敌当前，还在醉生梦死，自相残杀。多铎的大军几乎是兵不血刃，就于顺治二年四月迫近江南重镇扬州。在顽强抵抗城陷后，面对异族的屠刀，督师扬州的史可法高呼"吾意早决，城亡与亡"，从容就义。由于守城兵士和百姓曾给清军以重创，多铎遂下令屠城十日以示报复，至五月初二日"封刀"，扬州百姓死亡人数超过了80万，血流成河，惨不忍睹。这就是历史上血腥的"扬州十日"。攻克扬州后，清军很快攻下镇江，兵临南京城下。此时，弘光帝已仓皇出走，南明大臣多人冒雨迎降清军。弘光帝几天后被俘，在百姓的唾骂声中被解回南京。

　　平定江南的告捷文书传入京师，这时又传来了李自成遇难的消息，清廷上下欣喜若狂，似乎天下已尽入清军之手。多尔衮显然被迅速得来的胜利冲昏了头脑，他于六月初五日下达了"剃发令"，命令江南各处军民尽行剃发，"倘有不从，以军法从事"。"剃发令"犹如火上浇油，激起了江南人民奋起抗清的斗争。"头可断,发不可丢!"各阶层人民纷纷揭竿而起,打出恢复明朝的旗号。江阴、嘉定先后爆发了规模浩大的反剃发斗争,市民和四乡农民群情激愤,守城抗清,在重创清军后,先后遭清军血洗。满清统治者的民族高压政策激起了反剃发斗争,又进而引燃了遍及全国的抗清斗争,这的确是多尔衮和满清贵族所始料未及的。

直到多尔衮去世,他所期待的天下大一统的局面也没有出现。但是,清朝入主中原、天下初定的首功的确是非他莫属。随着地位愈加尊崇,他也愈加擅权专断、有恃无恐。他肆无忌惮地排除异己:豪格被罗织的罪名置于死地,济尔哈朗也因"擅谋大事"被削夺了辅政大权。一切政令皆出自多尔衮之手,他甚至将大内的"信符"贮于自己府中。每当他入朝时,诸臣皆下跪行礼,多尔衮是大清国实际上的皇帝,已成为当时朝野皆知的事情。[1]

二、少年亲政 治国有方

几年过去了,福临步入了少年。他不仅骑射之术日精,更关心治国用兵之道。但是,他的叔父、摄政王多尔衮并没有丝毫归政的意思。历史常常因偶然的事件而改写。顺治七年(1650)十一月,多尔衮出猎坠马受伤。这次受伤后他卧床不起,于十二月初九日在喀喇城去世,享年39岁。多尔衮虽中年早逝,但他生前威比天子,富过君王,死后恩义兼隆,荣哀备至,可以称得上是善始善终,结局圆满了。但是,形势很快便出人意料地急转直下。多尔衮死后两个月,苏克萨哈、詹岱首告多尔衮曾"谋篡大位"。以郑亲王济尔哈朗为首的诸王大臣也纷纷上奏,追讨多尔衮独擅威权、挟制皇帝、逼死豪格、纳其妃子等一系列罪行。顺治皇帝下诏削夺了多尔衮的爵位,没收他的财产,又命令毁掉他的陵墓。人们挖出他的尸体,棍打鞭抽,然后砍掉脑袋,暴尸示众。通过这些处置,顺治感到出了一口闷气,多年来他容忍多尔衮的僭妄之举所郁积的种种不快,一下子发泄了出来。同时,安抚了诸王大臣的愤怒情绪,并给予那些想继续预政的诸王大臣们一个暗示:想觊觎皇位、欺逼圣上是没有好下场的!

14岁的福临此时才成了真正的一国之主。顺治八年(1651)正月十二日,

---

[1] 事见《清史稿·太祖诸子三·睿忠亲王多尔衮列传》:"多尔衮独擅威权,下令济尔哈朗预政,遂以母弟多铎为辅政叔王。背誓肆行,妄自尊大,自称皇父摄政王。"

清世祖福临亲政时向全国颁布的诏书

顺治皇帝御太和殿亲政。

由于宫廷中良好的学习条件，顺治六岁时就对读书颇具兴趣，为了学习中国历代帝王的治国修身之道以提高自己的水平，亲政后顺治更发奋攻读。他以少年人所特有的热情和勤勉，阅读了大量汉文书籍，左史庄骚、先秦两汉、唐宋八大家、宋元著述。勤奋读书使他摆脱了先辈那种落后民族的草莽之气，而颇具文人学士之风，这给他的政策以十分深刻的影响。从此，他不再像自己的先辈一样单靠"武功"治天下，转而以"文教"作为治国之本。

针对多尔衮摄政时期实行的一些弊政，经过与大臣们反复商讨，顺治决定首先采取一些措施缓和民族矛盾。在军事上，他决定首先采取以抚为主的怀柔政策和先西南后东南的战略措施。顺治当时，江、浙、闽、粤一带有郑成功的水师出没，滇、桂、川、黔的大部又被李定国等分据，清军穷于应付，疲于奔命。因此，集中兵力于一隅，改变两个战场同时作战的被动局面，是尽快结束战争、再造一统的上策。八旗劲旅娴于骑射，"固习于陆战"。郑成功指挥的三千多艘船只云

清世祖福临御用马鞍

集在厦门附近的港湾河口，令清兵望而生畏。因此惟有采取先西南后东南的战略才为适宜。为了实现这一战略部署，顺治采取了两项措施：一方面极力争取招抚郑成功，以便集中兵力对付西南战场；一方面任命洪承畴为五省经略，直接负责西南的战争。他还谕令兵部，对各地小股农民武装，不管人数多寡、罪行大小，只要能真心改悔、主动投诚，全部赦免其罪，由当地政府安置。[1]命各级官吏将文告遍布通衢要道，使之家喻户晓。

顺治十年（1653）五月，洪承畴出任湖广、广东、广西、云南、贵州五省经略，总督军务，兼理粮饷。顺治给予他节制升迁地方文武官员、决定进兵时机的大权，特令他遇到紧急情况，可以"便宜行事，然后知会"。这种知人善任、事权划一的做法，有利于指挥者主动灵活地捕捉战机，为西南战局的根本改观提供了重要保证。洪承畴对皇帝的意图自然心领神会，他谋略很深，又十分熟悉西南的山川形势，到任不久便有了起色。他先是控制了湖广，在南下时机业已成熟之际，适逢孙可望为权欲所驱袭击李定国，后来又走投无路投靠清军。孙可望"开列云贵形势机宜"作为进见之礼，使洪承畴尽知义军内情，遂大举向西南进军。清军相继攻克贵阳、重庆、遵义等地，于顺治十六年（1659）一月进入云南，在永昌磨盘山一带歼灭了李定国主力，桂王朱由榔逃入缅甸。至此，最后一个维系明朝遗民的南明政权已经名存实亡。

西南形势出现根本好转后，郑成功仍在坚持抗清，拒不受抚。此时，顺治的态度开始强硬起来。顺治十四年（1657）三月，他下令对郑成功"当一意捕剿，毋复姑待"，一个月后又将其父郑芝龙及其亲属子弟等"俱流徙宁古塔地方，家产籍没"。在顺治的招抚下，郑氏部将黄梧、施琅、苏明相继降清，抗清形势趋于低潮。在这种情况下，郑成功率师东渡，驱逐荷兰殖民者，收复了台湾。[2]持续了近20年的大规模武装反清斗争已接近尾声，一个统一的多民族的封建王朝终于在刀光剑影中完成了草创。

顺治深知"帝王临御天下，必以国计民生为首务"。为了迅速改变国穷民匮的局面，他十分重视恢复正常的社会经济秩序。顺治十年（1653），他采纳

---

[1] 语见《清史稿·世祖本纪》："谕曰：'客省土寇，本皆吾民，迫于饥寒，因而为乱。年来屡经扑剿，而官兵将领，杀良冒功。真盗未歼，民乃荼毒，朕深痛之。嗣后各督抚宜剿抚并施，勿藉捕扰民，以称朕意。'"

[2] 事见《清史稿·郑成功列传》。

了范文程等人的建议，设立兴屯道厅，在北方推行屯田开荒。在四川等地，则实行由政府贷给牛犋种银，任兵民开垦的鼓励政策。由于当时清政府自身财政困难，无力筹措大量牛种银两，因此收效不大，也未能推行全国。此后，他先后颁发了督垦荒地劝惩则例和官员垦荒考成则例等，鼓励垦荒。顺治十四年（1657），清政府以明代万历年间的赋役额为准，免除天启、崇祯年间繁重的杂派，不久又编成《赋役全书》颁行天下。政府还向税户发放"易知单"作为缴纳赋税的凭据，以防止各级官吏的加征和私派。第二年，河南巡抚贾汉复奏上了清查垦荒地九万余顷、每年可增收赋银408000余两的报告。鼓励垦荒的措施立见成效，使顺治十分喜悦，他对贾汉复大为称赞，并立即加以提拔重用。

圈地是多尔衮摄政时期一项很大的弊政，当时曾进行了两次大规模的圈地。开始声称只圈无主荒地和明朝勋贵的土地分给满族官兵，实际上圈地时随意将民地指为官庄，把私人熟田硬说成是无主荒地，后来索性不论土地有主无主，一律圈占。田地一旦被圈，田主也马上被驱逐，家中一切财物都被占有。许多百姓被圈地弄得倾家荡产，无以为生。

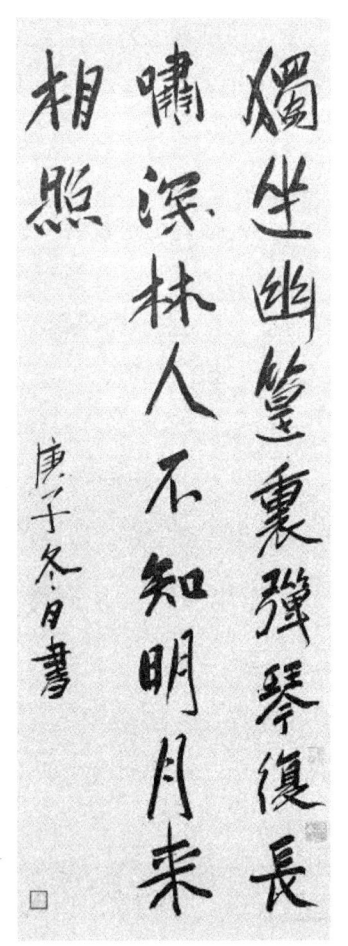

清世祖福临书法

被圈的土地中只有少量分给了八旗旗丁，大部分落入皇室王公和八旗官员之手。由于兵役繁重，旗丁的土地往往抛荒不能耕种，由此造成生产的极大破坏。鉴于圈地所造成的严重后果，顺治亲政后便下了严禁圈地的谕令。他认为，田野小民全仰赖土地为生。听说各地都在圈占土地作为打猎、放鹰的往返住所，便迅速令地方官将以前所圈土地全部退还原主，使其抓住时机耕种。后来，他再三重申，永远不许圈占民间房屋和土地。以后，虽然零星圈占土地的行为时有发生，但在顺治期间再没有进行大规模的圈地，这种危及千家万户的滋扰总算暂时中止了。

清朝初年，多尔衮对文武官员的烧杀掳掠、贪污行贿多持放纵态度，造成吏治腐败。这些人奸淫劫掠、苛剥民财、强买强卖、占产索食、私受民词、草菅人命……可谓无恶不作。吏治惊人的腐败威胁着清政权的巩固和稳定，也影响着与南明的对峙。顺治清楚地认识到这个问题的严重性，他说，朝廷要治理国家，安抚百姓，首要任务就是惩处贪官污吏。[1]他下达了惩治贪官的谕令，明示臣下。谕令督抚对所属官员严加甄别，对那些扰民的官吏立行参奏。他又派出权力很大的监察御吏巡视各地，对违法的总督、巡抚、总兵进行纠举。顺治亲自召见这些监察御吏，对注意事项一一作了指点。不久，漕运总督吴惟华、江宁巡抚土国宝、云南巡抚林天擎等人就因贪污不法苛派累民被革职。巡按御史顾仁辜负圣上重任，执法犯法，"违旨受赃"，被立即处死。据记载，仅顺治九年被革职的贪官污吏就达200余人。

顺治的这些措施，虽没有从根本上革除封建官僚机构的弊病，但对稳定清朝初年的统治确有作用，使之在与南明的争战中占据了优势地位。

三、重用汉官　礼遇洋人

顺治很明白，要加速统一中国的进程，巩固大清江山，就必须依靠汉官。在他亲政后，清廷中汉官的地位和作用发生了明显的变化。原来清廷有一条旧规，汉官在各衙门中不能掌印，即当家不能做主。顺治亲政不久规定，谁的官衔在前，谁就掌印。顺治十二年（1655）八月，都察院署承政事固山额真卓罗奉命出征，顺治即命汉官承政龚鼎孳掌管部院印信。龚鼎孳闻命后，诚惶诚恐，战战兢兢，以一向以满臣掌印上疏推辞。但顺治仍坚持让他掌印。从此以后，汉官掌印才正式作为一种制度确定下来。内阁大学士起初满人是一品，汉人只是二品，顺治十五年（1658）改为全是一品。六部尚书起初满人一品，汉人二品，顺治十六年（1659）也全部改为了二品。

汉族大学士洪承畴、范文程、金之俊等，既熟悉典章制度，又老谋深算、富有政治斗争经验。顺治对他们都很信任和重用。亲政不久，他就任范文程为原先全由满人出任的议政大臣，使之得到了汉人从未得到的宠遇。他与范文程常在一起探讨如何治理国家的问题。范文程告诉他统治者所实行的政策，要顺

---

[1] 语见《清史稿·世祖本纪》："谕曰：'国家纪纲，首重廉吏。迩来有司贪污成习，百姓失所，殊违朕心。总督巡抚任大责重，全在举动得当，使有司知所劝惩。今所举多冒滥，所劾多微员，大贪大恶乃何纵之，何补吏治？吏部其详察以闻。'"

汤若望

汤若望，原名亚当·沙尔，德国科隆的日尔曼人。在中国生活47年，历经明、清两个朝代，是继利玛窦来华之后最重要的耶稣会士之一。他在历法修订以及火炮制造等方面多有贡献，延用至今的农历就是由其编写完成的。

乎民心、合乎潮流，并提出兴屯田，招抚流民，举人才不论满汉亲旧、不拘资格大小、不避亲疏恩怨等重要建议，大多被他采纳。他与范文程过从甚密，常在其陪同下"频临三院""出入无常"，宫廷内院几乎成了他的"起居之所"，连朝中一些汉官也为之不满，顺治却毫不在意。范文程在他手下屡屡加官晋爵，当范文程年老体衰、上疏乞休时，顺治仍然恋恋不舍，命他养好病后再加召用。

顺治重用和宠遇汉官，就是要"图贤求治"，使清王朝长治久安。但是，在他内心深处，仍存在着满洲贵族对汉人本能的一种猜忌心理。他最担心汉官结党，因此时时加以防范。顺治十年（1653）四月，大学士陈名夏、户部尚书陈之遴、左都御史金之俊等27名汉官联名上疏，要求重治杀害妻妾的总兵任珍。顺治立刻警觉起来，认为陈名夏等人是党同伐异，便令各部七品以上官员云集在午门外，对陈名夏等人议罪，结果，陈名夏等人分别受到降级、罚俸的处分。后来，大学士宁完我又以痛恨剃发、鄙视满族衣冠、结党营私、包藏祸心的罪名弹劾陈名夏，使他终被处决。类似这样的猜忌、防范乃至加害汉官的事时有发生，但总起来看，顺治对汉官还是信任和重用的，也正是这些人在他统治期间助他一臂之力，使这位年轻的皇帝尚能有所作为。

顺治八年（1651），由大学士范文程引见，福临与汤若望相识了，这位年已59岁、学识高深的外国传教士很快就博得了年轻皇帝的好感和敬仰。这一年，汤若望被诰封为通议大夫，他的父亲、祖父被封为通奉大夫，母亲和祖母被封为二品夫人，并将诰命绢轴寄往德国。不久汤若望又被加封为太仆寺卿，接着又改为太常寺卿。顺治十年（1653）三月，又赐名"通玄教师"。顺治皇帝不仅使他生前尊贵荣耀，连他的身后之事也打算到了。顺治十一年（1654）三月，就将阜成门外利玛窦墓地旁的土地赐给汤若望，作为他百年后的墓穴之所。后来，顺治亲笔书写"通微佳境"的堂额赐给他悬于宣武门内的教堂内，还撰写碑文一篇，刻于教堂门前，赞扬他"事神尽虔，事君尽职"。在顺治的恩宠下，汤若望真可谓是爵位连进，尊荣有加。因顺治的母亲孝庄皇太后认汤若望为义父，他便按满族习惯尊称汤若望为玛法，即汉语的爷爷。

顺治对汤若望这种不同寻常的恩宠，究竟原因何在？他曾经对左右大臣这样说过："汝曹只语我大志虚荣，若望则不然，其奏疏语皆慈祥，读之不觉泪下。"又说："玛法为人无比，他人爱我，惟因利禄而仕，时常求恩；朕常命玛法乞恩，彼仅以宠眷自足，此所谓不爱利禄而爱君亲者矣！"

对皇帝的知遇之恩，汤若望感激涕零。因而，他常常直言以谏，[1]为顺治执政出谋划策，充当着心腹顾问的角色。顺治皇帝临终时议立皇嗣，专门征求汤若望的意见。汤若望以玄烨出过天花为由，主张立玄烨为皇位继承人，顺治最后一次遵从了他的意见。

顺治宠遇汤若望，使天主教也得以在华风靡一时。汤若望在中国与西方传教士之间架起了一座桥梁，使大批传教士涌入中国，获得了传教的自由。自顺治亲政到康熙初年的十几年中，全国至少有10万人领洗入教，而在此之前的70多年中，总共才有15万人入教。

四、崇尚佛事　废后宠妃

如果说顺治对天主教的兴趣主要是缘于对其"玛法"汤若望的尊宠的话，

---

[1] 语见《清史稿·太祖诸子列传》"（汤若望）曰：'养民之道，莫大于省刑罚，薄税敛。自明季祸乱，刁风日竟，设机构讼，败俗伤财，心窃痛之！'"

那么，顺治对佛事的崇尚，的确是心向往之。

清初，临济宗著名禅僧玉林琇年仅23岁就做了湖州报恩寺主持，这在禅门实属罕见，遂为佛子们看重。顺治耳闻玉林琇的大名后，便诏请他入京说法。不料，玉林琇竟然摆起清高的架子来，接到诏书后，他先是卧床不起，后来又以先母未葬为借口婉言谢绝。直到第二年，在几经催请下，他好不容易启程赴京，谁知走到天津又称病不行。直到顺治应允他问道完毕立即送归，玉林琇才终于到了北京，得到顺治十分优渥的礼遇。顺治将他以禅门师长相待，请他为自己取法名为"行痴"，自称弟子，还时常亲临玉林琇的馆舍请教佛道。玉林琇也极力以佛教影响顺治，经常讲得皇帝喜悦异常，并因此授给他黄衣、紫缰、银印、金印等，还先后赐予他"大觉禅师"和"大觉普济禅师"的称号。玉林琇的目的在于提高自己的威望，并借助皇权扩大自己宗派的势力，而顺治则从佛教中找到了某种慰藉自己心灵的意念。尽管目的不同，却殊途同归，皇帝和禅僧被佛教紧密联系在一起。

顺治刚满14岁时，皇太后根据当时摄政王多尔衮之意，选定科尔沁卓礼克图亲王吴克善之女博尔济吉特氏为皇后。顺治八年（1651）八月十三日举行了隆重的大婚礼，奉迎皇后入宫。这一天，京城内外一派万民同庆的景象。宫内各处御路用红毡铺地，各宫门双喜大字高悬。但是，隆重热闹非凡的婚礼，并没有给皇帝带来美满的婚姻。皇后天生丽质，乖巧聪慧，但是婚后不久，就

五世达赖喇嘛朝拜顺治皇帝图（局部）

清顺治九年（1652）3月，五世达赖喇嘛离开拉萨赴京，12月到达北京。顺治帝以"田猎"为名，与五世达赖相会于南苑猎场。此系五世达赖喇嘛觐见顺治皇帝的情景。

与皇帝产生了裂痕。顺治认为她处心不端,非常刻毒,妒忌之心很重,见到容貌稍微出众的人就十分憎恶,必欲置之于死地。对皇帝的一举一动,她无不猜防,以致皇帝不得不别居他处,不与之相见。皇帝一向爱慕简朴,她却癖好奢侈,所穿服装皆以珠玉绮绣缀饰,不

书写的"敬佛"碑。

知珍惜,进膳时有一件器具不是金制的,便十分不高兴。对她的所作所为,皇帝忍无可忍,忧郁成疾。皇太后得知其中缘由之后就让他酌情裁夺,皇帝由此决定废黜皇后。但是,废后一事并非一帆风顺。顺治虽居一国之尊,但受礼法约束,也不能轻易行废立皇之举。当废后的打算为大臣们所知后,大学士冯铨、陈名夏等人先后上奏,请皇帝深思熟虑,慎重行事。他们认为皇后正位以来没有什么明显过失,这样轻易废黜,不能服皇后之心,也不能服天下后世之心。假若皇后确实不合皇帝心意,可仿效旧制选立东西二宫。但顺治决心已下,难以更改,经过一番周折后,最终还是废了皇后,降为静妃,改居侧室。

顺治一生共有后妃19人,但他最宠爱的是董鄂氏。据说,董鄂氏原本是顺治的异母兄弟襄亲王博穆博果尔之妻,却受到顺治狂热的爱恋。博穆博果尔为此对董鄂氏大加申斥。顺治闻知此事后,竟打了弟弟一个耳光。不久,博穆博果尔怨愤而死,年仅16岁。等董鄂氏27天丧期服满,顺治便册立她为贤妃,时为顺治十三年,皇帝19岁,董鄂氏18岁。一个月后又被晋为皇贵妃,颁诏天下。清朝册封妃嫔原来并不颁诏天下,顺治的破例之举足以证明他对董鄂氏的宠爱。皇贵妃之父也极受宠遇,连升三级,并得到大量的赏赐,死后被追封为侯。

董鄂氏曾为顺治生了个儿子,即皇四子,子因母贵,据说皇帝曾准备将他立为皇太子。但不幸的是,他生下三个月后还未命名就夭亡了。事过不久,皇贵妃也因忧伤过度玉殒香消,时值顺治十七年(1660),她仅仅陪伴了顺治四年就

匆匆离去了。董鄂氏之死使顺治陷入了无法摆脱的痛苦之中。皇贵妃死后，皇帝用蓝笔批本达四个多月，而清朝定制，皇帝及太后之丧，蓝笔批本也仅以27天为限。顺治既然不能与他心爱的贵妃共享永年，只好以这些殊遇来表达和寄托自己对她的无限爱恋和怀念。他亲自为董鄂妃书制的《董妃行状》洋洋洒洒数千言，追念两人朝夕相处的恩恩爱爱。为了抚慰顺治，太后同意追封董鄂氏为皇后，即孝献皇后。

尽管顺治以种种特殊待遇对待死去的宠妃，却没有使他哀痛至极的心情得到慰藉。此后，他的情绪日益消沉，本来就很孱弱的身体，越发显得力不能支了。

顺治十八年（1661）正月初二，顺治亲往悯忠寺观看亲信太监吴良辅的削发出家仪式，回宫后便卧床不起，染上了可怕的天花。立嗣顿时成了当务之急。孝庄文皇太后一向对皇三子玄烨刻意培养，寄予厚望，坚持立他为皇太子。顺治派人征询

世祖孝惠章皇后博尔济吉特氏

汤若望的意见，他的意见与太后相同，本想立次子福全的顺治只好同意了这个意见。自知死期将近，顺治召诸王贝勒和众臣前来宣布遗诏，在遗诏中他宣布由八岁的玄烨继承皇位，由异姓功臣索尼、苏克萨哈、遏必隆、鳌拜四人辅政。

遗诏念罢，顺治也一命归天，年仅24岁。他在位18年，亲政11年。颇具个性的顺治被谥为"章皇帝"，庙号"世祖"。

清东陵顺治陵石牌坊

名 家 评 说

迨帝亲总万机，勤政爱民，孜孜求治。清赋役以革横征，定律令以涤冤滥。蠲租贷赋，史不绝书。践阼十有八年，登水火之民于衽席。

——赵尔巽等《清史稿·世祖本纪》

厥后中原大定，敝履尊荣，借过眼之昙花，征前途之觉果，斯正所谓大解脱者。

——蔡东藩《清史演义》

圣祖玄烨

清圣祖玄烨（1654～1722），清朝第四代皇帝。顺治皇帝的第三个儿子，生母为佟佳氏。公元1661～1722年在位，谥号"仁皇帝"，庙号"圣祖"。因其年号为康熙，历史上也称"康熙（帝）"。他一生勤勉为政，功绩卓著，用他的文治武功亲手勾画了清帝国的辽阔版图，是一位颇有作为的封建君主。

一、少年登基　智除权奸

玄烨是顺治皇帝的第三个儿子，生于顺治十一年（1654）三月十八日。他的生母叫佟氏。佟氏的祖父佟养真跟随清太祖努尔哈赤兴兵抗明，是清朝的开国功臣。她的父亲佟图赖是汉军正蓝旗人，也屡建战功。佟氏家族也因此成为八旗汉军中显赫一时的名门大族。顺治皇帝为了缓和民族矛盾，改变在蒙古贵族中选妃的习俗，开始在汉军中选妃后，佟氏被选入清宫。但佟氏不受顺治宠爱，因此，玄烨也遭顺治帝的冷落。

值得庆幸的是，玄烨的祖母孝庄皇太后对玄烨母子格外钟爱。她派自己的侍女苏麻喇姑协助保姆照看玄烨，教他读书写字。她还经常亲自对玄烨加以教诲。祖母的教

清圣祖玄烨

康熙帝生母孝康章皇后佟佳氏

海，不仅在一定程度上补偿了幼年玄烨所渴望的父爱，更重要的是培育了他日后作为帝王不可缺少的品质。

尽管孝庄皇太后一直在用未来君主的标准培养玄烨，但顺治却一心一意要让宠妃董鄂妃所生的四皇子做太子，但谁曾想皇四子福薄命浅，才三个月便夭亡了。从此，玄烨的处境才有了好转。玄烨6岁时，同哥哥福全、弟弟常宁一同进宫拜见顺治。向父皇请安完毕，顺治便问儿子们有何志向。常宁年仅3岁，不会回答。福全为庶妃所生，年纪长但地位低，他答道："愿意做一个贤王。"而玄烨则高声回答：效法皇父，勤勉尽力。[1]顺治知道这是太后的授意，开始有了由玄烨继承皇位的想法。两年后，年轻的顺治皇帝一病不起，在孝庄皇太后的坚持下，顺治立下了以玄烨为皇太子的遗诏。

顺治十八年（1661）正月初九，玄烨在孝庄皇太后的亲自主持下，登上皇位，改次年为康熙元年。孝庄皇太后由此又担负起辅佐第二代幼主——康熙的重任。康熙即位第五天，她便向王室宗亲、文武大臣发出谕旨：要报答我的儿子顺治皇帝的恩情，就要偕四大臣尽心协力共辅幼主，这样才能名垂青史。太后的威严与对皇孙的深情溢于言表。四大臣辅政，也是孝庄皇太后同顺治反复考虑后采取的新体制。按清代旧制，由宗室诸王辅佐幼主处理政务。但太后对顺治初年睿亲王多尔衮摄政后独断擅权的往事记忆犹新，所以一改旧制，让元老重臣佐理政务，而把决策权抓在自己手中。除此之外，太后把更多的精力放在了指导康熙学习执政上。她谆谆教导康熙，不辜负百姓的期望，宽裕慈仁，慎言谨行，继承祖先基业。

---

[1] 语见《清史稿·圣祖本纪》："帝言：'愿效法父皇。'"

康熙即位时，还不满8岁，尽管在祖母悉心培育下大器早成，但担负管理国家的重任还为时过早。好在顺治在遗诏中已作安排，委托索尼、苏克萨哈、遏必隆和鳌拜辅政。四大臣在顺治帝的灵位前曾立下誓言：要竭尽忠诚，不谋私利，不结党羽，不受贿赂，忠心仰报皇恩，全力辅佐君主。四大臣中的索尼、鳌拜和遏必隆都是两黄旗人，是跟随清太宗南征北战的元老勋臣，后来又拥立年幼的顺治皇帝即位。多尔衮擅权时，由于他们忠于顺治，被视为眼中钉，先后被革职、削爵并籍没家产。直到顺治亲政，他们才复了职，并且进一步受到重用。四大臣中的苏克萨哈虽是多尔衮属下的近侍，但他在多尔衮去世后，检举多尔衮殡葬服色违背祖制并企图谋反的罪行，深得顺治帝和太后的信任。长期以来，他们对顺治和太后忠心耿耿，所以能以异姓臣子的身份位居宗室诸王贝勒之上，担起辅佐幼帝康熙的大任。

辅政之初，四大臣遇事协商，凡欲奏事，一同进谒皇帝或太后，待太后决策后，再由他们以皇帝或太后的名义发布谕旨。辅政大臣虽无决策权，但他们可以入直、票拟并代幼帝御批，后来鳌拜专权乱政就钻了这个空子。

鳌拜是镶黄旗人，是清朝开国元勋费英东的侄子。显赫的门第和卓著的战功使他青云直上，位至公爵。鳌拜野心勃勃，善于玩弄权术，骄横跋扈，人多惮之。身为四朝元老的索尼尽管德高望重，这时已年老体弱，力不从心了。遏必隆为人怯懦，没有主见，又加上与鳌拜同属一旗，利害相关，所以总是随声附和。苏克萨哈虽然在四大臣中仅居索尼之次，但他资望浅，又与索尼素有嫌隙，与姻亲鳌拜也时常反

老年的孝庄皇太后

目,常常在辅臣中处于孤立无援的境地。这样,协商辅政的局面不久便被打破了,大权逐渐落到了一心独揽朝政的鳌拜手中。他任人唯亲,广置党羽,不断扩大自己的势力。大学士班布尔善、吏部尚书噶褚哈、工部尚书济世都是他安插在要害位置的亲信。遇到政事,他们常常私定对策,然后才上奏皇帝,甚至拦截奏章,阻塞康熙同臣下的直接联系,以便把持朝政,架空幼帝。

康熙六年(1666),鳌拜为了自己正白旗的利益,执意调圈已耕作了几十年的旗地,引起土地荒芜和民怨沸腾。户部尚书苏纳海、总督朱昌祚、巡抚王登联名上书反对,鳌拜大怒,硬逼康熙同意处死三人,但未能得逞,后竟矫旨将三人绞死。

索尼看到鳌拜如此跋扈,深感愧对先帝的重托而又无能为力。因此在康熙14岁时就多次上书要求康熙亲政,以削夺鳌拜的权力。

康熙得到祖母太皇太后的允许,按照祖制遂于康熙六年七月初七举行亲政大典。康熙亲政前,索尼已去世,鳌拜的野心进一步膨胀,想越过苏克萨哈和遏必隆,占据索尼的位置,进而成为宰相,更加大权独揽。于是,他拉拢苏克萨哈推荐他,遭到拒绝。旧恨新仇使鳌拜立意除掉苏克萨哈。苏克萨哈自知斗不过鳌拜一伙,为了免除杀身之祸,欲激流勇退,故上书请求去守候先帝陵寝。康熙不理解苏克萨哈的行动,一面派人去询问原因,一面请议政王大臣会议议处。鳌拜怕苏克萨哈的要求一旦获准,自己也要效仿他交出辅政大权,便给苏克萨哈罗织了心有怨恨等24条罪状,必欲处以极刑。议政王大臣会议在鳌拜的操纵下,奏请将苏克萨哈凌迟处死。收到奏章,康熙十分震惊。他认为苏克萨哈是前朝重臣,又勤勤恳恳辅佐七载,理应酬报,又何罪之有?他当即召见议政王杰书和鳌拜、遏必隆等人,

鳌 拜

指出复奏有误。鳌拜先发制人，强词夺理地说："我同苏克萨哈本来没有什么怨仇，只是他欺君罔上，才秉公而断，要对他重重治罪。不然，再有人学他的样子就不好办了。"康熙说："欺君罔上的人眼下不是没有，苏克萨哈还是守规矩的。"康熙不允鳌拜所请，鳌拜恼羞成怒，瞋目挥臂，连日在金殿上强奏，他的党羽们也亦步亦趋，为虎作伥，终于威逼年少的康熙下了绞死苏克萨哈的命令。

面对鳌拜的步步进逼，康熙已经忍无可忍了。但康熙深知鳌拜党羽众多，势力很大，加上他是武将出身，有一身好武艺，不是轻易能制服的，如果稍有不慎就会祸及自身，因此，他在暗中加紧了除掉这个权奸的筹划。由于现有的侍卫大多受鳌拜控制，不甚可靠，康熙第一步先从各王府中挑选了上百名亲王子弟做他的侍卫，组成善扑营，整天让他们摔跤弄拳，不出一年，便个个练得武艺高强。鳌拜听说此事，以为皇帝年少贪玩，并未放在心上。第二步，康熙又封鳌拜为一等公，鳌拜更觉得平安无事了。第三步，任命索额图为一等侍卫。索额图是索尼的儿子、康熙的叔丈人，他同康熙以下棋为名，制定了擒拿鳌拜的整体方案。为了保证行动万无一失，康熙事前把鳌拜的党羽先后差遣出京办事，他又召集善扑营成员进行动员。康熙问大家："你们惧怕皇上还是鳌拜？"侍卫们齐声答道："独畏皇上！"这一天，康熙召鳌拜单独进宫议事，鳌拜像往常一样大摇大摆地走进宫内，只见康熙端坐中间，两旁是威风凛凛的少年侍卫。鳌拜见势不妙，还想故伎重演，大发淫威，不料康熙一声令下，少年侍卫们一拥而上，七手八脚便拿下了鳌拜。这个横行数年、权

康熙帝读书图

倾朝野的权奸顿时成了阶下囚。康亲王杰书奉康熙的命令审讯了鳌拜。不久，便公布了鳌拜结党专政的30条罪状。最后念其当年搭救清太宗皇太极有功，赦免了他的死罪，让他在监禁中度完了余生。[1]康熙还依据罪行轻重惩处了鳌拜的党羽，罪大恶极的济世等人被处死，其余的被革职降级。与此同时，受鳌拜诬陷的苏纳海等人得到了昭雪。苏克萨哈的后人承袭了他的爵位和世职。康熙对各级官员大规模进行了调换，并下达了《圣谕十六条》，意在刷新朝政，彻底清除鳌拜的恶劣影响。

年仅16岁的康熙在战胜鳌拜集团的斗争中，显示出惊人的魄力和才智。从此，他便将朝政大权牢牢掌握在自己手中，开始充分施展自己的政治才能。

二、力平三藩　收复台湾

康熙亲政后，经过一番考虑，将当务之急的治国大事列出，然后亲自书写了"三藩、河务、漕运"的条幅悬挂在宫中柱子上，以随时提醒自己。由此可见解决三藩是康熙朝夕不忘的首要大事。三藩是指明朝降将吴三桂、尚可喜、耿仲明三个藩王，他们分别盘踞在云南、广东、福建三个省区。三藩王在明末清初先后降清，为清兵入关立下了汗马功劳。吴三桂被封为平西王，尚可喜和耿仲明也分别被授予平南王和靖南王的封号。

尚可喜因为年老多病，已把藩事交给儿子尚之信主持。尚之信残忍狂暴，酗酒嗜杀，连老子也不放在眼里。他曾经割下行人的肉喂狗，甚至无故刺死尚可喜派来送信的宫监取乐。尚可喜担心儿子早晚会闹出事来，同时也不甘心受他的挟制，便在康熙十二年（1673）春上书，请求回

吴三桂

---

[1]语见《清史稿·圣祖本纪》："诏曰：'鳌拜愚悖无知，诚合夷族。特念效力年久，迭立战功，贷其死，籍没拘禁。'"

辽东老家养老。早已有撤藩打算的康熙遂命令撤掉尚藩，将其全部兵士撤回原籍。消息传来，吴三桂和已承袭靖南王爵号的耿精忠（耿仲明之孙）都惊恐不安，他们也上书假意要求撤藩，来试探朝廷的动向。

康熙召集了众臣议定撤藩之事。大部分人持反对意见。他们提出了种种理由：有的认为移藩后要派军队去原藩地镇守，劳费太大；有的为吴三桂说情，说他镇守边关，地方安定，没有谋乱的征兆。议政王贝勒大臣们也议论纷纷，莫衷一是。只有兵部尚书明珠、户部尚书米思翰、刑部尚书莫洛等少数人坚决主张撤藩。20岁的康熙皇帝力排众议，做出了最后裁决："从其所请，将三藩全部迁到山海关外。"他指出，三藩王手中都握有重兵，已形成了尾大不掉之势，吴三桂等人怀有野心，蓄谋已久，如果不及早除掉三藩，势必养虎成患，危害天下。于是，康熙派侍郎折尔肯、学士傅达礼赴云南，户部尚书梁清标赴广东、吏部侍郎陈一炳赴福建，催促办理撤藩事宜。

昭武通宝

清康熙十七年（1678），吴三桂在湖南衡阳称帝，国号"大周"，改元昭武，并铸"昭武通宝"。

吴三桂当年为报家仇勾引清军入关屠杀农民起义军，使清兵得以长驱直入。他事明叛明，降清又心怀异志。镇守云南后，吴三桂利用独占一方的特权，招降纳叛，横征暴敛，不断扩充实力，在三藩中势力最大。他的野心也随之膨胀起来。他以藩府名义任命的官员，吏、兵二部不得干预，他推荐的被称为"西选"的官员遍及天下。凡要害地方，他都千方百计安插进自己的死党。他的儿子吴应熊被招为皇太极之女的额附（即驸马），从而成为吴三桂安插在京城的耳目。吴三桂属下有53佐领、士兵12000多人。每年朝廷向吴藩支付的俸饷就达900多万两白银。吴三桂还自行征税、开矿、铸钱，与西藏互市茶马，聚敛财富，秣马厉兵。诡计多端的吴三桂在加紧准备叛乱的同时怕露出马脚，遂大兴土木，搜罗美女，做出安于享乐、胸无大志的样子来麻痹视听，暗中加紧操练，待机而动。

康熙十二年（1673）冬，吴三桂认为时机已到，遂自封为"天下都招讨兵马大元帅"，举起"兴明讨虏"的旗帜，公开叛乱。

吴三桂公开叛乱后，他分布在各地的党羽纷纷响应。各地的告急文书频频传至京城，举朝震惊。原来反对撤藩的人乘机诋毁，认为吴氏叛乱是撤藩引发的。大学士索额图竟要求杀主张撤藩的明珠等人以谢叛逆。年轻的康熙皇帝临危不惧，严厉驳斥了这些护藩的论调。他说："三藩势焰日炽，撤亦反，不撤亦反，因此决不仿效汉景帝诛晁错以平七国之乱的做法。"随后，康熙下达了武装平叛的命令。

这时其他两藩也举起了反旗，一时战火燃遍了大半个中国。康熙认为吴三桂是三藩之乱的祸首，灭掉吴三桂，其他叛军就会不打自散，于是他确定了重点打击吴三桂的策略。康熙任命勒尔锦为靖寇大将军，命令他由湖南进剿叛军，严防叛军东犯湖广；又派将军瓦尔洛进驻四川，断绝叛军入蜀之路；同时命莫洛率兵驻扎西安，阻止叛军进兵西北。

曾经嚣张一时的吴三桂在康熙周密的部署和接连打击之下，见大势已去，还想垂死挣扎，急急忙忙演出了登基称帝的丑剧。康熙十七年（1678）三月，吴三桂派人在衡阳草草修建了百余间庐舍，用黄漆涂刷房顶权做皇宫。三月十八日，吴三桂匆匆登上了临时搭成的祭坛祭祀天地，改国号为周。但是，吴三桂彻底扔掉"复明"的遮羞布，将自己的狼子野心更大白于天下，此时，吴三桂的处境不仅没有好转，反而更加孤立。而清军的攻势更加锐不可当，吴氏小王朝日益陷入内外交困的境地。年已67岁的吴三桂惶惶不可终日，突患中风噎嗝症死去，仅仅做了不到五个月的"皇帝"。吴三桂死后，由孙子吴世璠继皇位。

康熙十九年（1680），康熙下令清军分三路进军吴三桂的老巢云南，向叛军发起总攻。不久清军攻入云南，将叛军的老巢昆明包围得

耿精忠

水泄不通，守军大都投降，吴世璠走投无路，最后只好穿戴着皇帝衣冠自杀。康熙二十年（1681），历时八年、祸及大半个中国的三藩之乱终于被平定了。

三藩之乱被平定后，康熙决意收复台湾。当时统治台湾的是郑成功12岁的孙子郑克塽。

明末国势衰败，兵备废弛，台湾岛遂被乘虚而入的荷兰殖民者占领。康熙元年（1622）二月一日，仍在坚持抗清的郑成功收复了被侵略者霸占38年的台湾。就在这一年，郑成功之子郑经在属下的拥立下自称为王，统兵反对郑成功。年仅39岁的郑成功在病中突然遭受如此沉重的打击，忧愤而死。三藩之乱中，郑经曾与耿精忠合谋进攻广东，约定事成后平分秋色。耿藩降清之后，郑经仍旧纠合部属骚扰沿海一带，烧杀抢掠，一派海盗行径。郑经这时已经背弃了郑成功据台抗清复明的初衷。以后在清军的打击下，郑经很快在东南沿海失去了立足之地，率部回到台湾。康熙二十年（1681）郑经死后，他的长子即位，但不久就被侍卫冯锡范等人绞杀。冯锡范又拥立自己的女婿、郑经的幼子郑克塽为王，篡夺了大权。此时，郑氏集团已经失去了人心，台湾政局动荡不安。

三藩基本平定后，康熙接受了福建总督姚启圣的建议，决定乘郑氏集团内乱的时机用武力收复台湾。康熙用武力收复台湾的决心已下，任用得力的军事将领便成了当务之急。姚启圣曾经多次保举郑成功旧部施琅任福建水师提督，后来施琅又得到别的大臣的大力推荐。但由于施琅为降将，遭到不少非议。康熙力排众议，于康熙二十年（1681）七月向议政大臣们郑重宣布：任命施琅为福建水师提督，加封太子少保。

施琅走马上任后，立即着手调整兵力，训练水师。为了等待适当的时机，出师时间一拖再拖，转眼到了康熙二十一年（1682），一时群言四起。这期间，施琅与姚启圣又在进剿安排上意见相左，施琅三次上书要求授予他专征权，由他统领军队自行进剿。尽管康熙对一再推迟出兵也有不满，但他没有被舆论左右，

施琅

考虑到海战须蹈不测风浪，事先很难猜度，他采取了十分慎重的态度。他用人不疑，为了确保战斗胜利，同意了施琅的请求，给予他专征大权。

康熙二十二年（1683）七月，施琅率领两万多名官兵，分乘230多艘战船，直捣澎湖。清军战舰云集海面，争先恐后进攻，反而影响了攻势，又赶上潮落风逆，施琅的指挥船顺流而下，陷入重围。提督衔署右营游击蓝理奋不顾身地冲入重围，与施琅合力攻打，四艘敌船被打沉。激战中，蓝理被炮火击中，肠子流出，但稍加包扎，又投入了战斗。施琅也不顾自己血流满面，仍然指挥着战船突围。初战失利后，施琅对水师进行了短期整顿，遂与郑军展开了决战。清军船队以五只船为一个作战单位，称为"五梅花"战术，相互配合默契，以五打一造成局部优势进击敌船。战斗从清晨一直持续到傍晚，矢石如密集的雨点，炮火遮住了天空。经此一战，郑军主力几乎全军覆没，台湾的门户被打开了。困守孤岛的郑克塽见大势已去，不得不派人向清军送上降表。收到降表，康熙认为：如果不准许其投诚，郑军残部还可能流窜他处制造事端，不如招抚为善。他还决定对归降的郑氏大小官员加恩予以安置。康熙的谕旨打消了郑克塽最后的疑虑。八月十三日，施琅率领的清军在鼓乐声中登上台湾岛，郑克塽率属下列队恭迎[1]至此，台湾又回到了祖国的怀抱。

台湾回归后，围绕台湾的弃守问题朝廷中又出现了分歧。有人以台湾孤悬海外为理由，主张把台湾人全部迁进内地，放弃台湾。有人竟然主张把台湾赐给荷兰人，令其世守输贡，以示圣朝天威。施琅为此专门在台湾进行了实地考察，据实据理驳斥了弃台的论调。他上书康熙，力陈台湾为江、浙、闽、粤四省安全的要害，为东南之保障，弃之必酿成大祸，留之则永固边防。因此，台湾不仅不能放弃，还必须加强防务。康熙接受了施琅的建议，在台湾设立台湾府和台湾、凤山、诸罗三县，并向台湾派遣了8000名驻兵，向澎湖派遣了2000名驻兵。这样就大大增强了东南海防，并且促进了台湾经济文化的发展。

三、战雅克萨　平噶尔丹

东北地区一直被满族视为祖先的发祥地。17世纪，沙俄将侵略魔爪伸向了这块肥沃的土地。沙俄的侵略，是康熙的心腹大患。亲政以后，他便密切注视

---

[1] 事见《清史稿·施琅列传》："八月，琅统兵入鹿耳门，至台湾。克塽率属薙发，迎于水次，缴延平王金印。"

钦定平定台湾凯旋图

着沙俄的侵略活动，多次派人了解东北地区的地形、交通及风土人情各方面的情况。但由于当时先是明末农民起义未平，后又有三藩之乱，康熙对沙俄侵略的反击还顾不上。康熙二十一年（1682）春，三藩之乱刚被平定，康熙率文武大臣赴盛京告祭祖陵。大典之后，他立即巡视了乌喇地区（今吉林市），并率属下围猎习武；还泛舟检阅了水师，开始了武装抗俄的准备；同时，他也没有放弃和平解决中俄边界争端的努力。

但几经接触，沙俄政府无意进行和谈，反而趁清政府全力平定三藩收拾残局、收复台湾等用兵之际，扩大了对中国北方领土的侵略。在沙俄无意和谈而且侵略活动日益扩大的情况下，康熙决定进行武装反击，驱逐沙俄侵略者。康熙二十一年（1682），康熙派郎谈、彭春以捕鹿的名义到前线实地勘察地形，调查沙俄的侵略活动。次年，康熙又决定派兵于第二年秋天到黑龙江流域永久驻守。开赴黑龙江地区的清军受到当地各族人民的欢迎和支持。军民共同打击沙俄侵略者，到康熙二十二年（1683），黑龙江流域中下游地区的沙俄侵略者基本被肃清，只有雅克萨还被沙俄侵略者盘踞着。

在黑龙江地区各族人民的支持下，清军为收复雅克萨做了大量准备。在清军进攻雅克萨前，遵照康熙的谕旨，清政府向沙俄一再表示和平解决边界问题的愿望，但沙俄方面置之不理，仍然继续在雅克萨进行战争准备。康熙二十四年（1685）六月，清军兵临雅克萨城下。

六月二十四日，彭春率领的3000大军分水陆两路夹击雅克萨城。第二天清晨，清军派出林兴珠的藤牌兵阻击来自黑龙江上游的哥萨克援兵。藤牌兵头顶藤牌，裸身入水，手持大刀前进。由于有藤牌遮蔽，敌人的刀枪无法施展威风，清兵的大刀却所向无敌。敌人见状，又惊又怕，大喊着"大帽子鞑子来了"，竞相逃命。大部分援敌就这样被藤牌兵击溃了。当晚，清军发动了猛烈的攻势。他们在城南佯攻，牵制敌人的兵力；又在城北架起红衣大炮进行主攻。经过一夜激战，雅克萨的塔楼、城墙全被摧毁，还击毙了100多名敌人。此时，城内还聚集着小撮顽敌，于是清军在城下三面堆积柴草，准备焚城。走投无路的侵略者被迫向清军投降，他们的头目托尔布津还向清军统帅立誓，永远不再来雅克萨捣乱。遵循康熙的旨意，清军统帅彭春接受了敌人的投降，将他们免死放归。有45人自愿留在中国，也得到了准许。这些曾经在中国的土地上横行多年、杀人越货的"罗刹"，如今在中国军民的打击下，一个个赤身露体，光着脚狼狈逃离了雅克萨。降敌离去后，清朝将雅克萨城堡彻底摧毁，撤回了瑷珲。

但是战火刚刚平息，托尔布津等残匪便纠合了尼布楚方面的援军卷土重来，又窜回雅克萨。他们在原城堡的附近重新构筑了工事，妄图永久霸占这块中国的领土。消息传到北京，康熙立即命令清军速备战船再攻雅克萨。他又亲自召见郎谈，作了战斗的具体部署，要求清军全部彻底地消灭雅克萨守敌，然后在雅

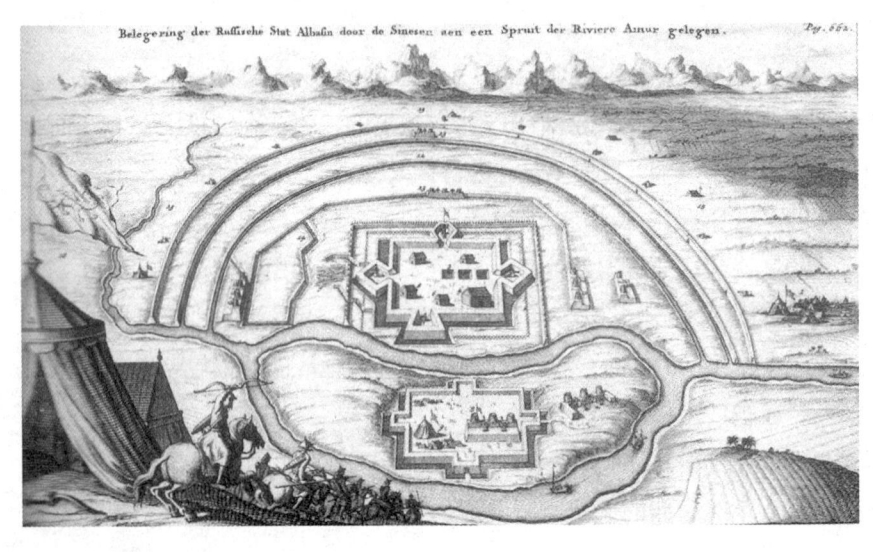

清军保卫雅克萨城

克萨驻兵把守。

康熙二十五年（1686）七月，第二次雅克萨之战开始了。清黑龙江将军萨布素率领2000大军，从水陆两路向雅克萨发起猛攻。[1]与此同时，康熙皇帝继续向俄方提出举行谈判的建议。清军在雅克萨城外挖掘工事、建立堡垒围困敌人。城中出击的敌人多次被清军击溃。经过两个月的激烈战斗，敌人遭到了毁灭性的打击，城中只剩了100多个残兵败将，托尔布津也被击毙。清军在城的南北两面修筑炮台，准备炮轰雅克萨。此时，清军的胜利已是指日可待了。迫于清军的强大攻势，俄方不得不同意通过谈判和平解决边界问题。清军遂于这年的十二月十日解围，等待两国的谈判。

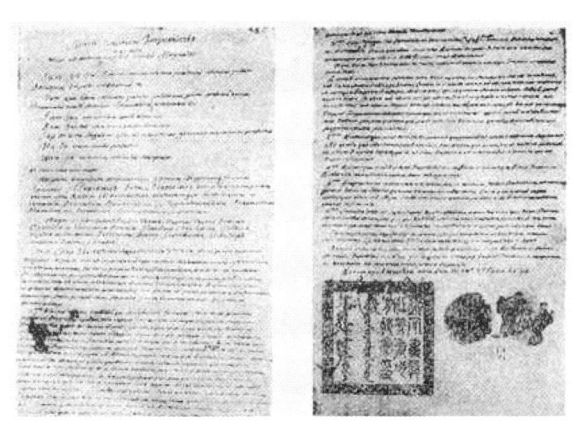

《尼布楚条约》原件

双方全权代表在经过多次谈判、中国做出了一些让步之后，康熙二十八年（1689）九月七日，中俄双方达成了和平解决边界问题的协议，这就是历史上著名的《尼布楚条约》。《条约》明确规定，以外兴安岭至海、格尔必齐河和额尔古纳河为中俄两国的国界，确认了黑龙江和乌苏里江流域都是中国的领土。中国将尼布楚割让给俄国。条约的其他条款还就两国贸易、边民等事宜做了规定。条约的内容，曾用满、汉、蒙、俄、拉丁五种文字刻成界碑，高高竖立在中俄边界上。它带来了中俄东部边境100多年的和平，也成为康熙抵御沙皇侵略、维护和平和国家主权的历史记录。

康熙收复雅克萨之后，立即着手平定噶尔丹的叛乱。噶尔丹是漠西厄鲁特蒙古准噶尔部的头领。康熙十年（1671），噶尔丹夺取了准噶尔部的统治权后，又用武力并吞了厄鲁特蒙古的其他各部，占领了青海和新疆天山以南的广大地区。当时，我国蒙古族除了漠西厄鲁特蒙古外，还有漠南蒙古和漠北喀尔喀蒙古。漠南、漠北蒙古分别居住在内蒙和外蒙，早就归顺了清朝。为了吞并喀尔喀蒙古，噶尔丹自康熙十三年（1674）起，便经常派人到沙俄进行秘密活动，寻找

---

[1]事见《清史稿·圣祖本纪》。

靠山。长期以来，沙俄就伺机将侵略魔爪伸进厄鲁特各部，但是他们的武装入侵和诈骗活动一直未能得逞。这时，他们与噶尔丹的叛卖活动一拍即合，相互勾结起来，准备攻打喀尔喀蒙古。

康熙二十七年（1688），噶尔丹向喀尔喀蒙古发动了突然袭击。他配合沙俄侵略者，击溃了土谢尔汗的蒙军，将库伦城化作一片废墟。在追击喀尔喀蒙古的途中，噶尔丹叛军大肆烧杀抢掠，人们丢下帐篷器具、马驼牛羊，昼夜不停地向南逃命，一时死者相枕，道路为之堵塞。这时沙俄乘机胁迫喀尔喀蒙古的上层人物叛国投俄，遭到了宗教首领哲布尊丹巴等人的坚决抵制。在哲布尊巴丹的率领下，喀尔喀蒙古归附了清朝。康熙派人抚慰了来归的喀尔喀部，发给他们生活用品，将他们暂时安置在科尔沁草原。康熙二十九年（1690），噶尔丹以追击喀尔喀蒙古为名，再次发动武装进攻。他带领的两万名叛军自呼伦池南下，杀进了内蒙古地区。叛军的前锋一直打到距离北京仅九百里的乌珠穆沁，京师震动，许多店铺停止了营业。

对噶尔丹的叛乱，康熙曾经给予多次规劝，要求他罢兵息战，归还喀尔喀蒙古的故地。同时也加强了塞外的兵力，做了武装平叛的准备。面对更加严峻的局势，康熙决定亲征噶尔丹，捣毁叛军的巢穴。当时，朝中多数大臣主张同噶尔丹妥协。他们认为噶尔丹地处僻壤，他的叛乱无碍大局，应当治以不治，任其自然；同时，大军远征茫茫沙漠，胜负很难预料，因此反对康熙亲征。康熙则认为噶尔丹一日不除，边陲就一日不宁，只有平定叛乱，才是万年之计。他排除了各种干扰，为保天下大一统的局面，毅然率军亲征。

康熙御制《平定噶尔丹纪功碑》

康熙二十九年（1690）六

月，康熙亲临塞北，指挥大军迎战噶尔丹。八月，清军在乌兰布通与叛军交战。噶尔丹依山面水布下"驼城"，用来抵挡清军的攻势。"驼城"是将骆驼捆绑卧地，在驼背上堆放箱垛，再加盖湿布布置而成的。叛军满以为"驼城"坚不可摧，易守难攻。可是在清军猛烈的炮火攻击下，骆驼非死即伤，反而成了叛军逃跑的障碍。驼阵被攻破了，清军大队人马掩杀过来，直杀得叛军横尸遍野，大败而逃。噶尔丹带着残兵败将，好不容易才突出重围。以后康熙又经过二次亲征，终于平定了为时10年的噶尔丹叛乱，粉碎了沙俄分裂中国的阴谋，巩固了西北边疆。

于成龙

四、整饬吏治　广揽人才

康熙深知，贪官污吏的勒索和压榨是激起民变的直接原因。为了清王朝的长治久安，他十分重视整饬吏治。他采纳了"民生安危视吏治，吏治贪廉视督抚"的建议，特别注意处置腐败的高级官吏。

山西巡抚穆尔赛一贯贪酷不法，康熙对他的劣迹也时有所闻。一天，康熙向大学士勒满洪等人查询穆尔赛为官是否清正，他们竟徇私包庇，欺骗圣听，妄图掩盖穆尔赛的丑行。康熙对外官与京官相互勾结、贪赃枉法的现象早已深恶痛绝。所以在查明穆尔赛的罪行后，不仅将他革职收审，判处绞刑，还给勒满洪等人连降两级的处分。

湖广总督蔡毓荣在平定三藩时任绥远将军。接受攻打吴氏巢穴昆明的命令之后，他按兵不动；等他人攻破城池，他反而大肆抢掠本应充公的吴氏财物，然后对贵戚重臣广行重贿，将他人战功贪为己有，由此竟然升官晋爵。蔡毓荣的罪行败露后，也受到了严惩。

在惩治贪官的同时，康熙多方扶持清官廉吏，大加褒扬，以起到移风易俗、扶正抑邪的作用。但在当时贪风盛行的官场上，为政清廉者实属凤毛麟角，因此康熙一朝大树廉吏的榜样。被康熙誉为"天下廉吏第一"的于成龙就是一个受百姓爱戴的清官。[1]早在顺治朝任广西罗城知县时，于成龙便插棘为门，累土为几，他清贫的生活和卓著的政绩一时传为佳话。康熙十四年秋天，黄州发生了严重的自然灾害，于成龙发放的赈济粮救活了几万灾民的性命。后来他离开黄州赴福建按察使任所时，几万黄州百姓送行到九江，哭声与江涛声连成一片。于成龙的廉能勤政，深得康熙赞许。康熙二十年，他特地在懋勤殿召见于成龙，称他

康熙御笔"治隆唐宋"

为"当今清官第一"，还赏赐白金、良马、御诗等，勉励他始终如一，保持气节。于成龙自此为政更加勤勉，常常通宵达旦。他善于微服私访，升任两江总督后，属下官吏不敢为非作歹，不久江南风气大为改观。但是，深受康熙信任、政绩卓著的于成龙后来受挟私报复者陷害，被迫离任。康熙又特下诏令留任。他去世后，遗物只有一袭棉袍和一些盐豉。康熙始知于成龙的确一生廉洁，康熙感慨不已。为了使廉风发扬光大，他特地为于成龙题了"高行清粹"四个大字。

康熙对于成龙的去世十分痛心，他询问廷臣："当今像于成龙这样清廉的还有几人？"廷臣当堂举荐了张鹏翮等七人。康熙南巡经过张鹏翮的任所兖州

---

[1] 语见《清史稿·于成龙列传》："（康熙）曰：'朕博采舆评，咸称于成龙实天下廉吏第一。'"

府，发现果然名不虚传，从此一再提拔重用。陈瑸是康熙晚年时出现的清官。他认为，贪取一钱与取千百万金没有什么差别。因此，他的衣食住行都十分俭朴，对不义之财分文不取。他独自骑马带着行李到山东首府济南赴任，官吏们谁也没有认出他就是新任巡抚。康熙称他为苦行老僧，并说："陈瑸出身非世家大族，又没有门生故旧，天下人对他的清操交口称誉，不是确有实事，哪能名闻遐迩？"因此，康熙在他病故后追授礼部尚书，荫一子入监读书，以表示对清廉之臣优礼有加。

由于康熙对整饬吏治坚持不懈，不断清除贪官、褒扬清官，在一定程度上保证了国家机器的正常运转。但是当时的官吏日渐腐败，加上俸禄也确实偏低，已经积重难返，康熙费尽苦心进行的察吏，也只能是小修小补，并不能从根本上扭转当时的政风。

康熙统治初期，尽管各地的反清斗争已经被基本镇压下去，但是民族矛盾仍然相当尖锐。三藩之乱就带有明显的民族色彩。尤其还有相当多的汉族知识分子采取不合作态度，这一切都构成了对清王朝的潜在威胁。康熙认为，士为四

《康熙南巡图》（第十卷），现藏于北京故宫博物院。画面描写康熙帝一行从浙江北返过江苏句容至江宁府（今南京）的情景。

《康熙字典》书影

民之首，要争取民心，扭转汉族人民的反清情绪，关键在于促使汉族知识分子转变反清立场。于是，康熙采取了种种措施争取和笼络汉族知识分子。

他首先从尊重汉族历史传统与儒家文化开始。例如在他南巡时，曾多次亲自拜谒明太祖的陵墓，并亲笔写了"治隆唐宋"的匾额，悬挂在陵殿前。他还提出要查访明室后代，授予官职，让其看守陵墓。后来没有查到，便改派清朝官员按时致祭。他还亲临孔庙祭祀，对孔子的后裔大施恩宠，从感情上对汉族士大夫进行笼络。

除了进行传统的科举考试外，康熙还于康熙十七年（1678）特设"博学鸿词科"，千方百计吸引明代遗老及各种人才参政。康熙还要求各级官员都要将自己知道的学行兼优之士举荐给朝廷，以便他亲自考察录用。经各地官吏推举，有143人参加了康熙十八年（1679）的体仁阁考试。清政府给了应试者十分优厚的待遇，除了发给往返路费、衣食费、柴炭银外，康熙还亲自赐予了丰盛的筵席加以款待。表面上考试进行得郑重其事，康熙还亲自阅了卷，但实际上对应试者十分迁就，百般照顾。严绳孙只做了一首诗，潘耒、施闰章的诗不合韵律，都被录用。彭孙遹故意将词写得言词不通，也被录为一等。可见，为了广泛招揽人才，康熙不拘一格，确实花费了一番苦心。这次考试录用的50人都被授予了翰林院的官职，奉旨编修明史。高官厚禄和种种特权使这些人逐渐放弃或动摇了反清立场，落第的文人学士也无颜再以明代遗老自居了。博学鸿词科的设立确实起到了一箭双雕的作用。

但是应试的只是当时汉族学者的二、三流人物，而顾炎武、黄宗羲、李颙等著名学者始终拒绝应试，康熙对他们也采取了宽容的态度。关中大儒李颙以身体有病为理由拒不应试，被强行从家乡抬到西安，李颙便绝食抗议，连续六天汤水不进。清朝官员无可奈何，只好又派人将他送回。后来，康熙来到西安，指名要见李颙，李颙托病推辞。康熙不仅没有怪罪他，还亲题了"志操高洁"的匾额

赐给他的儿子以示褒扬。太原的傅山被役夫用床抬到京城外30里的地方，他誓死不入城，京中的王公大臣们慕名纷纷前来看望，傅山大模大样地躺在床上，既不迎送，也不施礼。结果地方官员只得以傅山老病为由奏请免试，得到康熙的准许。康熙所以能够容忍这些人抵制考试的种种大不敬行为，一方面是因为他们名满天下，影响极大，不愿意轻易触动他们；另一方面他们拒绝出仕，只是退居家中讲学著书，还没有直接触犯清王朝的统治。

不过，康熙朝也发生了十几次文字狱。如果说发生在康熙亲政前的庄廷龙一案与他没有直接关系，那么发生在康熙五十年至五十二年（1711~1713）的戴名世一案，便确系康熙所为了。戴名世是安徽桐城人，自幼聪颖好学，喜读史书。晚年他身居故里，整理了《南山集》一书。书中记载了南明诸王的史事，并采用了同乡方孝标的《滇黔纪闻》中的一些史料。戴名世还主张以桂王死后的第一年作为清的定鼎之年。戴名世57岁才考中进士，担任了翰林院编修。谁想到59岁这年便大祸临头，他的《南山集》被左都御史赵中乔告发为诽谤朝廷之书。结果戴名世被判凌迟处死，戴氏、方氏家族16岁以上的男子全部被判处斩，女子及15岁以下的男子被没为家奴，族人的所有职衔全都被剥夺。到结案时，经"宽大处理"，戴名世才免遭凌迟，改判为处斩，方孝标这时已死，还被剉尸。只有族人方苞幸免于难，他原也被判处斩，只因其文章早已名满天下，康熙怕引起众怒，才下令"免治"，但仍然一度被编进汉军旗中受到管制。平时与戴名世有交往的官员，有30多人被降职，受到案件牵连的多达300多人。[1]

由此可以看出，出于巩固统治的需要，康熙确实笼络了一大批人才为清王朝所用，但他对汉人的猜疑仍然根深蒂固。

五、重农贵粟　勤勉好学

清兵入关以后，在多尔衮执政时曾大规模地进行圈地，把落后的农奴制生产方式强加在中原人民头上，严重阻碍了生产力的发展。顺治亲政后虽有所缓和，但由于当时大规模的战争尚未结束，因此到康熙时，广大农村还是满目疮痍，农民不得温饱，国家财政入不敷出。于是，康熙采取了一系列措施恢复和发展农业生产。

---

[1] 事见《清史稿·文苑一·戴名世列传》。

康熙即位后,便下令停止圈地。但由于鳌拜一伙人从中作梗,圈地仍禁而不止,有时规模还相当大。清除鳌拜后,康熙重申了永远停止圈地的命令,并要求将已圈土地还给农民。康熙二十四年(1685),康熙再次明确规定不许圈种民间新开垦的土地。这样,阻碍农业生产的圈地活动才逐渐被制止。直隶各省修建寺庙,侵占了大片农田,康熙也明令禁止。

鼓励垦荒是康熙采取的促进农业生产的又一项重要措施。明末农民战争期间,许多藩王的土地被农民耕种了。康熙承认了这一既成事实,下令各地督抚正式将这些土地给予原来耕种的农民,并禁止作价转让部分土地。这些被称为更名田的土地,约计有166000多顷,而且多是肥沃的良田,一经正式属于农民,大大激发了农民的生产积极性。康熙十二年(1673),为了鼓励在更大范围内垦荒,康熙宣布:各省今后开垦的土地,耕种10年后再交税。同时用授予官职的办法鼓励地主招民垦荒。规定开荒20顷以上,又通晓文义者,授予县丞,不通文义者,授予百总;开荒100顷以上,通晓文义者,授予知县,不通者,授予守备。这些措施对地主和贫苦农民都很有吸引力,于是河南、山东、直隶的老百姓纷纷前往东北垦荒,湖广人民也踊跃去四川垦荒。垦荒农民的汗水不久便换来了丰硕的成果。到康熙三十年(1691)左右,清王朝田亩达到了明王朝的高峰,比清初更翻了近一倍。到了康熙五十一年(1712),边远省份的荒地大多已经变成良田。无怪康熙颇为自负地说:"云南、贵州、广西、四川等

《耕织图》(清焦秉贞绘)

省，人民渐增，开垦无遗……"此时，除了无法耕种的不毛之地，可以称得上是"四海无闲田"了。

蠲免地丁钱粮，也是康熙为了恢复生产采取的又一项重要措施。统一台湾后，康熙认为，国家已经安定，要使百姓安居乐业，生活富裕，蠲免钱粮势在必行。康熙二十六年（1687），康熙下令免去江宁等七府及陕西全省600多万两钱粮，后来又先后蠲免过各省的钱粮。随着农业生产的发展，国库充裕了，蠲免钱粮的数额也随之增多。康熙四十一年（1702），因云、贵、川、粤四省没有经常得到蠲免，康熙下令宽免四省43年钱粮。以后康熙常下令全国各省轮免。据统计，自康熙元年到康熙四十四年，蠲免钱粮的总额达9000多万两白银。尽管得到蠲免政策实惠最多的是钱多地广的富户，贫苦农民相比之下获利甚微，但是不能否认，蠲免在一定程度上减轻了农民的负担。这种与民休息的政策，对于全面恢复和发展农业生产起到了积极作用。

《黄河筑堤图》（局部）

清初的赋役制度沿袭明制，随着农业生产的发展和人口的增多，已经不能适应实际情况。康熙先是下令修改赋役制度，于康熙二十六年（1687）完成了《简明赋役全书》。到了康熙五十一年，康熙又对赋役制度进行了重大改革，以清除旧赋役制度的弊端。康熙宣布：以康熙50年的全国丁银数为标准，以后永不增减，此后到达成丁年龄的人一律不再承担丁银。这项被称作"滋生人丁，永不加赋"的措施成了清代地丁制度的基础。后来，康熙又在广东试行了"摊丁入亩"的征税方法，即把全省丁税统统归入田赋，实行征收田赋带征丁银的方法。这样就在一定程度上改变了赋役不均的现象，使无地的逃亡农民免于丁银之苦，重新回到土地上来，也使负担向土地占有多者转移了一些。

治河和漕运都是康熙十分重视的大事，而漕运的恢复又在于治河的成功，因此康熙在兴修水利上倾注了许多心血。康熙执政期间治理的河流主要是黄河、

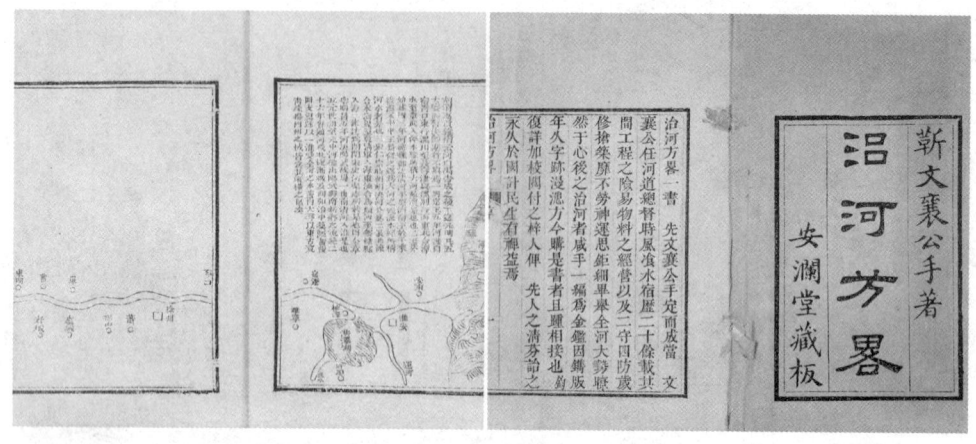

靳辅《治河方略》书影

淮河和运河。由于频繁的战争，黄河长年失修，形成了严重的水患。在康熙即位后的最初16年中，黄河竟决口67次。当时黄河下游的部分河道与淮河、运河汇合，黄淮泛滥后，洪水便倒灌运河，切断南北漕运。为了根治黄河，变水害为水利，康熙任命水利专家靳辅为河道总督，另一位专家陈潢做他的助手，开始了大规模的治河工程。当时正是三藩之战进行得非常激烈的时候，足见康熙对治河是十分重视的。靳辅采用了明代潘季驯"以堤束水、借水攻沙"的方法，又用开中河、修堤坡等方法作辅助，一年之后，饱受水患之苦的七个州县的土地便能够重新耕种了。又经过十几年的努力，水归故道，漕运无阻。对治河取得的巨大成绩，康熙曾在第一次南巡时，赐诗给靳辅加以嘉奖。康熙的六次南巡都以巡视治河工程为重点，对治河是很大的推动。他对治河的具体措施认真研究，提出了一些很有见地的意见。第三次南巡时，他沿途亲自用水平仪进行测量，发现黄河河床高于两岸田地，指出这是产生灾害的根源，要根治水患，必须深挖河道。他提出用木制的立体治河模型代替平面图纸，以便制定更切合实际的治河方案。他乘坐小舟，不避风浪，亲自察看水情。康熙还亲自主持了浑河的修治工程。浑河素有"小黄河"之称，经常改道，危害沿岸百姓的生命安全，有时还直接威胁京城。康熙曾经13次巡视浑河，经过试验确定了治河方案。在康熙的督促下，浑河治理工程于康熙四十年（1701）竣工，浑河遂改名为永定河。治理后的浑河堤岸坚固，两岸是百姓新盖的房屋和茂盛的庄稼，出现了一派繁荣景象。

康熙采取的一系列措施促进了农业生产的恢复和发展。到康熙末年，耕地面积和人口都有了大幅度的增长。国库收入十分充裕，年年有余。国库存粮达到

《康熙南巡图》第七卷，现藏于加拿大阿尔伯塔大学。画面反映了康熙帝时期江南无锡至苏州一带的繁华景象。

几千万石，京城的国库爆满，只得将漕粮截储在运河沿岸的苏杭等地。国库中有些粮食存放时间过长，竟变质作了肥料。

有感于明代奢侈败国的历史教训，康熙很注意节俭。南巡路过南京，他曾做《过金陵论》表达自己的这种心情。康熙初年，宫中所有人员合计才800余人，这与明宫廷仅宫女动辄几千、太监动辄几万相比确实是大大减少了。因此宫廷的费用与明代相比也大大节省了。明代仅光禄寺每年用银即达100万，康熙时只用10万；明代工部每年宫廷修造用银最少约200万，而康熙时只用二三十万；明代的宫中建筑都要用楠木料、临清砖；而康熙时除特殊需要，宫中一概用普通砖瓦。据康熙自己说，他的所有行宫都不进行特别装饰，每处花费不过一二万金，只占每年治河费用的1%。康熙还说，明代一日之费，可抵今一年之用。这话显然有些夸张，但也能说明康熙反对奢侈、提倡节省的效果是很显著的。

"满招损，谦受益"是康熙常说的名言。他为政讲求实效，一贯反对浮夸虚饰。因此，他多次拒绝了臣下为他上尊号的请求。[1]平定三藩之后，朝臣请上尊号，康熙拒绝说：乱贼虽已削平，疮痍尚未全复。如果政事不能修举，上尊号又有什么益处？朕断不能接受这样的虚名。讨平噶尔丹之后的康熙三十六年（1697），诸王、贝勒、贝子、文武官员及远近士民来到畅春园，搞了一次更大规模的请上尊号的活动。这已是第五次为康熙请上尊号了。康熙仍然坚决拒绝，他说："天视天听，视乎民生，后人自有公论。若夸耀功德，取一时虚名，大非朕意，不必敷陈。"后来，借他的生日等机会，臣下又多次请上尊号，但直到去世康熙也没有答应这些请求。他还一再拒收朝臣进献的生日贺礼，不准为他举行大规模的祝寿活

---

[1] 事见《清史稿·圣祖本纪》。

武英殿（摄于民国时期）

　　康熙十九年（1680）始，在西华门内武英殿设立刻书机构，使用铜版雕刻活字及特制的开化纸印刷，字体秀丽工整，绘图完善精美，书品甚高。直至清末，在长达200余年的历史中，武英殿先后刊行书籍数百种，此即"武英殿刻本"（简称"殿本"）之由来。

动。他50岁生日时，朝廷官员献上了鞍马缎匹和"庆祝万寿无疆屏"等生日贺礼，他婉言谢绝道："我的诞辰，你们这样进献，各督府也一定会仿效，所以我决不能接受。"在他去世前不久，他最后一次拒绝了群臣为他第二年举行"万寿七旬"贺礼的请求。康熙六十一年（1722）十一月七日，康熙病逝。

名家评说

　　满族是个了不起的民族，对中华民族大家庭做出过伟大的贡献。清朝开始几位皇帝都很有本事，尤其是康熙皇帝。

——毛泽东

　　康熙帝是一位很有作为的君主。

——白寿彝《中国通史》

　　玄烨大帝，这个中国历史上最英明的君主之一，年轻气壮，有刘邦豁达大度的胸襟和李世民知人善任的智慧。

——柏杨《中国人史纲》

世宗胤禛

清世宗胤禛（1678～1735），清朝第五代皇帝，清朝康熙帝的第四个儿子。公元1722～1735年在位，谥号"宪皇帝"，庙号"世宗"。因其年号为雍正，所以历史上也称"雍正（帝）"。他即位期间，勤勉为政，知人善用，增加国家收入，改革国家制度。他的统治既为乾隆皇帝的清明政治奠定了良好的基础，也对中国的发展有着深远的影响。

一、韬光养晦　终登皇位

胤禛与康熙众多的儿子一样在帝王家的荣华富贵中慢慢长大。康熙对他的儿子们是严厉的，教育抓得非常紧。皇子年满6岁便入南书房读书，学习的课程有满文、汉文、蒙文及儒家的经史书籍，另外还有军事、体育等课目。皇子的师傅都是翰林院中的博学大儒。皇子上课的规则是严格的。每天五鼓天还未明，便须起床，进书房学习。每天的课程皆是排好了的，先读史、作文，然后由满文师傅教满文，下午学习骑射。直到太阳落山，一天的功课才算结束。康熙对诸皇子要求甚严，经常在繁忙的政务中检查皇子的功课，尤其告诫他们要熟读四书五经，贯通性理，以儒家的伦理道德规范自己，成为一个德才兼备的人

清世宗胤禛

上之人。

随着诸皇子年龄的增长，康熙皇帝还让他的儿子们接触一些军政事务，经受实际锻炼，以增长知识和锻炼处理问题的能力。自八岁以后胤禛经常随父皇去边塞，了解边塞形势。康熙三十二年（1693），15岁的胤禛同几位哥哥参加了曲阜祭祀孔子大典。第二年和康熙三十九年（1700）两次随父亲考察了永定河（又名浑河），并亲自主持了永定河的治理。康熙三十五年（1696），胤禛与诸兄弟参加了对噶尔丹的讨伐，他受命掌管正红旗的大营，虽然这只是象征性地坐镇正红旗，并没有真正亲临前线、躬冒矢石，胤禛还是从中学到了许多知识。康熙四十二年（1703），他跟随康熙南巡，由德州、济南、泰山、沂州，经淮安、扬州、镇江而达杭州。返途经南京、沛县、东平、东昌返京。历经四个月时间，胤禛详细了解了沿途风俗民情及运河闸坝工程。

清朝的传统原是不立太子的，皇位的继承人是老皇帝死前指定的。这种不立储君的方法既有利也有弊。其利在于各个有继承皇位希望的人都能效忠皇帝，拼命出力，博取皇帝好感，以求被立为君。弊在不立储君，觊觎皇位者多，容易造成父子兄弟之间的勾心斗角，甚至刀兵相见，酿成争位的大祸。康熙皇帝即位后斟酌立太子的利弊，决心改变清朝的习惯，学习前人立嫡长子为太子的办法。康熙十四年（1675），他将孝诚皇后所生年方两岁的皇二子胤礽立

胤 礽

爱新觉罗·胤礽（1674—1725），清圣祖玄烨第二子，母亲为孝诚仁皇后，是清朝以及中国历史上最后一位经过公开册立的皇太子。胤礽自幼即聪慧好学，文武兼备，并数次监国。二次以罪被废黜，禁锢于咸安宫。雍正帝继位之后将其改名为"允礽"，雍正二年（1724）幽死，年五十一。后被追封为和硕理亲王，葬于黄花山（今天津蓟县），谥曰"密"。

乾清宫

乾清宫正殿高悬着顺治皇帝御笔亲书的"正大光明"匾，这个匾背后藏有立储诏书的"建储匣"。建储匣制度的设立是为了避免皇子之间争夺皇位而采取的秘密建储办法，即皇帝生前不公开立皇太子，而秘密写出皇位继承人的诏书，一式二份，一份放在自己身边；一份封藏在"建储匣"内。皇帝驾崩后，由顾命大臣共同取下"建储匣"，和皇帝秘藏在身边的那份对照核验，经核实后宣布皇位的继承人。雍正、乾隆、嘉庆、道光、咸丰都是按此制度登上宝座的。

为太子。皇长子胤禔因为是庶生，没有得立。其后，康熙的几个儿子争夺储位，刀光剑影，不可开交。胤礽立而废，废而又立。

康熙因废太子问题，劳神伤心，生了一场大病。而诸皇子多忙于经营势力、争夺储位，很少关心父皇的病。只有胤祯和胤祉问医问药，关怀备至，很得康熙的欢心。所以，在胤礽复立之时，康熙大封诸子，胤礽与胤祉、胤祯一起被封为亲王，超过了胤禩、胤祺等人。此外，胤祯很懂得伪装，韬光养晦，避免锋芒太露而遭忌妒。他能在形势未明之前与各方面都保持良好的关系，有效地保护自己。他虽然对胤礽表示关心，同时也与胤祉保持某种联系。对其他兄弟，他在父皇面前只说好话，不讲坏话。有人需要时，他都能给以支持。他得到亲王之封后，自己上奏要求降低世爵，提高其他兄弟地位。他这样的做法，很得康熙好感，称赞他明白事理，从而获得了康熙的信任。

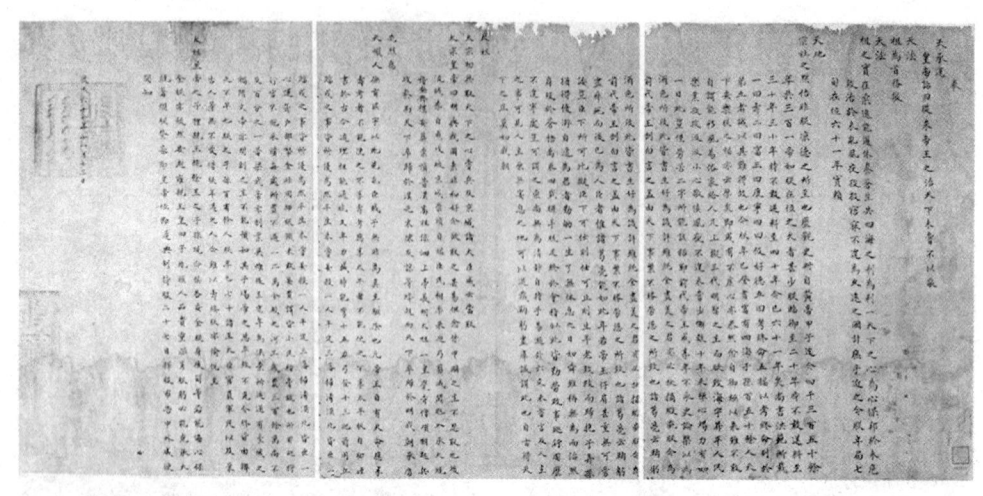

康熙帝遗诏

　　胤礽的复立并没有平息诸子之间的争夺，也没有消除他与父皇之间的矛盾。胤礽复位后，照旧收集党羽，招兵买马，迅速纠合了一批亲信大臣。眼见他羽翼日益丰满，日益骄横无忌，康熙只得再次采取断然措施，于康熙五十年（1711）十月再次废掉了他，逮捕了太子党人，将托合齐焚尸扬灰，耿额、齐世武等人锁拿审问，同时明确表示不再立太子。他说没有合适的人，立了反而引起争斗，本朝向无立太子惯例，不立亦不为过。

　　巧于心计的胤禛看清了胤礽、胤禔，包括胤祉都不可能被父皇选为嗣君了，他在其他诸皇子中年龄居长，占据了一个好的地位，当然也就产生了接班的想法，暗地里做些准备。胤禛的做法是尽可能地迎合父皇的意旨，取得父皇的喜爱。外松内紧，一方面底下加紧活动，分别取得了守卫京师的步军统领隆科多和在西北手握重兵的川陕总督年羹尧的支持；一方面向父皇，向世人表现出自己对皇位没有兴趣，麻痹康熙和诸位弟兄。

　　自胤礽二次被废之后，康熙对胤禛更器重了，许多重要的国务活动让他参加。康熙五十一年（1712），胤禛参加了对太子党人的审判。康熙五十四年（1715），参与议定西北军事。五十七年（1718）皇太后安葬，胤禛代父读文告祭。康熙六十年（1721），康熙登极60年大庆，胤禛前往盛京大祭。回京后，又衔命祭祀太庙、后殿。同年，会试不第士子以取士不公闹事，胤禛受命处理。当年冬至，他还奉命代父皇祀天于圜丘。康熙六十一年（1722），胤禛带人盘查京通仓物。这说明，康熙对胤禛继位已有了一定的想法，让其全面参与军政事务。

康熙六十一年（1722）十一月七日，康熙皇帝病了，冬至的祭天礼由胤禛代行。十三日，康熙在畅春园召见胤禛，在胤禛未到之前，康熙已向在病榻旁的胤祉、胤祥、胤禩、隆科多等人交待由胤禛继皇帝位。胤禛到后，向父皇问安，康熙告诉了他病症，胤禛含泪进行了劝慰。到晚上八点左右时，康熙溘然长逝，胤禛哀号痛哭。隆科多当众口头宣布康熙遗诏，命胤禛即位，胤禛当时惊恸昏倒，在大家的劝慰下，强起办理父皇丧事。当晚将康熙遗体运回后宫，次日封胤禩等人为王。召胤禵回京，关闭京城九门。十六日向天下颁布遗诏。二十日，胤禛登上了皇位，受百官朝贺，改第二年为雍正元年。宣布继承父皇的一切法规，不作变更，呼吁皇室团结，诸兄弟一体，共图清朝万世之固。

雍正的即位是不是康熙的意旨、合法与否，一直是人们议论的话题，众说纷纭，莫衷一是。

二、惩除政敌　巩固皇权

雍正坐上皇帝宝座，他的兄弟们，尤其是胤禩、胤禵是不死心的。一天不彻底解决兄弟间的争斗，他的皇位就一天坐不稳。而这件事情的处理又远较一切事情为复杂，不能不花费他大量的精力。

雍正即位的第二天便封他的政敌胤禩为亲王，让他和胤祥（皇十三子，与雍正关系最好）、隆科多以及胤禩的亲信马齐一齐为总理事务大臣，办理一切事务。同时还任用了胤禩的一些亲信人物。雍正这一着大出人们意外。胤禩的手下人个个弹冠相庆，只有胤禩心怀疑惧。他对人说："皇上今日加恩，焉知没有明日杀头之意？"胤禩作为局中人自然比别人想得深刻。但雍正这样做却有效地堵住了许多人的嘴；同时也将胤禩控制在自己手中，逐步分化他的亲

胤禵

信，力求暂时稳住胤禛，以待时机成熟时再下杀手。

对待同胞弟弟胤禵，雍正真是不好下手。胤禵是皇位最有力的继承人，又加上社会上传扬的雍正夺了胤禵皇位的谣言，胤禵很是受人同情，因此，他具有潜在的号召力，雍正决不能掉以轻心，泛泛视之。父亲一死，雍正火速令胤禵回京参加父皇的丧事，将前线军事交与雍正的大舅子年羹尧处理。胤禵到京之前，专门派人请示，是先谒父皇梓宫，还是先朝见新君。雍正命他先谒父皇灵柩。胤禵到灵堂望见父皇灵柩，百感交集，哭倒在地。胤禵对登上皇位的亲哥哥，当然满怀仇恨，但人在矮檐下，又不得不敷衍向哥哥叩头。雍正为表示自己的兄长风度，上前扶他，胤禵却不理他。这使雍正非常不快。雍正因此借这件事，斥责胤禵"气傲心高"，削除了他的王爵，只保留贝子封号。过了一个月时间，雍正和诸皇子送康熙灵柩安葬东陵。事毕后，便令胤禵留下看守父陵，实际上便把他囚禁在了遵化。胤禵的几个亲信也被收拿治罪。

雍正对胤禵的无情，使他们的母亲吴雅氏非常伤心，但她管不住胤禛，帮不了胤禵，一气一急之下便生出病来，雍正元年（1723）五月二十二日得病，次日便死了。这个小家出生的女人，无福去做荣贵的皇太后，撒手离开了这个骨肉之间不能相亲相爱的世界。吴雅氏的死，据雍正的政敌说，是她要见胤禵，雍正不允许，她一气之下撞了铁柱子，这个说法真实性颇大。雍正为了安慰他的母亲，马上封胤禵为郡王，但仍圈因在遵化，胤禵的妻子也很快染病而死。胤禵遭到如此打击，感到悲愤而又沮丧，向雍正表示他已走到生命的尽头，希望哥哥放他一马，因此以后才保住了自己的性命。

皇九子胤禟、皇十子胤䄉亦是胤禵的支持者，他们对雍正的登基同样心怀不满。雍正命胤禟前往西宁办事，暗里令年羹尧把他软禁在西宁。同时借故将胤䄉革去郡王爵位，囚禁于京师。对废太子胤礽、大阿哥胤禔，他照样予以严行禁锢。

胤　禵

雍正在处理诸兄弟中，初期并不残酷，不危及他们的生命。他知道在他刚继位时若开了杀戒，会激化皇室的矛盾，反倒不利于他的统治。但雍正对诸兄弟政治上的迫害却是一步一步加紧的。

经过了两三年准备，雍正权力业已巩固，他就准备彻底解决问题了。雍正四年（1726）正月，雍正罗列了胤禩种种不法，将其降为民王。圈禁高墙，赐名"阿其那"，意为狗。五月向内外臣工、军民人等颁布胤禩等人罪状。胤禟赐名"塞思黑"，意为猪。同年八月，胤禟被害于保定。[1]其后，胤䄉、胤禵也先后不明不白地死于禁所。惟有雍正同母之弟胤禵保留下一命，活到乾隆二十年（1755）。

至此，雍正彻底结束了诸兄弟争夺皇位的斗争，巩固了他的地位，加强了皇权，确定了他不可动摇的权威。雍正从皇位的争夺中摆脱出来之后，以更多的精力投入到了治理国家的事务中去。

三、改革积弊　禁止朋党

康熙后期，官吏贪污，吏治腐败。因此钱粮短缺，国库空虚，造成很多严重的社会问题。雍正当皇子时深知，要富民富国首先便是整顿好吏治。但是，整顿吏治，在官僚队伍头上动土也不是容易的，弄不好则一发不可收拾。雍正知道"吏治乃一篇真文章也"，他决心做好这篇真文章。

钱粮亏空是当时的一个大问题，主要出在官吏贪污上。雍正继位后，内阁起草登极恩诏，就开列了豁免官员钱粮亏空一条。雍正马上觉察了，当即将这条勾去，他决不宽恕官员的贪污。雍正元年（1723）十二月十三日，他给户部下达了全面清查积欠钱粮的命令，让各地严格执行。查清亏空何项，原因是什么，并责令所有亏空三年内必须补齐，且不许苛派于民间。因上司勒索及公用者分别处分，属侵欺贪污者，赔补外还要惩办主犯。随即，在中央设立会考府，由怡亲王胤祥、隆科多负责将清查进行到底。

会考府是中央的审计机关，各部、各省皆由其督责。会考府查出户部亏空250万两，雍正令户部历任堂官、司官、部吏赔150万，另100万两由户部逐年弥补。清查中涉及高级官员也决不容情，当时有许多郡王、贝子将家产拿到大街上变卖赔补亏空。对有些贪污多的官僚，雍正就抄他的家，以家产抵空。

---

[1] 事见《清史稿·世宗本纪》。

胤禟

地方的清查更为雷厉风行。因亏空，许多省级官员被革职查封抄家。对赃官，采取更为严厉的手段，抄家之外，命其亲戚代赔。凡亏空赃官，一经揭露便予革职。各省被革职罢官的官员多达三成，有的达到一半。因此，社会上说雍正"好抄人家"。雍正则说这是应该的，不能让贪官污吏占到一点便宜。全国全面的清查收到很好的效果，三年之间，基本上清理了康熙以来的所有积欠，充实了国库，打击了贪官。

官吏的贪污有官僚队伍的素质问题，在清代还有具体客观原因，那就是官吏俸禄太薄。清朝一品官每年才180两银子，七品官45两。靠这一点俸禄家口都养不活，还要送往迎来，年节应酬，打点上司。要让他们不想另外的办法来搞钱，除非让他们饿死。所以，清朝官场上地方官靠的是苛捐杂税，最主要的是征收赋税银两时加收"火耗"，来充填私囊。上面清寒的京官、省官，靠的是下边各种名目的送礼来生活。这样一个官场，怎么能不腐败。

各级地方官员，贪污勒索的手段一般均以"火耗"为名。其所用名义是国家征收赋税为散银，上交国库时要熔铸成银锭，因此要有损耗，称为"火耗"。因此要多征，用多征的部分弥补损耗。另外，征粮还有"雀耗"、"鼠耗"等名目。"火耗"之征，各地不同，但都越来越重，有的地方一两正赋加四五钱"火耗"。雍正非常清楚，无限制地征"火耗"就是剥削民脂民膏，久而久之，非酿成大乱不可。可是如果禁止收"火耗"，各级官员又断了财路，断了生路。雍正很慎重地考虑这个问题。雍正三年（1725）五月，湖广总督杨宗仁提出"火耗"由国家规定征收数，统一征收。一部分归到省里做公用，一部分分给各级地方官。他的意见，得到了雍正的赞赏。

为了慎重起见，雍正命议政王大臣召集中央有关部门详加议处。讨论的结

果，各执一说。雍正大为恼火，斥责他们目光短浅，于是不再听他们意见，雍正四年七月断然下令实行"火耗归公"。规定各地火耗征收比率依各地情况而定，只许比原数少，不许增加；所收"火耗"全部提解到省，拨出一部分作为官吏养廉银，其他用于地方公费。此法很快全国实行，各地"火耗"率皆比原额有所下降，多的由80%降到18%，如山东等省，全国各省"火耗"率普遍保持在20%以下。"火耗"归公后给各级官员发放养廉银，养廉银的数额很多，远远超过俸禄。如一品官养廉银每年有2万两，是其俸禄的100多倍，七品官养廉银亦达2000两左右，是其俸禄的40余倍。

清理亏空、火耗归公、实行养廉银三事同时进行，使官吏对小民任意加派、官场间收受规礼、贪污勒索的陋习有了很大改变，促使官僚队伍走向清廉。同时也使国库充实，地方公费充足，收到了一石二鸟的效果。

为了增加国家收入，打击不法地主官僚逃避赋役，平均劳役、丁役，或将负担转到小农头上的情况，雍正三年（1725），雍正决定实行"摊丁入亩"制度。将丁役摊到土地上去，谁田多，谁出力役多，没田的少出役。这个办法当然是对小农有利的。自明朝张居正"一条鞭法"提出这个设想百年来一直实行不下去，雍正决心完成它。他以明确的认识、坚强的毅力促成了这一赋役制度的大变革。此后没有了丁役，小农负担减轻了，压抑了富户，扶植了贫民，彻底解决了丁役不均、放富差贫的弊端。从另一方面说，因土地是固定的，而人丁是流动变化的，因此丁粮合收，使清政府的丁银收入有了保证，因此对国家亦是有利。所以这次赋税改革是一个有重大意义的历史事件，促进了生产的发展。

四、加强集权　巩固边疆

雍正是一个精明的皇帝。他非常了解康熙后期上上下下报喜不报忧给他父亲造成许多事情的失察。他登上了皇位，便不能再容许这样

雍正对联
俯仰不愧天地　褒贬自有春秋

的情况发生。要更加牢牢地掌握自己的权力，便需要十分清楚地了解全国每天发生的事情，做到耳聪目明。为了这个目的，雍正对王朝的行政制度做了一些改革和创造。主要的改革，一是完善了密折奏事制度，二是创设了军机处，目的是加强皇帝的集权。

清王朝的公文往来，主要是题本和奏本。题本是官员因公事所上的奏章，要加官印。奏本是个人私事，不用公章。二者皆由通政司送皇帝，其实到皇帝之前便已由内阁看过了，因此这两种公文都是公开的。这样，便有许多局限，有些事情官员不敢公开讲，皇帝便无从知道。所以康熙年间便产生了补救的办法——秘密奏折。秘密奏折是皇帝最为心腹的人、最相信的人才能用的。所奏内容，风俗民情、地方治安、官员情况以及气候、粮价、民间琐事无所不包。这种奏折直接送皇帝，别人不得开启。皇帝看完，批示后发回本人保管。但是康熙时期，能用密折奏事者不多，还没有形成严格的密折制度。

雍正上台后，感到密折是了解下情的最好办法。他首先扩大了可写密折人的范围，令各省督抚皆有此权限。后来又给提督、总兵官、布政使、按察使和学政官员密折权力；一些中下级官员经过雍正特许，亦可密折奏事；临时差往地方

清军机处

的官员亦有此权。估计雍正朝先后拥有密折奏事权的可达1000多人。

密折制度的建立，使雍正更能对全国上上下下了如指掌，广辟耳目。因此，处理各类事情就能洞察秋毫，一言中的，加强了行政效率。雍正朝一切大政皆有密折的功劳。火耗归公、摊丁入亩、改土归流，雍正皆有周密的调查，详实的论证，因此施行起来得心应手。密折又起到了严密控制官员的作用，使官僚人人自警自惕，兢兢业业，一心为公。因为，他们的所作所为皆逃不脱雍正的眼睛，密折像一根无形的鞭子，驱赶着他们。雍正创立密折制度没有明代东厂之弊，而收东厂之实效，这正是雍正的高明之处。

年羹尧

雍正的另一创造便是设立军机处。雍正七年（1729），西北对准噶尔用兵。为了更准确、迅速地处理各种军机大事，雍正在他的寝宫养心殿附近设立了军机处。军机处不是一个衙门，没有属员，只是一个临时处置机密军事事务的机构，内设军机大臣和军机章京。军机大臣不是专职，是临时抽调来的、雍正比较信任的官员，原来的职务照兼。军机章京也是抽调来的，仍属原衙门编制，升转在原衙门进行。军机章京是负责文字工作的秘书类人物，雍正以军机处为工具，他的谕旨直接由军机处转发。雍正每天都定时召见军机大臣，有事随时召见，军机大臣常半夜不能休息。

军机处初设是办理西北军务，后来雍正觉得军机处用得顺手，西北军务完毕，便用来办理国家所有机密事务。所以在雍正手中，军机处已代替了内阁，成为国家实际事务中枢。凡重要机密之事皆由军机处办理，内阁只能办一般性事务。军机处除了承命办事之外，还有为皇帝出谋划策、提供咨询、参加议政的任务。军机大臣是雍正挑选的，统统属于他的亲信，事事秉命于他个人，因此雍正非常牢固地抓住了国家一切权力。

雍正继位时，清王朝的边疆地区并不安定。首先是青海、西藏动乱不已。

青海、西藏地区的蒙古人在康熙时已归顺清朝。但由于准噶尔部的挑动，青海的罗卜藏丹津在雍正元年夏天叛乱。他放弃清朝封爵，恢复旧日称号，进攻不跟他合谋的另外两个蒙古亲王，扣留清朝官员，进攻西宁。雍正听到前方传来的消息，决心武力平叛。谕令川陕总督年羹尧为抚远大将军，主持剿灭军事。[1]年羹尧作了周密部署，雍正元年冬天，连打了几个胜仗，降敌10万。罗卜藏丹津逃到了柴达木。岳钟琪率5000精兵，乘大雪直捣敌巢。第二年二月初八大败罗卜藏丹津，俘其母亲和妹妹，罗卜藏丹津男扮女装逃往准噶尔。其后，清对青海地区加强了统治，设立了青海办事大臣，处理蒙藏民事，下置若干州县，使青海直接隶属于中央政府，改变了康熙时对青海间接统治的方法。平叛后，在青海各地开展了屯田，兴办农业水利，对当地少数民族经济发展多方扶持，取得了很大成功。

西藏地区在康熙时已驱逐了准噶尔势力，并留兵2000驻守，任命亲清的藏人担任西藏地方领袖。雍正元年，雍正听四川巡抚之请从西藏撤回了军队，雍正五年（1727）便发生了阿尔布巴叛乱。后藏政府首领颇罗鼐率兵坚决平叛，与敌周旋。雍正闻讯令川、云驻军出兵进藏。次年秋，一举平定叛乱。西藏平定后，雍正从长远利益考虑，决定强化对藏控制，在西藏设立了驻藏大臣，留兵2000人防守。同时，将西藏宗教领袖达赖六世迁于康定，派兵看守。这些举措，初步稳定了西藏局势。

西北准噶尔部在康熙年间数次发难，经康熙几次用兵，形势趋向缓和，但依然与清朝处于敌对状态。经常挑起事端，挑动青海、西藏、蒙古地区的蒙古族闹事。因此，准噶尔部不平，清朝的西北边

雍正戎装像

---

[1] 事见《清史稿·世宗本纪》。

鄂尔泰

——从清道光九年（1829）长洲顾氏刊本《吴郡名贤图传赞》（清顾沅撰，孔继尧绘）

鄂尔泰（1677—1745），西林觉罗氏，字毅庵，清满洲镶蓝旗人。官至保和殿大学士兼军机大臣、太傅，赐号襄勤伯。病逝后，谥文端，配享太庙，入祀京师贤良祠。

境便不得安宁。雍正继承其父遗志，决心彻底解决准噶尔问题。但由于雍正决策的失误和前线将领的轻率用兵，清军多次失利，直到雍正去世也未能达到目的。

西南云贵地区向为少数民族聚居之区。明代以来中央皆以土司制度统之，即由少数民族酋长自治。这些少数民族头人世世代代承袭其职务，对当地人民进行残酷压迫和剥削。土司之间又经常为争夺土地山林人口而争战，有时候又联合起来反叛中央政府，抢掠汉族及他族人民，明朝时一直为国家大患。清朝也沿袭了明的土司制度，行之近百年，土司制的各种弊病愈演愈烈。

雍正从康熙年间便深知土司之弊，但怎么解决也没有办法。雍正二年冬，雍正任命鄂尔泰为云贵总督，让他一方面平定贵州土司叛乱，一方面认真调查研究找出解决土司问题的根本办法。雍正四年（1726）九月，鄂尔泰提出云贵土司改土归流的设想。[1]雍正认为这是治本之策，便当机立断，责令鄂尔泰完成此事，并且迅速为他配备了必要的助手。为了鄂尔泰工作的方便，雍正重新改定了云贵川的行政区划，授他为云贵广西三省总督。

鄂尔泰在雍正四年下半年开始剿平了叛乱土司，首先对这些土司改土归流，然后推及于未叛土司。废除少数民族的头人，设立府县，派遣流官管理，并

---

[1] 语见《清史稿·鄂尔泰列传》："四年春，（鄂尔泰）疏曰：'云、贵大患无如苗、蛮，欲安民，必制夷，欲制夷必改土归流。'上深然之。"

力行清查户口、田土，对忠于朝廷的土司给以荣誉世职，妥善安置。到了雍正八年（1730），云贵改土归流工作基本完成。此举打击了叛乱分裂势力，加强了中央对西南少数民族地区的统治。

五、善于用人　勤于治政

雍正才思敏捷，他每天都要看大量的文件、密折，亲自书写批示，少则数字、数十字，多则上千言，皆是一挥而就，且行文流畅，入情入理。他作的批示很少涂抹、改动，往往几百字、上千字的批示一字不动，或很少改动。雍正的书法亦很好，康熙很欣赏他的字，每年都令他专写扇面，多达100多幅。他留下的手迹很多，现存朱批奏折原件还可以看到他的字，运笔流畅、娴熟，结构严谨，功底深厚。

雍正的政治才能表现在他了解下情、了解臣下、了解自己，能够运用一切手段去实现他的政治目标。

雍正说他事事不如其父，惟有了解下情比康熙强。他清楚地知道天下弊病在哪里，官场恶习什么为最劣，因此处理政务得心应手，没有什么事情能瞒过他的眼睛。尤其是他的知人善任、控驭臣下的本领更为他人所不敌。

雍正常说："治天下惟以用人为本，其余皆枝叶事耳。"在通行"人治"的中国封建社会，雍正的认识可以说是非常确切的。只要用人得当，天下皆可以治。雍正在做皇子的时候，就形成了他自己的用人原则和用人风格。

康熙用人较为宽厚，官僚队伍相对稳定。但是，康熙时形成了庸才充斥、官场腐败的现象。雍正欲一改康熙末年

《雍正帝读书图》

《雍正祭先农坛图》

状况，造就一支振奋有为、有开拓性的官吏队伍，来保证他的政治目标的实现。因此，雍正用人原则便不同于他的父亲。雍正的用人原则，用他自己的话说就是"用人原只论才技，从不拘限成例"。中国历代人君用人的不同总在于德与才的如何偏重，也就是重德还是重才。德才兼备的人是有的，但数量少，远不够国家之用。大部分官僚皆属中才，就看人君怎么使用。一般来讲，德高者往往才不具，多为忠厚老成、谨小慎微、兢兢业业、缺乏开拓精神的君子型人物，这种人可以信任，但不能用于成就一项大事业。而有才者，又往往恃才傲物，不拘泥于道德的约束，不容易驾驭，甚至大节、小节皆有瑕疵，为君子所不齿，经常受人攻击，而成就大事业往往是这样的人物。

雍正用人是以历史的要求为原则的。在他那个时代，为着除旧布新、革新政治，必须用一批有才干的大臣，就是这样的人有这样那样的错误也要用。他认为国家设官定职原是为了办事，而不是为了用人，尤其不是以官职养闲人、庸人。谁能把事情办好就用谁，而不必拘泥于他的出身、他的声望或德性，在这个前提下，对有缺点的才干之臣加强教育，对庸才则要让他腾出位子来给有才能的人。雍正曾在田文镜的密折上这样批道："凡有才具之人，当

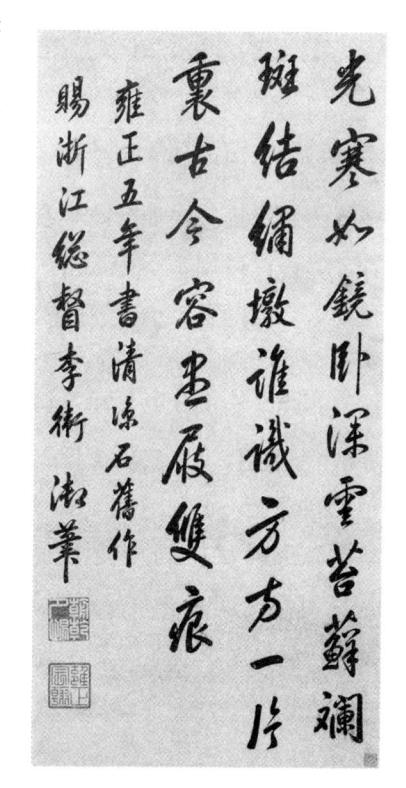

雍正帝赐浙江总督李卫御笔

惜之、教之。朕意虽魑魅魍魉，亦不能逃我范围，何惧之有？及至教而不听，有真凭实据时，处之以法，乃伊自取也，何碍乎？卿等封疆大臣，只以留神用才为要，庸碌安分、洁己沽名之人，驾驭虽然省力，惟恐误事。"可以说，这段话概括了雍正的用人之道。

对官僚，即使是贤才，雍正要求也很严。历代君王要求大臣不过"清、慎、勤"三个字，而雍正认为只有这三条要求还不够。做官，尤其是高级官吏，还应当眼光远大，有全局意识，胸襟宽广；不然的话，人品再好也不过一具木偶泥胎。对于真正的才干大臣，雍正打破了官吏升转惯例，给以高官厚禄、越级提拔。他给几个心腹大臣田文镜、鄂尔泰等人的上谕中，一再让他们荐才，虚己以用，不拘资格。而对于疲软官员，他动真格的，以察典处之。雍正时期，无能的官员被罢斥的很多。雍正也因此得了个"刻薄寡恩"的名声。

《雍正行乐图》

从整个雍正时期看，雍正对于才干之臣一点也不刻薄。他常常用赏赐世职、加级、赐四团龙补服、双眼花翎、黄带、紫辔，赐"福"字、赏食品药物等办法奖励能臣。有病的大臣，他亲派御医前去看望。像杨宗仁、宋玮、方觐都受过这种殊荣。江苏巡抚陈时夏要将在云南的老母迎养于任所，雍正就令云南督抚将陈母送去。对政见不同的大臣，只要他公忠任事，雍正照样信任。像朱轼，曾反对搞耗羡归公、反对西北用兵，但朱轼有才干，忠于朝廷，雍正照样信用他。[1]李元直为监察御史，疏奏中侵及雍正，言词激烈，雍正认为他没有恶意，

---

[1] 事见《清史稿·朱轼列传》"轼疏言：'法吏以严刻为能，不问是非曲直，刻意株连，惟逞锻链之长，希著明察之号。'上深嘉纳之。"

赐给他荔枝，要他直言无妨。这种例子在雍正时非常多。

雍正的用人有他自己的特点，可以说是才德并重，而偏于才，那些沽名钓誉、洁身自好、庸懦守旧的人他是不用的。他的这种用人方法辅成了他的一代之治。

雍正很自信，过分的自信，这就决定了他性情刚毅。他教育臣下不要瞻前顾后，优柔寡断，拿不定主意，要认准了就干，不怕困难。他本人就很果断，摊丁入地、火耗归公都是他认准了的，所以不顾舆论坚决干到底。他这种性格的另一面就是急躁。康熙皇帝曾就此批评过他，说他"喜怒无常"，实际掌权后性格也没改变过来。他轻举妄动的事也不少，如强迫闽广士人学官话，结果毫无成效。他气愤时常说过头话、走极端，有暴怒的毛病。经常有这样的情况，一个官员激怒了他，他在批示上将这人大骂一顿、狗血喷头，当转过念头来，又去表扬人家。他性格刚愎，但有时也能认错。年羹尧等案处理后，他也多次公开认错，说自己用人不当，应当引咎。

雍正处理朝政非常认真，容不得半点虚假和模棱。他看奏章很认真，经常能从中发现问题，一发现问题便非追出个结果来不可。他的批示如果不能立刻引起臣下的反应就会发火，所以雍正时期行政效率异常高，他的这种工作作风不可避免地被臣下说成是"苛察"。雍正说他处于天子之位，总揽万机，必须认真。那些害怕君主英察的人无非是想欺骗君主，掩盖他们的作奸犯科。

雍正没有声色犬马之好，继位后放掉了宫内所养全部珍禽异兽。他不事游猎，连父皇那样的巡游也不搞。他很喜欢园林，他常年办公的地点就在圆明园，该园经过扩建修缮，湖光山色，风景如画。闲暇时，雍正喜欢流连于园中山水之间。其他生活用具，雍正亦不太讲究。吃喝方面，只是喜欢喝点酒，也有节制。当时西方传来的新鲜东西，

清雍正孝敬宪皇后乌喇那拉氏

像温度计、望远镜、玻璃眼镜他接受得很快,还让宫廷匠役仿造,赐给亲近大臣。

雍正共有八个后妃,这在清代皇帝,乃至历代帝王中都是少有的。他当皇子时只有一妻一妾。继位后根据历代惯例,为了"广嗣继"才纳了几个妃子。

雍正继位后勤政好学,事必躬亲,身体状况一直很好。雍正七年曾大病了一场,但一年后已完全痊愈。但到了雍正十三年(1735)八月二十一日,雍正在圆明园偶感不适,他未在意,仍照常办公。到二十三日晚上病情加重,急忙召见弘历及亲信大臣,谕及后事,二十三日子时,雍正便死了。

《雍正行乐图》

名家评说

圣祖政尚宽仁,世宗以严明继之……帝研求治道,尤患下吏之疲困。
——赵尔巽等《清史稿·世宗本纪》

从雍正时期开始,专制主义中央集权程度又进一步大大提高,就有清一代来说,雍正的君主权力可以说达到了登峰造极的地步。
——白寿彝《中国通史》

高宗弘历

清高宗弘历（1711~1799），清朝第六代皇帝。雍正帝第四个儿子，母为孝圣宪皇后。公元1735~1799年在位，谥号"纯皇帝"，庙号"高宗"。因年号"乾隆"，历史上也称其为"乾隆（帝）"。他勇创伟业，励精图治，终于使大清王朝达到了全盛。他加强国家的统一，促进中华民族的发展，为最后奠定中国的版图，做出了重大贡献，建树了宏伟功绩。是中国历史上少有的文治武功兼备的杰出封建帝王。

一、驭臣有术　恩威并用

雍正十三年（1735）八月，雍正帝驾崩，遗诏传位皇四子弘历。一个月后，弘历正式即位太和殿。第二年改元为乾隆。

乾隆帝刚即位时，还是个20多岁的青年。当时，朝中大臣分为鄂尔泰和张廷玉两个帮派，这已成了公开的秘密。鄂、张都是先朝重臣，党羽甚多，朝野臣僚要么投在鄂尔泰门下，要么求张廷玉庇荫。两派明争暗斗，互相倾轧，连刚毅果断的雍正帝都感到束手无策。因为这两人都有大功于国，所以雍正帝特许二人死后附太庙配享。太庙是皇帝家族的祖庙，臣僚能得到配享的待遇，那是极高的和十分罕见

清高宗弘历

的荣宠。这两大派系朋党的存在，给乾隆帝提出一个突出的难题，能否妥善处理两派的关系成为朝政能否正常运行的关键。

乾隆帝继位后明确表示痛恨私立朋党，同时，对两派臣僚一视同仁，有功即赏，无功即罚，决不少贷。如果要起用哪一个人，不只询问一方，而是令各人直陈。同时还要询问许多其他的人。被询问的人都需质言直语，倘被发现故意掩盖或美化，轻则被训斥，重则被解职回籍。于是，朝中虽有门户对立，但双方都兢兢业业地为朝廷尽力，任何一派都不敢骄横。在乾隆朝，这种门户对立不但没有明显影响朝政的运行，有时反而促使双方都争相为国立功。

乾隆帝对臣下恩威并施，凡是为国立功者，可以顿升公侯。如出征将领凯旋归来，乾隆帝通常在紫光阁宴劳。后来，乾隆帝命画工为功臣画像，挂在紫光阁中，以示荣宠。因平定准噶尔和南疆大小和卓木的叛乱，有功臣100人画像入阁，其中以大学士傅恒为第一。平定大小金川的叛乱后，又画功臣100人像入阁，以大学士阿桂为第一。后又以平台湾功，绘功臣20人像入阁。阿桂虽未至军中，但图像仍为第一。最后以击退廓尔喀进犯，绘功臣10人像入阁，阿桂以自己未亲自参与战斗，恳让福康安为第一，阿桂列第二。乾隆年间，将领在外多能用事，战争都以胜利告终，这与乾隆帝不吝褒奖是有关系的。

乾隆帝虽然儒雅风流，但权柄从不稍假予人。自雍正以后，军机处就成了皇帝下面的最高权

张廷玉

张廷玉（1672—1755），字衡臣，号砚斋，安徽桐城人。康熙三十九年（1700）进士，任刑部左侍郎，雍正帝时曾任礼部尚书、户部尚书、吏部尚书、保和殿大学士（内阁首辅）、首席军机大臣等职。张廷玉死后谥号"文和"，配享太庙，是整个清朝唯一一个配享太庙的汉臣。

富察·傅恒（1720—1770），字春和，清高宗孝贤纯皇后之弟，镶黄旗人。乾隆时期历任侍卫、总管内务府大臣、户部尚书等职，授一等忠勇公、领班军机大臣加太子太保、保和殿大学士。谥文忠。

力机构。乾隆帝每天早上都到军机处理政。军机处一般有十几个人，每天晚上要留一个人值班，以备有急事，候乾隆帝临时召见。又怕事情多一个人处理不了，每天还要派一个人早早地到军机处相助，当时称之为"早班"。乾隆帝从寝宫出来，每过一道门就放一声爆竹。听到爆竹声由远至近，军机处官员就知道皇帝要来了。一般情况下，乾隆帝到军机处后，蜡烛还要点一寸多天才明。军机处的官员每五、六天轮一早班，尚感到很辛苦，乾隆帝却天天如此。这使得军机处官员不敢稍有懈怠。倘若边疆用兵，只要有军报送来，就是在半夜里，乾隆帝也要立即亲自观览，随时召军机处官员面授机宜。军机处官员按照他的口授拟好文，再交给他过目。这中间往往需要一、二个时辰，而乾隆帝总是披着衣服等待。军机大臣都可以专折奏事，最后均听乾隆皇帝决断。

乾隆帝鉴于明代宦官多通文墨，故能够弄权，把明代政治搞得一塌糊涂，所以他一改旧制，将原来教习宦官读书识字的内书堂废掉。乾隆帝说："内监的职责就是供命令，只要略识几个字就行了，何必派词臣给他们讲文义呢？明代宦官弄权，原因就在这里。"自乾隆三十四年（1769）以后，内宫便再也不派词臣教习宦官了。

乾隆帝还有一个禁止宦官弄权的措施，那就是凡当差奏事的宦官，一律都要改姓为王。这样，外廷官员就难以分辨，避免了他们之间的勾引。有一个叫高云的贴身宦官，他向乾隆帝说了几句外廷臣僚的事，涉及朝廷事务，乾隆帝立即将这个宦官处死。

　　清代的宦官由内务大臣管辖，不许宦官到外边胡作非为。乾隆二十二年（1757）四月，直隶总督方观成上疏，弹劾巡检张若瀛，说他竟敢擅自杖责内监，这是一种目无皇上的大不敬行为，乾隆帝览疏，不但未准奏，反而斥责方观成不识大体。没过几天，那个被弹劾的张若瀛却连升七级。为了这事，乾隆帝特发了一道谕旨，凡内监在外边滋扰生事者，许外廷官员随时惩治。更有趣的是，有一个在御前听用的太监，乾隆帝直呼他为"秦赵高"。实际上这个宦官并没干什么坏事，乾隆帝这样称呼他，只是为了向他示警。正因为清前期对宦官管理较严，所以清代没出现过像明代那样的宦官之祸。

紫阁元勋——阿桂像，沈贞绘，现藏北京故宫博物院。

　　乾隆帝接受了历史上外戚为乱的教训，对后宫的管理也很严格。皇后只能管理六宫事，不得干预外廷政事。他还用历史上著名的有德行的后妃为例，作"宫训图"十二帧，每到年节就在后宫张挂，作为后妃们学习的榜样。例如，其中有"徐妃直谏""曹后重农""樊姬谏猎""马后练衣""西陵教蚕"等等。在宫中举行宴席时，乾隆帝还让后妃们以"宫训图"中的人物为内容，联句赋诗。后妃母家人虽不时蒙得赏赉，也不乏高官显宦，但都不敢过于弄权。

二、平靖边疆　维护版图

　　雍正年间曾大规模地"改土归流"，将许多世袭的土司改为流官。雍正末年，由于某些善后工作不妥，贵州云南等地的少数民族苗族又发生叛乱，清廷派刑部尚书张照前往平叛。张照反对鄂尔泰所推行的"改土归流"的政策，密奏"改流非策"，甚至提出要将大片西南土地放弃。他不懂军事，致使混乱纷更，

《乾隆皇帝射猎图》

郎世宁绘。画面表现乾隆帝及近亲王公大臣在南苑猎场捕射野兔的动感瞬间。

故虽大兵云集，却旷日无功，随后苗族西南叛乱的规模越来越大。时值乾隆帝即位不久，听到这种不好的消息，颇为震怒，决心调整布置平定叛乱。他断然下令将张照逮治下狱，另派张广泗经营苗疆。

张广泗是治苗的老手，经过通盘筹划后，制定了"暂抚熟苗，力剿生苗"的策略。[1]乾隆帝很赞赏他的计划，命他照计划行事。张广泗号令严明，对苗众先分首恶、次恶、协从三等惩治，因此进军所向克捷。张广泗的捷报传来，乾隆帝笑容满面，立命张广泗为贵州总督，兼管巡抚事。乾隆为照顾苗民的习俗和安抚他们，又规定苗民诉讼，仍按苗俗审理，不拘律例。乾隆初次用兵即获大胜，这使得他对用兵增强了信心。乾隆在位期间，多次对边疆用兵，虽损失惨重，但总算都取得了胜利。他在晚年自诩"十全武功"，就表现了他对用兵胜利的沾沾自喜的心情。

乾隆在位的60年间，多次对边疆和属国进行征讨，这成了他政治生涯中极为重要的内容。

---

[1] 语见《清史稿·张广泗列传》："广泗疏言：'清水江及都江为黔、楚、粤三省通渡，当设哨船联络声势，译人分别勤惰予糈，并授土官札付，宣布条约，化导苗民。'"

乾隆十二年（1747），大金川首领莎罗奔公开叛乱。乾隆命张广泗为四川总督，全力进剿。莎罗奔负隅顽抗，清军多次失利。乾隆又派大学士讷亲前往督师。讷亲趾高气扬，一到前线，就严令三天攻下叛军核心据点刮耳崖，否则以军法从事。结果是损兵折将，讷亲自感失误，从此不敢自出一令。张广泗受了讷亲的斥责，对讷亲不知兵而事权反出己上感到不满，故负气推诿。过了半年，银饷花费不计其数，而战功却无。乾隆大怒，立命将张广泗逮治来京，说他"负恩忘国"，按律斩首。接着传旨，命讷亲回奏。讷亲尽把责任推给张广泗。乾隆将讷亲的奏折掷到地下，命侍卫到讷亲家，取出讷亲祖父遏必隆的遗剑，派人送往军前，令讷亲自裁。之后，乾隆另派大学士傅恒为经略，增派军队，和岳钟琪分两路进剿。莎罗奔乞降，大小金川遂告平定。乾隆十分高兴，对傅恒优诏褒奖，把他比做平蛮的诸葛武侯，封他为一等忠勇公，岳钟琪封为三等威信公。在凯旋时，乾隆命皇长子和诸王大臣效劳，他亲自在紫光阁行饮至礼，并在丰泽园赐宴随征将士。

乾隆三十一年（1766），大金川再次叛乱。乾隆命四川总督阿尔泰率军往

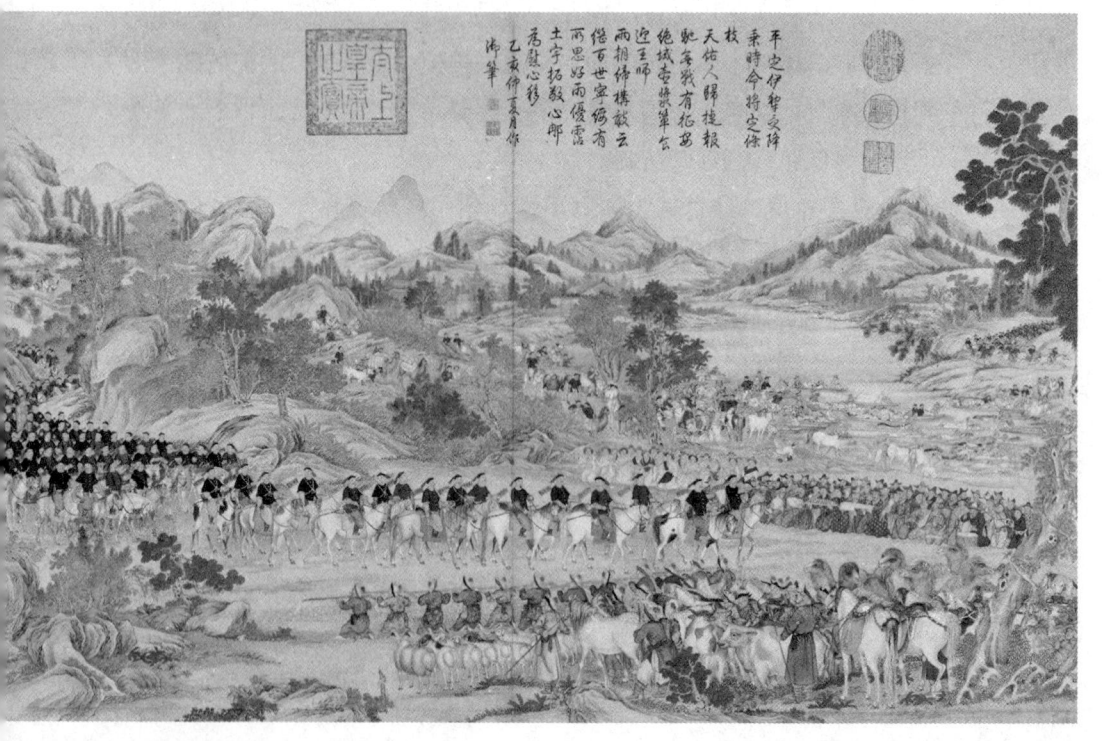

《平定准噶尔图》（清人绘）

剿，多年无功。乾隆下令杀了阿尔泰，另派大学士温福督师，以尚书桂林为总督再征大小金川。用兵数年，劳师糜饷，清兵接连受挫。乾隆三十八年（1773），乾隆因温福已战死，桂林无功，遂以阿桂为定西将军，严令剿灭叛匪。乾隆四十一年（1776），阿桂攻克了大金川的最后据点噶尔崖，叛乱被平息。叛乱头目索诺木和莎罗奔率家族20余人出降。阿桂献俘京师，乾隆御午门受俘。索诺木和莎罗奔被凌迟处死，其家族人等有的被杀，有的被监禁，有的被发边为奴。乾隆封阿桂为一等诚谋英勇公，并画像入紫光阁。此役后，改大金川为阿尔古厅，小金川为美诺厅。

兆　惠

乾隆二十年（1755），乾隆派兵平定准噶尔部的叛乱。康熙和雍正对准部多次用兵，但未根本解决问题。准部时服时叛，成为清廷一块很大的心病。在厄鲁特蒙古归附后，乾隆感到形势有利，遂命班第为定北将军，以归附的阿睦尔撒纳为定边左副将军，分两路向准噶尔部进攻。准噶尔军纷纷投降，接应清军。清军兵不血刃进入伊犁。叛乱头目达瓦齐见势不妙，率数十人往南疆逃窜。南疆维吾尔族各部纷纷响应清军，摆脱准噶尔的统治。达瓦齐逃到乌什，被维吾尔人民擒获，押送清营，继而被解送北京。乾隆痛斥了达瓦齐叛国的罪行，但为了照顾民族关系，赦免了他的罪过，还封他为亲王，让他住在北京，受到很好的待遇。

乾隆在平定了达瓦齐的割据势力后，为了削弱准噶尔部的割据势力，把厄鲁特四部封为四汗，使各管所属。但是，阿睦尔撒纳自恃平叛有功，一心想当四部的总汗。乾隆未答应他的这种要求，但给了他特殊的荣宠，晋封他为双亲王，食双俸。他仍不满足，制造分裂的野心恶性膨胀起来。他不穿清朝官服，不挂清朝官印，行文各部"以总汗自处"，积极准备叛乱。乾隆二十年（1755）九月，乾隆命他到避暑山庄入觐，想调虎离山，消患于未然。阿睦尔撒纳看出了清廷的用意，在半路上逃回，公然打出了叛乱的旗帜。

叛乱迅速扩大，驻守伊犁的班第兵败被杀。乾隆二十二年（1757），乾隆命衮札布为定边将军，出北路；命兆惠为伊犁将军，出西路。清军长驱直入，锐不可当。阿睦尔撒纳仓皇逃入俄国。后来，他因患天花病死，俄国把他的尸体送给了清廷。

接着南疆又发生了大小和卓木的叛乱。大小和卓木就是霍集占兄弟。他们是南疆的宗教首领，在维吾尔族中有很强的号召力。叛乱爆发后，迅速蔓延，乾隆派往南疆的使臣也被杀害。兆惠刚平定了天山北路，乾隆又命他立即率军赴南疆平叛。兆惠率领的清军仅3000人，被霍集占率领的一万多叛军围困在黑水。包围历时三个月，叛军始终未能攻破。乾隆遂命驻守乌鲁木齐的将军富德赴南疆增援。霍集占在清军的内外夹攻下迅速土崩瓦解，霍集占兄弟被当地部族所杀，这场叛乱最后被平息。[1]

乾隆鉴于准噶尔部屡次发生叛乱，便于乾隆二十七年（1762）在惠远城设伊犁将军，总辖新疆南北两路事务，从而加强了中央政府对新疆的统治。

乾隆年间，清廷与周边国家也时有战事发生。乾隆在平定了大小金川的叛乱后，又命阿桂赴云南，与云贵总督李侍尧勘定中缅边界。因叛乱者有不少人逃往缅甸，乾隆命他们整修战备，向缅甸索要叛人。缅王孟驳闻讯十分恐慌，马上遣使奉表入贡，表示愿意献还俘虏，只请求开关互市。乾隆答应了缅甸王的要求，但缅人只将叛人放回了一半。乾隆遣使切责，缅甸新王孟云慑于中国的军威，便遣使奉金塔一座、驯象八只和宝石、番毡等物求贡，并将叛人全部送回。乾隆帝十分高兴，乃颁诏封孟云为缅甸国王，并谕暹罗，不可与缅甸继续构兵。从此以后，缅甸和暹罗二国都臣服清朝，不敢轻易发动战争。

乾隆二十六年（1761）八月，廓尔喀侵略军进犯西藏，深入到日喀则，占领了札什伦布寺，将六世班禅遗留的金银财物、法器珍宝抢劫一空，并到处烧杀抢掠，使西藏僧俗人民遭受了极大的灾难。乾隆闻讯后，即派福康安为将军，海兰察为参赞，调兵入藏，迎击入侵的敌军。清军所到之处，受到西藏人民的支持

---

[1] 事见《清史稿·高宗本纪》。

和欢迎，达赖喇嘛还亲自带领僧俗人等协助作战。清军很快将廓尔喀侵略军逐出西藏，并越过喜马拉雅山，到达距加德满都仅20英里的纳瓦科特。廓尔喀统治者遣使求和，表示今后永不侵犯西藏，并归还掠夺的金银宝物。福康安奏请乾隆谕示，乾隆接受了廓尔喀的停战条件，命福康安撤兵返回西藏。

乾隆感到西藏地方政府太腐朽，无力阻止外来侵略，行政体制也存在着不少弊端，遂命福康安与达赖、班禅共定西藏善后章程，这就是著名的《钦定西藏章程》。它成了中央政府为西藏地方政府制定的最高法律。乾隆还提高了驻藏大臣的权力，对防止西藏农奴主贵族搞分裂割据有重要意义。还密切了中原与西藏人民的关系，加强了清朝中央政府对西藏地区的管辖。乾隆皇帝为迅速击退廓尔喀的侵犯，为西藏问题的妥善解决感到十分高兴，特晋封福康安为武英殿大学士，封为贝子。

福康安

乾隆对自己的武功很得意，亲自撰写了《十全武功记》。乾隆五十七年（1792）十月，他命人建造碑亭，以满、汉、蒙、藏四种文字铭刻碑上，以昭示他的武功。所谓"十全"，是指两平准噶尔，定回部，两定大小金川，靖台湾，服缅甸、安南，两服廓尔喀，合计为十。他自诩为"十全老人"，并镌刻了"十全老人之宝"。他凭借清初发展起来的国力东征西讨，使清朝的国势在乾隆年间达到极盛。

三、谨守国门　限制外商

乾隆在注意巩固边疆与周边国家关系时，对这时已来到东方、进而叩响中国大门的西方殖民主义者也有了足够警惕。

清朝在康熙帝统一台湾后，开四口与外国通商，中外贸易一时呈现出兴盛状态。乾隆初年，英国商人来华贸易的越来越多，他们与中国的奸商相勾结，经常干一些违犯中国法律的事。乾隆二十二年（1757）十一月十日，因英商洪任辉"屡次抗违禁令"，乾隆传谕外国商人，以后只准在广州一口通商，禁止外商再往厦门、泉州、宁波三地贸易。两年后，乾隆命臣下制定了《防范外夷规条》，史称"防夷五事"。其大体内容是：禁止外商在广州过冬；外商必须接受中国行商管束稽查；禁止外商雇用役使中国人；外商不得雇人传递信息；外商不得在广州自由出入等等。同时，在广州设立保商制度，保商都由官府派遣，凡外来人员、船只、货物和纳税等事，都由保商担保。还规定，金银、五谷、丝帛等物一律不得出洋。后世人们所常说的清代的"闭关政策"，主要就是指乾隆帝所颁行的这些法令和措施。

当时，英人在对华贸易中居于主导地位，贸易额也最大，广州的中国行商欠英商债款的纠纷不断发生，乾隆颇为恼火，命广东地方官对外商和中国行商严加控制。外商在中国发展贸易愈加困难。为了发展对中国的贸易，英国决定派高级使臣来华，这就出现了历史上有名的马戈尔尼来华事件。

乾隆御赐用于达赖和班禅两大活佛转世"金瓶掣签"的金奔巴瓶。

乾隆五十八年（1793），以为乾隆皇帝祝寿为名，英王遣马戈尔尼出使中国。此人富有外交经验，曾出使过俄国，并且在印度任过长官。并且为了显示英国文明程度高，所带贡品都经过精心选择，主要是天文、地理仪器、钟表、图像、军器、音乐、器皿等物，共19件，价值13000英镑。为了显示马戈尔尼地位隆崇，除了东印度公司派有两艘船以外，还另派兵船一艘。在启程来华之前，东印度公司先期通知两广总督，由总督奏达乾隆皇帝。乾隆听说大英帝国遣使为自己祝寿，满心欢喜，传旨准英使由天津入京朝觐。

英使马戈尔尼一行由广州经舟山，到达山东登州海面。当地官员上船迎接，并

马戈尔尼晋见乾隆帝

向英使宣读乾隆的谕旨。因为这时正值夏季,乾隆正在承德避暑山庄,马戈尔尼则表示,他愿意"敬赴山庄叩祝"。

马戈尔尼八月初到热河,但关于觐见礼仪问题却颇费周折。乾隆要臣下导英使行"三跪九叩"礼,马戈尔尼认为不合英国礼俗,拒绝接受。为此,乾隆大为不快,要臣下传谕英使,既然来中国,就要遵守中国法度和礼仪。乾隆认为英使"妄自骄矜",下令"全减其供给",实际上是向英使施加压力,预示着这次朝觐有夭折之势。最后达成折中办法,许英使跪一膝行礼。

农历八月十日正式觐见。马戈尔尼向乾隆帝呈递了表文,奉献了礼品。乾隆回赠英王的礼物也很多,对马戈尔尼本人也厚加赏赉,并赐予一道敕书。马戈尔尼虽然在热河一个多月,但关于商务问题却一直未得表达。回北京以后,马戈尔尼书面提出六项要求,其主要内容是要扩大贸易,增加通商港口,允许英人在广州居住,请允许占用一小岛贮存货物,允许传教士在各省传教。乾隆回复了英王来书,断然拒绝了英人要求。特别是对英人想占用中国岛屿之事,乾隆更是严词申谕:"天朝尺土,俱归版籍,疆址森然。即岛屿沙洲,亦必画界封疆,各有专属。"乾隆在敕谕中反问道:"倘若别的国家纷纷效尤,也要中国赏给岛

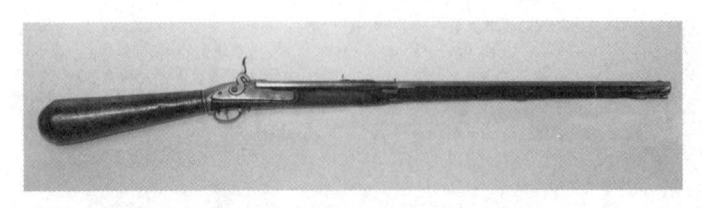

清乾隆五十八年（1793）马戈尔尼访华，向乾隆皇帝呈献英国制造的气枪，只可惜直接被清廷锁进了仓库，从此再也无人问津。

屿以住买卖之人，怎么都能答应它们的要求呢？"

对英国殖民者的领土要求，乾隆作出如此严正的回答，维护了中国的主权和尊严。马戈尔尼感到所求无望，遂于九月三日离京返国，颇有怨望。

乾隆年间，西方国家中除了英国遣使来华外，其他不少国家也都曾遣使来华。乾隆十八年（1753），葡萄牙使臣巴哲格来中国。乾隆对葡使颇为优遇，特令沿途供应"量从丰厚，以示怀远之意"。乾隆还特派内务府郎中和德人钦天监监正一起到广州迎接。乾隆在回复给葡王的"敕谕"中，除了表达友好的语言以外，有关通商诸事全未涉及。

乾隆六十年（1795），荷兰以祝贺乾隆御极60周年为名，派德胜为正使来华。乾隆认为"此系好事"，特令广东地方官派人沿途护送，妥为照料。军机处官员验礼品后，颇嫌菲薄，认为都不是贵重之物。乾隆未予计较，仍照常予以赏赐，还赐予使臣一个亲笔写的"福"字。

机械钟表起源于欧洲。自明朝万历年间传入中国，中国的皇帝就对它表现出浓厚的兴趣。尤其是乾隆帝对钟表最为痴迷。故宫珍藏的许多钟表都是当年乾隆皇帝收藏的，造型美观，制作精巧，件件都堪称绝世珍品。

四、六下江南　劳民伤财

乾隆帝一生多次外出巡游。他曾四次东巡，到达盛京（今沈阳），两次到曲阜祭孔，并巡游泰山，还曾漫游了嵩山和洛水，但最著名的还是他六次下江南。自乾隆十六年（1751）首次南巡后，他感到北国风光到底不如江南秀丽。于是，以后或因郁闷，或因闲暇，又五次南巡。这种巡游既达到了游玩散心的目的，也了解了南方的民风民俗、政治情势，因而也有利于加强对南方的统治。

乾隆十六年（1751）正月，乾隆帝首次南巡。当时也有几个大臣出班谏阻，都被乾隆帝驳回。他命大学士刘统勋代理朝政，史贻直总揽军务，自己奉皇太后去江南。和珅则迅速通知沿途各省督抚，赶修行宫，预备接驾。乾隆帝从宫中挑了几个嫔妃作为陪侍，外面尽是扈从，仪仗车马更数不胜数。开路先锋自然是和珅。乾隆帝一行来到哪里，哪里自督抚以下的官员都要跪接。一切供奉都由和珅监视。沿途迎驾的督抚都要看和珅的眼色行事，请求和珅代为周旋。这些地方官为了讨好和珅，私下大量馈遗，和珅则来者不拒，多多益善。因此，乾隆帝每南

《乾隆南巡图》卷十（局部），清徐扬绘。

《金瓯永固杯》——乾隆皇帝御制之宝

巡一次，和珅就发一次横财。

乾隆帝登钟山，祭孝陵，泛游秦淮河，还在江南召试诸生，玩了一个多月，然后返回京师。以后又五次到江南巡游，史称"乾隆六次下江南"。

乾隆认为下江南是自己一生执政的大事。[1]乾隆六下江南，虽然其根本原因是政治性的，是为巩固和发展"全盛之势"而南巡的，但也有其好大喜功、游山玩水的一面，其穷奢极欲的排场与浪费，更是登峰造极，无与伦比，大大消耗了国力、财力。

乾隆每次下江南时，每到一地，"圣驾入境前一日"地方官员便专程出境迎接，并准备大量美食佳肴。乾隆的生活条件和设施与在宫中无大差别：每天早晚照样鸣钟奏乐。茶房所用乳牛，多达75头，膳房用羊1000头、牛300头都是从北京提前运到镇江、宿迁等地，随时宰用。乾隆的饮水多有讲究，在避暑山庄，一定要用荷叶上的露水烹茶。在南巡途中，饮用水都是远道运来，在直隶境内，用香山静宜园的泉水；到德州，用济南珍珠泉水；过红花埠入江苏境，用镇江金山泉水；到浙江，用虎跑泉水。饮水都如此讲究，其他就可想而知了。

为了迎接圣驾，地方上也是大肆糜费，竞相攀比。首先沿途搭建彩棚、牌楼、景点、香亭。那些彩棚富丽精工，无与伦比。如直隶保定长芦隘口搭起的各种各样的彩棚，有的像楼阁，有的像亭台，各自争奇斗妍，绵延几十里。其次是大肆修建园林，著名的苏州园林狮子林、扬州九峰园，就是为供御览改扩建的。九峰园中无数奇石，尤以九个最高奇石，个个像苍颜白发老人，乾隆见了喜不自胜，竟选中其中两个，命人搬到北京御苑中去了。扬州平山堂本无梅花，盐商捐资植梅万株，以备乾隆御览。乾隆南巡多在元宵节前后开始。第五次南巡时，临近镇江，只见运河南岸立着一个硕大无比的仙桃，用绿叶映衬，鲜嫩可爱。当御舟驶近，忽然烟火迸

---

[1]语见《御制南巡记》："予临御五十年，凡举二大事，一曰两师，二曰南巡。"

乾隆南巡时建在焦山的行宫

射，那颗仙桃砉然裂开，中间原来是一个巨大的舞台，上面有几百人，正串演寿山福海的新戏。这是镇江盐商为讨乾隆欢喜，挖空心思设计的。

乾隆如此地沉溺于安乐骄奢，喜游山水，纵恣声色，铺张浪费，而各地方官争相效尤，花费了国库和地方数不清的钱财，造成了极大的浪费。同时还对社会风气的败坏，起了推波助澜的作用，使献媚取宠，曲意逢迎成为一种时尚。所以乾隆中叶之后，贪污腐化风起盛行，乾隆自己也说："朕六次南巡，皆劳民伤财矣"。而这种结果，则是为清朝的国力日衰，以至最后垮台埋下了伏笔。

五、宠信和珅　笼络文人

和珅是乾隆第一权臣，从后来被查抄的财产来看，也是中国第一号大贪污犯。他之所以能骄横跋扈，自然是因为深受乾隆帝宠信所致。

乾隆中期，出身于满洲正红旗的和珅在銮仪卫当差役，即为乾隆抬轿子，地位很低。乾隆三十四年（1769），承袭三等侍卫。乾隆四十年（1785）擢前侍卫，兼副都统。次年，又授户部侍郎，命为军机大臣。[1]

---

[1] 事见《清史稿·和珅列传》。

和珅骤升要职，自然十分感激，侍奉乾隆十分尽心。乾隆常令他跟在身边，有问必答，句句称旨，乾隆心里也格外高兴，似乎日夜少他不得。和珅便直步青云，后来更是为所欲为。由于和珅口齿伶俐，办事干练，处处迎合乾隆的心意，只是贪婪成性，要他去掌管户部，侵渔货财十分方便，所以不久就遭到御史们的弹劾。你一本，我一本，说和珅如何贪赃、如何欺君，但乾隆全当成耳边风。乾隆甚至还对和珅说："你我是一家人，你喜欢多要几个钱，也无妨，那些御史们说，就让他们说去。"听了乾隆这话，和珅的胆子就更大了。外廷臣僚见参劾和珅不但无效，反而和皇帝越发亲热，甚至晚上他还陪乾隆在御书房睡觉，这样一来，任凭和珅如何贪婪、如何弄权，也没人敢弹劾他了。

和珅在乾隆后期执政达20余年，从军机大臣又累官至文华殿大学士，封一等公。和珅的弟弟和琳也迅速飞黄腾达，由一个生员升为兵部侍郎，不久又升为工部尚书，乾隆末年还曾代福康安为主帅。在外人眼中，和珅一家与乾隆皇帝简直就是一家人，由此谁还敢再说半个不字。

乾隆无论到哪里去，总要把和珅带在身边。后来，乾隆把自己的第十个女儿和孝公主嫁给和珅的儿子丰绅殷德。和孝公主最受乾隆喜爱，乾隆出猎或微行时，常把和孝公主带上。和孝公主好穿男子的服装，骑马射箭也是好样的，又伶牙俐齿，遇到乾隆有什么烦恼事，她三言两语就能使乾隆转愁为喜。乾隆把自己最喜爱的女儿嫁到和珅家，使和珅更加有恃无恐。横行无忌。朝中大臣，也多是和珅党羽。他家中的积蓄，比皇帝家里还多。他的一些家奴在京师横冲直撞，无人敢惹。有一个叫刘全的家奴，仗着和珅的威势四处勒索，家资万贯。御史曹锡宝上了一本，未敢直接

和　珅

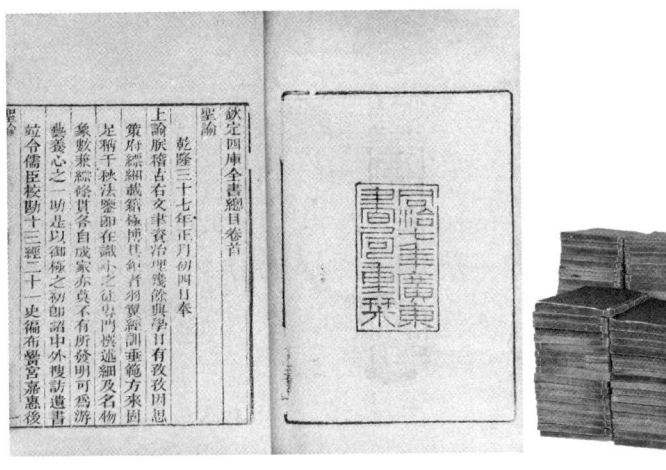

《四库全书》书影

弹劾，只是弹劾他的这个家奴。乾隆命廷臣勘查，廷臣怕得罪和珅，也不仔细查问，就说曹锡宝风闻无据，反而加给他一个妄言的罪名。[1]连和珅的一个家奴都参劾不倒，谁还敢对和珅怎么样呢！

直到乾隆晚年，和珅一直受宠不衰。乾隆六十年（1795），要禅位给嘉庆皇帝，这使和珅吃了一惊。和珅极力劝阻说："内禅的大礼，前史上虽有所闻，但也并没有多少荣誉。现在皇上精神矍铄，身体康健，再过上一二十年禅位不迟。皇上多在位一日，百姓也多感戴一天，我等奴才也愿皇上永远庇护。"话说得面面俱到，十分恳切。以前，和珅怎么说，乾隆便怎么行，但这次乾隆却坚执不从。乾隆对他说："我这次决心已定，不用再多说了。我和你有缘分，所以能这样长久相处。如果换别的人，恐怕就不许你这样了。以后你检点一些为好。"在乾隆当太上皇的四年间，嘉庆未处治和珅。等乾隆帝一死，嘉庆帝立即将和珅抄家，和珅被赐死。和珅被抄家产达八亿多两白银，包括嘉庆在内，朝野上下无不震惊。所以当时流行一句谚语："和珅跌倒，嘉庆吃饱。"

乾隆在位时也搞文字狱，但他更多地是对汉族知识分子采取一系列笼络的政策。其中主要手段之一就是编书。一是开"三通馆"，编纂了大型的典志书

---

[1] 事见《清史稿·和珅列传》："五十一年，御史曹锡宝劾和珅家奴刘全奢僭；造屋逾制，帝察其欲劾和珅，不敢明言，故以家人为由。命王大臣会同都察院传问锡宝，使直陈和珅私弊，卒不能指实。和珅亦使刘全毁屋更造，察勘不得直，锡宝因获谴。"

《续通典》《续通志》《续文献通考》。二是开"四库全书馆"，历时15年，编成了我国历史上最大的一部丛书——《四库全书》。集中了当时大批名流学者，其中最著名的有：纪昀、于敏中、王念孙等。《四库全书》在我国文化史上占有很重要的地位，保存下来许多有价值的典籍。后人在利用这套大型图书时，自然会联想到乾隆对中国文化的贡献。但是，乾隆也正是在编这套图书的同时，对中国古代文化典籍进行了一次大规模的清查和销毁。据记载，经他批准销毁的书籍"将近3000余种，67000卷以上，种数几与四库全书相埒"。像顾炎武、黄宗羲、黄道周、张煌言等人的著作都在违禁之列。

乾隆把大批著名文人集中到京师，与他们中间的某些人建立了密切的来往。作为二十四史之一的《明史》，经康熙、雍正两朝的编纂，乾隆初年已基本完成。在刊印时，乾隆常亲自校勘。明史馆的人员便故意在明显处错写几个字，待乾隆去改正。乾隆也为自己校出错字而高兴。但是，经他一过目，就成为"钦定"，其中有些故意写错的字未被校正过来，只好将错就错。现在《明史》清宫刻本常有错字，原因就在这里。

乾隆通过编书一方面密切了与知识分子的往来，笼络了一批知名文人，另一方面又使他们穷经皓首，整日埋头于故纸堆中，从而达到了一箭双雕的目的。

乾隆在位的60年间，无论文治还是武功，都有数端功绩可述，况且在位时间之长古来罕见，他对此十分得意。乾隆四十五年（1780），他70高龄，自称"古稀老人"，并镌刻了"古稀天子之宝"。又因五世同居，所以又刻了"五福五代堂古稀天子宝"。乾隆五十年（1785），为庆祝自己御极50周年，特在宫廷举办"千叟宴"，特邀请朝野1000名年过古稀的人入宴，以粉饰升平。当他80高龄时，又镌刻了"八征耄念之宝"。他自称在中国历代帝王中，自己的年岁之高、在位时间之长，为自古以来所未有。到乾隆末年，中国人口达到了3亿多，这也是中国自古以来所未有。乾隆感到，正是在他统治下中国进入了太平盛世。

乾隆六十年（1759），有一天乾隆把诸王大臣召入内廷，说自己准备把皇位传给太子，自己称太上皇。各位大臣

古稀天子之宝

《万树园赐宴图》，清王致诚等绘。

极力劝阻。乾隆执意不允，为此专颁谕旨，说明自己决心要禅位的原因："我25岁即位，当时曾对天发誓，如能在位60年，就将传位给嗣子，不敢上同皇祖61年的在位年数相同。现在初愿已偿，怎么还敢再生奢望呢？现立皇十五子颙琰为皇太子，命他嗣位。我自应随时训政，不劳你等忧虑。"遂确定明年为嘉庆元年，命礼部制定禅位大典。因内禅为创例，清代未实行过，礼部只有参酌古制，定得冠冕堂皇，乾隆立批照行。

嘉庆元年的第一天举行内禅大典，乾隆在太和殿亲自将御宝授予嘉庆帝。诸臣先恭贺太上皇乾隆帝后，太上皇还宫。嘉庆帝遂登帝位，接受众臣朝贺，颁行太上皇传位诏书，普免全国钱粮，并下诏大赦。

乾隆退位后称太上皇四年。嘉庆每遇有军国重事，都要亲到内廷请乾隆裁决。当时，由于社会矛盾激化，以湖北、四川为中心，爆发了全国性的白莲教大起义。乾隆留下来的实际上是一个掏空了的烂摊子。嘉庆四年（1799），乾隆寿终正寝，享年89岁。

名家评说

高宗运际郅隆，励精图治，开疆拓域，四征不庭，揆文奋武，于斯为盛。享祚之久，同符圣祖，而寿考则逾之。自三代以后，未尝有也。惟耄期倦勤，蔽于权幸，上累日月之明，为之叹息焉。

——赵尔巽等《清史稿·高宗本纪》

弘历，这个在位六十年之久的皇帝，在后半段时间，开始对政治厌倦，但并不对权力厌倦，他沉湎在"下江南"的游荡生活中……六次下江南发泄他的自炫欲。

弘历最得意的是宣称他有下列十大武功，因而自称"十全老人"……认真的研究结果，弘历的武功只不过一个——征服准噶尔汗国，但他却把一个分为三个——平准部、再平准部、平回部。一百九十万平方公里疆土的开辟，仅此就可在历史上占不可磨灭的一页，弘历的大头症却使他非凑足十项不可，结果反而使他的丑态毕露。……无论如何，我们都看不出什么武功和大武功，但我们却可看出死伤狼藉，以及军事和政治的腐败。

——柏杨《中国人史纲》

仁宗颙琰

清仁宗颙琰（1760~1820），清朝第七代皇帝，乾隆的第15个儿子，母魏佳氏，追尊孝仪皇后。公元1773~1820年在位，谥号"睿皇帝"，庙号"仁宗"。因其年号为嘉庆，历史上又称为"嘉庆（帝）"。他执政时革除积弊，努力振兴清王朝，但仍未能改变清王朝走向衰弱的局面。

一、内禅继位　惩处和珅

颙琰是在乾隆三十八年（1733）立为皇储的。乾隆按照雍正时定下的规矩，将颙琰的名字写在诏书上，然后把诏书密封起来，放在乾清宫"正大光明"匾额的后面。乾隆皇帝是个权力欲很强的人，身体又非常健康。一晃20年过去了，颙琰仍待在皇储的位置上。在这期间，他被封为嘉亲王，逐步由弱冠少年越过了青年时代而步入了中年。乾隆六十年（1795），垂垂老矣的乾隆皇帝决定举行内禅让出帝位，自己退为太上皇，这种帝位传接方式在清朝历史上是唯一的一次，在整个中国古代社会也不多见。

1796年正月，紫禁城里举行了庄严的内禅仪式，颙琰陪同乾隆到

清仁宗颙琰

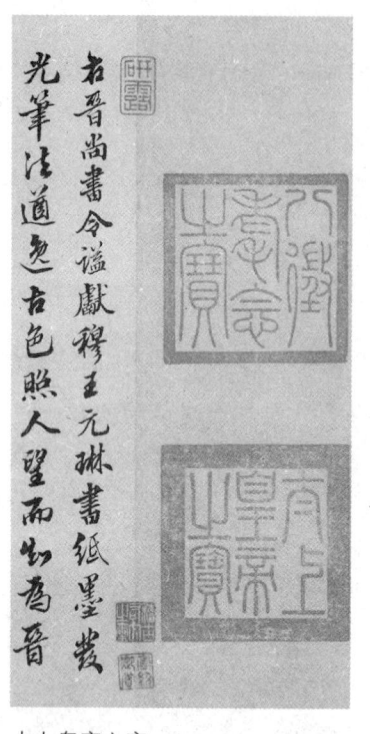

太上皇帝之宝

奉先殿等处行了礼,又在太和殿接过了乾隆亲授的宝玺。这样,他正式进入了皇帝的角色,年号嘉庆。然而,在登基后的最初几年,嘉庆根本谈不到有何作为。因为太上皇乾隆仍贪恋君临天下的权势,宣称自己健康状况依然很好,每天都是勤勉不倦地处理政事。所以继续把握着朝廷中的一切军政大权,各项用人理政的措施都要由他决断。直到嘉庆四年(1799)正月,89岁高龄的乾隆一命归天,嘉庆才开始亲政,成为真正的天下之主。

嘉庆从乾隆手中继承的,不但有君临天下的权势,还有夕阳西下、悲风不息的动荡时局。乾隆朝是清王朝盛衰的转折点。在康熙、雍正两朝文治武功的基础上,乾隆在他统治的前期励精图治,使清朝的统治达到了强盛的顶点,社会经济出现了繁荣景象,耕地、人口有了显著增长。乾隆中期,全国的耕地面积已经达到7.8亿多亩,超过了明末耕地的最高数字,比顺治时期增加了三成左右。到乾隆末期,全国人口也急剧增加到3亿左右。在政治上,乾隆前期多次蠲免赋税,革除苛政,打击朝廷朋党,惩治不法官吏,一度出现了奋发有为的局面。但是,从乾隆中期开始,大清的国势开始走上了下坡路。

首先,吏治陷入了腐败的泥淖。乾隆陶醉于所谓的盛世景象之中,志满意骄,自以为是,对一些切责时弊、指陈自己过失的意见总是十分反感。一班朝廷大员为了迎合乾隆的虚骄之心,刻意粉饰太平,报喜不报忧,极尽阿谀逢迎之能事。乾隆的心腹重臣和珅,任军机大臣24年,深得乾隆的倚重。他凭借手中的权柄,在朝野上下结党营私,横行不法。当时的官吏若想得到肥缺、尽快升迁,都要巴结和珅,向他送纳重贿。和珅贪财嗜货,多方搜刮,聚敛了惊人的财富。由此上至朝廷、下到地方,贪赃枉法的风气十分盛行。乾隆为此曾诛戮了一批贪官污吏,其中包括不少督抚大员,但除此之外他并没有采取多少彻底的措施。因而,逃避了法网的贪官污吏大有人在,官场上依然充斥着一片乌烟瘴气。

其次，土地兼并严重。土地兼并始于康熙中叶，到了乾隆后期，土地集中的现象已经极为严重。有人指出当时的状况是：占有土地的人还不到十分之一二，其余十分之八九的人，不是沦为佃户，就是变成乞丐或流民。官僚地主占有着大量土地。如直隶怀柔的大地主郝氏，家有上等良田1万多顷，军机大臣和珅占田8000顷，甚至连他的奴仆也有人占田达600多顷。广大的贫苦百姓则多是没有立锥之地。失去土地的贫苦百姓在水深火热中挣扎，朝不保夕。嘉庆元年（1796）二月的一个夜晚，北京城就有8000多乞丐冻死在街头，其惨象令人触目惊心。与此同时，统治阶级的生活与贫苦百姓形成了鲜明的对比。乾隆皇帝喜欢炫耀，他先后六次南巡，又曾五次巡幸五台山，五次告祭曲阜，七次东谒祖陵，两次巡游天津……再加上连年用兵，耗资无数，劳民伤财。在皇家婚丧寿庆的仪式和众多的园林工程中，乾隆更是大肆铺陈，尽情挥霍。清初的社会风俗崇尚俭朴，官僚地主们的穿着多用土布、黄麻制成，冬天穿皮衣的人也不多见。到了乾隆末期，社会风气由俭入奢，变化极大。官僚、地主、商人各阶层无不沉浸在

和珅府

恭王府曾是和珅的府邸，和珅逮捕下狱后，曾作为庆僖亲王永璘的王府。咸丰元年（1851）年恭亲王奕訢成为宅子的主人。恭王府历经了清王朝由鼎盛而至衰亡的历史进程，承载了极其丰富的历史文化信息，故有了"一座恭王府，半部清代史"的说法。

奢华的氛围中。在繁华的扬州城里，富商大贾们竞相挥霍，耗费巨资营建私宅，添置歌童舞女，平时总是华衣美食，炫耀浮嚣。统治阶级的纸醉金迷和贫苦百姓的备受煎熬，预示着社会的衰败和动荡。

第三，社会矛盾尖锐，农民起义不断发生。在官僚、地主的残酷压迫和剥削下，社会矛盾激化了，下层人民的反抗斗争接连不断。乾隆中叶之后，先后爆发了山东王伦起义、甘肃少数民族起义、台湾林爽文起义、湘黔苗民起义等规模较大的武装斗争。下层人民各种方式的反抗斗争如澎湃汹涌的波涛，强烈冲击着清王朝的统治，使它日益走向衰朽。

嘉庆书法

上述情况表明，摆在嘉庆面前的形势是严峻的，要扭转衰败的政局、中兴国家大业的担子相当沉重。

为了扭转衰败的政局，嘉庆皇帝以铲除和珅打响了亲政的第一炮。早在亲政以前，嘉庆已经洞悉和珅的奸佞贪婪，只是自己手中无权，无法对他采取行动。乾隆的去世给当时的政局带来了一场转机。在乾隆去世后的第二天，和珅就被嘉庆撤除了军机大臣、九门提督的职务，遭到了软禁。御史王念孙等人此时纷纷出来揭发和珅的罪行，要求皇上将其严加惩办。他们的想法正对了嘉庆的胃口，在半月之内，嘉庆宣布了和珅的20条罪状，将他逮进了大狱，随后又下令将他赐死。[1]和珅的一班亲信，如福长安、苏凌阿、吴省兰等人，也分别被定罪降黜。

和珅被逮捕下狱后，他的家产被嘉庆下令抄没入官。和珅在他当权的20多年里，巧取豪夺，广蓄家私。他被抄没的家产共有109处，约有83处没有估价，

---

[1] 事见《清史稿·于敏中·和珅列传》："四年正月，高宗崩，给事中王念孙首劾其（和珅）不法状，仁宗即以宣遗诏日传旨逮治，命王大臣会鞫，俱得实。诏宣布和珅罪状……内外诸臣疏言和珅罪当以大逆论，上犹以和珅尝任首辅，不忍令肆市，赐自尽。"

仅算其中已估价的26处，价值就达2.2亿两白银。后来有人估计，和珅的整个家产可折合白银8亿两之多。当时清政府每年的财政收入约7000万两白银，和珅一人的家产就相当于朝廷10余年的总收入，真是十分惊人。嘉庆以迅雷不及掩耳之势铲除了和珅，受到了许多人的赞许。人们在灰暗已久的现实中见到了一线曙光。

二、整顿吏治　倡导节俭

嘉庆皇帝注意从他父亲乾隆皇帝只倚重和珅一人，偏听偏信，犯下许多错误中吸取教训，意识到要扭转衰败的政局，单靠自己个人的智慧是不够的，为君者应该做到耳聪目明，集思广益，广泛听取臣子们的意见。于是他颁布谕旨，要求九卿科道官员中担负着进言职责的，对于用人行政方面有什么看法、建议，都要奏闻上来。为了鼓励臣子们敢于直言，嘉庆做了保证，表示自己不会轻易对进言者加罪。他说："我既然提倡直言，若再对直言者加罪论处，那岂不是有意陷害臣子吗？"前内阁学士尹壮图、前御史曹锡宝当年分别因上疏指责和珅及其亲信的丑行而遭到贬斥。嘉庆在亲政后马上出面为尹、曹平冤昭雪，对他们的举动褒扬了一番。不久，陕西贡生何泰上书向嘉庆指出，应该黜奢崇俭，扭转日益趋于奢靡的社会风气。嘉庆表示赞同，特地赏赐了何泰两匹缎子。

长期以来，腐败堕落的吏治犹如附在病体上的毒疽，蠹国害民，为患匪浅。能否使吏治改观，是嘉庆能否扭转政局的一个关键。在整顿吏治方面，嘉庆下了不少工夫。他曾专门撰写了《义利辨》《勤政爱民论》等文章，颁示给群臣。他认为，百姓之所以敢于揭竿起事，大多是由于贪官污吏对百姓敲骨吸髓，为非作歹，官逼民反，民不得不反。有戒于此，嘉庆在亲政之后对贪官采取了接连不断的惩治措施。湖北襄阳道员胡齐仑在任期间经管湖北的军需供应，肆意侵蚀挥霍，亏空银两20多万，嘉庆断然将胡判处了极刑。嘉庆四年

《嘉庆帝读书图》

（1809），在一年的时间里，嘉庆就亲自过问处理了四、五起大的贪污案件。江苏淮安府的知县王伸汉，谎报县里户口，侵吞大量赈灾银两，并毒死了要揭发其罪行的查赈官员李毓昌，然后又勾结知府王毂，狼狈为奸，掩饰劣迹。此案暴露后，王伸汉、王毂都被处死，两江总督铁保被革职流戍。这一年，总管内务大臣广头、巡漕御史英纶因为贪婪卑污先后被嘉庆处以绞刑。工部书吏王书常造假印、写假条，从户部冒领了数十万两白银，案发后，王书常被处死，有关大员禄康、费淳等人也遭到降黜。嘉庆坚持这样的原则：害民之官必宜去，爱民之言必宜用。一批为官清廉、勤勉称职的官员得到破格提拔重用，其中四川南充知县刘清就是受到嘉庆青睐的一位。嘉庆在审讯被俘的白莲教起义军首领王三槐时，得知刘清居官很得人心，百姓称之为"刘青天"。[1]在对刘清考察了一番之后，嘉庆决定将他提拔任用。刘清后来历任四川建昌道员、山西布政使等要职，并在镇压四川白莲教起义的过程中发挥了不小的作用。

怠惰偷安、萎靡不振是乾隆末期官场上普遍存在的现象。嘉庆把这一点视为国家的隐忧，认为必须要加以整顿。他多次告诫臣子们应该勤于职守，克己奉公。有一次，内务府官员在处理膳房的一件小事时，敷衍塞责，拖了40天才解决了问题。嘉庆得知此事后厉声斥责这帮官员："几句话就可以了断的事情，奏折上也超不过百字，为何处理得如此拖沓？！"从嘉庆元年到嘉庆十一年，直隶24个州县里被侵吞白银31万多两，经过查核，发现司书王丽南等人在此期间串通舞弊，伪造印章、串票，盗取银两，活动得相当猖獗。嘉庆痛斥直隶历任督抚大员："发生了这样严重的事情，你们竟然懵然不知，形同木偶，在任期间你们都管了些什么事！"最后，按照其在任期间虚收银两数目的多少，将直隶历任督抚颜检、瞻柱、胡季堂等人分别治罪。

但是，嘉定惩治腐败与整顿吏治是不彻底的。他处理贪官污吏的措施中严惩不贷者有之，姑息宽容者更不鲜见。比如嘉庆在处理胡齐仑贪污军需一案时，发现永保、庆成、毕源等大员与此案都有牵连。这些人都有收取贿赂、侵蚀滥用国家公帑的劣迹，但在结案时嘉庆只严惩了胡齐仑一人，其余的大员或是因为祖

---

[1] 事见《清史稿·刘清列传》"帝深嘉之，特谕曰：'朕闻刘清官声甚好，每率众御敌，贼以其廉吏，往往退避引去。'寻以请治绩战功奏上，赐花翎，于是刘青天之名闻天下。"

上立有勋功，或是因为已经故去，都免于深究。他们被抄没的家产，也大多被嘉庆加恩赏还。因此，吏治腐败堕落的局面并没有多少改观。

不过，嘉庆在当政的20多年里，对自己的要求却的确是非常严格的。他每天都要处理繁多的政务，孜孜不倦，从不懈怠。嘉庆十三年（1808）四月，嘉庆喜得皇孙，内阁因此有两天没有向他递送奏章，嘉庆马上对阁臣提出了批评。过了几天，端阳节到了，朝廷大臣们又没有向嘉庆奏事，嘉庆大发脾气，亲自对各部院衙门进行查核，结果查明吏、刑、工等部都是有事不奏，嘉庆随即把有关官员交到都察院论罪议处。

嘉庆亲政伊始，朱珪曾向他提议要身先节俭，崇尚清廉，嘉庆后来对这一点始终比较注意。以往各省官员进京觐见皇帝时，按照俗例都要进呈贡物。官员们为了给自己邀宠求荣，竞相奉珍宝古玩，花样不断翻新。嘉庆四年（1799），嘉庆在惩办和珅的同时，通谕内阁说：地方官员们操办的各种贡物，难道是自己掏腰包？想必都是从州县以下层层敲诈而来。官员们不断剥取于民间，百姓们怎能承受得了！况且呈献上来的古玩珍宝，饥不可食，寒不可衣，真是不如粪土。从此以后，凡是进呈违禁宝物的官员，都要予以惩处，决不能轻恕。他得知上年底由叶尔羌解运进京的大块玉石正在运送途中，随即传下谕旨，不论这些玉石运到了何处，都要放弃在当地，无须继续前行。同年，嘉庆还废除了年节时分大臣们进呈如意的规矩。

为了遏制奢侈之风，嘉庆身体力行，带头倡导节俭。在乾隆多次巡游地方时，各地官员为他修建了许多奢丽的行宫，嘉庆觉得这实在是过于铺张浪费。他认为，各地的行宫只是为了休息一宿而已，用不着刻意修饰。从经济上看，一处行宫若能省下三四万两银子，十处就是三四十万两了。嘉庆十四年（1809），嘉庆在巡幸五台山之前特地打了招呼，要求地方官员在途中不得大肆铺陈，务必追求俭朴。同年，在庆祝他的50大寿时，嘉庆下令不准在民间广陈戏乐，巷舞衢歌。御史景德为了讨好皇帝，奏请祝寿期间京城演戏10日，以后作为定例，立即被嘉庆革掉了职务。

对于众百姓的苦难处境，嘉庆是有所了解的，官逼民反的现实更使他心有余悸。对于他来说，缓和尖锐的社会矛盾，安定百姓的生计，刻不容缓。乾隆中叶以后，随着国家的由盛转衰，政治腐败，经济拮据，广大农村，连年水旱，灾害频仍，严重地威胁着农业生产和人民生活。对此，嘉庆告诫地方官员，灾情发生后要予以高度重视，认真抚恤灾民，即使花钱再多，也不要吝惜。事实证明，嘉庆在灾区赐赈蠲租时，的确是没有吝惜金钱。在治理黄河的工程上，嘉庆更是有巨额的花费，前后动用了4000多万两白银，自雍正朝以来，每年治河的工料费一般是60万两白银，从嘉庆十二年（1807）起，嘉庆将工料费骤增到每年160万两。他还屡次对吝惜费用而延误治河工程的事情提出批评。非但如此，嘉庆对治河工程也提出过一些合理的见解。他认为，治河的关键是要保证入海口地段畅流无阻。黄河以前出事，大多是由于入海口地段淤塞，下壅上塞，酿成灾患。因此，他多次提醒治河官员要注意这几点，认真组织民工开挖疏导。

本来，由于积衰日久，国家积蓄并不富足，加上在镇压农民起义、治河、赈灾等方面又有很大开销，使财政更加吃紧，这便迫使嘉庆想方设法，开源节流。他下令裁减了一部分常备兵，节省军事开支。同时，继续实行捐纳制度。不过，嘉庆始终认为开捐决非良策，不过是损下益上之举，准备在川楚白莲教起义平定之后就予以停止（事实上，他并没有做到这一点）。对于增加盐价、赋税折银浮收之类的做法，嘉庆的态度基本上是否定的，他表示，食盐是人民生活日用品，一旦增加盐价，则人人都会受到拖累。因此对之要慎重考虑。赋税折银浮收会对国家财政收入有好处，但百姓要深受其害，贪官污吏又可以从中大做手脚。嘉庆十四年（1809），闽浙

东华门

紫禁城的四个城门中，午门、神武门、西华门的门钉均为纵九横九，只有东边的东华门门钉为纵九横八。门钉的设计与古代的堪舆学有关，阳为奇数，阴为偶数，减少一排门钉，其数量与阴气正偶数相吻合。另清朝从顺治帝到隆裕太后，帝后逝世，皆从东华门送殡，进东华门迎灵，按人死为鬼的说法，故民间称此门为"鬼门""阴门"。

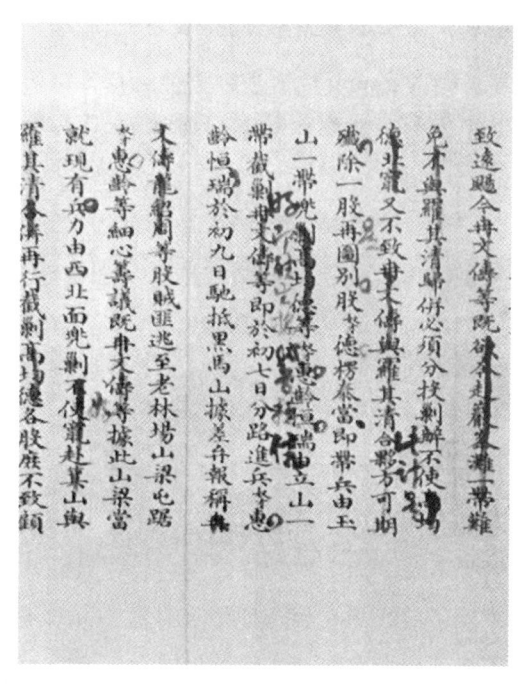

总督阿林保奏请漕粮加折收纳，结果遭到嘉庆的一顿痛斥。清朝入关以来，八旗兵都驻扎在北京和其他大城市，依靠粮饷过活。随着八旗人口的不断增加，而兵有定数、饷有定额，结果逐渐产生了一大批闲散旗人。清政府又不允许他们从事各种生产活动，这批闲散旗人整日无所事事，游手好闲，吃喝玩乐，成为毫无自立能力的蠹虫。为了维护他们的生计，清政府不得不多次赏赐银两，增加兵额，背上了一个沉重的经济包袱。嘉庆经过筹划，决定将一批闲散旗人送到地旷人稀的关外，由官府拨给他们土地，他们可以把土地出租给佃户开垦，也可以自己耕种。但这些八旗子弟早已习惯于恣情享乐的城市寄生生活，如今连受领土地、坐收租息也不愿意，嘉庆的移垦措施最后只能以失败而告终。

镇压四川白莲教起义朱批奏折

三、镇压起义　闭关锁国

嘉庆即位时，社会矛盾尖锐，农民起义不断发生，就在嘉庆元年（1796）他刚刚登上皇帝宝座，就爆发了震撼全国的川、楚、陕白莲教大起义。白莲教是唐末以来流传于民间的一种秘密宗教，教徒们提出了"清朝已尽""日月复来属大明"等口号。清政府发现白莲教的发展对自己的统治构成了威胁，下令严拿白莲教徒，地方上的贪官污吏趁机掀起了一股敲诈勒索百姓的歪风。比如四川达州知州戴如煌，派出5000多名衙役，以搜捕白莲教为名，肆意搜刮民财，弄得当地民不聊生。湖广武昌府同知常丹葵，在缉拿白莲教徒的过程中，暴虐贪横，残害百姓。对人稍有怀疑，就动用酷刑，将人钉在墙壁上，或者用铁锤猛敲身体，令人肝胆欲裂，痛不欲生。在其他地区，这些现象也不少见。于是，小规模的白莲教起义不断发生。这次川、楚、陕白莲教起义首先在湖北宜都、枝江两县爆发，接着迅速扩大到襄阳、长乐、长阳等地,四川、陕西的白莲教组织也纷纷起义响应,白莲教起义的烈火汇聚成一片,声势浩大。起义军依靠广泛深厚的群众基础和川、楚、陕险恶复杂的地理形势,与清军周旋作战,摆疑阵、设埋伏、攻城池,机动灵活,行动飘忽,多次挫败了清军的围剿。

川、楚、陕白莲教大起义使太上皇乾隆极为震惊,他命令川、楚、陕各省的督抚将军率军全力镇压境内的起义军,并陆续抽调八旗兵和各省的绿营兵参战。然而几年下来,虽然投入了大量兵力,耗费了7000多万两饷银,白莲教起义的烈火却仍持续燃烧。这除去起义军方面的骁勇善战之外,在很大程度上与清军的腐败堕落有关。清朝军事力量的两大支柱八旗和绿营到此时已经严重丧失了战斗力,军纪腐败不堪。士兵们平素敲诈百姓、抢掠财物无所不能,与起义军交锋时却毫无斗志,畏缩不前。军中将领侵吞军饷、贪赏冒功、懦怯避战的现象更是屡见不鲜。白莲教起义爆发后,在京的八旗将领曾一度踊跃请缨参战,但他们率军到了前线却只顾四处搜刮财物,根本不听军令约束,以至前线的清军将帅叫苦不迭,请求嘉庆赶快将这批京兵撤回去,以免影响作战。无奈之中,清政府只得组织地方武装乡勇团练来加强镇压白莲教起义的力量。乡勇不是国家正规军,受到八旗和绿营的歧视。作战时乡勇被推到前面做替死鬼,战事结束后各种功劳却又没有他们的份儿,乡勇对此心怀不满。这样反复围剿的结果,只能是徒自劳师靡饷。

嘉庆面对征剿不力、烽烟不息的形势,忧愤交加,寝食不安。亲政之后,他在总结以往经验教训的基础上,立即着手调整对付起义军的对策,嘉庆四年(1799),他惩治了和珅、戴如煌、常丹葵、胡齐仑等人,把"官逼民反"的罪责都推到了这些贪官污吏身上,借以平息民愤。他通谕清军将领,以往有的将领不以军务为重,投机钻营,冒功吞饷,今后对这些弊端要坚决杜绝。为了改变各路清军不相统属、作战行动难以

隆宗门匾额上的箭镞

协调的局面，嘉庆任命勒保为经略大臣，统一指挥川、楚、陕、豫、甘五省的军队。勒保在职的半年里，局势未见好转，嘉庆遂将勒保逮捕治罪，以明亮接管经略事务。明亮也是乏力回天，嘉庆又将明亮撤职代之以勒登勒保。在半年之内，嘉庆三次更换经略大臣，可见他镇压起义军心情的迫切。此外，嘉庆还严惩了一批作战不力的统兵大员。永保、景安、秦承恩、惠龄等人因为"纵贼"的罪名，或者被定为死罪，或者被遣戍边疆，或者被降级调用。以往运转不灵的清朝军事机器，在嘉庆的操纵下开始加速运转起来。

太上皇乾隆镇压白莲教起义一味实行军事围剿。嘉庆从几年的实践上看出，这种做法并不能完全解决问题，于是采用了剿抚兼施的两手策略。嘉庆宣布"但治从逆，不治从教"，即对白莲教的活动不予禁止，但对白莲教起义军要坚决镇压，嘉庆几次下诏，允许一般起义军将士投奔朝廷，凡能擒获起义军首领归顺的，都可受到赏赐，临阵投降或者是自行逃散的，也可以放归乡里，安排生计。可是嘉庆的招抚政策并没有收到预期的效果，白莲教起义军将士同仇敌忾，即使在作战不利的形势下也是咬紧牙关，浴血奋战，决不轻易向朝廷投降。这使得嘉庆感到非常恼火，他采用了坚壁清野政策。这项政策早在白莲教起义初期曾由明亮等人提出过，当时未被乾隆重视。嘉庆在亲政之后对这项政策加以充分肯定，下令在川、楚、陕、甘等地广为推行。坚壁清野的主要内容就是在起义军出没地区四处合并村落，修建堡垒，在山区扼险结寨，在平原地区掘壕筑堡，将百姓都驱赶到堡垒之中，清查户口，限制人员出入，强行隔断起义军与贫苦百姓的联系。寨堡四起之后，嘉庆又积极组织团练乡勇，扩大地主武装。他下令军中努力纠正以前的做法，不得歧视团练乡勇。凡乡勇立功、阵亡者都要同正规军一样对待。嘉庆推行的这些措施给白莲教起义军形成了严重威胁，起义军在人员的补充、给养的供给等方面都面临许多困难，游击作战四处受阻，清军在战场上逐渐占据了优势。

嘉庆九年（1804），白莲教大起义被镇压下去了。这次起义历时近十年之久，起义军纵横川、陕、楚、豫、甘五省，抗击了清政府从16个省调集的军队，使清政府耗费饷银两亿两，严重地动摇了清朝的统治基础。从此，清王朝陷入了武力削弱、财政窘迫的困境，嘉庆的日子愈发难熬。

就在川、楚、陕白莲教起义方兴未艾之际，湘、黔一带的苗民起义又掀起了澎湃的波澜。虽然起义规模较小，但此起彼伏，相互呼应，一直坚持到了嘉庆十二年（1807）。

嘉庆十八年（1813），北方大地又涌起了农民起义的风云，李文成、林清等人领导的天理教起义爆发了。天理教是白莲教的一个支派，它的教徒按八卦名称分股活动，所以也称为八卦教。川、楚、陕白莲教起义失败后，天理教首领李文成、林清等人积极活动，秘密组织反清起义。嘉庆十八年（1813）九月，河南方面不慎泄露了起义的机密，李文成身陷囹圄，河南滑县的天理教徒遂提前举行起义，救出了李文成。直隶的长垣、东昌，山东的曹县、定陶随之也接连起事。嘉庆闻讯后急忙饬令直隶总督、河南巡抚率军前去镇压，可他万万没有想到，起义军战士竟然打进了北京皇宫。九月十五日，林清组织的一部分起义军化装潜入了北京城，然后按照原定计划，在内线太监的引导下分别由东华门和西华门闯进了宫中。他们白布裹头，高举"大明天顺""顺天保民"的大旗，奋勇冲杀。至今，隆宗门的匾额上还留有当年起义军射上去的一个箭镞。在起义军战士的喊杀声中，正在宫中南书房的皇次子旻宁和几个亲王慌忙组织侍卫抵抗，接着又有大批官军从神武门入宫，势单力薄的起义军经过一番苦战，寡不敌众，进攻皇宫的战斗失败了。

宫中发生激战时，嘉庆正在承德避暑山庄。得到消息后，他震惊不已，马上急匆匆地赶回了北京。他颁布了"罪己诏"，惊呼这次事件"变生肘腋，祸起萧墙"，实在是旷古奇闻。紧接着，他下令严密搜捕林清等人，将林清诱捕处死。同时，又调集各路清军，对河南李文成领导的起义军进行血腥镇压。十一月，李文成在林县司寨被围，壮烈战死。天理教起义的火焰被扑灭了。

此时的清王朝不仅内乱不休，而且外患迭至。嘉庆当政时期，英、法等资本主义国家已先后完成了工业革命，正积极向东方拓展势力，古老的中华帝国成了西方殖民者觊觎的重要目标，商人、传教士、炮舰、鸦片纷纷涌来。对于西方殖民者对华的军事挑衅，嘉庆始终保持了高度的警惕。嘉庆十年（1805），英国四艘军舰以为货船护航为名，闯到澳门和广东口岸，嘉庆立即训令两广总督要密切注意英国人的动向，不准其自由行动。嘉庆十三年（1808），英国又借口帮助澳门的葡萄牙人抵御法国人，派军队在澳门登陆，随后有三艘军舰闯到黄埔，200多名英国士兵和水手进驻了广州13个行商馆。面临英国人如此嚣张的行动，嘉庆以日传五百里的特急军令，指示广东地方官员迅速整饬军备，在英国人面前要态度强硬。若英国人敢于违反约束，对他们将不惜动用武力剿办。广东

避暑山庄烟波致爽殿

的督抚大员吴熊光、孙玉庭措施不力，表现软弱，嘉庆毫不犹豫地革掉了他们的职务，[1]并一再嘱咐继任官员到任后对涉外问题要悉心筹划，不能大意。嘉庆二十一年（1816），发生了颇有点滑稽色彩的阿美士德使团事件。这一年，英国派遣阿美士德率领一批人，带着一些外交、商务上的要求来到北京，要求觐见嘉庆，嘉庆允诺予以接见，但就在接见之前，清朝官员与阿美士德等人在觐见礼节上发生了争执。清朝官员把阿美士德使团当做贡使对待，而英国人坚持不行三跪九叩大礼，双方形成了僵局。嘉庆十分生气，下令把英国使节立即遣送回国，负责接待的一班大臣也被严加议处。

另外，鸦片这时已开始危害中国。鸦片本来是作为药品输入中国的，开始输入量也不多，直到雍正中期每年也就200来箱。但自清中期以来，西方殖民者为了扭转在对华贸易中的不利地位，赢得巨额利润，开始不择手段地将大批鸦片

---

[1] 事见《清史稿·吴熊兴列传》："上以熊光未即调兵，故示弱，严诏切责。下吏议，褫职，效力黄河。"

运进了中国，乾隆时已达到每年4000箱左右。鸦片的大量输入使中国国内财政、军事、人民生活等方面都受到严重损害，嘉庆对此认识得相当清醒，采取了多种戒烟措施。嘉庆规定，外国货船来华贸易时，在澳门要受到检查，并要由行商出具保证书，保证船上没有夹带鸦片。在内地，嘉庆多次下令严厉打击鸦片贩子，禁烟不力的官员必须受到惩处，那些吸食鸦片的人也要被治罪。

对于西方传教士在华的活动，嘉庆也予以多方限制。嘉庆十年（1805），一个名叫德天赐的西方传教士不听清政府的禁令，在内地刊书传教，结果被嘉庆下令押到热河加以囚禁。同年，嘉庆还下令销毁了一批西方传教士的经卷，惩处了对西方传教士约束不严的内务府大臣。嘉庆十六年（1811），嘉庆又下令，在华的西方传教士，除了在钦天监负责天文观测的以外，其余的都送到广州打发回国。

嘉庆在位的20多年，清王朝中兴的局面并没有出现，而嘉庆却在不知不觉中走到了生命的尽头。嘉庆37岁时才登上皇帝宝座，称帝之后，他很早就开始考虑嗣位者的问题。在他的五个儿子中（长子夭折），他最中意的是皇次子旻宁。嘉庆四年（1799），旻宁被定为皇储。嘉庆二十五年（1820）七月，嘉庆前往热河行猎，中途中暑，身体状况突然恶化。二十五日，他在承德避暑山庄与世长辞。后来，他被安葬在清西陵中的昌陵。

名家评说

仁宗初逢训政，恭谨无违。迨躬莅万几，锄奸登善，削平逋寇，捕治海盗，力握要枢，崇俭勤事，辟地移民，皆为治之大原也。诏令数下，谆切求言。而吁咈之风，未遽睹焉，是可慨已。

——赵尔巽等《清史稿·仁宗本纪》

颙琰时代民变到处发生，清朝政权呈现摩炫的局面。君臣争利，上下效尤，贪风大盛，政治极度败坏。

——范文澜《中国通史》

宣宗旻宁

清宣宗旻宁（1782～1850），清朝第八代皇帝。清仁宗次子，母为孝淑睿皇后。公元1820～1850年在位，谥号"成皇帝"，庙号"宣宗"。因其年号为道光，历史上又称为"道光（帝）"。他独断朝纲，事必躬亲，以俭德著称。虽然想有一番作为，企图中兴国家，最终却归于失败。

一、躬行节俭　力戒奢靡

嘉庆二十五年（1820）夏秋之交，京城气候格外闷热，令人烦躁难忍。旻宁侍奉年过花甲的父皇巡幸热河避暑山庄。嘉庆皇帝年老多病，原想巡幸热河，暂避朝廷繁重公务和京城燥热的天气，好好静养一番，待秋凉后回京。不意到了避暑山庄，竟是头晕眼花，浑身发热，生起病来。旻宁日夜衣不解带，寸步不离，小心服侍，诚心祷告上苍保佑父皇早日康复。无奈天限难过，七月二十五日，嘉庆皇帝离开了人世。

国不可一日无主，嘉庆归天后，热河随扈王大臣们即宣示嘉庆御书，拥立旻宁即皇帝位。旻宁以恭奉大行皇帝梓宫回京，暂缓登基，直至回到京师，一切安顿就

清宣宗旻宁

绪，始于八月二十七日在太和殿即皇帝位，颁诏天下，以第二年为道光元年。

道光登极君临天下，很想有一番作为，以规复"康乾盛世"旧观。可此时的大清王朝百弊丛生，要振兴祖业，当从何入手？思来想去，念及乾、嘉两朝东征西讨、南巡北幸，耗尽了资财，而宗室贵族、皇亲国戚大多腐化奢糜，祖宗入关前的淳朴节俭习俗早已丧失殆尽。于是，道光断然决定先从矫正人心风俗入手，倡行节俭，力戒奢糜，企望数年之内，整个满族臣民尽皆"返本还淳"，恢复入关前淳朴节俭的旧俗，大小文武臣僚及天下百姓竞以俭朴为荣，从而使仓廪充溢、国库丰赡，以规复祖宗盛世旧观。

为了实施他的思想主张，道光即位后以新帝诏旨形式颁发了其著名的"声色货利论"，着力阐明声色货利为害之大，关系到大清王朝的生死存亡，指出声色"常人惑之害及一身，人君惑之害及天下"，要求为官从政者不为声色货利所诱，严格"检束身心，屏除声色"，力崇节俭，一切"概从朴实，勿尚虚文"。终道光之世，朝廷治国方略虽然不同时期各有侧重，但道光一直把倡节俭、杜奢糜放在十分重要的地位，对大小文官武吏要求更是严格，谆谆告诫他们要懂得"一丝一粟皆出于民脂民膏"，应是格外珍惜，处处要"务存俭约之心"，千万不可为声色所迷惑。

道光倡行节俭的谕旨和措施，尽管在整个统治阶级中收效甚微，但他自己确乎是躬亲实践，身体力行。在饮食上，一般情况下皇帝照例每餐至少有二十几样菜肴，道光觉得这样过于糜费，常年每天多者准令做四样菜，有时则只要一碗豆腐烧猪肝，闹得管御膳房的官员们叫苦不迭，因为皇帝越是铺张，他们才越有机可乘，有油水可捞，只一碗豆腐烧猪肝，实在是无法虚报冒领。道光如此节省，朝廷文武初时将信将疑。道光初年两次大宴群臣，赴宴文武官员无不瞠目咂舌，才始信其真。一次是皇后千秋节（生日），道光设宴赏赐内廷诸臣，有缘赴宴文武都以为皇后生日皇帝不会马虎潦草，定可一饱口福。谁知道光早经谕令备宴官员，皇后千秋庆宴只准宰猪两只，用打卤面招待群臣，其余概行裁减，搞得赴宴文武官员哭笑不得。另一次是大学士长龄平定回疆叛乱，监押叛乱首领张格尔班师回朝，道光亲御午门受俘，随后在万寿山玉澜堂摆宴庆功。此次文武百官以为平定回疆，皇上心里高兴，该会好好庆祝一番。结果开宴后，群臣谁也不敢动筷，原来每张桌上只摆了几样小菜，质低量少，若一齐动手，立时就会菜光盘净，无奈只好陪着皇帝喝两盅酒了事。此后文武百官始信皇帝节俭不虚，上朝时

个个都装出节俭的样子，以至颇受宠信的大学士曹振镛，当道光问其在家吃鸡要花多少银子时，他竟谎称自幼患有腹胀气满的毛病，生平从未吃过鸡。

道光服饰上的节俭，在历代君王中也属罕见。其改制罩衣和补缀套裤两事，为晚清士大夫广为传诵，影响颇大。清代皇帝冬季常穿珍贵毛皮罩衣，道光登极后，内务府上衣监为他准备了一件黑色狐皮罩衣。这种罩衣外皮内缎，用料内阔外狭，四周缎子衬里显露其外，称为"出风"。黑色的毛皮缀在上好的缎子面料上，显得雍容华贵，典雅庄重。道光以为狐皮是猎获野物所得，缎子为百姓辛勤制作而成，是缎子当比狐皮贵重，况且"出风"部分纯系装点好看，毫无实用。于是，他在见到那件狐皮罩衣后，即传令内务府改制，谕以四周不许显露多余缎面。清代内务府贪污中饱是尽人皆知的，道光的节俭使内务府的官员们大为沮丧，此次奉旨改制罩衣，以为可趁机捞点油水，遂上奏说"改制罩衣，需银千两"。不料弄巧成拙，道光听说改制件罩衣竟要如许银子，当即改变主意，传谕谓："改制花费既多，著暂免，此后新制，概勿出风。"随后又将此事谕知入值的军机大臣，致使京城大小官员，从此冬季穿着毛皮罩衣，十几年间不敢有"出风"者。

道光服饰不但不求华美，而且少穿新衣，特别是不显眼的衣物，更是多穿一日是一日。清人服饰以袍褂罩身，裤子极少外露。为了节省，道光长年多穿旧裤，日久膝盖处先行磨破，就令内务府差人补上

《情殷鉴古图》

《道光帝行乐图》

一块圆形补丁。朝廷官员历经多次亲身所验,已深知皇帝节俭是实。于是,内廷大小臣工为了显示自己不负圣望,也在尽力"节俭",不管裤子真破了还是假破了,纷纷在膝盖处打起补丁来,一时套裤打掌之风大盛。

除饮食服饰外,道光在内廷后宫及外出一应所需用品方面,亦概行节省俭朴,力戒奢糜浮华。道光登极后,内务府按向来惯例为他准备了御用砚台40方,每方背面都镌刻"道光御用"四字。道光在见到内务府奏报所备御用品清单时,觉得一人如何能用40方砚台,放置不用,未免可惜,当即传谕留下两方,其余分赐内廷诸臣,并诏令此后有关地方不必再常年备制贡品砚台。笔砚为中国古代公务不可或缺之物,御用砚台有专门地方常年备制,御用毛笔也历来都是特制紫毫笔,笔管上均加镌"天章""云汉"等字样。所谓紫毫,即刚锐的紫色兔毛,为世所罕见,极其珍贵。道光觉得紫毫笔既然如此珍贵难得,即命此后不再征用,御用笔改换为普通臣民常用的纯羊毛或羊毛与一般兔毛相间合制而成的毛笔,同时以御用毛笔"笔杆镌字,每多虚饰",谕令以后也一律同民间毛笔一样,只据情标明其系"纯羊毫"或"羊毫兼毫"即可。如此俭朴,在历代封建帝王中,可谓如同笔中紫毫,"千万毛中选一毫"了。

道光躬行节俭,力戒奢糜,表面上也在一定程度上影响了统治阶级上层的一部分人,多少地遏制了奢侈腐化之风的恶性发展,但终究难以实现其令满洲臣民"返本还淳"、规复祖宗盛世旧观的愿望。况且时势业已大变,传统的节俭观丝毫无助于起弊振衰,大清王朝不可避免地在衰败的道路上越走越远。

二、整顿吏治　决心禁烟

道光登极承继大统后，面对"四海秋色"的清王朝，在躬行节俭、力戒奢靡的同时，多方设法，孜孜求治，试图起弊振衰，企望能早日规复祖宗盛世旧观。为此，他朝思暮想并采取了一些措施整顿吏治，力图做个明君；有时也能顺应时势，支持进行些小改革；终生不忘严禁鸦片，以杜白银外流之源。但可惜的是，道光之世的大清王朝，整个官僚阶层腐朽堕落，寡廉鲜耻，大多苟安其位，以保身家利禄，极少有人顾及国家安危和百姓死活；神州大地，内里是"大乱将起，悲风骤至"，外部则西方资产阶级乘坚船携利炮，频频叩关，终于破门而入。

中国历代封建王朝，自古就有所谓捐纳制度，即有钱便可买得官做，小官则可花钱买大官。清袭古制，不过最初规定花钱买官者只给虚衔，不予实授，捐官者单有官之名号，并无官之职责，当然也无俸禄，其实是花钱买个荣誉虚衔。自嘉庆朝起，国库空虚日甚一日，而庞大的官僚机构、军需费用及治河、赈灾等处处需要开销，于是捐例大开，朝廷把卖官鬻爵看做是一大可靠财源，虚衔实缺兼卖，以广招徕。捐纳实缺和科甲出身为官者在职权、俸禄方面一般无二，只是出身不同而已。渐渐实缺不够，则又创出"候补"名号，每月在吏部抽签一次，分发到中央各部或各省听候委用。由此，凡有足够的钱，无论其人德行才智如何，均可买得官做。官既是花钱买来的，一旦走马上任，便如狼似虎，捞本赚利，极大地加剧了清王朝吏治的败坏。道光身为皇子之时，对此就有所了解，认为官场贪污中饱、贿赂公行，皆与捐纳制度有关，称帝后即决心除此祸患。但是，在与朝廷重臣筹商废除捐纳制度时，朝臣皆以为"军需、河工、赈灾，处处需费浩繁，时下国库收支赤字甚多，其捐纳一项，未便全废"。

面对朝廷诸臣的一致反对，道光只好做出让步，但废除捐纳的初

台北故宫博物院藏砚台

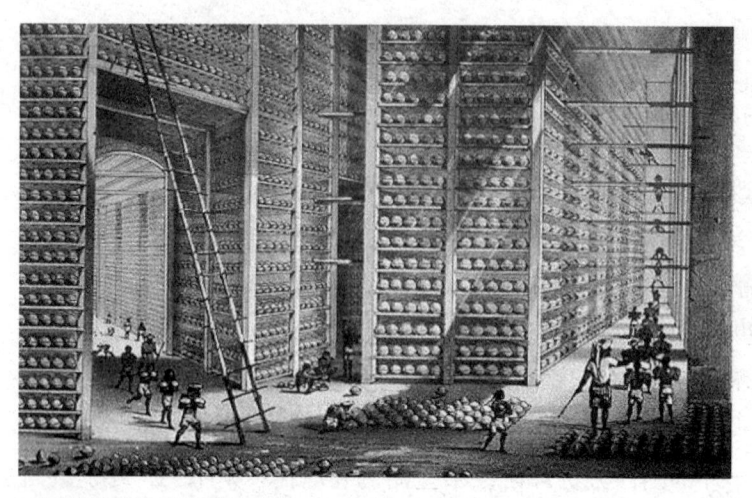

衷未改，于道光二年（1822）颁诏谕令天下，要各地嗣后严格捐纳制度，毋得滥开捐例，"其现任官员，一概不准加捐职衔，永为定例"。道光对花钱买得官做的人，始终感到

英国东印度公司的鸦片仓库

厌恶，总是放心不下。每当京官外放或地方官因故觐见，临行前他都不厌其烦地嘱令其要对捐纳出身的官员多加注意，谓"捐班之员，素不读书，将本求利，廉之一字，诚有难言。有钱不作他图，倾其所有以求为官者，居心可知。此等人物，朕实是放心不下，到任后务须从严究查，多加防范"。

在设法整顿吏治、企望起弊振衰的过程中，道光逐步认识到，"官官相护""贿赂公行"等官场之恶，在很大程度上与上头有关，因而警告官职显赫的重臣和宗室贵族，要他们时时记着乾隆朝的贪相和珅，晓谕鼓励天下臣民大胆告发侵公扰民之官，从重惩治上层不法官员。道光七年（1827），有人控告协办大学士、理藩院尚书英和的家人张天成，依仗主人权势，勾结地方官，私自抬高租息，欺压无辜百姓，肆意勒索民财。道光对此十分重视，认为张天成之所以敢横行不法，其根在英和，因此除对张天成及有关地方官依法惩处外，谕令将英和"革去协办大学士和理藩院尚书之职，夺回紫缰"（紫色的马缰，系清代皇帝赏赐宗室和勋臣的一种特殊荣誉标志）。随后又令"交部严加议处"。对中央朝廷重臣如此，对地方上一些官吏的违法行为，道光也往往追究其上司的责任。道光十五年（1835），湖南湘潭县知县灵秀，听说手下捕役有个女儿生得花容月貌，遂不择手段诱娶此女为妾，满足兽欲后，又复辗转售卖，捞获重利。后经人告发，道光大为震怒，谕令将灵秀革职，发往伊犁充当苦役，终生不许放还。此事本与省里大员无关，但道光怀疑属下不法，即是上司查审不力甚或有意包庇的结果，而上司所以如是，少不了是平时收受贿赂。于是，传谕将湖广总督、湖南巡

抚及布政使、按察使，一并交部议处。

澄清吏治，侧重于上层，道光一直坚守不渝，即使宗室贵族、皇亲国戚亦不例外。

道光三弟惇亲王绵恺，年过而立之年，膝下无子，不知何故竟与宫内太监张明德私相往来，违犯皇室家法，道光七年（1827）因此被降为郡王衔，革除一切职务，并受到严厉训斥。后来谨慎从事，循规蹈矩，一度又复亲王衔，得授"内廷行走"及宗人府宗令等头衔。谁知时过境迁，绵恺又旧念复萌，将宫内太监私藏于王府。消息走漏，道光闻讯查实后，当即谕令再行将绵恺降为郡王，革除一切职务，并罚俸三年。绵恺壮年无子，过继儿奕缵业已去世，家庭生活颇不愉快，加之此次打击，不久即郁闷而逝。

皇侄奕纪，道光中期曾一度备受恩荣，先后晋二等镇国将军，赏给紫缰，擢户部尚书，总管内务府大臣、御前大臣兼管理藩院事务，显赫一时，渐渐志满意得，遇事不知自忌，一些趋炎附势的内外官员也纷纷巴结逢迎。道光二十年（1840），道光以理藩院行使职权不当，决计借机惩戒奕纪，以使其有所顾忌，恪尽职守，谕令将理藩院尚书赛尚阿降为二品顶戴，与管院大臣奕纪一并交部严

清人吸食鸦片的情形

议。随后，他又通过多方查询，得知奕纪有收受属下司员馈送银两情事，遂谕令夺回奕纪紫缰，革去其御前大臣、户部尚书、总管内务府大臣职务。不久，道光觉得奕纪在天子脚下竟敢私自收取下级司员礼品，如此处分恐还不足以警来者，于是再颁谕旨，令将奕纪捉拿问罪，遣戍黑龙江。奕纪以所管理藩院行使职权稍有不当和收受一位下级官员馈送银两而遭此重处，廷臣无不悚然。

另外，道光继位后，一直大力禁绝鸦片。鸦片最初由葡萄牙人当做药材输入。早期葡萄牙作为药材向中国输入鸦片时，虽有人开始食用，但数量极少，未对整个社会造成多大危害。后来，英国人东来，在印度半岛建立了庞大的殖民贸易垄断公司——东印度公司，实行对印度乃至对整个亚洲的殖民掠夺贸易和侵略扩张活动。在早期同中国的贸易中，中国的丝、茶、陶瓷、大黄以及糖等土特产品受到当时西方人欢迎，出口量逐年递增；而作为英国主要输华商品的各种贵重毛纺织品，由于中国官僚士绅穿的是绫罗绸缎，老百姓则穿自制的土布，因而长期滞销，致使英国在正常中英贸易中连年逆差，每年不得不运来大批白银，以补亏空。

为了既得到中国的丝、茶等土特产品，又不用往中国输送白银，英国资产阶级费尽心机，寻求良策。在用炮舰暂时还打不开中国大门、其他商品也难以打入中国市场的时候，他们找到了鸦片这种特殊商品。鸦片既可弥补英国对华贸易逆差，又可以在精神和肉体上摧残中国人民，为最终打开中国大门奠定了基础。于是，英国自公元1773年起，排挤了葡萄牙、荷兰等国，逐步确立了对中国鸦片贸易的垄断权，开始有组织地向中国输入毒品鸦片。

自鸦片吸食之法传入中国后，烟毒就日益泛滥起来，逐渐引起中国统治者的重视。早在雍正七年（1729），清廷即颁发禁烟令，严禁贩卖、吸食鸦片。嘉庆五年（1800），清廷首次禁止从外洋进口鸦片（以前做药材进口合法），以后又多次颁发禁令，制订禁烟章程，发布贩

烟枪

卖吸食鸦片治罪条例，意在清除烟毒祸害。结果是鸦片由合法纳税进口变为违法偷运走私，烟价大涨。广东海关及其他文武官员，甚至于朝廷重臣，都直接间接地从鸦片走私中捞到好处，以至无视朝廷禁令，帮同或袒护中外鸦片贩子进行走私活动，致使烟毒迅速弥漫全国，白银源源流向国外。

道光对鸦片烟毒的危害有着深刻的了解，继位后决心根除此患。道光元年，他即匆匆发布谕旨，严申鸦片禁令。两广总督阮元，借助新帝即位之威，查出十三行总商伍敦元默许外国进口商船夹带鸦片，随即请旨严加惩办，并制定了严格的外船进口检验程序和对贩卖、吸食鸦片及开办烟馆者的惩处条例。一时间，夹带鸦片的外国进口船只纷纷被查获，驱逐出口，澳门的一些囤积贩卖鸦片大户也先后落入法网。查禁鸦片初见成效，道光喜出望外，决心再接再厉，于道光二年（1822），谕令沿海各省督抚严拿烟贩，翌年又饬廷臣议定地方官查禁鸦片烟不力及失察处分条例，同时诏令严禁民间私自种植制造鸦片。

道光根除鸦片祸患的决心不可谓不大，查禁鸦片烟毒的诏令不可谓不严。然而，英国政府既已确定了鸦片侵华政策，鸦片贸易业已给英国及英印政府和东印度公司带来了巨大利润，那他们就决不会善罢甘休。在广东方面查缉日严，广州、澳门既不能进口也不便囤积鸦片之后，外国鸦片贩子们便在珠江口大鱼山洋面一带的伶仃岛周围停置大船，存放鸦片。这些停置的大船，每只约可装载鸦片50余万斤，称为"趸船"。凡装载鸦片的船只均先驶往趸船卸下鸦片，然后载着合法货物并夹带极不易发现的少量鸦片样品进口，与内地鸦片贩子看样订货，在广州借交易货物之名把一切手续办理完毕，然后雇佣亡命之徒，乘坐特制的武装快船到趸船取货，黑夜偷运走私，分发各地。于是，尽管道光再三颁发"杜绝鸦片来源，以求净尽根株"的谕令，但随着他整饬吏治的失败和全国军备的愈益废弛，国内则走私网遍布天下，国外则先是英国、继而美国，公然以武力保护走私，或建立庞大的舰队直接组织走私，致使鸦片输入量激增。道光元年，输入中国鸦片不足6000箱，道光十三年（1833）时增至两万余箱，至道光十八年（1838）则翻番为四万余箱。

鸦片的不断输入和烟毒的日益泛滥，不但严重摧残了中国人民的身心健康，而且造成白银大量外流，清政府国库空虚，银价飞速上涨，国计民生穷蹙日甚一日，从而引起中国朝野的极大关注，道光作为一国之主，更是忧心忡忡，无奈禁令屡颁，鸦片烟毒焰日涨，苦寻良策而不可得。

道光十八年（1838）闰四月，鸿胪寺卿黄爵滋上疏道光，指出断绝鸦片的根本之计在于根绝吸食，"无吸食，自无兴贩；无兴贩，则外夷之烟不禁亦自不来"。认为以往禁烟之所以未著成效，是由于刑法过轻，提出吸烟论死之说，请求道光颁诏晓谕天下，所有吸食鸦片烟者，限令一年为期戒绝，到期未戒或未全戒者，则一律处以死刑；[1]如有为官之人知法犯法，一经发现，本人处死之外，其子孙永远不得参加科举考试。

道光皇帝读书图

黄爵滋吸烟论死的奏疏，对道光是个严峻的考验。平民吸烟论死，倒还好说，官员论死，已觉难办，而皇亲国戚、宗室贵族中若有人被告发出来，将如何处治？经反复权衡，他觉得保国保民保住皇帝尊位才是头等大事，鸦片烟毒继续泛滥，迟早要毁大清江山。于是，他一面谕令各将军、督抚就黄爵滋吸烟论死之说各抒己见，详细议复，一面采取严厉措施，从上头做起，以向天下诏示自己的禁烟决心。在接到黄爵滋奏疏不到两个月时间里，道光先行将一批查有确据的吸烟官吏革职，其中庄亲王、辅国公因常到僧尼庙内偷食鸦片，分别被革去王爵和公爵；同时将两年前上奏请放宽烟禁的许乃济降为六品顶戴，勒令退休返乡，诏令在两湖地区禁烟卓有成效的林则徐进京觐见，商讨禁烟大计。[2]

林则徐进京后，道光赏其紫禁城骑马殊荣，接连八次单独召见，共议禁烟

---

[1]事见《清史稿·宣宗本纪》。
[2]事见《清史稿·林则徐列传》。

事宜，经过反复商讨，道光决定双管齐下，一面于道光十八年（1838）十月十五日命林则徐驰赴广东"查办海口事件"，意在杜绝鸦片进口。为表示他对林则徐的信任和器重，特颁给钦差大臣关防，谕令所有该省水师兼归节制。一面则命朝臣严定禁烟章程，以求根绝吸食。新定禁烟章程明确规定："凡吸烟之人，均限一年半时间戒除，限满不知痛改前非者，无论官民，概拟绞监候。"新定章程经道光审阅批准后，名为《钦定严禁鸦片烟条例》，颁发全国遵照施行。

自黄爵滋吸烟论死之疏上达朝廷始，在道光亲自主持下，经过各有关方面约半年时间的讨论准备，神州大地除西藏地区以外，掀起了一个轰轰烈烈的全面查禁鸦片烟毒的热潮。各地缉拿鸦片贩子，缴烟土，收烟具，封烟馆，惩治大小吸烟官吏，通令鸦片烟鬼限期戒烟，可谓如火如荼，雷厉风行。

三、抵御外侮　力不从心

面对举国一致的禁烟热潮，道光欣喜异常，心想多年痼疾一旦扫荡净尽，规复祖宗盛世旧观有望，总可以告慰列祖列宗在天之灵了。可他做梦也没有想到，英国资产阶级为了维护罪恶的鸦片贸易，悍然发动了大规模的侵华战争，结果不仅使他根除鸦片烟毒的全部方案措施尽皆落空，而且把他推到了清朝有史以来初次蒙受外国资本主义列强的深重打击，并被迫屈辱求和的被动境地。这还得从林则徐到广州禁烟谈起。

道光十九年（1839）初春，林则徐携钦差大臣关防到达广州后，与两广总督

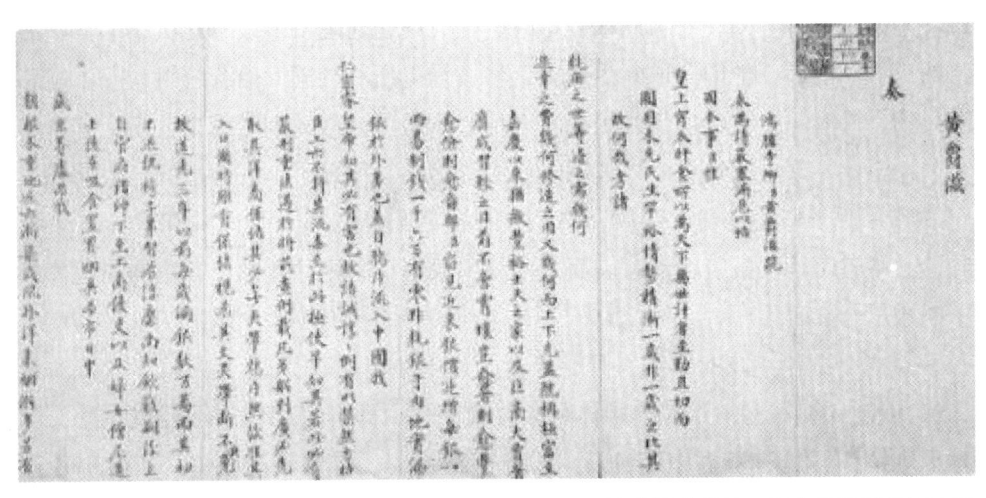

被誉为清代第一折的黄爵滋禁烟奏折

邓廷桢、广东巡抚怡良、水师提督关天培等和衷共济，内则查办收受贿赂、包庇鸦片走私之文臣武将，惩治贩毒奸商，劝戒吸毒兵民；外则晓谕各国来粤商人，限期缴出囤放于外洋趸船的全部鸦片。为预防万一，林则徐于查禁鸦片的同时，一面饬人搜集翻译外国书报，了解西洋国情及来粤商人动静，力求知己知彼；一面招募水勇，整顿水师，加固增修炮台，购买西洋大炮、战船，积极整军备战。

面对林则徐雷厉风行的禁烟措施，以英国为主的外国鸦片贩子们有些着慌，纷纷找英国在华商务监督义律商量办法。义律鉴于中国官方禁烟向来虎头蛇尾，一阵风过去便万事大吉、一切照旧，认为此次也不过是做做样子，吓唬胆小的，抓几个倒霉的罢了，约定众洋商拒缴鸦片。林则徐眼看限期将过，外国鸦片贩子们毫无动静，便传令四处张贴告示，告谕中外，谓"本大臣奉旨来粤查禁鸦片烟毒，若鸦片一日未绝，本大臣一日不回，誓与此事相始终，断无中止之理"。表示此次禁烟势在必行的决心。随后，他即采取断然措施，将黄埔港所有外国商船统统封仓，不准装卸货物，同时下令撤出广州商馆里的全部中国雇员，派兵围困商馆，断绝了水陆交通。至此，聚居商馆里的外国商人们纷纷抱怨义律毁了他们的生意，龟缩在这里的鸦片贩子们更是慌了手脚，急请义律寻求解救之策。此时义律已无良策可寻，心中暗暗计谋报复行动，表面上不得不派人请林则徐解围，答应劝说鸦片贩子们缴出全部鸦片。

道光十九年（1839年）三月，以英国为主的鸦片贩子先后缴出鸦片19187箱又2119袋，共计237.6万多斤。林则徐收缴完毕，即奏报朝廷请示处理办法，同时下令解围开舱，恢复中外贸易。道光闻报大喜，传谕林则徐等将所缴鸦片烟土，"即在虎门外当众销毁，毋庸解往京师验看，俾令沿海商民及在粤夷人，共

林则徐虎门销烟池遗址

见共闻，咸知震骇，永杜后患。"这年四月二十二日至五月十五日，林则徐遵旨偕邓廷桢等率广东文武员弁，在虎门海滩将收缴鸦片全部彻底销毁净尽。[1]当时沿海居民及外国商人、传教士等观者如堵，百姓欢呼，烟贩们震恐痛心不已。这就是历史上有名的"虎门销烟"。

虎门销烟后，林则徐传令各国进口贸易商船具结声明："嗣后来船永不敢夹带鸦片，如有带来，一经查出，货尽没官，人即正法，情甘服罪。"凡从事正当贸易的外国商人，无不遵令具结进口，惟英国商务监督义律，蓄意挑起事端，纠集兵船拦截其本国商船，不准进口具结，并多次袭击中国水师。林则徐一面下令严惩来犯英国兵船，一面奏报朝廷，建议对包括英国在内的所有外国商船，实行"奉法者来之，抗法者去之"的策略方针，以集中力量打击不遵中国法度或敢于来犯之敌。此时道光正陶醉于销毁鸦片的喜悦中，自思多年流毒，一旦扫除净尽，从此白银不再外流，国库渐可充裕。闻报义律胆敢犯顺天朝，当即怒火中烧，传谕沿海加强防御，切令林则徐等万勿示以柔弱，谓"朕不虑卿等孟浪，但

---

[1]事见《清史稿·林则徐列传》："林则徐檄谕英国领事义律查缴烟土，驱逐趸船，呈出烟土二万余箱，亲莅虎门验收，焚于海滨，四十余日始尽。"

戒卿等不可畏葸,所有英吉利大小船只,尽行驱逐出海,嗣后片帆不得入口贸易"。道光二十年(1840)一月,林则徐遵旨断绝了中英贸易。

道光原想以天朝声威慑服英夷,岂知英国为了保护鸦片贸易,已决定发动大规模的侵华战争。道光二十年(1840)五月,英国兵船40余艘到达中国海面,先行封锁珠江口,正式挑起了第一次鸦片战争。

英军在广东滞留月余,北犯福建,未能得手,当即兵进浙江,攻陷定海,随后又移师北进,兵至天津白河口,投送英国外交大臣巴麦尊给清政府的照会,无理要求中国皇帝为英人昭雪在粤蒙受的"冤屈",偿赔鸦片烟价,并割地通商。按惯例,清王朝地方大员不能擅自接收外国照会,更不敢向皇帝呈递外人照会。无奈英国船大炮猛,而且除广东、福建预做防备之外,各省既无坚实战船能够御敌于大洋之外,又无阻敌登岸可用的大炮和能战之兵。直隶总督琦善此时已顾不得成例所碍,径直接受照会,上奏道光说:"英夷船坚炮利,无可与敌。夷船不来则已,夷船若来,则天津等各大海口断不能守。"朝廷内外一些平时安逸享乐的人,均害怕战争打扰其安乐生活,而奉命拒敌时,又不知这仗到底是如何打法。他们为英国坚船利炮所吓倒,只求早早结束战争,纷纷散布流言,有人谓林则徐广东缴鸦片,原是先许重价收买,而后食言负约,以致激变;英人兴兵,实是请求天朝大皇帝给个公道,开恩恢复通商。有人则说邓廷桢调赴闽浙总督,毫无作为,英人未攻厦门,硬是上奏朝廷,谎报战功。一时间,朝廷上下,乱哄哄吵做一团。

道光获悉前敌败耗,耳听各种流言,翻阅琦善奏章和巴麦尊照会,不觉对林则徐等产生怀疑,暗思英军威逼京师,孰是孰非,一时真伪难辨,不妨颁旨诘问林则徐,看其何词

时任英国外交大臣巴麦尊

以对；诏令琦善与英人交涉，虚与周旋，试看结果如何，再作定夺。其诘责林则徐的谕旨，措词激烈，大略谓："命你赴粤查办海口事件，业经一年有半，然外而断绝通商，并未断绝；内而查拿犯法，亦不能净尽，无非空言搪塞，不但终无实济，反生出许多波澜！思之曷胜愤懑，看汝何词以对朕也？"在给琦善的诏旨中，则令其转告义律说："天朝皇帝抚绥四海，恩布中外，凡外藩来中国贸易者，稍有冤抑，自会立即查办。上年林则徐等查禁鸦片烟土，未能仰体大公至正之意，以致受人欺蒙，措置失当。兹所求昭雪前冤，大皇帝早有所闻，必当逐细查明，重治其罪。"意想以此先令英军退去，然后从长计议。

琦善所辖防区，天津共有弁兵800名，山海关一带连一尊合用的大炮也没有，英军北上，早已慌做一团。他接奉道光诏旨后，心中暗喜，自思有了退敌法宝，当即照会英国侵华军总司令懿律（义律的堂兄），明确表示说：林则徐在广东查禁鸦片"办理不善"，大皇帝已知其非。至于巴麦尊照会中所求各节，尽可慢慢商量，希望英军返回广东，静待大皇帝派出钦差大臣"秉公查办"。时值深秋季节，天气渐凉，英军不便在北方采取大规模行动。懿律接到琦善照会后，即顺势率军南下广东，准备伺机再发。

英军南下，琦善上奏朝廷大肆渲染自己"退敌"有方。道光接报后，觉得这英夷原来并非桀骜，那林则徐等恐是有负朕意，确乎办理不善。于是降旨命琦善为钦差大臣，前赴广东继续办理中英交涉，同时令将林则徐、邓廷桢等革职查办。[1]

琦善奉旨到广东后，一意媚外求和，实指望退出英兵，报功邀赏。岂知英军南下本是缓兵之计，一面在广州与清廷交涉提出更为苛刻的侵略要求，一面暗中调兵遣将，琦善毫无战守准备，步步退让，答应了英国侵略者几乎全部无理要求，只是关于割让香港一事，不敢做主，准备上奏朝廷请示后再做明确答复。英军调兵遣将停当，不待琦善答复，即发兵攻占大角、沙角炮台，进而威逼虎门，并单方面发布未经议定签字的所谓《川鼻草约》，强占了香港。

---

[1] 事见《清史稿·林则徐列传》"诏曰：'鸦片流毒内地，特遣林则徐会同邓廷桢查办……乃自查办以来，内而奸民犯法不能净尽，外而兴贩来源并未断绝……皆林则徐等办理不善之所致。'下则徐等严议，饬即来京，以琦善代之。"

四、战败求和　丧权辱国

道光派令琦善赴广东时,原想引英军南下,姑允恢复通商,惩办林则徐,以换得英国全部撤军,免得大动干戈,劳师糜饷。不过,那时他既不认为英国坚船利炮威不可当,也不完全相信英人会轻易就抚,因此谕令琦善到广州后,要"一面与之论说,力争折服英夷,一面妥为预备,如其桀骜难驯,毋得示弱,有失天朝体面。所需御剿兵丁,可一面飞调,一面奏闻,不必先行请旨,以误戎机"。英军在广州再次发难,攻占沙角、大角炮台消息传至京师后,道光因事先已有所预料,并不惊惶,当即传旨责令琦善"赶紧团练兵勇,奖励士卒,并储备军需粮饷枪炮火药,严惩英夷"。同时,诏令对英开战,命御前大臣宗室奕山为靖逆将军,户部尚书隆文、湖南提督杨芳为参赞大臣,征集各路大军共计17000余人开赴广东前线,意欲一举荡平入侵之敌。不料琦善毫无战心,竟上奏说广东"地势无要可扼,军械无利可恃,兵力不固,民情不坚,若与英夷交锋,实无把握,不如暂示羁縻……"道光览奏不觉动怒,心想如此懦夫,如何堪当前敌？正思降旨斥革,又接广东巡抚怡良等密折,参奏琦善一意孤行、不听众文武劝说,私允割让香港。怡良密折真是火上浇油,道光阅后直气得手足冰冷,两眼昏花。稍待镇静,提笔在琦善奏折上批道:"汝被人恐吓,甘为此遗臭万年之举,今又摘举数端,恐吓于朕,朕不惧焉。"随即传谕,令将琦善革职拿问,锁解进京,并将其全部家产悉数抄没入官；命奕山、隆文等星夜兼程,迅赴广东,整兵旅、歼丑类、收失地、惩汉奸,务期大伸天讨,而张国威。

英军获悉清廷派将增兵,遂先发制人,大举进攻,道光二十一年（1841）二月初攻陷虎门。广东水师提督关天培及数

关天培

百守军力战不敌，壮烈殉国。三月，参赞大臣杨芳先至广州，一战又失乌涌炮台，英船驶入省河，广州城危在旦夕。

奕山等在道光圣旨再三催促下，于道光二十一年（1841）三月底到达广州。闻听英军船坚炮利，本无战心；若不战而和，又恐遭重咎，遂召同来新任粤督祁贡及参赞、巡抚人等计议发兵攻剿。四月初一日，奕山兵分三路，夜袭英军，希冀一战而胜。不意英军早有准备，激战五昼夜，所有炮台要塞尽失，清军兵困广州城，不时发炮轰击。奕山攻守无术，慌了手脚，急命高悬白旗示降，令广州知府余保纯出城乞和，签订了屈辱的《广州和约》，议定双方停战，赔偿英国军费600万元，英军退出虎门，奕山等撤出广州城，率军屯驻离城60里以外。

奕山战败求和，自知如实上奏朝廷，吃罪不起，于是谎称广州停战，系因他率大军屡次"焚剿痛击，而大挫其锋……英夷穷蹙乞抚"。至于赔款，则是因为英夷战败，无路可走，"其头目投伏于地，向城作礼，乞还商欠，并恳请拨库钱280万，否则，年余未能通商，货物不能流通，资本折耗，非但商欠无以偿还，而且生计无以维持"。因此，经广州文武共同商量，为表天朝怀柔远人之意、奖励外夷向化之诚，议定允其所请。

道光接阅奕山瞒天过海的奏报后，非但毫无察觉，还真以为是英夷慑于"天威"，倾心向化，从此中外和好，免去刀兵之苦，不觉转怒为喜，竟颁旨"准令通商"，同时传谕沿海各省，酌量裁撤调防官兵，以节糜费。至此，他越发怀疑林则徐等在广州的行为，相信英夷兴兵构难是由林则徐"办理不善""操之过急"所致，自思年余来寝食难安自不必论，其劳师糜饷、国无宁日、沿海生灵涂炭，不罪林则徐、邓廷桢，又由谁来任其咎？念及此，遂发谕

杭州将军耆英

一道，令将林则徐、邓廷桢从重发往伊犁，遣戍赎"罪"。

正当道光误信奕山谎报军情，认为夷乱已平而令沿海各省裁军撤防之际，英国政府换将增兵，准备进一步扩大侵略战火。道光二十一年（1841）六月，英国新任特命全权公使璞鼎查、侵华英军总司令巴加聚会于香港，经过一番密谋策划，月余后率军北犯厦门。总兵江继芸等力战牺牲，厦门陷落。随后，璞鼎查和巴加调集大军，北犯浙江，仅两月时间连陷定海、镇海、宁波三镇。定海三总兵葛云飞、郑国鸿、王锡朋等率军英勇抵抗，全部以身殉国；两江总督裕谦亲自登城督战，而浙江提督余步云未战先逃，以致镇海、宁波失守，裕谦自杀谢罪。总督死，提督逃，三总兵殉国难，整个浙东地区风声鹤唳，侵略军恣意烧杀淫掠，千千万万无辜百姓在铁蹄下呻吟。

为阻止英军的进攻，道光于道光二十一年（1841）九月初四日诏令宗室协办大学士吏部尚书奕经为扬武将军，侍郎文蔚、副都统特依顺为参赞大臣，调集江西、湖北、四川、陕西、甘肃数省马步各军，驰赴浙江。哪知奕经一出京师即把皇帝谕旨置诸脑后，一路游山玩水，广纳贡献，道光二十二年（1842）正月始到绍兴，并且视战争如儿戏，仓促之间并未认真了解敌情即兵分三路，幻想一举夺回浙东三镇。结果是三路大军相继败北，奕经一口气逃到杭州，不敢再战，一面屯兵与英军对峙，一面上奏败绩，自请处分。

1842年6月16日吴淞战役

道光接到奕经败报,深感局势严重。这时他想到可以信赖的重臣及可以调拨的精兵基本已和盘托出,而夷焰非但未能稍戢,反而日见鸱张,足证英夷之凶狠。因此也心灰意冷,赶紧诏令盛京将军耆英署杭州将军,颁给钦差大臣关防,授与"便宜行事"之权;起用以前因主和革职的伊里布,赏给七品顶戴。使二人赶赴浙江前线,办理对英交涉事宜,做出了准备停止抵抗,实行所谓"招抚"方略的姿态。

耆英、伊里布到浙江后,即开始策划"羁縻"之策,试图"招抚英夷",可他们怎么也没想到英夷竟不肯就"抚"。道光二十二年(1842)三月,英国侵略者为了迫使清政府彻底屈服,决定按预定计划,集中优势兵力,攻取清政府南北交通的咽喉之地镇江,进而控制长江下游,切断清廷漕粮运输。

道光二十二年(1842)四月初至六月底止两个多月的时间,英军相继攻取乍浦、宝山、上海、镇江。江南提督陈化成率部抗击,壮烈牺牲;镇江副统海岭统驻防旗兵拼死抵抗,全部殉难;两江总督牛鉴则闻风逃匿,英国侵略者兵锋直抵南京城下。至此,道光自觉已别无良策可寻,急命耆英、伊里布迅赴南京设法议和。

道光二十二年(1842)七月二十四日,经道光批准,耆英、伊里布等在南京城下江面上的一艘英国侵略者的军舰上,签订了中国近代历史上第一个屈辱的不平等条约,内中规定主要为:(1)清政府赔偿英国在广东缴出销毁的鸦片烟费600万元,商行"积欠"300万元,军费开支1200万元,合计2100万元;(2)将香港割让给英国;(3)开放广州、福州、厦门、宁波、上海

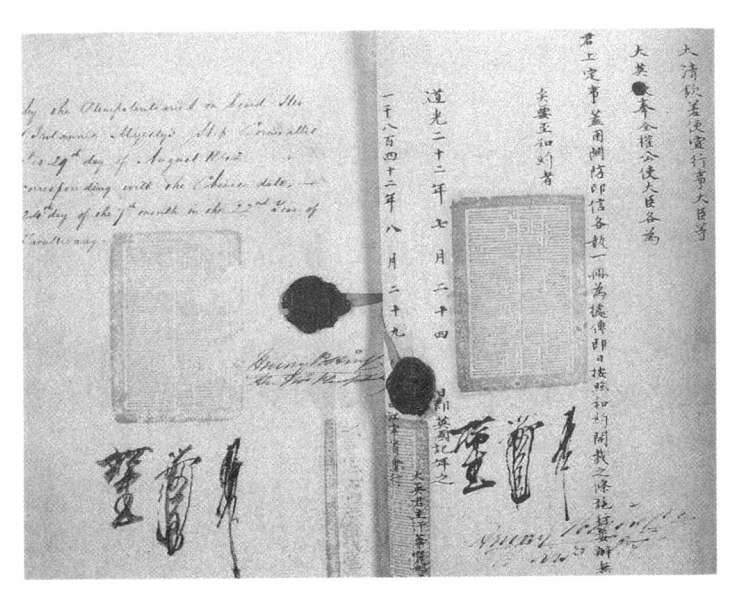

中英《南京条约》

中英南京条约

　　道光二十二年（1842），清朝与英国在南京（时称江宁）下关江面的英军旗舰"康华丽"号上签订了中英《南京条约》。《南京条约》又称《江宁条约》，是中国近代史上与外国签订的第一个丧权辱国的不平等条约。

等五处为通商口岸；（4）实行协定关税，嗣后进出口货物应纳关税等项，均应"秉公议定"，不能由中国自己做主；（5）废除公行制度，凡来中国贸易的英商，不论与何人交易买卖，均听自便。这就是后来人们所说的《南京条约》，时人称之为《江宁条约》。[1]

　　历时两年多的对外战争，清朝政府支出战费7000万两，战后赔款2100万元，加上战争期间英国侵略军的无耻抢劫和战后鸦片的继续大量涌入，清王朝本已十分拮据的国库开支，濒于崩溃。为了偿还赔款、弥补亏空，道光在战后已顾不了许多，只有默认各级官吏尽情搜刮民脂民膏了。结果是"天下贪官甚于强盗，衙门污吏无异虎狼。民之财尽矣！民之苦极矣！"

　　官逼民反，民不得不反。鸦片战争后，清王朝内地十八省和台湾、伊犁、西宁等地区，反清起义连年不断。自道光二十二年至三十年（1842~1850），各

---

[1] 事见《清史稿·伊里布耆英列传》："七月，英兵薄江宁下关，伊里布先至，英人索烟价、商欠、战费共二千一百万两，广州、福州、厦门、宁波、上海五港通商，英官与中国官员用平行礼，及利抵关税、释放汉奸等款……耆英等与英将璞鼎查、马利逊会盟于仪凤门外静海寺，同签条约，先予六百万；余分三年给，和议遂成。"

地各种起义暴动令清政府手忙脚乱、损兵折将而载于史册的就有92次之多。道光历经两年多对外战争的磨难和美、法等相继遣兵船来华威逼签约，已是心力交瘁，不觉老之将至。面对风起云涌的起义暴动，他只知频颁谕旨，限令各地将军督抚及提镇大员加意弹压，尽力督剿，再也无力无心去设法根治起义暴动之源，规复祖宗盛世之业了。

道光三十年（1850）正月十四日，节俭一生的道光，外耻未雪，内忧未除，饱含一腔恨和愁，悄然长逝。死后，葬地在河北易县北宁山慕陵。

名家评说

宣宗恭俭之德，宽仁之量，守成之令辟也。远人贸易，构衅兴戎。其视前代戎狄之患，盖不侔矣。当事大臣先之以操切，继之以畏葸，遂遗宵旰之扰。所谓有君而无臣，能将顺而不能匡救。国步之濒，肇端于此。

——赵尔巽等《清史稿·宣宗本纪》

旻宁时代整个统治阶级不仅全部腐化，而且几乎大部毒化，因此爆发了破坏中国数千年旧社会的鸦片战争，又因此爆发了咸丰元年（一八五一年）的太平天国革命。前一战争使中国社会开始改变半封建半殖民地的社会，原革命使中国历史上无数次封建社会的农民起义，开始萌芽了资产阶级民主主义革命的物质。旻宁时代真是中国历史上最险恶的同时也是最伟大的一个转变时代，旻宁时代的政治是山穷水尽不得不变的政治。

——《范文澜文集》

文宗奕詝

清文宗奕詝（1831～1861），清朝第九代皇帝。清宣宗第四子，母为孝至成皇后钮祜禄氏。公元1850～1861年在位，谥号"显皇帝"，庙号"文宗"。因年号为咸丰，历史上又称为"咸丰（帝）"。他为了挽救统治危机，也颇思除弊求治，企图重振纲纪，尽管他宵衣旰食，日理万机，局面还是越来越坏，面对腐败的清王朝，他无可奈何走上了逃避现实的道路。

清文宗奕詝

一、兄弟争位　母死失和

奕詝出生以后，深得父亲和母亲的疼爱，生活自然是欢乐而优越的。为了更好地对奕詝进行教育，道光帝不仅经常亲自督教，而且按照培养幼君和皇子的惯例，6岁的时候让其开始入学读书。所学的课程很多，除学习蒙古、满语言文字，并按照满族的习俗练习骑射技能外，主要是学习儒家经典、历代治术、圣训、列朝实录等等。

道光二十年（1840），奕詝的生母孝全成皇后突然病死，奕詝还不满10岁，母亲的死给他带来了极大的痛苦和打击，也给欢乐的童年留下了一丝阴影。孝全成皇后死后，奕詝由奕䜣的生母静贵妃抚养。值得庆幸的是，静贵妃见小奕詝过早地失去了母

爱，十分爱怜他，所以对他就像亲生儿子奕䜣一样，处处关心和照顾，无微不至。小奕䜣也很懂事，见静贵妃对自己这样好，也十分感激和尊敬她。奕詝和奕䜣年龄相仿，兄弟俩同在书房读书，共同练武，关系十分融洽。虽然他俩是异母同父的兄弟，但两人的性格却迥然不同，奕詝好静，奕䜣好动；奕詝性浑朴，奕䜣性机敏；奕詝谦恭温和，奕䜣争强好胜。道光帝晚年，为建储传位的事费了不少的脑筋和心思。在道光看来，皇四子奕詝和皇六子奕䜣都是很好的人才，自己都很喜欢，两人虽各有千秋，但却都有继位的资格。奕詝是正宫皇后所生，而且年长，按照一般的惯例和传统，理应奕詝继位；而奕䜣生性聪明，才华出众，尤其是相貌和平时的行为都很类似道光，所以虽然是庶出而年少，却受到道光帝格外的器重和垂青。所以，道光虽想早些立下储位，以减少一件心事，但却犹豫不决，拿不定主意，所以定储一事一直悬而未决。

道光帝立储密旨

随着年龄的增长，奕詝和奕䜣逐渐懂事了，虽说两人一起长大，关系十分密切，但是谁都希望自己能继承皇位，既然父亲久未决定此事，那就说明父亲还没有最后决定谁优谁劣，只要努力，自己就有继位的希望。所以弟兄两人彼此开始或明或暗地展开了竞争，赤诚相见，关系融洽的时代一去不复返了。不仅他俩是这样，就是他们的师傅们也参与了此事，积极为自己的学生出谋划策。道光帝晚年，渐渐感到身体不如从前，所以抓紧对两个孩子进行有意识的考察，以便决定皇储问题。有一次，道光通知奕詝和奕䜣，想亲自考问一番。奕詝和奕䜣知道后，知道此事关系重大，所以都连忙跑去问自己的师傅。奕䜣的师傅卓秉恬告诉他说："如果皇上有何垂询，要知无不言，言无不尽。"咸丰的师傅杜受田则不同，他告诉咸丰说："若谈古论今、条陈时政，你的才识绝不如六爷。只有一个办法，如果皇上自言老病，将不久于帝位，你就伏地痛哭，以表孺孝之诚。"咸丰按照他师傅的指点去做，果然有效，道光认为咸丰仁慈孝亲，心中十分喜悦。

又一年的春天，道光去南苑校猎，命诸皇子都随从自己去。春天，万物复苏，春意盎然，皇家的林园更是草木泛青，鸟语花香，令人心旷神怡。道光和诸皇子个个兴致勃勃，兴趣盎然，开弓放箭，争先恐后。校猎结束时，奕䜣猎获的禽兽最多，道光心中自然高兴。这时，他才注意到四子奕詝竟一箭未发，心中十分纳闷，便叫过咸丰问他怎么回事。咸丰十分认真地回答说："现在是春天，鸟兽正在孳育，我不忍心伤害天下生灵。"[1]道光听后，心中大喜，说："这才是有道明君的话呀！"经过几次反复考察，道光逐渐认为奕詝更适合继承帝位，于是决定了储位的问题，但他不能委屈了六儿子奕䜣，于是道光二十六年（1846），道光帝亲笔朱谕："皇四子奕詝立为皇太子，皇六子奕䜣封为亲王，世袭罔替。"并按照清王朝的立储家法，藏在太和殿正大光明匾之后。道光三十年（1850）正月十四日，道光病死，年方20岁的奕詝正式即位，改年号咸丰，以第二年（1851）为咸丰元年。

在众多的兄弟中，咸丰帝和恭亲王奕䜣关系最为密切，所以一继位就按道光遗诏封奕䜣为恭亲王。咸丰也素知奕䜣的才能，所以咸丰元年（1851）十一月，任命奕䜣为军机大臣，不久便以亲王身份任军机处领班军机大臣。咸丰也时常召见他，共同议事。可是，奕䜣并不以此为满足，他恃才傲物，而且原本对咸

---

[1] 语见《清史稿·杜受田传》："对曰：'时方春，鸟兽孳育，不忍伤生以干天和。'"

丰继承皇位就不服气，所以在咸丰面前有时表现得盛气凌人，多有越轨之举。如此，咸丰帝渐渐就对恭亲王有了看法，逐渐对他就不如从前那样信任和热情了。结果弟兄之间的关系越来越冷淡，到后来甚至互相猜疑，最后终因静皇贵太妃受封皇太后一事而公开化。

静皇贵太妃就是恭亲王的生母静贵妃。她初入宫的时候，被封为贵人，后晋升为静嫔、静妃。道光十二年（1832）十一月二十一日，她生皇六子奕䜣，又晋升为静贵妃。咸丰的生母孝全成皇后死后，升为皇贵妃，管理六宫事务。当时，道光已经秘密定储，立咸丰为皇太子，于是便不能再册封静贵妃为皇后。咸丰即位以后，尊封她为康慈皇贵太妃，对她格外尊重。可是，静贵妃并不满足现在的封号，她想是我抚养了咸丰，现在咸丰做了皇帝，我理应得到皇太后的封号。奕䜣也想为她的生母争到皇太后的封号，以便提高自己的地位，所以对此事也非常积极。咸丰对此事颇不愿意，认为先帝的嫔妃被嗣皇帝尊封为皇太后的事，前朝没有先例。所以虽然奕䜣母子屡次提起，咸丰都没有答应，因此奕䜣母亲皇太后的封号迟迟定不下来。

咸丰五年（1855），皇贵太妃病危。有一天，咸丰来到皇贵太妃的寝宫，正想进去探视，恰好恭亲王从里面出来。咸丰便问太妃的病情如何，奕䜣立即跪下，哭着说："已经病危了，看太妃的意思，只有得到封号才能瞑目。"咸丰没有想到恭亲王会在这个时候提到封号的问题，一点思想准备也没有，所以他不知怎样回答才好，只是随便应付了两声："哦，哦！"奕䜣则认为，咸丰已经答应了给皇贵太妃以皇

咸丰皇帝便装像

太后的封号，格外高兴，于是匆匆忙忙赶到军机处，传咸丰的旨意，立即置办册封礼。咸丰探视后见奕䜣等人已经办好皇太后封号的事宜，心中十分诧异和气恼，认为他是有意胁迫自己，可是木已成舟，不好更改。咸丰不得不在七月一日传旨，尊康慈皇贵太妃为康慈皇太后。事后，咸丰越想越气，对奕䜣十分不满。康慈皇太后死后，咸丰下令减少太后丧仪，不按皇太后的规格发丧。

不仅如此，咸丰还想趁机杀一杀奕䜣的威风和锐气，于是颁发谕旨，以恭亲王"于一切礼仪多有疏略之处"为由，罢免了他的军机大臣职务，宗人府宗令、正黄旗满洲都统等职也均著开缺，并不准他恭理康慈皇太后的丧事。并警告奕䜣，今后要"自知敬慎，勿在蹈愆"。后来，咸丰虽然也对奕䜣有一些照顾，但直到他临死以前，奕䜣始终没有得到重用。

二、励精图治　企望中兴

咸丰即位以后，展现在他面前的清王朝是政治混乱、财政匮乏、军队窳败、民不聊生的萧条景象。面对这种局面，年仅20岁的咸丰年少气盛，血气方刚，颇有点进取的精神。他采取了一系列措施，调整对内对外的政策，整顿吏治，治理财政，任贤用能，对清王朝的统治政策进行了全面的修整。

首先是罢庸任能，整顿吏治。咸丰即位的时候，大清王朝的官场习气已腐败到极点，机构臃肿，人浮于事；结党营私，互相倾轧；互相推诿，效率极低。咸丰对此是清楚的，他知道，腐朽的官场习气大大降低了政府的功用，不利于自己的统治，必须改变这种状况。

为了整顿吏治，就必须罢免昏庸官吏，以儆效尤。为此，咸丰帝首先向军机大臣穆彰阿开刀。穆彰阿，满洲镶蓝旗人。历任内务府大臣、步兵统领、兵部尚书、吏部尚书、大学士等职。深得道光帝的信任和宠幸，任军机大臣20余年。他结党营私，排斥异己，压制群僚，无恶不作。咸丰上台以后，大权在握，便把穆彰阿作为自己整顿吏治的第一个目标。咸丰即位十个月后，即亲笔朱谕，历述穆彰阿的罪状后，给予革职永不叙用的处分。对另一个大学士，曾任广州将军、签订《南京条约》的耆英也因与穆彰阿狼狈为奸，先是贬官，后予处死。[1]这些

---

[1] 语见《清史稿·文宗本纪》："诏曰：'大学士穆彰阿柔佞窃位，倾排异己，沮格戎机，罔恤国是，即行褫职。协办大学士耆英无耻无能，降员外郎。颁示中外。'"

处置一时使朝野震动。

为了进一步扭转这种局面，咸丰在罢免庸官的同时，选拔了一批他认为有才能的人。这其中有穆荫、肃顺、匡源、杜翰及怡亲王载垣、郑亲王端华等。尤其是肃顺在清朝宗室中算是出类拔萃的佼佼者。他性格开朗，才华横溢，勤于任事，而且钦佩法家治术，主张为政要严。他认为，只有重刑厉典才能挽救颓风，稳定清王朝的统治。这些十分合于咸丰帝的心思，于是肃顺渐渐得到咸丰的喜欢，青云直上，飞黄腾达，提拔速度之快，令人吃惊。尤其是后来，咸丰凡事都与肃顺密谋，肃顺也依仗咸丰的势力，为所欲为，独揽大政。

咸丰上台以后任命提拔的这些重要官员，有的确有才能，协助咸丰处理了一系列军政大事，但是这远不能扭转整个清王朝的时局。而且肃顺等人越级升迁，包揽一切大权，又造成新的专横，于是也造成了清廷内部新的矛盾和斗争。

咸丰即位以后，在调整统治班子的同时，也加强了对社会腐败现象的治理。科举是封建文人登上统治地位的重要途径，也是统治者选拔人才的重要方法。可是，随着社会风气的腐败，考试中的弊端日益严重，漏洞百出，行贿受贿事件经常发生。咸丰初年，科场上向考官递条子的风气十分盛行，在大庭广众之前也不忌讳，达到了公开化的程度。一些善于投机钻营的人，虽然不学无术，也往往会金榜题名；而那些正直朴实的人，虽有满腹经纶，也往往名落孙山。面对这种污浊腐败的科举情况，咸丰十分愤恨和忧虑，他担心这样下去会危及自己的统治，所以时有加以整顿的想法。咸丰八年（1858），顺天府乡试，军机大臣、内阁大学士柏葰为主考官，副考官为户部尚书朱凤标、左都御史程庭桂。发榜以后，人们发现在中试前十名中，有位旗下大爷平龄，因为平时喜欢唱戏，曾经登台演出，于是京师舆论哗然，人们窃窃私议："优伶也能高中了。"人们的议论引起了御史的注意，有人上疏弹劾。咸丰立即下谕，严肃查办。首先将凡有牵连的考官先都解职听候

清代贡院

审查，不久查明确有舞弊行为。柏葰、朱凤标、程庭桂等人都被革职下狱。咸丰感到柏葰为中枢重臣，不愿对他施以重刑。肃顺等人则说："取士大典，关系至重，必须严厉执法，以惩积习。"咸丰也想借此好好整顿一下科举之敝，因此也就不再为他开脱，于是柏葰和同考官浦安、中试举人平龄、罗鸿泽，主事李鹤龄，程庭桂的长子程炳采共七人被下令斩立决。程庭桂发往军台效力，朱凤标革职，其余受株连而被褫、革、降、调的有数十人。

不久肃顺主持查出铸币局贪污案，咸丰下令追查，结果主管财政的大学士翁心存、协办大学士周祖培等均受到不同处分，户部官员十几人被杀，家产籍没。另外还有商人、胥吏数十人，也一同被抄查家产，此案总计株连者达数百人。

咸丰重用肃顺等人，并用严刑整顿朝纲，打击贪官污吏，力图挽救腐败的世风，虽然也取得了一些成效，然而肃顺等人利用这机会打击异己，结党营私，结果弄得怨声载道，更加剧了清朝内部的分裂和斗争。

三、竭力平叛　心力交瘁

咸丰即位前夕，清王朝的西南边陲到处都是零零星星的农民起义，尤其地处广西紫荆山的洪秀全等人也在酝酿大规模的反清活动。对此，年少气盛的咸丰并没有放在心上，认为只不过是几个土匪，派兵剿灭也就完了。然而事情并不像他想象的那样简单。咸丰即位刚刚十个月，即道光三十年（1850）十二月初十日，洪秀全等人在金田起义，建号太平天国，称天王。对此，咸丰帝大为震惊和气恼，立即调兵遣将，抓紧进剿，企图把太平军扼杀在摇篮里。然而，令咸丰失望的是，清军虽然人多势众，穷追不舍，但却未能实现他的就地围歼计划。相反，太平军在天王洪秀全、东王杨秀清的率领下，施展巧妙灵活的战术，摆脱清军围追堵截，出广西，入湖南，进湖北，于咸丰二年（1852）十一月中旬，连克湖北的汉阳、汉口、武昌。不久，太平军顺江而下，于咸丰三年（1853）二月十日占领了南京。太平军占领南京以后，改南京为天京，建立政权，颁布新的政策及纲领。这样咸丰的统治就面临着一个新政权的直接威胁和挑战。

在接连失败的情况下，咸丰认识到，只靠原先的绿营兵和八旗兵已无济于事，必须进一步增强清军的战斗力，提高清军的素质。咸丰接受其他大臣的建议，重新使用古老的形式——办团练。他的这种政策确实收到了成效，在镇压太

平天国的过程中起到了关键的作用。其中最为著名的首推曾国藩的湘军。

曾国藩，字伯涵，号涤生，湖南湘乡人，出身于地主家庭。道光十八年（1838）中进士，后官至礼部侍郎。咸丰二年（1852）秋，他因丧母回籍守制。十一月，咸丰命令他为帮办团练大臣，到长沙帮助湖南巡抚办理团练。曾国藩以湖南原有的一部分湘勇为基础，另定营制及各种章程，经过一段时间编练组成一支新型军队即湘军。湘军的组织十分特别和严密，实行由统领挑选营官，营官挑选哨长，哨长挑选什长，什长挑选勇丁。所募兵勇，大多是纯朴老实的农民，而且需取结具保，入军以后，又灌输以封建伦理纲常，加强思想控制。这样，湘军组织严密，内部稳定，兵为将有，全军统辖于曾国藩，有较强的战斗力，成为太平天国的死敌。

由于满洲贵族害怕汉族地主掌握军权，因此对于曾国藩的湘军，咸丰心中十分矛盾，要利用却不敢放手重用。这种矛盾心理使他采取了两手防范措施。首先，他把自己的希望寄托在由八旗兵和绿营兵组成的江北、江南大营身上，尤其是江北大营，所以不论是火器或粮饷都优先供给。其次，他在表彰曾国藩的同时，任命满族贵族官员为湖广总督、钦差大臣，总揽长江中游的一切军政大权，任命满族将领如塔齐布、都兴阿、多隆阿等为战将直接插手湘军，或率领八旗、绿营兵与湘军配合作战，以便监督控制曾国藩集团的势力。而对曾国藩个人，咸丰只给予口头上的称赞，以便让他为自己卖命和出力，就是不给他实际权力。虽然曾国藩为清王朝出了大力，但甚至到了1858年，曾国藩官职仍是原来的礼部侍郎。咸丰七年（1857），曾国藩因父丧回籍，湖北巡抚胡林翼请求咸丰起用曾国藩领军，给事中李鹤年也请咸丰重用曾国藩，但都

曾国藩

被他拒绝。

然而，到咸丰十年（1860），咸丰的如意算盘彻底落空了。在与太平天国作战的过程中，八旗兵和绿营兵受到严重的打击，江北、江南大营不堪一击。咸丰六年（1856），江北、江南大营被击溃，钦差大臣向荣毙命，另一钦差大臣托明阿被革职查办。同年，太平天国内部发生内讧即天京事变，清军乘机重建江北、江南大营。可是江北大营在咸丰八年（1858）又被太平军陈玉成部击破，统帅德兴阿被革职；江南大营也在咸丰十年（1860）被英王陈玉成、忠王李秀成联合摧毁，主帅钦差大臣和春落水身亡。与此相反，湘军在曾国藩等人的着意经营下，实力逐渐增大，成为清政府对付太平军的最有力的武装力量。在这种严酷的事实面前，咸丰不得不重新估价湘军的力量和作用，肃顺等人也极力保荐，咸丰十年（1860）六月二十四日，咸丰不得不任命曾国藩为两江总督兼钦差大臣，督办江南军务，大江南北水陆各军悉归其节制。至此，咸丰经过多次的挫折和打击，才最终冲破了清王朝抑制汉人的传统祖制，真正开始重用曾国藩，给予他实权。

战争需要坚实的物质基础作后盾，物质力量的强弱在很大程度上影响战争的胜负。咸丰为了镇压太平天国，不惜一切代价，他表示："朕不惜千万帑金，只需全力剿办。"可是，在太平天国兴起前夕，清王朝的财政已经十分困难，而太平天国起义后，战争规模越来越大，军需大增，

太平天国时期的印鉴

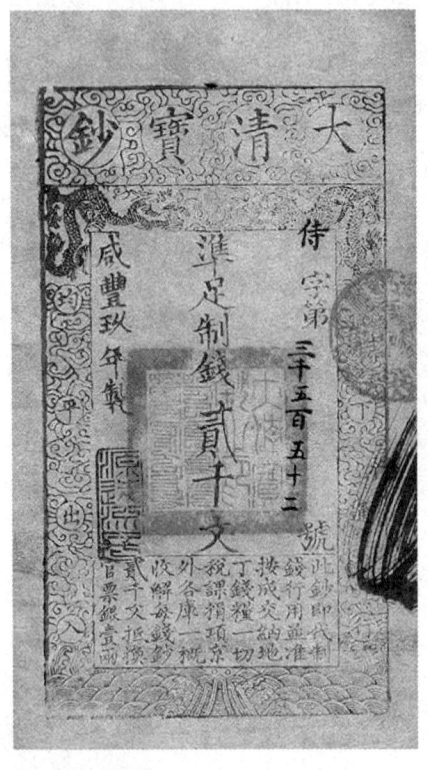

咸丰年间发行的"大清宝钞"

清王朝的财政更是捉襟见肘，难于应付，所以解决财政困难就成为摆在咸丰面前的一个重要而又迫切的问题。太平天国兴起以前，清政府的财政收入主要靠地丁、盐课、关税等项。为了解决军需，咸丰首先从原有的财源入手，进行了一些整顿和修改，以进一步扩大收入。但这远远不能满足急剧增长的军需开支，于是咸丰在其属臣的帮助和策划下，采取了一系列措施，广开财源，主要有捐纳、铸造大钱，发行钞票、征收厘金等等，其中尤以厘金最为重要。所谓厘金，是清政府新创设的一种商税。厘金又分行厘、坐厘两种，也就是过境税和营业税。咸丰三年（1853），帮办扬州军务雷以諴，采纳幕客钱江的建议，向扬州仙女庙等处的米行抽厘，半年竟收款达二万多贯。咸丰接到奏报后，认为此法甚妙，于咸丰四年（1854）批准在河南、江苏等地府州县广泛推行。后来，在大臣们的建议下，咸丰帝逐渐扩大抽厘的范围，于咸丰七年（1857）推行于全国各省。这样厘金就成为一种普遍而持久的财源，为解决清政府的财政困难起了很大作用，当然也就增大了人民的负担。

四、力御外侮　多灾多难

正当咸丰为镇压太平天国使出浑身解数而心力交瘁的时候，咸丰六年（1856）九月下旬，英国以"亚罗号"事件为借口，进犯广州，其后法国也以"马神甫"事件为口实，与英国狼狈为奸，一起对中国进行侵略，挑起了第二次鸦片战争。作为一国之君，咸丰当然不希望列强来掠夺自己的权益。然而，太平天国运动极大地牵制了他的精力，使他不敢放手去对付外国侵略者。面对内外两种压力，咸丰感到力不从心，从内心深处发出了和战两难的感慨。于是，他采取了一种具有很大伸缩性的政策，那就是软硬兼施，恩威并用。第二次鸦片战争刚刚在广东爆发，咸丰就谕令两广总督叶名琛说："此次开衅，不胜固然令人担忧，也有损国家体面；胜则洋人必来报复，奔赴各口诉冤。现在中国境内尚未安平，岂可在沿海另起风波？"根据这一想法，咸丰命令叶名琛要灵活掌握，如果英人自悔返悟，就要设法驾驭，以泯事端；如其仍恃强欺人，断不可任意迁就议和。[1]事隔一年，即咸丰七年（1857）十一月，英法联军攻入广州，两广总督叶

---

[1] 语见《清史稿·文宗本纪》："旨曰：'控制外夷，非内地可比。定海前事，可取为鉴。其务操纵得宜，勿贻后悔，朕不为遥制也。'"

中英《天津条约》签字

名琛也被掳走。咸丰接到奏报后,十分震惊和气恼,尤其是叶名琛被掳,使他感到大清王朝受到了莫大的侮辱。他立即下令给广州将军穆克德纳、广东巡抚署两广总督柏贵等人,让他们首先以情理开导英法,如果英法军队退出广州城,仍然请求通商,即可相机筹办,以示和好;如果英法不肯退出广州城,则要调集兵勇,用兵力驱逐出城。咸丰还不厌其烦地嘱咐穆克德纳等说:"办理此事,固然不可失之太刚,亦不可失之太柔,致生洋人轻视中国之心,是为至要。"

英法联军占领广州后,并没有达到他们预期的目的,为了进一步迫使清政府就范,英法联军挥师北上,英法俄美四国公使也随军前往。于咸丰八年(1858)三月,英法侵略军攻陷大沽口,直逼天津城门。四月十六日,咸丰帝急忙派大学士桂良、吏部尚书花沙纳前往天津,同英法等国公使议和,并迫于英法的要求,给予他们"便宜行事"的权力。在英法等国的武力逼迫下,桂良、花沙纳同英法签订了《天津条约》。咸丰对条约内容并不满意,心中十分窝火,但转念一想,如果不批准条约,英法等国必不善罢甘休,会重起战争,不如先批准条约,暂救燃眉之急,于是他抱着"自古结盟本属权宜"的侥幸心理,批准了《天津条约》。

《天津条约》签订以后，英法联军南返，军事危机暂时解除。这时，咸丰越来越觉得自己亲手批准的《天津条约》有种种不当。咸丰八年（1858）六月五日，命桂良、花沙纳赶往上海，同英法举行修约谈判，当二人辞行时，咸丰命令他们向英法等宣布："中国愿免除洋货入口税，请外国将原订《天津条约》作废。"后来，谈判没有结果，咸丰只得退了一步，认为其他各节均可按原约执行，惟有外国公使驻京一节，为害最巨，断难允行。即便是这样，英法也不同意，咸丰企图通过谈判来取消《天津条约》的设想失败了。这使咸丰更加气恼，决心寻机报复。他命令僧格林沁修筑大沽炮台，并命令说："洋人北来，我军必先开炮。"咸丰九年（1859），英法美公使北上进京换约，咸丰发布上谕：命外使入京必须照朝贡国进京惯例，不能乘轿摆队，觐见皇帝必须行三跪九叩大礼。并指定英法等公使必须从北塘登陆，经天津去北京。可是英法公使断然拒绝按照指定路线进京，并要求撤除大沽口内障碍，清政府坚决不允，双方争执不下，战端再起。五月二十五日，英法美舰队炮轰大沽炮台，由于僧格林沁早有准备，

英法联军攻占大沽口炮台

奋起还击，击退英法联军。大沽之战胜利后，咸丰帝十分兴奋，认为列强黔驴技穷，因此态度转得更硬，宣布彻底取消《天津条约》。

咸丰十年（1860）六月十三日，英法联军兵船数十艘，又突入渤海湾，决心回报去年大沽战败之耻。由于清军的落后和战略失误，连连失败，在不到一个月的时间内北塘、大沽失陷，天津失守，北京震动，报急文书像雪片一样飞向京师。在这种情况下，咸丰真是六神无主，不知所措，只好调兵防堵，以防万一。另一方面，接二连三派出求和大臣，谋求和平解决。但与英法和谈没有成功。英法联军长驱直入，直逼京师。咸丰知道大势已去，无可挽回，决意以巡幸为名出逃。八月七日，咸丰帝命恭亲王为议和全权大臣，速与英法公使议和，自己则带领一批亲信大臣和妃嫔匆忙逃到了热河。

由于十余年间太平天国的致命威胁和外国列强在第二次鸦片战争中的接连不断的打击，咸丰长期以来都忧心忡忡，加上后来为排忧解愁，寄情声色，严重地损坏了他的健康。逃往热河途中，又非常狼狈，因此到热河后，咸丰明显感到体力不支，健康状况更加恶化，经常痛泄呕血。可是他在肃顺等人的放纵下，仍然整日花天酒地，醉生梦死，以酒色取乐。咸丰十一年（1861）七月七日，咸丰在忧虑和淫乐中死去，终年31岁，葬定陵，结束了他多灾多难的一生。

名家评说

文宗遭阳九之运，躬明夷之会。外强要盟，内孽竟作，奄忽一纪，遂无一日之安。而能任贤擢材，洞观肆应。赋民首杜烦苛，治家慎持驭索。辅弼充位，悉出庙算。响使假年御宇，安有后来之伏患哉？

——赵尔巽等《清史稿·文宗本纪》

穆宗载淳

清穆宗载淳（1856～1874），清朝第十代皇帝。清文宗长子，其母为孝钦显皇后叶赫那拉氏（即慈禧）。公元1861～1874年在位，谥号"毅皇帝"，庙号"穆宗"。因年号"同治"，历史上又称"同治（帝）"。他只活了19岁，且一直在母后的挟制之下，基本上没有什么作为。

一、幼年继位　纨绔少年

咸丰六年（1856）三月二十三日，清宫内部一片繁忙气氛，尤其是位于紫禁城西部的储秀宫，更是人来人往，一个个喜气洋洋，大家都在为懿嫔叶赫那拉氏的分娩做着紧张的准备工作。原来，咸丰虽然三宫六院、妻妾成群，可是他已26岁，却不曾有一个儿子。咸丰渴望有一个儿子，来继承自己的皇位。三月二十三日下午两点左右，叶赫那拉氏顺利分娩，果真生一男孩。咸丰接到奏报后，十分高兴。他按捺不住内心的激动和兴奋，立即挥笔亲批朱谕，懿嫔晋封为懿妃，在储秀宫值班的太监也各有升迁。这个给其父咸丰帝带来欢愉，并给其母带来恩宠的孩子，就是后来的同治帝——载淳。

载淳的生母叶赫那拉氏，出身在

清穆宗载淳

一个世代为官的中等官僚家庭。其父亲名叫惠征，曾任安徽宁池广太道。那拉氏的乳名叫兰儿。她相貌出众，而且十分聪明伶俐。咸丰帝20岁登基继位，选纽钴禄氏为皇后，并广选秀女，补充宫娥，兰儿有幸被选中。咸丰二年（1852）兰儿入宫，被封为兰贵人。入宫之后，兰儿虽然不满自己的"贵人"称号，但也无可奈何。兰儿是一个有心计的人，为了讨人喜欢，她操作勤恳，努力干活，任劳任怨，而且对人态度温和，乐于助人，人缘十分好。她更抓住一切可能的机会接近皇帝。据说有一次咸丰游圆明园，走到"洞阴深处"附近，听到有人歌唱南方小调，声音清脆，曲调幽长，非常悦耳动听，感到十分惊异。咸丰便问侍从太监这唱歌的是谁，太监告诉是兰贵人。于是咸丰便步入"洞阴深处"，命召那拉氏入见。咸丰见兰儿极为美丽，心中十分欢喜，就

《璇闱日永图》慈安

让她再唱一支南方小调。这次兰儿有幸被皇上召见，她能说会道，又善猜人意，很讨皇上喜欢，渐渐就得宠了，不久由贵人升为懿嫔。咸丰六年（1856）又生了儿子载淳，满足了咸丰盼子心切的愿望，兰儿更是如鱼得水，因子而贵，再晋升为懿妃，第二年，又晋升为懿贵妃。[1]

小载淳在其出生以后的几年内，生活是快乐幸福的。父亲对他寄予了极大的希望，望他能继承大业。母亲不仅出自天然的母子之情，而且也因儿子给自己带来重要政治资本，所以也十分爱怜载淳，细心照顾他的生活和成长。可是这种欢快的生活并不长久，一场变故把载淳推上了皇帝的宝座，同时也把他推入了痛

---

[1] 事见《清史稿·后妃列传》。

苦和郁闷的深谷。

在第二次鸦片战争中，清军节节败退，而英法联军却长驱直入，逼近北京。咸丰十年（1860）八月，咸丰仓皇逃出北京。这时，小载淳才四岁，也随父母逃到热河的避暑山庄。咸丰逃到热河后，病情逐渐加重，经常吐血。他深知自己病情严重，于是便于咸丰十一年（1861）七月十六日，把怡亲王载垣、郑亲王端华、协办大学士肃顺、御前大臣景寿、军机大臣兵部尚书穆荫、吏部左侍郎匡源、署礼部右侍郎杜翰、太仆寺少卿焦佑瀛等八人召至榻前，接受遗诏，立皇长子载淳为皇太子，并任命8人为"赞襄政务王大臣"，辅佐载淳。第二天，咸丰病死，年仅5岁的载淳继位，拟年号"祺祥"。可是，这个年号尚没有正式应用，清廷内部发生了一件重大的夺权斗争，这个斗争的结局又影响了小皇帝载淳的一生。

原来在咸丰生前，肃顺等人很受信任，权力极大，这使载淳的生母那拉氏十分嫉妒和痛恨；肃顺等人则想，咸丰死后，那拉氏成为皇太后，会对自己不利，所以也经常在皇帝面前诽谤那拉氏。载淳继位以后，肃顺等人以"赞襄政务王大臣"的名义掌握大权、执掌朝政，那拉氏和钮钴禄氏被尊封为皇太后。因为钮钴禄氏和那拉氏在热河时分别居住在东宫、西宫，故也分别称为东太后、西太后。西太后因前面的原因对肃顺等人的掌权更加不满，所以两者之间的矛盾进一步激化，一场变故就不可避免了。

西太后明白，要想同肃顺等人争夺大权，就必须首先征得东太后的同意和支持，于是便向东太后提出执政的事。东太后性格温和，胆小怕事，对权力也没西太后那样的兴趣，所以，对西太后的提议，起初并没有应允。西太后便向东太后诉说肃顺等人的种种专横之事，以引起东太后对肃顺等人的不满，东太后被说动了心，建议和奕䜣商量一下。于是她们密旨令奕䜣速赴热河。奕䜣和其兄咸丰不合，一直不得意。咸丰逃往热河时，奕䜣被留在北京收拾残局。咸丰死后，奕䜣连顾命大臣也没有份，而且肃顺等人传旨，命奕䜣仍留京办事，不必来办理丧事，这更引起了奕䜣的不满，所以肃顺也成了奕䜣的冤家对头。奕䜣于咸丰十一年（1861）八月初一日到达热河，抓紧与两太后密谋。他指出，要想制

祺祥通宝
——随着"祺祥"年号的废除，"祺祥通宝"仅存69天，成为中国寿命最短的钱币。

服肃顺等人，非还京不可，并向两太后保证，外国人不会干涉此事。密谋之后，他立即返回北京，为政变做准备。

西太后为了摆脱肃顺等人的控制，以便进行政变，坚决主张回京。肃顺等人似乎忘记了"挟天子以令诸侯"的古训，对此重视不够，表示同意回京。九月二十三日，小皇帝载淳恭奉咸丰的梓宫启程回京。早晨，行完启灵礼后，两太后和小皇帝载淳间道先行，载垣、端华、景寿、穆荫等人随从，而让肃顺跟随梓宫后行。这样，西太后就把肃顺这个最难对付的敌人孤立了起来。

九月二十九日，到京以后，西太后见奕䜣等人已准备就绪，立即于九月三十颁布谕旨，将载垣、端华、肃顺、景寿、穆荫、匡源、杜翰、焦佑瀛赞襄政务八大臣解职拿问。十月六日，又颁布上谕，载垣、端华均加恩令其自尽，肃顺加恩立斩，其他五位或革职，或流放。这样，西太后等人以迅雷之势一举彻底击垮了肃顺等人的势力，登上了"垂帘听政"的宝座。[1]这就是历史上有名的"辛酉政变"，也称"祺祥政变"。

十月初九日，载淳在太和殿正式继位。在热河的时候，颁定的年号是"祺祥"，但并未实施。回京以后，朝政变迁，有人提议更改年号，西太后便命王公大臣会议。众人议定新的年号为"同治"，以示两宫太后临朝同治之意。西太后听后十分高兴，特颁谕旨，改年号为"同治"，以明年为同治元年。此后不久，王公大臣又制定了垂帘章程，经过两宫太后批准执行。十一月初一日，两太后和小皇帝共到养心殿，接受众臣的朝拜，从此正式开始了两太后"垂帘听政"的时期，也就是从这个时候起，同治帝就失去了家庭生活的乐趣，成为他母亲手中的一个傀儡和工具。

为了把载淳培养成人君，两宫太后为同治帝挑选了许多有名望的老师。尤其是同治登基之后，特派同治帝的叔父醇亲王奕譞教习蒙语及骑射，大学士倭仁教习满文，恭亲王奕䜣稽查弘德殿一切事务，惠亲王绵愉常驻弘德殿照料一切。早在咸丰在世的时候，大学士李鸿藻就被任命为同治的师傅，后来又有倭仁、李棠阶，翁同龢等人相继入值弘德殿，教授同治汉文。奕䜣、奕譞、绵愉等人都是皇族尊贵，地位极高；而倭仁等人又大都是清中央的权臣，并具有较高的封建文

---

[1] 事见《清史稿·后妃列传》："上奉两太后御养心殿，垂帘听政。谕曰：'垂帘非所乐为，惟以时事多艰，王大臣等不能无所禀，承是以姑允所请。俟皇帝典学有成，即行归政。'"

化素养。为了约束同治，按照清朝祖制，对学习内容、学习方法都有十分严格的规定和要求。同治每日到书房后，要先拉弓，然后学习蒙古语，读满文书，最后读汉文书。

本来同治自幼聪颖，有人君的风度，而且天性浑厚，按常理发展，本可成为一个有所作为的人。可是载淳虽然贵为一国之君，却有着诸多的不幸和烦恼，其父咸丰早死，使他过早地失去了父爱；其母西太后自"垂帘听政"以后，一味倾心于宫廷斗争，争权夺利，对同治很少关心，根本没有什么母爱可言，更不用说母教了。同治得不到别的孩子所享受的父爱和母爱，享受不到家庭的乐趣，他只有和阉宦们鬼混在一起，寻找欢乐，以弥补他那缺少温暖的心灵。太监们大多是阿谀逢迎之辈，他们为了讨得小皇帝的喜欢，根本不可能对同治进行有益的照顾和教育，往往以声色犬马诱惑皇帝，使同治幼小的心灵受到极大的污染。由于师傅们上课时不能呵责皇帝，因此就找了一些贵族子弟伴读，当皇帝有错或不认真学习时，拿他们立威。但同治在稍稍长大之后，在一些贵族子弟诱导下，同治往往微服出宫，到处游荡，寻欢作乐。尤其同治与恭亲王之子贝勒载澂两人很要好，而且两人都喜欢穿黑衣服，而载澂是个好色之徒，因此在他的带领下，凡有女子的娼寮酒馆及其摊肆，他们几乎无所不至。因此同治根本不能安心读书，而且厌学情绪越来越强烈。功课越重，他越依恋玩乐的兴趣和轻松；师傅们越严肃，他越喜欢那些阿谀逢迎之辈，因此同治帝在弘德殿成为一个十分难治的顽皮"学生"。

正因为这样，虽然倭仁等师傅用心教授，兢兢业业，可是同治的学业却进展不大。到同治十年（1871），同治已有16岁，即将大婚亲政，但对学习仍不热心，他的师傅虽心急如焚，可无法改变，因此到亲政的时候，同治不仅连最基本

"同道堂""御赏"玺

"同道堂""御赏"两玺原是咸丰皇帝所用的闲章。咸丰临终前遗诏立6岁的载淳为皇太子，任命载垣、端华、肃顺等8人为赞襄政务大臣，辅佐嗣皇帝处理政务。同时将"同道堂"、"御赏"两方小玺分别赐给载淳和皇后纽祜禄氏，并规定凡以后下发谕旨必须钤用此二玺为凭。由于载淳年幼，"同道堂"玺便被其生母慈禧控制在自己手中，代子钤印，从而取得了干预朝政的权力。

养心殿

　　养心殿位于内廷乾清宫西侧,其名字出自孟子的"养心莫善于寡欲"一语。自雍正帝起,成为集召见群臣、处理政务、皇帝读书学习及居住的场所。同治年间这里曾经是慈禧、慈安两太后垂帘听政处。

的经典如《左传》都讲解不了,甚至不会句读,读奏折也不成句,书写时则白字连篇,说话也不太清楚。这就是大清国第八位皇帝的文化水平和素质。

二、母子不和　淫病而终

　　同治帝是西太后的亲生儿子,可是母子之间却没有一般人家所具有的那种天伦之乐,也没有封建伦理纲常所要求的母慈子孝。作为母亲,西太后以子而贵,使她有机会登上清王朝权力的顶峰,在她眼里儿子无非是她争权夺利的工具而已,她对儿子缺少一个母亲所应当具有的母爱和温情,更多的是控制和利用。同治性格倔强,对母亲也没有那种缠缠绵绵的感情,相反,更多的是反感和不满,尤其是同治亲政以后,对母亲的专横揽权更加不满和恼火,时时有摆脱母亲控制的想法。

　　使同治更为恼火的是,西太后蛮横干涉他的私生活。同治八年(1869),

同治已年满14岁,按照惯例,就该举行大婚了,大婚之后就要亲政。西太后权力欲极强,视权如命,她不愿归政给同治,所以对同治的婚事也一再向后推延。到同治十一年(1872),同治帝已经17岁了,西太后无论如何没有理由再拖下去了,不得不为同治帝议婚。当时,在备选的女子中,侍郎凤秀之女富察氏,相貌出众,而侍郎崇绮之女阿鲁特氏虽然相貌上较富察氏逊色,但雍容华贵,举止端庄。东太后嫌富察氏轻佻,十分喜欢阿鲁特氏,意立阿鲁特氏为皇后;西太后则不喜欢阿鲁特氏,因为阿鲁特氏是西太后的政敌郑亲王端华的外甥女,不愿把皇后这个位子让给这样的人,所以意欲立富察氏为皇后。东太后告诉西太后说:"凤秀的女儿太轻佻,怎能选为皇后呢?只能当一个贵人。"这话正刺中了贵人出身的西太后的痛处。两太后争议不下,就让同治拿主意,结果大出西太后的意料,自己的亲生儿子竟不向着自己,同治表示喜欢阿鲁特氏,要选她为皇后。九月,同治举行了大婚典礼,阿鲁特氏入宫,被封为孝哲毅皇后,富察氏同时入宫,被封为慧妃。

结婚以后,同治和孝哲毅皇后相敬如宾,情投意合。孝哲毅皇后不苟言笑,气度端凝,同治十分钦佩和敬重。宫中没事的时候,同治常常给皇后提问唐诗,皇后都能对答如流,同治心中十分喜欢。可是,西太后却不能理解儿子的心情,有意挑拨同治和皇后关系,不仅婆媳关系不好,也使母子关系进一步紧张。西太后多次向同治说:"皇后太年轻,不懂礼节,皇上不要常到中宫去,以免妨碍政务。"并且极力赞扬慧妃贤惠,要同治多加眷爱。不仅如此,西太后还派人时时刻刻监视同治。同治对其母西太后干涉自己私生活的做法十分不满,偏偏不听母亲的话,索性独自一

孝哲毅皇后阿鲁特氏

民国初年的圆明园

人居住在乾清宫，以示对母亲的抗议。

同治十二年（1873）一月二十六日，西太后归政，同治亲政。然而，同治仍然没有真正的权力，清朝的大权仍然掌握在西太后手中。同治亲政以后，并没有什么政治作为，他用心最多的恐怕就是修复圆明园一事了。在这件事上，他和母亲西太后意见一致，步调统一，可算是他们母子之间难得的一次谅解。

修复圆明园殊非易事，工程浩大，耗资甚巨，不仅给清政府的财政带来了巨大的负担，还将引起奢华之风，因此招来一片非议声。这时候，原本就不同意但却未敢极力劝阻的恭亲王奕䜣不得不出面了。同治十三年（1874）七月十六日，奕䜣上疏，请求同治停修圆明园，并指出了同治一些不符合祖制的生活作风和行为，如在内宫与太监打闹，出宫游玩，不用心读书等等。奏疏上后，奕䜣又怕同治看不明白，请求皇上召见，同治不予理睬。奕䜣再请，同治才于十八日召见了奕䜣，召见时，奕䜣将其奏折中所陈诸条反复讲解，同治不耐烦地说："我停工就是了，你何必费这么多口舌呢？"奕䜣说："臣所奏很多，不只请求停修圆明园一事。"同治更加恼怒，没好气地说："我这个位子让给你怎么样？"二十九日，同治上朝，召集诸王大臣，指责奕䜣无人臣之礼，应当重处。同治颁诏尽革恭亲王所任军机大臣及一切差使，交宗人府严议。虽然诸王大臣极力劝

阻，但同治余怒未消。于三十日又发布谕旨，以"语言之间诸多失仪"为名，革去奕䜣亲王世袭罔替，降为郡王，仍在军机大臣上行走。八月初一日，又颁布谕旨，以"朋比谋为不轨"为名，尽革恭亲王奕䜣、醇亲王奕譞等10人的职务，由此发泄对奕䜣的不满。两宫太后听到消息，急急忙忙赶到弘德殿，斥责其年少不懂事，同治只好撤销了对奕䜣等人的处罚。经过这场风波，同治和西太后也只得放弃了修复圆明园的想法，但却再次提出修建西苑三海为交换条件。至此，围绕着修复圆明园的争论才告一段落。

同治帝虽然名义上是一国之君，但却没有一国之君的尊严和权力。在政治上，同治受到西太后的控制，年幼的时候暂且不说，即便是亲政以后也是如此。加之实际上他也没有康熙帝那样年少有为的素质，因此，可以说政治上是一无建树。在生活上，同治也受到西太后的无理干涉，使他丧失了家庭乐趣，这使性格倔强的同治十分苦闷和烦恼。在这种情况下，同治肆意出宫去寻找乐趣。他到处寻花问柳，纵情淫乱，一点也没有国君的样子。长期的淫乱生活，使同治帝渐渐染上了性病，身体垮了下来，同治十三年（1874）十月前后，同治感到身体很不舒服，传太医看视。太医看后大吃一惊，便知道是淫乱生活所造成的病毒，但却不敢明言，便奏请西太后，西太后心中也明白，但为顾全皇家的声誉，也不好明说，便说是天花。于是太医便用治天花之药给同治治病，当然不可能奏效。同治十分痛苦，气愤地说："我的病不是天花，为什么按天花治呢？"此后，同治的病情不断加重，身体下部已溃烂，臭不可闻。在同治病重期间，孝哲毅皇后不断到同治床前看视，好言劝慰，并亲自为同治擦去身上的脓血，以尽夫妻之情。就在儿

慈　禧

子病危的时刻，西太后也没有尽自己应尽的母爱，相反，常常借故迁怒于孝哲毅皇后，甚至破口大骂。这时的同治已无力与母亲抗争，只是痛恨在心中。

同治不久认识到，自己已没有生的希望，回顾自己19年的生活，感慨万千，痛恨不已，到这时他才明白，自己是多么的可悲！于是，他召见了他的师傅、军机大臣李鸿藻，口授遗诏，要求在他死后，找一个年龄稍大的人继承大统，以避免自己的悲剧。李鸿藻退出后，拿着同治的遗诏，浑身战栗，面色大变，立即奔告西太后。西太后见到同治的遗诏，如雷轰顶，即恨又惊，当场撕毁了遗诏。同治十三年（1874）十二月五日，同治病死，终年19岁。孝哲毅皇后无法承受西太后的虐待和非难，在同治死后不到100天也殉节而死。[1]

同治死后，葬在惠陵。

名 家 评 说

穆宗冲龄即阼，母后垂帘。国运中兴，十年之间，盗贼铲平，中外乂安。非夫官府一体，将相协和，何以臻兹？洎帝亲裁大政，不自暇逸。遇变修省，至勤也；闻灾蠲恤，至仁也；不言符瑞，至明也。藉使蕲至中寿，日新而光大之，庸讵不与前古媲隆。顾乃奄弃臣民，未竟所施，惜哉！

——赵尔巽等《清史稿·穆宗本纪》

---

[1] 事见《清史稿·后妃列传》："御史潘敦俨因岁旱上言，谓：'后崩在穆宗升遐百日内，道路传闻，或称伤悲致疾，或云绝粒霣生，奇节不彰，何以慰在天之灵？'太后以其言无据，斥为谬妄。"

德宗载湉

清德宗载湉（1871～1908），清朝第十一代皇帝。醇亲王奕譞之子，其母亲为西太后的胞妹叶赫那拉氏。公元1874～1908年在位，谥号"景皇帝"，庙号"德宗"。因年号为光绪，历史上又称"光绪（帝）"。他才思敏锐，立志要有一番作为。但他一生都无法摆脱西太后的种种挟制，最终治国抱负被扼杀，个人的家庭生活也被无情地践踏，成为西太后手中的囚徒，带着对未来的希望和憧憬，抱着满腹的遗憾和怨恨离开了人世，度过了他进取而又带有浓厚悲剧色彩的一生。

一、冲龄践祚　聪颖好学

同治十年（1871）六月二十八日，北京宣武门内太平湖边的醇王府，一派节日气氛，豪华庄严的大院更加富有生机，随着一个婴儿的啼哭声，一个小生命又来到了人世，给醇王府带来了新的欢悦和喜庆。这个孩子就是后来的光绪帝载湉。

说起来，小载湉的家世是显赫的。他的祖父是清代第八代皇帝道光皇帝，父亲是道光皇帝的第七子醇亲王奕譞，他的母亲是慈禧太后的胞妹叶赫那拉氏。

载湉年幼的时候，聪明漂亮，很讨人喜欢，加上他的大哥和三

清德宗载湉

光绪帝的生父醇亲王奕譞和生母叶赫那拉·婉贞

弟、四弟早殇，其他几个弟弟尚未出生，所以深得父母的宠爱，被视为掌上明珠。在这样优越的环境和家庭中，载湉本可无忧无虑地生活，然而，一个偶然的事件，改变了他的生活道路。

同治十三年（1874）十二月五日，做了13年傀儡皇帝的同治帝病死。这在清廷中引起了巨大的震动，当然反应最为强烈的是同治的母亲西太后。西太后以子而贵，现在儿子死去，给她带来了极大的难题。因为同治早死，没有儿子，按照清王朝的家法，在同治死后就应从晚辈近亲中选出一个人，为同治立嗣，并继承皇位。当时同治载字辈之下是溥字辈，按惯例，应从溥字辈中选出一人，继嗣给同治帝并称帝。但是，如果这样做的话，那么西太后将因孙子辈为帝而晋尊为太皇太后，太皇太后固然也很尊贵，但从血缘关系看却疏远了很多，无法继续控制清王朝的大权。这对权欲熏心的西太后来说，确实是一件难以接受的大事。西太后不甘心就此罢休，苦思冥想，终于想出了一个办法，那就是让醇亲王的儿子载湉继位。载湉年幼，又与同治帝载淳同辈，自己仍可保持皇太后的身份，执掌朝政；再说，就亲属关系而言，载湉既是自己的侄子，又是自己的外甥，关系密切，利于控制。

拿定主意后，西太后立即在养心殿西暖阁召开了御前会议，西太后向到场的宗室贵族、军机大臣等群臣说："皇上的身体很虚弱，若有不测，宗室中谁可继大统？"话音刚落，内务府大臣文锡就说："请择溥字辈中贤能者立为皇帝。"这是西太后最害怕的，她按捺不住心中的怒火，脸色陡变。她不想再兜圈子，因此厉声说："溥字辈中没有可立为皇帝的。奕譞的儿子已经4岁，且是至亲，我想让他继位。"随后，西太后突然宣布同治帝已死的消息，群臣惊愕不已，一个个呆若木鸡，失声大哭，闹成一团。这样的情况下，没有人提出异议，

于是西太后的阴谋得逞。就在当天，刚刚4岁的小孩子载湉被迎到宫中，正式继位为帝，改明年为光绪元年。

光绪入宫以后，离开了亲生父母，也失去了欢乐幸福的生活。西太后为了把光绪培养成自己的驯服工具，便从多方面对小皇帝进行精心塑造和"驯化"。光绪小皇帝刚入宫的时候，生活尚需要别人照料。开始，西太后对光绪帝还是比较关心的。西太后有时让光绪睡在她的寝榻上，爱护他的身体，照料他的饮食，并根据季节的变化为他加减衣服，高兴的时候还口授他念四书五经。西太后想，只要关心，那么就能在她和光绪帝之间建立起"母子"般的关系和感情，就可以用封建孝道来加强对他的控制和约束。西太后为了达到这个目的，在关心光绪帝的同时，不近人情地切断了他与其亲生父母的关系，连醇亲王夫妇都不敢给光绪食物吃。西太后还精心选拔了一些宫内太监侍候光绪，并嘱咐他们要经常告诉皇上，他不是醇亲王的儿子，太后才是他唯一的母亲。

西太后也明白，只靠关心爱护是不行的，还要有必要的规矩和制度，这样才能树立起自己的权威和尊严，才能永久地控制光绪帝。为此，她为光绪制定了一些不可违背的条规。每天早晨，光绪帝必须到西太后的住处去，给西太后问好请安。随着光绪年龄的增大，西太后对光绪的要求也更加苛刻。在光绪磕头请安的时候，没有西太后的命令，他是不敢起来的；如果遇上西太后不高兴，那么光绪只得长跪，还不敢表示什么不满。每逢西太后乘舆外出，光绪必须亲自随从，即便是炎风烈日的夏天，或是

慈禧太后在颐和园，右前为李莲英。

北风凛冽的冬天，也不能例外。就这样，年少的光绪没有一点人身自由，整日生活在西太后的淫威之下，给他幼小的心灵留下了极大的阴影和创伤，陷入无法言语的痛苦之中。正因这样，光绪十分害怕见到西太后，每见到西太后总像见到狮虎一般，战战兢兢，生怕惹怒她，这一惧怕心理在一定程度上影响了他的一生。

值得庆幸的是，光绪的师傅们尤其是翁同龢还是十分爱护这位"学生"的。他曾经任过同治帝载淳的师傅，这次又出任光绪帝的师傅，他希望能把光绪培养成一个治国安邦的明君。在教书的过程中，翁同龢给光绪反复讲解列圣遗训，古今治乱之道，并指出作为皇帝要勤政爱民，善于纳谏。光绪仔细听着师傅的讲解，十分认真。翁同龢不仅教书，而且在生活上也相当关心光绪，以长辈的厚爱温暖了光绪那颗受到创伤的心灵，虽然他们之间有君臣的名分，然而关系十分融洽。翁同龢也逐渐得到光绪的尊敬和信任，成为以后他倚重的重要人物。光绪天性聪敏，记忆力很强，又酷爱读书，勤思好问，所以学业上进步很快。每当翁同龢提出问题，或者让他背诵已念过的书，他都能应付自如。

功夫不负有心人。到光绪十二年（1886），16岁的光绪皇帝已经经历了整整10年的学习生涯，不仅对传统的六经诸史有了较深的了解，而且也有了一定的披阅奏章、论断古今、剖断是非的能力，这时的光绪已不是一个毫无知识的孩子了，他开始有了自己的思想，开始有了参政意识，对朝政表现出越来越大的兴趣，正在冲击着西太后一手遮天的局面。

光绪十三年（1887），光绪已经是17岁的人了，在那个时代，已经到了结婚的年龄。按照清王朝的惯例，幼帝一经大婚，便要亲政，即独立执掌朝政。这又一次给西太后出了难题。

一代帝师翁同龢

翁同龢（1830—1904），字叔平，号松禅，江苏常熟人。历任户部、工部尚书、军机大臣兼总理各国事务衙门大臣。先后担任清同治、光绪两代帝师。卒后追谥文恭。

《光绪帝大婚典礼图》（局部）

西太后权力欲极强，当然不甘心归政于光绪。但她心中明白，一直拖下去也不是个办法，那样会引起一些人的不满和非议。更何况她早已许下诺言，即一旦光绪典学有成，即行归政，她也不愿落一个言而无信的恶名。想来想去，她找到了办法。光绪十二年（1886）六月十日，西太后发布懿旨，公开宣称明年举行亲政典礼，让光绪亲政。对西太后这种虚伪的表示，其亲信心神领会，赶忙出来圆场。几天后，醇亲王奕譞、礼亲王世铎等人上了一个奏折，请求西太后再训政数年。西太后顺水推舟，装出无可奈何的样子，说皇帝年幼，不能不遇事提携，王大臣多次恳请，只好再训政几年。[1]十月二十六日，西太后和其亲信一起，又制定了一个《训政细则》，其中规定凡军政大事、任免二品以上官员以及考试命题等大政，都要秉承西太后的旨意方可实行。这实际上是用法律的手段肯定了西太后的统治地位，仅仅是让光绪举行了一个所谓的"亲政"仪式。这样，"垂帘听政"改为"训政"，但实际权力并未移到光绪手中。

光绪十四年（1888）六月十九日，光绪已18岁，就是一般老百姓家也该婚娶了。西太后颁发懿旨宣称，明年为光绪举行大婚，并让他亲裁大政。在封建社

---

[1] 事见《清史稿·德宗本纪》："六月壬申，懿旨，钦天监于明年正月择皇帝亲政日期。……丙子，醇亲王暨五大臣等合词疏请皇太后仍训政，不许。皇帝亲政定于明年正月十五日举行，命枢臣集议，整齐圜法，庚辰，醇亲王暨礼亲王等复申训政之请，尚书锡珍、御史贵贤并以为言。懿旨勉从之。命醇亲王仍措理诸务"。

会里，婚姻往往成为统治者争权夺利的工具，后妃对皇帝有重大影响，妃子出身的西太后是很清楚的。因此，她对光绪的大婚尤其是选择皇后问题格外重视。十月五日，在皇宫的体和殿为光绪选择后、妃。当时备选的女子有五人，首列是都统桂祥之女，她也是西太后的侄女；次为江西巡抚德馨的两个女儿；末为礼部左侍郎长叙的两个女儿。按清朝传统，选中皇后者给与如意，选为妃者给与荷包，以为选定的信物。以西太后的心愿，她当然希望自己的侄女被选为皇后，以便通过皇后进一步加强对光绪的控制。但也不能做得太露骨，为了作一下姿态，她面对光绪，指着站成一行的五位女子说："皇帝，谁能中选，你自己裁决，合意者即授以如意。"说着就把如意递给了光绪。光绪当然希望按照自己的喜爱选择自己的皇后，为自己找一个温柔的妻子，但却不敢表示出来，就谦让说："此大事当由皇额玛（光绪帝对西太后的称呼）主持，子臣不敢自主。"西太后坚持让光绪自选，光绪只好答应。他面对眼前的几位女子，逐一巡视了一遍，略一沉思，就走到德馨的女儿面前，想把如意给与她，选她做自己的皇后。这时，西太后大叫一声"皇帝"，光绪猛地一惊，但他立刻明白了西太后的用意，心中虽不痛快，但却无可奈何，只好把如意交给了桂祥的女儿。经过上面的举动，西太后看出光绪帝喜爱德馨的女儿。她想，若把德馨的女儿选为妃子，将来也有与自己的侄女争宠之忧，于是她一不做、二不休，匆匆命人把一对荷包交给了长叙的两个女儿。选后活动在西太后的蛮横干涉下草草收场。光绪虽然名义上是一国之君，但却连选择自己后妃的权力都没有，造成了以后又一桩不幸的婚姻悲剧。

皇后、妃子选定以后，接着就该是大婚。光绪的婚礼场面隆重宏大，花费也相当惊人，据不完全估计，光绪大婚共用黄金41269350两，白银4824183两，制钱2758串，皇家的奢侈可见一斑。

结婚后不几天，按照西太后的旨意，在太和殿为光绪举行了正式的"亲政"典礼。西太后时断时续地住进颐和园，做出让位的样子。光绪正式亲裁大政了。

大婚、亲政过后，光绪的境遇并不令人满意，小皇帝光绪也没有成为清王朝的真正主宰者。当时，西太后的势力已经形成，有些大臣紧跟西太后，惟西太后的旨意行事，根本没把光绪当做一回事。清王朝一切用人行政都由西太后及其亲信把持，朝中有重大事件，光绪无权裁决，必须向西太后请示。因此，光绪仍然是一个挂名皇帝。

二、难御强侮　无奈签约

光绪帝在位的30年，正是清王朝的多事之秋。列强步步进逼，加紧侵略中国，中国半殖民地程度急剧加深。面对列强的入侵，血气方刚的年轻皇帝从其统治和江山社稷的利益出发，怀着极大的激愤之情，积极主战，表现出满腔的民族义愤和忧国之情。

中法战争期间，光绪还是上书房的小学生，由于年龄的关系还不可能对中法战局有全面的了解，当然也不可能提出有价值的策略；但小皇帝表现出年轻人所具有的锐气，鲜明地表明自己的抗战态度。他在和师傅翁同龢交谈中，对中国的前景表示担忧，坚决支持两广总督张树声、山西巡抚张之洞（后调任两广总督）等人的抗战主张。战争开始以后，西太后等人总想议和，法方提出，中国必须赔款，光绪听到以后，认为坚决不能赔款。光绪十年（1884）七月，马尾海战惨败后，光绪更加激愤，态度更加坚决，主张向镇南关外加兵，痛击法国侵略者。可是，令小皇帝失望的是，中国最终还是与法国签订了屈辱的条约。

光绪亲政不久，清王朝又面临着更加严重的危机。日本自明治维新以后，建立起地主资产阶级联合专政，狂妄地想称霸世界，走向了对外侵略扩张的道路，与它一衣带水的中国成为其首要侵略目标。

光绪二十年（1894）春，朝鲜爆发了农民起义，由于历史上形成的中朝之间的宗属关系，清政府应朝鲜政府之邀，于五月派兵入朝，帮助朝鲜政府弹压农民起义。清军出兵之

慈禧太后和隆裕皇后（右）、瑾妃（左）

时，按照光绪十一年（1885）签订的《中日天津条约》的有关规定，主动通知了日本。可是日本却借此机会大做文章，在朝鲜国内起义已被镇压下去，中国通知日本准备撤军之时，日本反借口保护日本侨民，大量向朝鲜运兵，蓄意发动战争。清政府为平息事态，提出中日两国同时撤兵的建议，日本不但不接受，相反一再增兵，并向中国驻军挑衅，中日战争迫在眉睫。

在这种情况下，清政府内部出现了两种截然不同的主张。以西太后和李鸿章为代表的妥协派，为一己私利主张妥协退让。在国家御敌备战、需款孔急之际，西太后却为了准备当年的60大寿，在颐和园等处地段装点景物，肆意挥霍钱财。在她看来，没有什么事比她的60大寿更重要。手握重兵的李鸿章怕损失自己苦心经营的实力，所以在西太后的支持下，借口"衅不自我开"，一味因循玩误。与此相反，以光绪等人为代表的主战派，则以国家民族利益为重，坚持备战抗敌的方针。在日本已露侵略端倪的时候，光绪毫不犹豫地表明了自己的抗战态度，全力主战，并且积极支持朝野官员的备战抗敌呼声，不断发布谕旨，责令李鸿章加紧备战。

自光绪二十年五月中日关系紧张加剧，到八月一日清政府正式对日宣战止，光绪在抵抗派的支持下，以极大的热情和努力，筹备抗战事宜。首先，他坚持依靠自己的力量，反对李鸿章等人寄希望于列强调停的错误方针。

晚清重臣李鸿章

李鸿章（1823—1901），字子黻，号少荃，安徽合肥人。晚清名臣，洋务运动的主要领导人之一，官至直隶总督兼北洋通商大臣，授文华殿大学士。参与掌管清政府外交、军事、经济大权，成为清末权势最为显赫的汉族大臣。卒后谥文忠。

甲午战争正式爆发前，各国列强为了自己的利益，表示为中日调停。对这种虚伪的表示，李鸿章等人深信不疑，视为救命法宝，同各国公使频频往来，不注重备战，而把全部的希望寄托在列强的调停上。光绪对此十分反感，强调抗战要靠自己的力量，不能依靠他国。五月下旬到六月初，光绪连续几次下令给李鸿章，要他认清日本蓄意挑起战争的严酷现实，应抓紧调派兵丁，准备军火粮饷，作好迎战准备。并明确指出，各国列强的调停是靠不住的，他们都有自己的企图，不要麻痹上当。光绪之所以不同意利用列强调停的政策，一方面是由于他怀疑列强的诚意，另一方面也不愿借助他邦，示弱于人。可是，李鸿章在西太后的支持下，置光绪帝的指责于不顾，我行我素，继续寄希望于列强的调停。六月下旬，日军在朝鲜丰岛海面突袭中国的运兵船，致使中国上千名官兵壮烈牺牲。李鸿章兴高采烈，因为被击毁的运兵船是李鸿章雇用的英轮——高升号，他认为英国必会勒令日本妥协。光绪对此十分愤怒，又连续几次谕示李鸿章，不要坐失时机，观望不前，要立即整军奋击，否则，一定要严惩不贷。其次，光绪积极筹措款项，为备战提供物质条件。战事紧迫，需要大批物资供应，然而当时清政府财政吃紧，这使光绪十分为难。可是，西太后却为了自己的寿典，修建颐和园，动用大批经费，置战事于脑后。光绪为了集中国力备战，冒着被西太后痛骂的风险，请求西太后停止营建颐和园，把钱财用到军费上。对此西太后十分恼怒，痛骂光绪不仁不孝，可是迫于形势，不得不忍痛发布懿旨，同意光绪的请求。并同意简化万寿庆典的准备活动。光绪督促户部、海军事务衙门，从盐课、海关税、各省地丁银等项中抽出300多万两，交给李鸿章做军费。光绪虽然受到西太后的压制和李鸿章等人的抵制，但却为备战付出了很大的努力和心血。

光绪二十年（1894）六月下旬，日军不宣而战，向朝鲜牙山中国驻军发动进攻，中日战争拉开了序幕，这在中国社会引起了极大的反响，抗战呼声更加高涨，主战派也更加活跃。人们纷纷揭露日本的侵略行径，斥责李鸿章等人欺骗朝廷、抵制圣意、屡失战机的误国行为。主战派的中坚人物礼部右侍郎志锐、侍读学士文廷式等人，请求光绪乾纲独断，严明赏罚，扩充海军，审视邦交，挽救抗战大局。在抗战呼声的激励下，光绪的抗战态度更为坚决。这年八月一日，光绪正式颁布上谕，向日本宣战。在这个上谕中，光绪猛烈抨击了日本威迫朝鲜、伤我兵船的侵略行为，严正指出，日本的行为不仅不合情理，简直就是不遵条约、不守公法的强盗主义；命令李鸿章立即派出军队，迅速进剿，还击自卫；并命令沿海各地的将军督抚，要严守各口，加紧备战，随时准备痛击日军。

在封建社会里，皇帝的谕旨应具有绝对的权威，臣子只有执行的义务，而没有提出一点异议的权力；然而这一常规却在光绪帝这里行不通，因为光绪有名无实，没有真正的权威。所以，虽然光绪心急如焚，措词严厉，但手握实权的主和派却置若罔闻，无动于衷。光绪只能利用他手中有限的权力，以李鸿章指挥无方，旅顺失守，给予他革职留任、摘去顶戴的处分，对主和派进行了力所能及的督促和处罚。

光绪二十一年（1895）正月，威海卫海战失败，北洋海军全军覆没。日本侵略者认为时机已到，向清政府透露，如果派位望甚尊、声名素著，并有让地之权者来日本，中日便可议和。当时，主和派固然成为惊弓之鸟，乱作一团，即便是光绪等主战派也拿不出良策。西太后根据日本的要求，主张派李鸿章去日求和，光绪表示异议。但西太后单独召见朝廷枢臣，命让李鸿章来京请训，奕䜣小心地说，"皇上的意思不令其来京。"西太后大怒，蛮横地说："我可做一半主张！"在西太后的指使下，军机大臣孙毓汶草拟谕旨，正式任命李鸿章为头等全权大臣，并宣告光绪在此以前给李鸿章的一切处分均免，赏还翎顶、黄马褂，开复革职留任处分。

李鸿章到日本后，于三月二十三日与日本签订了《马关条约》，三月二十九日，条约文本送到北京。光绪看到条约中的苛刻内容，心中十分愤慨，百感交

甲午海战中中方旗舰——定远号

签订《马关条约》的地点——日本下关春帆楼

集,痛心地说:"割让台湾就会失去天下人心,朕还凭什么做天下的主子呢?"[1]主战派人物翁同龢、军机大臣李鸿藻等人也坚持不能承认这个条约,国内舆论也纷纷要求废约再战,并提出迁都持久抗战的策略。所以,虽然孙毓汶等一再逼迫批准条约,但光绪没有答应,拒绝用宝签字。光绪想,要想废约再战,也只有迁都一条路了,所以亲自到颐和园,力争西太后的允准。西太后淡淡地说"大可不必",这样,光绪唯一的希望也破灭了。四月初八日,光绪在无可奈何的情况下,被西太后等强词逼迫,顿足流涕地在条约上签了字,批准了《马关条约》。

三、锐意维新 千古遗恨

甲午战争的惨败,《马关条约》的签订,使民族危机更加严重,举国震惊,人们愤慨悲痛,为堂堂天朝而叹息,形成了"四万万人齐下泪"的悲壮局

---

[1] 语见《清史稿·翁同龢列传》"同龢与鸿藻力争改约稿,并陈:'宁增赔款,必不可割地。'上曰:'台湾去,则人心皆去。朕何以为天下主?'"

面。在时代的逼迫下，救亡图存的呼声逐渐高涨，这不仅表现在一部分统治者掀起了追求富强之术的热潮，更重要的是以康有为为代表的资产阶级维新派登上了历史舞台。在时代波涛的冲击下，光绪也进入了他一生中最富有生机的时期。

中国的出路何在，何以自强？对此，光绪帝虽有满腔热忱，但却不知从何下手。这时，翁同龢再一次充当了他的指路导师。翁同龢自任光绪的师傅之日起，就立志把他培养成"明君"。在甲午战争期间，翁同龢积极主战，同孙毓汶等主和派进行了坚决的斗争。甲午战争的惨败，使翁同龢十分震惊，他认识到，光靠祖先的遗训是无法挽救清王朝的。因此他的思想此间发生了较大的变化，从一个尊王攘夷的封建正统人物变为颇具维新思想的开明人物了。翁同龢思想的变化，直接影响到了光绪，他多次在光绪面前陈述西方的长处，指出向西方学习的必要，并多次向他推荐康有为及其主张。事实上，光绪最初就是通过翁同龢等人多少了解了外部世界的一些情况，翁同龢等人的开导和启发，使愁闷苦恼的光绪茅塞顿开，如梦初醒，看到了希望，一条救国的道路隐隐约约地展示在他的面前。这使光绪异常兴奋，他开始对外部世界的形势产生了兴趣，也喜欢读新书了。

为了更多地了解外洋形势，光绪通过各种途径搜寻有关国外情形的书。光绪向翁同龢等人索要了黄遵宪的《日本国志》，详加阅览，对日本的情形有了大致了解。光绪二十四年（1898）春天，通过翁同龢的"代呈"，得到了康有为的《日本变政考》、《俄彼得变政记》及英人李提摩太编译的《泰西新史揽要》、《列国变通兴盛记》等书。光绪得到这些书后，如获至宝，虽然由于种种条件的限制，光绪所看的书有很大的片面性，对西方各国的了解还是十分肤浅的，然而他毕竟知道了一些前所未

《载湉读书像》

闻的新事物和新思想，明白了一些新道理。到此，光绪的思想更加豁朗，他开始认识到，中国许多地方都落后于洋人，很多事情都无法与列强相比，怎么能不被动挨打呢？承认自己的不足，敢于正视现实，使光绪心目中的"天朝至上"的虚渺观念开始破灭，对传统思想和先祖遗训开始怀疑，甚至唾弃。光绪对那些夜郎自大、顽固愚昧的封建官僚开始露出厌恶的情绪，甚至把原先奉为治国之宝的经典之书视为无用之物，只不过是一堆废纸，命手下的人焚之。到此时，光绪不仅有救国的热诚，而且找到了救国的道路，那就是变法维新，决心要仿照外国来革故鼎新，励精图治。

康有为

但这时候，光绪仍然是个有名无实的皇帝，没有封建帝王所具有的独断的决策权。上有西太后的控制和束缚，下有众多顽固派的阻挠和抵制。光绪要想在这种情况下变法改革，谈何容易。为了支持康有为等人的变法活动，把变法愿望付诸事实，在光绪二十四年（1898）春、夏之际，他做了一些力所能及的工作。首先，光绪冲破顽固派的阻挠，打通同康有为等人的联系。此前，由于顽固派的干扰，康有为的"公车上书"以及前几次上清帝书，光绪均未看到。光绪二十一年（1895），光绪间接见到康有为的《上清帝第四书》，便十分赞赏。以后，在《上清帝第五书》中，康有为以极其沉重忧伤的语调指出，如果因循守旧，不思进取，恐怕日后"皇上与诸臣求为长安布衣而不可得"，意思是说不改革就有可能重演崇祯帝吊死煤山的悲剧。康有为的论断在光绪心中引起了强烈的共鸣，他赞赏康有为的忠肝义胆，更激起了他变法图强的信念和决心。他立即给总署诸臣下令，以后康有为如有条陈，要即日呈递，不得阻隔。这就初步打通了光绪帝和康有为等维新派的联系。

其次，支持康有为等人的变法行动，帮助他们迎击顽固派的破坏。面对

康有为等人的变法活动，顽固派如丧考妣，既恨又怕，大肆叫嚣"祖宗之法不可变"。针对顽固派的进攻，光绪立场鲜明地站在康有为等人一边，他说："今祖宗之地都保不住，又何有祖宗之法呢？"光绪二十四年（1898）春，康有为等人在北京成立了"保国会"，提出了"保国、保种、保教"的口号，以便组织变法力量。封建顽固派官僚纷纷起来攻击，御史文悌上了一个奏折，污蔑康有为是招诱党羽，犯上作乱，名为保国，实则乱国。在这危急时刻，光绪针锋相对，质问顽固派说："会能保国，岂不甚善！"及时地支持了保国会。

梁启超

最后，争取西太后的许可，取得变法决策权。光绪心中明白，不争取决策权、不取得西太后的许可，所谓变法最终是一句空话。光绪拿出自己最大的勇气，公开向西太后要权了。光绪帝曾召见西太后的亲信庆亲王奕劻，让他转告西太后，"我不愿做亡国之君，如仍不给我事权，宁可退位。"奕劻找到西太后去说了，西太后暴跳如雷，立即就说："他不愿坐此位？我早不愿让他坐了。"可沉思了一会，西太后想现在还不到时候，于是她让奕劻转告光绪，"皇上办事，太后不会阻拦。"光绪听到此话，长长出了一口闷气，心中也踏实了许多。就这样，光绪总算争得了一点变法的权力，虽然这种权力是暂时的、有限的、很不稳定的，但它却是变法付诸实施的重要前提。

光绪二十四年（1898）六月十一日，光绪断然颁布了《明定国是》诏，正式宣布，进行变法革新。在这个诏书中，光绪尖锐鞭挞了那些墨守陈规、阻挠变革的守旧势力，沉痛地指出了中外悬殊、国势颓衰的严酷时局，明确指出了革新的合理性，肯定了变法是不可抗拒的必然趋势。诏令中外大小诸臣，上自王公，下至士庶，都要努力，发愤为雄。[1]自《明定国是》诏拉开维新变法的序幕，到

---

[1] 语见《清史稿·德宗本纪》："谕：'中外大小诸臣，自王公至于士庶，各宜发愤为雄。以圣贤义理之学植其根本，兼博采西学之切时势者，实办讲求，以成通达济变之才。'"

九月二十一日变法夭折，共计103天。在这一段时间内，光绪共发布改革谕旨180条左右，最多的一天竟发布11条谕旨。从所发布谕旨的内容来看，几乎涉及国家生活各个重要的方面，主要有：选拔、任用通达时务和有志维新的人才；开办学堂、发展近代教育；鼓励士民上书言事；提倡办报、译书和出国留学；发展近代工商农业及交通运输业；奖励发明创造；整顿民事，改革财政；整顿海陆军，加强国防力量等。

《明定国是》诏的颁布犹如一声炸雷，在当时社会中引起了强烈而复杂的反响。一部分开明官员士大夫拍手称快，积极响应，争谈变法，他们从光绪的变革中看到了中兴的希望。然而，就当时的中国社会而言，封建顽固派的势力还是十分强大的，他们不学无术，因循守旧，鼠目寸光，只知图高官厚禄，花天酒地，养尊处优，置国家和民族的前途于不顾，形成了一种十分腐朽顽固的社会力量。光绪要变法改革，不仅撞击着中国传统的思想观念和伦理道德，而且也直接触及到这些顽固大臣的切身利益，引起了他们丧心病狂的攻击和反对。所以，光绪和维新派所设计的改革方案要想在中国大地上变成现实，不能不需要进行一番艰苦的斗争。

光绪颁布《明定国是》诏后的第四天（四月二十七日），西太后为了控制变法的势头并为以后绞杀维新运动准备条件，先发制人。这一天，西太后逼迫光绪发布谕旨宣布：一，以揽权狂悖的罪名，将协办大学士、户部尚书翁同龢革职，逐出京城回籍，由此砍掉了光绪的左膀右臂；二，规定以后凡授任二品以上官员都需向西太后谢恩，由此控制了人事任免权；三，将王文韶调进中央为军机大臣，任命荣禄署直隶总督（不久实授），由此抓住了京师重地的军权。这些谕旨的实质就在于，西太后不仅控制了军政权力，加强了顽固守旧力量，还削弱了光绪的权力及其支持力量。面对西太后的压力，光绪也采取了对策。第二天（二十八日），光绪召见了康有为，召见的地点就在西太后身边、颐和园的仁寿殿。他任命康有为为"在总理各国事务衙门章京上行走"，并允其专折奏事。但与西太后代表的顽固派相比就软多了。

到光绪二十四年（1898）八月中旬，变法已进行了近三个月，光绪虽然尽了最大努力，但由于顽固派的反对，实际进展缓慢，成效不大。在这期间，光绪尝到了改革的酸辣苦咸，也感受到了守旧派的愚昧和狡诈。但是，他知道改革变法的事业不能停止，必须继续前进，否则将前功尽弃。所以，在八月中下旬，又采取了一系列措施，把变法运动推向深入。

首先，废除旧衙门，严厉打击顽固分子的破坏行为。变法开始的时候，光绪接受了康有为的建议，只增新衙门，勿废旧衙门。可是顽固派的干扰破坏使光绪十分恼火，他认为有必要对守旧大臣进行警告和处置，所以冲破了"只增新、不黜旧"的框框，果断地向封建旧官僚体制开刀，裁撤闲散机构和冗员。光绪颁布谕旨，把中央的詹事府、政司、光禄寺、鸿胪寺、太仆寺等衙门裁撤，同时宣布上下冗员也一律裁撤尽净。并严词警告内外诸臣，不准敷衍了事，多方阻挠，否则定当严惩，决不宽贷。光绪的大胆举措，使清朝的守旧官僚们惊心动魄，人心惶惶，都怕丢掉自己的乌纱帽，有的甚至被吓得大哭不止。

其次，提拔维新人才，加强变法力量。分别诏谕任命内阁侍读杨锐、刑部主事刘光第、内阁候补中书林旭、江苏候补知府谭嗣同，均赏加四品卿衔，在军机章京上行走，参与新政事宜。虽然这四个人的经历和思想认识不尽一致，但却都有变法愿望，尤其是谭嗣同，更是坚定的变法维新人士。

再次，光绪帝准备模仿西方国家设立议院，开懋勤殿以议制度。设议院、兴民权本是康有为等宣传变法时的重要内容。但是变法开始以后，鉴于严峻的现实，康有为放弃了这一主张。光绪对设立议院有一个认识过程，逐渐有加紧实施以推进改革的想法。对此，顽固派既恨又怕，百般劝阻。大学士孙家鼐危言耸听地说："若开议院，民有权而君无权矣。"光绪曾决然回答说："朕只欲救中国，若能拯救黎民，朕虽无权又有何妨？"八月下旬，光绪想把设议院的主张付诸实施，康有为劝他说："现在守旧之徒充斥朝廷，万不可行。"光绪想了想，接受了康有为的建议，但他不肯完全放弃自己的主张，因此准备采取变通方式，即开懋勤殿。其目的在于把维新的骨干人物集中在一起，并聘请国外政治专家，以便议论制度，全面筹划变法事宜，作为变法运动的最高指挥中心。

可以看出，到光绪二十四年八月中下旬，光绪拿出了自己最大的勇气，大胆推进变法，维新运动向纵深发展。可是，变法的深入使光绪帝和顽固派的矛盾更加尖锐；尤为重要的是，光绪的改革行动激怒了一直待机而动的西太后。八月十九日，因礼部尚书怀塔布等官员压制维新派，光绪一怒之下，将礼部尚书、侍郎六个官员全部撤职。对光绪罢免怀塔布等人，顽固派大臣十分不满，纷纷要求西太后出面制止。怀塔布的妻子经常在颐和园侍候西太后，深得西太后的喜欢，

她利用这种机会，更是多次哭哭啼啼，请求西太后的庇护。有一天，光绪照例到颐和园向西太后问安，西太后满面怒容，厉声说道："朝列重臣，非有大故，不可轻弃；如今你以远间亲，以新间旧，依靠康有为一人而乱家法，何以面对祖宗？"光绪分辩说："祖宗若在今日，其法也不会与以前一样；儿臣宁愿坏祖宗之法，也不愿弃祖宗之民，失祖宗之地，为天下后人笑。"西太后心想，不能再让光绪干下去了，自己收拾局面的时候到了。于是，西太后便和其亲信开始了紧张的密谋活动。他们一面大造舆论，散布紧张空气，一面加紧进行军事部署，准备发动政变。遵照

荣 禄

西太后的旨意，荣禄密调聂士成的武毅军进入天津，命董福祥的甘军进驻北京附近的长辛店，蠢蠢欲动，局势骤然紧张起来。

面对西太后等人的进逼，光绪也感到形势危急，于是便同维新派一起，也加紧制定对策。八月三十日，光绪给康有为一个密诏，让他和谭嗣同等迅速筹划，设法相救。可是光绪和维新人物既没有实权，也无军队，因此显得十分软弱，当即陷入手忙脚乱的境地。九月初，在康有为等人的支持下，光绪先后两次召见当时以维新派面目出现、手握一定军权的袁世凯，给他加官晋爵，竭力拉拢，幻想利用袁世凯的军队来保护自己，保护维新事业。可是，狡诈的袁世凯并未明确表示真心诚意地为光绪效劳。至此，光绪也认识到败局已定，无法挽回了。在这种情况下，为给将来的维新事业留下组织力量，光绪帝于九月二日密谕康有为，说："你可迅速外出，不可迟延。你一片忠爱热肠，朕所深悉，望你爱惜身体，善自调养，将来更效驰驱，共建大业。"这时，康有为、谭嗣同等也在为保护光绪而做积极的努力。九月三日，谭嗣同夜访袁世凯，请求袁世凯杀荣禄，围颐和园，袁世凯假意答应。九月五日，光绪又接见了来华游历的日本前首相伊滕博文，希望他帮助自己。当天，光绪第三次召见袁世凯，命他保卫圣躬。可以看出，光绪以及维新派在紧急关头，病重乱投医，未能拿出任何切实可行的

应急办法。相反，西太后及其亲信却做了大量的准备，已经磨刀霍霍，准备动手了。

在这新旧较量的关头，善于见风使舵的袁世凯雪上加霜，又给光绪等人捅上了一刀。九月五日，袁世凯被召见以后，立即乘火车赶回天津，把光绪及维新派的谋划全盘告诉了荣禄。荣禄立即乘车赶到北京，告诉了西太后。西太后听到荣禄的报告后，十分恼怒，她痛恨维新派，更痛恨光绪，恨不能立即处置他们。第二天黎明，西太后用重兵控制北京后，带人直奔光绪帝的寝宫，光绪知道事情不妙，慌忙出来迎接。西太后也不理睬他，命人搜查光绪帝的寝宫，把全部奏章席卷而去。然后怒斥光绪

袁世凯

说："我抚养你20余年，你竟听小人之言要谋害我？"光绪吓得浑身战栗，面色发白，慌忙回答："我无此意。"西太后唾了光绪一口，说："痴儿，今日无我，明日还有你吗？"当日，又以光绪的名义颁布谕旨，重新让西太后训政。随后颁布谕旨，捉拿维新党人。康有为、梁启超等人已在政变以前逃出，幸免于难。九月十三日，谭嗣同、康广仁、刘光第、林旭、杨锐、杨深秀等六人，在北京菜市口被杀，史称"戊戌六君子"。[1]至此，光绪及其维新派的变法活动被以西太后为首的顽固派绞杀了，光绪的变法图强方案也被无情地摧毁了。随之，光绪也进入他一生中最苦闷和痛苦的时期。

四、被囚瀛台　抱憾而终

戊戌变法失败以后，光绪的生活境遇更加恶化了。为了彻底消除光绪的政治影响，西太后曾连续三次对他组织围攻和斥责。西太后发动政变的当天，在

---

[1] 事见《清史稿·谭嗣同列传》："百日维新，中外震仰，党争遽起，激成政变。锐、光第、嗣同、旭及深秀、广仁同日被祸，世称'六君子'。"

便殿召集起一大群顽固守旧大臣，令光绪跪在案前，并置竹杖于座前，如同审讯一般。她质问光绪说："天下者，祖宗之天下，你怎敢任意妄为，各位大臣皆我多年历选，你怎能任意不用。你竟敢听信叛逆蛊惑，变乱典刑。康有为能胜于我选用之人？康有为之法，能胜于祖宗之法？"面对西太后的斥责，光绪虽然不敢顶撞，但也不想忍气吞声，他为自己分辩说："我自己固然糊涂，但洋人逼迫太急，为了保存国脉，通融试用西法，并不是听信康有为之法。"第二天，光绪再次被西太后等人围攻，西太后还逼迫他颁布捉拿康有为的谕旨。第三天，西太后组织顽臣，将光绪寝宫、书房等处搜出的奏疏文稿拿出来，逐条批驳，要光绪认罪。此后，又把光绪押解到瀛台的涵元殿，囚禁起来。

光绪帝

　　瀛台是中南海中的一个人工岛屿，四面环水，一面设有板桥，以便出入。西太后把光绪囚禁在瀛台后，选派20多名太监轮番看管。太监每天送"御膳"之时，就架起跳板，走进瀛台，"进膳"之后，便撤掉跳板。光绪只能望水哀叹，不能离开瀛台一步，为此他曾写下"欲飞无羽翼，欲渡无舟楫"的诗句。生活在瀛台的光绪，接触的都是那些令人讨厌的太监，所到之处无非是瀛台上的几座殿阁，没有什么乐趣。光绪无法排解自己心中的闷气和怨恨，有时往往把太监作为自己发泄的对象，经常对他们发脾气，罚令长跪，还天天书写袁世凯的名字，以表达自己的怨恨之情。贵为一国之君的光绪，成为了一名不见天日的囚徒。

　　其实，按照西太后的意愿，何尝不想彻底废掉光绪呢？只是迫于外界的压力，不敢贸然行事，所以才把他押入孤岛。可是西太后囚禁光绪一事，不仅引起国内舆论的哗然，而且也引起各国列强的注意。他们感到西太后的复旧很有可能使中国回到排外的时代去，与其如此，还不如支持开明的光绪对自己更有利，于是他们对光绪的处境表现出前所未有的关心。英、日驻华公使极力帮助康有为、梁启超出逃，并再三要求觐见光绪。英国在华的舆论工具《字林西报》也多次发

囚禁光绪帝的瀛台

表文章,抨击西太后,赞扬光绪。这一切,都给西太后很大压力,使她不敢断然对光绪下毒手。但她一直担心光绪的存在会威胁自己的权力和统治,忍气吞声地寻找机会实现她的废帝阴谋。

正当西太后为废掉光绪而忙碌时,中国大地上爆发了义和团运动,西方列强出兵武力干涉,爆发了八国联军侵略中国的战争。于是,在对待义和团的剿抚问题上,尤其是对外国武装干涉的战和问题上,清朝统治阶级内部存在着严重的分歧,展开了一场激烈的争论。光绪忧心忡忡,虽身陷囹圄,但却及时表明了自己的态度。

光绪二十六年(1900)五月二十日,西太后在仪鸾殿召开第一次御前会议,到场的有大学士、六部九卿,光绪也奉西太后之命到场。会上,吏部侍郎许景澄、太常寺卿袁昶等人极力主张议和,而载漪等人却从自己的私欲出发,说:"义民可恃,其术甚神,可以报仇雪耻。"竭力煽动对外宣战,两者相持不下。光绪则说:"现在人人喜言兵,然而甲午中日之役,创钜痛深,可引以为戒。况且诸国之强,十倍于日本,联合而谋我,怎样才能抵御呢?"分析完利害得失

后，光绪断然说："断无同时与各国开衅的道理。"五月二十一日，西太后再次召开御前会议。一开始，西太后便怒气冲冲，她对各国列强庇护康有为等及干涉自己的废立活动十分不满，积怨甚深，所以一向对外妥协的西太后，现在却决心对外开战了。她说："今天的事，各位大臣都看到了，我为江山社稷着想，不得已而宣战；然而成败未可知，如果宣战之后，江山社稷仍无法保全，诸公当谅解我的苦心，不要归咎我一人。"西太后话音刚落，载漪等人立即应声附和，大谈宣战。光绪心中十分焦急，他想国家安危，在此一举。想到这里，光绪再次表示异议，他说："战不是不可言，但中国积弱，兵不足恃，用乱民孤注一掷，会有什么好处呢？"接着他又耐心地分析说："民众均未经训练，一旦上阵，在枪林弹雨之中，以血肉之躯抗击敌人，怎么能持久？所以，不要以民命为儿戏！"西太后听了光绪的话，心中老大不自在，但她没有正面反驳，质问说："依你之见怎么办呢？"光绪回答说："寡不可以敌众，弱不可以敌强，决没有一国能敌七八个国家的道理。现在，只有停战议和才是上策，其次就是迁都。"由于两者争议不休，所以这次会议仍未能就和战问题做出决定。五月二十二日，举行第三次御前会议，西太后及载漪等人控制了局面，大喊大叫，不可一世，决意向列强宣战。光绪看到无法挽回，欲言又不敢言。他拉住许景澄的手，沉痛地说："兵端一开，朕一身不足惜，只是苦了天下的百姓了。"[1]

西太后等人不顾光绪等人的反对，一意孤行，盲目主战，于五月二十五日正式颁布了对列强的宣战上谕。然而西太后等人既没有御敌的力量和本领，也没有彻底抗战的决心，结果清军节节败北，七月二十日北京陷落，西太后只得仓皇出逃。当西太后逃出北京之际，光绪要求留下来，以便同外使会谈，收拾残局，并乘机摆脱西太后的控制。可是未被西太后应允，只得随西太后出逃。在逃亡的过程中，光绪所到之处，凄凉萧条，满目疮痍，民不聊生，新仇旧恨一齐涌上心头。他痛恨列强的侵略，更加怀念自己的变法维新事业，也更加怨恨出卖自己的袁世凯。他每到一处，往往画一个龟，在龟背上填写袁世凯的名字，然后粘在墙上，用小竹弓射击，然后再取下来剪碎，用这种最简单的办法来发泄自己胸中的闷气。

---

[1]事见《清史稿·许景澄袁昶列传》："昶与许景澄相善，廷询时，陈奏上疏，力言民不可纵，兵衅不可启，太后闻之动容，而载漪等斥为邪说。上执景澄手而泣。"

光绪二十七年（1901）七月二十五日，经西太后批准，李鸿章、奕劻等人与各国列强签订了屈辱的卖国条约《辛丑条约》。十一月，光绪随西太后回到北京，当他看到被列强破坏后的京都情景时，立即

紫禁城内的八国联军

感到一种无法排泄的耻辱，感到不可遏制的愤怒。

面对国亡无日的残酷现实，光绪多么渴望自己能够独掌大权，继续推行新政啊！然而，自幼养成的怯弱秉性使他无法摆脱西太后的控制，相反，为了自己的安全，只得屈从在西太后的淫威之下。可是，即便是这样，光绪也还是耐心地等待时机。为了更好地了解世界，光绪仍然朝夕研读书籍，尤其留意有关西学的书，而且还坚持每日以一定的时间学习英文，虚心向人求教，持之以恒，因此对西方文化有了更深的了解。

政治上的挫败、生活中的不幸，使光绪陷入无法自拔的痛苦和郁闷之中，整日忧心忡忡，焦虑不安，这极大地损伤了他的身体，健康状况日益变坏。光绪三十四年（1908）十月二十一日，光绪抱着自己终生的遗憾在瀛台涵元殿病逝，终年38岁。

光绪死后，葬于崇陵。

名家评说

德宗亲政之时，春秋方富，抱大有为之志，欲胜挞伐，以湔国耻。已而师徒挠败，割地输平，遂引新进小臣，锐意更张，为发奋自强之计。然

功名之士，险躁自矜，忘投鼠之忌，而弗恤其困济，言之可为于邑。洎垂帘再出，韬晦瀛台。……庚子以后，怫郁摧伤，奄致殂落。

——赵尔巽等《清史稿·德宗本纪》

满洲皇族中比较有接受新思想的青年皇帝……有高度的变法决心。

——范文澜《中国通史》

逊帝溥仪

清逊帝溥仪（1906～1967），清朝第十二代皇帝，也是清朝乃至整个封建王朝的最后一个皇帝。醇亲王载沣的长子，其母为摄政王嫡福晋苏完瓜尔佳氏。公元1908～1912年在位。因其年号为宣统，历史上又称"宣统（帝）"，也称"逊帝"。溥仪的一生坎坷曲折，前半生，名义上惟我独尊，事实上无异囚徒；后半生，由皇帝变公民，过上了一个正常人的生活，为国家做出了一些积极的贡献。

一、三度登基　无异囚徒

光绪三十二年（1906）正月十四日，北京城里醇王府邸，一个婴儿降生了，这就是中国的末代皇帝——爱新觉罗·溥仪。

十七岁时的溥仪

光绪三十四年（1908）十月二十日，光绪帝病危，慈禧颁发了"醇亲王载沣著授为摄政王"的懿旨，同时令将载沣年满3岁的长子溥仪送进皇宫教养。[1] 从而为大清王朝的皇统接续做好了安排。

光绪三十四年（1908）十月二十一日，光绪驾崩，慈禧面谕王公大臣：摄政王载沣之子溥仪，"著入承大统为嗣皇帝……著摄政王载沣为监国，所有军

---

[1] 事见《清史稿·宣统本纪》。

国大事，悉秉予之训示裁度施行……"这时慈禧并不认为自己也要紧随光绪而去，二十一日这天，她"终日料理大事，至晚乃获休息，虽极辛苦，而体力反较佳。翌日，仍于六点钟起召见军机与皇后、监国摄政王及其福晋即荣禄之女，谈话多时，以新帝之名下一谕，尊皇后（光绪皇后隆裕）为太后"。不意午饭时分突然晕倒，醒后感觉异常，自知末日已至，急诏隆裕皇太后暨监国摄政王等，谓："现予病势危笃，恐将不起，嗣后军国政事均由摄政王裁定，遇有重大事件必须请皇太后懿旨，由摄政王随时请而施行。"[1]作好了这样的安排之后，慈禧才放心地归天去了。她满以为有光绪亲兄弟摄政监国，有自己的亲侄女裁决"重大事件"，大清王朝的江山就万无一失了。

溥仪与父亲载沣和弟弟在一起

光绪、慈禧去世之后，经过半个多月的准备筹划，王公大臣们拟定新帝于光绪三十四年（1908）十一月九日举行"登基大典"，年号宣统，改明年为宣统元年。

二、被迫退位　心怀复辟

宣统三年（1911）八月十九日，革命党人武昌首义成功，南方及西部数省闻风响应，辛亥革命风暴席卷了大半个中国。在辛亥革命风暴的致命打击下，隆裕太后和王公大臣们为了保住大清皇帝称号和各自的身家性命，于穷途末路之中接受了袁世凯的《优待条例》。1912年2月12日，隆裕太后颁发了清帝溥仪的退位诏书。次日，袁世凯公开声明赞成"共和"，孙中山向南京临时政府参议院提

---

[1] 话见《清史稿·宣统本纪》："（诏曰）军国政事，由监国摄政王裁定，为大行太皇太后懿旨。自朕以下，一体服从。嗣后王公百官倘有观望玩违，或越礼犯分，变更典章，淆乱国是，定即治以国法，庶无负大行太皇太后委寄之重，而慰天下臣民之望。"

清帝退位诏书

出辞职。15日，袁世凯接替孙中山，当上了中华民国临时大总统。

尽管清朝已经灭亡，溥仪也已经退位。但根据《优待条约》，溥仪和隆裕仍然居住在紫禁城内。尽管紫禁城外的世界已是风云变幻，但紫禁城这个小天地里仍然看似平静地维持着清朝的礼仪。溥仪也在这个小天地中，仍享受着皇帝之尊，慢慢地长大。

溥仪退位那年已经6岁了。同清朝以往的皇帝一样，钦天监为溥仪选好良辰吉日，开始读书了。溥仪的师傅既有教汉文的，也有教英文的。在师傅的着力培育下，溥仪随着年龄的增长，逐渐懂得了自己的身份和地位。他知道了天下原本都是他的，只是因为可恨的袁世凯和可怕的孙文，他才变成了紫禁城里的"皇帝"，把整个天下都"让"给了民国。尽管"辫帅"张勋1917年率领数千辫子军又让他"重登大宝"，不过，溥仪这次仅仅当了12天"真正的皇帝"，便再次摔下了"堂座"，宣告复辟破产。可是在溥仪心目中，天下依然是他的，他要做"真正的皇帝"。

1924年11月5日，参加第二次直奉战争的冯玉祥发动"北京政变"，将清朝小朝廷赶出了紫禁城。至此，溥仪结束了他十五年的"大清皇帝"的生活。

溥仪被逐出宫后，先在他父亲载沣的北府住了一段时间，然后又在天津的张园度过了八年的时间。在这段时间里，溥仪随着年龄的增长，再由于服侍左右的清朝遗老的影响，他开始慢慢滋长了对国民政府的刻骨仇恨，时刻梦想着复辟大清王朝。

"九一八"事变后，日本帝国主义阴谋在中国东北建立伪政权。他们派时

任关东军参谋之职的土肥原到天津面见溥仪，请他到沈阳去"亲自领导"一个"独立自主"的新国家。溥仪以为这正是自己"恢复祖业"的大好时机。于是，他登上日本人为他们准备好的汽艇，开始了他去实现"重登大宝"迷梦的旅途。1931年11月13日晨，溥仪在营口登陆。稍后，日本人没有按约带他去沈阳，而是以确保"宣统帝安全"为理由，不分昼夜地由日本军警"保护"起来，不得出居处半步。经过三个月时间的多方慎重磋商，日本军政各界最终统一了认识，决定在东北建立"满洲国"，由溥仪出任"执政"。

1932年3月9日，在日本帝国主义的精心策划下，溥仪正式出任伪满洲国执政。在出任"执政"期间，溥仪签署了日本人为他准备好的《日满议定书》，出卖了大量国家主权。并按照日本人的要求，向国联调查团表明了他"是由于满洲民众的推戴才来到满洲的"，他的国家"完全是自愿自主的"。对此，日本人感到十分满意。

1934年3月1日，溥仪似乎如愿以偿了。这一天，是他第三次登基，当上了"满洲国皇帝"，定年号为"康德"。溥仪第三次登极称帝后，享有了日本人需要他享有的"尊荣"，同时也遭受了日本人给他带来的屈辱、痛苦和灾难。

溥仪在认识到自己的实际地位和所处境遇后，便由为了"恢复祖业"不惜一切代价，一变而为忍辱卑屈只求保全性命了。自1937年"七七事变"前后始，他一面继续听从关东军的命令，"裁可"签发大量出卖民族权益，支持日本帝国主义"圣战"的"满洲国"政令、军令，一面战战兢兢地看关东军给他派来的"帝室御用挂"吉冈安直的眼色行事。从1940年

伪满皇宫博物院陈列的即位诏书

起，溥仪便不敢再公开祭祀自己的祖先，而是迎请日本天皇的祖先"天照大神"到长春，作为祖宗供奉起来；此时的溥仪，从肉体到精神，已经全面崩溃了。

1945年8月15日，日本宣布投降，溥仪也终于结束了他痛苦的傀儡皇帝生涯。16日，他在随关东军准备乘飞机逃往日本时做了苏联红军的俘虏。第二天，作为第二次世界大战的重要战犯，溥仪被押往苏联。

三、接受改造　重新做人

溥仪被押往苏联后，先在赤塔一处疗养院住了两个月，而后便与相继押送到这里的其他伪满战犯一起，被转移到了离中国不远的伯力收容所，在这里度过了5年的拘留生活。

1950年7月，苏联政府将溥仪及其他伪满战犯全部移交给了中国政府。从此，溥仪开始了为时九年脱胎换骨的改造和自我改造生活。"皇帝"战犯的脱胎换骨与常人有所不同，溥仪在9年的改造与自我改造过程中，经历了一个比普通伪满战犯更为艰苦复杂的过程。

被引渡回国之初，溥仪只想到死。从在苏联听到回国的消息后，他就认为这次必死无疑，共产党决不会轻饶了他这个皇帝加头号战犯。

然而，自从他到了中国土地上后，溥仪所经历的一切都令他大惑不解：政府没有立即处死他，而是把他送到抚顺战犯管理所。同别的战犯一样，战犯管理所安排他洗了澡，换了衣服，发给了一些生活必需品，甚至还配给了香烟。朝鲜战争爆发时，中国政府出兵援朝抗美，伪满战犯们几乎一致认为美国人会打进来，共产党会像历代王朝一样，在关键时候要先处理掉所有关押的重大犯人，结果是美国人没打进来，共产党更未把他们处理掉。

经过长达两三年之久的默默观察，到抗美援朝战争胜利又回到抚顺时，

1935年的溥仪

溥仪已经意识到他不会被处死，可以和其他人一样活下来了。"真龙天子"和常人原本也没有什么两样，溥仪从此开始考虑如何度过以后的时光。

死的问题解决了，对其他伪满战犯来说，已不再有过不去的关口，绝大部分人都不再怀疑共产党的政策，开始努力学习，积极改造，争取得到政府宽大处理。可是对"皇帝"战犯来说，情况就大不相同了。

溥仪和婉容等在一起

溥仪前半生虽然在政治上三起三落，特别是伪满14年，无异任人摆布的木偶。但在个人生活方面，他却始终是按照皇帝标准，拿着皇帝的架子，即使是在苏联的5年间，也从不曾自己穿过衣服、叠过被子，甚至连脚都没自己洗过。成为战俘前，自然有人服侍，成了战俘后，他的弟弟溥杰、侄子小秀、小固、小瑞以至岳父荣源，都曾自觉自愿地以臣仆的身份为他端饭，铺床叠被，穿衣洗脚。在家族中，溥仪依然是"皇上"，所不同的只是这些人不再明着称他"皇上"，而是悄悄地叫他"上边"了。因此，当战犯管理所为了使溥仪获得改造，把他与家族成员分开，安排其他伪满战犯和他住在一起时，这位"皇帝"战犯便遇到了有生以来未曾遇到的"难题"：他不但要自己端饭、整理床铺、穿脱衣服、洗脚、洗衣服，而且还要和别人一样轮流做值日，打扫房间卫生，甚至还要提马桶！起初，溥仪觉得这是所方故意要他难看，因为这些事他从未做过，也不会做，以致早晨起床时，他还没穿好衣服，别人已经跑操去了，他未洗漱完，别人又开始吃饭了。每当溥仪感到自己无能，为自己事事落于人后而痛苦时，战犯管理所的同志就来帮助、开导他，同时也循循善诱地引导他认识过去，反复讲明共产党和人民政府的政策，鼓励他好好改造自己，争取做个新人。

自1955年起，战犯管理所一方面带着溥仪一行伪满战犯到东北各地参观工厂、矿山、农村、学校，请各方面的人诉说日本帝国主义和伪满政权的种种罪行，一面在加强思想教育的同时，允许战犯们的亲属写信和前来探望，促使他们认识自己的过去，看到光明的前途。溥仪同其他人一样，在这一过程中，他亲眼看到了新中国的成就，亲耳听见了那些伪满时期受尽非人折磨的人们，在诉说了他们这些过去的魔鬼的罪行后，又说出了希望他们能改造成一个正常人的动人心魄的话语。慢慢地，溥仪有了正常人的感情，开始认识自己的过去，并暗中盘算自己是否也能在什么时候过上一个正常人的生活。

溥仪特赦通知书（1959）。

1957年，溥仪与七叔载涛的会见，终于燃起了他重新生活的希望之火。时年69岁的载涛，是溥仪嫡亲长辈中仅存的一人。这位清末的"涛贝勒"、"军谘大臣"告诉十几年未见面的侄"皇上"：爱新觉罗家族的老人，新中国成立后都各尽所长，生活得很幸福，青年一代更是朝气蓬勃，为建设新中国积极贡献力量，他这个"皇叔"已当选为全国人民代表大会的代表和全国政协委员，多次见到毛泽东、刘少奇、周恩来等党和国家领导人，毛泽东主席要他来看看"皇上"……从此以后，溥仪真的变了。

1959年，中华人民共和国建国10周年前夕，根据中国共产党中央委员会的建议，中华人民共和国主席刘少奇发布了特赦令。是年12月4日，溥仪被特赦释放。

四、心怀祖国　成为公民

1959年12月9日，离开出生地整整35年的溥仪终于回到北京，从此一个新颖、奇特，但又充满幻想的公民生活，开始展现在这位中国末代皇帝的面前。

溥仪真诚而坦率地告诉亲人们说，他想见见周恩来，也想见见毛泽东，他要把获得特赦的喜悦心情告诉两位恩人。但他知道这事恐怕实现不了，国家领导人日理万机，哪有功夫见他这样的普通公民？何况又是历史罪人。

当天晚上，溥仪辗转于床，思绪万千，久久不能入眠。第二天上午，溥仪由住在同院的同族六弟溥俭陪同来到

新生后的溥仪

公安派出所办理户籍手续，他终于成为在北京市有正式户口的普通市民了，下午，溥仪让五妹韫馨陪着上街，溥俭也一块儿去了。他们先来到民族文化宫，在高高的塔楼前照了一张相。溥仪说："我这个满族人，曾给国家造成灾难，只有人民政府才能给少数民族带来幸福生活，这样宏伟的民族文化宫正是一个象征。"他们又来到天安门广场，在背衬天安门城楼西侧标语"中华人民共和国万岁"的金水桥边又照了一张相。

自1960年3月起，溥仪开始了自食其力的新生活。他先在中国科学院植物研究所北京植物园半日学习，半日做些力所能及的工作，主要是熟悉新的生活环境。一年后，他到了全国政协文史资料研究委员会任专员，负责清理清末和北洋政府时代的文史资料，但仍坚持每周到植物园去劳动一二天，工作闲暇，撰写自传《我的前半生》。在人民政府和各方面人士的共同关心帮助下，1962年4月29日，溥仪与北京关厢医院的一名普通女护士李淑贤重新建立起幸福美满的小家庭。

正当溥仪沉浸在新生活的幸福和欢乐之中时，可怕的病魔悄悄向他袭来。其实，溥仪前半生长期的非正常人生活早已毁坏了他的身体。1962年新婚后不久，溥仪就不时溺血，经名医诊治，暂时抑制了病情的发展，加之新生活的愉快，冲淡了疾病折磨的痛苦，表面看上去，身体一直很健康。1964年底，溥仪病情开始恶化，尽管在周恩来总理的直接关怀和特别保护下，专家为他进行特殊的

精心治疗，使他减少了一些痛苦，但肾癌这一恶魔终于在1967年10月17日凌晨吞噬了他的生命。

名 人 评 说

我想在当今世界上，还找不到另一个历史人物能像溥仪那样，一生集有丰富的历史和文化经验。经历了皇朝的传说，又有现代人民共和国进步的经验。

——［意大利］贝尔纳多·贝鲁多鲁齐

古今中外亡国之君很多，但是亡国以后几十年间，饱更忧患，忽而御苑称孤、忽而出宫道寡、忽而以王被尊、忽而因夷就攘，最后满洲为帝、赤塔成囚、东京受审、抚顺观天，垂老又以一介平民，重回故宫，重游他当年做皇帝的所在，为难友做义务导游。……这几十年的荣枯对比与浮沉奇遇，不但是古今中外帝王所绝无，也是人类有史以来平民所仅有。溥仪这一生太动人了。他是一个死掉的皇帝，却是一部活的现代史，在这部现代史中，庄士敦云龙契合于先、奋笔疾书于后，为时代留下他所目击身经的一段，"雄文高行，为中国儒者所不及"。

——李敖《紫禁城的黄昏》